Dr. Günther Nirnberger
Wienergasse 95
A - 2380 Perchtoldsdorf

W0466819

Zu diesem Buch

«Unter den deutschsprachigen Publikationen über Rockmusik steht das Lexikon einzigartig da; es gibt keinen Ärger über nichtssagende Jargon-Salopperien, es wird nicht an einem Schleier mitgewebt, der aus der Musik etwas anderes machen will, als sie ist.»

Der Tagesspiegel, Berlin

«... die bisher lesbarste und am gründlichsten recherchierte Übersicht über die Rockmusik, die es bisher in irgendeiner Sprache gibt.» Westdeutsche Allgemeine Zeitung

«Plausibel und informativ ... Als Nachschlagewerk ist das Rock-Lexikon für Fans, Spezialisten und Laien gleichermaßen von unübertroffenem Nutzwert.» Die Zeit

«Eine ziemlich einmalige Sache ist die wertende Kritik bei den einzelnen Gruppen, die profundes Wissen zeigt und echte Hilfestellung für die nicht Eingeweihten bietet.»

Sender Freies Berlin

«Das Rock-Lexikon dürfte eine wesentliche Hilfe für jeden Schulmusiker sein, der sich mit dem Problem Popmusik im Unterricht ernsthaft beschäftigt.» Musik und Bildung, Mainz

«... Bibel für Fans ...» Frankfurter Rundschau

Siegfried Schmidt-Joos, am 17. April 1936 in Gotha geboren, gehört seit Oktober 1968 der Kulturredaktion des Nachrichtenmagazins «Der Spiegel» an und ist dort unter anderem für Popmusik zuständig. Er studierte in Halle/Saale und Frankfurt am Main Literaturgeschichte, Philosophie und Musikwissenschaft. Von 1959 bis 1968 war er Musikredakteur bei Radio Bremen und lieferte Jazz- und Rocksendungen für so gut wie alle deutschen Sender. In seiner TV-Reihe «Swing-in» stellte er Rockinterpreten wie Aretha Franklin, B. B. King, Country Joe and the Fish erstmals ausführlich im Deutschen Fernsehen vor. Im Herbst 1974 wurde Siegfried Schmidt-Joos als Vizepräsident in das Kuratorium der Deutschen Phono-Akademie berufen. Buchpublikationen: «Geschäfte mit Schlagern» (1960); «Jazz – Gesicht einer Musik» (1960); «Das Musical» (1965); als Co-Autor: «Das Buch der Spirituals und Gospels Songs» (1961).

Barry Graves, am 26. Juli 1946 in White Plains, New York, geboren, betreut seit 1968 als freier Autor und Produzent für den RIAS Berlin das Programm-Angebot «Progressive Rock-Musik», seit 1970 arbeitet er als Rock-, Jazz- und Filmkorrespondent für die Tageszeitung «Die Welt». Barry Graves kam 1964 als Stipendiat nach Berlin und studierte an der Freien Universität Betriebswirtschaft, Soziologie und Publizistik. 1966/67 inszenierte er mit Studentengruppen die ersten psychedelischen Rock-Shows im deutschsprachigen Raum, 1969 lancierte er für den RIAS mit «Zero Cool» und «Brainstorm» die bislang einzigen Radioserien, die multimedial Avantgarde-Literatur, Rock, Sound-Effekte und elektronische Manipulationen verbanden. Seit Anfang 1975 moderierte er für den WDR seine monatliche Musik-Talk-Show «Musik Extra 3».

Bernie Sigg, am 28. März 1946 in Zürich geboren, arbeitet als freier Journalist für zahlreiche Zeitungen und Zeitschriften in der Schweiz und gestaltet Rockprogramme für das Schweizer Radio. Zwischen 1969 und 1972 war er Korrespondent der amerikanischen Show-Fachblätter «Billboard» und «Amusement Business» sowie der britischen «Music Week». Bernie Sigg verfügt über eines der größten europäischen Privatarchive zum Thema Rockmusik.

Siegfried Schmidt-Joos
Barry Graves
mit Diskographien von Bernie Sigg

Rock-Lexikon

rororo

Rowohlt

Originalausgabe
Redaktion Wolfgang Müller
Umschlagzeichnung Berndt Höppner

289.–298. Tausend Juli 1982

Veröffentlicht im Rowohlt Taschenbuch Verlag GmbH,
Reinbek bei Hamburg, Dezember 1973
Alle Rechte vorbehalten
Copyright © 1973, 1975 by Rowohlt Taschenbuch Verlag GmbH,
Reinbek bei Hamburg
Gesamtherstellung Clausen & Bosse, Leck
Satz Otto Gutfreund & Sohn, Darmstadt
Printed in Germany
1080-ISBN 3 499 16177 x

Inhalt

Im Text verwendete Abkürzungen 6

Vorwort zur Erstausgabe (Dezember 1973) 7

Vorwort zur erweiterten Ausgabe (Oktober 1975) 9

Einführung 11

Biographien 25

Sachstichwörterverzeichnis 389

Literaturverzeichnis 416

Diskographie 424

Register 429

Im Text verwendete Abkürzungen

voc	Gesang
g	Gitarre (undifferenziert unverstärkte Gitarre, Elektrogitarre, Leadgitarre, Rhythmusgitarre)
bg	Baßgitarre (elektrisch verstärkt)
steel-g	Stahlgitarre (im Sitzen gespieltes, hauptsächlich in der Country & Western-Musik gebräuchliches, elektrisch verstärktes Instrument)
b	Baßgeige
bj	Banjo
mandolin	Mandoline
harm	Mundharmonika
p	Klavier, auch Elektroklavier
org	elektronische Orgel
keyboards	alle Tasteninstrumente wie Klavier, Orgel, Cembalo, Spinett, Harpsichord, Mellotron, Synthesizer etc.
vib	Vibraphon
acc	Akkordeon
vi	Violine (bei Rockmusik zumeist elektroverstärkt)
dr	Drums, Schlagzeug
perc	alle Rhythmusinstrumente wie Conga, Bongos, Timbales, Tamburin, Kuhglocken, Sambarasseln etc.
electronics	alle tonerzeugenden und -verändernden Elektrogeräte wie Generatoren, Ringmodulatoren, Mischpulte etc.
tp	Trompete
flh	Flügelhorn
tb	Posaune
sax	alle Saxophone
ss	Sopransaxophon
as	Altsaxophon
ts	Tenorsaxophon
bs	Baritonsaxophon
cl	Klarinette
harp	Harfe
fl	Querflöte
cond	Conductor, Dirigent
lyrics	Songtexter
LP	Langspielplatte

Vorwort zur Erstausgabe (Dezember 1973)

Ein Rocklexikon gehört zu den schwierigsten Aufgaben, die sich ein Musikjournalist stellen kann. Denn im Showbusiness endet die Show ja nicht auf der Bühne; sie setzt sich in Pressekonferenzen, im Publicitymaterial der Schallplattenfirmen, in Interviews und sogar im Privatleben der Interpreten fort. Daher kann der Rechercheur niemals sicher sein: Ist das Geburtsdatum, die Umsatzzahl, das bizarre Tournee-Erlebnis eines Musikers, die von ihm selbst oder von seiner Agentur kolportiert werden, Wirklichkeit oder schöner Schein?

Vielfach halten Stars – zumal Damen – mit ihren Personaldaten hinterm Berg. Vielfach verweigern Plattenfirmen diskographische Auskünfte über Bands, die das Label verlassen haben und folglich nicht mehr von Reklameinteresse sind. Hinzu kommt die ungeheure Fluktuation von Musikern innerhalb der Bands, von Bands zwischen den Firmen, von Wertigkeiten in der Einschätzung durch die Fachkritik. Eine schlechte neue LP kann Idole von den Sockeln stoßen, ein gutes Album Vorstadt-Combos zu Idolen erheben und die ganze Szene verändern.

So ist es kaum verwunderlich, daß in beinahe zwei Jahrzehnten Rockgeschichte noch kein informatives, sachlich stichhaltiges und stilistisch umfassendes Lexikon dieser Musik vorgelegt worden ist. Das britische ‹A–Z of Rock 'n' Roll› von Graham Wood (1971) gilt nur einem schmalen Popmusik-Segment und ist zudem durch mangelhafte Plattenhinweise für den ernsthaft am Thema Interessierten nur wenig nützlich. Das holländische ‹Pophandboek› von Henk Bergman und Errit Petersma (1970) bietet lediglich eine Kompilation der bis dahin erschienenen LP-Produktionen von nicht mehr als 70 Bands. Lillian Roxon hat mit ihrer amerikanischen ‹Rock Encyclopedia› (1969) wertvolle Feldarbeit geleistet – wir verdanken ihr viele Angaben besonders diskographischer Art. Aber auch sie läßt jene Essentials vermissen, die ein Nachschlagwerk erst sinnvoll machen: exakte Daten und eine mit griffigen Zitaten abgestützte Einschätzung der Interpreten durch die Musiker selbst sowie durch die seriöse internationale Kritik.

Dieses haben wir mit dem vorliegenden Rock-Lexikon zu leisten versucht. Die erwähnten Schwierigkeiten galten auch für uns, deshalb bleibt – ehrlicherweise zugestanden – eine lückenlose, total objektive Popmusik-Enzyklopädie auch weiterhin ein unrealisierbarer Traum. Sollte uns jedoch ein akzeptabler Annäherungswert gelungen sein (Ergänzungen und Korrekturen durch unsere Leser sind willkommen), wären wir zufrieden.

Wir können nicht ausschließen, daß auch wir gut getarnten Mythen und Legenden aufgesessen sind; aber auch diese gehören zum Bild der Rockmusik. In John Fords Film ‹Der Mann, der Liberty Valance erschoß› sagt ein erfahrener Journalist: «Unsere Legenden wollen wir uns erhalten, weil sie wahr geworden sind.» So weit wollten wir nicht gehen. Wo uns die Legende als solche erkennbar war, haben wir sie gekennzeichnet. Aber wer kann verlangen, sie nicht zu drucken, nachdem Phantasie ein so wesentlicher Teil schöpferischer Äußerung, also auch der Selbststilisierung von Rockmusikanten ist?

Absichtlich haben wir den Bogen der vorzustellenden Interpreten weit gespannt. Wir verstehen unter Rock jegliche populäre Musik mit Wurzeln im afroamerikanischen Blues und/oder in Folksong und Country & Western (Stilbegriffe, Fachtermini sowie international gebräuchliche Slangausdrücke aus dem englischen und amerikanischen Popmusik-Jargon werden im Sachstichwort-Teil erklärt). Diese Popmusik, die mit Bill Haleys Rock 'n' Roll um 1955 erstmals in die Hitlisten kam, hat den Musikmarkt der letzten beiden Jahrzehnte geprägt (siehe Einführung). Ihre großen Anreger, Männer wie Leadbelly (Blues), Woody Guthrie (Folk), Hank Williams (Country & Western) finden ebenso Erwähnung wie jene Persönlichkeiten aus Nachbarbereichen, die – wie Karlheinz Stockhausen (Elektronik), Ravi Shankar (Raga) oder Miles Davis (Jazz) – auf die Rockentwicklung Einfluß genommen haben. Die Zahl der Solointerpreten und Bands, die wir in biographischen Artikeln vorstellen konnten, bemaß sich an der Umfangkalkulation des Verlags. Auf einige Namen mußten wir schweren Herzens verzichten. Dennoch glauben wir, daß die Rock-Elite vollständig vertreten ist.

Beim Umgang mit diesem Buch empfehlen wir den Gebrauch des Registers. Es enthält die Wegweiser auf jene Interpreten- und Ensemblenamen, die beim oberflächlichen Durchblättern zu fehlen scheinen. Die bedeutende englische Gruppe TRAFFIC beispielsweise wird in der Biographie ihres Leiters Steve Winwood vorgestellt; umgekehrt sind biographische Angaben über Mark Bolan und Sandy Denny unter den Namen ihrer Combos T. REX und FOTHERINGAY zu finden. Jeweils wurden die Seitenzahlen, die auf solche ausführlichen Darstellungen verweisen, im Register kursiv gedruckt.

Soweit zu ermitteln, haben wir jeder Musikbiographie eine Langspielplatten-(LP-)Diskographie angefügt. Plattenmarken und Erscheinungsjahre gelten den jeweiligen Erstveröffentlichungen, zumeist in den USA oder Großbritannien. In manchen Fällen waren oder sind diese Platten in Deutschland nicht veröffentlicht worden – für Sammler also nur durch den Import oder in ausländischen Musikantiquariaten zugänglich. Die große Masse zumal der erfolgreichen Rock-LPs erschien jedoch auch in der Bundesrepublik. Sofern US-Alben hierzulande durch Lizenzverträge auf anderen als den Originalmarken vorgelegt wurden, haben wir die deutschen Labels vermerkt.

Wir hielten es allerdings für wenig hilfreich, lediglich Plattentitel, Musikernamen und Daten aufzureihen. Eine Beurteilung der jeweiligen Gruppen und Solisten schien uns als Wegweiser auf dem ansonsten kaum überschaubaren Schallplattenmarkt unerläßlich. Dazu haben wir die gesamte ernst zu nehmende Rockpresse sowie eine Fülle von Tageszeitungen und Magazinen aus den USA, England und der Bundesrepublik ausgewertet. Wo wir eigene Formulierungen aus früheren publizistischen Arbeiten übernommen haben, wurden diese nicht ausdrücklich nach ihrer Herkunft gekennzeichnet. So kommt es, daß die Blätter am wenigsten zitiert werden, denen dieses Buch (neben den Fachjournalen) wohl die meisten Zitate verdankt: ‹Der Spiegel› und ‹Die Welt›.

Kontroverse Kritikermeinungen zu einzelnen Interpreten und Bands haben wir wiedergegeben, aber auch das eigene Urteil nicht gescheut. Nicht nur der alltägliche Umgang mit annähernd 10 000 Langspielplatten, der Besuch vieler Konzerte sowie Gespräche mit noch mehr Musikern haben uns dazu in die Lage versetzt. Beigetragen hat auch das Informationsmaterial, das wir während der Arbeit an diesem Buch zusammengetragen, zu sichten und zu werten hatten.

Dafür sind wir zahlreichen Mitarbeitern und Rechercheuren zu Dank verpflichtet – vornehmlich Wolfgang Behr (Bremen), Theresa Carton (London), Roderich Maurer (‹Spiegel›-Archiv, Hamburg), Ulrich Peretz (Lippmann & Rau, Frankfurt), Lisa Rausch (New York), Frances Schoenberger (Los Angeles), Gertrud Streissel (Paris) und Michael Eberhardt Schmidt-Joos (Hamburg).

Einzelne Kollegen in den Promotionabteilungen deutscher Schallplattenfirmen haben uns über das Maß dessen hinaus geholfen, was im Rahmen ihrer Öffentlichkeitsarbeit zu erwarten war – insbesondere Dr. Winfried Ammel (Bellaphon), Karl-Heinz Borges (Electrola), Heiner Brockmöller, Monika Lohse und Bärbel Paulun (Ariola), Heidi Münch und Karin Tiedemann (Teldec), Eckart Rahn (Kuckuck), Jürgen Schmeisser (Phonogram), Conny Schnur und Ingrid Röser (WEA), Rainer Schmidt-Walk (Polydor) und Heinz Werner Wunderlich (CBS).

Zudem haben wir so vielen Freunden für Einzelinformationen zu danken, daß wir ihre Namen an dieser Stelle nicht alle nennen können. Wir bitten sie, unseren Dank pauschal entgegenzunehmen. Bernie Sigg in Oberwangen, Schweiz, hat das ganze Manuskript ge-

gengelesen und an Hand seines eigenen umfangreichen Archivs verifiziert. Zudem hat er rund 2000 diskographische Angaben ergänzt und ist dadurch in der Schlußphase der Arbeit zu einem echten Partner geworden. Der Sachstichwort-Teil wurde von Siegfried E. Loch, Hamburg, Deutschland-Direktor des amerikanischen Schallplatten-Kombinats Warner Brothers/Elektra/Atlantic (WEA), auf sachliche Richtigkeit überprüft. Redaktionsschluß war der 31. Juli 1973.

Juli 1973 SIEGFRIED SCHMIDT-JOOS
BARRY GRAVES

Vorwort zur erweiterten Ausgabe (Oktober 1975)

Als das Rock-Lexikon vor noch nicht zwei Jahren erschien, fand es bei Fans und Kritikern außerordentlich starke Resonanz. Für die vielen lobenden Worte unserer Kollegen in den Medien, für einen dicken Aktenordner voll Leserbriefe bedanken wir uns. Nur ein Rezensent, Klaus Kuhnke im Dritten Hörfunk-Programm des NDR, fand, das Buch habe seinen Anspruch «leider nicht im geringsten erfüllt», es sei daher «sinnlos». Die «historisch-materialistische Darstellung» der Rockmusik, die er verlangt, wollen wir indes gern unseren Agitpop-Kameraden überlassen.

Naturgemäß gab es Einwände bezüglich der Auswahl. Dem einen fehlten bestimmte Namen aus dem Teenager-Rock der fünfziger und frühen sechziger Jahre, der andere hätte auf solche Biographien lieber gänzlich verzichtet – schon die «abgehalfterten Twist- und Schlager-Stars Joey Dee oder Roy Orbison» seien «vollkommen überflüssig». Mancher hielt unsere Zusammenstellung für zu jazz-, blues- oder folkloreorientiert; mancher entdeckte umgekehrt Vorurteile gegen Jazz, Blues oder Folklore.

In die um 100 Buchseiten erweiterte Neuausgabe haben wir rund 150 neue Biographien eingebracht, dennoch ist auch diese Edition selbstverständlich nicht komplett. Inzwischen sind auf dem internationalen Buchmarkt mehrere weitere Popmusik-Lexika erschienen, auf die wir verweisen möchten – sei es zur Ergänzung, sei es zum Vergleich. Das 676 Seiten starke ‹Rock on› vom New Yorker Oldies-Discjockey Norm N. Nite (WCBS-FM) stellt über 1000 Rock 'n' Roll-Interpreten und -Gruppen bis etwa 1963 mit Fotos vor und nennt ihre Single-Hits. In London kam ein illustriertes Paperback über den ‹British Beat› bis 1967 (von Chris May und Tim Phillips) heraus sowie eine ebenfalls nur für England stichhaltige ‹Illustrated History of Pop› (von Paul Flattery). Für die im Winter 1973/74 im Münchner Schünemann-Verlag herausgegebene Partwort-Edition der ‹Rock Dreams› vom belgischen Graphiker Guy Peellaert, elf Hefte, hat Ingeborg Schober ein Rock-Lexikon mit empfehlenswerten Diskographien verfaßt. Für den ‹Rock in Deutschland› (Buchtitel) hat Günter Ehnert unsere vornehmlich dem internationalen Musikmarkt geltende Arbeit fortgesetzt. Im Sommer 1975 legte er in seinem eigenen Verlag Taurus Press (2 Hamburg 19, Wiesenstraße 46) ein Lexikon der annähernd hundert westdeutschen Rockbands vor, die bereits Platten aufgenommen haben. Sein journalistischer Ansatz – Presse- und Kritikerzitate, Diskographien etc. – ist dem des vorliegenden Buches ähnlich. Die beste Geschichte der Rockmusik ist immer noch Charlie Gilletts ‹The Sound of the City› von 1970, das nun endlich in einer Übersetzung von Hans Ulrich Arens auch in Deutschland erscheinen soll.

Arens (Hagen, Westfalen) gehört zu den vielen Rock-Lexikon-Lesern, deren Anregungen und Korrekturvorschläge in die vorliegende Ausgabe eingeflossen sind. Geholfen haben uns vor allem die ausführlichen Anmerkungen von Jürgen Dittwald (Essen), Johann Jürgens (Duisburg), Wolfgang Pieker (Mettmann), Horst Schröder (Preetz, Holstein) und Jürgen Tegge (Hamburg). Der überwiegende Teil der Leserpost betraf Auslassungen oder Druckfehler. In manchen Fällen haben wir aber auch Besetzungsangaben vervollständigen können. Berichtigt oder ergänzt wurden zum Beispiel die Geburtsdaten von John Cale, Cass Elliott (→ MAMAS & PAPAS) und Sam Cooke sowie die Todesdaten von Janis Joplin und Sam Cooke.

Bernie Sigg hat die gesamte Aktualisierung der Diskographien besorgt und so gut wie alle Platten-Angaben zu den neuen Bios beigetragen; er ist also von nun an der offizielle Diskograph des Rock-Lexikons und für diese Teile verantwortlich. Die «Rock-Lexikon-Diskothek», eine Serie von 60 Meilenstein-LPs, die von sechs deutschen Plattenfirmen parallel zur Erstausgabe des Buches angeboten wurde, wollten wir nicht fortsetzen. Sie hatte ihren Sinn erfüllt, wichtige Platten aus der Zeit vor 1970 wieder zugänglich zu machen oder von der Streichung bedrohte Titel noch für einige Zeit in den Katalogen zu halten. Statt dessen machen wir im Anhangsteil den Vorschlag für eine Rock-Grundausstattung mit stilbildenden LPs. Redaktionsschluß war der 15. April 1975.

April 1975

SIEGFRIED SCHMIDT-JOOS
BARRY GRAVES

Für Ukula, ohne deren Geduld und Mithilfe diese Arbeit nicht hätte getan werden können, und für meinen Sohn Michael, der mir ein unersetzlicher Dokumentarist und ein sachkundiger Gesprächspartner war. SSJ

Für Lillian, die mich ermunterte, über Rock 'n' Roll zu schreiben, und für Helmut Kopetzky und Herbert Kundler, die mir eine Chance gegeben haben. BG

Einführung

Was ist Rock? Auf diese Frage, die den Benutzer des vorliegenden Buches zuvörderst interessieren mag, gibt es kaum eine kurze, präzise, jedermann zufriedenstellende Antwort. In den rund zwei Jahrzehnten ihrer Existenz hat die Rockmusik so viele hoch differenzierte Personal- und Gruppenstile hervorgebracht, daß eine generalisierende Definition nur noch in unziemlicher Vereinfachung gefunden werden kann: Rock ist eine ekstatische Musik, die über einem regelmäßig durchgeschlagenen Achtelrhythmus in der zwölftaktigen Blues- oder der 32taktigen Songform häufig in alternierende Gruppen aufgespaltene Vokalsätze baut, die Bluestonalität, eine modale oder hemi-pentatonische Harmonik bevorzugt und vornehmlich zu elektrisch verstärkter Gitarrenbegleitung in extremen Stimmlagen mit gleitender Intonation vorgetragen wird.

Mit dieser (oder jeder anderen möglichen) Definition wäre für das Verständnis der Rockmusik wenig gewonnen. Sie ist zu abstrakt und kann zudem durch allzu viele Ausnahmen von der Regel leicht außer Kraft gesetzt werden. Näher als der musiktheoretische führen denn auch der historische oder der soziologische Ansatz an die Wirklichkeit heran.

Wie zuvor schon der Jazz, ist auch der Rock ein sogenanntes Akkulturationsprodukt. Afrikanische und europäische Musiktraditionen und Verhaltensweisen, die sich in den USA (modifiziert) erhalten hatten, wurden im Rock 'n' Roll* und allen nachfolgenden Stilformen der Populärmusik abermals vermischt und verschmolzen. Bill Haley, dessen *Rock-A-Beatin' Boogie* (Textzeile: «Rock, rock, rock everybody») der neuen Musikmode um 1955 den Namen gab, übernahm aus der schwarzen Gettomusik Rhythm & Blues zunächst nur den harten, treibenden Rhythmus, um seine südstaatliche Kommerzfolklore attraktiver zu machen. Elvis Presley und seine amerikanischen und englischen Adepten erschlossen bis 1965 sodann auch die Blues-Tonfarben und Artikulationsnuancen der großstädtischen Negermusik für den weißen Markt.

Die technischen Voraussetzungen und die soziale Situation waren in den fünfziger und sechziger Jahren freilich ganz andere als beim Jazz rund ein halbes Jahrhundert zuvor. Während die Jazzmusiker dreißig Jahre gebraucht hatten, um – etwa 1935 unter dem Markenbegriff Swing – den Massenmarkt zu erreichen und wirklich populär zu werden, wurde die neuentstandene Rockmusik sofort durch die Medien Schallplatte, Rundfunk, Film und später Fernsehen multipliziert. In den erwähnten dreißig Jahren Anlaufzeit hatten die Jazzmusiker das schwarze afrikanische Erbe ihrer Musik weitgehend abgeschliffen und so weit sublimiert, daß es der weißen, europäisch-amerikanischen Bürgerästhetik nicht mehr zuwiderlief. Beim Rock wirkten gerade die Afrikanismen als Erregungs- und Popularisierungsmomente, weil sie einer neuen Generation weißer Jugendlicher den Ausbruch aus den erstarrten musikalischen und gesellschaftlichen Normen der Erwachsenenwelt ermöglichten.

Keine Generation verfügte jemals über ähnlich unbegrenzte Möglichkeiten wie die Jugend, die nach dem Zweiten Weltkrieg heranwuchs. Die Revolution in der Technologie, Kybernetik und Automation, die Werbeindustrie und der hochgezüchtete Business-Betrieb der Weltmetropolen, der durch die Massenmedien noch bis ins kleinste Dorf ausstrahlt, prägten Vorstellungen und Verhaltensweisen dieser Jugend so entscheidend, daß das amerikanische ‹Time›-Magazin 1967 zu Recht folgerte, dies sei nicht einfach eine neue Generation, sondern eine neue Art von Generation. Indem die Gesellschaft ihrem Nachwuchs materiellen Luxus erwirtschaftete und eine vordem ungekannte Mobilität ermöglichte, ließ sie ihn jedoch auch in entscheidenden Stadien der Persönlichkeitsentwicklung allein. Auf einer Tagung führender Mediziner, Soziologen und Theologen zum Thema Einsamkeit in Stuttgart führte die

* Erklärungen von Fachwörtern und Stilbegriffen finden sich im Sachstichwort-Teil.

Heidelberger Tiefenpsychologin Prof. Annemarie Sänger 1967 Einsamkeits- und Heimwehneurosen unter Jugendlichen auf mangelndes Verständnis der vom Berufsleben total in Anspruch genommenen Eltern zurück. Rocktexte lieferten in den sechziger Jahren dafür eine Fülle von Indizien.

In einem nie zuvor gekannten Ausmaß erklärte ein Großteil der Jugend nach 1955 im Rock-Konzert, im Beatkeller oder am heimischen Plattenspieler den Wertvorstellungen ihrer Eltern eine Absage: zunächst, da im Umgang mit ekstatischen Klängen ungeübt, in Form zertrümmerten Mobiliars und in Straßenkrawallen, später durch die Herausbildung einer Art Subkultur mit eigenen Verhaltensweisen, Modeströmungen und einem eigenen Jargon. Wie in den kultischen afrikanischen Stammestänzen, den Makumbariten Brasiliens und der improvisierten Akrobatik der Ballsäle Harlems – so erschien es wenigstens den Älteren – tanzte die Rockjugend in ihren Diskotheken ein Ritual. «Sie stampfen mit ihren Absätzen auf dem Tanzboden», beobachtete der italienische Schriftsteller Vespignani, «als ob sie den Rükken eines besiegten Feindes treten. Und ich habe den Verdacht, daß wir, die schon fertige Generation, es sind, die sie unter ihren Füßen glauben.»

Je deutlicher eine wachsende Zahl von Jugendlichen die Unmöglichkeit ungehemmter Bedürfnisbefriedigung und Selbstverwirklichung in der westlichen Industriegesellschaft erkannte, je intensiver die Heranwachsenden unter Kontaktschwierigkeiten mit Eltern und Gleichaltrigen litten, je stärker der berufliche Leistungsdruck – bei verkürzter Arbeitszeit – anwuchs, je mehr sich Lehrlinge, Schüler und Studenten auf komplizierte Produktions- und Lernprozesse konzentrieren mußten, desto größer wurde ihr Bedürfnis nach wortloser Kommunikation untereinander in Freizeiträumen außerhalb funktioneller Organisationen. Deshalb pilgerten die jungen Arbeiter und Akademiker – scheinbar weg von Repression und Autorität – nach Feierabend aus Fabrikhallen und Hörsälen in Rocklokale und Popkonzerte; deshalb suchten sie am Wochenende unter der Lärmglocke gewaltiger Festivals Asyl.

Mit der «kalten, entfremdeten, isolierten Elitekultur», das zeigte Richard Neville, Herausgeber des Londoner Underground-Magazins ‹Oz› und Autor des Buches ‹Play Power›, hatten diese Jugendlichen nichts mehr im Sinn. Sie wollten das Musikerlebnis «demokratisieren»; ihre Gegenkultur sollte laut Neville «warm sein und alle einbeziehen». Vornehmlich die Rockbands artikulierten ihre «sprachlose Opposition» (Dieter Baake). Sprachliche Verständigung wurde durch gemeinsames Haschischrauchen und Musikhören, die verbalen Kunstformen Theater und Literatur durch Licht-Shows und Comic-Bilder ersetzt, weil – so die Hamburger Soziologen Jürgen Friedrichs und Fritz Haag in einer Analyse für den ‹Spiegel› – «zwischen Leistungsanspruch und verbalen Fähigkeiten ein enger Zusammenhang besteht».

Die Rockmusik, vermuteten Friedrichs und Haag, sei deshalb zum bevorzugten Kommunikationsmedium der leistungsmüden Mittelstandsjugend geworden, weil erstens der intensive Rhythmus den motorischen Grundbedürfnissen junger Menschen entspreche, weil zweitens Musik als sprachnächste Ausdrucksform wohl immer zuerst gewählt werde, wenn die Sprache selbst zurückgedrängt werden soll, und weil drittens Musik von allen sinnlichen Medien das breiteste Assoziations- und Phantasiespektrum habe.

Dieses könnte erklären, warum sich die europäisch-amerikanische Bürgerjugend so vorbehaltlos mit einer auf ekstatische Totalerlebnisse gerichteten Musikkultur identifizierte – die allerdings von Musikindustrie und Massenmedien binnen kurzem als Norm und Mode propagiert wurde. Es erklärt aber noch nicht, auf welche Weise die dionysische Tradition in die abendländisch-apollinische Welt einbrechen konnte, die vordem «allein das Sublime kultiviert hatte und einzig im still ergriffenen Lauschen für die Musik die angemessene Rezeptionsform sah» (Manfred Miller).

Bis in die vierziger Jahre waren ungeschminkte Emotionen und animalische Affekte für jede Art von Großstadtunterhaltung tabu. Gewiß, auch Schlagermacher wie Irving Berlin und Cole Porter hatten in ihren cleveren Songs Betterlebnisse besungen – freilich lediglich in raffinierten Andeutungen und Umschreibungen. Sexpraktiken, Schweiß, Hitze, Arbeit und Schmutz kamen in ihren Liedern nicht vor. Rund 1000 Komponisten bestimmten als Mitglieder der Urheberrechtsgesellschaft «American Society of Composers, Authors and Publishers» (ASCAP) um 1940 den populären Musikgeschmack der USA. Nach einem Pauschalabkommen zwischen ASCAP und den Rundfunksendern wurden nur ihre Produkte über Ätherwellen ausgestrahlt; realistische Folklore vom Lande und der deftige Blues aus den schwarzen Gettos kamen – von Hinterwäldler-Regionen abgesehen – über die Medien nur in Ausnahmefällen zu Gehör.

1940 verlangten die Komponisten, Schlagertexter und Musikverleger für ihre im Funk gespielten Werke mehr Geld: 7,5 Prozent von den Bruttoeinnahmen aller amerikanischen Sender. Mit dem Argument: «Der Rundfunk strahlt keine Musik aus, sondern elektrische Energie», traten die Programmdirektoren in den Streik. Zehn Monate lang, vom Januar bis Anfang November 1941, boykottierten sie das ASCAP-Repertoire und sendeten statt dessen Uralt-Schlager oder rechtlich ungeschützte Volksmusik. Als die ASCAP schließlich klein beigab und sich mit Tantiemen in Höhe von 2,75 Prozent der Sendereinnahmen beschied, war auch ihr Geschmacksmonopol auf dem Musikmarkt dahin.

Um ähnlich nicht noch einmal der ASCAP-Erpressung ausgesetzt zu sein, hatten die Radiofürsten inzwischen ihre eigene Lizenzgesellschaft gegründet: «Broadcast Music Incorporated» (BMI). Eine gigantische Abwerbungsaktion bei ASCAP-Mitgliedern setzte ein, doch die Kompositionen, die etablierte Tonsetzer mitbrachten, reichten für den immer größer werdenden Musikhunger der Sender nicht aus. BMI mußte Kompositionen gewinnen, deren Werke bisher noch nicht durch die ASCAP geschützt worden waren. Ihre Suchtrupps gingen auf die Dörfer. Sie nahmen Hillbilly- und Countrymusikanten, Bluessänger und obskure Bandleader auf, die von der ASCAP früher nicht als vollwertige Komponisten akzeptiert worden wären.

Mit offenem und geheimem Terror brachten die BMI-Abgesandten ihre neuen Schlager bei den Discjockeys an den Mann. «Denken Sie immer daran», hieß es in einem BMI-Rundschreiben an die Programmgestalter, «daß das Publikum seine Lieblingsmelodien aus der Musik auswählt, die es hört. Es vermißt nicht, was es nicht hört.» Für die Programmpolitik des US-Rundfunks gab Programmdirektor Murray Arnold von der Station WIP in Philadelphia damals folgende Losung aus: «In den nächsten drei Monaten sollten alle Sender 70 Prozent ASCAP- und 30 Prozent BMI-Nummern bringen. In den nächsten sechs Monaten ändern Sie das Verhältnis 60 zu 40, danach 50 zu 50. Allmählich werden die Lieder, die Amerika singt, ganz selbstverständlich BMI-Eigentum sein.»

Um nicht das gesamte Rundfunk-Terrain zu verlieren, sah sich ASCAP gezwungen, gleichfalls Songautoren aus dem Folklore- und Blues-Underground aufzunehmen. Nachdem die ehrwürdige Gesellschaft eine Niederlassung in der Country-Hochburg Nashville in Tennessee eröffnet hatte, war das Monopol der Asphalt-Troubadoure endgültig gebrochen: Die trivialen Tanzweisen aus Arbeiterkneipen und aus abgelegenen Südstaaten-Dörfern schwappten in die Medien. Sie brachten ein völlig neues Realitätsverständnis in die Unterhaltungsmusik, dazu einen ländlich-folkloristischen Swing. Zwar sank das Niveau der amerikanischen Populärmusik in den ersten Jahren gewaltig, Quantität trat an die Stelle von Qualität. Zugleich aber war nun sämtliche Musik, die irgendwo in den USA gespielt wurde, für die ganze Nation hörbar geworden.

Ohne diese brachiale Demokratisierung der populären Musikproduktion und -vermarktung in den USA wären der Initialerfolg von Bill Haleys und Elvis Presleys Rock 'n' Roll sowie die folgende nationale und internationale Jugendbewegung zur Rockmusik hin wohl kaum möglich gewesen. Einerseits gab sie dem einzelnen jungen Musikanten unerhörten Auftrieb: Er konnte nun, auch wenn er in Arizona oder Texas lebte, auf einen überregionalen Hiterfolg seiner Melodien hoffen und entschied sich um so leichter für eine Profikarriere (schon 1964 waren aus den 1000 eingetragenen hauptberuflichen Komponisten der USA 18 900 geworden). Andererseits wurde das jugendliche Massenpublikum durch Folk- und Bluesschallplatten im Funk auf den bevorstehenden Rock 'n' Roll eingestimmt: Als Haley 1954/55 seinen *Rock Around The Clock* anschlug, versetzte er damit die ganze USA wie einen ungeheuren Resonanzkörper in Schwingung – das Land hatte gleichsam ein Jahrzehnt lang auf die Verschmelzung von Blues und Countrymusik gewartet.

Der neue Stil erschien simpel. Er war mit wenigen Instrumenten billig herzustellen, verzichtete auf schwierige Arrangements und aufwendige Orchestrierungen, setzte so gut wie keine Musikausbildung und Harmoniekenntnisse voraus. Dennoch gelang er nur jenen Musikanten, die den rhythmischen Bewegungsmodus (sprich: Swing) der Negermusik sowie die Country-Intonation schwarzer und weißer Folklorespieler sozusagen durch akustische Osmose, durch das ständige Abhören von Soul-Radio und Country-Funk oder entsprechende Schallplatten adaptiert hatten.

Mehr als jede vorausgegangene Massenmusik waren Rock 'n' Roll und Rock, denen die Musikindustrie später das irreführende Adjektiv progressiv beilegte, eine Sache von Überlieferung und Tradition. Eine Rock-Phrase richtig artikulieren zu können setzte voraus, aus dem euroamerikanischen in den afroamerikanischen Traditionsraum hinübergewechselt zu sein – anders ausgedrückt: sich bewegen, gehen und sprechen zu können wie ein Farbiger. Nur in einem langen Einfühlungs- und Anpassungsprozeß war das zu erreichen, und erfahrungsgemäß gelang es Proletarierkindern am leichtesten. Sie waren kulturell unverkrampft, emotional locker (was vielen Rockmusikern später den Vorwurf moralischer Haltlosigkeit eingetragen hat) und in einer ähnlichen sozialen Lage wie die von der weißen Gesellschaft ausgesperrten und unterdrückten Schwarzen. Dementsprechend war der Rock 'n' Roll der fünfziger Jahre zunächst eine überwiegend proletarische Musik.

Als Arbeiterkinder im englischen Liverpool am Ende der fünfziger Jahre darangingen, sich mit Elektrogitarren den Weg aus dem Slumelend zu bahnen und mit ihrer sogenannten Beatmusik den entscheidenden zweiten Schritt zum Rock taten, war die Situation durchaus ähnlich: «Eine ‹geborgte› Musik wurde übernommen – der amerikanische Rock 'n' Roll der mittfünfziger Jahre, und nach und nach umgewandelt in einen unverkennbaren Lokalstil. Die Gruppe aus drei Gitarren plus Schlagzeug, typisch für die Beatles und die Musiker aus der Zeit ihres Anfangs, schuf das Modell ... Dabei handelte es sich um eine echte Entwicklung über mehrere Jahre hin» (so der Liverpooler Saxophonist und Soziologe Mike Evans im Buch ‹Beat in Liverpool›).

Auch in England ging dem neuen Stil ein massenpsychologischer Umorientierungsprozeß voraus. Als Katalysatoren wirkten nicht nur die amerikanischen Rock 'n' Roll-Schallplatten, die von Sängern wie Tommy Steele und Cliff Richard nachgeahmt wurden, sondern auch der traditionelle Jazz von Ken Colyer, Chris Barber und anderen Dixieland-Enthusiasten, der vor 1960 in Großbritannien ein einträgliches Revival erlebte. Eine 1956 eingespielte Chris Barber-Aufnahme von Sidney Bechets Komposition *Petite Fleur* mit dem Klarinettisten Monty Sunshine erzielte 1959 in wenigen Wochen eine Millionenauflage. Andere Hits ähnlichen Ausmaßes waren *Ice Cream, Down By The Riverside* und *When The Saints Go Marching In.*

Diese Stücke weichten die britischen Schlagertradition durch Rhythmus, Intonation, Phrasierung und Feeling ebenso auf, wie Blues- und Countryelemente zuvor den amerikanischen Popsong durchsetzt und unterminiert hatten. Sie ließen zahlreiche junge Musikanten nach den folkloristischen Wurzeln des alten Jazz fragen und lenkten das Interesse auf Volksmusik und Blues. Die typisch englische Do-it-yourself-Folklore, die damals auf Gitarren, Banjos, Waschbrettern und selbstgebauten Seifenkisten-Bässen in Amateurkellern entwikkelt wurde, nannte man Skiffle Music. Nachdem der Gitarrist und Banjospieler Lonnie Donegan dieses Schrum-Schrum mit der Melodie *Rock Island Line* in der Hitparade etabliert hatte, war klar geworden, daß Englands Popkonsumenten nunmehr bereit waren, erfrischenden Dilettantismus höher zu bewerten als perfekte, aber altbackene Professionalität.

«Für den professionellen Musiker», erklärte der Skiffler Chas McDevitt damals, «ist eine Skiffle-Session ein Job wie jeder andere. Er mag technisch perfekter sein, aber er identifiziert sich nicht mit seiner Musik. Der Folklore-Amateur spielt dagegen zunächst zu seinem eigenen Vergnügen und aus echter Begeisterung. Das Publikum merkt sofort den Unterschied. Es hört auf Anhieb, wer es aufrichtig meint und wer nicht.»

Liverpool wurde zum Dampfkessel, in dem Jugendliche Blues, Rock 'n' Roll und Skiffle unter starkem sozialem und psychologischem Druck sowie mit äußerstem Engagement zur Beatmusik verkochten. Das 1,28 Millionen Einwohner umfassende Industriegebiet an der Mündung des Mersey River ähnelte in vielem der Atmosphäre in den Negergettos. Es hatte die höchste Arbeitslosenziffer, die scheußlichsten Elendsquartiere und das bunteste Völker- und Rassengemisch in ganz England. 43 Prozent aller Wohnungen waren Slums. Die Zahl der Verbrechen lag fast doppelt so hoch wie der Landesdurchschnitt. Für den Lebenskampf in der hochindustrialisierten Gesellschaft fand der junge Mensch dort am Ende der fünfziger Jahre beinahe aussichtslose Startbedingungen vor. Allein die Popmusik schien eine Chance zur Selbstverwirklichung zu bieten, und viele Jugendliche gingen diesen Weg.

Mehr als 400 Beatbands musizierten um 1960 in den Kneipen und Kellern am Mersey River, jahrelang wurden sie von der Schallplattenindustrie und vom Monopolsender BBC ignoriert. Als sich der Deckel des Dampfkessels nach 1962 durch den Erfolg der BEATLES hob, war die neue proletarische Musiktradition gefestigt, waren sowohl der Stil als auch die Musiker ausgereift. Der Vorsprung der amerikanischen und englischen Rockmusiker, den ihre kontinentaleuropäischen Kollegen niemals einholen konnten, liegt in dieser Tradition begründet. Sie waren von klein auf mit rockähnlichen Klängen umgeben und entwickelten instinktiv jene musikalischen Verhaltensweisen, die sich ein Rockmusiker in Kopenhagen, Paris oder Berlin erst spät und mühsam wie eine Fremdsprache aneignen mußte. Demzufolge kamen erst ein Jahrzehnt später, nach 1970, kontinentaleuropäische Bands über die Imitation angloamerikanischer Vorbilder hinaus.

In der herkömmlichen Unterhaltungsmusik der Erwachsenen hatte stets vornehmlich der Song den Erfolg einer Schallplatte bestimmt – beinahe gleichgültig, von wem gesungen oder gespielt. Der amerikanische Rock 'n' Roll und die englische Beatmusik setzten an Stelle der Melodie den Vorrang des Klanges und der Interpretation. «Diente früher die Interpretation zur Mitteilung des Notentextes», schrieb der Musikwissenschaftler Konrad Boehmer in einer Analyse des BEATLES-Stils, «so dient dieser nun zur Mitteilung der spezifischen Interpretation. Die Frage, *was* gesungen werden soll, tritt in den Hintergrund vor der Frage, *wie* dies geschieht.» Folgerichtig sanken von 1956 an die Umsätze für Notenausgaben populärer Schlager: Rock war nur über die Tonaufnahme adäquat zu vermitteln.

Neben dem gemeinsamen interpretatorischen Grundgestus wiesen der Rock 'n' Roll der fünfziger und die Popmusik der sechziger Jahre (die heute unter der Bezeichnung Rock zusammengefaßt werden) jedoch fundamentale Unterschiede auf. Der Rock 'n' Roll, der auf einem schmalen Fundus musikalischer Standardformeln und Textmotive aus der Vorstellungswelt der Teenager beschränkt blieb, war bereits nach vier Blütejahren – 1954 bis 1958 – erschöpft. Denn das konventionelle Gefüge der Musikindustrie war durch das stürmische *Shake, Rattle And Roll* von Elvis Presley, Chuck Berry, Little Richard, Buddy Holly und Jerry Lee Lewis nicht erschüttert worden. Das alte Management hatte sich deren Einfälle, die zunächst auf kleinen Außenseitermarken wie Sun, Speciality oder Chess vorgelegt worden waren, einfach einverleibt und stellte von 1957 an am Fließband platte Imitationen her.

Von einzelnen kreativen Firmen wie Atlantic in New York oder Motown in Detroit abgesehen, tat sich in den Studios fortan kaum Neues; die Musiker hatten aufzunehmen, was man ihnen befahl. Eine solche Flut kaum voneinander unterscheidbarer Rock 'n' Roll-Schallplatten überschwemmte den Markt, daß nahezu sämtliche Firmen dazu übergingen, einflußreiche Rundfunk-Discjockeys mit Sex, Bargeld und Luxusgütern zu bestechen, um ihren Produkten Gehör zu verschaffen. «Vorübergehend waren die Manipulatoren wichtiger als die Musiker selber» (Jon Landau) – so lange jedenfalls, bis ein Kongreßausschuß in Washington den Korruptionsskandal aufdeckte und monatelang bis in alle Einzelheiten untersuchte. Diese sogenannte Payola-Affäre brachte nicht nur das Schallplattengewerbe, sondern auch den Rock 'n' Roll in Mißkredit und trug zum weiteren Niedergang des Stils bei.

Die Rockmusiker der mittsechziger Jahre, nun vorwiegend Kinder des Klein- und Mittelbürgertums, traten mit einem viel höheren Grad an Selbstbewußtsein und Bildung gegen die Schallplatten-Mogule an. Sie beharrten darauf, ihre Musik im Studio selbst zu produzieren oder von ihresgleichen aufnehmen zu lassen, wiesen Eingriffe in ihre musikalische Autonomie zurück und erweiterten das Ausdrucksspektrum der Popmusik durch ungewohnte, vordem als unkommerziell geltende Klangmischungen sowie durch sozialkritische Texte. Wollten die unter harten Konkurrenzdruck stehenden internationalen Musikkonzerne den Anschluß an eine neue Käufer- und Konsumentengeneration nicht verlieren, hatten sie sich den Musikerwünschen zu fügen.

Wohl war anfangs auch ein Bob Dylan Rock 'n' Rollern wie Elvis Presley und Buddy Holly sowie Folksong-Interpreten wie Woody Guthrie und Leadbelly verpflichtet, wohl spielten die BEATLES zunächst Stücke von Chuck Berry, Little Richard, Carl Perkins und die ROLLING STONES Blues von Muddy Waters, Howlin' Wolf und Willie Dixon nach – überraschend schnell aber kamen sie musikalisch und textlich über den Stil ihrer Vorbilder hinaus. Zwar bedienten sie sich der Technologie und der Vertriebsmechanismen des großstädtischen Schallplatten-Business – im Grunde jedoch blieb ihr Rock eine zum Massenerfolg hochgetrimmte Volksmusik.

Mehr als je zuvor galten nun die Originalität eines Musikers und die Identifizierung mit seinem Material als Prüfsteine seiner Glaubwürdigkeit. Zunehmend verlangte das Publikum von seinen Idolen die Artikulation von eigenen oder Gruppenerfahrungen an Stelle der bislang in der Populärmusik üblichen Gefühlsschablonen und Schlagerklischees: Der Rock-Troubadour mit der Elektrogitarre betrat die Bühne. Die singenden Notenfolgen des elektrischen Instruments, darauf hat Karl Dallas in seinem Buch ‹Singers of an Empty Day› hingewiesen, entsprachen der oralen Tradition jeglicher Folklore noch stärker als die Akkordbegleitung der unverstärkten Folksong-Gitarre, die akademische Harmoniekenntnisse voraussetzte. Dallas: «Die Elektrogitarre ist das verbreitetste Folkloreinstrument in der englischsprachigen Welt.»*

Die neue City-Folklore krempelte freilich sämtliche Hörgewohnheiten der westlichen Welt und beinahe alle Konventionen des Mediums Schallplatte um. Um «über die Welt, in der wir leben, eine Aussage zu treffen» (Bob Dylan), sprengten die Rockmusiker die Vier-Minuten-Grenze der Singleplatte und machten die Langspielplatte zum bevorzugten Kommunikationsmedium der jungen Generation. Spätestens mit Dylans assoziationsreicher Gedankenlyrik, mit den Klangcollagen der BEATLES, den Improvisationen der CREAM und den

* Bezeichnenderweise war der erste Elektrogitarrist in der Popmusik kein Rock 'n' Roller, sondern (schon um 1935) T-Bone Walker – ein schwarzer Bluesmusikant.

raffinierten Partituren der MOTHERS OF INVENTION hatte die Popmusik das professionelle Niveau der Jazz-Elite erreicht.

«Hören Sie auf die Verse der neuen Songs», beschwor Leonard Bernstein am 25. April 1967 in der CBS-Fernsehdokumentation ‹Inside Pop – The Rock Revolution› seine amerikanischen Mitbürger – «sie haben etwas mitzuteilen. Sie sind Ausdruck des Denkens von Millionen junger Leute. Sie drücken deren Empfindungen über viele Themen aus: Bürgerrechte, Frieden, Entfremdung, Mystizismus, Rauschgift und vor allem Liebe. Ich glaube, dies alles ist ein Teil eines Umbruchs, der nun schon 50 Jahre andauert. Aber nun kontrolliert die Jugend ein Massenmedium, die Schallplatte. Die Musik auf Platten mit all ihrem Lärm und ihren kühlen Texten macht uns unsicher, aber wir müssen sie ernst nehmen. Indem wir auf sie hören, können wir vielleicht etwas über unsere eigene Zukunft lernen.»

Die Zukunft der Popmusik lag zunächst im Plattenstudio. Als zwei Wochen nach Bernsteins Rock-Television in amerikanischen Musikkreisen bekannt wurde, daß die BEATLES 700 Stunden im Studio an ihrem *Sgt. Pepper*-Album gearbeitet hatten, buchten vorsichtige US-Producer Studiozeit für ihre Bands auf Monate voraus. «Die Musik wird besser», erkannte Produzent Tom Wilson, «also werden wir mehr Ruhe brauchen, um sie aufzunehmen.» Er behielt Recht. 1967 wurde, wie die Zeitschrift ‹Billboard› feststellte, zum «Jahr der Studios».

«Vor ein paar Jahren», so damals Vincent Liebler, Chefingenieur von Columbia/CBS, «haben wir alles noch monaural aufgenommen. Dann kamen Drei- und Vierkanal-Stereo, und wir fühlten uns mächtig fortschrittlich. Aber wer sich heute nicht umgehend auf Acht- und Sechzehnkanalmaschinen umstellt, kann seinen Laden gleich zumachen.» Bald kam den Rock-Ingenieuren eine ebenso ausschlaggebende Rolle zu wie den Musikern. Die Soulfirma Atlantic schätzte die Bedeutung ihres Tonmeisters Tom Dowd so hoch ein, daß sie ihn zum Vizepräsidenten der Gesellschaft erhob. George Martin in London, vom ‹Time›-Magazin als «Mixmaster of the BEATLES» apostrophiert, erklärte die «Epoche der reinen Sounds» für eröffnet: «Früher haben wir uns bemüht, Klänge so realistisch wie möglich zu reproduzieren; jetzt versuchen wir abstrakte Klangbilder zu schaffen.»

Vor allem die Klangcollagen der BEATLES erfreuten sich alsbald hoher Wertschätzung der Intellektuellen. Leonard Bernstein hielt sie für «amüsanter als alles, was die Komponisten der E-Musik-Avantgarde heute schreiben»; Neuntöner Pierre Boulez fand sie «cleverer als die Opern von Henze». In einem Seminar über die Musik der BEATLES an der University of California in Los Angeles erklärte der Musikwissenschaftler Robert Tusler, das Londoner Quartett habe «viele elektronische Konzepte von Karlheinz Stockhausens Kölner Schule übernommen» und leiste «einen gewaltigen Beitrag zur elektronischen Musik». Fast schien es, als sei die Rockmusik nur deshalb für die Feuilletons und Seminare diskutabel geworden, weil sie durch äußerliche Arabesken und Ornamente auch in die Nähe der europäischen Kunstmusik gerückt worden war.

In Wahrheit hatten die englischen und amerikanischen Musiker die Basis ihres Schaffens noch in ganz anderer Weise verbreitert: 1963 war es ROLLING STONES, ANIMALS, THEM und anderen in England, 1965 dem BLUES PROJECT, der BUTTERFIELD BLUES BAND, später CANNED HEAT und anderen in Amerika gelungen, vollends in die Bluestradition der Schwarzen einzudringen. Nachdem Bob Dylan beim Newport Folk Festival 1965 seine Gitarre an einen Elektroverstärker angeschlossen hatte, wurde in den Aufnahmen der BYRDS, LOVIN' SPOONFUL, BUFFALO SRINGFIELD der Folk Rock zu einem genuinen Stil. 1966 verschmolzen JEFFERSON AIRPLANE, GRATEFUL DEAD und viele andere Gruppen in San Francisco im LSD-Rausch winzige Klangpartikel aus geläufigen Musikarten zum facettenreichen Psychedelic Rock und artikulierten dazu eine phantasievolle, Außenstehenden kaum verständliche Drogenpoesie. In der Meditationsphase der Hippies, unter dem Einfluß indischer Gurus, begann in zahlreichen Popmusik-Studios das uralte indische Saiteninstrument Sitar zu sirren und zu schwirren; Titel der Klangmode: Raga Rock. Formeln und Strukturen von Bach, Vivaldi und Renaissancekomponisten drangen bei PROCOL HARUM, THE NICE, DEEP PURPLE unter der Bezeichnung Baroque Rock in die Hitparaden ein. Bob Dylan versöhnte durch seine Alben *John Wesley Harding* und *Nashville Skyline*, gefolgt von Ensembles wie THE BAND und GRATEFUL DEAD, 1968/69 den notorisch linksliberalen Rock mit der vordem als zutiefst reaktionär geltenden Country & Western-Musik Nashvilles; Etikett: Country Rock. Bei den FREE SPIRITS, THE FLOCK, CHICAGO, BLOOD, SWEAT & TEARS wurden Rock und Jazz wider aller Kritiker-Vorurteile zum musikalisch erregenden und kommerziell lukrativen Jazz Rock fusioniert.

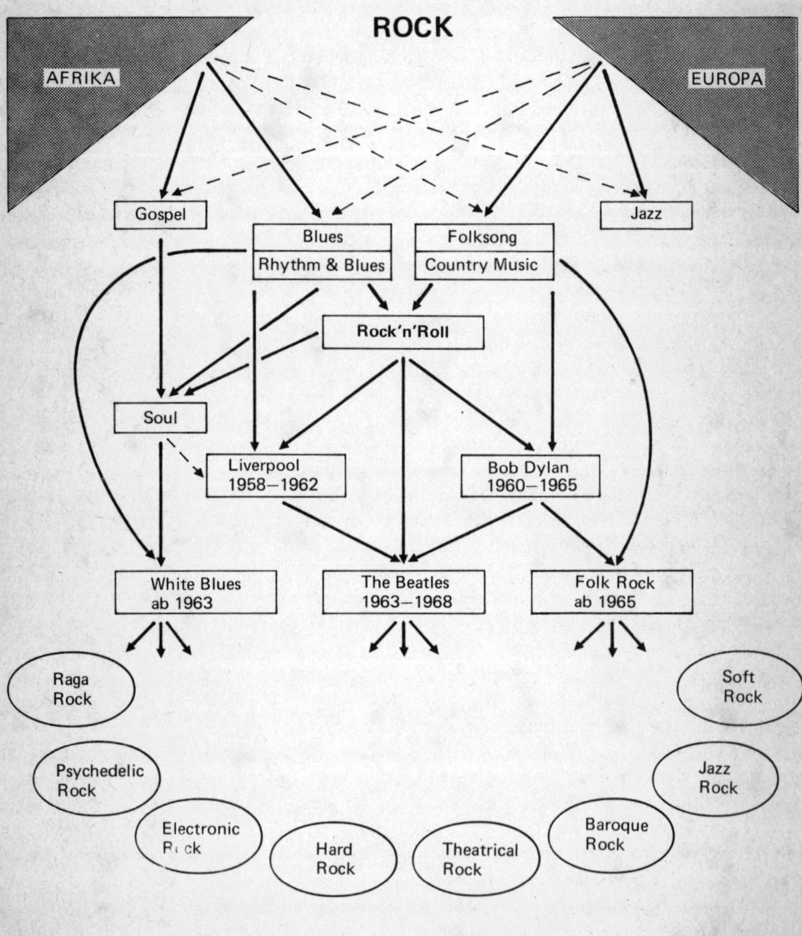

Elektronische Jaul-, Rückkopplungs-, Splitter- und Überlagerungsklänge wie bei Jimi Hendrix, 360-Grad-Stereo-Raumeffekte wie bei PINK FLOYD, komplexe Formzyklen mit ständig wechselnden Instrumentalfarben, Tempi und Tonarten wie bei den MOTHERS OF INVENTION, grelle Blues-Figurationen wie bei CREAM und TASTE waren vordem in keiner Massenmusik zu hören gewesen. Da war es kein Wunder, daß sich die Gespräche in Fankreisen und auf den Parties der Schickeria zeitweise nur um die modischen Klangacessoires drehten, während die eigentliche Basis all dieser Verschmelzungsprodukte, das Rock-Idiom, schon als selbstverständliche Voraussetzung galt.

Dort aber, in der Arbeit der Rhythmusgruppen, in der Intonation und Phrasierung von Sänger, Gitarristen und Bläsern, lag nach wie vor der Bewertungsmaßstab für gute Rockmusik. Mochte das Gelingen einer Stil- und Klangmischung unter anderem auch davon abhängig sein, wie kompetent eine Band beispielsweise mit E-Musik-Motiven und Jazzphrasen, mit Raga-Figuren und dem elektronischen Synthesizer umgehen konnte – entscheidend blieb doch, mit welcher Leichtigkeit, Selbstverständlichkeit und Nuancierungskunst sie dem Kraftzentrum der Rockmusik, also den Ekstasetechniken von Blues, Soul, Gospel und Countryfolklore nahe kam.

Wegen dieser in Noten nicht faßbarer Unwägbarkeiten, dieses fundamentalen Gegensatzes zu jeder Art europäisch-amerikanischer E- und U-Musik strömten vom Monterey Pop Festival 1967 an immer mehr Jugendliche zu den gigantischen, mehrtägigen Rock-Marathons, die in Woodstock 1969 ihren Höhepunkt erreichten. Dieses grundsätzliche Anderssein als die glatte, geschleckte Deodorant- und Aircondition-Zivilisation motivierte den großen Treck der «Kinder von Marx und Coca-Cola» (Filmregisseur Jean-Luc Godard) in Kaftans und Saris, afghanischen Felljacken, Indianerwämsern und bunten Phantasiekleidern in einen von Haschischwolken und Drogenphantasien durchwaberten Underground.

Und je begründeter die Sängerin Janis Joplin jubeln konnte, früher sei die Rockjugend eine kleine Gruppe von Außenseitern gewesen, «jetzt aber gibt es Massen und Massen und Massen von uns», desto mehr Schallplatten wurden verkauft. Schon 1963 hatte der britische EMI-Konzern für 18 Millionen Dollar BEATLES-Platten abgesetzt. Eine ganze Industrie – Textilfabrikanten, Getränkefirmen, Textilhersteller, Zeitschriftenverleger – beteiligten sich am Beat- und Pop-Business. Zum erstenmal in der Geschichte beklagten sich 1964 Amerikas Musikverleger, sie müßten Millionen Dollar Tantiemen für Beat-Importe in ein außeramerikanisches Land (England) überweisen. Wochenlang führten zwei BEATLES-Alben die US-Langspielplatten-Bestsellerliste an: der Soundtrack des Films ‹A Hard Day's Night› und *Something New*. Seit *I Want To Hold Your Hand* im Januar 1964 gab es keine BEATLES-Single, die nicht in den US-Hitparaden erschien; im April jenes Jahres waren es 14 zur gleichen Zeit. «Der Einbruch der Beatmusik in diesem Jahr», schrieb ‹Billboard›, «muß auf die Invasion englischer Gruppen zurückgeführt werden.» Von den 45 meistverkauften Langspielplatten in den USA stammten 1964 17 von englischen Gruppen, allein fünf von den BEATLES.

Das ganze Jahr 1964 über hielt die britische Invasion auch in Amerikas Sportarenen und Konzerthallen an. Im Juli und August klagten die Veranstalter einer BEATLES-USA-Tournee, sämtliche Säle seien zu klein, man hätte die Tournee zweimal ausverkaufen können. Im September verbuchten die ANIMALS in San Franciscos Cow Palace die für damalige Verhältnisse sensationelle Rekordeinnahme von 58 000 Dollar. Die ROLLING STONES, die im Oktober kamen, mobilisierten schon bei ihrer Ankunft auf dem New Yorker Kennedy-Airport so viele Teenager, daß die Polizei die Sicherheit unbeteiligter Passagiere nicht mehr gewährleisten konnte. Dabei waren BEATLES, ANIMALS und STONES zwar die prominentesten, aber doch nur drei britische Gruppen von dutzenden, die damals in den USA gastierten.

Der Starterfolg dieser Bands jenseits des Atlantik im Jahr 1964 wurde hier deshalb so ausführlich dargestellt, um die verbreitete These zu widerlegen, Rock sei jemals etwas anderes gewesen als kommerzielle Musik. Gewiß, in ihren besten musikalischen und textlichen Äußerungen eignet ihr mentalitäts- und bewußtseinsverändernde Kraft; ins kapitalistische Wirtschaftssystem jedoch hat sie sich vom ersten Tag an widerspruchslos eingefügt. Rock bot den jungen Leuten, so heißt es im Buch ‹Beat in Liverpool›, «eine Möglichkeit, der erstarrten Gesellschaft mit ihren mangelnden Aufstiegsmöglichkeiten ein Schnippchen zu schlagen, mehr Geld und größere Anerkennung zu erringen und sich ein Stückchen aus dem großen Kuchen herauszuschneiden, den sonst die Manager des Schaugeschäfts für sich allein behalten würden».

Das ist bis heute so geblieben. Wahr: Die jungen Popmusik-Rebellen der sechziger Jahre haben die Branche verunsichert; und mancher Manager, Producer oder Schallplatten-Boss, der sich nicht rechtzeitig auf neue Produktions-, Promotion- und Marketingmethoden umstellen konnte, verlor den Anschluß an den Markt. Dafür wuchsen aus den Kreisen der Musiker, in Plattenstudios und Werbebüros clevere junge Rockkapitalisten heran: Robert Stigwood, David Geffen, Lou Adler, Bill Graham, um nur einige zu nennen. Nachdem der Columbia/CBS-Direktor Clive Davis beispielsweise beim Monterey Pop Festival 1967 in Kalifornien erkannt hatte, daß die jungen Musikkonsumenten künftig überwiegend den Rock-Rattenfängern folgen würden, engagierte er Top-Attraktionen wie Janis Joplin, Johnny Winter, SANTANA, BLOOD, SWEAT & TEARS exklusiv für sein Label, erhöhte den Rock-Anteil an seinem LP-Repertoire von 17 auf über 60 Prozent und machte seine Firma damit zum umsatzstärksten Plattenhersteller in den USA. 1972 wurde mehr als die Hälfte der 3,3 Milliarden Dollar Schallplatten-Weltumsatz aus Rockproduktionen bestritten; die Illustrierte ‹Look› überschrieb eine Rock-Reportage zu Recht mit der Schlagzeile: «Music is where the money is.»

In einem Leitfaden für Musiker mit dem bezeichnenden Titel ‹How to Make a Million out of Pop Musik› resümiert der englische Kritiker Tony Palmer: «Die Tatsache, daß man in diesem Gewerbe schnell zu Geld kommen kann, war stets eine der größten Herausforderungen des Rock.» An anderer Stelle: «Es kommt die Zeit, da man feststellt, daß man einen Manager, Agenten und Werbemann braucht, daß man für die Plattenindustrie lediglich ein Produkt ist und daß zwischen Erfolg und musikalischer Kreativität höchstens eine zufällige Beziehung besteht.» Deshalb wäre es unsinnig, etwa den BEATLES vorwerfen zu wollen, daß sie nicht als Proletarier in Liverpool geblieben sind, um mit ihrer Musik die Unterprivilegierten zur Revolution zu animieren; deshalb ist es töricht, von Rockmusikern Konsumverzicht und kostenlose Konzerte zu verlangen. Keine Band kann es sich leisten, häufiger umsonst zu spielen, fast immer verfolgen die Musiker auch mit sogenannten Free Concerts höchst selbstsüchtige Motive.

Die ROLLING STONES benutzten die 300 000 Fans, die zu ihrem berüchtigten Free Concert Ende 1969 – bei dem der junge Farbige Meredith Hunter vor den Augen der Musiker von HELL'S ANGELS erstochen wurde – auf die Altamount-Autorennbahn in Kalifornien gekommen waren, lediglich als kostenlose Statisten für ihren monströsen Tourneefilm. Die musikalisch drittklassige EDGAR BROUGHTON BAND, die eine zeitlang umsonst auftrat, lancierte sich mit revolutionären Sprüchen in die Schlagzeilen – mit dem Ergebnis, daß sie das Publikum beim Wort nahm und die Konzertsäle stürmte, als Broughton, bekannt geworden, schließlich Eintritt verlangte.

Ungeachtet der Tatsache, daß sich eine ganze Generation junger Leute mit der Rockmusik identifizierte, mit ihr Gesellschaftskritik übte und durch sie Kommunikation herstellte, gab es schon immer Bands, die mit ihren Kunststücken nichts anderes als Reichtum bezweckten – Frank Zappa widmete ihnen seine glänzende Parodie *We're Only In It For The Money*. Andererseits kümmerten sich einzelne Musiker wie beispielsweise GRATEFUL DEAD oder Julie Driscoll zeitweise überhaupt nicht um ihre Einkünfte. Die große Mehrheit der Interpreten jedoch spielte stets aus zwei Gründen: für Geld und aus Freude am Musizieren. Sie fand ihr Erfolgserlebnis in einem möglichst engen Kontakt mit dem Publikum. Dieses war die dominierende Verhaltensweise des Rockmusikanten vor der Zeit der großen Festivals (1969). Sie erinnerte, schreibt der britische Soziologe Andrew Weiner, «an ein altes, möglicherweise imaginäres Wirtschaftssystem, in dem es Handwerkern Spaß machte, schöne Dinge herzustellen und zu verkaufen. Das Geld, das sie einnahmen, bemaß sich nach dem Vergnügen, das ihre Produkte den Kunden bereiteten. Es war ein Indikator dafür, wie gut und wie intensiv sie gearbeitet hatten.»

Je erfolgreicher und berühmter ein Rockmusiker aber wird, desto mehr verliert er in der Regel die Spielfreude, den Spaß an der Improvisation. Im nervenzermürbenden Zirkus der gigantischen Bühnenshows, im Stress des Tourneegeschäfts, das ihn keinen Augenblick aus dem Karussell von Hotelzimmern, Taxis, Garderoben, Konzerthallen, Flughäfen und Düsenmaschinen entläßt, wird das Bedürfnis zu Kommunizieren mehr und mehr von dem Wunsch nach Luxus zurückgedrängt. Das bedeutet zunächst nicht, daß die Musik automatisch schlechter wird. Doch im gleichen Maße, wie Spieltrieb und Schaffensdrang zum anstrengenden Job verkommen, verliert der Musiker den Kontakt zu seinen Fans. Und Rock ist nur solange gut, wie er die Emotionen der Konzertbesucher und Plattenverkäufer auszudrücken versteht.

Allmählich wird der Rock-Superstar zum Gefangenen seines Reichtums und seines Ruhms. Seine gesellschaftlichen Beziehungen beschränken sich zunehmend auf andere Musiker, auf Manager, Plattenbosse, Musikverleger, Discjockeys, Popjournalisten, Groupies und eine Horde internationaler Jet-Setter und Snobs, die mit seinem ursprünglichen Publikum und dessen Lebensstil kaum mehr etwas gemein haben. Dann beginnt die künstlerische Krise: Wenn die Anregungen aus dem Underground ausbleiben, wenn der Blues seine existentielle Bedeutung verliert, wenn der Kampf ausgekämpft ist und der Zwang, sich nach oben zu boxen, entfällt, wird die Rockmusik schal. Diese Situation war bei einem Teil der etablierten Bands um 1970 erreicht.

«Als wir 1965 anfingen», erklärte der Impresario Bill Graham, als er 1971 seine berühmten Fillmore-Rocktempel in New York und San Francisco schloß, «hatten wir es mit Musikern zu tun und verpflichteten Bands. Heute sind es Direktoren und Aktionäre riesiger Konzerne, die sich von General Motors- und Coca-Cola-Bossen nur dadurch unterscheiden, daß sie lange Haare tragen und Gitarre spielen.» Der Erfolg, meinte Graham, habe die Superstars korrumpiert. Statt wie früher 5000 bis 6000 Dollar forderten die Manager prominenter Bands zu dieser Zeit bereits Abendgagen bis zu 50 000 Dollar.

Derartige Beträge konnten nur in Superarenen und Mammutfestivals eingespielt werden, in denen der einzelne Zuhörer kaum noch Kontakt zur Bühne hatte. Gigantomanie begann die Szene zu lähmen. «Rock», so Graham, «wurde von einem 1000-Dollar-Business zu einem Multimillionen-Dollar-Geschäft. Damit wurde die Musik gleichsam nebensächlich, und alles konzentrierte sich auf die Frage, wie das Geschäft noch besser laufen kann. Wenn Musiker und Manager in finanziellen Kategorien denken, ist es okay; wenn sie aber die künstlerischen Probleme über dem Geldmachen vernachlässigen, ist das der Anfang vom Ende.»

Um die Umsatzkurve weiter ansteigen zu lassen, brachten die Plattenfirmen eine Flut zweitklassiger Produktionen halbgarer Gruppen auf den Markt. Schon immer einmal hatten geschäftstüchtige Plattenproduzenten künstlich kommerzielle Renner aufgebaut. Die kalifornischen MONKEES zum Beispiel, die damals allenfalls zum Hausgebrauch musizieren konnten, wurden von der Firma Colgems 1966 synthetisch produziert (anonyme Profimusiker halfen im Plattenstudio aus). In den goldenen Rock-Jahren waren dies jedoch Ausnahmen; das Angebot an Talent war groß genug. Nun aber wurde – wie zehn Jahre vorher beim

Rock 'n' Roll – das Kopieren erfolgreicher Rock-Schemata zur Regel. Und wie so oft in der Geschichte des Showbusiness honorierte das Publikum mittlerweile auch beim Rock das Image der Stars und nicht mehr ihre Leistung. «Vor fünf Jahren», beobachtete Graham, «waren das Qualitätsbewußtsein und der Sachverstand der Zuhörer sehr viel höher als heute. Im Augenblick brüllen die Leute bei jeder Band nach Zugaben, und wenn die Musik noch so beschissen ist.»

Zu Beginn der siebziger Jahre wußte niemand, wohin die Rock-Reise ging. «Wir haben», klagte der Gitarrist Eric Clapton, «eine Fülle begabter Instrumentalisten, aber niemanden, der ihnen eine neue Richtung zeigt. Seit Monaten sitzen wir herum und warten auf einen neuen Anführer, jemanden wie Bob Dylan oder John Lennon, dem wir folgen könnten; aber es kommt niemand, und die Großen von gestern schweigen.» Sie waren ihrem zermürbend-exzessiven Lebensstil erlegen – wie Janis Joplin, Jimi Hendrix, Jim Morrison, Brian Jones. Sie gerierten sich noch immer als *Working Class Heroes* und ruhten sich dabei auf ihren Millionen aus – wie John Lennon. Sie tönten noch immer: «Was kann ein armer Junge tun, außer in einer Rock 'n' Roll-Band zu spielen», und zogen sich nach Südfrankreich zurück, um Einkommensteuern zu sparen – wie die ROLLING STONES. Sie stilisierten sich zum «Vortrupp Amerikas», schluckten in ihren kalifornischen Landhäusern LSD und träumten von einem «Sternenschiff», das sie diesem verwüsteten Planeten enthebt – wie JEFFERSON AIRPLANE.

In dieser Situation allgemeiner Richtungslosigkeit und Resignation, in der die Pop-Szene ausgelaugt war, die Drogeneuphorie in einen Horrortrip umgeschlagen, die Festivals zu riesigen Flüchtlingslagern geworden, besannen sich viele Rockinterpreten auf die alte Folksong-Tugend der Beschränkung und artikulierten zur unverstärkten, akustischen Gitarre oder am Piano melancholische Lieder voller Nostalgie: James Taylor, Neil Young, Carole King. Rock 'n' Roll-Koryphäen wie Elvis Presley, Chuck Berry, Little Richard feierten mit ihren Evergreens ein Comeback. Newcomer machte abgespielte Musikmuster durch Showbusiness-Glamour, Schock-Texte, sadomasochistische Bühnenrituale, Transvestiten-Allüren und den Kick des Abseitigen aufs neue attraktiv: Alice Cooper, ROXY MUSIC, GENESIS, David Bowie, Lou Reed. Auf musikalisch längst eingefahrenen Gleisen dampften englische Spieler aus dem zweiten Glied – Elton John, LED ZEPPELIN, JETHRO TULL – als neue Umsatzlokomotiven zum Superstar-Ruhm. Bob Dylan, der lange geschwiegen hatte, ließ sich 1974 wieder hören und wurde enthusiastisch begrüßt. Aufgelöste Bands wie STEPPENWOLF, ELECTRIC FLAG oder das Quartett CROSBY, STILLS, NASH & YOUNG wurden – mehr oder weniger dauerhaft – reformiert. In der Flaute kreativer Neuerungen hatten erstmals auch Ensembles aus der Bundesrepublik auf dem internationalen Musikmarkt eine Chance: CAN, AMON DÜÜL, NEKTAR, ATLANTIS, RANDY PIE, PASSPORT, TRIUMVIRAT, TANGERINE DREAM.

Mit all diesen alten und neuen Modeklängen machte die Musikindustrie in der ersten Hälfte der siebziger Jahre höhere Umsätze als je zuvor. «Das Rock-Universum», diagnostizierte Clive Davis Anfang 1973, «hat sämtliche musikalischen Ausdrucksformen vereinnahmt und expandiert nun nach allen Seiten.» Aber wie Davis nur wenige Monate nach dieser Äußerung seinen Direktorenposten bei Columbia/CBS verlor, weil er in den Verdacht von Unterschlagung und Korruption geraten war, so hatte auch die Rockmusik im «Money-Go-Round» (Ray Davies) weitgehend ihre soziale Bedeutung eingebüßt. Aus den rebellischen Teenagern von gestern waren nun selbst junge Eltern geworden; an der Musik entzündete sich kaum noch ein Generationskonflikt. «Rock hat aufgehört, Heranwachsenden Weltanschauung und Lebenshilfe zu vermitteln», erklärte der zum einflußreichsten US-Tourneeveranstalter aufgestiegene Bill Graham: «Er ist nur noch Entertainment.» – «It's only Rock 'n' Roll, but I like it», sangen auch die ROLLING STONES.

Ein Großteil der zum dominierenden Unterhaltungsklang der westlichen Welt gewordenen Rockmusik vollzog sich, gemessen an früheren Pop-Stilen, nach wie vor auf unvergleichlich hohem Niveau. Monat für Monat kamen handwerklich perfekte und künstlerisch überzeugende Langspielalben mit beträchtlichem Käufer-Appeal auf den Markt. Daneben wuchs aber auch die Menge inhaltsleeren Pop-Kunstgewerbes nach kommerziell erprobten Schablonen. Vor allem die Soul-Werkstätten von Philadelphia, Los Angeles und Miami lieferten attraktive Klangtapeten für Wohnzimmer und Diskothek.

War das still-ergriffene Zuhören am Plattenspieler, im Konzert und bei Festivals etwa ein Jahrzehnt lang die dominierende Rezeptionsweise der Rock-Jugend gewesen, so drängte es nun viele wieder auf die Tanzfläche. Beinahe allwöchentlich wurden 1974 in New York und anderen Großstädten neue Diskotheken eröffnet – zunehmend Startplätze internationaler Single-Hits. Eine aus der Mentalität der schwarzen Mittelklasse geborene, rhythmisch intensive, mit Geigenklängen aufgeschäumte Soul-Tanzmusik entwickelte sich unter dem Etikett «Phillysound» zum Leitton auch der weißen Bestsellerlisten. Stevie Wonder trieb den Soul-Ausdruck mit stilistisch vielfältigen Produktionen, für die er 1974 und 1975 mit je fünf Grammy-Preisen ausgezeichnet wurde, weit in elektronische Bereiche vor; viel mehr als dieser Avantgardist jedoch bestimmten Barry Whites gutturales Bettgeflüster, George McCraes hektisches Falsetto-Flehen (*Rock Your Baby*) sowie der einschmeichelnde Gruppengesang von SPINNERS, STYLISTICS, HUES CORPORATION und ihren vielen minder originellen Ablegern das akustische Bild jenes Fließband-Soultrends.

So groß war in der Mitte der siebziger Jahre der Ausstoß der Plattenfirmen an Soul- und Rock-Singles, so hart der Konkurrenzkampf um werbewirksame Plazierung auf den Radiowellen, daß wieder Dollarscheine oder auch einmal eine Prise Kokain über Funk-Plattenspieler gereicht wurden. Zwischen 1973 und '75 ermittelten staatliche Untersuchungsausschüsse in den US-Bundesstaaten New York, New Jersey und Kalifornien gegen Gesellschaften und Discjockeys, die in den Verdacht von Payola und Korruption geraten waren. Manipulationen dieser Art signalisierten jedoch schon immer, 1975 ebenso wie 1960, nicht nur eine moralische Krise eines Teils der Schallplattenwirtschaft, sondern zugleich künstlerische Stagnation.

Einer Faustregel des Musikgeschäfts zufolge wird jeweils in der Mitte eines Jahrzehnts ein neues Unterhaltungsmusik-Idiom weltweit akzeptiert. In den zwanziger Jahren war es Louis Armstrongs Hot Jazz, in den Dreißigern Benny Goodmans Swing, in den Vierzigern Frank Sinatras Balladengesang, in den Fünfzigern Elvis Presleys Rock 'n' Roll, in den Sechzigern der BEATLES-Beat. 1975 war ein neuer Rock-Messias, der die Entwicklung dieser Musik für ein Jahrzehnt anregen und repräsentieren könnte, nicht in Sicht. Allein der Soul-Sound schien genügend Impulsivität, Entfaltungsmöglichkeit und personelles Potential für eine solche Stildominanz aufzuweisen. Andererseits erschien zweifelhaft, ob die schwarzen Songschreiber und Sänger auch differenziertere Emotionen (als Liebe und Sex) bei den weißen Jugendlichen würden ansprechen können, wie es für den internationalen Langzeit-Erfolg eines Pop-Stils unerläßlich ist.

Doch wer immer in der Zukunft die Instrumente anschlagen mag – auch morgen wird die Jugend in aller Welt nach Schallplatten tanzen und ihre Wünsche, Sehnsüchte und Frustrationen in Songs artikuliert finden, die in der Tradition von Blues, Rock 'n' Roll und Countrymusik wurzeln. Jon Landau hat es im Titel eines der besten Rockbücher auf die Formel gebracht, es sei zu spät, die tiefgreifenden, vom Rock bewirkten Veränderungen in unser aller Denken und Fühlen jetzt noch rückgängig machen zu können: «It's too late to stop now.» Was Sonny Bono vor Jahren sang, gilt unverändert: *The Beat Goes On*.

SIEGFRIED SCHMIDT-JOOS

Wo man singet . . .

... wird kein Mensch beraubt – schrieb Johann Gottfried Seume Anno 1804 in der «Zeitung für die elegante Welt». Damals gab's auch noch keine Schallplattenindustrie, und die Leute sangen gratis.

Heute hat es einen Doppelsinn, wenn gesagt wird, Musik bereichere den Menschen.

Pfandbrief und Kommunalobligation

Meistgekaufte deutsche Wertpapiere - hoher Zinsertrag - schon ab 100 DM bei allen Banken und Sparkassen

Verbriefte Sicherheit

A

Ackles, David (voc, p), am 20. Februar 1937 in Rock Island, Illinois, geboren, repetierte auf seiner LP *American Gothic* – benannt nach dem Genrebild von Grant Wood – die Historie der weißen amerikanischen Popmusik mit einer solchen eklektizistischen Brillanz, daß zahlreiche Kritiker «das vorzüglichste Pop-Album eines Amerikaners seit den Tagen George Gershwins» (‹Detroit Free Press›) zu hören glaubten. Ackles arrangierte zu nostalgisch-ironischen Versen über die schwindende ländliche Unschuld Amerikas ein Stilmedley aus Anklängen an Gershwin, Kurt Weill, Aaron Copland, Charles Ives und Richard Rodgers, deren Synthese aus europäischer Sinfonik und heimischer Folklore stilprägend für die Entwicklung einer eigenständigen amerikanischen Musikkultur gewesen war. Ackles trug seinen musikhistorisch verbrämten Liederzyklus mit dem dramatischen Timbre eines Konzertsängers vor. Der ehemalige Kinderstar, Dramastudent und Fernsehautor hatte bereits 1968 in Rock-Kreisen Aufsehen erregt, als → Julie Driscoll den Song *Road To Cairo* aus seinem ersten Album in schwermütiger Nachinterpretation in England bekannt machte. Mit seinen eigenen Gesängen hatte der begabte Autodidakt hingegen weniger Glück: Er pendelte auf der kommerziell unergiebigen Grenze zwischen kunstvollem Folk Rock und Vaudeville-Chanson. Auch *American Gothic* hatte, trotz des berechtigten Kritikerbeifalls, nur einen mäßigen Erfolg. Das edle Werk klang vielen Rock-Ohren zu sehr nach Musiktheater. Liebhaber von Broadway-Musicals wiederum fühlten sich von Ackles' bisweilen zynischem Abgesang auf den traditionellen American Way of Life verunsichert. Dennoch regte die Zeitschrift ‹High Fidelity› an: «Ackles sollte als Musical-Schreiber zum Broadway gehen; da könnte er eine Sensation werden.»

LPs auf Elektra: *David Ackles* (1968); *Subway to the Country* (1970); *American Gothic* (1972) ... auf CBS: *Five and Dime* (1974)

Allison, Mose (voc, p), am 11. November 1927 in Tippo, Mississippi, geboren, «übersetzte schwarze und weiße Blues-Songs seines Heimatstaates in eine zeitgemäße Jazzsprache» (Joachim-Ernst Berendt). Der «Traditionalist mit progressiven Neigungen» (Rex Reed) schlägt sein Piano mit der leichtgewichtigen Virtuosität Nat «King» Coles an, wobei er eine stilistische Verwandtschaft zur Bebop-Zerrissenheit Bud Powells nicht verleugnet. Seine ungeschliffene Stimme artikuliert sich, → Randy Newman durchaus vergleichbar, in sanft-satirischen Blues-Balladen. In den späten fünfziger Jahren erregte Allison mit den Eigenkompositionen *Parchman Farm, Back Country Suite, Local Color* sowie seiner definitiven Interpretation des → Willie Dixon-Songs *Seventh Son* auch außerhalb der Jazz-Zirkel Aufsehen und inspirierte Rock-Artisten wie → John Mayall, → The Yardbirds, → David Clayton-Thomas. «Das Bekannteste an Mose», befand daraufhin ‹Zygote›, «ist sein Einfluß.» Der Wanderer zwischen Jazz und Landfolklore sieht den Blues als internationales Phänomen, das ihm in der chinesischen Oper, indischen Kultgesängen und Béla Bartóks Adaptionen ungarischer Volksmusik gleichermaßen begegnet. Die Idee einer nach Einheitlichkeit strebenden Weltkultur findet sich auch in Allisons Vortragsart, die er mit der kontinuierlichen Verarbeitung neuer Musikeinflüsse (Free Jazz, E-Musik-Avantgarde) variiert und up to date hält. «Ich habe stets das Gefühl gehabt, daß Kunst subversiv ist», erklärt Mose Allison die sarkastische Grundstimmung seiner Lieder. «Deshalb war ich mir auch nie ganz im klaren über meine Beziehung zur Gesellschaft.»

LPs auf Prestige: *Back Country Suite* (ca. 1958); *Local Color* (ca. 1958); *Creek Bank* (1959); *Young Man Mose* (1960); *Autumn Song* (1961); *Ramblin' with Mose* (1962); *Mose Sings* (1963); *Down Home Piano* (1966); *Mose Plays for Lovers* (1968); *Mose Allison* (1972); *Seventh Son* (1973) ... auf Atlantic: *I Don't Worry About a Thing* (1962); *Swingin' Machine* (1963); *Word from Mose* (1964); *Alive!* (ca. 1965); *Wild Man on the Loose* (ca. 1967); *I've Been Doing Some Thinkin'* (ca. 1969); *Hello There,*

Universe (ca. 1970); *Best* (1972); *Western Man* (1972); *Mose in Your Ear* (1973) ... auf Epic: *V-8 Ford Blues* (1962) ... auf Columbia/CBS: *I Love the Life I Live* (1961); *Retrospective* (1971); *Transfiguration of Hiram Brown* (1974) ... auf Odyssey: *Mose Goes* (1968)

Allman, Duane (g), am 20. November 1946 in Nashville, Tennessee, geboren, entflammte als Pyrotechniker des blueslastigen Rock eine Riege von Südstaaten-Musikern für seine Spielweise. Im «süßen Feuer» (‹Los Angeles Free Press›) seines Slide-Gitarrenspiels schmolzen Elemente der Gospel-, Country- und Jazzmusik so schlackenlos zusammen, daß selbst profilierte Repräsentanten des schwarzen Rhythm & Blues beeindruckt waren. Allman machte sich vom Herbst 1969 bis zum Frühjahr 1970 in den Fame-Studios von Muscle Shoals, Alabama, als «flammendes Wunder» (Jerry Wexler) auf Sessions für → Aretha Franklin → Wilson Pickett und → King Curtis bekannt. «Er war der perfekte Gitarrenspieler», erinnert sich der Produzent Wexler. «Er konnte einfach alles: Rhythmus, Lead, Blues, Slide, Bossa Nova mit Jazz-Feeling, eine herrlich sanfte akustische Gitarre – aber auf der Slide gelang ihm das gewisse Etwas.» Seit seiner Schulzeit hatte Allman, zumeist mit seinem am 8. Dezember 1947 geborenen Bruder Gregg, in verschiedenen Ensembles gespielt, die sich mit psychedelischem Rhythm & Blues abquälten. Nach den wenig erfolgreichen Combo-Stationen Allman Joys (1965) und The Hourglass (1967) bildete sich, trotz des ständigen Wechsels von Mitspielern und Gruppen-Namen, ein Kern von Musikern heraus, aus dem Allman 1969 in Jacksonville, Florida, die → Allman Brothers Band formte. Sein impulsives Gitarrenspiel wurde bald zum Markenzeichen einer «elektrischen Orgie für jeden, der sich an sirupdickem und lässigem Blues ergötzen kann» (‹Billboard›). Allman bot seine unaufdringliche Virtuosität weiterhin auf Rock- und Soul-Sessions an. Seiner Meinung nach war Studioarbeit «eine gute Therapie; sie bewahrt einen davor, fade zu werden». Auf Eric Claptons *Layla*-LP (1970) stimulierte Allman als Session-Gast seinen Freund zu erregenden Gitarrenduetten, die die Platte in den Rang eines «klassischen Gitarren-Albums» (Tony Glover) erhoben. Allmans musikalische Rastlosigkeit spiegelte sich in seinem ruhelosen Lebensstil. Er rieb sich in Drogen-Experimenten, ständig wechselnden Frauenfreundschaften und riskanten Motorradjagden auf. Am 29. Oktober 1971 starb er in Macon, Georgia, an den Folgen eines Motorradunfalls, nachdem er bei einem Ausweichmanöver von seiner umgestürzten Maschine 20 Meter mitgeschleift worden war. «Ich glaube, es war fast vorauszusehen, daß er so jung sterben würde», bekannte später sein Freund Thom Doucette: «Er hatte diese wilde und leichtfertige Ader. Abgesehen von seinem Gitarrenspiel langweilte ihn alles. In Wirklichkeit war Duane mit seiner Musik verheiratet.»

LPs mit den → Allman Brothers auf Atco/Capricorn/Atlantic ... mit Eric Clapton auf Polydor: *Layla* (1970). Solo-LPs auf Capricorn: *Duane Allman – An Anthology* (mit diversen Bands und Solisten, 1972); *An Anthology, Vol. 2* (1974) ... auf Polydor: *Duane & Gregg Allman* (1972) ... auf Dial mit den Allman Joys: *Early Allman* (ed. 1973) ... auf United Artists mit Hourglass: *The Hour Glass* (ed. 1974)

The Allman Brothers Band, im Mai 1969 in Jacksonville, Florida, gegründet, verlor seit 1971 durch den Tod hervorragender Ensemblemitglieder ständig an musikalischer Potenz. Sie war eine der wenigen rassisch integrierten Gruppen aus dem Süden der Vereinigten Staaten und orientierte sich sowohl am schwarzen Country-Blues des legendären → Robert Johnson als auch an den schwermütigen Jodlern des weißen Country-Sängers → Jimmy Rodgers. In der Originalbesetzung Gregory «Gregg» Allman (org, voc), Richard Betts (g), Berry Oakley (bg), → Duane Allman (g), Jai Johanny Johanson (dr) und Butch Trucks (dr) musizierte sie mit einer Nonstop-Virtuosität, die stets die Empfindung gab, die All-Stars «spielten nur so aus Spaß drauflos» (‹Rolling Stone›). Der akustische Anführer war Duane Allman. Sein Slide-Gitarrenspiel mit charakteristischen, sirenen-schrillen Aufwärtsfahrten aus schmelzenden Slow-Akkorden war typisch für den Sound der ALLMAN BROTHERS. Die Spieler gaben die sonst bei Rock-Combos übliche Dominanz der Lead-Gitarre über die Rhythmusgitarre auf – zugunsten eines erregenden Wechselspiels zwischen Duanes schwebenden, gedehnten Klängen und Dicky Betts' scharfkantigem Splitterspiel. Die zwei Schlagzeuger lieferten einen derart komplexen Rhythmusteppich, daß Oakley sich mit seinem energetisch pulsenden Baß oft dem Duo-Spiel der Lead-Gitarren anschließen konnte. Der Gruppe gelangen in Konzerten und auf Studio-Alben selbst die ambitioniertesten Spielversuche von Eigenkompositionen (*In Memory Of Elizabeth Reed*) und Blues-Fremdvorlagen (*Statesboro Blues*) in einem dermaßen homogenen Zusammenspiel, daß sie die Kritiker «wie ein einziger schwerer Atmer» (‹Billboard›), wie «ein Meistermusiker mit 30 Fingern und sechs Instrumenten» (Tony Glover) beeindruckte. Nach dem Unfall-Tod Duane Allmans im Oktober 1971 spielte Betts als Gitarren-Solist die ALLMAN BROTHERS mehr in einen erdigen Blues-Sound hinein, der nach Meinung mancher Kritiker «das Beste darstellt, was die Rock-Musik in jeder Stilart zu bieten hat» (Tony Glover). Als Berry Oakley am 11. November 1972 nach einem Motorradunfall starb, war die Band mit dem Gruppen-Novizen Chuck Leavell (p) gerade bei den Vorbereitungen zu der nächsten LP *Lightnin' Rod* (Blitzableiter). Da zur gleichen Zeit drei Tourneetechniker bei Sport- und Autounfällen verunglückten, mochte dieser Albumtitel wohl als makabrer Hinweis auf den Katastrophen-Appeal des Ensembles mißverstanden werden. Er wurde in *Brothers and Sisters* umgeändert, Lamar Williams (g) komplettierte das ALLMAN-Sextett. «Wir müssen uns von dem Schock auf die uns einzig mögliche Art erholen», erklärte Gregg Allman, «indem wir weiter Musik machen.» Dieser Durchhalte-Wille zahlte sich zunächst aus: *Brothers and Sisters* avancierte zwei Wochen nach der Veröffentlichung zum Multi-Millionen-Bestseller, die ausgekoppelte Hit-Single *Ramblin' Man* brachte die ALLMANS erstmals ins AM-Radio, und beim Mammut-Konzert der 600 000 von Watkins Glen im Juli 1973 erspielten sie neben → GRATEFUL DEAD, → THE BAND einen Live-Triumph, der endgültig zu beweisen schien: «Die ALLMAN BROTHERS haben Amerika erobert wie keine andere Band seit Rock and Roll-Gedenken» (‹Melody Maker›). Der Gruppen-Zusammenhalt wurde jedoch 1974/75 zunehmend in Frage gestellt, als Gregg Allman, Richard Betts mit separaten Alben und Tourneen ihre Solo-Identität aufzubauen begannen.

LPs auf Atco: *The Allman Brothers Band* (1969); *Idlewild South* (1970); *Beginnings* (re-issue der ersten beiden LPs als Doppelalbum, 1973) ... auf Capricorn: *The Allman Brothers Band at the Fillmore East* (1971); *Eat A Peach* (1972); *Brothers and Sisters* (1973) ... auf Atlantic: *All Men's Brothers* (Zusammenschnitt aus mehreren LPs, 1972). Solo-LPs Gregg Allman auf Capricorn: *Laid Back* (1973); *The Gregg Allman Tour* (mit COWBOY, BOYER & TALTON, 1974). Solo-LP Richard Betts auf Capricorn: *Highway Call* (1974)

Amen Corner, von sieben Schulfreunden 1966 in Cardiff, England, gegründet, war eine Teenager-Attraktion, die außerhalb Großbritanniens kaum einen Eindruck hinterließ. Unter Leitung von Andrew «Andy» Fairweather-Low (voc), geboren am 2. August 1950, bewohnten Neil Jones (g), Allan Jones (ts), John Weaver (keyboards), Mike Smith (sax), Clive Taylor (bg, p), Dennis Byron (dr) seit 1967 nahe ihrer Heimatstadt je zwei Zimmer in einem feudalen Landhaus, traten ohne Unterlaß im Fernsehen auf, gestalteten eigene TV-Serien wie ‹A Night with Amen Corner›, ‹Stars in Their Eyes› und placierten sich mit den Beat-Schlagern *Gin House* (1967), *Bend Me, Shape Me, High In The Sky* (1968), *Half As Nice, Hello Susie* (1969) in der englischen Hitparade. Ihre Musik war ebenso oberflächlich und belanglos wie ihr Lebensstil, den eine offizielle Biographie so beschreibt: «Ihre Hobbies betreiben die AMEN CORNER, wie es bei guten Freunden der Fall ist, meistens gemeinsam. Sie sind alle gute Reiter, gehen gern schwimmen, hören gern Schallplatten (Jazz, Händel, Beethoven), lieben alle Autos. Der Wagenpark der AMEN CORNER kann sich sehen lassen ... Immer blitzen ihre Autos frisch geputzt, denn den Fans macht es Spaß, sie auf Hochglanz zu halten ... Gemeinsam lieben die sieben Unzertrennlichen auch das gute Essen ...» Andy Fairweather-Low gründete 1971 die eigene Gruppe FAIRWEATHER und betätigte sich später solistisch, John Weaver schloß sich den → STRAWBS an.

LPs auf Deram: *Round Amen Corner* (1969) ... auf Immediate: *The National Welsh Coast Live Explosion Company* (1969); *Farewell to the Real Magnificent Seven* (1970); *Chartbusters* (1970). Andy Fairweather-Low mit FAIRWEATHER auf Neon/RCA: *Beginnings from an End* (1971) ... auf Hansa: *Let Your Mind Roll on* (1972). Solo-LP Andy Fairweather-Low auf A & M: *Spider Jiving* (1974)

America verkörpert den amerikanischen Traum in Rock-Dimensionen: den Aufstieg vom jobsuchenden Schüler zum Hitparaden-Anführer. Die Gruppenmitglieder Dewey Bunnell, Gerry Beckley und Dan Peek wuchsen als Kinder von US-Air-Force-Soldaten in England auf. Kurz nachdem sie sich zu einem Gitarren-Trio zusammengetan hatten, erhielten sie durch Vermittlung des Discjockeys Jeff Dexter einen Vertrag mit der Plattenfirma Warner Brothers und konnten auch gleich ihre erste LP produzieren. Das Debüt-Album und eine gesondert eingespielte Single (*A Horse With No Name*) erreichten im Frühjahr 1972, bereits sechs Wochen nach der Veröffentlichung, die Spitzenplätze in den Hitparaden ihres Heimatlandes. Der schnelle Erfolg AMERICAS bei den Rock-Interessierten ließ vermuten, wie sehr dort die aufgelöste Formation → CROSBY, STILLS, NASH & YOUNG vermißt wurde, deren Sound die drei Auslandsamerikaner mehr oder minder unbewußt mit Sorgfalt nachspielten. 1973 zog das Trio nach Kalifornien und wurde auf Empfehlung → Neil Youngs von dessen Management-Firma betreut. Trotz all der Publicity, die AMERICA fortan genoß, konnte der Dreierbund kein dezidiertes Image aufbauen, das ihn vom Gros der anderen Soft Rock-Gruppen unterschied. Immerhin bröckelte das Konsumenten-Interesse kaum ab; die Umsätze weiterer angenehm professionell gefertigter Alben blieben relativ konstant.

LPs auf Warner Brothers: *America* (1971); *Homecoming* (1972); *Hat Trick* (1973); *Holiday* (1974), *Hearts* (1975)

Amon Düül II löste sich im September 1968 in Herrsching, Deutschland, vom Stamm der kurz zuvor gegründeten Musikantenkommune AMON DÜÜL. Die Abtrünnigen mochten eine ideologisch orthodoxe Einfärbung des Spielplans nicht länger hinnehmen und vermieden fortan im Alleingang jede «vordergründige Agitation durch gegenwartsbezogene Texte» (PR-Notiz). Statt dessen spielten sie sich in die Zeit der Götter, Gräber und Gelehrten zurück und unternahmen mit ihren Verstärkern einen Phantasietrip in die Römerzeit. Dieter Serfas (dr, perc), Peter Leopold (dr), Schrat (bongos, vi, voc), Renate Knaup (voc, perc), John Weinzierl (b, bg), Chris Karrer (vi, g, sax), Falk U. Rogner (org), Dave Anderson (bg) spielten in der religiösen Science-fiction-Band, die nach dem ägyptischen Sonnengott Amon von Theben und einer türkischen Phantasie-Figur benannt war. Auf ihrem ersten Album *Phallus Dei* (1969) trugen sie elektronisch verfremdete Gregorianik-Gesänge in altertümelndem Deutsch vor, vermengten Reports von futuristischen Desastern mit alttestamentarischen Katastrophenberichten, taten sich schwer mit Rückkoppelungseffekten, eigenbrötlerischem Klangzauber und biederen Kopien der PINK FLOYD-Musik. Ihre Konzerte überdehnten sie mit monotonen Schwelltönen und faden Akkordreihen, so daß die Kritiker bei ihrem ersten Auftritt zu den Essener Songtagen 1968 nur «ein halbstündiges musikalisches Nichts» (‹Frankfurter Allgemeine Zeitung›) registrierten. Allmählich besserten sie ihre Underground-Oratorien mit Jazzimprovisationen, Hard Rock-Einlagen und Klang-Exotika auf. Zwischen den zunächst naiv kopierten → Pink Floyd, der orchestrierten Schock-Elektronik der → Mothers of Invention und dem Psycho Rock von → Jefferson Airplane richtete sich Amon Düül II so virtuos ein, daß der englische ‹Melody Maker› den Musikanten 1972 bescheinigte, sie seien «die erste deutsche Gruppe, die einen eigenen Beitrag zur internationalen Musikszene geliefert» habe. Die Musiker fühlten sich in ihrer «Kunstmusik innerhalb des Rock» (Gruppenzitat) eher von → Stockhausen als von den etablierten Synthesizer-Rockern beeinflußt und wollten «auf populärer Ebene zur Vorstellungswelt Beethovens zurückkehren» (Weinzierl). Sie schafften es immerhin, mit ihrer Musik den Niveau-Anschluß zu den San Francisco-Rock-Bands von 1967/68 zu erreichen. Die Besetzung der Gruppe fluktuierte ständig um den Kern Karrer, Rogner, Weinzierl, Knaup. 1975 konsolidierte sich Amon Düül II zu einer Studioband.

LPs auf Liberty/United Artists: *Phallus Dei* (1969); *Yeti* (1970); *Dance of the Lemmings* (1971); *Carnival in Babylon* (1972); *Wolf City* (1972); *Live in England* (1973); *Vive la Trance* (1973)... auf Nova: *Hi Jack* (1974)

Andersen, Eric (voc, p, harm), am 14. Februar 1943 in Pennsylvania geboren, wurde 1964 von seiner Plattenfirma Vanguard als deren → Dylan eingesetzt – zu einer Zeit, als Dylan selbst seine Gitarre elektrifizierte und sich thematisch von der Protestsongszene zurückzog. Andersen, ein Protegé von → Tom Paxton, blieb dagegen unverstärkt und ließ in seinen romantischen Kompositionen kontroverse Tagesthemen mit Understatement anklingen. Zwar wurde er von der ‹New York Times› mit Recht als «einer der hervorragendsten jungen Song-Lyriker» gelobt, doch vermochte er auf Alben nicht immer zu überzeugen. Der → Beatles-Manager Brian Epstein hätte Andersen vielleicht zu künstlerischem Profil verhelfen können, doch er starb vor der geplanten Vertragsunterzeichnung. Der schöne, scheue Junge gefiel auch Andy Warhol, der mit ihm 1966 den nie veröffentlichten Film ‹Space› drehte. Zu dieser Zeit war Andersen mit → Eric Clapton bekannt geworden, der ihm bei der Produktion seines Albums *Avalanche* Gitarrenhilfe leistete. Diese LP mit ihrer inkonsequenten Mischung aus Saloon-Couplets, Blueswalzern, Gospelnummern und Protestklagen dokumentierte die künstlerische Richtungslosigkeit Andersens, die sich wenig überzeugend als Vielseitigkeit tarnte. Bei späteren Produktionen gelang ihm mehr stilistische Entschiedenheit: Durch sein Album *Blue River* (1972) zieht ein sachtes Country-Feeling, das die meist träumerischen Songs in einen unaufdringlichen Stimmungsrahmen setzt. Musik ist für ihn nur dann erfolgreich, wenn sie die Gefühle der Leute aktiviert: «Darum dreht sich doch alles in diesem Business. Die Leute zahlen Geld, um bei dir Gefühle zu sehen, weil sie sich viel zu sehr fürchten, selber welche zu zeigen. Man hat also die Aufgabe, ihre Gefühle zu reflektieren.»

LPs auf Vanguard: *Today Is the Highway* (1965); *'bout Changes 'n Things* (1966); *'bout Changes 'n Things – Take Two* (1967); *More Hits from Tin Can Alley* (1968)... auf Warner Brothers: *Avalanche* (1968); *Eric Andersen* (1969)... auf CBS: *Blue River* (1972)... auf Arista: *Be True to You* (1975)

Anderson, Ian (fl, voc, harm, g, org, p, vi, tp, sax), am 10. April 1946 in Blackpool, England, geboren, ist der Pied Pieper, der Rattenfänger der Rockmusik. Vom Jazz-Flötisten Roland Kirk angeregt, dessen *Serenade To A Chuckoo* (Serenade für einen Kuckuck) er interpretierte, machte er die Querflöte zum obligaten Instrument seiner Band → Jethro Tull. Mit einem altväterlichen Frack bekleidet, dessen linken Schwalbenschwanz er abgeschnitten hatte, schwelgte er in langen Kadenzen voller Spucktöne, mitgeknurrter Balzlaute und Glissandi, warf sich mitunter auf den Boden und vollführte eine abenteuerliche Gymnastik. «Ständig ist er in choreographisch fesselnder Bewegung», beobachtete der Kritiker Werner Burkhardt, «läßt sich mit schonungsloser Bizarrerie in die Knie sacken, rudert mit den Händen wie mit Fledermausflügeln. Während er verzehrende

Flöten-Soli ins Mikrophon schluchzt, hält er sich nur auf dem Standbein aufrecht, hat das andere rechtwinklig angehoben und winkt mit Wade und Zeh in die Menge: Hans Hukkebein, der Blues-Rabe, halb Philoktet und halb Cancan.» Das strengte den Milchtrinker und Alkoholverächter oft derart an, «daß ich halb ohnmächtig werde und Pillen nehmen muß, um weiterspielen zu können» (Anderson). Vor seiner Musiker-Karriere hat er eine Kunstschule besucht und war zunächst unentschieden, ob er in die Musikindustrie gehen oder beim ‹Blackpool Evening Herald› Journalist werden sollte. Über ein Ensemble namens BLADES und die JOHN EVANS BLUES BAND führte ihn sein Weg statt dessen zu JETHRO TULL.

LPs mit → JETHRO TULL

The Animals kamen 1962 in Newcastle, England, zustande, als sich → Eric Burdon (voc) mit → Alan Price (p, org), Hilton Valentine (g), Charles «Chas» Chandler (bg) und John Steel (dr) zusammentat. Die vier Musiker hatten schon seit 1957 unter Bezeichnungen wie THE PAGANS, THE KANSAS CITY FIVE zusammen gespielt. Der Name ANIMALS (Tiere) ergab sich aus dem wilden Aussehen des neuen Quintetts. Später erklärte Burdon: «Wir nannten uns ANIMALS, weil Rock von einfachen, grundlegenden, animalischen Affekten und Bedürfnissen handelt. Die meisten Leute denken bei diesem Namen an Löwen, Tiger, Elefanten und Zoos; für mich bedeutet er aber Schweiß, Sound, Sorgen und Soul.» Aus Soul- und Bluesstücken von → Ray Charles, → Sam Cooke, → Chuck Berry und → John Lee Hooker bestand denn auch das Repertoire. Der größte ANIMALS-Hit *House Of The Rising Sun;* viereinhalb Minuten lang und in nicht mehr als 15 Minuten produziert, wurde 3,5millionenmal verkauft. Nach neun Bestsellersingles und erfolgreichen USA-Tourneen mit Dave Rowberry (keyboards), Barry Jenkins (dr), löste Burdon die Combo 1966 auf und engagierte neue Musiker, die fortan unter dem Titel ERIC BURDON AND THE ANIMALS firmierten: John Weider (g, vi, celeste), Vic Briggs (g, bg), Danny McCulloch (bg, voc), Barry Jenkins (dr) und – später – Zoot Money oder George Bruno (p, org). Mit diesen NEW ANIMALS, wie sie auch genannt wurden, schuf Burdon 1967/68 in Kalifornien mit den LPs *Winds of Change, The Twain Shall Meet, Every One of Us* und *Love Is* Klassiker der Rockmusik, auf denen die Love- und Flower-Power-Stimmung von San Francisco, die Drogeneuphorie und der Meditationskult der Hippies, die musikalische Vielfalt der Subkultur und das Monterey Pop Festival von 1967 unübertrefflich besungen worden sind.

LPs auf Byg: *The Animals and the Yardbirds; The Animals 1963; Sonny Boy Williamson + Animals* (alle rec. 1963, ed. 1972) ... auf britisch Columbia (EMI): *The Animals* (1964); *Animals on Tour* (1965); *Animal Tracks* (1965); *Most of The Animals* (1966); *Animalization* (1966) ... auf Decca: *Animalisms* (1966) ... auf MGM: *Eric is Here* (1967); *Best of Eric Burdon and the Animals, Vol. 2* (1967); *Winds of Change* (1967); *The Twain Shall Meet* (1968); *Every One of Us* (1968); *Love Is* (1968). Solo-LP Danny McCulloch auf Capitol: *Wings of a Man* (1969)

Anka, Paul (voc, p), am 30. Juli 1941 in Ottawa, Kanada, geboren, erlöste mit sechzehn Jahren aus einer gekonnt gestammelten Liebeserklärung an eine «ältere» Frau von achtzehn einen Neun-Millionen-Hit. *Diana* machte den selbstbewußten Jungen mit dem vollautomatischen Reklame-Lächeln 1957 zum damals jüngsten Millionär der Showbusiness-Branche. Als er zwanzig war, hatte er mit sentimentalen Balladen wie *You Are My Destiny* (1958), *Put Your Head On My Shoulder* (1959) und *Lonely Boy* (1960) mehr als 30 Millionen verkaufter Singles erfleht. Als das Interesse der Jukebox-Hörer an seinen puerilen Weinerlichkeiten nachließ, beschränkte er sich fast nur noch auf Nightclub-Auftritte, Fernsehgastspiele und gelegentliche Filmrollen, so 1961 in dem Invasionsfilm ‹Der längste Tag›. Sein Vermögen, das jedes Jahr um eine Million Dollar wuchs, legte er in Musikverlagen und Plattenproduktionsfirmen an. Der Sänger, der einst Schulkinderträume so perfekt kommerzialisieren konnte, blieb vor allem als Autor besinnlicher Schlager im Gespräch: So schrieb er für Frank Sinatra 1968 den semi-biographischen Hit *My Way*. 1974/75 katapultierte sich Anka mit melodiös-attraktiven Hitsingles auf das Star-Performer-Podest zurück: *Flashback, (You're) Having My Baby, One Man Woman/One Woman Man* boten diskret modische Easy-Listening-Klänge für seine mit ihm älter gewordenen Fans von einst.

LPs (Auswahl) auf RCA: *Young, Alive and in Love; Let's Sit this One Out; Our Man Around the World; 21 Golden Hits* (1963); *Strictly Nashville* (1966); *Live* (1967); *Life Goes On* (1969); *Goodnight My Love* (1969); *Sincerely* (1969); *70's* (1970) ... auf ABC: *Paul Anka* (1972); *Jubilation* (1972) ... auf Buddah: *Paul Anka* (1972) ... auf United Artists: *Anka* (1974); *Feelings* (1975)

The Archies verdankten ihren Namen einer Comic-Serie von John L. Goldwater und Bob Montana, die seit 1942 in mehr als 600 US-Zeitungen gedruckt wurde und in Heftform eine jährliche Weltauflage von 50 Millionen Exemplaren erreichte. 1968/69 wurden die Comic-Charaktere Archie Andrews, Jughead, Betty, Veronica, Hot Dog und Reggie Hauptfiguren einer CBS-Fernsehserie – Grund genug für den Musik-Kaufmann Don Kirshner, vordem Miterfinder der → MONKEES, ihnen auch eine lukrative musikalische Identität zu geben. Doch die Musikgruppe THE ARCHIES, die für die TV-Serie und alsbald in den Hitparaden der ganzen Welt musizierte, war ein Phantom. Unter Leitung des 1947 in Montreal, Kanada, geborenen Songschreibers Andrew «Andy» Kim (voc, g, p), produziert von Jeff Barry nahmen anonyme und ständig wechselnde Studiomusiker und -sänger die ARCHIES-Platten auf. Ihre Kaugummi-Klänge machten höchste Umsätze. Allein von der Single *Sugar Sugar* wurden weltweit mehr als fünf Millionen Exemplare abgesetzt. Zum Lead-Sänger hatte sich schließlich Ron Dante qualifiziert, den Kirshner 1971/72 mit Riesenpublicity, aber erfolglos als Solointerpreten aufzubauen versuchte.

LPs auf Calendar/RCA Victor: *The Archies* (1968); *Sugar Sugar* (1969); *Jingle Jangle* (1969); *Everthing's Archies* (1969); *Sunshine* (1970) *Greatest Hits* (1970); *This is Love* (1971)

Argent, 1969 in London formiert, war eine Fortsetzung der → ZOMBIES mit anderen Spielern. Rod Argent (org, p, voc), am 14. Juni 1945 in St. Albans bei London geboren, repräsentierte mit Russ Ballard (g, voc, p), Jim Rodford (bg) und Robert Henrit (dr) in dem nach ihm benannten Quartett «imperiale Rock-Musik» (‹Melody Maker›) majestätisch aufgetürmter Sound-Figuren. Instrumentales Zentrum der perfekt dargebotenen Soft-Sounds waren die Orgel- und Pianobeiträge Rod Argents mit ihren raffinierten Akkordbauten, die meist so knapp und präzis gesetzt waren, daß seine Begleitung auf exzessiven Gegendruck verzichten konnte. Obgleich der musikalische Standard der alten ZOMBIES-Aufnahmen weitgehend gewahrt blieb, fehlte den Neuproduktionen vielfach das «theatralische Drama» (‹Rolling Stone›) des ehemaligen Leadsängers → Colin Blunstone. Dennoch sei es ARGENT gelungen, meinte der ‹Melody Maker›, «die Essenz des Rock so zu treffen, daß die Band manchmal wie die frühen → BEATLES klingt.» Daran hatte Ballard 1974 kein Interesse mehr. Er wurde ersetzt durch die Gitarristen John Grimaldi, John Verity.

LPs auf Epic: *Argent* (1970); *Ring of Hands* (1970); *All Together Now* (1972); *In Deep* (1973); *Nexus* (1974); *Encore* (1974); *Circus* (1975). Solo-LP Russ Ballard auf Epic: *Russ Ballard* (1974)

Ars Nova, 1967 in New York von den Musikstudenten Wyatt Day (g), John Pierson (voc, tb), Giovanni Papalia (g), Bill Folwell (tp, b, voc), Jonathan Raskin (bg, voc), Maury Baker (perc, org) gegründet, überraschte mit einer eindrucksvollen Fusion früher klassischer Musik mit Rock-Rhythmen. Das Sextett entlehnte seinen Namen einem 1320 veröffentlichten Traktat des französischen Musikpoeten Philippe de Vitry. Darin pries er die gegen Ende des Mittelalters aufkommende freiformale Musikrichtung der vor allem von Guillaume de Marchaut repräsentierten «Ars Nova». Anklänge an Marchauts Werke (*Messe de Notre Dame*) finden sich auch in den Stücken der New Yorker Band, kundig verbunden mit Blues-Elementen, Bachschen Orgelpassagen, Troubadour-Weisen, Dixieland-Couplets und Slapstick-Gags. Den «Geschichten voll barbarischen Glanzes und mittelalterlicher Eleganz, angereichert mit einem Rock-Beat» (Lillian Roxon), die ARS NOVA zu erzählen wußte, hörte nur ein exklusiver Kennerkreis zu. Finanzielle Schwierigkeiten, stilistische Differenzen und Erfolgszwang-Frustrationen führten nach dem Erscheinen der ersten LP zum Auseinanderbrechen der Gruppe. Sie rekonstituierte sich einige Monate später mit Day, Pierson, Sam Brown (g), Jimmy Owens (tp), Art Koenig (bg), Joe Hunt (dr) und spielte während der kurzen Zeit ihres Bestehens ihr gewohntes eklektizistisches Programm, lediglich etwas stärker jazzorientiert.

LPs auf Elektra: *Ars Nova* (1968) . . . auf Atlantic: *Sunshine and Shadows* (1969)

Ashton, Gardner, Dyke & Co formierten sich Anfang 1968 in London als Trio und spielten eine swingende, stark jazzbeeinflußte Rockmusik. Tony Ashton (voc, p, org), am 1. März 1944 in Blackpool geboren, hatte nach Schulzeit, einer abgebrochenen Juwelier-Lehre und Jobs bei John Barry, → Chris Farlowe drei Jahre der REMO FOUR angehört. Kim Gardner (bg), am 27. Januar 1948 im Londoner Vorort Dulrich geboren, brachte seine Fähigkeiten als Elektrotechniker nacheinander in die Bands THE BIRDS und THE CREATION ein, ehe er sich mit Ashton zusammentat. Roy Dyke (dr, g), am 13. Februar 1945 als Sohn eines Tanzmusikers in Liverpool geboren, spielte in seiner Heimatstadt mit zahlreichen Bands und lernte Ashton als Mitglied der REMO FOUR kennen. Der Start ihrer gemeinsamen Karriere wurde verzögert, weil sie sich mit ihrem Manager und Produzenten Vince Malouney (g), früher bei den → BEE GEES, während der Produktionszeit des ersten Albums überwarfen. Nach einem langdauernden Wechsel der Managements, das Trio spielte unterdessen in Londoner Clubs wie «Speakeasy» und «Revolution», konnte die LP im Januar 1970 erscheinen. Nur wenige Monate später brachte die Gruppe auf einem anderen Label die vorzügliche LP *The Worst of Ashton, Gardner & Dyke* heraus, an der prominente Gastmusiker wie → George Harrison, → Eric Clapton, Chris Barber, Stan Webb u. a. mitgewirkt hatten. Die größere Besetzung behagte den Musikern so sehr, daß sie die Combo zum Sextett erweiterten. Unter dem Signum «& Co» firmierten fortan Mick Lieber (g) aus Peebles, Schottland, geboren 1. März 1944; Dave Caswell (tp, flh) aus Birmingham, geboren 1. März 1946; Lyle Jenkins (sax) aus Oxford, geboren 18. November 1942. Ihre gemeinsame LP *What A Bloody Long Day It's Been*, die aus den Erfahrungen einer Rockband kompiliert ist und auch eine *Ballad Of The Remo Four* enthält, ist ein Exempel solider, hörenswerter Musik, war aber für einen Hitparaden-Erfolg zuwenig spektakulär. Daher beschlossen die Musiker, sich künftig vorwiegend solistisch zu Studiosessions zu verdingen und nur noch sporadisch zusammenzukommen. Ashton, als Sänger und Klavierspieler von der gelösten Art des Country-Jazzpianisten → Mose Allison beeinflußt, hat zusammen mit Jon Lord von der Gruppe → DEEP PURPLE die Filmmusik für den Western ‹The Last Rebel› komponiert (die das Ensemble aufnahm). 1972 trat er der → FAMILY bei und assistierte 1973 John Entwistle bei dessen Studioquartett RIGOR MORTIS. Seine in Zusammenarbeit mit Jon Lord unter beider Namen eingespielte LP *First of the Big Bands* mit ebenso ambitioniertem wie unbeseeltem weißem Rhythm & Blues ließ die meisten Kritiker und Fans kalt. Auch die unter Leitung des deutschen Komponisten und Dirigenten Eberhard Schoener unternommenen Versuche, unter kräftiger TV-Beihilfe in München Rock mit dem Bombast eines Symphonieorchesters klassisch zu veredeln, fanden vor allem bei einem rockfernen Publikum Applaus. Ashton hatte seinem Freund Lord dabei allerdings nur als Sideman beigestanden.

LPs auf Polydor: *Ashton, Gardner & Dyke* (1970) ... auf Capitol: *The Worst of Ashton, Gardner & Dyke* (1970); *The Last Rebel* (Soundtrack, 1971); *What A Bloody Long Day It's Been* (1972). Ashton mit REMO FOUR auf Star Club Records: *Smile* (1966) ... auf Fontana: *Attention: Remo Four* (1974) ... mit John Entwistle auf Track: *Rigor Mortis Sets In* (1973) ... mit Jon Lord auf Purple Records: *First of the Big Bands* (1974). Ashton und Dyke mit George Harrison auf Apple: *Wonderwall* (1968)

The Association brachte Folk Rock, BEACH BOYS-Wohlklang und Swing-Harmoniegesang auf eine gängige Unterhaltungsformel. Das Septett aus Kalifornien startete 1966 in der Besetzung Russ Giguere (voc, g), Ted Bluechel (dr), Brian Cole (bg, cl), Terry Kirkman (voc, recorder), Gary Alexander (g), Jim Yester (g) mit dem Bestseller-Song *Along Comes Mary*, der in verwirrend vieldeutigen Versen Marihuana als Beruhigungsmittel bei «Psychodramen und Traumata» pries und als einer der vorzüglichsten Beiträge zur Drogen-Rock-Poesie gilt. Weitere Hits wie *Cherish, Windy* und *Never My Love* stabilisierten das Campus-Entertainer-Image der ASSOCIATION, das die Musiker zu ihrem finanziellen Vorteil auf zahlreichen College-Tourneen mit professionellem Charme bestätigten. Ihre meist selbstverfaßten Lieder waren Schlager-Konfektion ohne die Saccharin-Süße kleinbürgerlicher Sentimentalität. 1973 versuchte THE ASSOCIATION in der Besetzung Terry Kirkman (voc), Ted Bluechel (dr), Jules Alexander (g), Larry Ramos (g), Brian Cole (bg), Jim Yester (g) und Richard Thompson (p, org) sich auf einem neuen Label in die veränderte Popmusiklandschaft einzupassen.

LPs auf Warner Brothers: *And Then ... Along Comes The Association* (1966); *Renaissance* (1967); *Insight Out* (1967); *Birthday* (1968); *Association's Greatest Hits* (1968); *Association* (1969); *The Association Live* (1970); *Stop Your Motor* (1971) ... auf CBS: *Waterbeds in Trinidad* (1972)

Atkins, Chester «Chet» (g), am 20. Juni 1924 in Luttrell, Tennessee, als Sohn eines Musiklehrers geboren, gilt als der «einflußreichste Musikmacher» (‹Harper's Magazine›) in der Country-Metropole Nashville. Sein vielkopierter sparsamer Gitarrenstil, geschult an klassischer Musik, war bis Ende 1974 auf über 50 LPs zu hören, von denen jede mindestens 50 000mal verkauft wurde. Als Session-Musiker und (seit 1957) Chef-Producer des Platten-Konzerns RCA in Nashville hat Atkins die Crème der zeitgenössischen Country-Popmusik wie → Elvis Presley, → EVERLY BROTHERS, → Carl Perkins, → Charlie Rich, → Johnny Cash musikalisch und organisatorisch betreut. Chet, der die harsche Bluegrass- und Hillbilly-Diktion traditioneller Country-Musik gern mit Violinen, Bläsern und Background-Chören hitparadenfreundlich garniert, gelang 1965 sein größter Publikumserfolg mit *Yakety Sax*. Seitdem hat er, vertraglich bis 1991 an RCA gebunden, vor allem als Sideman mit seinen Freunden Floyd Cramer (p), Boots Randolph (sax), Jerry Reed (g) junge und etablierte Vokalisten unterstützt. Der an klassischer Musik, Poesie, Philosophie und Elektronik interessierte Polit-Liberale addierte zu seinen beträchtlichen Gagen noch Einkünfte aus dem Vertrieb von Gitarrenkursen und der auf seinen Namen autorisierten Herstellung von «Country Gentleman»-Gitarren. Gelegentlich unternahm Atkins, der die Kollegen → Eric Clapton, → Jimi Hendrix, → Duane Allman schätzt, auch Abstecher auf countryfremdes Terrain: So spielte er mit Arthur Fiedlers BOSTON POPS ORCHESTRA und der Nashville Symphony konzertante Stücke im Stil der von ihm geschätzten E-Musik-Saitenspieler Christopher Paukening, John Williams, Julian Bream.

LPs auf RCA: *At Home* (1958); *In Hollywood* (1959); *Finger Style Guitar* (1959); *Stringin' Along* (1959); *In Three Dimensions* (1959); *Session* (1959); *Hum and Strum Along* (1959); *Mister Gui-*

tar (1960); *Teensville* (1960); *Other Chet Atkins* (1960); *Workshop* (1961); *Most Popular* (1961); *Guitar* (1961); *Down Home* (1962); *Caribbean Guitar* (1962); *Back Home Hymns* (1962); *Our Man in Nashville* (1963); *Travelin'* (1963); *Teen Scene* (1963); *Guitar Country* (1964); *Best* (1964); *Progressive Pickin'* (1964); *Reminiscing* (1964); *My Favourite Guitars* (1965); *Guitar Country* (1965); *Picks on the Beatles* (1966); *Best* (1966); *From Nashville* (1966); *Guitar World* (1967); *Picks the Best* (1967); *Class Guitar* (1967); *Solo Flights* (1968); *Hometown Guitar* (1968); *Solid Gold '68* (1968); *Lover's Guitar* (1969); *Solid Gold '69* (1969); *By Special Request* (1970, mit Hank Snow); *Yestergroovin'* (1970); *Me and Jerry* (1970, mit Jerry Reed); *This is Chet Atkins* (1970); *For Good Times* (1971); *Pickin' My Way* (1971); *Now and Then* (1972); *Picks on the Hits* (1972); *Alone* (1973); *Superpickers* (1974); *Picks on Jerry Reed* (1974); *Travelin' Show* (1974, mit Merle Travis) ... auf Camden: *Guitar* (1961); *Guitar Genius* (1963); *Music from Nashville* (1966); *Chet* (1967); *Relaxin'* (1969); *Country Pickin'* (1971); *Chet Floyd and Boots* (1971, mit Floyd Cramer und Boots Randolph); *Nashville Gold* (1972); *Finger Pickin' Good* (1973)

Atomic Rooster, 1969 in London von → Carl Palmer (dr) und Vincent Crane (keyboards) gegründet, nutzte seine elektronischen Gerätschaften bis an die Grenze der Belastbarkeit, um damit Effekt zu machen. Hysterische Orgelausbrüche, beißende Gitarren-Riffs und Powerschläge der angeblich «größten Schlagzeugbatterie der Welt» (Crane) überstürzten sich zu einer Flutwelle an akustischen Überreizen. Crane und Palmer hatten solche hochphonige Maßlosigkeit bereits in der CRAZY WORLD OF → ARTHUR BROWN vorgeführt, wobei sie unter satanischen Rock-Ritualen vornehmlich übersteuerten Sound und exaltiertes Bluesgeschrei zu verstehen schienen. Im ATOMIC ROOSTER fanden sie zwar zu einer differenzierten Spielweise; dennoch erstickte Crane auch hier mögliche Ansätze einer solistischen Kunstfertigkeit oder eines ausgewogenen Ensemblespiels durch maßlose Effekthascherei. Der ständige Personalwechsel blieb beinahe ohne Einfluß auf den Gruppenklang, da die Beiträge aller Mitspieler jeder Subtilität beraubt und auf Overstatement getrimmt wurden. 1970 verließ Palmer die Combo und beteiligte sich an dem Trio → EMERSON, LAKE & PALMER. Außerdem kamen und gingen Nick Graham (voc), Pete French (voc), John Cann (g), Steve Bolton (g), Paul Hammond (dr). 1973 spielten bei ATOMIC ROOSTER Crane, Johnny Mandala (g), Ric Parnell (dr). → Chris Farlowe (voc), der 1971 von → COLOSSEUM zu Cranes Band gekommen war, schied im Frühjahr 1973 wieder aus. Seine ausdrucksstarke Rhythm & Blues-Stimme konnte sich in Cranes kruder Schock-Rock-Melange nicht behaupten, obwohl der ROOSTER-Boss vorgab, Soul-Klänge zu produzieren. Was bei seiner Studio-Arbeit jedoch herauskam, war «protzig kalkulierter Rock Nouveau» (‹Rolling Stone›). Als die Band ihr nahendes Koma mit «gräßlichen» Billigpreisplatten einleitete, empfahl das Rock-Magazin diesmal folgerichtig: «ATOMIC ROOSTER sollte einen langen Urlaub nehmen und die Kernspaltung in Gang setzen.»

LPs auf B & C: *Atomic Rooster* (1970); *Death Walks Behind You* (1970); *In Hearing of Atomic Rooster* (1971) ... auf Brain/Metronome: *Made in England* (1972); *Nice & Greasy* (1973) ... auf Charisma: *Assortment* (1973); John Cann mit ANDROMEDA auf RCA: *Andromeda* (1969) ... mit HARD STUFF auf Purple Records: *Bolex Dementia* (1973)

Auger, Brian (keyboards, fl, dr, voc), am 18. Juli 1939 in London geboren, hat das Orgelspiel über den Jazzstil von Jimmy Smith hinaus weiterentwickelt. Er tobt mit den Fäusten über die Tastatur, imitiert in freien Rhythmen Bongo- und Congatrommeln und jagt Klangströme durch die Echokammer. 1964 wurde er von den Lesern des ‹Melody Maker› unter die zehn besten Jazzpianisten gewählt und als «größte musikalische Hoffnung» bezeichnet. 1965 gründete er zusammen mit → Julie Driscoll, → Rod Stewart und → John Baldry die Gruppe STEAMPACKET und begann Bluesphrasen, Swingfloskeln und Beatmotive miteinander zu verschmelzen. Mit der 1966 gegründeten TRINITY, der zunächst außer ihm selbst Julie Driscoll (voc), Dave Ambrose (bg), Clive Thacker (dr) und bald darauf Gary Boyle (g) angehörten, produzierte er Single-Hits: *Save Me* (1967), *This Wheel's On Fire* (1968), *Road to Cairo* (1969). Nach dem Ausscheiden von Julie Driscoll übernahm Auger den Hauptgesangspart in seiner Band. Doch weder mit der im September 1970 aufgelösten TRINITY noch mit seinem anschließenden OBLIVION EXPRESS (Alan Skidmore [as/ts], Jim Mullen [g], Barry Dean [bg], Keith Bailey [dr]) fand er einen überzeugenden und identifizierbaren Gruppenstil. Teils blieben seine oft mit parodistischen Gags durchsetzten Improvisationen brillant (*Definitely What*). Teils verlor er sich aber auch in unnötigen Nachahmungen der Hits anderer Musiker (Beispiel: *I Wanna Take You Higher* von → SLY AND THE FAMILY STONE), verirrte sich erfolglos in die klassische Musik (*Pavane* von Fauré, *Adagio* von Albinoni) oder produzierte experimentelle Rhythmus-Etüden (*Listen Here*), in denen die ‹New York Times› allenfalls noch «faszinierende Kuriositäten» sah, «die aber wenig Interesse erwecken». 1973/74 hatte sich Brian Auger wieder gefangen. Er beteiligte sich im Herbst jener beiden Jahre bravourös an den «Jubilee»-Konzerten des deutschen Jazz-Rock-Saxophonisten Klaus Doldinger und der Band → PASSPORT, die in der Bundesrepublik zu den Höhepunkten der Rock-Konzertsaison gehörten und in einem Atlantic-Album (mit → Alexis Korner, Johnny Griffin, Pete York und anderen Gastmusikern) dokumentiert wurden. Auf den CBS-LPs seines OBLIVION EXPRESS akzentuierte er in Gemeinschaft mit Jack Mills (g), Barry Dean (bg), Lennox Laington (congas), Steve Ferrone (dr) mit einem aus Soulstücken (*Inner City Blues, Compared To What*) und Jazznummern (*Bumpin' On Sunset*) gefügten Repertoire den Funky-Charakter seines Stils. «Ich bin durch das ganze Pop-Business gegangen», so erklärte er, «und habe gemerkt, daß ein Star sein am Ende der Musik, die man machen möchte, im Wege steht. Man kann keine Risiken mehr eingehen, weil zu viele Leute von dem, was man tut, wirtschaftlich abhängig sind. Man wird im schlechtesten Sinne ein Gefangener seiner Musik.» Im Herbst 1974 versuchte er diesem Gefängnis zu entkommen: Er verlegte seine Operationsbasis in die USA. Titel einer eigenen Komposition: *Beginning Again*.

LPs auf Byg mit STEAMPACKET: *The Steampacket or The First Supergroup* (rec. 1966, ed. 1972); *Sonny Boy Williamson, Jimmy Page & Brian Auger* (rec. 1964/67, ed. 1972); *Julie Driscoll's First Recordings & Sonny Boy Williamsons Last* (rec. 1964/67, ed. 1972) ... auf Polydor mit Julie Driscoll und THE TRINITY: *Open* (1968); *Streetnoise* (1969); *The Best of Brian Auger, Julie Driscoll and the Trinity* (1970) ... mit THE TRINITY auf Polydor: *Definitely What* (1969); *Highlights of Brian Auger* (1971) ... mit THE TRINITY auf RCA Victor: *Befour* (1970) ... mit OBLIVION EXPRESS auf RCA Victor: *Oblivion Express* (1971) ... mit OBLIVION EXPRESS auf Polydor: *A Better Land* (1971); *Secound Wind* (1972) ... auf CBS: *Closer to It* (1973); *Straight Ahead* (1974); *Live Oblivion* (1974) ... mit Klaus Doldingers PASSPORT und anderen Gastmusikern auf Atlantic: *Doldinger Jubilee Concert* (1974). Solo-LP Noel Redding auf Rare Earth: *Road* (1972); LPs Gary Boyle mit ISOTOPE auf Gull: *Isotope* (1974); *Illusion* (1974)

Avalon, Frankie (voc, tp), am 18. September 1940 unter dem Namen Francis Avallone in Philadelphia geboren, war «einer der Popmusik-Wunderknaben der Vor-BEATLES-Ära» (Lillian Roxon): Symbol einer von Erwachsenen diktierten und nach überlebten Entertainment-Regeln gesteuerten Jugendkultur. Nachdem er sich unter dem Eindruck des Films ‹Der Mann mit dem goldenen Arm› zwölfjährig vom Möchtegern-Boxer zum Trompeten-Scholaren gemausert hatte, durfte er schon als Pubertierender in Funk- und TV-Programmen tuten. Seinen ersten Platten-Hit als Sänger bei der Firma Chancellor in Philadelphia, *Dede Dinah*, machte er 1958 klanglich interessant, indem er sich die Nase zuhielt. Der Millionenerfolg öffnete ihm Türen zu Film- und Fernsehstudios. Vor allem der geschäftstüchtige TV-Musikpräsentator Dick Clark gewährte Avalon in seiner in Philadelphia hergestellten Show ‹American Bandstand› unangemessen viel Sendezeit. Derart massiv propagiert, wurden triviale Avalon-Schlager à la *Venus* (1958), *Just Ask Your Heart* und *Why* (1959) zu Millionensellern, die mit dem Rock 'n' Roll nur wenige und mit dem von ihm signalisierten gesellschaftlichen Umbruch keinerlei Berührungspunkte hatten.

LPs (Auswahl) auf United Artists: *15 Greatest Hits* (1964); *Muscle Beach Party* ... auf Chancellor: *Summer Scene* ... auf Metromedia: *Frankie Avalon*

The Average White Band, Ende 1971 in London gegründet, ist alles andere als ein «durchschnittliches weißes Orchester»: Keine andere weiße Formation hat Stil und Stimmfarben des schwarzen Soulklangs derart vollkommen assimiliert, ohne Vorbilder direkt zu kopieren. Mehr noch als die einzig vergleichbare → RARE EARTH besticht die AWB, deren Falsetto-Vocals allenfalls manchmal an die alten → TEMPTATIONS mit Eddie Kendricks und David Ruffin erinnern, durch hohe kompositorische und interpretatorische Originalität. Onnie McIntyre (g, voc), Hamish Stuart (voc, g, bg), Alan Gorrie (voc, bg), Malcolm Duncan (ts), Roger Ball (as, keyboards), Robbie McIntosh (dr), die sämtlich aus Schottland stammten, hatten zuvor in anderen Bands wie FOREVER MORE, CROCODILE, MOGUL THRASH oder → Brian Augers OBLIVION EXPRESS gespielt sowie US-Soulsolisten bei England-Tourneen begleitet. Ihr gemeinsames London-Debüt gaben sie im Januar 1973 bei → Eric Claptons Rainbow Concert. Claptons Freundin → Bonnie Bramlett holte sie anschließend zur Produktion ihres Albums *Sweet Bonnie Bramlett* nach Los Angeles; auf dem Cover sind sie allerdings ebensowenig genannt wie Bonnies zweite Studio-Begleitband → LITTLE FEAT. Das Potential der AVERAGE WHITE BAND erkannte sogar eine so soul-unerfahrene Firma wie die Music Corporation of America, die 1973 die AWB-Start-LP *Show Your Hand* herausbrachte. Danach fanden die Musiker in Atlantic die ihrem Stil adäquate Company und in Arif Mardin, der auch schon → Aretha Franklin im Studio betreut hatte, einen erfahrenen Produzenten. Er ordnete die Stücke für den Atlantic-Einstand so, «daß die erste Plattenseite starke rhythmische Energie ausstrahlt, während auf der zweiten eine bittersüße, romantische Intensität vorherrscht» (‹Rolling Stone›). Am 23. September 1974, nachdem die Band im «Troubadour» von Los Angeles bis zur Erschöpfung musiziert hatte, wurde auf einer Party mit Strychnin verschnittenes Heroin gereicht. Drummer Robbie McIntosh, als Tequilatrinker kaum drogenerfahren, starb daran. Anfang 1975 stand das Atlantic-Album auf Platz 1 der US-Soul-Charts und hoch in den Hitlisten für Popmusik. Im Mai 1975 schob die Band, mit Steve Ferrone (dr), die zweite von Arif Mardin betreute LP nach – in Erinnerung an «our friend and brother Robbie McIntosh».

LPs auf MCA: *Show Your Hand* (1973, unter dem Titel *Put it Where You Want it* mit zuvor unveröffentlichten Ergänzungen 1975 re-released) ... auf Atlantic: *Average White Band* (1974); *Cut the Cake* (1975) ... mit Bonnie Bramlett auf CBS: *Sweet Bonnie Bramlett* (1973). LPs Ball, Duncan als MOGUL THRASH auf RCA: *Mogul Thrash* (1970)

B

Bachman-Turner Overdrive entstand im Sommer 1973 in Vancouver, Kanada, ohne Personalwechsel aus dem Quartett BRAVE BELT. Randy Bachman, Mitbegründer und Haupt-Songlieferant der → GUESS WHO (*These Eyes, No Time, No Sugar Tonight, American Woman*) hatte die Gruppe 1970 nach Streitigkeiten verlassen und eine erfolglose Solo-LP eingespielt. Ein Jahr später baute er mit Chad Allen, einst Vokalist beim GUESS WHO-Vorläufer CHAD ALLEN AND THE IMPRESSIONS das Ensemble BRAVE BELT von einem Studio-Team zu einer Tournee-Band aus, die von C. F. Turner (bg), Bob Bachman (dr) komplettiert wurde. Nach der Fertigung der zweiten BRAVE BELT-LP schied Allen zugunsten des dritten Bachman-Bruders Timmy (g) aus. In dieser Besetzung bot das Quartett seine LP *Brave Belt III* verschiedenen Plattenfirmen an, nachdem der Kontrakt mit Reprise Records abgelaufen war. Mercury griff zu und initiierte die dem neuen Sound-Konzept entsprechende Namensänderung von Band und Platte. Fortan machten sich die Leute vom OVERDRIVE mit ihrem gitarrenorientierten «Schwerarbeiter-Rock» (Heavy Duty Rock) als «eine Band, die jedermanns Samstagnacht in Schwung bringen würde» (‹Stereo Review›) zunehmend beliebter. «Das Quartett aus Kanada gibt sich nicht lange mit Subtilitäten und Nuancierungen ab», erkannte der ‹Melody Maker› als Erfolgsformel, «sie fetzen in ihre Songs mit Enthusiasmus hinein.» Die Reaktion der Konsum-Klientel war dementsprechend: Die Single-Titel *Taking Care Of Business, You Ain't Seen Nothing Yet* wurden zu Jukebox-Treffern, nicht zuletzt wegen der unterhaltsam rauhen Gitarrenduelle zwischen Bachman und dem 1974 an Timmys Stelle getretenen Lead-Gitarristen Blair Thornton. Die BTO-Songs mit ihrer stets wiederkehrenden Thematik «Rock-Band auf Achse» machten das Quartett zur Tanz-Band par excellence, denn: «Das Bemerkenswerte an ihren Stücken ist der Sound, nicht der Sinn» (‹Rolling Stone›).

LPs auf Mercury: *Bachman-Turner Overdrive* (1973); *Bachman-Turner Overdrive II* (1973); *Not Fragile* (1974). LPs Randy Bachman mit → GUESS WHO. Solo-LP Randy Bachman auf RCA: *Axe* (1970). Bachman mit BRAVE BELT auf Reprise: *Brave Belt I* (1971); *Brave Belt II* (1972)

Back Door, benannt nach der → Willie Dixon-Komposition *Back Door Man*, «hauchten dem Konzept des Instrumental-Trios neues Leben ein» (‹Rolling Stone›). Das 1969 von frustrierten Tournee-Musikern gegründete Ensemble spielte zunächst in englischen Provinzclubs Blues à la → Robert Johnson ohne nennenswerte Publikums-Resonanz. Für Colin Hodgkinson (bg, voc), Ron Asperry (fl, as, ss), Tony Hicks (dr) kam die Wende 1972, als sie die Gäste des «Lion Inn» in Blakey Ridge, Yorkshire, mit ihren Adaptionen schwarzer Folklore dermaßen begeisterten, daß der Kneipenwirt ihnen die Produktion einer LP in London spendierte. Das Album verkaufte sich durch Mundpropaganda immerhin 3000mal, bis Warner Brothers, durch erste enthusiastische Kritiken in den Musikfachblättern ermutigt, die LP 1973 in ihren Katalog übernahm. Die Kritiker-Begeisterung galt vor allem Hodgkinson, der seinen Fender-Baß an Stelle der fehlenden Gitarre zum Lead-Instrument umpolte und damit «den Baßspieler von seiner bislang hingenommenen Rolle als untergeordneter Begleiter befreite» (‹New Musical Express›). Die BACK DOOR-Virtuosen integrierten ihr profundes Blues-Verständnis und ihre immense Fingerfertigkeit in einen homogenen Gruppen-Sound, der traditionelle Blues-Vorlagen und Eigenkompositionen in «einer Flamme der Originalität und ungetrübten Perfektion» (‹Melody Maker›) aufglühen ließ. Dem Kritiker Steve Lake jedoch erschien die Blues-Pyrotechnik lediglich als Strohfeuer: Das zweite, vom ehemaligen → CREAM-Betreuer Felix Pappalardi in New York produzierte Album *8th Street Nites* deutete er als «das Werk von drei Männern, denen die Welt der Musik zu Füßen liegt, die eine ungemeine instrumentale Überlegenheit besitzen, jedoch absolut nichts zu sagen haben». Das Publikum fühlte sich von dem Trio offenbar auch nicht genügend angesprochen: Nach der ersten Presse-Euphorie fiel die Tür zum Erfolg wieder zu.

LPs auf Warner Brothers: *Back Door* (1973); *8th Street Nites* (1973); *Another Fine Mess* (1975)

Bad Company, im Frühjahr 1974 nach Robert Bentons 1972 gedrehtem Western benannt, wurde nach ihren ersten Gigs in England und Amerika und der Veröffentlichung des Debüt-Albums mit enthusiastischen Kritiken eingedeckt: ‹Circus› entdeckte auf der Platte «unglaubliche Momente», ‹Melody Maker› prophezeite dem Ensemble «schier endlose Horizonte», ‹Stereo Review› sah in dem Quartett «die Traum-Band, von der in zwanzig Jahren die Fans noch schwärmen werden», und ‹Billboard› ahnte: «Genau auf diesen Sound haben die Rock-Hörer gewartet.» Der Grand mit Vieren präsentierte sich als Talent-Extrakt aus drei britischen Top-Formationen: Paul Rodgers (voc, p, g), «einer der eindrucksvollsten Rock-Sänger der Dekade» (‹Rolling Stone›), und Simon Kirke (dr) kamen von der defekten → FREE, Boz Burrell (bg) hatte eineinhalb Jahre bei → KING CRIMSON gespielt, Mick Ralphs (g) war in den Gründerjahren von → MOTT THE HOOPLE mit dabei. Die vier Soul- und Blues-Fanatiker hatten sich bereits Mitte 1973 mit selbstgeschriebenem Material zu informellen Sessions getroffen und dabei so vortrefflich aufeinander eingespielt, daß sie für die Aufnahme ihrer ersten gemeinsamen LP im Winter 1973 nur neun Tage brauchten. Ein knappes Jahr später führte die auf → LED ZEPPELINS Swan Song-Label veröffentlichte Platte die amerikanische Hitliste an, BAD COMPANY war nun «die begehrteste neue Gruppe» (Atlantic-Präsident Ahmet Ertegun). Die vielgelobten Musiker hatten aus ihren bisherigen Formationen die besten Erfahrungen mitgenommen. So ähnelte denn BAD COMPANY nach Meinung des Kritikers Bud Scoppa «in seiner strukturellen Klarheit den FREE und in seiner stürmischen Direktheit MOTT THE HOOPLE». Die Band spielte mit einer solchen Ökonomie, «daß man fast annehmen kann, sie würde für das Anschlagen unnötiger Töne bestraft» (Scoppa). Selbst durchschnittliches Songmaterial glänzte in dieser kondensierten Spielweise rockklassisch auf. Unter den BAD COMPANY-All-Stars ist Rodgers primus inter pares. Seine ungemein ausdrucksvollen Vokalisen «gewinnen ihre Expressivität aus dem Akzentwechsel zwischen rauher Emotionalität und delikater Verinnerlichung» (‹Rolling Stone›).

LPs auf Island: *Bad Company* (1974); *Straight Shooter* (1975)

Badfinger spielt einen gefälligen Rock mit der typischen Melodieführung, den Vokalharmonien und dem Instrumental-Flavour der frühen → BEATLES zwischen ihren Alben *Help!* und *Rubber Soul* (1965), allerdings mit eigenen, überwiegend soliden Songs und einem etwas härteren, zeitgemäßen Sound. Pete Ham (g), Joey Molland (g), Tom Evans (b) und Mike Gibbons (dr) waren unter den Namen IVEYS die letzte überregionale Band, die regelmäßig im Liverpooler «Cavern Club» (dem ersten Live-Domizil der BEATLES) auftrat. Von 1968 bis zum Herbst 1973 machten sie unter ihrem jetzigen Gruppennamen Aufnahmen für die Plattenfirma der BEATLES. Paul McCartney schrieb ihren ersten Hit *Come and Get It*, den sie für den Soundtrack des Ringo Starr/Peter Sellers-Films ‹The Magic Christian› einspielten. Auch ihre weiteren Album-Produktionen wurden unter Aufsicht ehemaliger Mitglieder des BEATLES-Clans durchgeführt. BADFINGER wiederum spielte als Rhythmusgruppe auf George Harrisons Solo-LPs und beteiligte sich auch an dessen ‹Bangla Desh›-Benefiz-Konzert 1971 in New York. In den Vereinigten Staaten hatten die Ex-Liverpooler bisher auch ihre größten Erfolge.

LPs auf Apple: *Maybe Tomorrow* (als THE IVEYS, 1969); *Magic Christian Music* (1970); *No Dice* (1970); *Straight Up* (1972); *Ass* (1973) ... auf Warner Brothers: *Badfinger* (1973); *Wish You Were Here* (1974)

Baez, Joan (voc, g), am 9. Januar 1941 in Clarence Center auf Long Island, New York, geboren, wird als «Muse des Folksongs» gerühmt und von der US-Regierung als politische Agitatorin gefürchtet. In Redlands, Kalifornien, wo sie aufwuchs, hat die Tochter eines mexikanischen Physikers (er beriet später die UNESCO in Paris) die Wirkung von Vorurteilen kennengelernt: Sie durfte wegen ihrer dunklen Hautfarbe nicht mit den Nachbarkindern spielen und wurde als «Nigger» beschimpft. Vom Rock 'n' Roll begeistert, begann sie zwölfjährig Gitarre zu üben, bekehrte sich aber während ihres Studiums an der Boston University Fine Arts School of Drama zum Folksong. Sie sang in Coffee Houses, trat uneingeladen 1959 beim Newport Folk Festival auf und hatte einen Sensationserfolg. Ihr Debüt-Album, 1960 veröffentlicht, wurde zur meistverkauften Folklore-LP in den USA. Ihre Stimme, urteilte ‹Time›, sei «so klar wie die Luft im Herbst: ein vibrierender, kraftvoller, unerzogener, aufwühlender Sopran». Ein Star jedoch wollte die Sängerin, die Make-up verabscheute und ihren Sportwagen barfuß steuerte, nicht sein: «Eigentlich bin ich keine Sängerin, sondern eine Politikerin. Seit ich zehn war, beschäftigt mich nur der eine Wunsch: daß die Leute aufhören, sich gegenseitig das Gehirn aus dem Schädel zu blasen.» 1963 weigerte sie sich, in der ABC-Fernsehsendung ‹Hootenanny› aufzutreten, weil der linke Sänger → Pete Seeger von den US-Medien boykottiert wurde. Sie lehnte es ab, Steuern zu bezahlen, «weil ein Teil des Geldes für Bomben und Panzer ausgegeben wird»; statt dessen überwies sie die Hälfte ihrer Konzerteinnahmen an pazifistische Organisationen. Sie marschierte an der Spitze eines Demonstrationszuges von Selma nach Montgomery in Alabama, klebte in amerikanischen Großstädten Plakate gegen die Atomrüstung, blockierte mit Protestantentrupps mehrfach Armeegebäude und verbüßte dafür Gefängnisstrafen. Nach ihrer Hochzeit mit dem Wehrdienstverweigerer David Harris, der für seine antimilitärische Haltung eingekerkert wurde, predigte sie verstärkt gegen den Vietnam-Krieg und eröffnete in Palo Alto, Kalifornien, ein «Institut zum Studium der Gewaltlosigkeit». Zu keinem ihrer Konzerte, bestimmt die Sängerin, die einen Sohn hat und inzwischen geschieden ist, dürfe mehr als zwei Dollar pro Eintrittskarte verlangt werden. Bei der Auswahl ihres Repertoires ihrer Arrangements und Begleitmusiker war Joan Baez nicht immer genauso konsequent. Zwar erklärte sie, in Amerika sei «nur die Erdnußbutter in Ordnung», aber sie besang mit Geigen- und Chorbegleitung auch das «grüne, grüne Gras zu Hause» und ging mit rassistischen Südstaaten-Musikanten aus Nashville ins Studio, von denen sie selbst sagte: «Bei anderer Gelegenheit hätten mich diese Faschisten in einer Minute gelyncht.» Wo sie sich umgekehrt besonders engagiert zu geben versuchte, kam gelegentlich die Ästhetik zu kurz. So mißriet ihr das Hörspiel *Where Are You Now, My Son?*, in dem sie auf einer ganzen Langspielplattenseite Kriegsgeräusche aus Vietnam mit Politversen mixte, zum naiven Melodrama.

LPs auf Squire Records: *The Best of Joan Baez* (rec. 1959, ed. 1963) ... auf Vanguard: *Joan Baez* (1960); *Joan Baez, Vol. 2* (1961); *In Concert* (1962); *In Concert, Part 2* (1964); *Joan Baez 5* (1964); *Farewell Angelina* (1965); *Noel* (1966); *Joan* (1967); *Baptism – A Journey Through Our Time* (1968); *Any Day Now* (1969); *David's Album* (1969); *One Day at a Time* (1970); *The First Ten Years* (1970); *In Italy* (1971); *Blessed Are ...* (1971); *Carry It On* (Soundtrack, 1972); *The Joan Baez Ballad Book* (1972); *Noel* (1972); *Greatest Hits* (1973)... auf A&M Records: *Come From the Shadows* (1972); *Where Are You Now, My Son?* (1973); *Gracias a la Vida – Here's to Life* (1974); *Diamonds & Rust* (1975)

Baker, Ginger Peter Edward (dr, perc, vib, voc), geboren am 19. August 1939 in Lewisham, England, schlägt auf seinen zwei Baßtrommeln, vier Tom-Toms, einer kleinen Trommel und neun Cymbal-Becken komplizierte Kreuz- und Gegenrhythmen. Er ist einerseits von den berühmten Sprechtrommlern Westafrikas, andererseits von Gene Krupa, Buddy Rich und anderen Big-Band-Drummern der Swingära beeinflußt, deren Kraft und Virtuosität er auf die Rockmusik übertragen hat. Er wurde deshalb gelegentlich als ein «Drum-Monster» und eine «Donner-Maschine» apostrophiert. Nach Lehrjahren in Dixielandbands wie Terry Lightfoot, Acker Bilk, Bob Wallis und seinem Rockdebüt bei → Graham Bond hat der Schlagzeuger, der eigentlich Profiradfahrer werden wollte und sich mit 14 endgültig für den Rhythmus entschied, zwischen 1966 und 1968 bei der → Cream das Stadium der Meisterschaft erreicht. Durch sein vielgerühmtes Solo im Stück *Toad* selbstsicher geworden, forderte er verschiedentlich Jazzmusiker wie Elvin Jones und Art Blakey zu «Drum Battles» heraus – nicht zu seinem Nachteil. Nach dem Intermezzo mit → Blind Faith (1969) schuf er sich 1970 in der Afro-Rock-Big-Band AIR FORCE, für die er Berühmtheiten wie → Steve Winwood (org, voc), → Graham Bond (org, as), Rick Grech (bg, vi) gewinnen konnte, zu seinen Drum-Eskapaden den idealen Rahmen. Zwar wirkte die Motorik intensiver melodischer Wiederholungen manchmal monoton, niemals zuvor aber wurde von europäischen Rockmusikern eine derart große Annäherung an Diktion und Musizierpraxis westafrikanischer Folklore erreicht. Die «Luftwaffe», durch hohe Star-Gagen belastet, hob sich jedoch kommerziell nicht vom Boden und mußte im Frühjahr 1971 aufgelöst werden. Daraufhin zog sich Baker, der eine Zeitlang mit Drogen-Problemen zu kämpfen hatte, nach Lagos in Nigeria zurück, wo er sich ein Musikstudio, ein Restaurant und einen Nightclub eingerichtet hatte. Dort trommelte er mit afrikanischen Kollegen und nahm mit ihnen Platten auf – beispielsweise mit FELA RANSOME-KUTI AND THE AFRICA '70 BAND, die er auch auf einer England-Reise begleitet hat. Sein im April 1972 zusammengestelltes Ensemble SALT, von manchen Kritikern als eine Fortsetzung der AIR FORCE verstanden, bestand jeweils zur Hälfte aus schwarzen und weißen Musikern. Auch die unter dem Pseudonym CURTIS BROTHERS von der englischen Band GUN her bekannten Musikanten Adrian (g, voc) und Paul Gurvitz (bg, voc), mit denen er sich 1974 in London zur BAKER-GURVITZ ARMY zusammentat, bevorzugten schwarze Pop- und Folkloreklänge. In diesem Quartett, zu dem außerdem John Norman oder B. Norman Mitchell (keyboards, vib) gehörten, trommelte Baker – überlaut verstärkt – seine seit CREAM-Zeiten inspiriertesten Figuren. Das Album mit beziehungsreichen Songtiteln wie *Help Me, I Wanna Live Again* markiere, schrieb ‹Melody Maker›, «die Rückkehr einer der Schlüsselpersönlichkeiten der Rockmusik».

LPs auf Polydor mit → CREAM, → BLIND FAITH ... auf britisch Columbia, Byg, Warner Brothers mit → Graham Bond ... auf Polydor: *Air Force One* (1970); *Air Force Two* (1970); *Stratavarious* (1972) ... auf Regal (EMI): *Fela Ransome-Kuti and the Africa '70* (1971) ... auf Vertigo: *The Baker-Gurvitz Army* (1974)

Baker, LaVern (voc), am 11. November 1929 in Chicago geboren, ging mit siebzehn den üblichen Weg vom Gospelchor ins Nachtlokal: Im Club «Delisa» ihrer Heimatstadt wurde sie unter dem Phantasienamen «Little Miss Sharecropper» gebucht. Schon innerhalb der ersten sechs Monate schrieb ihr der Jazz-Orchesterveteran Fletcher Henderson den Song *When I'm In A Crying Mood*. Als Bandsängerin des TODD RHODES-ORCHESTERS machte sie die ersten eigenen Singles für King Records in Cincinnati: *Trying, Pig Latin Blues, Must I Cry Again*. Nach einer Europa-Tournee und einem Sechs-Monate-Urlaub bei einer italienischen Aristokratenfamilie, der ihr den Spitznamen «Duchess» (Herzogin) einbrachte, produzierte sie von 1954 an für Atlantic ihre Hits *Tweedle Dee, Soul On Fire, How Can I Leave A Man Like This, That's All I Need, Wheel Of Fortune, Shadows Of Love, Shake A Hand, Bumble Bee, Saved, I Cried A Tear* und andere. 1957 trat sie in den Musikfilmen ‹Mr. Rock 'n' Roll› und ‹Rock, Rock, Rock› auf und bereitete zugleich ihre ehrgeizigste Platte vor: die LP *LaVern Baker Sings Bessie Smith.* Von Jazzmusikern begleitet, predigte sie Blues-Klassiker wie *Gimme A Pigfoot, Baby Doll, On Revival Day, Nobody Knows You When You're Down And Out* im R & B-Stil mit emotionalem Engagement und einer Autorität, die tatsächlich an die «Empress of Blues» Bessie Smith erinnerte. 1965 hatte LaVern Baker mit *Fly Me To The Moon* in den USA ihren letzten bescheidenen Single-Erfolg: Platz 31 in den R & B-Charts. Seither lebt sie in Japan.

LPs auf Atlantic: *LaVern* (1955); *LaVern Baker* (1956); *Sings Bessie Smith* (1958); *Blues Ballads* (1959); *Sings Gospel: Precious Memories* (1959); *Saved* (1961); *See See Rider* (1963); *Best of LaVern Baker* (1963) ... auf Brunswick: *Let Me Belong to You*

Baldry, John (g, voc), am 12. Januar 1941 im englischen Haddon, Derbyshire, geboren, veröffentlichte 1971 eine der bestproduzierten Gesangsplatten des Jahres (*It Ain't Easy*); je eine Plattenseite hatten seine früheren Kompagnons → Rod Stewart und → Elton John arrangiert. Der einstige Werbegraphiker begann 1956 Folksongs zu interpretieren. 1958 begegnete er → Alexis Korner, dessen BLUES INCORPORATED er sich 1961 anschloß. Nach einem Jahr in Deutschland (u. a. mit der Jazzcombo von Gunter Hampel) wurde er Mitglied der CYRIL DAVIS ALL STARS, die er nach dem Tod ihres Chefs 1964 als HOOCHIE COOCHIE MEN mit Rod Stewart als Sänger weiterführte. 1965 formierte er zusammen mit Stewart, → Julie Driscoll (voc), → Brian Auger (org, p), Vic Briggs (g), Mike Waller (dr) das Ensemble STEAMPACKET, ein Jahr später mit Elton Dean (as) und Reg Dwight alias → Elton John (org, p) die Band BLUESOLOGY. 1968 ging «Long» John Baldry mit Schmalzliedern à la *Let The Heartaches Begin* (eine der damals bestverkauften Singleplatten in England) als Entertainer ins Nightclub- und Fernsehgeschäft. Seine Rückkehr auf die Rock-Szene wurde von der Pop-Presse 1971 wohlwollend begrüßt. Sein bluesgefärbter Vokalstil, urteilte die ‹New York Times›, sei jedoch inzwischen «von so vielen anderen Interpreten ausgelaugt», daß Baldry es schwer haben werde, seine Identität wiederzufinden. Tatsächlich fand er in der ersten Hälfte der siebziger Jahre keinen Zugang mehr zum Hit-Geschäft. Bescheiden bekundete er 1973 in einem LP-Titel, es sei schon gut, überhaupt am Leben zu sein.

LPs auf United Artists: *Long John's Blues* (rec. 1965, ed. 1971) ... auf Byg: *Steampacket* (rec. 1965, ed. 1971) ... auf Pye: *Let the Heartaches Begin* (1968); *Wait for Me* (1969) ... auf Warner Brothers: *It Ain't Easy* (1971); *Everything Stops for Tea* (1972) ... auf GM Records: *Good to Be Alive* (1973)

Ballard, Hank (voc), am 18. November 1936 in Detroit geboren, hat mit seiner Komposition *The Twist* die gleichnamige Tanzbesessenheit inspiriert, ohne je den Kredit zu erlangen, der ihm dafür gebührt. Ende 1952 schloß er sich als Leadsänger dem Vokalensemble THE ROYALS an, die ihren Namen auf Empfehlung des R & B-Impresarios und Bandchefs → Johnny Otis in THE MIDNIGHTERS änderten. Hit-Status erwarb sich die Kombination nach dem vorausgegangenen Achtungserfolg *The Shrine Of St. Cecilia* 1954 mit dem von Ballard komponierten Erotik-Klassiker *Work With Me, Annie*, laut Kritiker und Discjockey Charles Hobson «die schwarze Nationalhymne jenes Jahres». Die Nachwuchssängerin → Etta James beantwortete das Lied unverzüglich mit *Roll With Me, Harry*; die MIDNIGHTERS replizierten mit den sexuell aufreizenden *Sexy Ways* («in the hall, on the wall ...») und *Annie Had A Baby*. Trotz Funkboykotts machten ihre drei Singles Millionenumsätze; im Oktober 1954 wurden sie auf den Plätzen zwei, sechs und acht der US-Charts notiert. Ballards ungemein flexible Stimme wurde von seinen Gesangspartnern überwiegend lediglich durch langausgehaltene Vokale umrankt, in Robert Darby (ts), Sonny Thompson (p), Arthur Potter (g), Alonzo Tucker (b), Robert Boswell (dr) verfügte er über eine der besten R & B-Begleitbands. Seine Debüt-Single als Solosänger bei King Records, *Teardrops On Your Letter*, transportierte auf der B-Seite des am 11. November 1958 aufgenommene Stück *The Twist* in Radioprogramme und auf die Bestsellerlisten. Die weltweite Twist-Mode löste mit der gleichen Komposition 1960 allerdings ein anderer Rhythm & Blues-Musiker aus: → Chubby Checker. Ballard geriet in den sechziger Jahren in Vergessenheit, obgleich er weiter gute Noten und Töne von sich gab – unter anderen die Songs *Finger Poppin' Time; Let's Go, Let's Go, Let's Go; Let's Go Again; Nothing But Good*. Mit dem Vorsatz, den letztgenannten Titel als Produzent und Verleger in die Tat umzusetzen, etablierte Hank Ballard 1974 eine eigene Produktionsfirma in New York.

LPs (Auswahl) auf King: *Hank Ballard and the Midnighters; Biggest Hits; You Can't Keep a Good Man Down; Those Lazy Lazy Days; Glad Songs, Shout Songs; One and Only Ballard; Mr. Rhythm & Blues; Let's Go Again; Twistin' Fool; Jumpin'; Spotlight on Ballard; Singin' and Swingin'; Dance*

Along; The 1963 Sound; A Star in Your Eyes; 24 Hit Tunes

The Band hat die Popmusik 1968/69 nach den Lärmorgien des Psychedelic Rock wieder auf leisere Töne und gesunde Countryklänge umgestimmt. Die fünf bärtigen Musikanten, die aussehen, als seien sie einem verblichenen Foto aus der Zeit des Amerikanischen Bürgerkriegs entsprungen, singen von den einfachen, guten Dingen des Lebens: von Geburt und Tod, vom Korn auf den Feldern, dem Wirbelsturm in Ohio, den wispernden Pinien in Louisiana, vom «Rauschen der Reishalme, wenn der Wind über das Wasser weht» und von einem alten Schaukelstuhl auf der Terrasse eines Farmhauses in Virginia. Ihre Lieder sind überwiegend sehnsüchtige Erinnerungen an die Zeit Abraham Lincolns, als noch Raddampfer auf dem Mississippi schaukelten und Vaudeville-Truppen mit «Heiligen und Sündern, Verlierern und Gewinnern» durch die Südstaaten zogen. Wenn die BAND aufspielt, klingt es, als öffne sich ein amerikanisches Volksmusik-Archiv: Ein Ragtime-Klavier scheppert, Hillbilly-Geigen fiedeln, eine Dixieland-Band bläst. Rock 'n' Roll ist mit Folksongs und anglikanischen Chorälen vermischt. Ralph Gleason: «Eine kulturelle Mixtur ohne Parallelen in der zeitgenössischen Musik.» Von 1959 bis 1965 tingelte das Quintett, das insgesamt 15 Instrumente beherrscht, unter dem Namen THE HAWKS als Begleitensemble des Sängers → Ronnie Hawkins von Dorf zu Dorf und spielte in Kneipen, «in denen die Wände voller Pistolenkugeln steckten». Gitarrist Jaime «Robbie» Robertson war schon als Sechzehnjähriger von Kanada nach Mississippi getrampt, um dort «den Blues einzuatmen». Rick Danko (bg) war der Sohn eines kanadischen Holzfällers. Garth Hudson (org, p) wuchs auf einer Hinterwäldler-Farm in Ontario auf, Levon Helm (dr) auf einer Plantage in Arkansas. Richard Manuel (g) wurde als einziger in der Stadt groß: Er leitete bereits als Schuljunge in Stratford, Ontario (Kanada), eine eigene Band. 1965 trennten sich die Musiker von Ronnie Hawkins, um zusammen mit → Bob Dylan Konzerte zu geben. Sie nahmen mit ihm unter anderem in Dylans Haus in Woodstock die durch Raubpressungen berühmt gewordene ‹Basement Tapes› (Keller-Tonbänder) auf. In Woodstock, wo die Huckleberry Finns der Popmusik 1968 mit ihren Familien ansässig wurden, entstand – in einem rosa gestrichenen Holzhaus – auch ihre trendauslösende erste Ensemble-LP *Music from Big Pink*: gänzlich ohne Montagen und elektronische Tricks. Dieses Album, urteilte der Organist → Al Kooper im August 1968 in der Zeitschrift ‹Rolling Stone›, sei «ein Ereignis und sollte als solches gewertet werden». Rockfans in aller Welt bewerteten *Big Pink* sowie auch die folgenden LPs der BAND mit Gold: mit jeder wurden Umsätze von mehr als einer Million Dollar erzielt. «Lange genug», kommentierte Robertson diesen Erfolg, «haben die Leute eine Konservendose als Kunst ansehen und sich an Rückkoppelungsgeräuschen berauschen müssen. Jetzt sagen sie: Laßt uns mal wieder eine richtige Story hören, wir haben die Wahrheit lange vermißt.» Am konzentriertesten und zugleich facettenreichsten wird die BAND-Wahrheit in den 17 Stücken ihres um Neujahr 1972 in der New Yorker Academy of Music mitgeschnittenen Live-Doppelalbums *Rock of Ages* vermittelt. Ein sechsköpfiger, von Allen Toussaint arrangierter Bläsersatz, in dem die Jazzmusiker Snooky Young (tp, flh), Howard Johnson (bs, tuba, euphonium), Joe Farrell (sax, horn) mitwirkten, addierte zum instrumentalen und vokalen Wechselspiel des Quintetts, glanzvoll aufgezeichnet, eine ungewohnte Power-Dimension. Mit der danach wieder ohne Gastmusiker produzierten Studio-LP *Moondog Matinee*, die Rock 'n' Roll-Klassiker wie → Chuck Berrys *Promised Land*, → Fats Dominos *I'm Ready*, → Sam Cookes *A Change Is Gonna Come* sowie den einstigen → PLATTERS-Hit *The Great Pretender* enthielt, belebte das Ensemble nostalgiebewußt Geist und Atmosphäre der Rock-Vergangenheit und des eigenen Frühstils. Ende 1973 begleitete THE BAND Bob Dylan auf der LP *Planet Waves* und ging mit ihm Anfang 1974 auf seine spektakuläre Comeback-Tournee. Die neuerliche Bühnen-Kollaboration mit Dylan wurde im Live-Doppelalbum *Before the Flood* dokumentiert.

LPs auf Capitol: *Music from Big Pink* (1968); *The Band* (1969); *Stage Fright* (1970); *Cahoots* (1971); *Rock of Ages* (1972); *Moondog Matinee* (1973) ... mit Bob Dylan auf Asylum: *Planet Waves* (1974); *Before the Flood* (1974). Solo-LP Allen Toussaint auf Reprise: *Southern Nights* (1975)

The Beach Boys, 1961 in Hawthorne, Kalifornien, gegründet, reflektierten in ihren Songs den Westküsten-Mythos von permanentem Sonnenschein, ewiger Jugend und unaufhörlichem Aktivismus. Im Stil der epischen Jukebox-Schlager → Chuck Berrys, mit der motorischen Rhythmik der → Ventures und dem vom Cool Jazz inspirierten Harmoniegesang der Four Freshmen priesen sie die Artefakte kalifornischer Freizeitkultur und ihre Nutznießer. Das erregende Geschicklichkeitsspiel des Surfing (Wellenreiten) und den Geschwindigkeitsrausch in schnellen Autos und auf hochgezüchteten Motorrädern verherrlichten sie als amerikanische Urerlebnisse. «Was bedeuten denn Autos und Surfbretter?» fragte denn auch der Rock-Kritiker Donald Lyons. «Sie sind die Haupt-Charakteristika des amerikanischen Bewegungsdrangs. Autos verkörpern die aktive Nutzbarmachung natürlicher Energie durch die Maschine, und Surfbretter das passive Vergnügen an natürlicher Energie mit Hilfe körperlicher Geschicklichkeit.» Indem die Beach Boys solche alltäglichen Betätigungen zu Primärsymbolen des American Way of Life emporstilisierten, vermittelten sie ihrem Publikum das Gefühl, ein exemplarisches Leben zu führen. Die Musiker, die privat ihrem Show-Image entsprachen, projizierten das konventionelle Idealbild eines Clans netter amerikanischer Jungen von nebenan und gaben ihren Zuhörern damit ein leicht erreichbares Identifikationsmodell. Obwohl zahlreiche Beach Boys-Songs einen patriotischen Akzent hatten (*California girls are the cutest in the world*), vermied die Gruppe dennoch chauvinistische Töne, indem sie in ihren Texten mit Humor und gelegentlichen Frustrationsausbrüchen gegensteuerte – und damit den Westküsten-Mythos nur noch glaubwürdiger machte. 1961 gehörten zu den Beach Boys die Brüder → Brian Wilson (bg, keyboards, voc), am 20. Juni 1942 geboren, Dennis Wilson (dr, voc), am 4. Dezember 1944 geboren, Carl Wilson (g, voc), am 21. Dezember 1946 geboren, ihr Vetter Mike Love (voc, perc), am 15. März 1941 geboren, sowie der Schulfreund Larry Marks, der kurze Zeit später von Al Jardine (g, voc), am 3. September 1942 geboren, abgelöst wurde. Vater Murry Wilson, Maschinengroßhändler, Gelegenheitskomponist und treibende Kraft hinter der Beach Boys-Karriere, vermittelte dem Familien-Ensemble, das sich damals noch Carl and the Passions nannte, einen Start auf dem lokalen Candix-Label mit *Surfin'*, das jedoch über einen regionalen Hit nicht hinauskam. Bereits die nächste Single *Surfin' Safari*, nun auf Capitol, schaffte den Sprung in die nationalen Bestsellerlisten. Von da an vermarktete das Quintett kalifornisches Strandleben sowie den Slang und die Wortspiele der Surfer, Sonnenanbeter und Geschwindigkeits-Fetischisten zu ausnahmslos erfolgreichen Singleproduktionen: *Surfin' U.S.A.*, *Little Deuce Coupe* (1963), *Fun, Fun, Fun*, *I Get Around* (ihr bester Titel in jener Periode), *Dance, Dance, Dance* (1964), *Help Me Rhonda*, *California Girls* (1965), *Barbara Ann* (1966). Brian Wilson, der Sound-Direktor der Gruppe, wußte den Mythos von der Sommersonnen-Jugend in immer neuen Variationen frischzuhalten. Er war inzwischen als aktives Mitglied des Ensembles ausgeschieden, blieb aber weiterhin als Komponist, Arrangeur und Produzent der wichtigste Mann der Gruppe, die Bruce Johnston (bg, voc), am 27. Juni 1944 in Chicago geboren, als Ersatz aufnahm. Zu jener Zeit waren die Beach Boys die erste Rock-Formation, die sich im eigenen Studio selbst produzierte und damit einen für die Entwicklung der Rockmusik wesentlichen Trend einleitete. Brian Wilson nutzte diese Freiheit auf dem von Capitol widerwillig veröffentlichten Album *Pet Sounds* (1966), das die Hinwendung der Musiker zu komplexeren Sounds markierte, wie es parallel auch die → BEATLES mit ihrer LP *Revolver* versuchten. Im Gegensatz zu dem englischen Quartett nahmen die Kalifornier jedoch nur wenige Fremdklänge in ihre Musik auf. Außer der Chuck Berry/VENTURES/FOUR FRESHMEN-Synthese holten sich die BEACH BOYS bis 1973 lediglich bei der klassischen Musik sowie beim Rhythm & Blues von Detroit und Memphis stilistische Anregungen. Selbst ihre intensive Bekanntschaft mit dem Maharishi Mahesh Yogi verleitete sie nicht zur Adaption fernöstlicher Folklore. Die Beschäftigung mit asiatischer Philosophie und Experimente mit bewußtseinserweiternden Drogen führten jedoch zu einer ästhetischen Verfeinerung und thematischen Differenzierung der BEACH BOYS-Musik, zu einer Zeit, da Surf-Seligkeit und Auto-Kult von dem neuen kalifornischen Mythos der Flower-Power-Generation abgelöst wurden. Die Produktion des sinfonischen Mosaiks *Good Vibrations* dauerte sechs Monate und bescherte den Wilson-Musikern Ende 1966 ihre erste Millionensingle. Noch aufwendiger war das LP-Projekt *Smile*, das Brian während einer Europa-Tournee der anderen BEACH BOYS gemeinsam mit → Van Dyke Parks zu realisieren versuchte. Von dem ambitioniert orchestrierten und surrealistisch betexteten Vier-Stunden-Werk fanden sich schließlich nur Bruchstücke auf den LPs *Smiley Smile* und *20/20*. *Heroes And Villains*, ein Single-Zusammenschnitt aus weiteren *Smile*-Teilen, markierte 1967 den Abstieg der Gruppe in der Publikumsgunst. Die subtilen Trickklänge mißfielen zahlreichen Anhängern aus der Surf-Zeit. Progressive Rock-Fans wiederum argwöhnten, «wir seien Doris Day auf Wellenbrettern» (Bruce Johnston). Die BEACH BOYS erspielten sich jedoch mit erfolgreichen Tourneen und erstklassigen LP-Veröffentlichungen eine Renaissance. *Do It Again* aus ihrem zwanzigsten Album *20/20* war perfekt getimete Nostalgie nach Sonne, Strand und Surfing. Auf der LP *Surf's Up* (1971) mochten die Musiker dann den Wellen, die sie einst auf bunten Songbrettern beritten hatten, nicht mehr zu nahe kommen. *Don't Go Near The Water* warnten sie umweltbewußt, denn «Zahnpasta und Seife machen unsere Meere zu einem Schaumbad». In brillanter Manier artikulierten sie das Heimweh nach der schwindenden Jugend der «Kirchgänge, Bingo-Spiele und altmodischen Tänze» (*Disney Girls*), empfahlen trotz ihres Engagements für Vietnam-Protest, Wehrdienstverweigerung und Rassenintegration: «Wenn's wieder mal Krawall gibt, haltet euch besser raus» (*Student Demonstration Time*), und feierten in dem Titelsong *Surf's Up*, einem weiteren Reststück aus der unvollendeten LP *Smile*, in ätherischer Poesie die Rückkehr zur Unschuld der Kinderzeit. 1972 löste sich der Familienverband der BEACH BOYS auf. Johnston verließ die Gruppe und wurde vorübergehend durch Blondie Chaplin (bg), Ricky Fataar (dr) ersetzt, die zuvor auf dem BEACH BOYS-eigenen Label Brother Records in der südafrikanischen Gruppe FLAME gespielt hatten. 1973 schloß sich noch Darryl Dragon (keyboards) an. Trotz der ständigen peripheren Personalveränderungen – so ging 1975 James William Guercio (bg), Produzent von → CHICAGO, mit ihnen auf Tournee – blieb der Sound der STRANDJUNGEN unverändert. Eine generelle Tendenzwende, die den «good time music»-Aspekt der Rockmusik wieder stärker in den Vordergrund treten ließ, machte 1974 die nachgewachsene Generation von Musik-Konsumenten dermaßen neugierig auf die Surf-Oldies, daß die BEACH BOYS mit altem Material noch einmal zu Gold-Ehren kamen. Das von ihrer ehemaligen Plattenfirma Capitol zusammengestellte Doppelalbum *Endless Summer* verschaffte der Wilson-Clique den ersten Top-LP-Hit ihrer Karriere.

LPs auf Capitol: *Surfin' Safari* (1962); *Surfin' U.S.A.* (1963); *Shut Down* (1963); *Surfer Girl* (1963); *Little Deuce Coupe* (1963); *Shut Down, Vol. 2* (1964); *All Summer Long* (1964); *Beach Boys Christmas Album* (1964); *Beach Boys Concert* (1964); *Beach Boys Today* (1965); *Summer Days* (1965); *Beach Boys Party* (1965); *Pet Sounds* (1966, re-issue 1972 auf Doppel-LP *Carl and the*

Passions – So Tough); *Best of the Beach Boys* (1966); *Best of the Beach Boys, Vol. 2* (1967); *Smiley Smile* (1967); *Beach Boys Deluxe Set* (1967); *Wild Honey* (1967); *Best of the Beach Boys, Vol. 3* (1968); *Stack O'Tracks* (1968); *Friends* (1968); *20/20* (1969); *Endless Summer* (1974); *Spirit of America* (1975) ... auf WB/Reprise: *Sunflower* (1970); *Surf's Up* (1971); *Carl and the Passions – So Tough* (1972, mit Re-issue *Pet Sounds*); *Holland* (1973); *In Concert* (1973) ... auf Orbii: *Greatest Hits 1961–1963* (ed. 1974) ... mit Charles Lloyd auf Kapp: *Warm Waters* (1971) ... auf MCA: *Waves* (1972)

The Beatles waren beinahe ein Jahrzehnt lang die «stärkste schöpferische Kraft der modernen Populärkultur» (‹Time›). Sie komponierten und interpretierten den «Soundtrack der sechziger Jahre» (‹Melody Maker›), indem sie archaische Rockmuster von → Chuck Berry, → Little Richard, → Buddy Holly und → Elvis Presley phantasievoll verjüngten und variierten. Mit ihren Songs, in denen Jugendlichkeit um ihrer selbst willen und nicht mehr als Vorstufe zum Erwachsensein gefeiert wurde, boten sie ihrer konsumorientierten, mediengesteuerten Generation in einer Zeit bröckelnder Gesellschaftsstrukturen ungeheuer wirkungsvolle Identifikationsmodelle an. Weder in ihrer rocknostalgischen Frühphase noch in der von Kritikern hochgeschätzten Ära artifizieller Studioproduktionen erschlossen sie – von originellen Melodie- und Texteinfällen abgesehen – der Rockmusik tatsächlich Neuland. «Ihnen fiel es zu», urteilte der Kritiker John Gabree, «stets einige Meilen hinter der Avantgarde herzusegeln, deren Errungenschaften zu festigen und neue Ideen zu popularisieren.» Dieses konnte ihnen in einem solchen Ausmaß gelingen, weil das Quartett als sensibler, in sich ausgewogener Organismus stets mehr als die Summe von vier hervorragenden Solisten war. Über Jahre hinweg vermochten sie ihre stark divergierenden künstlerischen und menschlichen Eigenarten auszubalancieren und in einem psychischen Spannungsfeld auf Hochleistung zu polen. Am 27. Dezember 1960 trat die Gruppe unter dem Namen BEATLES erstmals im Gemeindesaal des Liverpooler Vororts Litherland auf. Zum Ensemble gehörten → John Lennon (voc, g), → Paul McCartney (voc, bg), → George Harrison (g, voc), Pete Best (dr). Lennon hatte 1955 in Liverpool die Skifflegruppe THE QUARRYMEN organisiert, der sich 1956 McCartney und 1957 Harrison anschlossen. Daraufhin trennte sich Lennon von seinen bisherigen Mitspielern und formierte 1959 mit McCartney und Harrison das Trio JOHNNY AND THE MOONDOGS, das Pete Best und 1960 Stu Sutcliffe (g) zum Quintett erweiterten. Die Gruppe nannte sich fortan THE SILVER BEATLES und ging zu sporadischen Gastspielen nach Hamburg, wo sie unter anderem auch im «Star Club» auftrat. Dort lernten die Musiker die Fotografin Astrid Kirchherr kennen, die ihnen die später weltweit kopierten «Moptop»-Frisuren (Pilzköpfe) verpaßte. Suctliffe, der sich mit Astrid verlobt hatte, schied aus und starb kurz danach an einem Gehirntumor. Das Rest-Quartett begleitete während seiner Hamburg-Aufenthalte gelegentlich den englischen Rock-Sänger → Tony Sheridan bei Clubauftritten und Plattenaufnahmen. → Ringo Starr (dr, voc), der im Hamburger «Kaiserkeller» für die Skifflecombo RORY STORM AND THE HURRICANES trommelte, ersetzte dabei den kränkelnden Pete Best ab und zu am BEATLES-Schlagzeug und trat 1962, als die Gruppe endgültig nach Liverpool zurückgekehrt war, ganz an dessen Stelle. Zu dieser Zeit waren die BEATLES als Hausband des «Cavern Club» nach einer Umfrage der Musikzeitschrift ‹Mersey Beat› die beliebteste Band in Liverpool und Umgebung. Sie stammten, wie ein Großteil ihres Publikums, aus zerbrochenen Familien der unteren Mittelschicht und fanden in ihren grellen Imitationen amerikanischen Rock 'n' Rolls, die sie mit Teddy-Boy-Attitüde vortrugen, ein Aggressions-Ventil und gleichzeitig einen Ausstieg aus ihrem sozialen Spannungsfeld, wie er bisher vor allem als Motivation für Sportlerkarrieren bezeichnend gewesen war. Brian Epstein, ein vermögender Liverpooler Schallplattenhändler, bot sich Ende 1961 den BEATLES als Manager an und vermittelte ihnen ein halbes Jahr später einen Schallplattenkontrakt beim Londoner Musikkonzern EMI. → George Martin, bislang Producer für klassische Musik, wurde als Sound-Betreuer der Provinz-Musiker eingesetzt. Am 4. Oktober 1962 erschien als erste BEATLES-Single auf Parlophone die Eigenkomposition *Love Me Do*, die auf Platz 17 der englischen Hitparade kam. Bereits die drei Monate später veröffentlichte zweite Single *Please Please Me* schaffte auf Anhieb die Top-Position. Die ebenfalls 1963 veröffentlichten Titel *From Me To You, She Loves You* und *I Want To Hold Your Hand* erreichten ähnlich schnell die Spitze. Das letzte Stück brachte den BEATLES den Durchbruch in den USA und der übrigen Welt und leitete die «Beatlemanie» ein, die fortan für Schlagzeilen, Superlative und Umsatzrekorde sorgte. Als die BEATLES im Februar 1964 zum erstenmal im amerikanischen Fernsehen auftraten, schalteten 72 Prozent aller Gerätebesitzer ihretwegen auf den Kanal der ‹Ed Sullivan Show›. Bis zum Juli jenes Jahres besetzten die Liverpooler ohne Unterbrechung die Top-Plätze der US-Hitlisten. 60 Prozent aller 1964 in den Vereinigten Staaten verkauften Singles waren BEATLES-Produktionen, die mit durchschnittlich 2,5 Millionen Stück pro Monat umgeschlagen wurden. Allein die Gewinne aus dem Verkauf ihres ersten Film-Soundtrack-Albums *A Hard Day's Night* (1964) deckten die Herstellungskosten des Streifens, bevor überhaupt eine Kinokarte verkauft war. Bis 1973 wurden 90 Millionen LPs und 125 Millionen Singles mit der Musik der Pilzköpfe abgesetzt. Der Erfolg der BEATLES regte diverse Industriezweige an: Die Plattenfirmen verzeichneten erhebliche Profitsteigerungen durch die Propagierung des «Mersey-Sounds»; der Verkauf von Gitarren und Verstärkeranlagen vervielfachte sich; das Diskothekengewerbe erlebte einen Boom; zahlreiche Modetrends weckten bei kaufkräftigen Teenagern erfolgreich Bedürfnisse. In ihrer damaligen imitativen Phase holten sich die BEATLES Inspiration bei Rock-Musikern der ersten Generation, von denen sie einige Stücke für ihre LPs übernahmen, und fusionierten die harte Rock-Attacke zumeist mit der weichen Gospeltechnik der → DRIFTERS oder SHIRELLES. Ihre Texte entsprachen der Schnodderigkeit und Sensibilität der Arbeiterjugend. Unprätentiös, respektlos, selbstparodistisch, aber reserviert in der Artikulation von Empfindungen gegenüber dem anderen Geschlecht, entsprachen sie durchaus der verbalen Selbstkontrolle des Rock 'n' Roll der fünfziger Jahre, der die Tabus der weißen Mittelklasse keineswegs sprengte. Die BEATLES befreiten immerhin den Rock 'n' Roll, «ohne dessen Ursprünglichkeit zu zerstören, von seiner Aufheizungsstereotypie» (Hellmuth Karasek) und durchlüfteten ihre Songs mit Wortwitz, spielerischer Gesangsironie und unkomplizierten Tanzrhythmen. Diese naive Phase fast ungetrübten Spaßes, die in dem Film ‹Help!› 1965 ihre Slapstick-Apotheose fand, ging ein Jahr später mit der Veröffentlichung der LP *Rubber Soul* zu Ende. Angeregt von (seit 1964 zunehmendem) Drogengenuß, beeindruckt von der surrealistischen Poesie → Bob Dylans und gereift an der Persönlichkeit ihres musikalisch versierten Producers George Martin begannen die BEATLES mit klassischen Musikformen, exotischen Instrumenten (Sitar) und esoterischer, teilweise sogar fremdsprachiger Lyrik (*Michelle*) zu experimentieren. Songtitel wie *Norwegian Wood* und später *Yellow Submarine, Strawberry Fields Forever, Lucy In The Sky With Diamonds* deuteten, trotz gegenteiliger Behauptungen der Bandmitglieder, auf die Insider-Kenntnis diverser Rauschmittel hin. *Yesterday* orchestrierten sie mit einem barocken Streichquartett, *Eleanor Ribgy* wie ein Weillsches Couplet. *Tomorrow Never Knows,* den letzten Titel der LP *Revolver* (1966), füllten sie mit elektronischen Verfremdungen, den Geräuschen rückwärts laufender Bänder und Multi-Spur-Überspielungen. Das Stück signalisierte, warum die BEATLES, nach triumphalen, rekordbrechenden Tourneen in den USA und aller Welt, am 29. August 1966 in San Francisco ihr letztes Konzert gaben: Fortan ließ sich ihr Gruppensound nicht mehr live auf der Bühne reproduzieren. Die LP *Sgt. Pepper's Lonely Hearts Club Band* (1967) markierte für die Musiker den «Verlust ihrer künstlerischen Unschuld» (Richard Poirer). In vier Monaten Produktionszeit, mit 120 Orchesterspielern, elektronischen Apparaturen, Bläserchören und einem Kostenaufwand von 56 000 Dollar fertigten sie eine Synthese von Rock 'n' Roll und den schönen Künsten, die zwar «die Langspielplatte zu ihrer höchsten Entwicklungsstufe als künstlerisches Medium brachte» (‹Rolling Stone›), die Beatles jedoch endgültig in die Nähe bewußt manipulativer Kunstfertigkeit rückte. «Es gibt nur etwa 100 Leute in der Welt, die unsere Musik verstehen», behauptete John Lennon, nachdem er ein Jahr zuvor noch verkündet hatte, die Beatles seien «nun populärer als Jesus». Die Gefahr, allmählich ihrer eigenen Propaganda zum Opfer zu fallen, wurde für die Gruppe akut, als im August 1967 ihr Manager Brian Epstein starb und die vier sich fortan selbst managten. Sie gründeten mit «Apple Corps Ltd.» einen Entertainment-Konzern, der alsbald durch ungeschickte Geschäftsführung 65 000 Dollar Verlust pro Woche machte. Ihr Weihnachten 1967 aufgeführter TV-Film ‹Magical Mystery Tour›, den sie selbst hergestellt hatten, wurde zum ersten künstlerischen Minus der Beatles. Sie suchten auf religiösen Trips nach Indien Befreiung von ihren Drogenproblemen und Beratung bei der Bewältigung ihrer Ruhm-Komplexe. Ihre seit 1968 vorgelegten LPs gerieten immer mehr zu Dokumenten künstlerischer Auseinandersetzungen und zu Spiegelbildern ihrer privaten Querelen. Der gegen den Willen McCartneys als Apple-Boss engagierte amerikanische Finanzberater Allen Klein, die Verbindung Lennons mit → Yoko Ono, Harrisons Forderung nach mehr Songbeteiligung auf den LPs brachten die Gemeinschaft auf Kollisionskurs. Mit der Doppel-LP *The Beatles* (1968) versuchten sie in virtuosem Zitieren aller Rock-Musiker, die sie stilistisch beeinflußt oder experimentell längst überholt hatten, eine Gesamtschau der «Geschichte und Synthese westlicher Musik» (‹Rolling Stone›). *Abbey Road* (1969) und *Let It Be* (1970) tönten wie mißglückte Versuche, die Simplizität und Frische ihrer Aufnahmen aus der «naiven Phase» vor 1966 zurückzuholen. Nachdem sie auf Solo-LPs bereits interpretatorische Eigenständigkeit vorgewiesen hatten, trennten sich die Beatles inoffiziell am 11. April 1970, zu einer Zeit, da allgemein unter Rock-Musikern eine Auflösung des Gruppenbewußtseins einsetzte. Im Dezember 1974 lösten sie dann ihre Vierer-Partnerschaft offiziell auf. Kontraktverpflichtungen gegenüber dem Plattenkonzern EMI binden die ehemaligen Beatles jedoch noch bis Anfang 1977 an ihr gemeinsames Apple-Label, obwohl Harrison mit Dark Horse Records und Starr mit Ring-O Records bereits eigene Vertriebsorganisationen für ihre Produkte initiiert haben.

In England veröffentlichte LPs auf Parlophone/Odeon: *Please, Please Me* (1963); *With the Beatles* (1963); *A Hard Day's Night* (1964); *Beatles for Sale* (1964); *Help!* (Soundtrack, 1965); *Rubber Soul* (1965); *Revolver* (1966); *Oldies But Goldies – A Beatles Collection of Oldies* (1967); *Sgt. Pepper's Lonely Hearts Club Band* (1967) ... auf Polydor: *In the Beginning* (mit Tony Sheridan, 1969) ... auf Apple: *The Beatles* (1968); *Yellow Submarine* (Soundtrack, 1968); *Hey Jude* (1969); *Abbey Road* (1969); *Let It Be* (1970); *The Beatles 1962–1966* (1973); *The Beatles 1967–1970* (1973)
In den USA veröffentlichte LPs auf Capitol: *Meet The Beatles* (1964); *Second Album* (1964); *Something New* (1965); *The Early Beatles* (1965); *'65* (1965); *Beatles VI* (1965); *Beatles Story* (1965); *Help!* (Soundtrack, 1965); *Rubber Soul* (1966); *Yesterday and Today* (1966); *Revolver* (1966); *Sgt. Pepper's Lonely Hearts Club Band* (1967); *Magical Mystery Tour* (1968) ... auf United Artists: *A Hard Day's Night* (Soundtrack, 1964) ... auf Apple: *The Beatles* (1968); *Yellow Submarine* (Soundtrack, 1968); *Hey Jude* (1969); *Abbey Road* (1969); *Let It Be* (1970); *The Beatles 1962–1966* (1973); *The Beatles 1967–1970* (1973) ... auf Polydor: *In the Beginning* (mit Tony Sheridan, 1969)

Beck, Jeff (g, voc), am 24. Juni 1944 in der englischen Grafschaft Surrey geboren, studierte vier Jahre lang am Londoner Wimbledon Art College und spielte um 1965 mit der halbprofessionellen Rock-Combo The Tridents, bevor er 1967 → Eric Claptons

Nachfolger bei den → YARDBIRDS wurde. Musikalisch hochtalentiert, moralisch eher unterentwickelt, zeigte er sich anschließend in seiner dynamischen und spannungsreichen JEFF BECK GROUP mit → Rod Stewart (voc), → Nicky Hopkins (p), Ron Wood (bg), Mike Waller, Tony Newman, Ainsley Dunbar (dr), zumal auf zwei USA-Tourneen, als extrem launischer Egozentriker, dem es ausschließlich um die Erfüllung seiner eigenen musikalischen und sexuellen Wünsche ging. Er feuerte Kollegen mitten im Konzert, verließ grundlos die Bühne, vernaschte in der Garderobe scharenweise Groupies und war «einer der Vorreiter unter den Anglophalliacs im anglophilen Amerika des Jahres 1968» (‹Rolling Stone›). Nach zwei grandiosen LPs und einer Studio-Session mit → Donovan brach die Gruppe 1969 unter dem Beck-Stress zusammen. Im November 1970 verursachte der Autofan Beck, der seine diversen Fahrzeuge stets mit überhöhtem Tempo fuhr, einen Autounfall und konnte fast zwei Jahre nicht spielen. Er hatte vorgehabt, sich in den USA mit den ehemaligen → VANILLA FUDGE-Musikanten Tim Bogert (bg) und Carmine Appice (dr) zusammenzutun, doch diese waren bei → CACTUS bereits wieder gebunden. Ende 1971 brachte er mit Bob Tench (voc), Max Middleton (p), Clive Chaman (bg), Cozy Powell (dr) das anhörenswerte Album *Rough and Ready* heraus. Im Herbst 1972 konnte er endlich die erwünschten Partner Bogert und Appice gewinnen. Ihr Trio (Beck hatte die ursprünglich noch beteiligten Musiker Tench und Middleton rasch entlassen) besaß das Potential, eine Superstar-Kombination in der Art der → CREAM zu werden. Doch Beck, früher einmal ein Meister brillanter Bottleneck-Technik in rasanten Tempi, litt an Konzentrationsschwäche und Einfallsarmut. Seine vokalen und instrumentalen Beiträge klangen nicht selten schal: nach Auskunft seiner Ärzte Folge der Depressionen, unter denen er nach dem Autounfall litt. Nach dem Auseinandergehen von BECK, BOGERT & APPICE 1974 produzierte der Gitarrist zusammen mit Max Middleton (keyboards), Phillip Chen (bg), Richard Bailey (dr) in London die überwiegend müde LP *Blow by Blow*. Anfang 1975 war Beck als ein möglicher Nachfolger Mick Taylors bei den → ROLLING STONES im Gespräch.

LPs mit den → YARDBIRDS ... mit Donovan auf Epic: *Barabajagal* (1969) ... mit der JEFF BECK GROUP auf Columbia/EMI, Epic: *Truth* (1968); *Beck-Ola* (1969); *The Best of Jeff Beck* (1970); *Rough and Ready* (1971); *Jeff Beck Group* (1972) ... auf holl. Columbia: *Best of J. B.* (1973) ... auf Epic: *Beck, Bogert & Appice* (1973); *Blow by Blow* (1975)

The Bee Gees kamen 1967 als erfolgreiche Kinder-Entertainer von Sydney, wohin sie 1958 mit ihren Eltern ausgewandert waren, nach England zurück und starteten eine Karriere, deren künstlerische und finanzielle Parallelen zum Werdegang der → BEATLES etwa dem Verhältnis → Cliff Richards zu → Elvis Presley entsprachen. Barry Gibb (voc, g), am 1. September 1947 geboren, und seine Zwillingsbrüder Robin Gibb (voc, g, p), Maurice Gibb (voc, bg), beide am 22. November 1949 wie Barry auf der Insel Man geboren, spielten bereits Mitte der fünfziger Jahre als THE BLUE CATS in ihrer Heimatstadt Manchester zusammen. Nach der Rückkehr aus Australien formierten sie mit Vince Melouney (g), Colin Peterson (dr) die BEE GEES (Abkürzung für BROTHERS GIBB). Ihre ersten beiden Hits, *Spicks And Specks* (ein Erfolg aus ihrer australischen Zeit), *New York Mining Desaster 1941* waren stilistisch noch stark den frühen Rhythmusnummern der BEATLES verwandt. Jedoch der dritte Single-Hit *To Love Somebody* (1967) etablierte sie als «Meister der romantischen Ballade» (‹Stereo Review›). Ihre Eigenkompositionen walzten sie zu verschwenderisch arrangierten Mini-Opern aus, die von einem vierzigköpfigen Streichorchester eingespielt wurden. Robins grotesk überzogenes Soul-Vibrato dominierte den an die → EVERLY BROTHERS erinnernden Harmoniegesang der Brüder Gibb, der charakteristisch für die BEE GEES-Musik wurde. Im Falsett hüstelten sie Verse, deren Banalität («Now I found that the world ist round») genau kalkuliert schien. Belanglose Abschieds-

und Abenteuer-Texte verfremdeten sie mit dem Lupen-Effekt genauer Orts- und Zeitangaben. An exotischen Schlagerschauplätzen wie *Odessa, Massachusetts*, bei der *Air Force* oder *Trafalgar* siedelten sie sich nur wegen des Assoziationsreizes dieser Namen an. In absurden Reimen betonten sie «die Ernsthaftigkeit, George zu sein», prahlten: «Du sagtest goodbye – ich erklärte Spanien den Krieg», besangen den «christlichen löwenbeherzten Jedermann» und behaupteten: «Zitronen vergessen niemals.» Selbst der von Kritikern verschmähte Violin-Sirup schien nach seltsamen Rezepten zubereitet. Nicht selten bekämpften sich die Streichinstrumente in grellen Dissonanzen, große Orchesterbögen zersplitterten an harten Gitarrenschlägen; mitunter verjaulte der sinfonische Wohlklang in traumatischen Akkordverzerrungen. Bei einem Konzert in der Londoner Royal Albert Hall placierten die BEE GEES 60 Orchestermusiker hinter sich, ließen bei einem Titel einen 45köpfigen Chor auftreten und bestritten das spektakuläre Finale mit einer kompletten Band der Royal Air Force. Der instrumentale Pomp, der nichtssagende Surrealismus der Songtexte und die grotesken Phrasierungen des Vokal-Trios ergänzten sich jedoch vorzüglich und waren stilistisch genau abgezirkelt. 1968/69 verkauften die BEE GEES zehn Millionen Singles und drei Millionen Alben und waren, zumindest in Europa, eine Teenager-Attraktion ersten Ranges. Doch ein Bruderzwist entzweite das Quintett. Seit 1969 verließen diverse Gibbs die Gruppe, kehrten kurzfristig zurück, um die Band abermals aufzubrechen. Die Streitigkeiten verhinderten Tourneen, verzögerten Plattenaufnahmen und verwirrten die BEE GEES-Fans, denen neben Aufnahmen der jeweiligen Rest-Gruppe auch noch gleichklingende Solo-Platten von Barry oder Robin Gibb angeboten wurden. Obendrein verschob sich zu Beginn der siebziger Jahre in Europa das Interesse der Popmusik-Konsumenten mehr zu unterhaltsamen Hard Rock-Gruppen wie → BLACK SABBATH, → SLADE, → DEEP PURPLE. 1970 reformierten sich die BEE GEES zwar zum Gibb-Trio, das vor allem in den USA mit einigen Top-Singles eine bescheidene Renaissance erlebte. Doch im Gegensatz zu früheren Erfolgen, die selbst stilistisch ferne Interpreten wie → Janis Joplin (*To Love Somebody*) nachgesungen hatten, fehlte diesen Reprisen die Raffinesse des kalkulierten Overstatement. Die BEE GEES waren 1975 «ein Witz, über den sie selbst nicht mehr lachen mochten» (‹Die Welt›) – den → MOODY BLUES durchaus vergleichbar.

LPs auf Polydor: *Bee Gees 1st* (1967); *Horizontal* (1968); *Rare, Precious & Beautiful* (1968); *Idea* (1968); *Rare, Precious & Beautiful, Vol. 2* (1968); *Rare, Precious & Beautiful, Vol. 3* (1969); *Odessa* (1969); *Best of the Bee Gees* (1969); *Cucumber Castle* (1970); *Sound of Love* (1970); *Two Years On* (1970); *Best of the Bee Gees, Vol. 2* (1971); *Trafalgar* (1971); *To Whom It May Concern* (1972) ... auf RSO: *Life in a Tin Can* (1973); *Mr. Natural* (1974) ... auf Calendar: *Barry Gibb and The Bee Gees* (1964) ... auf Spin: *Spicks and Specks* (1966). Solo-LP Robin Gibb auf Polydor: *Robin's Reign* (1969)

Belafonte, Harold George «Harry» (voc), am 1. März 1927 in New York City geboren, popularisierte 1956/57 mit Hits wie dem *Banana Boat Song (Day-O)*, *Island In The Sun*, *Mama Look A Boo Boo*, *Jamaica Farewell* die Calypsomusik der Karibischen Inseln derart massiv und überzeugend, daß sein Einfluß bis in den Reggae-Boom der siebziger Jahre nachwirkte und er selbst lange einer großen Öffentlichkeit als gebürtiger Westinder galt. In Wirklichkeit verbrachte der Sohn eines Arbeiters aus Martinique und einer Jamaikanerin (ein Großvater stammte aus Nizza und hieß Bellafontaine) nur die Jahre 1935 bis 1940 auf Jamaika und assimilierte die dortige Musik- und Sprechtradition. Ähnlich intensiv studierte er später, Anfang der fünfziger Jahre, unter dem Eindruck der Folk-Szene von Greenwich Village die authentischen, in der Washingtoner Library of Congress gesammelten Spirituals, Work Songs und Blues, die er in allen Unterhaltungsmedien für ein Massenpublikum reproduzierte. Nach dem Dienst in der US Navy,

Gelegenheits-Jobs in der New Yorker Bekleidungsindustrie und als Fahrstuhlführer, dem Schauspiel-Studium an Erwin Piscators Dramatic Workshop und einem von zwei auf 20 Wochen verlängerten Gesangs-Engagement im Club «Royal Roost» erhielt Belafonte 1950 einen Capitol-Plattenvertrag. Da er die ihm vorgelegten Kommerz-Songs jedoch ablehnte, platzte der Deal. Erneut startete er, diesmal mit einem reinen Folksong-Repertoire, in einem New Yorker Nightclub: «Village Vanguard». Die sich anschließende Showbusiness-Karriere mit Broadway-Auftritten (‹John Murray Anderson's Almanac›, 1953), Filmrollen (‹Carmen Jones›, 1954) und Tournee-Erfolgen (‹Three for Tonight›, 1954) führte zu einer für Schwarze bis dahin beispiellosen Medien-Präsenz. Belafonte wurde zum Stammgast in eigenen und fremden TV-Shows, zum hochbezahlten Hollywood-Darsteller, zum Platten-Spitzenverkäufer und zum Konzert-Magneten, der das Greek Theatre in Los Angeles drei Wochen lang füllte. Je mehr er sich aber daneben auch für die gewaltlose Bürgerrechtsbewegung einsetzte, desto mehr verkam sein Image in der Zeit der Rassen-Konfrontation um 1968 zu dem eines «Renommier-Negers aus Hollywood» (James Brown). Auf solche Vorwürfe antwortete er 1968 in der ‹International Herald Tribune›: «Ich identifiziere mich unverändert mit meinen schwarzen Brüdern. Ich bin kein Rock 'n' Roll-Sänger, aber ich interpretiere Songs mit tiefen Wurzeln in afrikanischer, amerikanischer und karibischer Negermusik.» Daß er das gesellschaftliche Klima für ein intensiveres Verständnis verschiedenartiger Musikkulturen und die seither möglich gewordenen Rock-Mischstile vorbereitet hat, sollte nicht vergessen werden.

LPs auf RCA Victor: *Harry Belafonte* (1956); *Evening with Belafonte* (1956); *Calypso* (1957); *Sings of the Caribbean* (1957); *Love is a Gentle Thing* (1959); *At Carnegie Hall* (1959); *What a Mornin'* (1960); *Sings the Blues* (1960); *Swings Dat Hammer* (1960); *Harry Belafonte Returns* (1960); *Jump up Calypso* (1961); *Midnight Special* (1962); *Many Moods* (1962); *Streets I Walked* (1963); *At Greek Theatre* (1964); *Ballads, Blues* (1964); *Evening (with Makeba)* (1965); *Evening (with Mouskouri)* (1966); *In My Quiet Room* (1966); *Calypso in Brass* (1966); *On Campus* (1967); *Sings of Love* (1968); *Homeward Bound* (1970); *By Request* (1970); *This is Harry Belafonte* (1970); *Warm Touch* (1971); *Calypso Carnival* (1971); *Belafonte Live* (1972); *Play Me* (1973) ... auf Camden: *Harry* (1973); *Abraham, Martin & John* (1974)

Bell, Maggie (voc), am 12. Januar 1945 in Glasgow, Schottland, geboren, sammelte als Kind im Mayhill-Proletarierviertel ihrer Heimatstadt, später als Textilarbeiterin und Schaufenster-Dekorateurin so viele Blues-Erfahrungen und Frustrationen und entwikkelte eine solche Widerstandskraft, daß sie sich als Sängerin des Ensembles → Stone the Crows 1972 auf die Spitzen-Gesangsplätze der ‹Melody Maker›- und ‹New Musical Express›-Polls hochboxen konnte. Mit fünf trat sie der Heilsarmee bei, schüttelte das Tamburin und schlug – «nicht um der Religion, sondern um der Musik willen» – an Straßenecken die Trommel. Mit fünfzehn lernte sie den Rock-Gitarristen Les Harvey kennen und lieben, rockte mit ihm in Tanzkapellen und in der Band The Power, die unter anderem amerikanische GI-Stützpunkte in der Bundesrepublik bereiste. Auch bei den 1969 von Harvey und Bell gegründeten Stone the Crows wirkten ihre rauhen Blues-Artikulationen zunächst noch undiszipliniert und stillos: Sie imitierte → Janis Joplin, → Aretha Franklin, Dinah Washington, Rosetta Tharpe und andere vorwiegend schwarze Sängerinnen und traf allenfalls unter strenger Musikregie im Plattenstudio unverwechselbar eigene Töne. Nach dem Schock des Todes von Les Harvey, den im Mai 1972 an einem ungeerdeten Bühnenmikrophon ein elektrischer Schlag traf, konnte sie nicht nur durchsetzen, daß die Band unter ihrer Leitung zusammenblieb; sie fand auch endgültig als Künstlerin ihre Identität. Maggie hat jetzt, urteilte ‹Rolling Stone› nach dem Album *Ontinuous Performance*, «eine Stärke, eine emotionale Intensität und eine Gewandtheit des Ausdrucks, die sie in die Top-Kategorie der Rock-Sänger qualifizieren».

Dorthin strebte sie nun als Solistin: Im Frühjahr 1973 verließ sie ihre Band, die sich daraufhin auflöste. «Ich bin kein Bluff», erklärte sie auf einer USA-Tournee. «Ich bin bereit, auf meinen Erfolg zu warten. Es bedarf harter Knochenarbeit, es in Amerika zu schaffen.» Aber obgleich sie sich bei Live-Auftritten in den USA total verausgabte und ihr im New Yorker Atlantic-Studio produziertes Solo-Album *Queen of the Night* der Kritik imponierte, errang sie nur einen Achtungserfolg. Im Winter 1974/75 schloß sie sich dem Swan-Song-Label ihrer zu Rock-Kapitalisten aufgestiegenen Londoner Musikkollegen → Led Zeppelin an.

LPs auf Polydor mit → Stone the Crows. Solo-LPs auf Polydor: *Queen of the Night* (1973) ... auf Swan Song: *Suicide Sal* (1975)

Berry, Charles «Chuck» Edward (voc, g), am 18. Oktober 1931 im schwarzen Ellardsville-Distrikt von St. Louis geboren, war mit seinem geraden Rock 'n' Roll, den er gelegentlich mit Mambo- und Calypso-Metren frisierte, der wichtigste Anreger der britischen Beat-Szene zwischen 1962 und 1964. → Elvis Presley hatte eine ganze Generation in Bewegung versetzt; Berry motivierte mit zündenden Gitarrenchorussen und Songs, «in denen er die Wünsche und Frustrationen der jungen Hörer zur Vision einer Teenager-Subkultur verschmolz» (Franz Schöler), jene Musiker, von denen die Bewegung fortan in Gang gehalten wurde: → The Beatles, → The Animals, → The Yardbirds, → The Zombies und andere. Sie alle spielten zuerst Berry-Kompositionen, ehe sie eigenes Material entwickeln konnten. Berrys Hitliste begann 1955 mit dem im Chicagoer Chess-Studio produzierten Song *Maybelline* und enthielt in den folgenden Jahren Rock 'n' Roll-Klassiker wie *Roll Over Beethoven*, *School Days*, *Rock And Roll Music*, *Sweet Little Sixteen*, *Jonny B. Goode*, *Jo Jo Gunne* (nach dem sich später eine kalifornische Band betitelte), *Memphis*, *Little Queenie*, *Back In The U.S.A.*, *Let It Rock*, *Nadine* und zahlreiche andere. In den Texten wurde von den Alltagsproblemen alltäglicher Menschen erzählt. Berry war der erste, der konsequent die amerikanische Landkarte besang und mit vordem unbekannter Detailtreue rasant-ironische Rock-Balladen für Klein- und Mittelstädte, Flughäfen, Bahnhöfe und Greyhound-Stationen erfand. Die Verwendung der echten Namen gab seinem Publikum Ansatzpunkte zur Identifikation, die Beschreibung simpel-vertrauter Situationen an der Tankstelle, im Taxi, am Telefon verankerte die Melodien im eigenen Erlebnisfeld. Vom Einspielergebnis seiner Erzeugnisse sah Berry während der ersten Erfolgsperiode bis 1966 nicht viel. Schon bei seiner ersten Aufnahme *Maybelline* drängten ihn beispielsweise die Brüder Chess, Inhaber der Plattenfirma, den weißen Rock 'n' Roll-Discjokkey Alan Freed als Coautor eintragen zu lassen, damit dieser Grund habe, den Song im Radio zu propagieren. Freed und viele andere kassierten von Chuck Berry Tantiemen. 1965, nachdem die Beatles *Roll Over Beethoven* erneut in die Hitparaden gejubelt hatten und Berry wieder etwas galt, akzeptierte er daher einen hochdotierten Mercury-Schallplattenvertrag. Diese Firma war jedoch nicht in der Lage, seinen schwarzen Sound adäquat zu produzieren und imagegerecht zu vermarkten. Selbst in einem Live-Album mit der → Steve Miller Band aus dem Fillmore West, das unter anderem an falscher Repertoiregestaltung litt, wurde Berry unter Wert verkauft. Erst die erneute Partnerschaft mit der Bluesfirma Chess (seit 1969) brachte dem «absoluten Rock-Idol» (‹Die Zeit›) das Comeback und mit *Ding-A-Ling* 1972 einen Millionen-Hit. Seine Gagen, die er sich stets vor den Konzerten in baren Dollars auszahlen läßt, investiert der Musiker seit etwa 1970 in den Berry-Vergnügungspark in Wentzville, Missouri, etwa 40 Meilen westlich seiner Geburtsstadt St. Louis.

LPs auf Chess: *After School Sessions* (1958); *One Dozen Berrys* (1958); *One Top; Rockin On the Hops; New Juke Box Hits; Twist; On Stage* (1959 bis 1964); *Greatest Hits* (1964); *In London* (1965); *Fresh Berrys* (1965); *St. Louis to Liverpool* (1966);

Golden Decade (1967); *Back Home* (1970); *Original Oldies, Vol. 1/2* (1970); *The Best of Chuck Berry* (1971); *San Francisco Dues* (1971); *The London Sessions* (1972); *Golden Decade, Vol. 2* (1973); *Bio* (1974) ... auf Mercury: *Golden Hits* (1967); *In Memphis* (1967); *Live at the Fillmore Auditorium* (mit Steve Miller Band, 1967); *From St. Louis to Frisco* (1968); *Concerto in B. Goode* (1969)

Big Brother and the Holding Company kamen als Begleitband von → Janis Joplin zu internationalem Ruhm. Aber sie existierten schon in San Francisco, bevor die Joplin im Juni 1966 vom Manager Chet Helms mit ihnen bekannt gemacht wurde, und auch nach ihrem Weggang 1968 bewiesen die Musiker Selbständigkeit und Format. Peter Albin (bg, voc), Sam Andrew (g, voc), James Gurley (g, voc), David Getz (dr, voc) litten, nachdem sie ihrem Gesangsstar beim Monterey Pop Festival 1967 durch eine ungewöhnlich perfekte Begleitung zu einem lukrativen Schallplattenvertrag verholfen hatten, unter dem Joplin-Verdikt: «Entweder sie bekämpfen mich, oder sie liegen da wie tote Fische.» Als sie sich durch die LP *Be A Brother* zusammen mit Nick Gravenites (voc), David Schallock (g, voc), Mike Finnigan (p, org) einigermaßen vom Verlust der Millionen-Dollar-Stimme erholt hatten, klagte Albin über die «Ironie des Ruhms»: «Als wir auf unserem Höhepunkt waren, haßten uns die Kritiker. Nun, da wir finanziell unten sind, können sie uns nicht genug loben.» Das Lob war musikalisch gerechtfertigt; das Publikum erwartete von Big Brother jedoch offenbar eine Sängerin. Deshalb holten die Musikanten für ihr beziehungsreich betiteltes Album *How Hard It Is* die aus Seattle, Kanada, stammende Kathy McDonald in die Band, die seit 1967 in San Francisco lebte und seitdem zahlreichen Rock-Interpreten im Studio-Background gedient hatte. Ihre Haßliebe gehörte trotz Kathys kompetenter Beiträge zum Ensembleklang nach wie vor Janis Joplin. Das Stück *Buried Alive In The Blues*, das die Joplin für ihre LP *Pearl* nicht mehr aufnehmen konnte, ist (vom Komponisten Nick Gravenites gesungen) auf der Big Brother-Platte *How Hard It Is* zu hören.

LPs mit Janis Joplin auf Mainstream: *Big Brother and the Holding Company* (1968) ... auf CBS: *Cheap Thrills* (1968) ... ohne Janis Joplin auf CBS: *Be A Brother* (1970); *How Hard It Is* (1971). Solo-LP Kathy McDonald auf Capitol: *Insane Asylum* (1974)

Big Bopper, bürgerlich: Jape P. Richardson (voc), am 29. Oktober 1938 in Sabine Pass, Texas, geboren, wurde mit einer Single-Veröffentlichung zum Rock-Legendär. *Chantilly Lace*, im Sommer 1959 als B-Seite des Gag-Songs *Big Bopper's Wedding* veröffentlicht, avancierte alsbald zum Bestseller in mehr als 40 Ländern. Die schwitzige Story von dem Burschen, der per Telefon ein widerspenstiges Mädchen zu einem Date zu überreden versucht («Ooh, Baby, you know what I like») machte Rock-Geschichte: «Zum erstenmal nannte die weiße Populärmusik die Lust beim Namen» (Nik Cohn). Der große Bopper hatte neben seinen Aktivitäten als Discjockey und Programmchef bei der Radiostation KTRM in Beaumont, Texas, Mitte der fünfziger Jahre mit Titeln wie *Beggar To A King, Monkey Song* eine zunächst erfolglose Sängerkarriere bei Mercury gestartet. Nach seiner Army-Zeit gab ihm die Plattenfirma eine zweite Chance, die er lediglich mit *Chantilly Lace* nutzen konnte: Am 3. Februar 1959 verunglückte er mit → Buddy Holly und → Ritchie Valens bei einem Flugzeugabsturz in der Nähe von Mason City, Iowa, während einer Tournee, die ihn zum erstenmal als Star präsentieren sollte.

LPs auf Mercury: *Chantilly Lace* (1958) ... auf MCA: *American Graffiti* (1973, mit anderen) ... auf Increase: *Cruisin' 1958* (1970, mit anderen)

Birtha, bestehend aus Shelly Pinizzotto (g, voc), Olivia Favela (dr, voc), Sherry Hagler (keyboards, voc), Rosemary Butler (bg, voc), 1969 im kalifornischen Orange County bei Los Angeles gegründet, war die zweite international bekannt gewordene Damen-Rockband aus dieser Region. Im Unterschied zu → Fanny, sagte Rosemary Butler, «spielen wir aber härter und schwitzen mehr». Wahr: Die Mädchen rockten auf ihren Instrumenten, als gehörten sie zu den → ROLLING STONES; dazu preßten sie Soul im Stil von → Aretha Franklin und → Tina Turner so intensiv aus ihren Kehlen, daß man die dürftige Substanz ihrer selbstkomponierten Stücke beinahe überhörte. Ihre männlichen Rezensenten konnten die Mädchen jedenfalls verwirren. ‹Melody Maker› urteilte, das einzige, was das Quartett von anderen schwer arbeitenden, aber durchschnittlichen Rockgruppen unterscheide, sei die Tatsache, «daß es nur aus Hühnchen besteht». Die ‹New York Times› meinte dagegen, BIRTHA sei «auf alle Fälle gut genug, um sämtlichen potentiellen Kritikern effektvoll den Marsch zu blasen».

LPs auf Probe: *Birtha* (1972); *Can't Stop the Madness* (1973)

Black Oak Arkansas macht «heißen, lärmenden, unflätigen, orgiastischen Rock, der alle intellektuellen Barrieren der zivilisierten Gesellschaft beiseite fegt und direkt in die Lustzentren des Körpers springt» (Karl Dallas). Vor dieser donnernden Rhythmusmaschine etablierte sich Leadsänger Jim Mangrum, der sich nach einem Rhythm & Blues-Hit von → LaVern Baker «Jim Dandy» nennt, mit einer mächtigen, wandlungsfähigen Stimme und erotisch aufreizenden Gesten in der Nachfolge → Jim Morrisons als Sex-Idol. Mit Ausnahme von Tommy «Dork» Aldridge (dr), der aus Mississippi stammt, wuchsen alle Mitglieder der bis 1969 KNOWBODY ELSE genannten Band in der Arkansas-Farmregion um Jonesboro und West Memphis auf, in der einst der legendäre Straßenräuber Jesse James sein Unwesen trieb: Mangrum (voc, g, washboard), Jimmy Henderson (g, bj, keyboards), Stanley Knight (g, steel-g, keyboards), Rick «Rinochet» Reynolds (g), Pat «Dirthy» Daugherty (bg, voc, dr). Am 21. Januar 1966 wurden Mangrum, Reynolds und Brandmanager Smith zu vier bis acht Jahren Haft in der Tucker Prison Farm verurteilt, weil sie das Verstärker- und Lautsprechersystem der Monette High School von Black Oak gestohlen und zur Band-Elektronik zweckentfremdet hatten. Da die Eltern für den Schaden aufkamen, wurden die Strafen zur Bewährung ausgesetzt. Über Memphis und New Orleans schlug sich die Band bis 1969, fortwährend musizierend, nach Kalifornien durch, lebte zeitweise vom Blutspenden, bis sie schließlich einen Atlantic-Plattenvertrag erhielt. Von ihren rapide steigenden Einnahmen, schon 1972 mehr als eine Million Dollar, kauften sich die Musiker rund 650 Hektar Land im Boone Country, nahe des Lake Bull Shoals in Arkansas, wo sie Holzhäuser gebaut haben und in Kommune-Form leben. Etwa ein halber Hektar davon, ein Acre, wurde symbolisch an eine Viertelmillion Fans in aller Welt weitergegeben: Ihrem vierten Album *Raunch and Roll* lagen Anteil-Offerten für je einen Quadrat-Zoll Grundbesitz bei. Erhebliche Dollarbeträge stiftet BLACK OAK ARKANSAS alljährlich für kommunale Projekte der Nachbargemeinden und für karitative Zwecke. Denn im Gegensatz zu ihrem erotisch aggressiven Bühnen-Image will die Band auch «geistige und gesellschaftliche Botschaften» vermitteln. Mangrum: «Wir geben uns heiß und häßlich, um unsere Message vom unverstellten Südstaaten-Leben rüberzukriegen, ohne daß die Leute denken, wir predigen.» Keiner der Musiker erstrebt eine Solo-Karriere wie → Elvis Presley, die in Las Vegas endet: «Wenn Elvis, → Jerry Lee Lewis und → Carl Perkins zusammen eine Band gegründet hätten, was wäre das für ein Rock 'n' Roll!» Bewußt spielen sie ihre Maskulinität auf der Bühne gegen das als dekadent empfundene Transvestiten-Gehabe ihrer Glitter-Konkurrenz aus: «Wir versuchen den Leuten klarzumachen, daß der Rock 'n' Roll-Hofstaat nicht nur aus Gauklern besteht. Es sollte ein paar Ritter, ein paar Prinzen und Prinzessinnen sowie ein paar Könige geben, nicht nur Hofdamen.»

LPs auf Atco/Atlantic: *Black Oak Arkansas* (1970); *Keep the Faith* (1971); *If an Angel Came to See You* (1972); *Raunch and Roll Live* (1973); *High on the Hog* (1974); *Street Party* (1974); *Ain't Life Grand* (1975)

Black Sabbath verschwor sich 1969 in Birmingham zum totalen Rock und taufte sich nach einem Horrorfilm mit Boris Karloff. Ein Jahr später war das Quartett mit dem in zehn Minuten arrangierten Debilen-Trip *Paranoid* auf beiden Seiten des Atlantik eine Hitband. Ozzie Osbourne (voc), Toni Iommi (g), Geezer Butler (bg) und Bill Ward (dr) ergingen sich zunächst in okkulten Bühnen-Ritualen und prahlten von ihren gewalttätigen Kinderspielen in den Arbeitervierteln Birminghams, bis sie sich als romantische Rock-Outlaws volkstümlich gemacht hatten. Ihr Erfolg beim minderjährigen Publikum stand im umgekehrten Verhältnis zur Wertschätzung der Kritiker. Der zähflüssige Lava-Sound mit einer enervierend jammernden Solostimme transportierte Society-Schock-Texte vom Kaliber «Nimm dir ein Leben, es wird billig; töte jemand, niemand wird weinen. Die Freiheit ist dein, tu nur deine Pflicht, wir wollen bloß deine Seele» (*Cornucopia*). Diese begeisterten die Jugendlichen Amerikas so sehr, daß die Band dort pausenlos auf Tournee war und ständig Goldalben kassierte. Erst nachdem einige Spieler bei Konzerten vor Erschöpfung zusammengebrochen waren, gab die Band ihre hektischen US-Reisen auf. Osbourne begründete es anders: «Amerika ist das satanischste Land der Welt. Für Dollars machen die Yankees alles. Die Leute (mit ihrer Rauschmittelgier) sind fast wie lebende Alpträume. Ich wundere mich, daß die Hälfte von ihnen nicht mit einem Sarg ins Konzert kommt.» Nach dem Rückzug aus Amerika nahm BLACK SABBATH den Dampframmen-Rock ein wenig aus der Schußlinie der Kritik. Neuere Produktionen (*Volume 4*) lockerten die Musiker mit Instrumentaleinlagen und Streicherzugaben auf und bewiesen mit variationsreicher Spielweise auch Skeptikern, daß sie in Wirklichkeit mehr als nur Schallwerfer sind. Die Gruppe drohte sogar, noch weiterzugehen: «Wir sind vielseitig. Wir könnten Jazz spielen, wenn wir wollten.»

LPs auf Vertigo: *Black Sabbath* (1970); *Paranoid* (1970); *Master of Reality* (1971); *Volume 4* (1972); *Sabbath, Bloody Sabbath* (1973)

Bland, Robert Calvin «Bobby Blue» (voc), am 27. Januar 1930 in Rosemark, Tennessee, geboren, in Memphis aufgewachsen, trat 1957 aus dem Stilschatten seines Lehrmeisters → B. B. King und etablierte sich im Getto als Superseller weicher Soul-Hits, die den weißen Balladeninterpreten Tony Bennett, Perry Como, Andy Williams ebensoviel verdankten wie Blues und schwarzer Kirchenmusik. Nach einer Gospelsong-Kindheit in einem Ensemble, das die PILGRIM TRAVELLERS kopierte, sang er Ende der vierziger Jahre mit der beliebtesten Memphis-Bluesband THE BEALE STREETERS, der Starmusikanten wie Rosco Gordon, Johnny Ace, Earl Forrest angehörten. 1951, kurz vor seinem bis 1954 dauernden Militärdienst, nahm er für die kleine kalifornische R&B-Plattenfirma Modern/RPM seine ersten Stücke auf: *It's My Life, Time Out, I Smell Trouble, I Don't Want No Woman Tellin' Me What To Do.* Seine Hit-Kette, die bis einschließlich 1970 aus nicht weniger als 35 Titel-Notierungen in den Soul-Charts bestand, begann 1957 mit *Further On Up The Road* auf der Marke Duke, der er bis zu seinem Wechsel zu ABC im Jahr 1972 treu blieb. Dabei reichte seine emotionale Spannweite vom beinahe sentimentalen *Cry, Cry, Cry* (1960) über den unvermittelten Zornesausbruch seines Nummer-1-Songs *I Pity The Fool* (1961) bis zum ekstatischen Tamburin-Holler *Turn On Your Love Light* (1961) in bester Gospel-Manier. Auch *Don't Cry No More* (1961), *Ain't That Loving You, Stormy Monday Blues* (1962), *That's The Way Love Is, Call On Me* (1963), *These Hands* (1965), *I'm Too Far Gone, Good Time Charlie, Poverty,* (1966), *That Did It* (1967), *Chains Of Love* (1969) schafften den Sprung in die R&B-«Top Ten». Die meisten dieser Bestseller wurden ihm von den Duke-Hausautoren Joe Scott, Don Robey und Deadric Malone komponiert; Scott war gleichzeitig Chef seiner Band. Denn seit Bland sich 1962 vom Gesangskollegen «Little Junior» Parker getrennt hatte, mit dem er jahrelang unter dem Tournee-Etikett «Blues Consolidated» aufgetreten war, bereiste er bei jährlich rund 250 Auftritten mit einer eigenen Soul-Revue die USA. Wie → Ray Charles wurde er dabei von einer antiphonisch eingesetzten Girl-Gesangsgruppe, THE BLAND DOLLS, begleitet, die seiner Bühnenshow traditionelle Negerkirchenatmosphäre hinzugospelten. In seinem Buch ‹Urban Blues› hat der Chicagoer Musikethnologe Charles Keil Blands Show und ihre gesellschaftliche Wirkung ausführlich analysiert. Sie sei, schreibt er, «eine dramatische Synthese von Charisma, Katharsis und Solidarität, diesen wichtigen ästhetischen Grundlagen schwarzer Kultur. Je mehr Bobby auf der Bühne Teamwork demonstriert, desto leichter ist es für Männer, sich mit ihm zu identifizieren, desto größer ist sein Sex-Appeal für Frauen, desto höher wächst sein Status in der schwarzen Bevölkerung.» Erst spät, nach seinem Labelwechsel zu ABC Records, konnte Bobby «Blue» Bland die Gettogrenzen überwinden. Producer Steve Barri umgab seine muskulöse Stimme in Stücken wie *This Time I'm Gone For Good*, *I've Got To Use My Imagination* mit weißen Rock-Klängen, ohne seine Blues- und Gospel-Wurzeln zu kappen. Jedenfalls entfaltete sich das spezifische Bland-Aroma in den späten Studioproduktionen besser als in einer unkontrollierten, verunglückten Live-Session (*Together for the First Time*) 1974 mit B. B. King.

LPs auf Duke: *Blues Consolidated* (ca. 1960); *Two Steps from the Blues* (ca. 1961); *Here's The Man* (ca. 1962); *Call On Me* (ca. 1963, re-issue auf Bluesway 1973); *Nothing You Can Do* (1965); *The Soul of The Man* (1967); *Best* (1967); *Best, Vol. 2* (1969); *Touch of the Blues* (1969); *Spotlighting The Man* (1970)... auf ABC Dunhill: *His California Album* (1973); *Dreamer* (1974); *Together for the First Time, Live* (1974, mit B. B. King)

Blind Faith wurde im Frühjahr 1969 in London gegründet, nachdem sich das Trio → CREAM aufgelöst hatte. Um eine neue Supergroup aufzubauen, vereinigten die Impresarios Robert Stigwood und Chris Blackwell die Musiker → Eric Clapton (g), → Ginger Baker (dr) von CREAM mit → Steve Winwood (p, org, voc) von → TRAFFIC und Rick Grech (bg, vi) von → FAMILY. Die Synthese schien zunächst musikalisch und kommerziell zu stimmen. Winwood komponierte mehr als die Hälfte des Repertoires, sang in allen Stükken und bestimmte mit Clusters, Rückkopplungen, ständig wechselnden Klangfarben und Melodiestrukturen den Stil einer Rock-Kammermusik. Nach dem sensationellen Livedebüt im Juni 1969 vor knapp 150000 Zuhörern im Londoner Hyde Park wurden von der LP *Blind Faith* in der Veröffentlichungswoche 400 000 Exemplare abgesetzt. Eine anschließende USA-Tournee erbrachte eine Million Dollar Reinerlös. Doch obgleich die Musiker vordem behauptet hatten: «Wir haben blindes Vertrauen zueinander», brach das Quartett nach sechs Monaten wegen psychologischer Schwierigkeiten entzwei. «Das Supergroup-Business», komentierte Clapton, «wird in Büros und Agenturen, von der Presse und von Werbeleuten gemacht. Die Musik steht auf einen ganz anderen Blatt.»

LP auf Polydor: *Blind Faith* (1969)

Bloodrock, 1969 in Forth Worth, Texas, gegründet, versuchte von Anfang an, sich mit psychedelischem Flackerlicht, donnerndem Verstärker-Hall und einer ekstatischen Show an die Spitze der Hard Rock-Bands emporzuspielen. In der Besetzung Jim Rutledge (voc), Lee Pickens (g), Nick Taylor (g, voc), Ed Grundy (bg, voc), Steve Hill (keyboards, voc), Rick Cobb (dr, perc) war die Gruppe doppelt so groß wie ihr Vorbild → GRAND FUNK RAILROAD; ihre Melodien wurden wegen der dadurch vermeintlich größeren Präsenz häufig im Chor intoniert. Den Songs, entweder vom ganzen Ensemble oder vom Band-Freund John Nitzinger komponiert, fehlten jedoch in der Regel zündende Motive. Der kompakte, vielfach übersteuerte Sextett-Klang überrollte die Fans im Konzertsaal, animierte sie aber nicht im ausreichenden Maße zum Plattenkauf. Nach dem Ausscheiden des Lead-Sängers Rutledge und des Lead-Gitarristen Pickens kam 1972 Warren Ham in die auf fünf Musiker geschrumpfte Combo. Seine Flöten-, Saxophon- und Harmonika-Beiträge trugen zu einer größeren Differenzierung des BLOODROCK-Stils bei.

LPs auf Capitol: *Bloodrock 1* (1970); *Bloodrock 2* (1970); *Bloodrock 3* (1971); *Bloodrock U.S.A.* (1971); *Live* (1972); *Passage* (1972); *Whirlwind Tongues* (1974)

Blood, Sweat & Tears, nach einem Churchill-Zitat («Ich habe nichts zu bieten als Blut, Schweiß und Tränen») benannt, wurde nach der Gründung vom ‹Rolling Stone›-Herausgeber Jann Wenner als «die beste Sache, die der Rockmusik 1968 widerfahren ist» begrüßt. Die Einschätzung erwies sich als richtig: BS & T, von deren zweiter LP 3,8 Millionen Exemplare verkauft wurden, widerlegte die These der Unvereinbarkeit von Qualität und Kommerz. 1970 wurde die Combo mit drei Grammy-Preisen für das «Album des Jahres» (*Blood, Sweat & Tears*), die beste zeitgenössische Instrumentalaufnahme (*Variations On A Theme By Eric Satie*) sowie das beste Begleitarrangement eines Gesangvortrags (*Spinning Wheel*) ausgezeichnet. Von → Al Kooper (org, p, voc) nach dessen Ausscheiden aus dem → BLUES PROJECT gegründet, vereinigt die Band erstmals auf hohem Niveau und musikalisch zufriedenstellend essentielle Momente aus Jazz, Blues, Rock und klassischer Musik. Ihre Jazz-Bläserbesetzung wurde von zahlreichen Popgruppen nachgeahmt. Ihre Arrangements nach Motiven von Prokofjew, Bartók und Satie warben für die Originalwerke dieser Komponisten und machten Klassik-Adaptionen in der Popmusik zur Mode. Kritiker hörten in BS & T-Konzerten «Choralartiges, Passagen, die klingen, als hätte Olivier Messiaen Turmbläsermusiken des Frühbarock bearbeitet, ein Stück, das aus der Feder von Igor Strawinski geflossen sein könnte, wenn er sein *Ragtime* mit den Erfahrungen der Popmusik geschrieben hätte, und natürlich eine Menge saftigen Rock» (‹Frankfurter Allgemeine Zeitung›). Dieses ungewöhnliche Stilspektrum erreichte die Gruppe durch die Kombination hochqualifizierter Musiker unterschiedlicher Herkunft und Ausbildung, die sich nicht wie üblich auf den kleinsten gemeinsamen Nenner einigten, sondern ihre Fähigkeiten uneingeschränkt fusionierten. Trotz mehrmaliger Umbesetzung und zahlreichen Identitätskrisen konnte BS & T ihr Format bewahren, wenngleich nicht alle Stücke gelungen sind. → Laura Nyros Komposition *And When I Die* auf der zweiten Platte sagte ‹Rolling Stone› zu Recht nach, sie sei «durch Überarrangement zugrunde gerichtet» und klinge «wie die Imitation von Cowboymusik im Musical-Stil à la ‹Oklahoma›. Den «dräuenden Blechmassiven der trivialen *Symphony For The Devil*» auf der dritten Platte, kritisierte die ‹Hifi Stereophonie›, fehle «der melodisch-harmonische Pep», und der Sänger → David Clayton-Thomas gebärde sich als «eitle Primadonna». Eitelkeit, Management-Irrtümer und Publicity-Pannen verdunkelten denn auch das BS & T-Image beim strengen Rock-Publikum und verhinderten, daß sich der Super-Erfolg des zweiten Albums mit drei Gold-Singles wiederholte. Mit einem Auftritt im Establishment-Resort «Caesar's Palace» in Las Vegas schien die Gruppe ihre Underground-Herkunft zu verraten. Antikommunistische Äußerungen nach einer ohnehin umstrittenen State-Department-Tournee durch Osteuropa brachten sie bei Rock-Ideologen in Mißkredit. Auch die angeblich zu esoterische (Jazz-) Grundkonzeption und später (mit dem 1974 publizierten Album *Mirror Image*) das Einschwenken in kommerzielle Phillysound-Soulgefilde wurden den Musikern angekreidet. Ihre originäre Ensemble-Leistung und der künstlerische Rang ihrer Solisten und Arrangeure wird dadurch nicht geschmälert. In ihren verschiedenen Phasen musizierte BS & T in folgenden Besetzungen: 1968 Al Kooper (org, p, voc), Steve Katz (g), Bob Colomby (dr), Jim Fielder (g, bg), Randy Brecker, Jerry Weiss (tp), Dick Halligan (tb), Fred Lipsius (as). 1969 David Clayton-Thomas (voc), Jerry Hyman (tb, org, p), Lew Soloff, Chuck Winfield (tp) an Stelle von Brecker, Weiss, Kooper. 1971 Dave Bargeron (tb, tuba, horn) an Stelle von Hyman. 1972 Jerry Fisher (voc), Georg Wadenius (g), Lou Marini jr. (as), Larry Willis (org, p) an Stelle von Clayton-Thomas, Halligan, Lipsius. 1973 Tom Malone (tp, flh, tb) an Stelle von Winfield, Katz. Von den Gründungsmitgliedern war 1974 nur noch Bobby Colomby (dr) bei der Truppe. Sie bestand bei der Produktion der LP *Mirror Image* neben ihm aus Jerry Fisher (voc, keyboards), Jerry LaCroix (voc, sax, harm), Georg Wadenius (g), Ron McClure (b, bg), Larry Willis (keyboards), Bill Tillman (sax, fl), Tony Klatka (tp), Dave Bargeron (tb). Ende 1974 kehrte auch der als Solovokalist glücklose David Clayton-Thomas zu BS & T zurück.

LPs auf CBS: *Child is Father to the Man* (1968); *Blood, Sweat & Tears* (1969); *BS & T 3* (1970); *BS & T 4* (1971); *Greatest Hits* (1972); *New Blood* (1972); *No Sweat* (1973); *Mirror Image* (1974). Solo-LP Randy und Michael Brecker auf Arista: *The Brecker Brothers* (1975)

Bloomfield, Michael «Mike» (g, voc, p), 1943 in Chicago, Illinois, geboren, galt eine Zeitlang als einflußreichster amerikanischer Rock-Gitarrist, entsprechend der Position, die → Eric Clapton in England erreicht hatte. Wie Clapton war er von Rock 'n' Rollern wie → Chuck Berry und → Little Richard zur Musik bekehrt worden und hatte seine Lehrjahre mit Bluesinterpretation verbracht. Schallplatten von → John Lee Hooker und → Lightnin' Hopkins wiesen ihm den Weg in Pepper's Lounge an der schwarzen South Side Chicagos, wo er mit den Bluesmusikern um → Muddy Waters zusammen spielte und → Paul Butterfield kennenlernte, mit dessen Band er seine ersten Platten aufnahm. 1967 verließ er die Butterfield Blues Band und gründete → Electric Flag. Sein singender, am stärksten von → B. B. King beeinflußter Stil ist auch auf Platten von → Bob Dylan (*Highway 61 Revisited*), → Moby Grape (*Grape Jam*), → Muddy Waters (*Fathers & Sons*), Nick Gravenites (*My Labor*), → Mother Earth (*Living with the Animals*), Barry Goldberg (*Two Jews Blues*) und anderen zu hören. Zusammen mit → Al Kooper hat er zwei vielbeachtete Session-LPs eingespielt. Stets war es ihm um «Ausdruck, puren Ausdruck» zu tun: «Ohne Gitarre», sagte er, «bin ich wie ein Poet ohne Hände. Mit dem Instrument kann ich mich deutlicher artikulieren als auf jede andere Art.» Ende der sechziger Jahre jedoch wurde die Artikulation dünn. Sein Spiel beispielsweise auf dem Soloalbum *It's Not Killing Me* war «nur noch eine Karikatur seiner selbst, schal klingend, voller Manierismen und wenig sonst» (‹Rolling Stone›). Es war live und auf Platten überdies nur noch selten zu vernehmen. «Ich weiß nicht mehr, wie es weitergehen soll», bekannte der Musiker 1970: «Die ganze kommerzielle Szene hat mich fertiggemacht. Ich sehe kaum noch einen Gig, der es wert wäre, die Gitarre auszupacken.» Seither hat er in seinem Haus im kalifornischen Mill Valley zahlreiche Tonbänder bespielt, die unveröffentlicht blieben, und ist nur selten einmal auf einer Bühne aufgetaucht. Im März 1973 traf er im Winterland-Theater von San Francisco mit seinen alten Freunden Paul Butterfield, Nick Gravenites, → Elvin Bishop und anderen zusammen und wunderte sich: «Es klang wirklich gut, die alte Magie ist also immer noch vorhanden.» Ein Comeback-Album (*Triumvirate*) mit → Dr. John (p), John Paul Hammond (voc, g, harm) erschien im Juni 1973. Ein Jahr später holte Atlantic-Producer Jerry Wexler Mitglieder der alten Electric Flag für eine neue LP unter dem Signum dieser Pionier-Rockband wieder zusammen. Bloomfield komponierte das Titelstück *The Band Kept Playing* und steuerte ungewohnt inspirierte Gitarren-Licks in der Manier des südstaatlichen Rhythm & Blues bei. Nebenbei machte er als Soundtrack-Lieferant für in San Francisco gefertigte harte Porno-Filme Geld.

LPs (Auswahl) auf Elektra mit → The Butterfield Blues Band, auf Chess mit → Muddy Waters, auf CBS mit → Moby Grape, → Bob Dylan, → Electric Flag, Nick Gravenites ... auf Atlantic mit → Electric Flag ... auf Buddah mit Barry Goldberg: *Two Jews Blues* (1969). Solo-LPs auf CBS: *Super Session* (mit Kooper, Stephen Stills, 1967); *The Live Adventures of Mike Bloomfield and Al Kooper*

(1968); *It's Not Killing Me* (1969); *Live at Bill Grahams Fillmore West* (1969); *Triumvirate* (1973) ... auf Warner Brothers: *Steelyard Blues* (Soundtrack mit Butterfield, Gravenites u. a., 1973); *Gandharva* (mit Beaver & Krause, 1971)

Blue Cheer exponierte sich 1968 als schlechtes Triperlebnis aus banal imitiertem → Cream-Sound und effekthascherisch übersteuerter → Hendrix-Psychedelik. Sein erster und einziger Hit *Summertime Blues* machte das Trio aus San Francisco als eine der lautesten und oberflächlichsten Bands jener Zeit bekannt. Paul Whaley (dr), Dick Peterson (bg), Leigh Stephens (g) musizierten, ähnlich wie später die Detroiter Donnerbüchse → Grand Funk Railroad, mit ausgeborgten Gitarren-Riffs und strapaziösen Power-Schlägen ihres Effekt-Schlagzeugs einen vulgär-vitalen Rock zusammen, der den deprimierenden Horrorwirkungen des nach ihnen benannten Drogenpräparates Blue Cheer sehr wohl entsprechen mochte. In dieser düsteren Aggressivität lag die morbide Faszination der Gruppe. Im Gegensatz zu Grand Funk wußte sie aber ihr limitiertes Spieltalent nicht durch eine clever inszenierte Schau zu tarnen. Einige schlecht produzierte Alben mit belanglosen Eigenkompositionen brachten das Trio bald in Mißgunst bei den Plattenkäufern. Nach verschiedenen Besetzungsänderungen veröffentlichte Blue Cheer 1971 ein verhältnismäßig respektables Album. Doch da hatten sich die Fans schon für Grand Funk, die Band mit dem ausgefuchsteren Manager, entschieden.

LPs auf Philips: *Vincebus Eruptum* (1968); *Outsideinside* (1968); *New! Improved! Blue Cheer* (1969); *The Original Human Being* (1970); *Oh! Pleasant Hope* (1971). Leigh Stephens mit Silver Metre auf National General/Buddah: *Silver Metre* (1970) ... mit Pilot auf RCA: *Pilot* (1972); *Point of View* (1973). Solo-LPs Leigh Stephens auf Philips: *Red Weather* (1969) ... auf Charisma: *A Cast of Thousands* (1971)

Blue, David (voc, g, p), am 18. Februar 1941 auf Rhode Island, USA, geboren, hat unter diesem Pseudonym sowie unter seinem bürgerlichen Namen S. David Cohen Schallplatten aufgenommen, die einige der lyrischsten und stimmungsvollsten Folk-Balladen zwischen → Bob Dylan, → Leonard Cohen und → Joni Mitchell enthalten. An Dylan erinnern manche Road- und Goodbye-Songs wie etwa sein der Aussage von *Like A Rolling Stone* verwandtes *Yesterday's Lady* oder das sanft rockende *Last Train To Anaheim* (beide auf der LP *Nice Baby and the Angels*); mit Cohen verbindet ihn «eine exotische, beschwörende Art der Melodieführung: Er wiederholt eine Phrase verschiedentlich mit sinkender Tonhöhe» (Stephen Holden). Wie Joni Mitchell führt er aber auch in seinen sehr persönlich empfundenen Liedtexten einen intimen Dialog mit dem Zuhörer, so daß die emphatische Beschreibung der Blue-Songs durch die Asylum-Pressestelle wohl berechtigt ist: «Sie sind, was du selbst und niemand anderes fühlt.» Über seine frühen Jahre gibt der Sänger/Lyriker lakonisch zu Protokoll: «Wollte Maler werden, Kunst studieren ... Fing an, herumzutrampen, auf Graswolken zu schweben, ließ mich treiben ... Wollte sehen, was sich ergibt, war nicht sehr ambitioniert.» 1965 stellte ihn Elektra erstmals auf der Anthologie *Singer/Songwriter Project* vor, gefolgt von der ersten eigenen LP. Aufnahmen seiner Band American Patrol, mit der er an der Ostküste theatralischen Elektro-Schock-Rock versuchte, wurden nie veröffentlicht. Platten, die er danach in Kalifornien für Reprise produzierte, hoben kommerziell nicht ab, weil er sich außerstande erklärte, für ihre Promotion lange Konzerttourneen zu unternehmen oder anstrengende Club-Engagements durchzustehen. Zum Höhepunkt seiner introspektiven Phase geriet ihm 1971 sein erstes Asylum-Album *Stories*, das von einigen Kritikern den besten Veröffentlichungen des Jahres zugezählt wurde, das Publikum wegen seiner spartanischen Kargheit jedoch abermals kalt ließ. Erst → Graham Nash, der 1973 David Blues bislang ausgewogenste und vielstimmigste LP *Nice Baby and the Angels* produzierte und dazu ein qualifiziertes Rock-Kammerensemble mit → Dave Mason (g),

David Lindley (g, vi, viola, mandolin, zither), Terry Adams (cello), Graham Nash (g, e-p) ins Studio holte, lockte den Poeten aus seinem Schneckenhaus. ‹Rolling Stone› entdeckte auf dieser Platte «nicht einen einzigen enttäuschenden Moment».

LPs auf Elektra: *Singer/Songwriter Project* (mit anderen, 1965); *David Blue* (1966); *David S. Cohen* (1968) ... auf Reprise: *These 23 Days in September* (1968); *Me, S. David Cohen* (1969) ... auf Asylum: *Stories* (1971); *Nice Baby and the Angels* (1973)

Blue Öyster Cult, 1971 in New York gegründet, brachte die Rock-Magie der → Doors, das hysterische Pathos von → Black Sabbath, den zynischen Boogie der → Rolling Stones und die apokalyptische Ekstase der → MC 5 in so phantasievoller Manier zusammen, daß die erste LP gleich als «das Album der siebziger Jahre» (‹Circus›) verdächtigt wurde. Eric Bloom (voc, g, keyboards), Albert Bouchard (dr, voc), Joe Bouchard (bg, voc), Allen Lanier (g, keyboards) und Donald «Buck Dharma» Roeser (g) gebärdeten sich in Stücken wie *Heiße Schienen zur Hölle*, *Städte von Rock and Roll in Brand gesetzt* und *Sie ist so schön wie ein Fuß* mit einer solchen technischen Überlegenheit, daß ihre «Sphärenmusik» (‹Daily News›) gelegentlich beinahe manieriert klang. Hippie-Alpträume preßten sie durch ihre elektronischen Filter: den Altamont-Horror, den Schrecken einer Rauschgift-Schieber-Denunziation, die Furcht vor dem Sadismus frustrierter Polizisten. Die Greuelstories wurden von dem Coautor und Rock-Literaten R. Meltzer in bizarrer Ironie abgefangen und in der perfekten Musik zum Schauer-Amüsement verkehrt: «Es ist, als ob Hitchcock und Kubrick sich gegenseitig Geschichten über ihre sexuellen Lustträume erzählen» (‹Rolling Stone›).

LPs auf CBS: *Blue Öyster Cult* (1972); *Tyranny and Mutation* (1973); *Secret Treaties* (1974); *On Your Fett or on Your Knees* (1975)

The Blues Project war ursprünglich der Titel einer Elektra-Plattenanthologie, in der 1964 neben Aufnahmen anderer Folk-Musikanten auch Stücke des Danny Kalb Quartetts veröffentlicht wurden. Kalb, der zuvor auf Platten von → Judy Collins, → Phil Ochs, → Stefan Grossman, Dave Van Ronk und den Ragtime Jug Stompers die Gitarre gezupft und sich soeben ein elektrisches Instrument angeschafft hatte, beschloß auf einer Silvesterparty 1964, den Plattentitel für eine neue Band zu übernehmen. Die Musiker waren neben Kalb → Al Kooper (org, p, voc), Steve Katz (g), Andy Kulberg (bg), Roy Blumenfeld (dr), Tom Flanders (voc). Dieser «frühe Supergroup-Clan der Rockmusik» (‹Rolling Stone›) überbrückte als erste US-Band die bis dahin bestehende Kluft zwischen Folk, Blues und Jazz. Ihre stilistisch stimmigen, musikalisch gediegenen Improvisationen, die ein intuitives Verständnis der Negermusik erkennen ließen, stellten Fans aller drei Glaubensrichtungen zufrieden. Vom 24. bis 27. November 1965 produzierte Blues Project im «Cafe Au Go Go» in Greenwich Village die erste Live-LP. Für Hit-Erfolge einer Bluesband jedoch war Amerika noch nicht reif. Flanders verließ die Gruppe bereits nach dem ersten Album, Kooper und Katz gingen 1967, um → Blood, Sweat & Tears zu gründen. Kalb erkrankte, verschwand von der Szene und wurde von seinen Freunden durch Anzeigen in der ‹Village Voice› gesucht. Bis zu ihrem Abschiedskonzert 1968 bestand die Band aus Andy Kulberg (fl, bg, p), der mit elektrisch verstärkter Flöte den Klang bestimmte, John Gregory (bg, voc), Donald Kretmar (sax, bg), Richard Greene (vi), Roy Blumenfeld (dr). Nach Auflösung der Pioniertruppe blieben Kulberg und Blumenfeld in der Combo → Seatrain zusammen. Aber auch andere Bandmitglieder bewahrten den alten Geist: 1971 fanden Kalb, Blumenfeld und Kretmar wieder zueinander, holten 1972 Flanders (voc), David Cohen (p, org), Bill Lussenden (bg) hinzu, gaben Konzerte und brachten (auf Capitol) wieder Blues Project-Studioplatten heraus. Diese zeigten «ein feines Verständnis der Vergangenheit» (‹Rolling Stone›) und ein unverändert hohes Musizierniveau. Das 1973 veröffentlichte Album *Reunion in Central Park* mit seinen langen Gitarrenparts von Danny Kalb befand ‹Rolling Stone›-Rezensent Ken Barnes dagegen als «langweilig» und entdeckte darin überwiegend «Antiquitäten: betrüblich unaktuelle Relikte».

LPs auf Verve: *Live at the Cafe Au Go Go* (1966); *Projections* (1967); *Live at Town Hall* (1967); *Planned Obsolescence* (1968) ... auf Capitol: *Lazarus* (1971); *Blues Project* (1972) ... auf MCA: *Reunion in Central Park* (1973). Solo-LP Tommy Flanders auf Verve: *The Moonstone* (1969)

Blunstone, Colin, am 24. Juni 1948 in London geboren, sang als «große Stimme des Rock 'n' Roll mit englischem Akzent» (‹Melody Maker›) mit «körperloser Intimität» (‹Rolling Stone›) die Lieder der → ZOMBIES bis zur Auflösung der Gruppe Ende 1967. Nach einem Interimsjob als Versicherungsvertreter kehrte er 1970 unter dem Pseudonym Neil McArthur zur Musik zurück und schaffte im gleichen Jahr mit der Nachinterpretation des alten ZOMBIES-Hits *She's Not There* einen mittleren Erfolg. Ein Jahr später nahm er seinen richtigen Namen wieder an und stellte sich ein Repertoire aus romantisch-skeptizistischen Balladen zusammen, die seiner fragilen Vortragsart entsprachen. Seine Alben wurden von Chris White, dem ehemaligen Baßgitarristen der ZOMBIES, und von → Rod Argent produziert.

LPs auf Decca mit → THE ZOMBIES ... auf Epic: *One Year* (1972); *Ennismore* (1973); *Journey* (1974)

The Graham Bond Organisation, 1963 in London gegründet, kombinierte als erste englische Band Jazz und Rhythm & Blues, führte das Mellotron in die Popmusik ein und gab der Hammondorgel durch Leslie-Lautsprecherboxen das für Rock notwendige Klangvolumen. Bei Bond (as, keyboards, voc), der Anfang der sechziger Jahre im DON RENDELL QUINTETT als Jazz-Altsaxophonist bekannt geworden war, machte → Jack Bruce die Baßgitarre als Soloinstrument respektabel, bei ihm entwickelten → John McLaughlin (g), → Dick Heckstall-Smith (ts), → Ginger Baker, → Jon Hiseman (dr) ihre Reputation. Im Vergleich mit den Nachfolgegruppen → CREAM, → COLOSSEUM war der legendäre Ruf der BOND ORGANISATION musikalisch allerdings kaum gerechtfertigt. Zumindest auf Schallplatten bestanden ihre Jazz-Blues überwiegend aus uninspirierten Riffs. ‹Rolling Stone›: «Der Fuß des Zuhörers schlägt aus purer Gewohnheit den Rhythmus mit, Geist und Gefühl wenden sich schnell anderen Dingen zu. Bonds Gesang ist eine bedauerliche Imitation überlegener schwarzer Vorbilder; sein Orgelspiel klingt lebendig und kompetent, läßt aber kein Klischee aus; seine Altsax-Improvisationen sind dagegen schlicht mies.» 1966 kam Graham Bond, der elternlos aufwuchs, sein Geburtsdatum (ca. 1940) angeblich selbst nicht kannte, und sich zeitweise als unehelicher Sohn des Satanisten Alistair Crowley ausgab, mit dem britischen Strafgesetz in Konflikt, indem er sich weigerte, Unterhaltsverpflichtungen zu erfüllen. Er löste die Band auf und emigrierte nach Amerika, wo er jedoch anfangs keine Arbeitsgenehmigung erhielt und erst nach langen Anlaufschwierigkeiten (schwache) Platten für Mercury einspielen konnte. Nachdem er dem Trommler → Buddy Miles in Los Angeles geholfen hatte, die Band EXPRESS zu gründen, kehrte er im August 1969 nach England zurück und wurde wegen seiner alten Verfehlungen vorübergehend im Pentonville Prison eingekerkert. Anschließend gewährte ihm Ginger Baker in der Band AIR FORCE Asyl. Mit der LP *Holy Magick*, auf der er ägyptisch stammelte, ein «Kabbalistisches Kreuz» anbetete und ein *Pentagram Ritual* (Songtitel) vollzog, begab sich Bond ins mystische Abseits. Seine kultischen Sprechgesänge erinnerten mitunter an den Voodoo-Rock von → DR. JOHN, THE NIGHT TRIPPER, und waren auch ähnlich arrangiert. Die Kommunikationsschwäche, die mit Eigensinn gepaart schon seit langem jede kontinuierliche Gruppenarbeit verhindert hatte, machte die Musik-Magie jedoch zu einer müden Farce. Am 7. März 1974 wurde in der Londoner Finsbury Park Underground Station von einem U-Bahn-Zug überfahren und konnte erst nach drei Tagen an Hand von Fingerabdrücken identifiziert werden. Sein Manager John Hunt, der nach Bonds Trennung von seiner farbigen Frau Diane Stewart (voc) das Appartement mit ihm teilte, bestritt jeden Zusammenhang des Todes mit Drogen. Der Musiker habe schon drei bis vier Jahre vorher die Heroinabhängigkeit überwunden und sei zuletzt «völlig sauber» gewesen. Lange hielt sich in Londons Musik-Underground die Vermutung, Bonds Ende könnte okkulte Ursachen gehabt haben: Zutiefst dämonengläubig, hatte er einmal in der Highgate-Wohnung des Sängers → John Baldry einen Exorzismus zelebriert.

LPs auf Byg: *The Beginnings of Jazz Rock* (rec. 1963, ed. 1972); *Bond + Baker + Bruce + Heckstall-Smith* (rec. 1964, ed. 1972) ... auf Columbia/EMI: *The Sound of '65* (1965); *There's a Bond Between Us* (1966) ... auf Warner Brothers: *Solid Bond* (rec. 1963/66, ed. 1970). Bond LPs in den USA auf Pulsar/Mercury: *Love ist the Law* (1967); *Mighty Graham Bond* (1968) ... in England auf Vertigo: *Holy Magick* (1970); *We Put Our Magick on You* (1971) ... auf Chapter One: *Two Heads are Better Than One* (mit Pete Brown, 1972) ... auf Philips International: *This is Graham Bond – Bond in America* (1971, Zusammenschnitt der beiden US-LPs für den britischen Markt)

The Bonzo Dog Doo-Dah Band, 1966 in London gegründet, leitete (neben → Arthur Brown, → Mothers of Invention) einen Trend ein, der 1973 die Rock-Szene beherrschen sollte: «Mehr Optik, mehr Komik, mehr Theatralik» (Lillian Roxon). Das Ensemble aus Viv Stanshall (voc, tp), Neil Innes (p), Rodney Slater (sax), «Legs» Larry Smith (dr), Roger Ruskin Spear, David Claque (voc, action) sowie später Dennis Cowan (bg), Sam Spoons (dr), Vernon Dudley Bohay-Nowell (g, bj, sax) verstand sich eher als «zeitgenössisches Musik- und Happening-Team» (Miles Kington) denn als eine Popband. Parodie, Groteske, Slapstick, Maskerade und makabrer Ulk nahmen in ihrer Show mehr Raum ein als die musikalische Improvisation. Lange vor → Alice Cooper verkappten sie sich mit Shirley Temple-Kleidchen und umgehängten Plastik-Brüsten als Mädchen; lange vor → Roxy Music und → David Bowie traten sie in Samt und Seide auf. Auf Platten war ihr Kabarett nur schwer zu vermitteln. Am besten gerieten Persiflagen auf Rock 'n' Roll, Dixieland-Jazz und Schlagerschmalz à la *I Left My Heart In San Francisco* (auf der LP *Gorilla*) sowie auf die Tanzmusik der zwanziger Jahre (auf *Doughnut*). Auf ihrem «seltsamen Pfad zwischen Kunst und Rock, Erfolg und Desaster» (‹Melody Maker›), der sie 1967 auch in die → Beatles-TV-Sendung ‹Magical Mystery Tour› führte, brachten sie mit dem Song *Urban Spaceman* immerhin auch einen Bestseller hervor. Als sich die Bonzo Dog Band, wie sie bald abgekürzt hieß, im Februar 1970 auflöste, hinterließ sie «eine Hit-Single, vier LPs, sieben Tonnen Equipment und eine große Lücke in der Musikwelt» (‹The Times›). 1972 bemühten sich Stanshall, Innes, Cowan, Spear und Smith, die zwischendurch eigene musikalische Wege gegangen waren, die Lücke selber wieder zu schließen. Zusammen mit Tony Kaye, Andy Roberts von der Gruppe → East of Eden sowie Hughie Flint von → McGuinness Flint produzierten sie ein weiteres Bonzo Dog-Album: *Let's Make Up and Be Happy.*

LPs auf Liberty/United Artists: *Gorilla* (1967); *The Doughnut in Granny's Greenhouse* (1968); *Tadpoles* (1968); *Keynsham* (1969); *Let's Make Up and Be Happy* (1972); *Beast of the Bonzoes* (1972); *History of the Bonzo Dog Band* (1974). Solo-LP Stanshall auf Warner Brothers: *Men Opening Umbrellas Ahead* (1974). Solo-LP Innes auf United Artists: *How Sweet to Be an Idiot* (1974): LP Innes/Cowan mit The World auf United Artists: *Lucky Planet* (1970)

Booker T. and the M. G.'s lösten sich 1962 aus der Jam Session-Formation The Mar-Keys, die Steve Cropper 1959 in Memphis zusammengebracht hatte. Die Band begleitete Soul-Sänger des kurz zuvor gegründeten Stax-Labels bei Plattenaufnahmen und erspielte sich 1960 mit *Last Night* einen nationalen Hit. 1962 stieß der damalige Musikstudent Booker T. Jones jr. zu der Gruppe. Mit Steve Cropper, später Chef-Toningenieur bei Stax, arbeitete er ein einprägsames Orgel-Riff zu dem Bestseller-Song *Green Onions* aus, der allerdings erst 1967 im Verkauf die Millionengrenze überschritt. In jenem Jahr wurden die M. G.'s (Memphis-Group) von der Fachzeitschrift ‹Billboard› als «erfolgreichste Gruppe des Jahres» ausgezeichnet für Hiterfolge wie *Soul Dressing, Boot-Leg, Booker-Loo, Hip-Hug-Her, Groovin'*. Seit 1964 spielten in dem gemischtrassigen Quartett Booker T. Jones (org), Donald «Duck» Dunn (bg), Steve Cropper (g), Al Jackson (dr). Die M. G.'s dienten zahlreichen Stax-Stars als Rhythmusgruppe, vor allem → Otis Redding, der kurz vor seinem Tod mit Cropper seinen einzigen Millionenhit *Dock Of The Bay* schrieb. BOOKER T. & THE M. G.'s prägten den sogenannten «Memphis-Sound» mit vom Baßspieler vorgegebenen klaren Rhythmusakzenten, sparsamen, fast abrupten Orgelriffs, stakkatoschnellen Gitarren-Kürzeln und knappen Baßtrommelschlägen. Der nahtlose Gemeinschaftsklang wurde ohne technische Effekte in scheinbar sachlichem Teamspiel aufgenommen, das durch seine unprätentiöse Direktheit soulvoll und bodenständig wirkte. Die M. G.'s, die zahlreichen Rock- und Soulbands als Vorbild gedient hatten, wurden 1971 von Jones aufgelöst. Cropper arbeitete als freier Producer in seinen eigenen Studios weiter. Jones ließ sich nach dem Erfolg seiner Soundtrackmusik zu ‹Up Tight› (1968) in Hollywood nieder und nahm mit seiner zweiten Frau Priscilla, der Schwester von → Rita Coolidge, eine Reihe wenig überzeugender Gospel-Rock-Titel auf, deren geringer Publikumsappeal ihn 1974 zu einer Wiederbelebung seines Instrumentalensembles zwang.

LPs (Auswahl) auf Stax: *Booker T. and The M. G.'s* (1963); *Soul Dressing; And Now; Hip Hug-Her; Doin' Our Thing; McLemore Avenue; Greatest Hits; Melting Pot; Soullimbo; Set; Uptight* ... auf Atlantic: *Best* (1968). Solo-LPs Booker T. mit Priscilla auf A & M: *Booker T. & Priscilla* (1971); *Home Grown* (1972); *Chronicles* (1973)

Boone, Charles Eugene «Pat» (voc), am 1. Juni 1934 in Jacksonville, Florida, als Nachfahre des legendären Abenteurers Daniel Boone geboren, bleichte von den Unterhaltungsmedien tabuisierte schwarze Rhythm & Blues-Nummern mit Millionenerfolg zu farblosen Pop-Schlagern aus, so 1955 → Fats Dominos *Ain't That A Shame*, 1956 *I'll Be Home* von den FLAMINGOS und Ivory Joe Hunters *I Almost Lost My Mind*. In Rührwerken wie *Love Letters In The Sand* und *April Love* repräsentierte der fromme Sänger mit der angenehmen Baritonstimme für konservative Erwachsene die Jugend der fünfziger Jahre. Boones keimfreies Image entsprach seinen privaten Überzeugungen. Seinen Bestseller *Ain't That A Shame* mochte er zunächst nicht singen, weil der Titel «schlechtes Englisch» und der Text «nicht gut für junge Leute» sei. Als Angehöriger einer protestantischen Sekte lehnte er die Hauptrolle in einem Film über den katholischen Heiligen Bernhard ab, und bei den Kuß-Szenen seiner Filme ‹Bernardine›, ‹April-Love› und ‹Mardi Gras› mußte seine Frau Shirley, die Tochter des Country-Stars Red Foley, als Double aushelfen. Neben seinen Show-Aktivitäten gab der Vater von vier Töchtern in mehreren Bestseller-Büchern jungen Leuten mit Pubertätsproblemen christliche Lebenshilfe. In vorbildlich jugendfreien Fernsehsendungen und bei Provinz-Tourneen durch bibelfestes Territorium trat Boone stets mit seiner Familie auf. Der Sänger mit den zwölf Goldenen Schallplatten, der Angela Davies, das sowjetische Weltraumprogramm, Homosexuelle und Zigarettenraucher vom Teufel besessen weiß, hatte keine Bedenken, im Rolls-Royce auf Missionsreise zu gehen, denn: «Gott und Business sind untrennbar. Wenn man sein Leben Jesus überantwortet hat, dann gehört alles, was man besitzt, in Wirklichkeit ihm. Reiche Christen weisen heutzutage mit Nachdruck darauf hin: Jesus, es ist Dein Bankkonto, Dein Rolls-Royce; zeig uns, was wir damit machen sollen, wir sind nur Deine Besitzverwalter.» Offenbar brachten steigende Unterhaltskosten für Jesu Rolls-Royce den Sänger 1975 vom blütenweißen Pfad der Tugend ab: Er unterzeichnete als erster Interpret beim Melodyland-Country-Label des schwarzen Soul-Konzerns Motown und trug auf seiner Comeback-Single *Candy Lips* Verse vor, die er noch vor einem Jahr nach seinem bis dahin gültigen Katechismus als «verderbt» abgekanzelt hätte. «Ich bin Charley Pride mit umgekehrten Vorzeichen», witzelte Boone in Anspielung auf den beim weißen Konzern RCA tätigen schwarzen Country-Performer.

LPs (Auswahl) auf Dot: *Hymns We Love* (1957); *Star Dust* (1958); *Pat's Great Hits* (1959); *Side By Side* (1959); *He Leadeth Me* (1959); *Pat's Great Hits, Vol. 2* (1959); *Tenderly* (1959); *Great! Great! Great!* (1961); *My God And I* (1961); *Moody River* (1961); *Golden Hits* (1962); *Days of Wine and Roses* (1963); *Star Spangled Banner* (1963); *Sing Along Without* (1964); *Touch of Your Lips* (1964); *Pat Boone* (1964); *Lord's Prayer* (1964); *Boss Beat* (1964); *Near You* (1964); *Golden Era of Country Hits* (1965); *Memories* (1966); *Wish You Were Here* (1966); *True Love: Tenth Anniversary With Dot* (1967); *How Great Thou Art* (1967); *I Was Kaiser Bill's Batman* (1967); *Pat Boone's Golden Hits* (1967); *Look Ahead* (1968) ... auf Pickwick: *Love Me Tender; Canadian Sunset; True Love; Favourite Hymns; You've Lost* ... auf Hamilton: *Twelve Great Hits* (1964); *1965* (1965) ... auf Tetragrammaton: *Departure* (1969) ... auf Word: *Family* (1970); *First Nashville Jesus Band* (1973) ... auf Lion: *All in the Boone Family* (1973) ... auf MGM: *I Love You More* (1973) ... auf Lamb: *First Nashville Jesus Band* (1973); *In the Holy Land* (1974); *Christian People, Vol. 1* (1974); *Family Who Prays* (1974); *Born Again* (1974) ... auf Paramount: *Greatest Hits* (1974); *Greatest Hymns* (1974)

Bowie, David, bürgerlich: David Robert Jones (voc, g, sax), am 26. Mai 1948 in Brixton bei London geboren, übersättigte seinen paranoiden Rock 'n' Roll mit Reizbildern aus Horrorshows und inszenierte mit theatralischem Gespür makabre Visionen von planetarischen Katastrophen, am Rock-Terror verzweifelten Selbstmördern und transsexueller Erlösung durch kosmische Supermänner. Bei seinen aggressiven Vaudeville-Shows gebärdet er sich mit pinkfarbenem Haar, surrealisthscme Make-up und bizarrer Kostümierung wie der «Dylan eines Parallel-Universums, der zur Begleitmusik von → Black Sabbath umhertaumelt» (‹Cream›). Sein Rollenspektrum reichte von mystischer Weiblichkeit à la Greta Garbo und der ätherischen Hysterie eines Sternenwesens bis zum sado-erotischen Männlichkeitswahn eines Lederfetischisten. Bowie, nach eigener Definition ein singender Schauspieler, ließ sich bei der Gestaltung seines Repertoires vornehmlich von Stanley Kubricks Filmen ‹2001: A Space Odyssey› und ‹A Clockwork Orange› anregen. Die Magie eines interplanetarischen Trips, mystische Spekulationen über den Weltenanfang, die stilisierte Darstellung von Gewalt, Zivilisationsneurosen in einer übertechnisierten Welt sowie Nietzsches Übermenschentheorie als zweifelhafte Verheißung sind ständig wiederkehrende Themen in seinen Songs. Der ehemalige Jazzsaxophonist, Leiter einer psychedelischen Beatband, Folksänger, Werbetexter und Spieler in einer Pantomimengruppe hatte bereits 1967 einen bescheidenen Hiterfolg mit dem satirischen Liebeslied *Love You Till Tuesday* gehabt. Seine Einspielungen für das damals neugegründete Deram-Label, simple ironische Gesellschaftskommentare, trug er mit dem Cockney-Akzent des Revue-Sängers Anthony Newley vor, der damit in der Kabarett-Show ‹Stop The World I Want To Get Off› forciert volkstümliche Töne hatte anschlagen wollen. Doch Bowies Spottlieder, die gelegentlich (wie in *London Boys*) in bitterer Selbsterkenntnis ausklangen, waren in der Flower-Power-Saison von 1967 nicht gefragt. Nach einem Therapie-Studium des tibetanischen Buddhismus und einigen Gigs mit dem Pantomimen-Ensemble von Lindsay Kemp tauchte er 1969 wieder auf der Musikszene auf. Sein zweiter, wesentlich erfolgreicherer Hit *Space Oddity* bezog sich schon im Titel auf Kubricks ‹2001› und deutete die Hinwendung des Sängers zu metaphysischen Themen an. Auf den nachfolgenden Mercury-LPs *David Bowie, The Man Who Sold The World* (1970) bewies Bowie, der sein Pseudonym von dem gleichnamigen Jagdmesser abgeleitet hatte, poetische Flexibilität. In dem Bemühen, bisexuellen Avantgardismus, die Hilflosigkeit eines kreativen Individuums in einer irrwitzigen Umwelt und das Planspiel einer Transformation zum Übermenschen theatralisch aufzuputzen, überfrachtete er jedoch seine Songs mit esoterischen Metaphern und quälenden Rock-Dissonanzen. Die kommerzielle Attraktivität der LPs war deshalb sehr gering. Bowie zog sich für einige Zeit in die Künstlerwerkstatt zurück, die er mit seinen *Space Oddity*-Tantiemen eingerichtet hatte. 1971 zündete seine dritte Karrierestufe. Seine neue Plattenfirma RCA investierte 100 000 Dollar in die Fabrikation eines neuen Superstars, der ein Jahr später bereits im Triumphzug durch 24 amerikanische Großstädte geschickt werden konnte. Obendrein kaufte der Konzern die zwei erfolglosen Mercury-LPs ein und brachte sie nochmals, nun mit Profit heraus. Die neuen Bowie-Songs unterschieden sich stilistisch kaum von diesen alten Einspielungen. Der Sänger konnte sie allerdings wesentlich exaltierter anpreisen. Da die allgemeine Einstellung zur Sexualität inzwischen liberaler geworden war und Gruppen wie → ALICE COOPER nützliche Feldarbeit geleistet hatten, fiel es Bowie nicht schwer, als Transvestit mit Lidschatten und Chiffongewändern zu posieren. Sein sicheres Gefühl für theatralische Wirkung, die Qualität seiner Kompositionen und die instrumentale Brillanz der von Mick Ronson (g, p, voc) angeführten Begleitgruppe THE SPIDERS setzten Bowie von der Masse seiner Nachahmer deutlich ab, die kaum über die plüschige Zweideutigkeit einer «Drag Show» hinauskamen. 1973 schien Bowie, wie in einem Song aus der LP *Ziggy Stardust* angedeutet, einen «Rock 'n' Roll-Selbstmord» vorzubereiten, als er wichtige Konzerttermine ohne Grund kurzfristig absagte und verkündete, er wolle sich nunmehr nur noch futuristischen Filmprojekten widmen. Doch die schicke Verzicht-Erklärung signalisierte nur eine Atempause im Flirt mit dem dekadenzwilligen Publikum: Im Sommer 1974 eröffnete «La Bowie» eine neue Saison in der Präsentation von Rockmusik. Seine *Diamond Dogs*-Show fusionierte auf hypertheatralische Weise nervösen Rock, Pantomime und exquisit choreographierte Lichteffekte. Obwohl die Presse-Reaktion günstig war (‹New York Times›: «Er hat sein Potential als Mann des Theaters noch gar nicht recht erkannt»), schälte sich Bowie nach Tournee-Ende aus seinem Glitter-Image und ließ sich in Philadelphia mit Rhythm & Blues-Musikern auf eine LP-Session ein: «Das ist die Art von Musik, die ich eigentlich immer singen wollte.» ‹Newsweek› resümierte: «Seitdem Bowie sein Image geändert hat, ist Barbra Streisand wieder unsere Sängerin Nummer eins.»

LPs auf Deram: *David Bowie* (1967, re-issue 1973 auf Doppel-LP *Images*); *Images* (1973) ... auf Mercury: *David Bowie* (1969, re-issue 1972 als *Space Oddity* auf RCA); *The Man Who Sold the World* (1970, re-issue 1972 auf RCA) ... auf RCA: *Hunky Dory* (1971); *The Rise and Fall of Ziggy Stardust and The Spiders from Mars* (1972); *Aladdin Sane* (1973), *Pinups* (1973); *Diamond Dogs* (1974); *David Live* (1974); *Young Americans* (1975). Solo-LPs Mick Ronson auf RCA: *Slaughter on Tenth Avenue* (1974); *Play Don't Worry* (1975)

Bread, ein Rock-Quartett aus Los Angeles, spielte folkloristische Popmusik mit gefälligen Vokal-Harmonien, die kommerziell genug für das Top 40-Radio waren, «ohne sich allzu eifrig beim Geschmack der Teenager anzubiedern» (‹Stereo Review›). Nach einigen Umbesetzungen bestand die 1969 gegründete Gruppe vor ihrer Auflösung 1973 aus Larry Knechtel (keyboards), einem an der amerikanischen Westküste geschätzten ehemaligen Session-Musiker, Mike Botts (dr), James Griffin (g), der 1970 als Co-Autor des Filmsongs *For All We Know* einen Oscar erhielt, und David Gates (voc, b), Sohn eines Orchesterleiters aus Tulsa, Oklahoma. Gates schrieb die meist sentimentalen Hitsongs und arrangierte und produzierte die Alben der Gruppe. Einige seiner stilistisch unprononcierten Kompositionen wurden von so unterschiedlichen Interpreten wie → Aretha Franklin und Perry Como nachgesungen. Als Solist nahm Gates keinem seiner Soft-Rock-Kollegen die Butter vom BREAD.

LPs auf Elektra: *Bread* (1969); *On the Waters* (1970); *Manna* (1971); *Baby I'm-A Want You* (1972); *Guitar Man* (1972); *Best of Bread* (1973); *Best of Bread, Vol. 2* (1974). Solo-LP David Gates auf Elektra: *First* (1973)

Brooks, Elkie (voc), am 25. Februar 1945 in Manchester, England, geboren, hat sich 1972 in der Band → VINEGAR JOE zur zweiten Rockinterpretin Englands (neben → Maggie Bell) emporgesungen. Mit 15 wurde sie in einem Talentwettbewerb in ihrer Heimatstadt entdeckt und in die Mühle der Unterhaltungsindustrie geschickt. So tingelte sie als «Manchesters Antwort auf → Brenda Lee» (Slogan) für Minimalgagen in englischen und amerikanischen Schlagershows, war Bandsängerin in Eric Delaneys Tanzkapelle und erwarb sich Jazz-Meriten beim Nobel-Trompeter Humphrey Lyttelton und seiner Dixieland-Band. Nebenbei verdiente sie etwas Geld als Background- und Chorsängerin bei Radioproduktionen. Der «ständigen Lügen des Showbusiness» müde, wechselte sie 1971 mit ihrem Mann Peter Gage, mit dem sie zunächst die Band DADA und ein Jahr später VINEGAR JOE gründete, in die Rockmusik. Die Jazzschulung kam ihr dabei zugute. Elkie Brooks phrasiert so leicht und elastisch wie eine Swingdiseuse; sie verfügt aber auch, durch bittere Entertainment-Erfahrungen gereift, über den aggressiven Soulduktus der Gettomusik und die harschen Kehllaute des großstädtischen Blues.

LPs auf Atlantic: *Dada* (1971) ... auf Island mit → VINEGAR JOE

Broughton, Edgar (voc, g), am 29. Oktober 1947 in einer klassenbewußten Arbeiterfamilie in Warwick, England, geboren, war um 1970 die Leitfigur des englischen Polit Rock. In Free Concerts, etwa im Londoner Hyde Park, und auf Europa-Tourneen stieß er seinen Kriegsruf aus: «Out, Demons, Out!» Mit diesem monoton-repetitiven Song, zu dem er von einer Demonstration der New Yorker → FUGS vor dem Pentagon in Washington angeregt worden war, wollte Broughton «die Zuhörer zu einer Einheit zusammenschweißen» und «die Schweine-Mentalität in uns allen austreiben». Ähnlich simpel und naiv klangen auch seine übrigen Lieder und Parolen. *I Got Mad*, den in einem US-Zuchthaus erschossenen schwarzen «Soledad Brothers» gewidmet, bestand beispielsweise lediglich aus dem mehrfach wiederholten Vers: «Ich glaubte an dich, du glaubtest an mich. Wir sagten: Keinen Krieg mehr. Denn was gibt es denn schon, wofür sich das Kämpfen lohnt?» Auf künstlerische Stichhaltigkeit der Musik, korrekte Aussteuerung der Verstärker und Balance zwischen Stimme und Instrumenten kam es dem Chef der EDGAR BROUGHTON BAND und seinen Partnern Arthur Grant (bg), Steve Broughton (dr) sowie ab 1970 Victor Unitt (g) offenbar kaum an. Sie produzierten aggressive, proletarische, gewalttätige Klänge für ein auf dumpfe Gruppenerlebnisse erpichtes Publikum. Einziger emanzipatorischer Effekt: Broughton-Fans verlangten von der Gruppe, grundsätzlich kostenlos aufzutreten, und traten, wenn Eintritt gefordert wurde, mitunter die Türen der Konzertsäle ein. In einem Gespräch mit dem englischen Kritiker Mark Plummer bekannte der anarchistische Schwarmgeist Broughton, dessen revolutionäre Mutter die Band einst als Chauffeur und Road-Manager zu den ersten Erfolgen kutschiert hatte, seine politisch-theoretische Inkompetenz: «Ich hätte gern einen absolut utopischen Staat, der nichts fordert. Aber ich weiß nicht recht, wie es dazu kommen soll. Ich kann nur darauf hoffen. Und Hoffnung bedeutet ja nicht, daß ich schon weiß, wie es funktioniert.»

LPs auf Harvest/EMI: *Wasa Wasa* (1969); *Sing Brother Sing* (1970); *The Edgar Broughton Band* (1971); *Inside Out* (1972); *Oora* (1973); *A Bunch of 45s* (1975)

Brown, Arthur (voc), am 24. Juni 1942 in Whitby, England, geboren, gab häufig vor, sein richtiger Name sei Zarathustra und er stammte aus einem Yorkshire-Schloß. In Wirklichkeit hatte der Sänger, der sich auf einer Singleplatte als Gott des Höllenfeuers porträtierte (*I Am The God Of Hellfire*) und sich im Teufelslook mit Flammenkrone von einem Kran auf die Bühne abseilen ließ, sein Philosophiestudium als Bücherpacker, Farmarbeiter, Tankstellenmann und Toilettenputzer verdient. Von der London University war er relegiert worden, weil er die Vorlesungen durch aufdringliche Zen-Gebärden störte. An der Reading University machte er sein Examen und war drei Wochen Lehrer an der Leytonstone High School, bis man ihm nahelegte, sein Haar zu kürzen, und er statt dessen lieber wieder ging. In einem Pariser Nachtkabarett ließ er sich für die allabendliche Schmähung der amerikanischen Freiheitsstatue honorieren und gründete 1966 zusammen mit Nick Greenwood (bg), Vincent Crane (org) und → Carl Palmer (dr) die CRAZY WORLD OF ARTHUR BROWN. Mit seiner extrem unästhetischen Stimme (manchmal nur ein Grunzen, manchmal ein unartikulierter Schrei) und mit einem «barbarischen, bombastischen und brillanten» Bühnenstil (‹The Observer›) stieß er im Glamourschein des Bluessongs *Fire* in die englischen und amerikanischen Hitparaden vor. In Detroit flohen Zuhörer aus seiner Show, weil sie buchstäblich glaubten, er sei der Satan; in Miami wurde sein Auftritt als «schädlich für junge Leute» von der Polizei untersagt. Schädlich für ihn selber war nur die unschöpferische Wiederholung des immer gleichen Repertoires. «In zwölf Monaten», klagten Crane und Palmer im Juni 1969, «haben wir keine einzige neue Nummer einstudiert» – deshalb verließen sie ihn. Der Versuch, die CRAZY WORLD mit anderen Musikanten aufrechtzuerhalten, scheiterte im Juli 1970, nachdem sich Brown beim «Pop 70»-Festival in Palermo, Italien, völlig ausgezogen hatte und wegen «unsittlicher Entblößung» festgenommen worden war. Im Herbst 1971 versuchte der «Hexenmeister», das «King-Kong-Monster» der Popmusik (‹International Herald Tribune›) wieder auf die Beine zu kommen. Brown stellte die Band KINGDOM COME zusammen, mit der er «in einem theatralischen Akt» die «Selbstfindung des Individuums unter einem Entertainment-Zwangssystem» demonstrieren wollte. Das alte Feuer war jedoch erloschen.

LPs auf Polydor: *The Crazy World of Arthur Brown* (1968); *Galactic Zoo Dossier* (1971); *Kingdom Come* (1972); *Journey* (1973) ... auf Gull: *Dance* (1975)

Brown, James (voc), am 4. Juni 1929 auf einer Südstaaten-Farm bei Toccoa, Georgia, geboren und elternlos in einem Holzverschlag aufgewachsen, hat es vom Schuhputzer, Baumwollpflücker, Wagenwäscher, Autodieb und Einbrecher mit Kraft, Talent, Bühnen-Akrobatik, unbeugsamem Durchsetzungswillen und der perfektesten musikalischen Revuemaschine Amerikas zum mehrfachen Dollar-Millionär gebracht. Der schwarze Besitzer von Rundfunksendern und Fernsehstationen, von Musikverlagen, einer Plattenproduktion, einer Künstleragentur und einer Kette von Soul-Food-Restaurants gilt als «Idealtyp des kulturellen Helden, den die unteren Klassen verehren» (Bluesforscher Charles Keil). Amerikas Farbigen ist er «Dichter, Philosoph, Wohltäter und vielleicht sogar ein Messias» (‹Look›). Denn der «Mister Dynamit» des Showgeschäfts (Werbeslogan) hat mit einer hechelnden Blues-Diktion, heiseren Falsettotönen, überschnappenden Nasallauten, melodisch simplen Songs vom *Soul Fire* und der *Sex Machine*, monotonen Rhythmusketten und dem unablässigen Appell: «Say it loud, I'm black and proud» stets und ausschließlich die Emotionen der schwarzen US-Underdogs zum Klingen gebracht. Wie einst zu Hause im Gospel-Chor, so der Polizist Sylvester Means aus Toccoa, reißt er auch heute noch «mit seiner Stimme die Kirche ein». Seit der «originellste und am härtesten arbeitende Soul-Interpret» (‹Melody Maker›) 1956 «mit mehr Angst und Lampenfieber, als man sich vorstellen kann», seine erste Platte *Please, Please, Please* aufnahm und Sendezeit im Radio kaufte, um sie populär zu machen, hat er alljährlich annähernd 300 Konzerte gegeben und dabei – zuletzt im eigenen Lear-Jet für 713 000 Dollar – jeweils rund 100 000 Meilen zurückgelegt. 1966 besuchte er zum erstenmal Getto-Schulen in San Francisco, um den Schülern klarzumachen, daß sie ihre Ausbildung beenden müssen, denn «nicht jeder schafft es auf die gleiche Weise wie ich». Als in Detroit und Washington die Gettos brannten, rief er über Funk und Fernsehen seine rebellischen Soul Brothers auf, sich nicht abschlachten zu lassen. «Eine einzige Handbewegung von James Brown», erklärte damals der Polizeioffizier E. C. McClung in Columbus, Georgia, «ist soviel wie hundert Polizisten wert.» Mit dem Song *King Heroin* gospelte er im Winter 1971/72 gegen die Rauschgift-Gefahr. Als seine «Feinde» betrachtet er Sidney Poitier, Sammy Davis jr., Bill Cosby, Diahann Carroll und andere Renommier-Neger Hollywoods: Keiner von ihnen habe jemals ein unretuschiertes Bild vom erbärmlichen Getto-Leben in die Massenmedien gebracht. Er selbst dagegen, wenngleich als Chef eines Unterhaltungskonzerns ein Kapitalist mit Ausbeuter-Allüren, empfiehlt sich als Vorbild: «Meine Musik spricht aus, was der schwarze Mann auf der Straße fühlt. Ich hatte nie Hilfe vom Staat oder von den örtlichen Behörden; ich habe mir meinen Weg Schritt für Schritt erkämpft. Und ich bin froh darüber, denn jetzt ist ganz deutlich, was James Brown mit der Hilfe seines Volkes geschafft hat. Er schaffte es als schwarzer Mann.»

LPs (Auswahl) auf King: *Please, Please, Please* (1958); *The Unbeatable* (1958); *Think* (1959); *The Amazing* (1961); *At the Apollo* (1963); *Mr. Dynamite* (1963); *Papa's Got A Brand New Bag* (1964); *Greatest Hits* (1965); *It's A Man's World* (1965); *The Dynamic* (1966); *Mr. Soul* (1967); *Nothing But Soul* (1969); *Sex Machine* (1969); *Super Bad* (1970); *The Popcorn* (1970); *Say it Loud, I'm Black and Proud* (1970); *Hey America, it's Christmas* (1970); *Getting Down to It* (1971) ... auf Smash: *Showtime* (1965); *Grits and Soul* (1965); *Handful of Soul* (1966); *James Brown Show* (1967); *Plays the Real Thing* (1967); *Out of Sight* (1968); *New Breed* (1968) ... auf Polydor: *There It Is* (1970); *Revolution of the Mind* (1970); *Hot Pants* (1971); *Get on the Good Foot* (1972); *Black Caesar* (Soundtrack, 1973), *Soul Classics, Vol. 1* (1973); *Soul Classics, Vol. 2* (1973); *Payback* (1974); *It's Hell* (1974); *Reality* (1974)

Brown, Ruth (voc), am 30. Januar 1928 als Tochter des Leiters eines Gospelchors in Portsmouth, Virginia, geboren, war unter dem Beinamen «Miss Rhythm» die erfolgreichste Rhythm & Blues-Sängerin der fünfziger Jahre. Ihre sexgeladenen Hit-Singles *As Long As I'm Moving, 5-10-15 Hours Of Your Love, I'll Get Along Somehow, Mambo Baby, Mama He Treats Your Daughter Mean* und andere bestimmten den Jukebox-Klang in den Gettos. «Ihr relaxter, halb schluchzender Stil und der Trick, hohe Töne im Off-Beat zu verschlucken, wirkten wie Dynamit» (Guy Remark). Schon als Teenager und gegen väterliches Verbot hatte die betont weltlich orientierte Ex-Kirchensängerin ihren musikalischen Sprengstoff in den GI-Kneipen von Virginia geschärft. 1948 trat sie in Washington, D. C., dem LUCKY MILLINDER-ORCHESTER bei, wurde aber bald von der Managerin Blanche Calloway, Schwester des Bandleaders und Schauspielers Cab Calloway, als Solokünstlerin unter Vertrag genommen. Von ihrem geplanten Start im Apollo-Theater von Harlem am 29. Oktober 1948 wurde sie bei einem Autounfall in Chester, Pennsylvania, schwer verletzt. Mit gebrochenen Beinen und Rippen lag sie monatelang, teils bewußtlos, im Hospital. Fast ein Jahr nach dem ursprünglich vereinbarten Termin nahm sie ihre erste Atlantic-Platte auf: den Bestseller *So Long*. Ihr Ruhm verblaßte erst in den sechziger Jahren. Gospels und Rhythm & Blues waren ihre Stärke gewesen; mit Soul, der Mischung von beidem, kam sie nicht zurecht.

LPs (Auswahl) auf Atlantic: *Ruth Brown* (1955); *Miss Rhythm* (1958); *Late Date* (1959); *Best of Ruth Brown* (1963) ... auf Philips: *Along Comes Ruth* (1962); *Ruth Brown with Milestone Singers* (1963); *Gospel Time* (ca. 1964) ... auf Mainstream: *Ruth Brown* (ca. 1964); *1965* (1965) ... auf Solid State: *Thad Jones, Mel Lewis, featuring Miss Ruth Brown* (1968) ... auf Skye: *Brown is Brown and Black is Beautiful* (1968)

Browne, Jackson (voc, g, p), 1949 in Heidelberg, Deutschland, geboren, erschrieb sich eine frühe Legende als «der verdammt beste Songautor im heutigen Amerika» (→ David Crosby). Esoterische Folkloristen wie → Tom Rush, → Nico und Steve Noonan nahmen 1967 /68 die ersten Kompositionen des damaligen Teenager-Talentes auf Platte: feinfühlige Beobachtungen, die komplexe Gefühle und Situationen in wenige, klug formulierte Verse einkapselten, ähnlich der Song-Poesie → Joni Mitchells, nur nicht so verletzbar offenherzig. Während seiner Schulzeit im südkalifornischen Orange County sammelte Browne erste Erfahrungen als Folklore-Entertainer, unter anderem als Gitarrist für die → NITTY GRITTY DIRT BAND. 1965 kam er nach New York und fand Kontakt zur Subkultur des East Village, die sich damals für die Exzentrizitäten des Andy Warhol-Clans begeisterte. Browne spielte in Paul Morrisseys Amüsier-Schuppen «The Dom» für Nico Gitarre, die sich 1967 von der von Warhol protegierten Band → THE VELVET UNDERGROUND zu lösen begann. Einige von Brownes schönsten Kompositionen erschienen zu dieser Zeit auf Nicos erstem Solo-Album *Chelsea Girl*. Nach einigen ergebnislosen Schallplatten-Sessions brachte Jackson Browne Anfang 1972 sein erstes Album heraus, das mit den Titeln *Jamaica Say You Will* und *Rock Me on the Water* zwei Standards des introspektiven Folk Rock enthielt. Die «imponierende Großartigkeit» (‹Rolling Stone›) der ersten Platte wurde auf weiteren LP-Einspielungen durchaus erreicht und bestätigte Brownes Rang als «klassischer Romantizist» (Kritiker Bud Scoppa).

LPs auf Asylum: *Saturate Before Using* (1972); *Jackson Browne* (1973); *For Everyman* (1973); *Late for the Sky* (1974)

Bruce, Jack (bg, voc, cello), am 14. Mai 1943 als Sohn eines Ingenieurs in Bishopsbriggs, Schottland, geboren, wurde 1971 von Popmusik-Blättern wie ‹Melody Maker› und ‹Sounds› zum weltbesten Baßgitarristen erklärt. Denn auch als Begleiter improvisiert er stets eine eigenständige, einfallsreiche, am Jazz orientierte Melodielinie voller Dynamik und Drive. Mit 17 gewann der musikalische Autodidakt, der zuvor von zehn Schulen geflogen war, ein Stipendium für Cello und Komposition an der Königlich-Schottischen Musikakademie, die er jedoch bald wieder verließ, um sich einer Jazzband anzuschließen. Sein Weg führte ihn durch → Alexis Korners BLUES INCORPORATED, die → GRAHAM BOND ORGANISATION, → John Mayalls BLUESBREAKERS, die → MANFRED MANN-COMBO, bis er endlich ein Ensemble fand, «in das ich meine Zähne schlagen konnte»: die → CREAM. Im Trio mit → Eric Clapton (g) und → Ginger Baker (dr) machte er sich nicht nur als hervorragender Instrumentalist, sondern auch als Sänger und Komponist einen Namen. Nach dem Ende der CREAM zog sich Bruce auf eine vom Tantiemen-Reichtum erworbene schottische Insel zurück, um Stücke für seine erste Solo-LP *Songs für a Taylor* zu schreiben, die so gut wie ohne Publicity in die Hitparaden kam. Nach weiteren Studioproduktionen und einem Gastspiel in der LIFETIME des Trommlers → Tony Williams, bei dem die Platte *Turn It Over* gemacht wurde, gründete er im Herbst 1971 eine kurzlebige eigene Band, mit der er auch in den USA und auf dem europäischen Kontinent konzertierte. Im Herbst 1972 fand er in New York neue, ebenbürtige Partner: Er tat sich mit Leslie West (g) und Corky Laing (dr) von der aufgelösten Gruppe → MOUNTAIN zum Trio WEST, BRUCE & LAING zusammen. Doch wo bei MOUNTAIN auch bei Überlautstärken und auf Effekt bedachten Power-Play immer noch Song-Strukturen durchschimmerten, improvisierten Bruce und die MOUNTAIN-Männer überwiegend zusammenhaltlos für sich. Die Combo zerbarst unter innerem Hochdruck und mangelnder musikalischer Kommunikationsbereitschaft ihrer Mitglieder. Bruce besann sich seiner guten Studioerfahrung mit *Songs for a Taylor* und produzierte 1974 mit eigenen Kompositionen und Songtexten von Pete Brown in Kalifornien die hörenswerte, aber nicht durch instrumentale oder vokale Glanzleistungen ausgezeichnete LP *Out of the Storm*. Anfang 1975 holte er sich für ein neues Live-Ensemble, mit dem er auch Ausflüge in den Free Jazz beabsichtigte, den Gitarristen Mick Taylor von den → ROLLING STONES.

LPs auf Columbia/EMI, Byg, Warner Brothers mit → Graham Bond... auf Polydor mit → CREAM, LIFETIME; Solo-LPs auf Polydor: *Songs for a Taylor* (1970); *Things We Like* (1971); *Harmony Row* (1971) ... auf RSO: *Out of the Storm* (1974). LPs mit WEST, BRUCE & LAING auf Polydor/RSO: *Why Dontcha* (1972); *Whatever Turns You On* (1973); *Live 'n' Kickin'* (1974)

Buchanan, Roy (voc, g), am 22. Oktober 1936 als Sohn eines Predigers in Arkansas geboren, seit seinem zweiten Lebensjahr in Pixley, Kalifornien, aufgewachsen, stieg 1972/73 vom Provinzmusikanten zum Gitarren-Heros auf. Lob von Kollegen, Publicity-Legenden und handwerklich gediegene Langspielplatten trugen dazu bei. Nach jahrelanger Mitgliedschaft in der Begleitband von → Ronnie Hawkins hatte ihn der → BAND-Musiker Robbie Robertson als «besten Gitarristen der Welt» gerühmt. Während Buchanan im Raum Philadelphia/Washington in kleinen Clubs aufspielte, soll er Engagementsangebote von → John Lennon und den → ROLLING STONES bekommen und ausgeschlagen haben. Sein vollmundiger Gitarrenstil liegt auf der Grenze zwischen Blues und Countrymusik. Einfache Tonfolgen, die manchmal wie von einer Mundharmonika übernommen erscheinen, fügt er zu weitgeschwungenen, spannungsreichen und eminent tanzbaren Chorussen zusammen. Dennoch fehlt dem zurückhaltenden Musiker, dessen spärliche Gesangsäußerungen kaum begeistern können, zum Star-Image wohl der persönliche und musikalische Glanz. An der von Jan Hodenfield 1975 in der ‹New York Post› gemeldeten Tatsache, daß der in Virginia ansässige Vater von sechs Kindern (Buchanan: «Sex und Musik sind eng verwandt») nicht an seine Star-Rolle glaubt, ist möglicherweise die Publicityschwäche seiner Firma Polydor in den USA mitschuldig. Auf Hodenfields Frage, was das Beste sei, das ihm widerfahren könne, hatte allerdings auch Buchanan nichts Besseres zu antworten als: «Zu sterben und in den Himmel zu kommen.»

LPs auf Polydor: *Roy Buchanan* (1972); *Second Album* (1973); *That's What I am Here For* (1973); *Rescue Me* (1974)

Buckley, Tim (voc, g), am 12. April 1947 in Washington, D. C., geboren, repräsentierte mit seiner halluzinativen Song-Poesie den im Rock so häufigen Dualismus zwischen arrogantem Auftreten und verletzlichem Gemüt. Mit schneidender Tenorstimme trug er Mitte der sechziger Jahre in den Folkclubs von Hollywood und New York seine traurigen Texte vor und verwirrte Publikum, Mitspieler und Kritiker gleichermaßen. Seine bleiernen Wortgebilde versanken nicht selten in Atonalität oder verzettelten sich in extravaganten Melodiesprüngen und Dynamikschwankungen. Zu seiner Begleitung ließ er in herausfordernder 9/8- oder 11/4-Metrik verschlungene Saxophonfiguren blasen, kubanische Rhythmen in Zeitlupentempo trommeln und enervierende Feedback-Geräusche modulieren, während er seine Lyrik mit schrillem Scat-Gesang, monotonem Gemurmel oder pueriler Schönsingerei deformierte. Mit Liedern von Entsagung, hoffnungsloser Sehnsucht und verzweifelter Flucht ins Mystische galt Buckley seinem ersten Produzenten David Anderle als «Chronist einer Jugendgeneration und ihrer Probleme». Bereits vor seinem Erscheinen auf der Folk-Szene war Buckley auf andere Weise typisch für einen Großteil der amerikanischen Jugend gewesen: Er brillierte als einer der besten Basketball- und Football-Spieler seiner Schulmannschaft, übte sich mit Country & Western-Songs auf dem Banjo ein und verdiente sein Taschengeld als Babysitter für Disneyland-Besucher. Auf vier Elektra-Alben verbreitete er von 1966 bis 1969 schöne Schwermut mit der Wortgewandtheit eines collegegebildeten Bürgersohns. Der nachfolgende Vertrag mit → Frank Zappas Straight-Label gab ihm die Freiheit zu Klangexperimenten, die seine abstrakte Songmalerei in die Nähe von musique concrète rückten. Mit Musikern der → MOTHERS OF INVENTION und späteren Solisten von → BLOOD, SWEAT & TEARS unternahm Buckley wagemutig Songtrips, die weit über die konventionellen Bereiche hinausgingen, in denen sich die meisten anderen Folk-Sänger bewegten. Er jodelte in Kisuaheli, ließ seinen Tenor in furiosem Splitterklang erschallen, «als sei er das Tenorsaxophon John Coltranes» (‹Down Beat›), und schreckte seine Zuhörer vorsätzlich mit Raumklängen im Stil des schwarzen Jazz-Mystikers Sun Ra. 1972 entschloß sich Buckley zum Rock 'n' Roll-Gesang. In seinen nun kommerziell verschlagerten Bluesvortrag mischte sich stets wieder die Bittersüße seiner Wanderjahre – besonders eindrucksvoll im Album *Look at the Fool*, in dem er sich als tequilatrunkener Vagabund porträtiert, der zwischen San Diego und Tijuana bis zur Selbstentäußerung junge Mexikanerinnen beglückt. Buckley konnte nicht anders, denn: «Ein Mensch zu sein, bedeutet, leiden zu müssen. Das Kommunizieren kann so schwerfallen wie das Sterben.» Am 29. Juni 1975 starb er in Los Angeles nach dem Genuß von Alkohol und Drogen.

LPs auf Elektra: *Tim Buckley* (1966); *Goodbye and Hello* (1967); *Happy Sad* (1969); *Lorca* (1970) ... auf Straight: *Blue Afternoon* (1969); *Starsailor* (1970) ... auf Reprise: *Greetings from L. A.* (1972) ... auf Discreet: *Sefronia* (1973); *Look at the Fool* (1974)

Buffalo Springfield hatte möglicherweise das Pech, ihrer Zeit zu weit voraus zu sein. Im Frühjahr 1966 von → Stephen Stills (g, voc), → Neil Young (g), Doug Hastings (voc), Richie Furay (g), Bruce Palmer (bg) und Dewey Martin (dr) in Los Angeles gegründet, bot die Gruppe auf ihren ersten USA-Tourneen (mit den → BYRDS und den → BEACH BOYS) abwechslungsreiche, perfekt ausgewogene Konzertprogramme aus Folksongs, Country & Western, Balladen und Rock 'n' Roll. Diese Musikelemente begann das Sextett schon 1966/67 zu einem neuen Stil zu verschmelzen. Das Stills-Stück *Go And Say Goodbye*, 1965 geschrieben und im Februar 1967 auf der ersten SPRINGFIELD-LP veröffentlicht, gilt als eine der ersten ausgereiften Country-Rock-Kompositionen. Andere von Stills komponierte SPRINGFIELD-Hits wie *Bluebird, Four Day Gone* und *Rock 'n' Roll Woman* werden noch heute von zahlreichen Bands interpretiert. Die Intensität und Balance, mit der das Ensemble live musizierte, hat es freilich im Plattenstudio nur selten erreicht. Während die Gagen innerhalb weniger Monate von 125 auf 10 000 Dollar für einen einzigen Auftritt (im «Fillmore West») stiegen, wuchsen auch die psychischen Spannungen zwischen den Musikern. Einmal prügelten sie sich auf der Bühne, bei anderen Gigs blieb Neil Young unentschuldigt fern. Ende 1967 fiel die Band auseinander. Richie Furay und der später hinzugekommene Baßgitarrist Jim Messina gründeten die stilistisch ähnliche Combo → Poco. Stills und Young trafen sich wieder im Quartett → CROSBY, STILLS, NASH & YOUNG.

LPs auf Atlantic: *Buffalo Springfield* (1967); *Buffalo Springfield Again* (1967); *Buffalo Springfield Last Time Around* (1968); *The Best of Buffalo Springfield* (1969) ... Solo-LP Bruce Palmer auf Verve: *The Cycle is Complete* (1970)

Burdon, Eric (voc), am 11. Mai 1941 im Prolerarierviertel von Newcastle, England, geboren, hat sich zeitlebens als «weißer Neger» gefühlt. Ein Seemann, der als Untermieter im gleichen Elendsquartier hauste, brachte dem «typisch nordenglischen Kohlenkumpel, Werftarbeiter und Schulabgänger mit ein paar Jahren College» (Burdon über Burdon) um 1960 aus den USA Rhythm & Blues-Platten obskurer schwarzer Sänger mit, die er sich so lange vorspielte, bis er den Klang der Mississippi-Barden und Harlem-Shouter ganz genau traf. In der Band → THE ANIMALS, die er 1962 zusammen mit dem Organisten → Alan Price startete, entwickelte er sich zu «einem der größten weißen Soul-Interpreten» (‹Billboard›). Auf seinen USA-Tourneen mit den ANIMALS wurde sein

Hit *House of the Rising Sun* über ein schwarzes Bordell in New Orleans selbst im negerfeindlichen Süden vom weißen Rockpublikum bejubelt. «Fabelhaft» fühlte sich Burdon jedoch nur, wenn er «den Gestank der Gettos» roch und mit Farbigen zusammen war. Denn auch dieses hatte er auf dem «Amerika genannten gigantischen Schrottplatz voll Cadillacs, Musikautomaten, Soul, Sex, Hitze, Glück und Gewalt» erlebt: weiße Polizisten, die zum Spaß Bluthunde auf Neger hetzten; Taxifahrer, die sich weigerten, den Bluessänger ins Getto zu kutschieren; jugendliche Fans, die seine Vorbilder → John Lee Hooker und → Otis Redding als Nigger beschimpften. Ende 1966 jedoch, als die Hippies ihre neue Gemeinschaft von «love, peace and music» propagierten (Burdon hatte gerade sein Credo auf sieben Seiten der Negerillustrierten ‹Ebony› verkündet), versuchte er noch einmal, in weißer Gesellschaft glücklich zu sein. Er entließ seine Musiker, stellte sich neue ANIMALS zusammen, ging nach Kalifornien, meditierte mit einem indischen Jogi, schluckte LSD und produzierte psychedelische Rauschmusik. Resultat: Nach den Trips seiner *San Franciscan Nights*, die immerhin eine Reihe hervorragender Langspielplatten hervorgebracht hatten, fiel ihm «als Musiker und Komponist nichts mehr ein». Filmpläne, die er in Hollywood verwirklichen wollte, scheiterten. Von den rund sechs Millionen Dollar, die in den zurückliegenden Jahren durch seine Hände gegangen waren, war kaum etwas übrig geblieben. Für Monate verschwand Burdon im kalifornischen Drogen-Untergrund. Doch «wenn der LSD-Trip vorbei ist», sang er 1970 zu den gehauchten Saxophontönen und den pluggernden Congarhythmen der schwarzen Band → WAR, die sein Comeback ermöglichte, «kommt man zurück zu Mutter Booze» – zum Whisky und zum Blues. In Bluesmonologen, die bis zu 30 Minuten dauerten, klagte er die Vorurteile der Weißen an, rief zur Solidarität mit den Unterdrückten auf und empfahl, die Gettos «mit Dynamit» in die Luft zu jagen. Nach einer triumphalen Europa-Tournee mit seinen farbigen Kollegen Ende 1970 und zwei erfolgreichen, von der Kritik hoch bewerteten LPs (*Eric Burdon Declares War; Black Man's Burdon*) fühlte er sich von den Negern endlich «richtig akzeptiert». Nach seiner Trennung von WAR nahm Burdon im Juli 1971 in Hollywood ein Album zusammen mit dem schwarzen Bluesveteran Jimmy Witherspoon auf. Sein Titel: *Guilty!* (Schuldig). Erst im Juli 1973 war der Sänger auf einer neuerlichen Europa-Tournee mit einer eigenen Band wieder im Konzertsaal zu hören.

LPs auf Byg, Britisch Columbia, MGM mit → THE ANIMALS, auf Polydor und Liberty mit → WAR, auf United Artists mit Jimmy Witherspoon: *Guilty!* (1971); Solo-LPs auf MGM: *Eric is Here* (1967)... auf Capitol: *Sun Secrets* (1974); *Stop* (1975)

Burnette, John Joseph «Johnny» (voc, g), am 25. März 1938 in Memphis, Tennessee, geboren und zusammen mit seinem fünf Jahre älteren Bruder Dorsey Burnette in Armut aufgewachsen, wurde in seinem ersten High-School-Jahr Opfer eines Autounfalls und verbrachte drei Monate im Krankenhaus. Am 14. August 1964 starb er an den Folgen eines Unfalls beim Fischen. Dazwischen war Burnette Weltergewichtsboxer, Gelegenheitsarbeiter, Flußschiffer auf dem Mississippi und Rock 'n' Roll-Interpret. Als Angestellter der Crown Electronic Company in Memphis, bei der zeitweise → Elvis Presley als Lastwagenfahrer arbeitete, gründete er mit zwei Kollegen, seinem Bruder Dorsey und Paul Burlisson (g), ein Trio, das vom Sun-Plattenchef Sam Phillips abgelehnt wurde, weil Johnnys Stimme der seines Stars Elvis Presley zu ähnlich klang. Nach langem Klinkenputzen bei New Yorker Musikfirmen und bestandenen Amateurausscheidungen produzierte das Trio im Mai 1956 seine erste Single für Coral: *Tear It Up/You're Undecided*. Weder mit diesen Titeln noch mit nachfolgenden Produktionen wie *The Train Kept A-Rollin', Honey Hush, Lonesome Train* waren mehr als mittlere Erfolge zu erzielen – möglicherweise wegen der unentschiedenen Repertoirepolitik: Vielfach wurden die Burnettes im Studio von altmodisch klingenden

Tanzorchestern begleitet. 1957 löste sich das Trio auf. Johnny besang Singles für das kleine Label Freedom, das von Liberty aufgekauft wurde, und arbeitete danach mit seinem Bruder als Songschreiber für Liberty-Sänger wie → Ricky Nelson, dem er den Millionenseller *Believe What You Say* besorgte. Nur einmal gelang Johnny Burnette selber ein großer Hit: 1960 bei Liberty mit der Single *Dreamin'/Cincinati Fireball.*

LPs auf Liberty: *Hits* (1963); *Johnny Burnette Story* (1966) ... auf Sunset: *Dreamin'* (1967) ... auf Coral: *Tear It Up – Yesterday's Pop Scene* (1973); *Good Old Rock 'n' Roll* (1973, mit anderen); *More of the Good Old Rock 'n' Roll* (1974, mit anderen)... auf MCA: *American Graffiti* (1974, mit anderen) ... auf United Artists: *The Many Sides of Rock 'n' Roll, Vol. II.* (1973, mit anderen); *Rock 'n' Roll Street* (1973, mit anderen)

Butterfield, Paul (voc, harm, fl), am 17. Dezember 1941 in Chicago geboren, wuchs im Hyde Park-Distrikt auf, der unmittelbar ans schwarze South Side-Getto grenzt. Dort streunte er als Teenager umher, besuchte Blueskneipen wie «Smitty's Corner» und war mit seiner Harmonika der erste Weiße, der von Bluesmusikern wie → Muddy Waters, → Howlin' Wolf, → Little Walter (harm), → James Cotton (harm) als Schüler und Mitspieler akzeptiert wurde. Mangels starker gesanglicher Ausdruckskraft konzentrierte er sich aufs Harmonikaspiel und war seinen Vorbildern bald annähernd ebenbürtig. 1965 gründete er die BUTTERFIELD BLUES BAND, das formative Ensemble des weißen Chicago-Blues, aus dem Rock-Solisten wie → Mike Bloomfield (g), Elvin Bishop (g), Mark Naftalin (keyboards), Jerome Arnold (bg), Bill Davenport (dr) u. a. hervorgingen. Sein freier, ungebundener «Windy City»-Sound wirkte später beispielsweise in den verschiedenen Bloomfield-Combos, der → ELVIN BISHOP GROUP und in der Band FULL MOON fort, die 1972 von den Ex-Butterfield-Musikanten Buzz Feiten (g), Gene Dinwiddie (sax), Phillip Wilson (dr) gegründet wurde. Butterfields Schallplatten-Werk ist insgesamt «eine Collage aus schwarzem New York Jazz der frühen sechziger Jahre, Blue-Memphis-Soul und dem San Francisco-Orientalismus von 1967» (Albert Goldman). Im Stück *East West* nahm er 1966 die anschließend Raga Rock genannten Anleihen bei indischer Musik vorweg. 1967 gehörte er zu den ersten, die Jazzbläser in eine Bluesband holten. 1971 addierte er die Background-Stimmen von Clydie King, Venetta Fields, Merry Clayton u. a. für die LP *Sometimes I Just Feel Like Smilin'* zum Gospel-Chor. Unablässig erweiterte er das Bluesschema durch phantasievolle und großenteils gelungene Adaptionen anderer Musizierstile. Sein Stück *Last Hope's Gone* war «eine Blues-Phantasie, die ebensoviel von Dschungelmusik hatte wie vom ‹Pierrot Lunaire›» (Goldman). Doch selbst im bluesfreundlichen Popmusik-Klima der späten sechziger Jahre erwies sich das Etikett «Blues-Band» als Handikap für Rockruhm und Kommerz. Daher nannte Butterfield seine 1972 zusammengestellte Band mit Geoff Muldaur (voc, g), Amos Garrett (g), Ronnie Barron (keyboards), Christopher Parker (dr), Bill Rich (bg) BETTER DAYS. Das gleichnamige, wie immer stil- und geschmackssicher zusammengestellte Album gehörte mit seinem stabilen, puren Blues-Rock zu den überzeugendsten LPs der Saison 1972/73. Auch die zweite, Anfang 1974 veröffentlichte BETTER DAYS-LP *It All Comes Back* erwies sich als wenig sensationell, dafür aber als äußerst «ökonomische Äußerung mit kräftigem Blues und erregenden Melodien, mit Wärme gespielt und erfrischend human» (‹Rolling Stone›).

LPs auf Elektra: *Paul Butterfield Blues Band* (1965); *East West* (1966); *Resurrection of Pigboy Crabshaw* (1967); *In My Own Dream* (1968); *Keep On Moving* (1969); *Live* (1970); *Sometimes I Feel Just Like Smiling'* (1971); *Golden Butter* (1972) ... auf Bearsville: *Better Days* (1973); *It All Comes Back* (1974) ... auf Chess: *Fathers and Sons* (mit Muddy Waters u. a., 1969)

The Byrds, 1964 in Los Angeles gegründet, spielten als erste eklektrifizierte Rock-Gruppe ein Folk-Repertoire. Auf der damals von

Solo-Performern oder aseptischen Singalong-Chören beherrschten US-Musikszene führten sie ihre Variante des von den → Beatles exemplarisch verkörperten Rock 'n' Roll-Clans ein, die sich bei ihnen zunächst in uniformer Haartracht und diversen Mode-Spleens erschöpfte. Dennoch wurden sie vor allem in Kalifornien zu Kultfiguren und konnten wegen der literarischen Qualität ihrer Songs zum erstenmal auch Intellektuelle für Rock-Musik interessieren. Der stilistische Einfluß → Bob Dylans, von dem sie einige Titel mit Erfolg übernahmen, wurde in der poetischen Sensibilität ihrer Eigenkompositionen und in der arroganten Melancholie, mit der sie ihre Lieder vortrugen, deutlich. Uneinigkeiten unter den Musikern gefährdeten jedoch schon frühzeitig den Zusammenhalt des Ensembles und führten zu ständigen personellen Veränderungen, ohne daß sich die Eigenart des Byrds-Sounds qualitativ wesentlich veränderte. Das lag vor allem an der zentralen Rolle, die Jim McGuinn (voc, g) innerhalb der Gruppe einnahm. Der am 13. Juli 1942 in Chicago geborene Sohn eines Schriftsteller-Ehepaares, der sich 1967 unter dem Einfluß des ostasiatischen Subud-Kults den Vornamen «Roger» zulegte, gab mit seinem näselnden Sprechgesang und dem scheppernden Glockengedröhn seiner Zwölf-Saiten-Gitarre den charakteristischen Ton der Band an. Die Beiträge der anderen Musiker schienen dagegen unerheblich zu sein. Deshalb konnte McGuinn den ersten Hit *Mr. Tambourine Man* (1965) noch im Alleingang mit Session-Personal aufnehmen, ohne Unterschied zum Live-Sound der eigentlichen Combo, der damals noch Gene Clark (perc, voc), → David Crosby (g, voc), Chris Hillman (bg, voc), Michael Clarke (dr, voc) angehörten. Nach den ersten beiden LPs, die sich noch stark am Folk-Idiom orientierten, verließ Clark das Quintett und schloß sich mit Douglas Dillard von der Bluegrass-Band → The Dillards zu einem Country Rock-Duo zusammen. Die übrigen Byrds erweiterten ihren melodischen Folk-Klang mit drogenbeeinflußter Science-fiction-Lyrik (*5 D, Mr. Spaceman*) und der Verwendung exotischer Instrumente, wie der Sitar in ihrem Klassiker *Eight Miles High* (1966). Ein Jahr später schieden Clarke und Crosby aus. Die Gruppe reorganisierte sich mit dem neuen Drummer Kevin Kelley zum Trio. «Die seltsame Mixtur aus Country-Musik und Weltraum» (Lillian Roxon), die bislang bei den Käufern so gut angekommen war, geriet mit dem Aufschwung der psychedelischen Rock-Szene San Franciscos immer mehr ins kommerzielle Hintertreffen. McGuinn und Hillman setzten sich, nach einem bitter-parodistischen Song auf ihre erfolgreichere Supergruppen-Konkurrenz (*So You Want To Be A Rock 'n' Roll Star*), deutlich von den Rock-Modetrends ab und orientierten sich an ihrem Mentor Bob Dylan, der inzwischen vom Folk-Protest zur nostalgischen Country-Musik abgewandert war. Mit den Bluegrass-Musikern Gram Parsons (g, voc), Clarence White (g, voc) nahmen sie ihr stilistisch geschlossenes Album *Sweetheart of the Rodeo* auf, das sie als Avantgarde eines zunehmenden Trends drogenmilieugeschädigter Rock-Bands zur restaurativen Country-Idylle auswies. McGuinn versuchte jedoch, mit elektronisch verschärften Instrumentalzugaben und politisch-zynischen Texten die Drift der Byrds ins Country & Western-Milieu aufzuhalten. Deshalb verließen Hillman und Parsons 1968 die Gruppe und gründeten mit Musikern aus der Country-Metropole Nashville die → Flying Burrito Brothers. Nach dem Weggang Kelleys und dem vorübergehenden Ersatz Hillmans durch den Bassisten John York bestanden die Byrds 1972 aus McGuinn, White, Skip Battin (bg, voc), Gene Parsons (dr, voc). McGuinn bereitete zu der Zeit eine Folk Rock-Oper nach Ibsens ‹Peer Gynt› vor, von der jedoch nur die Songfragmente *Chestnut Mare* und *Lover Of The Bayou* auf LPs veröffentlicht wurden. Deren «klarer, natürlicher Sound» (‹Crawdaddy›) fand zwar den Beifall der Kritiker, konnte aber die Rock-Fans nicht überzeugen, die sich eher an der derb-ländlichen Simplizität der → Band erfreuten. Nachdem McGuinn die Byrds für ein Erinnerungsalbum in ihrer Urformation wiedervereinigen konnte, löste er sein Ensemble auf und brachte Solo-LPs heraus, auf denen er sich mit satirischen Balladen als «etwas volkstümlicherer → Randy Newman» (‹Billboard›) präsentierte. Hillman und Furay taten sich mit dem Sänger und Gitarristen J. D. Souther zur SOUTHER-HILLMAN-FURAY BAND zusammen, die – mit Paul Harris (keyboards), Al Perkins (g, steel-g, bg, dobro), Jim Gordon (dr, perc) – aus den Stilelementen von BYRDS, CSN & Y 1974 eine zeitgemäße Quersumme zu ziehen versuchte.

LPs auf Together Records: *Preflyte* (rec. 1964, ed. 1969) ... auf CBS: *Mr. Tambourine Man* (1965); *Turn! Turn! Turn!* (1966); *Fifth Dimension* (1966); *Younger Than Yesterday* (1967); *The Byrds' Greatest Hits* (1967); *The Notorious Byrd Brothers* (1968); *Sweetheart of the Rodeo* (1968); *Dr. Byrds and Mr. Hyde* (1968); *The Ballad of Easy Rider* (1969); *Untitled* (1970); *Byrdmaniax* (1971); *Farther Along* (1972); *The Best of the Byrds (Greatest Hits, Vol. 2)* (1973) ... auf ABC Records: *Candy* (Soundtrack, 1969, mit anderen) ... auf Asylum: *Gene Clark, Chris Hillman, David Crosby, Roger McGuinn, Michael Clarke* (1973) ... Solo-LPs McGuinn auf CBS: *Roger McGuinn* (1973); *Peace on You* (1974). Solo-LP Skip Battin auf Signpost: *Skip Battin* (1972). Solo-LPs Gene Clark auf CBS: *Gene Clark with the Gosdin Brothers* (1966, re-issue 1972 als *Early L. A. Sessions*) ... auf A & M: *White Light* (1971); *Roadmaster* (1973) ... auf Asylum: *No Other* (1974) ... mit DILLARD & CLARK auf A & M: *The Fantastic Expedition of Dillard & Clark* (1968); *Through the Morning, Through the Night* (1969). Solo-LPs-Gram Parsons auf Reprise: *G. P.* (1973); *Grievous Angel* (1974). Solo-LPs Chris Hillman auf Together: *Chris Hillman* (1970) ... mit THE HILLMEN auf Capitol: *The Hillmen* (1973) ... mit der SOUTHER-HILLMAN-FURAY BAND auf Asylum *The Souther-Hillman-Furay-Band* (1974). Solo-LP Clarence White mit den KENTUCKY COLONELS auf United Artists: *Kentucky Colonels* (1964). Solo-LP Gene Parsons auf Warner Brothers: *Kindling* (1974)

C

Cactus sproß 1969 in New York aus dem Humus von → VANILLA FUDGE. Da sich Tim Bogert (bg) und Carmine Appice (dr) nach Auflösung der FUDGE nicht wie geplant → Jeff Beck anschließen konnten (Beck hatte einen Autounfall erlitten), gründeten sie zusammen mit Jim McCarty (g), vormals bei → MITCH RIDER AND THE DETROIT WHEELS und dem → BUDDY MILES EXPRESS, sowie Rusty Day (voc, harm), der bei Mitch Rider, AMBOY DUKES und der eigenen DEALERS BLUES BAND gespielt hatte, ein Quartett. Der schwere CACTUS-Rock voll düsterer Reportagen aus Drogenkommunen (*Token Chokin'*), niederdrückender Tournee-Erlebnisse (*Mean Night In Cleveland*) und hypnotischer Sex-Songs (*Guiltless Glider*) wurde laut ‹Circus› von Kritikern als «viertklassige → LED ZEPPELIN-Kopie», eine «amerikanische Version von → BLACK SABBATH ohne Kruzifix» und als «→ GRAND FUNK für arme Leute» abgetan. Gern folgten Bogert und Appice, die zuletzt von Werner Fritzschings (g), Peter Friends (voc), Duane Hitchings (org) begleitet worden waren, daher im Herbst 1972 dem Ruf des genesenen Jeff Beck zum Trio BECK, BOGERT & APPICE. Organist Hitchings engagierte im Frühjahr 1973 Roland Robinson (bg, voc), Jerry Norris (dr, voc) und Mike Pinera (g, voc) für die kurzlebige NEW CACTUS BAND. Titel ihrer im alten Heavy-Stil aufgenommenen LP: *Son of Cactus*.

LPs auf Atco: *Cactus* (1970); *Restrictions* (1971); *One Way Or Another* (1971); *Ot 'N' Sweaty* (1972) ... auf Atlantic: *Son of Cactus* (1973)

Cale, John (viola, keyboards, voc), am 9. März 1942 in Garmant, Wales, geboren, übersteigerte seine klassische Musikvergangenheit in genialischen Terror und hemmungsloses Sektierertum. Mit acht Jahren spielte er eigene Klavierkompositionen für die BBC, später studierte er am London Conservatory of Music Piano und Viola und ließ sich 1963 mit einem Leonard Bernstein-Stipendium auf die renommierte Berkshire School of Music bei Boston schicken. Der amerikanische Komponist Aaron Copland förderte den jungen Genius, hielt dessen Spieltechniken allerdings für «destruktiv», weil er ständig in Sorge war, Cale könnte die institutseigenen Musikinstrumente ruinieren. Bei dem Avantgarde-Komponisten John Cage fand Cale mehr Verständnis. Mit ihm führte er ein Piano-Werk Eric Saties auf, bei dem das Hauptthema von 13 Pianisten in 36 Stunden 866mal wiederholt wurde. Bei der Band → THE VELVET UNDERGROUND, der Cale von 1965 bis Oktober 1968 angehörte, rührte er auf konventionellere Weise die Viola, allerdings mit einer solchen elektronisch verstärkten Vehemenz, daß die Schlagersängerin Chèr nur feststellen konnte: «Dazu gibt es nur eine Alternative – Selbstmord.» Nach seinem Abschied von VELVET UNDERGROUND betreute Cale als Berater der Plattenfirma Elektra → Nico und → THE STOOGES bei ihren Plattenaufnahmen und ließ sich auf Solo-Alben hören. Seine Einspielungen hatten laut ‹Melody Maker› die «Qualität Hitchcockscher Mysterien». Sie vereinten klassische Erinnerungen, aktuelle Rock-Gegenwart und elektronische Zukunft zu raffinierten Essays musikalischer Universalität (*Church of Anthrax*), arrangierten die musikalische Geschichte Englands als «konfusen Witz für Eingeweihte» (‹Stereo Review› über *The Academy in Peril*), verzerrten «die gesamte europäische Hochkultur durch eine dadaistisch-surrealistische Perspektive» (‹Rolling Stone› über *Paris 1919*) oder schreckten als «Abenteuer-Trip in die Nachtschatten-Welt eines Vierziger Jahre-Films der Schwarzen Serie (‹Melody Maker› über *Fear*).

LPs mit THE VELVET UNDERGROUND auf MGM/Verve: *The Velvet Underground and Nico* (1967); *White Light, White Heat* (1968). Solo-LPs auf CBS: *Vintage Violence* (1970); *Church of Anthrax* (mit Terry Riley, 1971) ... auf Reprise: *The Academy in Peril* (1972); *Paris 1919* (1973) ... auf Island: *June 1, 1974* (mit Ayers, Eno, → Nico, 1974); *Fear* (1974); *Slow Dazzle (1975)*

Cale, John «J. J.» (voc, g), am 5. Dezember 1940 in Tulsa, Oklahoma, geboren, bot seine unprätentiös formulierten Balladen in einer «wahrhaft vorzüglichen Mischung aus seiner ultra-coolen Oklahoma-Lässigkeit und der gelösten, vollkommenen Spielsicherheit der Studio-Musiker von Nashville» (‹Crawdaddy›) dar. Scheinbar mühelos verband er in seinem unterkühlten Sprechgesang und den sparsamen, unspekulativen Begleit-Instrumentals diverse südstaatliche Country-Blues-Klangformen zu einer bisweilen hypnotisierenden Understatement-Musik. Cales rauchige, mitunter brüchige Vokalisen fügten sich dabei so unauffällig in die Song-Arrangements ein, daß sie ein Teil der Instrumentierung zu sein schienen. Cale ist schon seit den fünfziger Jahren auf Country-Achse und tauchte mit seinem Kurzzeit-Ensemble THE VALENTINES gelegentlich sogar in den Show-Moscheen der Country-Metropole Nashville auf. Die Bekanntschaft mit Musikern des → Eric Clapton-Clans und dem ebenfalls aus Oklahoma stammenden → Leon Russell ermöglichte Cale 1970 die Verwirklichung seiner Solo-Performer-Ambitionen. Stücke wie *After Midnight* (auch von Clapton aufgenommen), *Crazy Mama*, *Lies* machten ihn einem breiteren Publikum bekannt. Cales vielgerühmte «Relaxedheit» erwies sich auf neueren LPs als tückisches Stilmittel; nicht selten zerfloß die überakzentuierte Lässigkeit seines Vortrags in Leblosigkeit oder gar Langeweile. ‹Rolling-Stone› glaubte daraufhin konstatieren zu müssen: «J. J. Cale vermag nicht, die künstlerischen Fingerzeige in Rock und Country zu geben, die man ihm einstmals zugetraut hat.»

LPs auf Shelter/Philips: *Naturally* (1971); *Really* (1972); *Oakie* (1974)

Campbell, Glen Travis (voc, g), am 10. April 1938 im 450-Seelen-Dorf Delight, Arkansas, geboren, hat sich 1967 mit der Komposition *Gentle On My Mind* von → John Hartford als Sonnyboy des Country-Pop etabliert und seine Top-Position anschließend mit → Jim Webbs Stücken *By The Time I Get To Phoenix*, *Wichita Lineman*, *Didn't We*, *Where's The Playground, Susie?* gefestigt. 1968 wurde er von der Country Music Association in Nashville zum Entertainer des Jahres gewählt und gewann fünf Grammypreise. In TV-Sendungen wie ‹The Glen Campbell Goodtime Hour› und

Spielfilmen wie ‹Norwood› (1968), ‹True Grit› (1969) schmeichelte er sich mit seinem Dauerlächeln und einem angenehmen Tenor derart in die Herzen der Amerikaner, daß diese innerhalb von zwei Jahren drei Campbell-Singles und sieben LPs jeweils mehr als eine Million Mal kauften. Ende der fünfziger Jahre hatte sich der Gitarrist einer Western-Band seines Onkels Dick Bills in Albuquerque, New Mexico, angeschlossen, war aber bald mit einer eigenen Combo durch den amerikanischen Südwesten und schließlich nach Los Angeles weitergezogen. Dort arbeitete er als vielbeschäftigter Studiomusiker und hatte mit *Turn Around, Look At Me* (1961) und *Too Late To Worry, Too Blue To Cry* auch eigene Single-Hits. Campbells Erfolg nach 1967 beruhte neben seinem beachtlichen Entertainer-Talent auf der Fähigkeit, so unterschiedliches Musikmaterial wie Webbs Balladen, Nashville-Folklore, Schlager und sogar Rockstücke wie *Proud Mary* von → Creedence Clearwater Revival zu einem Mittelweg einzuebnen, der für Show-Oldtimer ebenso wie für großherzige Rockfans begehbar war.

LPs auf Capitol: *Too Late to Worry, Too Blue to Cry* (ca. 1964); *The Astounding 12-String Guitar of Glen Campbell* (1965); *Burning Bridges* (1967); *Gentle on My Mind* (1967); *By The Time I Get to Phoenix* (1968); *Hey, Little One* (1968); *A New Place in the Sun* (1968); *Bobbie Gentry and Glen Campbell* (1968); *The Christmas Feeling* (1968); *Norwood* (1968); *Wichita Lineman* (1968); *Galveston* (1969); *True Grit* (1969); *Try a Little Kindness* (1969); *Live* (1969); *Goodtime Album* (1970); *Oh Happy Day* (1970); *The Last Day I Saw Her* (1971); *Greatest Hits* (1971); *Glen Campbell/Anne Murray* (1971); *Glen Travis Campbell* (1972); *I Knew Jesus* (1973); *Houston* (1974); *J Remember Hank Williams* (1974); *Reunion, The Songs of Jimmy Webb* (1975) ... auf Starday: *Country Music Star No. 1* (1969); *Country Soul* (1969)... auf Pickwick: *Album; Satisfied Mind*

Can, 1968 in Köln gegründet, galt dem Londoner ‹Melody Maker› Ende 1972 als die «talentierteste und beständigste Experimental-Rockgruppe in Europa» und als «jedem britischen Ensemble weit voraus». Teils lag das am Format der Musiker, teils an ihrer Ensemblekonzeption. Organist Irmin Schmidt (geb. 29. Mai 1937), laut Kritiker Richard Williams «einer der stärksten Rockmusiker auf diesem Planeten», studierte unter anderen beim Elektronik-Meister → Karlheinz Stockhausen acht Jahre lang Musik, arbeitete als Theaterkapellmeister und mit Symphonieorchestern und entwickelte aus dieser formalen Schulung ökonomische Rockstrukturen. Gitarrist Michael Karoli (geb. 29. April 1948) arbeitete als Jurastudent in Schweizer Jazz- und Pop-Combos. Baßgitarrist Holger Czukay (geb. 24. März 1938) hat vor seiner Can-Zeit drei Jahre in den Elektronik-Studios von Stockhausen, Pousseur, König und Brown zugebracht. Schlagzeuger Jaki Liebezeit (geb. 26. Mai 1938) trommelte für prominente Jazzer wie Chet Baker und das Manfred Schoof-Quintett. Der japanische Vokalist Damo Suzuki (geb. 16. Januar 1950), der 1970 an die Stelle des schwarzen Amerikaners Malcolm Mooney trat, reiste vier Jahre lang durch viele Länder und machte auf Gitarre, Saxophon und Klarinette unablässig Musik. Ihre ausgefeilten Stücke, schwere Rock-Improvisationen mit elektronischen Filigranen, die «allen gesellschaftlichen Zwängen entgegenwirken» sollen, werden im eigenen «Inner Space Studio» in einem alten Kino bei Köln erarbeitet und ohne kommerzielle Bevormundung plattenreif produziert. Aus einer Underground-Gruppe, deren Privatpressung *Monster Movie* (Auflage 500) zu Stückpreisen bis zu 60 Mark gehandelt wurde, sind sie zur hochgeschätzten Musikkommune avanciert, deren Klang zahlreiche Kino- und Fernsehfilme untermalt. Von ihrer Singleplatte *Spoon*, Themamusik des Durbridge-TV-Krimis ‹Das Messer›, wurden in einem Jahr allein in Deutschland mehr als 200 000 Exemplare verkauft. Dabei macht die Band, die ohne Manager, Producer und Toningenieur auskommt, keinerlei Kompromiß. «Nach ihrer Musik eine andere Platte aufzulegen», urteilt der britische ‹Spectator›, «ist wie eine Rückkehr zur Schule nach einem Ferienaufenthalt auf Wolke 9.» Nach Damo Suzukis Ausscheiden im Winter 1973/74 arbeitete die Gruppe in Quartettbesetzung weiter; Schmidt und Karoli teilten sich die Vocals. Die Personal-Reduzierung führte zu einer weiteren Verdichtung von Material und Spielintensität. 1974 etablierte sich CAN im Urteil des englischen Rockpublikums und der Fachkritik endgültig als «eine der bedeutendsten europäischen Bands» (‹Melody Maker›). In ihrem Heimatland waren die Musiker immer seltener zu hören. Nach mehreren England-Aufenthalten suchten sie mittels einer Nordamerika-Tournee 1975 ihre *Future Days* (Albumtitel) in den USA.

LPs auf Liberty/United Artists: *Monster Movie* (1970); *The Can – Soundtracks* (1970); *Tagomago* (1971); *Ege Bamyasi* (1972); *Future Days* (1973); *Limited Edition* (1974); *Soon Over Babuluma* (1974)

Canned Heat (Hitze in Dosen) formierte sich 1965 in Los Angeles als eine Band von Blues-Liebhabern, die ihre Musik nicht nur auf Platten sammeln und diskographisch-biographisch erforschen, sondern sie auch selbst spielen wollten. Der vollbärtige, 260 Pfund schwere Bob Hite (Jahrgang 1943; voc) hatte von Kindheit an die Plattenläden und Jukebox-Kneipen Südkaliforniens nach 78er Scheiben obskurer Negersänger durchstöbert, das Sammler-Journal ‹Rhythm & Blues Collector› herausgegeben und den Interpreten Driftin' Slim (Elmon Mickel) wiederentdeckt. 1973 war die Bluessammlung in seinem Haus in Topanga, Kalifornien, auf mehr als 70 000 Platten angewachsen. Henry Vestine (g), 1944 in Takoma Park, Md., geboren, war lange mit der Gitarre durch die US-Südstaaten gezogen, hatte Lieder gesammelt und dafür gesorgt, daß schwarze Veteranen wie Skip James wieder zum Instrument griffen. Al Wilson (Jahrgang 1943; g, voc, harm) studierte an der Boston University Musik und spezialisierte sich auf Bluesforschung. Seine Analysen der Stile von Robert Pete Williams und Son House, mit dem er selbst auch musizierte, galten als wissenschaftliche Pionierarbeiten über afroamerikanische Musik. Ihr erstes gemeinsames Album – mit Larry Taylor (bg) und Frank Cook (dr) – bestand neben Gruppenkompositionen zur Hälfte aus Evergreens von → Muddy Waters, → Sonny Boy Williamson, → Elmore James, → Willie Dixon und Jimmy Oden. Später emanzipierte sich Wilson mit Hits wie *On The Road Again* und *Goin' Up The Country* als Komponist von Format. Seine helle Stimme und sein ausdrucksstarkes Harmonikaspiel machten den CANNED HEAT-Klang unverwechselbar. Am 3. September 1970 wurde er im Hinterhof von Hites Haus vergiftet aufgefunden. Da er nicht als drogensüchtig galt, wurde ein Unglücksfall angenommen. Die Band hat – mit Harvey Mandel (g), Joel Scott Hill (g), Adolfo de la Parra (dr), Antonio de la Barreda (bg) und anderen – hervorragend intensive Stücke, aber auch eine Fülle zweitklassiger Interpretationen aufgenommen. Besonders ihr in Muscle Shoals, Alabama, aufgenommenes Debütalbum für die Plattenfirma Atlantic wirkte mit verunglückten Vorstößen in Funky-Gefilde wie der «verzweifelte Versuch alternder Rock 'n' Roller, am Ball zu bleiben» (‹Rolling Stone›). Eine sorgfältig zusammengestellte Anthologie könnte dessenungeachtet ein Platten-Höhepunkt des weißen Blues sein. Solange diese Auswahl-LP nicht existiert, ist *Boogie* das beste Band-Dokument. Es enthält neben dem größten HEAT-Erfolg *On The Road Again* auch den Anti-Rauschgift-Song *Amphetamine Annie* mit den Zeilen: «Dein Hirn mag glauben, du könntest fliegen nach diesen kleinen Pillen. Aber du solltest wissen, daß es dabei ums Sterben geht, denn Drogen töten.» Vorbildlich haben die Musiker den Bluesstar → John Lee Hooker auf der LP *Hooker 'n Heat* begleitet. An ihrem Album *Historical Figures* wirkte der schwarze Rock 'n' Roller → Little Richard mit.

LPs auf Liberty: *Canned Heat* (1967); *Boogie* (1968); *Living the Blues* (1968); *Hallelujah* (1969); *Cookbook* (1970); *Concert 70* (1970); *Future Blues* (1970); *Hooker 'n Heat* (1971) ... auf United Artists: *Historical Figures and Ancient Heads* (1972); *The New Age* (1973) ... auf Janus: *Vintage* (rec. ca. 1965, ed. 1970) ... auf Sun: *Collage* (ed. 1972) ... auf Metronome: *Live at Topanga Corral* (1973) ...

auf Atlantic: *One More River to Cross* (1973). Solo-LPs Harvey Mandel auf Philips: *Christo Redentor* (1968); *Righteous* (1968); *Games Guitars Play* (1969) ... auf Janus: *Baby Batter* (1971); *Get Off in Chicago* (1971); *The Snake* (1972); *Shangrenade* (1973); *Feel the Sound of Harvey Mandel* (1974). Solo-LP Joel Scott Hill auf Atlantic: *L. A. Getaway* (1971)

Captain Beefheart and his Magic Band formierten sich 1964 in Lancaster, Kalifornien, auf Initiative von Don van Vliet (voc, harm, ss, bcl), am 15. Januar 1941 in Glensdale, Kalifornien, geboren. Der Schulfreund → Frank Zappas begeisterte sich gleichermaßen für traditionellen Blues und progressiven Jazz und versuchte mit Alex St. Claire (g), Doug Moon (g), Jerry Handley (bg) und John French (dr) eine Verschmelzung beider Stile unter Hinzufügung dadaistischer Poesie. Das Resultat war eine Art «Folkblues aus dem 21. Jahrhundert» (‹Crawdaddy›), eine rhythmisch und metrisch verfremdete Bluesmusik, die formal wesentlich wagemutiger klang als Zappas erste Schock-Tests mit den → Mothers of Invention. «Captain» van Vliet, der angeblich über eine Sieben-Oktaven-Stimme verfügt, trieb mit der englischen Sprache eine kuriose Wortgymnastik, die sich zumeist als röchelnde, prustende und zirpende Vokal-Percussion artikulierte. Anders als Zappa verfolgte er keinerlei sozialkritische Absichten. Ihm lag vornehmlich daran, musikalische Grenzen einzureißen und aus den stilistischen Elementarteilen neue Klangstrukturen zu formen. Diese originellen Sound-Synthesen bewahrten jedoch stets «die Essenz des Blues» (‹Zig Zag›), die er auf seinen nach 1972 veröffentlichten LPs wieder zu konventionelleren Musikschablonen ausformte. Dabei bewies er sich erneut als einer der kompetentesten weißen Blues-Sänger. Ein Clan vorzüglicher Musiker aus Zappas Einflußbereich, die ihre Identität hinter phantasievollen Namen tarnten, schloß sich zeitweilig seiner magischen Band an: Mascara Snake (bcl), Antennae Jimmy Semens (steel-g), Drumbo (dr), Winged Eel Fingerling (g), Zoot Horn Rollo (g), Rockette Morton (g), Alex St. Claire (g), Ed Marimba (dr), Oréjon (bg) schienen ihre Pseudonyme aus der frei assoziierten Lyrik des Captain genommen zu haben. 1973 gehörten zu van Vliets Truppe Zoot Horn Rollo (g), Rockette Morton (g), Alex St. Claire (g) und die einstigen Mothers-Musiker Ed Marimba, bürgerlich: Arthur Tripp (dr) und Oréjon, bürgerlich: Roy Estrada (bg). In den ersten sechs Jahren seit ihrer Gründung hatte Captain Beefheart mit seiner Magic Band nur insgesamt 35 Gigs, vornehmlich in Südkalifornien, absolviert und war über den gagenschwachen Status einer Kultfigur nicht hinausgekommen. Nach einem privat enttäuschenden Gastspiel auf Frank Zappas Straight-Label schloß sich van Vliet 1970 dem Warner/Reprise-Konzern an, der ihn und seine Band in einer großzügigen Promotion-Tournee coast-to-coast vorstellte. Die Firma dirigierte den Blues-Dadaisten obendrein in ein kommerziell gefälligeres musikalisches Idiom, so daß er und seine Leute bei ausverkauften Gastspielen auch von Business-Advokaten wie ‹Cash Box› als «raunch and roll group that vibrates with sex» gefeiert wurden. Sein ab 1974 von Virgin Records vermarktetes Image als Overground-Entertainer hielt van Vliet energisch von Rauschmittel-Gerüchten frei. «Wenn ich sehe, wie all diese Leute im Publikum Drogen nehmen, um in meine Musik einzusteigen», erklärte er, «dann möchte ich diese Musik am liebsten gar nicht spielen. Ich möchte nicht die Leute auf den Gedanken bringen, sie brauchten irgendein erhebendes Gefühl, um das mitzubekommen, was ich mache. Wenn ich das täte, was für ein Künstler wäre ich dann? Auch bloß so ein eingebildetes Arschloch.»

LPs auf Buddah: *Safe as Milk* (1966); *Mirror Man* (rec. 1965, ed. 1971) ... auf Blue Thumb: *Strictly Personal* (1968) ... auf Straight: *Trout Mask Replica* (1969); *Lick My Decals Off, Baby* (1970) ... auf Reprise: *The Spotlight Kid* (1972); *Clear Spot* (1972) ... auf Virgin: *Unconditionally Guaranteed* (1974); *Bluejeans and Moonbeams* (1974)

Carlos, Walter (electronics), am 14. November 1939 in Pawtucket, Rhode Island, geboren, hat aus der Mixtur von klassischen

Kompositionen und elektronischer Musiziertechnik einen Verkaufsschlager gemacht. Das von ihm auf dem 1966 entwickelten Synthesizer des Ingenieurs Robert A. Moog mit populären Bach-Stücken bespielte Album *Switched-on Bach* (‹Bach unter Strom›) wurde zu einem Dauerbestseller der E-Musik-Branche. In phantasievoller Auslegung der Original-Partituren nutzte Carlos die vielfältigen Schaltungsmöglichkeiten des Synthesizers, um den künstlichen Barockklängen eine mit konventionellen Instrumenten nicht zu erreichende Brillanz und Plastizität zu geben. Die Anregungen zu solchen Sound-Experimenten holte er sich während seiner Studienzeit (Musik und Physik) am renommierten Columbia Princeton Electronic Center, das zu den Pionier-Anstalten der elektronischen Musikforschung zählt. Dort realisierte Carlos seine ersten professionellen Kompositionen für herkömmliche Klangkörper und Tontechnik, nachdem er mit siebzehn Jahren bereits aus den Hertz-Tönen einer Hi-Fi-Testplatte, selbstaufgenommenem Klaviersaiten-Gezupfe und eigenem a capella-Geschrei seine erste elektronische Montage zusammengemixt hatte. Der sensible Musik-Monteur, der mit polnischer Folklore groß wurde und Rock 'n' Roll als «simplizistisch» verabscheut, bewies nach seinen etwas steifen Bach-Adaptationen ein kreativeres Talent in der Herstellung der Soundtrack-Musik zu Stanley Kubricks Schock-Film ‹A Clockwork Orange›: Neben karikaturistisch verzerrten Beethoven-Tönen und nach Schema Bach elektrifizierter leichter Musik führte er Eigenkompositionen (*Timesteps*) vor, deren phantasievolle Arrangements und technische Virtuosität sie als beste Beispiele der unterhaltsamen Synthesizer-Elektronik auswiesen. Mit dem 1972 aufgenommenen Doppelalbum *Sonic Seasonings* realisierte Carlos einen «Soundtrack ohne Film» (‹Melody Maker›), das abstrakte Stimmungsbild der vier Jahreszeiten in einer Melange aus tricktechnisch aufgearbeiteten Naturgeräuschen und behutsam hinzuimprovisierten Schwebeklängen – stilistisch ähnlichen Experimenten der → PINK FLOYD oder → TANGERINE DREAM verwandt und bisweilen überlegen.

LPs auf CBS: *Switched-on Bach* (1968); *The Well-Tempered Synthesizer* (1968); *Walter Carlos' Clockwork Orange* (1972); *Sonic Seasonings* (1972); *Switched-on Bach II* (1973) ... auf Warner Brothers: *A Clockwork Orange* (Soundtrack, 1972)

Carpenters machen «Eiskrem-Musik» (‹Rolling Stone›) mit Rock-Appeal und Soul-Gefühl für zaghaft progressive Musikkonsumenten, die den Halt an traditionellen Klangvorstellungen nicht verlieren möchten. Die Geschwister Karen (voc, dr) und Richard Carpenter (keyboards, voc), am 2. März 1950 (Karen) und am 15. Oktober 1946 (Richard) in New Haven, Connecticut, geboren, spielen ihre romantisierenden Slow-Songs mit banaler Integrität ein. Relativ gehaltvolle Kompositionen von Burt Bacharach, → Leon Russell oder → Paul Williams werden von Karens stilistisch makelloser, aber energiearmer Mezzosopranstimme und von Richards schulmeisterlichen Piano-Verzierungen und konfektionierten Stromlinien-Arrangements zu spannungslosen, wenn auch formal brillanten Rock-Versatzstücken nivelliert. Die klinisch weißen Interpretationen der Geschwister finden bei einer Durchschnitts-Auflage von einer Million pro LP weitgehendes Verständnis in der musikalisch-konservativen Mittelschicht. Dennoch stoßen sich zahlreiche Kritiker an dem inoffensiven Repertoire der CARPENTERS: Ihre Songs, meint Peter Reilly in ‹Stereo Review›, geben als «deodorierte Parodie» genau die kleinbürgerlichen Wunschvorstellungen wieder, «die sich ältere Leute gern von jüngeren Leuten machen möchten».

LPs auf A & M: *Ticket to Ride* (1970); *Close to You* (1970); *Carpenters* (1971); *A Song for You* (1972); *Now And Then* (1973); *Singles* (1974)

Cash, John R. «Johnny» (voc, g), am 26. Februar 1932 in Kingsland, Arkansas, als Sohn eines Baumwollfarmers geboren, singt mit seiner Begleittruppe TENNESSEE THREE amerikanische «Geschichte für die Massen»

(‹Melody Maker›) als eine Art «Dylan ohne Metaphern» (Richard Goldstein). Der *Mann in schwarz* (Albumtitel) mit dem «Gesicht wie aus einem Steckbrief» (‹Life›) und der sonoren Patriarchen-Stimme war der «erste zornige Poet unter den Country-Sängern» (‹New York Times›). Seine oft als Sprechblues zu simplen Harmonien vorgetragenen Sympathie-Erklärungen für rechtlose Indianer, verketzterte Hippies und eingesperrte Kriminelle machten den Cherokesen-Abkömmling und einstigen Drogen-Konsumenten 1968/69 zum Superstar der Subkultur-Anhänger, die immer mehr nach unverfälschten Klängen aus der amerikanischen Musik-Vergangenheit verlangten und in Cash einen sozial engagierten Mann aus dem Volk zu sehen glaubten. Doch der selbsternannte Feld-, Wald- und Wiesen-Missionar ist ein Idol voller Widersprüche: Er steht sich gut mit dem Alt-Protestler Bob Dylan und singt Plädoyers für die langhaarige Aktivisten-Jugend (*What Is Truth*); interpretierte aber auch, zusammen mit dem Law & Order-Prediger Billy Graham, naiv-erbauliche Mittelklassen-Gospels. Er applaudierte den Vietnam-Aktivitäten des Watergate-Präsidenten Nixon immerhin als «Taube mit Falkenkrallen» (Cash), weigerte sich aber bei einem Liederabend im Weißen Haus, vom Präsidenten gewünschte Spottgesänge auf die Hippies und sozial Unterprivilegierten vorzutragen. Er präsentierte sich in zahlreichen, oft unentgeltlichen Zuchthaus-Auftritten (Folsom, St. Quentin) als Sympathisant der *outlaws* (Songtext: «Ich erschoß einen Mann in Reno, bloß um ihn sterben zu sehen») und zeigte Mitgefühl für die an Heroin gestorbene → Janis Joplin. Gleichzeitig deckte er die meisten seiner mehr als 500 selbstverfaßten Lieder mit der «Küchen-Philosophie» (‹Stereo Review›) vom patriarchalischen Aktivisten ein, dem das gesunde Gefühl für Recht und Unrecht das Schießeisen oder den Spaten führt. Cash machte 1955 seine ersten Aufnahmen bei Sun Records in Memphis, deren früherer Besitzer Sam Phillips auch die Debüt-Platten von → Elvis Presley, → Jerry Lee Lewis und → Carl Perkins produziert hat. Perkins zieht heute noch mit Cash durch die Tourneestädte in aller Welt, genauso wie die zweite Cash-Frau June Carter, die für ihren Mann den Erfolgs-Song *Ring of Fire* schrieb, deren Mutter und zwei Schwestern (The Carter Family). Cash hat bisher weltweit etwa 35 Millionen Singles und Alben verkaufen können; zusammen mit seinen Konzertauftritten, Fernseh-Specials und Filmgastspielen (‹A Gunfight› mit Kirk Douglas, 1971) verdient er durchschnittlich zwei Millionen Dollar pro Jahr.

LPs auf CBS (Auswahl): *Johnny Cash* (1959); *Hymns* (1959); *Songs of Our Soil* (1959); *Ride this Train* (1960); *There Was a Song* (1960); *Sound* (1962); *Hymns from Heart* (1962); *Blood, Sweat & Tears* (1963); *Ring of Fire* (1963); *Christmas Spirit* (1963); *Bitter Tears* (1964); *I Walk the Line* (1964); *Ring of Fire* (1964); *Orange Blossom Special* (1965); *Everybody Loves a Nut* (1966); *Mean as Hell* (1966); *Carryin' On With Johnny Cash & June Carter* (1967); *Johnny Cash's Greatest Hits, Vol. 1* (1967); *Happiness is You* (1967); *By the Time I Get to Phoenix* (1968); *Johnny Cash at Folsom Prison* (1968); *From Sea to Shining Sea* (1968); *Johnny Cash at St. Quentin* (1969); *The Holy Land* (1969); *Jackson* (1970); *Hello, I'm Johnny Cash* (1970); *The Johnny Cash Show* (1970); *The World of Johnny Cash* (1970); *Man in Black* (1971); *Johnny Cash's Greatest Hits, Vol. 2* (1971); *A Thing Called Love* (1972); *America – A 200-Year Salute in Story and Song* (1972); *Der Sheriff – I Walk the Line* (Film-Soundtrack, 1972); *Christmas with the Johnny Cash Family* (1972); *Any Old Wind That Blows* (1973); *The Gospel Road* (1973); *Johnny Cash and his Woman* (1973); *Five Feet High and Rising* (1974); *Ragged Old Flag* (1974); *The Junkie and the Juicehead Minus Me* (1974) ... auf Sun: *Original Golden Hits, Vol. 1, Vol. 2* (1969); *Story Songs of Trains and Rivers* (1970); *Get Rhythm* (1970); *Show Time* (1970); *Cash and Jerry Lee Lewis Sing Hank Williams* (1970); *Singing Story Teller* (1970); *Living Legend* (1970); *Rough Cut King of Country Music* (1970); *Sunday Down South* (mit Jerry Lee Lewis, 1970); *Original Golden Hits, Vol. 3* (1971) ... auf Harmony: *Johnny Cash* (1969); *Walls of a Prison* (1970); *Give My Love to Rose* (1972); *Songbook* (1972); *Ballad of the American Indians* (1973) ... auf Everest: *Johnny Cash* (1974) ... auf Hilltop: *Folsom Prison Blues* (1972) ... auf Hallmark: *Great Johnny Cash* (1971)

Cassidy, David (voc, g), am 12. April 1950 als Sohn des Musical-Stars Jack Cassidy und der Broadway-Schauspielerin Evelyn Ward in New York geboren, war 1971/72 die Leitfigur des internationalen Teenagerkults und des sogenannten Bubblegum Business auf dem Schallplattenmarkt. Er spielte neben seiner Stiefmutter Shirley Jones die Hauptrolle in der weltweit verbreiteten TV-Serie ‹The Partridge Family›, einer lebensfernen Familienschmonzette aus der Hollywood-Traumfabrik. Teenager-Magazine mit Millionenauflage wie ‹Star›, ‹Fave›, ‹Flip›, ‹16›, ‹Tiger Beat› in den USA sowie ‹Jackie› in England heizten das Interesse der jugendlichen Leser mit erfundenen Cassidy-Fortsetzungsstories an. Resultat: 1972 hatte der Cassidy-Fanclub mehr als zwei Millionen Mitglieder. Von den LPs und Singles des Kinderidols, die Cassidy teils mit der Partridge-Truppe, teils solo aufnahm, wurden in zwei Jahren etwa 20 Millionen Exemplare abgesetzt. Zumindest kommerziell stimmte die Äußerung des Cassidy-Managers Wes Farrell: «Er kommt einem Rock 'n' Roll-König nach Elvis Presley am nächsten.» Der puerile King, der seit seinem elften Lebensjahr leidlich Gitarre spielt, als Schauspieler in New Yorker Theatern debütierte und kleine Rollen in den TV-Serien ‹Bonanza›, ‹Ironside› und ‹The FBI› übernahm, war ein begabter Entertainer, als Sänger talentiert, aber vorerst ohne jede Personality. Er produzierte eingängige Fließbandmusik, die geeignet war, besorgten Middle-Class-Eltern die Angst vor der Rockmusik zu nehmen. Sein Stil war maßgeschneidert für jenen Markt, von dem Manager Farrell sagte: «Es gibt allein in Amerika 40 Millionen Plattenkäufer zwischen elf und vierzehn; die kann man nicht ignorieren.» In Interviews gab Cassidy hingegen zu erkennen, daß er der Publicity-Lügen überdrüssig sei und sich über den Teen-Markt hinaus entwickeln wolle. Mit dem nicht mehr von Farrell, sondern von Rick Jarrard produzierten Album *Dreams are Nuthin' More Than Wishes* versuchte er sich ins Erwachsenen-Entertainment hochzuziehen. Er sang Musical-Oldies (*Bali H'ai* aus ‹South Pacific›), betagte Tin-Pan-Alley-Songs (Peggy Lees *Fever*), sanfte Rockstücke (John Sebastians *Daydream*), und setzte sich beim Publikum damit zwischen zwei Stühle. ‹New Musical Express›: «Dieses ist ein langweiliges, sentimentales Album voller Poppmaché.»

LPs auf Bell mit der PARTRIDGE FAMILY: *The Partridge Family Album* (1971); *Up to Date* (1971); *The Partridge Family Sound Magazine* (1972); *The Partridge Family Shopping Bag* (1972); *The Partridge Family Christmas Card* (1972); *At Home with Their Greatest Hits* (1972); *Notebook* (1973); *Crossword Puzzle* (1973) ... Solo-LPs auf Bell: *Cherish* (1972); *Rock Me Baby* (1972); *Dreams are Nuthin' More Than Wishes* (1973); *Live* (1974)

Cat Mother and the All Night Newsboys wurden vom Baßgitarristen Roy Michaels (geb. 25. Februar 1942 in Boston) und dem Keyboard-Spieler Bob Smith (geb. 7. Juli 1943 in Starke, Florida) 1967 unter dem Eindruck des Monterey Pop Festivals konzipiert. Zusammen mit dem chinesischen Gitarristen und Banjospieler Charley Chin, dem Drummer und Gitarristen Michael Equine sowie dem Gitarristen und Geiger Larry Packer tingelten sie 1968 für Mini-Gagen in den Folksong-Lokalen «Night Owl» und «Cafe Wha?» in Greenwich Village und arbeiteten in Michaels Bude an der Bowery im schmutzigsten Teil von New York wie besessen an ihrem Repertoire. Sie vertonten die Poesie der Straße, lakonische Sprüche und Binsenwahrheiten, die sie in ihren Bowery-Tagen auch in der Underground-Zeitschrift ‹All Night News› kostenlos unter die Leute brachten. Beispiele: «Es empfiehlt sich nicht, in Telefonzellen zu pennen; das ist erstens schlecht für den Rücken, zweitens muß man immer den Hörer abnehmen, wenn's klingelt» – oder: «Besser ein Bier mit Freunden als Champagner mit einem Feind.» Kunstvoll-simpel wie diese Anweisungen zum Überleben im City-Dschungel war auch ihre Musik: ein tanzbarer, entspannter Folk Rock in der Art der → LOVIN' SPOONFUL oder der → BAND; mit Banjo, Violine und Mandoline wie in Nashville einerseits, mit Orgel, Baßgitarre und Electric Piano wie in den New Yorker Rock-Studios andererseits. Ende 1968 zog das Quintett nach Woodstock, um in ländlicher Abgeschiedenheit als Musik-Kommune zu reifen. Dort hörte sie der Manager Mike Jeffries und schickte sie als Vorprogramm-Truppe für → Jimi Hendrix auf Amerika-Tournee. Hendrix produzierte auch ihre erste LP mit dem Titel *Die Straße gibt, und die Straße nimmt wieder fort.* Im Laufe ihrer weiteren musikalischen Entwicklung trat der Country-Anteil ihres Stils zugunsten der elektronischen Instrumente zurück, dennoch hat die Band den großen Pop-Markt niemals erreicht.

LPs auf Polydor: *The Street Giveth and the Street Taketh Away* (1969); *Albion Doo-Wah* (1970); *Last Chance Dance* (1973)

Chad and Jeremy spielten ihre englische Herkunft auf dem Höhepunkt der → BEATLES-Ära in amerikanischen Hitsingles aus, «als ein britischer Paß praktisch die Garantie für eine Nummer-eins-Platte war» (Lillian Roxon). Chad Stuart (voc, g, org) und Jeremy Clyde (voc, g) hatten sich auf einer Londoner Schauspielschule kennengelernt. In ihrer neuen Heimat Kalifornien machten sie sich binnen kurzem mit marktgerecht gefertigten Singles bekannt, indem sie die regional beliebten Surf- und Folk-Harmonien der → BEACH BOYS, → BYRDS mit hochgeschätzten britischen Beat-Tönen akzentuierten. Als ihre Landsleute aus Liverpool mit der Veröffentlichung des *Sgt. Pepper*-Albums der Rockmusik eine neue Dimension eröffneten, mochten sich auch CHAD AND JEREMY nicht länger mit dem Erfolg ihrer harmlosen Teen-Darbietungen *Before And After*, *What Do You Want With Me* (1964), *Summer Song* (1966) begnügen. Ihr Konzeptalbum *Of Cabbages and Kings* (1969) wurde von Insidern als ein «wunderliches Britisches Museum der Mittelklassen-Heuchelei, Romantik, Slapstick-Satire und emotionalen Feinfühligkeit» (‹Billboard›) gelobt. Eine ganze Plattenseite widmeten die ehrgeizigen Interpreten ihrer fünfteiligen *Fortschritts-Suite*, die den Niedergang der westlichen Zivilisation in barocken Holzbläsertönen und elegant melancholischen Versen beklagte. Trotz des geringen Erfolgs solcher elitären Gesänge vergruben sich CHAD AND JEREMY noch tiefer in ihren vorzüglich ornamentierten Elfenbeinturm. Ihre nächste LP zierten sie mit Stücken wie *Transatlantisches Trauma*, *Requiem am Bürgersteig*, *Pantheistisches Studio für Gitarre und großen Vogel*. Dem jugendlichen Publikum der Woodstock-Ära fehlte offenbar der Sinn für eine solche Spielart skurriler Popmusik, so daß CHAD AND JEREMY zu Beginn der siebziger Jahre ihre Partnerschaft lösten.

LPs auf Capitol: *Best* (1966); *More* (1966) ... auf Tradition: *British Folk Concert* (1968) ... auf CBS: *Chad and Jeremy* (1965); *Don't Wanna Loose You* (1965); *Distant Shores* (1966); *Of Cabbages and Kings* (1967); *Ark* (1968)

The Chambers Brothers, vier zwischen 1931 und 1942 geborene Söhne (George, Willie, Lester, Joe) eines farbigen Farmers aus Carthage, Mississippi, waren zusammen mit ihrem weißen, aus Manhattan stammenden, in England aufgewachsenen Schlagzeuger Brian Keenan die erste Soulgruppe, die – in buntem Phantasiedress – beim Hippie-Publikum Erfolg hatte. 1961 musizierten sie in Los Angeles erstmals außerhalb des Neger-Gettos. Ihren speziellen Stil, eine mit beachtlichem Show-Talent vorgetragene Mischung von Gospel-, Blues-, Rock-, Folksong- und Kommerzklängen, boten sie 1965 erfolgreich beim Newport Folk Festival dar. Ihre besten Platten wurden um 1966 von der kalifornischen Firma Vault live in Konzerten und Nachtlokalen aufgenommen: «Was sie auszeichnet, sind ihre Stimmen, ihre Harmonien, ihre stampfenden Rhythmen, ihr Umgang mit den Gesangslinien zwischen Baß und Tenor, ihr mitreißender Enthusiasmus ...» (‹Rolling Stone›). Internationale Aufmerksamkeit erweckten sie nach 1967 mit ihren technisch perfekteren, allerdings oft überproduzierten Alben auf CBS. Diese zeigten jedoch auch ihre künstlerischen Grenzen und instrumentalen Mängel: «Ihr musikalisches Mittelmaß wird im Studio mit Gimmicks und elektronischen Mätzchen lediglich überdeckt ... Eine Menge Grunzen, Kreischen, Schreien und Schwitzen, aber es ist nur Wirbel an der Oberfläche mit geringem Tiefgang» (‹Fusion›).

LPs auf Folkways: *Barbara Dane with the Chambers Brothers* (1966) ... auf Vault: *The Fabulous Chambers Brothers; Wow!; People Get Ready; Shout; Feeling the Blues; Greatest Hits* (alle rec. 1965/66) ... auf CBS: *Time Has Come* (1967); *A New Time, A New Day* (1968); *Love, Peace & Happiness* (1970); *New Generation* (1971); *Oh My God* (1972); *Greatest Hits* (1972) ... auf Avco: *Unbonded* (1973); *Right Move* (1975) ... auf Fantasy: *Best* (re-issue von Vault-Material, 1973)

Chapin, Harry (voc, g), am 7. Dezember 1942 als Neffe des Dokumentarfilmers Richard Leacock in New York geboren, singt «den vielleicht ambitioniertesten Lieder-Rock eines amerikanischen Sängers seit → Phil Ochs' bahnbrechendem Album *Pleasures of the Harbor*» (‹Billboard›): oft überlange, mitunter melodramatische Balladen «voller Frustration, Zynismus und sehnsüchtigem Verlangen» (‹Crawdaddy›). Der potentielle «Jacques Brel der Arbeiterklasse» (‹L. A. Free Press›) intoniert zu Cellobegleitung den ethnischen Blues der weißen Mittelklasse, «wie ein alter Folksänger» (Chapin). In seinen mit Dialogen, szenischen Bildern, inneren Monologen und Handlungsketten angereicherten «cinematographischen» Story-Songs verklärt er, nach Meinung einiger Kritiker, «romantisches Selbstmitleid mit schamloser Vulgarität» (‹Rolling Stone›). Der Ex-Filmemacher bringt auf seinen Alben zumeist Unersprießliches unter: die Story vom Taxifahrer, der Pilot werden wollte, aber nun bloß drogenberauscht in seiner Mietdroschke «dahinfliegt»; die traurige Weise vom alternden Discjockey auf der Junge-Leute-Welle W.O.L.D.; die Mär von der Masochistin, die sich mit glühenden Zigaretten selbst peinigt; die Saga von Charles Whitman, der vor einigen Jahren vom Turm der Universität von Texas im Amok 39 Menschen erschoß, und an den Chapin beim Abhören von → Jethro Tulls Konzept-Album *Thick as a Brick* erinnert wurde. Der Autor dieser «Bühnenanweisungen für die Phantasie» (Chapin) weiß seine Rock-Seifenopern zu verteidigen: «Meine Songs sind sentimental, aber sie haben einen harten Kern, weil sie sich an die Realität anlehnen. Ich lüge mich nicht um das herum, was das wahre Leben ist.»

LPs auf Elektra: *Heads and Tales* (1972); *Sniper and Other Love Songs* (1972); *Short Stories* (1973); *Verities and Balderdash* (1974)

Charles, Ray (voc, p, org, as, tp), am 23. September 1932 als Ray Charles Robinson in Albany, Georgia, geboren, mit sechs Jahren erblindet, Vollwaise mit fünfzehn, ist die einflußreichste Persönlichkeit der bluesorientierten Popmusik. Mit seiner «Fusion von Sex und Salvation, von Heiligem und Säkularem, dem Jubel der Gospelsongs und der Erdhaftigkeit des Blues» (Arnold Shaw) hat der «Hohepriester», das «Genie» (Werbeslogans) beinahe jeden Rocksänger beeinflußt. In der St. Augustine-Blindenschule in Florida nahm er Musikunterricht, gründete mit siebzehn das Maxim-Trio, mit dem er in der Art Nat King Coles musizierte, trat vornehmlich an der US-Westküste auf und besang 1949/51 für die Firma Swing Time seine ersten Singleplatten (*Kiss Me Baby; Baby, Let Me Hold Your Hand*). 1952 ging er zu Atlantic und entwickelte als Sänger und Pianist seinen unverwechselbaren Personalstil. Bei einer Plattenaufnahme im November 1954 in Atlanta, Georgia, verband er erstmals die vordem unvereinbaren Ausdrucksmittel von Blues und Gospelsong. Aus dem Spiritual *My Jesus Is All The World To Me* wurde *I Got A Woman*, aus der Clara Ward-Hymne *This Little Light Of Mine* der Song *This Little Girl Of Mine*. Bluessänger Big Bill Broonzy artikulierte das allgemeine Entsetzen: «Er hat eine gute Stimme, aber es ist eine Kirchenstimme; er sollte in der Kirche singen. Blues und Spirituals zu mischen ist verwerflich.» Doch mit diesem Soulstil durchbrach Ray Charles sämtliche Schranken, die Ausbildung und

Herkunft ihm setzten. Akademien überschütteten ihn mit Schallplattenpreisen, ‹Down Beat› erklärte ihn zum besten Jazzsänger, die amerikanische Music Operators Association zum populärsten Interpreten im Jukebox-Geschäft. Als Instrumentalist, Sänger, Orchesterleiter und Arrangeur gab er dem steril gewordenen Cool Jazz Ursprünglichkeit und Ausdruck zurück und gastierte triumphal beim Newport Jazz Festival. Mit seinen Hits *What'd I Say, Yes Indeed* oder *Hallelujah, I Love Her So* legte er «das Blues-Schema als Symbol des Eros» bloß und «betonte es mit einer Eindeutigkeit, die einem Geringeren zu tödlicher Frivolität ausgeschlagen wäre» (Jazzkritiker Olaf Hudtwalker). Nach seinem Wechsel zur Plattenfirma ABC Paramount 1960 erweiterte er sein Repertoire um konventionelle Pop-Songs und Country & Western-Melodien. Fortan wurden Einzeltitel (*I Can't Stop Loving You*) und LPs (*Modern Sounds in Country and Western Music*) in Millionenauflagen verkauft. 1962 etablierte Ray Charles, der zwischendurch wegen Drogen-Besitzes eine Gefängnisstrafe verbüßt hatte, unter schweren Rauschgift-Depressionen litt und sich einer Entziehungskur unterzog, in Los Angeles ein eigenes Aufnahmestudio und die Tangerine Record Company. Für den United Artists-Film ‹In the Heat of the Night› interpretierte er die Musik. Manchmal, etwa auf der LP *Ray Charles Invites You to Listen*, klang seine bis ins Kastratenhafte übersteigerte Kopfstimme gespenstisch immateriell. Immer wieder aber fand er auf den Boden seiner handfest-erotischen Bluestradition zurück. «Ray Charles», urteilte der ‹New Yorker›, «ist der einzige Jazzkünstler, der durch einen überdimensionalen Erfolg nicht korrumpiert worden ist.»

LPs (Auswahl) auf Atlantic: *Ray Charles Sings* (1957); *Yes Indeed* (1958); *Ray Charles at Newport* (1958); *Soul Brothers* (1958); *What'd I Say* (1959); *Genius of Ray Charles* (1959); *In Person* (1960); *Do the Twist* (1960); *Genius After Hours* (1961); *The Genius Sings the Blues* (1961); *The Greatest* (1962); *Great Hits* (1962); *Brothers in Soul* (1963); *Ray Charles Story, Vol. 1* (1962); *Vol. 2* (1962), *Vol. 3* (1963), *Vol. 4* (1964); *All Time Great Performances* (1971); *Live* (1973); *Best* (1973) ... auf Impulse: *Genius + Soul = Jazz* (1961) ... auf ABC Records: *Genius Hit the Road* (1960); *Dedicated to You* (1961); *Modern Sounds in Country & Western Music, Vol. 1* (1962); *Vol. 2* (1962); *Ingredients in a Recipe for Soul* (1963); *Sweet and Sour Tears* (1963); *Have a Smile with Me* (1964); *Live in Concert* (1965); *Together Again* (1965); *Crying Time* (1966); *Ray's Mood* (1966); *A Man and His Soul* (1967); *Listen* (1967); *Portrait of Ray* (1968); *I'm All Yours, Baby* (1969); *Doing His Thing* (1969); *Love Country Style* (1970); *Volcanic Action of My Soul* (1971); *25Anniversary Salute* (1972); *A Message from the People* (1972); *Through the Eyes of Love* (1972); *All Time Country & Western Hits* (1973) ... auf Tangerine: *My Kind of Jazz* (1973) ... auf Mainstream: *Arbee Stidham* (1973) ... auf Crossover: *Come with Me* (1974)

Chase stieß 1971 in Las Vegas zum erstenmal ins Horn. Mitglieder der Jazz-Bands von Stan Kenton, Woody Herman, Maynard Ferguson und Bill Evans machten gemeinsame Sache mit ehemaligen Angehörigen diverser Rock-Combos. Der Anführer Bill Chase, einst Student der klassischen Trompete, später Praktikant in Jazz-Orchestern, wollte keine ordinäre Synthese von Jazz und Rock anbieten: «Die Gruppe ist eine wirkliche Herausforderung. Wir müssen in beiden Idiomen bleiben und dennoch fähig sein, überzuwechseln.» Bei der ersten Albumeinspielung formierte sich CHASE aus Bill Chase (tp), Alan Ware (tp), Jerry Van Blair (tp), Ted Piercefield (tp), Jay Mitthauer (dr), Angel South (g), Dennis Johnson (bg), Phil Porter (org), Terry Richards (voc). Einige Zeit später wurden Mitthauer und Richards durch Gary Smith (dr) und G. G. Shinn (voc) ersetzt. Die Leser der Fachzeitschrift ‹Down Beat› kürten das erste CHASE-Album 1971 zur Pop-LP des Jahres, die sich (nach Auskunft der Plattenfirma) 400 000mal verkaufte. Trotzdem waren die Mißtöne im Band-Konzept unüberhörbar: Die Bläsergruppe erging sich meist in schrillen Fanfaren, die oftmals unmotiviert zwischen die auf Tempo gebrachten Rockbeiträge gepreßt wurden. Wo → BLOOD, SWEAT & TEARS liebenswert holprig prustete, kreischten die CHASE-Jazzer in ihre Instrumente, als seien sie auf der Flucht vor der Rock-Revolution. Der Lead-Sänger gefiel sich obendrein als matte Kopie von → David Clayton-Thomas. 1974 renovierte Chase seine Truppe vollständig. In der neuen Besetzung Wally Yohn (keyboards), Jay Sollenberger (tp), Jim Oatts (tp), Joe Morrissey (tp), Chase (tp), Tom Gordon (dr), Dartanyan Brown (bg), John Emma (g) setzte das Oktett «in einem Feuerwerk von Bläserklängen und elektrischen Instrumenten Maßstäbe an Geschlossenheit, Dynamik und emotionaler Intensität» (‹Rolling Stone›). Während einer Überland-Präsentation seines aufgebesserten Sounds starb Chase am 13. August 1974 mit dreien seiner Musiker bei einem Flugzeugabsturz.

LPs auf Epic: *Chase* (1971); *Ennea* (1972); *Pure Music* (1974)

Checker, Chubby (voc, keyboards), als Ernest Evans am 3. Oktober 1941 in Philadelphia geboren, trat mit den Füßen imaginäre Zigaretten aus, schwenkte die Arme, als frottiere er sich mit einem Handtuch den Rücken, und kreierte mit solchem Bewegungsspiel 1960 die bislang populärste und profitabelste Tanzmode: den Twist. Mit dem gleichnamigen Song hatten → Hank Ballard and the Midnighters schon 1958 einen Millionenbestseller bei den Rhythm & Blues-Interessierten der schwarzen Gettos erzielt. Chekkers Cover-Version von *The Twist* auf dem Amüsier-Label Cameo Parkway setzte sich 1960 *und* 1962 an die Spitze der US-Hitparaden und wurde in den Bestsellerlisten als erfolgreichste Single-Platte der Popmusik seit 1950 notiert. Checker ließ sich zu seinem Pseudonym von dem Namen seines musikalischen Vorbildes → Fats Domino anregen: *chubby* und *fat* sind im Englischen Synonyme für «rundlich»; *checker* ist wie «Domino» ein Brettspiel. Die Vorführung des Twist wurde für Checker zum hochbezahlten Fulltime-Job. Nach seinem TV-Debüt in der Ed Sullivan-Show (1961) flimmerte er über alle Entertainment-Kanäle des amerikanischen Fernsehens, ließ sich in Tingeltangel-Filmen sehen (‹Twist Around the Clock›), füllte bei einer Welttournee durch Amerika, Australien und Europa die Konzerthallen bis zur Überkapazität und sang seinen zweiten Hiterfolg *Let's Twist Again* in diversen Nationalsprachen (deutsch: *Twist doch mal mit mir*). Checker konnte seine Popularität nach dem Abflauen der Twist-Begeisterung bis 1963/64 verlängern, als er mit dem *Limbo Rock*, einer verballhornten Spielart westindischer Folklore, noch einmal in die Hitparaden einzog. Doch in der gleichen Saison hatten die → Beatles mit *I Want To Hold Your Hand* ihren ersten internationalen Plattenerfolg, und Modetänze kamen allmählich aus der Mode. Checker versuchte sich in späteren Jahren erfolglos als Soul-Sänger; er war wohl zu sehr eine «Marionette der Produzenten» (Charlie Gillett), um mit der Originalität der jüngeren Rock- und Soulinterpreten Schritt halten zu können.

LPs (Auswahl) auf Cameo Parkway/Ariola: *Twist* (1962); *Don't Knock the Twist* (1962); *For Teen Twisters Only* (1962); *It's Pony Time* (1962); *Let's Twist Again* (1962); *Twistin' Round the World* (1962); *Your Twist Party* (1962); *Limbo Party* (1963); *Chubby Checker in Person* (1963); *Chubby Checker in Germany* (1963); *Chubby Checker's Biggest Hits* (1963); *Let's Limbo More* (1963); *Beach Party* (1963); *Dancin'* (1963); *Chubby Chekker's Folk Album* (1964)

Cheech & Chong hielten auf ihren ersten LPs der amerikanischen Subkultur einen Narrenspiegel vor. Sie spielten «hard rock comedy» im Stil des 1966 (vermutlich an Rauschgift) gestorbenen Nightclub-Satirikers Lenny Bruce. So wie Alkohol für die altgedienten Spaßmacher Bob Hope, Jackie Gleason oder Red Skelton ein unerschöpfliches Witzthema war, boten Marihuana und die damit verbundene Drogen-Kultur für Richard Martin (Cheech) und Tommy Chong ein Reservoir bisweilen vorzügliche Situationskomik über Vietnam, den Papst, die Mafia, ethnische Minderheiten und die sich «hip» nennenden Macher des Rock-Kommerz. Ihr Humor balancierte zunächst «auf dem schmalen Grat zwischen völliger Ausgeflipptheit und seriöser Betrachtungsweise» (‹Rolling Stone›), kippte jedoch bei späteren Album-Einspielungen in die Fäkal-Sphäre von spekulativ-vulgärem Klamauk ab. ‹Stereo Review› verging das Lachen: «CHEECH & CHONG sind oft ordinär um des Ordinär-Seins willen, weil sie entweder annehmen, daß so was hip sei, oder weil sie glauben, daß ihr Publikum so was für hip hält.» Richard «Cheech», 1948 in Los Angeles als Sohn mexikanischer Eltern geboren, und der chinesisch-schottische Tommy Chong, 1940 in Edmonton, Kanada, geboren, erzielten mit ihren von Lou Adler produzierten Comedy-Alben Millionenumsätze.

LPs auf Ode/A & M: *Cheech & Chong* (1971); *Big Bambu* (1972); *Wedding Album* (1974); *Los Cochinos* (1974)

Chicago, ursprünglich: CHICAGO TRANSIT AUTHORITY, wurde 1968 von ausgebildeten Profi-Musikanten in der Stadt gleichen Namens gegründet. Die Mitglieder hatten teils an der DePaul und der Roosevelt University studiert, teils bereits mehrere Jahre mit prominenten Jazzorchestern (Woody Herman, Maynard Ferguson, Bill Russo) oder mit dem Chicago Symphony Orchestra gespielt: Robert Lamm (org, p, voc), Terry Kath (g, voc), Jim Pankow (tb), Walter Parazaider (sax, cl), Lee Loughnane (tp, flh), Peter Cetera (bg, voc), Dan Seraphine (dr). Der Produzent Jim Guercio, vormals Mitglied der → MOTHERS OF INVENTION, holte die Band nach Los Angeles, ließ sie in einem gemieteten Haus am Hollywood Freeway üben und lancierte sie über eine Dauerbuchung (montags und dienstags) im Club «Whisky a Go Go» zum Erfolg. Ihre stampfenden Bläsersätze und ihre exzessiven Jazz-Soli machten die Musiker binnen kurzem zur beliebtesten Gruppe an den Colleges und Universitäten. Jährlich gab CHICAGO auf dem Campus annähernd 200 Konzerte. Anfang April 1971 war die New Yorker Carnegie Hall mit CHICAGO-Musik sechs Tage hintereinander ausverkauft; dabei wurde eine Kassette mit vier Langspielplatten produziert. Mit solchen Monster-LP-Sets (nur eine von sieben Veröffentlichungen war eine einfache LP) und Single-Hits wie *Questions 67 And 68, Does Anybody Really Know What Time It Is, Beginnings, Colour My World, Make Me Smile* war CHICAGO bald die lukrativste Rockband von CBS. Gemessen am Erfolg, an der Spielfreude und an der solistisch-instrumentalen Virtuosität wog der stilschöpferische Beitrag des Ensembles jedoch gering. Die am «Lydischen» Kompositionskonzept des Jazz-Avantgardisten George Russell orientierten Arrangements wirkten mitunter bombastisch und unbeweglich. Die gleichzeitige Verwendung von BEATLES-Harmonien, Country-Melismatik, Free Jazz-Techniken, Neutöner-Effekten und Big-Band-Swing verhinderte vielfach eine überzeugende musikalische Identität: «Wer gewöhnt ist, Schallplatten mitzusingen oder mitzusummen, fühlt sich, als stürze er in einen Fahrstuhlschacht; aber der Fall ist ein Erlebnis» (‹Down Beat›). Nicht immer: Besonders in den überlangen Suiten, denen manche Kritiker freilich eine «zwingende formale Logik» (‹Frankfurter Allgemeine Zeitung›) nachsagten, wurden die Musiker Opfer ihres ambitionierten Eklektrizismus und ihren prätentiösen Texte. Das Stück *Progres* in der *Elegy*-Suite des dritten CHICAGO-Doppelalbums beispielsweise «degeneriert ins Getöse von Stan Kenton-Manierismen und fällt schließlich in musique concrète-Effekten auseinander, die mit dem Rauschen einer Toilettenspülung enden», so die ‹New York Times›. Je mehr der Reiz der Jazz Rock-Fusion für den Zuhörer nachließ, je stärker die Musiker ihre Talente in vermeintlich progressiven Instrumentalsoli verausgabten, desto mächtiger drängte Produzent James William Guercio die CHICAGO-Autoren und -Arrangeure auf ausgetretene Pop-Pfade zurück. ‹Rolling Stone› erkannte die Erfolgsformel der Band: «Prätentiöse *We gotta get it together*-Texte, konfuse Arrangements und eine Sound-Mischung, der jede Kontur fehlt, werden zu einem geschwätzigen und glatten Paket zusammengerollt, das jeglichen emotionalen

Engagements auf seiten der Musiker ermangelt.»

LPs auf CBS: *Chicago Transit Authority* (1969); *Chicago 2* (1970); *Chicago 3* (1971); *Chicago at Carnegie Hall* (1971); *Chicago 5* (1972); *Chicago 6* (1973); *Chicago 7* (1974); *Chicago 8* (1975). Solo-LP Robert Lamm auf CBS: *Skinny Boy* (1974)

Chicken Shack, 1967 in Birmingham, England, gegründet, ist die Band des am 3. Februar 1946 dort geborenen Gitarristen Stan Webb. Mit Andrew Silvester (bg), Dave Bidwell (dr), Christine Perfect (p, voc) bzw. nach Christines Ausscheiden 1969 Paul Raymond (p, org) brachte das Ensemble unter Aufsicht des versierten Produzenten Mike Vernon (Blue Horizon) ausgewogene, relativ inspirierte Blues-LPs zustande. Live vermochte Webb weit weniger zu überzeugen. An einem 60 Meter langen Verstärkerkabel vollführte er inmitten des Publikums eine hektische Show mit spärlichen melodischen Einfällen. Er plünderte die gesamte Blues-Gitarrenliteratur und übernahm bedenkenlos ganze Chorusse beispielsweise von → B. B. King. Bei Pophörern hatte er mittleren Erfolg, bei Blueskennern einen zweifelhaften Ruf. Nach einer Bandkrise im Jahre 1970 wechselte Webb die Plattenfirma und stellte 1971 neue Begleitmusiker vor: John Glascock (bg), Paul Hancox (dr). Trotz einer härter gewordenen Rock-Spielweise, mancherlei guten Musikideen und beträchtlicher Routine spielte Chicken Shack vergeblich gegen ein verblassendes Image an. Das *Goodbye*-Album wurde am 26. Oktober 1973 während eines Konzerts in der englischen Brunel University mitgeschnitten. Unterstützt von Dave Wilkinson (e-p), Rob Hull (bg), Alan Powell führte Webb dabei noch einmal all seine Animationstricks vor.

LPs auf Blue Horizon: *40 Blue Fingers Freshly Pakked* (1968); *O. K., Ken?* (1969); *100 Ton Chicken* (1969); *Accept Chicken Shack* (1970); *Best* (1974) ... auf Deram: *Imagination Lady* (1971); *Unlucky Boy* (1973) ... auf Nova: *Goodbye Chikken Shack* (1974). Solo-LP Christine Perfect auf Blue Horizon: *Christine Perfect* (1970)

The City Preachers, 1965 in Hamburg von dem aus Irland stammenden Ex-Bankangestellten John O'Brien-Docker gegründet, sangen und spielten, manchmal mit fünf, manchmal mit 15 Mitgliedern, als «Deutschlands Folkloregruppe Nr. 1» (Plakattext) englische Skifflemusik, schottische Jigs, griechische Bouzukiweisen, spanischen Flamenco und US-Südstaatenblues. Ausländische Beobachter bestaunten die Vielseitigkeit und den Kommerzerfolg dieser laut Produzent Walter Haas «genialischen Laienspielschar». Frankreichs ‹Nice Matin›: «Miraculeuse!»; Amerikas ‹Cash Box›: «Yes, the album is selling!» Unterschiedliche Anteile der einzelnen Musiker am Einspielergebnis führten zu Spannungen und Ende 1968 zum Ausschluß des Bosses O'Brien-Docker, der vor Gericht seinen Anspruch auf den Namen City Preachers (vergeblich) durchzusetzen versuchte. Die neue Chefin → Inga Rumpf (voc) konnte die undisziplinierte Truppe, die 1969 in der eigenen TV-Show ‹Der Kürbis, das Transportproblem und die Traumtänzer› vorgestellt wurde, nicht auf dem alten Erfolgsniveau halten und gründete nach deren Auflösung im Januar 1970 mit dem französischen Preachers-Keyboardspieler Jean-Jacques Kravetz die Rockband Frumpy. Ein *City Preachers Comeback* (Albumtitel) scheiterte 1972. Durch die Musiker, die aus der Gruppe hervorgegangen waren und später in anderen Ensembles arbeiteten, hatten die Stadtprediger die deutsche Popmusik-Szene jedoch entscheidend angeregt.

LPs auf Decca: *Folklore* (1966); *City Preachers* (1966); *Der Kürbis* (TV-Soundtrack, 1969); *Originals* (1972) ... auf Philips: *Warum?* (1966) ... auf Electrola: *Maikäfer flieg* (1966); *Gypsy Swing* (1967) ... auf Metronome/Hör zu: *Comeback/Back to the City* (1972)

Clapton, Eric (g, voc), am 30. März 1945 als uneheliches Kind geboren, wuchs bei den Großeltern in Ripley in der englischen Grafschaft Surrey auf. Das Studium an einer Kunstschule brach er nach kurzer Zeit ab, um sich 1963 in Gilford einer Beatgruppe anzuschließen, der damals auch → Brian Jones angehörte. Schon nach zwei Wochen verließ der Gitarrist – sein Vorbild war → Chuck Berry – diese Gruppe und spielte anschließend je anderthalb Jahre mit den → Yardbirds und mit den Bluesbreakers von → John Mayall. Dort entwickelte er unter dem Einfluß von → B. B. King seine Gitarrentechnik derart perfekt, daß er seither vielfach (1971 in einer Umfrage der Zeitschrift ‹Guitar Player› sogar von 60 000 amerikanischen Kollegen) als führender Rockgitarrist nominiert wurde. Bevor er 1966 mit → Jack Bruce (bg) und → Ginger Baker (dr) das Trio → Cream gründete, schrieben seine Fans auf Londoner Häuserwände: «Clapton ist Gott.» Gegen diesen Heroenkult in der Rockwelt hat der Musiker, dessen Improvisationen in fünf Jahren auf mehr als zwölf Millionen Schallplatten verbreitet wurden, immer wieder polemisiert: «Daß Musiker heute einflußreicher als Politiker sein können, ist grotesk. Man braucht zum Musikmachen weder besondere Intelligenz noch eine vorbildliche Moral.» Nachdem die Cream für die Popmusik neue Improvisationsmaßstäbe gesetzt hatte, ging sie auseinander. Eine von Claptons Manager initiierte neue Supergroup namens → Blind Faith scheiterte nach einer LP und einer USA-Tournee. Ende 1969 ging Clapton mit → Delaney & Bonnie auf eine zum Teil von ihm selbst finanzierte Europa-Reise. Mit drei Musikern dieser Truppe (Bobby Whitlock [g, keyboards], Carl Radle [bg], Jim Gordon [dr]) formierte er 1970 das Ensemble Derek and the Dominos, mit dem (plus Gastsolisten) er das Doppelalbum *Layla* aufnahm. Außerdem beteiligte er sich an Studioaufnahmen zahlreicher befreundeter Musiker (→ John Lennon, → Stephen Stills, → Howlin' Wolf, → Billy Preston) und gastierte 1971 im New Yorker Madison Square Garden beim Concert for Bangla Desh. Im Frühjahr 1974 bekannte Eric Clapton in einem ‹Rolling Stone›-Interview, er habe in den vergangenen drei Jahren, heroinabhängig, «in einer Wolke aus rosa Baumwolle» gelebt, sei aber durch eine neuartige Elektro-Akupunktur genesen. Das in einem Studio *461 Ocean Boulevard* (LP-Titel) in Miami mit Yvonne Elliman (voc), Dick Sims (org), George Terry (g), Carl Radle (bg), Jamie Oldaker (dr) aufgenommene Album schien die Genesung zu bestätigen. Clapton präsentierte sich als gereifter Musiker, der seine Virtuosität in den Dienst einfacher Blues- und Folk Rock-Stücke stellte. LP und die ausgekoppelte Single *I Shot The Sheriff,* Cover-Version einer → Wailers-Nummer, etablierten sich als Charts-Spitzenreiter. Die etwa in der Plattenbesetzung unternommenen USA- und Europa-Tourneen waren ausverkauft.

LPs auf Byg mit The Yardbirds: *Eric Clapton + Yardbirds* (rec. 1964, ed. 1972) ... auf britisch Columbia mit → The Yardbirds ... auf Decca mit → John Mayall ... auf Polydor mit → Cream, → Blind Faith, Derek and the Dominos: *Layla* (1970); *In Concert* (rec. 1970, ed. 1972); *Eric Clapton* (1970); *History of Eric Clapton* (1972) ... auf RSO: *Rainbow Concert* (1973); *461 Ocean Boulevard* (1974); *There's One in Every Crowd* (1975) ... auf Elektra mit Powerhouse: *What's Shakin'* (1966) ... auf Atlantic mit → Stephen Still's, → King Curtis u.a. ... auf Atco mit → Delaney & Bonnie ... auf Apple mit → John Lennon ... auf Rolling Stones Records mit → Howlin' Wolf etc.

Clark, David «Dave» (dr, voc), am 15. Dezember 1942 in Tottenham, England, geboren, hat mit seiner Dave Clark Five die Rockmusik besonders clever vermarktet. Zusammen mit Mike Smith (voc, p, vib), Rick Huxley (g, bj), Lenny Davidson (g), Denny Payton (sax, cl, harm, g) musizierte der Angestellte einer Motorradfirma und spätere Repräsentant einer Business-Vermittlungsagentur zunächst nur dreimal wöchentlich als Amateur im Bruce Groves Ballroom von Tottenham. Auch nach dem Start einer regulären Band-Karriere bei einem Ball im Bukkingham Palace 1963 blieben die Musiker bei ihrem Vorsatz, erst nach der zweiten Hit-Single Profis zu werden. Mit den selbstproduzierten Stücken *The Mulberry Bush, Chaquita* und *Glad All Over* war dieser Punkt Anfang 1964 erreicht. Sauber gewaschen, adrett frisiert und gekleidet, rockte die Dave Clark Five in vier Jahren sechsmal auf USA-Tournee und war dort mit 18 Auftritten in der Ed Sullivan-TV-Show zeitweilig ebenso populär wie die → Beatles. Schon Ende 1965 hatte der Rock-Millionär Clark, damals Eigentümer von fünf Musikfirmen (Produktion, Verlag, Vertrieb, Management etc.), von seinen Eigenproduktionen, bei denen er sich oft von kompetenteren Musikern aushelfen ließ, mehr als 13 Millionen Platten abgesetzt, fünf Jahre später waren es 35 Millionen. Teils mit der Combo, teils als Schauspieler wirkte er in mehreren Filmen mit, darunter ‹Catch Us If You Can›, ‹Rag Doll›, ‹Pit of Darkness›, ‹The Victors›, ‹The VIP's›, ‹On the Beat›. Die Bedeutung von Imagepflege, Verhandlungstaktik, Kontinuität, Marketing und Verpackung für Show und Produkt hatte der Schlagzeuger besser als die meisten seiner Pop-Kameraden erkannt. Was ihm an Inspiration fehlte, machte er durch zugkräftige Trivial-Melodien und Geschäftsgeist wett. «Wozu brauchen wir also», fragte ‹Rolling Stone› zynisch, «die → Rolling Stones oder → Grand Funk Railroad, wenn wir die Dave Clark Five als lebendes Beispiel dafür haben, daß man attraktiven Rock 'n' Roll machen und zum Superstar werden kann ohne das geringste Talent?»

Englische LPs auf Columbia/EMI: *A Session* (1964); *Catch Us If You Can* (1965); *Greatest Hits* (1966); *Everybody Knows* (1968); *Five By Five, Go* (1968); *Best of the Dave Clark Five* (1970); *If Somebody Loves You* (1971); *Good Old Rock 'n' Roll* (1971); *Dave Clark & Friends* (1972); *History of British Pop: Dave Clark Five* (1973) ... USA-LPs auf Epic: *Glad All Over* (1964); *Return* (1964); *American Tour* (1964); *Coast to Coast* (1965); *Wild Weekend* (1965); *I Like It Like That* (1966); *Greatest Hits* (1966); *Try Too Hard* (1966); *Satisfied With You* (1966); *More Greatest Hits* (1966); *Five By Five* (1967); *You Got What It Takes* (1967); *Everybody Knows* (1968); *Weekend in London* (1968)

Clayton-Thomas, David (voc, g, p), am 13. September 1941 als Sohn eines kanadischen Soldaten und einer englischen Music Hall-Sängerin während eines deutschen Luftangriffs in London geboren, ist als Sänger von → Blood, Sweat & Tears bekannt geworden und hat mit den Aufnahmen *You Made Me So Very Happy, And When I Die, Hi-De-Ho, Spinning Wheel* sowie den selbstkomponierten *Lucretia MacEvil* und *Go Down Gamblin'* für einige Hits dieser Gruppe gesorgt. Er wuchs im kanadischen Amich Lake, Ontario, auf, erlernte autodidaktisch Gitarre und Klavier, arbeitete mit neunzehn in den Stahlwerken von Hamilton, leitete zwischen 1963 und 1965 die Rockgruppe Fabulous Shays und 1966 The Boss Men, mit denen er seinen Bestseller *Brainwashed* sechzehn Wochen lang auf Platz eins der kanadischen Hitparade stabilisierte. 1968 ging er als Leadgitarrist zur Bluesband von → John Lee Hooker und trat 1969 Blood, Sweat & Tears bei. Seine Rolle in dieser Band ist nicht unumstritten. Zwar priesen Kritiker seine «kraftvolle rhythmische Phrasierung und eine Stimme, die mühelos vom tiefen Bariton bis zu hohen Falsett-Tönen reicht» (‹New York Times›), bemängelten aber auch seine vokalen Manierismen und seine Knödel-Artikulation. Noch als Mitglied von BS & T produzierte er im Herbst 1971 seine erste Solo-LP und machte sich 1972 als Solist selbständig. Für seine Sanctuary Band, mit der er im Oktober 1972 beim Songfestival in Rio de Janeiro den mit 16 000 Dollar dotierten 1. Preis gewann, konnte er vorzügliche Musiker rekrutieren: Danny Kortchmar (g) hatte zuvor mit → James Taylor und → Carole King gearbeitet, Willy Weeks (bg) kam aus den Bands von Donnie Hathaway und → Roberta Flack, Kenneth Rice von → Aretha Franklin. Weitere Musiker auf der zweiten Soloplatte *Tequila Sunrise*: William Smith (p, org), Michael Jay Weinstein (harm), Kenny Marco (g), Chuck Rainey (bg), Tessie Calderon (perc). Da ihm Columbia/CBS jedoch angeblich die vorher vereinbarte Publicity-Unterstützung versagte und bei der Tantiemenüberweisung säumig blieb, ging Clayton-Thomas 1973 vor Gericht und zur Konkurrenz RCA. Auch die dort veröffentlichte LP *Harmony Junction* kam jedoch nicht über seine CBS-Soloumsätze von etwa 50 000 Exemplaren pro Platte hinaus. Deshalb kehrte er Ende 1974 reumütig als Bandsänger zu Blood, Sweat & Tears zurück.

LPs auf CBS mit Blood, Sweat & Tears: *Blood, Sweat & Tears* (1969); *B, S & T 3* (1970); *B, S & T 4* (1971) ... Soloalben auf CBS: *David Clayton-Thomas* (1972); *Tequila Sunrise* (1972) ... auf Decca: *David Clayton-Thomas* (1969) ... auf Pickwick: *David Clayton-Thomas/Linda Ronstadt* (ca. 1969) ... auf RCA: *Harmony Junction* (1973)

Cliff, Jimmy (voc), am 1. April 1942 in Kingston, Jamaica, geboren, gab der Figur des Jungen Ivan in dem vielgelobten jamaikanischen Spielfilm ‹The Harder They Come› (1972) autobiographisches Kolorit. Wie die Skriptfigur hatte sich Cliff «vom Sirenenklang des Transistor-Radios» (‹Village Voice›) aus dem Dorf in die Großstadt locken lassen, in der Hoffnung auf Popstar-Ruhm als Ausweg aus sozialer Misere. Im Gegensatz zum Filmhelden schaffte Cliff, inspiriert von den auf amerikanischen Blues-Stationen abgehörten Sängern → Fats Domino, Louis Jordan, → Little Richard den Ausstieg aus den Gettos von West Kingston ohne tragische Konsequenzen. Seit er 1962 seine erste Single *Daisy Got Me Crazy* veröffentlicht hatte, ging es mit seiner Karriere stetig voran: Die Titel *Hurricane Hattie*, *Miss Jamaica*, *King Of Kings*, *One Eyed Jacks* brachten dem Sänger mit der schwermütigen Falsett-Stimme zwar nicht mehr als 15 Pfund pro Platte ein, machten ihn jedoch in den Arme-Leute-Distrikten zu einer Insel-Berühmtheit. 1964 animierte ihn Chris Blackwell, Sohn eines Plantagenbesitzers und Plattenproduzent, während eines Cliff-Gastspiels auf der Weltausstellung in New York zur künstlerischen Übersiedlung nach London. Dort erlebte er fünf Jahre später seinen Durchbruch mit *Wonderful World, Beautiful People, Vietnam* und → Cat Stevens' *Wild World*. Cliffs melodischer Instinkt, die leicht pathetischen Getto-Verse, der unaufdringliche, doch mitreißende Reggae-Beat machten seine Stücke zu Meisterwerken ethnischer Popmusik. Der ambitionierte Sänger fühlte sich jedoch von den stilistischen Beschränkungen seines heimatlichen Musiggenres, dem kommerziellen Desinteresse der Konzerne sowie der publizistischen Geringschätzung des Reggae als Slum-Sound irritiert und unternahm 1970 in Muscle Shoals, Alabama, einen Startversuch als Soul-Interpret (LP *Another Cycle*). Als jedoch Rock-Musiker wie → Paul Simon, → Paul McCartney, → Johnny Nash mit ihren Reggae-Derivaten den Jamaica-Sound als potentiellen Marktfaktor respektabel machten, schwenkte Cliff wieder um. In den Soundtrack seines Films ‹The Harder They Come› brachte er mit dem Titelsong sowie *Many Rivers to Cross*, *Sitting in Limbo*, *You Can Get It If You Really Want* einige seiner überzeugendsten Kompositionen ein. «Jimmy Cliff hat die Talentbreite und die Fähigkeiten», lobte ihn daraufhin der ‹Melody Maker›, «einer der bedeutendsten Künstler der siebziger Jahre zu werden.» Auf seinen neueren LPs blieb der *Struggling Man* (Album-Titel) den Beweis noch weitgehend schuldig: In seinen intelligent arrangierten Songs, «musikalisch Rock, lyrisch jedoch schwarzer Blues» (Cliff), «müht er sich um die Artikulation rechtschaffener Entrüstung; was dabei leider allzu oft herauskommt, sind selbstgerechte Platitüden» (‹Down Beat›).

LPs (Auswahl) auf Veep: *Can't Get Enough* (1969) ... auf A & M: *Wonderful World, Beautiful People* (1970) ... auf Island: *Another Cycle* (1970); *Goodbye Yesterday* (1971); *The Harder They Come* (1972, Soundtrack); *Struggling Man* (1974) ... auf Reprise: *Unlimited* (1974); *Music Maker* (1974) ... auf EMI: *House of Exile* (1974)

The Coasters formierten sich im Oktober 1955 in Los Angeles mit Carl Gardner (Tenor), Bobby Nunn (Baß), zwei Überläufern der Vokalgruppe The Robins sowie Billy Guy (Bariton), Leon Hughes (Tenor), Adolph Jacobs (g) zu einer der erfolgreichsten schwarzen Rhythm & Blues-Gruppen der fünfziger Jahre. Das Produzententeam Jerry Leiber & Mike Stoller schrieb den Coasters eine Serie originell getexteter Songs, die diese im «dramatischen Interplay zwischen Lead-Stimme und Gruppe» (Arnold Shaw) vortrugen. Als speziellen Gag arrangierten ihnen Leiber & Stoller gelegentliche Rhythmus-Breaks in die quirligen Burlesken, die mit einem naiv geröhrten Seufzer des Bassisten gefüllt wurden. Der «urbane Slapstick-Akt» (Richard Goldstein) der COASTERS brachte einen Bestseller nach dem anderen hervor: 1957 *Young Blood, Searchin'*, 1958 *Yakety Yak*, 1959 *Charlie Brown* und *Poison Ivy*. *Yakety Yak* wurde als erstklassige Chiffre des zeitlosen Generationskonflikts empfunden, den der Song *Charlie Brown* ein Jahr später mit listigen Attacken auf die Autorität des Lehrers für die Schulsituation konkretisierte. Die gespielte Infantilität der COASTERS und die keifenden Saxophonkommentare von → King Curtis erhoben diese beiden Rock-Humoresken zu klassischen Rebellen-Songs. Der Welterfolg ihrer Millionenhits zahlte sich für die COASTERS kaum aus. Selbst in ihren besten Zeiten bewilligte ihnen ihr Management zusammen nicht mehr als 5000 Dollar pro Woche. Denn in den fünfziger Jahren hatten schwarze Sänger «keine Alternative, als zu unterschreiben und den Mund zu halten» (Carl Gardner). Im Rock-Revival am Ende der sechziger Jahre gingen die COASTERS, von deren Ur-Besetzung nur Billy Guy übriggeblieben war, wieder auf Tournee – vorwiegend für ein weißes Publikum.

LPs (Auswahl) auf Atlantic/Atco: *Coasters* (1958); *Greatest Hits* (1960); *One By One* (1961); *Coast Along* (1962); *Greatest Recordings/Early Years* (ed. 1972) ... auf King: *On Broadway* ... auf Trip: *It Ain't Sanitary* (1972)

Cochran, Eddie (voc, g), am 3. Oktober 1938 in Oklahoma City geboren, war der archetypische Rocker der fünfziger Jahre. Anders als → Elvis Presley, der sich frühzeitig auf Goldplattenbergen zum industriellen Mythos entrückte, blieb Cochran der alltägliche Mittelklasse-Junge mit dem Stigma des potentiellen Verlierers. Gerade die Durchschnittlichkeit dieses Presley äußerlich ähnlichen James Dean-Typs machte eine Identifikation der minderjährigen Plattenhörer mit ihm einfach. Cochrans größter Hit, der *Summertime Blues* (1958), «zementierte das grundlegende thematische Riff» des Sängers, «den liebes- und lebensunerfahrenen Teenager, an sich selbst zweifelnd und von einer übelwollenden erwachsenen Machtstruktur bedrängt» (Lester Bangs). Die Einleitung zu diesem Song bildete das «erotischste aller Gitarren-Riffs» (‹Crawdaddy›), das später → THE WHO, die ihm thematisch verwandten Generationschronisten der sechziger Jahre, mehrfach übernahmen. Auch Cochrans andere Millionenhits *Twenty Flight Rock* und *Sittin' In The Balcony* (1957) sowie vor allem *C'mon Everybody* (1958) variierten über dem gleichen Gitarren-Motiv ähnliche Storys von Zwang und Frustration: «Also, wir werden mal eine richtige Party veranstalten, aber wir müssen draußen eine Wache postieren. Ich fürchte, wenn meine Alten nach Hause kommen, werden sie mich aus dem Verkehr ziehen. Zwei Wochen oder länger keine Filme, kein Rumhängen bei der üblichen Clique. Aber was soll's: C'mon ever'body!» Cochrans Songs trafen mit ihrer in Resignation gebremsten Aggressivität den Nerv der Teenager. Sein früher Tod, am 17. April 1960 bei einem Autounfall in der Nähe Londons, machte ihn bei seiner Altersklasse zum Mythos des «duften Kumpels». Im gleichen Jahr hatte er in England einen postumen Bestseller mit dem Titel *Three Steps to Heaven* (*Drei Stufen zum Himmel*).

LPs (Auswahl) auf Liberty/United Artists: *Summertime Blues* (1958); *Eddie Cochran* (1960); *Never to Be Forgotten* (1963); *Cherished Memories* (1970); *The Legendary Masters – Eddie Cochran* (1972)

Cocker, John Robert «Joe» (voc), am 20. Mai 1944 in Sheffield, England, geboren, hat es mit seinem an Schallplatten von → Ray Charles geschulten Soul-Gesang vom Klempner und Rohrleger zur internationalen Kassenattraktion gebracht. Er war einer der

Stars des Woodstock Festivals, von Kritikern gelegentlich schlicht zum «besten männlichen Rocksänger» (‹New York Times›) erklärt. Er war «der lebende Beweis, daß man aus Sheffield kommen und trotzdem wie ein Schwarzer aus Mississippi singen kann» (‹Rolling Stone›). Jahrelang hatte der «Sänger der Unterprivilegierten» (so sein Kollege → Alexis Korner) für rund 100 Mark pro Woche nur in Proletarierkneipen gekreischt und dabei jeden Abend mehr als fünf Liter Bier getrunken. Doch als er 1969 vom großen Showbusiness entdeckt wurde (die → BEATLES-Komposition *With A Little Help From My Friends* machte ihn berühmt), fand er sich nicht mehr zurecht. In 56 Tagen hetzten ihn seine Manager 1970 durch 48 amerikanische Städte. Eine Horde von etwa 50 Musikern, Sängerinnen, Technikern, Managern, Kameramännern, Groupies, Kindern und Hunden reiste in einem Charterflugzeug mit der Aufschrift «Cocker Power», das «immer mal irgendwo zwischenlandete, wenn wir Hunger hatten, heiße Würstchen, Hamburger oder kalte Getränke brauchten» (Producer Denny Cordell). Die chaotische Tour – Cocker: «Ich hatte keine Ahnung, wie viele von uns jeweils auf der Bühne waren und mit dem Tamburin rasselten» – wurde unter den Titel ‹Mad Dogs and Englishmen› verfilmt und brachte den Produzenten volle Kassen. Für Cocker selbst, der anschließend mit einem Nervenzusammenbruch bei seinen Eltern untertauchte, blieben ganze 862 Dollar von der Tournee übrig. 18 Monate lang fuhr Cocker mit Schlafsack und Schlagzeug durch Großbritannien, rastete an Fernfahrerkneipen und rockte dann und wann bei Provinzfesten mit unbekannten Bands. Ins Showgeschäft wollte der kontaktarme, geistig eher unbewegliche Entertainer («Wenn ich nicht zu singen begonnen hätte, wäre ich sicher kriminell geworden») nicht mehr zurück. 1972 jedoch holten seine Manager den Sänger mit psychischem Druck und kommerziellen Verlockungen wieder vor die Mikrophone. «Joe», verlautbarte seine Plattenfirma, «kommt langsam wieder auf die Beine.» Und tatsächlich zeigte er auf der LP *Something to Say* sein altes Format. Tourneen durch die USA, Europa und Australien bewiesen jedoch, daß Cocker immer noch am Boden war. Zumeist betrunken, zappelte er mit eingeknickten Knien und gespreizten Fingern über die Bühne, zerrte sich nervös an den Haaren, gestikulierte unrhythmisch und hechelte jeden Song, als wäre es sein letzter. Die Australien-Reise mußte schließlich im Oktober 1972 abgebrochen werden, nachdem sich der Sänger eine Verhaftung wegen Rauschgiftbesitzes mit körperlicher Gewalt zur Wehr gesetzt hatte. Erneut tauchte er unter und wiederholte das Comeback-Spiel mit einem überraschend konsistenten Album. Für die in Los Angeles produzierte LP *I Can Stand a Little Rain* umgab ihn Producer Jim Price mit vorzüglichen Session-Spielern, unter anderen → Nicky Hopkins, legte dem Sänger Material hochkarätiger Autoren wie → Harry Nilsson, → Billy Preston, → Jim Webb, → Randy Newman vor und veranlaßte Webb, Newman sogar zu je einem Stimme-Piano-Duett. Cockers Intensität, die den Reiz seiner früheren Darbietungen ausgemacht hatte, konnte sich jedoch an den Melodien der Neo-Romantiker nicht entzünden; er interpretierte sie kompetent, aber nicht inspiriert.

LPs auf Polydor: *With a Little Help from My Friends* (1966); *Joe Cocker!* (1969); *Cocker Happy* (1970) ... auf A & M: *Mad Dogs and Englishmen* (1970) ... auf Cube: *Something to Say* (1972); *I Can Stand a Little Rain* (1974)

Cohen, Leonard (voc, g), am 21. September 1934 als Sohn eines wohlhabenden Textilkaufmanns russisch-jüdischer Abstammung in Montreal, Kanada, geboren, wurde zunächst als Lyriker und Romancier bekannt. In seinen Gedichtbänden und Romanen irren ‹Schöne Verlierer› (Buchtitel) durch ein Chaos von Plakatwänden und Fernsehreklamen, durch eine schwüle Traumwelt voller Sumpfblumen, Labyrinthe und voll von «überwältigender Musik» (so die kanadische Zeitung ‹The Telegram›). Musik hat im Leben des Poeten von Jugend an eine Rolle gespielt: Mit 15 war er Gitarrist der Countryband BUCKSKIN BOYS. Nach dem Geschichts-Studium an der kanadischen McGill University (1955 abgeschlossen), einem erfolglosen Gastspiel im väterlichen Unternehmen und mehreren monatelangen Aufenthalten auf der griechischen Insel Hydra, wo er ein Haus besitzt, begann er seine Gedichte selbst zu vertonen. 1964 debütierte er in dem kanadischen TV-Film ‹Ladies and Gentlemen, Mr. Leonard Cohen› vor einem Millionenpublikum als Komponist eigenwilliger Melodien mit oftmals überraschenden harmonischen Wendungen. Seitdem intoniert er mit der Stimme eines alten Bluessängers, dem bereits die hohen Töne fehlen, seine eindringlich-eintönigen Gesänge von halbzerstörten Städten und einsamen Helden, von Vögeln, die auf Hochspannungsleitungen sitzen und – in seinem populärsten Song (1967) – von der irren Heiligen *Suzanne*, die in Lumpen und Federn gekleidet geht. Cohen singt von den «Blüten, die im Müll wachsen» und von einem Leben «voller bedrohlicher Rasierklingen». Seine Plattenfirma warb für die «pathologischen Töne» (Cohen) mit der Frage: «Hatten Sie je das Gefühl, Sie müßten Schluß machen mit dem Leben?» Daß so viele Jugendliche dieses Gefühl zu teilen schienen (Cohens LPs erreichten immerhin Auflagen von je mehr als 500 000 Exemplaren), hat den Sänger, der «eigentlich die enttäuschten Mittdreißiger ansprechen» wollte, überrascht. Der «schwarze Romantiker» (‹Time›), der Marihuana raucht, vorübergehend an die Astrologie glaubte, eine Zeitlang nur Gemüse aß und einen kanadischen Literaturpreis zurückwies, erklärt seinen Erfolg bei der Rockjugend so: «Wir sind alle keine typischen Amerikaner.» Cohen liebt die rebellische Geste. Er bevorzugt Hotels, «in denen ich ohne Aufsehen morgens um vier einen Zwerg, einen Bären und vier Frauen mit aufs Zimmer nehmen kann». Doch als er einst in Castros Kuba auf der Seite der Revolutionäre kämpfen wollte, ließ er sich dann doch lieber mit Portiers, Pennbrüdern und Prostituierten ein – «eingefroren in der Pose eines Anarchisten, dem es unmöglich ist, Bomben zu werfen» (‹New York Times›). 1973 erklärte Cohen seinen Abschied von der Rock-Szene und beteuerte, nicht mehr singen zu wollen. Ein Jahr später jedoch kehrte er von Hydra mit neuen Liedern zurück, die Producer John Lissauer mit höchster Delikatesse für die LP *New Skin for the Old Ceremony* aufbereitete. Geschickte Instrumentierung ließ die Monotonie der meisten Cohen-Melodien diesmal beinahe vergessen; die Songtexte hatten ohnehin das alte Format. Der Poet hatte sich «seit seiner Rücktrittserklärung nicht geändert, sondern sich bloß die Haare gekämmt und die Zähne geputzt fürs Comeback» (‹Melody Maker›).

LPs auf CBS: *The Songs of Leonard Cohen* (1968); *Songs from a Room* (1969); *Songs of Love and Hate* (1971); *Live Songs* (1973); *New Skin for the Old Ceremony* (1974)

Collins, Judy (voc, g), am 1. Mai 1939 in Seattle, Washington, geboren, als Tochter eines blinden Radioansagers in Denver, Colorado, aufgewachsen, war jahrelang – hinter Joan Baez – «Amerikas Folksong-Interpretin Nr. 2» (‹Esquire›). Erst Ende der sechziger Jahre fand sie mit ihrer flötenähnlichen Altstimme, ihrem emotionstragenden Vibrato und ihrer artifiziellen Diktion auch außerhalb der USA ein größeres Publikum. Mit 12, nachdem sie als Konzertpianistin bereits mit dem Denver Symphony Orchestra aufgetreten war, erkrankte sie an Kinderlähmung. Mit 23, nach ihrem Folksong-Debüt in der New Yorker Carnegie Hall, bekam sie Tbc. Seitdem behielt die Sängerin, deren Interpretationen manchen Kritikern wegen der «Kultiviertheit und Disziplin der Darbietung, der ausgefallenen Begleitung, dem Sinn für Form und dem gezügelten rhythmischen Impetus» als «Kunstlieder der Folklore» (‹Frankfurter Allgemeine Zeitung›) gelten, das Image einer *Maid of Constant Sorrow* (so der Titel ihrer ersten LP). Von 1962 bis 1965 zog die überzeugte Pazifistin mit → Pete Seeger und → Phil Ochs durch die US-Südstaaten, um Farbige zum Gang an die Wahlurnen anzuregen. Später sang Judy Collins, die in einem Jahrzehnt mehr als 1000 Wohltätigkeitskonzerte gab, gegen den Krieg in Vietnam. «Ich glaube», erklärte sie 1967, «daß unsere Massengesellschaft ihren besten und wahrhaftigsten Ausdruck in der Popmusik gefunden hat. Und ich versuche stets Lieder zu finden, in denen man das Wesen unserer Gesellschaft wie in einem Spiegel erkennen kann.» Die mitunter aggressive Botschaft der von ihr bevorzugten Songs von → Bob Dylan, → Leonard Cohen, → Joni Mitchell und den → BEATLES entgleitet ihr jedoch häufig, mit Pastell-Tonfarben übermalt, in einen romantischen Illusionismus und in die Idylle. Im Stück *Albatros*, dem ersten Song, den sie 1967 selbst geschrieben hat, erzählt sie beispielsweise von einer jungen Frau, die «den Massen die Farben, die Glocken, den Wind und die Träume gibt». Aber sie fragt ängstlich: «Wird es jemals einen Prinzen geben, der übers Meer oder über das Gebirge kommt?»

LPs auf Elektra: *A Maid of Constant Sorrow* (1961); *Golden Apples of the Sun* (1962); *Judy Collins No. 3* (1963); *Judy Collins Concert* (1964); *Judy Collins Fifth Album* (1965); *In My Life* (1966); *Wildflowers* (1967); *Who Knows Where the Time Goes* (1968); *Recollections* (1969); *Whales and Nightingales* (1970); *The Most Beautiful Songs of Judy Collins* (1971); *Living* (1972); *Amazing Grace, the Best of J. C.* (1972); *True Stories and Other Dreams* (1973); *Colors of the Day* (1973); *Judith* (1975)

Colosseum, 1968 in London von → Jon Hiseman (dr) und → Dick Heckstall-Smith (sax) gegründet, hat seine ausgedehnten Jazz-, Blues- und Rockimprovisationen gern in suitenartige Arrangements nach klassischen Formprinzipien verpackt, ohne dabei an Dynamik und Durchschlagskraft zu verlieren. Aus der dreisätzigen *Valentyne Suite* beispielsweise, einer 20 Minuten langen Popmusik-Sonate, brachen die Soli «mit der Gewalt eines Orkans» hervor; die Dauer der Einzelteile war «mit Intuition auf die Vermeidung jeglicher Eintönigkeit berechnet» (‹Frankfurter Allgemeine Zeitung›). Mit Hiseman; Heckstall-Smith; Jim Roche, James Litherland oder Dave Clempson (g); Tony Reeves oder Mark Clark (bg); Dave Greenslade (org, p, vib, mellotron) besetzt, spielte sich das Ensemble 1969 auf dem europäischen Kontinent und auf einer USA-Tournee (August/September) an die Spitze sämtlicher vorwiegend instrumental arbeitender Bands. Mit → Chris Farlowe (voc), der im September 1970 hinzukam, erbrachten die Musiker in phantasievoll betitelten Stücken wie *The Time Machine, Take Me Back To Doomsday, Bring Out Your Dead, Theme For An Imaginary Western, Lost Angeles* bis zur Auflösung der Gruppe im Oktober 1971 ihre reifsten Leistungen.

LPs auf Fontana: *Those Who are About to Die Salute You* (1969) ... auf Vertigo: *Valentyne Suite* (1969); *Daughter of Time* (1970) ... auf Bronze: *Colosseum Live* (1971); *Collector's Colosseum* (1971)

Coltrane, Chi (voc, p), am 16. November 1948 in Racine, Wisconsin, geboren, donnerte 1973 ihren Hit *Thunder And Lightnin'* mit hartem Piano-Anschlag in zahlreichen europäischen TV-Studios, blitzte mit wehender Blondmähne über die Bildschirme und wurde von einer maßstablosen Kritik sogleich als «New Lady of Rock» gefeiert. Fanblätter und Tageszeitungen entdeckten «die wichtigste neue Sängerin/Komponistin dieses Jahres» (‹New Musical Express›), die Plattenfirma CBS hypete: «Chi ist die Größte!» In den USA, wo das attraktive Klaviermädchen seit seinem 18. Lebensjahr eigener Aussage zufolge «durch buchstäblich alle Chicagoer Musikkneipen» bis zur Plattenreife gerockt war, klangen die Rezensionen zurückhaltender. Zum großen Lob fehlte ihr – talentiert, aber noch unausgereift – die Originalität. Beim *Hallelujah* (Songtitel) hatte sie mehr Stress als Soul in der Stimme, bei *Let It Ride* ritten die pianistischen Vorbilder → Leon Russell, → Elton John allzu offenkundig mit. Klassisch geschult, mit Musik von Stephen Foster und Johann Strauß aufgewachsen, klangen ihre Broadway-Gospels nicht selten steif. Der auftrumpfende Ehrgeiz Chi Coltranes brachte mit *Goodbye John, Go Like Elijah, Who Ever Told You That You Know How To Dance* zumindest intelligente Neudeutungen der Boy-Girl-Beziehung aus der Sicht eines emanzipierten Mädchens hervor. Doch die Gefahr sei groß, urteilte 1974 Kritiker Werner Burkhardt, «daß Chi Coltrane über dem verzweifelten Bemühen, sich Star-Allüren zuzulegen, ihre Star-Qualitäten gar nicht erst entwickeln kann».

LPs auf CBS: *Chi Coltrane* (1972); *Let it Ride* (1973)

Commander Cody and his Lost Planet Airmen rocken und swingen bierernste und tränenfeuchte Country-Standards, Rockabilly-Oldtimer und Boogie-Woogie-Evergreens mit respektloser Hippie-Attitüde, ohne es jedoch an musikalischer Kompetenz mangeln zu lassen. Western-Swing-Vorbildern wie → Bob Wills wird das 1967 in Ann Arbor, Michigan, gegründete Septett ebenso gerecht wie Fernfahrer-Songs in der frenetischen Manier eines frühen → Jerry Lee Lewis oder → Elvis Presley. Mit Gag-Schlagern wie *Hot Rod Lincoln* oder Heul-Schnulzen vom Kaliber *Mama Hated Diesels* kommen die Airmen bei konservativen Country-Fans und Rock-Freaks gleichermaßen an. Bevor der ehemalige Kunstlehrer George Frayne (p) sich von einer Abenteuer-Filmserie zum ungewöhnlichen Namen seiner Gruppe inspirieren ließ, hatte er bereits in skurrilen Campus-Ensembles wie The Fantastic Surfing Beavers, Lorenzo Lightfoot Athletic Club & Blues Band die Tasten gerührt. Erst 1971, nach erfolgreichen Tingeljahren von Michigan bis Berkeley, Kalifornien, brachte er seine *Country Casanovas* (LP-Titel der Airmen) auf einem Plattenlabel unter. Der Name des im gleichen Jahr veröffentlichten Start-Albums, *Lost in the Ozone* («Völlig ausgeklinkt im frischen Wind»), wurde zum Thema-Lied von Frayne/Cody, Billy C. Farlow (voc, harm), John Tichy (g), Andy Stein (vi, sax), Bill Kirchen (g), Lance Dickerson (dr), Buffalo Bruce Barlow (bg) und Stephen Davis alias West Virginia Creeper (steel-g), später ersetzt durch den Steel-Guitar-Veteranen Bobby Blue Black. Die «bumsfidele Kneipen-Musik» der hochenergetischen Combo serviert «das Spaßvergnügen der vierziger Jahre» (‹Crawdaddy›) in satirisch distanzierter Reflexion, aber auch in Sympathie für die ausgeflippten Musikmacher vergangener Dekaden: «Es gab eine kleine Clique von schwarzen Musikern in der Zwanzigern», weiß Rhythm & Blues-Fan Cody zu berichten, «die genauso lebten wie heute die Hip-Musiker. Sie standen mächtig auf allem, was high macht, und auf der lautesten Anheizer-Musik, die man sich nur denken kann. Mit dem einen Unterschied, daß sie keine Verstärker hatten.»

LPs auf Paramount: *Lost in the Ozone* (1971); *Hot Licks, Cold Steel and Truckers Favorites* (1972); *Country Casanova* (1973); *Live from Deep in the Heart of Texas* (1974) ... auf Warner Brothers: *Commander Cody and his Lost Planet Airmen* (1975)

Compost, 1972 in New York gegründet, war einer der Rock-Ableger des Jazz-Ensembles von → Miles Davis. Davis-Schlagzeuger Jack DeJohnette (voc, keyboards, vib, dr), zuvor bei Charles Lloyd, Stan Getz, John Coltrane u.a. beschäftigt, sowie Davis-Perkussionist Jumma Santos, Ex-Begleiter von → Nina Simone, Ahmad Jamal, Trini Lopez, → Four Tops, holten sich dazu folgende Jazz-Kollegen: Harold Vick (ts, fl, cl, p) von → Ray Charles, → Aretha Franklin, → Ruth Brown, Dizzy Gillespie, → King Curtis etc. und Chef eigener LP-Combos; Jack Gregg (bg, g, voc) von Gabor Szabo, Marion Brown, Gunter Hampel, → The Youngbloods u.a.; Bob Moses (dr, voc) von Free Spirits, Gary Burton, Roland Kirk, → Mose Allison, Gunter Hampel, → Seatrain u.a. Dieses Combo-Bündel erstklassigen Jazz- und Popmusik-Renommees projizierte mit der LP *Take Off Your Body* intensiv musizierte Songs (*Thinkin', Country Song, Sweet Berry Wine, Inflation Blues*) voll handfester Rhythm & Blues-Bezüge und ohne überflüssige Verspieltheiten auf die Zuhörer. COMPOST, deklarierte DeJohnette, «ist Leute, Sandwiches, Liebe, Streit, Magie, Arbeit, Lernen, Telefongespräche, Musik, Parties, City, Country und Hoffnung». Diese anschauliche Basis wurde in den meisten Stücken des zweiten Albums, in dem kaum noch gesungen wurde, zugunsten von Jazz-Abstraktion verlassen. *Life is Round* mit Gast-Musikern wie Roland Prince, Ed Finney (g), Jeanne Lee (voc) hatte für Rockhörer eine geringere Überzeugungskraft.

LPs auf CBS: *Take Off Your Body* (1972); *Life is Round* (1973)

Cooder, Ry(land) (g, voc), geboren am 15. März 1947 in Los Angeles, gilt als einer der kompetentesten Session-Gitarristen und Country-Blues-Nachlaßverwalter an der amerikanischen Westküste. Er lernte mit fünfzehn Jahren die Bottleneck-Gitarre zu spielen. Seine Vorbilder waren der weiße Folk-Kundler → John Fahey, der in den späten sechziger Jahren zu einem Guru des Blues-Revivals in Kalifornien wurde, und der legendäre schwarze Mississippi-Blues-Veteran → Robert Johnson. Cooder spielte 1965/66 in der ersten Band RISING SONS von → Taj Mahal. Später musizierte er mit Bottleneck-Gitarre und Mandoline bei Platten-Sessions für Fahey-beeinflußte Rockkünstler, wie → Captain Beefheart, → Arlo Guthrie und die → ROLLING STONES. So war er unter anderem auf dem Soundtrack-Album des → Mick Jagger-Films ‹Performance› (1970) und bei mehreren Titeln der STONES-Alben *Let It Bleed* (1970) und *Sticky Fingers* (1971) zu hören; allerdings sollen die ROLLING STONES zahlreiche Musikeinfälle Cooders als Plagiate auf anderen Alben verwendet haben. Seit Oktober 1970 spielte Cooder auf Solo-Alben die amerikanische Folk-Blues-Vergangenheit kenntnisreich ein. Die behutsamen Neufassungen vergessener oder totgespielter Balladen (meist aus der Depressions-Zeit → Woody Guthries oder → Leadbellys) erhielten in Cooders einfühlsamer Interpretation eine oft verblüffend aktuelle und unmuseale Authentizität. Sie brachten ihm im Dezember 1972 einen «Edison»-Preis der niederländischen Phono-Industrie ein.

LPs auf Reprise: *Ry Cooder* (1970); *Into the Purple Valley* (1972); *Boomer's Story* (1972); *Paradise and Lunch* (1974) ... auf Warner Brothers: *Performance* (Soundtrack, mit anderen, 1970)

Cooke, Sam (voc), am 22. Januar 1935 als siebtes der acht Kinder eines Baptistenpredigers in Chicago geboren, entwickelte parallel zu → Ray Charles aus Gospel- und Popsong-Elementen einen Soul-Interpretationsstil und wurde damit zu einem der großen Anreger der Rockmusik. → Otis Redding, → Lou Rawls, → Rod Stewart und andere nannten seine warme, einschmeichelnde Stimme mit ihren effektvoll placierten Schluchzern als wichtigen Einfluß. Der Soulsänger Arthur Conley verarbeitete Cookes *Yeah Man* zum Hit *Sweet Soul Music*; selbst die → ROLLING STONES lehnten sich etwa bei der Interpretation von *Little Red Rooster* und *Good Times* an die Cooke-Versionen dieser Lieder an. Während der Schulzeit in der Chicagoer Wendell Phillips High School gehörte Cooke dem Ensemble THE HIGHWAY Q.C.'s an und nahm anschließend mit der Gospelgruppe THE SOUL STIRRERS für die kalifornische Marke Speciality religiöse Gesänge auf. Da ihn diese Firma aus dem traditionellen Vorurteil gegenüber einer Verschmelzung geistlichen und weltlichen Musikgutes nur ungern Popsongs produzieren lassen wollte, brachte er seinen ersten Platten-Bestseller *You Send Me* 1953 auf 2,5 Millionen Singles des kleinen Keen-Labels heraus. Bei der Weltfirma RCA feierte er als Interpret süßlicher Balladen Triumphe, beteiligte sich an der Twist-Mode und wurde im Bewußtsein seiner vorwiegend weiblichen Fans zur Verkörperung verhaltener schwarzer Sexualität. Selbst der großmäulige Boxer Muhammad Ali alias Cassius Clay, der sich unter Cookes Anleitung mit dem Titel *Stand By Me* selbst einmal als Schallplattenkünstler versucht hatte, mußte zugeben: «Ich bin zwar der Größte, aber wenn's ans Singen geht, dann ist Cooke größer als ich.» Der überwiegende Teil der rund 15 Millionen Singles, die Cookes Samtstimme transportierten, enthielt belanglose Schlager. Mit Titeln wie *A Change Is Gonna Come, Good Times, Somebody Ease My Troublin' Mind, Driftin' Blues, Laughin' And Clowning* gelangen ihm jedoch auch realistische Statements mit psychischem Signalwert für das Gettopublikum. Am 11. Dezember 1964 wurde Sam Cooke von der 55jährigen weißen Managerin eines Hotels an der South Figueroa Street von Los Angeles, deren Büro er nach einer nächtlichen Party in derangierter Kleidung betrat, irrtümlich erschossen.

LPs auf RCA Victor: *Hits of the 50s* (1960); *Twistin' the Night Away* (1962); *The Best of Sam Cooke* (1962); *Mr. Soul* (1963); *Night Beat* (1963); *Ain't That Good News* (1964); *At the Copa* (1964); *Shake* (1965); *The Best of Sam Cooke, Vol. 2* (1965); *Try A Little Love* (1965); *The Unforgettable* (1966); *The Man Who Invented Soul* (1968); *The One and Only* (1968); *The Late and Great Sam Cooke* (1969); *This is Sam Cooke* (1970) ... auf Trip: *Golden Sound* ... auf Speciality: *Two Sides of S. C.* ... auf Up-Front: *Billie Holiday Story* (mit anderen, 1973) ... auf Camden: *Unforgettable* (1973)

Coolidge, Rita (voc), als dritte und jüngste Tochter eines Predigers am 1. Mai 1945 in Nashville, Tennessee, geboren, sang schon als Kleinkind im Kirchenchor und wuchs mit Spirituals und Country- and Westernklängen auf. Als *Delta Lady* (Leon Russell widmete ihr die gleichnamige Komposition) hat sie zahlreiche prominente Popmusiker wie → Joe Cocker, → Leon Russell, → Delaney & Bonnie, → Dave Mason, → Graham Nash, → Stephen Stills, → Eric Clapton und andere auf Tourneen und in Plattenstudios als Background-Sängerin begleitet. 1967 begann die ehemalige Studentin der Florida State University ihre Gesangskarriere bei einer Musikfirma in Memphis, die einen Großteil der Radio-Reklamespots in den USA produzierte. Nach achtzehnmonatigem Training bei dieser Company ging sie nach Los Angeles und fand dort Anschluß an die Rockelite. 1971 machte sich die Sängerin mit ihrer «tiefen, gutturalen, sexy Stimme» (‹Rolling Stone›) und ihrem «in Blues und Soul verwurzelten Vokalstil» (‹Circus›) als Solistin selbständig. Ihr Debütalbum stand noch stark unter dem Eindruck des weißen Südstaaten-Gospel-Rock, den sie zusammen mit → Joe Cockers Truppe auf der Tournee «Mad Dogs and Englishmen» zelebriert hatte: «Ein gutes Album, aber ein gutes Album von irgendwem» (Coolidge). Von *Nice Feelin'* an wurde ihre Musik leiser und persönlicher, wenngleich sie auch weiter Fremdmaterial übernahm. Mitte 1973 heiratete Rita Coolidge ihren Kollegen → Kris Kristofferson, der ihr auch eine dramatische Rolle im Film ‹Pat Garrett and Billy the Kid› vermittelte. Das gemeinsam mit Kristofferson besungene Album *Full Moon* kam auf den ersten Platz der Country & Western-Charts.

LPs auf A & M: *Rita Coolidge* (1971); *Nice Feeling* (1972); *The Lady's Not For Sale* (1972); *Fall into Spring* (1974) ... mit Kris Kristofferson auf A&M: *Full Moon* (1973) ... auf Monument: *Breakaway* (1974)

Cooper, Alice, bürgerlich: Vincent Damon Furnier (voc), am 2. Februar 1948 in Detroit, Michigan, als Sohn eines Elektronik-Ingenieurs geboren, tat sich 1965 in Phoenix, Arizona, mit seinen Kunstakademie-Freunden Mike Bruce (g, keyboards), Glen Buxton (g), Neal Smith (perc), Dennis Dunaway (bg) zu einem Show-Quintett zusammen, das das ästhetische Konzept des Dadaisten Marcel Duchamps in einer Mixtur aus Rock und Theater konkretisieren wollte. Die fünf nannten sich zunächst The Spiders, dann Nazz und, als eine Band aus Philadelphia diesen Namen für sich reklamierte, 1966 schließlich Alice Cooper. Der typisch amerikanische Frauenname als Pseudonym für eine Männerband und deren Hauptakteur sollte die Schock-Einsicht vermitteln, daß, «biologisch gesehen, jeder weibliche und männliche Anlage in sich trägt» (Alice). Die Verdrängung dieser latenten Bisexualität und die daraus resultierende Gewalttätigkeit wollten die COOPERS mit einer aggressiven, homoerotischen Sado-Maso-Show dokumentieren. «Wir sind die amerikanische Band schlechthin», behauptete Alice. «Wir sind das Endprodukt einer Überflußgesellschaft. Es macht uns Spaß, auf die Bühne zu gehen und der Öffentlichkeit zu zeigen, wie weit es mit ihrer Welt gekommen ist.» Das demonstrierte die Gruppe fortan immer intensiver. Als Protegés von → Frank Zappa, der sie 1967 zu seinem Straight-Label holte, verwirrten sie ihr Publikum zunächst mit Make-up-verschmierten Gesichtern, femininem Gehabe und gleichgeschlechtlichen Anspielungen. Gedrängt von der gegen Ende der sechziger Jahre zunehmenden sexuellen Liberalität stiegen die COOPER-Leute, die sich von den → KINKS, dem Comicstrip ‹Barbarella› und der TV-Kriminalserie ‹77 Sunset Strip› gleichermaßen beeinflußt fühlten, auf einen grotesk übersteigerten Horror-Trip um. In makabren Ritualen der Kinderschändung (Songtitel *Dead Babies*), Galgen-Exekution (*Killer*-LP) und Nekrophilie (Titel *I Love The Dead*) zeigten sie sich als «düstere Alternative zu → GRAND FUNK RAILROAD» (‹Stereo Review›). Auf Mammuttourneen führten sie mit Millionenaufwand perfekt inszenierten «Grand Guignol Rock» (‹Time›) vor, der als «chaotischer Reflex des elektronischen Zeitalters» (‹Circus›) mit den Requisiten einer schwarzen Broadway-Show dargeboten wurde. Mit einem elektrischen Stuhl, einer Guillotine, Floretts und Klappmessern, einer lebenden Boa constrictor, Rauchbomben, explodierenden Bettfederkissen sowie makabren Femeritualen, narzißtischen Lustübungen und einstudierten Schlägereien zwischen den Bandmitgliedern versuchten sie ihrem Teenager-Publikum klarzumachen, «daß Amerika sich auf Sex und Gewalt aufbaut» (Alice). Auf ihren üppig ausgestatteten Langspielplatten, die mangelnde Musikalität durch vorzügliche Produktion tarnten, riefen sie zur Rebellion gegen alle Autoritäten auf, zumeist jedoch so unglaubwürdig übersteigert, daß Eltern und Erzieher gar nicht erst in diese künstlich verbreiterte Generationenkluft tappten. «Da es immer schwerer wird, Erwachsene zu schockieren», erkannte der Kritiker Noel Coppage, «ist ALICE COOPER ein Beispiel dafür, wie sehr sich eine Band heutzutage anstrengen muß, um den schlechten Ruf zu erlangen, der Elvis einst mit einem einfachen Hüftschwung zuteil wurde.» Alice Coopers Lebensstil war privat weit von jeder Rebellen-Attitüde entfernt. Der notorische Biertrinker (Marke Budweiser) und Fernsehnarr, der zeitweilig den Dada-Veteranen Salvador Dalí, den Marx-Brother Groucho, den Tänzer Fred Astaire und den Modemacher Pierre Cardin zu seinen Freunden zählte, genoß das Glamour-Leben einer Showbusiness-Berühmtheit, fand Politik langweilig und bekannte, mit einem Blick auf seine Goldenen Schallplatten: «Ich mag die Art und Weise, wie das System in den Vereinigten Staaten funktioniert. Es macht mir nichts aus, ausgenutzt und manipuliert zu werden.» Als das System im Watergate-Horror nicht mehr so gut funktionierte, wurde ALICES Schrecken kommerziell unrentabel. Cooper löste sein Ensemble kurz vor dem Abstieg auf und hielt sich nach allen Medien-Seiten hin offen. 1975 entschied er sich für eine thematische Rückkehr an die Stätte früherer LP-Untaten und verhieß der Plattenkundschaft: *Willkommen in meinem Alptraum.*

LPs auf Straight: *Pretties for You* (1969); *Easy Action* (1970); *Love It to Death* (1971) ... auf Warner Brothers: *Killer* (1971); *Medicine Ball Caravan* (Soundtrack, 1971, mit anderen); *School's Out* (1972); *Billion Dollar Babies* (1973); *School Days* (1973, Doppelalbum-Re-issue der ersten beiden Straight-LPs); *Muscle of Love* (1973); *Greatest Hits* (1974) ... auf Anchor Records: *Welcome to My Nightmare* (1975)

Corea, Anthony Armando «Chick» (p, e-p), am 12. Juni 1941 in Chelsea, Massachussetts, geboren, ist der Prototyp eines hochtalentierten Komponisten und Instrumentalisten, der sich uneingeschränkt von Marktkategorien wie Jazz und Rock verwirklichen will. Er ist ein brillanter «Pianist mit Herz und Hirn, spielt mühelos rasende Terzenläufe, seine ostinaten Figuren der linken Hand stehen unverrückbar im Metrum»

(Kritiker Baldur Bockhoff). Seine von zahlreichen Jazzmusikern wie Stan Getz, Gary Burton, Duke Pearson-Bigband übernommenen Kompositionen «sind substantiell, beruhen auf starken Harmoniestrukturen und besitzen eingängige Melodien, die den Improvisator anregen» (Kritiker Michael Cuscuna). Vom geschätzten Sideman in den Bands von Mongo Santamaria (1962), Willie Bobo (1963), Blue Mitchell, Herbie Mann (1964 bis 1966) sowie später → Miles Davis avancierte er von 1966 an im Plattenstudio und mit Live-Combos wie CIRCLE zum souveränen, sensiblen Solisten. Zwei vielgerühmte, oft ausgezeichnete Solo-LPs mit *Piano Improvisations* (Titel) beendeten sein ausschließliches Jazz-Engagement. 1972 verwob er für die ECM-Longplay *Return to Forever* mit Joe Farrell (fl, ss), Stan Clarke (b), dem brasilianischen Drummer Airto Moreira und dessen Frau Flora Purim (voc) erstmals kühlen Jazz, sanften Rock, Flamenco- und Bossa-Nova-Elemente in ein originelles Schwebeklang-Konzept. Fortan führte Corea den Plattentitel als Bandnamen: RETURN TO FOREVER und nannte seine Produktions-, Management- und Verlagsfirma «Forever Unlimited». Zu den Musikern, mit denen er seither bei zunehmender Kommunikationskraft und wachsender Rock-Intensität regelmäßig zusammenarbeitete, gehören Bill Connors und Al DiMeola (g), Lenny White (dr, perc) und Stan Clarke (b), an dessen Debüt-LP *Children of Forever* er sich als Komponist, Mitspieler und Producer maßgeblich beteiligt hat. Auf die Kritik von Jazz-Puristen, Corea und seine Partner seien «zu gut, zu versiert, zu intelligent, die musikalisch ungewichtigen, von ganz anders her motivierten Träume eines Rockpublikums einzulösen» (Bockhoff), antwortete der Pianist in ‹Down Beat›: «Wenn ein Künstler seine Technik und seine Energie für eine Musik verwendet, die weit jenseits der Aufnahmefähigkeit des Publikums liegt, so halte ich dieses für eine Verschwendung seines Talents.»

LPs mit → Miles Davis, Mongo Santamaria, Willie Bobo, Blue Mitchell, Herbie Mann ... auf Vortex: *Tones* ... auf Solid State: *Now He Sings* (1969); *Chick Corea is* (1969) ... auf Blue Note: *Song of Singing* (1970) ... auf Groove: *Sundance* (1972) ... auf Muse: *Bliss!* (1973) ... auf Atlantic: *Inner Space* (1973) ... auf Polydor: *Hymn of the Seventh Galaxy* (1973); *Light as a Feather* (1973); *Where Have I Known You Before* (1974); *No Mystery* (1975) ... auf ECM: *Piano Improvisations Vol. 1* (1970); *ARC* (1971); Circle/Paris-Concert (1971); *Piano Improvisations Vol. 2* (1972); *Return to Forever* (1972); *Crystal Silence* (1973). Solo LPs Stanley Clarke auf Polydor: *Children of Forever* (1973) ... auf Nemporer: *Stanley Clarke* (1975). Solo-LPs Flora Purim auf Milestone: *Butterfly Dreams* (1973); *Stories to Tell* (1974)

Coryell, Larry (g, sitar, voc), am 2. April 1943 als Sohn eines Atomwissenschaftlers in Galveston, Texas, geboren, war einer der ersten Gitarristen, die in Jazz und Rock gleichermaßen hundertprozentig überzeugten: «Er baut aufregende, unvorhersehbare Soli voller Cluster, erfrischender Akkorde, quälender Pausen und plötzlich aufbrechender Läufe, die in einem intensiven Röhren und dem souverän eingesetzten Rückkopplungsgeheul aus den Verstärkerboxen münden» (‹Time›). Seit 1950 lebte er in Richland, US-Staat Washington, nahm mit vierzehn Gitarrenunterricht und studierte die Jazzplatten von Django Reinhardt, Barney Kessel, Tal Farlowe und Wes Montgomery. 1961 belegte er den Journalismus-Kurs an der University of Washington in Seattle, begann aber bald, professionell mit Jazz-, Country- und Rockgruppen zu musizieren. Im September 1965 ging er nach New York und gründete dort mit Jim Pepper (ts, fl), Chip Baker (g), Chris Hill (bg), Bob Moses (dr, voc) die stilbildende, enthusiastisch begrüßte Combo FREE SPIRITS, die nach Kritikermeinung «den strauchelnden Jazz in die Arena der Massenpopularität» (‹Rolling Stone›) zurückführen werde. Coryell, langhaarig, mit Blumenhemd, hohen Lederstiefeln und violetten oder breitgestreiften Carnaby Street-Anzügen bekleidet, damals zu seinen Musikern: «Wenn euch irgendeine Musik gefällt, gleichgültig ob Jazz, Blues, Western oder Hillbilly, indische oder irgendeine andere Volksmusik, dann verwendet sie; laßt euch bloß nicht einengen.» Diese Überzeugung konnte er anschließend dem im Hippie-Habit auftretenden, mit indischen Tempelglöckchen und tibetanischen Gebetsketten geschmückten Jazz-Quartett von Gary Burton (vib) vermitteln, mit dem er 1967/68 (neben Steve Swallow [b], Bob Moses [dr]) die durch Klang- und Kommerzerfolge aufsehenerregenden RCA-LPs *Duster, Lofty Fake Anagram, In Concert, Genuine Tong Funeral* produzierte. 1969 begann er mit seiner Frau Eve, die für Coryells eigenes Rock-Jazz-Ensemble komponierte und gelegentlich mitsang, bei → John McLaughlins Guru Sri Chinmoy Yoga zu praktizieren und schrieb unter diesem Einfluß mehrere Songs, darunter sein nach eigener Einschätzung stärkstes Stück *The Meditation Of November 8th*, mit dem er die Yogaübungen beendete. Zu den Musikern, mit denen er seit damals zusammenarbeitete und seine Vanguard-LPs aufnahm, gehörten McLaughlin (g), Miroslav Vitous, Mervin Bronson, Albert Stinson (b, bg), → Chick Corea, Mike Mandel (keyboards), Steve Marcus (ss), Bill Cobham, Harry Wilkinson (dr). Auf der ersten LP seiner Band Eleventh House, mit der er auch Europa bereiste, spielte der renommierte Trompeter Randy Brecker mit. Obgleich er an zahlreichen Studio-Sessions anderer Prominenter teilnahm, hat Coryell eine seiner «kompositorisch verwickelten und schwierigen, technisch makellosen Musik» (‹Down Beat›) angemessene Position in der Rock-Hierarchie bis 1975 nicht erreicht: «Ich möchte zur Kenntnis genommen werden; nicht als der größte Gitarrenspieler der Welt, aber als einer der größten. Doch ich bin nicht unzufrieden, meine Zeit wird kommen.»

LPs auf ABC Paramount: *Free Spirits: Out of Sight and Sound* (1967) ... auf Vanguard: *Lady Coryell* (1969); *Coryell* (1969); *Spaces* (1970); *At the Village Gate* (1971); *Offering* (1972); *The Real Great Escape* (1973); *Introducing Eleventh House* (1974); *The Restful Mind* (1975) ... auf Flying Dutchman: *Fairyland* (1970); *Barefoot Boy* (1971)

The James Cotton Blues Band gehörte in den sechziger Jahren zu den vielen vorzüglichen Bluesensembles des schwarzen Chicago. Durch eine LP, die 1967 von den Rockmusikern → Mike Bloomfield und Barry Goldberg produziert und promoviert wurde, rückte James Cotton (voc, harm) für zahlreiche weiße Combos zum Vorbild auf. Am 1. Juli 1935 in Tunica, Mississippi, geboren, war er von → Sonny Boy Williamson entdeckt worden, als dieser bei der Radiostation KEFA in Helena, Arkansas, als Discjockey arbeitete. Cotton gehörte drei Jahre Williamsons Band an und musizierte fünf Jahre für → Howlin' Wolf, auf dessen LPs *Moanin' in the Moonlight* und *How Many More Years* er zu hören ist. Über Memphis, wo er unter anderen → B. B. King begleitete, kam er 1955 nach Chicago und trat jahrelang mit → Muddy Waters auf. Cottons eigene Bluesband, in der er häufig auch Jazzbläser beschäftigte, hat viele Besetzungsänderungen erfahren. Ihre musikalische Identität erhielt sie durch die Harmonika des Leaders, die er mit saxophonartiger Phrasierung und Intensität spielt. Zugleich ist Cotton ein mitreißender Sänger, der das Stilmittel eindringlicher Talking-Blues-Passagen im Rhythm & Blues-Rahmen zu hoher Vollendung entwickelt hat.

LPs auf Verve: *The James Cotton Blues Band* (1967); *Pure Cotton* (1968); *Cotton in Your Ears* (1968) ... auf Vanguard: *Cut You Loose* (1968) ... auf Capitol: *James Cotton Blues Band* (1969) ... auf Buddah: *100 % Cotton* (1974)

Country Joe and the Fish, 1963 in Berkeley bei San Francisco von Joe McDonald (voc, g, harm) als Folk-Ensemble gegründet, elektrifizierte sich Ende 1965 und wurde zur Hausband der nordkalifornischen Studentenrebellion. Ihre Protestsongs *I Feel Like I'm Fixin' To Die Rag* gegen den Vietnam-Krieg, *Superbird* gegen das amerikanische Polit-Establishment und ihr berühmter *Fish Cheer* (F-U-C-K) erklangen bei nahezu allen wichtigen Demonstrationen der Campus-Jugend von der University of California in Berkeley. Zugleich gehörten McDonald, Barry Melton (g, voc), Bruce Barthol (bg, harm),

David Cohen (g, p, org) und Chicken Hirsch (dr) zur musikalischen Elite unter den West Coast-Bands. McDonald, geboren am 1. Januar 1942 in El Monte, Kalifornien, der mit siebzehn Marinesoldat geworden war und zwei Jahre in Japan gedient hatte, galt als einer der besten Rocksänger «mit einem Stil, der über alle Ausdrucksmöglichkeiten von der lyrischen Ruhe eines → Donovan bis zum harten Funky-Schrei gebot» (‹Down Beat›). Seine Band offerierte ein ebenso breites Spektrum von Songs: *Bass Strings* für Drogenkonsumenten, *Section Three* für die Anhänger des fernöstlichen Mystizismus, *Superbird* für die Neue Linke, *Flying High* für die Freaks, *Death Sound Blues* für die Bluesfans, *Janis* für → Janis Joplin. «Wir sind keine Rock 'n' Roll-Band», erklärte der einstige Amateur-Posaunist einer High School-Kapelle. «Wir lehnen es ab, immer die gleiche Musik zu machen, wir improvisieren. Um unsere Botschaft zu verkünden, ist uns jedes Stilmittel recht: Blues, Jazz, Raga, Ragtime und Rock. Und die Botschaft lautet: Laßt die Menschen leben. Stoppt den Hunger in den Slums, den Rassenterror in Harlem, den Krieg in Vietnam.» Die antiautoritäre Grundhaltung der Musiker erschwerte ihren Erfolg im Musikgeschäft. Zwar wurden von ihren Platten durchschnittlich zwischen einer viertel und einer halben Million Exemplare verkauft; für eine ihrem Talent angemessene Karriere, der sie 1969 mit ihrem kommerziellsten, aber nicht voll überzeugenden Album *Here We Are Again* nahe kamen, fehlte ihnen jedoch die Disziplin. In fünf Jahren löste sich das Ensemble fünfmal auf und wurde in leicht veränderten Besetzungen fünfmal wiederbelebt. Das Ende kam nach Country Joes Auftritt beim Woodstock Festival: «Aus Hippies werden nur schwer Musiker, da sie keinen Anführer akzeptieren. Ich habe versucht, Chef einer Hippie-Rockband zu sein, aber das war ein Widerspruch in sich.» Seitdem arbeitete Country Joe McDonald als Solist im Folk Rock-Idiom, lebte lange Zeit in Frankreich, komponierte einen Teil der Filmmusik zu ‹Stille Tage in Clichy› und nahm mehrere Alben mit wechselnden, teils prominenten Begleitern auf. Auf der LP *Hold On, It's Coming* ist beispielsweise → Spencer Davis zu hören. Ein Unglücksfall während einer Europa-Tournee in Holland, bei der er schwere Verbrennungen erlitt und drei Monate im Krankenhaus verbringen mußte, dazu eine kostspielige Scheidung und die nach seiner Überzeugung nicht ausreichende Unterstützung durch seine Plattenfirma erschütterten sein seelisches Gleichgewicht. Ende 1974 verklagte er Vanguard, die angeblich Platten von ihm durch inadäquate Zumischungen ruiniert hatte, auf eine Million Dollar Schadenersatz, und erklärte, in Europa bleiben zu wollen, weil nur dort noch Platz für «Hippie-Anarchisten-Guerillas» sei.

LPs auf Vanguard: *Electric Music for the Mind and Body* (1967); *I Feel Like I'm Fixin' to Die* (1967); *Together* (1968); *Here We Are Again* (1969); *Greatest Hits* (1969); *C. J. Fish* (1970); *The Life and Times of Country Joe and the Fish* (1971); *Best* (1973); *Country Joe* (1975) ... auf ABC/Probe: *Zachariah* (Soundtrack, mit anderen, 1970) ... McDonald-Soloalben auf Vanguard: *Thinking of Woody Guthrie* (1969); *Tonight I'm Singing Just for You* (1970); *Silent Days in Clichy* (Soundtrack, 1970); *Hold On, It's Coming* (1971); *War, War, War* (1971); *Incredible! Live!* (1972); *Paris Sessions* (1973). Solo-LP Barry Melton auf Vanguard: *Bright Sun is Shining* (1970)

The Cowsills wurden 1967 mit dem Millionenhit *The Rain, The Park, And Other Things* bekannt, als der rhythmisch einfältige Bubblegum-Rock der → Monkees und gefällige Gruppen-Harmonien in der → Beach Boys-Masche in den USA den Ton angaben. Der Fünf-Kinder-Clan um Mutter Barbara aus Newport, Rhode Island, machte sich beim Familienpublikum mit harmlosem Frohsinn und einigen optimistischen, penetrant-gefälligen Beat-Schlagern schnell beliebt. Zahlreiche Fernsehshows und Tourneen im Auftrag der US-Molkereigenossenschaften hielten die Gruppe bis ins «Zeitalter des Aquariums» populär, dem sie 1969 mit dem Titelsong des Musicals ‹Hair› einen letzten Großerfolg abtrotzten. Danach war die

Pop-Familie mit dem Saubermann-Image kaum noch gefragt. Ein Jahr später erscheint auf den amerikanischen Bildschirmen die singende «Partridge Family», eine Schauspielertruppe um den Jungsänger → David Cassidy, deren Serien-Abenteuer dem angeblichen Tournee-Alltag der Cowsills nachempfunden waren.

LPs auf MGM: *The Cowsills* (1967); *We Can Fly* (1968); *Captain Sad and His Ship of Fools* (1968); *Plus Lincoln Park Zoo* (1968); *The Best of the Cowsills* (1968); *The Cowsills in Concert* (1969); *All Time Hits* (ca. 1970); *11 x 11* (ca. 1970) ... auf London: *On My Side* (1971)

Creach, «Papa» John (vi, voc), geboren am 8. Mai 1917 in Beaver Falls, Pennsylvania, wurde Ende 1971, in seinem 54. Lebensjahr, als Rockmusiker berühmt. 1928 hatte ein Onkel den jungen Farbigen zum Geigenspiel angehalten, 1935 hatte er am Konservatorium von Chicago studiert. Doch wo immer der stilistisch vielseitige Musikant auch fiedelte, ob in Gospel-Kirchen oder lateinamerikanischen Kapellen, mit dem Illinois Symphony Orchestra, den Bluessängern Jimmy Rushing, Eddie Vinson und → T-Bone Walker in den US-Südstaaten oder (nach 1945) in kalifornischen Ausflugsdampfern und Hotelbars; nirgendwo fand er die seinem Talent angemessene Aufmerksamkeit. Erst als ihn die Rockband → Jefferson Airplane zur Produktion ihres Albums *Bark* ins Studio holte, mit ihm auf Tournee ging und ihn auf der gruppeneigenen Plattenmarke Grunt vorstellte, nahm ihn die Musikwelt zur Kenntnis und feierte ihn als Geigenstar. Creachs elektrisch verstärktes Instrument «klingt eher wie ein Altsaxophon als wie eine Violine ... Sein Ton ist voll und intensiv» (‹Rolling Stone›).

LPs auf Grunt/RCA: *Papa John Creach* (1971); *Filthy!* (1972); *Playing My Fiddle for You* (1974) ... mit Jefferson Airplane auf Grunt: *Bark* (1971); *Thirty Seconds Over Winterland* (1973) ... mit Hot Tuna auf RCA: *Hot Tuna* (1971) ... mit Hot Tuna auf Grunt: *Burgers* (1972) ... mit Jefferson Starship auf Grunt: *Baron von Tollbooth and the Chrome Nun* (1973); *Dragon Fly* (1974)

Cream, Ende 1966 in London von → Eric Clapton (g), → Jack Bruce (bg, voc) und → Ginger Baker (dr) gegründet, befreite die Popmusik von einigen der bis dahin gültigen Zwänge des Kommerz: Nach dem Motto «Vergiß den Zweck, vergiß den Songtext, mach einfach Musik» wandt sich das Trio von der Hitparade ab, improvisierte bis zu 30 Minuten über ein einziges Thema und machte die Langspielplatte statt der Single zum allseits akzeptierten Transportmittel für die neue Popmusik. Mit ihren hochenergetischen, musikalisch ausgewogenen, makellos artikulierten Instrumentalsoli etablierten sich die drei Spieler binnen kurzem als Supergroup – als zeitweise ertragreichstes Ensemble der internationalen Szene. In Europa und den USA spielten sie ausschließlich in ausverkauften Hallen. Für drei ihrer LPs erhielten sie Goldtrophäen (mehr als eine Million Dollar Umsatz), für das Doppelalbum *Wheels of Fire*, das über zwei Millionen Dollar einspielte, kassierten sie sogar einen Platinpreis. In dem Bestreben, sich beim Spielen ständig gegenseitig zu übertreffen, entwikkelten Clapton, Bruce und Baker ihre instrumentale Technik bis zum Optimum – auf Kosten des musikalischen Gehalts. Clapton: «Die Improvisationen, die früher spontan kamen, wurden immer mehr zur inhaltslosen Masche; jeder von uns reproduzierte seine Klischees.» Nach einem sensationellen, schon Wochen im voraus ausverkauften Abschiedskonzert im New Yorker Madison Square Garden löste sich das Trio Ende 1968 aus diesem Grunde auf.

LPs auf Polydor: *Fresh Cream* (1967); *Disraeli Gears* (1967); *Wheels of Fire* (1968); *Goodbye Cream* (1969); *Best of Cream* (1970); *Live Cream* (1970); *Live Cream Vol. 2* (1970); *Heavy Cream* (1972) ... auf RSO/Polydor: *Heavy Cream* (1973, Aufnahmen aus früheren LPs)

Creedence Clearwater Revival, 1967 in San Francisco von → John Fogerty (voc, g) mit den Musikern Tom Fogerty (g, voc), Stu Cook (p, bg, g, voc) und Doug Clifford (dr) ins Leben gerufen, versuchte stets, «Treffer zu landen und auf einer Langspielplatte so viele Hits unterzubringen wie möglich». Diese Repertoirepolitik brachte der Band in fünf Jahren sieben Goldene LPs und acht Goldene Singles mit einem Gesamtumsatz von mehr als 100 Millionen Mark ein. Mit hartem, rustikalem Blues und der schönen Primivität des Rock 'n' Roll war die vielfach ausgezeichnete Gruppe 1969/70 Nummer 1 in Amerika. In der wöchentlich publizierten ‹Billboard›-Bestsellerliste «Hot 100» wurde CCR 1969 – mit weitem Abstand vor den BEATLES – insgesamt hundertzehnmal genannt; das bedeutet: Jede Woche waren durchschnittlich zwei Stücke der Band, die «weniger als jede andere auf Kult, Charisma und Extravaganz setzte» (‹Rolling Stone›), unter den Hits. Das Extravaganteste an den vier Musikanten war wohl ihr Name: CREEDENCE war eine Verbindung der Wörter «creed» (Glaube) und «credence» (Vertrauen); CLEARWATER, inspiriert von einer Bierreklame im Fernsehen, sollte «etwas Tiefes, Wahres, Reines in unserer Musik» symbolisieren; REVIVAL bedeutete «Wiedergeburt oder Neubeginn». Einen Neubeginn hatten die Musiker 1967, nach John Fogertys Militärdienst, in der Tat nötig. Bis dahin nämlich, bis sie in einem Waldhaus in den kalifornischen Bergen ein neues Repertoire einstudierten, war der Stil der vier Schulfreunde «nichts weiter als ultra-weiße Mickymaus-Musik» (Fogerty). Mit 13 hatten sie in weißen Dinnerjacken, mit akkurat gebundenen Krawatten als BLUE VELVETS bei Schülerfesten und Tanzstundenbällen aufgespielt. Später stülpten sie sich komische Hüte auf den Kopf und nannten sich THE GOLLIWOGS. Und wenn in den Kleinstadtkneipen und Ausflugslokalen, wie meist, kein Mikrophon zur Hand war, brüllte Sänger Fogerty die beliebtesten Schlager so laut, daß sein Organ auch im Gläserklirren und Stimmengewirr zu hören war. Das Training kam ihnen nach der Wiedergeburt zugute. Fogerty sang so durchdringend, die Band rockte so kräftig, daß ihre Musik selbst im billigsten Transistorradio nach akzeptabel klang. Bei ihnen war von Politik, Sex und Drogen kaum einmal die Rede. Sie schilderten, freilich mit bedrohlichen Untertönen, das Amerika von Mark Twain: den alten Raddampfer *Proud Mary* auf dem *Green River* Mississippi, die Fischer und Ochsenfrösche des Ohio und den «bösen Mond», der über den Pinien- und Mangrovensümpfen Louisianas scheint. Bis die Musiker im Herbst 1972 auseinandergingen, um solistisch zu arbeiten (Tom Fogerty war schon 18 Monate vorher ausgestiegen), arbeiteten sie in einem ehemaligen Lagerhaus in Berkeley zusammen, das in ein «Hauptquartier» mit Büros, Studios, Farbfernsehgeräten, Coca-Cola-Automaten, einer Basketballhalle und Parkräumen für ihre Porsches umgewandelt worden war. «Ich sehe», pflegte der Millionär John Fogerty zu erklären, «die Welt noch immer durch die Augen des Proletariats. Wer nur an die Moneten denkt, dem fällt musikalisch und textlich überhaupt nichts mehr ein.»

LPs auf Fantasy: *Creedence Clearwater Revival* (1968); *Bayou Country* (1969); *Green River* (1969); *Willy and the Poor Boys* (1969); *Cosmo's Factory* (1970); *Pendulum* (1970); *Mardi Gras* (1972); *Creedence Gold* (1972); *More Creedence Gold* (1973); *Live in Europe* (1973). Solo-LP Doug Clifford: *Cosmo* (1972) ... Solo-LPs Tom Fogerty: *Tom Fogerty* (1971); *Exalibur* (1973); *Zephyr National* (1974); *Myopia* (1974)

Croce, Jim (voc, g), am 10. Januar 1943 in Philadelphia geboren, wurde nach dem Studium an der Villanova University 1965 vom US State Department auf eine Goodwill-Tournee in den Vorderen Orient und nach Afrika entsandt. 1966, nachdem er in Chester, Pennsylvania, als Radio-Jockey und Sozialarbeiter gewirkt hatte, ging er auf eine erfolgreiche Konzertreise durch amerikanische Colleges und komponierte in New York Titelsong und Soundtrack für die TV-Dokumentation ‹The Miner's Story›. Doch ein flinker Tonsetzer für die Massenmedien – diese Karriere bahnte sich an – wollte er nicht werden. Er zog sich mit seiner Familie in den Flecken Lydell, Pennsylvania, zurück, fuhr Lastwagen und arbeitete im Steinbruch. Dort, bei den Proletariern, gewann er die Eindrücke und die Kraft, die er anschließend in rund 500 Lieder umsetzte. Croce sang zu den phantasievoll variierten Rock 'n' Roll-Riffs seiner in Timing und Drive unfehlbaren Rhythmusgitarre von den Träumen und Frustrationen des *Hard Time Losin' Man* (Songtitel). Er überschrieb seine Stücke mit archaisch-hoffnungsvollen Floskeln wie *Hey Tomorrow* oder *Tomorrow's Gonna Be A Brighter Day* und bekannte sich programmatisch zum unverstellten Leben und Sterben der einfachen Leute in der Provinz und auf dem Land: *New York's Not My Home, I'm Walkin' Back To Georgia.* Nur selten hatten die Klischees und Topoi aus der Alltagspoesie der US-Arbeiterklasse eine so frische, unideologische und überzeugende musikalische Umsetzung erfahren wie in den Songs von Jim Croce. Während einer College-Tournee stürzte er am 20. September 1973 nahe Natchitoches, Louisiana, mit einer zweistrahligen Chartermaschine ab; alle sechs Insassen des Flugzeugs fanden den Tod. Danach schossen seine LPs zu Super-Sellern hoch. In der ersten Februarwoche 1974 nahmen *You Don't Mess Around with Jim* und *I Got a Name* die beiden Spitzenplätze der ‹Billboard›-Charts ein; das eine Woche vor dem Crash aufgenommene Album *Life and Times,* im Januar veröffentlicht, befand sich mit steigender Tendenz auf Platz 22. Der Song *Bad, Bad Leroy Brown* machte in Croces und Frank Sinatras Version auf Singles Spitzenumsätze, der Film ‹The Last American Hero› nach einer Kurzgeschichte von Tom Wolfe, zu dessen Vorspann Croce das Lied *I Got a Name* gesungen hatte, wurde unter dem Titel dieser Charles Fox/Norman Gimble-Komposition noch einmal in die Kinos gebracht. Nicht nur die Schlagzeilen über sein Ableben hatten den Sänger plötzlich ins amerikanische Bewußtsein gehoben, auch die Zeit war 1974 für seine Texte reif. Der Held mit gebrochenem Selbstverständnis, der seine Enttäuschungen und Karriere-Rückschläge nicht beschönigte, entsprach nun der allgemeinen Stimmung im Land.

LPs auf Columbia/CBS: *Croce* (1968) ... auf Capitol mit Maury Muehleisen: *Gingerbread* (ca. 1970) ... auf ABC (Vertigo): *You Don't Mess Around with Jim* (1972); *Life and Times* (1973); *I Got a Name* (1974); *Photographs and Memories (Greatest Hits)* (1974)

Crosby, David van Cortlandt (voc, g), am 14. August 1941 in Los Angeles als Sohn eines Filmregisseurs geboren, gründete 1965 mit vier anderen Musikern das Folk Rock-Quintett → THE BYRDS und brachte die Band mit eigenmächtiger Polit-Agitation und ungenierten Drogen-Werbesprüchen frühzeitig ins Gerede. Er schrieb mit *Eight Miles High, Mind Gardens* und *Everybody's Been Burned* einige der erfolgreichsten BYRDS-Titel, deren Rauschmittel-Anspielungen er trotz des Widerspruchs der übrigen Bandmitglieder offen zugab. Als «sichtbarer Affront gegen den Status quo» (Crosby) kanzelte er in Fernsehshows, die General Motors finanziert hatte, die Autofirma wegen angeblicher Umweltfeindlichkeit ab. Er weigerte sich, mit seiner Gruppe auf College-Tournee zu gehen, weil nach seiner Meinung «Rock nicht intellektualisiert werden sollte». Als er im Juni 1967 beim Monterey Pop Festival ohne Absprache mit seinen Co-Musikern den Warren-Report über die Hintergründe der Ermordung John F. Kennedys öffentlich in Zweifel zog, hatten die anderen BYRDS genug: Vier Monate später wurde Crosby gefeuert. In den Monaten danach produzierte er → Joni Mitchells erstes Album, schrieb für → JEFFERSON AIRPLANE seinen Post-BYRDS-Klassiker *Triad* über Liebe zu dritt und musizierte, wie schon vor seinem Rauswurf, sporadisch in der Formation → BUFFALO SPRINGFIELD. Nach der Auflösung dieser Gruppe tat sich Crosby Ende 1968 mit deren Gitarristen → Stephen Stills sowie → Graham Nash von den → HOLLIES zum Trio → CROSBY, STILLS & NASH zusammen, dessen Repertoire und Vortragsstil er mit leicht neurotischen Balladen und zuckrigem Harmoniegesang beeinflußte. Nach der informellen Auflösung der Singgemeinschaft Anfang 1971 versuchte sich Crosby mit ungenügenden Resultaten als Solist. 1973 beteiligte er sich an einem Reunion-Album ehemaliger Gründungsmitglieder der

Byrds und reihte sich 1974 in die Comeback-Tournee von Crosby, Stills, Nash & Young ein.

LPs mit den → Byrds auf Together, CBS, Asylum . . . mit → Crosby, Stills, Nash & Young auf Atlantic. Solo-LPs auf Atlantic: *If I Could Only Remember My Name* (1971); *Graham Nash/David Crosby* (mit Graham Nash, 1972)

Crosby, Stills, Nash & Young erlebten ihren ersten großen Auftritt beim Woodstock Festival im August 1969. → David Crosby (voc, g), ehemals bei den → Byrds, → Stephen Stills (voc, g), zuvor bei → Buffalo Springfield, → Graham Nash (voc, g), Ex-Spieler bei den → Hollies, hatten bereits im Dezember 1968 in Los Angeles gemeinsam ein Album mit Eigenkompositionen aufgenommen. Kurz nach der Veröffentlichung der LP im darauffolgenden Frühjahr holten sie → Neil Young (voc, g, p), einen weiteren Springfield-Spieler, in ihre Folk Rock-Firma. Das Quartett verstand sich von vornherein als Interessengemeinschaft ohne feste Gruppenbindung. Neil Young hatte bereits bei seinem Eintritt einen Solo-Kontrakt mit einem anderen Label; seine Mitspieler planten ebenfalls Alleingänge. Im Team faszinierten CSN & Y durch Vokal-Harmonie und ein Präzisionsspiel, das die Kritikerin Ellen Sander mit «hochgezüchteten Düsenjägern im Formationsflug» verglich. Dallas Taylor (dr), einst bei der psychedelischen Folkband Clear Light, sowie Gregory Reeves (bg), perfektioniert in den Motown-Studios, legten als ständige Begleiter einen kraftvollen, doch spannungsfreien Rhythmus. CSN & Y verfeinerten die Vokaltechnik der → Everly Brothers, die bereits die Hollies und Buffalo Springfield inspiriert hatten, und borgten vom Folklore-Feeling der Byrds, die die Musik der → Beatles mit amerikanischen Country-Klängen fusioniert hatten. In dieser eklektizistischen Manier bauten CSN & Y raffinierte Songgebilde voller geschickter Tempowechsel, überraschender Breaks, Chorus-Variationen und komplizierter Zwischenstrophen. In diesen Songs teilten sie bereitwillig Privates mit. So klagte Stills in *Suite: Judy Blue Eyes* über seine unerfüllte Neigung zu → Judy Collins; Crosby besang in *Guinnevere* seine bei einem Autounfall verunglückte Freundin Christine; Nashs Titel *Lady Of The Island* enthielt eine Widmung an → Joni Mitchell. Andere Lieder wie *Chicago, Ohio, Long Time Coming* wiesen auf ein politisches Engagement der Musiker hin, das sich freilich meist im melancholischen Protest erschöpfte. Der Perfektionsdrang Stills' verleitete das Quartett bei seinen Plattenaufnahmen zu einem exzessiven Zeitaufwand. Für ihre ersten beiden LPs benötigten CSN & Y 1400 Studio-Stunden. Das Resultat dieser Tüftelei war oft nicht mehr als ein banaler Formalismus, der mitunter an die sterile Schönsingerei von Barbershop-Gruppen erinnerte. Doch der gefällige, leicht eskapistische Gleichstromrock fand als Fortentwicklung des Byrds-Sounds großen Anklang: CSN & Y-Platten wurden zu Verkaufsschlagern mit Millionengarantie; die Gruppe war zu Beginn der siebziger Jahre eine der größten Konzertattraktionen. Nicht selten wurden Crosby, Stills, Nash & Young von Kritikern wegen der Eigenständigkeit ihrer Musikerpersönlichkeiten, des Fan-Zuspruchs und der Zahl ihrer Nachahmer mit den Beatles verglichen. Obwohl sie ihren Erfolgsgipfel noch nicht erreicht hatten, verloren die Musiker Mitte 1971 das Interesse am Ensemblespiel und gingen getrennte Wege. «Wir sind nun mal», erklärte Nash damals, «vier ausgeprägte Individualisten mit einer intensiven Liebe- und Haß-Beziehung zueinander. Wir kennen uns so gut, daß wir genau wissen, welchen Knopf wir drücken müssen, um uns gegenseitig in Rage zu bringen.» Doch auch nach der Auflösung der Singgemeinschaft assistierten sich die vier gegenseitig bei ihren Solounternehmungen im Plattenstudio und im Konzertsaal. Ihr Einzelgänger-Ruhm verdünnte sich jedoch von LP zu LP dermaßen, daß die Tournee-Reformation des Quartetts 1974 auf die Fans wie eine Erlösung wirkte. Die inzwischen noch mehr vertieften musikalischen und charakterlichen Divergenzen erschwerten der Truppe jedoch eine Reprise ihrer glorreichen Vergangenheit.

LPs auf Atlantic: *Crosby, Stills & Nash* (ohne Young, 1969); *Déjà Vu* (1970); *Four Way Street* (1971); *Best of CSN & Y* (1973); *So Far* (1974)

Crudup, Arthur «Big Boy» (voc, g), wahrscheinlich 1905 in Forest, Mississippi, geboren, wird von der Plattenfirma RCA im Titel einer LP als «Vater des Rock 'n' Roll» gerühmt. Die Berechtigung dafür liegt in dem Crudup-Blues *That's Alright, Mama*, den der junge → Elvis Presley 1954 noch erkennbar im Stil des Komponisten für Sun Records aufnahm. Presley hat seinem Vorbild 1956 dafür eine Dank-Plakette geschickt; zu mehr als einer ehrenvollen Fußnote in der Rock-Geschichte brachte es der bescheidene Schwarze indessen nicht. Erst mit 35 griff er nach einer mit Farmarbeit und Spiritualgesang verbrachten Jugend zur Bluesgitarre, erst am 11. September 1941 nahm er in Chicago für das RCA-«Race»-Label Bluebird seine ersten Platten auf: *Black Pony Blues* und *Death Valley Blues*. Zu seinen späteren, bereits mit einer Elektrogitarre produzierten Getto-Hits gehörten die Stücke *If I Get Lukky, Mean Old Frisco, Rock Me Mama, Cool Disposition, So Good You're Mine, Keep Your Arms Around Me* und *That's Alright, Mama*, deren Melodien er teils der Folklore entnahm, teils selbst erfand. Tantiemen für seine Kompositionen, die er selbst für Bluebird, RCA Victor, Trumpet, Ace, Checker, Fire und Delmark interpretierte und die von → Rod Stewart, → Johnny Winter, → Elton John, → B. B. King, → Buffy St. Marie, → Ike & Tina Turner, → Canned Heat, → Creedence Clearwater Revival, der → Butterfield Blues Band und anderen Interpreten nachempfunden wurden, sah er so gut wie nie. Von 1968 bis 1972 prozessierte Crudup mit Hilfe seines Agenten Dick Waterman gegen den Musikverlag Hill & Range. Als sich die Anwälte auf eine Nachzahlung von 60 000 Dollar geeinigt hatten, verweigerte der Verleger den Scheck. «Ich bin arm geboren worden, habe arm gelebt und werde arm sterben»: Mit dieser Äußerung behielt er recht. Während einer Tournee im Vorprogramm von → Bonnie Raitt wurde er Ende Januar 1974 nach einem Herzanfall in ein Washingtoner Hospital eingeliefert. Der Vater von vier Kindern und neun Stiefkindern starb am 28. März 1974 in Nassawadox, Virginia, seinem letzten Heimatort.

LPs (Auswahl) auf RCA Victor: *Bluebird Blues* (mit anderen, 1970); *Father of Rock and Roll* (1971) ... auf United Artists: *Roebuck Man* (1970) ... auf Delmark: *Crudup* (1968); *Crudup's Mood* (1970) ... auf Carnival: *Harpin' on It*

The Crusaders, Anfang der fünfziger Jahre in Houston, Texas, gegründet, sind die erste und am längsten bestehende (schwarze) Jazz Rock-Band. Wayne Maurice Henderson (tb), Wilton Lewis Felder (ts, bg), Joseph Leslie Felder (keyboards), Nesbert «Stix» Hooper (dr, perc) praktizierten schon als Schüler und Studenten an der Wheatley High School und an der Texas Southern University jene Symbiose von funky Rhythmen, Bluesakkorden und Jazz-Improvisation mit Gospel-Obertönen, die 15 Jahre später als neu empfunden wurde und einen Trend auslöste. Beispielsweise nennt die Rockband → Chicago die Crusaders als wichtigste Inspiration. Vom ursprünglich Modern Jazz Sextet genannten Ensemble gab ein Mitglied die Musik auf, der Flötist Hubert Laws machte eine Jazz-Solokarriere. Die restlichen vier gingen 1958 nach Los Angeles, nannten sich als Nightclub-Combo vorübergehend Nite Hawks und nahmen als Jazz Crusaders in den sechziger Jahren für die Marken Pacific Jazz und World Pacific 17 Langspielplatten auf – überwiegend mit gebremster Energie im milderen Westcoast-Jazzstil. Aber selbst dieses war noch zu rockig für die Jazz-Snobiety: Das Quartett, das oft mit Freunden und Gästen auftritt, wurde weder in New Yorker Lokalen verpflichtet noch zu Festivals eingeladen. Erst als die «unbesungenen Helden» (*Unsung Heroes* ist der Titel einer LP) 1970 den Begriff Jazz aus dem Bandtitel strichen, die Firma wechselten und wieder unfrustriert wie einst in Texas musizierten, fanden sie Anerkennung bei den Medien und Anklang beim Massenpublikum.

LPs als JAZZ CRUSADERS (Auswahl) auf Pacific Jazz: *Freedom* (1961); *Lookin' Ahead* (1962); *Tough Talk* (1963); *At the Lighthouse* (1963); *Heat Wave* (1964); *Stretchin' Out* (1964); *Thing* (1965); *Chile Con Soul* (1965); *Live at Lighthouse '66* (1966); *Talk That Talk* (1966); *Festival Album* (1967); *Lighthouse '68* (1968); *Powerhouse* (1969); *Lighthause '69* (1969); *Uh! Huh!* (1970); *Best* (1971) ... auf Chisa: *Pass the Plate* (1972); *Old Socks New Shoes* (1971) ... auf Liberty: *Give Peace a Chance* (1971) ... auf Motown: *At Their Best* (1974) ... auf MoWest: *Hollywood* (1974) ... als CRUSADERS auf Blue Thumb: *1* (1972); *2nd Crusade* (1973); *Unsung Heroes* (1973); *Scratch* (1974); *Southern Comfort* (1975)

Cuby + Blizzards, 1964 in Assen, Holland, gegründet, waren die erste musikalisch überzeugende und international anerkannte Bluesband auf dem europäischen Kontinent. Harry «Cuby» Muskee (voc, harm), am 10. Juni 1941 geboren, und Eelco Gelling (g), am 12. Juni 1946 geboren, arbeiteten gleichzeitig als Reporter und Fotograf bei einer Provinzzeitung; sie wurden wegen zu langer Haare gefeuert. Ihre erste LP *Desolation* mit Herman Brood (p, org), Jaap van Eik (bg), Dick Beekman (dr) erzielte 1967 einen Edison-Preis, das holländische Äquivalent zum US-Grammy. Im Leserpoll der Zeitschrift ‹Hit Week› belegte die Band 1968 vier erste Plätze: für die beste LP und Single, als beste Combo, Gelling als bester Leadgitarrist. Die Gruppe lebte zu dieser Zeit auf Muskees Bauernhof im 500-Seelen-Dorf Grollo, auf das sich der Titel ihrer zweiten LP bezieht. Beim ersten Konzert in Deutschland, in dem Rockgruppen im Kontext eines Jazzfestivals auftraten (1968 in Frankfurt am Main), lernten CUBY + BLIZZARDS → Alexis Korner kennen, mit dem sie anschließend bei Festivals in Bilzen und Düsseldorf gemeinsam auftraten. Das Düsseldorf-Konzert wurde 1969 für die LP *Live* mitgeschnitten. Auf Platten und in Konzerten hat die Band außerdem den schwarzen Bluessänger Eddie Boyd, → John Mayall, → Van Morrison und andere begleitet. Auf Tourneen war sie in Skandinavien, Benelux, England, Deutschland, Polen und in der ČSSR erfolgreich. Zu den BLIZZARDS gehörten nach 1968 Helmig van der Vegt (keyboards), Hermann Deinum (bg), Hans Lafaille (dr). 1973 lösten sie sich auf.

LPs auf Philips: *Desolation* (1966); *With Regards from Grollo* (1967); *Trippin' Thru a Midnight Blues* (1968); *Praise the Blues* (1968); *Soul* (1968); *Live* (1969); *Appleknocker's Flophouse* (1969); *Too Blind to See* (1969); *King of the World* (1970); *Simple Man* (1970); *Sometimes* (1972); *Abschiedskonzert* (1974)

Curtis, King, bürgerlich: Curtis Ousley (sax, cl, g), am 7. Februar 1934 in Fort Worth, Texas, geboren, war einer der wenigen brillanten Session-Musiker, die über ihre Begleitfunktion hinaus stilprägend wirken konnten. 1957 reicherte er den Hitsong *Yakety Yak* der → COASTERS mit einem urigen Tenorsaxophon-Solo an, das den lakonischen Texten des Liedes genau die richtige Klangfarbe beimischte. Curtis erspielte sich stilistische Individualität, indem er auf seinem Instrument einfache Tonfolgen durch verschieden lange Pausen gliederte und sie den Rhythmusschlägen seiner Begleiter vorausstolpern oder hinterherstürzen ließ. Diesen eigentümlichen Stakkato-Sound brachte er in den folgenden Jahren in den Aufnahmen von mehr als 120 so verschiedenen Session-Klienten wie → Connie Francis, → Aretha Franklin, → DELANEY & BONNIE, → Fats Domino, Andy Williams und den → ALLMAN BROTHERS ohne Anpassungsschwierigkeiten unter: «Nach 25 Jahren kann ich wohl behaupten, daß ich einfach mein Horn nehme und loslege. Ich brauche nicht über das nachzudenken, was ich spiele – zumindest, was die Noten anbelangt, weil ich spielen kann, was ich höre.» Curtis prägte neben Junior Walker und → Booker T. Jones den erdigen Saxophonklang der Soul-Musik. Auch als Producer, Musikverleger und Solo-Interpret bewies Curtis sein Allround-Talent. Der erste Erfolg mit seiner Combo THE KINGPINS war der *Soul Twist* (1962), gefolgt von der berühmt gewordenen *Soul Serenade* (1964). In den folgenden Jahren richteten Curtis und seine Musiker aus zahlreichen Pop-Schlagern ein instrumentales *Memphis Soul Stew* (Songtitel) an, das ihnen noch einmal Erfolg brachte. So erhielt er 1968 für seine Version von → Bobbie Gentrys *Ode to Billie Joe* den Grammy-Preis. Curtis, von Jazz- und Rock-Musikern gleichermaßen als Mitspieler geschätzt, wurde am 13. August 1971 vor seinem Haus in New York bei einem Streit erstochen.

LPs (Auswahl) auf Capitol: *Soul Serenade* (1964); *King Curtis Plays the Hits Made Famous by Sam Cooke* (1965); *Best of K. C.* (1968) ... auf Atco/Atlantic: *Have Tenor Sax* (1960); *That Lovin' Feeling* (1966); *King Curtis ‹Live› At Small's Paradise* (1967); *King Curtis Plays the Great Memphis Hits* (1967); *King Size Soul* (1967); *Sweet Soul* (1968); *The Best of King Curtis* (1968); *Instant Groove* (1969); *Get Ready* (1970); *Live At Fillmore West* (1971); *Everybody's Talkin'* (1972); *King Curtis & Champion Jack Dupree – Blues at Montreux* (1973) ... auf RCA Camden: *Sax in Motion* (1968) ... auf Prestige: *Best; Best One More Time; Soul with Adderley; Soul Meeting; Jazz Groove* (1973) ... auf Pickwick: *Watermelon Man* ... auf Up-Front: *Soul Time* ... auf Wand: *Eternally Soul* (1973)

Curved Air wurde im Dezember 1969 unter dem Namen Sisyphus in London gegründet und taufte sich beim Eintritt von Sonja Kristina (voc) im März 1970 nach der E-Musik-Komposition *A Rainbow in Curved Air* des US-Elektronikers Terry Riley. Das Quintett, das zunächst durch den klassisch inspirierten Song *Vivaldi* auffiel, schien durch die Kopie kalifornischer Vorbilder den sonnigen West Coast-Stil Amerikas für England requirieren und zugleich eigene Aussagen treffen zu wollen. Sängerin Sonja Kristina, geboren am 14. April 1949 in Brentwood, fand nach Schauspiel-Unterricht, Folksong-Auftritten und der Mitwirkung am Musical ‹Hair› zu einem Stil, der Kritiker an → Grace Slick erinnerte. Darryl Way (voc, vi, p, synthesizer), geboren am 17. Dezember 1948 in Taunton, drängte das Ensemble als extrovertierter Show-Geiger in die Richtung von → It's A Beautiful Day. Für ein eigenständiges tonales Zentrum der Curved Air-Musik sorgte Francis Monkman (g, keyboards), geboren am 9. Juni 1949 in Hampstead, Absolvent der Royal Academy of Music, dessen *Phantasmagorien* dem Ensemble den Ruf unkommerzieller Intellektualität und avantgardistischer Verstiegenheit einbrachten. Von einer perfekten Light Show optimal ausgeleuchtet, von ungewöhnlich gestalteten Plattentaschen übertrieben snobistisch gecovert, kamen die kultivierten Klangdarbietungen der Gruppe vielfach nur unzureichend zur Geltung. Kaum eine englische Rockband verband jedoch so viel Formsinn mit so viel entspanntem Ensemblegeist und – in guten Momenten – so viel Folksong-Emotion. Partner des Front-Triumvirats waren zwischen 1970 und 1972 Mike Wedgwood (bg), geboren am 19. Mai 1950 in Derby, und Florian Pilkington-Miska (dr, perc), geboren am 3. Juni 1950 in Roehampton. Nach einer Umbesetzung im Herbst 1972 blieben vom Stamm nur noch Wedgwood und Sonja Kristina übrig. Die neuen Musiker Kirby (voc, g), Eddie Jobson (vi, keyboards), Jim Russell (dr, perc) brachten zwar mehr Rock in die Band, hatten aber geringeres musikalisches Format. Ohne Ways und Monkmans interpretatorische Finesse und ihr Arrangier-Geschick klangen die Klassik-Exkursionen vordergründig und die Folksong-Simplizismen im Album *Air Cut* naiv; die Band hatte so keine Überlebenschance. Im Winter 1974/75 wurde ein neuerlicher Anlauf in annähernd der alten Besetzung unternommen: Sonja Kristina, Way, Monkman, Pilkington-Miska und an der Baßgitarre Philip Kohn.

LPs auf Warner Brothers: *Air Conditioning* (1970); *Second Album* (1971); *Phantasmagoria* (1972); *Air Cut* (1973) ... auf Nova: *Curved Air Live* (1975). LPs Darryl Way mit Wolf auf Deram: *Canis Lupus* (1973); *Saturation Point* (1973); *Night Music* (1974)

D

D'Abo, Mike (voc, p), als Sohn eines Börsenmaklers am 1. März 1944 in London geboren, tat sich zwischen 1967 und 1969 als

Vokalist bei → Manfred Mann durch Bestseller-Beiträge wie *Mighty Quinn, My Name Is Jack, Just Like A Woman* und *Ragamuffin' Man* hervor. Doch das war, so urteilte der Ex-Theologie- und Ökonomie-Student von der Cambridge University später, «wie ein Handel mit Fisch und Kartoffelchips». Schwerere Kost servierte D'Abo ab 1971 nach Tätigkeiten als Schauspieler (‹Gullivers Reisen›, Studiosänger (*Jesus Christ Superstar*) und Filmmusik-Komponist (‹There's a Girl in My Soup›) auf seinen Soloplatten. Seine überwiegend balladesk-romantischen und vielfach tiefsinnigen Songs über *Battlefield, Little Miss Understood, Salvation, Tomorrow On My Mind, My Life, My Load, I Go Where My Spirit Leads Me* haben fast immer einen religiösen oder moralischen Unterton. Nicht zufällig nannte er seine erste Combo um 1962 BAND OF ANGELS, und mit dem Stück *Invitation* hatte er 1964 seinen ersten Hit. Nun wünschte er sich vor allem Unabhängigkeit von den Drahtziehern des Popgeschäfts. Denn «die Tin-Pan-Alley-Boys in ihren feinen Anzügen lassen nur Puppen tanzen. Selbst wenn die Puppen die Freiheit haben, dazu eigene Musik zu machen, werden sie doch von hinter den Kulissen dirigiert. Statt mich organisieren zu lassen, organisiere ich mich künftig lieber selbst.» Zumindest musikalisch hatte er dabei Erfolg. Für sein hymnisches, von Elliot Mazer in London, San Francisco, Nashville produziertes Album *Broken Rainbows* konnte neben anderen versierten Sidemen auch → Graham Nash und → Mike Bloomfield gewinnen.

LPs auf Philips: *Waiting for D'Abo* (1970) ... auf A & M: *Down at Rachel's Place* (1972); *Broken Rainbows* (1974)

Darin, Bobby, bürgerlich: Walden Robert Cassotto (voc, vib, g, dr), am 14. Mai 1936 in East Harlem, New York, geboren, sang sich mit mittelmäßigem Talent in eine Karriere hinein, die eine Zeitlang Marksteine im Plattenbusiness setzte. Sein Debüt-Hit *Splish Splash,* 1958 in 20 Minuten geschrieben, signalisierte als erste Achtspur-Stereo-Aufnahme die Revolution der Studiotechnik. Weiße und schwarze Popmusik-Fans kauften die Platte jedoch eher wegen ihrer geschickten Adaption des altmodischen Boogie-Stils von → Fats Domino. Zwischen 1958 und 1967 konnte sich Darin 38mal in den Hitparaden placieren, unter anderem mit *Queen Of The Hop, Dream Lover* (1959), *You're The Reason I'm Living* (1963) und *If I Were A Carpenter* (1966). Mit seinem größten Hit *Mack The Knife* (1959) näherte er sich interpretatorisch den Bigband-Swingsängern der vierziger und fünfziger Jahre, deren Vokal-Manier er besser übernehmen konnte als die kehligen Stammellaute der weißen Rhythm & Blues-Imitatoren. 1960 heiratete er in einer «Traumhochzeit» die damals beliebte Filmschauspielerin Sandra Dee, mit der er mehrere Male vor der Kamera aufgetreten war. Die Ermordung Robert Kennedys 1968 brachte den bis dahin als arrogant und versnobt verschrienen Sänger zu einem völligen Sinneswandel. Er verkaufte seine luxuriöse Villa in Beverley Hills und zog in einem Campingwagen ans Meer. Bei seinen Nightclubauftritten zeigte er sich in verschlissenen Jeans und schockierte die Zuhörer mit Songs über den ermordeten Senator sowie Häftlings-Schikanierungen in amerikanischen Zuchthäusern. Seine sinkenden Einnahmen investierte er in einen nie vollendeten Film über sozial benachteiligte Minderheiten, zu denen der Sohn italienischer Einwanderer auch einmal gehört hatte. Nach einer riskanten Herzoperation besann sich Darin 1971 wieder auf seine Karriere. «Geld ist in vielerlei Hinsicht ein Zeichen von Freiheit», erkannte er damals, «das ständige Kaufen von irgendwelchen Dingen aber nicht. So sehr es mich auch drängte, all diese dummen Spielsachen und Besitztümer, die ich über die Jahre angesammelt hatte, loszuwerden – ich hatte doch alles erworben, weil ich das tat, was mir wirklich Spaß machte: unter Menschen zu sein und für sie aufzutreten.» Als erster weißer Gesangssolist ließ er sich 1971 von dem schwarzen Soul-Musik-Konzern Motown Records für zwei unergiebige Jahre engagieren. Kurz nachdem er einen 2-Millionen-Dollar-Nightclub-Vertrag mit dem MGM Grand Hotel in Las Vegas abgeschlossen hatte, starb Darin am 20. Dezember 1973 während einer zweiten Herzoperation.

LPs (Auswahl) auf Atlantic/Atco: *That's All* (1959); *This is Bobby Darin* (1960); *For Teenagers Only* (1960); *Two of a Kind* (1961); *Story* (1961); *B. D. sings Ray Charles* (1962); *Things and Other Things* (1962); *It's You Or No One* (1963); *Dr. Doolittle*; *If I Were a Carpenter* (1966); *In a Broadway Bag* (1966); *Inside Out*; *The Shadow of Your Smile* ... auf Capitol: *You're the Reason* (1963); *Bobby Darin* (1963); *Golden Folk Hits* (1964); *Hello Dolly* (1964); *Venice Blue* (1965); *Best* (1966) ... auf Clarion: *Clementine* ... auf Motown: *Bobby Darin* (1972); *1936–73* (1974)

Dave Dee, Dozy, Beaky, Mick & Tich, von Beruf (in dieser Reihenfolge) Polizist, Anstreicher, Arbeiter, Motorschlosser und Maler, waren Freunde in Salisbury, England, die es 1964/65 auch einmal mit Musik versuchen wollten: David «Dave Dee» Harman (voc), Trevor «Dozy» Davies (bg), John «Beaky» Dymond (g), Michael «Mick» Wilson (dr), Ian «Tich» Amey (g). Dave Dee, am 17. Dezember 1943 geboren, verordnete dem Clan nicht nur den auffallenden Namen, sondern auch einen vom rhythmischen Händeklatschen Liverpooler Fußballfans angeregten Kommerz-Musikstil, der nichts anderes bezweckte, als die Zuhörer in Zuckungen zu versetzen und ihnen die Illusion des Mitmachens zu geben. Prompt zuckten die Teeniebopper DDDBM & T-Aufnahmen wie *Bend It, Hideaway, Legend Of Xanadu, Zabadak, Save Me, Okay* in die Hitparaden zwischen Großbritannien und den Philippinen. Es waren rudimentäre Melodien, aufgepeppt mit Liverpool-Beat und allerlei clever ausgedachten Klang- und Bühnengags, die DDDBM & T-Anhänger als improvisierte Einfälle und spontanen Humor mißverstanden. Im August 1969 verließ Dave Dee seine Mannen, um allein Geld zu verdienen – beispielsweise mit den Singletiteln *My Woman's Man, Annabella* und als Co-Moderator der deutschen TV-Sendereihe ‹Beat Club›. Es mißlang: 1973 schlug er eine Hauptrolle in dem Rock-Musical *Grease* aus und trat in den Bürodienst der Londoner Atlantic-Filiale. Seine Combo hat den Dave Dee-Abschied, von dem sich die Musiker Freiheit für bessere Rockmusik erhofft hatten, nur um eine Langspielplatte (*Fresh Air*) überlebt.

LPs auf Fontana: *Dave Dee, Dozy, Beaky, Mick & Tich* (1966); *If Music Be The Food Of Love, Then Prepare For Indigestion* (1966); *Golden Hits* (1967); *What's in a Name* (1967); *Legend of Xanadu* (1969); *Together* (1970); *Fresh Air* (1970)

Davis, Miles Dewey (tp, flh), am 25. Mai 1926 in Alton, Illinois, geboren, als Sohn eines wohlhabenden schwarzen Zahnarztes in St. Louis aufgewachsen, Absolvent des berühmten New Yorker Juilliard-Konservatoriums, hat um 1970 mit seinem psychedelischen Trompetenjazz starken Einfluß auf die Rock-Szene ausgeübt. Der rebellische «schwarze Prinz» (Werbeslogan), seit seiner Mitgliedschaft im Charlie Parker-Quintett nach 1945 für New Yorks Underground-Intelligentsia die Verkörperung von Coolness, improvisierte über einem vielschichtigen Klangteppich elektrisch abgetasteter, intensiv, aber nicht schwer rockender Rhythmusinstrumente ohne festliegende Harmoniefolgen und metrische Korsetts nur mehr «über Gefühle». Dabei rieben sich die Akkorde in schrillen Dissonanzen, türmten sich Tonfolgen zu Klangbergen oder brachen als Melodienfragmente ab. Diese bewußtseinserweiternde «ultimate music» bewirkte, in Rocktempeln wie den «Fillmores» dargeboten, bei manchen Popmusik-Fans Halluzinationen, wie sie der Graphiker Mati Klarwein auf dem Cover des Davis-Doppelalbums *Bitches Brew* (Hurengebräu) dargestellt hat: Da brennen Mohnblumen neben schaumigen Brandungswellen, da umarmen sich afrikanische Königskinder, und die glatzköpfigen Gesichter einer schwarzen und einer weißen Frau, die aus den Fingern gekreuzter Hände hervorwachsen, sind mit Tau- und Blutstropfen übersät. Der unberechenbar egozentrische Davis, nebenbei Amateurboxer und Besitzer eines spanischen Schlößchens an der

New Yorker 77. Straße, dessen eigenwilliger Dress oft Modeimpulse gab, wurde von seinen Mitspielern oft als derart auroritärer Bandleader empfunden, daß die meisten ihn nach relativ kurzer Zeit wieder verließen. Sie übertrugen sein Konzept modalen Improvisierens (manchmal eine Stunde lang über einen einzigen Grundton) auf ihre eigenen Rock-Jazz-Combos wie → Tony Williams' Lifetime, → John McLaughlins → Mahavishnu Orchestra, die Gruppen → Weather Report, → Compost und andere. Davis selbst lehnt den Begriff Rock wie jede andere Etikettierung für seine Musik ab: «Rock ist ein Begriff des weißen Mannes, und ich bin kein weißer Mann.»

LPs (Auswahl) auf CBS: *In a Silent Way* (1969); *Bitches Brew* (1970); *Miles at Fillmore* (1970); *Jack Johnson* (1971); *Live – Evil* (1972); *On the Corner* (1973); *In Concert* (1973); *Big Fun* (1974); *Get Up with It* (1974)

Davis, Spencer (g, voc, p, org, harm), am 17. Juli 1941 in Swansea, England, geboren, demonstrierte 1965/66 zusammen mit → Steve Winwood (p, org, g, vib, dr, voc), Muff Winwood (bg) und Pete York (dr) nachdrücklicher als jeder andere englische Bandleader, daß ein weißes europäisches Rock-Ensemble schwarzen US-Blues kongenial nachempfinden kann. Besonders Steve Winwoods stimmliche → Ray Charles-Adaption (*Georgia On My Mind*) wurde in der Spencer Davis Group als Sensation empfunden. Der ehemalige Deutschlehrer, an der Birmingham University und an der Freien Universität von West-Berlin ausgebildet, hatte als Amateurmusiker in Folk-Combos und mit Dixieland-Gruppen (etwa den Berliner Spree City Stompers) gespielt, ehe er 1963 in Birmingham sein Rock-Quartett zusammenstellte. Im Mai 1964 wurde die Group professionell und erzielte in den beiden folgenden Jahren, zeitweise mit Phil Sawyer (g), durch *Keep On Running, Somebody Help Me, Gimme Some Lovin', I'm A Man* Hitparaden-Erfolge. Als Steve Winwood 1967 ging, um Traffic zu gründen, und Muff Winwood sich für eine Karriere in der Plattenindustrie entschied, holte Davis Eddie Hardin (org, p) und Ray Fenwick (g, bg, voc) in die Band. Diese Formation brachte die LP *With Their New Face On* hervor, fand jedoch auf der Konzertbühne so wenig Resonanz, daß sich Eddie Hardin und Pete York im Herbst 1968 als Duo → Hardin & York selbständig und Platz für Dee Murray (bg), Nigel Olson (dr) machten, die Spencer Davis Group aber kurze Zeit später zum Aufgeben gezwungen war. Davis zog mit seiner Familie nach Kalifornien, sang in Coffee Houses vornehmlich Folksongs und nahm zusammen mit seinem Birmingham-Folk-Kumpan Peter Jameson (g, voc), einem Ex-Architektur-Studenten aus London, das Album *It's Been So Long* auf. Es enthielt subtile Dialoge auf unverstärkten Gitarren, mißriet aber streckenweise durch Balkan-Gefiedel zu einer unfreiwilligen Parodie auf Puszta-Musik, obgleich der Jazz-Gitarrist Barney Kessel als Begleitmusiker mitwirkte. Trotz so prominenter Studiomusiker wie Harry Edison (flh), Ernie Watts (fl, sax), George Bohannon (tb), Larry Knechtel (p), Jim Keltner (dr) konnte auch die zweite in Los Angeles produzierte Platte *Mousetrap* nicht voll überzeugen. Nach England zurückgekehrt, gründete Davis im Winter 1972/73 eine neue Band, der neben Ray Fenwick (g), Richard McCracken (bg) auch Eddie Hardin und Pete York wieder angehörten.

LPs auf Fontana: *Spencer Davis Group, First Album* (1965); *Their Second Album* (1966); *Autumn '66* (1966); *With Their New Face On* (1967) ... auf United Artists: *Gimme Some Lovin'* (1967); *Here We Go Round the Mulberry Bush* (Soundtrack, 1968); *I'm a Man* (1968); *Mousetrap* (1972) ... auf Mediarts: *It's Been So Long* (1970) ... auf Island: *Gimme Some Lovin'* (1971); *Somebody Help Me* (1973) ... auf Vertigo: *Gluggo* (1973); *Living in a Backstreet* (1974) ... Soloalbum Ray Fenwick auf Decca: *Keep America Beautiful, Get a Haircut* (1971)

Deep Purple, im Februar 1968 von Jon Lord (org, p) und Ritchie Blackmore (g) in London gegründet, bezog die Spannung, die das Quintett zu einer der erfolgreichsten britischen Rockbands machte, aus einem ununterbrochenen Konflikt zwischen diesen beiden Musikern. Nicht selten trugen sie ihren Kampf auf offener Bühne, vom Publikum als Teil der Show mißverstanden, derart handgreiflich aus, daß Gitarren und Verstärker zu Bruch gingen und Teile des Schlagzeugs ins Auditorium flogen. Lord, am 9. Juni 1941 in Leicester geboren, studierte Musik und besuchte drei Jahre lang eine Schauspielschule. Er spielte in verschiedenen Jazz- und Rockbands, u. a. bei den Combos ARTWOODS, FLOWER POT MEN und SANTA BARBARA MACHINE HEAD; sein uneingestandenes Ziel war jedoch stets das Komponieren größerer Konzertwerke. Nachdem er von Beginn an DEEP PURPLE durch klassische Musikstrukturen geprägt hatte, schien er sich mit seinem *Concerto for Group and Orchestra* und der *Gemini Suite* 1970 endgültig als Ensemble-Chef durchgesetzt zu haben. Das *Concerto* wurde am 24. September 1969 von DEEP PURPLE und dem Royal Philharmonic Orchestra unter Malcolm Arnold in der Londoner Royal Festival Hall uraufgeführt. Die *Gemini Suite*, ein Auftragswerk der BBC, wurde 1970 von der Gruppe, dem London Symphony Orchestra und den Sängern Tony Ashton und Yvonne Elliman aufgenommen. Ashton wirkte – neben den Rock-Solisten Ray Fenwick (g), Glenn Hughes (voc, bg, g), Pete York (dr, perc), David Coverdale (voc) – 1974 in München auch an der Gemeinschaftskomposition *Windows* von Jon Lord und Eberhard Schoener mit, die mit dem Orchester der Münchner Kammeroper als Bindeglied zwischen Rock und E-Musik anläßlich eines Kongresses der Jeunesses Musicales aufgeführt und vom Fernsehen in viele Länder übertragen wurde. Lords Gegenspieler Ritchie Blackmore, am 14. April 1945 in Weston-Super-Mare geboren, hatte seit seinem elften Lebensjahr Gitarrenunterricht. Um 1960 wurde er beim Rock 'n' Roll-Aristokraten «Screaming Lord» Sutch Berufsmusiker und rockte in England, Italien und Deutschland mit zahlreichen Bands wie z. B. den THREE MUSKETEERS und den Hamburger FACES. Egozentrisch, ehrgeizig und aggressiv, erklärte er oft: «Ich bin so lange im Geschäft, daß ich den meisten Gitarristen heutzutage den Arsch abspielen kann.» Mitte 1970 hatte er sich bei DEEP PURPLE durchgesetzt. Vom Album *Deep Purple in Rock* an entsprach der Ensemblestil Blackmores hartem, unverbindlichem, kompromißlosem und gewalttätigem Naturell. In einem Bauernhaus in der englischen Grafschaft Hertfordshire hatten sich Lord, Blackmore, Rod Evans (voc), Nick Simper (bg) und Ian Paice (dr) 1968 zwei Monate lang zusammengerauft. Ihre erste Single *Hush* wurde in den USA ein Hit, in England aber kaum beachtet. Erfolgreiche Amerika-Tourneen verstärkten die Kluft zwischen US-Popularität und heimischer Bedeutungslosigkeit; ihr zweites und drittes Album kamen in England mit monatelanger Verzögerung heraus. Erst das Konzert mit dem Royal Philharmonic Orchestra brachte die Band auch in Großbritannien ins Gerede und in die Hitlisten. Evans und Simper hatten nicht das nötige Durchstehvermögen gehabt und nach ihrem Ausscheiden die Bands CAPTAIN BEYOND und WAREHOUSE gegründet. An ihrer Stelle traten fortan Ian Gillian (voc) und Roger Glover (bg) auf. 1971 gründeten die Musiker ihr eigenes Platten-Label Purple Records, obgleich der Konflikt in der Band sich eher verschärft hatte. Bei allem Erfolg war offensichtlich geworden, daß Blackmores Dampframmen-Stil in Leerlauf geraten war. Anfang 1973 erklärten die Band-Mitglieder übereinstimmend, DEEP PURPLE löse sich auf. Tatsächlich schieden Ende Juni lediglich Gillian und Glover wieder aus, die durch David Coveodale (voc) und Glenn Hughes (bg, voc) ersetzt wurden. Erst im Frühjahr 1975 verließ Ritchie Blackmore die Band.

LPs auf Harvest/Purple Records/EMI: *Shades of Deep Purple* (1968); *The Book of Taliesyn* (1969); *Deep Purple* (1969); *Live Concert at the Royal Albert Hall with the Royal Philharmonic Orchestra* (1970); *Deep Purple in Rock* (1970); *Fireball* (1971); *Machine Head* (1972); *Made in Japan* (1972); *Who Do We Think We Are* (1973); *Burn* (1974); *Stormbringer* (1974) ... Jon Lord mit ARTWOODS auf Decca: *Art Gallery* (1966). Jon Lord mit Tony Ashton auf Purple: *Gemini Suite* (1971); *First of the Big Bands* (1974); *Windows* (mit Eberhard Schoener, 1974) ... Ritchie Blackmore mit Lord Sutch auf Cotillion: *House of Jack the Ripper* (1972) ... Roger Glover auf Purple: *The Butterfly Ball and the Grasshopper's Feast* (1974)

Delaney & Bonnie (Bramlett), ein Popmusik-Ehepaar, das im Stil südstaatlicher Blues- und Gospelinterpreten sang, wurde mit seiner ständig wechselnden Begleitband FRIENDS von Musikern und Kritikern unterschiedlich beurteilt. Einerseits galt das Duo 1969 mit seinem «überzeugenden weißen Gospel-Klang» (→ Mick Jagger) als «beste Popband der Welt» (→ Eric Clapton), als «besser als Aretha Franklin und → Ray Charles zusammen» (‹Chicago Daily News›): «Selten genug verschmolzen Stimmen und Instrumente zu einer derart pulsierenden Einheit, die den Zuhörer in den Spaß und die Ekstase des Musikmachens einbezieht» (‹Cash Box›). Andererseits hörten – vornehmlich deutsche – Kritiker in den Konzerten von DELANEY & BONNIE lediglich einen «längst dürr und klappernd gewordenen Soulbeat mit einem Schuß Hollywood-Unterhaltungsmusik» (‹Süddeutsche Zeitung›): «Von simpelster Terz-Quart-Quint-Harmonik kommt der eheliche Duo-Gesang nie los, und wenn Bonnies Stimme in den Vordergrund tritt, kommt ein häßliches Waber-Vibrato zum Vorschein» (‹Frankfurter Allgemeine Zeitung›). Das umstrittene Rockpaar wurde 1967 durch Heirat gestiftet. Delaney Bramlett, am 1. Juli 1939 auf einer Farm in Randolph, Mississippi, 90 Meilen südlich von Memphis, geboren, hatte von einem farbigen Arbeiter als Kind Gitarrespielen gelernt, in der US-Marine gedient und war als Musiker im Hausduo SHINDOGS der erfolgreichen Hillbilly-Fernsehreihe ‹Shindig› bekannt geworden. Bonnie Lynn, geboren am 8. November 1944 in dem 900-Seelen-Dorf Granite City, Illinois, sang in einem Kirchenchor, wurde mit 15 von ihrem Vater in einem St. Louis-Nightclub als Profisängerin auf die Bühne gestellt und zog anschließend mit → IKE & TINA TURNER und anderen Soulgruppen über Land. Mitte 1969 gingen DELANEY & BONNIE AND FRIENDS, in Los Angeles gegründet, mit Eric Claptons Band → BLIND FAITH auf USA-Tournee. Im November des gleichen Jahres holte sie → Clapton nach Europa. Deutsche Fans waren enttäuscht, daß der berühmte Gitarrenvirtuose nur als Begleitmusiker auftrat, und buhten die Gruppe aus. In England feierte das Ensemble Triumphe und nahm (in Croydon) eine vorzügliche Live-LP auf. Das Paar wurde 1972 geschieden und beendete auch die Arbeitsgemeinschaft. Beide versuchten ihre Album-Verpflichtungen gegenüber CBS als Solisten zu erfüllen, doch einzeln entbehrten ihre Namen des Glanzes, den DELANEY & BONNIE als Team besessen hatten. Ende 1974 schloß Bonnie einen neuen Plattenvertrag mit Capricorn Records und produzierte in Macon, Georgia, die LP *It's Time.*

LPs auf Stax: *Home* (rec. 1968, ed. 1970) ... auf London: *Genesis* (rec. 1968, ed. 1970) ... auf Elektra: *Accept No Substitute* (1969) ... auf Atco: *On Tour with Eric Clapton* (1970); *To Bonnie from Delaney* (1970); *Motel Shot* (1971); *Best of D & B* (1971) ... auf CBS: *Together* (1972); *Country Life* (1972) ... Solo-LPs Delaney Bramlett auf CBS: *Some Things Coming* (1972); *Mobius Strip* (1973). Solo-LPs Bonnie Bramlett auf CBS: *Sweet Bonnie Bramlett* (1973) ... auf Capricorn: *It's Time* (1975)

Denver, John, bürgerlich: John Deutschendorf (voc, g), am 31. 12. 1943 in Rosell, New Mexico, geboren, singt folkloristische Eigenkompositionen, deren ländliche Nostalgie meist wenig Kontakt zur Realität besitzt. Er besingt die «Stille eines klaren blauen Bergsees» (*Rocky Mountain High*), kündet von «Gedichten, Gebeten und Gelübden» (Albumtitel) am Lagerfeuer, fährt als «Sohn Amerikas» auf dem Zug *City Of New Orleans* durch ein Schattenreich der Erinnerungen und bittet: «Ihr Landstraßen, führt mich nach Hause, dorthin, wohin ich gehöre» (*Take Me Home, Country Roads*). Denver wurde zunächst als Autor des Liedes *Leaving On A Jet Plane* bekannt, das → PETER, PAUL & MARY 1969 zu einem Top-Hit machten. Der ehemalige Architekturstudent hatte sich zu Beginn der sechziger Jahre an der amerikanischen Westküste niedergelassen und in den Folk Clubs von Los Angeles bescheidene Anerkennung ersungen. Er gehörte eine Zeitlang dem renommierten CHAD MITCHELL TRIO an, dessen Leitung er nach dem Fortgang Mitchells übernahm. Als Solist konnte er sich jedoch erst nach dem Erfolg seines *Jet Plane*-Songs profilieren. Denver hat die Mentalität der Folk-Sänger vor den → BEATLES, bringt aber wenig von deren politischem Engagement in seine Lieder ein. Seine leicht patriotischen Eigenkompositionen und die meist vorzüglich re-interpretierten Fremdtitel sind gelegentlich mit Marihuana-Anspielungen und Anti-Spießer-Bemerkungen im Stil der harmlosen Aufmüpfigkeiten von College-Verbindungen angereichert. Sein inoffensives Repertoire und sein wohlgefälliger Vortrag machten Denver zum erfolgreichsten Folksänger der frühen siebziger Jahre; seine LPs wurden zu Millionensellern.

LPs auf RCA Victor: *Rhymes & Reasons* (1969); *Take Me to Tomorrow* (1970); *Whose Garden Was This* (1970); *Poems, Prayers & Promises* (1971); *Aerie* (1972); *Rocky Mountain High* (1972); *Farewell Andromeda* (1973); *Best* (1974); *Back Home Again* (1974); *An Evening with John Denver* (1975) ... auf Mercury: *Beginnings* (mit dem MITCHELL TRIO, ed. 1974)

Diamond, Neil (voc, g), am 24. Januar 1945 in Coney Island, New York, geboren, konstruiert seine introspektiven Klänge immer wieder mit den Grundharmonien und Basis-Rhythmen seines Erst-Hits *Solitary Man* (1966). Der «jüdische Cowboy» (‹New York Times›) mit der anachronistischen Attitüde eines versprengten → Presley-Jüngers aus den fünfziger Jahren schreibt in Erfolgsserie theatralische Schlager mit der Verschleißkonsequenz von Saisonhits. Nur wenn der von Western-Filmen inspirierte Vokalist von seinen Kinderträumen zwischen Mietskasernen (*Brooklyn Roads*) und einem rastlosen Superstarleben «zwischen zwei Küsten» singt (*I Am ... I Said*), gewinnen seine Songs an Atmosphäre und lassen die unerfüllte Wunschwelt des Sängers ahnen. Diamonds melodramatische, bluesraspelnde Baritonstimme und die völlige Identifikation des Sängers mit seinen Texten geben seinen Darbietungen eine individuelle Note, die vielen Popmusik-Sängern fehlt. Einige von ihnen profitierten von seinem Songschreibetalent: Den → MONKEES skizzierte er den 10-Millionen-Hit *I'm A Believer* (1966), → Lulu sang sein *The Boat That I Row* (1967), → DEEP PURPLE intonierte Neils Ode auf die *Kentucky Woman* (1968). Nach 1970 verwässerte Diamond seinen «urbanen Blues» durch messianische Auftritte vor großorchestralem Hintergrund. Im Herbst 1972, während seines 14-Tage-Gastspiels im New Yorker Broadway-Theater Wintergarden, klärte er die Zuhörer über sich auf: «Ich bin nicht des Geldes wegen hier. Ich habe genug Geld. Ich bin hier, weil ich Ihre Liebe brauche.» Das Geld fließt ihm trotzdem zu: Im gleichen Jahr schloß er mit dem Plattenkonzern Columbia/CBS einen 5-Millionen-Dollar-Vertrag als Autor und Sänger und verkündete nach der Vertragsunterzeichnung, er werde nun ein Jahr pausieren, um klassisches Piano zu studieren. Seine Zukunft sah Diamond als Verfasser von Symphonien, Ballettmusiken und Streichquartetten: «Ich träume nicht davon, George Gershwin zu sein. Ich träume davon, Beethoven, Tschaikowsky und Robert Frost zu sein. Soviel glaube ich nämlich musikalisch leisten zu können.» Schon bei seinem ersten Großprojekt schien er allerdings überfordert: Der von ihm gefertigte Film-Soundtrack zur existentialistischen Möwen-Saga *Jonathan Livingston Seagull* schwemmte oberflächliche Anleihen bei Debussy, Tschaikowsky und Wagner zu einer «ungenießbaren Movie-Brühe» (‹Die Welt›) zusammen. Obgleich der Film sich als Flop erwies, wurde die Soundtrack-Brühe schon in den ersten drei Monaten nach dem Servieren von mehr als einer Million Plattenkäufern geschlürft.

LPs auf Bang: *Feel of Neil Diamond* (1966); *Just for You* (1967); *Neil Diamond's Greatest Hit* (1968); *Greatest Hits, Vol. 2* (1970); *Shilo* (1970); *Do It!* (1971); *Double Gold* (1972) ... auf Uni: *Velvet Gloves and Spit* (1968); *Brother Love's Traveling Salvation Show* (1969); *Touching You, Touching*

Me (1969); *Gold* (1970); *Tap Root Manuscript* (1970); *Stones* (1971); *Moods* (1972) ... auf MCA: *Hot August Night* (1972) ... auf CBS: *Jonathan Livingston Seagull* (Soundtrack, 1973); *Serenade* (1974)

Diddley, Bo, bürgerlich: Ellas McDaniel (voc, g), am 30. Dezember 1928 in McComb, Mississippi, geboren, gehörte zu den ersten Bluesmusikern, die konsequent den Schritt zum Rock 'n' Roll taten und diesen ursprünglich weißen Stil mit schwarzer Vitalität und instrumentalem Einfallsreichtum anreicherten. «Zehn Jahre früher als → Jimi Hendrix», urteilt der Kritiker Franz Schöler, «experimentierte er mit Echohall und Verzerrer-Effekten auf seiner elektrisch verstärkten Gitarre schon so genial, daß von den → ROLLING STONES über die → WHO bis zu → CREEDENCE CLEARWATER REVIVAL fast alle prominenten Gruppen seine Technik kopierten.» Bei Professor O. W. Frederick, Musikdirektor der Ebeneezer Baptist Church in Chicago, lernte er Violine spielen und trat als Geiger in einer High School-Amateurkapelle auf. Mit siebzehn wechselte er zur Gitarre und wurde 1955 von den Brüdern Chess für ihr Label Checker verpflichtet. In großkarierten, grellfarbigen Sportjacketts, zumeist von seiner Schwester, die er «The Duchess» (Herzogin) nannte, auf dem Elektro-Baß begleitet, rockte er 1955 erstmals mit monomanischer Besessenheit und großem Erfolg im Musiktheater «Apollo» in Harlem. Mit seinen bekanntesten Songs *I'm A Man, Hey Bo Diddley, Who Do You Love, Pretty Thing, The Clock Strikes Twelve* und anderen drückte er ein neues Selbstbewußtsein der schwarzen Gettojugend aus. Fast alle Popmusik-Moden wie Surf, Twist, Soul hat er mitgemacht, außerhalb der USA erreichte er jedoch nicht annähernd die Popularität seiner weißen Rock 'n' Roll-Kollegen. Erst durch seine *London Sessions*, an denen sich englische Rockmusiker wie Ron Wood (bg), Ray Fenwick (g), Eddie Hardin (org) beteiligten, wurde ein nennenswertes europäisches Publikum auf ihn aufmerksam. Mit dem Album *Big Bad Bo*, das neben anderen gelungenen Tracks den fesselnden Anti-Drogen-Song *Stop The Pusher* enthält, hat der in Los Lunas, New Mexico, lebende Musiker bewiesen, daß er unverändert zu den besten R & B-Interpreten gehört.

LPs auf Checker/Chess: *Bo Diddley* (1959); *Have a Guitar, Will Travel* (1961); *In the Spotlight* (1961); *Gunslinger* (1961); *Lover* (1962); *Twister* (1962); *Bo Diddley* (1963); *Bo Diddley & Company* (1963); *Surfin'* (1964); *Beach Party* (1964); *16 Hits* (1964); *All Time Greatest Hits* (1965); *Two Great Guitars* (mit Chuck Berry, 1964); *Hey Good Lookin'* (1965); *500 % More Man* (1966); *Go* (1967); *Boss Man* (1967); *Super Blues* (mit Muddy Waters, Little Walter, 1967); *Super Super Blues Band* (mit Muddy Waters, Howlin' Wolf, 1968); *The Originator* (1968); *The Black Gladiator* (1970); *Another Dimension* (1972); *Got My Own Bag of Tricks* (1972); *Where it All Began* (1973); *The London Sessions* (1973); *Big Bad Bo* (1974)

The Dillards brachten «einen Hauch Country-Realismus in den großstädtischen Rock der mittsechziger Jahre» (Karl Dallas) und regten zahlreiche Bands wie → BYRDS, → FLYING BURRITO BROTHERS, → POCO, COUNTRY GAZETTE zur Verbindung von Rock-Rhythmen mit Bluegrass-Klängen an. Erstmals musizierten die Brüder Douglas «Doug» Dillard (voc, bj, g), geboren am 6. März 1937, und Rodney «Rod» Dillard (voc, g, dobro), geboren am 18. Mai 1942, zwischen 1958 und 1960 in der High School ihrer Heimatstadt Salem, Missouri, und bei lokalen Singalongs. Ihr Vater Homer Dillard war ein renommierter Country-Fiddler, nicht weniger als 32 Verwandte der Dillards entlockten als Amateurmusiker Geigen und Banjos Hillbilly-Sounds. Eine in St. Louis aufgenommene erste Platte des Brüderpaares wurde vom Discjockey Mitch Wayne häufig im Salem-Sender KSMO abgespielt, beeindruckte aber nur wenige Hörer. Erst als Wayne (voc, bj, b) und der aus Independence, Missouri, stammende Dean Webb (mandolin) das Duo zum Quartett erweiterten, kam die Karriere in Bewegung. Im Juli 1963 erschien ihre erste Elektra-LP und brachte Engagements in Folk-Clubs und bei Festivals. 1965, nachdem die DILLARDS in Kalifornien ansässig geworden waren, traten sie in acht TV-Shows auf, unter anderem bei Judy Garland und Andy Griffith. Doug Dillard schied 1968 aus, nahm mit den BYRDS die LP *The Notorious Byrd Brothers* auf und formierte anschließend zusammen mit Ex-BYRD Gene Clark (voc, perc) das Ensemble DILLARD & CLARK. An seine Stelle bei den DILLARDS trat Herb Pederson, der später im Austausch mit Billy Ray Lathum (bj, g, dobro) zur COUNTRY GAZETTE ging. Auf den Elektra-Alben *Wheatstraw Suite* und *Copperfields* dehnte das Quartett sein Repertoire, zeitweise von Buddy Emmons (steel-g) unterstützt, bis hin zu → BEATLES-Stücken (*I've Just Seen A Face, Yesterday*) aus und ließ sich auf der Single *Listen To The Sound* von einem Studioorchester begleiten. Dieser Popmusik-Kurs sowie eine USA-Tournee mit → Elton John brachte den durch Paul York (dr) erweiterten DILLARDS Anfang der siebziger Jahre eine beträchtliche Rock-Gefolgschaft ein. Sie überzeugten durch harmonisch dichte Vokalpartien im Stil von → CROSBY, STILLS, NASH & YOUNG sowie jene frischen Bluegrass-Farben und Strukturen, die von jeher ihre größte Tugend gewesen sind.

LPs auf Elektra: *Back Porch Bluegrass* (1963); *The Dillards Live – Almost* (1964); *Pickin' and Fiddlin'* (mit Byron Berline, 1965); *Wheatstraw Suite* (1968); *Copperfields* (1969) ... auf United Artists: *Roots and Branches* (1971); *Tribute to the American Duck* (1973). LPs Doug Dillard mit den BYRDS auf CBS: *The Notorious Byrd Brothers* (1968) ... mit Gene Clark auf A & M: *The Fantastic Expedition of Dillard & Clark* (1968); *Through the Morning, Throug the Night* (1969) ... Doug Dillard auf 20th Century: *Duelin' Banjo* (1974); *Music Country* (1974); *You Don't Need a Reason to Sing* (1974). Doug & Rodney Dillard auf Together: *Banjo Album*

Dion and the Belmonts formierten sich 1957 – zunächst unter dem Namen DION AND THE TIMBERLANES – als Vokalquartett an der Roosevelt High School im New Yorker Stadtteil Bronx nahe der Belmont Avenue: Dion Di Mucci (voc, g), Angelo D'Aleo (voc, p, b), Fred Milano (voc, p), Carlo Mastrangelo (voc, dr). In *I Wonder Why* ließen sie im März 1958 ihre pubertären Stimmchen erstmals auf dem neugegründeten Label Laurie hören – «zu einer Zeit, als allein schon das Wort Teen in einem Songtitel einen halben Hit garantierte» (Lillian Roxon). Mit *Teenager In Love* (1959) und *Where Or When* (1960) placierte sich das Quartett denn auch unter den Top Five. 1960 trennte sich der am 18. Juli 1939 geborene Dion von den BELMONTS, die auf Sabina Records (ab 1962) mit Frank Lyndon an Stelle von Mastrangelo) weitere Top-Schlager produzierten, etwa *Tell Me Why, Don't Get Around Much Anymore, I Need Someone, Come On Little Angel* etc. Dions geschickt fabrizierte Solo-Hits vom *Lonely Teenager* (1960), von *Runaway Sue* und *The Wanderer* (1961), von *Little Diane* (1962) und *Ruby Baby* (1963) «rochen stets ein wenig nach Zuckerwatte und Krapfen» (‹Melody Maker›). Sie spiegelten vor allem das temporäre Herzweh und die flüchtigen Gemütsnöte jener US-College-Generation im Übergang von der Eisenhower- zur Kennedy-Ära, die George Lucas später im Film ‹American Graffiti› porträtiert hat. Mit dem Anbruch der → BEATLES- und → Dylan-Zeit geriet Dion, der sich unter anderem in Las Vegas als «Allround-Entertainer» versuchte, ins Abseits. Mit dem Dick Holler-Song *Abraham, Martin And John* über die ermordeten Politiker Lincoln, King, Kennedy gelang ihm 1968 überraschend ein Comeback; das weinerliche, prätentiöse Attentatslied hatte mit seinem neuen musikalischen Selbstverständnis allerdings kaum etwas zu tun. In der Obskurität amerikanischer Provinz-Clubs und unter dem Eindruck alter Bluesaufnahmen von → Robert Johnson und Leroy Carr hatte sich das einstige Teenager-Idol zu einem ausdruckstarken Folk Rock- und Blues-Interpreten gewandelt, dessen Album *Sit Down Old Friend* die ‹New York Times› als ein «wohlgelungenes Beispiel für die Kunst des Songschreibens» pries.

LPs auf Laurie: *Dion with The Belmonts* (1960); *Alone* (1960); *Wish Upon A Star* (1960); *Runa-*

round Sue: Lover Who Wander; Greatest Hits; Lover Come to Me (alle zwischen 1961 und 1965); *Together* (1966); *Sings to Sandy* (1966); *15 Million Sellers* (1966); *Greatest Hits* (1966); *Dion* (ca. 1969) ... auf CBS/Columbia: *Wonder Where I'm Bound* (1969); *Greatest Hits* (1973) ... auf ABC: *Together Again* (1967) ... auf Warner Brothers: *Sit Down Old Friend* (1970); *You're Not Alone* (1971); *Sanctuary* (1972); *Suite for Late Summer* (1973); *Reunion* (1973); *Make the Woman Love Me* (1975)

Dixon, Willie (voc, b), am 1. Juli 1915 in Vicksburg, Mississippi, geboren, ist das organisatorische Zentrum des schwarzen Chicago-Blues: Mentor, Komponist, Texter, Agent, Musikverleger, Aufnahmeleiter bei Chess Records, Sänger und unermüdlicher Baßspieler, dessen kräftige Pluggertöne auf den meisten in Chicago produzierten Blues- und Gospelplatten zu hören sind. Für → Muddy Waters schrieb er Hits wie *Hoochie Coochie Man, I'm Ready, I Just Want To Make Love To You,* für → Howlin' Wolf *Spoonful, I Ain't Superstitious, Wang Dang Doodle.* Seine Songs *Back Door Man, Little Red Rooster, Seventh Son, Crazy For My Baby* und annähernd 500 weitere werden von zahllosen Blues- und Rockinterpreten bis hin zu den → Rolling Stones, → Led Zeppelin und → Johnny Winter, den er im Studio begleitete, nachgespielt. Dixon, dessen Familie 1936 nach Chicago zog, arbeitete zunächst als Hilfsarbeiter, Kellner, Koch, wurde 1937 Schwergewichtsboxer und entschied sich schließlich für die Baßgeige, «weil die nicht zurückschlug». Mit den Combos Five Breezes, Four Jumps of Jive, Big Three Trio nahm er in den vierziger Jahren für Bluebird, Decca, Mercury, Bullet und Columbia Singles auf und wurde ab etwa 1950 Chicagos meistbeschäftigter schwarzer Studiomusikant. Mit dem American Folk Blues Festival, an dessen Zustandekommen er wesentlich beteiligt war, hat er nach 1962 mehrfach Europa bereist und mit seinen 300 Pfund Lebendgewicht, seiner voluminösen Baritonstimme und selbstironisch-humorvollen Bekenntnissen wie *I'm Nervous* oder *I'm Sittin' And Cryin' The Blues* in den Konzertsälen für gute Laune gesorgt.

LPs (Auswahl) auf Prestige/Bluesville: *Willie's Blues* (ca. 1960) ... auf Yambo: *Might is Right; Peace?* (beide ca. 1965) ... auf Columbia/CBS: *I am the Blues* (1970) ... auf MPS: *Chicago Blues Stars/Loaded with the Blues* (1969)

Domino, Antoine «Fats» (voc, p), am 26. Februar 1928 in New Orleans geboren, rollte sein Boogie-Klavier aus der Dämmerung des Prä-Presley-Zeitalters in die Rock-Tanztempel der fünfziger Jahre. Sein erster Hit *The Fat Man* von 1949 spielte noch in den segregierten Jukeboxes der schwarzen Rhythm & Blues-Kommunen von Louisiana. Zehn Jahre später unterhielt er in Las Vegas ein vornehmlich weißes Publikum mit Goldhits, die ihm innerhalb einer Dekade 65millionenmal auf Schallplatten abgekauft wurden. Der typische Domino-Sound war eine «Fusion aus kreolischen Klängen, Country- und traditionellem Golfküsten-Blues» (‹Eye›), bei dem das monoton puckernde Piano die Rhythmus-Sektion anführte und gutmütig schnarrende Saxophone als Stimmungsuntermalung und Vokalpausenfüller eingesetzt wurden. Domino sang seine Erfolgsserie von Eigenkompositionen (*I'm Walking to New Orleans*), angejahrten Pop-Schlagern (*My Blue Heaven*) und Country-Standards (*Jambalaya*) mit aufgekratzter Tenorstimme und typisch cajun-französischem Akzent, der den authentischen Flavour der Musikarrangements noch verstärkte. In Dave Bartholomew, ehemals Trompeter bei Duke Elington, fand er einen Co-Autor und Produzenten, der simple Akkorde und schlichte Melodieeinfälle geschickt variieren konnte und dabei die stilistische Einheitlichkeit aller Domino-Aufnahmen wahrte, ohne repetitiv zu wirken. Das berühmte Piano-Riff aus der Einleitung zu *Blueberry Hill* wurde von den Zuhörern stets mit diesem Song assoziiert, obwohl Domino und Bartholomew es auch anderswo verwendeten, etwa bei ihrem letzten gemeinsamen Hit *Red Sails In The Sunset* (1963). Zu dieser Zeit hatte der schwergewichtige Sänger mit der penibel gefetteten Brikettfrisur schon ein beträchtliches Vermögen ersungen, das er in Schmuck und teuren Autos anlegte oder verspielte. Seine alljährlichen wochenlangen Auftritte im Flamingo-Hotel in Las Vegas waren daher nicht ganz freiwillig: Er hatte dort beim Glücksspiel über eine Million Dollar verloren und mußte den Verlust abarbeiten. 1968 kam Domino im beginnenden Rock-Revival mit einem von Richard Perry vorzüglich produzierten Album ins Subkultur-Gespräch. Die LP enthielt Evergreens neben zeitgenössischen Rock-Titeln der → BEATLES, deren *Lady Madonna* eine Hommage an den Mann aus New Orleans war und erst in dessen Nachinterpretation richtig erblühte.

LPs (Auswahl) auf Imperial: *This is Fats Domino* (1958); *Here Stands Fats* (1958); *Fabulous Mr. D* (1958); *12 Million Records* (1959); *Let's Play Fats Domino* (1959); *Swings* (1959); *Let's Dance; I Miss You So; Lots of Dominos; Million Sellers; Rock & Rollin'; Sings Million Record Hits; Walking to New Orleans* ... auf Sun: *Fats Domino* (1966); *Stomping* (1967); *Trouble in Mind* (1970); *Ain't That a Shame* (1971) ... auf Pickwick: *Blueberry Hill* (1969); *My Blue Heaven* (1971) ... auf Harmony: *When I'm Walkin'* (1969) ... auf ABC Paramount: *Here Comes Fats Domino* (1963); *Here He Comes Again* (ca. 1964/65); *Fats in the Fire* (ca. 1964/65); *Getaway* (1966) ... auf Mercury: *‹65›* (1965); *Southland U.S.A.* (1966) ... auf Reprise: *Fats is Back* (1968); *‹Fats›* (1969) ... auf United Artists: *The Legendary Masters – Fats Domino* (1972) ... auf Everest: *Fats Domino* (1974) ... auf Atlantic: *Hello Josephine/Live at Montreux* (1974)

Donovan, eigentlich Donovan Philip Leitch (voc, g, harm), am 10. Mai 1946 als Sohn eines Arbeiters in Glasgow, Schottland, geboren, ist ein Träumer, ein Märchenerzähler der Popmusik. «Herr, küß mich noch einmal», beginnt er den Song *Wear My Love Like Heaven*, «fülle mich mit Liedern. Allah, küß mich noch einmal, damit ich meine Liebe wie ein himmlisches Gewand um mich hüllen kann.» Ursprünglich, nachdem seine Familie 1956 in eine Vorstadt von London «ausgewandert» und der sanfte Sänger 1964 in der TV-Show ‹Ready, Steady, Go› bekannt geworden war, wollte er «mit Songs die Welt verändern». Seine ersten Platten mit der von → Buffy St. Marie komponierten Pazifisten-Hymne *The Universal Soldier* schickte er englischen Politikern und Militärs ins Haus, und auf seiner Gitarre stand: «Diese Maschine tötet.» Aber schon bald wollte er «nicht mehr gegen das singen, was ich hasse, sondern für das, was ich liebe». Er liebt Kinder und alte Sagen, Flora und Fauna, Magisches und Mystisches, Sonne, Mond und Sterne. Mit einer dünnen, manchmal eintönigen Vibratostimme und langsamem Tremolo erzählte er in kunstvollen Binnenreimen vom untergegangenen Kontinent Atlantis, von der Königin Guinevere an König Artus' Hof, von Poeten und Leierkastenmännern, die über die Landstraßen ziehen und Güte verbreiten. Nicht immer konnte der Pop-Parzifal in seiner sensiblen Natur-Poesie und seinen bilderreichen, pastoralen Song-Idyllen Sentimentalität, Kitsch und Klischees vermeiden, doch seinen Millionen Anhängern machte das nichts aus. «Ich bin», sagte er, «ein Verkäufer von Hoffnungen.» Vom Erlös erwarb er eine Insel vor Schottland mit einem alten Schloß. Nach seinem ersten USA-Erfolg beim Newport Folk Festival 1965 galt er zunächst als Epigone von → Bob Dylan. Mit Hits wie *Sunshine Superman, Season Of The Witch, Colours, There Is A Mountain, Mellow Yellow, Jennifer Juniper, Hurdy Gurdy Man* ersang er sich jedoch auch stilistisch einen eigenen Pfad durch ausnahmslos ausverkaufte Konzerthallen in Amerika und Europa. 1968 waren gleichzeitig drei Donovan-LPs in den US-Bestsellerlisten. Er komponierte die Musik zu Filmen wie dem in Rothenburg ob der Tauber gedrehten ‹Rattenfänger von Hameln› sowie zu Franco Zeffirellis ‹St. Francis of Assissi›. Seit er für das Plattenalbum *Open Road* erstmals durchgängig eine Elektrogitarre benutzte und sich zu *Hurdy Gurdy Man* clever-jazzige Arrangements für Bachtrompeten, Saxophone, Flöten, Celli und Sitar schreiben ließ, waren seine Produktionen nicht mehr nur textlich phantasievoll, sondern auch musikalisch abwechslungsreich und interessant. Mit *Essence to Essence* hatte sich das geändert. Allzu simpel gerieten dem auf dem Cover in Kimono und Demutshaltung abgebildeten Minnesänger nun Melodien und Instrumentierungen, allzu naiv die Texte. Ende 1974, als sein Album *7-Tease* (Synonym für Seventies) erschien, glaubte er den Beginn einer neuen friedlichen Jugendbewegung zu erkennen, deren Geist er reflektieren könne wie einst die Stimmung der Blumenkinder. Den «neuen Teenys», die er erreichen wollte, erschien Donovan indes nur mehr als Relikt aus einer vergangenen Epoche. Mit Swing-, Boogie- und Dixieland-Klängen trug er in *7-Tease* die musikalische Mode von vorgestern auf.

LPs auf Epic: *What's Bin Did and What's Bin Dad* (1965); *Fairytales* (1965); *Sunshine Superman* (1966); *Real Donovan* (1966); *Like it Is* (1967); *Mellow Yellow* (1967); *Gift from a Flower to a Garden,* Part 1: *Wear Your Love Like Heaven,* Part 2: *For Little Ones* (1967); *In Concert* (1968); *Hurdy Gurdy Man* (1968); *Greatest Hits* (1968); *Barabajagal* (1969); *Open Road* (1970); *H. M. S. Donovan* (1971); *Cosmic Wheels* (1972); *Essence to Essence* (1973); *7-Tease* (1974) ... auf Hickory: *Real Donovan* (1967); *Donovan* (1967); *Catch the Wind* (1967) ... auf Janus: *Donovan P. Leitch* (1972); *Here and Now* (1972)

The Doobie Brothers sind weder Brüder noch heißt einer von ihnen Doobie. Gitarrist Skip Spence von der aufgelösten Band → Moby Grape brachte 1969 den Bluesspieler Tom Johnston (voc, g, p, harm), Jahrgang 1948, aus Kaliforniens San Joaquin Valley mit dem Tricktrommler John Thomas Hartman aus Virginia und Dave Shogren (bg) zusammen, die zunächst unter dem Namen Pud im Chateau Liberte in den kalifornischen Bergen nahe Santa Cruz aufspielten, einem hundert Jahre alten früheren Bordell. In einem zum Üben gemieteten Haus an der Twelfth Street von San José fiel dann, während der Joint kreiste, der Satz: «We're all doobie brothers» – Doobie ist eine kalifornische Subkultur-Bezeichnung für Marihuana-Zigaretten. Johnston vertraute so sehr auf den Erfolg seiner Band dieses Namens, daß er sich den Titel neben einem schwarzen Mammut und einer roten Tarantel auf den rechten Arm tätowieren ließ. Doch der kommerzielle Durchbruch ließ auf sich warten. Ihr im Quartett mit Pat Simmons (g, voc) aufgenommenes Start-Album – eine Seite mit akustischen, die zweite mit elektrischen Instrumenten – wurde von Warner Brothers mit negativem Effekt als Produkt einer «Hell's Angels Band» propagiert. Simmons: «Eine reine Hype. Rocker kamen ein paarmal, wenn wir im Chateau spielten, aber wir waren nie ihre Band.» Eine Tournee mit der kaum bekannteren → Mother Earth mobilisierte ein zahlenmäßig geringes Publikum. Dave Shogren verließ die Gruppe, für ihn kam Tiran Porter (voc, bg); später ergänzte Michael Hossack (dr, perc) das Ensemble zum Quintett. In dieser Besetzung erschien im März 1972 die zweite LP *Toulouse Street*; die Band ging wieder auf Tournee, und diesmal klickte es in den Hitlisten. *Listen To The Music* hämmerten die Musikanten ihren Hörern ein – 24mal in den knapp drei Minuten der gleichnamigen Single, die sich fünfzehn Wochen in ‹Billboard's› Hot 100 hielt. Von nun an wurde jede Langspielplatte vergoldet. 1973 kam Keith Knudsen für den ausscheidenden Hossack an die Drums, der Sound nahm mehr Soul-Farben auf. «Was mir vorschwebt», erklärte Tom Johnston, «ist eine Motown-Basis, eine Baßlinie wie bei → Seals & Crofts und Vocals in der Art von → Stevie Wonder.» Addiert man dazu einige Ingredienzien aus Folk Rock und Acid Rock, so umschreibt das annähernd den fortgeschrittenen Doobie Brothers-Stil.

LPs auf Warner Brothers: *The Doobie Brothers* (1970); *Toulouse Street* (1972); *The Captain and Me* (1973); *What Were Once Vices are Now Habits* (1974); *Stampede* (1975)

The Doors wurden 1965 von → Jim Morrison (voc), Ray Manzarek (p, org, voc), Robbie Krieger (g, voc) und John Densmore (dr, voc) in Los Angeles gegründet. Der Name der Band, die auf ausgefeilten Bluesimprovisationen «zum Mond schwimmen», ans «Ende der Stadt» eilen und «zur anderen Seite durchbrechen» wollte (so einige Songtexte), war literarischen Quellen entlehnt: erstens einem Satz des englischen Dichters William Blake («There are things that are known and there are things that are unknown; in between there are doors»), zweitens der Rauschmittel-Studie ‹The Doors of Perception› (deutsch: ‹Die Pforten der Wahrnehmung›) von Aldous Huxley. Denn im Rausch, unter Mescalin, Methedrin und LSD, entwickelte das Quartett, zunächst für fünf Dollar pro Nacht, im Club «London Fog» am Sunset Boulevard von Los Angeles seinen Stil: lastende Orgelakkorde, langdauernde Filigransoli und Songtexte voller Todesträume, Schreckensvisionen und Zaubersymbole. 1969, auf dem Höhepunkt ihrer Karriere, kassierte die Band 120 000 Dollar für ein Konzert im New Yorker Madison Square Garden und machte mit jeder LP Millionenumsätze. Kritiker Mike Jahn damals: «Ihre Bedeutung für die Jungen und ihre Musik wird nur von den Beatles übertroffen.» Wegen ihrer aggressiven, vielfach obszönen Bühnenschau wurden Doors-Konzerte in mehreren amerikanischen Bundesstaaten verboten und der Sänger Morrison wegen «Entblößung in der Öffentlichkeit» arretiert. Im März 1969 veranstaltete eine «Liga für den Anstand» eine Anti-Doors-Demonstration in Miami, an der sich 30 000 Bürger beteiligten. Das stärkte die Reputation der Gruppe im Underground. Nach Morrisons Tod im Juli 1971 arbeiteten seine Mitmusiker im Plattenstudio und im Konzertsaal als Trio – mit erheblich geringerem Erfolg. Krieger und Densmore gründeten schließlich die Butt's Band, Manzarek ging als Chef eines eigenen Ensembles Solo-Wege. Mit dem Album *The Golden Scarab* konnte Manzarek den alten Doors-Sound brillant wiederbeleben und in Jazz-Richtung weiterentwickeln; → Tony Williams (dr), Larry Carlton (g), Jerry Scheff (bg) halfen ihm dabei.

LPs auf Elektra mit Jim Morrison: *The Doors* (1967); *Strange Days* (1967); *Waiting for the Sun* (1968); *Soft Parade* (1969); *Morrison Hotel* (1970); *Doors 13* (1970); *Absolutely Live* (1970); *L. A. Woman* (1971); *Weird Scenes Inside the Gold Mine* (1972) ... ohne Jim Morrison: *Other Voices* (1971); *Full Circle* (1972). Krieger, Densmore als Butt's Band auf Blue Thumb: *Butt's Band* (1973). Solo-LPs Ray Manzarek auf Mercury: *The Golden Scarab* (1974); *The Whole Thing Started with Rock 'n' Roll, Now It's Out of Control* (1974)

Dr. Hook and the Medicine Show vollbringen «die professionellste Imitation totaler Unprofessionalität, die man je gesehen hat» (‹Creem›). Ulk, Klamauk und Pissoir-Lyrik beherrschen die Bühne, aber noch in völliger Trunkenheit stimmt auch die letzte Pointe, wird nicht ein einziger Einsatz verpatzt. Die dazu notwendige Routine und Trinkfestigkeit erwarben sich George Cummings (voc, g), Ray Sawyer (voc, g, bg), Dennis Locorriere (voc, g, bg), Bill Francis (keyboards), Jay David (dr, voc) zunächst in den miesesten Truckstop-Kneipen der US-Südstaaten und von New Jersey. Ray Sawyer, der als ehemaliger weißer Lead-Sänger schwarzer Chicagoer Soulgruppen nach einem im Vollrausch erfolgten Autounfall aus dem Corvair geschweißt worden war und ein Jahr im Hospital verbracht hatte, bestimmte – einäugig – mit schwarzer Augenklappe und einer Stahlklammer im Bein das Band-Image. Nach dem finsteren Dr. Hook aus dem Peter Pan-Märchen und in Erinnerung an die Tingeltangel-Vergangenheit im Süden wurde 1969 der Gruppenname gewählt. Manager Ron Haffkine vermittelte Kontakte zu Columbia Records und zum ‹Playboy›-Cartoonisten und Songtexter Shel Silverstein, der unter anderem → Johnny Cash zum Hit *A Boy Named Sue* verholfen hatte. Dr. Hook and the Medicine Show debütierten mit Silverstein-Texten 1971 im Dustin Hoffman-Film ‹Who is Harry Kellerman and why is he saying those terrible things about me?› sowie – verstärkt durch Rik Elswit (g), Jance Garfat (bg) – mit der Hit-Single *Sylvia's Mother*. Silverstein, der sich auf der LP *Freakin' at the Freaker's Ball* 1972 auch als Interpret eigener Daumenlutscher-, Perversitäten- und Müll-Oden vorstellte, versorgte die Band fortan mit ausgeflippter Lyrik über Penicillin-Penny, Acapulco-Goldie, Kokain-Kathy, Roland the Roadie, Gertrude the Groupie und andere Nachtschatten-Existenzen der Rock- und Drug-Kultur. Dr. Hook-Texte, schrieb Lester Bangs, «werben nicht für Drogen als Seelenbalsam oder Tore zu einer besseren Welt, sie stellen das Überschnappen dar (they promote getting fucked up)». Über der beißenden Ironie vieler Songtexte und dem Veitstanz-Gehabe der Band wurde oft übersehen, daß Dr. Hook and the Medicine Show «eine Popgruppe ist, die Weinen machen will» (Charlie Gillett). Lieder wie *Last Mornin'*, *I Can't Touch The Sun*, *The Things I Didn't Say* oder *Stayin' Song* sind voll einer melancholischen Abschiedspoesie: «When my mind starts wandering up that windin' road ahead, my feet don't seem to want to walk away.» Der große Promotion-Coup jedoch gelang der Band 1972 mit ihrer Single *Cover Of Rolling Stone*, die wegen der Zeile «a freaky old lady name of cocaine Kathy» von vielen Rundfunksendern boykottiert worden ist. Besungen wurde eine Rockcombo, die vom Guru bis zu reichlich Groupies alles hat – außer dem seligmachenden Titelfoto auf der Zeitschrift ‹Rolling Stone›. Am 29. März 1973 brachte das Blatt Dr. Hook daraufhin auf den Umschlag.

LPs auf CBS: *Who is Harry Kellerman?* (Soundtrack, 1971): *Dr. Hook* (1972); *Sloppy Seconds* (1972); *Belly up* (1973) ... auf Capitol: *Bankrupt* (1975)

The Drifters ist der Sammelname für mehrere Vokalgruppen, die personell voneinander unabhängig waren. Die erste Formation wurde 1953 in New York von Clyde McPhatter (Tenor), Gerhard Thrasher (Tenor), Billy Pinkney (Baß) und Charlie Hughes (Bariton) gebildet. Bereits ein Jahr später, nach dem Hiterfolg *Money Honey*, verließ McPhatter das Quartett zugunsten einer Solokarriere, die ihm 1958 mit *A Lover's Question* einen Spitzenschlager ermöglichte. Die Rest-Drifters fanden für McPhatters emphatische Gospel-Stimme keinen erfolgbringenden Ersatz, gingen 1958 getrennte Wege und hinterließen ihrem Manager einen unerfüllten Schallplatten- und Konzert-Kontrakt. Die Gruppe The Five Crowns war bereit, den Namen The Drifters anzunehmen und in den Vertrag einzusteigen. In der Besetzung Ben E. King (Tenor), Charlie Thomas (Tenor), Ellbury Hobbs (Baß) und Doc Green (Tenor) sangen die neuen Drifters unter der Produktionsleitung von → Jerry Leiber und Mike Stoller einige ihrer besten Titel, so *There Goes My Baby* (1959); *This Magic Moment* und *Save The Last Dance For Me* (1960). Typisch für den Drifters-Sound waren die zu Chiffren kommerzialisierten Gospel-Dialoge zwischen King und seinen Mitsängern, deren Formalismus die Songs allerdings oft klobig klingen ließ. Violin-Kadenzen wurden als verfeinerter Ersatz für den im Rhythm & Blues bis dahin üblichen Saxophonpart eingesetzt. 1960 löste sich King von den Drifters; Rudy Lewis trat an seinen Platz. Während King mit *Spanish Harlem* im gleichen Jahr einen glänzenden Solostart hatte, gerieten die Drifters mit drei zeitlos guten Titeln in die Gefilde des kommerziellen Großstadt-Blues. *Up On The Roof* (1962); *On Broadway* (1963) und *Under The Boardwalk* (1964) waren eine stilistische Überleitung zum Soul-Sound der → Temptations und der → Four Tops. Trotz ständiger Personal-Fluktuation hielten sich die Drifters auf der Szene. In England erlebten sie in den siebziger Jahren sogar eine zweite Renaissance mit Single-Hits wie *At the Club* (1973), *Kissin' In The Back Row Of The Movies* (1974). Daß ihre Konzertauftritte als stereotypes Wunschkonzert aus Hits ihrer Vorgänger abliefen, störte sie nicht, denn: «Wir sind schließlich im Pop-Geschäft. Wir spielen, was die Leute hören wollen. Sie haben sich die Mühe gemacht, zu unserem Auftritt zu kommen, und wenn sie *Save The Last Dance For Me* hören wollen, dann bringen wir's. Wir sind Entertainer – wir machen uns keine Illusionen.»

LPs (Auswahl) auf Atlantic: *Rockin' And Driftin'*

(1958); *The Drifters' Greatest Hits* (1960); *Save the Last Dance for Me* (1962); *Up on the Roof* (1963); *Under the Boardwalk* (1964); *Good Life with the Drifters* (1965); *I'll Take You Where the Music's Playing* (1966); *Drifters' Golden Hits* (1967); *Greatest Recordings/Early Years* (1972); *The Drifters' Story* (1974) ... auf Bell: *The Drifters Now* (1973); *Love Games* (1975) ... auf Clarion: *Drifters*

Dr. John, the Night Tripper, ist der Bühnenname des weißen Studio-Rockmusikers Malcolm «Mac» Rebennack (voc, p, g, dr), erster und einziger Hohepriester des Voodoo-Rock. Am 20. November 1941 in New Orleans, Louisiana, geboren, ist ihm die Vorstellungswelt des Voodoo-Kults mit seinen Zauberamuletten und seiner Schwarzen Magie von Kind auf vertraut. Seine Großmutter, sagt er, beherrschte Levitation und Telekinese: Sie konnte mit der Kraft ihrer Gedanken Tische rucken und Gegenstände schweben lassen. Sein Vater, ein ausgepowerter Arbeiter, hinterließ ihm nichts als vier zerfledderte Folianten über Mystizismus. Und nach einem Regen, so behauptet er wenigstens, sei ihm einmal der Geist von Marie Laveau, der berühmten Louisiana-Hexe des 19. Jahrhunderts, auf dem Friedhof erschienen. Derlei Halluzinationen untermalt Dr. John, einen Goldreif im Ohr und mit magischen Federn, Katzenknochen und Schlangenhäuten geschmückt, mit geheimen und halbvergessenen Kultrhythmen aus den Bayou-Sümpfen, heidnischer Musikfolklore aus Haiti, verstümmelten Mardi-Gras-Karnevalsmärschen und dem alten New Orleans-Jazz aus der Preservation Hall. Eine seltsam hypnotische Spannung geht von seinen mit heiserer Stimme eher gekrächzten und geflüsterten als gesungenen Rockliturgien aus, zu denen er als Jüngling vom schwarzen Piano-Entertainer → «Professor Longhair», der Voodoo-Magierin Sister Catherine aus dem «Tempel des Unschuldigen Blutes» und von der Straßenmusikantin Sister Eunice angeregt worden ist. Auf seinen LPs *Babylon* und *Remedies* hat er sich mit dünnen Texten und dürftigem Resultat auch als Gesellschaftskritiker versucht. Bei vielen Rock-Plattenaufnahmen hat er als Begleitmusiker mitgewirkt und manchen Hit, beispielsweise *When This Battle Is Over* für → DELANEY & BONNIE, komponiert. Einmalig jedoch ist er nur, wenn er das Übernatürliche beschwört und in die Abgründe des Aberglaubens und des kollektiven Unterbewußtseins der US-Südstaatenbewohner hinuntersteigt. Dann, etwa auf seiner LP *The Sun, Moon and Herbs,* sind sich selbst Stars wie → Mick Jagger und → Eric Clapton nicht zu schade, ihn schlicht zu begleiten.

LPs auf Atco/Atlantic: *Gris Gris* (1968); *Babylon* (1968); *Remedies* (1970); *The Sun, Moon and Herbs* (1971); *Gumbo* (1972); *In the Right Place* (1972); *Desitively Bonnaroo* (1974) ... mit Mike Bloomfield auf CBS: *Triumvirate* (1973) ... auf Ace: *Dr. John and his New Orleans Congregation* (1974)

Driscoll, Julie (voc), am 8. Juni 1947 als Tochter eines häufig stellungslosen Jazztrompeters in einem Londoner Arbeiterviertel geboren, wurde 1968, als Mitglied des → Brian Auger-Ensembles TRINITY, vom ‹Melody Maker› zur «größten Hoffnung» der internationalen Popmusik erklärt. Die französische Literatin Françoise Sagan entdeckte in ihr «etwas unendlich Neues, voll innerer Klugheit, innerer Verwundbarkeit und voller Pathos». Ob sie ein Spiritual oder einen ‹Hair›-Hit vortrug, ob sie eine Melodie des schwarzen Trompeters → Miles Davis intonierte oder nach eigenen Noten die Okkupation der ČSSR beklagte – ihr Timbre klang immer, als sänge sie einen nervösen, überzüchteten Blues. Mit schriller Soul-Stimme schrie sie: *Save Me* (Rettet mich); mit makabrem Tremolo erzählte sie (*When I Was A Young Girl*) von den Stationen einer jugendlichen Säuferin «zwischen Kneipe, Gefängnis und Grab». Mit gefälschten Papieren, ausgestopftem Busen und ondulierten Haaren («Ich war 15, aber Mutter trimmte mich auf 20») hatte der Vater das neurotische Kind einst zum Geldverdienen geschickt: In Nachtlokalen mußte die minderjährige Chanteuse Lieder von «Amore» und «Volare» darbieten. «Wenn ich es nicht mehr aushalten konnte», erinnerte sie sich, «schloß ich mich mit einem Transistorradio auf der Toilette ein und hörte Beatmusik.» Mit kalkweiß geschminktem Gesicht, fahlen Lippen, schwarzem Augen-Make-up, einer Papua-Frisur und altmodischen Rüschenkleidern vom Trödler wurde sie nach ihren ersten Rockerfolgen (beispielsweise der Single *This Wheel's On Fire*) zum Modeidol. Die Zeitschriften ‹Elle› und ‹Vogue› wählten sie zum «Typ 1968». Schlagzeilen machten auch ihre Marotten: Sie nahm nur Rohkost zu sich, verschmähte Alkohol und Zigaretten, und das Make-up, das sie millimeterdick auftrug, mußte aus Pflanzenfett sein. Im September 1969 verließ das hochbegabte, exzentrische Mädchen die TRINITY und zog sich ins Privatleben zurück. Sie konvertierte zum Free Jazz, heiratete den Pianisten Keith Tippett und trat seither gelegentlich mit dessen Mammutorchester CENTIPEDE wieder in die Öffentlichkeit. Von ihrer früheren Intensität blieb nur ein spärlicher Rest.

LPs auf Byg: *The Steampacket or The First Supergroup* (rec. 1966, ed. 1972); *Julie Driscoll's First Recordings* (rec. 1964/67, ed. 1972) ... auf Polydor mit THE TRINITY: *Open* (1968); *Streetnoise* (1969); *The Best of Julie Driscoll, Brian Auger and The Trinity* (1970); *Julie Driscoll* (1972) ... mit CENTIPEDE auf RCA Neon: *Centipede* (1971) ... mit Carla Bley auf Watt: *Topic Appetites* (1974)

Dylan, Bob (voc, g, harm), am 24. Mai 1941 unter dem Namen Robert Zimmerman in Duluth, Minnesota, geboren und in der nahe gelegenen Grubenstadt Hibbing aufgewachsen, ist der schlechthin vollendete Rock-Solointerpret – in seinem Einfluß auf die Entwicklung dieser Musik nur mit den → BEATLES vergleichbar. Mehrmals hat er mit einer künstlerischen Kraft ohnegleichen und einer Stimme, «die klingt, als käme sie über die Mauern eines Tuberkulose-Sanatoriums» (‹Time›), Popmusik-Trends ausgelöst, die sich binnen kurzem als die dominierenden erwiesen. 1961 bis 1964, nach Wanderjahren in Minnesota, Dakota, Kansas und einem abgebrochenen Studium an der University of Minnesota, setzte er sich in New York-Greenwich Village an die Spitze der Folksong-Bewegung und verdichtete das politisch-soziale Klima der USA sowie die Gemütslage seiner Generation zu archetypischen Song-Chiffren wie *The Times They Are A-Changin', Blowing In The Wind, With God On Our Side, A Hard Rain's A-Gonna Fall, Chimes Of Freedom, One Too Many Mornings* und viele andere. Kritiker Gordon Friesen nannte Dylans Protestlieder damals «nicht nur potentielle Klassiker als Songs, sondern als Dichtung», und sein *Masters Of War* «eine der eindringlichsten Anklageschriften in der amerikanischen Literatur». 1965 schloß Dylan, dessen Pseudonym auf den an Trunksucht verendeten walisischen Lyriker Dylan Thomas verweist, seine Gitarre beim Newport Folk Festival an einen Elektroverstärker an und gab damit das Signal für den von einem Heer Folkloreinterpreten nachvollzogenen Übergang vom Folksong zum Rock. Seine Stücke *Mr. Tambourine Man, It's Alright Ma I'm Only Bleeding, Like A Rolling Stone, Highway 61 Revisited, Gates Of Eden, It's All Over Now Baby Blue, Visions Of Johanna, Rainy Day Women* sowie das Doppelalbum *Blonde on Blonde* reflektierten in ihren dunklen, vieldeutigen Versen den durch Rauschmittel wie LSD und Marihuana bewirkten Aufbruch der Rock-Jugend in die eigene Psyche. In den Liedern, die er fortan vortrug, zeichnete er mit dunklen Tonfarben ein apokalyptisches Zivilisationsporträt voller Drogen-Metaphern, surrealistischer Satire und wüster Traum-Poesie. «Seine Lyrik», urteilte ‹Time›, sei ein «kunstvolles Chaos, das klang, als sänge Rimbaud Rock 'n' Roll.» Nach einem schweren Motorradunfall, von dem er sich durch einen gebrochenen Halswirbel nur langsam erholte, ging er 1966 in Woodstock bei New York in eine Art innere Emigration, probierte zusammen mit → THE BAND im Keller seines Hauses neue Stücke wie *I Shall Be Released, Mighty Quinn, This Wheel's On Fire,* die mitgeschnitten, von Plattenpiraten später auf Raubpressungen veröffentlicht (Basement Tapes) und in den Versionen von → Manfred Mann, → Julie Driscoll und anderen zu

Welt-Hits wurden. Dylans Comeback mit der in Nashville produzierten Country-LP *John Wesley Harding* (1968) ließ einen zu genialer Einfachheit gereiften Rock-Moralisten erkennen, der als Vorbild abermals die gesamte Szene veränderte. Wegen seines Albums *Self Portrait* (1970), auf dessen selbstgemaltem Cover er sich als Clown darstellte, und das unter anderem abgesungene Schlager und Folk-Evergreens wie *Blue Moon, Gotta Travel On* enthielt, wurde er hart kritisiert. Doch der sogenannte künstlerische Ausverkauf erwies sich kurze Zeit später als Prophetie: Dylan hatte den resignierten Abschied des Rock-Volks von der Politik und den Beginn der Ego-Trips vorausgeahnt und mit autobiographischer Aufrichtigkeit beschrieben. Kein Popmusik-Autor vermochte es, die kollektiven Mythen und Emotionen seiner Zeit mit einem solchen Bilder- und Assoziationsreichtum auszudrücken wie Dylan, keiner ist in demselben Ausmaß wie er selber zu einem Mythos geworden. Schon immer war er ein geschickter «Manipulator von Ereignissen, Medien und Menschen» (Anthony Scaduto). Alles, was Dylan über seine Herkunft verbreitete, als er im Januar 1961 die Folk-Szene von New York/Greenwich Village betrat, hatte nur den einen Sinn, ihn den Blues-Outcasts und Folk-Desperados ähnlich zu machen, die der Humus der amerikanischen Popkultur sind. Kaum eine der Legenden, die er kolportierte, entsprach den Tatsachen: nicht daß er ein Waisenkind aus Oklahoma sei; nicht daß er aus Gallup, New Mexico, stamme und schon als Kind mit wandernden Schaustellern durch den Süden gezogen sei, nicht seine sieben vorgeblichen Fluchtversuche aus dem Elternhaus, auch nicht seine Teilnahme an Rock 'n' Roll-Plattenaufnahmen von → Elvis Presley und Bobby Vee. Dylan stahl in dieser Frühphase unbedenklich Mythen, Storys, Lieder und Stilelemente von anderen Interpreten. Aber er transformierte all diese Dinge in einen unverwechselbaren Dylan-Stil und baute aus Täuschungen und Maskerade seine eigene, sorgsam gehegte Wahrheit auf. «Die Klänge von François Villon hallen durch meine verrückten Straßen», hatte er einst geschrieben: «Ich stolpere über die verlorenen Zigarren von Brecht, eine leere Flasche von Brendan Behan ...» Seine wahren Musik- und Textvorbilder waren andere: Dylan verschmolz die Song-Diktion seines Idols → Woody Guthrie, die Bluesfarben von → Leadbelly, Mance Lipscomb, das Rhythmusverständnis von → Chuck Berry, → Buddy Holly, die Country & Western-Phrasierung von → Hank Williams, → Jimmie Rodgers und die Piano-Technik von → Little Richard zu einer überraschend originellen und neuartigen Ausdrucksform. Seine Poetik verdankt einiges den englischen Dichtern John Bunyan, William Blake und der assoziativen Methode von James Joyce. Mit seinem schwerverständlichen Prosawerk ‹Tarantula› hat sich Dylan, einst als «eine Kreuzung zwischen einem Chorknaben und einem Beatnik» (‹New York Times›) beschrieben, 1971 auf Position sieben der ‹Time›-Bestsellerliste placiert. Sein von D. A. Pennebaker während einer England-Tournee 1966 hergestelltes Film-Porträt ‹Don't Look Back› gilt als Cineasten-Delikatesse; 1972 trat er in Mexiko für den MGM-Spielfilm ‹Pat Garrett and Billy the Kid› auch als Schauspieler vor die Kamera. Doch das Superstar-Dasein hat Dylan durchaus nicht nur Annehmlichkeiten gebracht. Politische Sektierer riefen zur Aktion «Free Dylan» auf, da der Sänger angeblich in Heroinabhängigkeit und in die Sklaverei der Musikindustrie geraten war. Ein neurotischer selbsternannter «Dylan-Forscher» namens Alan Weberman verfolgte ihn unaufhörlich und durchstöberte auf der Suche nach Indizien sogar Dylans Müll. Daher trat der Rock-Poet nur mehr selten in die Öffentlichkeit und unternahm rund acht Jahre lang keine Tournee. Seine Konzertreise im Januar/Februar 1974 mit 40 Auftritten in 21 Städten löste einen gewaltigen Dylan-Rummel aus. Niemals zuvor war eine so ausgedehnte Veranstaltungs-Serie so schnell ausverkauft: am 2. Dezember 1973 binnen einer Stunde zwischen null und ein Uhr nachts. Da die Veranstalter nur brieflich Kartenbestellungen akzeptierten und der Poststempel die

Reihenfolge bestimmte, bildeten sich zu dieser Zeit vor den US-Postämtern lange Schlangen von Fans. In manchen Städten waren eigens Briefkästen für Dylan-Post aufgestellt worden. Insgesamt gingen für die 658 000 verfügbaren Sitzplätze der Tournee mehr als fünf Millionen Kartenwünsche ein. Bis 100 Dollar kletterte der Preis pro Ticket auf dem schwarzen Markt. Ähnlich sensationell wie die Tourneeankündigung wurde sein (später nicht verwirklichter) Plan empfunden, eine eigene Plattenmarke namens «Ashes and Sand» zu gründen; Aufsehen erregte auch seine neue Selbstdarstellung auf der parallel zur Tour von Asylum veröffentlichten LP *Planet Waves.* Im *Wedding Song* wies er die Rolle eines revolutionären Herolds seiner Generation ausdrücklich zurück und betonte, es sei nie sein Begehr gewesen, die Welt von Grund auf zu ändern oder zum Kampf zu blasen. Diesen privatistischen Aspekt bestätigte er ein Jahr später auf der LP *Blood on the Tracks,* mit der er vertraglich zu seinem früheren Partner CBS und stilistisch zu den Folksong-Anfängen seiner Karriere zurückkehrte. Das Album enthielt vor allem stimmungsvolle Liebeslieder (*You Gonna Make Me Lonesome When You Go*), zynische Goodbye-Songs (*Idiot Wind*) sowie introspektive Balladen über die Suche nach Geborgenheit in den Turbulenzen des Ruhms (*Shelter From The Storm*).

LPs auf CBS: *Bob Dylan* (1962); *The Freewheelin' Bob Dylan* (1963); *The Times They Are A-Changin'* (1963); *Another Side of Bob Dylan* (1964); *Bringing it All Back Home* (auch *Subterranean Homesick Blues* betitelt, 1965); *Highway 61 Revisited* (1965); *Blonde on Blonde* (1966); *Greatest Hits* (1967); *John Wesley Harding* (1968); *Nashville Skyline* (1969); *Self Portrait* (1970); *New Morning* (1970); *More Greatest Hits* (1971); *A Tribute to Woody Guthrie, Vol. 1* (Live-Konzert 1968 mit Partnern, ed. 1972); *Pat Garrett and Billy the Kid* (Soundtrack, 1973); *Dylan* (1973); *Blood on the Tracks* (1975) ... auf Asylum: *Planet Waves* (1974); *Before the Flood* (Live-Doppelalbum mit The Band, 1974) ... auf Apple: *The Concert for Bangla Desh* (mit Partnern, 1971) ... auf Atlantic/Philips mit Doug Sahm: *Doug Sahm and Band* (1973)

E

Eagles stiegen im August 1971 in Los Angeles auf und nutzten die individuellen Erfahrungen aus der Gruppenvergangenheit ihrer Mitglieder auf hitträchtige Weise. Randy Meisner (bg, voc) hatte ein Jahr lang zu → Poco gehört und anschließend in → Linda Ronstadts Band bei Tourneen ausgeholfen. Glenn Frey (voc, g), Don Henley (dr, voc) gehörten eine Zeitlang ebenfalls zum Ronstadt-Clan. Bernie Leadon (g, voc) hatte bis zum Eagles-Start bei den → Flying Burrito Brothers gespielt. Gewarnt von den frustrierenden Ego-Trips, die ihre Vorgänger-Bands zermürbt hatten, entwickelten die vier Musiker zunächst in intensiven Proben einen kompakten Gemeinschaftsklang, der das weite Spektrum vom harten Rock 'n' Roll bis zur Bluegrass-Musik umfaßte. «Songbewußt» vermieden sie bei ihren Plattenaufnahmen undistinguierte Melodien ohne einprägsame Refrains sowie uferlose Improvisationen. Dieser freiwillige Zwang zur Konzentration machte ihr Zusammenspiel schlakkenlos präzise und verlieh ihren Songs die Qualität von Ohrwürmern. Allein aus dem ersten Bestseller-Album zogen sie drei Hitsingles, darunter *Take It Easy,* dessen clevere Textformulierungen zum Teil in die amerikanische Umgangssprache eingegangen sind. Der große Wurf gelang ihnen mit dem zweiten Album *Desperado,* das zwischen der Doolin-Dalton-Gang, die um 1890 in der Gegend von Kansas ihr Unwesen trieb, und der Outlaw-Existenz eines modernen Rock-Rebellen romantische Parallelen zog. Aufstieg, Euphorie, Selbstüberschätzung und Fall eines Superstars wurden von den Eagles, ohne den prätentiösen Anspruch einer Rock-Oper, in der Western-Mythologie musikalisch vorbildlich gespiegelt. Bei den Aufnahmen zu ihrer dritten LP stieß Don Felder (g) zur Gruppe und animierte sie zu einem «volleren, weniger rauhbeinigen Sound und einer erregenden Frische bei den Gitarren-Soli» (‹Melody Maker›).

LPs auf Asylum: *Eagles* (1972); *Desperado* (1973); *On the Border* (1974); *One of these Nights* (1975)

East of Eden, 1967 in Bristol, England, gegründet, war die erste namhafte Rockgruppe in Europa, die mit Geige und Saxophon musizierte und damit wahrhaft progressive Klänge hervorbrachte. Gründer Dave Arbus (vi, fl, sax, tp, voc), am 8. Oktober 1941 als Sohn eines klassischen Violinisten in Leicester geboren, dominierte als Interpret. Ron Caines (sax, p), am 13. Dezember 1944 in Bristol geboren, schrieb die meisten Kompositionen – in für die Rockmusik damals ungewöhnlichen Metren wie Fünfviertel und Siebenviertel. Stilistisch verdankte ihre Musik dem Jazz von John Coltrane und Charles Mingus zunächst ebensoviel wie den E-Komponisten Bartók, Ravel, Debussy sowie der indischen Ragamusik. Mangels einer adäquaten Promotion und ohne geschäftsfördernde USA-Tourneen blieb die Band lange ein Geheimtip für Kenner. Erst 1971 konnte sie mit *Jig A Jig*, einer zwei Jahre alten Produktion, einen Hit landen zu einer Zeit, als von der alten Besetzung nur noch Arbus übriggeblieben war. Viele Musiker haben im Laufe der Zeit bei East of Eden gespielt, so Geoffrey Nicholson (g), Steve York (bg), Dave Du Fort (dr), Jim Roche (g), David Jack (bg), Jeff Allen (dr), Don Weller (sax) u. a. Kontinuierlich reduzierte sich der einst avancierte Musizierstil auf einfacheren Rock, der exotische Sounds und esoterische Strukturen nur noch als Farbelemente verwendete. Als Arbus zum Jahreswechsel 1972/73 ausschied, war vom ursprünglichen Gruppenkonzept so gut wie nichts mehr übriggeblieben. Die Band bestand zu diesem Zeitpunkt aus Joe O'Donnel (vi, mandolin, g, keyboards), Marty Fisher (bg, acc, voc), Garth Watt Roy (g, voc), Jeff Allen (dr). Sie überlebte nur kurze Zeit.

LPs auf Deram: *Mercator Projected* (1968); *S.N.A.F.U.* (1969); *The World of East of Eden* (1971) ... auf Harvest: *East of Eden* (1971); *New Leaf* (1972)

The Easybeats, damals im Alter zwischen 15 und 17 Jahren, stellten sich 1964 in einer Jugendherberge des australischen Ortes Havana Village vor, brachten im März 1965 ihre erste Single *For My Woman* heraus und kamen bis 1968 in Australien neunmal auf den ersten Bestseller-Platz. Little Stevie Wright (voc), Dick Diamonde (bg), George Young (g, voc), Harry Vanda (g, voc) und der 1968 durch Tony Cahill ersetzte Snowy Fleet (dr) waren sämtlich in Europa geboren worden und mit ihren Eltern nach Australien ausgewandert: Zwei stammten aus Holland, zwei aus England, einer aus Schottland. Im Juli 1966 flog das Quintett nach London, produzierte dort 15 Wochen lang die Single *Friday On My Mind* und erschloß sich mit diesem Stück den Welt-Musikmarkt. Eine Acht-Wochen-Tournee führte durch 20 Länder. → Beatles-Manager Brian Epstein nahm die Gruppe unter Vertrag, United Artists-Präsident Michael Stewart schwärmte: «Derart hysterische Teenager-Begeisterung habe ich seit der Ankunft der Beatles nicht mehr erlebt.» Doch die Begeisterung verebbte. Der am 22. März 1942 in Den Haag geborene Vanda und der am 6. November 1948 in Glasgow geborene Young, Autoren des *Friday*-Songs und anderer Easybeats-Kreationen (*Falling Off The Edge Of The World*), schraubten ihren kompositorischen Standard so hoch, daß ihr Teen-Publikum nicht zu folgen vermochte. Ihre von sanfter Introduktion zu furiosen Spannungshöhepunkten gesteigerten Stücke, oft «mit einem → Kinks-ähnlichen Crescendo-Chorus» (Lillian Roxon), wurden zwar von Gruppen wie Lemon Pipers, Buckinghams, Music Explosion, Los Bravos gern übernommen, in den Originalversionen aber immer seltener auf US-Platten veröffentlicht. Mit einem Wechsel des Labels versuchte die Band 1969 den Popularitätsverfall aufzuhalten, aber vergeblich: Im November jenes Jahres löste sie sich auf.

LPs auf United Artists: *Good Friday* (1967); *Vigil* (1968); *Falling Off the Edge* (1969) ... auf Polydor: *Friends* (1970)

Eddy, Duane (g), am 26. April 1938 in Corning, New York, geboren, war eine Entdeckung des Producers Lee Hazlewood. Eddy lernte unter seiner Anleitung, den bei den

Rock-Gitarristen der fünfziger Jahre noch nicht so gebräuchlichen Elektro-Baß mit einem Tremolo-Vorsatz zu spielen, der dabei einen röhrenden Sound produzierte und, unter Halleinwirkung, «kontrollierte Aggression» (Charlie Gillett) vermitteln sollte. Zu diesem hypnotisierenden *twanging* addierte Hazlewood krächzende Saxophonlaute, animierendes Händeklatschen sowie ein Chorgeheul, das an jodelnde Indianer erinnern mochte. Eddys erster Golderfolg war *Rebel Rouser* (1958). Danach folgten die erfolgsträchtigen Effekt-Schlager *Peter Gunn, Forty Miles Of Bad Road* und, von Violinen eingeweicht, *Because They're Young* (1960), der Titelsong aus seinem ersten Spielfilm. Der aufkommenden Twist-Musik und den frühen Surf-Songs der → BEACH BOYS versuchte er sich später mit veränderten Rhythmen und einem Mädchen-Chor anzupassen. Neuere Gruppen wie → Cliff Richards Begleitband → THE SHADOWS spielten später zahllose zeitgemäßere Varianten von Eddys simplen Baß-Riffs.

LPs (Auswahl) auf Jamie: *Have Twangy Guitar, Will Travel* (1961); *Especially for You* (1961); *The Twang's the Thang* (1961); *Million Dollars Worth of Twang* (1961); *Twangy Guitar* (1962); *Songs of Our Heritage* (1964); *Lonely Guitar* (1964); *Girls, Girls, Girls* (1964); *16 Greatest Hits* (1964); *In Person* (1964); *Million Dollars Worth of Twang, Vol. 2* (1964); *Surfin'* (1964); *Twistin* (1964); *Twangin' the Golden Hits* (1965); *Best of Duane Eddy* (1965) ... auf RCA Victor: *Lonely Guitar* (1964); *Twangin' Hits* (1965); *Twangsville* (1965); *Best* (1966); *Twang-A Country Song, Twangy Guitar, Silky Strings, Dance with the Guitar Man* (nach 1965) ... auf Reprise: *The Biggest Twang of All* (1966); *Roaring Twangies* (1967) ... auf London: *The Legends of Rock* (1973)

Edwards, Jonathan (voc, g, harm), am 28. Juli 1946 in Atkin, Minnesota, geboren, seit seinem sechsten Lebensjahr in Alexandria, Virginia, aufgewachsen, hat 1971 durch seinen Hit *Sunshine* auf sich aufmerksam gemacht. Er ist ein talentierter Songschreiber mit Sinn für Stimmungen und Formen. Sein konservativer Adoptivvater, Beamter beim FBI, schickte ihn zunächst auf die Fishburne Military Academy in Waynesboro, Virginia; später studierte er drei Jahre lang in der Kunst-Klasse der Ohio University in Athens, das er im Lied *Athens County* besingt. In Ohio gründete er die Rockband HEADSTONE CIRCUS, mit der er 1967 nach Boston ging und sie in SUGAR CREEK umtaufte. Eine mit diesem Ensemble eingespielte Platte auf Metromedia wurde kaum beachtet. Erst als er sich im Sommer 1970 mit unverstärkten Instrumenten auf Folk Rock umgestellt und sich als Solist selbständig gemacht hatte, fand er die verdiente Resonanz. «Ich wollte», sagte er, «nicht mehr Stahlsaiten auf Magneten, sondern Bronzesaiten auf Rosenholz hören. Ich wollte Kerzen sehen statt Neonlicht.» Diese Natürlichkeit wurde von der Kritik und vom Publikum honoriert. Die Vorstellungswelt, die er zusammen mit seinem Partner Stuart Schulman (voc, bg, vi) durch seine Musik kreierte, war laut ‹Billboard› so «warm wie das glimmende Kaminfeuer in einem winterlichen Farmhaus».

LPs auf Metromedia: *Sugar Creek* (ca. 1968) ... auf Capricorn: *Jonathan Edwards* (1971) ... auf Atco: *Honky-Tonk Stardust Cowboy* (1973); *Have a Good Time for Me* (1974); *Lucky Day* (1974)

The Edwin Hawkins Singers, im April 1967 unter dem Namen NOTHERN CALIFORNIA STATE YOUTH CHOIR an der Ephesian Church of God in Christ in Oakland, Kalifornien, gegründet, schafften 1969 mit dem Gospel-Song *Oh Happy Day* «den Überraschungshit des Jahres» (‹Time›). Nachdem eine in nur 1000 LP-Exemplaren aufgelegte Privatpressung des damals 46köpfigen Chors von Ralph Gleason im ‹San Francisco Chronicle› als «bestes Album der letzten Monate» gefeiert worden war und Eingang in kalifornische Funkprogramme gefunden hatte, brachten Buddah Records die Kirchenmusik gegen 55 000 Dollar Vorauskasse und einen Bonus von 25 000 Dollar in den Handel. Binnen kurzem tönte *Oh Happy Day* in R & B-Stationen bis zu zwanzigmal am Tag, rückte auf Platz fünf der ‹Billboard›-Pop-Charts, wurde auf mehr als zwei Millionen US-Singles abgesetzt und löste einen Boom kommerzieller Gospelproduktionen aus. ‹Rolling Stone› beschrieb den kompakten, quasi-philharmonischen Chor-Sound mit seinen ausgefeilten Arrangements und spannungsreichen Perkussions-Kontrapunkten als «eine Mischung von → Phil Spector, Gospel und den Ronettes multipliziert mit 15». Europäische Kritiker denunzierten dagegen die Perfektion des Ensembles auch als «Verkümmerungsvorgang (so wird Ekstase zum Effekt)»: Die Singers seien «nicht mehr als ein ordentlich swingender Cäcilienverein» (‹Frankfurter Rundschau›). Der 1944 in Oakland geborene Chorleiter und Komponist Edwin Hawkins (voc, p, arr) konnte den *Happy Day*-Erfolg nicht wiederholen. Nachdem ihn schon 1969 wichtige Chormitglieder wie die *Happy Day*-Solistin Dorothy Morrison zugunsten eigener Karriere verlassen und seine einstige Partnerin Betty Watson (Sopran) das Konkurrenzunternehmen Southern California Youth Choir ins Leben gerufen hatte, beschränkte sich die Wirkung der Edwin Hawkins Singers wieder auf die eines guten Gospelchors unter vielen.

LPs auf Buddah: *Oh Happy Day* (1969); *More Happy Day* (1970); *I'd Like to Teach the World to Sing* (1971); *New World* (1973); *Live* (1974)

Ekseption, eine der erfolgreichsten Rockbands auf dem europäischen Kontinent, ging 1965 im Haarlem, Holland, aus dem Ensemble The Jokers hervor, das seit 1958 vom Jazztrompeter Rein van den Broek geleitet worden war. Erst als van den Broek (geb. 19. September 1945 in Haarlem) 1968 den klassisch geschulten Pianisten und Organisten Rick van der Linden (geb. 5. August 1946 in Badhoevedorp, Holland) engagierte, gewann die Gruppe musikalisches Profil. Von Platten der → Nice angeregt, bearbeitete van der Linden ein Motiv aus Beethovens 5. Symphonie für ein Konzert, das Ekseption zusammen mit dem Nordholländischen Philharmonischen Orchester geben sollte. Die Symphoniker lehnten das Arrangement ab, die Plattenaufnahme hielt sich jedoch 17 Wochen lang in der holländischen Hitparade, begründete die internationale Reputation der Gruppe und bestimmte ihren künftigen Stil. Mit Popmusik-Versionen von Gershwins ‹Rhapsody in Blue› sowie von Werken Bachs, Albinonis, Tschaikowskys und Rachmaninoffs, in denen auf Trompete, Flügelhorn, Flöte und Saxophon mitunter sehr jazzmäßig improvisiert wurde, machte sich Ekseption auf ausgedehnten Tourneen bis nach Israel einen Namen. Die Band musizierte mit dem Nationalen Symphonieorchester Schwedens und nahm ihre vierte LP mit dem Londoner Royal Philharmonic Orchestra auf. Ihr Album *Beggar Julia's Time Trip* wurde vom US-Jazzmagazin ‹Down Beat› mit viereinhalb Sternen, fast der höchsten Punktwertung, ausgezeichnet und gewann in Holland einen Edison Award. Für den französischen Spielfilm ‹Fantasy chez les Plocus› komponierte und produzierte Ekseption den Soundtrack. Ihren Ruhm verdankt die Gruppe allerdings weniger musikalischer Originalität als cleverer Repertoiregestaltung. Nach Rockmaßstäben wirken die Ekseption-Aufnahmen allzuoft glatt und steif. Kraft, Dynamik und Spannung ihrer englischen Vorbilder The Nice, → Emerson, Lake & Palmer und → Deep Purple haben die Holländer nie erreicht.

LPs auf Philips: *Ekseption* (1968); *Beggar Julia's Time Trip* (1969); *Ekseption 3* (1970); *Ekseption 00.04* (1971); *Ekseption 5* (1972); *Trinity* (1973); *Bingo* (1974). Rick van der Linden mit Trace auf Philips: *Trace* (1974)

The Electric Flag wurde von → Mike Bloomfield (g) beim Monterey Pop Festival 1967 vorgestellt und sofort wegen ihrer «neuen Soul-Musik, einer Synthese von weißem Blues und schwerem, metallischem Rock» (‹Rolling Stone›) enthustiastisch bejubelt. Tatsächlich war die Band mit ihrem überdurchschnittlichen Potential an Kraft, Technik, Stilbewußtsein und Musikantentum ein Glücksfall in der Rockgeschichte. Bloomfields Gitarrenchorusse, die ebenso intelligente wie dynamische Schlagzeug-Arbeit von → Buddy Miles, die energischen Baßfiguren von Harvey Brooks, der Gesang und die Texte von Nick Gravenites sorgten für fortwährende Höhepunkte in einem jazzbeeinflußten Ensemble, dem gleichzeitig oder nacheinander außerdem folgende Musiker angehörten: Barry Goldberg, Herbie Rich, Mike Fonfara, John Simon (keyboards), Peter Strazza, Terry Clements, Virgil Gonsalves, Stemsy Hunter (sax), Hoshal Wright (g), Marcus Doubleday (tp) sowie → Richie Havens (sitar) als Gast. Kaum veröffentlicht, wurde die LP *A Long Time Coming* in fast allen wichtigen Popmusik-Publikationen als «Platte des Monats» notiert. Für hochgradige Individualisten wie die FLAG-Musikanten waren die psychischen Zwänge einer «Gruppe der Superlative» (Bloomfield) jedoch nur schwer erträglich. Hinzu kam ein schwerwiegender Konflikt zwischen Marihuanarauchern in der Band und den Benutzern harter Drogen. Bloomfield entzog sich als erster dem subtilen Machtkampf aller gegen alle, um mit → Al Kooper «Super-Sessions» abzuhalten. Miles wollte lieber Chef der eigenen Combo EXPRESS sein. Nach einem ruhmreichen Jahr wurde die Flagge eingezogen. 1974 brachte sie Atlantic-Producer Jerry Wexler noch einmal an den Mast. Er holte Bloomfield, Goldberg, Gravenites, Miles ins Criteria-Studio nach Miami, gab ihnen Roger Troy (voc, bg) sowie eine Reihe von Gastmusikern bei und erzeugte mit *The Band Kept Playing* ein vortreffliches R & B-Album, dem die Kritik applaudierte: «Jede Phrase sitzt am richtigen Platz, die Vocals sind maßvoll und treffen den Kern, nichts wirkt aufgeblasen oder prätentiös» (Bob Palmer). Doch der ausgeprägte Individualismus der Musiker verhinderte auch diesmal Beständigkeit.

LPs auf CBS: *A Long Time Comin'* (1968); *The Electric Flag* (1968); *Best* (1971) ... auf Sidewalk: *The Trip, performed by The Electric Flag* (Soundtrack, 1967) ... auf Atlantic: *The Band Kept Playing* (1974)

The Electric Light Orchestra (ELO) wurde 1969 von drei Musikern der → MOVE als Experimentalformation gegründet. Roy Wood (cello, g, cl, bg, voc), Jeff Lynne (voc, p, g), Roy «Bev» Bevan (dr) probten mit Wilf Gibson (vi), den Cellisten Mike Edwards, Colin Walker, Hugh McDowell sowie Richard Tandy (keyboards, g) eine Fusion von klassischer Musik und Rock 'n' Roll. Die ambitionierte Produktion ihres ersten Albums balancierte die disparaten Stile ungeschickt gegeneinander aus und versuchte, Brüche, Konzeptionsmängel und ungenaue Arrangements mit tontechnischen Gags zu überspielen. Rezitative Singstellen wurden eingefügt, Tracks mit klassischen Soli rückwärts eingespielt, Lynne sang seine Verse teilweise durch ein Megaphon, Wood mischte Geräuscheffekte und elektronisches Rauschen hinzu. Die Multi-Spur-Kakophonie sollte dem Anspruch des ELECTRIC LIGHT ORCHESTRA gerecht werden, «da anzufangen, wo *I Am The Walrus* von den → BEATLES aufhört» (Lynne). Obwohl der Kritikerbeifall für die erste LP den Erfolg des Experiments nur noch zu bestätigen schien, verließ Wood 1972 die Band und nahm Hunt und McDonald mit in seine Formation WIZZARD, die er als Rock 'n' Roll-Orchester aufbaute. «ELO macht richtig auf ernst, wir machen viel mehr Spaß», erklärte Wood den Orchester-Break. Die Formation um Lynne, 1975 vermindert um Gibson, Walker, ergänzt durch Michael de Albuquerque (bg), Mik Kaminski (vi), mixte jedoch zum Vergnügen einer ständig wachsenden Hörerzahl weiterhin an ihrem Erfolgs-Tonikum Klassik-Rock. Warum ihnen das so vorzüglich gelang, wußte der ‹Melody Maker› zu erklären: «Der grundlegende Unterschied zwischen ELO und all den anderen Bands, die eine solche Melange versucht haben (→ NICE, → DEEP PURPLE, vielleicht → PROCOL HARUM), liegt darin, daß ELO speziell für diese Art von Musik gegründet worden ist. Dementsprechend hat ELO von vornherein die dazu notwendige Instrumentierung berücksichtigt. Ihr Repertoire basiert überwiegend auf klassischen Themen oder Zitaten daraus, und die Aufteilung ist fünfzig zu fünfzig, weder zugunsten noch zuungunsten der einen oder anderen Musikform.»

LPs ELO auf Harvest: *Electric Light Orchestra* (1972); *ELO II* (1973); *Showdown* (1974) ... auf Warner Brothers: *On the Third Day* (1973); *The Night the Light Went on in Long Beach* (1974); *Eldorado* (1974) ... LPs WIZZARD auf Harvest: *Wizzard Brew* (1973); *Wizzard* (1974) ... auf Warner Brothers: *Introducing Eddie and the Falcons* (1974) ... LP Wood auf Harvest: *Boulders* (1973). Solo-LP Michael de Albuquerque auf RCA: *We May be Cattle But We All Got Names* (1973). Solo-LP Rick Price auf Gemini: *Talking to the Flowers* (1971). Jeff Lynne mit IDLE RACE auf Liberty: *Idle Race* (1969)

The Electric Prunes, 1966 in Los Angeles gegründet, lieferten ein Jahr später mit *I Had Too Much To Dream Last Night* und *Get Me To The World On Time* zwei exzellente Beispiele des kommerziell attraktiven psychedelischen Rock. In der Besetzung Ken Williams (g), Weasel (g, voc), Jim Lowe (autoharp, voc), Mark Tulin (bg, org) und Preston Ritter (dr) boten sie originelle Elektronik in kompakter, unprätentiöser Spielweise. Auf der Suche nach extravaganten Sounds ließ sich das Quintett von dem Komponisten David Axelrod und dem Producer Dave Hassinger zu einer *Messe in F-moll* (Plattentitel) verleiten, die harten Rock mit lateinisch gesungener Liturgie vermengte. Das Resultat wurde von ‹Time› zwar als «überraschend erfolgreich» gepriesen; andere Kritiker bemängelten zu Recht, das erbauliche Werk serviere weder Fisch noch Fleisch. Von ‹Time› zu Trendsetzern hochgelobt, boten die ELECTRIC PRUNES mit *The Release of an Oath* (*The Kol Nidre*) 1968 ein weiteres Stück religiöser Rock-Seligkeit an. Danach reformierte sich die Gruppe und versuchte mit Mark Kinkaid (g), Richard Whetstone (dr, voc), Ron Morgan (g) und Brett Wade (bg, fl, p, voc) eine Rückkehr zum Rock 'n' Roll ihrer Gründerzeit. Axelrod schrieb bereits an einer Rock-Version von ‹Faust›, Hassinger plante ein Psychedelik-Remake von ‹Madame Butterfly› – der Band wurde beides schließlich doch erspart.

LPs auf Reprise: *Electric Prunes* (1967); *Underground* (1967); *Mass in F-minor* (1968); *Release of an Oath* (1968); *Just Good Old Rock and Roll* (1969)

The Elvin Bishop Group wurde 1968 in San Francisco von Blues-Musikern gegründet, die in verschiedenen schwarzen und weißen Formationen der Chicagoer und Westküsten-Szene ihr Talent bereits unter Beweis gestellt hatten. Elvin Bishop (g, voc), ein Bauernsohn aus Tulsa, Oklahoma, hatte zuvor in der → BUTTERFIELD BLUES BAND Leadgitarre gespielt, bis er von → Mike Bloomfield abgelöst wurde und fortan als Rhythmusgitarrist weiche, gedehnte Kontrapunkte zu Bloomfields technisch komplizierten Brillanz-Soli setzte. In sein erstes Ensemble holte Bishop den Harmonikabläser «Applejack», der mit → Junior Wells musiziert hatte, Art Stavro (bg), aus der Combo Jimmy Witherspoons, Steve Miller (org), vormals bei → LINN COUNTY, John Chambers (dr), ehemals bei dem Rhythm & Blues-Septett LOADING ZONE. Mit der schwarzen Sängerin Jo Baker überspielte die ELVIN BISHOP GROUP die Grenzen zwischen schwarzer und weißer Musik und behauptete sich im Rock- und Country-Idiom gleichermaßen virtuos. Bishop kleidete seine einfachen Melodievorlagen mit unprätentiösen Gitarrenfiguren aus, die über die ganze emotionelle Skala authentischen Bluesfeelings glitten. Seine «unglaubliche Sorglosigkeit gegenüber dem chromigen und seidenen Seifenoper-Blues, der den Plattenmarkt durchsetzt» (Chris Hodenfield), hat Bishop bislang nur zur Kultfigur bei Insidern werden lassen. Von seinem «Image» des «hausbackenen 12-Takte-Blues-Gitarristen aus dem weißen Chicago» (‹Melody Maker›) versuchte er, nach einem künstlerisch ergebnislosen Kontrakt mit Epic, 1974 bei Platten-Sessions für das kleinere Capricorn-Label in Macon, Georgia, loszukommen. Mit Phil Aaberg (keyboards), Don Baldwin (dr), Johnny Vernazza (g), Mike Brooks (bg) musizierte er locker im südstaatlichen Rock-Idiom. ‹Melody Maker› notierte den Unterschied: «Elvin Bishop spielte früher mit mürrischem Gesicht. Nun spielt er mit einem Lächeln.»

LPs auf Fillmore/CBS: *The Elvin Bishop Group* (1969); *Feel It!* (1970) ... auf Epic: *Rock My Soul* (1972) ... auf Capricorn: *Let it Flow* (1974)

Emergency, ein deutsch-englisch-tschechisch besetztes Jazz-Rock-Quintett, wurde 1970 in München von Hanus Berka (keyboards, sax, fl) gegründet. Der vielseitige Musikant, am 15. Dezember 1940 in Prag, Tschechoslowakei, geboren, studierte in seiner Heimatstadt gleichzeitig Ökonomie und Musik, arbeitete im Prager Außenhandelsministerium und errang mit seinen verschiedenen Bands viermal erste Preise auf internationalen Jazz-Festivals in Zürich, Wien und Düsseldorf. 1966 ging er mit dem Sänger Karel Gott in die USA und arbeitete als Showmusiker in Las Vegas und Hollywood. In Westdeutschland machte er sich anschließend als musikalischer Leiter des Musicals ‹Hair› einen Namen, aus dessen Instrumentalensemble er die EMERGENCY-Mitglieder rekrutierte. Die Band improvisierte in schwierigen Metren wie 11/8, 15/8 und 7/4 intensiver und musikalischer als die meisten Popmusikgruppen auf dem europäischen Kontinent, bewies daneben aber auch Verständnis für den Blues. Auf der ersten EMERGENCY-LP trommelte → Udo Lindenberg, später gehörten Frank Diez (g), Richard Palmer-James (g, voc), Peter Bischoff (voc, perc), Veit Marvos (keyboards), Jerzy Ziembrowski (bg), Bernd Knaak (dr), Todd Canedy (dr) zu Berkas Stammpersonal.

LPs auf CBS: *Emergency* (1971); *Emergency Entrance* (1972) ... auf Brain/Metronome: *Get Out to the Country* (1973); *No Compromise* (1974)

Emerson, Keith (p, org, synthesizer), am 2. November 1944 in Todmorden, Lancashire, England, geboren, sollte nach intensivem privatem Klavierstudium Konzertpianist werden und entschied sich mit 15 für die Rockmusik. Als Begleitmusiker der Sängerin P. P. Arnold fand er gleichgesinnte Kollegen, mit denen er im August 1967 das Ensemble → THE NICE gründete. 1968 ernannte ihn das englische Fachblatt ‹Beat Instrumentalist› zum «Pianisten und Organisten des Jahres», denn er «trieb die elektronische Orgel als Instrument persönlicher Expression bis zum absoluten Limit» (‹Daily Mail›). Emersons mit Händen, Füßen und Ellbogen erzeugte Tontrauben, sein «gewalttätiger, oft neurotischer» Instrumentalstil (‹Melody Maker›), seine fesselnde Show am Synthesizer, den er als erster Engländer auf die Rockbühne brachte, trugen ihm den Ruf ein, ein «Jimi Hendrix der Tasteninstrumente» zu sein. 1970 löste er die NICE auf und etablierte das Trio → EMERSON, LAKE & PALMER.

LPs auf Immediate mit → THE NICE ... auf Island, Manticore mit → EMERSON, LAKE & PALMER

Emerson, Lake & Palmer sind ein Trio, das im Frühjahr 1970 entstand, nachdem → Keith Emerson (p, org, synthesizer) die → NICE aufgelöst hatte. Mit → Greg Lake (g, bg, voc) und → Carl Palmer (dr) hat Emerson die NICE-Konzeption weiterentwickelt und der Gruppe einen nur noch mit dem Rang der → CREAM vergleichbaren Supergroup-Status erspielt. Unangefochten gelten EMERSON, LAKE & PALMER nach ihren triumphalen USA-, Europa- und Ostasien-Tourneen als «top pop group in the world» (‹Financial Times›). Doch anders als die CREAM, die eine Fülle von Nachahmern gefunden hatte, ist die auf einem knapp eine halbe Million Mark teuren Equipment erzeugte ELP-Musik kaum kopierbar. Das Trio versteht es, auf Gitarre, Baßgitarre, Schlagzeug, zwei Hammondorgeln, Klavier, Elektroklavier, Mellotron und dem Moog-Synthesizer mit seinen annähernd 28 Millionen Klangmöglichkeiten akustische Materialien wie Sinustöne, Kurzschlußgeräusche, atonale Cluster, Klavierarpeggien, Ragtime-Akkorde und Bluesphrasen zu einem homogenen Stil zu verschmelzen. Durch die Überspielung von fünf Moog-Aufnahmespuren erzielen die Musiker auf ihren Platten die Illusion eines riesigen Orchesters; mitunter wechseln die Metren und Tonarten von Takt zu Takt. Ihre berühmt gewordene Rock-Version von Mussorgskis *Bilder einer Ausstellung* ist eine ernst zu nehmende, zeitgemäße Interpretation dieses Werkes. Auch ihre übrigen Stücke nach klassischen Vorlagen – *Barbarian* (Bartók), *The Only Way* (Bach), *Hoedown* (Copland) – gehen weit über den üblichen Popverschnitt der sogenannten E-Musik hinaus. Mit den Rocksuiten *Tarkus, Trilogy, Karn Evil 9* hat Emerson in Zusammenarbeit mit Lake schließlich das Versprechen eingelöst, daß er zu NICE-Zeiten mit der (mißlungenen) *Five Bridges Suite* abgegeben hatte. «Wer eine Musik wie diese ignorieren wollte, müßte sich bewußt sein, daß er sich der Kenntnis eines wichtigen und zukünftig vielleicht des wichtigsten Teils zeitgenössischer Musik freiwillig begibt» (‹Frankfurter Allgemeine Zeitung›). Gigantomanie des Equipments und der Effekte drohten die Musikalität des Trios im Konzert manchmal zu überdecken. ELP ließen sich einen feuerspeienden Tarkus auf die Bühne bauen: die Phantasie-Kreuzung zwischen Tank und Tier aus ihrer gleichnamigen Suite; Illumination schien manchmal wichtiger zu werden als die Musik. Die Live-Aufzeichnung, vor allem in dem großartigen Dreier-Album *Welcome Back My Friends* von der Welt-Tournee 1963/64, bewies jedoch immer wieder ihre außerordentliche Klang-Kreativität. Seit 1973 bringen die Musiker ihre Platten auf dem eigenen Label Manticore heraus.

LPs auf Island: *Emerson, Lake & Palmer* (1970); *Tarkus* (1971); *Pictures at an Exhibition* (1971); *Trilogy* (1972) ... auf Manticore: *Brain Salad Surgery* (1973); *Welcome Back My Friends, to the Show that Never Ends, Ladies and Gentlemen* (3-LP-Live-Album, 1974)

The Everly Brothers infiltrierten biedere Country & Western-Klänge mit der Attitüde jugendlichen Deliquententums. Don Everly, am 1. Februar 1937, und Phil Everly, am 19. Januar 1939 in Brownie, Kentucky, geboren, sangen zu forscher Landmusik-Begleitung in höchsten Tönen «glorreiche Teenager-Lyrik» (‹twen›). Das Bruderpaar fand in Boudeleaux und Felice Bryant zwei sachverständige Songschreiber, die den Themenkreis Schule, Kino, Elternhaus, Eisbar und Bandentreff mit griffigen Formulierungen umreißen konnten. *Bye Bye Love* und *Wake Up Little Susie* (1957), *All I Have To Do Is Dream, Problems* und *Bird Dog* (1958), *Take A Message To Mary* und *(Til) I Kissed You* (1959), *Cathy's Clown* (1960) und *Walk Right Back* (1961) bildeten eine Kette vorzüglich interpretierter Hits, zu denen der Country-Nestor → Chet Atkins die Instrumental-Arrangements besorgte. Die nasale Vokalharmonie von Phil Everlys quengeliger Falsettstimme und Don Everlys narzißtischem Bariton fand in den sechziger Jahren in den Gesängen von → BYRDS, → BEATLES sowie → SIMON AND GARFUNKEL ihr Echo. Als diese Gruppen die Rock-Szene zu dominieren begannen, zogen sich die EVERLYS auf die Country-Seite ihres Rockabilly-Klanges zurück und profitierten von der Tournee-Erfahrung, die sie als frühreife Schulkinder in den Rundfunkshows ihrer Eltern und bei zahlreichen Familien-Auftritten auf Country-Festen erworben hatten. Mit ihren Erfolgstiteln von einst, die mittlerweile zu den immergrünen Standards der Popmusik gehören, gelang den geschätzten Heimatfolkloristen im Rock 'n' Roll-Revival Ende der sechziger Jahre ein bescheidenes Comeback. Die Versuche des Duos, mit einem neuen Repertoire in den siebziger Jahren Fuß zu fassen, scheiterten jedoch. «Die EVERLY BROTHERS sind schon seit zehn Jahren tot», erklärte Don Everly im Juli 1973 und terminierte seine Partnerschaft mit Bruder Phil. Beide versuchten 1975, mit Solo-Projekten einen künstlerisch befriedigenderen Weg einzuschlagen.

LPs (Auswahl) auf CBS: *The Everly Brothers Greatest Hits* (1970); *The End of an Era* (1971) ... auf Warner Brothers: *A Date with The Everly Brothers* (1961); *Both Sides of an Evening* (1961); *Instant Party* (1962); *The Very Best of The Everly Brothers* (1962); *Golden Hits of The Everly Brothers* (1962); *The Everly Brothers Sing Great Country Hits* (1963); *Gone, Gone, Gone* (1965); *Two Yanks in England* (1965); *Rock 'n' Soul* (1965); *Beat 'n' Soul* (1965); *In Our Image* (1966); *Hit Sounds of The Everly Brothers* (1967); *The Everly Brothers Sing*

(1967); *Roots* (1968); *The Everly Brothers Show* (1970); *It's Everly Time* ... auf RCA: *Stories We Could Tell* (1972); *Pass the Chicken and Listen* (1972); *26* (1972) ... auf Barnaby: *History* (1973); *Greatest Hits* (1974) ... Solo-LPs Don Everly auf Ode/A & M: *Don Everly* (1971); *Sunset Towers* (1974) ... Solo-LPs Phil Everly auf Harmony: *Wake Up Little Suzie* (1969); *Chained to a Memory* (1970) ... auf RCA: *Star Spangled Springer* (1973)

F

The (Small) Faces kamen 1965 in London als Liliput-Ausgabe der → WHO zusammen. Die nur einen Meter sechzig großen Musiker Steve Marriott (voc, g, harm), am 30. Januar 1947 in London geboren, Kenny Jones (dr), am 18. September 1948 in London geboren, Ronnie Lane (bg, voc), am 1. April 1946 in London geboren, Ian Patrick McLagan (keyboards, g), am 12. Mai 1946 in Hounslow, Middlesex, geboren, spielten den Witz, die Arroganz und die extrovertierte Showmanship der sogenannten Mod-Generation in typisch englischem Phantasie-Rock aus. Während andere Bands versuchten, ihren heimischen Dialekt mit einem amerikanischen Country-Akzent zu kaschieren, bedienten sich die SMALL FACES vorsätzlich eines breiten Vorstadt-Slangs. Volkstümlich war auch ihr buntes Programm aus «blues and booze» (Blues und Schnaps), das sie mit der rauhbeinigen Gutmütigkeit einer Kneipen-Tingelband abzogen, wobei sie jedoch stets den lauernden Unterton halbstarker Unberechenbarkeit anklingen ließen. «Sie hatten den naiven Eifer», erkannte ‹Rolling Stone›, «alles zu versuchen, ohne irgend etwas zu verstehen; und was dabei herauskam, hatte meist einen ganz speziellen Reiz.» *Here Come The Nice, Itchycoo Park, Little Tin Soldier,* die Hat-Trick-Hits der SMALL FACES von 1967, definierten ihren Stil einer verschlagenen Unschuld, die Drogen-Codes, erotische Anspielungen, Pubertär-Witze mit erfrischender Arglist in ihrem Rock-Rummel hochkommen ließ. 1968 überraschten sie mit der Konzept-LP *Ogdens Nut Gone Flake,* deren Hülle die Form einer flachgedrückten Tabakdose hatte. Sie enthielt das Rock-Märchen von Happiness Stan, der auf der Suche nach der verlorenen Hälfte des Mondes die Traumstadt Happydaystoytown entdeckt. Die chiffrierten Rauschmittel-Jokes und die cleveren Wortspiele erinnerten dabei an die satirischen Bücher → John Lennons. Marriott, dessen rüde Bluesstimme die SMALL FACES stets in Kontakt zu schwarzen Vortragsstilen gehalten hatte, stieg 1969 aus und gründete mit Peter Frampton von THE HERD die Rhythm & Rock-Band → HUMBLE PIE. Die Rest-FACES tilgten das «small» aus ihrem Namen und werteten ihr Ensemble mit den Neuzugängen → Rod Stewart (voc), Ron Wood (g, voc) beachtlich auf. Stewarts heisere Kommandostimme und Woods solide geführte Leadgitarre gaben der FACES-Musik mehr Rückgrat und drängten die übrigen Spieler zu substanzielleren Beiträgen. Trotz des stilistischen reifen Vortrags war die Combo nach wie vor zum Schauvergnügen aufgelegt. Bei ihren Konzerten verteilten die trinkfreudigen und sportbegeisterten Musiker Schnaps an das Publikum in den ersten Reihen und kickten Fußbälle ins Parkett. Ihr Rock-Entertainment hatte jedoch auch erhebliche Schwächen. Stewart, der nebenbei Solo-LPs aufnahm, hielt sich im FACES-Ensemble bei der Ausarbeitung der Arrangements kollegial zurück. Ohne seinen dominierenden Einfluß hakten Instrumental-Soli und Vokaleinsätze weitgehend konzeptionslos aneinander und ließen die nervige Konsistenz des stilistisch verwandten → ROLLING STONES-Spiels vermissen. Im Frühsommer 1973, nach der Veröffentlichung der einfallsarmen LP *Ooh La La,* schied Ronnie Lane aus. Er wurde ersetzt durch Tetsu Yamauchi, vormals bei → FREE. Ein Jahr später stieg Ron Wood aus mit der Begründung: *I've Got My Own Album to Do* (LP-Titel). Die Entwicklung der Rest-Band stagnierte. Bei der Wahl zwischen «blues and booze» hatten sie sich wohl eher für letzteres entschieden.

LPs SMALL FACES auf Decca: *Small Faces* (1966); *From the Beginning* (1966) ... auf Immediate: *Small Faces* (1967); *Ogdens Nut Gone Flake*

(1968); *The Autumn Stone* (1969) ... auf New World: *Small Faces* (1972). LPs FACES auf Warner Brothers: *The First Step* (1970); *Long Player* (1971); *A Nod is as Good as a Wink ... To a Blind Horse* (1971); *Ooh La La* (1973); *Faces Live, Coast to Coast* (1973). Solo-LP Ron Wood auf Warner Brothers: *I've Got My Own Album to Do* (1974). Solo-LPs Ronnie Lane auf Philips: *Anymore for Anymore* (1974) ... auf Island: *Slim Chance* (1975)

Fahey, John (g), am 27. Juli 1936 in Takoma Park, Maryland, geboren, absorbierte den Südstaaten-Blues mit beinahe wissenschaftlicher Akribie und erwarb sich damit einen «wichtigen Namen in der Entwicklung des Akustik-Gitarrespiels in Amerika» (‹Melody Maker›). Auf seinen musikalischen Entdeckungsfahrten spürte er Veteranen wie Bukka White, Skip James, Charley Patton auf und versuchte in seinem flüssigen Bottleneck-Spiel, ihr stilistisches Erbe dem studentischen Kaffeehaus-Publikum von Berkeley nahezubringen. Seit 1958 veröffentlichte Fahey auf seinem Takoma-Label traditionelle Titel und darauf aufbauende Eigenkompositionen, «Stücke voller verblüffender Kontraste, die ihre tiefen Gefühle und verborgenen Leidenschaften mit einem nüchternen, aber unwiderstehlichen Sinn für Humor ausbalancierten» (‹Rolling Stone›). Der Anreger von → Leo Kottke, → Arlo Guthrie, → Ry Cooder, → THE ROLLING STONES (*No Expectations*) erweiterte bei den eher kommerziellen Einspielungen für die Firma Reprise (seit 1972) sein konservatives Konzept und nahm mit Jack Feierman (tp), Joe Darensbourgh (cl), Chris Darrow (vi), Alan Reuse (bj) sowie Musikern aus den Bands von Louis Armstrong, Fletcher Henderson Lieder «von Flüssen und Religionen» (LP-Titel) auf – Jerome Kerns *Ol' Man River* genauso wie Kirchenhymnen und Dixieland-Titel im King Oliver-Stil.

LPs (Auswahl) auf Takoma: *Blind Joe Death*; *Death Chant*; *John Fahey* (1966); *Days Have Gone By* (1966); *Voice of the Turtle* (1968); *America* (1972); *Fare Forward Voyagers* (1973) ... auf Riverboat: *Transfiguration of Blind Princess* (1968); *Requia* (1968); *Essential* (1974) ... auf Reprise: *Of Rivers and Religions* (1972); *After the Ball* (1973)

Fairport Convention wurde 1966 im Londoner Muswell-Distrikt von Folkmusikern gegründet, die zuvor bereits im ETHNIC SHUFFLE ORCHESTRA und in der Band TIM TURNER'S NARRATION zusammen gespielt hatten: Simon Nicol (g, voc), Richard Thompson (g, voc), Ahsley «Tyger» Hutchings (bg). 1967 kamen Judy Dyble (voc, p) und Martin Lamble (dr) hinzu; 1968 stellte sich Ian McDonald ein, der zugleich seinen Namen in Ian Matthews (voc) änderte. Kein britisches Folk Rock-Ensemble hat im Laufe seiner Entwicklung vergleichbar viele Besetzungsänderungen durchgemacht, keines brachte auch so viele Ableger-Combos hervor. Judy Dyble gründete Ende 1968 zusammen mit dem → THEM-Gitarristen Jack McAuley TRADER HORNE. Sandy Denny (voc) nahm bis 1969 Judys Stelle bei FAIRPORT CONVENTION ein, formierte dann zusammen mit Trevor Lucas (g, voc), Gerry Conway (dr) von ECLECTION die Gruppe → FOTHERINGAY und machte sich im Januar 1971 als Solistin selbständig. → Ian Matthews bildete im Frühjahr 1969 MATTHEWS SOUTHERN COMFORT, produzierte mit dieser Band drei LPs und wurde Ende 1970 Solist. Ashley Hutchings versuchte sich im Dezember 1969 mit den kurzlebigen SWEENEY'S MEN und startete anschließend die Gruppe → STEELEYE SPAN, der er bis November 1971 angehörte. Durch zumindest sieben schwerwiegende Umbesetzungen und einen Crash des Band-Transporters, der Martin Lamble im Mai 1969 in der Nähe von Mill Hill das Leben kostete, wurden Ensemblegeist und musikalische Basis von FAIRPORT CONVENTION kaum beeinträchtigt. Ihr elektrifizierter Folk-Sound, den die Musiker auf altenglische Lieder (*Dirty Linen*), viel im gleichen Stil selbstkomponiertes Material (etwa Sandy Dennys *Who Knows Where The Time Goes*) sowie wenig bekannte Stücke von → Bob Dylan (*Percy's Song, Million Dollar Bash*) anwandten, klang stets fröhlich und optimistisch. Er begeisterte bei Dorffesten, im Londoner Rocklokal «Marquee», in der Royal Festival Hall und auf US-Tourneen das (unterschiedliche) Publikum gleichermaßen. FAIRPORT CONVENTION, urteilte Tony Palmer im ‹Observer›, habe «für die Popmusik das gleiche getan wie der Theaterregisseur Peter Brook für Shakespeares ‹Sommernachtstraum›: die innere Poesie herauszuarbeiten und zugleich die darin enthaltene Heiterkeit und den überwältigenden Spaß zu akzentuieren».

LPs auf britisch Polydor: *Fairport Convention* (1968) ... auf Island: *What We Did On Our Holidays* (1968); *Unhalfbricking* (1969); *Liege and Lief* (1969); *Full House* (1970); *Angel Delight* (1971); *Babbacombe Lee* (1971); *The History of Fairport Convention* (1972); *Rosie* (1973); *Nine* (1973); *Live* (1974) ... Hutchings, Kirkpatrick und andere auf Island: *Morris On* (1972); *The Compleat Dancing Master* (1973). Solo-LPs Richard Thompson auf Island: *Henry the Human Fly* (1972); *I want to See the Bright Lights Tonight* (mit Linda Thompson, 1974). Solo-LPs Dave Swarbrick auf Fontana: *Prince Heathen* (1969) ... auf Philips: *Selections* (1972)

Fame, Georgie (voc, org, p), am 26. Juni 1943 unter dem bürgerlichen Namen Clive Powell als Sohn eines Organisten in Leigh nahe Manchester, England, geboren, balancierte sein Leben lang unterschiedlich erfolgreich zwischen Jazz, Rock und Entertainment. Mit der Skifflegroup THE DOMINOS begann der fünfzehnjährige Textilarbeiter seine Gesangskarriere, die ihn 1960 zu den Londoner BLUE FLAMES führte. Binnen kurzem übernahm er die Gruppe, trimmte sie im renommierten «Flamingo Club» auf Rhythm & Blues und landete mit ihr 1965 den Hit *Yeah, Yeah.* Der Stil war, laut Fame, «Jazz Rock in der Art von → BLOOD, SWEAT & TEARS, aber vier Jahre früher und mit mehr Soul». 1966 wählte ihn der ‹Melody Maker› zum führenden britischen Bluesmusiker, zum Top-Jazzsänger und zum zweitbesten Jazz-Organisten. Weitere Platten-Bestseller (*Get Away, Sunny*) sowie eine neue Band zusammen mit → Jon Hiseman (dr) folgten. 1968 hatte er mit dem Schlager *Bonnie and Clyde* einen internationalen Sensationserfolg, trat im Gangster-Kostüm in zahlreichen TV-Shows auf und bereiste Europa mit der Count Basie-Bigband. Durch die Solokarriere der Rock-Szene entfremdet, verblaßte sein Image: Schlagerplatten mit Streicherbegleitung nahmen die Popmusik-Fans übel. Nach einer Zufalls-Session mit dem EX-ANIMAL → Alan Price (p, org, voc) Ende 1970 im Londoner Club «Revolution» bildete er deshalb mit dem Rock-Partner ein Team, das unter den Titeln ‹The Price of Fame› und ‹Fame at any Price› vielbeachtete Fernsehsendungen bestritt. Auf der LP *All Me Own Work* präsentierte Fame 1972 mit einer erstklassigen Studio-Besetzung (u. a. Dick Heckstall-Smith [ts]) ausschließlich eigene Rock-Kompositionen und -Texte. Die Partnerschaft mit Price wurde in zahlreichen Club-Gastspielen, Radio- und TV-Auftritten fortgesetzt. Mit seinem 1974 veröffentlichten Album auf Island knüpfte er stilistisch an seine BLUE FLAMES-Zeit wieder an. Fame ist überzeugt, daß Jazz, Blues und Rock 'n' Roll einander nicht widersprechen: «Alle drei Elemente sind heute in der Popmusik enthalten. Welches davon dominiert, liegt allein an der Darbietung. Aber jede Band, mit der ich auf diese Weise zu arbeiten versucht habe, war bislang eine Enttäuschung.»

LPs auf Columbia/EMI: *Rhythm & Blues at the Flamingo* (1964); *Fame at Last* (1964); *Sweet Things* (1966); *Sound Venture* (1966); *Hall of Fame* (1966) ... auf CBS: *The Two Faces of Fame* (1967); *The Third Face of Fame* (1968); *Georgie Does his Thing with Strings* (1969); *Seventh Son* (1969); *Going Home* (1971); *Fame & Price Together* (1971) ... auf Reprise: *All Me Own Work* (1972) ... auf Imperial: *Yeh Yeh* (1965); *Get Away* (1966) ... auf Epic: *Shorty* (ca. 1967); *Bonnie & Clyde* (1968) ... auf Island: *Georgie Fame* (1974)

Family war eine der musikalisch profundesten unter den «Bands, die es niemals richtig geschafft haben» (‹The Observer›). Künstlerisch ungleiche Produktionen, Management-Probleme und ein für kommerziellen Dauererfolg wohl zu chaotischer Lebensstil verhinderten eine optimale Nutzung der bemerkenswerten individuellen Talente. Zwischen den artifiziellen, aber im Verständnis der Fans zu ausgeklügelten Arrangements ihrer ersten beiden Alben und einer spannungsreich-aggressiven, aber von der Tagesform abhängigen und oft undifferenzierten Bühnenshow verfehlten die Musiker den Mittelweg zum Publikumserfolg. Komponist John Whitney (g), Jim King (sax), Rick Grech (vi, bg) hatten schon in der ersten Hälfte der sechziger Jahre in den Arbeiterkneipen von Leicester, England, zusammen gespielt. Doch erst als Roger Chapman (voc, harm) 1965 sowie Rob Townshend (dr) 1967 zu ihnen gestoßen waren, nannten sie sich FAMILY und erhielten eine Schallplattenchance. Ihre selbstfinanzierte *Music in a Doll's House*, vom TRAFFIC-Gitarristen → Dave Mason voller klagender Harmonika-Sounds, verzerrter Violinakkorde und unreal klingender Falsetto-Töne extravagant vielschichtig produziert, schien damals «Songs aus einem Parallel-Universum» (Ian McDonald) zu enthalten: Vielen Hörern war sie zu fremdartig. Auch nach spektakulären Auftritten im Londoner Hyde Park, beim Festival auf der Isle of White und im New Yorker Fillmore East (1969) erreichten die LPs der Gruppe nur relativ bescheidene Auflagen – durchschnittlich 100 000 Stück. Die äußere Erscheinung des auf der Bühne nervös vibrierenden, unerhört vibratoreich intonierenden Sängers Chapman, auf dessen Hände die Wörter «Liebe» und «Haß» tätowiert sind, erinnerte das Publikum nach Kritikermeinung an den kalifornischen Mord-Satanisten Charles Manson und trug zu einem Negativ-Image der Gruppe bei. Nachdem Grech und King 1969 Abschied genommen hatten (Grech ging zu → BLIND FAITH), zeigte der FAMILY-Stil mit John «Poli» Palmer (keyboards, fl, vib, perc), John Weider (bg, vi) auf den LPs *A Song for Me, Anyway* eine «Tendenz zu unheilvollen Extremen ... ohne sicheres tonales Zentrum» (‹Melody Maker›). *Old Songs, New Songs* enthielt im Stil einer «Greatest Hits»-Anthologie großenteils neu gemischte Stücke aus früheren Produktionen. Erst mit *Fearless* und *Bandstand* hatte sich die Band, nun ganz auf Chapman bezogen, stilistisch wieder konsolidiert. In der Besetzung Chapman, Whitney, Townshend, Jim Cregan (g), Tony Ashton (keyboards) spielte sie bis Juli 1973 – dann löste sie sich auf.

LPs auf Reprise: *Music in a Doll's House* (1968); *Family Entertainment* (1969); *A Song for Me* (1970); *Anyway* (1970); *Old Songs, New Songs* (1971); *Fearless* (1971); *Bandstand* (1972); *It's Only a Movie* (1973; *Best of Family* (1974). LP Roger Chapman, Charlie Whitney auf Reprise: *Streetwalkers* (1974)

Fanny, 1967 in Sacramento, Kalifornien, gegründet, war das erste reine Mädchenensemble der Rockmusik, über das die Kritiker einhellig urteilten: «Vollständig professionell» (‹The Phoenix›). Das Quartett sang so durchdringend wie die → SUPREMES, rockte so frisch und hart wie die → BEATLES in ihrer Anfangszeit und hatte dabei so viel Drive wie «eine Frau, die im Ferrari sicher durch eine gefährliche S-Kurve prescht» (‹Rolling Stone›). Die Geschwister June (g, voc) und Jean (bg, voc) Millington, als Töchter eines britischen Marineoffiziers und einer Filipina am 14. April 1949 und am 25. Mai 1950 geboren, stammten aus Manila, sangen als Schülerinnen in Kalifornien Folksongs, arbeiteten als Entertainer in Nachtlokalen und entschieden sich schließlich für «good fucking music» – sprich: Rock 'n' Roll. Die deutschstämmige Alice de Buhr (dr, voc), geboren am 4. September 1950 in Mason City, Iowa, wurde mit 17 Profischlagzeuger, denn: «Trommeln erregt mich sexuell.» Die am 21. April 1951 in Washington geborene Nicoel Barclay (org, p, voc) war mit → Joe Cocker auf Amerika-Tournee, ehe sie sich im Juni 1970 endgültig FANNY anschloß. Bis dahin war das Ensemble unter dem Namen WILD HONEY in einem abgewrackten, mit Matratzen bestückten Greyhound-Bus durch Kalifornien gezogen. Mit dem Band-Titel FANNY, einem überwiegend selbstkomponierten und getexteten Repertoire und bemerkenswerter Combo-Routine («Wir übten in einer alten Hollywood-Villa buchstäblich Tag und Nacht») konnten sie sodann Platten aufnehmen, Barbra Streisand im Studio begleiten und hatten internationalen Erfolg. Ihre ersten drei LPs wurden von Richard Perry (→ Streisand, → Carly Simon, → Tiny Tim) produziert, die vierte von → Todd Rundgren. 1973 verließen June Millington, Alice de Buhr das Quartett und wurden durch → Suzi Quatros Schwester Patti Quatro (g), Brie Brandt (dr) ersetzt. Nickey Barclay empfand, die Gruppe sei nach dem Personalwechsel «persönlich und musikalisch viel mehr zusammen». Der Eindruck trog: Die weiblichen *Rock 'n' Roll Survivors* brachten wenig Kraft und spärliche Ideen für ihre fünfte, von Vini Poncia produzierte Platte auf. Nach der Aufnahme trennte sich Brie Brandt von FANNY, Ende 1974 war auch Nicoel Barclay auf dem Absprung.

LPs auf Reprise: *Fanny* (1971); *Charity Ball* (1971); *Fanny Hill* (1972); *Mother's Pride* (1973) ... auf Casablanca: *Rock 'n' Roll Survivors* (1974)

Farlowe, Chris (voc, g), bürgerlich: John Henry Deighton, wurde am 13. Oktober 1940 als Sohn eines Druckers in Essex, England, geboren und verfügt dem Urteil prominenter Kollegen wie → Eric Burdon und → Georgie Fame über «eine der besten Rhythm & Blues-Stimmen in Europa». Seit seinem frühen Stimmbruch im Alter von zehn klingt das Organ derart erdig und rauh, daß er mit 13 den Wunsch, Boxer zu werden, zugunsten der Popmusik aufgab. Neben dem Studium am Sir William Collins Technical College in London leitete er die JOHN HENRY SKIFFLE GROUP, nach 1962 die Rockband THUNDERBIRDS. Internationales Ansehen verschafften ihm 1966 besonders seine Singleplatten mit → ROLLING STONES-Titeln (Beispiel: *Out Of Time*), bei denen → Mick Jagger im Backgroundchor mitsang. Nach einem siebenmonatigen USA-Aufenthalt nahm er im Sommer 1970 mit der eigenen Band THE HILL (Steve Hammond [g], Bruce Waddell [bg], Paul Buckmaster [cello], Peter Robinson [p, org], Colin Davy [dr]) das Album *From Here to Mama Rosa* auf. Im September des gleichen Jahres wurde er Mitglied von → COLOSSEUM; 1972 schloß er sich → ATOMIC ROOSTER an, die er im Mai 1973 wieder verließ.

LPs auf Columbia/EMI: *Chris Farlowe and The Thunder Birds* (rec. 1964/66, ed. 1966) ... auf Immediate: *14 Things to Think About* (1966); *The Art of C. F.* (1966); *The Best of C. F.* (1968) ... auf Polydor: *From Here to Mama Rosa* (1970) ... mit COLOSSEUM auf Vertigo: *Daughter of Time* (1970) ... auf Bronze: *Colosseum Live* (1971) ... mit ATOMIC ROOSTER auf Metronome/Brain: *Made in England* (1972)

Feliciano, José (voc, g), am 10. September 1945 als Sohn eines Farmers in Larez, Puerto Rico, geboren, ist eher ein Entertainer als ein Rockinterpret. Doch der blinde Showstar, der an die 30 Instrumente beherrscht, sein Repertoire aber nicht immer geschmackssicher zusammenstellt, singt Rockmelodien wie *Hey Jude, California Dreamin'* oder *Light My Fire* ausdrucksvoller und spielt dazu besser Gitarre als beinahe jeder andere Popmusikant. Seine Virtuosität kommt besonders in Kadenzen und in Solopassagen zum Ausdruck, in denen er auf der Gitarre den Klang anderer Instrumente wie Mandoline, Banjo, Hawaiigitarre oder Schlagzeug imitiert. Für seine fast hypnotisch intensive Version der DOORS-Komposition *Light My Fire* kassierte der von → Ray Charles und dem Jazzgitarristen Wes Montgomery beeinflußte Musiker, der heute ein 50 000-Dollar-Eigenheim in Kalifornien besitzt, 1969 zwei Grammy-Preise – als bester Sänger und als Nachwuchskünstler des Jahres. Feliciano lebte nach 1950 mit Eltern und sieben Brüdern im New Yorker Puertoricaner-Stadtteil East Harlem, hörte unablässig Soulmusik im Radio und übte wie ein Besessener Gitarre. Er trat 1964 beim Newport Folk Festival auf, gastierte in den Folklore-Kneipen von Greenwich Village und bespielte für kümmerliche Honorare Platten für den lateinamerikanischen Markt. Im Oktober 1968 intonierte er vor einem von der US-Fernsehgesellschaft NBC aus Detroit übertragene Baseballspiel gratis die amerikanische Nationalhymne *Star Spangled Banner* im Soulstil und löste damit eine Kontroverse aus. Tausende von Bürgern protestierten gegen die «Blasphemie», Tageszeitungen berichteten über die «verunstaltete Hymne», Plattenpiraten brachten das *Soul Spangled Banner* als Raubpressung für drei Dollar auf den Markt. «Damit», sagt Feliciano, «war mein Platz in der Geschichte gesichert.»

LPs auf RCA Victor: *The Voice and Guitar of José Feliciano* (1965); *A Bag Full of Soul* (1965); *Fantastic Feliciano* (1966); *Feliciano* (1968); *Souled* (1968); *10 to 23* (1969); *Fireworks* (1970); *José Feliciano* (1970); *Alive Alive'O!* (1970); *Fantastico* (1970); *Christmas Album* (1970); *Encore* (1971); *That the Spirit Needs* (1971); *Memphis Menu* (1972); *Compartments* (1973); *Ché Sara'* (1973); *A Spanish Portrait* (1974); *For My Love – Mother Music* (1974) ... auf Camden: *Feliciano Sings* (1972)

Felix, Julie Ann (voc, g), am 14. Juni 1941 in Santa Barbara, Kalifornien, geboren, war in der zweiten Hälfte der sechziger Jahre die populärste Folksonginterpretin in Großbritannien. Nach einem vierjährigen Studium der Theaterwissenschaft an der University of California in Santa Barbara war die Tochter eines mexikanischen Flugzeugingenieurs, der zeitweise als Musiker gearbeitet hatte, von 1962 bis 1964 durch Europa getrampt und hatte sich ihren Unterhalt in Griechenland, Italien, Spanien, Frankreich und Deutschland mit Stimme und Gitarre verdient. Im Januar 1965, unmittelbar nach ihrer Ankunft in England, trat sie erstmals im britischen Fernsehen auf. Ihre Gastdarbietung in Programmen wie ‹A Spoonful of Sugar› oder ‹The David Frost Show› gefielen so gut, daß ihr die BBC eigene Serien anvertraute: ‹Julie Felix› (1967), ‹Once More with Felix› (1968/69). Am 1. April 1966 gab die Sängerin ihr erstes Solorecital in der Londoner Royal Albert Hall. Sie hat für den norwegischen König Olaf, den Herzog von Edinburgh sowie Prinz Rainier von Monaco gesungen und war mehrfach, teilweise auf Wohltätigkeitstourneen, in Afrika und Kleinasien unterwegs. Unfähig, eigene Texte und Melodien zu erfinden, verstand es Julie Felix vortrefflich, «den Sinn der Songtexte durch Stimmfarben zu verdeutlichen» (‹The Times›). Ihr Repertoire sei, sagte die Sängerin, «wie der Spielplan eines Repertoiretheaters zusammengestellt: Dramen und Komödien wechseln einander ab».

LPs auf Decca: *Julie Felix* (1966); *Second Album* (1966); *Third Album* (1967); *The World of J. F.* (1969); *The World of J. F., Vol. 2* (1970) ... auf Fontana: *Changes* (1967); *Flowers* (1968); *This World Goes Round & Round* (1969) ... auf Philips: *Going to the Zoo* (1971); *This is J. F.* (1971); *This is J. F., Vol. 2: Gifts* (1972) ... auf Rak: *Clotho's Web* (1972)

The Fifth Dimension, das 1965 in Los Angeles gegründete Gesangsquintett von Marilyn McCoo aus New Jersey, Florence LaRue aus Glenside, Pennsylvania, Ron Townson, Lamonte McLemore und Billy Davis aus St. Louis, nannte sich zuerst The Versatiles und war erfolglos. Marc Gordon, A & R-Mann bei Motown Records, wies die Gruppe namens seiner Firma ab, verließ aber Motown sofort, um sie zu managen. Er gab ihr einen neuen Namen, vermittelte sie an die Plattenproduktion Soul City des Sängers → Johnny Rivers, brachte sie mit den Komponisten John Phillips und → Jim Webb zusammen und konnte alsbald kassieren. Phillips' Song *Go Where You Wanna Go* im Stil der erfolgreichen → Mamas & Papas (zu denen der Komponist selbst gehörte) machte die Fifth Dimension bekannt; mit Webbs *Up, Up and Away* startete das Ensemble in die Hitparaden: Die «Platte des Jahres» brachte ihm 1968 fünf Grammy-Preise ein. Mit nachtwandlerischer Sicherheit balancierte das farbige Quintett fortan auf dem schmalen Grat zwischen perfektioniertem Nightclub-Entertainment und Soul-Ekstatik. Sorgfältig ausgewählte Songs und eine publikumswirksame Choreographie machten es zu «einer der heißesten und ungewöhnlichsten Attraktionen des Showbusiness» (so die Neger-Illustrierte ‹Ebony›) mit höchsten Umsätzen: Von der ‹Hair›-Hitsingle *Aquarius/Let The Sunshine In* wurden 1969 in sechs Wochen über 1,5 Millionen Exemplare verkauft. Aber auch für Rockfans blieb die Kommerzmusik weitgehend akzeptabel. Denn die FIFTH DIMENSION-Sänger, die sich auf ihren Platten von ausgefuchsten Rockmusikern wie Larry Knechtel (p, org), Johnny Rivers (g), Joe Osborne (bg), Hal Blaine (dr) und anderen begleiten ließen, gewannen auch Stücken wie → Laura Nyros *Stoned Soul Picnic,* → Sly Stones *I Wanna Take You Higher,* → Bobbie *Border Song* durch eine aufgerauhte Rhythm & Blues-Interpretation noch neue Facetten ab.

LPs auf Liberty: *Up, Up and Away* (1967); *The Magic Garden* (1967); *Stoned Soul Picnic* (1968); *The Age of Aquarius* (1969); *July 5th Album* (1969); *Greatest Hits* (1970); *Love Garden* (1970) ... auf Bell Records: *Portrait* (1970); *Love Lines, Angels and Rhymes* (1971); *Greatest Hits on Earth* (1971); *Reflections* (1971); *Live!* (1972); *Individually and Collectively* (1972); *Living Together, Growing Together* (1973); *Soul & Inspiration* (1974)

The First Edition entstand 1967, als sich vier Sänger und Gitarristen der NEW CHRISTY MINSTRELS in Los Angeles selbständig machten: Kenny Rogers, Mike Settle, Terry Williams und Thelma Lou Camacho. Ihr frischer, in der zeitgenössischen Folk Music wurzelnder Gesangsstil mit leichtem Rockrhythmus, den sie in der ‹Smothers Brothers Comedy Hour› des US-Fernsehens bekannt machen konnten, trug ihnen Anhänger besonders unter der College-Jugend ein. Als Settle und Thelma Camacho 1969 ihre Gruppenanteile von je 25 Prozent an die beiden anderen Gründungsmitglieder verkauften, übernahm der aus Houston, Texas, stammende Kenny Rogers (geb. 21. August 1938) die Leitung und firmierte fortan als KENNY ROGERS & THE FIRST EDITION. Mit den neuen Kollegen Mary Arnold, Kin Vassy, Mickey Jones verdiente die Gruppe bald eine Million Dollar pro Jahr. Im Mai 1971 wurde sie ausgewählt, die erste Popmusik- und Rockreihe zur besten Sendezeit des US-Fernsehens als Gastgeber zu gestalten: ‹Rollin' on the River›, die rund 170 Stationen übernahmen. «Die fünf», sagte ihr Manager und TV-Producer Ken Kragen, «sind für die Television besonders gut geeignet. Sie sind eine Hit-Rock-Gruppe von Profis, die jede Art von Musik beherrschen. Sie werden von den Fernsehleuten geschätzt, weil sie pünktlich sind, keinen Ärger machen und keine Garderobenräume verwüsten; jeder arbeitet gern mit ihnen.» Bei den Amerikanern zwischen 18 und 35, das ergab eine Trendex-Umfrage, war die sogenannte Primetime-Show 1972 das beliebteste Fernsehprogramm. Nach LPs mit Folk-, Rock-, Gospel- und Popsongs unterschiedlicher Autoren, von denen einige (Beispiel: *Ruby, Don't Take Your Love To Town*) zu internationalen Hits wurden, hat die FIRST EDITION 1972 ein Doppelalbum mit Originalmaterial vorgelegt: *The Ballad of Calico.* In diesem Konzept-Album wird mit viel Imagination die Story der verlassenen Silberminenstadt Calico in der Mojave-Wüste von Nevada und ihrer Einwohner in den Jahren nach 1880 erzählt. 1972 gründete Rogers auch seine eigene Plattenmarke Jolly Rogers, die in den USA von MGM vertrieben wird.

LPs auf Reprise: *The First Edition* (1967); *The First Edition's Second* (1968); *The First Edition '69* (1969); *Kenny Rogers* (1969); *Something's Burning* (1970); *Ruby, Don't Take Your Love to Town* (1970); *Tell it All Brother* (1971); *Transition* (1971); *The Ballad of Calico* (1972); *Greatest Hits* (1972) ... auf Jolly Rogers (MGM): *Backroads* (1973); *Rollin'* (1973); *Monumental* (1974)

Flack, Roberta (voc, p), am 10. Februar 1937 in Asheville, North Carolina, geboren, singt zumeist so langsam, wie sie Karriere gemacht hat. Die verhaltene Glut ihr Slow-Stücke, argumentiert sie, wirke jedoch auch länger nach als das flüchtige Auflodern eines künstlerischen Strohfeuers. Jahrelang hatte sich die in Richmond und Arlington, Virginia, aufgewachsene Soulsängerin auf eine klassische Pianokarriere vorbereitet, an der Howard University Musikpädagogik studiert, in Washington als Lehrerin gearbeitet und dabei eine Amateuraufführung der Verdi-Oper ‹Aida› inszeniert. 1967 begann sie in erlesenen Washingtoner Nachtlokalen Popmusik-Recitals am Klavier abzuhalten – in einem Stil, der eher an Brahms als an Blues erinnerte. Als sie 1969 durch Vermittlung des Jazzpianisten Les McCann die Debüt-LP *First Take* eingespielt hatte, dauerte es immer noch drei Jahre, ehe sich ein größeres Publikum an ihrem «stillen Feuer» (Albumtitel) erwärmte. Erst 1972, nachdem der Regisseur Clint Eastwood die drei Jahre alte *First Take*-Ballade *The First Time Ever I Saw Your Face* als Themamusik in den Spielfilm ‹Play Misty for Me› eingeklinkt hatte, wurde Roberta Flack mit einem Grammy-Preis gekrönt. Der Anschluß-Grammy-Hit war wiederum ein Flack-Oldie: *Killing Me Softly With His Song,* Anfang 1973 Nummer 1 in Amerika, befand sich schon seit sieben Jahren in ihrem Repertoire. 1974 hieß ihr Nummer-1-Pop-Hit *Feel Like Makin' Love.* Ähnlich wie lange Zeit → Nina Simone, vermittelt sie zwischen konventioneller Song-Stilistik, Soulfeeling und dem Popmarkt. Nur ihre wenigen rhythmisch intensiven Stücke wie *Reverend Lee, Compared To What?* (komponiert von Eugene McDaniels) bewahren allerdings ihre gezügelten Darbietungen vor dem Abgleiten in Eintönigkeit und Larmoyanz.

LPs auf Atlantic: *First Take* (1969); *Chapter Two* (1970); *Quiet Fire* (1971); *Roberta Flack & Donny Hathaway* (1972); *Killing Me Softly* (1973); *Feel Like Makin' Love* (1975). LP Gene McDaniels auf Ode/ABC: *Natural Juices* (1975)

Fleetwood Mac rangierte 1969 nach einer Hitparaden-Auswertung des ‹Melody Maker› in der englischen Erfolgsstatistik auf Platz 1: mit 748 Punkten vor den → BEATLES (671) und vor → Stevie Wonder (661). Die Band hatte sich im August 1967 von → John Mayalls BLUESBREAKERS abgespalten, denen → Peter Green (g, voc, harm), John McVie (bg), Mick Fleetwood (dr, voc) zuvor angehört hatten. Vierter Mann des Gründungsquartetts wurde → Jeremy Spencer (voc, g); 1968 kam Danny Kirwan (g, voc) hinzu. Ihr Blues hielt sich zunächst so nahe an schwarzen Vorbildern, daß die Zeitschrift ‹Eye› von einer «fast lächerlich zu nennenden Mimikry» sprach. Die Klavierfiguren in *Hellhound On My Trail* stammten unverarbeitet aus der Memphis-Slim-Version von *If You See Kay;* Spencers Gitarrenstil war eine Kopie von → Elmore James, Green kopierte → B. B. King. Mit Stücken wie *Albatross* und Greens *Black Magic Woman,* das später ein Welt-Hit für → SANTANA wurde, spielten sich die Musiker jedoch rasch frei. Schon im Januar 1968 waren sie im Plattenstudio musikalisch erfolgreich mit dem Bluesinterpreten Eddie Boyd zusammengetroffen. Bei einer *Blues Jam at Chess* (Titel des Doppelalbums) begegneten sie genau ein Jahr später in Chicago schwarzen Vorbildern wie → Willie Dixon (voc, b), Walter «Shakey» Horton (voc, harm), → Otis Spann (p, voc) und anderen als gleichwertige Partner. Ebenfalls im Januar 1969 nahmen sie in New York zusammen mit Spann das Album *The Biggest Thing Since Colossus* auf. Als Peter Green 1969 ausschied, profilierte sich Spencer durch die LP *Kiln House* als dominierender Musiker. Er sprengte die Bluesfesseln und trieb seine Mitspieler in einen an früheren Teenager-Idolen wie → Buddy Holly und den → EVERLY BROTHERS orientierten Rock 'n' Roll, bis auch er während einer Amerika-Tournee Anfang 1971 FLEETWOOD MAC verließ. Danach wurde der Band-Sound von Bob Welch (g, voc), Danny Kirwan (g, voc) und McVies Frau Christine (voc, p), die unter ihrem Mädchennamen Christine Perfect einst zu → CHICKEN SHACK gehört hatte, geprägt. 1972 firmierten auch Bob Weston (g, bj, harm, voc), Dave Walter (voc, harm), Steve Nye (org) unter dem Namen FLEETWOOD MAC. Als unbestrittener Chef hatte sich mittlerweile der Drummer etabliert, der den Bandnamen auch in seinen Personalpapieren führte: Mick Fleetwood. Er kam am 24. Juni 1947 in Cornwall, England, zur Welt. Sein Anrecht auf den Gruppennamen wurde im Frühjahr 1974 einer Bewährungsprobe ausgesetzt. Manager Clifford Davis beanspruchte den Titel und schickte eine frisch zusammengestellte Pickup-Band als FLEETWOOD MAC auf USA-Tournee. In der gerichtlichen Auseinandersetzung behielt Fleetwood recht. Nach der Identitätskrise zeigte die LP *Heroes are Hard to Find* das Ensemble mit Fleetwood (perc), Weston (g), Welch (g, voc), John McVie (bg), Christine McVie (keyboards, voc) wieder in bester Form.

LPs auf Blue Horizon: *Fleetwood Mac* (1968); *7936 South Rhodes* (mit Eddie Boyd, 1968); *Mr. Wonderful* (1968); *The Pious Bird of Good Omen* (1969); *English Rose* (1969); *Albatross* (1969); *Blues Jam at Chess* (mit Spann, Dixon, Horton, Guy u. a., 1969); *The Biggest Thing Since Colossus* (mit Otis Spann, 1969) ... auf Reprise: *Then Play On* (1969); *Kiln House* (1970); *Future Games* (1971); *Best of Fleetwood Mac* (1972); *Bare Trees* (1972); *Penguin* (1973); *Mystery to Me* (1973); *Heroes are Hard to Find* (1974)

Fleming, Joy (voc), bürgerlich: Erna Strube, am 15. November 1944 in Rockenhausen in der westdeutschen Pfalz geboren, in Mannheim aufgewachsen, war bis 1974 nicht nur die einzige deutsche Soulinterpretin von Rang, sondern auch die einzige deutsche Sängerin/Songautorin, der in ihrer Muttersprache Bluestöne gelangen. Ihren *Neckarbrücken Blues* sang sie Ende 1972 auf einer Singleplatte in Mannheimer Dialekt: «Here mol her, was isch dr jetzt sache will, des is a kleene Gschicht von gestern morge. Da is der Briefträger zu mir komme un hat gsacht: ‹Kleene, kumm mal her, isch hab der was zu sacha. Dein Kal, der is schon widder iewer die Brück, iewer die Brück is er wieder niewer, zu der Annere.› – ‹Oh›, hab isch zu dem Briefträger gsacht, ‹heer mol, des is mein Karl sei Sach. Mr zwingt keen Mensche zu seim Glück, und wenn er meent, er muß iewer die Brück, soll er doch, soll er doch, soll er doch. Isch weeß, der kommt aach wieder zrück, der kommt scho wieder, wann er Hunger hat, yeah›.» Bevor sie mit dieser Soul-Moritat in die deutschen Funk-Hitparaden kam, hatte Joy Fleming jahrelang mit dem Ensemble Joy and the Hit Kids (später: Joy Unlimited) vornehmlich in GI-Kneipen getingelt. Platten mit dieser Gruppe gaben ihre Fähigkeiten nicht annähernd wieder. Seit 1973 bemühte sich der Münchner Produzent und Musikverleger Peter Kirsten, die Sängerin zweisprachig im Rock- und Schlagerbereich aufzubauen. Im Januar 1975 vertrat Joy Fleming die Bundesrepublik Deutschland beim MIDEM-Musikmarkt in Cannes, kurze Zeit später beim Eurovision-Songwettbewerb in Stockholm. Mit dem schwachen, nicht zu ihr passenden Schlager *Ein Lied kann eine Brücke sein* landete sie nach dem triumphalen Cannes-Auftritt in Stockholm nur auf dem drittletzten Platz 17. Mit englischsprachigen Rocksongs und den Moritaten ihrer LP *Menschenskind* holte sie sich anschließend auf einer Deutschlandtournee das Wohlwollen ihrer Fans zurück.

LPs mit Joy and the Hit Kids auf Polydor: *Overground* (1969) ... mit Joy Unlimited auf Pilz/BASF: *Schmetterlinge* (1971) Solo-LPs auf Global Records/Intercord: *Joy Fleming* (1973); *Live* (1974) ... auf Atlantic: *This is My Life* (1974); *Golden Star Portrait* (1975); *Menschenskind* (1975)

The Flock («Die Herde»), 1964 in Chicago von einer Gruppe jüdischer Schulfreunde zunächst als Quartett unter einem anderen Namen gegründet, gehörte 1969/70 in folgender Besetzung zu den besten Ensembles der Rockmusik: Fred Glickstein (g, voc), → Jerry Goodman (vi), Jerry Smith (bg), Tom Webb (ts), Rick Canoff (ts), Frank Posa (tp), Ron Karpman (dr). Ihre Musik war – nach eigener Definition – «eine Kombination aller Bands, die man gehört hat, mit einer Combo, die noch nie zu hören war», oder – so ihr Produzent John McClure: «Ein Produkt aus Elektronik, Eklektizismus, Experiment.» Tatsächlich erzeugte das ebenso genialische wie zeitweise disziplinlose Septett in seinen besten Momenten eine vordem ungehörte Mixtur aus Flamenco und Free Jazz, Zerr- und Zigeunerklängen, → Beatles und Blues, Pop und Pusztamusik – differenziert im Solo, kompakt in den Bläsersätzen, stets mit einem swingenden oder rockenden Beat. Bis die Gruppe 1971 auseinanderging, war ihre unbescheidene Selbsteinschätzung zutreffend: «Was wir spielen, ist wahrscheinlich musikalischer als alles, was bisher unter dem Etikett Rock angeboten worden ist.»

LPs auf CBS: *The Flock* (1969); *Dinosaur Swamps* (1970)

Floh de Cologne wurde 1966 in Köln, Deutschland, als Politkabarett gegründet. Beeindruckt vom Erfolgsauftritt der amerikanischen Rock-Satire-Ensembles → THE FUGS und → THE MOTHERS OF INVENTION bei den Essener Songtagen 1968, beschlossen die Brettl-Spieler, ihren galligen Vortrag ebenfalls zu orchestrieren und elektrisch zu verstärken. Hansi Frank (dr, voc), Dieter Klemm (per, voc), Theo König (ts, cl, harm, voc), Markus Schmidt (p, org, voc), Dick Städtler (bg, g, voc) und Gerd Wollschon (lyrics) formierten sich zur «härtesten deutschen Polit Rock-Gruppe» (‹stern›), die bei Live-Auftritten von Schülern, Lehrlingen und Studenten eine «neue Qualität der Agitation» (‹konkret›) hören ließ. Mit politischen Kalauern («Die Herren der Wirtschaft schaffen nicht, sie lassen schaffen») und deftiger, beatakzentuierter Sozialkritik am «Wegschmeißparadies» Bundesrepublik versuchten sie nicht ohne Erfolg, ihr jugendliches Publikum in klassenkämpferische Stimmung zu bringen. Entsprechend einer Brecht-Devise glaubte FLOH DE COLOGNE, einen «einseitigen, nur an der Wirklichkeit orientierten Standpunkt der Arbeiterklasse» vertreten zu müssen. Ihre Wirklichkeit war jedoch eher ein Zerrpanorama oberflächlich analysierter wirtschaftlicher Zusammenhänge, grob vereinfachter Deutung von Gruppen-Motivationen und parteiischer Vermengung von Reportage und Kolportage. Zu teilweise passabler Instrumentalbegleitung bestückten sie ihre Zeitkritik mit Nostalgie-Stereotypen aus dem Gruselkabinett der Altmarxisten. «Wer heilige Kühe schlachtet, wird satt», erkannte FLOH DE COLOGNE zu Recht. Die durchaus wegweisende Musikagitation mit harten Fakten wurde aber stets durch die Beigabe unnützer Fiktionen über Ausbeutung, Arbeiterelend, Klassenkampf und ein sozialistisches Utopia geschwächt. Das gefühlsüberwucherte Wunschdenken ersetzte allzu oft das notwendige vorurteilsfreie Nachdenken. Immerhin gelang es FLOH DE COLOGNE als erster deutscher Rock-Band, der nach ihren ethnischen und sozialen Ursprüngen motivierbaren Aggressivität, Spontaneität und Emotionalität des Rock 'n' Roll mit annähernd gleichwertigen Texten gerecht zu werden.

LPs auf Ohr/Metronome: *Fliessbandbabys Beat-Show* (1970); *Rockoper Profitgeier* (1971); *Lucky Streik* (1973); *Geyer-Symphonie* (1974)

The Flying Burrito Brothers, 1969 in Los Angeles gegründet, wollten Hippies und Hillbillies im «glücklich ausgeflippten Stil» (‹Rolling Stone›) ihrer Country-Musik zusammenbringen. Gram Parsons (voc, g), Chris Hillman (voc, g, mandolin) hatten einige Monate zuvor die → BYRDS verlassen, weil sie dort ihre Vorstellungen von ländlicher Folklore über das Album *Sweetheart of the Rodeo* hinaus nicht realisieren konnten. Mit Sneeky Pete Kleinow (g), Chris Ethridge (bg, p, voc) probierten sie einen eleganten Country-Rock, der vornehmlich der Hollywood-Schickeria gefiel. Ihr Ensemblespiel hatte zwar einen beachtlichen technischen Standard, schien sich jedoch in vordergründiger Virtuosität zu erschöpfen. Michael Clarke (dr), auch ein ehemaliger BYRD, gehörte kurz zu den BURRITOS, ebenso Bernie Leadon (g, bj), der 1972 zu den → EAGLES ging. Parsons und Ethridge schieden 1970 aus. An ihre Stelle trat Rick Roberts (g). Wegen der ständigen Personal-Fluktuation konnten die FLYING BURRITO BROTHERS kein Sound-Konzept über einen längeren Zeitraum verfolgen. Statt dessen «maskierten sie sich in modisch-bukolischer Manier als traurige junge Cowboys, die über verlorene Liebe klagen» (‹Rolling Stone›) und weichten ihr Programm mit «asexueller Schönsingerei» (‹Rolling Stone›) im Stil von → CROSBY, STILLS, NASH & YOUNG auf. Nach Hillmans Fortgang Ende 1971 zu → Stephen Stills' MANASSAS führte Roberts eine BURRITO-Formation, der keines der Gründungsmitglieder mehr angehörte. Mit Alan Munde (bj, voc), Byron Berline (vi, voc), Kenny Wertz (g, voc), Roger Bush (bg, voc), Don Beck (g, mandolin), Eric Dulton (dr) spielten sie pure

Country-Musik, die sie aber keineswegs so kompetent vortragen konnten wie ihre Vorbilder aus Nashville. Die Band löste sich 1973 aus Mangel an Inspiration und Publikumsinteresse auf.

LPs auf A & M: *The Gilded Palace of Sin* (1969); *Burrito Deluxe* (1970); *The Flying Burrito Brothers* (1971); *The Last of the Red Hot Burritos* (1972); *Honky Tonk Heaven* (1973) ... auf Philips: *Live in Amsterdam* (1973)

Focus, Ende 1969 in Amsterdam, Holland, gegründet, wurde 1972 im ‹Melody Maker›-Poll als «größte Hoffnung» für die internationale Popmusik gepriesen. Als eine der wenigen kontinental-europäischen Rock-Combos von Format hatte das Quartett damit das Ansehen einer «außerordentlich bedeutenden Band» (‹The Guardian›) erlangt. Der Name FOCUS (Brennpunkt) wurde gewählt, weil die aus Amsterdam stammenden Musiker, zu denen anfangs auch Martijn Dresden (bg), Hans Cleuver (dr) gehörten, «von Anfang an mehr wollten als nur Geld und Amüsement» (Band-Gründer Thijs van Leer). Van Leer (voc, fl, p, org – geb. 31. März 1948), Sohn eines Flötisten der klassischen Musik, studierte am Amsterdam-Konservatorium und leitete eine Amateur-Jazzgruppe. Jan Akkerman (g – geb. 24. Dezember 1946) war fünf Jahre lang Stipendiat der Gitarrenklasse an der Lyceum-Musikschule und hatte vor seiner FOCUS-Zeit eigene Rock-Combos: JOHNNY AND THE CELLAR ROCKERS, THE HUNTERS, BRAINBOX. Bert Ruiter (bg, voc – geb. 26. November 1946) kam durch seine Mutter, eine Pianistin, zur Musik, wurde mit neunzehn bei den JAY-JAYS Profi, gründete ein Quartett namens FULL HOUSE und trat im September 1971 bei FOCUS an die Stelle des Baßgitarristen Cyril Havermans. Pierre van der Linden (dr – geb. 19. Februar 1946) lernte insgesamt sieben Jahre lang bei namhaften holländischen E-Musik-Perkussionisten, trommelte bei den Rockbands ZZ AND THE MASTERS, BRAINBOX und im Zirkus. Alle vier nennen Bach, Bartók und Jazzmusiker wie → Miles Davis, John Coltrane, Eric Dolphy und → Chick Corea unter ihren musikalischen Vorlieben. Obgleich der Reiz ihrer Musik in variationsreichen Improvisationen mit starken Anklängen an Renaissancemusik und Jazz liegt, verstehen sich die Musiker nicht als Jazzensemble. Van Leer: «Man kann Vorhandenes nicht einfach wegwerfen. Deshalb benutzt jeder von uns jedes Stilmittel, das ihm zur Verfügung steht.»

LPs auf Polydor: *In and Out of Focus* (1970); *Moving Waves* (1971); *Focus 3* (1972); *At he Rainbow* (1973); *Hamburger Concerto* (1974). Solo-LPs Jan Akkerman auf Harvest/EMI: *Profile* (1972); *Guitar for Sale* (1973) ... auf Atlantic: *Tabernakel* (1973). Solo-LP Thijs van Leer auf CBS: *Introspection* (1973). Akkerman und van der Linden mit BRAINBOX auf Capitol: *Brainbox* (1970). Pierre van der Linden mit TRACE auf Philips: *Trace* (1974)

Fogerty, John Cameron (voc, g, harm), am 28. Mai 1945 in Berkeley, Kalifornien, geboren, stellte sich 1958 ein Quartett zusammen: «Ich wählte mir die Musiker sehr sorgfältig aus, obwohl ich erst 13 war.» Die Sorgfalt und Fogertys jahrelange Standfestigkeit auf billigen Bühnen wurde belohnt, als mit dem phantasievollen neuen Bandnamen → CREEDENCE CLEARWATER REVIVAL 1968 endlich das große Geld kam. Er verfügte über kompetente Kollegen, darunter Fogertys Bruder Tom (g, voc), aber im Grunde war der CCR-Leadsänger und Leadgitarrist Ende der fünfziger Jahre beinahe eine «Ein-Mann-Rock-&-Roll-Fabrik» (‹Twen›). Er komponierte, textete, arrangierte und produzierte prägnante Drei- oder Vier-Minuten-Stücke, bei denen keine Note zuviel war: *Pround Mary, Down On The Corner, Bad Moon Rising, Born On The Bayou* und andere, die auf Singles mit LPs sämtlich zu Hits wurden. Die vom frühen Rock 'n' Roll → Chuck Berrys, → Little Richards und → Elvis Presleys inspirierten Songs waren voller Anspielungen, Erinnerungen und Landschaftsbilder aus dem Süden und Westen der USA: «So amerikanisch und so universal wie Cheeseburger, Flipper und Bluejeans» (Franz Schöler). Seit der Auflösung von CREEDENCE CLEARWATER REVIVAL im Herbst 1972 bringt Fogerty sein vielseitiges Autoren- und Interpretentalent unter dem Titel Blue Ridge Rangers solistisch zur Geltung.

LPs auf Fantasy mit → Creedence Clearwater Revival; Solo-LP auf Fantasy: *The Blue Ridge Rangers* (1973)

Fotheringay war die nur zehn Monate beständige Band von Sandy Denny (voc, p, g), nachdem diese → Fairport Convention verlassen hatte. Die aus Wimbledon, England, stammende Sängerin, die zuvor auch schon mit den → Strawbs musiziert hatte, holte sich Trevor Lucas (voc, g) und Gerry Conway (dr, voc) von der im Oktober 1969 aufgelösten Eclection, engagierte dazu Pat Donaldson (bg), Jerry Donahue (g, voc) und machte mit diesen Musikern von März 1970 an einen kultivierten Folk Rock ohne jegliche Hektik, der von ‹Rolling Stone› als «exzellent und exzeptionell» eingeschätzt wurde. Vor ausgeglichenen Vokalharmonien, über einem sanft swingenden Rhythmus modulierten die Lead-Stimmen der Songautoren Sandy Denny und Trevor Lucas emotionstragende Vokalisen. Miss Denny, die 1970 und 1971 im ‹Melody Maker›-Poll zur führenden englischen Popsängerin gewählt worden war, wollte jedoch Solokarriere machen und gab Fotheringay dafür auf. Ihre Solo-LPs mit einem beinahe vollständig selbstgeschriebenen Repertoire und ungewohnt kräftigen Begleitklängen machten sie tatsächlich internationalen Top-Interpretinnen wie → Judy Collins und → Joan Baez vergleichbar. 1972 beteiligte sie sich an der orchestralen Neuproduktion von → Peter Townshends *Tommy*, hatte dabei allerdings nur einen einzigen Satz zu singen.

LPs auf Island: *Fotheringay* (1970) ... Solo-LPs Sandy Denny auf Saga: *Sandy Denny* (ca. 1966) ... auf Island: *The North Sea Grassman & The Ravens* (1971); *Sandy* (1972); *Like An Old Fashioned Waltz* (1974) ... auf Hallmark: *All Our Own Work* (mit → Strawbs, 1973) ... auf Island mit The Bunch: *Rock On* (1972). LP Eclection auf Elektra: *Eclection* (1968)

The Four Seasons, die stilprägende Rhythm & Rock-Gruppe vor der englischen Beat-Invasion, überschwemmte in den frühen sechziger Jahren den amerikanischen Plattenmarkt mit makellosen Pop-Singles: *Sherry*, *Big Girls Don't Cry* (1962), *Walk Like A Man*, *Candy Girl* (1963), *Rag Doll*, *Silence Is Golden* (1964), *Let's Hang On* (1965). Wie «wild gewordene Luftschutzsirenen» (Nik Cohn) schrillten Tommy de Vito, Nick Massi (1966 abgelöst von Joe Long), Bob Gaudio (Hauptsong-Lieferant) ihre den schwarzen Rhythm & Blues-Gruppen Diamonds und Zodiacs abgelauschten, grotesk überzogenen Falsett-Harmonien, angeführt von den kraftvollen Hochtönen der Hauptsirene Franki Valli. De Vito und Valli hatten bereits Mitte der fünfziger Jahre in der Combo The Variations negroiden City-Blues gesungen. Im zunächst The Four Lovers betitelten Verein mit Gaudio, Massi rekreierten sie seit 1956 R & B-Vorlagen von → The Drifters, → Fats Domino und anderen Getto-Stilisten. Als sie vier Jahre später unter der geschickten Produktionsleitung Bob Crewes The Four Seasons etablierten, schliffen sie die zuvor adaptierte schwarze Blues-Emotionalität mit Rücksicht auf den weißen Massenmarkt glatt. Valli, am 3. Mai 1937 in New Jersey geboren, machte gelegentlich Solo-Aufnahmen (*Can't Get My Eyes Off You*, 1967) außerhalb des Gruppenverbandes und begründete damit einen 1975 unter Rock-Individualisten selbstverständlichen Trend. → The Beatles (*Paperback Writer*), → The Rolling Stones (*Dandelion*) ließen sich bisweilen von der Vokaltechnik der Four Seasons anregen. Diese wiederum versuchten, sich mit zeitkritischen Songs und komplexeren Arrangements in der Ära der psychedelischen Musik zu behaupten. Ihr 1968 in dieser Manier aufgenommenes Album *Genuine Imitation Life Gazette* stieß bei Publikum wie Kritikern auf Ablehnung. ‹Eye›: «Die Rezension liegt schon im Titel.» 1972 versuchten Valli, Long, Gaudio auf dem MoWest-Label des Soul-Konzerns Motown an ihre goldene Vergangenheit anzuknüpfen. Long: «Ich glaube, wir sind nahe daran, unsere Erfolgsformel um eine neue Dimension zu erweitern.» Er irrte sich. Lediglich Valli machte 1975 mit Crewe-produzierten Balladen wieder von sich reden.

LPs auf Philips: *Born to Wander* (1964); *Dawn* (1964); *Rag Doll* (1964); *Entertain You* (1965); *Gold Vault of Hits* (1966); *Four Seasons* (1966); *Working My Way Back to You* (1966); *Lookin' Back* (1967); *2nd Vault of Hits* (1967); *New Gold Hits* (1967); *Genuine Imitation Life Gazette* (1969); *Edizione d'oro* (1969); *Half and Half* (1971) ... auf MoWest: *Chameleon* (1972). Solo-LPs Frankie Valli auf Philips: *Frankie Valli* (1967); *Timeless* (1968)

The Four Tops, bestehend aus den Schulfreunden Levi Stubbs, Lawrence Payton, Obie Benson, Duke Fakir, hatten unter dem Namen FOUR AMIS schon zehn Jahre in Detroit zusammen gesungen und den Balladeninterpreten Billy Eckstine auf seinen Tourneen begleitet, ehe sie 1964 von Berry Gordy dessen Motown-Plattenproduktion zugeführt wurden. Schon die erste Single *Baby I Need Your Loving* erreichte die Spitze der Hitparaden. Später reihten die FOUR TOPS Songs wie *Without The One You Love, I Can't Help Myself, It's The Same Old Song, Shake Me Wake Me, Reach Out I'll Be There, Standing In The Shadows Of Love, Bernadette* zu einer Kette von Bestsellern auf. Die Motown-Hausautoren Eddie Holland, Lamont Dozier und Brian Holland stellten sie in den hochkommerziellen Rahmen ihrer Studio-Maschinerie, gegen die der emphatische Stimmführer Levi Stubbs und seine Kollegen mit äußerstem Engangement ansangen. In dieser Spannung zwischen polierten Arrangements und ekstatischen Vokalausbrüchen lag der Reiz ihrer Aufnahmen. «Sie waren wie Schwimmer, die ständig gegen den Strom ankämpfen mußten und dabei gewannen» (Lillian Roxon). Als sich ihr Produzententeam Holland/Dozier/Holland 1967 von Motown getrennt hatte, fanden die FOUR TOPS unter Anleitung des Producers Frank Wilson zu einem konzertanteren Stil, in dem sie die Stücke *MacArthur Park* (von → Jim Webb) und *It's All In The Game* auf die Erfolgswellen tremolierten, der aber von Kritikern als «zunehmend melodramatisch» (Charlie Gillett) eingeschätzt wurde. Danach gingen die Umsätze zurück. Wilsons Produktionen setzten den Sängern wohl zu wenig Widerstand entgegen; sie provozierten nicht annähernd die alte Intensität. Auch der Versuch, die FOUR TOPS als erste Motown-Gruppe außerhalb der USA aufnehmen zu lassen, brachte nicht das erwartete Umsatzergebnis; die vom MOODY BLUES-Produzenten Tony Clarke in London hergestellte Cover-Version des MOODY BLUES-Non-Hits *Simple Game* aus dem Jahr 1966 entsprach zudem nicht dem Stil der FOUR TOPS. 1969 wechselte die Gruppe zur Firma ABC Records und erhielt von den Produzenten Steve Barri, Dennis Lambert, Brian Potter einen Push, der die raffiniert aufgenommene LP *Keeper of the Castle* hervorbrachte, dem Quartett aber nicht auf die früheren Top-Höhen zurückhelfen konnte. Erst der Song *Are You Man Enough,* den sie 1973 im schwarzen Action-Film ‹Shaft in Africa› intonierten, brachte sie erneut auf Top-Plätze der Soul-Charts. Im Phillysound- und Soul-Klima der mittsiebziger Jahre waren die FOUR TOPS wieder sichere Diskotheken-Renner.

LPs auf Tamla Motown: *Four Tops* (1965); *Second Album* (1966); *On Top* (1966); *Live!* (1967); *On Broadway* (1967); *Reach Out* (1968); *Greatest Hits* (1967); *Yesterday's Dreams* (1968); *Now* (1968); *Soul Spin* (1969); *Nature Planned It* (1970); *Anthology 1964–72* (1973); *Changing Times; Greatest Hits, Vol. 2; Still Waters Run Deep; Best* (1974); *Anthology* (1974) ... auf ABC Records/Probe: *Keeper of the Castle* (1970); *Main Street People* (1973); *Shaft in Africa* (Soundtrack, 1973); *Meeting of the Minds* (1974); *Live & in Concert* (1974)

Fowley, Kim (voc, g, keyboards) bezeichnete sich im November 1972 im ‹Melody Maker› als «der phänomenalste Mann in der Schallplattenindustrie» und hatte mit dieser Übertreibung noch nicht einmal ganz Unrecht. Der auf den Philippinen geborene Stiefenkel des Operettenkomponisten Rudolph Friml (‹Rose Marie›) hat auf seinem chaotischen Weg durch Plattenstudios und den internationalen Rock-Untergrund, auf dem er angeblich 7000 Mädchen befriedigte und 1,3 Millionen Dollar auf die Seite brachte, ganzen Kolonnen von Pop-Stars die Steigbügel gehalten: Er gründete Labels wie Indigo, Chatahoochee Records, die jeweils nach ein paar Singlehits wieder eingingen, produzierte Platten von → SOFT MACHINE, → THEM, → FAMILY, → Dave Mason, → PAUL REVERE AND THE RAIDERS, → STEPPENWOLF und vielen anderen, musizierte mit → Bob Dylan, den → MOTHERS OF INVENTION (*Freak out*), → John Lennons PLASTIC ONO BAND, → Alice Cooper und schrieb Songs, die von gut 50 Rockbands zwischen → BYRDS, → SIR DOUGLAS QUINTET und → SLADE, → EMERSON, LAKE & PALMER aufgenommen worden sind. Als Solointerpret erprobte er sich in Schweden und Finnland mit einer schartigen Sprechstimme, ordinärem Vokabular und Show-Exzentrik wie dem Anzünden von Tischdecken. Sein erstes Album *Outrageous* enthielt (wahrscheinlich zum erstenmal) unzensiert die Wörter fuck und shit. Und je unverblümter in Rocktexten vom Beischlaf gesprochen wurde, desto mehr Chancen rechnete sich der seit 1958 im Musikgeschäft tätige Fowley für eine vielleicht doch noch mögliche Superstar-Karriere aus: «Ich will, daß die sexuell unterdrückten Zwölfjährigen meine Musik lieben.» Besonders natürlich die zwölfjährigen Mädchen. Damit die Chancen nicht schwänden, wenn sein wahres Alter bekannt würde (er dürfte etwa Jahrgang 1939 sein), charmierte er konstant: «Ich bin 91 Jahre alt.»

LPs auf Liberty: *Outrageous* (1968); *Good Clean Fun* ... auf Capitol: *I'm Bad* (1972); *International Heroes* (1973)

Francis, Connie, bürgerlich: Concetta Franconera (voc), am 12. Dezember 1938 in Newark, New Jersey, geboren, gefiel vor allem in England als familienfreundliche Interpretin sentimentaler Balladen. Ihr übersteuerter Tremolo-Sopran, der an die nasale Wehleidigkeit der Country-Sängerin Tammy Wynette erinnert, intonierte Standards (*Carolina Moon*) und annehmbare Rock-Nummern (*Lipstick On Your Collar*) mit einer Teilnahmslosigkeit, «als seien sie gerade mit Insektenpulver besprüht worden» (Nik Cohn). 1958 notierte Connie Francis ihren ersten Golderfolg mit der Wiederbelebung des 1923 komponierten Show-Songs *Who's Sorry Now.* Weitere Bestseller wie *My Happiness* (1959), *Among My Souvenirs* (1959), *Everybody's Somebody's Fool* (1960) und *Where The Boys Are* (1961) zeigten trotz der klischeeverseuchten Großstadt-Texte deutliches Country & Western-Kolorit. Als das Interesse an ihr in Amerika und England nachließ, konnte Connie Francis auf anderen Märkten (Deutschland, Italien) für einige Zeit ihr Umsatzniveau wahren. Auf einigen in späteren Jahren eingespielten Alben probierte sie Stilvariationen. Aber für die altjüngferlich wirkende ehemalige «Königin der Herzen» mochte sich Mitte der sechziger Jahre niemand mehr recht erwärmen.

LPs (Auswahl) auf MGM: *Who's Sorry Now?* (1958); *Exciting; My Thanks to You; Rock 'n' Roll Million Sellers; Country & Western Hits; Greatest Hits; Italian Favorites* (1960); *Spanish & Latin Favorites* (1960); *Songs to a Swinging Band* (ca. 1960); *Jewish Favorites* (1960); *More Italian Favorites* (1960); *More Greatest Hits* (1961); *At the Copa* (1961); *Never on Sunday* (1961); *Irish Favorites* (1962); *Sings* (1962); *Motion Picture Hits* (1962); *Country Music* (1962); *Greatest American Waltzes* (1963); *Mala Femmena* (1963); *Very Best* (1963); *German Favorites* (1964); *Looking for Love* (1964); *New Kind of Connie* (1964); *Country Favorites* (1965); *For Mama* (1965); *All Time International Hits* (1965); *Jealous Heart* (1966); *Great Hits of the Sixties* (1966); *Love Italian Style* (1967); *Happiness* (1967); *Grandes exites* (1967); *At The Sahara* (1967); *My Heart Cries* (1967); *Hawaii* (1968); *Connie & Clyde* (1968); *Sings Bacharach/David* (1969); *Greatest Golden Groovie Goodies* (ca. 1969); *Wedding Cake* (1969); *Songs of Les Reed* (1969)

Franklin, Aretha (voc, p), am 25. März 1942 in Memphis, Tennessee, geboren, singt mit mehr Personality, Autorität und Feeling als jede andere heute lebende Popmusik-Interpretin. Sie ist die «Lady Soul», die «Soul Sister No. 1» der farbigen Amerikaner und zugleich eine Schallplatten-Künstlerin, die für ihre Erfolge auf dem weißen Musikmarkt mit Golden Records, Grammy Awards und sämtlichen anderen Auszeichnungen geehrt worden ist. Mutterlos wuchs sie mit vier Geschwistern beim Vater Clarence L. Franklin, einen Gospel-Pfarrer, der annähernd 100 Predigt-LPs bekreischt hat, in der New Bethel Baptist Church von Detroit auf. Mit zehn Jahren war sie Vorsängerin im Kirchenchor, mit dreizehn besang sie ihre ersten Spiritual-Platten, mit vierzehn zog sie als Solistin des väterlichen Gospel-Teams auf frommen Wegen durchs Land. Nach sechs harten Tournee-Jahren versuchte sie Pop: mit katastrophalem Ergebnis. Der Schallplattenkonzern Columbia/CBS empfing die Sängerin zwar als «größte Begabung seit Bessie Smith und Billie Holiday» (CBS-Producer John Hammond); ihre schwarze Stimme wurde jedoch mit Saccharin-Arrangements und Studio-Gimmicks geschändet, und der erhoffte Umsatz blieb aus. Statt mit Gospel-Songs tingelte Aretha Franklin nun mit zweitklassigen Schlagern durch drittklassige Etablissements. Erst die auf schwarze Musik spezialisierte Columbia-Konkurrenz Atlantic machte die Sängerin 1967 zur «Queen of Soul», in deren Songs sich nun «Die religiösen Ermahnungen der Gospel-Meetings in einen sexuellen Kriegsruf» (‹Newsweek›) verwandelten. Der Ruf wurde sofort verstanden: die erste Atlantic-Single von Aretha Franklin (*I Never Loved A Man The Way I Love You*) war binnen zwölf Wochen ein Millionen-Seller. Die US-Schallplatten-Akademie und Martin Luther Kings Southern Christian Leadership Conference wählten den neuen Star zur «Sängerin des Jahres»; die Neger-Illustrierte ‹Ebony› erhob den (von → Otis Redding übernommenen) Franklin-Hit *Respect* zur «schwarzen Nationalhymne». Der Ruhm und die Millionenerträge ihrer Platten haben die Mutter von drei Knaben nicht glücklich gemacht. Ehen gingen schief, mit Alkohol und Zigaretten suchte sie die fortdauernde Angst vor dem Showbusiness zu überwinden. Nur auf der Bühne, so schien es, fühlte sie sich nach dem Lampenfieber «like a natural woman» (Songtext). Zwar blieben ihre Interpretationen konkurrenzlos und ihre Shows, etwa der für die Platte mitgeschnittene Auftritt mit → Ray Charles im «Fillmore West», voller ekstatischer Höhepunkte, dennoch erweckte ihre Karriere fortan den Eindruck der Richtungslosigkeit. Statt sich zu ihren wenigen selbstkomponierten Stücken von begabten Autoren ein frisches Repertoire schreiben zu lassen, nahm die Grammy-Gewinnerin Hits und Flops anderer Sänger noch einmal auf. Zwar blieben ihre Interpretationen in Phrasierung und Diktion makellos, ihre LPs erschienen jedoch vielfach eher als zufällige Singles-Kollektionen denn als sinnvolle Album-Editionen. *Let Me in Your Life* und *With Everything I Feel in Me* wurden beispielsweise mit Aufnahmen von je vier Producern bestückt: Arif Mardin, Tom Dowd, Jerry Wexler und Aretha Franklin selbst. «Ich muß», bekannte sie der großen Spiritualsängerin Mahalia Jackson vor deren Tod 1971, «wieder eine Gospel-Platte machen und Jesus sagen, daß ich diese Bürde allein nicht mehr tragen kann.» Das hat sie getan. Ihr Album *Amazing Grace*, am 14. Januar 1972 mit dem Southern California Community Choir in der New Temple Missionary Baptist Church des Negergettos von Los Angeles aufgenommen, ist ein Meilenstein in der Geschichte der populären amerikanischen Musik.

LPs auf Chees: *The Gospel Soul of Aretha Franklin* (rec. ca. 1958, re-issue 1967) ... auf Harmony: *Queen of Soul* (1968); *Once in a Lifetime* (1969); *Two Sides of Love* (1970); *Greatest Hits 1960–65* (1971) ... auf Columbia/CBS: *Aretha* (1961); *The Electrifying Aretha Franklin* (1962); *The Tender, Moving, Swinging A. F.* (1962); *Laughing On the Outside* (1963); *Runnin' Out of Fools* (1963); *Unforgettable* (1964); *Yeah!!!* (1965); *Soul Sister* (1966); *Take a Look* (1967); *Take It Like You Give It* (1967); *Greatest Hits* (1967); *Great Hits, Vol. 2*

(1968); *Soft and Beautiful* (1969); *Today I Sing the Blues* (1970); *All Time Greatest Hits* (1972); *In the Beginning* (1972), *First 12 Sides* (1974) ... auf Atlantic: *I Never Loved A Man the Way I Love You* (1967); *Aretha Arrives* (1967); *Lady Soul* (1968); *Aretha Now* (1968); *Aretha in Paris* (1968); *Soul '69* (1969); *Aretha's Gold* (1969); *This Girl's in Love with You* (1970); *Spirit in the Dark* (1970); *Aretha's Greatest Hits* (1971); *Aretha Live at Fillmore West* (1971); *Young, Gifted and Black* (1972); *Amazing Grace* (1972); *Hey Now Hey* (1973); *Let Me in Your Life* (1974); *With Everything I Feel in Me* (1974)

Free wurde im April 1968 von → Alexis Korner auf den Weg gebracht. Der englische Blues-Mentor war in einem Jazzclub in Chester gebucht, sang aber nur ein paar Stücke und überließ dann seinen Begleitmusikern die Bühne: Paul Rodgers (voc), Paul Kossoff (g), Andy Fraser (bg, p), Simon Kirke (dr). Als Vorprogrammtruppe der → BLIND FAITH-USA-Tournee 1969 noch weitgehend unbeachtet, schaffte das Quartett 1970 mit dem Single-Hit *All Right Now*, dem Album *Fire and Water* und zwei ausverkauften Europa-Tourneen den Sprung an die Spitze. Von ihrem einfachen, kräftigen Rock begeistert, den ihnen in lastenden Slow-Blues am besten gelang, sahen Kritiker in den vier Musikern bereits Nachfolger der → ROLLING STONES. Tatsächlich unterschieden sich die düsteren Moll-Bilder dieser «bemerkenswert unorthodoxen Rock 'n' Roll-Band» (‹Rolling Stone›), die paradoxerweise mit Titeln wie *Sunny Day, Lying In The Sunshine* oder *Be My Friend* herauskamen, vorteilhaft von den meisten dünnblütigen Rock 'n' Roll-Sketchs um 1970. Dennoch brach die Band im Sommer 1971 nach einer anstrengenden Japan- und Australien-Konzertreise auseinander. Rodgers gründete ein Trio namens PEACE, Fraser ein anderes mit dem Titel TOBY – beide erfolglos. Kossoff und Kirke machten zusammen mit dem japanischen Baßgitarristen Tetsu und dem amerikanischen Sänger und Multiinstrumentalisten John «Rabbit» Bundrick weiter und brachten in dieser Besetzung im Februar 1972 auch eine LP auf den Markt. Für eine USA-Tour mit den → FACES im Frühsommer 1972 stellten sich Fraser und Kossoff wieder ein, Fraser, geboren am 3. Juli 1952 in London, nur für wenige Wochen (er tat sich 1973 mit Chris Spedding [g] zum kurzlebigen Quartett SHARKS zusammen). Das achte FREE-Album *Heartbreaker*, in Quintettbesetzung von Kirke, Rodgers, Kossoff, Bundrick und Tetsu bespielt, war abwechslungsreicher als alles, was die Gruppe vordem produziert hatte. Doch die optimistischen Töne dieser LP hielten nicht lange vor. Endgültig beschritten die Musiker unterschiedliche Wege. Paul Rodgers und Simon Kirke reüssierten 1974 mit → BAD COMPANY.

LPs auf Island: *Tons of Sobs* (1969); *Free* (1969); *Fire and Water* (1970); *Highway* (1970); *Free Live* (1971); *Kossoff Kirke Tetsu Rabbit* (1972); *Free at Last* (1972); *Heartbreaker* (1972); *The Free Story* (1973). Andy Fraser mit SHARKS auf Island: *First Water* (1973); *Job it in Yore Eye* (1974) ... auf CBS: *Andy Fraser Band* (1975). Solo-LP Paul Kossoff auf Island: *Back Street Crawler* (1973). Solo-LP John «Rabbit» Bundrick auf Island: *Dark Saloon* (1975)

The Fugs (Stubenhocker) wurden im Dezember 1964 in New York von den Beatpoeten → Tuli Kupferberg, → Ed Sanders und Ken Weaver gegründet, um deren Polit-, Drogen- und Pornotexten ein möglichst großes Publikum zu erschließen. Neben einer Reihe allenfalls durchschnittlicher Rockmusiker gehörten der Band zeitweilig auch die Lyriker Allen Ginsberg und Gregory Corso als Gäste an. Ihr satirisches Rockkabarett wurde in den New Yorker Underground-Bühnen «Bridge Theatre» und «Players Theatre», wo die Truppe zwischen 1965 und 1967 rund 900 Vorstellungen gab, als «aufregend neu, komisch, irre und undefinierbar» (‹New York Review of Books›) empfunden und von John Gruen, Autor des Buches ‹The New Bohemia›, sogar als Auftritt des «einzig authentischen neuen Gruppe» gepriesen. Auch die Rockfans des «Fillmore East», wo eine ihrer LPs live aufgezeichnet wurde, begeisterten die FUGS durch ihren bissigen, zumeist freilich recht naiven Witz. Zu ihren beliebtesten Sketchs gehörten die Stücke *Slum Goddess, Supergirl, I Couldn't Get High, Coca Cola Douche, Kill For Peace, Johnny Pissoff Meets The Red Angel* sowie *Turn On, Tune In, Drop Out*. 1969 ging das Ensemble auseinander.

LPs auf ESP: *The Fugs First Album* (1965); *The Fugs* (1966); *The Virgin Fugs* (1968) ... auf Reprise: *Tenderness Junction* (1968); *It Crawled Into My Hand, Honest* (1968); *The Belle of Avenue A* (1969); *Golden Filth: Alive at Fillmore East* (1970)

G

Gallagher, Rory (g, voc, harm, as), am 2. März 1949 in Ballyshannon, Co. Donegal, Irland, geboren und in der irischen Stadt Cork aufgewachsen, belegte 1972 den ersten Gitarrenplatz im ‹Melody Maker›-Poll. Auf einer Spielzeuggitarre aus Plastik lernte er die ersten Griffe; mit neun verfügte er über ein richtiges Instrument; mit 15 war er Profi. Technik und Routine erwarb er sich zweieinhalb Jahre lang bei der Fontana Showband, die sich später The Impact nannte, auf Tourneen durch Irland, England, Spanien und die Militärbasen in Westdeutschland. Ein erstes Trio namens The Taste, das der Chuck Berry- und Muddy Waters-Fan 1966 mit Impact-Kollegen gründete, rockte unter anderem im Hamburger «Star Club», ging aber nach zwei finanziell kargen Jahren wieder auseinander. Der zweite Taste-Versuch mit den aus Belfast, Irland, stammenden Musikern Richard McCracken (bg), John Wilson (dr) klappte. Mit ihnen und ein paar 30-Watt-Verstärkern wurde Gallagher von 1968 an zum «Popstar einer neuen Art, einem Anti-Helden im verwaschenen Kaufhaushemd, der eine acht Jahre alte Gitarre traktierte und sich inmitten der Drogen-Szene lieber an ein Bierglas hielt» (‹The Times›). Die Attraktion lag in Gallaghers ungeheuer dynamischer Bluesmusik: «Humor würzt das Unternehmen. Lyrismen werden vom Trommler zerballert. Dramatische Steigerungen lösten sich ins ironische Nichts auf. Aus straffen Breaks werden manchmal privat vor sich hingezupfte Kadenzen» (‹Die Welt›). Mit wachsender Virtuosität und steigenden Gagen (2000 englische Pfund pro Auftritt) beanspruchte Gallagher zunehmend allen Ruhm. Er sonderte sich von seinen Kollegen ab und behandelte sie wie Untergebene. John Wilson: «Er gerierte sich wie ein Superstar, es war schrecklich. Manchmal benahm er sich auf der Bühne, als ob wir gar nicht existierten: drei Solonummern hintereinander. Bei anderen Gelegenheiten begann er ein zwölftaktiges Stück und improvisierte dann nur über neun Takte; nur um uns zu verwirren.» 1970 löste Gallagher die Taste auf (McCracken und Wilson arbeiteten im Trio → Stud weiter) und ging endgültig auf den Ego-Trip. Sein neues Ensemble mit Gary McAvoy (bg) und Wilgar Campbell (dr), im Februar 1971 vorgestellt, firmierte nur noch unter dem Namen Rory Gallagher. Es war eine One-Man-Show mit Rhythmusbegleitung, jedoch eine der besten der frühen siebziger Jahre. Gallagher, der im Herbst 1972 mit den Begleitmusikern Rode de Ath (dr), Gary McAvoy (bg), Lou Martin (p) in vier Monaten die längste USA-Tournee der Rockgeschichte hinter sich brachte und seine *Irish Tour '74* in der gleichen Besetzung für ein Live-Doppelalbum mitschneiden ließ, hofft, daß die Show ad infinitum weitergeht: «Ich will immer noch auf der Bühne stehen, wenn ich einmal 40 oder 50 bin, und das Publikum zufriedenstellen können. Ich habe den größten Respekt vor Leuten wie → Muddy Waters, die bleiben und sich immer noch weiterentwickeln.»

LPs mit Taste auf Polydor: *The Taste* (1969); *On the Boards* (1970); *Live Taste* (1971); *Taste Live at the Isle of Wight* (1971) ... auf BASF: *Taste First* (rec. 1967, ed. 1972) ... Soloalben auf Polydor: *Rory Gallagher* (1971); *Deuce* (1971); *Live in Europe* (1972); *Blueprint* (1973); *Tattoo* (1973); *Irish Tour '74* (1974); *Sinner* (1975). LPs Stud auf Polydor: *Stud* (1971) ... auf BASF: *Goodbye/Live at Command* (1972)

Garcia, Jerry (g, voc, harm), am 1. August 1942 in San Francisco geboren, ist seit 1964 Chef der kalifornischen Rockkommune → Grateful Dead und eine Art Huckleberry Finn der Rockmusik: ein Junge, mit dem ein anständiges Mittelklassekind nicht spielen darf. Der vollbärtige Sohn eines spanischbürtigen Jazz-Saxophonisten rauchte mit 15 seine erste Marihuana-Zigarette, und seit den Tagen der sogenannten Acid Tests um 1965, bei denen die US-Regierung auf Popmusikparties die Wirkung von LSD ausprobierte (die Droge wurde daraufhin verboten), war er «eigentlich unablässig high». Er war der «Kapitän Trip», der «Große Guru», der «Big Hippie» Kaliforniens, der nach seiner «unehrenvollen» (Garcia) Entlassung aus der Armee monatelang an der Pazifikküste gammelte, in einem Autowrack nächtigte, von Ananasresten lebte oder sich von seinen Gespielinnen ernähren ließ: «Als ich die Erwachsenenwelt mit 15 verließ, ging ich auf Urlaub, und da befinde ich mich heute noch.» Auf diesem Dauerurlaub hat Garcia allerdings Bemerkenswertes zustande gebracht: Er verjüngte mit einem Schuß Rock 'n' Roll die amerikanische Volksmusik zum psychedelischen San Francisco Sound, belebte mit seinem ebenso einfachen wie beseelten Gitarrenspiel die Studiosessions zahlreicher Musikerfreunde, zelebrierte mit den Organisten Howard Wales und Merle Saunders inspirierte LP-Duette und fungierte als Pate der → New Riders of the Purple Sage. Zudem bewies er mit kostenlosen Free Concerts in den Parks von San Francisco sowie der Gründung einer Grateful Dead-Plattenfirma, daß sich eine Rockband durchaus erfolgreich dem Zugriff der Musikindustrie entziehen kann. Stets war Garcias mitunter siebzigköpfige Mannschaft, eine funktionsfähige Großfamilie, «in Abwehrstellung gegenüber dem Establishment». Mit den linken Umstürzlern, die er früher einmal bei Studentendemonstrationen in Berkeley unterstützt hatte, wollte der ausdrucksstarke Musikautodidakt später gleichfalls nichts mehr zu tun haben. Denn Jerry Rubin und Abbie Hoffman, die einstigen Aufrührer des politischen US-Underground, «sind moralisch bankrott, niemand glaubt ihnen mehr». Statt mit Ideologien will Garcia die Gesellschaft mit «Play Power» verändern: «Wir spielen nicht für die Karriere und nicht wegen des Geldes, wir tun es aus anderen Gründen. Wir wissen genau, aus welchen, aber wir haben keine Bezeichnung dafür.»

LPs mit → The Grateful Dead, → New Riders of the Purple Sage. Soloalben auf Douglas: *Hooteroll?* (mit Howard Wales, 1971) ... auf Warner Brothers: *Garcia* (1972) ... auf Round: *Garcia* (1974); *Old & in the Way* (1975) ... mit Merle Saunders auf Fantasy: *Fire Up* (1973); *Live at Keystone* (1973); *Heavy Turbulence* (1974)

Garfunkel, Art (voc, g), am 5. November 1942 als Sohn eines Vertreters für Container und Verpackungsmaterial im New Yorker Stadtteil Queens geboren, hat als Partner von → Paul Simon den Aufnahmen des Duos → Simon and Garfunkel Kommunikationskraft und emotionale Tiefe gegeben. «Ohne seine Intensität», urteilte die Londoner ‹Times›, «wären diese Songs Schlagsahne.» Achteinhalb Jahre lang studierte Garfunkel an mehreren US-Hochschulen (darunter das Teacher's College, eine Architektur-Schule, die University of California in Berkeley und die New Yorker Columbia University) Bautechnik, Kunstgeschichte, Mathematik, Pädagogik und erwarb neben anderen akademischen Diplomen auch einen Doktorhut. Obgleich er als Popmusik-Millionär von seinen Tantiemen (ein Drittel der Autorenerlöse aus allen Simon and Garfunkel-Platten) leben könnte, agierte Garfunkel in verschiedenen Spielfilmen (‹Catch 22›; ‹Carnal Knowledge›) als Schauspieler und übernahm 1971 in Lithfield, Connecticut, eine Professur für Geometrie. Sein in San Francisco eingespieltes Soloalbum *Angel Clare* mit Songs von → Van Morrison, → Randy Newman, → Jim Webb und anderen namhaften Autoren, auf dem prominente Begleitmusiker wie → Jerry Garcia, → J. J. Cale zu hören sind, erforderte bei Garfunkels Perfektionismus fast ein Jahr

Aufnahmezeit und 200 000 Dollar Produktionskosten. Binnen weniger Monate wurde jedoch eine Million Exemplare davon abgesetzt.

LPs auf CBS mit → Simon and Garfunkel. Soloalbum auf CBS: *Angel Clare* (1973)

Gary Puckett and the Union Gap, 1967 in San Diego, Kalifornien, gegründet, erregten 1968/69 mit einschmeichelnden Teenager-Romanzen und patriotischer Kostümierung in Amerika Aufsehen. Puckett (voc, g), am 17. Oktober 1942 in Hibbing, Minnesota, geboren, benannte sein in Bürgerkriegs-Uniformen auftretendes Quintett nach der Kleinstadt Union Gap im Staate Washington, die 1918 ihren Namen Yakima zur Erinnerung an die Sezessionskämpfe geändert hatte. Mit «Sergeant» Dwight Bement (ts), «Corporal» Kerry Chater (bg) «Private» Gary «Mutha» Withem (reeds, p), «Private» Paul Wheatbread (dr) nahm Puckett die Millionenerfolge *Woman, Woman* (1967), *Young Girl* (1968), *Lady Willpower* (1968), *Over You* (1968), *This Girl Is A Woman Now* auf, die zwar wie ein «fortlaufender, nie variierender Hit» (R. Meltzer) klangen, letztlich aber doch bewiesen, «wie sehr das Publikum so was von Anfang an mochte» (Lillian Roxon). Als sich die Union Gap 1971 auflöste, brachte Puckett seine angenehm rauhe, einfühlsame Stimme mit geringerem Erfolg solo zu Gehör. 1974 versuchte er einen neuen Start im Showbusiness als Filmschauspieler und Soundtrack-Komponist.

LPs auf CBS: *The Union Gap* (1968); *Young Girl* (1968); *Incredible* (1968); *New Album* (1970); *Greatest Hits* (1970)

Gaye, Marvin (voc, p, dr), am 2. April 1939 als Sohn eines schwarzen Geistlichen der Pentecostal-Gemeinde in Washington, D.C., geboren, gab der Soul-Musik 1971 mit seinem Album *What's Going On* eine neue Richtung. In dieser dicht gearbeiteten, durch Leitmotive geordneten Schallplatten-Suite, die so unterschiedliche Stilmittel wie Blues, Rock, Jazz, Soul, Bossa Nova und quasisymphonische Unterhaltungsmusik verschmolz, kommentierte der Sänger Krieg, Rauschgift, Umweltverschmutzung und das Elend in den Gettos. Er pries Gott und Jesus und plädierte für die Armen, die Ausgestoßenen, die Kinder, den Frieden und die Liebe. Für sich genommen, klangen manche dieser Songtexte naiv; im Gesamtkonzept wirkten sie so überzeugend, daß Kritiker *What's Going On* (vielleicht etwas zu euphorisch) als «schwarzes Gegenstück zur *Sgt. Pepper*-Platte der → Beatles» klassifizierten. Die LP erbrachte einen Erlös von mehr als zwei Millionen Dollar; drei Hit-Singles daraus erreichten eine Auflage von zusammen fast fünf Millionen Exemplaren. Bis zu diesem Riesenerfolg hatte Gaye, der 1961 in den Dienst der jungen Motown Company in Detroit getreten war und die Schwester des Präsidenten Berry Gordy geheiratet hatte, vorwiegend Trivialschlager im Stil des Schmalz-Vokalisten Johnny Mathis von sich gegeben. Nach seinem Entree in die Hitparaden mit *Stubborn Kind Of Fellow* (1962) erntete er bis 1971 zwölf Goldene Schallplatten, darunter *Hitch Hike, Ain't That Peculiar, Can I Get A Witness, I'll Be Doggone, How Sweet It Is To Be Loved By You*. Mit drei Motown-Sängerinnen (Mary Wells, Kim Weston, Tammi Terrell) bildete er nacheinander ein Team. Als Tammi Terrell 1970 auf der Bühne des William and Mary College neben ihm zusammenbrach und anschließend an einem Gehirntumor starb, nahm Gaye ein Jahr Urlaub vom Showgeschäft. Er war der Onkel-Tom-Rolle und des Glamours müde und wollte «endlich etwas sozial Belangvolles» produzieren. Das Ergebnis, *What's Going On*, löste zahlreiche Soul-Konzeptalben mit sozialkritischen Texten in U-Musik-Verpackung aus. Gaye selbst entwickelte anschließend ein erotisch hochwirksames Sexsongkonzept nach der Devise: «Ich hasse Moralpredigten. Habt euren Sex, das kann ungeheuer erregend sein, wenn man Glück hat.» Seine LP *Let's Get it On* und die Duettplatte *Diana &*

Marvin mit → Diana Ross enthielten einige der stimulierendsten bis dahin veröffentlichten Schlafzimmergesänge. Eine seiner seltenen Live-Darbietungen wurde im Oakland Coliseum bei Los Angeles mitgeschnitten. Die Platte unterscheidet sich in Repertoiregestaltung und technischer Brillanz vorteilhaft von den meisten Soul-Konzert-LPs.

LPs auf Tamla Motown: *Soulful Sounds* (1961); *That Stubborn Kinda' Fellow* (1963); *Live on Stage* (1963); *When I'm Alone I Cry* (1964); *Greatest Hits* (1964); *A Tribute to the Great Nat King Cole* (1965); *Hello Broadway* (1966); *How Sweet it Is* (1966); *Moods of Marvin Gaye* (1966); *Take Two* (mit Kim Weston, 1966); *United* (mit Tammi Terrell, 1967); *Greatest Hits, Vol. 2* (1967); *You're All I Need to Get By* (mit Tammi Terrell, 1968); *In the Groove* (1968); *I Heard It Through The Grapevine* (1968); *M. P. G.* (1969); *Marvin Gaye and his Girls* (1969); *Easy* (1969); *That's the Way Love Is* (1970); *Super Hits* (1970); *Gaye & Terrell Greatest Hits* (1971); *What's Going On* (1971); *The Hits of Marvin Gaye* (1972); *Trouble Man* (Soundtrack, 1972); *Let's Get it On* (1973); *Diana & Marvin* (1973); *Anthology* (1974); *Live!* (1974)

Genesis, urteilte Jim Bickhart im ‹Phonograph Record Magazine›, ist «eine fünfköpfige Band mit literarischen Inspirationen, subtil ausgearbeiteten musikalischen Strukturen, deren Songspektrum von Überzeugendem bis zu Prätentiös-Schwerfälligem reicht». Der GENESIS-Stil, ergänzte Chris Welch im ‹Melody Maker›, ist «exzentrisch und überaus englisch; Blues schleicht sich schwerlich einmal ein; selbst der Begriff Rock ist zumeist irrelevant». Dennoch verbuchte die Band ab 1972 außerordentliche Erfolge in England und Nordamerika; in Italien stand ihr Album *Foxtrot* monatelang auf Platz eins der LP-Listen. Attraktiv wirkte ihre Horror-Theatralik mit einer «fast kontinuierlichen Abfolge von Ereignissen» (‹Melody Maker›): Licht-Schocks, besessene Aktion unter Ultraviolett-Effekten, die ihre Gesichter im schwarzen Nichts schweben ließen, dauernde Wechsel von Posen und Kostümen – Fuchsmaske, Mumie, Schamane, Gnom. Gefallen fand auch ihre *Nursery Cryme*-Grusellyrik vom Mädchen, das dem achtjährigen Henry mit dem Krocketschläger den Kopf in die Music Box katapultiert (*The Musical Box*), und vom Unkraut, das unablässig wächst und das ganze Land verschlingt (*The Return Of The Giant Hogweed*). Das Ensemble bestand zu dieser Zeit aus Peter Gabriel (voc), geb. 13. Mai 1950 in Chobham; Anthony Banks (keyboards), geb. 27. März 1950 in East Hoathley; Steve Hackett (g), geb. 12. Februar 1950 in London; Mike Rutherford (bg), geb. 2. Oktober 1950 in Guildford; Philip Collins (dr), geb. 30. Januar 1951 in Chiswick bei London. Gabriel Banks und Rutherford hatten 1966 mit ihrem damaligen, 1970 ausgeschiedenen Gitarristen Anthony Phillips die ehrwürdige englische Charterhouse School besucht und (unabhängig voneinander) Songs komponiert. Sie taten sich zur Band zusammen, um ihre Kreationen hörbar zu machen. Als sie von der Existenz einer US-Combo namens GENESIS hörten, tauften sie sich REVELATION, kehrten aber nach Auflösung des Konkurrenzunternehmens zum alten Namen zurück. Bis 1970 litt die Gruppe, der nacheinander die Schlagzeuger Chris Stewart (1966/67), John Silver (1967 bis 1969), John Mayhew (1969 bis 1970) angehörten, an einem stilistisch uneinheitlichen Repertoire. Die Musiker spielten jedoch so lange konsequent ihre eigenen Stücke, bis sie eine unverwechselbare Form gefunden hatten: lange, hochgradig strukturierte Klanggespinste ohne Improvisationsrisiken, in die dynamisch abgestufte Rezitativgesänge zwischen Wispern und Schrei eingepreßt sind. Ihr Werk *Supper's Ready* nimmt die ganze zweite Seite ihrer LP *Foxtrot* ein: eine Suite über die schizophrene Spaltung einer Persönlichkeit, die in der Realität und in einer Phantasiewelt lebt. Nach dem grandios arrangierten und interpretierten Album *Selling England by the Pound*, das die personell unveränderte Band im musikalischen Reifezustand zeigt, wurde das Psycho-Thema im folgenden Doppelalbum erneut aufgegriffen. *The Lamb Lies Down on Broadway*, nach Aussage der Musiker von → Peter Townshends *Tommy* inspiriert, war «eine Hippie-Fabel über die Reise eines amerikanischen Subkultur-Helden in sein eigenes Gehirn». Mit diesem musikalisch nicht zusammenhängenden Song-Zyklus nach Motiven von Franz Kafka und James Joyce, 1974/75 auf USA- und Europa-Tournee dargeboten, wollte GENESIS mit ausgeklügelten Dia-Projektionen auf einer gigantischen dreigeteilten Leinwand den Zuhörer wie immer «aus der Konzerthalle in eine total integrierte Phantasiewelt entführen» (Gabriel).

LPs auf Decca: *From Genesis to Revelation* (1969) ... auf Charisma: *Trespass* (1970); *Nursery Cryme* (1971); *Foxtrot* (1972); *Selling England by the Pound* (1973); *Live* (1973); *The Lamb Lies Down on Broadway* (1974); *Genesis Collection, Volume Two* (1975)

Gentle Giant macht Rock-Kammermusik auf so vielen Instrumenten, daß der Bühnenaufbau wie der eines Symphonieorchesters wirkt. Das 1970 in London gegründete Sextett musiziert auf diversen Saxophonen und Gitarren, auf Trompete, Flöte, Cello, Violine, Viola, Cembalo, Clavicord, Xylophon, Vibraphon, Mellotron, Orgel, Elektroklavier, Moog-Synthesizer und einem umfangreichen Perkussionsarsenal. Free Jazz und Madrigale, Rondo- und Ostinatoformen, Strawinski-Dissonanzen und Folksong-Harmonien, Blues und Achtzehnteltakt werden in zumeist überzeugender Collagetechnik miteinander verknüpft. Im Ensemble SIMON DUPREE & THE BIG SOUND, dem sie bis 1970 angehörten, hatten die Londoner Brüder Shulman eine derartige Entfaltungsmöglichkeit ihrer Talente vermißt. Phil (voc, tp, fl), geb. am 27. August 1937; Derek (g, bg, keyboards, voc), geb. am 11. Februar 1947; Raymond (g, vi, tp, voc), geb. am 8. Dezember 1949, formierten die endgültige GENTLE GIANT-Besetzung mit Kerry Minnear (keyboards, vib, cello, voc), Gary Green (g), Martin Trevor Smith (dr, perc), «weil uns alles, was wir vorher spielen mußten, bis zum Überfluß gelangweilt hat» (Phil Shulman). Nach einem stilistisch uneinheitlichen ersten und einem durch zynische und melancholische Töne stark autobiographisch gefärbten zweiten Album entwickelte die Gruppe «ein hochkünstlerisches Geschick, den Stücken Richtung und Ziel zu geben, formale Vielfalt und ästhetischen Anspruch mit Spaß zu kombinieren, vordergründige Gags zu vermeiden, spielerisch ohne verspielt zu sein» (‹Frankfurter Allgemeine Zeitung›).

LPs auf Vertigo: *Gentle Giant* (1971); *Acquiring the Taste* (1971); *Three Friends* (1972); *Octopus* (1972); *In A Glass House* (1973); *The Power and the Glory* (1974)

Gentry, Bobbie (voc, g, p, vib, bj, b), am 27. Juli 1942 auf einer Farm im Chickasaw County, Mississippi, geboren, wurde 1968 für ihren dreimillionenmal verkauften Hit *Ode To Billie Joe* mit drei Grammy Awards ausgezeichnet und galt danach als Topstar des Showbusiness. Doch wie sie in diesem zum Klang von sechs Geigen, zwei Celli und einer Rockgruppe vorgetragenen Song mit ausdrucksvoll-rauchiger Stimme vom Freitod eines Jungen und der gefühllosen Reaktion seiner Umwelt erzählte, «um die Indifferenz der Menschen untereinander anzuprangern», so hat sie in ihren selbst komponierten und -getexteten Liedern stets die Probleme einfacher Leute aus den US-Südstaaten dargestellt. Von kaum einem Entertainer wurde das Lebensgefühl der Louisiana- und Mississippi-Bewohner so gültig transportiert wie von ihren autobiographischen Songs *Lazy Willie, Papa Won't You Let Me Go To Town With You, Ace Insurance Man, Okolona River Bottom Band* und *Chickasaw County Child*. Die «südstaatliche, aber hübschere Streisand» (‹Newsweek›) lernte in einer Gospelkirche Klavierspielen, komponierte mit sieben ihr erstes Stück (*My Dog Sergeant Was A Good Dog*), lebte seit ihrem 13. Jahr bei der geschiedenen, wiederverheirateten Mutter in Arcadia, Kalifornien, studierte kurzzeitig an der University of California und am Los Angeles Conservatory of Music, arbeitete als Sekretärin und erzielte mit ihren rockenden Folksongs 1967 einen Überraschungserfolg. Die exklusivsten Nightclubs und die beliebtesten TV-Sendungen stellten sie vor; Englands BBC-Fernsehen und die amerikanische Armee-Rundfunkkette AFN richteten ihr eigene Serien ein. Zwar drohte ihr Talent 1970 in einer nur vier Monate dauernden Ehe mit dem 29 Jahre älteren Spielbank-Millionär William Harrah in Las Vegas zu ersticken; zwar gerieten ihre späteren Kreationen «textlich ein wenig zu leichtgewichtig und melodisch zu oberflächlich» (‹New York Times›) – gleichwohl ist ihre Position in der Populärkultur gesichert: Ihre Songmanuskripte werden in der «Ruhmeshalle» der University of Mississippi neben den Handschriften von William Faulkner und Tennessee Williams aufbewahrt.

LPs auf Capitol: *Ode to Billie Joe* (1967); *The Delta Sweete* (1968); *Local Gentry* (1968); *Bobbie Gentry and Glen Campbell* (1968); *Touch 'em With Love* (1969); *Bobbie Gentry's Greatest* (1969); *Fancy* (1970); *Patchwork* (1971); *Sittin' Pretty/Tobacco Road* (1971); *The Famous Bobbie Gentry and Glen Campbell* (1971); *Greatest Hits* (1974)

Gladys Knight and the Pips begannen 1952 gemeinsam zu singen, machten 1955 in Detroit ihre erste Single *Whistle My Love*, landeten 1961 auf Bobby Robinsons Fury-Label mit *Every Bit Of My Heart, Letter Full Of Tears* ihre ersten Hits und erreichten 1967, seit kurzem auf der Motown-Marke Soul, mit *I Heard It Through The Grapevine* die Spitze der Charts; 2,5 Millionen Exemplare wurden verkauft. Daheim in Atlanta, Georgia, wo sie am 28. Mai 1944 geboren worden war, hatte Gladys Knight schon mit vier in der Mount Moriah Baptist Church Gospels gesungen, war anschließend mit dem Morris Brown-Chor durch die Südstaaten gezogen, hatte achtjährig den mit 200 Dollar dotierten ersten Preis der Ted Mack Amateur Hour gewonnen und war schließlich reguläres Mitglied des Wings Over Jordan Choir geworden. Seit sie sich, damals noch nicht zwölf, während einer Geburtstagsparty für ihren älteren Bruder Merald mit diesem sowie den Cousins William und Elenor Guest zusammentat und den Spitznamen eines weiteren Vetters, James «Pip» Woods, der ihr Manager wurde, als Gruppenetikett übernahm, hat sich die Art ihrer Darbietung allenfalls durch wachsende Reife geändert. Gladys Knight gehört zu den bedeutendsten Vokal-Talenten des Rhythm & Blues; Motowns Top-Producer Norman Whitfield, Nickolas Ashford, Valerie Simpson, Clay McMurray, Joe Porter und Johnny Bristol haben ihre Stilfacetten und Songtempi souverän überspannende Ausdrucksfähigkeit in Funky-Stücken wie *Friendship Train, If I Were Your Woman* und Balladen wie *Help Me Make It Through The Night* vollendet herausgekehrt. Stets umgaben sie die Pips mit einer Fülle harter Kontraste oder schimmernder Schattierungen. Nur einmal, in den Jahren 1961 bis 1963, wurde der imponierende Aufstieg von Gladys Knight and the Pips aus südstaatlichen Soul-Spelunken in die Philharmonic Hall unterbrochen: Die Sängerin brachte ihren Sohn James zur Welt, die Pips zogen sich als Session-Sänger in den Studio-Background zurück. Bei Motown veröffentlichte das wiedervereinigte Team sodann 16 Singles und neun LPs. Mit wachsendem Erfolg fühlte sich die Gruppe jedoch zunehmend von Motown vernachlässigt. Schon daß die Firma den Gladys Knight-Hit *I Heard It Through The Grapevine* noch einmal in der Version von → Marvin Gaye herausbrachte und damit ihren eigenen Plattenumsatz dieses Liedes überrundete, hatte sie verärgert: «Sie stahlen uns unsere Hit-Identität.» Nach ihrem Top-Ten-Seller *Help Me Make It Through The Night* brachte Motown zudem sechs Monate lang keine neue Knight-Single auf den Markt und weigerte sich schließlich, den nach der langsamen Nummer von der Gruppe gewünschten Up-Tempo-Song *Daddy Could Swear, I Declare* auf einer kleinen Platte zu veröffentlichen. Gladys Knight and the Pips wechselten daraufhin zu Buddah Records und belegten mit dem Album *Imagination*, dem Song *Midnight Train To Georgia* sowie mit ihrem von → Curtis Mayfield komponierten Soundtrack zum Diahann Carroll-Film ‹Claudine› und der ausgekoppelten Single *On And On* sofort die ersten Plätze der Soul-Charts. Im März 1974 wurden sie mit zwei Grammy-Preisen ausgezeichnet.

LPs auf Soul: *Gladys Knight and The Pips* (1967); *Feelin' Bluesy* (1968); *Silk and Soul* (1969); *Nitty Gritty* (1969); *Greatest Hits* (1970); *Standing Ovation* (1972); *Neither One of Us* (1974); *All I Need Is Time* (1974); *Knight Time* (1974) ... auf Bell: *Gladys Knight an The Pips' Tastiest Hits* (1968) ... auf Motown: *Anthology* (1973) ... auf Buddah: *Imagination* (1973); *Claudine* (1974, Soundtrack); *A Little Knight Music* (1975)

Golden Earring hängte sich seit der Gründung in Den Haag, Holland (1966), mit beträchtlichem internationalen Erfolg an die Platin-Sound-Konzepte englischer Top-Bands, vornehmlich der → WHO, deren Track-Label sich die Band 1972 anschloß. Im Sommer des gleichen Jahres begleiteten die Holländer die britischen Mod-Rocker auf einer 61-Städte-Tournee durch die USA und wurden dabei selbst zu Stars. Ihre US-Debüt-Single *Radar Love*, «die die Auto-Metaphorik des Sechziger-Jahre-Rock in eine diffuse, dekadente Atmosphäre der siebziger hinüberzog» (‹Rolling Stone›), vergoldete den Einstand der OHRRINGE in Amerika. Barry Hay (voc, fl – der Frans Krassenburg ablöste), Marinus Gerritsen (bg, org, p), George Kooymans (g), Cesar Zuiderwijk (dr, Nachfolger von Jaap Eggermont) scheinen mit ihrer extrovertierten Bühnenshow und ihren knalligen Effekt-Soli «das logische Produkt eines Mediums» zu sein, «das sich sowohl auf Theatralik als auf einen sinnbetörenden und ohrenbetäubenden Lautstärke- und Intensitätspegel gründet» (‹Cash Box›). GOLDEN EARRING, benannt nach dem Marlene Dietrich-Film von 1947, machten sich seit ihrem Hit-Erstling *That Day* (1967) vor allem in den Benelux-Ländern, Skandinavien, Deutschland mit jukeboxfreundlichen Hard Rock-Schlagern beliebt: *The Truth About Arthur* (1968); *Eight Miles High* (1969), *Just A Little Bit Of Peace in My Heart* (1971), *Buddy Joe* (1972). Als sich im gleichen Jahr England der Europäischen Gemeinschaft anschloß, brach die Restriktionsbarriere der britischen Musiker-Gewerkschaft zusammen, die bislang die Holländer von Tourneen und Plattenaufnahmen im Bereich des zweitgrößten Schallplattenmarktes der Welt abgehalten hatte. Als sich THE WHO für die epigonalen Entertainer zu interessieren begannen, war den GOLDEN EARRING eine hochkarätige Show-Zukunft sicher.

LPs auf Capitol: *The Golden Earrings* (1967); *Miracle Mirror* (1969) ... auf Polydor: *Eight Miles High* (1969); *Golden Earring* (1970); *Sing My Song* (1971); *Seven Tears* (1971); *Together* (1972); *Moontan* (1973); *Switch* (1975). Solo-LP Barry Hay: *Only Parrots, Frogs & Angels* (1972). Solo-LP George Kooymans: *George Kooymans* (1972)

Goodman, Jerry (vi, viola, g, bg, mandolin, voc), am 16. März 1943 als Sohn eines Musiker-Ehepaares (beide Eltern spielten Geige) in Chicago geboren, hat die elektrisch verstärkte Violine als Rockinstrument durchgesetzt. Nach einer klassischen Musikausbildung und einem Studium an der Southern Illinois University spielte er kurze Zeit im Chicago Civic Symphony Orchestra – zunehmend frustriert, denn den Symphonikern mißfiel sein schulterlanges Haar. 1968 schloß er sich als Road Manager der Band → THE FLOCK an und wurde alsbald deren wichtigster Solist: «Was Goodman fiedelt, von Kadenzen zu einem nie geschriebenen Blueskonzert für Geige bis zu krachenden Elektroschocks, das hat die Welt noch nie gehört» (‹Die Welt›, 1970). Und je mehr der Rock-Paganini mit dem Bogen auf sein Instrument einschlug, je verwegenere Disharmonien er kratzte, je reifere Tontrauben er zupfte, desto eindeutiger wurde das Kritikurteil: «Es gibt keine Klangunterschiede mehr zwischen Avantgarde und Pop» (so der New Yorker E-Musik-Plattenproduzent John McClure). Als THE FLOCK 1971 auseinanderging, schloß sich Goodman → John McLaughlins → MAHAVISHNU ORCHESTRA an, dem er bis Ende 1973 angehörte. Zusammen mit dem vormaligen

MAHAVISHNU-Kollegen Jan Hammer (keyboards, dr, perc, voc, g, bg) demonstrierte er sodann seine Kunst auf der LP *Like Children* – ein Hörgenuß für Ästheten mit geringer Attraktivität für ein Massenpublikum.

LPs auf CBS mit → THE FLOCK ... mit dem → MAHAVISHNU ORCHESTRA ... auf Atlantic: *Like Children* (mit Jan Hammer, 1974)

Graham Central Station hieß ursprünglich HOT CHOCOLATE, bis die Band Ende 1973 von Larry Graham, zuvor seit 1967 Mitglied von → SLY AND THE FAMILY STONE, übernommen wurde: Patryce «Chocolate» Banks (voc), Hershell Kennedy (tp, clavinet), David Vega (g), Robert Sam (keyboards), Willie Sparks (dr). Ursprünglich sollte der am 14. August 1946 in Beaumont, Texas, geborene Baßgitarrist Graham, der daneben so gut wie alle gebräuchlichen Rockinstrumente beherrscht, mit diesen Musikern lediglich eine LP produzieren. Da aber gerade der frühere Baßgitarrist ausgestiegen war, ergab sich Dauer-Zusammenarbeit. Schon das Debütalbum, in das die Gruppe zwei bekannte Soulstücke anderer Autoren (*It Ain't No Fun To Me* von → Al Green und *I've Been Lonely For So Long* von Frederick Knight) aufnahm, «um das Publikum langsam an unseren Sound zu gewöhnen» (Graham), demonstrierte starkes musikalisches und kommerzielles Potential. Mit der zweiten LP *Release Yourself*, das nur noch einen Al Green-Hit (*Feel The Need In Me*) enthielt, etablierte sich GRAHAM CENTRAL STATION auf einem gut gewählten Mittelweg zwischen Sly Stone-Experimenten und Hitparaden-Soul als verheißungsvollste schwarze Rockband des Jahres 1974. Auf dem Cover gab sich Producer Graham lediglich als Co-Produzent von *Release Yourself* aus und überließ den Kredit für die gelungene Aufnahme einem Höheren: «Produced by God.»

LPs auf Warner Brothers: *Graham Central Station* (1974); *Release Yourself* (1974)

Grand Funk Railroad («Die große elektrisierende Eisenbahn») wurde von einem Zufalls-Kartell der internationalen Rock-Journalisten als «Über-Schwindel» (‹Cream›, ‹Rolling Stone›, ‹New York Times›, ‹Melody Maker›) verrissen. Die Mehrzahl des Rock-Publikums war jedoch anderer Meinung: Schon beim ersten Auftritt des Trios, am 4. Juli 1969 auf dem Atlanta Pop Festival, «stürmten Fans die Bühne und trugen die Musiker auf ihren Schultern davon» (‹Circus›). Ihre Platten machten regelmäßig Millionenumsätze, obwohl die Rezensenten nur «pompöse Mittelmäßigkeit» (‹Rolling Stone›), einen «völligen Mangel an Phantasie, Humor und künstlerischer Empfindsamkeit» (‹Melody Maker›) und «gepanschte → CREAM, aufgemotzte → STOOGES und kommerzialisierte Soul-Texte wie bei den → RASCALS» (‹Circus›) heraushören konnten. Doch bei ihrem Konzert im New Yorker Shea Stadion am 9. Juli 1971 kamen sie mit einer gemeldeten Einnahme von 306 000 Dollar sogar dem Hausrekord der BEATLES von 1965 gleich. Der Kritiker Lester Bangs erklärt das «Phänomen» GRAND FUNK als eine «Kombination aus der cleveren Promotion» ihres Managers und Producers Terry Knight und «der außergewöhnlichen Beziehung der Band zu ihrem Publikum». Knight unternahm groteske, aber wirkungsvolle Anstrengungen, um Mark Farner (voc, g, keyboards), Donald G. «Don» Brewer (dr, voc) und Melvin «Mel» Schacher (b) ihren minderjährigen Fans näherzubringen. Zur Propagierung des dritten GRAND FUNK-Albums *Closer to Home* ließ Knight am New Yorker Times Square eine Reklamefläche von fast 800 Quadratmetern mit den Riesenporträts der drei RAILROAD-Musiker bemalen. Werbehinweise in den Fachzeitschriften wurden meist in teuren mehrseitigen Farbanzeigen gegeben. Die Studio-Aufnahmen der ersten Alben ließ Knight absichtlich verzerren, damit sie dem hypnotisierenden Sound der übersteuerten 6000-Watt-Lautsprecher aus den Konzerten entsprachen. Ihre Millionenverdienste legten die «Grand Funk Railroad Enterprises» zum Teil steuersparend in Ölaktien an, weil «das besser ist als den (Vietnam-)Krieg zu finanzieren» (Farner). Als Knight jedoch später den inzwischen umweltschutzbewußten Musikern einen Verkauf der Ölaktien verweigerte, nicht zuließ, daß sie in Konzerten Songs mit Ökologie-Texten vortrugen, und ihnen obendrein einen stärkeren Anteil an den Einnahmen vorenthielt, trennte sich das Trio von seinem Manager. Knight strengte eine 55-Millionen-Dollar-Klage gegen die Musiker und ihre neuen Berater an, die erst nach jahrelangen Prozessen in einem Vergleich endete. Währenddessen machte die Band weiterhin Aufnahmen und Tourneen, mit Craig Frost (org) als viertem Rad auf der RAILROAD. Ihre Musikdarbietungen, einst als «amerikanische Auflage der Nürnberger Parteitage» (‹Rolling Stone›) gescholten, wurden unter Anleitung geschickter Produzenten wie → Todd Rundgren auf abwechslungsreiche Art friedfertiger.

LPs auf Capitol: *On Time* (1969); *Grand Funk* (1970); *Closer to Home* (1970); *Live Album* (1970); *Survival* (1971); *E Pluribus Funk* (1972); *Mark, Don & Mel, 1969–71* (1972); *Phoenix* (1972); *We're an American Band* (1973); *Shinin' On* (1974); *All the Girls in the World, Beware!* (1974)

The Grateful Dead, 1965 in San Francisco aus Bands namens MAMA MCCREE'S UPTOWN JUG CHAMPIONS und THE WARLOCKS hervorgegangen, war unter Leitung von → Jerry Garcia (g, voc, harm) die Keimzelle des San Francisco Rock und ist seither eine Verkörperung der Hippie-Kultur geblieben. Um einen Musikerkern aus Garcia, dem Songschreiber Bob Hunter, dem Gitarristen Bob Weir, den Pianisten und Organisten Tom Constaten, Ron McKernan und Keith Godchaux, dem Baßgitarristen Phil Lesh und den Schlagzeugern Bill Sommers, Mickey Hart und Bill Kreutzman (in unterschiedlichen Kombinationen) gruppierte sich eine gelegentlich bis zu 70 Mitgliedern starke Großfamilie, die bis heute einen antiautoritären Lebensstil praktiziert. Die DANKBAREN TOTEN, die ihren Namen einst dem willkürlich aufgeschlagenen Oxford Dictionary entnommen haben, unterstützten die revolutionären Studenten der Berkeley University, versagten sich dem Reklamerummel des Showbusiness, organisierten ihre Konzerte und Tourneen selbst und feilschten nicht um Spitzengagen. Im Gegenteil: In den Parks von San Francisco spielte die Band vorwiegend umsonst, um «die Welt für jeden etwas angenehmer zu machen» und die «totale Kommunikation mit dem Publikum» (Garcia) herzustellen. Dazu verabreichte Garcia seinen Anhängern nicht selten LSD. Eine akustische Darstellung ihrer Halluzinationen und Drogentrips ist den Musikern, die live im Folk-, Blues- und Rockidiom musizierten, anfangs nur im Plattenstudio geglückt. Für die LPs *Anthem of the Sun* und *Aoxomoxoa* montierten sie Aufnahmen aus 18 verschiedenen Konzerten und Studiosessions mit elektronischen Retortenklängen zu bizarren Collagen, bei denen die eingeblendeten Tonschocks und Horrorminiaturen den Fluß der Musik oft empfindlich störten. Später gelang ihnen bei öffentlichen Auftritten, die sie für das Doppelalbum *Live/Dead* mitschneiden ließen, ein ähnlich komplexer Klang. Ihre Stücke *Dark Star* und *Turn On Your Love Light*, noch heute feste Bestandteile des Repertoires, sind subtile, lang dauernde Kollektivimprovisationen für drei Elektrogitarren und ein umfangreiches Schlagzeugarsenal. Kaum einmal hatte eine andere Popband die Töne so gut aufeinander abgestimmt. Auf den darauffolgenden LPs wurde das Gruppenspiel noch intensiviert. Statt der klirrenden Instrumentalsoli von einst wurde nun – mitunter auf Banjo, Mandoline und unverstärkter Gitarre – ein raffiniert-einfacher Folk Rock gespielt. Auf ihrer ersten großen Europa-Tournee im Frühjahr 1972, bei der sie mit einem Troß von insgesamt 37 Ehefrauen, Freundinnen, Sekretärinnen, Tourneemanagern und Technikern durch fünf Länder zogen, absolvierten sie jeweils ein inspiriertes, abwechslungsreiches Vier-Stunden-Programm. Es war, urteilte der ‹Melody Maker› zu Recht, das europäische «Rockereignis des Jahres». 1974 etablierte die Band ihre Plattenmarke Grateful Dead Records.

Ihr dort veröffentlichtes Album *From the Mars Hotel* dokumentierte eine weitere stilistische Metamorphose: Der Folk Rock hatte nun den zarten, pulsierenden Drive der → ALLMAN und → DOOBIE BROTHERS absorbiert.

LPs auf Sunflower (MGM): *Vintage Dead; Historic Dead* (beide rec. 1966, ed. 1970) ... auf Warner Brothers: *Grateful Dead* (1967); *Anthem of the Sun* (1968); *Aoxomoxoa* (1969); *Live/Dead* (1970); *Workingman's Dead* (1970); *American Beauty* (1970); *Grateful Dead* (1971); *Europe '72* (1972); *History of G. D. Vol., 1* (1973); *Skeletons from the Closets* (1974) ... auf Grateful Dead Records: *Wake of the Flood* (1973); *From the Mars Hotel* (1974) ... auf MGM: *Zabriskie Point* (Soundtrack, mit Partnern, 1970) ... auf Revelation/EMI: *Glastonbury Fayre* (1972). Solo-LPs von GRATEFUL DEAD-Mitgliedern: → Jerry Garcia ... auf Warner Brothers: *Ace* (Bob Weir, 1972); *Rolling Thunder* (Mickey Hart, 1972) ... auf Grateful Dead Records; *Tales of the Great Rum Runners* (Bob Hunter, 1974) ... auf Round: *Keith & Donna* (Keith Godchaux, 1975); *Tiger Rose* (Bob Hunter, 1975)

Green, Al (voc), am 13. April 1946 in Forrest City, Arkansas, geboren, ist der wohl bedeutendste Stilist der Soul-Musik seit → Otis Redding. Wie dieser mischt er ausgewogen die extremen Ingredienzien «sweet» und «funky», indem er seinen «Rhythm & Blues mit dem Ungestüm und Enthusiasmus eines selbstvergessenen Gospelsängers vorträgt, jedoch gleichzeitig den Schliff eines höchst versierten Nightclub-Entertainers bewahrt» (‹High Fidelity›). Green leitet seine meist selbstgeschriebenen Songs von *Love And Happiness* (Songtitel) nicht selten mit improvisierten Monologen ein, die seinen augenblicklichen Gefühlszustand über die vagen Liedtexte hinaus deutlich machen sollen. Beim Singen zerdehnt er die Wörter mit wisperndem Falsett bis an die Grenze des Hörbaren, setzt mit unvermittelten Blues-Rufen rhythmische Interpunktionen, zerbröckelt den Song im Scat-Stottern und läßt ihn schließlich mit schmelzigem Timbre zerfließen. Producer Willie Mitchell, ein Veteran der Memphis Soul-Szene, fügt Greens technisch nahezu unbearbeiteter Stimme glucksende Orgel-Glissandi, einsilbige Baßlinien, schnörkelfreie Beatschläge, karge Blechbläsersätze sowie einen mageren Gospel-Chor hinzu. Diese brillant exerzierte Technik des sinnlichen Understatement, das keineswegs kraftlos wirkt, hat Green zum «Rock 'n' Roll-Star des Jahres 1972» (‹Rolling Stone›-Auszeichnung) werden lassen, dessen Platten auch 1975 in Bestseller-Auflage gehandelt wurden. Der Sänger konnte bereits 1967 mit *Back Up Train* ein kurzes Gastspiel in den Hitparaden geben. Zuvor war er im Gospel-Ensemble mit seinen vier Brüdern auf Tournee gegangen und hatte anschließend mit der Begleitgruppe THE CREATIONS den sogenannten «Kutteln-Zirkel» (*chitlin circuit*) der kleinen schwarzen Nightclubs abgegrast. Green, der auf der Bühne mit seinen Slowtrott-Bewegungen erotisch stimulierend wirkt, sieht sich jedoch nicht als Sex-Symbol: «Ich lasse mich einfach von der Musik mitreißen. Ich benehme mich, als hätte ich keine Kultur.»

LPs auf Hot Line: *Back Up Train* (1968) ... auf Hi/London: *Al Green Gets Next to You* (1971); *Let's Stay Together* (1972); *I'm Still in Love with You* (1972); *Green is Blues* (1973); *Call Me* (1973); *Livin' for You* (1974); *Explore Your Mind* (1974); *Greatest Hits* (1975) ... auf Bell: *Al Green* (1972)

Green, Peter (g, voc, harm), am 29. Oktober 1946 in Bethnal Green, England, geboren, trat 1966 als Nachfolger von → Eric Clapton in → John Mayalls Band BLUESBREAKERS ein und übernahm mit dessen Platz auch Claptons Ruf, einer der besten britischen Bluesgitarristen zu sein. Der einstige Schlachtergehilfe, der bereits als Schüler ein eigenes Amateurensemble geleitet hatte, löste sich jedoch erst von Vorbildern wie → B. B. King, nachdem er 1967 zusammen mit Mick Fleetwood, John McVie und → Jeremy Spencer die Gruppe → FLEETWOOD MAC gegründet hatte, als dessen Chef er anfangs fungierte. Vom Showbusiness verunsichert, durch Drogenerfahrungen verstört, zog sich der hochsensible Musikant 1969 gänzlich von der Rock-Szene zurück, wurde Gärtner und arbeitete zeitweilig als Totengräber im Londoner Putney-Distrikt. Sein Instrumentalalbum *The End of the Game* mit Zoot Money (p), Nick Buck (keyboards), Alex Dmochowski (bg), Godfrey MacLean (dr, perc), das 1970 erschien, zeigte noch einmal seine technischen Fähigkeiten, offenbar aber auch eine erschreckende emotionale Leere.

LPs mit → John Mayall → Fleetwood Mac. Soloalbum auf Reprise: *The End of the Game* (1970). LPs mit Peter Bardens auf Transatlantic: *The Answer* (1970); *Peter Bardens* (1971)

Greenbaum, Norman Joel (voc, g), am 22. November 1942 in Malden, Massachusetts, geboren, wandelte sich in zwei Karriereabschnitten vom City-Saulus zum Country-Paulus. 1965 fand sich der ehemalige Geographie-Student in Los Angeles mit drei Freunden zu Dr. West's Medicine Show and Junk Band zusammen, die mit angemalten Gesichtern unter wirr choreographierten Lichteffekten auftrat und eine burleske Mischung aus Dixieland-Jazz, schwermütiger Mississippi-Delta-Folklore und karibischen Rhythmen darbot. Dem wunderlichen Quartett gelang ein einziger Hit, ‹Die Aubergine, die Chicago auffraß› (*The Eggplant That Ate Chicago*), dann trennten sich die Musiker. Greenbaum zog sich, angeregt von der Simplizität und Frische südstaatlicher Folkmusik, mit seiner Familie in die Landkommune Petaluma bei San Francisco zurück, wechselte zur makrobiotischen Lebensweise über und zog auf eigenem Bauernland Milchziegen und Gemüse groß. Die «Reinheit in Geist un Körper», die Greenbaum auf dem Lande fand, versuchte er in seine neuen Solo-Songs einzubringen. Nach drei erfolglosen Singles gelang ihm 1970 mit dem religiösen Country-Lied *Spirit In The Sky* ein weltweiter Hit. Das gleichnamige Album präsentierte den «höchst erfreulichen Versuch eines weißen Soul-Sounds» (‹Rolling Stone›): Greenbaums drahtige Falsett-Stimme intonierte «positive Songs, die die Leute aufrichten», zu unkomplizierten, ansteckenden Rhythmen ohne solistische Extratouren. Der musikalische Frohbotschafter versuchte jedoch bei weiteren Produktionen, mit reizlosem Material zu harmonisieren. Daraufhin verloren die Rock-Interessenten, die mehr der Verpackung als dem Inhalt der Greenbaum-Songs zugetan waren, die Begeisterung.

LPs auf Reprise: *Spirit in the Sky* (1969); *Back Home Again* (1970); *Petaluma* (1972) ... auf Gregar: *Dr. West's Medicine Show & Junk Band* (ca. 1967)

Greenslade ging im November 1972 aus den Trümmern der zerfallenen Band → Colosseum hervor, unterschied sich aber erheblich von Colosseums massiver Klang-Architektur. Dave Greenslade (keyboards, vib), am 18. Januar 1943 in der englischen Grafschaft Surrey geboren, kam zunächst als Mitglied von → Chris Farlowes Thunderbirds zu Insider-Ansehen und machte bei Colosseum als Komponist von *Lost Angeles, Those Who Are About To Die* und der *Valentine Suite* auf sich aufmerksam. Als er mit dem Ex-Colosseum-Kollegen Tony Reeves (bg) sowie Dave Lawson (keyboards, vib, fl, sax, voc) von Episode und Andy McCulloch (dr) von → King Crimson sodann ein eigenes Quartett vorstellte, befürchteten Kritiker, eine Band mit zwei Keyboard-Spielern an einem Super-Arsenal von Orgeln, Fender-Pianos, Mellotrons und Synthesizern könne musikalisch nicht funktionieren. Greenslade wartete jedoch mit lyrischen, fein strukturierten Tonbildern voll subtil abgestimmter Klangschattierungen auf, die ihre Publikumswirkung keineswegs verfehlten. Mit bruchlos verschmolzenen Musiziertechniken aus Rock, Jazz und Barockmusik bringen die vier technisch perfekten Improvisatoren stimmungsvolle Themen in einen ruhigen, aber unter der Oberfläche spannungsreichen musikalischen Fluß. Dave Greenslade: «Wir haben es fertiggebracht, unsere Köpfe über Wasser zu halten. Manche Bands spielen nur für sich, anderen geht es ausschließlich um Popularität. Wir sind von beiden Extremen gleich weit entfernt.»

LPs auf Brain/Metronome: *Greenslade* (1973); *Bedside Manners Are Extra* (1973) ... auf Vertigo: *Spyglass Guest* (1974) ... auf Warner Brothers: *Time and Tide* (1975)

Grossman, Stefan (voc, g), am 16. April 1945 in New York geboren, versuchte mit der gleichen Musikmischung wie → Bob Dylan Karriere zu machen. Er hielt sich für «total bluesbeeinflußt, obgleich manche meiner Stücke nicht danach klingen mögen». Tatsächlich hat er für seine oft recht eintönigen, mitunter vom Blues-Chronisten Samuel Charters (*The Country Blues*) produzierten Alben vielerlei Folklore, Ragtime, den Jug-Band-Stil des Chicago der zwanziger Jahre und sogar klassische Gitarrentechnik verarbeitet. Zu seinen musikalischen Lehrern gehörte der blinde schwarze Straßensänger und Evangelist Gary Davis in Harlem, dessen Kompositionen *Cincinnati Flow Rag, Candyman* und andere er interpretiert. Mit der EVEN DOZEN JUG BAND gab der ehemalige Architekturstudent 1963 in der New Yorker Carnegie Hall sein Profidebüt. Er gehörte eine Zeitlang zu den → FUGS, ohne an deren Platten mitzuwirken, reiste 1967 als Tourist nach Europa, heiratete eine Italienerin und wurde in Rom ansässig. 1969 nahm er zusammen mit dem → BLUES PROJECT-Gitarristen Danny Kalb in New York die LP *Crosscurrent* auf, trat aber kaum mehr öffentlich in Erscheinung. Er gibt Gitarrenunterricht, singt im Plattenstudio und schreibt Bücher wie die 1971 publizierte Gitarrenschule ‹How to Play Blues Guitar›, die mit einer Langspielplatte gekoppelt erschienen ist.

LPs auf Fontana: *The Gramercy Park Sheik* (1969); *Aunt Molly's Murray Farm* (1969) ... auf Cotillion: *Crosscurrent* (mit Danny Kalb, 1969) ... auf Transatlantic: *The Ragtime Cowboy Jew* (1970); *Those Pleasant Days* (1970); *Jazoo Basin Boogie* (1970); *How to Play Blues Guitar* (1971); *Hot Dogs* (1972); *Guitar Instrumentals* (1973); *Live* (1973); *Finger Pickin' Guitar* (1974) ... auf Sonet: Re-issues der beiden Fontana-LPs (1974)

The Groundhogs benannten sich 1962 nach → John Lee Hookers *Groundhog Blues*. Sie waren eine reine Bluesband, der schon damals Tony McPhee (voc, g), geb. am 22. März 1944 in Humberstone, England; sowie Peter Cruickshank (bg), geb. am 2. Juli 1945 in Kalkutta, Indien, angehörten. 1966 löste McPhee die Gruppe auf und musizierte zwei Jahre lang mit verschiedenen Rockbands. 1968 wurden die GROUNDHOGS in der Besetzung McPhee, Cruickshank, Ken Pustelnik (dr, harm), Steve Reye (harm) wiederbelebt, um Hooker auf einer England-Tournee zu begleiten. Reye schied bald aus; Pustelnik wurde 1972 durch Clive Brooks (dr), geb. am 28. Dezember 1949 in London von der Gruppe EGG ersetzt. Da McPhee seinen Mitspielern sozialkritische Songtexte (*Soldier, Status People, Rich Man Poor Man*) vorschrieb, die sich dem Formschema des Blues nicht immer fügten, entwickelte sich das Trio bald zum Rock-Ensemble, freilich noch immer mit starkem Bluesbezug. Großer Rock-Erfolg war ihm nicht beschert, möglicherweise aus Gründen einer fehlerhaften Marketing-Politik. Die kalifornische Plattenfirma Liberty/United Artists, die GROUNDHOGS unter Vertrag genommen hatte, brachte die LPs der Gruppe auf vier verschiedenen Marken heraus: *Gasoline* und *Blues Orbituary* auf Imperial, *Scratching the Surface* auf World Pacific, *Thank Christ* auf Liberty, *Split, Save the World* und *Hogwash* auf United Artists. Bei dieser Zersplitterung war eine sinnvolle Promotion unmöglich und ein Erfolg unwahrscheinlich.

LPs auf Liberty/United Artists: *Gasoline* (1968); *Scratching the Surface* (1968); *Blues Orbituary* (1969); *Thank Christ for the Bomb* (1970); *Split* (1971); *Who Will Save the World?* (1972); *Hogwash* (1973); *Best 1969–72* (1974) ... auf Turbo: *Go to Get Enough* (1972) ... auf WWA: *Solid* (1974). Solo-LP Tony McPhee auf WWA: *The Two Sides of Tony (T. S.) McPhee* (1974)

The Guess Who, 1965 in Winnipeg, Kanada, gegründet, gaben sich diesen rätselhaften Namen, weil die heimische Plattenbranche zu der Zeit unter dem Minderwertigkeitskomplex der Provinzialität litt. Randy Bachman (g), Jim Kale (bg), Garry Petersen (dr), Chad Allen (voc) hatten seit 1958 unter dem Etikett CHAD ALLEN AND THE EXPRESSIONS gespielt. Als Allen 1965 von Burton Cummings ersetzt wurde und die Gruppe aus ihrem regionalen Getto ausbrechen wollte, beschloß sie, mit einem neuen Namen ihre nationale Identität unkenntlich zu machen. In der damaligen Flut angloamerikanischer Rock-Musik mochten die kanadischen Popmusik-Fans von inländischen Produktionen nichts wissen. Weil die britischen → WHO in Kanada sehr populär waren, tarnte sich das Quartett spekulativ als «Rat-mal-wer?»-Formation. Das im gleichen Jahr veröffentlichte Stück *Shakin' All Over* war dann auch, dank der neuen Marktstrategie, ein Top-Hit in Kanada, der sogar in den Hitparaden der benachbarten USA aufstieg. 1967 machte Jack Richardson, ein ehemaliger Werbemann für die Coca-Cola-Company, aus den GUESS WHO eine bekannte Größe. Er teilte ihr mittelmäßiges Komponier- und Spieltalent in clever angerichtete Hitportionen auf, die alsbald einer weltweiten Käuferschicht Appetit machten. Geschickt kaschierte er fehlendes Instrumentaltalent, indem er einprägsame Riffs und charakteristische Akkorde um gefällige Refrains gruppierte, die zahlreichen GUESS WHO-Songs die Qualität von Ohrwürmern verliehen. *No Sugar Tonight, No Time, Hand Me Down World*, und vor allem *American Woman* machten sie 1970 in den USA, noch vor den → BEATLES, zur erfolgreichsten Gruppe im Singles-Verkauf. Der Vokalist Cummings stand im Zentrum der Combo-Aktivitäten. Seine rauhe, arrogante Stimme hatte zwar keinerlei Stil und verausgabte sich oft in unangebrachten Stimmband-Protzereien. Producer Richardson setzte jedoch dieses anarchische Klangelement so geschickt ein, daß es das langweilig-imitative Spiel der Cummings-Kollegen mit Excitement aufheizte. Personelle Veränderungen stellten jedoch dieses Erfolgsprogramm aus «Hemmungslosigkeit und totaler Kalkulation» (‹Rolling Stone›) in Frage. Bachman verließ 1970 die Gruppe im Unfrieden und tauchte 1973 als Leader des → BACHMAN TURNER OVERDRIVE wieder auf. Er wurde vorübergehend ersetzt durch Kurt Winter (g), Greg Leskiw (g). Für Kale sprang kurze Zeit später Bill Wallace (bg, voc) ein. 1975 konsolidierte sich GUESS WHO mit Don Troiano (g) von der gesprengten → JAMES GANG als Quartett und «balancierte» mit erfolgreichen Qualitäts-LPs «auf der dünnen Linie zwischen Rock und Pop» (‹Melody Maker›) – ein Ensemble, das keine Überraschungen mehr, aber auch keine Enttäuschungen zu bieten hatte.

LPs auf RCA: *Wheatfield Soul* (1969); *Canned Wheat Packed By* (1969); *American Woman* (1970); *Share the Land* (1970); *The Best of Guess Who* (1971); *So Long, Bannatyne* (1971); *Rockin'* (1972); *Live at the Paramount* (1972); *Artificial Paradise* (1973); *No. 10* (1973); *Road Food* (1974); *Best, Vol. 2* (1974); *Flavours* (1974) ... auf MGM: *Guess Who* (1969) ... auf P.I.P.: *Play the Guess Who* (1972) ... auf Pickwick: *Wild One* (1972) ... auf Pride: *History* (1974)

Guthrie, Arlo (voc, g), am 10. Juli 1947 in Coney Island, New York, geboren, filtert in seiner Country-Folklore das musikalische Erbe seines Vaters → Woody Guthrie durch den stilistischen Einfluß des Woody-Verehrers und Arlo-Vorbildes → Bob Dylan. Im November 1967, einen Monat nach dem Tode des Vaters, gab Arlo auf dem Album *Alice's Restaurant* mit dem gleichnamigen 19 Minuten langen Sprechblues ein humorvoll überzogenes Zeitporträt aus der Sicht seiner Generation. Er schilderte wortgewandt, mit kauzigem Charme, eine verbotene private Müllabfuhr am Erntedanktag in Stockbridge, Massachusetts, wo Alice, eine Freundin der Arlo-Clique, in einer ausrangierten Kirche ein Restaurant eingerichtet hatte. Die Polizei hatte an jenem «Thanksgiving»-Tag Arlo und seine Freunde wegen Störung der Feiertagsruhe festgenommen und einem blinden Richter zum Schnellverfahren vorgeführt. Das Delikt und die anschließende Maßregelung wirkten sich für Arlo später positiv aus, als er bei der Musterungsuntersuchung wegen des Abfall-Vorfalls für wehrunwürdig erklärt wurde. Der harmlose Hippie-Schabernack diente dem BONNIE & CLYDE-Regisseur Arthur Penn 1969 als Vorlage für einen Film mit Arlo Guthrie in der Hauptrolle. Zu dieser Zeit war Guthrie junior schon ein etablierter Country-Rocker, der weder unter der musikalischen Legende seines Vaters litt noch diese als Promotion für sich ausnutzte. 1972 hatte er seinen größten Plattenerfolg mit der nostalgischen Eisenbahn-Ballade *The City of New Orleans*, die er mit rauher Jungenstimme im von Bob Dylan perfektionierten Nasalstil seines Vaters vortrug. Spätere Arbeiten wie der Anti-Nixon-Song *Presidential Rag* auf der nach seinem Namen benannten und von der Kritik übereinstimmend verrissenen LP gerieten ihm musikalisch und textlich öde.

LPs auf Reprise: *Alice's Restaurant* (1967); *Arlo* (1968); *Running Down the Road* (1969); *Washington Country* (1970); *Hobo's Lullaby* (1972); *Last of the Brooklyn Cowboys* (1973); *Arlo Guthrie* (1974); *Arlo Guthrie & Pete Seeger* (1975) ... auf United Artists: *Alice's Restaurant* (Soundtrack, 1969)

Guthrie, Woodrow Wilson «Woody» (voc, g), am 14. Juli 1912 in Okemah, Oklahoma, als Sohn eines ehemaligen Preisboxers geboren, zog nach dem frühen Tod seiner Eltern als Wandersänger und Gelegenheitsarbeiter mit den verarmten Farmern der «Dust Bowl»-Landstriche seines Heimatstaates nach Kalifornien. Die soziale Entwurzelung dieser Menschen, die Strapazen ihres Trecks über den Kontinent und ihr Hungerleider-Dasein in den Arbeitslagern der kalifornischen Plantagenbesitzer regten ihn zu mehr als tausend Songs an, die ein realistisches Bild des proletarischen Amerika während der Depressionszeit nach der Weltwirtschaftskrise von 1929 ergaben. Mit einigen Schauspielern und politisch engagierten Intellektuellen versuchte der überzeugte Sozialist Guthrie die Wanderarbeiter zur Solidarität untereinander und zur Gründung und Unterstützung von Gewerkschaften zu bewegen. Seine Lieder sollten als Ermutigung dienen (Songtext: «Sie können mich nicht einschüchtern, ich halt mich an die Gewerkschaft») und Außenstehenden über die Schattenseite des amerikanischen Traums aufklären (Titel: *Deportee*). Guthrie war religiös, patriotisch (*This Land Is Your Land*) und ein optimistischer Visionär (*Pastures Of Plenty*). Im Gegensatz zu → Pete Seeger, mit dem er sich 1939 befreundete, band er seinen unreflektierten Humanismus an kein Partei-Programm, obgleich er zeitweilig am US-Kommunistenblatt ‹Daily Worker› mitarbeitete. In der Autobiographie ‹Bound for Glory› (1943) schilderte er seine Wanderjahre durch das arme Amerika mit der gleichen unkontrollierten literarischen Spontaneität wie 14 Jahre später Jack Kerouac, der Beatnik-Prosaist von ‹On the Road›. 1941 formierten Guthrie und Seeger mit Freunden die ALMANAC SINGERS, eine Vorläufergruppe der → WEAVERS. Guthrie sang mit einem kunstlosen, nasalen Timbre, das später von seinem Bewunderer → Bob Dylan und zahlreichen anderen Folksängern der fünfziger und sechziger Jahre imitiert wurde. 1954 mußte er wegen eines unheilbaren Nervenleidens («Huntington's Chorea»), das ihm seine Mutter vererbt hatte, in ein New Yorker Krankenhaus. Dort starb er am 3. Oktober 1967. Seine Kompositionen sind inzwischen ein Bestandteil der amerikanischen Volksmusik geworden. Dylan und Guthries Sohn → Arlo Guthrie übernahmen einige von Woodys Liedern in ihr Repertoire.

LPs (Auswahl) auf Folkways: *Ballads of Sacco and Vanzetti* (1961); *Sings with Leadbelly* (1962); *Bound for Glory*; *Folk Songs* (beide ca. 1963); *Dust Bowl Ballads* (1964); *Woody Guthrie* (1964); *This Land Is Your Land* (1966); *Poor Boy* ... auf Elektra: *The Library of Congress Recordings* (1964) ... auf Archive of Folk Music: *Woody Guthrie* (1966) ... auf Vanguard: *The Greatest Songs of Woody Guthrie* (mit diversen Solisten, 1971)

H

Haggard, Merle Ronald «Hag» (voc, g), am 5. April 1937 als Sohn eines Wanderarbeiters aus der Dust-Bowl-Region Oklahomas in Bakersfield, Kalifornien, geboren, besingt mit einer an → Woody Guthrie erinnernden Autorität und Authentizität extreme Stadien proletarischer Entbehrung und sozialer Entwurzelung, die er selbst durchlitten hat: Seine Familie wurde im Zuge der von Grundstücksspekulanten betriebenen Landreform von Oklahoma in die Labor Camps Kaliforniens verschlagen; der frühe Krebs-Tod seines Vaters brachte die Hinterbliebenen an den Rand des Existenzminimums. Merle geriet seit seinem vierzehnten Lebensjahr wiederholt als Autodieb, Kassenräuber, Scheckfälscher in Gefängnisverwahrung, bis er schließlich 1960 nach drei Jahren Zuchthaus wegen bewaffneten Überfalls aus St. Quentin entlassen wurde. Kurz danach begann seine Karriere als Country-Performer, die den «aus Instinkt apolitischen Patrioten» (‹Time›) zum bedeutendsten Bindeglied zwischen Western-Historie und Country-Gegenwart gemacht hat. Auf den LPs *Same Train, A Different Time* (1970), *A Tribute to the Best Damn Fiddle Player in the World* (1972) erwies er den Country-Pionieren → Jimmie Rodgers und → Bob Wills kompetent Reverenz. In Stücken wie *Mama Tried, Hungry Eyes, Sing Me Back Home* faßte er die Erinnerung an seine entbehrungsreiche Kindheit in bewegende Verse, vorzüglich assistiert von seinem Begleitquartett The Strangers. Anders als Guthrie jedoch, der sich an der Ostküste radikalen Zirkeln anschloß, ließ sich Haggard von seiner Vergangenheit nicht politisch motivieren, sondern «schloß das Gesellschafts-System, das ihn einst zurückgestoßen hatte, fest in seine Arme» (‹Rolling Stone›). Die zunächst parodistisch gemeinten Law & Order-Hymnen *Okie From Muskogee* (1969), *The Fightin' Side Of Me* (1970) brachten ihn vorübergehend in den Schlagschatten der Reaktion. «Wenn ich zu wählen hätte», erklärte sich Merle damals, «würde ich eher ein Lied schreiben, dem die Leute nicht zustimmen, als eines, das niemand hören will.» Spätere Balladen mit differenzierterer Thematik wie sein Lieblingslied *Irma Jackson* (1972) über gemischtrassige Liebe oder das Inflations-Lamento *If We Make It Through December* (1973) bestätigten erneut Haggards überlegenen Rang als «amerikanischer Volkspoet» (‹Los Angeles Times›), der, so meint → Kris Kristofferson, «seine eigene Version von Steinbecks *Früchte des Zorns* schreiben könnte».

LPs auf Capitol: *Merle Haggard* (1966); *Swinging Doors* (1966); *I'm a Lonesome Fugitive* (1967); *Branded Man* (1967); *Sing Me Back Home* (1968); *Bonnie and Clyde* (1968); *Best* (1968); *Mama Tried* (1968); *Pride in What I Am* (1969); *Same Train, A Different Time* (1969); *Portrait* (1969); *Close-up* (1969); *Okie from Muskogee* (1969); *Tribute to the Best Damn Fiddle Player* (1971); *Sing a Sad Song/High on a Hilltop* (1971); *Fightin' Side of Me* (1971); *Merle Haggard* (1972); *Land of Many Churches* (1972); *Someday We'll Look Back* (1972); *Best of the Best* (1972); *Let me Tell You About a Song* (1972); *It's Not Love* (1973); *Totally Instrumental with one Exception* (1973); *We Make it Through December* (1974); *Presents 30th Album* (1974). LPs The Strangers auf Capitol: *Instrumental Sounds* (1969); *Introducing My Friends* (1970); *Getting to Know Merle Haggard's Strangers* (1971); *Honky Tonkin'* (1972)

Haley, Bill (voc, g), am 6. Juli 1927 in Highland Park, Michigan, geboren, entwickelte als erster (weißer) Popmusiker einen definitiven Rock 'n' Roll-Stil aus Country & Western, Dixieland-Jazz und Rhythm & Blues. «Ich dachte mir», erklärte er in seinem Fan-Magazin ‹Haley News›, «wenn ich eine Dixieland-Melodie nehme und den ersten und dritten Rhythmus-Schlag weglasse, dafür aber den zweiten und vierten betone und einen Beat hinzugebe, nach dem die Zuhörer klatschen oder auch tanzen können – das wäre dann genau nach ihren Wünschen. Der Rest war einfach: Ich nahm alltägliche Redewendungen wie *Crazy Man Crazy, See You Later Alligator, Shake Rattle And Roll* und machte nach der eben geschilderten Methode

Songs daraus.» Zunächst orientierte sich Haley an den Rhythm & Blues-Nummern schwarzer Sänger, die damals im rassisch noch stark segregierten Showbusiness kaum eine Chance auf dem von Weißen beherrschten Plattenmarkt hatten. *Shake Rattle And Roll*, ein Getto-Hit→ Joe Turners, wurde von Haley textlich enterotisiert und in sein schematisches Rhythmuskonzept eingepaßt. Ihm gelang damit 1954 sein zweiter Millionenbestseller nach *Crazy Man Crazy*. Der ehemalige Musik-Manager einer Radiostation in Chester, Pennsylvania, der zuvor in der Country-Band THE SADDLEMEN aufgetreten war, formierte 1954 THE COMETS, mit denen er die meisten seiner späteren Welterfolge aufnahm. Zu den Musikern gehörten Rudy Pompelli (ts), Al Rex (bg), Francis Beecher (g), Ralph Jones (dr), später ersetzt durch Don Raymond, John Grande (acc), Bill Williamson (g). Die Besetzung der Band mit einem Saxophonisten und einem Akkordeonspieler weist noch auf die stilistische Verbindung von Rhythm & Blues und Country-Musik hin. Haley verwendete jedoch zum erstenmal die elektrische Gitarre als Lead-Instrument. Die 1954 veröffentlichte Single *Rock Around The Clock*, Cover-Version eines schwarzen Hits von Johnny Dae, fand zunächst nur geringe Beachtung. Erst als sie ein Jahr später als Thema-Song des Halbstarken-Melodrams ‹Blackboard Jungle› (deutsch: ‹Die Saat der Gewalt›) in den Kinos erklang, wurde sie zur «Marseillaise der Teenager-Revolution» (Lillian Roxon). Frustrierte, aggressionslustige Jugendliche glaubten in dem biederen Rock-Schlager ein akustisches Fanal zu hören. Sie zertrümmerten die Kinopaläste, in denen die nachfolgenden Musikstreifen ‹Rock Around the Clock› und ‹Don't Knock the Rock› gezeigt wurden, und demolierten die Konzerthallen, in denen Haley mit seinen COMETS auftrat. Als er 1957 nach Europa kam, wurde sein Sonderzug auf dem Londoner Waterloo-Bahnhof von 3000 Teenagern umlagert, die den Verkehr in der Innenstadt lahmlegten. Gewalttätiger ging es ein Jahr später bei einer Haley-Tournee durch Deutschland zu. Randalierende Jugendliche zertrümmerten in Berlin, Hamburg, Essen und Stuttgart die Konzertsäle und richteten allein im Berliner Sportpalast einen Sachschaden von 50 000 Mark an. Die Ost-Berliner SED-Zeitung ‹Neues Deutschland› bezichtigte damals den «Rock 'n' Roll-Gangster» Haley, eine «Orgie der amerikanischen Unkultur» angerichtet zu haben, der ‹Rheinische Merkur› klagte, daß ausgerechnet «am Tag der Papstwahl» der «Komet der Triebentfesselung» im Bistum Essen einen «Generalangriff auf Geschmack, Anstand und Selbstachtung» gewagt hatte. Der Cellist Pablo Casals erkannte in Haleys Musik schließlich «ein Destillat aus allen Widerwärtigkeiten unserer Zeit». Die Krawalle und die vehemente Reaktion der Öffentlichkeit führten dazu, daß Haleys Bedeutung für die Rock 'n' Roll-Musik eine Zeitlang überschätzt wurde. Er zog zwar als Neuerer alle Aufmerksamkeit zunächst auf sich; doch Stilisten wie → Little Richard, → Elvis Presley sowie später → Buddy Holly, → Fats Domino, → Chuck Berry, → Pat Boone perfektionierten die kruden Anfänge auf ihre individuelle Art. *Rock Around The Clock*, von dem angeblich 16 Millionen Singles verkauft worden sind, geriet im Sog des Rock-Revivals zu Beginn der siebziger Jahre noch einmal in die internationalen Hitparaden. Das gab dem fast vergessenen «Mann mit der Schmalzlocke», der schon zu seiner Glanzzeit als dicklicher Familienvater von 30 kaum ein Rock-Idol war, die Chance, den alten Ruhm ein wenig aufzupolieren. Haley: «Wir kommen noch ein paarmal wieder, selbst wenn wir schon ganz alte Knacker sind.»

LPs (Auswahl) auf US-Decca/Brunswick/Coral: *Bill Haley* (1963); *Rock Around the Clock* (1972); *Rokkin' the Joint* (1966); *Bill Haley's Greatest Hits* (1968) ... auf Vocalion: *Bill Haley with His Comets* (1963) ... auf Janus: *Razzle Dazzle* (1973); *Travellin' Band* (1937) ... Auf GNP: *Rock 'n' Roll* (1974) ... auf Atlantic: *Live in London '74* (1974)

Hallyday, Johnny, bürgerlich: Jean Philippe Smet (voc, g), am 15. Juni 1943 in Paris geboren und als Waisenkind von Lee Hallyday, einem amerikanischen Tänzer, aufgezogen, wurde in Frankreich zum «chamäleongleichen Popmusik-Idol für alle Jahreszeiten» (Radio Luxemburg): im Rock 'n' Roll-Winter, Flower-Power-Frühling, Soul-Sommer und Protest-Herbst erntete er als einziger Repräsentant einer in seiner Heimat nur rudimentär vorhandenen Rock-Szene Lorbeeren. Ihm fiel es zu, die angloamerikanische Rock-Revolution ins Französische zu übersetzen. Das ungestüme Temperament des ehemaligen Möbelpackers war der richtige Katalysator für die Erwartungen der an ihrer heimischen Chanson-Tradition frustrierten Teenager. Seine Platten waren ständige Bestseller, seine Konzerte gerieten zu tumultösen Rock-Messen, seine Intimsphäre wurde, mit seiner Billigung, in den Massenmedien diskutiert. Die Hochzeit mit der singenden Schauspielerin Sylvie Vartan war 1965 ein nationales Ereignis. Johnny und Sylvie machten mit Scheidungsgerüchten, Selbstmordversuchen, Verkehrsunfällen, Skandalparties und allerlei geheimnisvollen Krankheiten permanent Schlagzeilen. Die musikalischen Leistungen Hallydays wurden zu Recht weniger besprochen. Er emotionalisierte seine Auftritte bis zum Überdruß, verausgabte sich bis zum Schweißausbruch und ertränkte fehlende Originalität in Lärm und Tempo. In späteren Jahren wurde er zu einem Favoriten der Pariser Society: 1972 entwarf der Modeschöpfer Yves St. Laurent seine Bühnengarderobe und der Edel-Dokumentarist François Reichenbach filmte seine immer noch ausverkauften Großauftritte im Palais des Sports. Hallyday war zu einer Institution wie Olympia, Folies Bergére oder Comédie Française avanciert.

LPs (Auswahl) auf französisch Philips: *Johnny; Reve et Amour; Que je t'aime; Super Hits; Johnny au Palais des Sports; Le Disque d'Or; Johnny retiens la Nuit; Johnny a Nashville; Country-Folk-Rock; Insolitudes; Je t'aime, je t'aime, je t'aime*

Hammond, Albert (voc, g), am 18. Mai 1944 in London geboren, in Gibraltar an der spanischen Südküste aufgewachsen, singt mit einer Stimme «irgendwo zwischen Roger Daltrey und → Gilbert O'Sullivan» (‹Rolling Stone›) vorwiegend eigene Pop-Rock-Songs, zu denen ihm Partner Mike Hazlewood die Texte schreibt. Vierzehnjährig trampte er bereits als Gitarrist durch Marokko und publizierte ein Jahr später mit → Buddy Holly-Imitationen seine erste Single. Er hielt sich als Klempner, Koch, Schneider und Elektriker über Wasser, leitete eine Rock 'n' Roll-Band, spielte Theater und tanzte im Ballett ‹Billy the Kid›, bevor er 1968 in London als Songautor erste Lorbeeren ernten konnte: einen BMI Award für *Little Arrows* und einen Novello-Preis für *Gimme Dat Ding*, die beide ursprünglich für die pädagogische TV-Serie ‹Oliver and the Overworld› geschrieben waren. Hammond/Hazlewood-Songs wurden von → Johnny Cash (*Praise The Lord And Pass The Soup*), → Art Garfunkel (*Mary Was An Only Child*), → Steppenwolf (*Smokey Factory Blues*), den → Hollies (*The Air That I Breathe*), vor allem aber von ihm selbst aufgenommen. Seine Hits *It Never Rains In Southern California, The Free Electric Band, Everything I Want To Do, I'm A Train* machten ihn auch außerhalb des englischen Sprachbereichs zum Fan-Liebling, wenngleich Kritiker seine atmosphärisch und strukturell zumeist gelungenen Studioproduktionen vielfach als zu leichtgewichtig hielten. Zu weiterem künstlerischem Wachstum empfahl ihm ‹Rolling Stone› schon Mitte 1973 eine beständige eigene Band.

LPs auf Mums/Epic: *It Never Rains in Southern California* (1972); *The Free Electric Band* (1973); *Albert Hammond* (1974)

Hancock, Herbie (keyboards), am 12. April 1940 in Chicago geboren, begleitete von 1960 an vornehmlich den Jazztrompeter Donald Byrd, spielte von 1963 bis 1968 kühle Pianofiguren im → Miles Davis-Quintett, produzierte unter eigenem Namen avantgardistische Jazzplatten (etwa *Takin' Off, Maiden Voyage*) für die Marke Blue Note, bis er als Leiter einer 1969 gegründeten Combo schließlich erkannte, «daß ich all diese Jahre ein musikalischer Snob gewesen war». Die schrittweise vollzogene Wende zum soul-orientierten Jazz Rock zahlte sich aus: Hancocks Album *Head Hunters* rückte 1974 bis auf Platz 13 der ‹Billboard›-Popliste empor und wurde als absoluter Jazz-Bestseller mehr als eine millionmal verkauft. Von seinem CBS-Labelkollegen → Sly Stone, dem er auf *Head Hunters* ein Stück widmete, hatte der Pianist den Umgang mit differenzierten und durchsichtigen Slow-Motion-Rhythmen gelernt. Sein in dieser Technik neu arrangierter Hit *Watermelon Man*, der seit 1963 bereits in über hundert verschiedenen Plattenversionen vorlag, nötigte dem Jazzmagazin ‹Down Beat› die höchste Punktwertung von fünf Sternen ab. Der gläubige Buddhist, der sich nach einem afrikanischen Suaheli-Begriff Mwandishi (Der Komponist) nennt, spielte schon als Elfjähriger Mozarts *Klavierkonzert Nr. 26 in D.* mit dem Chicago Symphony Orchestra. Die klassische Ausbildung und ein vierjähriges Kompositionsstudium am Grinnell College in Iowa, das ihm später einen Ehrendoktorhut verlieh, befähigten ihn zu ambitionierten Filmmusiken: 1967 für Antonionis ‹Blow up›, 1974 für den Charles Bronson-Thriller ‹Death Wish› (‹Ein Mann sieht rot›). In seinen populären Funky-Improvisationen mit perkussiven, stark bluesorientierten Akkorden auf Klavier, Elektropiano und Synthesizer, sinnlichen Baßfiguren, Saxophonfiligranen und einem pulsierenden Bongo- und Schlagzeug-Beat kommen Hancocks verfeinerter Klangsinn und sein souveräner Umgang mit elektronischen Tonerzeugern nur abgeschwächt zur Geltung. Die risikolose Perfektion entartet gelegentlich zur Sterilität. Ein Meisterwerk schwelgerischer Geräusch-Vielfalt hat er 1973 mit dem Album *Sextant* vorgelegt. Dort klingt das nie platt naturalistische Zwitschern, Schnattern, Bellen und Grunzen der Combo wie ein akustisches Dschungel-Szenarium – wie ein Soundtrack zu George Orwells ‹Animal Farm›.

LPs mit Donald Byrd, → Miles Davis ... auf Blue Note: *Takin' Off* (1962); *My Point of View* (1963); *Inventions & Dimensions* (1964); *Empyrean Isles* (1965); *Maiden Voyage* (1966); *Speak Like a Child* (1968); *Prisoner* (1970); *Best of Herbie Hancock* (1971); *Succotash* (1974) ... auf MGM: *Blow up* (1967, Soundtrack) ... auf Warner Brothers/WEA: *Fat Albert Rotunda* (1970); *Mwandishi* (1971); *Crossings* (1973); *Treasure Chest* (1974) ... auf CBS/Columbia: *Sextant* (1973); *Head Hunters* (1974); *Thrust* (1974); *Death Wish* (1974, Soundtrack); LP der Hancock-Begleitband THE HEADHUNTERS auf Arista: *Survival of the Fittest* (1975)

Hardin, Tim (voc, g, p), am 23. Dezember 1941 in Eugene, Oregon, als Sohn eines Marine-Jazzbassisten und einer Konzertmeisterin geboren, ist wie sein legendärer Vorfahre John Wesley Hardin ein Desperado, ein melancholischer Außenseiter, in dessen resigniertem Folkgesang «die Essenz des Blues» (Richard Goldstein) anklingt. Hardin kämpfte mit den Marines in Indochina, befreite sich nach seiner Entlassung mühsam von harten Drogen und ließ sich zu Beginn der sechziger Jahre trotzig mit einer Elektrogitarre in Greenwich Village hören, als → Dylan dort noch den akustischen Ton angab. Charlie Parker und → Ray Charles haben ihn beeinflußt, und er hat sich immer als Jazz-Sänger gesehen, «obgleich ich ein Country-Gemüt habe», denn das «Wissen vom Jazz ist Wissen von Gott» (Hardin). Auf die Folk Rock-Gemeinde wirkte der sensible Sänger wie ein «in den siebziger Jahren vertonter James Dean» (‹Stereo Review›). Zwischen 1964 und 1967 schrieb er einige der schönsten zeitgenössischen Rock-Balladen wie *Don't Make Promises, Reason To Believe, Misty Roses, If I Were A Carpenter, Black Sheep Boy* und *Lady Came From Baltimore*, deren verletzliche Poesie in Hardins esoterischer Interpretation bisweilen unangenehm selbstquälerisch klang. Seine vokale Unausgeglichenheit war bei Live-Auftritten mitunter so beträchtlich, daß er manchen Zuhörern wie «ein zehnter Abklatsch von → John Sebastian» (‹Down Beat›) vorkam, während andere in ihm die gleiche schmerzliche Intensität wie bei Billie Holiday zu hören glaubten. Hardin ist «ein Einzelgänger, im Grunde unfähig, sich im Kollektiv zu bewegen, irritiert zurückgezogen in seine eigene Haut, aber ständig auf der Suche nach Engagement außerhalb seines Ich» (Kritiker Noel Coppage). Diese emotionale Instabilität übertrug sich nicht selten auf seine Albumproduktionen und machte sie, vor allem seit 1969, mit ihrer exzessiven Sentimentalität zu anstrengenden Hörerlebnissen, die viele Hardin-Anhänger vergraulten.

LPs auf Verve-Forecast: *Tim Hardin* (1966); *Tim Hardin – Volume 2* (1967); *Tim Hardin 3 – Live in Concert* (1968); *Tim Hardin 4* (1969); *Best of T. H.* (1969) ... auf Atco: *This is Tim Hardin* (1967) ... auf CBS: *Suite for Susan Moore and Damion – We Are – One, One All in One* (1969); *Bird on a Wire* (1971); *Painted Head* (1972) ... auf MGM: *Tim Hardin* (1973); *Archetype* (1974) ... auf Philips: *Nine* (1974)

Hardin & York trafen sich 1967 in der → SPENCER DAVIS GROUP. Edward «Eddie» Hardin (keyboards, voc), geboren am 19. Februar 1949, komponierte zusammen mit Davis zahlreiche Hits der Gruppe, darunter *Time Seller* und die Titelmusik der TV-Kinderserie ‹Magpie›. Pete York (dr), geboren am 15. August 1942, entwickelte sich bei Davis von einem ungeschlacht-emotionalen Schlagzeuger zum Trommler-Techniker mit besonderem Talent für differenzierte Bekken-Sounds. 1969 machten sich die beiden Londoner als Duo selbständig und wurden nach Auftritten beim englischen National Jazz & Blues Festival und auf dem europäischen Kontinent wegen ihres voluminösen Klanges als *Kleinste Big Band der Welt* (Albumtitel) gepriesen. Besonders ihr Medley der → BEATLES-Stücke *Lady Madonna, Norwegian Wood*, auf einer in Hamburg gemachten Raubpressung schnell in 25 000 LP-Exemplaren verkauft (und später für die zweite Bell-LP nachproduziert), faszinierte die Fans. Hardin fuhr fort, stimmungsvolle und gut konstituierte Songs zu schreiben, die er 1971 auch auf einer Solo-LP (mit Ray Fenwick [g], Dee Murray [g]; Ian Paice [bg], Pete York [dr]) vorlegte. 1972 kehrte das Duo in die reaktivierte SPENCER DAVIS GROUP zurück und brachte mit deren Baßgitarristen Richard «Charlie» McCracken 1974 erstmals ein Trio-Album heraus.

LPs auf Bell: *Tomorrow Today* (1969); *The World's Smallest Big Band* (1970) ... auf Decca: *For the World* (1971) ... Hardin-Solo-LP auf Decca: *Home is Where You Find it* (1971) ... auf Vertigo: *Hardin & York with Charlie McCracken* (1974)

Harpers Bizarre wurde 1967 mit einer Cover-Version des → SIMON & GARFUNKEL-Hits *59th Street Bridge Song* (*Feelin' Groovy*) bekannt. Bis zu dieser ersten Plattenaufnahme hatte sich das 1964 in Santa Cruz, Kalifornien, gegründete Ensemble THE TIKIS genannt. Es bestand neben den beiden Anführern Ted Templeman (voc, dr, tp, g), geb. am 24. Oktober 1944 in Santa Cruz, und Dick Scoppettone (voc, bg, p), geb. am 5. Juli 1945 in Santa Cruz, aus Dick Yount (g, bg, dr), John Petersen (dr) und dem im Januar 1968 ausgeschiedenen Ed James (g). Ihren sonnigen West Coast-Stil ohne Tiefgang entfalteten die Musiker häufig über Show-Melodien wie *Anything Goes* (Cole Porter), *Stairway To Paradise* (George Gershwin), *Happy Talk* (Rodgers & Hammerstein) oder über konventionelle Swing-Schlager wie *Sentimental Journey, Chattanooga Choo Choo* (Glenn Miller). Manchmal blendeten sie alte Originalaufnahmen dieser Stücke als Nostalgie-Effekte in ihre Platten ein – mit beträchtlichem Hit-Erfolg. Erst ihr viertes Album enthielt, neben eigenen Kompositionen, aktuelleres Rock-Material etwa von → Otis Redding (*Knock On Wood*) und den → BEATLES (*Blackbird*), das sie aber wieder in der Art ihrer *Soft Sounding Music* (Songtitel) entschärften.

LPs auf Warner Brothers: *Feelin' Groovy* (1967); *Anything Goes* (1967); *The Secret Life of Harpers Bizarre* (1968); *Harpers Bizarre 4* (1969); *Best of Harper's Bizarre* (1974)

Harris, Don «Sugarcane» (vi, voc, g, bg, b), am 18. Juni 1938 in Pasadena, Kalifornien, geboren, erwarb sich 1969/70 als «feiner Sänger und superber Geiger» (‹Cash Box›) höchstes Lob von Kollegen und Kritikern. Dave Arbus, Violin-Star der Band → EAST OF EDEN, nannte Harris den «einzigen wirklichen Rock-Geiger» – in «Feeling, Phrasierung und Timing unerreichbar». → Frank Zappa stellte ihn auf seiner LP *Hot Rats* vor; → John Mayall ging mit ihm auf Tournee, zur Aufnahme von *U.S.A. Union* ins Studio und schwärmte: «So nackte Gefühlsausbrüche habe ich selten auf einem Musikinstrument gehört.» Seine Expressivität, die in ekstatischen Momenten mitunter die Grenze des Chaotischen streift, paart Harris mit stilistischer Vielseitigkeit. Nach rund zehnjährigem Musikunterricht bei wechselnden kalifornischen Lehrern beherrscht er gleichermaßen Klassik, Jazz, Rock, Blues, Rhythm & Blues. 1955 begann seine Profikarriere im Duo DON & DEWEY, mit dem er in sechs Jahren, hauptsächlich bei Speciality, R & B-Stücke startete, die zum Teil anschließend in Cover-Versionen anderer Interpreten wie den → RIGHTEOUS BROTHERS (*Ko Ko Joe, Justine*) oder dem Duo DALE & GRACE (*Leaving It All Up To You*) zu Hits avancierten. In den sechziger Jahren arbeitete Harris, teils am Baß, als Begleitmusiker für → Little Richard, gehörte zur → JOHNNY OTIS BLUES SHOW und tingelte im Raum Los Angeles als Solist. Seine bislang größte Medien-Präsenz (Funk, Fernsehen, Plattenmitschnitte) erzielte er bei den Berliner Jazztagen im November 1971, wo er sowohl mit einem eigenen Ensemble als auch in einem «Violin Summit» neben den Geigen-Virtuosen Jean Luc Ponty (Frankreich/USA), Nipso Brantner (Österreich), Michel Urbaniak (Polen) fiedelte. Beide Auftritte wurden auf den MPS-Platten *Got the Blues* und *New Violin Summit* konserviert.

LPs mit → Frank Zappa, → John Mayall ... auf Epic: *Sugarcane* (1971); *Pure Food* (mit Harvey Mandel u. a., 1972) ... auf MPS: *Fiddler on the Rock* (1970); *Keep On Driving* (1971); *Got the Blues* (1972); *New Violin Summit* (mit Jean-Luc Ponty, 1972); *Cup Full of Dreams* (1973); *I'm on Your Case* (1974); *Keyzop* (1975)

Harrison, George (voc, g, sitar), am 25. Februar 1943 in Liverpool als Sohn eines Busfahrers geboren, spielte im Quartett der → BEATLES zunächst nur die zweite Gitarre. Der scheue, wegen seiner abstehenden Ohren gehemmte Junge paßte nicht recht in den quecksilbrigen Clan musizierender Kunstschüler, den → John Lennon 1955 unter dem Namen QARRYMEN gegründet hatte und dem sich der Elektrikerlehrling Harrison drei Jahre später anschloß. Zur Kompensation seiner Unsicherheit verkleidete er sich als Rocker, kopierte deftige Halbstarkenmanieren, übte sich auf der Gitarre die Finger blutig und führte zeitweilig eine Skiffleband mit dem Namen THE REBELS an. Trotz dieser Outriertheit musizierten ihn die übrigen BEATLES auf der Bühne, im Plattenstudio und in den Publicity-Schlagzeilen in den Hintergrund. Nur gelegentlich ließen ihn → Paul McCartney und Lennon mit Eigenkompositionen ans Mikrophon. Auf sämtlichen LPs der BEATLES war Harrison, der sich nach eigenem Bekunden zumeist als «Sessionmann für Paul» fühlte, lediglich achtzehnmal als Autor vertreten. Mit seinem Interesse für indische Philosophie und Musik konnte er sich jedoch vor seinen Mitspielern als Trendsetzer profilieren. Die Sitaruntermalung zu dem Song *Norwegian Wood* auf der LP *Rubber Soul* (1965) kopierte zwar Klangexperimente der → YARDBIRDS, war jedoch wegen der marktbeherrschenden Popularität der BEATLES das Startsignal für eine Indien-Welle in Rock-Studios und Musiker-Phantasien. Kurz nach der Hochzeit mit dem Fotomodell Patti Boyd ging Harrison Mitte 1966 nach Indien, um bei → Ravi Shankar das Sitarspiel zu erlernen und in meditativen Übungen mit der hinduistischen Religion vertraut zu werden. Die übrigen BEATLES folgten ihm, was für den Außenseiter Anerkennung und Gleichstellung bedeutete. Das Quartett bediente sich des Gurus Maharishi Mahesh Yogi als geistlichem Berater bei der Bewältigung seiner Ruhm-Probleme; der Yogi nutzte die Bekanntschaft mit den berühmten Musikern zu kommerziell lukrativen Eigengewerbe-Tourneen um die Welt. Nach dem unrühmlichen Ende dieser Liaison vertraute allein Harrison auch weiterhin den indischen

Weisheiten, die seinen Anteil am BEATLES-Œuvre immer stärker beeinflußten. Die Sitar war von ihm auf den LPs *Rubber Soul* und *Revolver* (1966) noch wie eine Gitarre, lediglich wegen ihres Klangeffektes gespielt worden. Nun versuchte er unter Anleitung Shankars «die vielleicht vollkommenste Fusion östlicher und westlicher Musikkonzepte, die bislang einem westlichen Musiker gelungen ist» (‹Down Beat›). *Within You Without You* auf dem *Sgt. Pepper*-Album (1967) sollte über die bisherige oberflächliche Klangimitation hinaus eine Adaption der Struktur und geistigen Basis vorderasiatischer Musik sein. Nach Meinung des Komponisten Ned Rorem endete der Song zu Recht mit einem verlegenen Lachen: «Harrisons Orientalismus ist zweifellos aufrichtig, klingt aber genauso unecht wie der übertriebene Pentatonismus von → COUNTRY JOE AND THE FISH. (Er) bemüht sich selbst da noch um Authentizität, wo es nun wirklich nicht mehr funktioniert. Gute Absichten und ‹Inspiration› werden ihm niemals den Background vermitteln – das Geburtsrecht gewissermaßen –, aus dem die Musik hervorgegangen ist, die er ständig nachmacht.» Von seinen Mitspielern zur spirituellen Mäßigung genötigt, fertigte Harrison in der letzten Phase der BEATLES-Ära einige Kompositionen, die ihn endgültig aus dem Schatten des Songschreiber-Duos Lennon/McCartney treten ließen: *While My Guitar Gently Weeps, Savoy Truffle* auf dem *Weißen Album* (1968) sowie *Here Comes The Sun, Something* auf *Abbey Road* (1969). Die schwermütige Schönheit dieser Songs fand ihre Entsprechung in Harrisons makellosem Slide- und Akustikgitarrenspiel, dessen schrill klagende Tonfolgen an den Sound der Sitar erinnerten. Die ersten Solo-LPs *Wonderwall* (1968), *Electronic Sound* (1969) dagegen zirpten und surrten lediglich wie Fingerübungen auf Sitar und Synthesizer. «Es gibt mehr im Leben, als ein Beatle zu sein», erkannte Harrison nach der Trennung des Quartetts und startete seine Solo-Karriere mit dem spektakulären Dreifach-Album *All Things Must Pass* (1970), dessen Multi-Millionen-Seller *My Sweet Lord* allerdings nur ein Remake des CHIFFONS-Hits *He's So Fine* aus dem Jahre 1963 war. Harrison moralisierte in seinen Songtexten immer eindringlicher über menschliche Unzulänglichkeit und die Vergänglichkeit alles Irdischen, nicht selten in rechthaberischer Predigermanier. Während *All Things Must Pass* noch clever arrangiert und von kompetenten Session-Begleitern instrumentiert worden war, demonstrierten die Nachfolge-LPs *Living in the Material World* (1973), *Dark Horse* (benannt nach seiner Label-Gründung 1974) extreme popmusikalische Askese mit dürrer Combo-Assistenz sowie moralinsauren und zynisch wehleidigen Texten. Harrison schien mit seiner indischen Weisheit am Ende zu sein, nachdem das von ihm im August 1971 organisierte *Concert for Bangla Desh* wegen dubioser Finanztaktiken seines damaligen Managers Allen Klein ins Zwielicht geraten und seine USA-Tournee im Winter 1974 mitunter am Rand eines künstlerischen Desasters entlanggeschlittert war.

LPs auf Parlophone/Apple mit den → BEATLES ... Solo-LPs auf Apple: *Wonderwall* (1968); *Electronic Sound* (1969); *All Things Must Pass* (1970); *The Concert for Bangla Desh* (1971, mit diversen Solisten); *Living in the Material World* (1973); *Dark Horse* (1974)

Hartford, John (voc, g, bj, vi), am 30. Dezember 1937 als Sohn eines Arztes in New York geboren, seit dem Babyalter in St. Louis, Missouri, aufgewachsen, machte 1967 durch sein Stück *Gentle On My Mind* auf sich aufmerksam, das → Glen Campbell zum Weltschlager emporsang. Um 1965 ließ er sich als Discjockey in Nashville und ein Jahr später auch auf Schallplatten hören. Seine Songs, die alsbald von zahlreichen Country-Stars aufgenommen wurden, ordneten ihn jener neuen Kategorie von Nahsville-Autoren zu, die das als reaktionär verrufene Hillbilly-Idiom der Hinterwäldler mit einfallsreichen, zeitgemäßen Texten und dem Rückgriff auf ethnische Proletarierfolklore auch für die Rock-Generation attraktiv gemacht hat. Weder thematisch noch in ihrem

Blues-, Boogie-, Ragtime- und Folksong-Repertoire unterscheiden sich Hartfords Alben etwa von Platten solcher Zivilisationsflüchtlinge wie → THE BAND oder → GRATEFUL DEAD. Auf Grund einer stärkeren Verwurzelung in der ländlichen Südstaaten-Tradition wirken sie gelegentlich höchstens abgelagerter und gereifter. Musiker wie → Carole King, → James Taylor, → THE BYRDS, → DELANEY & BONNIE haben ihn daher gern zu einigen ihrer Studio-Sessions geholt.

LPs (Auswahl) auf RCA Victor: *John Hartford Looks at Life* (1966); *Earthwords and Music* (1967); *The Love Album* (1968); *Gentle On My Mind* (1968); *Iron Mountain Depot* (1970) ... auf Warner Brothers: *Aero Plain* (1971); *Morning Bugle* (1972)

Hartley, Keef (dr, voc), am 8. März 1944 in Preston, England, geboren, stülpte sich 1968, nachdem er auf vier LPs von → John Mayall getrommelt hatte, einen Indianerkopfschmuck über und machte als «Blues-Häuptling» für seine Rock-Bigband Reklame. Da schon seine Mitwirkung bei der Combo RORY STORM AND THE HURRICANES in Liverpool (von 1962 an) sowie drei Jahre lang bei den Londoner ARTWOODS (ab 1964) durch ein cholerisch-unberechenbares Temperament erschwert gewesen war, gab kaum ein Kritiker der KEEF HARTLEY BAND Überlebenschancen. Wider Erwarten gelang es dem impulsiven Drummer jedoch nicht nur, zielstrebig ein Rock-Jazz-Konzept in der Art von → CHICAGO, → BLOOD, SWEAT & TEARS zu entwickeln, sondern dieses Konzept auch mit wechselnden Besetzungen auf (bis 1975) sieben LPs zu realisieren. Der Komponist Miller Anderson (g, voc), der Hartleys Bläsern solide Stücke und Arrangements als Improvisationsgrundlage lieferte, hatte am musikalischen Erfolg der Band, die freilich ständig an zu geringen Auftrittsmöglichkeiten litt, entscheidenden Anteil. Im Laufe der Jahre entwickelten sich die Besetzungslisten von Hartleys Platten zu einer Art Who's Who der Londoner Jazz- und Rock-Studioszene: Peter Dines (keyboards), Spit James (g), Mick Taylor (g), Gary Thain (bg), Mick Weaver (keyboards, perc), Jon Hiseman (dr), Pete York (perc), Derek Austin (keyboards), Junior Kerr (g, voc), Pete Wingfield (p, voc), Jess Roden (voc), Jean Rouselle (keyboards), Henry Lowther (tp, vi), Harry Beckett (tp), Lynn Dobson (ts, fl), Chris Mercer (ts, bs), Jim Jewell (ts), Mike Davis (tp), Barbara Thompson (bs, as, fl), Ray Warleigh (as, fl), Dave Caswell (tp, flh), Lyle Jenkins (ts, fl), Johnny Almond (fl), Derek Wadsworth (tb), Danny Allmark (tb), Roger Wade (ts), Martin Drover (tp), Mike Rosen (tp), Terry Noonan (tp), Nick Newell (as, fl) und andere. Gitarrist Miller Anderson kündigte Hartley 1971 die Zusammenarbeit, um das Soloalbum *Bright City* aufzunehmen. Danach bestimmte Jess Roden (voc) mit seiner Soulstimme wesentlich den Ensembleklang. Die LP *Lancashire Hustler* mit den Sängern Roden, Robert Palmer, → Elkie Brooks geriet zu einer Art Vocal-Supersession. Keef Hartley trommelte neben seiner Bigband-Tätigkeit immer wieder für Kollegen, unter anderem auf Tournee für John Mayall.

LPs auf Decca mit THE ARTWOODS: *Art Gallery* (1966) ... mit → John Mayall. Bigband-LPs auf Deram: *Halfbreed* (1969); *The Battle of North West Six* (1969); *The Time is Near* (1970); *Overdog* (1971); *Little Big Band* (1971); *Seventy Second Brave* (1972); *Lancashire Hustler* (1973); *Best* (1974). Solo-LP Miller Anderson auf Deram: *Bright City* (1971). Solo-LP Jess Roden auf Island: *Jess Roden* (1974)

Havens, Richard P. «Richie» (voc, g), am 21. Januar 1941 in New York geboren, ist ein schwarzer Folksänger, der komplizierte Songs aus fremdem Repertoire in stilistischer Unabhängigkeit mit Überzeugungskraft vorträgt. Seine kraftvolle, wenig modulationsfähige Gospel-Stimme überzieht karge Dylan-Balladen (*I Pity The Poor Immigrant*), surrealistische BEATLES-Schlager (*Strawberry Fields Forever*), naive BEE GEES-Lamentos mit der «düsteren Eleganz eines El Greco» (‹Stereo Review›). Frei von aufgesetzter Kunstfertigkeit, in oftmals schmerzlicher Direktheit preßt er seine Lieder mit Blues-Intensität heraus, hält Nuancierungen zurück, übersteigert zwar mitunter die Dramatik, verliert aber dennoch selten den spirituellen Kontakt zum Inhalt der Songtexte. Auf dem Woodstock Festival von 1969 begeisterte er mit dem ekstatischen Slogan-Riff *Freedom* als ein Interpret, dessen spontaner Gefühlsrapport mit dem Publikum die Schwächen seines vokalistischen Ausdrucksvermögens überdeckt. Melodische Stücke trocknet er gelegentlich in gedehnter Monotonie aus, singt über den Rhythmus hinweg und rezitiert Verse in prosaischem Sprechgesang. Diese eigenwillige Votragstechnik nimmt immerhin den Fremdkompositionen überflüssige Sentimentalität und unangebrachte Wohlgefälligkeit. Havens hat seinen Stil nicht wesentlich verändert, seit er 1962 aus den Slums von Bedford-Stuyvesant, New York, ins Folk-Dorado Greenwich Village kam und sich von → PETER, PAUL & MARY zum Balladen-Gesang anregen ließ. Die sorgfältig geplante Einförmigkeit und das manipulierte Image des «sanften Riesen» haben ihn zu einer Kultfigur werden lassen.

LPs auf Verve/Forecast: *Mixed Bag* (1966); *Somethin' Else Again* (1968); *Richard P. Havens, 1983* (1968) ... auf Stormy Forest/Polydor: *Stonehenge* (1970); *Alarm Clock* (1971); *The Great Blind Degree* (1971); *Live on Stage* (1972); *Portfolio* (1973); *Mixed Bag II* (1974) ... auf Douglas: *The Richie Havens Record* (1968); *Electric Havens* (1968)

Harvey, Alex (voc, g), am 5. Februar 1935 im schottischen Glasgow geboren, behauptet in einem Songtitel: *I'm The Last Of The Teenage Idols.* Richtig ist, daß der schon 1956 als «Schottlands → Tommy Steele» gefeierte Prolet-Rocker, zu dessen 36 nichtmusikalischen Berufen Flaschenabfüller, Steinmetz, Fischer, Seemann, Fruchtmarkt-, Straßen- und Waldarbeiter zählten, eines der frühesten Teenager-Idole in Großbritannien gewesen ist. Bereits 1958 spielte er mit seiner BIG SOUL BAND Stücke von → Bo Diddley und begleitete sie vorbildgerecht mit einer Marracas. Bis 1966 versuchte er im Rhythm & Blues-Stil gegen den zu hartem Rock tendierenden Hauptstrom der britischen Popmusik anzuschwimmen, gastierte vielfach in Hamburg und nahm dort 1963 live seine erste LP auf. Als der Publikumsgeschmack über ihn hinwegschwappte und Engagements für die SOUL BAND rar wurden, zog er sich für zwei Jahre mit Frack, Fliege und Show-Balladen à la *I Left My Heart In San Francisco* in Kabaretts und Nachtlokale zurück; dann schlug er fünf Jahre die Gitarre im Londoner Orchester des Musicals ‹Hair›. In dieser Zeit nahm er zwei so gut wie ungehört gebliebene Solo-LPs auf (*The Blues, Roman Wall Blues*) und beteiligte sich als Vokalist an einer der besten Jazz-Rock-Formationen mit Bläsern: Ray Russells ROCK WORKSHOP. Doch «als der Rock 'n' Roll plötzlich wieder in Mode kam wie ausgefranste Jeans» (Harvey), zog es den Veteran, Bruder des im Ensemble → STONE THE CROWS tödlich verunglückten Gitarristen Les Harvey, zur Rockbühne zurück. Er holte sich die 1970 gegründete Nachwuchsgruppe TEAR GAS aus Glasgow und stellte sie 1972 in der Besetzung Zal Cleminson (g), Chris Glen (bg), Hugh McKenna (keyboards), Ted McKenna (dr) als SENSATIONAL ALEX HARVEY BAND vor. Auf die mit Charakteren aus Marvel-Comics, Clownsmasken aus dem Zirkus, Kostümen aus dem Fundus der Glitter-Bands und Effekten aus Horror-Rockshows wie → ALICE COOPER bestückte Darbietung sowie ihren frischen Schotten-Rock 'n' Roll reagierten Kritiker und das Teen-Publikum gleichermaßen enthusiastisch. ‹Disc›: «Sensational indeed.»

LPs auf Polydor: *Live* (1963); *Alex Harvey's Big Soul Band* (1964); *The Blues* (ca. 1969) ... auf Fontana: *Roman Wall Blues* (1969) ... auf Capitol: *Souvenirs* (1972) ... auf Metronome: *This is* (1972) ... auf Vertigo: *Framed* (1972); *Next* (1973); *The Impossible Dream* (1974); *Tomorrow Belongs to Me* (1975) ... auf Brunswick, mit anderen: *Live at the Star-Club Hamburg* (1971) ... auf CBS mit ROCK WORKSHOP: *Rock Workshop* (1970) ... LP von TEAR GAS ohne Harvey auf Famous Music: *Piggy Go Better* (1970)

Hawkins, Delmar Allen «Dale» (voc, g), am 22. August 1938 in der kleinen Farmansiedlung Goldmine, Louisiana, geboren, wuchs nach der Scheidung seiner Eltern 1941 auf südlichen Baumwollplantagen heran. Zwischen seinem elften und achtzehnten Lebensjahr war er Zeitungsjunge, Landarbeiter, Marinesoldat, Plattenverkäufer und spielte daneben unablässig Blues im Stil von → Robert Johnson, → Howlin' Wolf und → Bo Diddley. Sein von der Radiostation KWKH in Shreveport mit bemerkenswerter Hörerresonanz gesendetes Demo-Tonband *See You Soon, Baboon* führte zu einem Chess-Plattenvertrag. Hawkins' einziger Hit stellte sich mit der zweiten Single ein: *Suzie Q*, später von der Band → CREEDENCE CLEARWATER REVIVAL wiederbelebt, gelangte Ende 1957 auf Platz 29 der nationalen Charts. Bis 1961 nahm der schwarz intonierende Rustikal-Rocker, oft von vorzüglichen Gitarristen wie Fred Carter jr., Carl Adams, Kenny Paulsen, James Burton, Scotty Moore oder → Roy Buchanan begleitet, für die Chess-Marke Chekker knackfrische, aber geschäftlich zumeist unergiebige Stücke auf: *My Babe, Class Cutter, Back To School Blues, Yeah Yeah, La Do Da Da, Hot Dog* und andere. «Die Fusion von hartem Rhythm & Blues-Beat, Country-Gitarrenfiguren, aggressivem Gesang und der ungewöhnlichen Verwendung von Kuhglokken durch den Drummer ergaben einen unverwechselbaren und zutiefst authentischen Stil» (Bill Millar). Bis sich Hawkins Ende der sechziger Jahre in Dallas, Texas, als Producer niederließ, gastierte er vielfach in den Studios von Tilt, Zonk, Atlantic, Roulette und ABC Paramount, ohne die Glut seiner alten Aufnahmen je wieder entfachen zu können. Angebote, es im Zuge des Rock 'n' Roll-Revivals nach 1970 noch einmal als Sänger zu versuchen, lehnte er ab.

LPs (Auswahl) auf Bell: *Dale Hawkins* (1970) ... auf Checker: *Oh Suzie Q – Best of Dale Hawkins* (1973) ... auf Increase: *Cruisin' 1957* (mit anderen, 1970)

Hawkins, Ronnie, geboren am 10. Januar 1935 in Huntsville, Arkansas, sang von 1952 an «zwischen Toronto und Mexiko in Kaschemmen, die man besser nicht ohne aufgeklapptes Rasiermesser betrat», handfest-vulgären Rock 'n' Roll: «Es waren harte Zeiten, in denen man oft den ganzen Tag nichts anderes in den Mund zu stecken hatte als eine weibliche Titte. Wir aßen nichts, bis wir nachts von der Bühne kamen, aber wir hatten Parties, an denen teilzunehmen sich selbst Nero geschämt hätte.» 1958 ließ sich der Sänger, der zuvor kurze Zeit an der University of Arkansas studiert hatte, in Kanada nieder. 1959/60 hatte er mit den Titeln *Forty Days* und *Mary Lou* internationale Singlehits. Sein Ensemble THE HAWKS verließ ihn 1965, um → Bob Dylan zu begleiten und wurde 1968 als → THE BAND weltberühmt. Danach wurde Hawkins, der in Kanada Grundbesitz hatte und an zwei Nachtlokalen beteiligt war, in denen er regelmäßig auftrat, vom amerikanischen Musikgeschäft wiederentdeckt. Fünf US-Plattenfirmen boten ihm 1969 fünfjährige Exklusivverträge mit Garantiesummen bis zu 300 000 Dollar. Doch obgleich der «Mr. Dynamo» (Werbeslogan, 1959) des Rock 'n' Roll auf seinen Cotillion-LPs besser rockte als je zuvor, schaffte er kein internationales Comeback.

LPs auf Roulette: *Ronnie Hawkins* (1959); *Mr. Dynamo* (1960); *Songs of Hank Williams* (ca. 1961); *Best of R. H.* (ca. 1963); *Arkansas Rock Pik* (rec. 1959/63, ed. 1970) ... auf Cotillion: *Ronnie Hawkins* (1970); *The Hawk* (1971) ... auf Monument: *Rock & Roll Resurrection* (1972); *Giant of Rock 'n' Roll* (1974)

Hawkwind, im Sommer 1969 von Dave Brook (g, voc, harm, perc) und John Harrison (bg) unter dem Namen GROUP X in London gegründet, war anfangs eine Musikkommune, deren Besetzung häufig wechselte. Kaum eines der Mitglieder hatte zuvor musikalisch gearbeitet; die meisten hatten lediglich als Roadies mit der Bühne Kontakt gehabt. «Keiner von uns», bekannte der Saxophonist Nik Turner, «war ein guter Musiker, aber wir kamen ganz gut miteinander zurecht. Ich konnte zum Beispiel nicht Saxophon spielen und kann es wohl auch heute noch nicht. Aber ich konnte eine Menge Geräusche hervorbringen, und das war genug.» Seine Geräusche organisierte der Musikerstamm, dem gleichzeitig oder nacheinander auch Hugh Lloyd Langton (g), Terry Ollis (dr), Dimik (voc, perc, electronics), Bob Calvert (voc, fl, perc), Lemmy (bg), Del Dettmer, Simon House (keyboards), Simon King (dr) angehörten, immerhin so verblüffend, daß aus dem Auf- und Abschwellen elektronischer Heultöne mit einiger Phantasie «Weltraumklänge» herauszuhören waren. Nach der Hitsingle *Silver Machine* im Sommer 1972 wurde der sogenannte Space Rock zu einer auch optisch wirksamen Bühnenshow ritualisiert: Lichteffekte ergänzten die Klangelektronik, eine autodidaktische Bewegungskünstlerin namens Stacia zuckte, angeblich von Isadora Duncan inspiriert, einen rhythmischen Ausdruckstanz und strippte sich in Ekstasemomenten aus den Kleidern. Die Show kam an. Verdruß bereitete den Musikern lediglich, daß ihr Publikum, «hauptsächlich Drogenschießer, Säureköpfe und Leute, die sich bloß antörnen wollen» (Brook), auf Licht und Lärm total undifferenziert reagierte. Dave Brook: «Es scheint überhaupt keinen Unterschied zu machen, ob wir gut oder schlecht spielen. Manchmal können wir den größten Mist abliefern und bekommen dennoch Ovationen. Das ist ganz schön frustrierend.»

LPs auf Liberty/United Artists: *Hawkwind* (1970); *In Search of Space* (1971); *Doremi Faso Lati Do* (1972); *Space Ritual* (1973); *Hall of the Mountain Grill* (1974) ... auf Revelation: *Glastonbury Fayre* (1972, mit anderen). Solo-LP Robert Calvert auf United Artists: *Captain Lockheed and the Starfighters* (1974)

Hayes, Isaac (voc, org, p, arr), am 20. August 1943 in Covington, Tennessee, geboren, macht die Soul-Musik in oftmals exzessiver Weise um eine Nuance reicher, ohne ihre Essenz zu zerstören. Mit kehligem Bariton intoniert er, «wie ein schwarzer Andy Williams» (‹Down Beat›), zu sinfonischer Orchesterbegleitung Standards aus dem weißen Hitrepertoire. Das wird ihm gelegentlich als «äußerste Erniedrigung schwarzer Musik» verübelt; doch der kahlköpfige «schwarze Moses» (Plattentitel) mit dem exzentrischen Bühnengebaren eines Soul-Potentaten sieht sich eher als Mittler zwischen weißer Musik und schwarzem Publikum: «Ich muß diese Lieder in eine Soullandschaft übertragen, ein Bild entwerfen, mit dem die schwarzen Menschen sich identifizieren können.» Dazu bricht Hayes die naive Melodienseligkeit der Pop-Schlager mit langen improvisierten Monologen auf und multipliziert einzelne Satzfetzen zu einem verbalen Endlosriff. Diese meist gleichförmigen Vokalschlingen werden von einer bombastischen Orchestermaschinerie in Bewegung gehalten: Den Grundrhythmus legen die Bar-Kays, die einst mit → Otis Redding spielten; im Verein mit Hayes' 38 Movement-Musikern geben sie den üppig arrangierten Songs ein Soul-Rückgrat. Diese Rhythm & Blues-Grundsubstanz wird vom Memphis Symphony Orchestera aufgeschäumt, während die Girl-Truppe Hot, Buttered and Soul Gospellaute skandiert. Solche Klang-Blockschokolade wurde bis 1973 auf sechs Erfolgs-Alben verabreicht, die jeweils mehr als zwei Millionen Dollar einspielten und Hayes ein Luxusleben mit goldverzierten Cadillacs ermöglichen. Der ehemalige Gelegenheitsarbeiter hatte 1964 bis 1968 eine erste Karriere, als er mit dem Texter David Porter dem Stax-Label in Memphis (später war er dort Vizepräsident) hervorragende Soul-Songs lieferte, so *B-A-B-Y* für Carla Thomas, *Soul Man* und *Hold On, I'm Coming* für → Sam & Dave. Seinen bisher größten internationalen Erfolg errang Hayes, der bis heute keine Noten lesen oder schreiben kann, 1971 mit der Soundtrack-Musik zu dem schwarzen Gangsterfilm ‹Shaft›. Sie brachte ihm einen Oscar, mehrere Grammy-Preise und diverse Gold- und Platin-Schallplatten ein. «Ich habe einen ziemlichen Einfluß auf die Musikwelt», erkannte Hayes zu Recht: Die Renaissance der elektrischen Lead-Gitarre in der Soul-Musik, die zunehmende Popularität des Sprechgesangs (*rap*) und die Konzipierung brillanter LPs auf dem vordem künstlerisch vernachlässigten schwarzen Album-Markt sind zu einem gut Teil auf seinen stilprägenden Einfluß zurückzuführen.

LPs auf Stax: *Presenting Isaac Hayes* (1967, als *In the Beginning* 1972 auf Atlantic wiederveröffentlicht); *Hot Buttered Soul* (1969); *The Isaac Hayes Movement* (1970) ... *To be Continued* (1970); *Shaft* (Soundtrack, 1971); *Black Moses* (1971); *Wattstax* (mit anderen Solisten, 1973); *Live At The Sahara Tahoe* (1973); *Joy* (1973). LPs David Porter auf Stax: *Gritty, Groovy, & Gettin' It; Into the Real Thing; If I Give It up, I Want It Back* (alle vor 1973); *Victim of the Joke? An Opera* (1975)

Heckstall-Smith, Dick (ts, ss, cl), am 26. September 1934 als Sohn eines Lehrers, Farmes und Schriftstellers in Ludlow, England, geboren, ist einer der wenigen kompetenten Saxophonisten der Rockmusik. Als Landwirtschaftsstudent leitete er fast drei Jahre lang die Jazzband der Cambridge University, spielte zwischen 1957 und 1962 mit mehreren Orchestern (Sandy Brown, Basil Kirchin, Bert Courtley) und war mit dem American Ballet von Jerome Robbins fünf Monate auf Amerika-Tournee. Seine Rocklaufbahn führte ihn durch → Alexis Korners Blues Incorporated (1962/63), die → Graham Bond Organisation (1963 bis 1967) und das Ensemble von → John Mayall, mit dem er unter anderem die vielbeachtete Bluessuite *Bare Wires* aufnahm. 1968 gründete er zusammen mit → Jon Hiseman (dr) → Colosseum und produzierte nach dessen Zerfall 1971 mit Colosseum-Kollegen die Solo-LP *A Story Ended*. Seit Mitte 1972 leitet er eine eigene Live-Band. Heckstall-Smith hat Spieltechniken der Jazzneuerer John Coltrane und Sonny Rollins in Rockkontext übertragen. Wie der Jazz-Multiinstrumentalist Roland Kirk spielt er gelegentlich Tenor- und Sophransaxophon gleichzeitig. Denn: «Es gibt keinen Grund, mit dem Saxophon nicht das gleiche wie mit einer Rockgitarre zu tun.»

LPs mit → Alexis Korner, → Graham Bond, → John Mayall, → Colosseum ... Solo-LPs auf Bronze: *A Story Ended* (1972); *Manchild* (1973)

Hendrix, James Marshall «Jimi» (g, voc), wurde am 27. November 1942 als Sohn eines Landschaftsgärtners teils negroider, teils indianischer Abstammung in Seattle, Washington, geboren (das in Pressebiographien von seiner Plattenfirma verbreitete Geburtsjahr 1945 ist falsch). Im Mau-Mau-Look, mit Voodoo-Ketten behängt, berichtete der «phänomenale Gitarrist» (‹New Musical Express›) auf der Rockbühne von Expeditionen in die Zukunft (*1983*) und ins All (*Up From The Skies*). In seinen Science-fiction-Blues landeten akustisch fliegende Untertassen (*EXP*), fielen Steine von der Sonne (*Third Stone From The Sun*). Als er beim Woodstock Festival 1969 über die amerikanische Nationalhymne improvisierte und das *Star Spangled Banner* dabei elektronisch zerfetzte, wurde daraus ein Abgesang auf den American Way of Life. Hendrix, der von den Bluessängern → Muddy Waters und → Elmore James sowie von den Jazzmusikern Charles Mingus und Roland Kirk inspiriert wurde, «liebte seine Gitarre mit der Leidenschaft und dem Einfallsreichtum eines Casanova» (‹Newsweek›): Er riß die Saiten mit den Zähnen an, malträtierte sie mit dem Ellbogen, fuhr mit der Zunge über den Steg und entfesselte damit ein 100-Phon-Inferno von hochdifferenzierten Jaul-, Splitter- und Überlagerungsklängen. Mittels der Rückkoppelung brachte er die Saiten derart virtuos in eigenerregte Schwingung, daß er oft minutenlang nur mit der Griffhand spielen konnte. Manchmal zertrümmerte er das Instrument an einer Lautsprecherbox, trampelte darauf herum oder steckte es – wie beim Monterey Pop Festival 1967 – in Brand. In seiner Musik und in seiner Bühnenshow entdeckten Kritiker «Obszönität» (US-Frauenvereine), «religiöse Obertöne» (ein Pfarrer aus Cleveland), aber auch «den Zorn und die Gewalttätigkeit einer ganzen Generation» (‹The Observer›). Jahrelang hatte das Rockidol in reisenden Bluestruppen und Rock 'n' Roll-Bands (→ Isley Brothers, → B. B. King, → Little Richard, → Ike & Tina Turner) sowie als Aushilfsmusikant in Harlem (etwa bei → King Curtis, → Joey Dees

Starliters) für ein paar Cent die letzte Gitarre gespielt. Im «Cafe Wha?» in Greenwich Village, wo er unter dem Pseudonym Jimmi James musizierte, wurde er im September 1966 von Chas Chandler, dem Baßgitarristen der → Animals, entdeckt. Chandler holte ihn nach London, besorgte ihm zwei Begleitmusiker (Mitch Mitchell [dr], Noel Redding [bg]) und investierte 5000 englische Pfund in die Promotion der Jimi Hendrix Experience. Ein Jahr später, nach Hits wie *Hey Joe, Purple Haze, The Wind Cries Mary, Burning of the Midnight Lamp*, wurde der Gitarrist von den Lesern des ‹Melody Maker›, der Redaktion ‹Rolling Stone› und zahlreichen anderen Pop-Publikationen zum führenden Rocksolisten der Welt erklärt. Auf seinen USA-Tourneen kassierte Hendrix, dessen monotoner Sprechgesang nur schwer verständlich war, bis zu 100 000 Dollar für ein Konzert. Als die Experience im November 1968 in der New Yorker Philharmonic Hall mit einem Barockmusik-Quintett zum *Baroque and Roll*, aufspielte, verglich die ‹New York Times› den «Superstar Mr. Hendrix» mit den «großen klassischen Virtuosen». Das Superstardasein jedoch konnte er nur schwer verkraften. Er löste die Experience auf und jammte mit wechselnden Partnern, etwa mit → Buddy Miles (dr) im Trio Band Of Gypsies. Seit er 1968 unter Alkohol das Mobiliar eines Hotelzimmers in Schweden demoliert hatte (Kosten: 6500 Mark) wurde Hendrix maßlos in seinen Ansprüchen sowie in seinem Rauschmittel- und Groupie-Verbrauch. Nach seinen Tod am 18. September 1970 in einem Londoner Hotel gab die internationale Presse harten Drogen die Schuld. In Wirklichkeit war der «schwarze Elvis Presley» (‹New York Times›) nach Alkoholgenuß und der Einnahme von Schlaftabletten an seinem Erbrochenen erstickt. Von der Musikindustrie wurde der Hendrix-Mythos postum skrupellos vermarktet. Zahlreiche Plattenfirmen veröffentlichten beinahe jede irgendwann einmal aufgenommene Note des Gitarristen, war sie auch noch so uninspiriert gespielt und noch so dilettantisch konserviert.

LPs auf Polydor: *Are You Experienced* (1967); *Axis, Bold As Love* (1967); *Smash Hits* (1968); *Electric Ladyland* (1969); *Band of Gypsys* (1970), *In the Beginning* (rec. ca. 1964 mit den Isley Brothers, ed. 1970); *The Cry of Love* (1970); *Isle of Wight* (1971); *In the West* (1972); *War Heroes* (1972) ... auf Reprise: *Historic Performances Recorded at the Monterey International Pop Festival* (mit Otis Redding, rec. 1967, ed. 1970); *Rainbow Bridge* (1971); *Jimy Hendrix* (Soundtrack, 1973); *Crash Landing* (1975) ... auf London: *Get That Feeling; Flashing* (beide mit Curtis Knight, beide rec. 1965/66) ... auf Stateside: *I'm A Man* (1970); *On the Killing Floor* (1970); *Friends from the Beginning* (mit Little Richard, rec. 1965, ed. 1972) ... auf Saga: *At His Best, Vol. 1; Vol. 2; Vol. 3* (alle rec. 1965, ed. 1972) ... auf Pantonic: *Jimi Hendrix* (1971) ... auf Shout: *In the Beginning* (rec. 1966, ed. 1972) ... auf Entertainment: *Experience* (Soundtrack, rec. 1969, ed. 1970) ... auf Ember: *More Experience* (Soundtrack, rec. 1969, ed. 1972) ... auf MFP: *Birth of Success* (1972) ... auf Byg: *Face & Place* (1972) ... auf Trip: *Rare Hendrix; Roots of Hendrix* (ca. 1971); *Moods* (1973) ... auf Maple: *Together* (ca. 1972) ... auf Cobra: *That Unforgettable* (ca. 1973) ... auf Boulevard: *Jimi Hendrix '64* (1973) ... auf Pickwick: *Together with Little Richard* (ca. 1973) ... auf Archive of Folk & Jazz: *Roots of Rock* (mit Little Richard, 1973)

Herman's Hermits, 1962 im englischen Manchester als Amateurband The Heartbeats gegründet, wurden 1964 Profis und lancierten sich mit ihrer ersten Single *I'm Into Something Good* sogleich in die britischen und amerikanischen Charts. 1965 verkauften sie weltweit mehr Singles als die → Beatles, insgesamt produzierten sie bis zu ihrer Auflösung 1969 nicht weniger als 18 Hits. Von ihrem größten Renner, *Mrs. Brown You've Got A Lovely Daughter* (1965), wurden in einem Tag 600 000 Exemplare ausgeliefert, nach drei Wochen war das Stück in den USA Nummer eins. Es transportierte, wie auch andere Gold-Songs der Hermits à la *Henry The VIII* und *There's A Kind Of Hush*, die glatte, gefällige Gesangsstimme des am 5. November 1944 in Daryhulme bei Manchester geborenen Bandleaders Peter Blair Denis Bernard Noone (voc, p, sax). Begleitet wurde er von Karl Green (bg), Derek

Leckenby (g), Barry Whitwam (dr), Keith Hopwood (g). In feinen Maßanzügen, frisch gewaschen und sorgfältig frisiert, präsentierten sich die Musiker als Saubermänner der britischen Beatmusik. Ihr Erfolg, meinte Lillian Roxon, habe Middleclass-Rock-Attraktionen wie die → MONKEES erst möglich gemacht. «HERMAN'S HERMITS», bekannte Peter Noone 1969, «haben es in den letzten fünf Jahren zu einfach gehabt. Wir brauchten nie für den Erfolg zu arbeiten und verschwendeten eine Menge Zeit.» Über sich selbst äußerte der «Paul Anka der BEATLES-Ära» (Roxon) einsichtig: «Ich habe niemals behauptet, ein guter Sänger zu sein. Mir gelingen nur gewisse Dinge, anderes schaffe ich einfach nicht. Ich kenne genau die Grenzen der Gruppe, wir haben nicht vor, sie zu überschreiten.» Ende 1973 versuchte Peter Noone als Gastgeber der amerikanischen NBC-Fernsehshow ‹Midnight Special› und mit der Single *(I Think I'm Over) Getting Over You* ein Solo-Comeback, ließ aber das Rock-Publikum der siebziger Jahre ungerührt.

LPs auf Columbia/EMI: *Introducing Herman's Hermits* (1965); *On Tour* (1965); *Best of H. H., Vol. 1* (1965); *Hold On* (1966); *Both Sides of H. H.* (1966); *Best of H. H., Vol. 2* (1966); *There's a Kind of Hush* (1967); *Blaze* (1967); *Best of H. H., Vol. 3* (1968)

Hiseman, Jon (dr), am 21. Juni 1944 in Blackheath, London, geboren, wird von seriösen Kritikern als «einer der Wunderschlagzeuger unserer Zeit» (‹Frankfurter Allgemeine Zeitung›) apostrophiert. Schon als Sechs- bis Achtjähriger am Klavier und in einem Kinderballett geschult, trommelt er unübertrefflich locker spannende Perkussionsmelodien, die jedem Vergleich in Jazz und Rock gewachsen sind. Nach sporadischen Auftritten mit diversen Combos wurde er im August 1966 als Mitglied der → GRAHAM BOND ORGANISATION Berufsmusiker, begleitete ab Mitte 1967 ein halbes Jahr den Sänger → Georgie Fame, gehörte ein Jahr zu → John Mayalls BLUESBREAKERS, gründete 1968 zusammen mit → Dick Heckstall-Smith → COLOSSEUM und im Oktober 1972 das Quartett TEMPEST. Neben seiner Rockaktivität hat er seit 1965 kontinuierlich mit der englischen Jazzelite im musikalisch einflußreichen NEW JAZZ ORCHESTRA zusammengespielt.

LPs mit → Graham Bond, → John Mayall, → COLOSSEUM ... auf Bronze: *Tempest* (1973); *Living in Fear* (1974)

The Hollies, Weihnachten 1962 in Manchester, England, gegründet, steuerten ihren leichtgewichtigen Rock zwischen naivem Bubblegum-Getöse und seichter Kunstfertigkeit auf ausdauernden Erfolgskurs. Trotz wechselnder Besetzung und sich ändernder Musiktrends gelangen ihnen zwischen 1963 und 1972 in England 23 aufeinanderfolgende Single-Hits – eine Erfolgsserie, die nur noch von den → BEATLES übertroffen wurde. Die HOLLIES bestanden zunächs aus Allan Clarke (voc), → Graham Nash (g, voc), Tony Hicks (g, voc), Bobby Elliot (dr) und Eric Haydock (bg), der 1966 durch Bernie Calvert ersetzt wurde. Ein geschmeidiger, dreistimmig geführter Harmoniegesang im Stil der → EVERLY BROTHERS, der über einen eingängig akzentuierten Rhythmus gelegt wurde, galt als Markenklang des Quintetts. Die meisten Single-Aufnahmen entsprachen in ihrer naiven Fröhlichkeit den frühen Songs der BEATLES. *I'm Alive, Bus Stop, Stop Stop Stop, On A Carousel, Carrie-Anne, Jennifer Eccles, Sorry Suzanne* spulten sich als talentvoll dargebotene Diskotheken-Unterhaltung ab. Im Gegensatz zu den «Pilzköpfen» erlangten die HOLLIES niemals eine Gruppen-Identität. Stärker als bei anderen Top-Gruppen war ihre Popularität außerhalb Englands an ihre Position in den Hitlisten gebunden. Deshalb formulierte Tony Hicks als Gruppen-Maxime: «Wir bringen nur das heraus, was sich unserer Meinung nach verkauft.» Diesem kreativitätslähmenden Erfolgs-Diktat widersetzte sich 1968 Graham Nash, indem er für mehr Experimente und vielfältigeren Ensemble-Sound plädierte. Die Rest-HOLLIES lehnten sein Ansinnen ab und schlugen als Kompromiß eine LP-Produktion mit →

Dylan-Songs vor. Nash glaubte nicht an die künstlerische Kompetenz seiner Mitspieler für ein solches Projekt, verließ die Band im Spätherbst 1968 und schloß sich kurz danach mit → David Crosby und → Stephen Stills zu einem Folk Rock-Trio zusammen. Die HOLLIES holten Terry Sylvester von den SWINGING BLUE JEANS als Ersatz für Nash und fabrizierten weiter Hits. 1970 wagten sie mit großem internationalen Erfolg einen Soundwechsel, als sie die religiöse Ballade *He Ain't Heavy, He's My Brother* herausbrachten. 1971 riskierten die HOLLIES mit *Long Cool Woman* abermals eine Gruppenklang-Verschiebung zum derben Country-Rock à la → CREEDENCE CLEARWATER REVIVAL. Kurze Zeit später mußte Allan Clarke die Gruppe verlassen, weil er gegen den Willen der anderen Musiker ein Solo-Album aufnehmen wollte. An seine Stelle trat der Schwede Mikael Rockfors. Je offener das Quintett für stilistische Experimente wurde und je mehr es auch auf seinen LPs vom Teenbeat-Schema abwich, desto geringer wurde die Resonanz bei den englischen Popfans. In den USA gewann die komplexere Spieltechnik Popularität bei Rock-Konsumenten, die die HOLLIES als Alternative zu den → BEE GEES oder → MOODY BLUES ansahen.

LPs (Auswahl) auf Parlophone/Hansa: *Stay With the Hollies* (1964); *In the Hollies Style* (1965); *Would You Believe* (1966); *For Certain Because* (1966); *The Hollies Greatest* (1967); *Evolution* (1967); *Butterfly* (1967); *Hollies Sing Dylan* (1969); *Hollies Sing Hollies* (1970); *Confessions of the Mind* (1970); *Distant Light* (1971); *Hollies Greatest Hits – No. 2* (1972); *Romany* (1972); *Tops of the Hollies* (1972); *Out on the Road* (1973) ... auf Polydor: *Hollies* (1974); *Another Night* (1975). Solo-LPs Allan Clarke auf RCA: *My Real Name is 'arold* (1972) ... auf EMI: *Headroom* (1973). Solo-LP Terry Sylvester auf Epic: *Terry Sylvester* (1974)

Holly, Buddy, bürgerlich: Charles Hardin Holley (voc, g), am 7. September 1936 in Lubbock, Texas, geboren, profilierte sich mit südstaatlichem Timbre, starken Vokalzerrungen und Schluckauf-Intonation als einflußreichster Rock-Sänger neben → Chuck Berry und → Elvis Presley. Seine Gesangs-Manieren färbten auf → BEATLES, → BYRDS und → Bob Dylan ab und motivierten den Folk Rock von → BUFFALO SPRINGFIELD sowie deren Nachfolge-Interpreten → POCO, → LOGGINS & MESSINA, → CROSBY, STILLS, NASH & YOUNG. Holly versuchte sich, von lokalem Entertainer-Ruhm ermuntert, ab 1956 zunächst als Country-Sänger. Ein Jahr später lancierte ihn seine Plattenfirma Decca zweigleisig auf den Rock 'n' Roll-Sektor: als Solisten mit überwiegend einfühlsamen Balladen auf dem Coral-Label und als Angehörigen der temperamentvollen Rock-Combo THE CRICKETS bei der Marke Brunswick. Im Alleingang sang sich Holly bis 1959 mit *Peggy Sue, Early In The Morning, Rave On* und *Words Of Love* zum Erfolg. Bei den CRICKETS gelangen ihm zur gleichen Zeit Treffer mit *Maybe Baby, Oh Boy* und *That'll Be The Day*. Holly und die CRICKETS kreierten mit der Besetzung Lead-Gitarre, Rhythmus-Gitarre, Baßgitarre und Schlagzeug die Standardformation einer Rockband, wie sie auch von den BEATLES und deren Imitatoren übernommen wurde. Das Übereinanderkopieren der Lead-Stimme und die Verwendung von Violinen im Rock waren weitere Neuerungen, die Holly durchsetzte. Am 3. Februar 1959 starb er bei einem Flugzeugabsturz in der Nähe von Mason City, Iowa, zusammen mit den Rock-Sängern Ritchie Valens und J. P. (→ The Big Bopper) Richardson. Nach Hollys Tod wurden zahlreiche Songs, die er lediglich als Demo oder während der Proben mit einfacher Gitarrenbegleitung aufgenommen hatte, mit Orchesterpartien aufgeschwemmt, die meist dem jeweiligen Zeitgeschmack angepaßt waren. Diese Neufassungen wirkten auf sensible Rockfans so, «als hätte ein Einbalsamierer das Gesicht eines verstümmelten Unfallopfers wieder hergerichtet» (‹Rolling Stone›).

LPs auf Coral: *Buddy Holly* (1958); *That'll Be The Day* (1958); *Buddy Holly Story* (1958); *Buddy Holly Story, Vol. 2* (1958); *Buddy Holly and The Crickets* (1962); *Reminiscing* (1963); *Buddy Holly Showcase* (1964); *Holly in the Hills* (1965); *The*

Best of Buddy Holly's Greatest Hits (1967); *Great Buddy Holly* (1967); *Brown Eyed Handsome Man* (1968); *Giant* (1969); *Remember* (1971); *The Complete Buddy Holly Story* (neun LPs, 1973)

Hooker, John Lee (voc, g), auf einer Farm nahe Clarksdale, Mississippi, wahrscheinlich am 22. August 1917 geboren, hat als Bluesmusiker den Stil zahlreicher Rockgruppen wie → ROLLING STONES, → ANIMALS, → YARDBIRDS, → CANNED HEAT, → GROUNDHOGS, → STEVE MILLER BAND etc. nachhaltig beeinflußt. Nach Wanderjahren durch die ganzen USA wurde er um 1947 in Detroit ansässig und nahm 1949 für das Label Modern Records und die Marke Sensation seine ersten Platten auf. In den folgenden Jahren sang er unter verschiedenen Pseudonymen für mehr als ein Dutzend Firmen: als Delta John für Regent, als Birmingham Sam für Savoy, als Johnny Williams für Staff und Gotham, als Texas Slim für King, als The Boogie Man für Acorn, als John Lee und Johnny Lee für DeLuxe, als John Lee Booker für Gone Chess, Chance, DeLuxe und Rockin' sowie unter seinem richtigen Namen für eine Vielzahl von Labels wie Modern, Sensation, Regal, JVB, Chart, Fortune, Speciality und Vee Jay. Seine Platten machten ihn zu einem Star in schwarzen Rhythm & Blues-Zirkeln, zum Geheimtip bei Rock 'n' Roll-Fans und Folklore-Enthusiasten sowie zum Studienobjekt für Anthropologen und Musikwissenschaftler. Jacques Demêtre nannte den Sänger, der bald zum Dauergast amerikanischer Folklore-Festivals wurde, «den vom musikalischen Gesichtspunkt primitivsten und afrikanischsten aller Bluesinterpreten». Marshall W. Stearns fand, er summe «auf eine Art, die an einen Dudelsack erinnert». John W. Peters beschrieb seinen Stil als «eine Synthese aus versengender emotioneller Glut, einer unerbittlichen rhythmischen Intensität und einer ursprünglichen Poesie von höchst originellem Charakter». Bis zur Unerträglichkeit wiederholte Ostinati, ein eingängiger Shufflerhythmus, geläufige Textzeilen voll sexueller Anspielungen, eine oft an das Timbre von Negergeistlichen erinnernde Stimmfarbe und ein ungeheuer intensiver Vortrag definieren seinen Stil. Die Leidenschaft und die Kraft John Lee Hookers, urteilte der Kritiker Nat Hentoff, seien so ungefiltert, daß sie den Zuhörer erschrecken könnten, der ihn zum erstenmal hört. 1971 wurden die Blues-Rock-LPs *Hooker 'n Heat* mit CANNED HEAT sowie *Endless Boogie* mit der STEVE MILLER BAND als Begleitensembles veröffentlicht.

LPs (Auswahl) auf King: *Sings the Blues* (1959) ... auf Chess: *House of the Blues* (1959); *Plays and Sings the Blues* (1959); *Real Folk Blues* (1966); *Mad Man Blues* (1973) ... auf Vee Jay: *I'm John Lee Hooker* (1959); *Travelin'* (1960); *Folklore* (1961); *Burnin'* (1962); *The Big Soul* (1962); *On Campus* (1963); *At Newport* (1964) ... auf Riverside: *Folk Blues* (1959); *Burnin' Hell* (1960); *That's My Story* (1960) ... auf Atco: *Don't Turn Me from Your Door* (1962) ... auf Verve: *Seven Nights* (1966) ... auf Impulse: *It Serves Me Right to Suffer* (1966) ... auf Bluesway: *Live at Cafe Au Go Go* (1967); *Urban Blues* (1968); *Simply the Truth* (1970); *If You Miss 'im* (1970); *Kabuki-Wuki* (1973) ... auf Liberty: *Hooker 'n Heat* (1971) ... auf ABC: *Endless Boogie* (1971); *Never Get Out of These Blues Alive* (1972); *Live at Soledad Prison* (1972); *Born in Mississippi, Raised in Tennessee* (1973); *Free Beer & Chicken* (1974) ... auf Atlantic: *Detroit Special* (1972) ... auf Fantasy: *Boogie Chillun* (1973) ... auf United Artists: *Coast to Coast Blues Band* (1973) ... auf Jewel: *I Feel Good* (1973) ... auf Green Bottle: *Johnny Lee* (1973) ... auf GNP: *Best* (1974)

Hopkin, Mary (voc, g), am 3. Mai 1950 in Ystradgynlais, Wales, als Tochter eines städtischen Angestellten geboren, wurde als «die vielleicht größte Vokalistin seit Edith Piaf» (‹Observer›) zu früh gelobt. Durch Vermittlung des Fotomodells Twiggy erhielt Mary 1968 Kontakt zu den → BEATLES, die Sänger für ihr gerade gegründetes Apple-Label suchten. → Paul McCartney produzierte mit ihr die Fünfeinhalb-Minuten-Version einer russischen Volksweise, die als *Those Were The Days* ein Welterfolg wurde und der Sängerin mit dem etwas schrillen Backfisch-Sopran etwa 100 000 Dollar einbrachte. McCartney, der nach ihrem Debüterfolg prophezeit hatte, sie werde «einmal so groß wie Frank Sinatra» sein, schrieb Marys zweiten Hit *Goodbye* und verlor dann das Interesse an ihr. Das Apple-Management fand anfangs Gefallen daran, Mary Hopkin in der damals exzentrischen Pop-Society Londons als «Aschenbrödel vom Land» zu stilisieren, das weder trank noch rauchte, keine Männerfreundschaften pflegte und «nie, nie» etwas mit Rauschgift zu tun hatte. Doch die Produzenten, zu denen sie herumgereicht wurde, konnten ihre Begabung für jungfräuliche Balladen nicht kommerziell verwertbar machen. Allmählich geriet sie in Vergessenheit und machte nur noch einmal Schlagzeilen, als sie im Dezember 1971 Tony Visconti, den Produzenten der Teenager-Band → T. Rex, heiratete.

LPs auf Apple: *Postcard* (1969); *Earth Song – Ocean Song* (1971); *The Best of Mary Hopkin* (1972)

Hopkins, Nicky (p, voc), am 24. Februar 1944 in London geboren, ist «der moderne Rock-Musiker an sich» (‹Melody Maker›). Kaum ein anderer Sideman hat so viele bedeutende Bands und Solisten auf wegweisenden LPs und in denkwürdigen Konzerten begleitet und dabei stets deutliche Talentmarken hinterlassen. Nach einer Aufwärm-Periode mit «Screaming Lord» Sutch sowie einer All Star-Band des Blues-Harmonikaspielers Cyril Davies (1960–1964) mußte Hopkins 19 Monate lang schwerkrank pausieren. 1965 tauchte er auf der ersten LP der → Who (*My Generation*) wieder auf. Danach wurde er regelmäßig bei Sessions der neuen Beat-Elite beschäftigt. Im Sommer 1969 begleitete er → Jeff Beck auf einer Amerika-Tournee, die der exzentrische Gitarrist jedoch vorschnell platzen ließ. Hopkins wurde von → Jefferson Airplane für deren Album *Volunteers* angeheuert, rührte für → Steve Millers LP *Your Saving Grace* die Tasten und fand schließlich, an Stelle des vorübergehend ausscheidenden Gitarristen Gary Duncan, zu → Quicksilver, die er eine Saison lang mit klassizistischen Pianovorgaben stilistisch irritierte. Seit seinem Abschied von der Band 1970 hat Hopkins in freier Assoziierung auf beinahe allen LPs der → Rolling Stones deren Sound so mustergültig komplettiert, daß er nicht selten als sechstes Mitglied der Top-Combo angesehen wurde. Die kundige Assistenz bei Rock-Größen zahlte sich 1972 für ihn aus, als → George Harrison, der Stones-Gitarrist Mick Taylor und die Studio-Superstars Klaus Voormann (bg), Jim Price (tp), Bobby Keyes (sax) sein Solo-LP-Debüt mit dem Glanz ihrer Namen und der vertrauten Routine ihres Spiels aufwerteten. Dieser Spotlight-Test und weitere Solo-Versuche fanden bei weitem nicht so viel Applaus wie Hopkins' Darbietungen auf seinem angestammten Platz: im zweiten Glied, unter den brillanten Begleitern.

LPs (Auswahl) mit → The Who, → Jeff Beck, → Jefferson Airplane, → Quicksilver Messenger Service, → The Rolling Stones, → Steve Miller ... mit Sweet Thursday auf Tetragrammaton: *Sweet Thursday* (1970). Solo-LPs auf CBS: *Tin Man was a Dreamer* (1973) ... auf Mercury: *No More Changes* (1975)

Hopkins, Sam «Lightnin'» (voc, g), am 15. März 1912 auf einer Plantage außerhalb von Centerville, Texas, geboren, gilt dem Blues-Chronisten und Plattenproduzenten (Arhoolie Records) Chris Strachwitz als «einer der schöpferischsten Volksdichter unserer Epoche und der bedeutendste Bluessänger, den die Welt je hören wird». Jedenfalls ist Hopkins der Country-Bluesinterpret, von dem es vermutlich die meisten Schallplatten gibt. Zu Beginn seiner Studiotätigkeit in der zweiten Hälfte der vierziger Jahre kümmerte er sich kaum um seine Exklusivkontrakte mit den Labels Gold Star, Aladdin und Modern, sondern produzierte unbedenklich den gleichen Song oft für mehrere verschiedene Firmen. Nach seiner Wiederentdeckung durch die Jazz- und Folkloreforscher Mack McCormick und Samuel B. Charters 1959 – der Rock 'n' Roll-Boom hatte ihn vorübergehend in die Obskurität texanischer Bierkneipen gedrängt – galt er rund zwei Dutzend Plattengesellschaften als der Bluesmann par excellence. Seinen intensiven Gesangsstil an der Grenze zum Weinen entwickelte er früh unter dem Einfluß seines älteren Bruders Joel, der auf einigen seiner ersten Platten zu hören ist, seines Vetters Texas Alexander und dessen Partner Lonnie Johnson (beide bekannte Bluesmusiker) sowie des legendären Blind Lemon Jefferson, mit dem er schon als Achtjähriger einmal zusammen spielte. Bis 1945 fronte er in halber Leibeigenschaft als Farmarbeiter und verbüßte eine nach sechs Monaten zur Bewährung ausgesetzte Gefängnisstrafe wegen schwerer Körperverletzung. Dann wurde er in einem Trio mit Texas Alexander und einem Pianisten namens Thunder Smith Berufsmusiker. Den Bühnennamen Lightnin' behielt Hopkins von vier Singleplatten, die er im November 1946 mit seinem Klavierpartner für Aladdin aufnahm und die unter der Interpretenangabe THUNDER SMITH AND LIGHTNIN' (Donner-Schmidt und Blitz) veröffentlicht wurden. In den Jahren um 1950 erfreuten sich Hopkins-Aufnahmen wie *Rocky Mountain Blues, Hello Central, Coffee Blues, Short Haired Woman* und vor allem *Katy Mae* in den Negersiedlungen großer Beliebtheit; in die ‹Billboard›-R & B-Charts kam er jedoch nur einmal: 1950 auf Platz 5 mit seiner Aladdin-Single *Shotgun Blues.* Im November 1960 gewann er als Star des C.B.S. Television Workshop so viel Fernsehpopularität, daß er danach in viele Folk-Clubs gebucht wurde und seither auch an den US-Colleges ein sich ständig verjüngendes Publikum anspricht. 1964 bereiste er Europa mit dem American Folk Blues Festival.

LPs (Auswahl) auf Arhoolie: *Early Recordings, Vol. 1* (ed. 1963); *Lightnin' Sam Hopkins* (1962); *With His Brother and Barbara Dane* (1966); *Texas Blues Man* (1968); *In Berkeley* (1973) ... auf Folkways: *The Roots of L. H.* (1959) ... auf Crown/Kent: *Sings the Blues* (1959); *A Legend in His Own Time* (1971) ... auf Tradition: *Country Blues* (1959); *Autobiography in Blues* (1959) ... auf Heritage: *Lightning Hopkins* ... auf Fire/Spheresound: *Lightning Hopkins* (1960) ... auf Imperial: *L. H. and the Blues* (1958); *On Stage* (1958); *Sings the Blues* (1959) ... auf Time: *Dirty House Blues; Sings the Blues* (beide ed. ca. 1960, re-issue auf Mainstream) ... auf World Pacific: *First Meeting* (1961, mit Big Joe Williams, Sonny Terry, Brownie McGhee) ... auf 77 Records: *The Rooster Crowed in England* (1960) ... auf Folk-Art/MVM: *Nothing But the Blues* (1962) ... auf Vee-Jay: *Lightnin' Strikes* (1962); *Coffee House Blues* (1964) ... auf Prestige/Bluesville: *Lightnin'* (1961); *Blues in My Bottle* (1961); *Walking this Street by Myself* (1962); *Lightnin' & Co* (1962); *Smokes Like Lightnin'* (1962); *Goin' Away* (1963); *Got to Move Your Baby* (1963); *Down Home Blues* (1964); *Hootin' the Blues* (1964); *My Life in the Blues* (1965); *Soul Blues* (1965) ... auf Candid/Barneby: *In New York* (1961, re-issue 1972) ... auf Verve: *Fast Life Woman* (1962); *Lightnin' Strikes* (1965) ... auf Herald: *Lightnin' and the Blues* (1960) ... auf Guest Star: *Live at Bird Lounge* (1964) ... auf Saga/Society: *Lightning Hopkins* (1965) ... auf Pickwick: *The King of the Blues* (1965) ... auf Jewel: *Talkin' Some Sence* (1966); *Blue Lightnin'* (1966); *The Greatest Electric Show and Dance* (1967) ... auf International Artists: *Freedom Patterns* (1967) ... auf Liberty: *King of Dowling Street* (ed. 1969); *California Mudslide* (1969) ... auf Poppy/RCA: *Lightnin'* (1970) ... auf Polydor: *That's My Story* (1969) ... auf Sonet: *Legacy of the Blues, Vol. 12* (1974)

Humble Pie wurde 1969 in London, ähnlich wie → BLIND FAITH, aus prominenten Solisten anderer Bands zusammengestellt: Steve Marriott (voc, harm, g, keyboards, sitar, dr), am 30. Januar 1947 in London geboren, kam von den → (SMALL) FACES. Peter Frampton (voc, g, bg, keyboards, sitar, dr), am 22. April 1950 in Beckenham geboren, ließ die HERD hinter sich. Greg Ridley (bg, g, voc), am 23. Oktober 1947 in Aspatria geboren, war bei → SPOOKY TOOTH bekannt geworden. Jerry Shirley (dr, keyboards, vib, g, bg, voc), am 4. Februar 1952 in Wattenham Cross geboren, hatte mit der APOSTOLIC INTERVENTION musiziert. Um nicht das BLIND FAITH-Schicksal zu teilen, erarbeitete sich das Quartett wochenlang in Marriotts Essex-Landhaus Gruppenfeeling und ein Repertoire – und blieb dennoch beinahe auf der Strecke: Sein Soft-Rock kam auf einer ersten USA-Tournee 1969 nicht an; nach der Rückkehr ging die Plattenfirma Immediate in Konkurs. Doch mit dem neuen Manager Dee Anthony, der neuen Vertragsfirma A & M und der stilistischen Neuorientierung auf Soul und Rock 'n' Roll kam auch der erste LP-Erfolg: *Rock On*. In Amerika, wo die Gruppe fortan als sicherer Konzertfüller galt, urteilte ‹Cash Box›: «HUMBLE PIE hat von allem das beste.» Vor allem hatte sie Steve Marriott, einen «schier unglaublich irrlichternden Derwisch auf der Bühne, ein einziges ständig in Bewegung befindliches Energiebündel, ein notorisch böses dead end kid, dessen sanftes Gesicht vor Aggressivität und Enthusiasmus sprüht, sobald er die ersten monströsen Akkorde zu spielen beginnt» (Franz Schöler). Wo er auftrat, war – zumal für sexhungrige Teenager – «Befriedigung (fast immer) gewährleistet» (‹New Musical Express›). Auf Schallplatten wurde der rock 'n' röhrende HUMBLE PIE-Sound, der im Hexenkessel der zumeist überfüllten Konzerte am besten gedieh, immer spannender. Schon das Live-Doppelalbum *Performance, Rockin' the Fillmore* gehörte zu den wenigen voll zufriedenstellenden Produktionen von 1971. Nach dem Eintritt des Ex-COLOSSEUM-Gitarristen Dave Clempson an Stelle von Peter Frampton, der seit 1972 solo arbeitet, dokumentierten die HUMBLE PIE-Musiker mit dem Doppelalbum *Eat It* (1973) ihre und vor allem Marriotts Vielseitigkeit. Seite eins enthielt eine (freilich nicht optimal aufgenommene) Selektion von Marriotts Kompositionen über *Good Booze And Bad Women* (Songtitel: *Guter Schnaps und scharfe Weiber*). Auf Seite zwei wurden Soulnummern wie *I Believe To My Soul* von → Ray Charles und BLACK COFFEE von → IKE & TINA TURNER vom Vokaltrio THE BLACKBERRIES Negerkirchenatmosphäre eingehaucht. Seite drei offerierte, auf der unverstärkten Gitarre dargeboten, Marriotts Folk- und Country-Aspekte. Auf Seite vier schließlich wurde in einem Live-Mitschnitt aus dem Queens Playhouse in Glasgow in → ROLLING STONES-Manier (*Honky Tonk Woman*) gerockt und gerollt. *Thunderbox* konnte diese Exposition aller HUMBLE PIE-Tugenden (besonders ihres Verständnisses schwarzer Musik) und -Mängel (vor allem an guten eigenen Kompositionen) nur noch variieren. Die Band trat 1974/75 auf der Stelle.

LPs auf Immediate: *As Safe as Yesterday Is* (1969); *Town and Country* (1969) ... auf A & M: *Humble Pie* (1970); *Rock On* (1971); *Performance, Rockin' the Fillmore* (1971); *Smokin'* (1972); *Eat It* (1973); *Thunderbox* (1974); *Street Rats* (1975). Solo-LPs Peter Frampton auf A & M: *Wind of Change* (1972); *Peter Frampton's Camel* (1973); *Something Happening* (1974); *Frampton* (1975) ... Dave Clempson auf Harvest: *Bakerloo* (1969)

Hunt, Marsha (voc), am 15. April 1949 in Philadelphia geboren, erregte im Herbst 1968 in der Londoner Produktion des Musicals ‹Hair› Aufsehen: Die farbige Schöne mit der Papua-Frisur war ein stimmliches und schauspielerisches Naturtalent. Daher war sie fortan in Plattenstudios, auf der Bühne (in der Show ‹Catch My Soul›), im Fernsehen und als Fotomodell (für ‹Vogue› und ‹Queen's Magazine›) gern gesehen. Die Ex-Anthropologie-Studentin von der kalifornischen Berkeley University hatte mit achtzehn eine Schule für Kinderschwestern eröffnet und war, da die Interessentinnen ausblieben, 1966 nach England gereist. Dort begann sie ihre Gesangskarriere in der Combo von → Alexis Korner und arbeitete anschließend bei → John Baldry und in einer Gruppe namens FERRIS WHEEL. Nach ihren Musical-Gastspielen machte sie Soloplatten, bereicherte die TV-Programme mehrerer Länder, mußte aber noch vor einem Spitzenerfolg aufgeben, weil sie ein Baby erwartete. Ende 1972 kehrte sie mit der schottischen Band THE POETS auf die Szene zurück. Das Quartett war bereit, bei der Terminplanung ihre Mutterpflichten zu berücksichtigen. Die Kombination firmierte unter MARSHA HUNT AND 22, denn die Ziffer 22 ist nach der alten afrikanischen Zahlenmagie allen anderen Nummern überlegen. Als die Truppe trotz aller Magie nicht sogleich Erfolg hatte, lancierte sich Marsha Hunt im Sommer 1973 mit der Behauptung auf die Titelseiten der Boulevard-Presse, Vater ihres Kindes sei → Mick Jagger. Ihre Sensibilität für die schwarze Musiktradition hatte Marsha Hunt zuvor in diversen erstklassigen Interpretationen bewiesen. Aus Stücken von → Dr. John (*Walk On Gilded Splinters*), → Paul

Simon (*Keep The Customer Satisfied*), → Bob Dylan (*You Ain't Going Nowhere*), und Bessie Smith/Clarence Williams (*Moan You Moaners*) machte sie aktuellen Rhythm & Blues.

LP auf Polydor: *Woman Child* (1971) ... auf Fontana: *Attention! Marsha Hunt* (1974)

I

Ian, Janis, bürgerlich: Janis Fink (voc, g, org, fl), am 7. April 1951 in New York geboren, kondensierte den Teenager-Alptraum vom autoritären Elternhaus zu einfallsreich getexteten «Ausbrüchen gegen das Spießertum» und «Unabhängigkeitserklärungen von der gegenwärtigen US-Gesellschaft» (‹Life›). «Janey ist nur ein Mißgeschick, ein peinliches Versehen einen Tag nach der Fastenzeit», kommentierte die 1,45 Meter kleine Sängerin ein Kinderleben ohne Elternliebe in *Janey's Blues*. In unheilvollen Dissonanzen klagte sie falsche Propheten (*New Christ Cardiac Hero*) und gleichgültige Erzieher an (*Lady McKenzie*). Ihren größten Erfolg hatte Janis Ian 1967 mit der Ballade *Society's Child*, einer Großstadt-Tragödie interrassischer Teenager-Liebe, die von heuchlerischen Erwachsenen zerstört wurde. Leonard Bernstein bezeichnete Janis nach dem Vortrag dieser Moritat in einer Fernsehsendung als «großartiges Geschöpf», der Kritiker Richard Goldstein sah in ihr sogar einen «weiblichen Bob Dylan». Die meisten Radiostationen mochten den kontroversen Song dennoch nicht spielen. Trotz des Äther-Boykotts verkaufte sich die Platte fast eine Million Mal. Die bitteren Worte zum Elternkonflikt gefielen den Blumenkindern, obwohl Janis Ians Songtexte oft durchsetzt waren mit «Erwachsenen-Klischees von dem, was Kinder und Heranwachsende angeblich denken» und sich mitunter lasen, «als stammten sie aus einem Psychiatrie-Buch für Anfänger» (John Gabree). 1974 kehrte sie als «vielseitiges literarisches Talent auf der Suche nach einem Stil» (‹Rolling Stone›) mit einer LP voller sensibler Reflexionen auf die Musik-Szene zurück.

LPs auf Verve: *Janis Ian* (1967); *For All the Seasons of Your Mind* (1968); *The Secret Life of J. Eddy Fink* (1968); *Who Really Cares* (1970) ... auf Capitol: *Present Company* (1971) ... auf CBS: *Stars* (1974); *Between the Lines* (1975)

If, 1970 in London gegründet, wurde von einem Teil der Rock-Presse als das Ensemble gefeiert, «das → Blood, Sweat & Tears ausbluten könnte» (‹Matchbox›). Tatsächlich brachten John Mealing (keyboards), Terry Smith (g), Jim Richardson (bg), Dennis Elliot (dr), Dick Morrissey (ts, ss, fl), J. W. Hodkinson (voc, perc), Dave Quincy (ts, as, fl) ihr selbstkomponiertes Material mit einfallsreicheren Arrangements und in exquisiterer Spielweise zu Platte als die meisten anderen Bands im Grenzbereich zwischen Jazz und Rock. Die Bläsersektion, die auf der ersten LP mit flüssigen Soli fasziniert hatte, wurde nach einer Amerika-Tournee 1971 verabschiedet, da das Publikum zu dieser Zeit von Brass-Rock-Gruppen übersättigt war und die Free Jazz/Klassik-Einlagen des Septetts weitaus mehr schätzte. Obwohl If die Musik mit jeder weiteren LP deutlicher zum Rock orientierte, fehlten der Band dennoch attraktive Spielvorlagen, die einen dauerhaften kommerziellen Erfolg ermöglicht hätten. Immerhin verkauften sie von ihrer ersten LP in den USA 60 000 Stück, und ihre Konzerte endeten meist mit Ovationen. Die mehrfach von Morrissey reformierte Band nötigte ‹Rolling Stone› 1974 jedoch nur noch zu einer müden Notiz: «If reitet immer noch auf der abgedroschenen Masche des Jazz Rock herum.» Der Rezensent des Blattes empfand beim Anhören neuerer If-Produkte nur noch «ungetrübte Langeweile».

LPs auf Island: *If* (1970); *If 2* (1970) ... auf United Artists: *If 3* (1971); *If 4* (1972) ... auf Brain/Metronome: *If 5* (1973); *Not Just Another Bunch of Pretty Faces* (1973); *Tea-Break Over* (1974)

Ike & Tina Turner, Show-Erotiker des schwarzen Rock, geben die «Antwort eines

Soul Brothers auf Radio City Music Hall» (‹Newsweek›). Das schwarze Entertainer-Ehepaar führt seit 1960 in seiner fast täglich auftretenden Revue vor, wie das gemeint ist: Zum Auftakt röhren sieben Rhythm & Blues-Bläser mit Overdrive, während das Go-Go-Trio IKETTES Hüften und Hintern schwenkt, dann stöpselt Ike seine lasziv nörgelnde Gitarre ein, schließlich stürzt Tina im freigebigen Minikleid auf die Bühne und fordert ohne Umschweife: «Ich brauche jemand, der mich ständig befriedigt, denn ich habe zuviel Zeit für meine Hände» (aus *Young And Dumb*). Solche Ansprüche stellt die «erfahrene Komödiantin» (‹Stereo Review›) mit einer kehligen Bordellstimme, die «jeden Song packt und zu Tode stranguliert» (Chris Hodenfield). Ike Turner (g, p), am 5. November 1931 in Clarksdale, Mississippi, geboren, hatte nach der Auflösung seiner Highschool-Band THE KINGS OF RHYTHM und diversen Gigs mit Blues-Spielern aus dem Süden von 1948 bis 1952 im Auftrag der Schallplattenfirma Chess, Kent, Modern → Howlin' Wolf, → B. B. King, Junior Parker und andere schwarze Musiker produziert und auf dem Piano begleitet. 1952 reformierte er in St. Louis seine KINGS OF RHYTHM. Tina, bürgerlich: Annie Mae Bullock, am 26. November 1939 in Brownsville, Tennessee, geboren, schloß sich dem Blues-Ensemble 1957 als Wochenend-Sängerin an; ein Jahr später heiratete sie ihr Idol Ike Turner. Ihren ersten Hit *A Fool In Love* (1960) sang sie noch mit samtener Kindfraustimme. Doch bald schon wurde ihr klar, daß sie das Publikum der kleinen, schäbigen Nightclubs im sogenannten «Kutteln-Zirkel» am besten unterhalten konnte, wenn sie dessen sexuelle Phantasien auf der Bühne auslebte. Mit Songs wie *You Got What You Wanted (Now You Don't Want What You Got)* oder *I Can't Believe What You Say Cause I See What You Do* artikulierte sie Frustration und geheime Wünsche ihrer weiblichen und männlichen Zuhörer. Als der Anteil weißer Besucher bei ihren Konzerten immer mehr zunahm, begannen IKE & TINA, weiße Phantasien von schwarzer Sexualität in parodistischer Überzogenheit vorzuführen. Zu den stimulierenden Slow-Klängen von → Otis Reddings *I've Been Loving You Too Long* stöhnte Tina «in einem San Franciscoartigen Erdbeben obszöner Sound-Effekte» (Kritiker Peter Reilly) «wie eine brünstige Löwin» (‹Look›) auf und streichelte in eindeutiger Gebärde das Mikrophon, dem Ike in gespielter Seriosität anvertraute: «Ich habe noch nie versucht, so was zu machen – aber ich probiere alles, wenigstens einmal.» Darauf Tina atemlos: «Probier's *noch* einmal!» Solche Bühnenspiele machten das Duo zunächst in eingeweihten Kreisen zu einem heißen Tip. Doch es gelang den Turners lange Zeit nicht, ihre Publicity in Plattenerfolge umzumünzen. 1966 hatten sie zwar mit der → Phil Spector-Produktion *River Deep – Mountain High* einen Top-Hit in England; doch in den Vereinigten Staaten blieb der «Pop-Klassiker» (‹twen›) ein Ladenhüter. Erst als → Mick Jagger, der Tina Turners Tanzbewegungen für seine Show kopierte, das Paar für das Vorprogramm der → ROLLING STONES-Tournee 1969 engagieren ließ, wurden IKE & TINA während weniger Tournee-Monate zu einem nationalen Begriff in den USA. Der Plattenproduzent Jerry Wexler kommentierte: «Du mußtest warten, bis du 30 bist, um eine Sex-Bombe für die Blumenkinder werden zu können.»

LPs (Auswahl) auf Warner Brothers/Loma: *Ike and Tina Turner ‹Live›* (1965); *Ike and Tina Turner Show – Volume 2* (1967) ... auf Blue Thumb: *Outta Season* (1969); *The Hunter* (1965); *Best* (1965) ... auf A & M: *River Deep – Mountain High* (1969) ... auf United Artists/Minit/Liberty: *In Person* (1969); *Come Together* (1970); *Working Together* (1970); *What You Hear is What You Get* (1971); *'Nuff Said* (1971); *Feel Good* (1972); *Let Me Touch Your Mind* (1972); *Live: The World of Ike & Tina* (1973); *Greatest Hits* (1973); *Gospel According to* (1974); *Nutbush City Limits* (1974) ... auf Harmony: *Something's Got a Hold on Me* (1973) ... Solo-LPs Ike Turner auf United Artists: *Blues Roots* (1972); *Confined to Soul* (1974). Solo-LPs Tina Turner auf United Artists: *Let Me Touch Your Mind* (1973); *Tina Turns the Country On* (1974)

The Incredible String Band, 1965 in Glasgow, Schottland, gegründet, rezitierte «magische Worte, sprach von Hoffnung in absurden Gedanken» (Verszeile aus *Ducks In The Pond*). Robin Williamson (voc, g, mandolin, dr, perc), Mike Heron (voc, g, sitar, org), Clive Palmer (voc, bj, g) destillierten aus der Volks- und Kunstmusik aller Epochen und Kulturen ein Klanggebräu, das sich für ‹Time› so anhörte, «als würden die → BEATLES mit der Stimme des mystischen Dichters William Blake sprechen». Italienische Canzones mischten sich mit walisischer Bergarbeiter-Folklore, Bienensummen, Brauereipferde-Wiehern, orchestrierten Renaissance-Reigen. Indianische Regenbeschwörungstänze leiteten Zauberrituale und Sitar-Seancen ein, Jig-Tänze aus dem 18. Jahrhundert koalierten mit Negerblues aus der Zeit nach dem Ersten Weltkrieg. Nach der ersten LP verließ Palmer die Band und ging zum Meditieren nach Afghanistan. Fortan bezog die ISB ihr eigenartiges Flair aus dem vollendet zelebrierten Dualismus von Williamsons drogenstimulierten Allegorie-Räuschen und Herons Neigung zu kindhafter Simplizität. Die zwei Musiker türmten bei ihren Studio-Trickeinspielungen Klangschichten aus bis zu 40 verschiedenen exotischen und historischen Instrumenten auf und verfremdeten ihr schwieriges Tonwerk obendrein mit esoterisch-erotischen Lyrikarabesken. Die daraus resultierenden Verständigungsschwierigkeiten mit dem Publikum kümmerten sie nicht weiter. «Wir repräsentieren nicht unsere Musik, sondern die Summe unserer Erfahrungen», behauptete Williamson. «Die Musik ist ein magisches Geschenk, das unsere Existenz durchdringt. Wenn auch die Leute unsere Lieder nicht ganz verstehen mögen, so können sie doch an unserer Erfahrung teilhaben.» Bei dem Bemühen «um eine Musik, die nicht nur modern klingt, sondern losgelöst von der Zeit und den Nationen ist» (Heron), fand die ISB 1970 zur multimedialen Präsentationsform der psychedelischen Pantomime. Mit ihren Freundinnen und zeitweiligen Ensemblemitgliedern Rose Simpson (voc, bg) und Caroline «Licorice» McKechnie (voc, dr) sowie der sechsköpfigen STONE MONKEY MIME TROUPE führten sie die surreale Parabel *U* auf, die als Licht/Ton/Tanz-Theater unvergleichlich raffinierter und stilistisch geschlossener war als die Rock-«Opern» der → WHO und der → KINKS. 1973 gehörten, außer Heron und Williamson, Gerard Dott (p, cl) und Malcolm Le Maistre (voc, g, org) zu ISB. Die Gruppe verließ in jenem Jahr ihr Zauberreich der Hexen, Henker und höfischen Magier, trennte sich von ihren exotischen Instrumenten und studierte eine rhythmusbetonte, ländliche Musik «mit der Atmosphäre von Zirkus und Jahrmärkten» (‹Sound›) ein. Williamson führte die Stilveränderung auf die Abkehr vom Drogenkonsum früherer Jahre zurück: «Als wir noch ziemlich viel Dope nahmen, war die Kommunikation mit dem Publikum sehr schlecht. Ob die Zuhörer uns überhaupt verstanden, war ihre Sache und uns im Grunde ziemlich egal. Früher mußte man in unsere Musik hineinhören, jetzt geht sie mehr aus sich heraus, sie erreicht die Leute.» Auf ihrer Irrfahrt zum Publikum verlor die extravagante Truppe jedoch die Stilrichtung und trennte sich schließlich 1974.

LPs auf Elektra: *The Incredible String Band* (1966); *5000 Spirits or The Layers of the Onion* (1967; *The Hangman's Beautiful Daughter* (1968); *Wee Tam and the Big Huge* (1968); *Changing Horses* (1969); *I Looked Up* (1970); *U* (1970); *Relics of the ISB* (1971) ... auf Island: *Be Glad for the Song Has No Ending* (1970); *Liquid Acrobat As Regards the Air* (1971); *Earthspan* (1972); *No Ruinous Feud* (1973) ... Solo-LP Mike Heron auf Island: *Smiling Man with Bad Reputations* (1971); *Hard Rope & Silken Twine* (1974) ... Solo-LP Robin Williamson auf Island: *Myrrh* (1972)

Iron Butterfly, 1967 in Los Angeles gegründet, machte mit dem 17 Minuten langen Phantasietitel *In-A-Gadda-Da-Vida* (*Im Garten des Lebens*) aus ihrem zweiten Album Rock-Geschichte. Doug Ingles majestätisch arrogante Stimme über sonorer Kirchenorgel, Lee Dormans fette Baßtupfer, Erik Branns ausdrucksvoll-schmutzige Gitarrenriffs und Ron Bushys emsige Drum-Bataillen mischten sich zum ersten weltweiten Diskothekenhit des Drogen-Rock, dem vornehmlich unter Rauschmitteleinfluß der rechte Effekt beschieden war. Zwar nistete auch Langeweile zwischen den Klischeetönen, zwar kamen auch abgenutzte Akkorde, lasche Einfälle und ordinäre Gags in dem unterhaltsamen Medley vor: Das *In-A-Gadda-Da-Vida*-Album hielt sich jedoch über zwei Jahre in den oberen Regionen der Bestseller-Listen und wurde fast fünf Millionen Mal verkauft. Diesen Zufallstreffer konnte die Band nicht annähernd wiederholen; sie hatte zudem damit «keinerlei Einfluß auf die Entwicklung der Musik» (‹Esquire›). 1970 probierte Iron Butterfly eine stilistische Metamorphose mit dem an Stelle Erik Branns hereingekommenen Gitarrenduo Michael Pinera und Lawrence Reinhardt. Doch auch die Wandlung zu gedämpfteren, abwechslungsreichen Klängen half dem «eisernen Schmetterling» nicht in frühere Erfolgshöhen zurück. Trotzdem glaubte der fragile Falter Mitte 1974 an einen dritten Frühling und entpuppte sich noch einmal mit Brann, Bushy, Phil Kramer (bg), Howard Reitzes (keyboards).

LPs auf Atco: *Heavy* (1968); *In-A-Gadda-Da-Vida* (1968); *Ball* (1969); *Iron Butterfly Live* (1970); *Metamorphosis* (1970); *The Best of Iron Butterfly – Evolution* (1971) ... auf MCA: *Scorching Beauty* (1975)

The Isley Brothers kamen 1957 als Teenager aus Cincinnati, Ohio, nach New York, wurden alsbald in Harlems Apollo-Theater gebucht und sind seither einer der beständigsten Acts im Soulgeschäft. Auf ihrem langen Marsch durch die Plattenfirmen haben sich die Brüder Rudolph, Ronald und O'Kelly (verkürzt Kelly) Isley stets aktuellen Klangmoden angepaßt. Ihre frühen, auf Teenage Records sowie auf George Goldners Labels Gone, Mark-X und Cindy veröffentlichten Singles *The Angel Cried, My Love, Rockin' McDonald* und andere unterschieden sich noch kaum vom fließbandmäßig hergestellten Wegwerf-Rock'n'Roll anderer schwarzer Gesangsgruppen wie Teenagers, Flamingos, Imperials. Mit dem am 29. Juli 1959 für RCA eingespielten *Shout* zeigten die Brüder musikalisch und geschäftlich Profil: Die hochwirksam ausbalancierte Ekstasenummer kam zweimal, 1959 und 1962, auf ‹Billboards› Pop-Liste und schaffte eine Auflagemillion. Weder RCA noch die nächste Firma Atlantic vermochten jedoch die Explosivkraft der Isleys kommerziell zu bändigen. Im RCA-Studio scheiterten die Sänger beim Versuch, halbtote Songs (*St. Louis Blues, That Lucky Old Sun*) und vergreiste Streicherarrangements zu beleben; bei Atlantic wurde ihr Drive entweder vom steifen Ray Ellis-Orchester oder von vorzüglichen, aber für sie ungeeigneten → Leiber & Stoller-Produktionsschablonen gebremst. Erst der Producer Bert Berns verhalf ihnen 1962 bei Florence Greenbergs Label Wand durch die Fusion von Rhythm & Blues und lateinamerikanischen La Bamba-Rhythmen wieder zu einem Monster-Hit: Das von Berns und Phil Medley komponierte und zuvor in einer Atlantic-Aufnahme der Top Notes durchgefallene *Twist And Shout* hielt sich in der Isley Brothers-Version, vergoldet, 16 Wochen unter den «Hot 100». Bei der Firma United Artists kehrte das Trio danach nur kurz ein: Weder die hitverdächtige Single *Who's That Lady* (später in einem selbstproduzierten Remake ein Kommerzknüller) noch LPs wie *Surf and Shout* wurden dort angemessen promotet. Nach dem Namen ihres Wohnorts Teaneck im US-Bundesstaat New Jersey gründeten die Isleys 1964 ein eigenes Plattenlabel T-Neck für den Atlantic-Vertrieb, kehrten für kurze Zeit (mit → Jimi Hendrix in der Begleitband) zur Marke Atlantic zurück und landeten schließlich bei Motown. Von den Produzenten Holland, Dozier, Holland betreut, brachten sie abermals Hits in die Charts: *This Old Heart Of Mine, Take Some Time Out For Love, I Guess I'll Always Love You.* Aber auch diese Periode handwerklich gediegener Saccharin-Soulmanufaktur dauerte nicht lange. Als ihre Producer die Firma verließen, unterbanden neidische Motown-Kollegen den Nachschub guten Songmaterials; das ruhende T-Neck-Unternehmen fing die Motown-Flüchtlinge auf. *It's Your Thing,* sagten sich die ISLEY-Brüder, stilisierten ihr Äußeres selbstbewußt im Afro-Look und lieferten unter diesem Songtitel einen gänzlich neuen Soulklang aus: funky pulsierende, hocherotische Wah-Wah-Elektronik in der Nähe von → SLY AND THE FAMILY STONE. Der *Thing*-Millionensingle folgten 1969 weitere attraktive Werbe-Jingles für stimulierenden schwarzen Sex; Textproben: «I turned you on and I can't turn you off» (*I Turned You On*), «The blacker the berry the sweeter the juice» (*Black Berries*), «I wanna know was it good to ya» (*Was It Good To You*). Von Buddah und (seit Mitte 1973) von Columbia/CBS vertrieben, haben die ISLEY BROTHERS mit T-Neck-Produktionen der Soul- und Tanzbegeisterung in den siebziger Jahren zahlreiche Bewegungsimpulse gegeben. «Unsere Musik ist dauernd im Wandel», erklärten die Sänger 1974 dem Magazin ‹Black Music›: «Unsere Erfahrung erweitert sich und ebenso unser Publikum. Wir haben jetzt die Möglichkeit, sehr sweet zu artikulieren oder einen schweren Rock-Rhythmus vorzulegen, sehr ‹down home› oder sehr soulful zu sein ...»

LPs auf RCA: *Shout!* (1959) ... auf Scepter/Wand: *Twist and Shout* (1962); *Take Some Time Out* (1966) ... auf United Artists: *Twisting and Shouting* (1964); *Surf and Shout* (1964) ... auf Tamla Motown: *This Old Heart of Mine* (1966); *Soul on the Rocks* (1968); *Behind a Painted Smile* (1969); *Doin' Their Thing* (1969) ... auf Sun: *Do Their Thing* (1969) ... auf T-Neck: *It's Our Thing* (1970); *Brothers: Isley* (1971); *Get Into Something* (1971); *Givin' it Back* (1972); *In the Beginning* (1972, mit Hendrix); *Brother, Brother, Brother* (1972); *Live* (1973); *3 + 3* (1973); *Greatest Hits* (1974); *Live it up* (1974) ... auf Camden: *Rock on, Brother* (1973)

It's A Beautiful Day, 1967 in San Francisco gegründet, musizierte im sonnigen Flower-Power-Stil der US-Westküste so unbeschwert, wie es dem Band-Namen entspricht. Stets waren die Improvisationen makellos, die Gesangsharmonien wohlklingend, die Songs mit Titeln wie *Hot Summer Day, White Bird, Good Lovin', Going To Another Party* eingängig; aber der Band fehlten Tiefgang und Originalität. Profunde gesellschaftliche Aussagen wie etwa → JEFFERSON AIRPLANE, deren Sound sie imitierte, sind der BEAUTIFUL DAY-Gruppe weder textlich noch musikalisch gelungen und waren wohl auch nicht beabsichtigt. Um den aus Salt Lake City stammenden David LaFlamme (vi, voc), Jahrgang 1942, ehemals Mitglied verschiedener Symphonieorchester, gruppierten sich zunächst dessen Frau Linda (keyboards), die einen Teil des Startrepertoires mitkomponierte, Hal Wagenet (g), Mitchell Holman (bg), Val Fuentes (dr, voc), Pattie Santos (voc, perc). Nach dem ersten Album, dem ‹Rolling Stone› eine «etwas ätherische und lahme Saccharin-Sentimentalität» vorwarf, setzte sich Fred Webb (keyboards, voc, french horn) an Lindas Klavier. Weitere Personalwechsel: Ende 1971 Bill Gregory (g) an Stelle von Wagenet, Tom Fowler (bg) an Stelle von Holman; Ende 1972 Gregg Bloch (vi, mandolin) an Stelle von LaFlamme, Bud Cockrell (bg, voc) an Stelle von Fowler. Das Ausscheiden des Gründers LaFlamme führte trotz des gleich gebliebenen Instrumentariums und des unveränderten Klangzentrums Violine-Vokalduo zu einem Stilwandel: Gregory und Cockrell, die aus Louisiana kamen, brachten Südstaaten-Gospelatmosphäre und Bluesfeeling (*Down On The Bayou, Mississippi Delta*) in die Band, ihr Image jedoch verblaßte.

LPs auf CBS: *It's A Beautiful Day* (1969); *Marrying Maiden* (1970); *Choice Quality Stuff* (1971); *At Carnegie Hall* (1972); *Today* (1973); *A Thousand and One Night* (1974)

J

The Jackson Five, als singender Kinder-Clan 1969 von → Diana Ross bei einem Wohltätigkeitskonzert in Gary, Indiana, für Motown Records entdeckt, sind eine Hochglanzfolie für den schwarzen amerikanischen Traum von der Erlösung aus Getto-Schwierigkeiten. Jermaine Jackson (voc, bg), am

11. Dezember 1954 geboren, Sigmund «Jakkie» Jackson (voc), am 4. Mai 1951 geboren, Michael Jackson (voc), am 29. August 1959 geboren, Marlon Jackson (voc, g), am 15. Oktober 1953 geboren, und Toriano «Tito» Jackson (voc, g), am 15. Oktober 1953 geboren, schlagen in einer «seltsamen Mischung aus Unschuld und totalem Professionalismus» (‹Rolling Stone›) eine Brücke zwischen schwarzem Selbstbewußtsein und dem Unterhaltungsbedürfnis der Sub-Teenager. Solche Vermittler-Dienste haben sich für die Soul-Brüder seit ihrem ersten Hit *I Want You Back* (1970) glänzend ausgezahlt. Jede ihrer Single-Aufnahmen bis 1973 verkaufte sich über zweimillionenmal, ihre LP-Umsätze brachten ihnen ständig Goldtrophäen. Ausverkaufte Konzerte, kreischende Verehrertrupps allerorten, ein eigenes Quartalsmagazin und eine Souvenir-Industrie, die Abzeichen, Uhren, T-Shirts und Haarspray mit dem Abbild der idolisierten Fünf darbot, waren weitere Indikatoren des Superstar-Ruhms. Dieser konsumtaktisch gesteuerte Massenerfolg wurde den JACKSON FIVE nicht ganz unverdient zuteil. Im Gegensatz zu ähnlichen Produkten der → OSMONDS oder → David Cassidys sind ihre Schlager musikalisch substantiell und im Vokalvortrag unvergleichlich raffiniert. Mit beachtlichem Gefühl für Klang-Stimmungen und intuitivem Rhythmusempfinden fügen sie temperamentvolle Gesangsbeiträge, vom Knaben-Sopran bis zum Akne-Baß, in einem Vortrag bester jugendlicher Rhythm & Blues-Artikulation zusammen. Formale Sicherheit gewannen die Kinder eines ehemaligen Kranführers durch intensives Heimtraining, das ihnen die Eltern seit frühester Kindheit verordneten. Im patriarchalisch gelenkten Soul-Konzern Motown fanden die JACKSONS einen kommerziellen Vormund, der ihre frischen Stimmen in schwelgerische Show-Arrangements einpaßte. Drei der Brüder, Jermaine, Jackie und vor allem Michael, der Jüngste und Vorsänger, profilierten sich bei Live-Auftritten als Kultfiguren und wurden deshalb gelegentlich zu Solo-Aufnahmen ausgekoppelt. Der Kinderstar Michael sorgte auf seinen Alben mitunter für pikante Kontraste, indem er mit Elan und Einfühlungsvermögen Schlagertexte vortrug, die thematisch weit außerhalb seines kindlichen Erfahrungsbereiches lagen.

LPs auf Tamla Motown: *I Want You Back* (1970); *ABC* (1970); *Third Album* (1970); *Maybe Tomorrow* (1971); *Goin' Back to Indiana* (TV-Soundtrack, 1971); *Greatest Hits* (1972); *Lookin' Through the Windows* (1972); *Skywriter* (1973); *Dancing Machine* (1974); *Get it Together* (1974) ... Solo-LPs Jermaine Jackson: *Jermaine* (1972); *Come Into My Life* (1973) ... Solo-LPs Michael Jackson: *Got to Be There* (1972); *Ben* (1972); *Music & Me* (1973); *Forever, Michael* (1975). Solo-LP Jackie Jackson: *Jackie Jackson* (1974)

Jagger, Mick (voc, harm), am 26. Juli 1943 als Sohn eines Physiklehrers in Dartford, England, geboren, studierte an der London School of Economics und kam 1962 zur BLUES INCORPORATED von → Alexis Korner. Als Korner eines Nachts in einer Jazzsendung des BBC-Fernsehens auftrat, vertrat ihn Jagger zusammen mit → Keith Richard, → Brian Jones und Charlie Watts im Londoner «Marquee Club». In dieser Nacht formierten sich, von Muddy Waters' *Rolling Stone Blues* inspiriert, die → ROLLING STONES. Seinen ekstatischen Bühnenstil, der alsbald zum optischen Zentrum der STONES-Show wurde, modellierte Jagger nach dem Vorbild des schwarzen Entertainers → James Brown, dessen wilde Gestik er zu einer vibrierenden, nervös-überzüchteten, stets die Grenze der Selbstparodie streifenden Sexualgymnastik choreographierte: «Erst in blutrotes, dann in gelbflammendes Licht getaucht, stript er sich aus der Jacke, geht zu Boden, schwingt den Gürtel wie eine Peitsche – ein Vorgang, der herausfordernd, aber nie peinlich ist, weil er das genaue Korrelat zu der losgelassenen Musik darstellt» (‹Die Zeit›). Auch seinen von schwarzen Blues- und Soulinterpreten abgeleiteten Vokalstil entwickelte Jagger im Laufe der Jahre zu einem unverwechselbaren, kaum zu kopierenden Sound. Zusammen mit Keith Richard schrieb er fast sämtliche STONES-Stücke, die der jeweiligen Stimmung auf der Rockszene stets genau entsprachen. Mit allem wurde Jagger zum Auslöser und Idol einer vordem ungekannten Teenager-Massenhysterie, die den → Elvis Presley-Kult der fünfziger Jahre bei weitem überbot. Er konnte es sich leisten, die Erwachsenenwelt fortwährend mit anarchistischen oder obszönen Äußerungen, mit seinen Sex- und Drogenaffären zu brüskieren; seine Show hatte ihm längst ein Schloß aus dem 15. Jahrhundert in Südengland mit zwölf Schlafzimmern, fünf Salons und fünf Badezimmern eingebracht. Nach seinem Schauspiel-Debüt 1969 im Spielfilm ‹Ned Kelly› über einen australischen Banditen des 19. Jahrhunderts ließ er sich 1970 im Film ‹Performance› als feudal-exzentrischer Rockstar, der einen professionellen Erpresser und Mörder in seinem Haus verbirgt, so darstellen, wie er sich vermutlich selbst sieht: als Außenseiter mit deutlicher Affinität zum ursprünglich verachteten Establishment. Jagger lebt seit 1971 aus Steuergründen mit seinen Kameraden an der Cote d'Azur in Südfrankreich, wo er die zahlreichen geschäftlichen Interessen der ROLLING STONES wahrnimmt und koordiniert. Der New Yorker Journalist Anthony Scaduto hat ihn in einer Biographie als ‹Everybody's Lucifer› (Titel: ‹Jedermanns Teufel›) porträtiert.

LPs mit den → ROLLING STONES; Film-Soundtracks auf United Artists: *Ned Kelly* (1970) ... auf Warner Brothers: *Performance* (1970)

James, Elmore (voc, g), am 27. Januar 1918 als unehelicher Sohn der fünfzehnjährigen Farmarbeiterin Leola Brooks in Richland, Mississippi, geboren, hat als Komponist von Blues-Klassikern wie *Dust My Broom*, *Smokestack Lightning* sowie als erster Bottleneck-Gitarrist, der sein Spiel elektrisch verstärkte, großen Einfluß auf beinahe alle Blues-Rock-Gitarristen ausgeübt. James, der seinen Namen von einem seiner diversen Stiefväter übernahm, lebte in den dreißiger und vierziger Jahren, 1943 bis 1945 vom Dienst in der Marine unterbrochen, das abenteuerliche Leben eines Blues-Outcasts: Er trampte durch die Südstaaten, musizierte hier und da mit seinem Freund → Sonny Boy Williamson, lüftete Röcke, betrank sich an schwarzgebranntem Whiskey und stahl in größter Not als vorgeblicher Priester in den Kirchen die Kollekte. Die im Frühjahr 1951 zusammen mit Williamson unter dessen Namen gemachte Aufnahme *Eyesight To The Blind* öffnete ihm eine Schallplattenkarriere. James spielte für Trumpet, Meteor, Flair und andere Mini-Blueslabels, begleitete → Joe Turner in dessen eindrucksvoller Atlantic-Aufnahme *T. V. Mama* (1953) und nahm zwischen 1959 und 1962 seine beseeltesten Interpretationen für die Marke Fire auf. Zwischendurch stellte er sich immer wieder, wenngleich von den Ärzten gewarnt, volltrunken in den von ihm geliebten südstaatlichen Whiskey-Pinten ein. Als er nach einem Herzanfall am 24. Mai 1963 in Chicago gestorben war, konnte sich seine zur Identifikation herbeigeholte Mutter nicht an sein Geburtsdatum erinnern. Sie gab sein Alter mit «ungefähr 44» und seinen Geburtsort als Lexington, Mississippi, an.

LPs auf Crown/Kent: *Blues After Hours* (1959); *Original Folk Blues* (1968); *The Legend of E. J.* (1969); *The Resurrection of E. J.* (1970) ... auf Sue: *Best* (1965); *Memorial Album* (1965) ... auf Bell: *Something Inside of Me* (1968) ... auf Blue Horizon: *To Know A Man* (1970) ... auf Trip: *History of E. J.* (1973) ... auf Chess: *Whose Muddy Shoes?* (1969)

James, Etta (voc), geboren am 25. Januar 1938 in Los Angeles, wurde Mitte der sechziger Jahre von der Bluesfirma Chess in Konkurrenz zu → Aretha Franklin als «Queen of Soul» propagiert, erreichte trotz hoher Ausdrucksfähigkeit jedoch nicht den weißen Musikmarkt. Nach einer Gospel-Kindheit im Chor der St. Paul Baptist Church ihrer Heimatstadt wurde sie 1954 vom weißen R & B-Bandleader → Johnny Otis entdeckt und auf der Marke Modern Records vorgestellt. Ihre erste Solo-Single (Refrainzeile: «Roll with me, Henry. You better roll it while the rollin' is on») beantwortete den Song *Work With Me, Annie* («let's get it while the gettin' is on») von → Hank Ballard and the Midnighters, der zuvor eine Kontroverse über Obszönität in der Popmusik ausgelöst hatte. Die Midnighters setzten den Flirt zwischen Henry und Annie mit dem Stück *Annie Had A Baby* fort; das große Geschäft machte indes die (weiße) Sängerin Georgia Gibbs, die das sexy Etta James-Startlied entschärft unter dem Titel *Dance With Me, Henry* bis auf Platz zwei der US-Hitlisten hochjubelte. Zwischen 1960 und 1967 bescherte die stimmgewaltige Soul-Interpretin mit dem Spitznamen Peaches dem Hause Chess zahlreiche Getto-Hits, etwa *All I Could Do Was Cry, At Last, Sunday Kind Of Love, Stop The Wedding, Pushover, Tell Mama*. Nach *Tell Mama*, Titelstück ihrer bis dahin besten, in Muscle Shoals, Alabama, produzierten LP, verschwand sie auf Grund von Drogenproblemen von der Szene. Ihr Comeback 1973 mit aktuellem, vom Ex-Janis-Joplin-Produzenten Gabriel Mekler aufgenommenem Material wurde von der Kritik einhellig begrüßt.

LPs auf Chess, Argo, Cadet: *At Last* (1961); *Second Time Around* (1961); *Top Ten* (1963); *Sings for Lovers* (1963); *Rocks the House* (1964); *Queen of Soul* (1965); *Call My Name* (1967); *Tell Mama* (1967); *Funk* (1970); *Peaches* (1972); *Losers Weepers* (ca. 1972); *Etta James* (1973); *Come A Little Closer* (1974)

The James Gang, 1966 in Cleveland, Ohio, gegründet, konsolidierte sich nach mehreren Personalwechseln Ende der sechziger Jahre als Trio und veröffentlichte (auf der LP *Rides Again*) einige der inspiriertesten und (von Bill Szymczyk) bestproduzierten Gitarrenaufnahmen des schweren amerikanischen Rock. Starsolist der mit Tom Kriss, ab 1969 Dale Peters (bg), Jim Fox (dr, perc, voc) besetzten Band war Joey «Joe» Walsh (g, voc, keyboards, oboe, cl), dessen flammende Soli → Pete Townshend veranlaßten, die James Gang im Vorprogramm einer USA-Tournee der → Who bekannt zu machen. Doch das Trio-Format wurde dem von → Jeff Beck und → Jimi Hendrix beeinflußten Gitarristen bald zu eng. Walsh verließ die Gang Ende 1970, absolvierte auf der LP *Barnstorm* unter eigenem Namen einen ungehemmten Chorus-Exzeß und produzierte im Verein mit Szymczyk, in der Besetzung Rocke Grace (keyboards, voc), Kenny Passarelli (bg, voc), Joe Vitale (dr, fl, voc, keyboards), mit *The Smoker You Drink, The Player You Get* 1973 ein zwischen ungestümer Aggressivität und Formkalkül ausgewogenes Werk, von dem aus die mit unterschiedlichen Besetzungen aufgenommene Anschlußplatte *So What* wie ein Abstieg in die «Wüste der Sessionmusiker» (‹Crawdaddy›) erschien. Walshs Weggang haben die zurückgelassenen Gangster Peters und Fox nicht verwunden. Mit den Neuzugängen Roy Kenner (voc) und Donnie Troiano (g, voc) aus Toronto, beide von den Bands Mandala und Bush, änderte sich der Stil. Die Stammbesetzung wollte den englischen → Yardbirds nacheifern, die Kanadier – später Tommy Bolin (g) an Stelle von Troiano – bevorzugten Soul. Der schließlich gefundene Kompromiß klang zufriedenstellend, aber nicht originell: laut ‹New York Times› eine «ansteckende, ohrenbetäubend laute, kinetisch inspirierende Wiederverwendung von Rock-Klischees».

LPs auf ABC Dunhill/Probe: *Yer Album* (1969); *Rides Again* (1970); *Thirds* (1971); *Live at Carnegie Hall* (1971); *Straight Shooter* (1972); *Passin' Through* (1973); *Best* (1973) ... auf Atco: *Bang* (1973); *Miami* (1974); *Newborn* (1975). LPs Joe Walsh: *Barnstorm* (1972); *The Smoker You Drink, The Player You Get* (1973); *So What* (1975)

Jefferson Airplane, am 13. August 1965 im Popmusik-Lokal «Matrix» an der Fillmore Street von San Francisco gestartet, war in der zweiten Hälfte der sechziger Jahre die unbestrittene Top-Gruppe des psychedelischen Acid Rock. Ihr Stück *Runnin' Round This World* verherrlichte «den phantastischen Spaß eines Geschlechtsakts unter LSD» (Sänger Marty Balin); ihr Hit *White Rabbit* besang eine Alice im Drogen-Wunderland: «One pill makes you larger, one pill makes you small, and the ones that mother gives you don't do anything at all. Go ask Alice when she's ten feet tall ... Feed your head.» Zu komplexen Klangstrukturen und aufregenden Polyrhythmen, wie man sie noch in keiner Massenmusik vernommen hatte, fütterten die AIRPLANE-Musiker die Köpfe ihrer Fans mit Sex-Allegorien, Science-fiction-Phantasien, Umsturz-Propaganda und Drogen-Poesie. 1967 verkündete die Sängerin → Grace Slick: «Es spielt keine Rolle, was die Texte sagen; unsere Lieder bedeuten alle dasselbe: Seid frei, frei in der Liebe und frei im Sex.» 1969 hieß es im Text *We Can Be Together* auf der LP *Volunteers*: «Wir sind Außenseiter in den Augen Amerikas. Wir stehlen, betrügen, lügen, fälschen, verstecken und handeln mit Rauschgift, um zu überleben. Wir sind obszön, ungerecht, scheußlich, gefährlich, dreckig, gewalttätig und jung. Wir sind die Vollstrecker von Chaos und Anarchie. Alles, was man über uns sagt, sind wir wirklich.» Durch ihre artifizielle Musik, ihre aggressiven Songtexte und ihren zügellosen Lebensstil beeinflußte die Gruppe wie kaum eine zweite die Mentalität der amerikanischen Großstadtjugend. JEFFERSON AIRPLANE war die erste San Francisco-Band mit einem lukrativen Schallplatten-Vertrag (bei RCA Victor), die erste mit weltweiten Hits (*Somebody To Love, White Rabbit*), die erste, die mit psychedelischen Graphik-Posters den neuen kalifornischen Jugendstil verbreitete. Weil ihre Firma obszöne Textstellen auf den LPs unverständlich gemacht hatte, gingen die Musiker vor Gericht, setzten auf *Volunteers* die Wörter shit, fuck und motherfucker durch und gründeten 1971 ihre eigene Plattenmarke Grunt. ‹Fly Jefferson Airplane›, hatte → Donovan schon 1966 gesungen. «JEFFERSON AIRPLANE ist ein Schiff», schrieb 1971 ‹Rolling Stone›, «das seine Passagiere zu den revolutionären Phantasien ihrer eigenen Gehirne trägt.» Auf der ersten LP *Takes Off* waren noch die Sängerin Signe Tole Anderson und der Schlagzeuger Alex «Skip» Spence zu hören. Nach deren Ausscheiden blieb die Besetzung jahrelang konsistent: Marty Balin (g, harm, voc), am 30. Januar 1944 in Cincinnati, Ohio, geboren, und Paul Kantner (voc, g, bj), am 12. März 1943 in San Francisco geboren, kamen aus der kalifornischen Folk-Szene. Jack Casady (bg), am 13. April 1945 in Washington, D. C., geboren, sowie Spencer Dryden (dr, g, vib), am 7. April 1944 in New York geboren, kamen vom Jazz. Jorma Ludwik Kaukonen (g), am 23. Dezember 1942 als Sohn eines Diplomaten in Washington, D. C., geboren, Soziologie-Absolvent der Santa Clara University, spielte ursprünglich Blues. Gemeinsam umgaben sie die metallische Stimme von Grace Slick (voc, p) mit einem unerhört dichten Geflecht stets aufeinander bezogener Ton-Arabesken und Klangmuster. Bestes Beispiel: die LP *After Bathing at Baxter's*, deren abstrakte Songtexte (*Rejoyce, Spare Chaynge*) der Prosa des irischen Schriftstellers James Joyce nachempfunden waren. Um 1970 zerbröselte der Gruppenzusammenhalt. Balin und Dryden schieden aus; Schlagzeuger wurden (nacheinander) John Barbata und Joey Covington. Kaukonen und Casady traten neben ihren AIRPLANE-Verpflichtungen im Konzertsaal und im Plattenstudio mit Gastmusikern wie → «Papa» John Creach (vi) unter dem Combo-Titel HOT TUNA auf und spielten fortan hauptsächlich Blues. Kantner und Slick brachten mit zahlreichen Freunden wie → David Crosby, → Graham Nash, → Jerry Garcia und anderen → GRATEFUL DEAD-Musikanten unter dem Etikett JEFFERSON STARSHIP das im Text futuristische Album *Blows Against the Empire* sowie in ähnlicher Besetzung die LPs *Sunfighter, Baron Von Tollbooth & the Chrome Nun, Dragon Fly* heraus. 1974 bestieg Marty Balin wieder das STARSHIP; David Freiberg und Pete Sears wechselten an Baßgitarre und Keyboards ab; Graig Chaquito (g) kam hinzu. Ihre LP *Dragon Fly* zeigte, daß – so die Zeitschrift ‹Sounds› (Hamburg) – «JEFFERSON AIRPLANES Metamorphose ins JEFFERSON STARSHIP perfekt gelungen» war.

LPs auf RCA Victor: *Jefferson Airplane Takes Off* (1966); *Surrealistic Pillow* (1967); *After Bathing at Baxter's* (1968); *Crown of Creation* (1968); *Bless It's Pointed Little Head* (1969); *Volunteers* (1969); *The Worst of Jefferson Airplane* (1970) ... auf

Grunt: *Bark* (1971); *Long John Silver* (1972); *Thirty Seconds Over Winterland* (1973); *Early Flight* (1974). LPs Kantner, Slick als JEFFERSON STARSHIP auf RCA: *Blows Against the Empire* (1970) ... auf Grunt: *Sunfighter* (1971); *Baron Von Tollbooth & the Chrome Nun* (1973); *Dragon Fly* (1974). LPs HOT TUNA auf RCA: *Hot Tuna* (1970); *First Pull Up, Then Pull Down* (1971) ... auf Grunt: *Burgers* (1972); *The Phosphorescent Rat* (1973); *America's Choice* (1975). Solo-LP Skip Spence auf CBS: *Oar* (1969). Solo-LP Grace Slick auf Grunt: *Manhole* (1973). Solo-LP Jorma Kaukonen auf Grunt: *Quah* (1974). Solo-LP Joe E. Covington auf Grunt: *Fat Fandango* (1973). Covington mit Peter Kaukonen auf Grunt: *Black Kangaroo* (1972)

Jethro Tull, so heißt es, sei ein 1674 geborener englischer Landwirt und Schriftsteller gewesen, der 1731 ein Buch publizierte: ‹The New Horses Hoeing Husbandry› (etwa: ‹Wie man Pferde richtig beschlägt›). Die Rockband, die seinen Namen adaptierte, wurde zur Weihnachten 1967 in London von → Ian Anderson (fl, voc, harm, g) gegründet; sie wirkte genauso altertümlich und britisch wie ihr Pate. *Leben in der Vergangenheit* nannte die Band ein Plattenalbum. Im modischen Kleider-Zuschnitt der Charles Dickens-Ära erschienen die Musiker auf der Bühne, als alte Männer ließen sie sich für ein Cover-Foto schminken. Zunächst klang ihre Musik «wie eine elektrisch verstärkte Heilsarmee-Kapelle» (‹Rolling Stone›). Später vollführten sie in der Maske von Tiefseetauchern, Bären und dem weißen Kaninchen Harvey eine Show, die als typisch englische Mischung von Rock, Music Hall, Burleske und Marty Feldmans Comedy Machine über die Rampe kam. Anderson reiste im Spätherbst 1967 mit der siebenköpfigen JOHN EVANS BLUES BAND von Blackpool nach London. Dort formierte er, nachdem sich das Ensemble mangels Engagements aufgelöst hatte, mit Glenn Cornick (bg), Mick Abrahams (g), Clive Bunker (dr), JETHRO TULL. Beim National Jazz and Blues Festival 1968 im Kempton Park außerhalb Londons erntete das Quartett stürmische Ovationen. Obgleich in der Band Einhelligkeit darüber herrschte, «daß alles, was wir tun, nur Showbusiness ist» (Anderson), gab es Streit um die musikalische Richtung. Abrahams, am 7. April 1943 in Luton, England, geboren, wollte mehr Blues spielen, verließ die Gruppe und gründete BLOODWYN PIG. Nach zwei LPs und zwei USA-Tourneen gab der Flugreisen abgeneigte Gitarrist dieses durch starke Bläser-Arrangements gekennzeichnete Ensemble mit dem vorzüglichen Saxophonisten Jack Lancaster wieder auf, versuchte sich 1970 zwei Monate lang an einer Band namens WOMMET und rief schließlich die wenig erfolgreiche MICK ABRAHAMS BAND ins Leben. Bei JETHRO TULL bestimmte Anderson als Komponist, Texter, Arrangeur, Produzent, Bandleader und Star-Solist allein den «logisch entwickelten, bemerkenswert dichten, textlich relevanten» Stil (‹Rolling Stone›). Martin Lancelot Barre (g), John Evans (p, org, mellotron), Jeffrey Hammond-Hammond (bg), Barriemore Barlow (dr) konnten ihn unterstützen, aber nicht verändern. Dennoch war JETHRO TULLS erstes total durchgearbeitetes Album *Aqualung* wegen der religiös-moralisierenden Konzeption und einer allzu flachen und leichtgewichtigen Programm-Musik ungeachtet des Millionen-Erfolgs eine Enttäuschung. Mit *Thick as a Brick* holte Anderson wieder auf. Er gab vor, das Gedicht «Dumm wie Bohnenstroh» eines achtjährigen Wunderkindes namens Gerald Bostock vertont zu haben, das im Fernsehen einen Preis gewonnen und wütende Zuschauerproteste ausgelöst habe. Andersons Begleitstory zufolge hatten Lehrer dem Knaben verboten, den Preis anzunehmen, weil das Gedicht eine Verneinung von Leben, Gott und Vaterland sei; auf der Plattenhülle wurde die Kontroverse durch Zeitungsausschnitte dokumentiert. Tatsächlich hatte der Flötenmeister die ganze Affäre erfunden und seine Zuhörer hinters Licht geführt. Als genialer Phantast und cleverer Geschäftsmann münzte er auch noch den in der internationalen Rock-Publizistik einhelligen Verriß der nächsten LP *Passion Play* als «langweilig, ermüdend und leblos» zu einem Publicity-Gag um, indem er gekränkt erklärte, der Öffentlichkeit seine Huld zu entziehen und «für unbestimmte Zeit» nicht mehr aufzutreten. Obgleich *Passion Play* und *War Child*, mit Sound-Effekten überladen, vor allem Schmock-Poesie und wabernde Lyrismen transportierten, die sich zwischen imitierten Granatexplosionen mitunter jenseits der Grenze guten Geschmacks abspielten, wurde JETHRO TULLS Konzert-Comeback in der Saison 1974/75 zu einem überwältigenden Triumph. Anderson zog wieder alle Show-Register, ließ vier Damen unter Lokkenperücken geigen, einen weiblichen Dirigenten unter Frackschößen verführerische Dessous offenbaren und verlieh der Komödie mit virtuosem Flötenfeuer den gewohnten Glanz. Er sei, urteilte Ulrich Olshausen, aus Menschenverachtung in die Rolle des Hofnarren geschlüpft: «Wenn er sich mit servilem Kratzfuß für den Applaus bedankt, dann ist er der Wissende, der mit seiner Unterwerfung diejenigen verhöhnt, von denen er abhängt.»

LPs auf Chrysalis: *This Was* (1968); *Stand Up* (1969); *Benefit* (1970); *Aqualung* (1971); *Thick as a Brick* (1972); *Living in the Past* (1972); *Passion Play* (1973); *War Child* (1974)

The J. Geils Band formierte sich 1968 in Boston mit Jack Geils jr. (g), Danny Klein (bg), «Magic» Dick Salwitz (harm) von THE J. GEILS BLUES BAND sowie Peter Wolf (voc), Stephen Bladd (dr) von THE HALLUCINATIONS plus Seth Justman (keyboards). «Es gibt nicht allzu viele Bands, die unprätentiös unterhalten», erkannte Geils und ließ sein Sextett in einen hochtourigen, extrovertierten Rock abfahren, der vom authentischen Blues und showprofessionellen Rock 'n' Roll gleich viel übernahm. Die Begeisterung der Musiker für die Blues- und Rock-Veteranen → Muddy Waters, → Junior Wells, → Chuck Berry, → B. B. King gab ihrem Gruppenspiel eine solche sinnliche Intensität, daß sie von einigen Kritikern, die die Gruppe nie live erlebt hatten, für eine schwarze Combo gehalten wurden. Salwitz brannte auf seiner Mundharmonika ein Feuerwerk an Rhythm & Blues-Ekstase ab, das in seiner dynamischen Breite, tonalen Vielfarbigkeit und seinen Multi-Nuancierungen nur mit dem Spiel des (weißen) → Paul Butterfield verglichen werden kann. Nicht minder sensationell traktierte Geils seine Gitarre, die er von minutenlangen süßlichen Schwebetönen bis zu erdigen Stakkato-Riffs manipulierte und auf unzähligen Zwischenstationen in meisterlichen Akkordkaskaden aufschillern ließ. Die hochgepowerten Spielvorgaben wurden vom Sänger Peter Wolf mit einer Vokalakrobatik pariert, deren Show-Exzentrik durch profunde Stilsicherheit vor dem Abgleiten in eine Rhythm & Blues-Karikatur bewahrt wurde. Neben Eigenkompositionen, die zunächst nur «wie eine Fassade von Bluesempfinden ohne wirkliche Substanz» (‹Crawdaddy›) geklungen hatten, brachte die J. GEILS BAND auch vergessene R & B-Titel in ihr Repertoire ein. So polierte sie → Smokey Robinsons Soul-Komposition *First I Look At The Purse* wieder auf und führte → John Lee Hookers *It Serves You Right To Suffer* als Live-Marathon-Stück vor. Ihr Eigenmaterial wurde gehaltvoll, als sich die Band im Wirrwarr der Spielarten schwarzer Musik für den harten Rhythm & Rock entschied. Die neugefundene Selbstsicherheit und stilistische Geschlossenheit dokumentierte die vierte LP *Bloodshot*, auf der J. GEILS BAND «in einzigartiger Manier die Erregung auf der Grenze zu jener Gefährlichkeit vorführte, die der Rock-Musik früher immer zugeschrieben wurde» (‹Crawdaddy›). 1974, als *Nightmares* erschien, spielte die Band «unglaublich geschlossen und ausbalanciert und produzierte dabei so intensive Sounds, daß es unmöglich erschien, ihre Ensembleleistung in Einzelbeiträge zu dividieren» (‹Melody Maker›).

LPs auf Atlantic: *The J. Geils Band* (1970); *The Morning After* (1971); *Full House* (1972); *Bloodshot* (1973); *Ladies Invited* (1973); *Nightmares* (1974)

The Jim Kweskin Jug Band vereinigte sich 1963 in Cambridge, Massachussetts, um Jim Kweskin (voc, g) und schrammelte auf Krug, Kamm, Waschbrett, Mandoline, Fiddle, Klarinette, Seifenkisten-Baß und anderen Amateur-Tonerzeugern unbeschwerte Good Time Music in der Art der Chicagoer Heim-Unterhaltung von etwa 1928. Sie war ein einfallsreicherer Nachfahr der englischen Skiffle-Bewegung vom Ende der fünfziger Jahre. Kweskin legte nie Wert auf ein formal geschlossenes Ensemble und schloß keine Verträge mit seinen Musikern. Manchmal spielte die Truppe als Quartett, manchmal waren ein Dutzend Musikanten beteiligt. Ihr fröhlicher Country-Song, Blues und Ragtime hallte jahrelang durch die amerikanischen Folk Clubs und verklang erst am Ende des Jahrzehnts, als die Ansammlungen der Hippies sich verlaufen hatten, die sich am meisten für Kweskins Flower-Power-Schrum-Schrum begeistert hatten. Im Kern der Band hatte sich vor allem bei Geoff Muldaur (g, mandolin, bj, cl, washboard, voc), dessen Frau → Maria Muldaur (kazoo, tamburin, voc), Richard Greene (vi) inzwischen ein beachtliches Musizierniveau entwickelt, das später anderen Bands zugute kam, als die Muldaurs zur → BUTTERFIELD BLUES BAND und Greene zu → SEATRAIN abwanderten.

LPs auf Vanguard: *Jug Band* (1963); *Jug Band Music* (1965); *Relax Your Mind* (1966); *See Reverse Side* (1967); *Jump for Joy* (1967); *Best* (1968); *What Ever Happened* (1968); *Greatest Hits* (ca. 1969) ... auf Reprise: *Garden of Joy* (1967); *America, with Mel Lyman* (ca. 1969)

Joey Dee & The Starlighters wurden im Winter 1961/62 von der schicken Clique New Yorks als die Twist-Band der Saison entdeckt. Das Quartett um den Saxophonspieler Joey Dee, am 11. Juni 1940 als Joseph di Nicola in Passaic, New Jersey, geboren, musizierte in der Peppermint Lounge an der 45. Straße Manhattans für Greta Garbo, Elsa Maxwell, Tennessee Williams, das Ehepaar Windsor und andere Society-Stars, die die Club- und Hausband bald so populär und gesellschaftsfähig machten, daß Dee und seine STARLIGHTERS am Jahresende 1961 bei einer feudalen Wohltätigkeitsparty im Metropolitan Museum of Art aufspielen durften. Es war das erste Mal, daß die illustren Repräsentanten der älteren Generation der Rockmusik öffentliche Beachtung schenkten und das individualistische Rock-Tanzen den herkömmlichen Tanzstilen vorzogen. In seichten Musikfilmen (‹Hey, Let's Twist›) und stereotypen Rundfunk- und Fernsehauftritten wurde Joey Dee zu einer Figur nationaler Prominenz vermarktet. Seine mäßig eingespielten Schallplatten gerieten immerhin zu Weltbestsellern, vor allem der *Peppermint Twist* von 1962. Doch dem Schnell-Verschleiß der Modetänze erlag auch Joey Dees Popularität. 1963 konnte er mit dem *Ya Ya*-Twist in Europa einen letzten Großerfolg verbuchen, dann wurde es still um ihn und seine Gruppe. Einige Musiker der STARLIGHTERS fanden sich 1965 in der Rock-Band → THE RASCALS zusammen.

LPs (Auswahl) auf Roulette: *Joey Dee & The Starlighters; Portrait of Joey Dee; Doing The Twist at The Peppermint Lounge* (alle 1961/63) ... auf Scepter: *This Was Joey Dee*

John, Elton, bürgerlich: Reginald Kenneth Dwight (voc, p), am 25. März 1947 im englischen Pinner, Middlesex, geboren, wurde in einer kritischen Phase der Rockmusik bekannt, als sich gegen Ende der sechziger Jahre die traditionellen Supergruppen aufzulösen begannen und die thematische Verinnerlichung der drogengeschädigten oder politisch enttäuschten Musiker dem Solo-Performer mehr Chancen auf der Szene einräumte. Der Abbau des Gruppenbewußtseins und die von den → BEATLES angeregte Ästhetisierung des Rock drängten die Gitarre als Lead-Instrument und Symbol der vorgeblichen Rock-Revolution aus ihrer dominierenden Position; die Fixierung auf Einzel-Persönlichkeiten förderte den Superstar-Kult. Das «Pop-Rock-Pantheon» der frühen siebziger Jahre glich nach Meinung von ‹Time› einem «neuen Hollywood: Seine Haupt-Götter haben die verwaisten Plätze der Harlows und Gables eingenommen». In dieser Atmosphäre der Esoterik und des Glamour gelang Elton John 1970 ein glänzender Start: Innerhalb eines Jahres konnte er fünf LPs in den US-Hitparaden placieren, die ihn als nahezu perfekten Songschreiber und Interpreten auswiesen. Seine dramatischen Kompositionen mit ihren langen Melodiewindungen, den raffinierten Dynamikwechseln und schroffen Piano-Akkorden bildeten ein ideales Vehikel für die «cinematographischen Texte» (‹Time›) seines Partners Bernie Taupin, den er 1968 als Mitbewerber um einen Songschreiber-Posten im Londoner Dick James-Musikverlag kennengelernt hatte. Taupins thematische Vorliebe für Bibel-Mythen und Legenden aus dem amerikanischen Westen vermittelte seiner Lyrik den eigenartigen Reiz «vergilbter Tagebuchblätter» (‹Boston Globe›). John trug diese Stimmungscollage aus «Erhabenheit, Pathos, Humor und Depression» (‹Crawdaddy›) in einem nasalen Blues-Falsett vor, das Anklänge an die Artikulationstechnik → Mick Jaggers, → José Felicianos, → Ray Charles' zu einem individuellen Vortragsstil integrierte. Taupins Texte ließen Elton John in verschiedenen Rollen auftreten, so als Astronaut (*Rocket Man*), Bandit (*Ballad Of A Well Known Gun*), Negersklave (*Slave*), Kettensträfling (*Rotten Peaches*), Indianer (*Indian Sunset*), Hippie-Hasser (*Texan Love Song*). Am besten lag ihm wohl die Rolle des Rock 'n' Roll-Stars, die er auf der Bühne bis zur Groteske ausspielte. In bestickten Hot-pants, Batman-T-Shirt und einer Brille mit batteriegetriebenen Scheibenwischern sprang er beim Finale seiner Shows aufs Piano, hechtete über den Flügel, bearbeitete die Tasten mit Füßen und Ellbogen und verkündete hinterher empörten Kritikern: «Ich möchte, daß man mich nicht zu ernst nimmt.» Gelegentlich präsentierte er im weißen Frack vor einem Sinfonieorchester die andere Seite seines Repertoires: neoklassizistisch arrangierte Songs, bei denen das von Paul Buckmaster geführte Orchester die Position der fehlenden Leadgitarre einnahm und John sein Piano nicht als Rhythmus-Instrument, sondern zur Melodieführung einsetzte. Er hatte vor seiner Partnerschaft mit Taupin fünf Jahre Piano und Musiktheorie an der Royal Academy of Music studiert und anschließend mit Studienfreunden die Band Bluesology gegründet, die später in verschiedenen Ensembles von → John Baldry aufging. In seiner Vorliebe für den Rock 'n' Roll der fünfziger Jahre wurde er von seiner Mutter bestärkt, die ihm die ersten Platten von → Bill Haley und → Elvis Presley besorgt hatte. Seine exzentrische Bühnenshow erklärte Elton als psychologische Reaktion auf jene Zeit, da er als dickliches Kind unter Minderwertigkeitskomplexen gelitten und in der Begeisterung für anarchischen Rock 'n' Roll eine Kompensation für seine innere Unfreiheit gesucht habe. Den ersten Erfolg als Komponist brachte ihm der Titel *Lady Samantha*, den → Three Dog Night 1969 für ihr zweites Bestseller-Album aufnahmen. Eltons Debüt als LP-Solist, *Empty Sky* (1969), war ein noch unausgegorener Versuch, seinen individuellen Stil auf Platte zu fixieren. Eine zweite Session mit Streichorchester und Rock-Band erwies sich dagegen als so erfolgreich, daß das Material auf zwei LPs verteilt werden konnte. *Elton John* enthielt sinfonisch getönte Gospel-Songs und komplex arrangierte Songdramen. Vier Monate nach der Veröffentlichung wurde diese LP in den USA mit einer Goldenen Schallplatte ausgezeichnet. Der Rest des Session-Materials fand sich in dem Konzept-Album *Tumbleweed Connection*, «dem wahrscheinlich genauesten Porträt des Bürgerkriegs-Amerika, das jemals im Rock versucht worden ist» (‹Hit Parader›). Hier kam der Gold-Erfolg bereits nach zehn Verkaufstagen. In schneller Folge gab Eltons Plattenfirma ein konfuses Live-Album sowie eine weitere Studio-LP heraus. Zur Überexponierung des Stars trug ferner die gleichzeitige Freigabe eines Film-Soundtracks bei, zu dem er die Musik geschrieben hatte, sowie durch das Re-issue des zuvor erfolglosen *Empty Sky*-Albums. Dem drohenden künstlerischen Fiasko entging John durch Drosselung seiner Produktivität, Einschränkung seiner Konzerttermine sowie Abbau der Pressepublicity. Das nach dieser Abkühlungsperiode veröffentlichte Comeback-Album bestätigte ihn als souveränen Eklektiker. Taupins Texte hatten sich inzwischen von psychedelischer Verspieltheit und üppig wuchernden Metaphern befreit. Die Musikbegleitung von Dee Murray (bg), Nigel Olsson (dr), Davey Johnstone (g) drängte mit stärkeren Rhythm & Blues-Akzenten die Orchesterwellen zurück. Elton ließ dafür seine Bühnenshow überschwappen. Die Kostüme, mit denen er sich fortan garnierte, parodierten in ihrem grotesken Zuschnitt sowie dem exzessiven Verbrauch an Federn, Rüschen und geschmacksmordenden Mustern das zaghafte Transvestitentum solcher Eintags-Glamour-Rocker wie Jobriath, → New York Dolls, Gary Glitter in Grund und Boden. Sein 1974 erneuerter Amerika-Vertrag mit MCA Records brachte John mit 8 Millionen Dollar die damals höchste bekanntgewordene Garantiesumme für einen Rock-Artisten. MCA brauchte um die Rendite nicht besorgt zu sein: In der Showbusiness-Flaute der Wirtschafts-Rezession von 1975 war Elton John mit permanent ausverkauften Konzert-Tourneen, ständig platinveredelten Hit-LPs und weltweiter Dauer-Publicity in allen Medien «das Entzücken der Elite» und «der Held der Teenies» (‹Melody Maker›) – an Massen-Magnetismus nur Elvis Presley vergleichbar.

LPs auf DJM/Hansa: *Empty Sky* (1969); *Elton John* (1970); *Tumbleweed Connection* (1970); *17–11–70* (1971); *Madman Across the Water* (1971); *Honky Château* (1972); *Don't Shoot Me, I'm Only the Piano Player* (1973); *Goodbye Yellow Brick Road* (1973); *Caribou* (1974); *Greatest Hits* (1974) ... auf Paramount: *Friends* (Soundtrack, 1971). Solo-LP Bernie Taupin auf DJM: *Bernie Taupin* (1971). Solo-LP Nigel Olsson auf DJM: *Nigel Olsson's Drum Orchestra and Chorus* (1971). Solo-LP Davey Johnstone auf Rocket/Ariola: *Smiling Face* (1973). LPs von Elton Johns vormaliger Begleitgruppe Hookfoot auf DJM: *Hookfoot* (1971); *Good Times A-Coming* (1972); *Communication* (1972); *Roaring* (1973)

Johnny and The Hurricanes waren ein Team musizierender Schulfreunde aus Toledo, Ohio, das nach dem Examen mit beträchtlichem Erfolg ins professionelle Lager überwechselte. Johnny Paris (sax), Paul Tesluk (org), Dave York (g), Lionel «Butch» Mattice (bg) und Bill Savich (dr) aus Detroit, Michigan, paarten ein rostig schnarrendes Saxophon und eine fiepsige Orgel zum Sound-Duett und konnten damit einige Hits lang Aufmerksamkeit erregen. *Crossfire* (Mai 1959), *Red River Rock* (September 1959), *Reveille Rock* (November 1959), *Beatnik Fly* (Februar 1960), *Down Yonder* (Juni 1960) und *Revival* (September 1960) waren angemessene Ergebnisse ihrer vordergründigen Spieltechnik, die sich zumeist in einem kräftig akzentuierten Tanzbeat erschöpfte. Nachdem ihr Gag-Sound sich in den Ohren der Plattenkäufer abgenutzt hatte, war die Gruppe nicht fähig, ein neues, gleichermaßen effektvolles Klang-Konzept zu entwerfen. Sie geriet daraufhin in die Dunkelzone des Desinteresses und löst sich 1962 auf. Im lukrativen Boom der Rock-Revivals kündigte auch Paris 1974 ein Comeback an. Mit den Hurricanes jedoch hatten höchstens einige passionierte Nostalgiker gerechnet.

LPs (Auswahl) auf London: *Johnny And The Hurricanes* (1959); *Stormsville* (1960); *The Legends of Rock – Johnny And the Hurricanes* (1973)

Johnson, Robert (voc, g), vermutlich 1914 auf einer Plantage bei Clarksdale, Mississippi, geboren, beeinflußte mit seinem ausdrucksstarken Bottleneck-Gitarrenspiel und seinem kompositorischen Ideenreichtum Rock- und Bluesmusiker gleichermaßen. → Muddy Waters sang den *Walkin' Blues* nach, den Johnson von seinem Mentor Son House übernommen hatte. → Eric Clapton spielte mit → Cream *On The Crossroads* ein, die → Rolling Stones kopierten, ohne Quellenangabe, *Love In Vain*, → Led Zeppelin bestückten ihre zweite LP mit Johnson-Riffs und -Verszeilen (*Lemon Song*), → Delaney & Bonnie zollten dem *King of the Delta Blues* (Album-Titel) mit *Poor Elijah* Tribut. Der ruhelose Wandermusiker, «dem alles gleich schien, außer Musik und Sex» (Arnold Shaw), starb seinem ausschweifenden Leben gemäß: Eine eifersüchtige Freundin, so wird berichtet, vergiftete ihn im Dezember 1937 in Dallas, Texas.

LPs auf Columbia/CBS: *King of the Delta Blues Singers; King of the Delta Blues Singers, Vol. 2* (1970)

Jo Jo Gunne wurde 1971 in Los Angeles von ehemaligen Musikern der → SPIRIT gegründet. Jay Ferguson (voc, keyboards), Mark Andes (bg, voc) mochten nicht länger ein ambitioniertes Sammelprogramm aller Rock-Spielarten darbieten. Ihnen lag mehr am Ausbau einer schlagkräftigen Rock 'n' Roll-Truppe, «deren Musik die Leute happy macht und jedermann Spaß und gute Laune bringt» (PR-Statement). Das ist ihnen mit JO JO GUNNE gelungen, die sie programmatisch nach dem Titel eines → Chuck Berry-Songs benannten. Die ursprüngliche Besetzung der Gruppe mit Ferguson, Andes, dessen Bruder Matthew (g, voc) und Curly Smith (dr, voc) änderte sich nach der ersten LP, als Mark Andes von Jimmie Randall an der Baßgitarre abgelöst wurde; Bruder Matthew wurde 1974 durch John Staehely ersetzt. Der Sound dieser «knackigen aufregenden Rock-Band» (‹Melody Maker›) blieb jedoch gleich – «typisch Kalifornien», wie ‹Rolling Stone› meinte: «aufgeweckt, quicklebendig, zuversichtlich, clever und stets ein bißchen keimfrei.»

LPs auf Asylum: *Jo Jo Gunne* (1972); *Bite Down Hard* (1973); *Jumpin' the Gun* (1973); *So, Where's the Show?* (1974)

Jones, Brian (g, voc, harm, sitar, sax, p, org), am 28. Februar 1942 als Sohn eines Flugzeugingenieurs und einer Klavierlehrerin in Cheltenham, England, geboren, war neben → Mick Jagger bei den → ROLLING STONES Idol und Identifikationsfigur für Millionen Jugendliche. Konsequent praktizierte er einen Ego-Trip außerhalb der bürgerlichen Gesellschaft. Er liebte exzessiv und setzte drei uneheliche Kinder in die Welt, für die er wenig und unregelmäßig bezahlte. Er berauschte sich mit Drogen, wurde deswegen zweimal verhaftet, zu neun Monaten Haft verurteilt, dann aber zu einer Geldstrafe begnadigt, weil sein Psychiater darlegte, Jones sei gefährdet, im Gefängnis Selbstmord zu begehen. Bis zu seinem 18. Lebensjahr hatte der Musiker die Cheltenham Grammar School besucht und vor seiner Karriere bei den STONES jeweils kurzzeitig als Optikerlehrling, Plattenverkäufer, Elektriker, Lastwagenfahrer, Müllmann und Altsaxophonist bei der Band THE RAMRODS gearbeitet. Später saß er in drei Aufsichtsräten und fuhr zu seinen Rauschgiftprozessen im Rolls-Royce. Den ROLLING STONES gab er mit seiner Rhythmusgitarre Drive; im Juni 1969 jedoch verließ er die Band, um seine Fähigkeiten am Klavier, an der Orgel und am Saxophon in einer eigenen Combo besser zu nutzen. In der Nacht vom 3. zum 4. Juli 1969 wurde er tot aus dem Swimmingpool seines Landsitzes in Hartford, Sussex, geborgen; der Tod war vermutlich durch einen Asthmaanfall nach Rauschmittel- und Drogengenuß eingetreten. Er hinterließ Schulden in Höhe von etwa 1,7 Millionen Mark. Zu seinem Gedenken ließen die ROLLING STONES bei einem Free Concert im Londoner Hyde Park Hunderte von weißen Schmetterlingen fliegen. Mit seiner ersten LP-Dokumentation der jahrhundertealten Panflöten-Tradition des abgelegenen Marokko-Dorfes Joujouka, die nach seinem Tod veröffentlicht wurde, bewies Brian Jones prophetische Sensibilität für Veränderungen in der Weltmusik. Die repetitive, a-harmonische, an Ornette Colemans Jazz erinnernde, von Timothy Leary und William Burroughs gefeierte Trance Music der Joujouka-Flötisten erschien 1975 als Keimzelle und Archetypus zukunftsträchtiger Trends in E-Musik- (Steve Reich, Terry Riley) und Rock-Avantgarde (Eno, Robert Fripp, Mike Oldfield, → TANGERINE DREAM).

LPs mit den → ROLLING STONES; auf Rolling Stones Records: *Brian Jones presents The Pipes of Pan of Joujouka* (1971)

Joplin, Janis (voc), am 19. Januar 1943 als Tochter eines Direktors der Texaco-Ölgesellschaft in Port Arthur, Texas, geboren, hielt sich stets an die Devise eines ihrer Songs: *Get It While You Can* («Nimm, solange du was kriegen kannst»), oder, mit ihren eigenen Worten: «Berausch dich, sei fröhlich und fühl dich wohl.» Ihr Leben war eine exaltierte Jagd zwischen Bühne, Bett und Bourbon-Whiskey, den sie zeitweise bis zu einem Liter täglich konsumierte. Sie war die Verkörperung der Beatnik-Philosophie «Live fast, love hard, die young» («Lebe intensiv, liebe heftig, stirb jung»). Damit und mit ihrem hemmungslosen Vokalstil, in dem «die gesamte Geschichte des Gesangs auf den Kopf gestellt» wurde (‹Vogue›), etablierte sie sich als Leitbild der Hippiegeneration und als unbestrittene Königin der Rockmusik. Hechelnd und stampfend tobte sie auf die Bühne, riß das Mikrophon vom Stativ und kreischte, «als würde sie von der zweiten Etage eines Bordells herunterbrüllen: Kommt rauf!» (Kritiker Alfred Aronowitz). Dieses Expressivo, das sie mit den unflätigsten Vokabeln kommentierte, verband sie mit derartiger Intonationssicherheit und solchem Nuancenreichtum, «daß technische Gesangsprobleme nicht mehr zu existieren» schienen (‹Frankfurter Allgemeine Zeitung›). Geschult an Schallplatten der verstorbenen Bluesinterpreten → Leadbelly und Bessie Smith, sang die Gelegenheitsstudentin des Lamar College of Technology und der University of Texas mit 18 in Kneipen und Folksong-Lokalen, trampte fünf Jahre lang durch die USA, arbeitete da und dort in Aushilfejobs und holte sich gelegentlich Fürsorgeunterstützung ab. 1966 schloß sie sich in San Franciso der Band → Big Brother and the Holding Company an, mit der sie im August 1967 beim Monterey Pop Festival reüssierte und sich anschließend nach sechsmonatigen Verhandlungen einen lukrativen CBS-Plattenvertrag einhandelte. Als ihre LP *Cheap Thrills* (etwa: «Billige Schauer») herauskam, hörten Kritiker «eine der ungewöhnlichsten Frauenstimmen dieses Jahrzehnts» (‹Life›), ein Mädchen, das «den Blues singt wie keine Weiße zuvor» (‹Village Voice›). Im September 1968 trennte sie sich von Big Brother und stellte sich das Begleitensemble Full Tilt Boogie zusammen, mit dem sie Europa bereiste und ihren *Kozmic Blues* auf eine zweite CBS-LP aufnahm. Die Edition der dritten, die nach ihrem Spitznamen *Pearl* genannt wurde, erlebte sie nicht mehr. Während der Produktion in Los Angeles wurde die Sängerin, die zuvor stets verkündet hatte: «Wer Drogen nimmt, muß verrückt sein, wenn er sich doch mit Southern-Comfort-Whiskey besaufen kann», heroinvergiftet mit 14 Einstichen im linken Unterarm in einem Motelzimmer aufgefunden – am 4. Oktober 1970. Im Studio hatte sie eben ihren besten, postum veröffentlichten Song *Me And Bobby McGhee* aufgenommen, in dem es heißt: «Freiheit bedeutet lediglich, daß du nichts mehr zu verlieren hast.» Eine letzte Aufnahme, in der sie singen wollte, sie sei «lebendig im Blues begraben», hat Janis Joplin nicht mehr vollendet. Das Stück ist auf der Platte *Pearl* nur in einer Instrumentalversion zu hören. Die 2500 Dollar, die sie bar hinterlassen hatte, vertranken 200 Freunde ihrem Wunsch gemäß bei einer Party in San Anselmo, Kalifornien. Ihre Asche wurde, gleichfalls wie von ihr gewünscht, in den Pazifischen Ozean gestreut.

LPs auf Mainstream: *Big Brother and the Holding Company* (1968) ... auf CBS: *Cheap Thrills* (1968); *Kozmic Blues* (1969); *Pearl* (1971); *Live in Concert* (1972); *Greatest Hits* (1973); *Janis* (Soundtrack, 1975)

K

Kay, John, bürgerlich: Joachim Krauledat (voc, g), am 12. April 1944 in Tilsit, Ostpreußen, geboren, gab mit arrogant schnarrender Bluesstimme, finsterer Miene hinter dunkler Sonnenbrille und einer Bühnenmontur aus schwarzem Leder die rechte Galionsfigur für seine Band → Steppenwolf ab, die ihren treibenden Rock mit Kays Bürgerschreck-Appeal dekorierte. Seine Familie war nach der Umsiedlung in die damalige Sowjetzone Deutschlands 1949 in den Westen geflüchtet und 1958 nach Kanada ausgewandert. Die Vorliebe für Rock 'n' Roll und Country-Blues, die er beim Anhören des Soldatensenders AFN gewonnen hatte, versuchte Kay in den Folkclubs seiner neuen Heimat auszuspielen. 1965 schloß er sich der kanadischen Bluesband SPARROW an, die 1967 in Los Angeles zum STEPPENWOLF mutierte. Kay schrieb der Gruppe einige kommerziell attraktive Hitsongs mit griffigen Protest-Texten (*Monster*) und rettete schwaches Songmaterial durch seine oftmals brutalen Vokalattacken, die er effektvoll einzusetzen wußte. 1972 trennte sich Kay eine Zeitlang von seinen Mitspielern und versuchte als Solist, den «vergessenen Songs und unbesungenen Helden» (Albumtitel) seiner Jugendzeit nachzuspüren.

LPs mit → STEPPENWOLF auf Dunhill/Probe ... Solo-LPs auf Dunhill/Probe: *Forgotten Songs and Unsung Heroes* (1972); *My Sportin' Life* (1973)

King, Albert (voc, g, dr), am 25. April 1923 in Indianola, Mississippi, geboren, vaterlos in einer 13köpfigen Familie in Forrest City und Osceola, Arkansas, aufgewachsen, hatte eigener Aussage zufolge den gleichen Erzeuger wie → B. B. King, dessen Gitarren- und Gesangsstil er weitgehend übernommen hat. Er verließ frühzeitig die Schule, arbeitete in Imbiß-Küchen, als Bulldozer- und Lastwagenfahrer sowie auf dem Bau; an Wochenenden trommelte er bei lokalen Arkansas-Bands. Ende 1952 ging er nach Gary, Indiana, und begleitete dort eine Zeitlang → Jimmy Reed am Schlagzeug. Seine erste Plattenaufnahme kam im November 1953 für die Chicago-Marke Parrot zustande: *Be On Your Merry Way, Bad Luck Blues.* Nachdem diese Single ihm bescheidenen Erfolg gebracht hatte, entschloß er sich, eine eigene Band zu gründen. Er ließ sich in St. Louis nieder und ging mehrmals für dortige Zwerg-Musikfirmen ins Studio: 1959 für Bobbin (die Aufnahmen erschienen später auf King), 1964 für Coun-Tree. Mit Ausnahme der King-Single *Don't Throw Your Love On Me So Strong,* die 1961 auf Platz 14 der R & B-Charts kam, machten erst seine Stax-Produktionen nach 1966 dem Sänger und Gitarristen überregional bekannt: *Laundromat Blues* (1966), *Crosscut Saw, Born Under A Bad Sign* (1967), *Cold Feet, Lucy* (1968), *Can't You See What You're Doing To Me* (1970), *Everybody Wants To Go To Heaven* (1971) und andere. Albert King ist ein solider Bluesmusikant, die Originalität seines angeblichen Halbbruders B. B. und die explosive Kommunikationskraft von → Freddie King hat er jedoch nicht annähernd erreicht.

LPs auf King: *Albert King* (1964) ... auf Stax: *Born Under a Bad Sign* (1967); *Life Wire-Blues Power* (1968); *Years Gone By* (1969); *King Does the King's Thing* (1970); *Jammed Together* (mit Steve Cropper, Roebuck Staples, 1971); *Lovejoy* (1972); *I'll Play the Blues for You* (1972); *Wattstax, The Living Word* (1972, Soundtrack, mit anderen); *I Wanna Get Funky* (1974)

King, Carole (voc, p), bürgerlich: Carol Klein, am 9. Februar 1943 in Brooklyn, New York, als Tochter einer Bühnenautorin geboren, singt «Soul für die wohlhabenden Vororte» (‹High Fidelity›). Die «Meistersängerin des jüdischen Blues» (‹Esquire›) artikuliert mit gebremster Empfindsamkeit die Sentimentalitäten der Rhythm- & Blues-begeisterten Großstadt-Jugend. In einem während der frühen sechziger Jahre überaus erfolgreichen Songschreiber-Team mit ihrem Studienfreund und späteren ersten Mann Gerry Goffin komponierte sie eine umfangreiche Material-Sammlung für das Hitparaden-Radio. Die Maximalforderung der Schlagerindustrie, komplexe Verhaltensmuster und differenzierte Gefühlsreaktionen in knapp drei Minuten möglichst simpel zu umreißen, wurde von ihr und ihrem Mann mit verblüffend klischeearmen und raffiniert geradlinigen Songs erfüllt. Die größten Erfolge des Teams Goffin/King waren *Will You Love Me Tomorrow* für die SHIRELLES (1960), *Locomotion* für LITTLE EVA (1962) und *Go Away Little Girl* für Steve Lawrence (1963). Auf dem kurzlebigen eigenen Platten-Label Dimension Records veröffentlichte sie 1962 ihre erste Vokalaufnahme, die zu einem Hit wurde: *It Might As Well Rain Until September.*

Erst 1967 folgte Carole King dem Trend der neuen Rock-Generation zum Vortrag selbstverfaßter Texte. Das Debüt als Eigeninterpretin mit der Gruppe THE CITY war ein Fehlstart. Doch bereits ihr drittes Album, *Tapestry*, das sie 1970 produzierte, wurde mit mehr als fünf Millionen verkauften Exemplaren zu einem der größten Erfolge im Plattengeschäft. Für ihren sanften «Rock, der auch die Andy Williams-Fans nicht erschreckt» (‹New York Times›) erhielt Carole King 1972 vier Grammy-Preise. Weitere von Lou Adler überwachte LPs repetierten ihre Erfolgsformel, weckten jedoch Zweifel an ihrer Beständigkeit als Qualitätsautorin. «Langweilig bis zum Geht-nicht-mehr», mäkelte der ‹Melody Maker›; «unausgeglichene Enttäuschungen» vernahm die ‹Los Angeles Free Press›. Caroles Niveaukurve stieg 1974 wieder leicht an mit dem in neuer Session-Besetzung aufgenommenen Album *Wrap Around Joy*.

LPs auf Ode: *Carole King and the City* (1968); *Writer* (1970); *Tapestry* (1971); *Music* (1971); *Rhymes and Reasons* (1972); *Fantasy* (1973); *Wrap Around Joy* (1974); *Really Rosie* (1975) ... auf London: *Oldies But Goodies* (mit THE COOKIES, Little Eva, 1974)

King Crimson, 1969 in London gegründet, ähnelte wegen seiner fragilen Gruppen-Konsistenz nach Meinung des ‹Melody Maker› «einem Feuerrad: hell und flammend, doch von kurzer Dauer und nur durch Zentrifugalkraft zusammengehalten». Der Komponist Robert Fripp (g, keyboards) war die treibende Kraft des Ensembles. Er versammelte um sich einen Kreis von Elitemusikern und kombinierte mit ihnen verschiedenartige musikalische Ausdrucksformen zu «surrealistischen Werken voller Macht und Originalität» (‹Rolling Stone›). Im CRIMSON-Sound verschmolzen Free Jazz-Elemente, klassizistische Mellotron-Passagen, Rhythm & Blues-Variationen, elektronische Improvisationen sowie die assoziative Poesie Peter Sinfields zu sinfonischen Rock-Strukturen, die sich im Verlauf der LP-Produktionen von «Wagnerischer Fülle zu Haydnscher Zartheit» (‹Crawdaddy›) verfeinerten. Das profunde Musikverständnis der Fripp-Combo zeigte sich in der makellosen Realisierung komplizierter Spielvorlagen mit kühnen Stilsprüngen, ausgeklügelten Klangverästelungen, effektvoll dosierten Ton-Tricks, die weit über den experimentellen Rahmen hinausgingen, in dem sich die → MOODY BLUES oder → PINK FLOYD bewegten. Allerdings neigte KING CRIMSON zur artistischen Selbstgefälligkeit, die sich im Leerlauf allzu ätherischer Instrumental-Passagen erschöpfte oder brillante Ideen durch häufige Wiederholung entwertete. Bei der Gründung bestand die Gruppe aus Fripp, Ian McDonald (fl, vib, keyboards), → Greg Lake (bg, voc), Michael Giles (dr, perc), Sinfield (lyrics). In dieser Besetzung nahm die Band das allegorische Album *In the Court of the Crimson King* (1969) auf. Bei der Produktion der zweiten LP fehlte McDonald. Dafür kamen Mel Collins (sax), Peter Giles (bg) hinzu. Michael Giles schied 1971 aus und gründete mit McDonald ein Folk Rock-Duo. Zu dieser Zeit war Lake bereits Mitglied im neugegründeten Ensemble → EMERSON, LAKE & PALMER. Von nun an gruppierte sich KING CRIMSON nach dem Stress jeder Amerika-Tournee um. Bei der Einspielung der dritten LP *Lizard* (1971) waren – außer Fripp, Sinfield und Collins – Gordon Haskell (bg, voc), Andy McCulloch (dr) dabei. Zur nächsten US-Reise wurde Haskell durch Boz Burrell ersetzt; für McCulloch kam Ian Wallace ins Ensemble. Hauptgrund für den mangelnden Band-Zusammenhalt war Fripps Unvermögen, seinen eigenwilligen Starsolisten genügend kreative Möglichkeiten bei der Synthese so disparater Musikstile und Spielweisen zu geben. Das von Fripp erzwungene Ausscheiden Sinfields (1972), dessen phantasiegewaltige Lyrik ein integraler Bestandteil des CRIMSON-Sounds gewesen war, stellte den Fortbestand der Gruppe ernsthaft in Frage. Dennoch gelang es Fripp, mit David Cross (vi, fl, keyboards), Jamie Muir (perc), Bill Bruford (dr), vormals bei → YES, dem ehemaligen → FAMILY-Mitglied John Wetton (bg, voc) sowie Richard Palmer-James (lyrics) eine vierte King Crimson-Formation zu bilden, die dem Standard der vorhergegangenen Ensembles gerecht wurde. 1974 schmolz die Fripp-Truppe jedoch auf das artistische Existenzminimum von Bruford, Wetton, Fripp ein und wurde von ihm im Oktober aufgelöst. Die Gründe des Rock-Intellektuellen: King Crimson sei in Gefahr gewesen, als Institution zum Geldverdienen zu erstarren; er habe im Kontext der Band keine künstlerische Selbstverwirklichung mehr finden können. Als neuen Partner bei der Realisierung seiner freiformalen Musikkonzepte erkor sich Fripp zunächst den von → Roxy Music verstoßenen Brian Eno.

LPs auf Island: *In the Court of the Crimson King* (1969); *In the Wake of Poseidon* (1970); *Lizard* (1970); *Islands* (1972); *Earthbound* (1972); *Larks' Tongues in Aspic* (1973); *Starless and Bible Black* (1974); *Red* (1974); *King Crimson USA* (1975). LP Giles, Giles & Fripp auf Deram: *The Cheerful Insanity of ...* (1968). Solo-LP Pete Sinfield auf Manticore: *Still* (1973). Solo-LP Peter Giles und Ian McDonald auf Island: *McDonald and Giles* (1970). Solo-LP Gordon Haskell auf Atlantic/Atco: *It is and it isn't* (1971). Solo-LP Robert Fripp: *No Pussy-footing* (mit Brian Eno, 1973)

King, Freddie (voc, g), am 30. September 1934 in Longview, Texas, geboren, singt und spielt in der Bluestradition von → T-Bone Walker und → B. B. King. In den schwarzen Gettos seit den fünfziger Jahren renommiert, erreichte er erst 1971 durch die Unterstützung von → Leon Russell, der ihn für sein Shelter-Label verpflichtete, das Rock-Publikum und den weißen Musikmarkt. Mit sechzehn Jahren war er von Gilmer, Texas, nach Chicago gereist. Dort arbeitete er mit → Howlin' Wolf, den Four Blazes und dem Harmonikaspieler «Little» Sonny Cooper, den er 1953 auf Platten der Marke Parrot begleitete. Als Studiomusiker geschätzt, produzierte er um 1959 seine erste Solo-Single *Country Boy* für die Mini-Firma El-Bee. Danach verpflichtete ihn die mächtige Blues-Company King in Cincinnati, die seine Hitplatten *Have You Ever Loved A Woman* (1960), *Hideaway* auf ihrem Sub-Label Imperial veröffentlichte. Mit *Bossa Nova and Blues* schaffte er 1963 einen veritablen LP-Bestseller. Auch auf dem King-Album *Smokey Smothers Plays the Back-Porch Blues* des späteren TV-Komiker-Stars Smothers war seine beseelte Gitarren-Spielweise zu hören. 1970 tat er sich für zwei Cotillion-LPs mit dem Tenorsaxophonisten → King Curtis zusammen. Niemals jedoch wurde er so sensibel und rhythmisch einfühlsam unterstützt wie auf *Texas Cannonball* von Leon Russell (p), Don Preston (g), John Gallie (org), Carl Radle (bg), Chuck Blackwell, Jim Gordon (dr). Für dieses Album komponierte ihm Russell neben anderen Blues-Songs auch das Stück *Me And My Guitar*, das er in Konzerten seither als musikalische Visitenkarte präsentiert.

LPs auf King: *Freddy King Sings* (1961); *Let's Hide Away* (1961); *Boy, Girl, Boy* (mit Lula Reed, Sonny Thompson; 1962); *Bossa Nova and Blues* (1963); *Bonanza of Instrumentals* (1964); *Hideaway* (1970) ... auf Cotillion: *Freddy King is a Blues Master*; *My Feeling for the Blues* (beide mit → King Curtis, 1970) ... auf britisch Polydor: *Freddy King* (1971); *His Early Recordings* (1972) ... auf Shelter: *Getting Ready* (1971); *Texas Cannonball* (1972) ... auf RSO: *Burglar* (1974)

King, Riley B. B. (voc, g), am 16. September 1925 auf einer Farm in Itta Bene nahe Indianola, Mississippi, geboren, ist «ohne Zweifel die Vater-Figur des heutigen Blues» (‹Jazz & Pop›). «Jeder Blues- und Rock-Gitarrist, der ihn nicht als einen wichtigen Einfluß nennt», urteilt ‹Rolling Stone›, «ist entweder ein Ignorant oder ein Lügner.» Kein Sänger hat in seinem Text-Interpretationen wie er den Eindruck höchster Dramatik und Aufrichtigkeit erweckt, kein Gitarrist einen derartigen Modulations- und Nuancenreichtum zuwege gebracht. 22 Jahre lang hatte der «King of the Blues», wie ihn die amerikanische Discjockey Association 1966 ehrte, in Südstaaten-Spelunken und Getto-Bars *Nothing But The Blues* (Songtitel) von sich gegeben und dabei jährlich mehr als 300 Abende in die Saiten gegriffen, ehe er auch bei den Weißen Gehör fand. Als er vier Jahre alt war, verließ der Vater die Familie; fünf Jahre später starb die Mutter: «Ich molk zehn Kühe am Morgen und zehn am Abend. Zur Schule, einer Baracke, in der ein Lehrer 87 Kinder unterrichtete, hatte ich einen Weg von fünf Meilen zu laufen, zehn Meilen am Tag.» Zwölfjährig wurde er festbestellter Farmarbeiter: «Zehn Jahre ging ich hinter dem Pflug.» Ursprünglich wollte er Spiritualsänger «in der Art des GOLDEN GATE QUARTETTS» werden; ein älterer Vetter, der Bluessänger Bukka White, brachte ihm die ersten Gitarrengriffe bei. Danach erlöste er als Straßensänger 25 bis 30 Dollar pro Woche. Vom Militärdienst wurde er 1943 suspendiert, «weil in der Heimat jeder Farmarbeiter gebraucht wurde». 1947 wurde er Radio-Discjockey in Memphis und sprach Werbetexte für ein medizinisches Tonikum. Dort legte er sich das Pseudonym «Beale Street Blues Boy» zu, das später zu B. B. abgekürzt wurde. 1949 machte er für Bullet seine ersten Aufnahmen und hatte 1952 mit dem *Three O'Clock Blues* einen ersten Hit. Seitdem hat er, wie der Kritiker Stanley Dance ermittelte, «mehr Alben und Singles verkauft als jeder andere Bluessänger in Vergangenheit und Gegenwart». Der große Erfolg aber kam erst, als stilreiner Blues auch auf dem weißen Musikmarkt zum Modeklang geworden war: «Ich lehnte es ab, unter der Rock 'n' Roll-Fahne zu segeln, wie es viele Bluesmusiker taten. Wenn Nat King Cole in Nightclubs auftreten und ein großer Popsänger sein konnte, wenn Frank Sinatra mit seinen Songs ein großer Mann werden konnte, wenn Mahalia Jackson durch ihre Spirituals berühmt wurde – warum sollte ich dann nicht Blues singen und trotzdem ein Künstler sein?» Die Konsequenz hat sich bezahlt gemacht: Nach seinen diversen Europa-Reisen und einer USA-Tournee mit den → ROLLING STONES wird B. B. King auch in der Carnegie Hall und in den Show-Tempeln von Las Vegas gern gehört. Diese Plüsch-Welt hat allerdings auch ein gut Teil seiner alten Überzeugungskraft verschluckt. *The Thrill Is Gone* (Die Spannung ist weg), Titel eines seiner Hits, gilt nun auch für so überproduzierte King-LPs wie beispielsweise *Guess Who* oder den verunglückten Abstecher in den Philadelphia-Sound mit dem Titel *Friends*. Die theoretisch verheißungsvolle Kolaboration mit dem stilistisch ähnlichen Bluesinterpreten → Bobby «Blue» Bland vor Live-Publikum entartete zu einem akustisch peinigenden Konkurrenzkampf. Seine beste Platte in neuerer Zeit hat er 1971 mit seinen ehemaligen Schülern gemacht. Unter dem Titel *B. B. King in London* spielten mit ihm → Alexis Korner, → Steve Winwood, → Peter Green, Steve Marriott, Klaus Voormann und → Ringo Starr.

LPs (Auswahl) auf Kent: *Anthology 1949–50* (re-issue 1970); *The Jungle* (1966) ... auf Crown/United: *Singin' the Blues* (1959); *The Blues* (1960); *I Love You So* (1960); *Sings Spirituals* (1960); *The Great* (1960); *King of the Blues* (1961); *My Kind of Blues* (1961); *More B. B. King* (1962); *Easy Listening Blues* (1963); *Heart Full of Blues* (1963); *B. B. King* (1963) ... auf ABC Paramount: *Mr. Blues* (1963); *Live at the Regal* (1965); *Confessin' the Blues* (1966) ... auf Bluesway: *Blues is King* (1967); *Blues on Top of the Blues* (1968); *Lucille* (1968); *The Electric* (1968); *Alive and Well* (1969); *Completely Well* (1969); *Back in the Alley* (1974) ... auf ABC/Probe: *Indianola Mississippi Seeds* (1970); *Live in Cook Country Jail* (1971); *In London* (1971); *L. A. Midnight* (1972); *Guess Who* (1972); *Best of B. B. King* (1973); *To Know You is to Love You* (1973); *Friends* (1974); *Together for the First Time – Live* (mit Bobby Bland, 1974)

The Kingston Trio, 1957 in Stanford, Kalifornien, von drei frisch diplomierten Betriebswirtschaftsstudenten gegründet, ebnete der von den → WEAVERS (*Goodnight Irene*) und TARRIERS (*Banana Boat Song*) Mitte der fünfziger Jahre initiierten Renaissance der Folk-Musik den Weg von den College-Campussen in die Jukeboxes überall im Land. Dave Guard (voc, g, b, ukelele) und Bo Shane (voc, g, b, ukelele) aus Honolulu, Hawaii, mühten sich mit ihrem Studienfreund Nick Reynolds (voc, b, g) aus Coronado, Kalifornien, die Authentizität ihrer Volksmusik-Vorlagen im kommerziellen Rahmen zu bewahren. 1958 hatte das Trio, das seinen Namen aus → Harry Belafontes Song *Kingston Market* ableitete, den ersten Hit mit *Tom*

Dooley, einer Ballade aus dem 19. Jahrhundert über die Hinrichtung des Eifersuchtsmörders Tom Dula durch den Strick – 1868 in Statesville, North Carolina. Neben solchen Moritaten nahmen die Sänger Sea Shanties, polynesische Folklore, Trapper- und Cowboy-Weisen in ihr Programm, aber auch → Dylan-Kompositionen und Chansons von Jacques Brel. Mit polierten Gruppenharmonien und makelloser Instrumentalbegleitung erhob das KINGSTON TRIO seine Songs fast zu Kunstliedern und entsprach damit durchaus dem Geschmack seiner College-Zuhörer, für die Folk-Musik Teil ihres Bildungsgutes war. Guard, Shane und Reynolds paßten sich auch in ihrem äußeren Habitus der Campus-Elite an: Mit längsgestreiften Button Down-Hemden, weißen Sporthosen und Tennisschuhen verkörperten sie den Typ des höheren Bürgerjungen. Ihre professionelle Routine wurde durch Enthusiasmus für die neue Folklore-Kultur, gutmütigen Humor und Verständnis für den ethnischen Background ihrer Lieder aufgelockert. Zahlreichen Nachfolge-Gruppen wie → PETER, PAUL & MARY, THE NEW CHRISTY MINSTRELS und → CHAD AND JEREMY diente das KINGSTON TRIO als Anregung und Vorbild. 1961 verließ Dave Guard die Gruppe und wurde durch → John Stewart ersetzt, der die Folk-Akademiker sechs Jahre lang in ihrer letzten Karrierephase begleitete.

LPs (Auswahl) auf Capitol: *The Kingston Trio* (1958) ... *From The Hungry I* (1959); *Stereo Concert* (1959); *The Kingston Trio at Large* (1959); *Here We Go Again!* (1959); *Sold Out* (1960); *String Along* (1960); *The Last Month of the Year* (1960); *Make Way* (1961); *Close Up* (1961); *Going Places* (1961); *College Concert* (1962); *The Best of The Kingston Trio* (1962); *Something Special* (1962); *New Frontier* (1963); *Number 16* (1963); *Sunny Side* (1963); *Sing a Song with the Kingston Trio* (1964); *Time to Think* (1964); *Back in Town* (1964); *The Folk Era* (1965); *The Best of the Kingston Trio, Vol. 2* (1965); *Something Else* (1966); *Children of the Morning* (1966); *Best of the Kingston Trio, Vol. 3* (1966); *Tom Dooley/Scarlett Ribbons* (1970) ... auf Decca: *Stay Awhile* (1965); *Somethin' Else* (1966); *Nick-Bob-John* (1966) ... auf Tetragrammaton: *Once Upon a Time* ... auf Pickwick: *Kingston Trio*

The Kinks gingen am Neujahrstag 1964 aus einer Amateurband hervor, die schon drei Jahre lang unter dem Namen THE RAVENS im Londoner Stadtteil Muswell Hill getingelt hatte. Ihr lärmender Rock, eine «rudimentäre und anglisierte Interpretation der angeschwärzten US-Popmusik aus der Eisenhower-Ära» (‹New York Times›), wurde von der Teenager-Begeisterung für Liverpool- und Manchester-Beat auf zahlreichen Singles in die Hitparade transportiert. *You Really Got Me, Louie Louie, All Day And All Of The Night, Tired Of Waiting For You, See My Friends, Where Have All The Good Times Gone, Dead End Street, Set Me Free, Till The End Of The Day* gehörten zwischen 1964 und 1966 zu ihren Bestsellern. Von den Stücken *Sunny Afternoon, Well Respected Man* (1966) an entwickelte sich Bandleader Ray Davies (voc, g, keyboards), geboren am 21. Juni 1944 in London, zum «einzigen Pop-Songschreiber, der fortwährend das Risiko einging, ein so verwegenes Thema wie den Konservativismus einfacher Leute darzustellen» (‹Cream›). Dazu führte Davies, der während der Studentenzeit an der Hornsey Art School noch Theaterregisseur werden wollte, seinen Bruder Dave Davies (voc, g) und die weiteren Mitspieler Pete Quaife (ab 1969 John Dalton [bg]), Mick Avory (dr) sowie seit Frühjahr 1970 John Gosling (org) in die altertümliche Klangwelt des Vaudeville und der Music Hall-Unterhaltung zurück. Zentrum dieser «charmanten Oase» (‹Rolling Stone›) von Kleinbürger-Träumen und -Traditionen inmitten der Rock-Szene war die oft mit → Pete Townshends *Tommy* verglichene LP *Arthur* über «Niedergang und Verfall des britischen Weltreichs» (Untertitel). Die TV-Produktionsfirma Granada, die *Arthur* bei Davies als Soundtrack zu einem Fernsehfilm bestellt hatte, weigerte sich, das musikalische Spießer-Psychogramm zu produzieren: Die Story des Teppichhändlers Arthur Morgan, der die Sinnlosigkeit seines Lebens erkennt und sogar an Churchill zweifelt, war den Auftraggebern zu pessimistisch; die Songtexte («Aristokraten und Bürokraten sind dreckige Ratten») empfanden sie als «zu renitent». Tatsächlich war Davies zu dieser Zeit in seiner Weltsicht bereits von der Melancholie zu bitterem Sarkasmus gelangt. Die folgende LP *Lola Versus Powerman* kam als treffsichere Satire auf das Musikgeschäft heraus. Porträtiert wurden Verleger, Hitparaden-Manager und Platten-Bosse, die vom Gewinn einer Schallplatte stets so viel kassieren, daß es für die Musiker «nur noch zum Überleben reicht». Seine eigenen Agenten, die «noch nicht einmal die Texte und Melodien kennen», nahm Davies nicht aus; im Stück *Das Money-Karussell* wurden sie als korrupte Ausbeuter besungen. Nach dem Wechsel zur US-Plattenfirma RCA setzte Davies seine Song-Analyse der Unterhaltungsbranche mit der LP *Everybody's in Show Biz* fort und wandte sich mit *Muswell Hillbillies* verstärkt amerikanischen Musik-Idiomen zu. «Das magische Königreich der KINKS», urteilte ‹Rolling Stone›, «ist ein Rock-Disneyland in seiner allerschönsten Form.» Von dort kehrte Ray Davies 1973/74 mit der aufwendigen Sozial-Parabel *Preservation Act 1 + 2*, die in Fortsetzungen auf einer LP und in einem Doppelalbum erschien, nach Großbritannien und zu massiver Gesellschaftskritik zurück. Der für szenische Aufführungen geplante Song-Zyklus, formal an *Arthur* anschließend, zeigte Klassenauseinandersetzungen, Kapitalismus und die Vision einer sozialistischen Gesellschaft in einem Zerrspiegel: Jedermann ist gleich anfällig für Korruption. Die Satire auf moralische und politische Defekte der gesellschaftlichen Leitfiguren wurde in Songs wie *There's A Change In The Weather, Money Corruption/I Am Your Man, Shepherds Of The Nation* textlich plausibel, ermangelte jedoch gelegentlich ironischer Pfiffs und melodischer Dichte.

LPs auf Pye/Reprise: *Kinks (You Really Got Me)* (1964); *Kinda Kinks* (1965); *Kink Kontroversy* (1965); *Kinkdom* (1966); *Greatest Hits* (1966); *Face to Face* (1967); *Live Kinks* (1967); *Something Else* (1967); *The Kinks are the Village Green Preservation Society* (1968); *Arthur or The Decline and Fall of the British Empire* (1969); *Lola Versus Powerman and the Money-Go-Round* (1970); *Percy* (1971); *Kinks Kronikles* (1972); *The Great Lost Kinks Album* (1973) ... auf Pye/Golden Hour Double: *Lola, Percy and the Apeman Come Face to Face with the Village Green Preservation Society, Something Else* (re-issue-Doppelalbum, 1974) ... auf RCA Victor: *Muswell Hillbillies* (1971); *Everybody's in Show Biz – Everybody's a Star* (1972); *Preservation Act 1* (1973); *Preservation Act 2* (1974); *Soap Opera* (1975)

Knight, Curtis (voc, g), am 9. Mai 1945 in einer Indianerreservation in Fort Scott, Kansas, als Abkömmling von Schwarzen und Schwarzfußindianern geboren, ging vor allem durch seinen frühen Kontakt mit → Jimi Hendrix, über den er das Buch ‹Jimi, an intimate biography› (1974) geschrieben hat, in die Rockgeschichte ein. Mit seiner im Kirchendienst engagierten Mutter, von der er das lyrische Talent geerbt haben will, wuchs er in Kansas, Colorado und Arizona auf, war als Air Force-Freiwilliger in Nordafrika, Europa und Japan stationiert und landete 1963 in einer New Yorker YMCA-Herberge. Als Musiker experimentierte er damals nach eigenen Angaben «mit verschiedenartigen Klängen und Rhythmen, fusionierte indische Musik mit Blues, Religiöses mit Rock, um etwas Neues zu finden». Auf seinen Platten ist wenig davon zu spüren. Knights dokumentierte Musik besteht hauptsächlich aus elektrisch hochgetrimmtem Blues mit Rezitativpartien (Rap) und relativ geringer melodischer Substanz. 1964 traf er zufällig den mittellosen Jimi Hendrix in einer New Yorker Hotel-Lobby, borgte ihm eine Gitarre, ließ ihn in seiner Band mitspielen und nahm mit ihm für den Produzenten Ed Chalpin überwiegend Knight-Kompositionen auf Platten auf. Eines der Stücke, *Ballad Of Jimi*, war entstanden, nachdem Hendrix im September 1965 (zutreffend) prophezeit hatte, er sei in fünf Jahren tot. Hendrix spielte bei der Aufnahme alle Instrumente – außer Schlagzeug – und sang zusammen mit Knight. Den Verlust seines Partners Hendrix, der 1966 vom Ex-ANIMAL Chas Chandler nach London abgeworben wurde und ohne Goodbye verschwand, hat Curtis Knight nicht verwunden. Sein Hendrix-Buch ist der Versuch, sich als enger Vertrauter des genialischen Gitarristen bis zu dessen Ende zu stilisieren; sein Gitarrenspiel lebt von den durch Hendrix entwickelten Techniken. In seiner Londoner Band ZEUS, mit der er 1974 das Album *Sea of Time* herausbrachte, spielten zu dieser Zeit Nicky Hogarth (keyboards), Andy Beirne (dr, perc, harm), Jeremy Havard (bg, b, g), Eddie Clarke (g).

LPs auf Capitol: *Day Tripper* (1968) ... auf London mit Jimi Hendrix: *Get That Feeling* (1968); *Strange Things* (1968) ... auf Paramount: *Down in the Village* (1972) ... auf Philips: *Sea of Time* (1974)

Knox, Buddy Wayne (voc, g), am 20. Juli 1933 in Happy, Texas, geboren, machte 1956 als Psychologiestudent des West Texas State College mit seinem Partner Jimmy Bowen (voc, b) sowie Donnie Lanier (g), Dave Allred (dr) unter dem Band-Namen RHYTHM ORCHIDS in Norman Pettys Studio in Clovis, New Mexico, die Aufnahmen *Party Doll* und *I'm Stickin' With You*. Zuerst auf ihrem eigenen Label Triple D, dann auf der lokalen Marke Blue Moon veröffentlicht, teilten sich Knox und Bowen schließlich die beiden Stücke und verkauften sie an Roulette Records in New York. Am 30. März 1957 war *Party Doll* mit dem Interpretennamen Knox in der ‹Billboard›-Hitliste Nr. 1; Bowens *Stickin'* entwickelte sich gleichfalls zum Millionenseller. Knox nahm seine zweite Hit-Single *Rock Your Little Baby To Sleep* als «Lieutenant Buddy Knox» während des Armeedienstes auf und erwirkte Sonderurlaub für die Teilnahme am Film ‹Jamboree›, in dem er seinen dritten Erfolgstitel *Hula Love* zum besten gab. 1960 verließ er Roulette und sang während der sechziger Jahre für Liberty, Ruff, Reprise und United Artists. Außer dem Liberty-Einstand *Lovey Dovey* (1960) gelangen ihm mit seinem Country & Western-gefärbten Rock 'n' Roll seither nur noch mäßige Umsätze. Die Popularität von *Party Doll* hat er mit keiner seiner späten Singles erreicht.

LP-Plattenaufnahmen auf MCA: *American Graffiti* (1973, mit anderen) ... auf Increase: *Cruisin' 1957* (1970, mit anderen) ... auf United Artists: *Rock 'n' Roll Street* (1973, mit anderen); *The Many Sides Of Rock 'n' Roll Vol. II* (1974, mit anderen)

Kooper, Alan «Al» (voc, p, org, g), am 5. Februar 1944 im New Yorker Stadtteil Brooklyn geboren, war eine einflußreiche, aber umstrittene «graue Eminenz der Rockmusik» (‹Melody Maker›). Einerseits hat er als Instrumentalist, Komponist, Produzent und Mitgründer von → BLUES PROJECT und → BLOOD, SWEAT & TEARS den Trend zum Jazz Rock entscheidend mitbestimmt. Andererseits sind seine Soloplatten in der Regel narzißtisch überproduziert und leiden unter einer marmeladenhaften Süße und Schwerflüssigkeit. «Er kann Effekte, Phrasen und Melodien jeglicher Herkunft so benutzen, daß sie den Stempel seiner originellen musikalischen Handschrift tragen» (‹Rolling Stone›), aber diese Handschrift zeugt nicht immer von Stilsicherheit und Geschmack. Mit vierzehn wurde er Profimusikant bei den ROYAL TEENS, die 1958 mit *Short Shorts* einen Nummer-1-Hit landen konnten. Mit sechzehn machte er sich als Studiogitarrist einen Namen und besuchte 1962 ein Jahr lang die University of Bridgeport. Mit den Hit-Songs *This Diamond Ring* für GARY LEWIS AND THE PLAYBOYS sowie *I Must Be Seeing Things* für → Gene Pitney setzte er 1963 seine Komponistenkarriere fort. Als Mitglied des BLUES PROJECTS begleitete er 1965 → Bob Dylan als Organist auf der epochemachenden LP *Highway 61 Revisited* und wurde auch später zur Produktion der Dylan-Platten *Blonde On Blonde* und *New Morning* geholt. Nach der Gründung von BS & T bespielte er 1968 zusammen mit → Mike Bloomfield (g) und → Stephen Stills (g) das Album *Super Session*, das den Überraschungserfolg einer Gold-LP erzielte, und produzierte Platten der Don Ellis-Bigband, der Rockgruppen APPALOOSA, → LYNYRD SKYNYRD und anderer Interpreten. Auf den LPs *Electric Ladyland* von → Jimi Hendrix und *Let It Bleed* der → ROLLING STONES ist er als Gastmusiker zu hören. Zudem machte er als Vokalist Soloplatten voller Schwulst-Arrangements und Studio-Gimmicks. Die ‹New York Times› faßte das allgemeine Kritikerurteil zusammen: «Kooper sucht den Heiligen Gral perfekter Kommerzialität, aber sein Talent ist begrenzt. Er singt anständig, aber nicht spektakulär. Er schreibt Melodien, die in der Erinnerung bleiben, und er ist ein vielseitiger Musiker. Zu oft freilich erinnert er an den bekannten Hans, der auf zu vielen Hochzeiten tanzt.»

LPs auf Verve mit → BLUES PROJECT ... auf CBS: *Child is Father to the Man* (mit BS & T, 1968); *Super Session* (mit Bloomfield, Stills, 1968); *I Stand Alone* (1969); *You Never Know Who Your Friends Are* (1969); *The Live Adventures of Mike Bloomfield and Al Kooper* (1969); *Kooper Session* (mit Shuggie Otis, 1969); *Easy Does It* (1970); *New York City* (1971); *Childhood's End* (1972); *Naked Songs* (1972); *Al's Big Deal/Unclaimed Freight* (1975) ... auf United Artists: *The Landlord* (Soundtrack, 1970)

Korner, Alexis (g, voc), am 19. April 1928 in Paris geboren, war der erste professionelle weiße Bluesmusiker in Europa. Nachdem er in den fünfziger Jahren mit den englischen Jazz-Traditionalisten Ken Colyer und Chris Barber Dixieland gespielt sowie die farbigen US-Sänger → Muddy Waters, Memphis Slim, Speckled Red, Sonny Terry und Brownie McGhee auf deren England-Tourneen begleitet hatte, gründete er 1961 im Londoner Stadtteil Ealing BLUES INCORPORATED, die erste Supergroup der Rockmusik. Dieses Ensemble, dem 1962 → Mick Jagger, → Charlie Watts, → Jack Bruce, → Ginger Baker, → Eric Burdon, → Graham Bond, → Dick Heckstall-Smith und → Long John Baldry angehörten, wurde zur Keimzelle prominenter Gruppen wie beispielsweise der → ANIMALS, der → GRAHAM BOND ORGANISATION, der → MANFRED MANN-GRUPPE und der → ROLLING STONES. In späteren Jahren ermutigte Korner seine Mitspieler Danny Thompson und Terry Cox, die Folk Rock-Combo → PENTANGLE zu gründen. Er lancierte den Sänger → Robert Plant zu → LED ZEPPELIN und half bei der Gründung der → FREE. Bevor er auf diese Weise zur einflußreichsten Persönlichkeit der Londoner Popszene wurde, bevor er in zahllosen Funk- und TV-Sendungen (Beispiele: ‹Blues roll on›, ‹Korner's Corner›, ‹Blues is where you hear it›) sowie in öffentlichen Vorträgen die US-Negermusik analysierte und propagierte, hatte der Sohn eines ehemaligen österreichischen Kavallerieoffiziers und einer griechisch-türkischen Mutter in der Schweiz, Frankreich und Nordafrika gelebt. Mit einem der letzten französischen Flüchtlingsschiffe emigrierte seine Familie zu Beginn des Zweiten Weltkrieges nach England. 1947/48 legte Korner als britischer Besatzungssoldat bei den Sendern BFN und NWDR in Westdeutschland Schallplatten auf und spielte in Hamburger Jazzlokalen Gitarre. Er hat mit seinen Bluesbands Charles Mingus-Kompositionen und reine Rockstücke aufgeführt sowie mit Free Jazz, indischer und afrikanischer Musik experimentiert. Seine Besetzungen wechselte er häufig – von der BLUES INCORPORATED (1962 bis 1967) über die NEW CHURCH (1969/70), das Duo mit dem dänischen Gitarristen Peter Thorup und die Rockbigband CREATIVE CONSCIOUSNESS SOCIETY (CCS) bis zur Gruppe SNAPE, die im Frühjahr 1972 während seiner ersten USA-Reise zustande kam: «Ich war immer mehr an einer guten Band als an der zweifelhaften Rolle eines Solostars interessiert.» Obgleich er mit einem bemerkenswerten Intonationsreichtum singt und über eine solide Gitarrentechnik verfügt (er wurde dafür vom englischen ‹Melody Maker› und von der US-Zeitschrift ‹Jazz & Pop› ausgezeichnet), sagt er: «Ich mag meine Schallplatten nicht. Ich war nie in der Lage, mit Stimme und Instrument das zu verwirklichen, was ich in meinem Kopf höre. Aber ich habe Spaß daran, es immer noch einmal zu versuchen.»

LPs auf Folklore: *The Legendary Cyril Davis* (rec. 1957, ed. 1970) ... auf Just: *All Star Blues Band* (ed. 1974) ... auf Tempo: *Alexis Korner's Skiffle Group* (1957); *Alexis Korner's Blues Incorporated* (1969) ... auf Ace of Clubs: *R & B from the Marquee* (1962); *Alexis Korner's Blues Incorporated* (1963) ... auf Transatlantic: *All Stars/Blues Incor-*

porated (1964); *Red Hot from Alex* (1964) ... auf Oriole: *Live at the Cavern* (1965) ... auf Fontana: *I Wonder Who* (1966) ... auf Polydor: *Blues Incorporated* (1967) ... auf Liberty: *New Generation of Blues* (1969) ... auf Rak: *CCS I* (1970); *CCS II* (1971) ... auf Metronome: *Both Sides* (1970); *Alexis* (1971); *Bootleg Him* (1972); *Snape/The Accidental Band* (1972); *Live* (1973) ... auf Polydor: *Alexis Korner* (1974); *Get Off of My Cloud* (1975)

Kottke, Leo (g, fl, vi, tb, voc), am 11. September 1945 in Athens, Georgia, geboren, wurde im März 1973 von der Zeitschrift ‹Osmosis› in Tulsa, Oklahoma, als ein «Superstar, von dem man bloß noch nichts gehört hat», bezeichnet. Die ‹Los Angeles Free Press› nannte ihn einen «complete performer», die ‹Frankfurter Allgemeine Zeitung› ein «Folk-Gegenstück zum Pop-Jazz-Star → John McLaughlin». Weder stilistisch noch technisch scheint es für den in Muskogee aufgewachsenen ehemaligen Posaunisten auf der sechs- und zwölfsaitigen Gitarre Beschränkungen zu geben. Autodidakt Kottke, Enkel deutscher Einwanderer, der Bach, Copland und Opernarien liebt, treibt seine atemberaubend virtuosen Improvisationen bis weit in die Bereiche klassischer Saitenkunst, des Flamenco und in die Blues- und Bluegrass-Folklore vor. Burl Ives, das → Kingston Trio, → Jimmie Rodgers und → Pete Seeger gehörten zu seinen frühen Vorbildern. Aber «die harmonischen Erweiterungen, die formale Gestaltung mancher fast schon sinfonisch angelegten Stücke, die Dynamik, der enorme Swing, die massiven Akkordbegleitungen schwierigster melodischer Figuren, der Einsatz von Flageolett-Registern und vor allem der Klang machen Kottke zu einem gänzlich originellen Gitarristen» (Kritiker Ulrich Olshausen). → John Fahey, Inhaber der Plattenmarke Takoma Records und Produzent früher Kottke-LPs, fand seine harte Stimme «unerträglich» und konzentrierte sich im Studio ganz auf Kottkes flinke Finger. Auf Capitol trug das eigenwillige, ausgeprägte Country & Western-Organ viel zur emotionalen Vertiefung seiner gitarrentechnischen Bravourstücke bei.

Solo-LPs auf Takoma Records: *6- And 12-String Guitar* (ca. 1970) ... auf Symposium: *Circle 'Round the Sun* (1970) ... auf Capitol: *Greenhouse* (ca. 1971); *Mudlark* (ca. 1972); *My Feet are Smiling* (1973); *Ice Water* (1974); *Dreams & All That Stuff* (1974) ... mit Peter Lang und John Fahey auf Takoma Records: *Leo Kottke, Peter Lang, John Fahey* (1974)

Kraftwerk, 1968 in Düsseldorf zunächst unter dem Namen Organisation gegründet, bezog seine Energie von den Musikstudenten Ralf Hütter (keyboards, voc), Florian Schneider-Esleben (fl, vi, voc electronic perc). Die von den beiden Rock/Jazz-Fanatikern mit Andreas Hohmann (dr), Klaus Dinger (dr) eingespielte Debüt-LP *Kraftwerk* (1970) bot einen zu jener Zeit populären Elektronik-Verschnitt à la → Pink Floyd und lieferte mit *Ruckzuck* den progressiven Diskotheken Deutschlands einen Subkultur-Hit. Weitere Einspielungen des Duos wie *Strom*, *Spule*, *Wellenlänge*, *Megaherz* festigten das clever projektierte Gruppen-Image einer «Menschen-Maschine» (PR-Slogan). «Wir erfinden Geschichten und illustrieren sie mit Musik», definierte Kraftwerk sein Sound-Konzept lakonisch, «und strukturiert ist unsere Musik folgendermaßen: rauf/runter; vor/zurück; schnell/langsam; laut/leise; linear/vertikal; weich/hart; verdichtet/geöffnet; schön/häßlich; dumpf/hell.» Tatsächlich mochte die Gruppe ihre vom Tubon, einer einmanualen Orgel im Baßregister, dominierten Schwell- und Gluckerklänge nur «einlinig verstärkt» (Produzent Rolf-Ulrich Kaiser) einsetzen, im Gegensatz zu den komplex verschachtelten Tongebäuden, die beispielsweise → Tangerine Dream zu türmen pflegte. Diese «hypnotische Hübschheit ihrer Synthesizer-Ausflüge» (‹Billboard›) gefiel dem an leichte elektronische Kost gewöhnten US-Rock-Publikum, das die vierte Kraftwerk-LP *Autobahn* (1975) zu hunderttausenden kaufte und damit einer zweiten deutschen Band nach → Nektar einen überseeischen Goldhit verschaffte. Der mit Klaus Roeder (vo, g), Wolfgang Flür (perc) eingespielte Kassenknüller war von der Kraftwerk-Plattenfirma für nur 5000 Mark angekauft worden. Mit Titeln wie *Heimatklänge*, *Tanzmusik*, *Morgenspaziergang*, *Mitternacht* rückte das Quartett 1975 ironisch-berechnend von seinem hochvoltigen Metallo-Rock-Image ab.

LPs auf Philips: *Kraftwerk* (1970); *Kraftwerk 2* (1971); *Ralf & Florian* (1973); *Autobahn* (1974)

Kristofferson, Kris (voc, g), am 22. Juni 1936 in Brownsville, Texas, als Sohn eines Air Force-Generals geboren, ist der existenzialistische Troubadour Nashvilles. In einem Musikgenre, das sich einst durch thematische Engstirnigkeit und stilistische Naivität auszeichnete, bietet der «Burt Bacharach des Hillbilly» (‹Esquire›) urbane Poesie mit der musikalischen Sensibilität der Rock-Musiker. Seine Lieder, von denen einige zu Country-Klassikern wurden, spiegeln die Lebensabschnitte des ehemaligen Rhodes-Elite-Stipendiaten, Oxford-Studenten, Armee-Offiziers und West-Point-Instrukteurs. Verszeilen wie «freedom's just another word for nothing left to lose» (*Me And Bobby McGhee*) oder «loving her was easier than anything I'll ever do again» wurden zu sprichwörtlichen Redensarten. Seine Songs *Me And Bobby McGhee*, in der Interpretation von → Janis Joplin ein Rock-Standard, *Help Me Make It Through The Night*, *For The Good Times* und *Sunday Morning Coming Down* machten ihn zu einer nationalen Berühmtheit. Kristofferson ist mit seinem schwermütigen Baß-Bariton, der stets um die richtige Tonlage floatet, nicht immer der beste Interpret seiner Lieder, wohl aber einer der sinnlichsten Entertainer. Der publicityträchtige Ruf des «Rubirosa of Rock» (‹Stereo Review›), trinkfreudig, streitlustig und sexuell genußsüchtig zu sein, hob ihn von der eher puritanischen Szene Nashvilles ab. Doch der Gazetten-Ruhm brachte den seit 1973 mit → Rita Coolidge verheirateten Sänger hörbar in Versuchung, seiner frühen Legende zu leben. Mit fortschreitender Arriviertheit repetierte er immer selbstgefälliger die trotzige Schwermut seiner ersten Aufnahmen (1970). In ihnen schwang noch die bittere Erinnerung an die Zeit mit, da er bei der Produktion von → Bob Dylans *Blonde on Blonde*-Album (1966) als Reinigungskraft im Studio aushelfen mußte. Kristofferson hat sich an zahlreichen Filmprojekten beteiligt: Zu Dennis Hoppers Zivilisationsklage ‹The Last Movie› (1970) sowie für ‹Ned Kelly› (1970) schrieb er einige Songs; für die Filme ‹Cisco Pike› (1972), ‹Pat Garrett and Billy the Kid› (1973), ‹Alice Doesn't Live Here Any More› (1975) wurde er als Schauspieler verpflichtet. In seinem → Johnny Cash gewidmeten Song *The Pilgrim – Chapter 33* charakterisiert sich der «silberzüngige Teufel» (Albumtitel) selbst: «Er ist ein Poet, er ist ein Sammler, er ist ein Prophet, er ist ein Draufgänger, er ist ein Pilger und ein Prediger und ein Problem, wenn er voll ist. Er ist ein wandelnder Widerspruch, teils Wahrheit, teils Erfindung, der alle möglichen falschen Richtungen einschlägt auf seinem einsamen Weg nach Hause.»

LPs auf Monument: *Kristofferson (Me and Bobby McGhee)* (1971); *The Silver Tongued Devil and I* (1971); *Border Lord* (1972); *Jesus Was a Capricorn* (1972); *Spooky Lady's Sideshow* (1974) ... auf United Artists: *Ned Kelly* (Soundtrack, 1970) ... mit Rita Coolidge auf A & M: *Full Moon* (1973) ... auf Monument: *Breakaway* (1974)

Kupferberg, Naphtali «Tuli» (voc), am 28. September 1928 in New York geboren, hat im Dezember 1964 die Rockgruppe → THE FUGS mitbegründet und galt als ihr führender Kopf, obgleich er kein Instrument spielte. Er studierte am Brooklyn College of Arts und an der New School of Social Research, arbeitete als Bibliothekar in der Bücherei des New Yorker Bellevue Hospitals, war Educational Director der «Liga für sexuelle Freiheit» und dozierte zeitweise an der Underground-Hochschule «Free University». Mit den FUGS wollte der Beatpoet vor allem seine aggressiv-pornographischen Texte an amerikanischen Colleges und in Off-Broadway-Theatern popularisieren: «Man braucht keine formale Ausbildung, um malen, singen, schreiben oder tanzen zu können; man muß es einfach tun.» Entsprechend kunstlos, bisweilen auch naiv sind seine Verse, mit denen er so gut wie alle Tabus der amerikanischen Gesellschaft verletzte. Seine Überzeugung faßte er in dem Songtext zusammen: «When the mode of the music changes, the walls of the city shake» (Wenn die Musik ihre Tonart ändert, erzittern die Mauern der Stadt). Um diese Erschütterung zu bewirken, hat Kupferberg Karikaturen gezeichnet, für die Wehrdienstverweigerung geworben, in Büchern ‹1001 Möglichkeiten, ohne Arbeit zu leben› sowie ‹1001 Arten der körperlichen Liebe› beschrieben und das vielgespielte Bühnenstück ‹Fucknam› (Ficknam) verfaßt. Diese Folge szenischer Obszönitäten sollte den Zusammenhang von sexueller Abstinenz und Krieg demonstrieren: «Sexuelle Frustration führt zur Aggression. Wer nicht liebt, tötet.»

LPs mit → The Fugs. Solo-Lp auf ESP: *No Deposit, No Return* (ca. 1970)

L

Lake, Greg (g, bg, voc), am 10. November 1947 in Poole, England, geboren, wurde als Mitglied des Trios → Emerson, Lake & Palmer 1971 von den Lesern des ‹Melody Maker› (nach → Jack Bruce) zum zweitbesten Baßgitarristen der Welt gewählt. Außerdem belegte er in dieser Umfrage als Sänger den fünften, als Plattenproduzent den dritten, als Komponist und Arrangeur zusammen mit → Keith Emerson den zweiten Platz. «Fünf verlorene Jahre lang» (Lake) spielte er in der englischen Provinz mit einer Band, die häufig den Namen wechselte, zumeist aber The Shame hieß, sowie mit dem erfolglosen Ensemble The Gods. Mit → King Crimson bereiste er 1969 die USA, verließ diese Band zu Weihnachten 1969 jedoch verbittert, weil – neben ständigen Streitereien mit den anderen Musikern – seine Verdienste als Baßgitarrist und Komponist auf der Plattenhülle *In the Court of the Crimson King* nicht erwähnt worden waren. Seine Beiträge zur Musik von Emerson, Lake & Palmer zeichnen sich durch Kraft und Delikatesse aus. Lake gibt dem Trio am Baß ein sicheres rhythmisches und harmonisches Fundament; auf der (manchmal unverstärkten) Gitarre improvisiert er handfeste Rocksoli und kapriziöse Kadenzen in der englischen Lautentradition.

LPs auf Atlantic mit → King Crimson, auf Island mit → Emerson, Lake & Palmer

The Last Poets borgten ihren Namen aus dem gleichnamigen Gedicht des Südafrikaners Willie Kgositsile, der in einer Verszeile prophezeit: «Wenn die Revolution kommt, werden Pistolen und Gewehre die Stelle von Gedichten und Essays einnehmen.» Alafia Pudim, Omar Ben Hassen und zeitweilig Gylan Kain, David Nelson, Abiodun Oyewole, Felipe Luciano artikulierten zur pulsierenden Conga-Begleitung Nilajas mit intellektueller Schärfe und emotionaler Eindringlichkeit die Getto-Frustration und -Kampfbereitschaft. Ihre *oral poetry* verhöhnte schwarze Anpassungswilligkeit an weiße Verhaltensmuster, geißelte weißes Schein-Laissez-faire und forderte so unverblümt zur offensiven Demonstration schwarzen Selbstbewußtseins auf, daß selbst die Getto-Bühnen von Harlem und Philadelphia die Gruppe nur zögernd in ihr Programm aufnahmen. Die erste LP der Last Poets, nach zwei Jahren Straßengesang, wurde 1970 ein Hit in Soul-Plattenläden, -Jukeboxen und -Radiostationen, nachdem die ‹New York Times› dem Album eine halbe Rezensionsseite gewidmet und → Jimi Hendrix in Werbespots die Hörer aufgefordert hatte: «Hört die Wahrheit von heute.» Der revolutionäre Sprechgesang des Ensembles erreichte auch weiße Poplyrik-Interessenten, als → Mick Jagger das Verswerk *Wake Up Niggers!* 1970 in den Soundtrack seines Films ‹Performance› übernahm. In dem Poem *Black Is* definierten die Anhänger des ermordeten Neger-Märtyrers Malcolm X ihr schwarzes Selbstverständnis: «Schwarz ist der Fleck auf der Küchenfliese, den ‹Mr. Clean› nicht wegkriegt. Schwarz sind die Enkelkinder einer alten Tagelöhnerin, die ‹Revolution› rufen, damit ihre Großmutter frei sterben kann. Schwarz ist Marschieren in Alabama, schwarz ist, John Coltrane zu mögen, wie er auf dem Saxophon sein Leben bläst, das unser aller Leben ist. Schwarz ist ein Ziel für den Flug in eine neue Morgenröte haben. Denn schwarz ist alles schöne Kulturelle, Soziale und Kämpferische; auf jeden Fall: Schwarz ist auch, Denken können.»

LPs auf Douglas: *The Last Poets* (1970); *This is Madness* (1971); *Last Poets* (1971) ... auf Juggernaut: *Right On* (1972) ... auf Blue Thumb: *Chastisement* (1972); *At Last* (1973) ... auf Warner Brothers: *Performance* (1970, Soundtrack, mit anderen)

Leadbelly, bürgerlich: Huddie Ledbetter (voc, g), wahrscheinlich am 21. Januar 1885 bei Mooringsport, Lousiana, als Kind ehemaliger Sklaven geboren, am 6. Dezember 1949 in New York an Muskelschwund gestorben, hat mit seiner schwarzen Folklore «aus der alten Zeit, in der der Blues noch ganz und gar archaische Volkskunst war» (Joachim Ernst Berendt) zahlreiche weiße Folk- und Rockinterpreten stilistisch beeinflußt. Der mehrfach wegen Eifersuchts-Mordes und versuchten Totschlags inhaftierte Wandersänger lernte das Gitarrenspiel im Gefängnis und schloß sich Mitte der zwanziger Jahre als selbsternannter «König der 12-Saiten-Gitarre» dem blinden Sänger Lemon Jefferson an, der damals mit einem Anhang begabter Blues-Spieler, wie Josh White, → Lightnin' Hopkins und → «T-Bone» Walker durch den Süden Amerikas zog. Auf diesen musikalischen Trampfahrten nahmen die Folklore-Forscher John und Alan Lomax Leadbelly für das Archiv der Kongreßbibliothek in Washington auf Platte und überredeten ihn, nach New York zu kommen. In den Kaffeehaus-Zirkeln der liberalen Ostküsten-Intellektuellen wurde Leadbelly bald zu einer Symbolfigur der ethnischen amerikanischen Volksmusik. Er gab Konzerte, machte weitere (kommerzielle) Plattenaufnahmen und trat in Rundfunksendungen und College-Musik-Abenden auf, bei denen der urwüchsige Sänger seine Zuhörer «faszinierte und erschreckte» (Alan Lomax). In den Folk-Balladiers → Pete Seeger und → Woody Guthrie hatte Leadbelly zwei besonders glühende Verehrer, die nach seinem Tode viele seiner Songs zum festen Bestandteil ihres Repertoires machten. Die von Seeger initiierte Folk-Gruppe → The Weavers ersang sich mit Leadbellys gefühlvoller Walzerkomposition *Goodnight Irene* 1950 einen nationalen Hit. Sechs Jahre später konnte der englische Skiffle-Sänger Lonnie Donegan im Aufwind der englischen Blues- und Folklore-Begeisterung mit dem Leadbelly-Titel *Rock Island Line* einen Bestseller landen.

LPs (Auswahl) auf Folkways: *Legacy; Shout On; The Last Sessions – Vol. 1–4* (1967); *Take This Hammer* (1968) ... auf Biograph: *Leadbelly* (1966); *Early 1935–40* (1969) ... auf RCA: *The Midnight Special* (1964) ... auf Elektra: *The Library of Congress Recordings* (1966) ... auf Playboy: *Leadbelly* (1973) ... auf Capitol: *Ledbetter's Best* (1963) ... auf Allegro: *Goodnight Irene* (1964) ... auf Columbia/CBS: *Leadbelly* (1970) ... auf Stinson: *Memorial; Play Party Songs; Sings and Plays with Guthrie, White, Houston; Legend* ... auf Fantasy: *Huddie Ledbetter* (1973)

Led Zeppelin, Ende 1968 in London gegründet, stieg ohne wesentliche Unterstützung durch die Massenmedien und mit nur zwei gegen den Willen der Musiker aus LPs ausgekoppelten Singleplatten (*Whole Lotta Love, Immigrant Song*) in die Gruppe der Rock-Spitzenverdiener auf. Nach ihrer ersten USA-Tournee im Februar/März 1969, auf der sie sich noch mit 750 Dollar Abendgage begnügen mußten, konnten die Heavy-Rocker bis zu 75 000 Dollar für ein Konzert kassieren. Ihre vier ersten Alben, jedes über zweimillionenmal verkauft, trugen ihnen Platin-Trophäen ein; allein die Autoren-Tantiemen sind mittlerweile in Dollar siebenstellig. «Absicht der Gruppe ist es», schrieb ‹Time› 1970, «alle Stile und Techniken des heutigen Rock-Spektrums auszubeuten, ohne dessen harten Kern direkten Gefühlsausdrucks zu verfehlen.» Tatsächlich verstand es der Gitarrist Jim Page vortrefflich, seinen mit Hilfe eines Ringmodulators, einer mit dem Geigenbogen bearbeiteten Gitarre und mehrfachem Echohall erzeugten Experimentier-Sound mit dem erotischen Show-Exhibitionismus des Sängers Robert Plant in Einklang zu bringen. «Quetsch mich, Baby», kreischte Plant beispielsweise im *Lemon Song*, «bis mir der Saft die Beine runterläuft» (Squeeze me, baby, till the juice runs down my leg). Der orgiastische Blues Rock, «in dem alle Frustrationen der Teens und angehenden Twens gespeichert sind» (Franz Schöler) war eine super-verstärkte Fortentwicklung des alten → YARDBIRD-Stils. Page (g, bg), am 9. Januar 1944 als Sohn des Personalchefs einer Industriefirma in Heston geboren, hatte (als Nachfolger von → Eric Clapton, → Jeff Beck) zuletzt diesem berühmten Ensemble angehört und galt daneben als einer der besten Session-Musiker Londons, der auch auf Platten von → Donovan, → John Cocker, → ROLLING STONES zu hören war. Den Baßgitarristen John Paul Jones (bg, keyboards), am 3. Januar 1946 geborener Sohn eines Bigband-Pianisten aus Sidcup, hatte Page bei der Produktion von → Donovans *Hurdy Gurdy Man* kennengelernt. Sänger Robert Plant (voc, harm, bg), am 20. August 1948 geborener Ingenieurssohn aus Birmingham, und Schlagzeuger John Bonham aus Redditch, geboren am 31. Mai 1948 als Sohn eines Zimmermanns, kamen von der Birminghamer BAND OF JOY; Plant hatte auch schon bei → Alexis Korner gesungen. Ihre musikalischen Leistungen fanden trotz aller Virtuosität nicht den Beifall versierter Rock-Kritiker. Don Heckman in der ‹New York Times›: «Plants nasaler Bluesstil übertreibt die schwarze Passion bis zur Belanglosigkeit von Plastik-Sex. Page ersetzt Einfälle durch mechanische Geläufigkeit und musikalische Klarheit durch plumpe Strukturen. Jones' Beiträge, die wohl bemerkenswertesten in der Gruppe, werden im Ensemblestil unangemessen überbetont.» Zur Zeit ihres fünften Albums (1973), mit dem sie aus ihren bisherigen Erfolgsmustern auszubrechen versuchten, wurde ihre beschränkte Kreativität auch wohlmeinenden Kritikern klar. Franz Schöler in ‹Die Zeit›: «Ein Song ist nur noch dazu da, um instrumentales Können zu beweisen. Das konsternierte Publikum begreift, daß hier Rockmusik nur noch ein Ego-Trip ist.» Wie viele erfolgreiche Bands hat auch LED ZEPPELIN (1974) eine eigene Plattenmarke mit dem Titel Swan Song gegründet. In der kommerziell unergiebigen Konzertsaison 1974/75, in der die US-Tourneeumsätze um mehr als ein Drittel zurückgingen, konnten die vier Musiker mit ausverkauften Hallen ihren Ruf als Rock-Moneymaker festigen.

LPs auf Atlantic: *I* (1969); *II* (1969); *III* (1970); *IV* (1972); *Houses of the Holy* (1973) ... auf Swan Song: *Physical Graffiti* (1975). Solo-LP John Paul Jones auf Windfall/CBS: *John Paul Jones* (1973)

Lee, Brenda, bürgerlich: Brenda Lee Tarpley (voc), am 11. Dezember 1944 in Lithonia, Georgia, geboren, war der ewige Teenager der amerikanischen Popmusik, ein quecksilbriges Nymphchen von nur einem Meter fünfzig mit einer ganz und gar erstaunlichen Stimme. Sie klang wie eine frustrierte grüne Witwe um die 30, die zu viele Edith Piaf-Platten gehört hat. Bereits mit elf Jahren war Brenda die Sensation jeder Talentshow in ihrem Heimatstaat. Mit 15 schrillte sie ihren ersten Millionenhit in die Mikrophone der Plattenfirma Decca, die sie noch 1975 unter Vertrag hatte. Der Kick des Country-Rock-Gebräus *Sweet Nothin's* (1960) wurde noch übertrumpft von dem Golderfolg des Slow-Hits *I'm Sorry*, der Brendas frühreifes Organ endgültig auf den Ätherwellen etablierte. Auch die nachfolgenden Top-10-Schlager *I Want To Be Wanted* (1960), *Dum Dum* und *Emotions* (1961) profitierten von Brendas sinnlichem Kindfrau-Appeal. Als ab 1962 ihre Hitmagie nachließ, putzte sie das Country-Girl heraus und bereicherte mit ihren Südstaaten-Singsangs die Vokalpalette des Nashville-Sounds.

LPs (Auswahl) auf Decca/MCA: *Brenda Lee* (1960); *This is Brenda Lee* (1961); *Emotions* (1961); *Brenda Lee, All The Way* (1961); *Sincerely, Brenda Lee* (1962); *That's All, Brenda* (1962); *All Alone am I*

(1963); *Let Me Sing* (1964); *By Request* (1964); *Top Teen Hits* (1965); *Versatile* (1965); *Too Many Rivers* (1965); *Bye Bye Blues* (1966); *Ten Golden Years* (1966); *Merry Christmas from Brenda Lee* (1967); *Coming On Strong* (1967); *Here's Brenda Lee* (1967); *Reflections in Blue* (1967); *For the First Time* (1968); *Johnny One Time* (1966); *Memphis, Portrait* (1970); *Brenda* (1973); *The Brenda Lee Story* (1973); *New Sunrise* (1974); *Now* (1975) ... auf Vocalion: *Let it Be Me* (1971)

Leiber/Stoller galten als das stilprägende Produzenten/Songschreiber-Team der fünfziger und frühen sechziger Jahre. Ihre Kompositionen für die von ihnen produzierten → COASTERS und → DRIFTERS definierten großstädtischen Rhythm & Blues und spiegelten auf humorvoll-überzogene Manier in exzellenten Textbeispielen die Halbwüchsigen-Mentalität jener Jahre. Jerry Leiber, am 25. April 1933 in Baltimore, Maryland, geboren, wuchs in einer gemischtrassigen Nachbarschaft unter dem Einfluß ländlich verwurzelter Bluesmusik auf. Sein Partner Mike Stoller, am 13. März 1933 in New York geboren, war ein fanatischer Anhänger des Jazzspiels von Charlie Parker und Lester Young. Seit ihrem Zusammentreffen 1950 am City College von Los Angeles münzten die beiden ihr Interesse für schwarze Minoritäten-Musik in eine erfolgreiche Partnerschaft um, zunächst als Autoren für die Westküsten-Labels Aladdin, Federal, King, Modern, seit 1959 dann als Producer für Atlantic Records in New York. Zu ihrem Aufstieg von regionalen Hitschreibern zu internationalen Top-Producern verhalf ihnen der Titel *Hound Dog*, den → Big Mama Thornton 1952 für das Peacock Label aufnahm und → Elvis Presley vier Jahre später zu einem Millionenseller machte. Danach schrieben LEIBER/STOLLER für Presley einige seiner besten Rhythm & Rock-Nummern, so *Loving You*, *Jailhouse Rock*, *King Creole*, *(You're So Square) Baby I Don't Care*. In New York ließen sie die COASTERS mit ihren Kompositionen *Charlie Brown*, *Yakety Yak*, *Poison Ivy* Rock-Geschichte machen und gaben den DRIFTERS 1959 den trendmachenden Hitsong *There Goes My Baby*. Mit dem damals noch unbekannten → Phil Spector verfaßten sie ein Jahr später für Ben E. King den Standard *Spanish Harlem*. Als Produzenten boten LEIBER/STOLLER hernach so erfolgreichen Autorenteams wie Gerry Goffin/→ Carole King, Barry Mann/Cynthia Weil, Jerome «Doc» Pomus/Mort Shuman, Jeff Barry/Ellie Greenwich eine Startchance und luden Rhythm & Blues-Talente wie → Joe Turner, → Ruth Brown, → LaVern Baker ins Studio. Sie führten Streicherklänge in den Rock-Kontext ein, gaben ihren Stücken mit dem Baion, einer Samba-Variation, eigentümliche Rhythmus-Akzente und experimentierten mit Multispur-Verfahren. Nach mehreren gewinnträchtigen Label-Gründungen, die sie kurzfristig wieder annullierten, zogen sich LEIBER/STOLLER Mitte der sechziger Jahre von der Business-Szene zurück und traten nur gelegentlich als Autoren oder Produzenten in Erscheinung. So arrangierten sie 1969 für die Pop-Diseuse Peggy Lee mit *Is That All There Is*, einem Extrakt aus dem verunglückten Filmprojekt ‹Thinks›, ein Comeback. In den siebziger Jahren gaben sie gelegentlich Rock-Novizen Studiohilfe, so 1972 der Gruppe → STEALERS WHEEL (*Stuck In The Middle With You*).

Lennon, John (voc, g, p), am 9. Oktober 1940 in Liverpool als Sohn eines Schiffs-Stewards geboren, reicherte die musikalischen Artikulationen der → BEATLES mit dem «intelligenten, informierten und infantilen Humor» (‹New Society›) englischer Gymnasiasten an. 1955, als er noch zur Quarry Bank High School ging, hatte er die QUARRYMEN formiert, die Skiffle und Rock 'n' Roll spielten und → Elvis Presley, → Little Richard, → Jerry Lee Lewis zu ihren Vorbildern zählten. Nachdem aus den QUARRYMEN durch mehrere Mutationen die BEATLES geworden waren, profilierte sich Lennon im Pilzkopf-Quartett schnell als «instinktiver Poet des Proletariats» (Nik Cohn), dessen scharfzüngige Texte und geschickte Reime zunächst mehr Furore auf Pressekonferenzen als auf BEATLES-Platten machten. Die ersten Songs der vier Liverpooler faszinierten eher durch ihren melodischen Merkwert, während ihre Texte auf erfrischend naive Weise konventionell waren. Nach dem Erfolg des im Hick-Hack-Stil der TV-Commercials gedrehten Musikfilms ‹A Hard Day's Night› (1964) reicherten Lennon & Co. ihre Texte mehr und mehr mit verbalen Spitzfindigkeiten und doppeldeutigen Redensarten an. So hörten zahlreiche BEATLES-Fans aus den Lennon-Texten zu *Strawberry Fields Forever, Lucy In The Sky With Diamonds, Yellow Submarine* – gegen Lennons Widerspruch – unverhüllte Drogenempfehlungen für Marihuana, LSD und das gelbe Phenobarbiturat Nembutal heraus. Behauptung und Dementi umrissen immerhin den Erfahrungsbereich, der Lennon zu seinen skurrilen Texten anregte: die Phantasiewelt des Morbiden, Verbotenen, Irrationalen und die Alltagswelt der Slums von Liverpool (*Penny Lane*) sowie die Aggressivität, Frustration sozialen Lebens (*A Day In The Life, Happiness Is A Warm Gun*). Neben seinen BEATLES-Aktivitäten trat Lennon schon frühzeitig als Buchautor und Stückeschreiber in Erscheinung. 1964 veröffentlichte er die Sketch- und Kalauersammlung ‹In His Own Write›; ein Jahr später erschien ‹A Spaniard In The Works›. 1968 wurde in London ‹Scene Three, Act One› uraufgeführt, in dem der literarisch begabte Beatle seinen Ärger über gesellschaftliche Konventionen und soziale Tabus abreagierte. Seine Bekanntschaft mit der Happening-Künstlerin → Yoko Ono, die er im März 1969 nach der Scheidung von seiner ersten Frau Cynthia in Gibraltar heiratete, führte Lennon von der vergnüglichen Burschenschaft der BEATLES weg in esoterische Experimental-Zirkel. Auf «bed-ins», in Plakat-Aktionen, mit der Verschickung von Baumsamen an alle Staatsoberhäupter bat das Paar darum, «dem Frieden eine Chance zu geben» (Songtitel). Lennon/Ono posierten nackt auf einem Album-Cover (*Two Virgins*), bespielten Platten mit Yokos schrillen Schreien, krächzenden Transistor-Radio-Tönen, Herztönen und minutenlangem Band-Leerlauf. Immer mehr nutzten sie die Rock-Musik als therapeutisches Medium, denn sie fühlten sich vom Mißtrauen der übrigen BEATLES und ihrer unverhohlenen Abneigung gegen die unkommunikative Yoko verfolgt. Sie betäubten sich mit harten Drogen und griffen zeitweilig gar zu Heroin, «wegen all der Dinge, die die BEATLES uns angetan haben» (Lennon). Von Juni bis September 1971 unterzogen sie sich bei dem kalifornischen Wissenschaftler Dr. Arthur Janov, dem umstrittenen Vertreter der «Theorie des Urschreis», einer «Berlitz-Schnell-Therapie» (‹Newsweek›), mit deren Hilfe sich die Patienten im nochmaligen Durchleben ihrer Repressions-Traumata heilen. Diese Rekreation von Kindheits-Schocks vollzog Lennon auch auf seinen Solo-LPs nach der Trennung der BEATLES (1970). Songs wie *Mother, Look At Me, God, Crippled Inside* dokumentierten verdrängte Erlebnisse und die Stadien seiner Heilung. In zahlreichen Interviews pflegte er den «radikalen Schick» (Tom Wolfe) des Patrons der Entrechteten. Dabei hatte Lennon, der seit 1971 in New York City lebte, selbst Protektion nötig: Die amerikanische Einwanderungsbehörde drohte dem wegen Rauschgiftbesitzes in England verurteilten Musiker mit der Ausweisung. Eine Intervention bekannter Politiker und Showpersönlichkeiten (darunter Ex-Oberbürgermeister Lindsay) verhinderte vorerst die Vollstreckung des Behördenurteils. Die vorübergehende Trennung von Yoko Ono (1974) befreite den sensiblen Genius von der traumatischen Verkrampftheit eines Kultur-Apostels und Polit-Missionars. Die LP *Walls and Bridges* war ein erlösender Durchbruch zu dem von Yokos artistischen Absolutismus verschütteten früheren Kreativitäts-Niveau.

LPs auf Parlophone/Odeon/Apple mit den → BEATLES ... Solo-LPs auf Apple: *Unfinished Music No. 1 – Two Virgins* (mit → Yoko Ono, 1968); *Unifinished Music No. 2 – Life with the Lions* (mit Yoko Ono, 1969); *Wedding Album* (mit Yoko Ono, 1969); *Live Peace in Toronto* (mit Yoko Ono, PLASTIC ONO BAND, 1970); *John Lennon/Plastic Ono Band* (1970); *Imagine* (1971); *Sometime in New York City/Live Jam* (mit Yoko Ono, PLASTIC ONO BAND, ELEPHANTS MEMORY, 1972); *Mind Games* (1973); *Walls & Bridges* (1974); *Rock 'n' Roll* (1975)

Lewis, Jerry Lee (voc, p, vi), am 29. September 1935 in Ferriday, Louisiana, geboren, spielte auf dem Piano und in seinem Privatleben stets den wilden Mann. Mit seinem langen, blonden Haar, den exzentrischen Bühnenauftritten, diversen Frühehen und einer Kette vorzüglich eingepeitschter Rock-Platten war er 1957 bei Sun Records in Memphis unter seinen Label-Kollegen → Elvis Presley, → Johnny Cash und → Carl Perkins der Schlagzeilen-King. Schon seine Eltern hatten für einen extremen Start gesorgt: Sie kauften dem bluesbegeisterten Knaben ein Piano und verpfändeten dafür ihr Haus. Jerry Lee dankte es ihnen schlecht, als er einige Jahre später wegen ungezügelten Rock 'n' Roll-Spiels aus dem Priester-Kolleg flog und sich nach Memphis zur weltlichen Karriere aufmachte. Sein Studiodebüt bei Sun wurde sofort zu einem großen Erfolg vermarktet. *Crazy Arms*, die Neuauflage eines noch recht frischen Country-Hits von Ray Price, ging 1957 300 000mal über die Ladentische. Von der nächsten Single, *Whole Lotta Shakin' Going On*, schlug der «Killer», wie sich Lewis gern nennen ließ, über sechs Millionen Exemplare los. Unmittelbar darauf rollten die *Great Balls Of Fire* ins Bestseller-Ziel. 1958 folgten *Breathless* und *High School Confidential*. Seine bis zu 250 Live-Auftritte pro Jahr waren stets als Tumult programmiert. Wie → Little Richard traktierte Lewis das Piano mit Händen und Füßen, ließ die Linke im Dampfhammerspiel auf- und abschmettern, während die Rechte unentwegt Glissando-Blitze aus dem Tastenfeld entlud. Gelegentlich sprang er aufs Klavier und dirigierte die entfesselte Fan-Meute, wobei nicht selten die Club-Einrichtung in der gemeinschaftlichen Ekstase zu Bruch ging. Während eines Tournee-Konzerts im Mittelwesten 1958 goß der Killer gar nach einer 30-Minuten-Non-Stop-Rock-Orgie Feuerzeug-Benzin über den Flügel und setzte ihn in Brand. In den ersten 18 Monaten seiner hektischen Karriere verkaufte der «→ Mick Jagger der fünfziger Jahre» (‹Crawdaddy›) 21 Millionen Schallplatten. Die Neigung zu minderjährigen Ehefrauen wurde ihm 1958 zum beruflichen Verhängnis. Bei einer England-Tournee gifteten die Zeitungen über seine dritte Ehe mit einer angeblich 13jährigen und beschimpften ihn als «Kinderräuber». Seine Konzerte wurden zu Tribunalen öffentlicher Entrüstung. Als er vorzeitig in die USA zurückkehrte, waren ihm die schlechten Nachrichten vorausgeeilt und paralysierten auch dort seine Karriere. Die Radiostationen weigerten sich, seine Platten zu spielen. Nur einige Country-Sender wollten ihn auf die Wellen lassen, wenn er das Rock 'n' Roll-Singen aufgäbe. Lewis lehnte ab und trotzte sich bis 1968 auf der Ochsentour durch kleine Clubs. Als Ende der sechziger Jahre die Rock-Interessenten auf der Suche nach den Wurzeln ihrer Musik Country-Klänge aufzuwerten begannen, wechselte Lewis ohne große Stil-Veränderung ganz zur Western-Folklore und knüpfte dort binnen kurzem mit *Another Place, Another Time* und *What's Made Milwaukee Famous* an seine alten Rock-Erfolge an. Er verdiente 1975 pro Live-Auftritt 10 000 Dollar, kommandierte zwei Flugzeuge und mehrere Luxuslimousinen und war zum viertenmal verheiratet. «Man ist entweder heiß oder kalt», erläuterte Lewis seine Vorliebe fürs Extreme, «wenn man lauwarm ist, wird einen der Herr ausspucken.»

LPs (Auswahl) auf Sun: *Original Golden Greats, Vol. 1* (1969); *Original Golden Greats, Vol. 2* (1969); *Monsters* (1971); *Golden Cream of the Country; Taste of Country; Rock in Rhythm & Blues; Ole Tyme Country Music* ... auf Smash/Mercury: *The Golden Hits of Jerry Lee Lewis* (1963); *The Greatest Live Show on Earth* (1964); *Country Songs – Jerry Lee Lewis* (1966); *By Request* (1966); *The Return of Rock* (1967); *Soul, My Way* (1968); *Jerry Lee Lewis Memphis Beat* (1968); *Another Place, Another Time* (1968); *She Still Comes Around* (1969); *Jerry Lee Lewis Sings the Country Hall of Fame, Vol. 1* (1969); *Jerry Lee Lewis Sings the Country Hall of Fame, Vol. 2* (1969); *Together with Linda Gail* (1969); *She Even Woke Me Up to Say Goodbye* (1970); *The Best of Jerry Lee Lewis* (1970); *There Must Be More to Love Than This* (1971); *Jerry Lee Lewis Gospel Album* (1971); *Would You Take Another Chance on Me* (1971); *At the International Las Vegas* (1971);

Touching Home (ca. 1971); *The Killer Rocks On* (1972); *Who's Gonna Play this Old Piano* (1973); *The Session* (1973); *Sometimes a Memory Ain't Enough* (1973); *Southern Roots* (1974); *I–40 Country* (1974) ... auf Philips: *Live at the Star Club Hamburg with the Nashville Teens* (1964); *Country Songs for City Folks* (1965) ... auf Camden: *For Lovers Only* (1972)

Lightfoot, Gordon (voc, g), am 17. November 1938 in Orillia, Kanada, geboren, ist ein Cowboy-Entertainer von sanfter Maskulinität. Mit verhülltem Optimismus und manchmal niederdrückender Ehrlichkeit singt er von den Artefakten menschlicher Sehnsucht, von Landstraßen (*Carefree Highway*), Flughäfen (*Early Morning Rain*) und Eisenbahnen (*Canadian Railroad Trilogy*), von *Liebe und Ahornsirup* (Songtitel). Der vieldekorierte Veteran der kanadischen Folksongszene läßt seinen Rück-Blick vorwiegend in romantischer Pose ausschweifen, er möchte den Zuhörer mehr «durch oberflächliche Schönheit als durch kernige Bemühungen um Expressivität» (‹Rolling Stone›) für sich gewinnen. Das Folk-Paar Ian und Sylvia Tyson, das ihn zu Beginn der sechziger Jahre in den Kleinkunst-Pubs Torontos entdeckte und an → Bob Dylans Manager Albert Grossman vermittelte, machte sein Lied vom «frühen Morgenregen» bekannt. → PETER, PAUL & MARY hatten 1965 einen Hit mit Lightfoots *For Loving Me*, und zu den Standards im Repertoire des Country-Sängers Marty Robbins gehört sein *Ribbon Of Darkness.* Die Eigeninterpretationen *If You Could Read My Mind* (1970), *Sundown* (1974) brachten ihm internationalen Hitparaden-Ruhm. Der *Minnesänger der Morgendämmerung* (Songtitel) hat sich nie um eklektrisches Equipment gekümmert. Mit den Co-Akustikern Rick Haynes (bg), Red Shea (g) und einem Clan ausgefuchster Country-Spieler poliert er seine Alben zu Hochglanzbildern der Sehnsucht nach «kandierten Äpfeln, Diesel-Lastern und Zügen» (‹Rolling Stone›). Seine melodische Erfindungskraft und seine thematische Vielseitigkeit sind nicht allzu ausgeprägt, obwohl er sich auch schon an einem Plädoyer für verfolgte Meerestiere versucht hat (*Ode To Big Blue*). Doch der Wohlklang virtuos geführter Instrumente und Stimmen macht Lightfoots Alben zu akustischen Delikatessen.

LPs auf United Artists: *Lightfoot* (1966); *Way I Feel* (1967); *Did She Mention My Name?* (1968); *Back Here on Earth* (1969); *Sunday Concert* (1969); *The Best of G. L.* (ca. 1969); *Best, Vol. 2* (1973); *The Very Best* (1974); *This is Gordon Lightfoot* (rec. 1969, ed. 1974) ... auf Reprise: *If You Could Read My Mind* (vormals *Sit Down Young Stranger* – 1970); *Summer Side of Life* (1971); *Don Quixote* (1972); *Old Dan's Records* (1972); *Sundown* (1974); *Cold on the Shoulder* (1975)

Lighthouse war lange Zeit eine 13köpfige kanadische Jazz-Bigband, die Preise einheimste, aber keinen Zugang zum Massenmarkt der Popmusik fand. 1971 entschieden sich elf Musiker in Toronto für eine Rock-Repertoirepolitik und kamen mit dem Stück *One Fine Morning* in Kanada zu Gold-Ehren sowie in den USA in die Hitlisten: Howard Shore (as, fl, voc), Larry Smith (tb, tp, flh, p, voc), Skip Prokop (dr, voc, g, p), Mike Malone (tp, flh), Bob McBride (voc, g, perc), Keith Jollimore (sax, fl), Paul Hoffert (keyboards, vib), Don Dinivo (viola, vi, keyboards), Ralph Cole (g, voc), Dick Armin (cello), Louis Yacknin (bg, b), später auch John Naslen (tp), Rick Stepton (tb), Dale Hillary (sax, voc), Alan Wilmot (b, bg). Im Gegensatz zu ihren US-Konkurrenten → CHICAGO, → BLOOD, SWEAT & TEARS schafften es die Kanadier jedoch zunächst nicht, die Rock-Jazz-Mixtur im Studio organisch und auf der Bühne rockig klingen zu lassen. Ihre Studio-LPs auf Evolution, in denen sie ihre Jazzherkunft durch breitgewalzten Gruppengesang zu verdrängen suchten, klangen trotz interessanter Cello- und Violin-Einsprengsel konfektioniert; ihr im Februar 1972 in der New Yorker Carnegie Hall mitgeschnittenes Live-Doppelalbum überzeugte am meisten in den improvisierten Jazz-Solopassagen. Eine kommerziell wirkungsvolle und musikalisch tragfähige Synthese war Mitte 1973 noch nicht gefunden. Daher entschieden sich die Musiker nach ihrem Wechsel zu Polydor, den Jazzanteil ihres Spiels zugunsten eingängiger Chor-Vocals noch weiter zu reduzieren.

LPs auf RCA: *Lighthouse* (1969); *Plays for Peace* (1969); *Peacing it All Together* (1970); *One Fine Light* (1972) ... auf Evolution/Bellaphon: *One Fine Morning* (1971); *Thoughts of Movin on* (1971); *Sunny Days* (1972); *Live* (1972) ... auf Polydor: *Can You Feel it* (1973); *Good Day* (1974)

Lindenberg, Udo (voc, dr, g, p, sax), als Sohn eines Installateurs am 17. Mai 1946 in Gronau, Westfalen, geboren, begann 1973/74 als erster, die Kluft zwischen Rock-Underground und Schlagermarkt in der Bundesrepublik mit deutschen Songtexten zu überwinden. Statt wie das Gros der Schlager-Reimer plakative Leerformeln von Liebesglück und Abschiedsschmerz aneinanderzureihen, statt wie die meisten Polit-Rocker altbackene Agitpop-Parolen zu dreschen, erzählte der Drummer in trockenem Keller-Jargon Geschichten von sich und aus seinem Milieu: «Meine Welt, das sind Bühnen und eingehauene Trommelfelle, fremde Betten und Straßen und heiße Lieder und abends der Korn gegen's Lampenfieber; und überhaupt ist mein Leben reichlich turbulent. Ich bin Trommler in 'ner Rock 'n' Roll-Kapelle, ich bin Sänger in 'ner Rock 'n' Roll-Band.» Mit elf hatte der Knabe zum erstenmal hinter dem Dixieland-Schlagzeug gesessen: «Ich kriegte immer Schokolade, wenn die anderen in der Band ein Bier spendiert bekamen.» Mit 15 arbeitete er in der Düsseldorfer Altstadt als Kellner und trommelte, wo immer er ein unbesetztes Instrument fand. Später tingelte er in Frankreich, Nordafrika und paukte sich bis zu namhaften Jazz- und Rock-Combos wie den → City Preachers, → Emergency, → Inga Rumpfs Atlantis und Klaus Doldingers → Passport hoch. Mit Eindrücken und Bildern von diesen Lehr- und Wanderjahren sind seine Lieder prall gefüllt. Lindenberg singt mit einer dünnen, schartigen Stimme vom Boogie-Woogie-Mädchen in zu knappen Jeans und vom Groupie, das sich zu Tode soff. Er preist bisexuelle Liebe und läßt einen Engel auftreten, der den Sänger Udo zum Messias machen will. Der 13jährige Ausreißer mit dem Ziel London, der sich später an Meditation, Hermann Hesse und Jerry Cotton ergötzt, ist er selber. Teils holte er sich seine Anregungen mit erstaunlichem Gespür für umgangssprachliche Nuancen aus seinem unmittelbaren Theken-Dunstkreis: «Im Onkel Pö spielt 'ne Rentnerband seit zwanzig Jahren Dixieland.» Die Musik-Kneipe «Onkel Pö's Carnegie Hall» im Hamburger Stadtteil Eppendorf lohnte ihm die Reklame mit Freibier; ein Ensemble namens Rentnerband wurde rasch gegründet und tutete 1974/75 einträglich zum Lob der von Lindenberg mitrepräsentierten «Hamburg-Szene» (Werbeslogan von Plattenfirmen). In anderen Liedern setzte der sensible Musiker mit dem Spitznamen «Nervenberg» seine Science-fiction-Lektüre humoristisch um («*Gerhard Gösebrecht* aus dem dreizehnten Sonnensystem»); er nostalgierte über einen mittlerweile achtzigjährigen, früher beliebten Stehgeiger *Rudi Ratlos* und parodierte das Musikgeschäft im Manager- und Mafia-Song *Johnny Controlletti.* Kritiker schwärmten von seiner «Wegwerfethik», seiner «lebendigen, rauh verputzten Poesie» (‹Die Welt›): Lindenberg habe «den Zeitgeist mit ungeheurer Präzision erfaßt» (‹Frankfurter Allgemeine Zeitung›). Von links wurde er gescholten: «Seine Sprache, die nicht gestelzt daherkommt, eher plattfüßig im schnoddrigen Pennäler-Jargon einherlatscht, offenbart ... die Sprachlosigkeit und Artikulationsohnmacht in der Darstellung jugendlicher ... Problemstellungen.» Westdeutschlands Fans hielten sich lieber an den Jargon als an derlei gestelzte Rezensionen. Von der LP *Ball pompös* wurden im Winter 1974/75 in vier Monaten 70 000 Exemplare verkauft, *Votan Wahnwitz* erreichte im Mai 1975 binnen zehn Tagen eine Verkaufsauflage von 160 000 Exemplaren. Die Plattenfirma Teldec nahm Lindenberg für eine Million Mark Garantie auf fünf Jahre unter Exklusivvertrag.

LPs auf Telefunken: *Lindenberg* (1971); *Daumen im Wind* (1972); *Alles klar auf der Andrea Doria* (1973); *Ball pompös* (1974); *Votan Wahnwitz* (1975)

Lindisfarne wurde 1972 von ‹Melody Maker›, ‹Record Retailer› und ‹Disc Magazine› zur überzeugendsten englischen Newcomer-Gruppe deklariert und in einer ‹Melody Maker›-Leserumfrage für die beste Single des Jahres (*Lady Eleanor*) prämiiert. Kritiker Michael Watts verspürte im Folk Rock des Quintetts «einen Hauch der frühen → BEATLES» und pries die «klaren Melodien, die einfallsreichen Verse und ein Musizieren, das nie die Ebene hoher Kompetenz verläßt». Die Combo ging aus einer 1966 in Newcastle gegründeten Band hervor, die sich nacheinander DOWNTOWN FACTION BLUES BAND, THE ARISTOCRATS, IMPACT und THE DRUIDS nannte. Gründer waren die aus North Shields, England, stammenden Rod Clements (bg, vi, voc), geboren am 17. November 1947, und Ray Laidlaw (dr, perc), geboren am 28. Mai 1948. Auf dem Weg nach London trat die Band Anfang 1970 in Whitley Bay im Lokal des Songschreibers Alan Hull auf, der sich ihr anschloß. Durch Hull (voc, p, g), geboren am 20. Februar 1945 in Newcastle, erfolgte ein entscheidender Stilwandel, der zur letzten Namensänderung führte: Da nordenglische Folklore nun ebenso wichtig wurde wie Blues, firmierte die Band ab August 1970 unter dem Namen der Insel Lindisfarne vor Northcumberland, einem der ersten Zentren des Christentums in Großbritannien. Mit dem zweiten Album wurde der folkloristische Approach vom US-Producer Bob Johnston (→ Dylan, → Cohen, → Cash, → SIMON & GARFUNKEL) durch die Betonung von Harmonika, Violine und Mandolinen im Gruppenklang noch akzentuiert. Der Erfolg im traditionell folklorebegeisterten England in einer für leise Töne empfänglichen Saison war so groß, daß die drei LINDISFARNE-Musiker Laidlaw, Clements und Simon Cowe (g, mandolin, p, voc) im April 1973 glaubten, es sei für zwei Ensembles dieses Stils Raum: Sie gründeten zusammen mit Bill Mitchell (voc, g, mandolin) aus Newcastle die Gruppe JACK THE LAD. Alan Hull und Ray Jackson (voc, harm, mandolin) suchten sich im Mai 1973 für eine Australien- und Japan-Tournee sowie das Album *Roll On, Ruby* neue Partner: Ken Craddock (keyboards, g), Charlie Harcourt (g), Tommy Duffy (bg), Paul Nichols (dr). Die erste gemeinsame LP klang angestrengt, mit *Happy Daze*, nun auch auf einem neuen Label, war die Anpassungsphase überwunden. Neben Hull profilierten sich Craddock, Duffy als Songschreiber. Mehrere Stücke auf *Happy Daze* waren, wie Duffys *The Man Down There*, Abrechnungen mit dem Management: «Well the bossman is clever, he always will be. He's getting rich from the like of you and me.»

LPs auf Charisma: *Nicely Out of Tune* (1970); *Fog On the Tyne* (1971); *Dingly Dell* (1972); *Live* (1973); *Roll On, Ruby* (1973) ... auf Warner Brothers: *Happy Daze* (1974). Solo-LP Alan Hull auf Charisma: *Pipe Dream* (1973). LPs JACK THE LAD auf Charisma: *Jack the Lad* (1974); *The Old Straight Track* (1974)

Little Feat, 1968 in Los Angeles von Lowell George (g, harm, voc) aktiviert, ließen auf ihren von der internationalen Kritik hochgelobten LPs die uramerikanische Legende vom ungebärdigen Freisein «on the road» in einer Symbiose aus anarchistischer Primitiv-Folklore und rocktechnologischer Finesse aufklingen. Lieder von Motels, Männern und Motoren fügten sich in brutaler Schönheit und rauhbeiniger Sentimentalität zum Song-Szenatio eines Déjà Vu-Amerika, «mit dem spontanen Überraschungs-Effekt von beleuchteten Werbetafeln, die am geöffneten Autofenster vorbeirasen» (‹Rolling Stone›). Die Saga der Band war bestimmt von der Diskrepanz zwischen Kritiker-Begeisterung und Publikums-Desinteresse. Lowell, gepriesen wegen seines handfest heulenden Slide-Gitarrenspiels, hatte seine Mythen-Mitmacher aus zwei Bands seiner Westcoast-Vergangenheit geholt: Bill Payne (p, org), Richard Hayward (dr) von der FRATERNITY OF MAN, Roy Estrada (bg) von → Frank Zappas → MOTHERS OF INVENTION. Die in dieser Besetzung eingespielte erste LP *Little Feat* (1970) enthielt den exemplarischen Fernfahrer-Song *Willin'* und wurde von zahlreichen Rezensenten übereinstimmend als «Meisterwerk» apostrophiert. Ähnliches Lob erfuhren weitere Album-Einspielungen, auf denen Estrada durch Kenny Gradney ersetzt wurde und Sam Clayton (perc), Paul Barrere (g) hinzukamen. Der mangelnde kommerzielle Erfolg zehrte am Selbstbewußtsein des Sextetts und bedrohte mehrfach den Zusammenhalt der Lowell-Gang. Es gelang LITTLE FEAT jedoch trotzdem, ihren charakteristischen Tripelklang aus instrumentalem Sarkasmus à la MOTHERS, schwarzen Blues-Feeling und weißem Country-Sentiment vom hohen Start-Niveau aus zu verfeinern.

LPs auf Warner Brothers: *Little Feat* (1970); *Sailin' Shoes* (1972); *Dixie Chicken* (1973); *Feats Don't Fail Me Now* (1974). LPs Bill Payne, Richard Hayward mit FRATERNITY OF MAN auf Rasputin/ABC: *Fraternity of Man* (1968) ... auf Dot: *Get it On* (1969)

Little Richard, bürgerlich: Richard Penniman (voc, p), am 25. Dezember 1935 in Macon, Georgia, geboren, lieferte in seinen zur Showbusiness-Hysterie übersteigerten, hochenergetischen Auftritten «das l'art pour l'art-Credo des Rock 'n' Roll» (‹twen›): Energie und Effekt. Vor jedem Konzert zog er sich die Augenbrauen nach, kalkte das Gesicht mit Make-up, zupfte den Schnurrbart zu einer dünnen Linie aus und trug reichlich Mascara auf. Sein Haar ließ er lang wachsen und toupierte es wie Zuckerwatte. Als Bühnenkostüm dienten ihm ausgefallene Roben, die zwei Schneider aus Hollywood nach seinen Angaben fertigten. Er machte Mode mit weiten Beutelhosen, spiegelglasbesetzten Hemden, bizarr gerafften Satingewändern und eleganten Pelzumhüllungen. Seine Konzerte vor ekstatischem weißen Publikum kamen religiösen Revival-Meetings gleich. Seine hymnischen Verzückungsschreie untermalte er mit einem Stakkato-Pianospiel, wobei er den Flügel gelegentlich mit Füßen, Ellbogen und unter Einsatz seines ganzen Körpers verstimmte. Auf dem Siedepunkt riß er sich die teuren Kleider vom Leib und warf sie ins Parkett – auch die Pelzmäntel, denn «ohne Publikum ist man kein Star. Warum soll man ihnen nicht etwas von dem zurückgeben, was sie einem zuteil werden ließen?» Entgegen der von ihm selbst verbreiteten Legende stieg Little Richard nicht vom Tellerwäscher zum *Tutti Frutti*-Interpreten auf. Bereits vier Jahre vor dem Bestseller-Erfolg dieses Titels hatte er auf den Labels RCA und Peacock frenetische Rhythm & Blues-Nummern zum besten gegeben. Ein Idol wurde er jedoch erst 1955, als er für das Specialty-Label *Wop-bop-a-lou-bop a-lop-bam-boom* skandierte, den «Schlachtruf musikalischer Anarchie» (‹L. A. Times›). Von da an geriet ihm beinahe jede Aufnahme zu Gold: *Reddy Teddy, Rip It Up, Slippin' And Slidin', Long Tall Sally* (1956), *Keep A-Knockin', Send Me Some Lovin', Jenny, Miss Ann, Lucille* (1957), *Good Golly Miss Molly* (1958). Bei den von Bumps Blackwell beaufsichtigten Plattensessions in New Orleans begleitete ihn die gleiche Band, die auch → Fats Domino im Studio betreute. Little Richard hämmerte ihr sein überschwengliches Boogie-Piano vor und trieb sie in Gospel-Exegesen, die sich mit hektisch dahinstürzendem Rhythmus und abrupt wechselnder Metrik deutlich von den eher schleppenden Blues-Klängen der übrigen schwarzen Popmusik abhoben. Penniman garnierte seine selbstverfaßte Text-Versatzstücke mit improvisierten Rufen und langanhaltenden Falsettschreien (*Ooo, My Soul!*). Seine Song-Lyrik war zumeist ein Konglomerat aus zusammenhanglosen Phrasen, bedeutungslosen Silbenreihungen und Wortspielen um des Klangeffektes willen. Beispiel: «Well, it's Saturday night / And I just got paid, / A fool about my money, / Don't try to save – / Gonna rock it up, / Gonna rip it up, / Gonna shake it up, / Gonna ball it up, / Gonna lock it up, / And ball tonight.» Little Richards Komponier- und Vortragsstil diente beinahe jedem Rock-Musiker als Vorbild. → Elvis Presley kopierte seine Bühnenbewegungen und bestückte sein frühes Repertoire mit zahlreichen Penniman-Titeln. → James Brown, → Jimi Hendrix, → Otis Redding wurden von Little Richard entdeckt, gefördert oder angeregt. → THE BEATLES traten mit ihm zu Beginn der sechziger Jahre im

Hamburger «Star-Club» auf. → Paul McCartney orientierte seinen Rhythm & Blues-Gesang am ungehobelten Effektgeschrei seines schwarzen Anregers und ließ das Liverpooler Quartett einige von dessen Songs zu Platte bringen. Die → Rolling Stones borgten mindestens genauso viel schwarzes Feeling von Richard wie von → Chuck Berry, während → Elton John zu Beginn der siebziger Jahre seinen Konzertflügel in Penniman-Stil attackierte. Als die Sowjets 1957 ihren ersten Sputnik steigen ließen, sah Little Richard dieses als «ein Zeichen des Himmels» an, das blasphemische Streben nach Mammon aufzugeben. Auf der Dampfer-Rückfahrt von einer Australien-Tournee, so die Fama, habe er damals seinen kostbaren Juwelenschmuck über Bord geworfen. Beweisbar ist, daß er anschließend seine sechs Cadillacs verkaufte und sich für zwei Jahre am Oakwood Adventisten-College in Huntsville, Alabama, als Theologiestudent einschrieb. Fortan wirkte er als Prediger und nahm nur noch fromme Gesänge auf Schallplatten auf. 1967 kehrte er auf die Rockbühne zurück – in alter Manier mit heisergeschriener Kehle, Lidstrich und dem selbstparodistischen Showgebaren eines «King of Rock and Roll». «Ich verließ meinen Thron», erinnerte er sich, «um Hand in Hand mit meinen Leuten zu gehen. Während ich die Botschaft der Liebe verbreitete, kamen andere, die meinen Titel, meine Leute und meinen Thron beanspruchten. Da hörte ich wieder jenen Ruf. Er lautete: ‹König, kehr zurück!›»

LPs (Auswahl) auf Speciality: *Here's Little Richard* (1958); *Little Richard* (1958); *The Fabulous Little Richard* (1959); *Biggest Hits* (1963); *Grooviest 17 Original Hits* (1967); *Well Alright* (ca. 1968) ... auf Coral: *Coming Home* (1963) ... auf Mercury: *King of the Gospel Singers* (1964) ... auf Pickwick: *Gospel; Together* (mit Jimi Hendrix) ... auf Camden: *Little Richard; Every Hour* (1970) ... auf Kama Sutra: *Little Richard* ... auf Okeh: *Greatest Hits Recorded Live* (1967) ... auf Epic: *Greatest Hits* (1967); *Explosive Little Richard* (1967); *Cast a Long Shadow* (1972, re-issue der beiden vorstehenden LPs als Doppelalbum) ... auf Reprise: *The Rill Thing* (1970); *The King of Rock and Roll* (1971); *The Second Coming* (1972) ... auf United Artists mit Canned Heat: *Historical Figures and Ancient Heads* (1972)

Little Walter (harm, voc), bürgerlich: Marion Walter Jacobs, am 1. Mai 1930 in Alexandria, Louisiana, geboren, wird vom Blues-Chronisten Pete Welding als der «fraglos bedeutendste Musiker der Chicagoer Blues-Bewegung unmittelbar nach dem Zweiten Weltkrieg» gerühmt. Welding erläutert: «Er war der erste moderne City-Bluesmann, der sich keiner anderen Tradition verpflichtet fühlte als jener, die er selber mitbegründet hatte.» Anders als sein Kollege und Konkurrent → Sonny Boy Williamson, der den Südstaaten-Mundharmonikastil für städtische Bedürfnisse lediglich abwandelte, schuf Jacobs eine sparsame, um die wesentlichsten Phrasen kondensierte Spielweise mit nur wenigen Arabesken, die der Artikulation von Rhythm & Blues-, manchmal sogar von Bebop-Saxophonisten entsprach. Auf den Platten von → Muddy Waters zwischen 1950 und 1960, dessen Band er 1950–1952 als reguläres Mitglied angehörte, ist dieser Stil ausgereift zu hören. Unter seinem eigenen Namen hat Little Walter, der sich 1952 als Solist, Sänger und Bandleader selbständig machte, nicht mehr als etwa hundert Bluesstücke aufgenommen, von denen kaum mehr als die Hälfte veröffentlicht wurde. Darunter finden sich freilich – von David und Louis Myers (g) sowie Freddie Below (dr) assistierte – Klassiker wie *Juke, Can't Hold Out Much Longer, You're So Fine, Tell Me Mama, You Better Watch Yourself*, die sich durch einen kompakten, total integrierten Ensembleklang auszeichnen. Stets wies er seine Mitspieler an, Klischees zu vermeiden und statt dessen neue, ausdruckskräftige Formeln zu erfinden. Resultat: Die überwiegend originellen Strukturen und Motive seiner Stücke gingen großenteils in den Fundus der Standard-Bluesfloskeln ein. Besonders seine Schüler → Junior Wells und → Paul Butterfield haben sie in einen stärker rockorientierten Bluesstil übersetzt. Little Walter starb am 15. Februar 1968 an den Folgen einer Kopfverletzung, die er sich bei einer Schlägerei zugezogen hatte.

Seine konzentriertesten Stücke wurden postum von Pete Welding in dem Doppelalbum *Boss Blues Harmonica* kenntnisreich und geschmackssicher ediert.

LPs mit → Muddy Waters. Solo-LPs (Auswahl) auf Chess: *The Best of Little Walter* (1968); *I Hate to See You Go* (1969); *Boss Blues Harmonica* (1972); *Confessin' the Blues* (1974)

Lofgren, Nils (voc, g, keyboards), am 21. Juni 1953 in Virginia geboren, wurde von ‹High Fidelity› als «exzellenter musikalischer Fremdenführer» durch das «Land der heranwachsenden Jugend» gepriesen, das der quicksilbrige Entertainer in teilweise infantilen, bisweilen zynischen Texten besang. «Hast du jemals eine Telefonnummer verloren?», fragte er in einem Klagelied: «Es ist, als ob dir die Welt abhanden kommt.» In ähnlich pompöser Trübseligkeit spielte er auf → Neil Youngs LP *After the Goldrush* (1970) eine temperierte Klavierbegleitung. Damals hatte Lofgren bereits eine Teenager-Karriere in zwanzig verschiedenen Bands hinter sich gebracht und mit Bob Gordon (bg), Bob Berberich (dr, voc) das Trio GRIN formiert. Mit der Ausdauer eines Groupies drängte er sich Young auf, bis dieser ihn schließlich bei zwei seiner LPs mitspielen ließ und als sporadischen Lead-Sänger an seine ehemalige Band CRAZY HORSE vermittelte. Young vermittelte den GRIN-Musikern auch ein Debüt auf dem neuen Spindizzy-Label seines Producers David Briggs. Der von der ‹New York Times› als «Wunderkind des Rock» annoncierte Lofgren überraschte danach vor allem bei Live-Auftritten mit ausgefeilten Piano-Soli, effektvollem Brutal-Spiel auf der Gitarre sowie dem forcierten Einsatz seiner dünnen Stimme, die er von ekstatischen Falsetts bis zu heiseren Kehllauten à la → Rod Stewart strapazierte. Das 1973 um Tom Lofgren (g) erweiterte GRIN-Ensemble umrahmte die Twen-Satiren mit naiven Country- und Gospel-Klängen.

LPs mit GRIN auf CBS: *Grin* (1971); *1 + 1* (1972); *All Out* (1973) ... mit GRIN auf A & M: *Gone Crazy* (1973) ... auf Reprise mit CRAZY HORSE: *Crazy Horse* (1971) ... mit Neil Young: *After the Goldrush* (1970). Solo-LP auf A&M: *Nils Lofgren* (1975)

Loggins & Messina entwickelten ihre anfängliche Producer-Interpret-Beziehung zu einer fruchtbaren Partnerschaft in Sachen Country-Rock. Jim Messina (g, voc), am 5. Dezember 1947 in Texas geboren, ehemals Mitglied der → BUFFALO SPRINGFIELD, hatte 1970 die von ihm mitbegründeten → POCO verlassen, weil ihm der Sound der Gruppe zu schwerfällig geworden war und er nicht weiter auf extensive Tourneen gehen mochte. Seine Reputation als Producer der letzten SPRINGFIELD-LP *The Last Time Around* und der ersten drei POCO-Alben verhalf ihm zu einem Produzenten-Job bei Columbia Records in Hollywood. Der erste Künstler, den er zu betreuen hatte, war Kenny Loggins (g, harm, voc), am 7. Januar 1948 in Seattle, Washington, geboren. Der Songschreiber und Sessionmusiker hatte sich seit Mitte der sechziger Jahre in Südkalifornien einen Insider-Ruf *erworben; sein House At Pooh Corner* war zu einem Hit für die → NITTY GRITTY DIRT BAND geworden. Aus der Loggins-LP, die Messina produzieren sollte, wurde ein Teamwork. Anfang 1972, mehr als ein Jahr nachdem sie sich kennengelernt hatten, stellten LOGGINS & MESSINA ihre erste gemeinsame Langspielplatte vor. Die inzwischen gewonnene Vertrautheit der beiden Musiker und ihrer Sessionbegleiter, ihre profunde Erfahrung in diversen Rock-Genres und ihre Sicherheit als Performer dokumentierten sich in einer «hervorragenden Synthese von Sound-Fragmenten aus Nashville, Memphis und Hollywood» (‹Welcome›). LOGGINS & MESSINA arrangierten soulvolle Bläserbeigaben und ätherische Violinzutaten in ihr delikat instrumentiertes Repertoire, das trotz seines deutlichen Rock 'n' Roll-Timbres «dennoch den Tribut an seine Country & Western- und Folk Rock-Ursprünge entrichtet» (‹High Fidelity›). Loggins' fragile, modulationsreiche Stimme und Messinas countrygefärbte Nasallaute ergänzten sich in solch unverkrampfter Perfektion, «als sängen sie schon ihr ganzes Leben zusammen» (‹Rolling Stone›). Diese interpretatorische Brillanz und ihr Talent als Autoren melodiöser Country-Schlager brachten LOGGINS & MESSINA auf Anhieb Bestseller-Ruhm und Goldene Schallplatten.

LPs auf CBS: *Sittin' In* (1972); *Loggins and Messina* (1972); *Full Sail* (1973); *On Stage* (1974); *Mother Lode* (1974)

Love, eine der ersten gemischtrassigen Rockbands, spielte seit April 1965 in Los Angeles mit ständig wechselnder Besetzung. Ihr Repertoire bestand im wesentlichen aus *Little Red Book*, einem Filmschlager aus ‹What's New, Pussycat›, und Dino Valentes populärem Anheizer *Hey Joe*. Das dürftige Programm wurde durch eine ungewöhnliche Spielweise geadelt, die zu Folk Rock mutierte → BEATLES-Musik mit dem schmalzigen Balladenton der Broadway-Schlagersänger verband. Im Zentrum des LOVE-Spiels bewegte sich Arthur Lee (voc, g), 1944 als Arthur Porter Taylor in Memphis, Tennessee, geboren. Der schwarze Musiker produzierte nach dem ersten Krampfrock-Album und einer LP mit großorchestralem Kunstgewerbe neben John Echols (g), Bryan McLean (g, voc), Ken Forssi (bg) und Michael Stuart (perc) das ingeniöse Album *Forever Changes*. Zu einem thematischen Konglomerat aus Todeswünschen, Sexualkonflikten, Suchtängsten und schwärmerischer Selbstbesinnung flirrten Violinen, schmetterten mexikanische Trompeten. Über leichten Folk-Gitarrensounds pendelte Lees Soul-Stimme zwischen dem Schlager-Bariton von Johnny Mathis und → Mick Jaggers forcierten Rhythm & Blues-Imitationen hin und her. Die Band schaffte es allerdings nicht, solch vorzügliche Musik einem breiten Publikum zugänglich zu machen. Um sich als Trendmacher durchzusetzen, fehlten ihr Beständigkeit und Zuverlässigkeit. Drogenprobleme hielten LOVE von Tourneen und Fernsehauftritten ab, bis das Ensemble schließlich zerbröckelte. Lee, der bereits 1970 ein nicht veröffentlichtes Jam-Session-Album zusammen mit → Jimi Hendrix aufgenommen hatte, verschwand nach der Solo-LP *Vindicator* (1972) von der Schallplatten-Szene. Eine Produktion für Buffalo konnte nicht erscheinen, weil das Label einging. Erst auf *Reel to Reel* und in einigen Ostküsten-Konzerten mit → Eric Clapton konnte er 1974 eine neue schwarze LOVE vorstellen. Sie spielte funky Rhythm & Blues.

LPs auf Elektra: *Love* (1966); *Da Capo* (1967); *Forever Changes* (1968); *Four Sail* (1969); *Love Revisited* (1970); *Love Masters* (1973) ... auf Blue Thumb/Harvest: *Out There* (1970); *False Start* (1971) ... auf RSO: *Reel to Reel* (1974) ... Solo-LP Arthur Lee auf A & M: *Vindicator* (1972)

The Lovin' Spoonful, nach einer Blueszeile des Sängers Mississippi John Hurt benannt («I love my baby by the lovin' spoonful»), waren die erste originär-amerikanische Erfolgsgruppe der Rockmusik. Seit Januar 1965 produzierten der Sänger und Mundharmonikaspieler → John Sebastian, der Gitarrist Zalman «Zal» Yanovsky (geb. 19. Dezember 1944 in Toronto), der aus North Carolina stammende Baßgitarrist Steve Boone (geb. 23. September 1943) und der Schlagzeuger Joe Butler aus Glen Cove, Long Island (geb. 16. Januar 1943), im New Yorker Künstlerviertel Greenwich Village «eine explosive Mixtur aus sämtlichen amerikanischen Tonfarben: Deltablues, Sousamärschen, → Bob Dylan, Jazz, Country und Folk, zusammengeschmolzen durch ein ansteckendes Minstrel-Showtalent» (‹Newsweek›). Monatelang war der Keller des New Yorker Albert Hotels, wo das «ganz schön sensible Kollektivwesen LOVIN' SPOONFUL» (Sebastian) seine Hits *Day Dream, Summer In The City, Do You Believe In Magic?, Nashville Cats* und *Voodoo In My Basement* einstudierte, der In-group-Treffpunkt der amerikanischen Rock- und Folksongszene. Pilzköpfig (Boone) mit Nickelbrille (Sebastian), im Mexikaner-Poncho (Butler) und mit einem riesigen Trapperhut (Yanovsky) präsentierten sich die vier ihren Fans als Kumpels, nicht als Glamourstars. Zu Popmusikheroen wurden sie dennoch durch ihre gut verkäufliche Musik, welche die ‹New York Times› als «zeitlos, traditionell und doch modern, lebendig und attraktiv für alle Generationen» beschrieb. Über diesen sonnigen, beinahe folkloristisch-aufrichtigen Stil entwickelte sich das Quartett jedoch nicht hinaus. Als sich die Popmusik 1967 durch die Elektronik-Injektion aus San Francisco psychedelisierte, ließ die Magie der LOVIN' SPOONFUL nach. Yanovsky trennte sich von der Truppe, um (mit geringem Erfolg) Soloplatten aufzunehmen. Er wurde durch den Leadgitarristen Jerry Yester nicht gleichwertig ersetzt. Auch Yanovskys Rückkehr konnte das Verblassen des SPOONFUL-Images nicht aufhalten. 1968 löste Sebastian das Ensemble auf und tröstete sich: «In dieser Branche balanciert man stets am Rande einer Katastrophe entlang. Heute noch umjubelt, kann man morgen von der Bildfläche verschwunden sein. Das hat auch einen Vorteil: Man wird nicht so leicht hochnäsig und bleibt immer auf dem Teppich.»

LPs auf Kama Sutra: *Do You Believe in Magic?* (1965); *Day Dream* (1966); *What's Up, Tiger Lily* (Soundtrack, 1966); *What's Shakin* (mit anderen, 1966); *Hums of the Lovin' Spoonful* (1967); *You're a Big Boy Now* (1967); *Best of the Lovin' Spoonful* (1967); *Everything is Playing* (1967); *Best of the Lovin' Spoonful* (1967); *Best of the Lovin' Spoonful – Vol. 2* (1968); *Revelation: Revolution '69* (1968); *24 Karat Hits* (1968); *Once Upon a Time* (ca. 1969); *Golden Spoonful* (1973); *More Golden Spoonful* (1974). Solo-LP Zal Yanovsky auf Kama Sutra: *Alive and Well in Argentinia* (1970). Solo-LPs Jerry Yester mit Judy Henske auf Straight/CBS: *Farewell Aldebaran* (1969) ... auf Reprise: *Rosebud* (1971)

Lulu, bürgerlich: Marie McDonald McLaughlin Lawrie (voc), am 3. November 1948 in Lennox Castle, Schottland, geboren, stolperte mit 15 Jahren in eine Teenager-Star-Karriere, die sie aus Mangel an künstlerischem Format nur gelegentlich überzeugend durchhalten konnte. 1963 placierte sich die Tochter eines musikbegeisterten Fleischers mit ihrer Gruppe THE LUVVERS und einem im → Brenda Lee-Stil vorgetragenen Remake des → ISLEY BROTHERS-Hits *Shout* von 1959 in den britischen Hitparaden. Als die Anschlußerfolge ausblieben, trennte sich Lulu 1965 von der Band und sicherte sich mit den vom → Donovan-Betreuer Mickie Most produzierten Jukebox-Knüllern *I'm A Tiger, The Boat That I Row, Love Loves To Love Love* einen Spitzenplatz unter den englischen Schlagersängerinnen. Den Gipfel ihrer Möglichkeiten erreichte sie 1967, als sie neben Sidney Poitier in dem Film ‹To Sir, with Love› ein freches Cockney-Girl mimte und mit der Interpretation des Titelsongs in den USA eine Goldplatte errang. 1969 ersang sie sich beim Eurovision-Chansonwettbewerb in Madrid einen mageren Sieg mit dem belanglosen *Boom Bang-A-Bang*. Im gleichen Jahr heiratete sie Maurice Gibb von den → BEE GEES und versuchte unter Anleitung des bewährten Soul-Producer-Teams Wexler/Mardin/Dowd mit anspruchsvollem Rhythm & Blues-Gesang ihr Repertoire zu erweitern. Das Resultat war mäßig. Erst 1974 gelang Lulu ein regionales Comeback, als sie in England mit → David Bowies *The Man Who Sold The World* in die Charts zurückkehrte und für den James-Bond-Film ‹The Man with the Golden Gun› die Titelmelodie anstimmte. Kritiker Tony Palmer glaubte eine Erklärung für Lulus vergebliche Anläufe zum dauernden Ruhm gefunden zu haben: «Ein Star sein, heißt Todessehnsucht in sich tragen. Lulus Songs jedoch trugen nur den Stempel der Jugend und ihrer Harmlosigkeit.»

LPs auf Decca: *Shout* (1966); *From Lulu with Love* (1967); *The World of Lulu* (1968) ... auf Fontana: *To Sir with Love* (1968, Soundtrack) ... auf Epic: *To Sir with Love* (1967); *Boy* (1968); *It's Lulu* (1970) ... auf Atlantic/Atco: *New Routes* (1970); *Melody Fair* (1970); *Lulu's Party* (1970) ... auf Harmony: *To Love Somebody* (1970) ... auf Chelsea: *Make Believe World* (1973) ... auf Music For Pleasure: *Lulu's Greatest Hits*

Lymon, Frankie (voc), im September 1942 in den Washington-Heights-Slums von New York City geboren, sang 1955 als 13jähriger mit seinen 15- und 16jährigen Freunden Herman Santiago (Tenor), Jimmy Merchant (Tenor), Joe Negroni (Bariton), Sherman Garnes (Baß) Gospels und Popsongs an Harlem-Straßenecken. Dort hörte Richard Barrett, Leader der VALENTINES (später Manager der CHANTELS und der → THREE DEGREES), im Vorübergehen das notenunkundige Quintett mit einem von Lymon verfaßten Liebeslied. Er brachte FRANKIE LYMON AND THE TEENAGERS zu seiner Plattenfirma Roulette, die den Song *Why Do Fools Fall In Love?* am 10. Januar 1956 mit sensationellem Erfolg auf ihrem Gee-Label veröffentlichte: Er blieb 16 Wochen in ‹Billboards› Hot 100 und wurde weltweit 1,5 millionenmal verkauft. Die Hits *I Want You To Be My Girl, I Promise To Remember, The ABC's Of Love* schlossen sich an. Ed Sullivan holte die Knaben in seine TV-Show ‹The Toast of the Town›, Alan Freed schickte sie zusammen mit → Bill Haleys COMETS unter der Schlagzeile «The Biggest Rock 'n' Roll Show of 1956» auf Tournee. Freeds Film ‹Rock Rock Rock› transportierte die TEENAGERS mit den Stücken *I'm Not A Juvenile Delinquent* und *Baby Baby* über die Grenzen der USA hinaus; 1957 gastierten sie zwei Wochen lang im Londoner «Palladium». Nach der Rückkehr machte sich Lymon als Solist selbständig, aber mit zunehmendem Alter erlosch sein Magnetismus. Mit achtzehn war er, bei ständig sinkenden Single-Umsätzen, bereits ein abgewirtschafteter Showbusiness-Veteran. Bis zum März 1968 schlug er sich in zweitklassigen Etablissements als Entertainer durch, dann starb er im New Yorker Apartment seiner Großmutter an einem überdosierten Drogen-Schuß.

LPs auf Gee/Roulette: *The Teenagers* (1957) ... auf MCA: *American Graffiti* (1973, mit anderen) ... auf Increase: *Cruisin' 1956* (1970, mit anderen)

Lynyrd Skynyrd, ein Blues-Rock-Septett aus Jacksonville, Florida, lieferte im Untertitel des 1973 veröffentlichten Debüt-Albums zum Bandtitel die Ausspracheregel mit: *pronounced 'lĕh-'nérd 'skin-nérd.* Gemeint war mit dieser Verballhornung ein Sportlehrer namens Leonard Skinner, der den vier Gründungsmitgliedern Ed King (voc, g), Allen Collins (voc, g), Gary Rossington (vog, g), Robert Burns (dr) in der High School stets die Haare abschneiden wollte. Auf die Frage, welcher von ihnen Lynyrd Skynyrd sei, antworten die Musiker: «Keiner, wer hat schon einen so blöden Namen?» Das durch Ronnie Van Zant (lead-voc), Billy Powell (keyboards), Leon Wilkeson (bg, voc) vervollständigte Ensemble, dessen auf drei Leadgitarren intonierte Landstraßen- und Sumpfland-Musik an den südstaatlichen Swamp-Rock der → ALLMAN BROTHERS erinnert, wurde im sechsten Jahr seines Bestehens 1972 von → Al Kooper im Club «Funocchio's» in Atlanta, Georgia, entdeckt. Kooper verpflichtete die Band für seine von der Music Corporation of America (MCA) vertriebenen Sound of the South Records und produzierte ihre Platten. Bald konnte sie ihre Hits *Gimme Three Steps* und *Sweet Home Alabama* auch im Vorprogramm einer USA-Tournee der → WHO, zu Beginn eines → Eric Clapton-Konzerts in Memphis und im November 1974 auch in Europa aufführen – zumeist unter einer Konföderierten-Fahne aus dem amerikanischen Bürgerkrieg. Musikgeschäft reimt sich bei LYNYRD SKYNYRD weniger auf Dollars als auf Boden, Bourbon und Blues. Nachdem sie sich zum Üben ein rund 100 Hektar großes Farmgelände bei Jacksonville gekauft haben, «wo uns keiner wegen der Phonzahl nervt», legen die Musiker ihre Einnahmen für Grundbesitz in noch sumpfigen Entwicklungsgebieten von Florida an. Ronnie Van Zant im Sommer 1974: «Die Haifische des Showbusiness sind schon hinter uns her, aber wir werden sie narren. Wenn sie uns zu sehr pressen, verstecken wir uns in den Sümpfen und warten ab, bis wir noch besser sind. Sollte es uns auch weitere Hungerjahre kosten – aber wie ein Stück Fleisch kaufen und verkaufen kann man uns nicht.»

LPs auf MCA: *Lynyrd Skynyrd (pronounced 'lĕh-'nérd 'skin-'nérd)* (1973); *Second Helping* (1974); *Nuthin' Fancy* (1975)

M

Magma umgibt eine bizarr-eklektizistische Spielweise mit dem Schleier kosmischer Mystik. Christian Vander (perc), der das Ensemble 1969 in Paris nach dem Vorbild der damals in Frankreich populären → SOFT MACHINE zusammenstellte, charakterisiert die MAGMA-Musik als fortdauerndes Moralspiel, «Theuz Hamtaak» genannt. Auf zunächst neun LPs will Vander bis 1977 die zumeist kontroversen Beziehungen zwischen dem von ausgewanderten Erdenbewohnern kolonisierten Planeten Kobaia und ihrem Mutter-Globus als einen «Covent Garden-Alptraum an Rock-Oper» (‹Melody Maker›) inszenieren. Mit der Gründungs-Formation Laurant Thibault (bg), Eddy Rabbin (keyboards), Claude Engel (g), René Graber (voc) sowie einer von Teddy Lasry geleiteten Bläsergruppe aus der Band des Popsängers → Johnny Hallyday stimmte Vander, Sohn eines polnisch-baltischen Zigeuner-Violinisten, seine «Zeuhl»-Musik an. Im wesentlichen kombinieren sich in ihr die Splitter-Phrasierungstechnik John Coltranes («Sheets of sounds») mit den melodie- und kontrapunktfeindlichen Harmonie- und Rhythmus-Akzentuierungen des deutschen Komponisten Carl Orff. Zu dieser extravaganten Liaison addierte MAGMA, je nach Neigung der Spieler, Voodoo-Rhythmen, Vokalisen im Stil der russischen Oper, Blues-Versatzstücke und Folklore-Proben. Zur exotischen Musik erfand Vander eine Kunstsprache. Die Lingua des Planeten Kobaia artikuliert sich wie eine rückwärts gesprochene Melange aus deutschen und slawischen Sprachbrocken. Trotz der extrem esoterischen Aufbereitung ihres Repertoires fand die MAGMA-Truppe vorwiegend in England eine begeisterte Publikums- und Kritiker-Resonanz – ‹Melody Maker›-Rezensent Steve Lake: «Verdammt großartig.» Vander, der seine Combo gern in Parallele zur ausgeflippten Phantasiewelt → Nicos und der frühen → VELVET UNDERGROUND sieht, hat für seine kosmische Musik ein allumfassendes Konzept: «MAGMA strebt nach einer Art totaler Kunst, absoluter Kommunikation, wie sie auch für den Bau der Pyramiden maßgebend war.» Auf dem Wege dorthin wechselte Vander mehr als drei Dutzend Mal die Besatzung seines Rock-Raumschiffes. Bei der Einspielung der vierten LP (Mitte 1974) waren Jannick Top (bg), Klaus Blasquiz (voc), Gérard Bikialo (p), Michel Graillier (cl), Stella Vander (voc), Brian Godding (g) mit von der Partie.

LPs auf Philips-France: *Magma* (1970); *1001 Degrees Centigrade* (1971) ... auf A & M: *Mekanik Destruktiw Kommandoh* (1973); *Köhntar Kösz* (1974)

The Mahavishnu Orchestra, 1971 von → John McLaughlin gegründet, hat die Fusion von Jazz und Rock drei Jahre lang überzeugender vollzogen als jede andere Band. Der Grund: ein totaler Rapport zwischen den Musikern und ein bei allen fünf Spielern gleichmäßig hohes Musizierniveau. Neben dem Jazz- und Popmusikveteran McLaughlin und dem Geiger → Jerry Goodman bestand die Band 1971 bis 1974 aus dem in Prag gebürtigen Pianisten, Organisten und Synthesizer-Spezialisten Jan Hammer (vordem bei Sarah Vaughan, Elvin Jones, → Jeremy Steig), dem aus Dublin, Irland, stammenden, in Australien aufgewachsenen Baßgitarristen Rick Laird (vordem bei → Brian Auger, Buddy Rich), sowie dem panamesischen, in New York erzogenen Schlagzeuger Bill Cobham (vordem bei Billy Taylor, Horace Silver → Miles Davis, Carla Thomas, → Roberta Flack, → James Brown, DREAMS). Anders als das Gros der Jazz Rock-Gruppen verzichteten die MAHAVISHNU-Musiker auf eine äußerliche Collage aus Klischees und Versatzstücken beider Stile; sie verschmolzen vielmehr winzige Partikel, Phrasen und Tonfolgen zu einem neuartigen musikalischen Vokabular. Anfang 1974 ging das Quintett auseinander. Die Bandmitglieder warfen dem Chef vor, ihre Kompositionen hätten im MAHAVISHNU ORCHESTRA immer weniger Aufführungschancen gehabt. McLaughlin berief unter dem gleichbleibenden Band-Namen neue Musiker ein: Jean-Luc Ponty (vi), Bob Knapp (tp, fl), Gayle Moran (keyboards, voc), Ralph Armstrong (bg), Michael Walden (dr), Steve Frankovitch (tp, flh, fl), der kurze Zeit später durch Russell Tubbs (sax) ersetzt wurde, sowie ein Streichquartett: Stephen Kinder (vi), Carol Shive (vi), Marsha Westbrook (viola), Phil Hirschi (cello). Diese Besetzung erfüllte für McLaughlins und Pontys instrumentale Ego-Trips nurmehr Begleitfunktion – mit dröhnenden Gongs, Effektperkussion, hymnischen Vokalisen und einem wagnerischen Wagalaweia-Sound. Zur Verstärkung des quasi-symphonischen Charakters kam zur Aufnahme der LP *Apocalypse* im März 1974 in London noch das LONDON SYMPHONY ORCHESTRA hinzu; Michael Gibbs besorgte die Partituren. Nachdem schon die ersten vier MAHAVISHNU-LPs in der alten Besetzung global 20 Millionen Dollar Bruttoumsatz gemacht hatten, wurde *Apocalypse* das bestverkaufte McLaughlin-Album. Von den einstigen Elektronik-Gewittern war allerdings nur der Donner geblieben, musikalisch zündete kaum noch ein Blitz. Mit den *Visions of the Emerald Beyond* konnte das Orchester den künstlerischen Absturz bremsen, erreichte aber nicht wieder den früheren Höhenflug.

LPs auf Douglas: *My Goal's Beyond* (1971) ... auf CBS: *The Inner Mounting Flame* (1972); *Birds of Fire* (1973); *Between Nothingness and Eternity* (1973); *Apocalypse* (1974); *Visions of the Emerald Beyond* (1975). Solo-LPs Bill Cobham auf Atlantic: *Spectrum* (1973); *Crosswinds* (1974); *Total Eclipse* (1974). LP Jan Hammer, Jerry Goodman auf Atlantic: *Like Children* (1974)

The Mamas and the Papas waren 1966 mit ihren Hits *California Dreamin'* und *Monday Monday* (davon wurden 3,5 Millionen Singles verkauft) die erste US-Gesangsgruppe der neuen Popmusik mit überdimensionalem Erfolg – «Amerikas Antwort auf die britische Rock-Invasion» (Lillian Roxon). Bei einem Ferienaufenthalt auf den Inseln St. John und St. Thomas in der Karibischen See war das Quartett im Sommer 1965 beinahe zufällig entstanden. John Phillips (p, g, tp, voc), am 30. August 1941 auf Parris Island, South Carolina, geboren, hatte lange in Greenwich Village Folksongs vorgetragen und schrieb der neuen Gruppe etwa 80 Prozent ihres Materials. Denny Doherty (tp, g, b, bg, voc), 1941 auf der kanadischen Halbinsel Nova Scotia geboren, hatte zuerst der einheimischen HALIFAX THREE angehört und dann in New York bei den Folkgruppen BIG THREE und THE MUGWUMPS gesungen. Cass Elliot (voc), am 19. September 1941 in Alexandria, Virginia, geboren, studierte unter ihrem bürgerlichen Namen Naomi Cohen am Swarthmore College, arbeitete kurzzeitig als Journalistin an der ‹Jewish Times› in Baltimore, Maryland, gründete in New York (mit Tim Rose und Denny Doherty) BIG THREE und war 1963/64 neben Doherty, Zal Yanovsky (später → LOVIN' SPOONFUL) und James Hendricks (den sie 1963 heiratete) Mitglied der MUGWUMPS. Michelle Gilliam (voc) aus Kalifornien, Jahrgang 1944, war Fotomodell und wurde bei den MAMAS & PAPAS die Frau von John Phillips. Gemeinsam produzierten sie einen raffiniert-mehrstimmigen, gleichermaßen subtilen und kompakten Popklang voll ungewöhnlich reizvoller Harmonien, der als Ausdruck einer heiteren, optimistisch-lebensbejahenden Hippie- und Flower-Power-Mentalität verstanden wurde. Das Superstar-Business und ihre gigantischen Gagen, die ihnen Luxus-Herbergen in den teuersten Wohnlagen Hollywoods ermöglichten, zermürbten ihre Gruppen-Solidarität. 1968 zerbrach das Quartett unter psychischem Stress. Die schwergewichtige Cass Elliot, deren Solo-Single *Dream A Little Dream Of Me* nach einem Kate Smith-Hit aus dem Jahre 1931 mehr als eine Million Mal verkauft worden war, unterzog sich einer Abmagerungskur und debütierte im Oktober 1968 im Spielerhotel «Caesar's Palace» in Las Vegas als Solistin: auf Grund einer Tonsillitis-Erkrankung ein katastrophaler Mißerfolg. Dennoch wurde sie danach Dauergast in nahezu allen amerikanischen Musik-Fernsehshows und durch Stücke wie *It's Getting Better, Make Your Own Kind Of Music, California Earthquake* sowie eine LP mit dem ehemaligen → TRAFFIC-Baßgitarristen → Dave Mason zum Schallplattenstar. Im Juli 1970 heiratete sie nach der Scheidung von James Hendricks den deutschen Baron Donald von Wiedenmann. Sie starb am 29. Juli 1974 in einem Londoner Hotel an Herzversagen, nachdem sie sich an einem Sandwich verschluckt hatte. John Phillips verlegte sich aufs Komponieren, Arrangieren, Produzieren und brachte 1970 ein gelungenes Soloalbum heraus, das den Hit *Mississippi* enthielt. Im Winter 1974/75 schrieb er für den von Andy Warhol produzierten Broadway-Musical-Flop ‹The Man on the Moon›, in dem er und seine zweite Frau Genevieve Waite auftreten wollten, 28 Songs. Michelle hatte sich von ihm scheiden lassen und den Regisseur Dennis Hopper geheiratet, in dessen Film ‹The Last Movie› sie aufgetreten war. Die Ehe dauerte nur eine Woche. Denny Doherty, vom Showgeschäft ausgelaugt, verbrachte die meiste Zeit vor dem Fernsehschirm und brachte 1971 mit Mühe ein Soloalbum zustande. Auf Betreiben von Michelle, die «Geld brauchte», hatten die MAMAS & PAPAS schon im Herbst 1971 ein Comeback versucht. Ihr neues Album *People Like Us* mit elf Songs von Phillips und dem autobiographischen *I Wanna Be A Star* von Michelle folgte dem alten Erfolgsrezept und verfehlte dennoch den Publikumsgeschmack. Übereinstimmend mit den meisten Rezensenten schrieb ‹Crawdaddy›: «Die Gruppe hat immer noch ihren höchst charakteristischen Gesangsstil, aber dessen Reiz ist dünn geworden. Die Zutaten stimmen, aber keiner der Beteiligten ist vom alten Enthusiasmus beseelt.» Eine geplante Europa-Tournee kam danach nicht zustande.

LPs auf Warner Brothers: *Mugwumps* (rec. ca. 1964, ed. 1967) ... auf Dunhill: *If You Can Believe Your Eyes and Ears* (1966); *The Mamas and the Papas* (1966); *Deliver* (1967); *Farewell to the First Golden Era* (1967); *The Papas and the Mamas* (1968); *Golden Era Vol. 2* (1968); *Revival* (1969); *16 of Their Greatest Hits* (1969); *A Gathering of Flowers: The Anthology* (1970); *Historic Performances at the Monterey International Pop Festival* (rec. 1967, ed. 1971); *People Like Us* (1971); *20 Golden Hits* (1973) ... Solo-LPs Cass Elliot auf Dunhill: *Dream A Little Dream* (1968); *Make Your Own Kind of Music* (1969); *Mama's Big Ones* (1970) ... auf Blue Thumb: *Dave Mason and Cass Elliot* (1970) ... auf RCA Victor: *Cass Elliot* (1972); *The Road is No Place For a Lady* (1972); *Don't Call Me Mama Anymore* (1974) ... Solo-LP John Phillips auf Dunhill: *John Phillips* (1970). Solo-LP Denny Doherty auf Dunhill: *Whatcha Gonna Do* (1971)

Man, urteilt Kritiker Bud Scoppa, «ist eine Band aus Wales mit dem Herzen in San Francisco». Mit nordkalifornischen Gruppen wie → QUICKSILVER oder den frühen → GRATEFUL DEAD versuchten die Waliser nicht nur stilistisch, sondern auch am Joint zu wetteifern. Gründungsmitglied Micky Jones auf der Bühne des Londoner Rainbow Theatre: «Wir sind vielleicht nicht die beste Band der Welt, aber wir paffen sicher den meisten Shit.» Micky Jones (g, voc), Clive John (keyboards, voc), Deke Leonard (voc, g, keyboards) gründeten das Ensemble 1968 nach Auflösung der BYSTANDERS in Swansea. Seither hat die gesamte Elite des walisischen Rock zeitweise bei MAN gespielt. Phil Ryan (keyboards), Tweke Lewis (g), Will Youatt (bg), Ken Whaley (bg), Martin Ace (bg), Terry Williams (dr) sind neben den Gründern wohl die Musiker, die den Gruppenklang bei allen Umbesetzungen am stärksten bestimmten und entwickelten: von psychedelischem Sphärenrauschen (*Alchemist*) und Beischlaf-Vocals (*Erotica*) zu flüssigem Blues- und Folk Rock mit stark gegliederten Strukturen, harmonischem Gruppengesang und einem → BEATLES-Hauch aus der *Abbey Road*. Scoppa 1974 über das Album *Rhinos, Winos + Lunatics*: «Die Band klingt heute wie ein britisches Gegenstück zu → STEELY DAN.» MAN erwarb sich 1971/72 während ausgedehnter Konzertreisen zunächst eine große Gefolgschaft in Westdeutschland, ehe sich der Band englische und (1974) amerikanische Ohren öffneten. Grund: Sie verstand ihre Live-Faszination zunächst nicht auf LPs zu übertragen. Jede Umbesetzung jedoch ließ MAN musikalisch reifen.

LPs auf PYE/Ariola: *Revelation* (1969); *2 osz of Plastic with a Hole in the Middle* (1969) ... auf Liberty: *Man* (1971) ... auf United Artists: *Do You Like it Here Now* (1971); *Live at The Padget Rooms Penorth* (1972); *Be Good to Yourself at Least Once a Day* (1973); *Back Into the Future* (1973); *Rhinos*,

Winos + Lunatics (1974); *Slow Motion* (1974) ... auf Doppel-Mini-LP (25 cm Durchmesser) mit anderen auf United Artists: *Christmas at The Patti* (1972) ... Solo-LPs Deke Leonard auf United Artists: *Iceberg* (1973); *Kamikaze* (1974)

Mann, Manfred (org, p, synthesizer, voc) am 23. Oktober 1940 in Johannesburg, Südafrika, geboren, kam 1961 als überzeugter Jazzer nach London und wurde binnen kurzem zu einem der erfolgreichsten Musiker der britischen Pop-Szene. Da das Jazz-Quartett, das er zusammen mit Mike Hugg gegründet hatte, finanziell unergiebig geblieben war, stieg er «auf den Pop-Zug» (Mann), lieferte der TV-Serie ‹Ready, Steady, Go› die Erkennungsmelodie (5, 4, 3, 2, 1) und landete damit 1964 seinen ersten Schallplatten-Hit. Dreizehn weitere folgten, darunter *Doh Wah Diddy Diddy*, das in den USA Nummer 1 wurde und weltweit eine Auflage von zwei Millionen Singles erreichte, sowie *Pretty Flamingo, Sha La La, If You Gotta Go, Just Like A Woman, Ha Ha Said The Clown, My Name Is Jack* und *Mighty Quinn*. Die populäre Aufbereitung der → Dylan-Nummern *Just Like A Woman, Mighty Quinn* wurde vor allem von Dylan selbst gelobt. Zu den Musikern, die von 1963 bis 1969 in Manns Combo spielten, gehörten Paul Jones, → Mike D'Abo (p, voc), → Tom McGuinness, → Jack Bruce, Klaus Voormann (g, bg), Mike Vikkers (g, sax, fl), Mike Hugg (dr, vib, voc). 1967 schrieben Mann und Hugg den Soundtrack zum Paramount-Film ‹Up the Junction›; 1969 waren sie der Kommerzmusik müde. Sie gründeten zusammen mit Bernie Living (as, fl), Dozy Coxhill (sax), Steve York (bg) und anderen die Jazz-Rock-Band CHAPTER THREE (Kapitel drei), die zeitweilig bis zu dreizehn Mitglieder hatte. Mann: «Zum erstenmal seit Jahren gehe ich mit erhobenem Kopf auf die Bühne und komme nicht verlegen wieder herunter.» Das Ensemble, das von manchen Kritikern mit → BLOOD, SWEAT & TEARS verglichen wurde, entartete durch allzu ausgedehnte Improvisationen der Bläser und einen zu leichten Rhythmus jedoch bald zum reinen Jazz-Klangkörper und hatte dementsprechend nicht den gewünschten Erfolg. Deshalb schlug Mann Mitte 1971 das vierte Kapitel seiner Band-History auf. Er formierte mit Mick Rogers (voc, g), Colin Pattenden (bg) und Chris Slade (dr) die EARTH BAND, die fast alle Vorzüge seiner bisherigen Jazz- und Rock-Aktivität vereinigte. Kritiker Tony Palmer registrierte für den ‹Observer› einen «harten, treibenden Beat und eine immense Kathedrale von Klängen, ein sicheres Gefühl für das richtige Tempo, das in allen Variationen überzeugt, und ein brillant dargebotenes Repertoire, das mehr ist als nur ein Vehikel für perfekte Soli». Die Klang-Kathedrale zog indes nicht so viele Konzertbesucher und Plattenkäufer wie erwartet an. Nach dem Beispiel → BLACK OAK ARKANSAS legte Manfred Mann daher seinem Album *Give Me the Good Earth* 1974 als Promotiongimmick Gutscheine für ein Stück Land im englischen Wales bei.

LPs auf His Masters Voice/EMI: *Five Faces of Manfred Mann* (1964); *My Little Red Book of Winners* (1965); *Mann Made* (1965); *Mann Made Hits* (1966); *Soul of Mann* (1967); *History of British Pop – Manfred Mann* (1973) ... auf Fontana/Philips: *As Is* (1967); *Up the Junction* (Soundtrack, 1967); *Mighty Garvey* (1968); *One Way* (1968); *Manfred Mann's Earth Band* (1972); *Glorified Magnified* (1972) ... auf Vertigo: *Chapter Three* (1969); *Chapter Three, Vol. 2* (1970); *Messin'* (1973) ... auf Bronze: *Solar Fire* (1973); *Give Me the Good Earth* (1974) ... auf Polydor: *Get Your Rocks Off* (1974) ... auf Janus: *The Best of Manfred Mann* (1974). Solo-LPs Paul Jones auf Uni: *Privilege* (Soundtrack, ca. 1966) ... auf EMI: *My Way* (ca. 1966); *Love Me – Love My Friends* (1967); *Come Into My Music Box* (1969) ... auf Vertigo: *Crucifix in a Horseshoe* (1971). Solo-LP Mike Hugg auf Polydor: *Somewhere* (1972)

Mark/Almond splitterten 1970 nach etwa einjähriger Zugehörigkeit von → John Mayalls TURNING POINT-Band ab, der sie das charakteristische, damals als sensationell empfundene Jazz-Feeling vermittelt hatten. Jon Mark (voc, g, bg, perc, harm), 1943 in einem Fischerdorf im englischen Cornwall geboren, war mit der britischen Handelsmarine um die Welt geschippert und als Straßengitarrist durch Frankreich gezogen. 1968 gründete er in USA die Band SWEET THURSDAY mit → Nicky Hopkins (keyboards), Alun Davies (voc, g), Brian Odgers (b, bg), Harvey Burns (dr, perc), die sechs Wochen nach Veröffentlichung ihres Debüt-Albums mit der bankrotten Plattenfirma Tetragrammaton unterging. Auch Johnny Almond (sax, fl, vib, perc, voc), 1946 in Enfield, Middlesex, geboren, hatte schon eine unbeachtet gebliebene LP hinter sich, als er bei Mayall seine kühlen, sensiblen Saxophon- und Flötensoli blies. Zur eigenen musikalischen Entfaltung war den beiden Mayalls «formalistisches Blues-Verständnis» (Mark) bald zu restriktiv. Ihr eigenes Quartett mit Tommy Eyre (g, perc), Roger Sutton (bg, keyboards) brachte auf je einer Seite des Startalbums *Mark/Almond* die beeindruckend komplexen Soft-Rock-Suiten *The City* und *Love* hervor, löste jedoch mangels PR-Unterstützung nicht mehr als lobende Kritiken aus. Das blieb so, als MARK/ALMOND mit dem Jazzdrummer Danny Richmond (Ex-Charles-Mingus) ihr zweites Produkt sowie in der Besetzung Geoff Condon (fl, perc, voc), Ken Craddock (keyboards, g, perc, voc), Colin Gibson (g, perc, voc), Danny Richmond (dr) plus Studiogästen die dritte LP *Rising* vorlegten: leise, beseelte Rock-Gespinste mit starker Insider-Attraktivität und minimalen Umsätzen. Im Herbst 1972, während einer Tournee mit → Joe Cokker, verhakte sich Jon Mark mit seinem Silberring und riß sich den linken Ringfinger ab. Monatelang konnte er nicht auftreten, griff aber nach der Heilung gleichwohl wieder zur Gitarre.

LPs mit → John Mayall ... auf EMI/Harvest: *Mark/Almond* (1971); *Mark/Almond II* (1972); *Rising* (1972) ... auf Kuckuck: *Mark/Almond 73* (1974) ... Jon Mark mit SWEET THURSDAY auf Tetragrammaton: *Sweet Thursday* (1968). Solo-LP Jon Mark auf CBS: *Songs for a Friend* (1975). Solo-LPs Johnny Almond auf Deram: *The Johnny Almond Music Machine, Patent Pending* (1969); *Hollywood Blues* (1970)

Martha and the Vandellas wurden vom Motown-Konzern in Detroit auf die gleiche Weise vermarktet wie die → SUPREMES; sie hatten auch den gleichen Werdegang: Martha Reeves, Jahrgang 1944, schlich sich wie → Diana Ross 1962 als Sekretärin eines Motown-Bosses in die Gesellschaft ein und offerierte die Dienste ihres Trios (Rosalind Ashford, Annette Sterling), als für die → Marvin Gaye-Aufnahme *Stubborn Kind Of Fellow* keine Background-Stimmen verfügbar waren. Unter dem Namen VANDELLAS (Martha Reeves: «Das ist die weibliche Form von Vandalen») reüssierte das Triumvirat, in dem später Betty Kelly und Lois Reeves nacheinander Annette Sterling ersetzten, mit der zweiten Single *Come And Get These Memories* im November 1962. Die Glamour-Politur, die Motown MARTHA AND THE VANDELLAS nach SUPREMES-Muster zu geben versuchte, haftete nicht: Für Plüsch-Balladen war die Reeves-Stimme zu hart. In schnellen und mittelschnellen Soul-Tanznummern wie *Dancing In The Street* (1964) oder *Nowhere To Run* (1965) waren die VANDELLAS den SUPREMES jedoch überlegen. Entsprechend wirkte ihre Musik vor allem in den Getto-Diskotheken, wo das Publikum Schweißtropfen und Krokodilstränen zu unterscheiden vermochte. Als das Trio Ende der sechziger Jahre dem Weg der SUPREMES in vornehme weiße Nightclubs zu folgen versuchte und das Soulfeeling überschminkte, verlor es einen Großteil seiner schwarzen Fans. Für Martha Reeves' erstes Solo-Album *Power of Love* mobilisierte Producer Richard Perry annähernd das gleiche Studio-Personal, das er zuvor für die *Ringo*-LP von Ex-Beatle → Ringo Starr beschäftigt hatte. Unter den Musikern waren → Nicky Hopkins (p), Klaus Voormann (bg), Jim Keltner (dr). Sie spielten wie gewohnt solide, erreichten aber nicht die Funky-Qualität der alten VANDELLAS-Klassiker.

LPs auf Gordy/Motown: *Come and Get These Memories* (1963); *Heat Wave* (1963); *Dance Party* (1966); *Watch Out* (1966); *Greatest Hits* (1967); *Live* (1968); *Ridin' High* (1968); *Dancing in the Street* (1968); *Sugar'n Spice* (1968); *Natural Resources* (1969); *Black Magic* (1972); *Anthology*

(1974). Solo-LP Martha Reeves auf MCA: *Power of Love* (1974)

Martin, George (oboe), am 3. Januar 1926 als Sohn eines Zimmermanns im Londoner Stadtteil Islington geboren, war der «Mix-Meister der BEATLES» (‹Time›). Während seiner Schulzeit in Bromfield, Grafschaft Kent, hatte er eine Tanzkapelle geleitet und die Boogie-Pianisten Jimmy Yancey und Meade Lux Lewis verehrt. Drei Jahre studierte er an der Guildhall School of Music, spielte anschließend im Sadler's Wells Orchestra zweite Oboe und beschäftigte sich von 1950 an als Plattenproduzent hauptsächlich mit Barockmusik. 1962 band er die → BEATLES vertraglich an den EMI-Konzern, nachdem zuvor zwei andere Producer dieser Firma das Quartett abgelehnt hatten. Die klassische Ausbildung kam ihm bei der Pop-Produktion zugute. Martin, der 1964 für annähernd die Hälfte aller englischen Hits und zeitweilig für alle fünf US-Top-Seller verantwortlich zeichnete, veredelte die Einfälle von → John Lennon und → Paul McCartney durch Anleihen bei E-Musik-Komponisten und elektronische Aufnahmetricks zu einer richtungweisenden Pop Art. Das Streichquartett im Stück *Eleanor Rigby* und die Zwölftonreihe in *Strawberry Fields Forever*: Martins Einfälle. Die Echowirkungen, Stimm-Verdopplungen, Klangmixturen auf der epochemachenden *Sgt. Pepper*-Platte, die 700 Produktionsstunden erforderte: Martins Raffinesse. Für das Stück *A Day In The Life* kombinierte er zwei verschiedene Lennon/McCartney-Songs, ließ sie von 41 Symphonikern begleiten und überblendete für den berühmten Schlußakkord den Klang einer indischen Tambura mit Saitengeräuschen, die er im Inneren eines Flügels erzeugte. Für den Dampforgel-Effekt in *For The Benefit Of Mr. Kite* drückte er selbst die Tasten einer Hammondorgel und mischte die Tonspuren zahlreicher akustischer Orgelaufnahmen hinzu, die er zuvor durch Hallräume und Echokammern verfremdet hatte. Für den Film-Soundtrack *Yellow Submarine* schrieb er Orchesterpartituren im BEATLES-Stil, die «beinahe zu anspruchsvoll waren, um wahr zu sein» (‹The Observer›). Nach fünfzehn Jahren im Sold des EMI-Konzerns gründete Martin 1965 zusammen mit zwei anderen Producern eine eigene Firma und veröffentlichte als Orchesterleiter U-Musik-LPs mit ungewöhnlich fortschrittlichen Arrangements. 1970 eröffnete er am Londoner Oxford Circus für 400 000 Pfund die zu diesem Zeitpunkt modernsten Aufnahmestudios in Europa, ausgestattet mit 16-Spur-Maschinen, Moog-Synthesizern und Elektronik aller Art. «Dies ist», sagt er, «ein elektronisches Zeitalter, und wer das bezweifelt, begreift die Welt nicht, in der wir leben. Wäre er heute unter uns, würde Beethoven wohl einer der schärfsten Untergrund-Musiker sein, und Mozart verdiente einen Teil seines Lebensunterhalts mit Fernseh-Reklamemusik.» Zusammen mit Geoffrey Emerick, seinerzeit Toningenieur des *Sgt. Pepper*-Albums, produzierte Martin 1974 die LP *Apocalypse* mit dem → MAHAVISHNU ORCHESTRA und dem LONDON SYMPHONY ORCHESTRA.

LPs mit den → BEATLES ... U-Musik-LPs (Auswahl) auf Columbia/EMI: *Help* (1965); *And I Love Her* (1966) ... auf Parlophone: *Off the Beatle Track* (1967) ... auf United Artists: *British Maid* (1968)

Mason, David «Dave» (bg, g, sitar, voc), am 10. Mai 1946 in Worchester, England, geboren, ist als Musiker ein ruheloser Einzelgänger, der es nie lange in einer Gruppe aushielt, als Songschreiber jedoch ein verläßlicher Lieferant komfortabler Melodien. Sein *Feelin' Alright* entwickelte sich zu einer Art inoffizieller Hymne des weißen Soul Rock, die beinahe sämtliche einschlägigen Gruppen interpretierten: → Joe Cocker sang sie beispielsweise auf drei verschiedenen LPs. *Only You Know And I Know* gehörte zu den Favoriten von → Eric Clapton, → DELANEY & BONNIE und wurde gleichfalls häufig aufgeführt. Mason begann seine Karriere zusammen mit seinem späteren Texter Jim Capaldi bei den HELLIANS, diente der → SPENCER DAVIS GROUP als Roadie und gründete 1967 zusammen mit → Steve Winwood TRAFFIC, deren Weg er nach seinem ersten Ausscheiden im Dezember 1967 als Gastmusiker streckenweise immer wieder teilte. Stets setzte er mit seiner weichen, modulationsfähigen Stimme Winwoods Soul-Expressivo einen reizvollen Kontrapunkt. Nachdem er die Debüt-LP *Music in a Doll's House* von → FAMILY produziert hatte, hielt sich Mason häufig in den USA auf, musizierte mit DELANEY & BONNIE, Claptons DEREK AND THE DOMINOS, Cockers MAD DOGS AND ENGLISHMEN, Cass Elliot von den → MAMAS & PAPAS, → David Crosby, → Graham Nash, → Leon Russell und vielen anderen. Er leitete mehrere kurzlebige Combos und nahm Soloplatten auf. «Ich habe», bekennt er, «nie das Bedürfnis verspürt, auf der Bühne ein bejubelter Pop-Star zu sein. Ich bin ein Musikant, das ist genug.»

LPs mit → TRAFFIC. Solo-LPs auf Blue Thumb: *Alone Together* (1970); *Dave Mason and Cass Elliot* (1970); *Headkeeper* (1972); *Dave Mason is Alive* (1973); *At his Best* (1975) ... auf Island: *Scrapbook* (1972); *Best* (1974) ... auf CBS: *It's Like You Never Left* (1973); *Dave Mason* (1974) ... auf Capitol mit Neil Merryweather: *Word of Mouth, A Two Record Jam* (1969)

Matthews, Ian (voc, g), am 16. Juni 1946 in London geboren, schloß sich nach Auflösung seiner Gruppe PYRAMID 1968 als Leadsänger der → FAIRPORT CONVENTION an und sprang im Frühjahr 1969 wieder ab, um MATTHEWS SOUTHERN COMFORT zu etablieren. Das Ensemble mit Mark Griffiths (voc), Andy Leigh (bg, voc), Carl Barnwell (g, voc), Gordon Huntley (steel-g), Ramon Duffy (dr) wurde bald beiderseits des Atlantik wegen seiner fein abgestimmten Vokalharmonie und seines leichten Folksong-Swing gerühmt. Sein kompakter Klang, der → Joni Mitchells Komposition *Woodstock* an die Spitze der Hitparaden transportierte, erinnerte an die → HOLLIES und an → CROSBY, STILLS, NASH & YOUNG. Kaum hatte sich der *Woodstock*-Erfolg eingestellt, bekannte sich Matthews als «selbstzerstörerischer Perfektionist, der nie mit dem zufrieden ist, was ich begonnen habe», und ließ seine Musiker im Stich. MATTHEWS SOUTHERN COMFORT konnte Ians Abgang nicht verkraften und scheiterte binnen kurzem. Matthews hat seither, teils mit Freunden aus FAIRPORT CONVENTION-Tagen wie Sandy Denny und Richard Thompson Solo-LPs mit starkem Insider-Appeal aufgenommen, die aber ihrer esoterischen Anlage entsprechend keine Chance auf dem Massenmarkt haben konnten.

LPs auf Island mit → FAIRPORT CONVENTION ... auf MCA/UNI mit MATTHEWS SOUTHERN COMFORT: *Matthews Southern Comfort* (1970); *Second Spring* (1970); *Later That Same Year* (1970). MSC-Alben ohne Matthews auf Harvest: *Frog City* (1971); *Southern Comfort* (1971); *Stir Don't Shake* (1972). Solo-LPs auf Vertigo: *If You Saw Thro' My Eyes* (1971); *Tigers Will Survive* (1972) ... auf Elektra: *In Search of Amelia Earhart* (mit PLAINSONG, 1971); *Valley Hi* (1973); *And Some Day the Bear Eats You* (1974) ... auf Mooncrest: *Journeys from Gospel Oak* (1974)

Mayall, John (g, harm, p, org, voc), am 29. November 1933 als Sohn eines jazzbegeisterten Angestellten und Gelegenheitsgitarristen in Macclesfield, Cheshire, England, geboren, hat als «weißer König des schwarzen Blues» (Werbeslogan) die Popmusik nachhaltig beeinflußt. Sein «Blueskreuzzug» (‹Crusade›) – er rief 1967 die Fans auf, in Briefen an Zeitungsredaktionen, Rundfunksender und Plattenfirmen die Negermusik zu popularisieren – war so erfolgreich, daß binnen kurzem rund 60 000 junge Engländer in dem neuen Mode-Idiom musizierten. Seit der Eigenbrötler, der 1948, vierzehnjährig, im heimischen Bramhall nahe Manchester erstmals wochenlang in einem Baumhaus lebte («weil ich für mich sein wollte»), den Boogie Woogie und später den Blues entdeckt hatte, war die Musik sein einziges, fanatisch verfolgtes Lebensziel. 1950, während er eine Kunstschule besuchte, trat er mit einem Bluestrio in Manchester-Jazzlokalen auf. 1952, während er als Soldat in Korea diente, kaufte er sich in Tokio vom ersparten Sold seine erste sechssaitige Gitarre, die er um drei weitere Saiten ergänzte. Nach fünf Studienjahren und verschiedenen kurzzeitigen Beschäftigungen als Designer für Werbeagenturen wurde er von → Alexis Korner ermuntert, als Musiker nach London zu kommen. 1963 stellte er seine Band BLUESBREAKERS im «Marquee Club» vor – ein Ensemble, aus dem so prominente Solisten wie → Eric Clapton, → Jack Bruce, → Peter Green, → Mick Fleetwood, Mick Taylor, → Keef Hartley, Ainsley Dunbar und andere hervorgingen. Mayall, der im Cowboy-Look mit Lederwams, Stiefeln und Texashut auf die Bühne zu gehen pflegt und seine zwölf Mundharmonikas nach Tonarten geordnet in einem umgearbeiteten Patronengürtel verwahrt, hat mit seinem nach eigener Einschätzung «energiegeladenen, aber ungehobelten» Gesang und mit seinem technisch keineswegs bravourösen Gitarrenspiel die Ausdruckskraft seiner schwarzen Vorbilder nie erreicht. Schlagzeuger Keef Hartley: «Niemand käme auf die Idee, ihn als Begleitmusiker zu einer Plattenaufnahme zu holen.» Dennoch sind die Schallplatten-Suiten *Bare Wires* und *Blues from Laurel Canyon* dieses «Pioniers des englischen Blues-Booms» (‹Melody Maker›) im Text einfallsreicher und formal geschlossener als die bewunderten Platten aus dem Chicago-Getto und dem Mississippi-Delta. Mayall, der niemals schriftliche Verträge mit seinen Musikern abschloß und seine Combos immer dann wieder auflöste, wenn die Begleiter besser spielten als er selbst, erzählt in seinen vorwiegend autobiographischen Blues und Boogies über Tournee-Erlebnisse und Träume, sein Holzhaus im kalifornischen Laurel Canyon, über Kinder, Groupies, Land und Leute und den Tod von → Jimi Hendrix. Am liebsten würde der wortkarge Popmusiker («Ich habe nie kommerzielle Kompromisse gemacht; alles, was ich mache, mache ich ganz allein für mich selbst») seine eigentümliche showlose und undynamische Musik ganz ohne Begleitmusiker produzieren. Bei der am 1. Mai 1967 aufgenommenen Platte *The Blues Alone* hat er das bei geringstmöglicher Hilfe durch Keef Hartley (dr) – im Playback-Verfahren mit Gitarre, Klavier, Hammondorgel, Mundharmonika, Baßgitarre, Celesta und Schlagzeug – auch so gemacht.

LPs auf Decca: *John Mayall Plays John Mayall* (1965); *Bluesbreakers with Eric Clapton* (1966); *Raw Blues* (1966); *A Hard Road* (1967); *Blues Crusade* (1967); *The Blues Alone* (1967); *Bare Wires* (1968); *So Many Roads* (1968); *Blues from Laurel Canyon* (1968); *The Diary of a Band, Vol. 1 & 2* (1968); *Looking Back* (1969) ... auf Polydor: *The Turning Point* (1969); *Empty Rooms* (1969); *U.S.A. Union* (1970); *Memories* (1971); *Back to the Roots* (1971); *Jazz Blues Fusion* (1972); *Moving On* (1972); *Ten Years Are Gone* (1973); *The Latest Edition* (1974); *Best of John Mayall* (1974) ... auf ABC/Blue Thumb: *News Year, New Band, New Company* (1975)

Mayfield, Curtis (voc, p, g), im Juni 1942 in Cook County, Illinois, geboren, hat sich seit Beginn seiner Solokarriere 1970 als führender Autor und Interpret der bissig-sozialkritischen Richtung in der Soulmusik qualifiziert. Seit seinem 1967 für die IMPRESSIONS geschriebenen Hit *We're A Winner*, einem der ersten Songs zum Thema «black is beautiful», wurden seine Verse (*Beautiful Brother Of Mine, Mighty Mighty, This Is My Country, Choice Of Colors*) zunehmend aggressiver, bis ihm mit seiner Filmmusik zum Rauschgift-Thriller ‹Super Fly› (1972) ein Meisterstück musikalisch-poetischer Realitätsdurchdringung gelang. Mayfield beschränkt sich längst nicht mehr auf Rassenprobleme; er attackiert aus der Gettoperspektive die Sozialstruktur der USA. Dabei «quetscht er» mit seiner hohen, mitunter kastratenhaft klingenden Stimme «Wörter und Phrasen in Taktteile, die nach Meinung jedes Musikformalisten dafür einfach zu knapp sind, und schafft mit seiner unbequemen Einbettung der Songs in die metrischen Strukturen eine magische Spannung» (‹New York Times›). Komponiert hat er von Kindesbeinen an: *Rainbow*, später ein Hit Gene Chandlers, schrieb er mit zwölf; *Gypsy Woman,* mit dem die IMPRESSIONS 1961 reüssierten, hatte er mit 14 in der Schublade. Nach dem bei Soulinterpreten beinahe obligatorischen Stimmtraining im Gospelchor schloß er sich 1956 in Chicago der Combo ALPHATONES an und gründete kurze Zeit später zusammen mit Jerry Butler (der in den sechziger Jahren Solokarriere machte), die ROOSTERS, die sich alsbald in IMPRESSIONS umtauften. Als Butler 1959 seinen Alleingang begann, begleitete ihn Mayfield zunächst zwei Jahre lang als Gitarrist, rief aber 1961 die IMPRESSIONS wieder zusammen und verschrieb ihnen Bestseller wie *Amen, Keep On Pushing, People Get Ready*. Oftmals arbeitete er dazu lediglich früher entstandene eigene Gospelstücke in der gleichen Manier um, in der → Ray Charles um 1954 die Soulmusik begründet hatte: «Ich strich das Wort Gott im Text und überließ es dem Hörer, die Lücke auszufüllen und die Botschaft zu finden, die Gospels im allgemeinen vermitteln. Im Stück *Keep On Pushing* setzte ich an die Stelle von ‹Gott gab mir die Kraft› die Sequenz: ‹Ich habe meine Kraft erhalten, und es hat keinen Sinn, stehenzubleiben ...›» 1970 verließ Mayfield die IMPRESSIONS, blieb aber ihr Haupt-Songlieferant und ihr Plattenproduzent. Er präsidiert dem eigenen Label Curtom und zählt nach dem Welterfolg seines ‹Super Fly›-Soundtracks (mehr als zwei Millionen LPs wurden verkauft) sowie seiner von → GLADYS KNIGHT AND THE PIPS interpretierten Filmmusik zum schwarzen Familien-Lichtspiel ‹Claudine› (1974) im US-Musikgeschäft zur Prominenz. Die Langspielplatte *Sweet Exorcist*, die nichts mit dem Satansfilm ‹The Exorcist› zu tun hat, enthält eindrucksvoll vorgetragene Liebeslieder (*Suffer, Make Me Believe In You*) sowie optimistischer gewordener Gesellschaftskommentare. Sein *Power To The People* klingt weit weniger aggressiv und revolutionär als der gleichnamige Song von → John Lennon.

LPs (Auswahl) mit den IMPRESSIONS auf ABC Paramount: *Impressions* (1963); *Never Ending* (1964); *Keep On Pushing* (1964); *People Get Ready* (1965); *Greatest Hits* (1965); *One By One* (1965); *Ridin' High* (1966); *Fabulous* (1967); *We 're a Winner* (1968); *Best* (1968); *Versatile* (1969); *16 Greatest Hits* (1970); *Curtis Mayfield, His Early Years with The Impressions* (ed. 1973) ... auf Curtom/Kama Sutra: *This is My Country* (1968); *Young Mod's Forgotten Story* (1969); *Best Impressions, Curtis, Sam, Dave* (1970). Solo-LPs auf Curtom/Kama Sutra: *Curtis* (1971); *Curtis Live* (1971); *Roots* (1972); *Super Fly* (Soundtrack, 1972); *Back to the World* (1973); *Curtis in Chicago* (1974); *Sweet Exorcist* (1974); *Got to Find a Way* (1974)

McCartney, Paul (voc, bg, p), am 18. Juni 1942 in Liverpool als Sohn eines Baumwollhändlers geboren, verfaßte mit → John Lennon die meisten Lieder des → BEATLES-Repertoires. Bis Ende 1973 konnte das einflußstärkste und erfolgreichste Songschreiber-Duo der Rock-Geschichte Tantiemen aus den Verkäufen von etwa 90 Millionen LPs und 125 Millionen Singles ihrer ehemaligen Gruppe kassieren. Allein die McCartney-Kompositionen *Yesterday* und *Michelle* wurden binnen fünf Jahren von mehr als 2000 Interpreten nachgesungen und gespielt. McCartney «polierte Lennons Unverblümtheiten zurecht und brachte ihn dazu, etwas Stil zu entwickeln» (‹Rolling Stone›); Lennon bewahrte Paul vor einem Abdriften in seichte Unterhaltungsklänge. McCartney adaptierte mit Geschick archaische Rock-Stile von → Chuck Berry, → Fats Domino, → Little Richard, → Buddy Holly (*Get Back, She's A Woman, I'm Down*); gleichzeitig erwies er sich, beinahe «schizoid» (‹Rolling Stone›), als Meister exquisiter Balladen (*Hey Jude, She's Leaving Home*). Für das dramatische Poem *A Day In The Life* bemühte er wagnerische Schwellklänge, die Song-Tristesse *She's Leaving Home* ließ er als Mazurka dahinschleifen, für *When I'm Sixty Four* verballhornte er Ragtime und das Dance Hall-Klima der zwanziger Jahre, bei *Michelle* orientierte er sich an Blues-Schemata. Elektronische Effekte, wie in *Tomorrow Never Knows*, waren stets mehr Glamourzutaten als Struktur-Innovationen. «Pauls Einzigartigkeit», erkannte denn auch der Komponist Ned Rorem, «liegt nicht so sehr in seiner Rolle als Neuerer, sondern in seiner überlegenen Handhabung vorhandener Stilmittel.» McCartney war seit jeher kein Revolutionärs-Typ. In der Schule tat er sich als Klassenbester in englischer Literatur hervor und galt als «ein bißchen kultursüchtig. Er ging stets zu den richtigen Theaterstücken, las die richtigen Bücher und besuchte die richtigen Ausstellungen», berichtete Nik Cohn. 1955 schloß er sich Lennons QUARRYMEN an und war von da an maßgeblich am Aufstieg der BEATLES beteiligt. Die Leichtlebigkeit seiner Junggesellenjahre endete 1969, als er die New Yorker Fotografin Linda Eastman heiratete. Unter dem Einfluß seiner Frau geriet er in einen ständig sich vergrößernden Gegensatz zum kulturellen Avantgardismus, den Lennon mit seiner japanischen Frau → Yoko Ono entfaltete. 1969 machte McCartney auf kuriose Weise Schlagzeilen, als Discjockeys in Amerika das Gerücht verbreiteten, er sei schon seit geraumer Zeit tot und den Beweis für ihre Behauptung aus geheimnisvollen Zeichen im BEATLES-Œuvre herauslasen: Rückwärts gespielte Songpassagen ergaben angeblich das Geräusch eines Autounfalls; der Sieger des Wettbewerbs «Wer sieht Paul am ähnlichsten?» wurde nie bekanntgegeben; die Autonummer «28 IF» auf dem Cover der LP *Abbey Road* sollte wohl auf das unvollendete 28. Lebensjahr des Beatle hindeuten. McCartney konterte solche Spekulationen mit der doppeldeutigen Bemerkung: «If I had really died, I would have been the last to know.» Ein Jahr später war die Partnerschaft der BEATLES gestorben. Paul schied aus dem Quartett aus und brachte ein in Heimarbeit gefertigtes Solo-Album heraus, bei dem seine Gattin als Co-Autorin und Background-Summerin assistierte. Der künstlerische Alleingang verstimmte die Kritiker. «Kitschiges Heimkino», giftete ‹Stereo Review›; «Monumental irrelevant», höhnte ‹Rolling Stone›. Tatsächlich hatte McCartneys Solo-Musik zunächst nicht jene unvergleichliche Mischung aus «Kraft und Poesie, Autorität und Lyrizismus» (Carl Belz), die typisch für den Sound der BEATLES gewesen war. *McCartney, Ram* und die seit 1971 mit der Begleitgruppe WINGS aufgenommenen LPs *Wild Life, Red Rose Speedway* waren Dokumente der stilistischen Richtungslosigkeit sowie eines erheblichen Mangels an Selbstkritik. McCartney und seine WINGS, zu denen, außer der Autodidaktin Linda, Denny Seiwell (dr), Denny Laine (g), Henry McCulloch (g) gehörten, bestückten ihr Trivial-Repertoire gelegentlich mit Polit-Schnulzen (*Give Ireland Back To The Irish*), Naiv-Singsang (*Mary Had A Little Lamb*) oder Porno-Pop (*Hi-Hi-Hi*). ‹Playboy› dekorierte das Quintett mit dem Titel «Schlechteste Rock-Band weit und breit» und fügte zur Begründung hinzu: «Das Problem bei der Vorliebe von Paul und der Lovely Linda für die leichte Entertainment-Seite des Rock besteht darin, daß diese Art von Musik zu unausgereiftem Murks degeneriert, wenn sie nicht ordentlich gespielt wird.» Obwohl die Fans anderer Meinung waren und McCartneys Platten nach wie vor zum Goldstatus erhoben, fühlte sich der Ex-BEATLE durch die massive Fachkritik dermaßen verstört, daß er im Sommer 1973 den Spekulationen um eine Reunion des Quartetts neuen Auftrieb gab: «Es ist klar, wenn wir wieder zusammen kommen wollten, wäre jetzt die Zeit dafür günstig.» Ein halbes Jahr später dementierte er die Notwendigkeit eines solchen Zusammenschlusses durch die Vorlage «der bislang vorzüglichsten Platte, die einer der vier ehemals als BEATLES bekannten Musiker gemacht hat» (‹Rolling Stone›): *Band on the Run*, ohne Seiwell und McCulloch in Lagos, Nigeria, aufgenommen, brillierte mit der gleichen stilistischen Komplexität und technischen Makellosigkeit, wie sie auf den klassischen LPs der «Fab Four» zu hören war. Die Multi-Millionenumsätze des Albums sowie der ausgekoppelten Singles *Band on the Run, Jet, Mrs. Vanderbilt* bestätigten auch die kommerzielle Attraktivität der McCartneyschen Popmusik. 1975 spreizte Paul seine WINGS wieder mit den Neuzugängen Jimmy McCullough (g), Jeff Britton (dr) und produzierte, mit starker Anteilnahme der Nachrichtenmedien, eine LP im Mardi-Gras-Trubel von New Orleans.

LPs mit den → BEATLES auf Parlophone/Odeon/Apple ... Solo-LPs auf Apple: *McCartney* (1970); *Ram* (mit Linda McCartney, 1971); *Wild Life* (mit WINGS, 1972); *Red Rose Speedway* (mit WINGS, 1973); *Band on the Run* (1974)

McCrae, George (voc), am 19. Oktober 1944 in West Palm Beach, Florida, als ältester von neun Söhnen eines Polizisten geboren, landete nach siebenjährigem Mißerfolg 1974 den Überraschungs-Soulhit des Jahres: *Rock Your Baby*, das archetypische Disco-Tanzlied, wurde als Single weltweit fast zehnmillionenmal verkauft. McCrae war seit 1967 mit seiner am 21. Dezember 1943 in Pensacola, Florida, geborenen Frau Gwen McCrae in Südstaaten-Bars aufgetreten. 1969 machten sie ihre erste gemeinsame Aufnahme *Three Hearts In A Tangle* für das lokale Alston-Label in Miami und gingen danach musikalisch getrennte Wege. Georges Aufnahmen, etwa *Please Help Me Find My Baby*, wurden ohne Resonanz von United Artists veröffentlicht; Gwen schloß einen zweijährigen Exklusivvertrag mit CBS und kam im Sommer 1970 mit *Lead Me On* wenigstens auf Platz 32 der Soul-Charts. Schon wollte George McCrae, der immer mal wieder als Fensterputzer, Mechaniker, Maschinist, Manager seiner Frau und Jurastudent tätig war, das Musikgeschäft aufgeben, als er Anfang 1974 bei Henry Stones T. K. Records in Miami ein Instrumental-Tonband der Sessionmusiker Harry Wayne Casey und Rick Finch hörte, das einer Gesangsstimme bedurfte. Er bekam seine «letzte Chance» (McCrae) für *Rock Your Baby* und weitere Casey/Finch-Songs, «deren Texte sich bereits in den Songtiteln erschöpften» (‹Rolling Stone›). Die LP, aus der die Anschlußerfolge *I Can't Leave You Alone*, *Look At You* ausgeklinkt wurden, enthielt permanente Falsetto-Sextase über einem monotonen Rhythmus, bei dem man laut Kritiker Vince Aletti «nicht ein einziges Mal den Tanzschritt wechseln muß, wenn man das Album nicht gleich ganz verschläft».

LP George McCrae auf RCA: *Rock Your Baby* (1974). LP Gwen McCrae auf RCA: *Gwen McCrae* (1975)

MC Five (Motor City Five), 1964 in Detroit gegründet, waren «für einen kurzen und gloriosen Augenblick die aufregendste Band Amerikas» (‹Rolling Stone›), als sie 1968 beim Parteikonvent der Demokraten in der für Demonstrationen verbotenen Zone aufspielten und der Zuhörer Norman Mailer den «elektro-mechanischen Höhepunkt des Zeitalters» zu spüren glaubte. Rob Tyner (voc, sax), Wayne Kramer (g), Fred «Sonic» Smith (g), Michael Davis (bg) und Dennis Thompson (dr) verkündeten schon vor dem Parteitag das Programm totaler Freiheit in Rock 'n' Roll, Drogenrausch und Geschlechtsverkehr auf offener Straße, wie es ihrem damaligen Manager John Sinclair, einem ehemaligen Jazzkritiker von ‹Down Beat›, vorschwebte. MC Five lebte in Sinclairs «Trans Love Energies»-Kommune in Ann Arbor, Michigan, Hauptquartier der sogenannten White Panther Party, mit der Sinclair die Straßenrevolution vom weißen Bürgersteig her starten wollte. Auf ihrem ersten Album für Elektra fusionierte MC Five in einer Live-Show den zornigen Rhythm & Blues weißer Slumkinder und astralen Jazz à la Sun Ra zu hochenergetischem Guerilla-Rock. Die Musiker predigten Liebe im Schützengraben des Umsturzes, sahen die Motorstadt Detroit in Flammen und forderten ihr revolutionstrunkenes Teenager-Publikum auf: «Kick out the jams, motherfuckers!» («Schmeißt alle Hemmungen weg, ihr Arschlöcher!»). Erst nachdem auf Verlangen der Plattenfirma das Wort «motherfuckers» durch «brothers and sisters» ersetzt worden war, kam das Live-Album 1969 in den Handel und wurde 100 000mal abgesetzt. Obwohl die Platten-Revolution gutes Geld brachte, trennte sich Elektra im gleichen Jahr von MC Five wegen «unprofessionellen Verhaltens». Die Band hatte im Anzeigenraum einiger Tageszeitungen Plattenhändler beschimpft, die ihr Album boykottierten, im Namen ihrer Firma unterschrieben und die Rechnung an Elektra geschickt. John Sinclair war kurz zuvor wegen des Besitzes von zwei Marihuanazigaretten zu neuneinhalb Jahren Gefängnis verurteilt worden. MC Five spielte in zahlreichen Benefiz-Konzerten einen erheblichen Teil der Prozeßkosten wieder ein, die aber großenteils für Propaganda-Aktionen der von ihnen nicht sonderlich geschätzten White Panthers ausgegeben wurden. Verärgert trennten sie sich von dem inhaftierten Sinclair und schlossen einen Plattenvertrag mit Atlantic. Doch das Ende ihrer Assoziation mit dem Aufrührer nahm der Gruppe viel von ihrer aggressiven Magie. Obwohl sie sich auf ihr nächstes Album sehr sorgfältig mit Waldlauf, Proteindiät und täglichen Acht-Stunden-Proben vorbereitete, fanden die Rock-Hörer nicht viel Gefallen an der Musik: Die Plattenfirma mußte 128 000 Dollar Verlust abschreiben. Über den Mißerfolg trösteten sich die fünf mit jenem Starleben auf Kredit, das schon Sinclair an ihnen kritisiert hatte. Mit ihrem Verlangen nach schnellen Autos, großzügigen Villen und riesigen Verstärkerbergen entsprachen die MC FIVE keiner musikpolitischen Vorstellung: «Ihr wolltet größer sein als die → BEATLES, und ich wollte, daß ihr größer werdet als Mao» (Sinclair).

LPs auf Elektra: *Kick Out the Jams* (1969) ... auf Atlantic: *Back in the U.S.A.* (1970); *High Time* (1971)

McGuinness Flint, zu Weihnachten 1969 in London gegründet, war eine der wenigen europäischen Gruppen, die mit Kazoo, Mandoline und Akkordeon einen entspannten Folk- und Country-Rock amerikanischen Zuschnitts produzierte. Die beiden Gründer fügten ihre Nachnamen zum Band-Titel zusammen: Tom McGuinnes (g, bg, acc), am 2. Dezember 1941 geboren, hatte zuvor bei → Manfred Mann gespielt. Hughie Flint (dr), am 15. März 1942 geboren, war Partner von → Alexis Korner, → John Mayall, → Georgie Fame, → Alan Price sowie Mitglied von → SAVOY BROWN und → CHICKEN SHACK gewesen. Zusammen mit Graham Lyle (g, bg, mand, kazoo), Dennis Coulson (voc, p, acc), Benny Gallagher (g, bg, as, keyboards) brachten sie schöne Stücke mit Ragtime-, Blues- und Jazz-Anklängen hervor, etwa *Lazy Afternoon, When I'm Dead And Gone, Malt And Barley Blues*. Im Quartett mit Coulson und Dixie Dean (bg, harm, co, voc) brachten McGuinness und Flint 1972 das von Manfred Mann produzierte Album *Lo and Behold* heraus, das ausschließlich → Bob Dylan-Kompositionen enthält. 1974, bei der Produktion von *C'est la vie,* spielten McGuinness, Flint und Dean zusammen mit Lon Stonebridge (keyboards, harm, acc, g, voc), Jim Evans (steel-g, g, vi, voc). Im Gegensatz zu ihrem Songtitel *(I Don't Like Your) Country Music* hatte ihr Stil noch mehr Country-Feeling gewonnen und erinnerte, vor allem in den Vokalpartien, mitunter an die Diktion von → THE BAND. Benny Gallagher und Graham Lyle gründeten nach ihrer Trennung von MCGUINNESS FLINT eine Combo, deren Titel sie gleichfalls aus ihren Nachnamen bildeten: GALLAGHER & LYLE.

LPs auf Capitol: *McGuinness Flint* (1970); *Happy Birthday, Ruthy Baby* (1971) ... auf DJM Records: *Lo and Behold* (1972) ... auf Bronze: *Rainbow* (1973); *C'est la vie* (1974). LPs GALLAGHER & LYLE auf Capitol: *Gallagher & Lyle* (1972) ... auf A & M: *Willie & The Lap Dog* (1973); *Seeds* (1973); *The Last Cowboy* (1974). Solo-LP Dennis Coulson auf Elektra: *Dennis Coulson* (1973)

McGuire, Barry (voc, g), am 15. Oktober 1935 in Oklahoma City geboren, sang 1965 den Rock-Protestsong *Eve Of Destruction*, eine triviale Kopie von → Bob Dylans *A Hard Rain's A-Gonna Fall* (1963). Der damals sechzehnjährige Phil (P. F.) Sloan und sein Freund Steve Barri hatten das Lied zusammen mit neun anderen Titeln für Lou Adlers Musikverlag Trousdale nach dem Anhören von Dylans Album *Bringing it All Back Home* geschrieben. Das apokalyptische *Eve Of Destruction* verkaufte sich trotz eines Bannfluchs der meisten Radiostationen mehr als fünfmillionenmal und machte den Sänger mit der Wolfsstimme weltweit bekannt. Zuvor ließ sich McGuire einige Jahre lang als Lead-Sänger des Schlagerchors NEW CHRISTY MINSTRELS hören, der flottes Hitparadenmaterial mit folkloristischem Appeal vortrug. Adler fertigte *Eve Of Destruction* nach dem gleichen Muster, halbierte das Tempo auf düstere Monotonie und legte einen eleganten, dramatisch gesteigerten Marschrhythmus unter McGuires Stimme. Das schicke Arrangement drängte die Untergangsbotschaft jedoch in die ästhetische Unverbindlichkeit «eines Kriegsfotos aus ‹Life›» (Carl Belz). McGuire machte Adler auf die → MAMAS AND PAPAS aufmerksam, die ihn 1967 in ihrem autobiographischen Song *Creeque Alley* zum Dank dafür erwähnten. Er selbst ließ, nachdem sein großer Hiterfolg in den Jukeboxes verklungen war, nicht mehr viel von sich hören, zählte aber nach wie vor zur schicken Rock-Clique von Los Angeles.

LPs auf Dunhill/Probe: *Eve of Destruction* (1965); *This Precious Time* (1966); *World's Last Private Citizen* (1968) ... auf Mira: *Album* ... auf Ode: *The Doctor* (1971) ... auf Mirrh: *Seeds* (1974)

McKenzie, Scott (voc, g), am 10. Januar 1944 in Alexandria, Virginia, geboren, mahnte 1967 einen Flower-Power-Sommer lang alle Blütenträumer, sich auf dem Weg zu den «sanftmütigen Menschen» San Franciscos eine Blume ins Haar zu stecken. Auf sieben Millionen Platten wurde diese fingierte Hippie-Botschaft weltweit abgehört. Bei einer anschließenden Europa-Tournee mit den → MAMAS AND PAPAS, zu deren Freundeskreis er gehörte, ließ sich McKenzie von der Presse in einer Weise feiern, als sei er der Repräsentant der Subkultur-Szene San Franciscos. In Wahrheit hatten Komponist John Phillips und Produzent Lou Adler mit dem Song *San Francisco* (*Wear Some Flowers In Your Hair*) nur eine tönende Reklame-Postkarte abgeliefert, die die Underground-Atmosphäre des Stadtteils Haight Ashbury oberflächlich romantisierte. McKenzie, der damals nur ein Vehikel für cleveres Producer-Timing war, kam mit seinen weiteren Aufnahmen nicht mehr in die Hitlisten, die bald von den wahren Repräsentanten der Musikszene San Franciscos beherrscht wurden. Auch ein Comeback-Versuch mit besinnlichen Eigenkompositionen (1970) gelang ihm nicht: Den Hofsänger einer inzwischen vergangenen Blumenkinder-Epoche wollte niemand mehr hören.

LP auf CBS: *The Voice of Scott McKenzie* (1968) ... auf Ode/A & M: *Through a Stained Glass Morning* (1970)

McKernan, Ronald Charles «Pigpen» (p, org, harm, voc), als Sohn eines auf Blues spezialisierten Rundfunk-Discjockeys am 8. September 1945 in San Bruno, Kalifornien, geboren, gehörte zu den Gründungsmitgliedern und bis 1973 zum Stamm von → GRATEFUL DEAD. Seiner Vorliebe für Rock 'n' Roll war es vor allem zu verdanken, daß sich die aus ihm selbst, → Jerry Garcia und Bob Weir bestehende Folk-Gruppe MCCREE'S UPTOWN JUG CHAMPIONS (1964) zu einer der einflußreichsten Rockbands Kaliforniens mauserte. Während die meisten anderen GRATEFUL DEAD-Musiker Marihuana rauchten und/oder LSD schluckten, entwickelte sich McKernan zum notorischen Trinker. Wegen einer Leberzirrhose war er 1971/72 in ärztlicher Behandlung und machte nur noch selten Musik. Nach der Rückkehr von der DEAD-Europa-Tournee 1972, an der er sich beteiligte, wurde zusätzlich eine Anämie diagnostiziert. Als er am 8. März 1973 neben dem Bett in seinem Appartement in Corte Madera, Kalifornien, gefunden wurde, war er schon zwei Tage tot. In der Woche davor hatte er ein Tonband mit neuen Kompositionen besungen. Darauf fand sich unter anderem ein Song mit folgenden Versen: «Don't make me live in this pain no longer. You know, I'm gettin' weaker, no stronger. My poor heart can't stand no more. Just can't keep from talkin', if you gonna walk out that door, start walkin'. I'll get back somehow, maybe not tomorrow, but someday. I know someday I'll find someone who can ease my pain like you once done.»

LPs mit → THE GRATEFUL DEAD

McLaughlin, John (g), am 4. Januar 1942 als Sohn einer Violinistin geboren, stammt aus Kirk's Sandall bei Doncaster in Yorkshire, England. Siebenjährig spielte er Geige und Klavier; elfjährig begann er – von Bluesschallplatten angeregt – Gitarre zu üben; mit 14 (er arbeitete in einer Musikalienhandlung) improvisierte er Jazz; mit 16 wurde er Berufsmusiker; mit 30 galt er als «the one, the killer» (Trompeter → Miles Davis); als «einer der besten Gitarristen der Welt» (‹Village Voice›) und als «Gottesgeschenk» für die Popmusik (so die US-Zeitschrift ‹Creem›). Zehn Jahre lang hatte McLaughlin in führenden europäischen Rock- und Jazzgruppen musiziert. Er spielte unter anderem in der Band des Sängers → Georgie Fame, im → Brian Auger-Ensemble, in der → GRAHAM BOND ORGANISATION, in der Free Jazz-Combo des deutschen Vibraphonisten Gunter Hampel und begleitete → Wilson Pickett und die → FOUR TOPS auf Europa-Tourneen. Im November 1968 ging er nach New York, um der Band LIFETIME des Trommlers → Tony Williams beizutreten, auf dessen LPs *Emergency* und *Turn it Over* er zu hören ist. Außerdem nahm er auch mit den Jazzmusikern Miles Davis (*In A Silent Way*, *Bitches Brew*) und Wayne Shorter (*Super Nova*) Langspielplatten auf. Doch erst als er 1969 durch den indischen Guru Sri Chinmoy zum Hinduismus bekehrt worden war und dem Genuß von Drogen, Alkohol, Fleisch und Tabak abgeschworen hatte, entfaltete sich vollends seine instrumentale Meisterschaft. Einer Spezialgitarre mit zwei Hälsen und insgesamt 18 Saiten entlockte McLaughlin, der sich seither (indisch) Mahavishnu nennt, rhythmisch vertrackte Läufe und Kadenzen, die vordem als unspielbar galten. Er verschmolz souverän Blues-, Jazz-, Flamenco- und Ragaelemente, und er rockte vom Pizzicato bis zum Elektronik-Gewitter derart intensiv und dynamisch, daß keine Schallplatte diesen Notenhagel wiedergeben konnte, ohne den Tonarm buchstäblich aus der Rille zu katapultieren. Die Musik seines → MAHAVISHNU ORCHESTRA war «laut, intensiv, stark rhythmisch und nach Stilkategorien völlig undefinierbar» (‹New York Times›). Manchmal erinnerte sein Gitarrenspiel «an den explosiven Saxophonstil von John Coltrane», manchmal war es «so verhalten wie eine Komposition von Debussy oder Eric Satie» (‹Newsweek›). Das alles jedoch, meinte McLaughlin, der mit den Hühnern aufstand und mindestens eine Stunde täglich meditierte, habe er allein himmlischer Erleuchtung zu verdanken: «Gott ist der höchste Musiker. Ich bin nur das Instrument, auf dem er spielt.» Zunehmend rutschte der Gitarrist unter dem Einfluß seines Gurus in eine Messiasrolle hinein, die das Quintett unerträglicher Belastung aussetzte und zu einer totalen Umbesetzung des MAHAVISHNU ORCHESTRA führte. In ein weißes Seidengewand gehüllt, stellte er sich im Punkt-Scheinwerfer aus und betrieb mit öffentlichen Gebeten einen Geniekult für sich selbst. Schlagzeuger Billy Cobham diagnostizierte, McLaughlin könne den Konflikt nicht mehr bewältigen «zwischen dem, was er predigt und dem, was er lebt».

LPs mit → THE MAHAVISHNU ORCHESTRA ... auf Douglas/CBS: *Devotion* (1970); *My Goal's Beyond* (1971); *The Inner Mounting Flame* (1972); *Birds of Fire* (1973); *Love Devotion Surrender* (mit Carlos Santana, 1973) ... auf Polydor: *Extrapolation* (rec. 1968, ed. 1972) ... auf Dawn: *Where Fortune Smiles* (1971) ... auf Atlantic: *The Bass* (mit Mirlosaw Vitous, 1973) ... auf Transatlantic: *Innovations* (mit Duffy Power; rec. 1965, ed. 1971)

McLean, Don (voc, g), am 2. Oktober 1945 in New Rochelle, US-Staat New York, als Sohn eines Elektro-Handelsvertreters geboren, ließ in dem Achteinhalb-Minuten-Song *American Pie* (1972), ähnlich wie sieben Jahre zuvor → Bob Dylan in seinem Album *Highway '61 Revisited*, den amerikanischen Jugend-Traum einer Generation exzellent ableben. Der an Folk- und Jazz-Größen wie → Tim Hardin, → Leadbelly, Bessie Smith, Bobby Short und Count Basie geschulte Sänger sah in dem 1959 verunglückten Rock 'n' Roll-Musiker → Buddy Holly «das erste und letzte Idol, das ich jemals hatte». Buddy Holly ist auch McLeans überlanger Millionen-Hit gewidmet, der die Erinnerung an die sechziger Jahre in Wochenschaumanier durch eine felliniartig verzerrte Optik spult. In einer clever getexteten Alptraum-Prozession ziehen die mythologisierten Rockidole der → BEATLES- und → STONES-Ära als Harlekins, trommelnde Sergeants und Satans-

Sänger durch eine Schocklandschaft zwischen Woodstock-Idylle und Altamont-Fegefeuer: Wie Lemminge «nahmen sie den letzten Zug zur Küste, am Tag, als die Musik starb». McLean hatte vor dem Welterfolg dieses Schwanengesangs einer Rockepoche kein Glück mit seinen tristen Folkballaden, die er in naher musikalischer Verwandtschaft zu Bob Dylan und → James Taylor vortrug. Sein erstes Album *Tapestry* bot er 1970 trotz einer herzlichen Empfehlung seines Mentors → Pete Seeger auf der Plattentasche 37 verschiedenen Plattenfirmen vergeblich an. Erst der Song *American Pie*, den er in einer Stunde schrieb, brachte ihn in die Kategorie der Superstars, mit einer Album-Anpressung von 250 000 Stück. Insgesamt waren von der Rock-Elegie 2 Millionen LPs und 5 Millionen Singles verkauft worden. McLean hatte an dem Song innerhalb der USA mehr als 1,5 Millionen Dollar, außerhalb beinahe die gleiche Summe an Autoren- und Interpretentantiemen verdient. Nach seinem *Pie*-Paukenschlag gelang McLean jedoch kein entsprechender Anschlußtreffer. Der von sektiererischen Rock-Kritikern als «Nixons Dylan» gescholtente Balladier konnte seinem zeitkonformen Pessimismus keine überzeugende Stilausprägung geben.

LPs auf United Artists: *Tapestry* (1971); *American Pie* (1972); *Don McLean* (1972); *Playin' Favourites* (1973); *Homeless Brother* (1974)

Melanie (voc, g), die ihren Vornamen zum Kultbegriff einer ihr ergebenen Gemeinde alternder Blumenkinder gemacht hat, wurde am 3. Februar 1947 als Tochter einer Jazzsängerin im New Yorker Stadtteil Queens geboren. Ukrainisch-italienischer Abstammung, kündet Melanie Safka «mit einer wunderlich-originellen Stimme, die altersmäßig zwischen vier und vierzig oszilliert» (‹Newsweek›), von kindlicher Einsamkeit und Angst, von Adoleszenzproblemen und naiver Erlösungssehnsucht. Pathetisch und überemotional wie die Alt-Diseusen Edith Piaf und Lotte Lenya prophezeite sie, daß «eines Tages der Frieden kommen wird», wenn man nur «enger zusammenrückt» und die «Kerzen im Regen» hochhält. Diese Verse «absorbieren ihre Anhänger in der Abgeschlossenheit ihrer Wohnstuben so ergeben, als wäre es ein subversiver Akt» (‹New Musical Express›). «Voll Selbstmitleid, in der falschen Tonart, pervers phrasierend, aber geschickt orchestriert» (‹The Observer›) bekannte sie in ihren Texten freilich auch: «Ich kann nicht singen», «Ich bin kein Poet» und – sollte es Zweifel geben – «Ich stimme meine Gitarre». Teils sind ihre Verse so makaber und surrealistisch wie in *Baby Guitar* (der toten Sängerin wird eine Gitarre aus dem Kopf operiert), teils sagt sie so simple Dinge wie in *Good Book*: «Es ist traurig, daß wir nicht wie die Pferde und Schafe geboren sind; daß wir nicht wissen, wohin wir gehen müssen und was gut für uns ist.» Ob sie jedoch zynische, hysterische oder sentimentale Töne anschlug: Aufrichtigkeit, Sensibilität und ein gewisses Kompositionstalent waren der «angegrauten Märchentante des Folk Rock» (‹Die Welt›) nicht abzusprechen. Ursprünglich wollte sie Schauspielerin werden; die Gesangskarriere begann 1967, als sie sich mit der Gitarre ins Büro des New Yorker Managers und Plattenproduzenten Peter Schekerk verirrte, der sie heiratete. Nach Hits wie *What Have They Done To My Song, Ma?*, *Nickel Song*, *Lay Down* (mit den → Edwin Hawkins Singers), *Candles In The Rain*, *Ruby Tuesday* (von den → Rolling Stones) und *Peace Will Come*, nach bejubelten Auftritten bei den Festivals in Woodstock und auf der Isle of Wight, wurde sie 1971 von ‹Billboard›, der ‹New York Daily News› und dem Londoner ‹Disc and Music Echo› zur Sängerin des Jahres gewählt. 1972 gründete sie ihr eigenes Platten-Label Neighborhood Records. Der englische Kritiker Tony Palmer urteilte: «Alles, was ein angehender Popstar heute offenbar zu tun braucht, ist, humorlos und mit viel Gefühl von verlorener Jugend ins Mikrophon zu grunzen. Melanie, so scheint es, ist wenig mehr als ein Produkt dieses Syndroms.»

LPs auf Buddah: *Born to Be* (1968); *Melanie*

(1969); *Candles in the Rain* (1970); *Leftover Wine* (1970); *The Good Book* (1971); *All the Right Noises* (Soundtrack, 1971); *Please Love Me* (1971); *Garden in the City* (1972) ... auf Neighborhood: *Gather Me* (1971); *Stoneground Words* (1972); *At Carnegie Hall* (1973); *Madrugada* (1974); *As I See it Now* (1975) ... auf ABC: *From the Beginning/Twelve Great Performances* (ed. 1975)

Michaels, Lee (voc, p, org, g), am 24. November 1945 in Los Angeles geboren, zelebrierte den großen Ego-Trip im Rock. Er arrangierte, produzierte und mixte seine Eigenkompositionen im privaten Studio. Im Trickverfahren spielte er alle Instrumente selber und sang dazu mehrstimmig. Nur ein Bassist und ein Drummer halfen gelegentlich mit unerheblichen Klangzutaten. Den Personalmangel im Studio und auf der Bühne hat Michaels durch hochphonige Präsenz allerdings mehr als wettgemacht. Eine aggressive Orgel heulte durch riesige Verstärkerberge, Gitarren-Flaks puckerten über voll aufgedrehte Lautsprecher, Michaels bellte rüde hinterher. Die harten Keyboard-Attacken und die aufgerauhte Stimme, «der man alles zutraut» (‹Saturday Review›), harmonierten in einem qualitativ durchschnittlichen Programm, das gängige Soul-Schlager (*Can I Get A Witness*), akzeptable Rock-Klassiker (*Murder In My Heart For The Judge*) und vornehmlich Eigenkompositionen enthielt, deren lakonische Texte «Hippie-Klischees wichtig erscheinen lassen» (‹Billboard›). Die Intensität seines Tasten-Spiels und sein ausgeprägtes Feeling für Rock 'n' Roll-Artikulation kaschierten erfolgreich sein limitiertes Talent. Als Erzeuger soliden, unterhaltsamen Soul Rocks war Michaels jedoch von solcher Konsistenz, daß er Columbia Records 1973 einen Millionen-Dollar-Kontrakt wert war. Lees Einmann-Band dankte mit Album-Einspielungen, denen man allenfalls skurrilen Seltenheitswert zugestehen konnte. So notierte ‹Rolling Stone› über die 1974 veröffentlichte LP *Tailface* mit süßsaurem Humor: «Michaels hat bislang unerforschte Tiefen der Geschmacklosigkeit ausgelotet; aber irgendwie ist seine schmalspurige Dümmlichkeit auf perverse Art liebenswert.»

LPs auf A & M: *Carnival of Life* (1968); *Recital* (1968); *Lee Michaels* (1969); *Barrel* (1970); *Fifth* (1971); *Space and First Takes* (1972); *Lee Michaels Live* (1973) ... auf CBS: *Nice Day for Something* (1973); *Tailface* (1974)

Midler, Bette (voc), am 1. Dezember 1945 in Pearl Harbor, Hawaii, geboren, ist für ihre Verehrer nur «die göttliche Miss M» (Plattentitel). Zu den Anbetern des «ersten Nightclub-Stars der Rock-Generation» (‹Melody Maker›) gehörte 1972/73 vor allem ein Großteil der Presse. ‹Vogue› sah in ihr «die heißeste neue amerikanische Sängerin seit → Barbra Streisand», ‹Rolling Stone› bescheinigte ihr ein «Heidentalent», und die ‹New York Times› übersteigerte ihr zuliebe die englische Grammatik: «Good, better, best, Bette.» Die Sängerin mit dem chamäleonhaften Talent singt Balladen der ANDREWS SISTERS aus den vierziger Jahren authentisch zickig nach, parodiert mit Engagement Rock-Tiraden der Korea-Krieg-Zeit, sinniert teilnahmsvoll über vergessene Blueslieder und imitiert mit hinterlistiger Sachkenntnis Rock-Elegien von → Laura Nyro oder → Janis Joplin. Die nach dem Filmstar Bette Davis genannte Miss M rief schon in der Schule wie ein affektierter Kinovamp alle Klassenkollegen «dahling» und wollte unbedingt zum Film. Nach einigen Umwegen als Statistin und Musical-Elevin probierte sie ihre Gesangsbegabung für eine Saison in einer New Yorker Homosexuellen-Sauna aus. Diese ungewöhnlichen Auftritte verhalfen ihr zu einer karrierefördernden Publicity. Ihre glamourösen LPs wurden Bestseller, obwohl ihre schizophrene Neigung, sowohl seriöse Pop-Interpretin als auch Königin der überkandidelten Nostalgie-Masche sein zu wollen, sie manche unamüsanten Geschmacklosigkeiten zu Rille bringen ließ.

LPs auf Atlantic: *The Divine Miss M* (1972); *Bette Midler* (1973)

Miles, Buddy (dr, voc, g, org, p), 1944 in Omaha, Nebraska, geboren, trommelte sich mit zunehmender Reputation durch verschiedene Entwicklungsstadien des Rock 'n' Roll der sechziger Jahre und bewies dabei meist nicht mehr als «künstliches Charisma in Aktion» (‹Rolling Stone›). Zunächst diente er 1966 → Wilson Pickett als Tournee-Musiker. Ein Jahr später holte ihn → Mike Bloomfield zur → ELECTRIC FLAG, bei der er eine Saison lang seine «dominierende Persönlichkeit» (Bloomfield) in kraftvollen Trommelschlägen artikulierte. Nach der Auflösung der Band Ende 1968 bildete Miles mit den ehemaligen FLAG-Spielern Herbie Rich (org), Virgil Gonsalves (bs), Terry Clements (ts), Marcus Doubleday (tp) sowie mit Jimmy McCarty (g), Billy Rich (bg), Bill McPherson (ts), Ron Woods (dr) den BUDDY MILES EXPRESS. Als Solist und Bandleader ließ Miles eine stilistische Desorientiertheit hören, die sich in «banalen Riffs, übertriebenen Gesangspartien, richtungslosen Soli» (‹Rolling Stone›) von LP zu LP unangenehmer bemerkbar machte. Der beabsichtigte «harte, elektrisierende Stax-Volt-Sound» (Miles) erwies sich auch als unvereinbar mit der Spieltechnik von → Jimi Hendrix, → John McLaughlin, → Carlos Santana, die Miles nach der Auflösung seines EXPRESS (1970) begleitete. Die Fachpresse registrierte damals nur «besserwisserisches Getrommel» (‹Down Beat›), das «ungewöhnlich langweilig» (‹Crawdaddy›) sei. 1972 gründete Miles eine neue Band in der Besetzung Adrian Curtis (g, voc), Ron Johnson (bg), Robert Hoggins (org, voc), Richard Aplanalp (ts, bs), Billy Sprague (tp, flh), David Dhalston (tb, perc). Bereits ein Jahr später stieg er auf einen neuen EXPRESS um mit Steve Busfield (g), Roland Robinson (bg), Donny Beck (keyboards), Bob Ferrara (ts), Pat O'Hara (tb), Peter Welker (tp), Bill Atwood (tp). Auch diese Formation entgleiste, als sich Miles im Herbst 1974 der für eine LP reformierten ELECTRIC FLAG wieder anschloß und etwa gleichzeitig unter Supervision des Soul-Producers Johnny Bristol (*Hang On In There Baby*) als modischer Diskothekensänger ins Studio ging. Die prächtig produzierte Tanz-LP *All the Faces* trug gänzlich Bristols Handschrift und zeigte nur wenig Vocal-Identität. Kritiker Mike Saunders glaubte zu wissen, warum der Erfolg und die Publicity von Miles dessen musikalische Potenz stets übertrafen: «Er hat eine gewisse Aura von Hipness, die den geschniegelten Künstlern von Motown und Stax/Volt fehlt. Es ist gewiß leichter vorstellbar, mit Buddy zusammenzusitzen und einen Joint zu rauchen als mit Wilson Pickett oder Tyrone Davis.»

LPs auf Mercury: *Expressway to Your Skull* (1968); *Electric Church* (1969); *Easy Ridin'* (1969); *Them Changes* (1970); *We Got to Live Together* (1970); *A Message to the People* (1971); *Buddy Miles Live* (1971) ... auf CBS: *Carlos Santana & Buddy Miles! Live!* (mit Carlos Santana, 1972); *Chapter VII* (1973); *Booger Bear* (1973); *All the Faces* (1974) ... auf CBS, Atlantic mit → THE ELECTRIC FLAG ... auf Polydor mit → Jimi Hendrix

Mitch Ryder and the Detroit Wheels repräsentierten den hochenergetischen Rock 'n' Roll-Output der Motorstadt Detroit, deren Bands vom Kaliber → MC 5, → GRAND FUNK ihren «Energie-Faschismus» (Ryder) in einer Musik mit «Megatod-Kapazitäten» (‹Rolling Stone›) abreagierten. Ryder, als William Levise 1946 in Detroit geboren, hatte bereits während seiner Schulzeit in dem schwarzen Quartett PEPS Rhythm & Blues der fünfziger Jahre nachgespielt. 1962 organisierte er BILLY LEE AND THE RIVIERAS mit Jim McCarty (g; später bei → CACTUS), Earl Elliott (bg), Joe Kubert (g), Johnny Badanjek (dr), Levise Lee (voc). Die Reputation der Band in örtlichen Club-Zirkeln lockte 1965 den New Yorker Produzenten Bob Crewe an, der die RIVIERAS mit nach Manhattan nahm und ihnen einen Plattenvertrag besorgte. Ihren Namen änderte er in DETROIT WHEELS; Levine fand im Telefonbuch für sich das Pseudonym Mitch Rider. Nach 6 Millionen verkaufter Platten mit den Hits *Jenny Take A Ride* (1965), *Little Latin Lupe Lu*, *Break Out*, *Devil With A Blue Dress On, Good Golly Miss Molly* (1966), *Sock It To Me Baby*, *Too Many Fish In The Sea, Three Little Fishes* (1967) ließ sich Ryder von Crewe überreden, die DETROIT WHEELS aufzulösen und eine Solo-Karriere zu starten. Crewe steckte seinen Protegé in weiße Seidenanzüge und ließ ihn mit einem 16-Mann-Orchester, Chorsängern und Tanzgirls als Rock-Revuestar mit einem Repertoire von → Chuck Berry bis Gilbert Becaud (*What Now My Love*) eine «wahrhaft unglaubwürdige Figur» (John Gabree) machen. Das Resultat dieser so kostspieligen wie unwürdigen Mimikry: 1969 stand der ehemals vorzügliche Rhythm & Blues-Shouter mit drei Millionen Dollar Schulden da. Knapp zwei Jahre später versuchte er mit der neuen Band DETROIT seinen finanziellen Verpflichtungen nachzukommen und an vergangene Erfolge anzuknüpfen. Im Verein mit Steve Hunter (g), Ron Cooke (bg), Brett Tuggle (g), Harry Phillipps (keyboards), Dirty Ed (perc) sowie anderen ständig wechselnden Mitspielern brachte Ryder wieder seinen an → James Brown, → Little Richard, → Smokey Robinson erinnernden emotionsreichen Rauh-Gesang vorzüglich zu Gehör. Doch der Stilist, der Rock 'n' Roll-Revival-Konzerte als «Panoptikum» (*freak show*) ablehnte, hatte nicht bemerkt, daß er selber anachronistisch geworden war. Sein Comeback geriet unter die Räder.

LPs auf New Voice: *Breakout* (1967); *Sock It to Me* (1967); *Take a Ride* (1967); *All Hits* (1968); *Sings the Hits* (1968) ... auf Dynovoice: *What Now My Love* (1968) ... auf Crewe: *All Heavy Hits* (1970) ... auf Dot: *Detroit-Memphis Experiment* (1969) ... mit DETROIT auf Paramount: *Detroit* (1973)

Mitchell, Joni (voc, p, g), unter dem Namen Roberta Joan Anderson als Tochter eines Air Force-Soldaten am 7. November 1943 in Fort McLeod in der kanadischen Provinz Alberta geboren, gelangte zunächst als Autorin zarter Popsongs voller komplexer Wortrhythmen, poetischer Bilder und beinahe philosophischer Kontemplation zu internationalem Ansehen. Ihre Lieder von Zinnengeln, alternden Kindern, goldenen Prinzen, Kerzenschein und Juwelenglanz, vom Konflikt zwischen schönem Traum und trister Realität «werden mit ihrem reichen Formenspiel allen Ansprüchen gerecht, die man an Lyrik stellen kann» (‹Frankfurter Allgemeine Zeitung›). Sie sind «wie die cleversten Novellen konstruiert: Stories innerhalb von Stories» (‹Rolling Stone›). Im Song *Woodstock*, den sie 1969 in New York am Fernsehgerät schrieb, «weil ich durch sieben Meilen lange Autoschlangen nicht zum Festival kommen konnte», verwandelten sich Bomber am amerikanischen Himmel in Schmetterlinge. In *For Free* porträtierte sie einen Londoner Straßenmusikanten, «dem niemand zuhört, obgleich er so zärtlich die Klarinette spielt». Von ihrer Mutter, einer Lehrerin, «mit Shakespeare großgezogen wie andere Leute mit der Bibel», besuchte sie die Graphik-Klasse des Alberta Colleges of Art in Calgary; die Umschläge ihrer Langspielplatten entwarf sie später großenteils selbst. Im Studentenlokal «The Depression» artikulierte sie sich erstmals zur Gitarre und traf 1965 in Toronto den Folk-Musikanten Chuck Mitchell aus Detroit, den sie wenige Tage später heiratete. Nachdem die Ehe zerbrochen war, tingelte sie durch die Folksong-Lokale des US-Staates Michigan, wurde von ihrem Kollegen → Tom Rush in den New Yorker «Gaslight Club» vermittelt und machte 1968 ihre erste LP. Der Song *Both Sides Now*, von → Judy Collins, Frank Sinatra, Bing Crosby und mehr als 50 weiteren Sängern interpretiert, brachte ihr inzwischen reichlich Tantiemen. *Tin Angel, Chelsea Morning, Big Yellow Taxi, Woodstock* und andere Hits, die sie mit einer verschwenderisch modulationsreichen Vier-Oktaven-Stimme vortrug, bescherten ihr eine Titelgeschichte im ‹Time›-Magazin, ein Haus im kalifornischen Laurel Canyon und Einnahmen von etwa 500 000 Dollar pro Jahr. Eine USA-Tournee mit der Band L. A. EXPRESS des Saxophonisten Tom Scott im Sommer 1974, im Doppelalbum *Miles of Aisles* dokumentiert, etablierte sie auch als zugkräftige Konzertattraktion. Das Angebot eines Musikkonzerns, ihr die Verlagsrechte aller Mitchell-Kompositionen für 1,5 Millionen Dollar abzukaufen, lehnte sie mit dem Argument ab: «Dann müßte ich ja das Gefühl haben, ich hätte meine Lieder ausschließlich des Geldes wegen komponiert.» Das Gegenteil, beteuert sie glaubwürdig, sei wahr:

«Was ich schreibe, habe ich selbst empfunden, geträumt oder erlebt. Ich ändere nur das Detail. Aufrichtigkeit ist für mich das Wichtigste. Doch das ist nicht einfach in einem Business, in dem es so viel Lüge gibt.»

LPs auf Reprise: *Joni Mitchell* (1968); *Clouds* (1969); *Ladies of the Canyon* (1970); *Blue* (1971) ... auf Asylum: *For the Roses* (1972); *Court & Spark* (1973); *Miles of Aisles* (1974). Solo-LPs Tom Scott auf Ode: *Tom Scott and the L. A. Express* (1974); *Tom Cat* (1975)

Moby Grape wurde im Mai 1967 in San Francisco mit einem bis dahin unerhörten Werbeaufwand von 200 000 Dollar gestartet. Zeitungsanzeigen, Reklameplakate, Radiospots sowie Gratisposters und Souvenirartikel heizten zunächst das Konsumenteninteresse an. Dann stellte der Plattenkonzern Columbia die fünf Musiker auf einer feudalen Mammutparty offiziell vor, die mit einer Rauschgift-Razzia der Polizei spektakulär endete. Am nächsten Tag schwemmte die Firma fünf Singles und eine LP auf den Markt. Bob Mosley (bg), Don Stevenson (dr), Jerry Miller (g), Ex-Spieler bei den Frantics, sowie Peter Lewis (g) und Alexander «Skip» Spence (g), zuvor Drummer bei → Jefferson Airplane, versuchten der Über-Publicity mit manirierten Plattenaufnahmen gerecht zu werden. Das erste Album war noch eine harmlose Mixtur aus Country, Folklore, Blues, Rock. Dafür gedieh ihnen das nächste Projekt um so üppiger. Sie verschnörkelten ihre Eigenkompositionen mit elektronischen Gimmicks, fuhren Geräuschmontagen ein und ließen den Fernsehunterhalter Arthur Godfrey die Ukulele bei einem Track zupfen, der nur mit 78 Umdrehungen abgespielt werden konnte. Für eine weitere Plattenseite heuerten sie → Al Kooper und → Mike Bloomfield als Gaststars einer überflüssigen *Grape Jam* an. Mittlerweile war ihre Studioarbeit so exzessiv geworden, daß für jeden Spieler nach Abzug der Herstellungskosten nur 180 Dollar pro LP übrigblieben. 1968 verließ Spence die Gruppe; ein halbes Jahr später packte Mosley seine Baßgitarre ein. Die Rest-Musiker versuchten zwar, von ihrem prätentiösen Image loszukommen, und engagierten sich wieder für nur leicht exzentrische Country-Balladen. Doch die Dezimierung der Spieler sowie eine Millionenklage ihres ehemaligen Managers zehrten an der musikalischen Substanz und an dem Durchhaltewillen der Combo; 1969 löste sie sich auf. Bereits zwei Jahre später jedoch fanden sich alle Spieler unter gleichem Ensemble-Namen wieder zusammen. Mit Gordon Stevens (vi) versuchten sie ein Comeback, das zwar von der Rock-Presse beifällig registriert wurde, bei den Fans allerdings keinen Eindruck machte. Hartnäckig boten sie sich 1974 noch einmal an, diesmal mit Mosley, Miller, Lewis, John Craviatta (dr), Jeff Blackburn (g).

LPs auf CBS: *Moby Grape* (1967); *Wow/Grape Jam* (1968); *Moby Grape '69* (1969); *Truly Fine Citizen* (1969); *Great Grape* (1972) ... auf Reprise: *20 Granite Creek* (1971). Solo-LP Skip Spence auf CBS: *Oar* (1969). Solo-LP Bob Mosley auf Reprise: *Bob Mosley* (1972)

The Monkees waren das Schulbeispiel einer synthetisch erzeugten Popmusik-Attraktion mit Millionenerfolg. Im Sommer 1965 inserierten die TV-Produzenten Bert Schneider und Robert Rafelson im Showbusiness-Branchenblatt ‹Variety›: «Vier irre Jungens gesucht, Alter 17 bis 21, die Mut zur Arbeit haben.» Aus den 437 Anmeldungen wurden in vier Monaten ausgesucht: Ex-Jockey und Broadway-Kinderstar (Musical ‹Oliver›) David Jones, geboren am 30. Dezember 1945 in Manchester, England; Pädagogik-Student mit Folksong-Erfahrung Peter Tork, geboren am 13. Februar 1945 in Washington, D. C.; Ex-TV-Kinderstar (‹Circus Boy›) Mickey Dolenz, geboren am 8. März 1946 in Los Angeles; Folksinger und Ex-GI → Mike Nesmith, geboren am 30. Dezember 1942 in Houston, Texas. Nur zwei von ihnen konnten Noten lesen, keiner Schlagzeug spielen; ihre Gitarrenkünste und Gesangstalente reichten allenfalls für den Hausgebrauch. Doch der 30-Minuten-Fernsehfilm, den Regisseur Schneider im Stil der → Beatles-Groteske ‹A Hard

Day's Night› mit ihnen drehte, wurde als Beginn einer Serie vom NBC-Fernsehen angekauft. Nach drei Monaten harten Musiktrainings unter Leitung des Producers Don Kirshner lieferten Jones (bg, voc), Tork (g, voc), Dolenz (dr, voc), Nesmith (g, voc) den Singletitel *Last Train To Clarksville* ab, der auf Grund der TV-Serienpopularität bereits in der ersten Woche 500 000 Käufer fand. Noch vor der Auslieferung der zweiten Single *I'm A Believer* gingen 1 051 280 Vorbestellungen bei der Vertriebsfirma RCA Victor ein. THE MONKEES, die sich im Plattenstudio von Instrumental-Routiniers aushelfen und Hitmelodien vom Team Tommy Boyce und Bobby Hart sowie von → Carole King, → Neil Diamond und anderen liefern ließen, verkauften im ersten Jahr allein in den USA je mehr als sechs Millionen LPs und Singles. 1967 wurden sie mit sechs Goldenen Schallplatten sowie für ihre TV-Darbietungen mit zwei Emmy Awards ausgezeichnet. Bei ihrer ersten Tournee brach eine Massenhysterie unter den Teenagern aus; ein einziges Konzert in der Hollywood Bowl erlöste 119 480 Dollar. Monkee-Gitarren, Monkee-Comics, Monkee-Pullover, Monkee-Hosen etc., unter anderem in einer für derlei Souvenirs eigens geschaffenen Ladenkette «The Monkee Stores» feilgeboten, brachten ihren Herstellern 1967 über 25 Millionen Dollar ein. Trotz der hemmungslosen Marketing-Mache entwickelte das Quartett im Film- und Plattenstudio künstlerischen Ehrgeiz und Umrisse eines eigenen Profils. Über den von Jack Nicholson inszenierten Monkee-Spielfilm ‹Head› (1968) notierte der Kritiker Joachim von Mengershausen, was auch für die Musik gelten mag: Die Provokation bestehe darin, daß «die bestehenden Verhältnisse bestätigt und deren Unveränderbarkeit demonstriert werden – mitsamt dem Irrsinn, den das zur Folge hat». Das Ausscheiden von Peter Tork, der sich erfolglos bemühte, mit einem eigenen Trio zu reüssieren, überlebten die MONKEES 1969 nicht lange. Nur Mike Nesmith schaffte eine Solokarriere.

LPs auf RCA Victor: *The Monkees* (1966); *More of the Monkees* (1967); *Headquarters* (1967); *Pisces, Aquarius, Capricorn and Jones, Ltd.* (1967); *The Birds, the Bees and the Monkees* (1968); *Head* (1968); *Instant Replay* (1969); *Present* (1969); *Greatest Hits* (1969); *Changes* (1970); *Barrel Full* (1971) ... Solo-LP Davy Jones auf Bell: *Davy Jones* (1972)

The Moody Blues sangen und spielten die Internationale der Brüderlichkeit mit erlesener Elektronik im Stil einer «2001»-Seifenoper. Justin Hayward (g, voc), Mike Pinder (mellotron, p, voc), John Lodge (bg, voc), Ray Thomas (fl, voc), Graem Edge (dr) und ihr Producer Tony Clarke hatten auf mehr als 16 Millionen Alben «den Nerv, über Gott zu sprechen» (Edge). Nach dem fesselnden, von Rhythm & Blues-Verständnis getragenen LP-Debüt *Magnificent Moodies* variierten sie ihr himmlisches Thema über die Jahre so wenig, daß ihr «siebenter Aufenthalt» (Albumtitel: *Seventh Sojourn*) wie eine Endstation klang: Mit «bankrotten Texten» (‹Melody Maker›) und impressionistischen Tonfilmklängen gebärdete sich die Band ohne Manager und Leader wie ein «Mantovani, der die Zähne zeigt» (‹Saturday Review›). «Man kann die Titel und Songs in all unseren Alben vertauschen, und sie sagen alle dasselbe» (Edge): So empfanden auch 1972 die amerikanischen MOODY BLUES-Fans, als sie die nach fünf Jahren wiederveröffentlichte Archiv-Single *Nights In White Satin* samt LP *Days of Future Passed* für neues Produkt hielten und an die Spitze der Hitparaden kauften. Als die Band sich 1964 in London zusammenfand und ihren ersten Hit *Go Now* einspielte, waren statt Lodge und Hayward noch Clint Warwick (bg) und Denny Laine (g) – 1973 bei → PAUL MCCARTNEY'S WINGS – im Spiel gewesen. Die alte Besetzung hatte finanziell wenig Glück. Der Erfolg ihrer ersten Single spielte 125 000 Dollar ein; ihre damaligen Manager ließen ihnen 600 Dollar übrig. Als sie 1966 mit den → BEATLES in den USA auftraten, wurde ihnen pro Person ein Taschengeld von drei Dollar am Tag zugestanden. Das große Geld kam erst mit den 1967 begonnenen prätentiösen Versuchen,

Rock, Rimsky-Korsakov und Religion zu einem neuen Sound zu verschmelzen. Nach der Winter-Tournee 1972/73 verließ das Quintett die USA mit einem Einnahmen-Scheck über eine Million Dollar. Die gleiche Summe investierten die MOODY BLUES in ihr «Rolls-Royce-Label» Threshold Records, das die Musiker («Wir sind eine kommunistische Band mit kapitalistischen Obertönen») gemeinsam in ihrem Heimatort Cobham bei London einrichteten und von dort aus verwalteten. In ihrer vergoldeten «Sixtinischen Kapelle der populären Musik» (‹Rolling Stone›) waren die MOODIES durchaus zufrieden, «jedermanns vierter Favorit» (Edge) zu sein, denn «für den ersten Platz muß man schon was Ungeheuerliches sein, und wir sind schrecklich gewöhnlich». 1974 fiel ihnen endlich auf, daß ihnen schon lange nichts mehr eingefallen war. Sie zogen die noble Konsequenz und beendeten ihren sphärischen Langzeit-Trip. Edge schlug als erster eine Solo-Bahn ein.

LPs auf Decca: *The Magnificent Moodies* (1965); *The Beginning – Vol. 1* (1973) ... auf Deram: *Days of Future Passed* (1967); *In Search of the Lost Chord* (1968); *On the Threshold of a Dream* (1969) ... auf Threshold: *To Our Children's Children's Children* (1969); *A Question of Balance* (1970); *Every Good Boy Deserves Favour* (1971); *Seventh Sojourn* (1972)

Morrison, Jim (voc), am 8. Dezember 1943 als Sohn eines US-Admirals in Melbourne, Florida, geboren, sang im Quartett → THE DOORS ein «unheiliges Loblied auf die verbotenen Wonnen» des Abseitigen (‹Newsweek›), einen lasziven Blues über «Sex, Revolte, Chaos und Tod». Elfeinhalb Minuten lang wurden in seinem Stück *The End* auf der ersten DOORS-LP Wahnvorstellungen von der Psychiatercouch, Motive aus der Ödipus-Sage und Bilder aus der ägyptischen Mythologie aneinandergereiht. «Wir bekennen uns», erklärte der Freud-Kenner, Artaud-Fan und Nietzsche-Leser, der 1964 an der University of California in Los Angeles Film- und Theaterwissenschaft studiert hatte, «zum Dionysischen, zu den dunklen Trieben in uns selbst.» In schwarzes Leder gehüllt, zerfetzte er auf der Bühne die amerikanische Flagge, rief seine Zuhörer zum Widerstand gegen die Polizeigewalt auf und entblößte sein Genital. Als «Politiker der Erotik» (Morrison über Morrison) wollte er «Türen zur Freiheit, zum Unbekannten, zum Unbewußten, zum Unheimlichen» aufstoßen. Dabei gestaltete er – mit *Light My Fire, Break On Through To The Other Side* oder *Moonlight Drive* – vorbildliche Rocksongs. Nach acht Langspielplatten trennte sich das vielfach mit James Dean verglichene Sexidol der Hippiegeneration im Frühjahr 1971 von seiner Band, um einen Film zu drehen und ein Buch zu schreiben. Am 3. Juli 1971 starb Morrison in einem Pariser Hotel an Herzschlag. In seiner letzten Singleplatte, die am Todestag in den USA veröffentlicht wurde (*Riders On The Storm*), heißt es: «Wir werden vom Sturm getragen. In dieses Haus wurden wir geboren, in diese Welt hat man uns geboren wie einen Hund, der keine Knochen hat. Wir werden vom Sturm getragen, und der Killer ist schon auf dem Weg.» Einen Band mit Morrison-Gedichten hat der New Yorker Verlag Simon and Schuster unter dem Titel ‹The Lords and the New Creatures› veröffentlicht.

LPs auf Elektra mit → THE DOORS

Morrison, Van (voc, g, harm, ts), am 31. August 1945 in Belfast, Nord-Irland, als Sohn eines schottischen Dockarbeiters geboren, singt seine von → Hank Williams-Schwermut und → Leadbelly-Sinnlichkeit getönten weißen Blues mit einer poetischen Finesse und vokalen Komplexität, die kaum ein anderer Rock-Interpret erreicht. Seine verwirrenden Tongedichte gleiten wie «surrealistische Traumgespräche» (‹Billboard›) über verhalten markierte Instrumental-Kadenzen, die Morrisons ungezügelten Gesang mit Andeutungen von Saxophon-Swing à la Glenn Miller, süßlich-südstaatlichen Gitarren und diskreten Piano-Exkursionen umfächeln. Auf «Strömen von Imagination»

(‹Cash Box›) läßt sich Morrison durch Phantasiestraßen seiner Kindheit treiben (*Cypress Avenue*), segelt an allegorischen Figuren seiner Pubertät (*Madame George*) vorbei *Into The Mystic* (Songtitel) und schwelgt in hymnischer Erlösungshoffnung (*St. Dominic's Preview*). Seine brillante Lyrik offeriert er in formlosem, fast monotonem Sprechgesang, der mitunter energetische Rock-Impulse enthält, in repetitiven Flüsterphrasen Station macht, Verszeilen abbricht, vertauscht, ausläßt und in scheinbar unkontrolliertem Scat-Stakkato vorwärts stürzt. Nach seiner Trennung von → THEM (1967) und zwei ungenügend produzierten Solo-Alben auf Bang Records, die immerhin die Morrison-Klassiker *T. B. Sheets* und *Brown-Eyed Girl* enthielten, reizte der «Cowboy aus Belfast» (‹Cream›) die Phantasie einer sich ständig vergrößernden Kultgemeinde mit der 1968 veröffentlichten «Rock-Oper» (Morrison) *Astral Weeks*, in der er nach Meinung des Kritikers Greil Marcus «die Grenzen des Blues aufhob». Eine Kammer-Rockband tupfte ihre Klänge so unschematisiert hin, als würde sie ihre Instrumente stimmen, Hintergrund-Sänger gospelten an der Hörgrenze, und Morrison lebte sich in diesem Freiraum mit Vehemenz und poetischer Eindringlichkeit aus. Weitere Produktionen brachten ähnliche Stimmungs-Hologramme hervor, die mit Jazz-Flavor, Rock-Riffs und herber Country-Folklore gefüllt waren. Der schüchterne, nur einen Meter sechzig große Sänger lebte 1975 in Kalifornien. Seine Konzerte waren Wechselbäder künstlerischer Unausgeglichenheit, seine Plattenproduktionen wurden in Generalstabs-Präzision mit minimalen Re-Mix-Korrekturen durchgeführt. Morrison, der von seinem Idol → John Lee Hooker als «größter weißer Bluessänger» gelobt wurde, ist eines der wenigen Rock-Originale, deren Musik «unnachahmlich ist, weil sie nicht Ausdruck eines kultivierten Stils, sondern ihrer Persönlichkeit sind» (‹Rolling Stone›).

LPs mit → THEM auf Decca ... Solo-LPs auf Bang: *Blowin' Your Mind* (1967); *The Best of Van Morrison* (1967) ... auf Warner Brothers: *Astral Weeks* (1969); *Moondance* (1969); *His Band and the Street Choir* (1970); *Tupelo Honey* (1971); *St. Dominic's Preview* (1972); *Hard Nose the Highway* (1973); *It's Too Late to Stop Now* (1974); *Veedon Fleece* (1974); *Stiff Upper Lip* (1975)

Mother Earth, 1966 in San Francisco gegründet, war zunächst eine Band von Texanern, die den Titel eines Blues von Memphis Slim alias Peter Chapman als Ensemble-Namen übernahmen. Vom texanischen Manager Travis Rivers zusammengebracht, bestand die Gruppe zunächst aus Bob Arthur (bg) aus San Antonio, John Andrews (g) aus Houston, George Rains (dr) aus Fort Worth, R. Powell St. John (voc, harm) aus Austin. Komplett war die Combo jedoch erst, als im Juli 1966 die Sängerin und Pianistin Tracy Nelson hinzukam, die monatelang in einem Berkeley-Schallplattengeschäft gearbeitet und auf eine Popmusik-Chance gewartet hatte. Am 27. Dezember 1944 in Madison, Wisconsin, geboren, hatte sie bereits kurz die University of Wisconsin besucht, einige Amateurbands namens FABULOUS IMITATIONS und WHITE TRASH BLUES BAND geleitet sowie die LP *Deep are the Roots* für die Marke Prestige aufgenommen. Binnen kurzem war Tracy Nelson mit MOTHER EARTH identisch. Mochten die Musiker kommen und gehen; mochten zu den Plattenaufnahmen prominente Gastsolisten wie → Mike Bloomfield (g) und Barry Goldberg (org) zum ersten Album, Jack Drake (bg), John Gimble, Shorty Lavender (vi) und die → Elvis Presley-Background-Singers THE JORDANAIRES zum zweiten und dritten herangezogen werden: Zentrum des musikalischen Geschehens war bei Blues, Country- und Gospelsongs stets Tracy Nelsons schnörkellose, direkte Altstimme. Nach der Produktion von *Living with the Animals* verließ die Band San Francisco, um fortan in Nashville zu produzieren. Das dortige Country-Klima entsprach dem stilistischen Ideal von MOTHER EARTH derart, daß Manager Rivers 1969 in Mt. Juliet, Tennessee, zwanzig Autominuten von den Nashville-Studios entfernt, eine Farm kaufte, auf der die Band ansässig wurde. Die Verwurzelung in Landleben, Tradition und Folklore hat Tracy Nelson und ihre Freunde vor Showbusiness-Hektik und Dollar-Euphorie bewahrt. Von Rock-Kennern geschätzt, niemals ganz an der Spitze, aber ausreichend erfolgreich, machen sie abseits des Publicity-Rummels inspirierte, handwerklich gediegene Musik.

LPs auf Mercury: *Living with the Animals* (1968); *Make a Joyful Noise* (1969); *Tracy Nelson Country* (1969); *Satisfied* (1970) ... auf Reprise: *Bring Me Home* (1971); *Tracy Nelson: Mother Earth* (1972) ... auf Columbia/CBS: *Poor Man's Paradise* (1973) ... auf United Artists: *Revolution* (Soundtrack, mit anderen, 1968). Solo-LPs Tracy Nelson auf Prestige: *Deep are the Roots* (1966) ... auf Atlantic: *Tracy Nelson* (1974)

The Mothers of Invention von → Frank Zappa 1964 in Kalifornien gegründet, galten in der zweiten Hälfte der sechziger Jahre als Avantgarde einer intellektuell emanzipierten Popmusik. In der Stammbesetzung Zappa (g), Ray Collins (voc), Jimmy Carl Black, Billy Mundi (dr), Roy Estrada (bg), Ian Underwood (p, sax), Don Preston (p), Jim «Motorhead» Sherwood (sax), Bunk Gardner (sax, dr) waren sie das perfekte Vehikel für Zappas extreme musikalische und gesellschaftskritische Phantasie. Die totale Unterordnung unter seinen Genius hinderte die Musikanten jedoch an der Entfaltung eigenen Profils. Aufs ganze gesehen, sind die Langspielplatten der Gruppe ein imponierendes kompositorisches Werk, dessen Leitmotive und Kernstrukturen über die Jahre hinweg variiert und weiterentwickelt wurden; solistische Glanzleistungen blieben aber nicht in der Erinnerung. Von 1968 an holte sich Zappa zunehmend auch Studiomusiker, die nicht zu den MOTHERS gehörten, zur Plattenproduktion und brachte die Aufnahmen (Beispiel: *Francis Vincent Zappa Conducts Lumpy Gravy*) unter seinem eigenen Namen heraus. «Wenn ich hundert MOTHERS mit auf Tournee nehmen könnte», bekannte er 1969, «wäre ich glücklich.» Davon frustriert, verlor die Band den Zusammenhalt. Das hochtalentierte Gesangs- und Komiker-Duo Mark Volman und Howard Kaylan (LEECH & EDDIE), das Zappa 1970 von den → TURTLES übernommen hatte, blieb nur ein Jahr. Je mehr Zappas Arbeit «Züge jenes elitären Kunstbegriffes» durchscheinen ließ, «von dem die Popmusik sich entschlossen abgewandt hatte» (Helmut Salzinger), desto bedeutungsloser wurden die MOTHERS OF INVENTION. In der Besetzung George Duke (keyboards, voc), Tom Fowler (bg), Ruth Underwood (perc), Jeff Simmons (g, voc), Don Preston (synthesizer), Bruce Fowler (tb), Walt Fowler (tp), Napoleon Murphy Brock (ts, fl, voc), Ralph Humphrey (dr), Chester Thomson (dr) konservierten Zappa und die MOTHERS 1973/74 mehrere Live-Sessions für die Doppel-LP *Roxy and Elsewhere.* Mit ausgedehnten Improvisationen war die Musik dem Jazz sehr nahegerückt. Zappa im Ansagetext für *Be-Bop Tango*: «Jazz ist nicht tot, er riecht nur etwas komisch.»

LPs auf Verve: *Freak Out* (1966); *Absolutely Free* (1967); *We're Only in it for the Money* (1968); *Cruising with Ruben and the Jets* (1968); *Mothermania* (1969); *The XXXX of The Mothers* (1970) ... auf Reprise: *Uncle Meat* (1969); *Burnt Weenie Sandwich* (1970); *Weasels Ripped My Flesh* (1970); *Fillmore East – June 1971* (1971); *Just Another Band from L. A.* (1972); *The Grand Wazoo* (1972) ... auf Discreet: *Over-Nite Sensation* (1973); *Roxy & Elsewhere* (1974) ... auf Apple: *Some Time in New York City* (Jam-Session mit → John Lennons PLASTIC ONO BAND 1972). Solo-LP Jeff Simmons auf Straight: *Lucille has Messed My Mind Up* (1970). Solo-LPs George Duke auf Liberty: *Save the Country* (1970)... auf MPS: *Faces in Reflection* (1974); *George Duke & Feel* (1974); *The Aura Will Prevail* (1975)

Mott the Hoople, nach einem Roman des amerikanischen Schriftstellers Willard Manus benannt, kam im Mai 1969 in London zustande, als sich Ian Hunter (voc, g, p) aus Shropshire, Jahrgang 1946, auf eine Anzeige meldete, die der Manager und Producer Guy Stevens im ‹Melody Maker› aufgegeben hatte. Stevens suchte einen Lead-Sänger für ein Quartett aus Hereford: Mick Ralphs (g, voc), Verden Allen (keyboards), Peter Overend

Watts (bg), Terence Dale Griffin, genannt Buffin (dr), alle zwischen 1948 und 1950 geboren. Die Musiker kochten ihren super-verstärkten Rock 'n' Roll aus allen Ingredienzen zusammen, derer sie habhaft werden konnten: → Bob Dylan, → KINKS, → PROCOL HARUM, → ROLLING STONES. ‹Rolling Stone›: «Sie haben die Praxis des musikalischen Diebstahls glorifiziert.» Mit Stücken wie *Rock And Roll Queen, You Really Got Me, Home Is Where I Want To Be, Thunderbuck Ram* entfesselten sie im Konzertsaal, u. a. auf USA-Tourneen mit → TRAFFIC, → MOUNTAIN, → GRAND FUNK RAILROAD, exzessive Bühnenshows. Auf Schallplatten wurde das Epigonale und Chaotische ihrer Musik jedoch zu deutlich; Spitzenumsätze blieben aus. Als die US-Firma Atlantic 1972 ihren amerikanischen Vertrag nicht verlängerte, wollten sie auseinandergehen. Von → David Bowie produziert, brachte das Quintett jedoch im September 1972 bei CBS die musikalisch überzeugende, kommerziell erfolgreiche LP *All the Young Dudes* heraus. Die Interpretation war geschlossener und differenzierter geworden, der Stil erschöpfte sich nicht mehr in Imitation. Allen verließ die Band Anfang 1973, um sich aufs Songschreiben zu konzentrieren. Mit Ariel Bender (g, voc), Morgan Fisher (keyboards) besang die Band 1974 *The Golden Age Of Rock 'n' Roll* (Songtitel) und versuchte mit Stücken wie *Born Late 58* eine Aktualisierung der lärmenden Rock 'n' Roll-Stimmung von einst. Allerdings bewies das teils in New York, teils im englischen Hammersmith mitgeschnittene *Live*-Album, auf dem auch *Whole Lotta Shakin' Going On* erklingt, eher die Dünnblütigkeit der nachgeborenen Rocker. In seinem 1974 erschienenen Tourneebericht ‹Diary of a Rock 'n' Roll Star› hat Ian Hunter den nervenzermürbenden Stress des modernen Rock-Business beispielhaft geschildert.

LPs auf Island: *Mott the Hoople* (1969); *Mad Shadows* (1970); *Wild Life* (1971); *Brain Capers* (1971); *Rock and Roll Queen* (1972) ... auf CBS: *All the Young Dudes* (1972); *Mott* (1973); *The Hoople* (1974); *Live* (1974). Solo-LP Ian Hunter auf CBS: *Ian Hunter* (1975)

Mountain, 1969 in New York gegründet, verstand sich als amerikanische Fortsetzung der zuvor aufgelösten Londoner → CREAM; deren letzte drei Alben der im New Yorker Stadtteil Bronx als Sohn eines Arztes geborene Felix Pappalardi (bg, g, keyboards, tp), Jahrgang 1940, produziert hatte. Der von Pappalardi, Steve Knight (keyboards), Leslie West (eigentlich Weinstein [voc, g]), Laurence «Corky» Laing (dr) erzeugte CREAM-Nachhall geriet ebenso laut und dazu virtuoser als der Sound sämtlicher amerikanischer Heavy-Bands. Dafür sorgte der Rock-Routinier Pappalardi, der sich nach Musikstudien an der Manhattan School of Music, der New York University und der University of Michigan als Baßgitarrist von Folkmusikern wie IAN & SYLVIA, → Gordon Lightfoot, → Tom Rush, → Joan Baez, als Sessionmusiker bei Elektra und Producer der → YOUNGBLOODS zum Besitzer von zwei Rolls-Royce, einer Farm auf Nantucket Island sowie zum Miteigentümer des Plattenlabels Windfall emporgedient hatte. Aus seiner imponierenden Musikerkarriere zog er das Fazit: «Der Schlüssel zum Erfolg ist Dynamik; ohne Dynamik gibt es überhaupt keine Musik. Strawinski wußte das, Bernstein weiß es, und ich weiß es.» Doch auf die Dauer war Lautstärke, die immer weniger differenziert eingesetzt wurde, nicht genug. Die Band trat musikalisch auf der Stelle; Entwicklung war nur mehr durch Auflösung möglich. 1972 stiegen West, am 22. Oktober 1945 in New York geboren, und Laing, am 26. Januar 1948 in Montreal, Kanada, geboren, von Pappalardis Klangberg herab und formierten mit einem anderen CREAM-Erben, dem Baßgitarristen → Jack Bruce, das Trio WEST, BRUCE & LAING.

LPs auf Windfall/Bell: *Leslie West: Mountain* (1969) ... auf Windfall/Island: *Mountain Climbing* (1970); *Nantucket Sleighride* (1971); *Flowers of Evil* (1971); *Live: The Road Goes Ever On* (1972); *Best of Mountain* (1973); *Twin Peaks* (1974) ... auf CBS: *Avalanche* (1974). LPs WEST, BRUCE & LAING auf Windfall/RSO: *Why Dontcha* (1972) ... auf RSO: *Whatever Turns You On* (1973); *Live 'n Kickin'* (1973). Solo-LP Leslie West auf RCA: *The Great Fatsby* (1975)

The Move, 1965 in Birmingham, England gegründet, machten zunächst als Rock 'n' Rollkommando von sich reden. Sie kopierten damalige Skandalgruppen wie → The Rolling Stones oder → The Who, wobei sie die Schock-Schraube kräftig überdrehten. In Gangster-Garderobe reihten sie sich vor ihrem Publikum auf, starrten finster ins Parkett und spielten scheinbar gelangweilt ihre rabiaten Nummern herunter. Mitten im Programm begannen sie, flimmernde Fernsehgeräte zu zertrümmern, kippten Autowrackteile von der Bühne, schlugen auf Sperrmüll-Reste mit Äxten ein und zerrissen Bilder von Hitler und dem rhodesischen Seperatistenführer Ian Smith. Die Masche des «Rock & Ramsch» (Lillian Roxon) machte sie zu Underground-Helden und katapultierte ihre erste Single *Night Of Fear* in die Hitparaden. Auf dieser Platte überraschten die Move mit dem aggressiven Einsatz eines Cello und der bruchstückweisen Einblendung von Tschaikowskys *1812 Ouvertüre.* Obwohl sich die Popularität der Band allmählich auch auf die Anerkennung der musikalischen Talente von Carl Wayne (voc), Roy Wood (g, voc), Trevor Burton (g), Roy «Bev» Bevan (dr), Chris Kefford, Rick Price (bg) gründete, verließen sich die Move weiterhin auf die Wirkung ihrer exzentrischen Bühnenshow, die sie mit dem Einsatz von Filmprojektionen und psychedelischem Lichtgeflimmer noch zu erhöhen suchten. 1967 boten sie Feldmarschall Montgomery die Mitgliedschaft in ihren Fanclubs an. Der lehnte zwar ab, doch bald darauf interessierte sich der damalige Premierminister Harold Wilson für die Gruppe. The Move veröffentlichten ihre Hippie-Hymne *Flowers In The Rain* und annoncierten sie mit einer Wurfpostkarte, die den Premier in verfänglicher Situation zeigte und den Werbezusatz enthielt: «Abscheulich, verabscheut und verabscheuenswürdig mag Harold schon sein; aber *Beautiful* ist das einzige Wort, mit dem man *Flowers in the Rain* von The Move beschreiben kann.» Der Pressetumult und die darauffolgende Beleidigungsklage des Premiers machten das Ensemble terrible weltweit bekannt. Mit ihrer Musik erregte die Gruppe weniger Aufsehen – zu Unrecht, wie der Kritiker Greg Shaw bestätigt: «Ihr Sound ist die Essenz der siebziger Jahre – eine zähflüssige Schmelzmischung, die mit Spurenelementen jedes populären Musikstils der letzten fünfzehn Jahre aufbrodelt und sich über ein Fundament zeitloser Rock-Archetypen ergießt. Sie sind die absolute Synthese von kommerziellem Pop, schwerem, metallischem Underground-Rock und experimenteller Studio-Elektronik.» Auf ihren LPs walzten sie Folkmelodien (*The Last Thing On My Mind*), triviale Teen-Schlager (*Don't Make My Baby Blue*) sowie Eigenkompositionen (*Brontosaurus, Cherry Blossom Clinic Revisited*) mit brutalem Gitarrengedröhn aus, rissen die Rock-Fassade mit durchkomponierten Streicherpassagen und klassischen Musikzitaten auf und ließen die Wah-Wah-Stürme einer aufheulenden Slide-Gitarre durch exquisite Soundbögen gleiten. Nach dem Fortgang einiger Ensemble-Gründer spielten 1970 Wood, Bevan und Jeff Lynne (voc, p) nur noch nominell als The Move zusammen. Bereits ein Jahr zuvor hatten sie → The Electric Light Orchestra als Experimental-Formation gegründet, die die Kontraktverpflichtungen der Move übernahm, ohne daß die Gruppe offiziell aufgelöst wurde. In den USA summierte das Sampler-Album *Split Ends* 1973 noch einmal alle ihre musikalischen Tugenden und bescherte als Ausklang einer vielgerühmten Band-Existenz den «majestätischen» (‹Stereo Review›), «titanischen» (‹Rolling Stone›) Rock-Klassiker *Do Ya.*

LPs auf Regal Zonophone: *The Move* (1968) ... auf Polydor/Cube: *Shazam* (1970); *Looking On* (1970) ... auf Fly: *Flyback – The Move* (1970) ... auf Harvest: *Message from the Country* (1971); *California Man* (1974) ... auf A&M: *Best* (1974) ... auf United Artists: *Split Ends* (1973)

Mud, im Februar 1966 von den Schulfreunden Les Gray (voc), Dave Mount (dr, voc) in Carshalton in der britischen Grafschaft Surrey gegründet, schleppte sich zwei Jahre als Amateurkapelle und weitere vier Jahre mit kommerziell mageren CBS- und Philips-Singles als schlecht bezahlte Club-Band dahin, ehe das Quartett mit den gleichfalls aus Carshalton stammenden Rob Davis (g, voc), Ray Stiles (bg, voc) in die Hit-Fabrik von Mickie Most (Rak Records) geriet. Mosts Autoren-Producer Mike Chapman und Nicky Chinn programmierten MUD als stilistischen Lückenfüller zwischen → SLADE und → SWEET und verschrieben der Combo Stampf-Nummern á la *Crazy, Dynamite, Tiger Feet, The Cat Crept In* für sechs- bis sechzehnjährige. Dem simplen «Rock 'n' Stomp»-Charakter (‹Melody Maker›) ihres Materials entsprechend, verstehen sich die Musiker auf der Bühne denn auch überwiegend als szenische Animateure: «Wir verwenden alle Energie auf die Präsentation; die Musik ist etwas, das von selber geht» (Stiles). Demgemäß emotionsarm und äußerlich angeheizt wirken denn auch die Konzerte: «Die Atmosphäre erinnert an einen Schulausflug in der Religionsstunde, bei dem die Lehrerin den Bus verpaßt hat» (Caroline Coon). Von der Single *That Cat Crept In* wurden jedoch allein in England binnen neun Tagen 218 000 Exemplare verkauft.

LP auf EMI/Electrola: *Mud Rock* (1974)

Muldaur, Maria (voc, g, vi), am 12. September 1942 als Maria Grazia Rosa Domenica D'Amato in New York City geboren, wuchs im Folk-Klima von Greenwich Village mit → Leadbelly-, Doc Watson- und Bessie Smith-Platten auf, erschloß sich nach der Heirat mit dem Sänger/Gitarristen Geoff Muldaur (1963) fünf Jahre lang als Mitglied der → JIM KWESKIN JUG BAND ein umfangreiches Song-Repertoire und etablierte sich nach der Scheidung (1972) als Solo-Star. Im Winter 1973/74 wurde die LP *Maria Muldaur* 38 Wochen, die ausgekoppelte Single *Midnight At The Oasis* 16 Wochen unter ‹Billboards› Hot 100 notiert. Einen Hauptgrund für diese Popularität sieht ‹Rolling Stone›-Kritiker David Shaw in ihrem «musikalischen Eklektizismus»: Sie singt Blues, Country, Jugband-Musik, Rock, Jazz, Gospel, Dixieland, Pop von den verschiedensten Autoren mit der gleichen zündenden Musikalität und Kompetenz: «Keine Sängerin dieser Generation sendet derart feinfühlige und intensive Vibrationen aus» (‹The Seattle Times›). Von ihren ersten Gesangsversuchen mit einer Girltruppe an der Hunter High School über die Engagements bei der kurzlebigen EVEN DOZEN JUG BAND (1963), bei Jim Kweskin und einige Duett-LPs mit ihrem Mann bis zu den selbstsicheren Soloproduktionen gewann die zunächst dünne Sopranstimme zunehmend Volumen und Dimension: «Zuerst hatte ich eine kleine, delikate Flöte im Hals. Aber meine Stimme wird schwerer mit wachsendem Alter. Beim Versuch, eine Ecke in der Stimme zu finden, die mehr hergibt als ein Wiegenlied, habe ich entdeckt: Da drin ist ein Saxophon.»

LPs mit → JIM KWESKIN JUG BAND. Solo-LPs auf Reprise: *Maria Muldaur* (1973); *Waitress in a Donut Shop* (1974). Solo-LPs Geoff Muldaur auf Prestige: *Geoff Muldaur* (1964); *Sleepy Man Blues* (1965). Geoff & Maria Muldaur auf Reprise: *Pottery Pie* (1970); *Sweet Potatoes* (1972)

Murray, Anne (voc), 1946 in Springhill, Nova Scotia, geboren, gibt sich mit Erfolg als undynamische Schönklang-Vokalistin, obwohl ihre zum Sopran ausgebildete Stimme ein reizvolles Register zwischen Sinnlichkeit und Nervosität vermuten läßt. Die ehemalige Sportlehrerin und Siegerin eines Laien-Wettbewerbs für ein kanadisches TV-«Sing Along Jubilee» richtet seit ihrem weltweiten Hitparaden-Debüt mit dem «im Grunde trivialen» (‹Rolling Stone›) Folktrot *Snowbird* (1971) ihr vorwiegend von Landsleuten geschriebenes Repertoire stilistisch so vielschichtig und dabei unprofiliert ein, daß den Rezensenten weder wohl noch weh dabei wird: «Anne Murray erinnert mich an all die wunderbaren, gutherzigen Kirchenfräulein meiner Jugend, die in der Bibelschule an heißen Sommertagen unterrichteten, ohne dabei zu schwitzen» (Kritiker Rex Reed). ‹Canada's Singing Sweetheart› (PR-Slogan) sieht sich anders: «Eigentlich bin ich ein Rock

& Roll-Typ – das ist doch das Gelbe vom Ei.» Der *Snowbird*-Erfolg verschaffte der Sängerin, die außerdem Dixieland und → Dusty Springfield mag, einen Gast-Spot in den TV-Shows des Pop-Country-Entertainers → Glen Campbell, mit dem sie auch eine Duettplatte besang. Die vorwiegend barfuß auftretende Biertrinkerin «mit dem Gang eines Football-Spielers» (Murray) pflegt gelegentlich derb aus ihrem Image auszubrechen. So behauptete sie bei einem vom kanadischen Premierminister besuchten Konzert in Ottawa vor Middleclass-Publikum: «Meinem Image nach bin ich immer das Patentmädel von nebenan gewesen, von der Sorte ‹Annie mit den Apfelbäckchen›. Doch Sie sollen wissen, daß mein Körper unter diesen Kleidern und hinter dieser Fassade voll von Knutschflecken ist.»

LPs auf Capitol: *Snowbird* (1970); *Anne Murray* (1971); *Its Over in the Morning* (1971); *Anne Murray and Glen Campbell* (mit Glen Campbell, 1971); *Annie* (1972); *Danny's Song* (1973); *Love Song* (1974); *Country* (1974); *Highly Priced Possession* (1975)

N

Nash, Graham (voc, g), am 2. Februar 1942 in Blackpool, England, geboren, tat sich Ende der fünfziger Jahre mit seinem ehemaligen Schulfreund Allan Clarke zum Pop-Blues-Duo THE TWO TEENS zusammen, das sich Weihnachten 1963 zum Quintett → THE HOLLIES erweiterte. Nash blieb genau fünf Jahre bei den HOLLIES und schrieb während jener Zeit gemeinsam mit Clarke und dem Gitarristen Tony Hicks unter dem Pseudonym L. Ransford eine Kollektion erfolgreicher Beat-Schlager. Meditationsübungen und Kontakte zu Folk Rock-Musikern von der amerikanischen Westküste regten Nash 1968 zu ambitionierten Kompositionen und extravaganten Spieltechniken an. Seine Mitspieler wollten jedoch die geschäftlich ergiebige HOLLIES-Masche nicht fallenlassen. Als sie darangingen, ein Album mit Teenbeat-Versionen bekannter → Dylan-Songs aufzunehmen, trennte sich Nash im Spätherbst 1968 während einer USA-Tournee von der Band und schloß sich mit → Stephen Stills und → David Crosby zu einem Folk Rock-Trio zusammen. Die neue Interessengemeinschaft produzierte im Dezember des gleichen Jahres in Los Angeles ihr erstes Album, das mit der Nash-Nummer *Marrakesh Express* einen Hitsong enthielt, den die HOLLIES als ungeeignet zurückgewiesen hatten. Sein Talent für subtile Vokalharmonien und seine Neigung zu introspektiven Songs spielte Nash in der 1969 um → Neil Young vergrößerten Formation voll aus. Sein Hang zu zuckrigen Wohllauten drängte jedoch die Gruppe oftmals in die Nähe eines HOLLIES-ähnlichen Saccharin-Sounds. Nachdem sich die Folk-Firma 1971 aufgelöst hatte, versuchte sich Nash, ebenso wie Stills, Crosby und Young, als Solist in der Tradition von CSN & Y. Zum durchschlagenden Erfolg bei den Rock-Enthusiasten fehlten ihm jedoch die nötige Starpräsenz und Artikulationsbreite. Wiedervereinigungspläne des ehemaligen Quartetts konnten ihm deshalb nur recht sein.

LPs mit den → HOLLIES auf Parlophone/Epic ... mit → CROSBY, STILLS, NASH & YOUNG auf Atlantic. Solo-LPs auf Atlantic: *Songs for Beginners* (1971); *Graham Nash/David Crosby* (mit David Crosby, 1972); *Wild Tales* (1973)

Nash, John Lester «Johnny» (voc), am 19. August 1940 in Houston, Texas, geboren, gehörte zu den ersten US-Musikern, die in Jamaica Platten im Reggae-Stil der karibischen Inseln aufnahmen und diesen Rhythmus international popularisierten. Sein *Hold Me Tight*, mit dem er 1968 auf dem eigenen Jad-Label eine Serie von Hits wie *Cupid* und *You Got Soul* begann, war 1968 die erste Reggae-Nummer in den amerikanischen Charts. In der New Hope Baptist Church seiner Heimatstadt an Gospel-Material geschult, wurde er auf dem Golfplatz von einem Grundstücksmakler als singender Caddie entdeckt und mit dreizehn an die texanische

TV-Station KPRC vermittelt, wo er als erster Farbiger drei Jahre lang in der Nachmittagsshow ‹Matinee› auftrat. Mit sechzehn wurde er für sieben Jahre Mitglied von Arthur Godfreys TALENT SCOUTS-Ensemble, nahm aber bereits nebenbei Soloplatten wie das → Joey Dee-Stück *What Kind Of Love Is This* auf und begann mit *Let's Move And Groove Together* eigene Kompositionen auch selbst zu produzieren. Für die Filme ‹Take a Giant Step›, ‹Key Witness› und ‹Love is not a Game› stand er in tragenden Rollen vor der Kamera. Nash, Mitbesitzer der Musikproduktion Namjac und der Caman Music Corporation, ließ sich 1971 in London nieder und schloß mit CBS einen weltweiten Vertriebsvertrag; Resultat: seine Reggae-Aufnahme *I Can See Clearly Now* erreichte ein Umsatzvolumen von acht Millionen Dollar. Auf Reggae-Nummern hat er sich allerdings keineswegs beschränkt. Seine LPs sind abwechslungsreich produzierte Potpourris aus Reggae, Soul und Balladen mit Bläsern, Streichern, viel funktionell eingesetzter Studio-Elektronik und starkem kommerziellem Potential. Von Perry Como, Nat «King» Cole, → Aretha Franklin und → Sam Cooke gleichermaßen beeinflußt, bringt er mit hoher Tenorstimme auf jeder LP so viele perfekt ausgewogene Popsongs hervor, daß jedesmal nur schwer entschieden werden kann, welches Lied zuerst auf Single ausgekoppelt werden soll. Harsche Töne und Disharmonien finden sich weder in seinen Aufnahmen noch in den Texten seiner Songs.

LPs (Auswahl) auf Epic: *I Can See Clearly Now* (1972); *My Merry – Go – Round* (1973); *Celebrate Life* (1974) ... auf Cadet: *Teardrops in the Rain* (1973)

Nektar, 1969 in Hamburg von Ex-Mitgliedern auf dem Kontinent gestrandeter britischer Rock-Bands gegründet, spielten sich «als die ‹letzten Mohikaner› der von Psychedelic Music amerikanischer Provenienz initiierten Musik-Lightshow-Synthese-Versuche» (‹Hi-Fi Stereophonie›) auf beiden Seiten des Atlantik zu Kult-Figuren hoch. Mit ihrem inoffensiven «feministischen» (‹Melody Maker›) Plätscher-Rock waren sie dabei «dem San Francisco der Mittsechziger geistesverwandter als → PINK FLOYD» (‹Rolling Stone›). Derek «Mo» Moore (bg), Ron Howden (dr), Roy Albrighton (g), Allan «Taff» Freeman (keyboards), Mick Brockett (light effects) lebten und probten in einem Bauernhaus bei Seeheim im deutschen Odenwald. Bei ihren Live-Auftritten versuchten sie, mit einer ambitionierten Licht-Show multimedial effektiv zu sein, konnten jedoch aus finanziellen Gründen zunächst kaum mehr bieten als eine Reprise antiquierter Rock-Visualisierungen von historischem → JEFFERSON AIRPLANE-Kaliber. Die aufwendige Elektro-Technik konzentrierte zwar, wie gewünscht, das Konzertbesucher-Interesse auf die Ensemble-Darbietung und verhinderte somit mögliche Ego-Trips der Musiker. Bei allen optischen Anstrengungen war dennoch nicht zu überhören, daß die Kompositionen und Texte von NEKTAR meist nicht mehr als Schall und Rauch boten: «Die Gruppe reißt einen hoch und trägt einen ein Stück – und läßt einen dann mitten im Nichts fallen» (‹Melody Maker›). Dort schienen sich aber zahlreiche US-Fans wohl zu fühlen, die NEKTARS dritte LP *Remember the Future* 1974 zu Goldehren kauften und der Band als erster aus Deutschland angereister Gruppe einen Kommerzdurchbruch auf der amerikanischen Musikszene ermöglichten.

LPs auf Bellaphon: *Journey to the Centre of the Eye* (1972); *Sounds Like This* (1973); *Remember the Future* (1973); *A Tab in the Ocean* (1973); *Live* (1974); *Down to Earth* (1974)

Nelson, Eric Hilliard «Rick[y]», am 8. Mai 1940 in Teaneck, New Jersey, geboren, wurde in der Fernsehshow seiner Eltern (‹The Adventures of Ozzie and Harriet›) minderjährig zum Publikumsliebling. Mit sechzehn Jahren ließ er sich als «Soft-Rock-Alternative zu → Elvis Presley» (Charlie Gillett) in eine Schlagerkarriere lancieren, die ihm sofort Bestseller-Erfolge brachte. Er sang seinen millionenträchtigen Teenager-

Rock (*I'm Walkin', Poor Little Fool, Travelin' Man, Hello Mary Lou*) ohne Engagement herunter und repräsentierte – mit seinen ordentlichen Texten und der wohltuenden Country-Gitarren-Begleitung des Nashville-Session-Mannes James Burton – «Unschuld und Glücklichsein und all das, was gut war an den legendären Fünfzigern» (‹Circus›). Der frische Junge wurde auch zum Film abberufen. In Howard Hawks' Western ‹Rio Bravo› (1959) mimte er ohne Beanstandung einen jungen Cowboy. Nach einer freiwilligen Zwangspause während der von den → BEATLES angeführten englischen Pop-Invasion fand er musikalisch zum Westernmilieu zurück: Im Rock 'n' Roll-Revival-Rummel der späten sechziger Jahre knüpfte er an seine einstigen Hiterfolge mit deutlich countryfiziertem Rock an. Zusammen mit seiner STONE CANYON BAND, der als ständige Mitglieder Allen Kemp (g), Steve Love (bg), Tom Brumley (steel-g) und Pat Shanahan (dr) angehörten, spielte er sich seit 1970 wieder in die Hitparaden. Sein Erfolg in den Kaffeehäusern der Rock-Troubadoure «ist das Ergebnis eines sehr behutsamen, ungekünstelten Verhaltens gegenüber seinen Liedern und bei seinem Vortrag» (‹Crawdaddy›).

LPs (Auswahl) auf Imperial: *Ricky* (1958); *Sings Again* (1959); *Rick is 21, Best Sellers, Million Sellers, Long Vacation* (1959–1963) ... auf Decca: *For Your Sweet Love* (1963); *Rick Nelson* (1963); *Sings for You* (1964); *The Very Thought of You* (1964); *Best Always* (1965); *Spotlight on Rick* (1965); *Love and Kisses* (1966); *Rick Nelson* (1966); *Bright Lights and Country Music* (1966); *On the Flip Side* (1967); *Country Fever* (1967); *Another Side of Rick* (1968); *Perspective* (1968) ... auf MCA: *In Concert* (1970); *Rick sings Nelson* (1971); *Rudy the Fifth* (1971); *Garden Party* (1972); *Country* (1973); *Windfall* (1974) ... auf Sun: *Ricky Nelson* (1966); *I Need You* (1969)

Nesmith, Michael «Mike» (voc, g), am 30. Dezember 1942 in Houston, Texas, geboren, wurde von dem Kritiker Jerry Hopkins ironisch als «die Antwort der → MONKEES auf → John Lennon» bezeichnet, war aber tatsächlich in dem Quartett der Imitatoren der musikalisch sachverständigste und kreativste Mitspieler. Ihm verdankte die TV-Show-Band die angenehme Country-Einfärbung ihres LP-Repertoires. Vor seinem Engagement bei den MONKEES (1965) hing der ehemalige Air Force-GI als Folk-Gitarrist und zeitweiliges Ensemblemitglied der SURVIVORS in den Clubs am Hollywood Sunset Strip herum. Hierher kehrte der «Junge mit der Wollmütze», die er stets zur Imagepflege trug, wieder zurück, als das Interesse an den angeblichen «amerikanischen → BEATLES nachließ und die vier MONKEES-Musiker eine Profilierung außerhalb der Gruppe suchten. Sein erstes Solo-Album *The Wichita Train Whistle Sings* (1968) war ein Ausflug in Country-Gefilde, in denen er sich auch als Songschreiber versuchte. Für → LINDA RONSTADT AND THE STONE PONEYS schrieb er *Different Drum;* der → NITTY GRITTY DIRT BAND dichtete er *Some OF Shelley's Blues.* Nach dem Ende der MONKEES-Periode (1970) spielte der Bewunderer von → Hank Williams und → Jerry Lee Lewis mit versierten Country-Musikern weitere Solo-Alben ein. Sie bestätigten sein Talent als Autor (*Joanne, Silver Moon*) und Gestalter eines individuellen Sounds. Nesmiths Country-Folklore klang allerdings oft so unrealistisch wie die Vorstellung, die sich ein Glamour-Kalifornier von Nashville macht. 1972 startete er für die Plattenfirma Elektra in Los Angeles das Label Countryside, das er jedoch nach einem Wechsel in der Management-Spitze ein Jahr später aus dem Konzernverband löste und in eine selbständige Produktionsfirma umwandelte.

LPs auf RCA/Colgems mit den → MONKEES ... Solo-LPs auf RCA: *Magnetic South* (1970); *Loose Salute* (1971); *Nevada Fighter* (1971); *Tantamount to Treason, Vol. 1* (1972); *And the Hits Just Keep on Coming* (1972); *Pretty Much Your Standard Ranch Trash* (1974) ... auf Dot: *The Wichita Train Whistle Sings* (1968)

Newbury, Mickey, am 19. Mai 1940 in Houston, Texas, geboren, beschreibt in akzeptabel rührseligen Balladen «Freud und Leid seiner texanischen Herkunft» (‹Stereo

Review›). Er erzählt von einem Farmjungen, der in San Francisco sein Herz an eine Prostituierte verlor, von den Greyhound-Überlandbussen, die Wanderarbeiter und Abenteurer transportieren, von der Santa Fé-Eisenbahnlinie, von Abschiedstränen, Einsamkeit in großen Städten, unsicherer Liebe und schlichtem Patriotismus. Sein bisher erfolgreichster Song war ein All-Parteien-Porträt des amerikanischen Bürgerkriegs: Das Medley aus der Südstaaten-Hymne (*Dixie*), dem Schlachtgesang der Lincoln-Truppen (*Battle Hymn Of The Republic*) und einem alten bahamesischen Sklavensong (*All My Trials*) wurde zu einer Zeit populär, als die von der Vietnamkrieg-Diskussion beunruhigten Amerikaner sich bei vergangener Glorie Trost zu holen begannen. Newburys leicht autobiographische Songs wirken wie vergilbte Kalenderblätter, wie ein wehmütiger Abgesang auf die von Verstädterung und Automatisierung bedrohte Idylle des alten Südens. Er ist ein Country-Sänger, «hat aber die Qualitäten eines Soulkünstlers» (‹Rolling Stone›). Die Aufrichtigkeit seiner Liedertexte und die sympathische Wärme seines Vortrags werden mitunter durch kleinbürgerliche Violin-Arrangements beeinträchtigt.

LPs auf Mercury: *Looks Like Rain* (1970) ... auf Elektra: *Frisco Mabel Joy* (1971); *Heaven Help the Child* (1973); *Live at Montezuma Hall/Looks Like Rain* (1973); *I Came to Hear the Music* (1974); *Lovers* (1975) ... auf RCA Victor: *Sings his Own* (1972)

Newman, Randy (voc, p), am 28. November 1943 als Sohn eines renommierten Internisten in Los Angeles geboren, bewies einer entzückten Kultgemeinde, «daß Zynismus aus jedem Milieu erwachsen kann und daß der Blues dabei entbehrlich ist» (‹Stereo Review›). Der Neffe des Filmkomponisten-Trios Alfred, Emil und Lionel Newman brachte in seinen Balladen die Frustrationen, Traumata und trostlosen Realitäten des amerikanischen Mittelstandes mit einer dermaßen präzisen Bösartigkeit zur Sprache, daß nicht wenige Kritiker in ihm «den Mark Twain des populären Liedes» (‹Cream›) zu erkennen glaubten und dem ehemaligen Musikstudenten bescheinigten, er beherrsche «wie Gershwin auf meisterliche Weise den gesamten Bereich musikalischer Invention und Architektur» (‹New York Times›). In seinen «schockierend amoralischen Songs» (‹Rolling Stone›) ließ Newman eine biedere College-Freundin beim Spaziergang am Meer unter die Planierwalze der Strandreinigung geraten (*Lucinda*); ein elternloser Knabe wurde von seinem Vormund gezwungen, zum Gaudi eines rohen Publikums seine Fettleibigkeit tanzend zur Schau zu stellen (*Davy The Fat Boy*); die *Love Story* eines trübsinnigen Paares erschöpfte sich im gemeinsamen Gähnen vor dem Fernsehschirm und in der Vorfreude auf das Alten-Asyl in Florida; ein alternder Sittenstrolch kündigte einer durch Zufall aus dem Telefonbuch ermittelten *Suzanne* per Anruf eine Vergewaltigung an; die eintönige Metropole Cleveland wurde in dem übertrieben hymnischen Song *Burn On* als «city of light, city of magic» verhöhnt; der in den zwanziger Jahren verfaßte Neger-Schmähgesang *Underneath The Harlem Moon* zerfiel in Newmans schwarzgefärbtem Slang-Gesang zu einem Spottlied auf den weißen Rassenhochmut der *Rednecks* (Songtitel), an deren Frustrationen und Aggressionen er eine LP lang (*Good Old Boys*) scheinheilig Anteil nahm. «Der König des Vorort-Blues» (‹Rolling Stone›) verletzt in seinen zynischen Texten mit Vorsatz, um aus der Betroffenheit der Zuhörer Nachdenklichkeit zu erlösen. Seine komprimierten Poeme überspitzen Beispiele von Grausamkeit, Gleichgültigkeit bis zum Schauer des schwarzen Humors. «Helden haben mich nie interessiert», behauptet Newman. «Ich kümmere mich mehr um die schrecklichen Dinge, die wir Minoritäten angetan haben.» Seine Anti-Heroen sind der in der Stadtlandschaft verzweifelte *Cowboy*, ein wegen seiner sexuellen Präferenzen angefeindetes Paar (*You Can Leave Your Hat On*), bespöttelte Exoten (*Yellow Man*), ein naives Mädchen, das auf eine Party von Drogen-Profis gerät (*Mama Told Me Not To Come*). Die ungemein kunstvollen Song-Arrangements setzt Newman kontrapunktorisch ein. Ästhetischer Reiz wird zum Brechreiz, Jubelklänge degenerieren zu Terrorfanfaren. Die lieblose Rede am Sterbebett des Vaters («Kein Gott wird dich trösten, du hast mir doch beigebracht, so einem Schwindel nicht zu glauben») schwelgt in einer sehnsuchtsvollen Folkweise. Newmans rauhe Stimme, «wirklich eine Geschmackssache» (‹Newsweek›), schleift jede Verbindlichkeit und allen Wohllaut von den Texten und wirkt trotz ihrer groben Unmusikalität sehr ausdrucksstark und flexibel. «Seine wunderbaren Lieder», resümiert ‹Esquire›, «werden von wunderbaren Stars aufgenommen, von wunderbaren Fans abgehört.» Tatsächlich ist Newman mehr als Songlieferant denn als Interpret bekannt. → Judy Collins und mehr als 40 andere Interpreten sangen sein melancholiches *I Think It's Going To Rain Today*, → Alan Price hatte mit *Simon Smith And The Amazing Dancing Bear* 1967 einen Top-Hit in England, → THREE DOG NIGHT machten *Mama Told Me Not To Come* 1970 zu einem Weltbestseller. Die ersten Newman-LPs dagegen verkauften sich so schlecht, daß die Plattenfirma Warner Brothers die Restbestände als Werbegeschenke fortgab. Auch das *Live*-Album war zunächst nur als Promotion-Gabe für Branchen-Insider gedacht. Als es schließlich doch auf den Markt kam, wurde es überraschenderweise von 60 000 «wunderbaren Fans» abgenommen. Newman blieb jedoch eine Kultfigur, weil er kaum öffentlich auftrat, nur sporadisch Plattenaufnahmen machte und sich ständig mit den Bossen der Unterhaltungsindustrie anlegte. Der «führende Erneuerer des Rock 'n' Roll» (‹Rolling Stone›) nahm seine Außenseiter-Rolle als unvermeidlich hin: «Die meiste Musik wird heutzutage für Autoradios gemacht, um den Straßenlärm zu übertönen. Persönlich glaube ich, daß die populäre Musik niemals besser war als zu den Zeiten, da Crosby und Sinatra eine Menge damit zu tun hatten. Sie konnten wirklich herrlich singen. Deshalb werde ich wohl nie populär, solange mich mein Komischsein davor bewahrt, ernst genommen zu werden. Mir ist es allerdings ernst mit der Komik.»

LPs auf Reprise: *Randy Newman* (1968); *12 Songs* (1970); *Randy Newman/Live* (1971); *Sail Away* (1972); *Good Old Boys* (1974)

The New Riders of the Purple Sage waren zunächst (ab 1969) eine lose Formation von Rockmusikern aus der Gegend um San Francisco, die sich privat und in Kaffeehäusern zu Country-Jam-Sessions trafen: David Nelson (g), Ex-Mitglied von → BIG BROTHER AND THE HOLDING COMPANY, John «Marmaduke» Dawson (g) sowie → Jerry Garcia (g), Mickey Hart (dr), Phil Lesh (bg) von → THE GRATEFUL DEAD. Die Gruppe nannte sich nach dem Cowboy-Roman ‹Riders of the Purple Sage› von Zane Grey und fügte das Etikett «New» hinzu, um sich von einem Country-Ensemble gleichen Namens abzusetzen, das in den vierziger Jahren den Hillbilly-Sänger Roy Rogers begleitet hatte. Als die zunehmenden Verpflichtungen bei der Mutterband den DEAD-Musikern nicht mehr genügend Zeit für das Hobby-Spiel bei den NEW RIDERS ließen, fanden diese 1970/71 in Dave Torbert (bg; 1974 abgelöst von dem ehemaligen BYRD Skip Battin), Buddy Cage (g), Spencer Dryden (dr) von → JEFFERSON AIRPLANE permanente Gruppenmitglieder. Obwohl sie sich stilistisch an konservativen Country-Musikern wie → Merle Haggard orientierten, frischten die NEW RIDERS ihren ländlichen Sound mit zeitgemäßem Umweltbewußtsein auf und hielten sich in parodistischer Distanz zur Naivität authentischer Country-Folklore. Dennoch blieben sie mit ihren exquisiten Western-Harmonien dicht genug am modernen Cowboy-Mythos «und zeigten beide Seiten der Medaille: einmal den anarchischen Männer-Humor auf der Grenze zum religiösen Spiel, zum anderen das Bild fatalistischer Traurigkeit» (‹Rolling Stone›).

LPs auf CBS: *N.R.P.S* (1971); *Powerglide* (1972); *Gypsy Cowboy* (1972); *Panama Red* (1973); *Home, Home on the Road* (1974); *Brujo* (1974)

The New York Dolls spielten Anfang 1972 in einem Fahrradgeschäft nahe dem New Yorker Central Park erstmals probeweise zusammen, debütierten öffentlich im Hotel Diplomat, wurden in den dekadent dekorierten Oscar Wilde Room des Mercer Arts Center in Greenwich Village verpflichtet und galten alsbald als «neue Lieblinge des New Yorker Underground-Satyricon» (‹Rolling Stone›). In einer von Grand-Guignol-Rock und Transvestiten-Maskeraden bestimmten Saison brachten David Johansen (voc, harm), Johnny Thunders (g), Sylvain Sylvain (g, p), Arthur Kane jr. (bg), Bill Murcia (dr) «genug Geschmeide, hochhackige Schuhe, Schminke, Federn, Hakenkreuze und Leder auf die Bühne, um einen ganzen Schrank voll abartiger Phantasien zu beflügeln» (‹New York Times›). Musikalisch war das Produkt der Gruppe weit dürftiger. Johansen, am 9. Januar 1954 auf Staten Island geboren, imitierte die Gestik von → Mick Jagger. Die Songautoren Thunders aus dem New Yorker Stadtteil Queens (geb. 15. Juli 1954) und Sylvain (geb. 14. Februar 1954 in Kairo, aufgewachsen in Paris) placierten ihre gutgemeinten Schock-Texte über *Frankenstein, Personality Crisis* oder *Vietnamese Babies* (Songtitel) in altbackenen Rock 'n' Roll. Eine England-Tournee Ende 1972 mußte abgebrochen werden, nachdem Drummer Murcia unter ungeklärten Umständen plötzlich verstorben war. Die zuvor von mehreren Plattenfirmen abgewiesenen DOLLS erhielten im April 1973 einen Mercury-Kontrakt. Doch ob gleich der renommierte → Todd Rundgren (mit dem neuen Schlagzeuger Jerry Nolan) die Start-LP produzierte, blieb das akustische Ergebnis hinter der von einer Effektwerbung aufgeblähten Fan-Erwartung zurück. Dem von der Presse lancierten Vergleich mit der frühen → VELVET UNDERGROUND hielten die DOLLS nicht stand. → John Cale, Ex-VELVET UNDERGROUND, verweigerte ihnen in London einen Platz in seiner Show. «Dekadent?» fragte Chris Miller angesichts von Pistolenschüssen an die Decke, Junkie-Grimassen und der Andeutung einer Ejakulation in ‹Playboy›: «Laßt mich eine Band gründen, und ich zeige euch, was das ist!»

LPs auf Mercury: *New York Dolls* (1973); *Too Much Too Soon* (1974)

The New Vaudeville Band verbuchte 1966 den ersten großen Nostalgie-Erfolg in der britischen Popmusik. In der Bonnie & Clyde-Garderobe der zwanziger und frühen dreißiger Jahre belebte sie angelsächsische Uralt-Schlager sowie den zickigen Plüschklang der Hotelkapellen von einst. Kazoo, Megaphon, Akkordeon, Geige und Banjo gehörten ebenso zum Instrumentarium wie die Großväter-Hits *Whispering, Oh Donna Clara, Shine On Harvest Moon* oder *A Nightingale Sang In Berkeley Square* ins Repertoire. Die Idee zu dieser musikalischen Mimikry hatte der ehemalige Schullehrer Geoff Stephens, der als Manager, Songtexter und Plattenproduzent in der Musikindustrie zu einigem Ansehen gelangt war. Unter anderem hatte er → Donovans Aufnahmen *Catch The Wind, Colours, Universal Soldier* produziert und die Schlager *The Crying Game, Tell Me When* komponiert. Seinen größten Treffer landete er jedoch mit der VAUDEVILLE-Nummer *Winchester Cathedral,* die von annähernd hundert Interpreten vom greisen Crooner Rudy Vallee über Frank Sinatra bis zum Jazztrompeter Dizzy Gillespie interpretiert wurde. Beteiligt waren an den VAUDEVILLE-Aufnahmen Allen Klein (voc), Bob Kerr (tp, sac, tb, bj, g), Mick Wilsher (g), Hugh Watts (tb), Stan Haywood (p), Neil Korner (b), Henrie Harrison (dr). Sie schreckten selbst vor *Lili Marleen* nicht zurück, länger als eine Saison hielt ihr Klang-Gimmick jedoch nicht vor.

LPs auf Fontana: *Winchester Cathedral* (1966); *On Tour* (1967)

The Nice, im August 1967 von → Keith Emerson (keyboards), Lee Jackson (bg), Brian Davison (dr) und dem bald ausgeschiedenen David O'List (g) gegründet, hat die Popmusik einerseits mit aggressiver Virtuosität an die Grenzen der Improvisationskunst geführt und sie andererseits mit Werken der klassischen Musik in Einklang zu bringen versucht. In einer von dröhnenden, harmonisch farbigen Baßgitarrenakkorden und fortwährenden Schlagzeugexplosionen untermalten

Orgie der Gewalttätigkeit bearbeitete Emerson die Orgel und – als erster Rockmusiker in England – den Synthesizer mit Fäusten, Füßen, Ellbogen und sogar mit einem Dolch. Im Stück *America*, das sich 16 Wochen lang auf der englischen Bestseller-Liste hielt, gehörte das Zerfetzen einer US-Flagge zur Bühnenschau. Mit derlei Eskapaden und «exquisit kontrollierten elektronischen Crescendos» (‹Financial Times›) avancierte das Trio, das aus einer Begleitband der farbigen Sängerin P. P. Arnold hervorgegangen war, schon nach wenigen Monaten zur «besten Rockgruppe in Großbritannien» (‹Melody Maker›, März 1968). Zu den Höhepunkten des NICE-Repertoires gehörten Emersons Rockversionen des Allegros aus Bachs drittem Brandenburgischen Konzert (*Ars Longa Vita Brevis*), des Intermezzos aus der Karelia-Suite von Jan Sibelius sowie des Dritten Satzes aus Tschaikowskis Sechster Symphonie. Kompositionen anderer Popmusiker (→ BEATLES, → Bob Dylan) und eigene sozialkritische Songs gerieten den Musikern, denen es gesanglicher Fähigkeiten ermangelte, oft allzu bombastisch und steril. Ein Rockkonzertwerk Emersons mit dem Titel *Five Bridges Suite* war kaum mehr als «eine banale Melange aus Filmmusik-Klischees» (‹New York Times›). Im März 1970, kurz nachdem die NICE dieses Werk – neben Tschaikowskis *Pathetique* und Ligetis *Atmospheres* – zusammen mit dem Londoner Royal Philharmonic Orchestra aufgeführt hatte, ging das Trio auseinander. Emerson wechselte zum Ensemble → EMERSON, LAKE & PALMER.

LPs auf Immediate: *The Thoughts of Emerlist Davjack* (1968); *Ars Longa Vita Brevis* (1969); *Nice* (1969); *Five Bridges* (1970); *Elegy* (1971); *Autumn '67 – Spring '68* (1972). Solo-LP Brian Davison auf Charisma: *Every Which Way* (1970). LPs Lee Jackson mit JACKSON HEIGHTS auf Charisma: *King Progress* (1970) ... auf Vertigo: *Ragamuffin's Fool* (1972); *Bump'n' Grind* (1973); *The Fifth Avenue Bus* (1974). LP Jackson, Davison als REFUGEE auf Charisma: *Refugee* (1974). LPs Keith Emerson → EMERSON, LAKE & PALMER.

Nico, bürgerlich: Christa Päffgen (voc, harmonium), aus Köln, Deutschland, hat ihr kaum vorhandenes Diseusen-Talent zum Mysterium stilisiert. Mit einer Wisperstimme, die in Baßregionen jenseits der Hörgrenze reicht, hauchte das ehemalige Fotomodell abstrakte Klagen und surrealistischen Weltschmerz zu delikater Orchesterbegleitung. Die spröde Schöne, «halb Göttin, halb Eiszapfen» (Richard Goldstein), war schon 1959 in Fellinis Filmklassiker ‹La Dolce Vita› aufgetaucht, bevor sie sich 1966/67 in New York dem Andy Warhol-Clan für die Filme ‹The Velvet Underground›, ‹Nico (A Symphony in Sound)›, ‹Chelsea Girls› und ‹****› ergab. Warhol vermittelte sie 1966 an die von ihm geförderte Band → VELVET UNDERGROUND, die sie widerwillig als Leadsängerin für Songs wie *All Tomorrow's Parties* und *Femme Fatale* akzeptierte. Als Nico mehr Anteil am Hauptmikrophon forderte und Selbstkomponiertes vorschlug, wurde sie gefeuert – keineswegs überraschend, denn «diese Musiker mögen überhaupt keine Frauen» (Nico). In → John Cale, dem Violaspieler der Gruppe, fand sie allerdings einen verständnisvollen Freund, der für ihre traumatischen Solo-Eskapaden adäquate Klangfarben mischte. Nico, die einen Sohn aus einer Verbindung mit dem Filmschauspieler Alain Delon hat, lebte 1975 zurückgezogen in Paris oder London und gab gelegentlich improvisierte Konzerte, so im Juni 1974 mit John Cale, Kevin Ayers, Eno im Londoner Rainbow Theatre und im Dezember 1974 mit → TANGERINE DREAM in der Kathedrale von Reims, Frankreich. Über ihre Vergangenheit sinnierte sie in charakteristischer Düsterkeit: «Ich glaube nicht, daß ich noch böse Erfahrungen machen kann. Ich habe sie alle hinter mir. Mir ist klar, daß man nicht stirbt und dann tot ist. Es geht weiter, nur in einer anderen Form. Es gibt kein Entweichen.» Island Records fand denn auch für ihre LP *The End ...* den Werbe-Slogan: «Warum Selbstmord begehen, wenn Sie dieses Album kaufen können?»

LPs auf MGM/Verve: *The Velvet Underground and*

Nico (mit THE VELVET UNDERGROUND, 1967); *Chelsea Girl* (1967) ... auf Elektra: *The Marble Index* (1968) ... auf Reprise: *Desertshore* (1970) ... auf Island: *The End* (1974)

Niemen, Czeslaw (voc, p, org), bürgerlich Czeslaw Wydrzycki, als Sohn eines Klavierstimmers am 16. Februar 1939 in Wasiliszki, Weißrußland, geboren, ist der führende polnische Rock-Interpret. Nachdem seine Familie 1958 nach Polen repatriiert worden war, studierte er in Gdansk Musik, sang mit Studenten-Combos und wählte den Namen eines Flusses in seiner an die UdSSR gefallenen Heimat als Pseudonym. Mit dem Ensemble DIE BLAU-SCHWARZEN bereiste er Westeuropa; mit seiner Rockband ENIGMATIC gewann er beim Popmusik-Fest in Zopot den ersten Preis. 1968 nahm er in Cannes eine MIDEM-Trophäe als erfolgreichster polnischer Schallplattenkünstler und eine Auszeichnung der US-Zeitschrift ‹Billboard› in Empfang. Souverän hat er die Gesangstechnik von → Ray Charles in einen «tragisch umflorten Rezitativstil mit dramatisch gesetzten Einzelaktionen» (Ulrich Olshausen) umgesetzt, der – so der polnische Kritiker Krystian Brodacki – «mit den herkömmlichen Regeln der Vokalmusik unvereinbar ist». Niemens von Free Jazz-Splitterklängen und Rock-Clustern untermalte «Dramen menschlichen Unglücks», in denen «vereinsamt gesetzte Kirchenglockenschläge zum Symbol trostlos verstreichender Zeit» werden (Olshausen), wirken trotz aller zerebral-artifiziellen Technik mitunter emotionsarm, überkalkuliert und kalt. Anfang 1974 ging der Sänger in die USA, um mit amerikanischen Musikern Aufnahmen zu machen, und hatte bei Club-Auftritten beträchtlichen Erfolg. Seine auf der LP *Mourner's Rhapsody* vorgelegten US-Lamentos (Songtitel: *Inside I'm Dying*), an denen prominente Begleitmusiker wie Rick Laird (bg), Michel Urbaniak (vi), Jan Hammer (dr) beteiligt waren, klangen wie gewohnt strapaziös und zerquält.

LP auf CBS: *Strange is This World* (1972); *Ode to Venus* (1972); *Russische Lieder* (1973); *Mourner's Rhapsody* (1975) ... auf Muza (Polen): *Strange is This World* (1967); *Success* (1968); *Do You Still Remember Me?* (1969); *Rhapsody for Memory of Ben* (1970); *Enigmatic* (1971); *Marionetki* (1973); *Requiem for Van Gogh* (1973)

Nilsson, Harry (voc, p), am 15. Juni 1941 in Brooklyn, New York, geboren, schreibt und singt satirische Schlagersketchs mit dem lachenden Auge des Zynikers und dem weinenden Auge eines Nostalgikers. In verblüffend sicherer Mimikry paßt er sich den Objekten seines gelinden Spottes an. Lässig wechselt er für einige verschlagene Vorkriegstakte auf die Seite der schmelzigen Herzbrecher von einst, dann tapst er bieder durch breites texanisches Farmer-Idiom, zwischendurch wirft er die Echomaschine für eine Rock 'n' Roll-Parodie an, schließlich macht er sich noch akzentfrei über karibische Konsumfolklore her. Sobald er sich doch einmal für ein pessimistisch getöntes Thema zu engagieren scheint, steuert die musikalische Begleitung ironisch gegen. Nilsson wurde 1967 von den → BEATLES propagiert, denen seine Collage aus einem guten Dutzend ihrer Songs gefiel. Viele seiner Kompositionen waren damals schon in versierten Hitmacher-Händen: Die → MONKEES nahmen sein *Cuddly Toy* 1967 auf, → THREE DOG NIGHT hatten mit *One* 1969 einen ihrer ersten Hits, und Herb Alpert wählte im gleichen Jahr die Nilsson-Komposition *Without Her* für eine Single. Seine Drei-Oktaven-Stimme, die Nilsson tricktechnisch gern zum Chor auffächern und in Mehrfach-Harmonien mit sich selbst spielen läßt, konnte er 1968 als Soundtrack-Arrangeur des Films ‹Midnight Cowboy› zum erstenmal publikumswirksam einsetzen. Die Fred Neil-Ballade *Everybody's Talkin'*, die Nilssons Plattenfirma bereits zweimal vergeblich auf dem Single-Markt lanciert hatte, brachte als erfolgreicher Kino-Song einen Millionen-Umsatz und einen Grammy-Preis ein. Auch zum Film ‹Son of Dracula› mit → Ringo Starr als Magier komponierte er die Musik. Der ehemalige Angestellte einer Computerbank in Kalifornien füllt seinen Album-Sound randvoll mit virtuos bedienter Studio-Elektronik und tritt, weil er das Effekt-Arsenal nicht missen möchte, nie live auf. Technische Perfektion verstärkte die Aura eines spekulativen Zynismus, der manchen seiner Aufnahmen seit 1972 anhängt, zumal sich der traurige Clown von einst inzwischen zum selbstgefälligen Rocker gewandelt hat.

LPs auf RCA: *Pandemonium Shadow Show* (1967); *Aerial Ballet* (1968); *Harry* (1969); *Nilsson Sings Newman* (1970, re-issue 1973); *The Point* (1971); *Nilsson Schmilsson* (1971); *Pandemonium Shadow Ballet* (ein Medley der ersten beiden Alben – 1972); *Son of Schmilsson* (1972); *A Little Touch of Schmilsson in the Night* (1973); *Pussy Cats* (1974); *Son of Dracula* (1974); *Duit on Mon Dei* (1975) ... auf Capitol/Emidisc: *Nilsson* (1972)

The Nitty Gritty Dirt Band, 1965 in Long Beach, Kalifornien, gegründet, macht Musik zum Wohlfühlen und spielt all die Sound-Ingredienzien nach, die handfeste Rock 'n' Roll-Musik gewürzt haben: Appalachen-Folklore, Wanderblues, Jugband-Frohsinn, Waschbrett-Skiffle, Bluegrass-Gezirpe und Sumpfland-Gefiedel. Mit singender Säge, plinkernden Glasflaschen und allerlei komischen Verkleidungen erinnern sie live ein wenig an eine ländliche Ausgabe des artistisch virtuosen und mittlerweile legendären Spike-Jones-Plattenzirkus. John McEuen (bj, g, fiddle, acc, voc), Jeff Hanna (g, washboard, dr, voc), Les Thompson (g, b, mandolin, voc), Jimmie Fadden (dr, harp, g, jug, tb, voc) und Jim Ibbotson (acc, dr, b, g, p, voc) musizieren seit 1966 für ein Publikum, das die fröhliche Seite im Country-Musik-Buch aufgeschlagen wissen will. Die fünf Spieler haben nicht die naive Autorität von Country-Originalen; sie reproduzieren bekannte Stile, allerdings mit beachtlichem Einfühlungsvermögen und überraschendem Improvisationstalent. Weil sie sich stilistisch nicht festlegen lassen will, wurde die Band, zu der eine Zeitlang auch der Songschreiber → Jackson Browne gehörte, bisher in keinem Musikgenre wirklich populär. Ihre «gute, ehrliche Musik» (‹Crawdaddy›) war gelegentlich in Filmen zu hören, etwa 1968 in dem Kino-Musical ‹Paint Your Wagon›. Fünf Jahre später breiteten sie in den 36 Songs des Dreifach-Albums *Will the Circle be Unbroken* eine Historie der Country-Musik aus, von ihren Anfängen als Appalachen-Folklore bis zur zeitgenössischen Synthese mit Rock-Elementen. Diese Hommage an die amerikanische Volksmusik war ähnlichen Versuchen an interpretatorischer Sorgfalt und personeller Authentizität weit überlegen: Bereits zu Lebzeiten legendäre Schrittmacher der Country-Musik wie Roy Acuff, → Earl Scruggs, Doc Watson, Merle Travis, Maybelle Carter hoben als vorzüglich integrierte Gastsolisten diese «superbe, wichtige, beeindruckend makellose» (‹Rolling Stone›) Sammlung von Volksweisen und Standards auf das Plateau einer Heimatmusik-Enzyklopädie «von unschätzbarem Liebhaberwert, ganz zu schweigen von ihrer künstlerischen Bedeutsamkeit» (‹Stereo Review›). Die NITTY GRITTY DIRT BAND schloß dabei «mit Leichtigkeit» (‹Melody Maker›) den Kreis von der Tradition zur Moderne: Ihr rockgefärbtes Spiel war dem ihrer stilprägenden Gäste durchaus ebenbürtig.

LPs auf Liberty: *The Nitty Gritty Dirt Band* (1965); *Ricochet* (1967); *Rare Junk* (1968); *Alive* (1969); *Uncle Charlie and His Dog Teddy* (1970) ... auf United Artists: *All The Good Times* (1972); *Will the Circle be Unbroken* (1973); *Stars and Stripes Forever* (1974)

Nyro, Laura (voc, p), als Tochter eines Jazztrompeters italienischer Abstammung und einer jüdischen Juwelenverkäuferin am 18. Oktober 1947 im New Yorker Stadtteil Bronx geboren, war «möglicherweise das erste total großstädtische Komponistentalent der Popmusik». In ihren asymmetrischen Songs mit ihren komplizierten Taktwechseln und harmonischen Sprüngen gibt es Anklänge an Gershwin und Bernstein – «aber Bernstein ohne Sentimentalität und Gershwin unter LSD» (‹New York Times›, 1968). Noch vor ihrem 18. Geburtstag verließ die exzentrische, meist in schwarzem Samt gekleidete

Rock-Ophelia mit schwarzgefärbten Fingernägeln und violetten Christbaumkugeln am Ohr die New Yorker High School of Music und Art, denn: «Alles, was ich tun konnte, war Songs erfinden.» Dazu nahm sie Drogen. Doch erst, als sie sich einmal auf einem Horrortrip sieben Stunden lang in ihrer Jungmädchenbude schweißgebadet mit rattenköpfigen Männerleibern herumgeschlagen und dabei obsiegt hatte, fand sie zu sich selbst und «wußte, daß ich nun für immer unter den Gewinnern war». Weit über hundert Interpreten haben ihre musikalischen Horrorvisionen, in denen sich Gott und der Teufel erbitterte Schlachten liefern, Songs wie *Sweet Blindness, Stoned Soul Picnic, Spinning Wheel* und *Eli's Coming* auf Platten aufgenommen. Niemand aber sang die erotischen Rauschphantasien besser als Laura Nyro, die noch beim Monterey Pop Festival 1967 ausgebuht worden war und deren LPs sich mit Auflagen zwischen 200 000 und 400 000 durchaus nicht sensationell verkauften. Sie bombardierte die Zuhörer mit einem Stakkato surrealer Assoziationen. Sie schrie, kreischte und stöhnte mit einer schrillen Drei-Oktaven-Stimme; und beinahe exhibitionistisch erzählte sie im Plattenstudio und bei ihren seltenen Konzerten von den psychischen Störungen, den perversen Wunschträumen und der panischen Todesfurcht einer jungen Frau. «Wenn diese Platte herauskommt», kommentierte sie bei ihrer ersten LP-Session, «weiß meine Mutter genau, wo ich gewesen bin.» Sie war in Kneipen und Hurenhäusern, im Nonnenkloster, im Altweiber-Asyl und in der Nervenheilanstalt, in den Betten von Zuhältern, Ganoven und Charmeuren – jedenfalls in ihrer Phantasie. «Früher einmal», erklärte sie, «wollte ich Nonne werden. Aber ich liebe Gott und die Männer, und ich brauche sie beide.» Sobald sie sich jedoch für einen Mann entschieden und ihn geheiratet hatte, erstarb ihre Kreativität. Nach dem von Kenny Gamble und Leon Huff in Philadelphia produzierten Album *Gonna Take a Miracle* mit dem farbigen Soul-Damentrio LABELLE und Remakes bekannter R&B- und Rock-Hits (*Dancing In The Street, Spanish Harlem*) zog sie nach Cape Ann, Massachussetts, aufs Land und ergab sich östlichen Religionen und der Meditation.

LPs auf Verve: *More Than a Discovery* (1966, wiederveröffentlicht 1972 unter dem Titel *The First Songs* auf CBS) ... auf CBS: *Eli and the Thirteenth Confession* (1968); *New York Tendaberry* (1969); *Christmas and the Beads of Sweat* (1970); *Gonna Take a Miracle* (1971)

O

Ochs, Phil (voc, g), am 19. Dezember 1940 in El Paso, Texas, geboren, hat als «singender Journalist» (Lillian Roxon) zornige Beschreibungen von den Kriegs- und Protestschauplätzen der sechziger Jahre geliefert. In seinen überlangen, mit Metaphern befrachteten Song-Kolumnen lamentierte er mit monoton-knabenhafter Stimme über die *Große Amerikanische Tragödie*, die das Erhabene dem Banalen opfert und Aggression aus Schuldkomplexen wachsen läßt. «Ich bin dem Mythischen Verfallen», bekennt Ochs. Ein «Report» über die Ermordung John Kennedys geriet ihm denn auch zum monströs-allegorischen Poem *Crucifixion*; sein klassischer Song *Pleasures Of The Harbor* war eine widerstrebende Hommage an das Leinwand-Idol John Wayne, und in *Jim Dean Of Indiana* legte er Blumen auf das Grab des ‹Rebellen ohne Motiv› (Filmtitel). Ochs war Anfang der sechziger Jahre in New York/Greenwich Village dabei, als → Bob Dylan, dem er in Haßliebe verbunden war, den optimistischen Protestgesang gegen die «Herren des Krieges» anstimmte. Er verglich das Amerika der Jahrhundertmitte mit antiker Untergangs-Dekadenz (*When In Rome*) und beklagte die Vietnam-Misere «weißer (US-)Stiefel in einem gelben Land». Sein humorloser, unkontrollierter Anti-Gesang erschien manchen Kritikern «pubertär» (‹Rolling Stone›), andere nannten ihn «geschwätzig» (‹Eye›). Nach einigen schwachen Versuchen als Drogenkommentator und Aktivist bei den Parteitagsdemonstrationen in Chicago (1968) probierte der «Pionier der Protestmusik» (‹Esquire›) 1971 ein Comeback, das → Van Dyke Parks für ihn angerichtet hatte: Ochs posierte auf dem Cover einer LP mit Songs der Rock-Legendäre im Goldlamé-Anzug à la → Elvis Presley. Daß er dieses Comeback «überlebte», fand die Zeitschrift ‹Esquire› in Erinnerung an die guten alten Folk-Ochs-Zeiten «schlimm genug».

LPs auf Elektra: *All the News That's Fit to Sing* (1964); *I Ain't Marching Anymore* (1965); *Phil Ochs in Concert* (1966) ... auf A & M: *Pleasures of the Harbor* (1967); *Tape from California* (1968); *Rehearsals for Retirement* (1969); *Phil Ochs' Greatest Hits* (1971)

Ohio Express, 1966 von den Teenagern Dale Powers (g, voc) und Dean Kastran (bg, voc) in Mansfield, Ohio, gegründet, fuhr 1968 mit der Besatzung Doug Grassel (g, voc), Buddy Bengert (p), Tim Corwin (dr) nach New York und von dort aus in manche Hitparade. Er transportierte den typischen Bubblegum-Trivialrock, den die Produzenten Jerry Kasenetz und Jeff Katz Ende der sechziger Jahre in ihrer Buddah-Factory gleichsam am Fließband herstellten. Inhaltslos wie die Musik waren auch die Hit-Titel des OHIO EXPRESS: *Yummy Yummy Yummy, Chewy Chewy, Gimme Gimme.*

LPs auf Cameo: *Ohio Express* (1968) ... auf Buddah: *Yummy Yummy Yummy* (1969); *Chewy Chewy* (1969); *Mercy* (1969)

The O'Jays, fünf singende Schulkameraden aus Canton, Ohio, nannten sich 1959 zunächst TRIUMPHS, später auf dem King-Label MASCOTS, ehe ihnen der heimische Discjokkey Eddie O'Jay seinen Namen verpaßte und sie zur Liberty-Marke Imperial in Kalifornien vermittelte, auf der 1965 ihre erste bescheidene Hit-Single erschien: *Lipstick Traces* erreichte Platz 28 der Soul-Charts und war nach drei Wochen wieder verschwunden. In diesen Jahren wirkten William Powell, Walter Williams, Eddie Levert sowie die später ausgeschiedenen Bill Isles und Bobby Massay als Konzert-Anwärmer für zahlreiche Rock-Acts und sangen im Studio-Background der berühmten → Phil Spector-Produktionen mit den CRYSTALS und den RONETTES. Nach einem zweijährigen Intermezzo bei Bell Records – ihr *I'll Be Sweeter Tomorrow* kam damals immerhin auf Platz acht – begann 1968 ihre Zusammenarbeit mit den Produzenten Kenny Gamble und Leon Huff, zunächst für deren wenig lukrative Plattenfirma Neptune, von 1972 an neuerlich für Philadelphia International. Das Stück *Back Stabbers* etablierte die zum Trio geschrumpften O'JAYS 1972 erstmals mit einem Nummer-Eins-Treffer, gefolgt von *992 Arguments, Love Train, Put Your Hands Together, For The Love Of Money*. Anders als das Gros von Gamble und Huffs Phillysound-Interpreten versuchen die O'JAYS in ihren Songs nicht die Getto-Vergangenheit zu verdrängen. Sie erzählen, beispielsweise in *Back Stabbers,* von notgetriebenen Nachbarn, die freundlich lächelnd das Messer für den Stich in den Rücken schon aufgeklappt haben: «You'd better beware, they smile at your face.» In *Ship Ahoy* wirkt «das Spiel von Wörtern, Stimmen und Instrumenten derart filmähnlich, das Bild in Afrika ablegender Sklavenschiffe ist so stark und scharf konturiert, daß auf Protest-Lyrik verzichtet werden kann» (‹New York Times›). In Bobby Martins meisterhaftem Arrangement von *Don't Call Me Brother* mit seinem aufregenden Gegeneinanderwirken von Dreiviertel- und Vierviertelmetren mündet die Aussage umgekehrt immer wieder in die plakative Zeile: «How can you call me brother when you don't respect my woman?» Wenigstens bei den O'JAYS wird das werbewirksame Vexierbild der vorgeblich problemlosen «city of brotherly love» (Leon Huff) Philadelphia fortwährend durchlöchert; ihre Texte und gospelgefärbten Interpretationen geben Durchblicke auf die unbewältigte Rassenproblematik frei.

LPs auf Imperial: *Comin' Through* (1965) ... auf Minit: *Soul Sounds* (1967) ... auf Sunset: *Full of Soul* (1968) ... auf Bell: *Back on Top* (1968) ... auf

Neptune: *In Philadelphia* (1969) ... auf United Artists: *Greatest Hits* (1972) ... auf Philadelphia International: *Back Stabbers* (1972); *In Philadelphia* (1973, re-release der LP auf Neptune); *Shipy Ahoi* (1973); *Live in London* (1974); *Survival* (1975)

Ono, Yoko (voc, perc), am 18. Februar 1933 in Tokio als Tochter eines Bankiers geboren, emanzipierte sich aus einer Gesellschaftsordnung, die bis heute einer Frau kreative Eigenständigkeit nicht zugestehen mag. Während des Krieges besuchte Yoko, deren Name soviel wie «Kind des Ozeans auf kleinem Feld» bedeutet, die gleichen Privatschulen wie die Angehörigen des japanischen Kaiserhauses und nahm Piano- und Gesangsunterricht. Ihre Familie wanderte 1952 nach New York aus und schickte sie zum Philosophiestudium auf das exklusive Sarah Lawrence College. Nach drei Jahren brach Yoko das Studium ab und schloß sich New Yorker Kunstzirkeln an. Sie heiratete den japanischen Pianisten Tochi Ichiyanagi, veranstaltete Ausstellungen dadaistischer Miniaturen sowie origineller Konzeptual-Kunsteinfälle und organisierte konfuse Happenings. «Die meiste gute Avantgarde-Kunst», erläuterte sie, «ist dazu da, Verrücktheiten auszuspielen, um sich vor dem Irrsinnigwerden zu bewahren.» Bei einer Ausstellung unbemalter Leinwände in ihrer Heimatstadt Tokio äußerten Yokos Landsleute jedoch einen solchen Kultur-Schock, daß die Künstlerin betroffen ein Nervensanatorium aufsuchte. Nach ihrer Rückkehr in die Vereinigten Staaten heiratete sie 1964 den amerikanischen Maler und Filmproduzenten Anthony Cox, mit dem sie 1967 nach London zog. Dort lernte sie 1968 → John Lennon auf einer Ausstellung ihrer imaginären Objekte kennen. «Ich fühle mich wie eine Wolke», schrieb sie dem BEATLE, der damals in einer depressiven Phase künstlerischer Unausgeglichenheit steckte: «Gib acht, wenn du mir am Himmel begegnest.» Ein Jahr später heiratete das Paar, nach der Trennung von seinen bisherigen Ehepartnern, in Gibraltar und demonstrierte fortan in mitunter bizarren Aktionen für «Love and Peace». Nach Meinung zahlreicher → BEATLES-Anhänger zerstörte Yoko Ono dabei die Aktionseinheit des Rock-Quartetts. «Man wird sich an Yoko Ono nicht wegen der positiven Kunst, die sie geschaffen hat, erinnern», glaubte der ‹Rolling Stone›-Leser John Mac Graw zu wissen, «sondern wegen der Kunst, die ihretwegen nicht geschaffen wurde. Ihr Einfluß auf John und ihr erdrückendes Ego haben, im Zusammenhang mit ihrer Manipulation seiner neurotischen Bedürfnisse, schon jetzt mehr künstlerischen Genius vergeudet, als man es irgendeinem anderen Anti-Künstler anlasten könnte.» Tatsächlich glaubte Lennon in den musischen Beiträgen seiner zeitweilig von ihm getrennten Frau das «Tutti Frutti von heute» zu hören. In Wahrheit frischte sie mit ihren «Urschreien», elektronischen Heulsounds und abstrusen Toncollagen lediglich verbrauchte Klischees der Avantgarde-Musik auf. Yoko Onos Songtexte, Variationen ihrer 1970 veröffentlichten Lyrik-Kollektion ‹Grapefruit›, erinnern zwar an Stilformen der japanischen Haiku-Poesie. Die extremen Vokal-Mutationen auf ihren LPs mögen den Sprech-Ritualen des Kabuki-Theaters gleichen. Aber der Japanerin gelang keine Fusion ihrer Heimatkünste mit amerikanischem Rock 'n' Roll. Zahlreiche Kritiker, wie Lester Bangs von ‹Rolling Stone›, verhöhnten die Gemeinschaftsaktionen Lennon/Ono als den «Ego-Trip zweier reicher Gammler, die in den musikalischen Revolutionen der sechziger Jahre dahintreiben». Nick Tosches, ebenfalls ‹Rolling Stone›-Kritiker, wurde bei der Rezension der 1973 erschienenen Ono-LP *Approximately Infinite Universe* noch deutlicher: «Seit wann hat das wabernde, sich vergrößernde Universum irgend etwas mit einem reichen Geschöpf zu tun, das Krokodilstränen weint über den Aufruhr in seiner Durchschnittsseele oder philosophische oder politische Allerwelts-Rührseligkeiten schluchzt, die so veraltet sind wie die Fernsehserien von der letzten Saison?»

LPs auf Apple: *Unfinished Music No. 1 – Two Virgins* (mit John Lennon, 1968); *Unfinished Music No. 2 – Life With the Lions* (mit John Lennon, 1969); *Wedding Album* (mit John Lennon, 1969);

Live Peace in Toronto (mit John Lennon); *Yoko Ono/Plastic Ono Band* (1970); *Fly* (1971); *Sometime in New York City/Live Jam* (1972); *Approximately Infinite Universe* (1973); *Feeling the Space* (1973)

Orbison, Roy Kelton (voc, g), am 23. April 1936 in Vernon, Texas, geboren, machte sich als «Meister des spektakulären Finales» (‹Rolling Stone›) mit gutkonstruierten Hitsingles bekannt, die in drei Minuten bei vollem Orchesteraufwand ihre sentimentalen Themen für Sänger und Zuhörer erschöpfend abhandelten. Seine Songs von Verzicht und Enttäuschung behandelte Orbison «wie Opernarien» (Nik Cohn): Nach einer rezitativ gesungenen Einleitung steigerte er sich mit seinem hohen, modulationsschnellen Tenor in ein Bigbanddrama hinein, das mit einem donnernd hochgerissenen Finale die Spannung des Zuhörers über die Leerrillen hinaus hielt. Nach seinem von → Buddy Holly vermittelten Debüt bei Sun Records in Memphis und dem ersten Hit *Ooby Dooby* (1956) sicherte sich Orbison 1958 bis 1964 einen ständigen Ehrenplatz in den Hitlisten mit *Only The Lonely* (1960), *Running Scared, Crying* (1961), *Blue Bayou* (1963), *It's Over, Pretty Woman* (1965). Nach seinem Wechsel zu MGM Records 1965 wurde seine Karriere von privaten Schicksalsschlägen beeinträchtigt. Seine Frau Claudette, die ihn 1956 zu der gleichnamigen Erfolgskomposition für die → Everly Brothers inspiriert hatte, starb im Juni 1966 bei einem Motorradunfall. Zwei Monate später brachte Orbison einen Nekrolog, *Too Soon To Know*, heraus, der in England zu einem massiven Hit wurde. 1968 kamen bei einem Brand seines Landhauses bei Nashville zwei seiner Söhne in den Flammen um. Diese fortgesetzte Familientragödie nahm ihm wohl die Inspiration zu weiteren Hiteinfällen und das Interesse an zeitgemäßen Stilvariationen. Statt dessen versuchte er glücklos, seine Fähigkeiten als Country-Rocker in den cremigen Sound seichter Mood-Musik einzuschmelzen.

LPs (Auswahl) auf Monument: *Greatest Hits* (1962); *In Dreams* (1964); *More Greatest Hits* (1965); *Early Orbison* (1965); *Orbisongs* (1965); *The Very Best* (1966); *All Time Greatest Hits* (1972) ... auf MGM: *There is Only One Roy Orbison* (1965); *Orbison Way* (1966); *Classic* (1966); *Roy Orbison Sings Don Gibson* (1967); *Cry Softly Lonely One* (1967); *Great Songs* (1969); *Many Moods* (1969); *Sings* (1970); *Hank Williams Jr.* (1971); *Memphis* (1972); *Milestones* (1974) ... auf Sun: *Original Sound* (1969)

Osibisa wurde 1970 in London von dem Ghanesen Teddy Osei (ts, fl, perc, voc) aus Kumasi gegründet, der schon seit 1962 versucht hatte, in England musikalisch auf die Beine zu kommen. 1969 brachte er von einem dreimonatigen Gastspiel seiner Band Cat's Paw in Tunesien die ghanesischen Landsleute Sol Amarfio (dr), Mac Tontoh (tp, flh, perc) mit, die das schwarze Restensemble (Spartacus R. [bg, perc] aus Grenada, Wendell Richardson [g, voc] aus Antigua, Robert Bailey [keyboards, perc] aus Trinidad, Loughty Lasisi Amao [sax, perc] aus Nigeria) zu einem Afro-Rockensemble ergänzten – freilich mehr Afro als Rock. Nach dem Motto «Wir möchten Frieden und Glückseligkeit verbreiten» (Osei) führte die kunterbunt kostümierte Truppe mit schwachen Anklängen an → Santana in Europa, Amerika, Asien und Afrika «eine Mischung aus Kasperletheater und Karneval in Rio, aus pseudomagischem Voodoo-Gesang und Medizinmann-Hokuspokus» auf (‹Süddeutsche Zeitung›). Die Osibisa-Schallplatten entwickelten sich schnell zu Diskothekenknüllern; TV-Regisseure holten die Showkapelle als optische Attraktion in ihre Unterhaltungsprogramme; Rockkenner jedoch suchten die Glückseligkeitsrituale der Afrikaner in der Regel nur einmal auf.

LPs auf MCA: *Osibisa* (1971); *Woyaya* (1971); *Heads* (1972) ... auf Buddah: *Super Fly T. N. T.* (Soundtrack, 1973) ... auf Warner Brothers: *Happy Children* (1973); *Osibirock* (1974)

The Osmonds sind die Söhne eines ehemaligen Grundstücksmaklers aus Ogden, Utah, die sich – teils als Ensemble, teils solo – mit sonnigen Schlagerharmonien, sanften Rockrhythmen und einer exakt eingedrillten Glamourshow an die Spitze des Unterhaltungsgeschäfts emporgesungen haben: Alan (geb. 22. Juli 1949), Melvin (geb. 28. August 1951), Merrill (geb. 30. April 1953), Jay (geb. 2. März 1955), Donny (geb. 9. Dezember 1957), Jimmy (geb. 16. April 1963). In zwei Jahren brachten die Brüder 19 Millionen Platten vom *Lonely Boy* und von *Puppy Love* an den Fan – mehr als → Elvis Presley und die → BEATLES im gleichen Zeitraum. Zwischen Februar und November 1972 brachte ihnen der pubertäre Singsang und ihr routinierter, aber uninspirierter Umgang mit den Instrumenten 13 Goldene Schallplatten ein (für jeweils eine Million Dollar LP-Umsatz oder eine Million Single-Auflage). Von den Einnahmen hat sich das vom Vater geleitete Familienunternehmen ein hochmodernes Musikstudio, eine eigene Plattenmarke (Kolob), eine Comic-TV-Produktion, eine Rinderfarm sowie Appartementhäuser in Los Angeles angeschafft. Die beiden ältesten Brüder Virgil und Tommy, die nicht singen, leiten den Osmond-Fanclub und beantworten wöchentlich rund 70 000 Verehrerbriefe. Begonnen hatten die OSMONDS ihre Karriere 1962 als Straßensänger im kalifornischen Amüsierpark Disneyland. Dort entdeckte sie der Vater des Schlagersängers Andy Williams und nahm sie unter Vertrag. Sie traten in zahlreichen Fernsehshows auf und entwikkelten einen allein am Publikumsgeschmack orientierten Gruppenstil, der keinem der Brüder Raum zur persönlichen Entfaltung läßt. Sie dürfen nicht rauchen, nicht trinken, nicht haschen und müssen auf Anweisung des Vaters, eines Mormonen, «auch sonst einen christlichen Lebenswandel führen». Denn für den Kommerz entscheidend ist vor allem ihr nach amerikanischer Bürgermoral gestricktes Ensemble-Image einer großen und glücklichen Familie: sauber, anständig und fromm.

LPs auf MGM/Kolob: *Osmonds* (1971); *One Bad Apple* (1971); *Homemade* (1971); *Phase III* (1972); *The Osmonds Live* (1972); *Crazy Horses* (1972); *The Plan* (1973); *Collectors Edition* (1974); *Our Best to You* (1974) ... Donny Osmond-Soloalben: *The Donny Osmond Album* (1971); *To You with Love* (1971); *Portrait* (1972); *My Best to You* (1972); *Too Young* (1972); *Alone Together* (1973); *A Time for Us* (1974) ... LP Donny & Marie Osmond: *I'm Leaving It All Up to You* (1974) ... Soloalben Marie Osmond: *Paper Roses* (1973); *In My Little Corner of the World* (1974) ... Jimmy Osmond-Soloalbum: *Killer Joe* (1973)

O'Sullivan, Raymond «Gilbert» (voc, p), am 1. Dezember 1946 in Waterford, Süd-Irland, geboren, bot sich dem Popmusik-Business in kurioser Verkleidung an: Mit einer Schiebermütze über dem Stoppelhaar, zu kurz geratenen Hosen, eingelaufenem Hemd und Jackett sowie Militärstiefel an den Füßen stellte er sich 1970 dem Tom Jones-Impresario Gordon Mills vor. Das Chaplin-ähnliche Image hatte der ehemalige Kunststudent während einer erfolglosen Wanderschaft durch zwei Plattenfirmen aufgebaut, die ihn zu der Erkenntnis kommen ließ: «Im Show Business gibt es keine Regeln.» O'Sullivan wurde auf Mills' eigenem Plattenlabel MAM 1971 mit einer imagegerechten Ballade gestartet. Der frühere → Cliff Richard-Verehrer sang die Eigenkomposition *Nothing Rhymed* mit einer Stimme «wie ein Kornett aus den zwanziger Jahren, das man auf einem Trichtergrammophon hört» (‹Rolling Stone›). Dieser nostalgische Tonfall, die antiquierte Kleidung und die wehmütigen Folklore-Anklänge machten den Iren und sein Lied bei allen Sehn-Süchtigen nach der guten alten Zeit schnell bekannt. Auch auf seiner Debüt-LP erinnerte er mitunter an einen Kneipen-Balladier im Dublin von James Joyce, mehr jedoch an die Music Hall-Performer der alten Garde: Mills hatte nicht mit plüschigen Arrangements und schmalzigen Violinschwüngen gespart. O'Sullivans konservative Lyrik «reflektierte Gefühle aus dem Wertsystem der Mittelklasse» (‹Circus›); dennoch glückte ihm nicht der Popularitäts-Durchbruch bei der internationalen schweigenden Mehrheit, die sich inzwischen mit dem Hippie-Look abgefunden hatte. Da aber «Leute wie ich gut für das Business sind», änderte O'Sullivan Mitte 1972 seine Aufmachung. In modisch dezentem Boutiquen-Look mit gepflegtem Langhaar entpuppte er sich als Hitmacher auf beiden Seiten des Atlantik. So angepaßt wie die neue Kleidung wirkte nun auch die Musik des Sängers, der sich mit dem Vornamen Gilbert in Erinnerung an das englische Operetten-Autorenteam Gilbert & Sullivan dekoriert hatte. Vormals originelle Wortspiele und fremdartig-wehmütige Melodik wurden zu Leerformeln für Jukebox-Schlager. Das ist aber ganz im Sinne dieses Tom Jones der Woodstock-Generation: «Ich bin ein Waschpulver. Ich sehe mich liebend gerne zum Verkauf in Geschäften angeboten. Die Idee, vermarktet zu sein, finde ich ungemein reizvoll.»

LPs auf MAM: *Himself* (1971); *Back to Front* (1972); *I'm a Writer Not a Fighter* (1973); *A Stranger in My Own Back Yard* (1974) ... mit Gerry Dorsey auf Pickwick: *Humble Beginnings* (1974)

Otis, Johnny (voc, dr, p, vib, perc), am 28. Dezember 1921 in Vallejo, 20 Meilen nordöstlich von San Francisco, geboren, ist als Komponist, Arrangeur, Bandleader, Impresario, Producer, Promoter, Manager seit dem Ende der vierziger Jahre die wohl einflußreichste Persönlichkeit des Rhythm & Blues. Wenngleich weißer Hautfarbe, «gab es nie Zweifel daran, daß er jede Ausdrucks- und Formnuance von Blues und ursprünglichem R & B vollkommen beherrscht» (Pete Welding). Bevor er 1945 seine erste Jazzband zusammenstellte, die mit *Harlem Nocturne* schon bald einen Instrumental-Hit verbuchen konnte, hatte er zunächst mit der Schülerband COUNT MATTHEWS AND HIS WEST COAST HOUSE ROCKERS sowie mit zahlreichen Jazzformationen inclusive den Orchestern von Harlan Leonard und Count Basie gedrumt. 1947 formierte er seine R & B-Combo und eröffnete ein Jahr später zwei Blues-Nachtclubs namens Barrelhouse im East Side-Getto von Los Angeles. Seine Interpreten holte er sich (wie die damals 13jährige → Esther Phillips) oft von Talentwettbewerben, etwa im Largo Theatre an der 103rd Street des Gettos Watts. Mit den schwarzen Sängern «Little Esther», Mel Walker (bürgerlich Melvin Lightsey), Pete Lewis, Red Lythe, Devonia «Lady Dee» Williams und THE ROBINS zog er unter dem Titel THE JOHNNY OTIS RHYTHM AND BLUES CARAVAN durch die USA und produzierte mit den gleichen Künstlern als JOHNNY OTIS CONGREGATION 1950/51 für Savoy eine Serie von Hits: *Double Crossing Blues, Mistrustin' Blues, Deceivin' Blues, Dreamin' Blues, Wedding Boogie, Far Away Christmas Blues, Rockin' Blues, Mambo Boogie* und so fort. Unter den Künstlern, die er in den fünfziger und sechziger Jahren für Mercury, seine eigene Plattenmarke Dig Records (1955), Capitol (1957), King (ab 1961), Epic/CBS (ab 1968), und andere Firmen produzierte und/oder mit ihnen auf Tournee ging, waren die prominentesten: Johnny Ace, der sich am Weihnachtsabend 1954 in Tampa, Texas, beim Russischen Roulette eine Kugel in den Kopf schoß, → «Big Mama» Thornton, Marie Adams, Johnny «Guitar» Watson, Margie und Delmar Evans, → Don «Sugar Cane» Harris, Ivory Joe Hunter, → «Big» Joe Turner, Roy Milton, Roy Brown, Pee Wee Crayton, Eddie «Cleanhead» Vinson und sein Sohn, der hochbegabte Rockgitarrist Shuggie Otis, der später auch zusammen mit → Al Kooper auf einer CBS-LP zu hören war. Wo immer möglich, ließ er diese Interpreten Johnny Otis-Kompositionen singen, auch molk er manchmal unbedenklich fremde Ideen und fremde Copyrights. Als «Big Mama» Thornton 1952 den → Leiber/Stoller-Song *Hound Dog* für Peacock aufnahm, verlangte Otis für die Vermittlung ein Drittel der Verlagstantiemen und schrieb sogar seinen Namen als Songautor auf das Etikett. Erst bei der Cover-Version Elvis Presleys 1956 wurde *Hound Dog* korrekt als Copyright von Jerry Leiber und Mike Stoller ausgewiesen. Derlei in der sogenannten Haifischbranche durchaus übliche Manipulationen können jedoch Otis' Bedeutung für die schwarze Musik kaum schmälern. Mit dem karibischen Rhythmus seines größten Hits *Willie And The Hand Jive* von 1958, der 1974 von → Eric Clapton wiederbelebt wurde, nahm er die Reggae-Welle in der Rockmusik vorweg. Nur das Beste hielt seinem kritischen Ohr stand: Auf den Live-LPs von der JOHNNY OTIS SHOW gibt es so gut wie keinen musikalischen Flop.

LPs auf Dig Records: *Rock and Roll Hit Parade* (1955) ... auf Capitol: *The Johnny Otis Show* (1957) ... auf EMI/Starliness: *Pioneers of Rock* (rec. 1957, ed. 1972) ... auf Kent: *Cold Shot* (1969); *Snatch and the Poontangs* (1970) ... auf Epic: *Cuttin' Up* (1970); *Live at Monterey* (1971) ... auf Blues Spectrum: *Great Rhythm & Blues Oldies, Vol. 3* (1972). LPs Shuggie Otis auf CBS: *Kooper Session* (1969, mit Al Kooper) ... auf Epic: *Freedom Flight* (1971)

Owens, Alvis Edgar «Buck» (voc, g, mand, sax, p, dr), am 12. August 1929 in Sherman, Texas, geboren, häufte als Songautor, Interpret, Showstar, Künstleragent und Business-Investor im Country-Genre innerhalb einer Dekade soviel Vermögen an, daß Branchen-Insider seine Wahlheimat Bakersfield in Kalifornien scherzhaft in «Bukkersfield» umtauften. Der Sohn eines Landarbeiters gab sein Erfolgsrezept bereitwillig preis: «Das große Geheimnis besteht darin, einen Song zu schreiben, ihn aufzunehmen und anschließend die Kontrolle darüber zu behalten.» Der selbstbewußte Entertainer war bereits mit 14 Jahren in den Western-Nachtklubs von Arizona aufgetreten, bevor er 1951 nach Bakersfield kam und sich in den Studios der kalifornischen Musik-Metropole als kompetenter Session-Mann bekannt machte. Seinen ersten Hit errang Owens 1960 mit *Under Your Spell Again*. Weitere Buck-Bestseller machten Rhythm & Rock-Performer auf den Texaner aufmerksam: Die → BEATLES sangen sein *Act Naturally* von 1963 nach; → Ray Charles übernahm den 1964 veröffentlichten Song *Together Again*. Erfolgsstücke wie *Tiger By The Tail*, *My Heart Skips A Beat*, *I Wouldn't Live In New York City*, zumeist mit seiner Begleitband THE BUCKAROOS eingespielt, sicherten ihm auch das Interesse eines countryfernen Publikums. Owens wiederum unternahm gelegentlich ausgedehnte Exkursionen in Rock- und Folk-Gefilde. Mit Nach-Interpretationen von → Dylan, → Paul Simon-, → Donovan-Erfolgen versuchte er, sich als Allround-Artist zu profilieren. Obendrein experimentierte er in seinen technisch hochmodernen Studios mit Synthesizern (*Switched-on Buck*) und Bläser-Sounds (BAKERSFIELD BRASS). Der poetisch ambitionierte Autodidakt bemüht sich trotz ständiger Image-Erneuerung, seine alten Fans bei der Stange zu halten: «Ich glaube, das Publikum eines Country-Sängers bleibt ihm treu, wenn es mit ihm älter wird. In zehn Jahren werden wir uns alle viel intensiver mit der Ewigkeit befassen. Mit religiösen Liedern werde ich dem Publikum dann genau die Art von Musik geben, die es hören möchte.»

LPs auf Capitol: *Buck Owens* (1961); *Sings Harlan Howard* (1961); *You're for Me* (1962); *On the Bandstand* (1963); *Sings Tommy Collins* (1963); *Together Again* (1964); *Best* (1964); *I Don't Care* (1964); *I've Got a Tiger by the Tail* (1965); *Buck Owens* (1965); *Instrumental Hits* (1965); *Roll out Carpet* (1966); *Dust on Mother's Bible* (1966); *Carnegie Hall Concert* (1966); *Open up Your Heart* (1967); *In Japan* (1967); *Most Wanted Band* (1967); *Your Tender Loving Care* (1967); *It Takes People Like You* (1968); *Best Vol. 2* (1968); *Night on the Town* (1968); *Sweet Rosie Jones* (1968); *Guitar Players* (1968); *Best Vol. 3* (1969); *I've Got You on My Mind* (1969); *Close-up* (1969); *In London* (1969); *Tall Dark Stranger* (1969); *Your Mother's Prayer* (1970); *We're Gonna Get Together* (1970); *Big in Vegas* (1970); *Bakersfield Brass* (1971); *Bridge Over Troubled Waters* (1971); *Great White Horse* (1971); *Kansas City Song* (1971); *Wouldn't Live in New York City* (1971); *Under Your Spell/My Heart Skips* (1971); *Boot Hill* (1971); *Best Vol. 4* (1972); *Ruby* (1972); *Live at the Nugget* (1972); *Best, with Susan Raye* (1972); *Too Old to Cut the Mustard* (1972); *Live at the White House* (1972); *Ain't It Amazing Gracie* (1973); *In the Palm* (1973); *Arms Full of Empty* (1973); *Best Vol. 5* (1974); *Monster's Holiday* (1974). LPs BUCKAROOS auf Capitol: *Buckaroos* (1966); *Strike Again* (1967); *Meanwhile Back at Ranch* (1968); *Anywhere U.S.A.* (1969); *Roll Your Own* (1969); *Rompin' and Stompin'* (1970); *Play the Hits* (1971); *Songs of Merle Haggard* (1972)

P

Pacific Gas & Electric, 1968 vom Ex-Kunststudenten Tom Marshall (g) in Los Angeles gegründet, war eine der wenigen gemischtrassigen Rock- und Soulbands mit (freilich wechselndem) Profil. In der Anfangszeit spielte das Quartett mit dem farbigen Charlie Allen (voc, dr), Brent Block (bg) und Glenn Schwartz (g), dem sich 1970 der ehemalige → CANNED HEAT-Musiker Frank Cook (dr) hinzugesellen sollte, vorwiegend Blues. 1969 hatte es beim Miami Pop Festival, im New Yorker Fillmore East und auf USA-Tour erstmals überregionalen Erfolg. Danach rückte Sänger Allen, der die meisten Songs verfaßte, mehr und mehr in den Vordergrund, drängte die Kollegen in Begleitfunktionen und entwickelte den Stil stärker in Richtung Soul. 1971, als Combochef Allen den Bandnamen zu PG & E verkürzte, Musiker auswechselte und die Besetzung auf neun Ensemblemitlieder erweiterte, wurde der Stil- und Konzeptionswandel auch nach außen hin dokumentiert. Mit Alfred Gallegos (ts), Virgil Gonsalves (bs), Stanly Abernathy (tp), Jerry Aiello (org), Ken Utterback (g), Frank Petricca (bg), Ron Woods (dr), Joe Lala (perc) hatte die Allen-Combo, die sich nicht selten vom Soul-Chor THE BLACKBERRYS begleiten ließ, den Zuschnitt einer ausgesprochenen Rhythm- & Blues-Formation erhalten. 1972 ging sie auseinander.

LPs auf CBS: *Pacific Gas & Electric* (1969); *Are You Ready?* (1970); *P.G & E* (1971); *The Best of PG & E* (1973) ... auf Byg: *Get it On* (1971) ... auf Dunhill: *Starring Charlie Allen* (1974)

Palmer, Carl (dr), am 20. März 1950 in Birmingham, England, geboren und 1971 vom ‹Melody Maker› zum weltbesten Rockschlagzeuger erklärt, begann seine Laufbahn in Schülerbands, in denen er gelegentlich mit → Steve Winwood zusammentraf. Er begleitete den Sänger → Chris Farlowe, spielte zwei Jahre mit der → CRAZY WORLD OF ARTHUR BROWN und gründete 1969 zusammen mit dem Organisten Vincent Crane die Gruppe → ATOMIC ROOSTER. Nur mit Mühe konnte ihn → Keith Emerson 1970 überreden, sich dem Trio → EMERSON, LAKE & PALMER anzuschließen, mit dem er internationalen Starruhm errang. Palmer trommelt, stilistisch etwa zwischen den Jazzspielweisen von Buddy Rich und Elvin Jones angesiedelt, stets logisch und mit bemerkenswertem Formgefühl. Sowohl seine Soli als auch seine Begleitfiguren sind Musterbeispiele für Balance, Ausgewogenheit und Drive.

LPs mit → CHRIS FARLOWE & THE THUNDERBIRDS, → CRAZY WORLD OF ARTHUR BROWN, → ATOMIC ROOSTER, → EMERSON, LAKE & PALMER

Parks, van Dyke (voc, p), am 3. Januar 1943 in Hattiesburg, Mississippi, geboren, ist ein genialischer Song-Arrangeur und Texter, der seine künstlerische Richtungslosigkeit hinter einem exotischen Manierismus verbirgt. Parks hat all die Klischee-Erfolge einer amerikanischen Showbusiness-Karriere hinter sich gebracht: Er war für kurze Zeit Kinderstar in Hollywood, studierte als Musterabsolvent des renommierten Carnegie Institute of Technology Piano und Komposition, hatte 1965 (fünf Jahre vor Miguel Rios) mit einer Band, in der → Stephen Stills Gitarre spielte, in Phoenix, Arizona, einen lokalen Hit mit der Rock-Version von Beethovens *Ode an die Freude* und spielte später in den Kaffeehäusern Kaliforniens bizarre Eigenkompositionen, die nach Mahler, Ives und den ANDREWS SISTERS gleichzeitig klangen und ihm eine Untergrund-Reputation einbrachten. Die Mundpropaganda machte → Brian Wilson von den → BEACH BOYS auf ihn aufmerksam, der dann mit Parks als Texter einige der ausgefallensten BEACH BOYS-Songs verfaßte (*Heroes and Villains, Vegetables, Cabinessence, Surf's Up*). Sie waren für das nie realisierte Album-Projekt *Smile* vorgesehen und wurden später in Bruchstücken auf drei anderen BEACH BOYS-LPs veröffentlicht. Parks debütierte 1968 als Album-Solist mit *Song Cycle*, einer meisterhaft eklektizistischen Produktion, die von der Kritik als «die bedeutsamste Konzeption amerikanischer Musik seit George Gershwin» (Richard Goldstein) gefeiert wurde, sich aber so schlecht verkaufte, daß die Plattenfirma das Album später scherzhaft für einen Cent losschlug. Parks assoziierte sich vorübergehend mit → Randy Newman, → HARPER'S BIZARRE und → Phil Ochs, schrieb Musik für TV-Werbespots und produzierte ein Album mit der Esso TRINIDAD STEEL BAND. Diese war auch bei Parks zweiter Solo-LP dabei, auf der der Ökologie-Fan sein Konzept realisierte, «die von der Zivilisation gefährdete Musik kultureller Minoritäten auf Platte festzuhalten».

LPs auf Warner Brothers: *Song Cycle* (1968); *Discover America* (1972)

Passport, 1971 in München gegründet, ist die Rockband des am 12. Mai 1936 in Berlin geborenen deutschen Jazz-Saxophonisten Klaus Doldinger (sax, keyboards). Dieser wohl erfolgreichste deutsche Jazzmusiker, am Düsseldorfer Konservatorium in den Fächern Klarinette, Klavier, Harmonielehre, Kapellmeister ausgebildet, hat Film- und Fernsehmusiken, Werbe-Jingles, Tanznummern, ein *Concerto für Jazzband und Symphonieorchester* sowie zahllose Jazz- und Rockstücke komponiert. Als Interpret hat er sich in sämtliche Musizierstile von Dixieland und Swing über Bop, Cool, Bossa Nova und *Jazz Goes Baroque* (Plattentitel) bis Rhythm & Blues, Soul, Rock eingefühlt. Der *Ambassador* (Plattentitel) des deutschen Jazz bereiste mit seinem Jazz-Quartett in den sechziger Jahren alle Kontinente, spielte in mehr als 50 Ländern und bei den meisten renommierten Festivals, wurde zum Ehrenbürger von New Orleans erklärt und für seine musikalischen Leistungen und Poll-Siege vielfach ausgezeichnet. Seine ersten Rhythm & Soul-Aufnahmen spielte der Saxophonist mit dem Harlem-Ton 1964 unter dem Pseudonym Paul Nero ein, unter anderen mit dem späteren → BEATLES-Sessionbassisten Klaus Voormann. Die kommerziellen Nero-Partyproduktionen (*The Big Beat; Detroit Soul Party; Maxi-Rock*) brachten bis 1970, von Kritikern kaum beachtet, einige hitfähige Stücke hervor, die jedoch durch Einbettung in Tanz-LPs und auf Grund mangelnder Aufnahmebereitschaft des internationalen Musikmarkts keine Entfaltungsmöglichkeit erhielten. Als fanatischer Improvisator mit der Studio-Popmanufaktur umzufrieden, suchte Doldinger zwischen 1969 und 1971 mit dem Ensemble MOTHERHOOD (u. a. mit Paul Vincent [g], Lothar Meid [bg], → Udo Lindenberg [dr, voc]) zunächst noch zaghaft Anschluß an die Live-Rockszene. Sein Ensemble PASSPORT litt anfangs unter persönlichen und musikalischen Spannungen zwischen den Mitgliedern und erlebte zwei Jahre lang mehrere personelle Metamorphosen. Viermal stellte Doldinger auf jeder LP neue Partner vor. *Passport* (1971): Olaf Kübler (sax, fl), Jimmy Jackson (keyboards), Lothar Meid (bg), Udo Lindenberg (dr). *Second Passport* (1972): John Mealing (keyboards), Wolfgang Schmid (g, bg), Bryan Spring (dr). *Hand Made* (1973): Schmid plus Frank Roberts (keyboards), Curt Kress (dr). *Looking Thru'* (1973): Schmid, Kress plus Kristian Schultze (keyboards). Überwiegend resultierten diese Personalwechsel aus dem Ungenügen der Musiker an Doldingers Repertoirepolitik: Ausschließlich seine Stücke wurden gespielt. Oft wirkten, zumal am Anfang, die gesanglosen und ohne Elektrogitarre dargebotenen Kompositionen mit ihren langen, vom Jazz übernommenen Melodiebögen schwerfällig und unflexibel. Indes wurde der Gruppenstil immer prägnanter, Doldingers Hartnäckigkeit bewährte sich auch kommerziell. Zum Start von *Cross-Collateral* auf dem amerikanischen Atco-Label, dem die Firma Atlantic erhebliche Werbeunterstützung gab, ging PASSPORT im März 1975 auf große USA-Tournee. Das Drei-Platten-Album *Doldinger Jubilee*, in dem Producer Siegfried E. Loch Aufnahmen des Saxophonisten aus zwei Jahrzehnten und von elf verschiedenen Labels zusammengestellt hat, gehört zu den sorgfältigsten Karriere-Dokumentationen für einen Musiker aus Jazz oder Rock. Das *Doldinger Jubilee Concert* mit → Brian Auger (org), → Alexis

Korner (voc, g), Johnny Griffin (ts), Volker Kriegel (g), Pete York (dr) am 16. Oktober 1973 in Düsseldorf, das mit dem fahrbaren Mobile-Studio der → ROLLING STONES aufgezeichnet wurde, war einer der Höhepunkte jener kontinentaleuropäischen Konzertsaison.

LPs PASSPORT auf Atlantic/Atco: *Passport* (1971); *Second Passport* (1972); *Hand Made* (1973); *Looking Thru'* (1973); *Cross-Collateral* (1975). Jazz-LPs DOLDINGER-QUARTETT auf Philips: *Bossa Nova* (1962); *Jazz – Made in Germany* (US-Titel: *Dig Doldinger*, 1963); *Live at Blue Note Berlin* (1963); *In Südamerika* (mit Attila Zoller, 1965); *Goes On* (1967) ... auf Liberty: *Blues Happening* (1968); *The Ambassador* (1969). Pop-LPs Doldinger als Paul Nero auf Philips: *Classics à la Twist* (1964); *The Big Beat* (1965); *Dance Party* (1966) ... auf Liberty: *Hit Party* (1967); *Soul Party* (1968); *Detroit Soul Party* (1968); *Bubble Gum Party* (1969); *Golden Western Hits* (1969); *Maxi-Rock* (1970); *In South America* (1970). LPs THE MOTHERHOOD auf United Artists: *I Feel So Free* (1969) ... auf Liberty: *Doldingers Motherhood* (1970). LP-Anthologie auf Atlantic: *Doldinger Jubilee* (1973). Live-Session PASSPORT mit Gästen auf Atlantic: *Doldinger Jubilee Concert* (1974). Solo-LP Wolfgang Schmid auf Atlantic: *Wolfhound* (1975)

(Paul Revere and the) Raiders tauchten 1965 in → Dick Clarks Fernsehshow ‹Where the Action is› mit ausgefallenen Uniformen und maßgeschneiderten Jukebox-Hits auf. Das Quintett Mark Lindsay (voc, sax), Paul Revere (p, org), Michael Smith (g), Drake Levin (dr), Philip Volk (bg) eroberte sich mit den Titeln *Steppin' Out Just Like Me, Hungry, Good Thing* sowie einer ausgefeilten Slapstick-Show ein Millionenpublikum und wurden zu «einem selbstverständlichen Bestandteil im Leben jedes amerikanischen Teenies» (Lillian Roxon). Auch nachdem Smith, Levin, Volk die Erfolgs-Combo verlassen hatten, um mit Ron Collins (org) die sanftere Konkurrenz-Gruppe BROTHERHOOD zu gründen, blieben die RAIDERS mit den Neuzugängen Jim Valley, Joe Junior Correro (dr), Freddie Weller (g), Charlie Coe (bg) bei ihrer Goldformel. Weiterhin formten sie simple Rock-Vorlagen mit ohrwurmigen Arrangements und kraftvollen Vokaleinsätzen zu Hitparaden-Dynamit: *Indian Reservation* avancierte 1971 zum größten Verkaufshit, den ihre Plattenfirma jemals im Singles-Geschäft erreicht hatte. Mark Lindsay versuchte sich gelegentlich in prätentiöseren Soli (*Arizona*, 1969), zeigte jedoch nach wie vor im Gruppenverband seine stärksten Leistungen. Die LP *Raiders Collage* (1970) war ein Meisterwerk makellos eingespielten Kommerz-Pops. Die Sound-Ingredienzien fügten sich bruchlos zusammen, «als seien sie der logische Teil eines Puzzles» (‹Rolling Stone›). Auch auf weiteren Alben erreichten die RAIDERS eine vergleichbare Stilsicherheit.

LPs auf Jerden: *In the Beginning* (1966) ... auf CBS: *Here They Come* (1965); *Just Like Us* (1966); *Midnight Ride* (1966); *The Spirit of '67* (1967); *Greatest Hits* (1967); *Revolution* (1967); *Goin' to Memphis* (1968); *Something Happening* (1968); *Christmas Present ... & Past* (1968); *Hard'n Heavy* (1969); *Alias Pink Puzz* (1969); *Collage* (1970); *Indian Reservation* (1971); *Country Wine* (1972); *Greatest Hits Vol. 2* (1972); *All Time Greatest Hits* (1972). Solo-LPs Mark Lindsay auf CBS: *Arizona* (1970); *Silverbird* (1970); *You've Got a Friend* (1971). Solo-LPs Freddie Weller auf CBS: *Games People Play* (1969); *Listen to the Young Folks* (1970); *Promised Land* (1971); *Roadmaster* (1972); *Too Much Monkey Business* (1973); *Sexy Lady* (1974). LP BROTHERHOOD auf RCA: *Brotherhood* (1969); *Brotherhood II* (1969)

Paxton, Tom (voc, g), am 31. Oktober 1937 in Chicago, Illinois, geboren, ist einer der stillen Rebellen der Protestfolklore. In über 200 Liedern kommentierte der ehemalige Student der Theaterwissenschaften mit unterkühlter Ironie und getarnter Satire Zeitphänomene und Figuren des gesellschaftlichen und politischen Alltags. Seine Ansichten über den Gefangenenaufstand in Attica (*The Hostage*), das Vietnam-Desaster (*Talking Vietnam Pot Luck Blues, Jimmy Newman*), Jesus als Musical-Star (*Jesus Christ, S.R.O.*), Heroinsucht (*Cindy's Crying*) und einen konservativen Vizepräsidenten der USA (*The Ballad Of Spiro Agnew*) formulierte er nicht als politische Leitartikel, sondern eher als psychoanalytische Traktate. Seine Kinder-, Liebes- und Fernwehlieder (*The Marvelous Toy, The Last Thing On My Mind, Rambling Boy*) klingen romantisch, aber nicht sentimental. Paxtons unprätentiöse Formulierungsgabe, sein treffsicherer Wortwitz und die melodische Ausgewogenheit seiner Lieder erhoben ihn Mitte der sechziger Jahre zu einem stilprägenden Favoriten der Kaffeehaus-Szene von Greenwich Village. → Bob Dylan, → Joan Baez und → Judy Collins sangen sich damals unter seinem milden Einfluß dem Starruhm entgegen. Paxton selbst blieb relativ unbekannt, obwohl → Pete Seeger, CLEAR LIGHT, → PETER, PAUL & MARY, → THE MOVE und zahlreiche andere Folk- und Rockensembles seine Kompositionen in Bestseller verwandelten. Er blieb ein Kleinkunst-Troubadour, der seine Gitarre nie unter Strom setzte und kaum mit Orchesterklängen experimentierte. Seine Albumproduktionen verloren jedoch nichts von ihrer aktuellen Aussagekraft und glänzten auch weiterhin durch professionelle Brillanz. 1974 holte er auf der Platte *Children's Songbook* Kinderlieder wie *Jennifer's Rabbit, My Dog's Bigger Than Your Dog, Marvelous Toy* in die Erinnerung erwachsener Folk- und Rockhörer zurück. Paxton ist ein kompetenter Folk-Novellist, der das amerikanische Drama politischer Machtentfaltung und privater Tragödien mit distanziertem Engagement beschreibt.

LPs auf Elektra: *Ramblin' Boy* (1964); *Ain't That News* (1965); *Outward Bound* (1966); *Morning Again* (1968); *The Things I Notice Now* (1969); *Tom Paxton 6* (1970); *The Complete Tom Paxton* (1971) ... auf Reprise: *How Come the Sun* (1971); *Peace Will Come* (1972); *New Songs for Old Friends* (1973) ... auf Bradleys: *Tom Paxton's Children's Songbook* (1974) ... auf Mam: *Something in My Life* (1975)

Pearls Before Swine spielte Drogen-Folklore im Übergang von bissigen Antikriegs-Statements zur poetischen Verklärung des Landlebens. Organisator der Gruppe, deren Besetzung ständig wechselte, war Tom Rapp (voc, g), Jahrgang 1947, aus Bottineau, North Dakota. Er lernte das Gitarrenspiel bei einem Country-Sänger, erprobte sich als Stimmen-Imitator von → Elvis Presley und den → EVERLY BROTHERS und fand über → PETER, PAUL & MARY, → Bob Dylan zur Protestfolklore der frühen sechziger Jahre. Das Debütalbum seiner biblisch betitelten Formation auf dem experimentierfreudigen New Yorker ESP-Label enthielt jenen dylanesken Blues *Uncle John*, der in bitterer Klage-Poesie die Unzulänglichkeiten der amerikanischen Gesellschaft geißelte und die Gruppe auf Anhieb so bekannt machte, daß von der LP 100 000 Stück verkauft wurden. Die komplexe, aggressive Rauschmittel-Lyrik der ersten drei Alben zerstäubte später zu idyllischeren Texten, die Rapp in Nashville vertonte, denn «meine Lieder ähneln der Country- & Western-Musik, mit der ich groß wurde, weil sie eine Geschichte erzählen und einen Anfang und ein Ende haben» (Rapp). Nach der Auflösung von PEARLS BEFORE SWINE singt Rapp nun als Solist, hin und wieder von seiner holländischen Frau Elisabeth begleitet. Rapps ungewöhnliche Vortragsart macht seine brillanten Lyrizismen nach wir vor zu einer schweren Ohr-Kost: «Er winselt seine Lieder, knurrt asexuell und brummelt durch einen Mund voll Spucke – oder ist es Pepsi Cola?» (‹Stereo Review›).

LPs auf ESP/Fontana: *One Nation Underground* (1967); *Balaklava* (1968) ... auf Reprise: *These Things Too* (1969); *The Use of Ashes* (1970); *City of Gold* (1971); *Beautiful Lies You Could Live In* (1971). Solo-LPs Tom Rapp auf Reprise: *Familiar Songs* (1972) ... auf Blue Thumb: *Stardancer* (1973); *Sunforest* (1973)

Peel, David (voc, g), aus Brooklyn war Ende der sechziger Jahre der selbsternannte Hinterhof-Narr des Hippie-Gettos auf der East Side Manhattans. Seit seinen aufsehenerregenden Aktionen als Rauschmittel-Promoter beim Massen-Frohsinn der «Be-ins» 1967 im Central Park agitierte er vorzugsweise vor Straßenpublikum. Am Gammel-Treff Washington Square in Greenwich Village sang er mit einem Clan Gleichgesinnter als DAVID PEEL AND THE LOWER EAST SIDE ein Jahr lang jeden Sonntag seine Loblieder auf Marihuana, freie Liebe und Wehrflucht, bis er dort 1968 von einem Talentsucher der Plattenfirma Elektra erhört wurde. Danny Fields, Elektras Hippie vom Dienst, fand in Peel und seinen Freunden die geeigneten Sänger für eine geplante Stimmungsplatte mit Drogensongs. Das erste Album, dessen Titel *Have A Marijuana* aus der Überschrift eines ‹Time›-Artikels genommen wurde, verkaufte sich zum Entsetzen aller maßgebenden Kritiker fast 60 000mal. Der LP-Song *Mother, Where Is My Father* wurde 1969 gar zu einem Diskotheken-Hit in Deutschland. Peel blieb auch nach seinem einmaligen Plattenerfolg bei seiner Politik der Gratiskonzerte, denn «kein Rock-Musiker hat je was dafür bezahlt, ein Publikum zu sehen; warum sollte dann ein Publikum was zahlen, wenn es ihn sehen will?» → John Lennon und → Yoko Ono, die sich 1971 in Greenwich Village ansiedelten, fanden Gefallen an Peels pubertärer Sozialsatire. Mit ihm initiierten sie die Rock Liberation Front, die die «Ausschlachtung der Rock-Kultur» beendigen sollte. Für Allen Klein, seinen skrupellosen damaligen Manager, sah Lennon das Ende jedoch noch nicht gekommen. Immerhin hatte der auch nichts dagegen, daß Peel auf dem → BEATLES-Label Apple als der Weisheit letzten Schluß verkündete: «Der Papst kifft.»

LPs auf Elektra: *Have a Marijuana* (1969); *Legalise Marijuana (The American Revolution)* (1970) ... auf Apple: *The Pope Smokes Dope* (1972)

Pentangle, 1967 in London gegründet, brachte die ausgekochtesten Kritiker der internationalen Rock-Journale zum Schwärmen. Das Quintett klinge, schrieb etwa ‹Rolling Stone›, «wie eine Band singender, wirbelnder, tanzender Elfen in einem rhythmischen Notenwind». Zart und ätherisch wirkte die sensible Jazz-Folk-Rock-Mischmusik voll schwieriger Taktwechsel und ungewöhnlicher Klangkombinationen jedenfalls. Zu unverstärkten Gitarrenimprovisationen, hellem Glockenspiel und der reizvollen Kombination von Banjo und Sitar sangen die fünf Musiker vom Teufel als Liebhaber, vom Leben nach dem Tode und von schwarzer Magie. In ihren Liedern traten die Geister von Ermordeten auf, da tafelte König Artus mit seinen Rittern, ein verwunschenes Trinkhorn der Fee Morgan ging von Hand zu Hand, und wenn zum Tanz aufgespielt wurde, lagen mitunter Noten aus dem 14. oder 16. Jahrhundert auf dem Pult. 1965 hatten die Folksong-Interpreten Bert Jansch (g, bj, voc) und John Renbourn (g, sitar, voc) ihre beschwingten, altertümlichen Balladen noch solistisch produziert. 1966 bildeten sie ein Duo, 1967 kam für das Album *Another Monday* die Folk-Sopranistin Jacqui McShee hinzu. Die Jazzmusiker Danny Thompson (b) und Terry Cox (dr), die vorher unter anderen mit → Alexis Korner musiziert hatten, machten PENTANGLE komplett. Beim amerikanischen Newport Folk Festival löste ihr «britischer Klang der Stille» (‹New York Times›) 1969 Ovationen aus. Für die englische TV-Serie ‹Make Three Girls› wurde dieser Klang als Themamusik, für den Ava Gardner-Film ‹Tam Lin› als Soundtrack angekauft. Binnen kurzem galt die kultivierte Kombination als «eine Art Modern Jazz Quartett der Folk-Pop-Szene» (‹Sunday Times›). Ende 1972 erschreckte die Nachricht von der Auflösung der Gruppe die PENTANGLE-Fans.

LPs auf Transatlantic: *The Pentangle* (1968); *Sweet Child* (1968); *Basket of Light* (1969); *Cruel Sister* (1970); *Reflection* (1971); *History Book* (1972); *Pentangling* (1973) ... auf Reprise: *Solomon's Seal.* LPs Bert Jansch auf Transatlantic: *Bert Jansch* (1966); *It Don't Bother Me* (1966); *Jack Orion* (1966); *Nicola* (1967); *Birthday Blues* (1969); *Bert Jansch Sampler* (1970); *Rosemary Lane* (1971); *Moonshine* (1972) ... auf Charisma: *L. A. Turnaround* (1974). LPs John Renbourn auf Transatlantic: *John Renbourn* (1966); *Another Monday* (1966); *Faro Annie* (1970); *The Lady and the Unicorn* (1970). LP Jansch/Renbourn: *Bert & John* (1966). LP Renbourn/Jacqui McShee: *Another Monday* (1967). LP Renbourn/Cox: *Sir John Alot of Merrie Englande's Musyk Thyng and Ye Grene Knighte* (1968)

Perkins, Carl Lee (voc, g), am 9. April 1932 in Tiptonville, Tennessee, geboren, war der Verlierer in Country-Rock-Spiel, das 1956 bei Sun Records in Memphis zugunsten von → Johnny Cash, → Elvis Presley und → Jerry Lee Lewis entschieden wurde. Perkins spielte fingerfertiger Gitarre als Cash, konnte genauso rhythm & blues-guttural wie Presley singen und hatte als schöner, scheuer Einzelgänger nicht viel weniger Charisma als der wilde Lewis. Aber er vermochte nicht, sein Talent in Starruhm umzumünzen. Er war zu sehr «Rockabilly» unter negroiden Klangeinflüssen, um im Country-Genre reüssieren zu können; für einen Rock-Sänger hatte er wiederum zuviel ländliches Flair. Sein einziger großer Hit, der Boogie *Blue Suede Shoes,* am 1. Januar 1956 veröffentlicht, wurde zwar ein Millionenseller und das heimliche Vereinslied aller aufmüpfigen Teenager. Doch Presley, der seine Version des Perkins-Hits mit dem spektakulären Anarcho-Rocker *Tutti Frutti* koppelte, stahl ihm die Show. Perkins Nachfolge-Singles *Boppin' The Blues, Matchbox* und *You've Got The Right String, Baby, But The Wrong Yo-Yo* gingen in der Presley-Hysterie der Jahre 1956/57 unter. Ein Autounfall und ein unvorteilhafter Wechsel vom Rock- und Country-Label Sun Records zur damaligen Allerweltsfirma Columbia brachten ihn 1958 ganz ins Hintertreffen. Seine Einspielungen bei Columbia wurden mit Pianogeklimper und Saxophongeblök entstellt und hörten sich an wie «die Phantasievorstellungen eines Werbemannes im mittleren Alter von Rock 'n' Roll» (‹Rolling Stone›). Erst die Vorliebe des → Beatles-Drummers → Ringo Starr für seine Songs holte Perkins 1964/65 aus der Obskurität von Provinztourneen. Die Beatles brachten die Titel *Matchbox, Honey Don't* und *Everybody's Trying To Be My Baby* auf ihren LPs im Beatgewand heraus und versorgten den Autor mit einem Tantiemen-Scheck über 50 000 Dollar. 1966 schloß sich Perkins dem Tournee-Clan der Johnny Cash Show an, in deren Vorprogramm er seinen Uralt-Erfolg *Blue Suede Shoes* zum besten geben durfte.

LPs (Auswahl) auf Sun: *Carl Perkins* (1957); *Original Golden Hits, Vol. 1, Vol. 2; Blue Suede Shoes* ... auf CBS: *Whole Lotta Shakin'* (1958); *Carl Perkins: King Of Rock* (1969); *On Top* (1969); *Carl Perkins' Greatest Hits* (1969); *Boppin' the Blues* (mit NRBQ, 1970) ... auf London: *Country Boy's Dream* (1967) ... auf Harmony: *Carl Perkins* (1970); *Brown-Eyed Handsome Man* (1972); *Greatest Hits* (1972) ... auf Hilltop: *Matchbox* ... auf Mercury: *My Kind of Country* (1974)

The Persuasions fanden 1965 im New Yorker Getto-Bezirk Bedford-Stuyvesant als Vokal-Ensemble ohne Musikbegleitung zusammen. Jerry Lawson (Lead), Jayotis Washington (Tenor; später ersetzt durch W. C. Daniels), Sweet Joe Russell (Tenor), Herbert Rhoad (Bariton), Jimmy Hayes (Baß), Team-Kameraden in einem Amateur-Basketballklub, intonierten mit rhythmischer Präzision und gospelgleichem Engagement Acapella-Versionen bekannter Rhythm & Blues-Standards und Soul-Schlager. Das Quintett orientierte sich bei seinem Vortrag an der vor allem an der Ostküste Amerikas gepflegten Tradition des mehrstimmigen Harmoniegesangs, dessen Wurzeln im protestantischen Kirchenchoral, in den Plantagen-Weisen der Sklaven und im Singsang der schwarzen Kettensträflinge liegen. Ihre «Musik für Straßenecken und Badezimmer» (Lenny Kaye) brachten die Persuasions zunächst in limitierter Auflage bei → Frank Zappas Experimentier-Label Straight Records heraus. Vornehmlich die College-Jugend, auf der Suche nach Ursprünglichkeit, favorisierte die Sänger als Außenseiterattraktion. «Acapella ist wie meine Mutter am Sonntagmorgen, wenn sie den Speck brutzelt und Pfannkuchen bäckt», definierte Lawson das musikalische Lebensgefühl seiner Gruppe. Die Mehrzahl der Plattenkäufer zog jedoch den «violinverschmutzten» (Producer Dave Krouse) Motown-Sound der → Temptations dem bisweilen sterilen Vokal-Purismus der Persuasions vor. Das Quintett wurde deshalb nach jahrelanger Klangtreue 1974 inkonsequent: Für ihren vierten Label-Mäzen, A & M Records, reihte sich die

Gruppe in die Masse der instrumental begleiteten Soul-Formationen ein.

LPs auf Straight: *Acapella* (1970) ... auf Capitol: *We Came to Play* (1971); *Street Corner Symphony* (1972); *Spread the Word* (1973) ... auf MCA: *We Still Ain't Got No Band* (1973) ... auf A & M: *More Than Before* (1974)

Peter, Paul & Mary debütierten 1960 in New York auf Anregung des Kaffeehaus-Impresarios Albert Grossman als Folk-Entertainer nach dem Vorbild des → KINGSTON TRIO. Wie jene Campus-Balladiers gaben auch Peter Yarrow (voc), geb. am 31. Mai 1938 in New York, Noel «Paul» Stookey (voc), geb. am 30. November 1937 in Baltimore, Maryland, Mary Travers (voc), geb. am 7. November 1937 in Louisville, Kentucky, ihr sorgfältig ausgewähltes Repertoire mit gefälligem Singalong-Appeal in professioneller Glätte zum besten. Sie bemühten sich zwar, durch intensiven Vortrag ihren Interpretationen eine Aura von Authentizität und Engagiertheit zu geben. Dennoch wirkten ihre Versionen der Protestsongs von → Pete Seeger, → Bob Dylan dermaßen aseptisch, daß sie damit auch dem konservativen Musikpublikum gefallen konnten und mit *If I Had A Hammer* (1962), *Blowin' In The Wind* (1963) die Spitzenpositionen der Hitparaden eroberten. Der kommerzielle Erfolg von PP & M machten immerhin Lieder mit sozialkritischem Inhalt für Rundfunk und Musikindustrie akzeptabel und öffnete zahlreichen bislang unbekannten Folksängern die Türen der Plattenstudios. Die drei Sänger erhöhten ihre Glaubwürdigkeit durch ein aktives Engagement in den Protestbewegungen der frühen sechziger Jahre. Bei Bürgerrechtsmärschen durch Selma, Alabama, und Washington, D. C., bei Antikriegs-Teach-Ins und Benefiz-Konzerten für revoltierende Studenten ließen sie keinen Zweifel an ihrem politischen Standort. «Wir könnten heutzutage die Jugend Amerikas in einem Ausmaß mobilisieren, wie es niemand anderem möglich wäre», glaubten sie 1965 auf dem Höhepunkt ihrer Popularität zu wissen. Doch zu der Zeit waren sie schon nicht mehr «im Einklang mit dem Sound der rapide fortschreitenden Rock-Revolution» (‹Los Angeles Free Press›). Im gleichen Jahr präsentierten die → BYRDS ein ähnliches Repertoire als elektrifizierten Folk Rock und drängten PETER, PAUL & MARY damit ins Abseits. Erst 1967 rang sich das Trio zu dem Bekenntnis durch: *I Dig Rock & Roll Music,* gab jedoch zu: «The message may not move me or mean a great deal to me» («Die Botschaft des Rock 'n' Roll kann mich wohl kaum aufregen oder mir irgendwie viel bedeuten»). 1969 gelang Yarrow, Stookey und Mary Travers ein kurzfristiges Comeback im alten Stil mit *Day Is Done* und → John Denvers *Leaving On A Jet Plane.* Im darauffolgenden Jahr ging die Gruppe auseinander. Die vom Erfolg → James Taylors, → Carole Kings, → Elton Johns markierte Renaissance des Solo-Performers in der populären Musik machte den drei Folk-Sängen den Alleingang leicht.

LPs auf Warner Brothers: *Peter, Paul & Mary* (1962); *Peter, Paul & Mary – Moving* (1963); *Peter, Paul & Mary – In the Wind* (1963); *Peter, Paul & Mary in Concert* (1965); *Song Will Rise* (1965); *See What Tomorrow Brings* (1965); *Peter, Paul & Mary Album* (1966); *Album 1700* (1967); *Late Again* (1968); *Peter, Paul & Mommy* (1969); *Ten Years Together* (1970) ... Solo-LPs Mary Travers: *Mary* (1971); *Morning Glory* (1972); *All My Choices* (1973); *Circles* (1974) ... Solo-LPs Paul Stookey: *Paul And* (1971); *One Night Stand* (1973) ... Solo-LPs Peter Yarrow: *Peter* (1972); *That's Enough for Me* (1974)

Phillips, Esther Mae (voc), am 23. Dezember 1936 in Galveston, Texas, geboren, beteiligte sich mit 13 an einem Talentwettbewerb der → JOHNNY OTIS BAND und gewann. Die Platte *Double Crossing Blues,* die sie in den zehn überzähligen Minuten einer Otis-Aufnahmesession produzierte, wurde 1949 ein Millionenseller. Fortan ging sie, von ihrer Mutter und einer Lehrerin begleitet, als Kinder-Bluesstar LITTLE ESTHER mit der Band auf Tournee, machte Hitsingles wie *Mistrusting Blues, Cupid's Boogie* und gewöhnte sich an harte Drogen. Nach etwa drei Jahren

Solotätigkeit (1953 bis 1956) war sie unfähig, weiter aufzutreten, lebte jahrelang bei ihrem Vater in Houston, Texas, sang wieder in kleinen Clubs und hatte 1962 mit *Release Me*, gefolgt von der BEATLES-Komposition *And I Love Him*, ein überregionales Comeback. Mit dem Ruhm kamen jedoch auch die alten Zwänge und Verlockungen zurück: 1967 litt sie am Heroin wie nie zuvor. Entziehung und Resozialisierung in den Synanon-Zentren in San Diego, Santa Monica, Tomales Bay und Oakland erschienen als einziger Ausweg. 1969 verließ sie ihre Hospitäler und kam abermals auf die Bühne zurück – bis in die Nähe der musikalischen Ausdruckskraft einer Billie Holiday oder Judy Garland gereift. «Miss Phillips», schrieb die ‹Los Angeles Times›, «gehört zu den übersehenen, unbeachteten Künstlerinnen in einer Welt, in der billige Kicks hochgeputschter Reklameprodukte zu oft über gute Ware triumphieren. Esther brüllt weder noch windet sie sich vor dem Mikrophon. Ihre Persönlichkeit ist eine Mischung aus verhaltener Glut und einem sardonischen Humor.» Ohne einen spektakulären Paukenschlag hätte ihre emotional anrührende Stimme, die «von einem Flüstern bis zum Schrei» (Albumtitel) über alle Artikulationsnuancen gebietet, wohl kaum je die Aufmerksamkeit des breiten Publikums gefunden. Diesen Schlag führte kein Manager und kein Publicityagent, sondern ihre Kollegin → Aretha Franklin: Als die berühmte Soulinterpretin 1973 von der amerikanischen Schallplattenakademie mit einem Grammy-Preis ausgezeichnet werden sollte, nahm sie diesen entgegen – «aber nicht für mich, sondern für Esther Phillips». Im darauffolgenden Jahr hatten die Juroren den Wink verstanden und verliehen Esther selber einen Award.

LPs (Auswahl) auf Atlantic: *And I Love Him* (1965); *Esther* (1966); *Country Side* (1966); *Burnin's/Live* (1971) ... auf Kudu: *From a Whisper to a Scream* (1972); *Alone, Again, Naturally* (1973); *Black Eyed Blues* (1974); *Performance* (1974)

Phillips, John «Shawn» (voc, g), am 3. Februar 1943 in Forth Worth, Texas, geboren, mischt im globalen Hochgefühl Beethoven-Sonaten, indische Ragas, Shanties, religiöse Märsche, Flamencos, kosmisches Zirpen und hymnischen Jazz unter eine Poesie des literarischen Overkill. Seine prunkvolle Lyrik braust oft in Verbal-Exzessen am Verständnis des Zuhörers vorbei. Maßlose technische Gimmicks führten in manchen seiner frühen Stücke zu einer «unüberbrückbaren ästhetischen Distanz» (‹Rolling Stone›). Das bis 1975 auf acht Alben veröffentlichte Œuvre des ehemaligen Seemanns, Rodeo-Reiters und Schau-Rennfahrers wurde im wesentlichen 1968/69 in einer Mammut-Session mit dem Londoner Philharmonischen Orchester, Solisten der → TRAFFIC und dem späteren → Elton John-Arrangeur Paul Buckmaster aufgenommen und dann in Fragmente zerlegt. Phillips, Titelheld von Chester Andersons 1967 erschienenem Science-fiction-Roman ‹The Butterfly Kid›, unternimmt seine narzißtischen Sound-Exkursionen mit einer yoga-kontrollierten Stimme, «die die Flexibilität eines Orchesters hat» (‹Circus›), über mehrere Oktaven gleiten kann, sich in komplizierten Jazz-Phrasierungen windet und einen Ton erstaunlich lange hinzuhalten vermag. Solche technische Virtuosität nützt seinen lyrischen Ambitionen. Allerdings ist die kompositorische Inspiration des 12-Saiten-Gitarristen diesen mitunter nicht adäquat. In Live-Konzerten, wenn die Studio-Technik ihn nicht behindern kann, offenbart der in Positano, Italien, lebende Sänger noch am ehesten sein beachtliches Talent.

LPs auf Columbia/EMI: *I'm a Loner* (1965); *Shawn* (1966) ... auf A & M: *Contribution* (1970); *Second Contribution* (1971); *Collaboration* (1972); *Faces* (1972); *Bright White* (1973); *Furthermore* (1974) ... auf Bell: *Lost Horizon* (Soundtrack, mit anderen, 1973)

Pickett, Wilson (voc), am 18. März 1941 in Prattfield, Alabama, geboren, ist ein Soul-Interpret, über den der Kritiker Joachim von Mengershausen schreibt: «Seine Stimme ist hart, aggressiv und angestrengt; sie bindet die Töne kaum mehr, zersprengt ihr Folge, stößt die Rudimente aus – Pickett hat dem Soul die letzten Spuren von Onkel Tom-Freundlichkeit und Demut genommen, hat ihn gewissermaßen zerrockt.» In Detroit aufgewachsen, sang er zunächst in Kirchenchören und Gospelgruppen; 1959 wurde er Mitglied des R & B-Vokalensembles THE FALCONS, mit dem er 1962 (auf Lu-Pine Records) den Hit *I Found A Love* landete, der ihn für eine Solokarriere reif machte. Nach den Erfolgssingles *If You Need Me* (später von den → ROLLING STONES interpretiert), *It's Too Late, I'm Down To My Last Heartbreak* schloß er 1964 einen Vertrag mit der führenden Soul-Firma Atlantic. Auf der sorgfältig zusammengestellten LP *The Best of Wilson Pickett* ist die musikalische Entwicklung vom Gospelsänger zum Soulman vorbildlich dokumentiert. 1965/66 nahm Pickett seine von einem hochkommerziellen Verständnis für die Getto-Mentalität getragenen Atlantic-Platten in den Stax-Studios von Memphis mit den dortigen Begleitmusikern auf. Anschließend wählte er die rustikaler arbeitenden Soul-Werkstätten in Muscle Shoals, Alabama (Fame Record Studios), als Produktionsort. Überall brachte er Volltreffer mit Millionen- oder annähernd Millionenumsätzen hervor: *Midnight Hour, Don't Fight It, 634–5789, 99½ Won't Do* (1965/66), *Land Of 1000 Dances, Mustang Sally, Everybody Needs Somebody To Love* (1966), *I Found A Love, Funky Broadway, Stagger Lee* (1967), *She's Looking Good, I'm A Midnight Mover, Hey Jude* (1968), *Sugar, Sugar, Engine Number Nine* (1970), *Don't Let The Green Grass Fool You, Don't Knock My Love, Fire And Water* (1971). Auf der Bühne wirkte die Show des cleveren «Seelenverkäufers kältesten Wassers» (Werner Burkhardt), der sich in seinen besten Momenten total verausgaben konnte, gelegentlich emotional leer und nur noch routiniert. Da er den Weißen jegliches Verständnis für Soulmusik absprach, dosierte er sein Engagement je nach der rassischen Zusammensetzung des Publikums – getreu seiner Erkenntnis «There's all kinds of ways to trick whitey» (Es gibt eine Menge Tricks, die Weißen zu übervorteilen). Im Januar 1973, als seine Atlantic-Umsätze zurückgegangen waren, schloß er mit dem weißen Weltkonzern RCA einen Vertrag.

LPs auf Atlantic: *Saturday Night at the Uptown* (mit Partnern, 1964); *In The Midnight Hour* (1966); *The Exciting* (1966); *Wicked Picked* (1966); *The Sound of W. P.* (1967); *The Best of W. P.* (1967); *I'm in Love* (1968); *The Midnight Mover* (1968); *Great Hits* (1969); *Hey Jude* (1969); *Right On* (1970); *In Philadelphia* (1970); *Best of W. P. Vol 2* (1971); *Don't Knock My Love* (1971); *Greatest Hits* (1972) ... auf RCA Victor: *Mr. Magic Man* (1973); *Tonight I'm My Biggest Audience* (1973); *Miz Lend's Boy* (1973); *Pickett in the Pokket* (1974); *Live in Japan* (1974) ... auf Trip: *Wikkedness* (1971) ... auf Wand: *Great Hits* (1968)

Pink Floyd, das 1965 von vier Schulfreunden in Cambridge, England, gegründete Schrittmacher-Quartett des elektronischen Rock, bestand zunächst aus dem Sänger und Leadgitarristen Syd Barrett (geb. 6. Januar 1946 in Cambridge), dem Baßgitarristen und Sänger Roger Waters (geb. 6. September 1944 in Great Bookham), dem Pianisten und Organisten Rick Wright (geb. 28. Juli 1945 in London) und dem Schlagzeuger Nick Mason (geb. 27. Januar 1945 in Birmingham). 1968 wurde Barretts Part von David Gilmore, Jahrgang 1944, aus Cambridge übernommen. Anders als die meisten Rockbands, die ihren Gitarrenverstärkern in der Regel nur simples Rückkopplungsgeheul entlockten, erschlossen die PINK FLOYD – drei von ihnen hatten am Londoner Polytechnikum studiert – das ganze Arsenal elektronischer Sinustöne und Sägezahnklänge für die Popmusik. Mit den Science-fiction-Hörbildern ihrer Stücke *A Saucerful Of Secrets, Set The Controls For The Heart Of The Sun, Astronomy Dominé* und *Interstellar Overdrive*, zu denen sie im Londoner UFO-Club phantastische Lichtshows zelebrierten, «rockten und rollten» sie 1967/68 «in eine neue Musizier-Epoche» (‹The Observer›). Wo sie ihren sogenannten Azimuth-Koordinator aufstellten, schrien Möwen, plätscherte Wasser, ratterten Maschinengewehre, dröhnten Düsenflugzeuge, explodierten Bomben: Mit dem komplizierten, siebenkanaligen 360-Grad-Misch- und

Steuersystem ließen sich alle diese Geräusche von Tonbändern einspielen oder instrumental imitieren. Durch 100-Watt-Lautsprecher, die an allen vier Seiten der Konzertsäle angebracht waren, ermöglichte der Koordinator raffinierte Echowirkungen und einen vollendeten Quadroraumeindruck. Die Musik, empfand der Kritiker Tony Palmer, «scheint von deinem Nebenmann, von der Decke, von unter dem Sitz zu kommen, manchmal sogar aus deinem eigenen Gehirn». Das Jazzmagazin ‹Down Beat› in den USA bewunderte die «superbe Kontrolle der Strukturen und Effekte»; die ‹New York Times› lobte «eine Lebendigkeit, der klassische Elektronikwerke oft ermangeln». Die Anerkennung aus dem E-Musik-Lager und aus den internationalen Feuilletons verführte die Gruppe jedoch bald zu eklektizistischen Imitationen seriöser Konzertmusik und zur Gigantomanie. Die Dominantseptakkord-Reihen aus Bachs G-Moll-Präludium, mit mulmigem Schwellorgelklang intoniert, kehrten in ihren Stücken fortan häufig wieder. Mit dem aufwendigen Chor- und Orchesterwerk *Atom Heart Mother* gelang ihnen nur mehr «eine substanzlose Melange» aus Aaas und Ooos, aus Yeah und Sasasasa – «im Ganzen schmalzig und ein wenig schal» (‹Rolling Stone›). Spielfilme wie Antonionis ‹Zabriskie Point› und eine amerikanische Cartoon-Fernsehreihe waren mit dem Sphärengetön vortrefflich zu untermalen. Auch als sich die Musiker mit Mammut-Kompositionen wie *Echoes* oder *Dark Side Of The Moon* wieder stärker am Stil ihrer Anfangsjahre orientierten, konnten sie nicht darüber hinwegtäuschen, daß ihnen mit der Bewältigung der Elektronik keine zeitgemäße Ästhetik gelungen war. Aufs Ganze gesehen klingt die Pink Floyd-Musik kaum anders, als wenn man eine Violinsonate aus dem 19. Jahrhundert auf einer Hammondorgel spielt.

LPs auf Columbia (EMI): *Piper at the Gates of Dawn* (1967); *A Saucerful of Secrets* (1968); *More* (Soundtrack, 1969); *The Best of Pink Floyd* (1970) ... auf Harvest: *Ummagumma* (1969); *Atom Heart Mother* (1970); *Relics* (1971); *Meddle* (1971); *Obscured by Clouds* (1972); *The Dark Side of the Moon* (1973) ... auf MGM: *Zabriskie Point* (Soundtrack, mit anderen, 1970). Solo-LP Roger Waters of Harvest: *Music from the Body* (1970). Solo-LPs Syd Barrett auf Harvest: *The Madcap Laughs* (1970); *Barrett* (1970)

Pitney, Gene (voc, g, p, dr), am 17. Februar 1941 in Rockville, Connecticut, geboren, «hatte eine gewaltige Stimme, guten Stimmumfang und professionelles Gebaren, aber er entschied sich, mit einem Wimmerton wie eine elektrische Säge zu singen: schneidend, nervend, unerträglich» (Nik Cohn). Der auf einer Farm aufgewachsene Sohn polnischer Einwanderer hat es in allen seinen Jugend-Hobbies als Erwachsener zu internationalem Ansehen gebracht. Er ist ein passionierter und kenntnisreicher Philatelist, Numismatiker, Großwildjäger, Kurzwellentechniker, Sänger und Komponist. Als Elektronik-Student an der University of Connecticut leitete er eine Country & Western-Band. Seinem Vorstellungsbesuch bei New Yorker Plattenfirmen gab er 1960 durch ein selbstgefertigtes Demo-Tonband des Songs *I Want To Love My Life Away* Gewicht, auf dem er siebenstimmig und an allen Instrumenten zu hören war. Er bekam einen Plattenvertrag bei Musicor Records, ersten Ruhm jedoch heimste er als Songlieferant für andere Interpreten ein. Sein *Hello Mary Lou* wurde in der Version → Ricky Nelsons ein Hit, *He's A Rebel* sangen die Crystals in die Charts. 1963 verlegte Pitney seine Operationsbasis nach London und machte dort mit *24 Hours From Tulsa, I'm Gonna Be Strong, Lookin' Thru The Eyes Of Love, Princess In Rags* den → Beatles erfolgreich Konkurrenz. An stilistischer Identität war ihm stets weniger gelegen als an Bestseller-Präsenz – sei es auch nur auf kleinen Märkten. Daher nahm der extrem sprachbegabte Sänger von 1966 an vielfach Songs in Sprachen der Länder auf, die er besuchte. Beim San Remo-Festival im Januar 1966 belegte er mit dem italienisch vorgetragenen Lied *Nessuno mi puo giudicare* den zweiten Platz. In der Geschichte der Rockmusik hat Pitney kaum Spuren hinterlassen, aber er hat Rocktechniken derart erfolgreich auf seine Kommerzweisen angewandt, daß er heute ein durch Tantiemen-Einnahmen finanziertes Medien-Kartell mit Musikverlagen, Werbeagenturen und Plattenproduktionen regiert.

LPs auf Musicor: *Just For You* (1963); *Only Love Can Break A Heart* (1963); *Many Sides* (1963); *World Wide Winners* (1963); *Fair Ladies of Folkland* (1964); *Blue Gene* (1964); *Big 16* (1964); *Backstage* (1966); *Bein Together* (1966); *More, Vol 2* (1966); *More, Vol. 3* (1966); *Español* (1966); *Famous Country Duets* (1966); *I Must Be Seeing Things* (1966); *It Hurts to Be in Love* (1966); *Italiano* (1966); *It's Country Time Again* (1966); *Looking Thru the Eyes of Love* (1966); *Nessuno Mi Puo Giudicare* (1966); *Show* (1966); *Pitney with George Jones* (1966); *Country Side* (1968); *Young & Warm & Wonderful* (1968); *Golden Greats* (1968); *Greatest Hits* (1968); *Just One Smile* (1968); *She's a Heartbreaker* (1969); *Sings Burt Bacharach* (1969); *Singing The Platters* (1970); *Super Star* (1972); *Ten Years After* (1972); *Golden Hour* (1972)

The Platters wurden 1953 in Los Angeles von Buck Ram, einem ehemaligen Sänger der Ink Spots, als Vokal-Quintett etabliert. Tony Williams (erster Tenor), David Lynch (zweiter Tenor), Paul Robi (Bariton), Herbert Reed (Baß) und Zola Taylor (Sopran) ersangen sich bis 1959/60 14 Millionenseller in einem Stil, «der Banalität an einen Punkt brachte, wo sie sich mit wahrer Inspiration berührte» (Nik Cohn). Im Gegensatz zu den Ink Spots, die aus dem Kontrast von Falsett- und Baß-Stimme reizvolle Gruppenharmonien bildeten, ließ Ram den Tenor Williams schwerfällig zu minimaler Orchesterbegleitung rhapsodieren, während die vier anderen Sänger im Hintergrund murmelten und summten. Das war gut kalkulierter Pop-Gesang für den weißen wie für den schwarzen Markt: Williams schwelgerische Gefühlsausbrüche täuschten Blues-Diktion vor; andererseits gebärdete sich die Gruppe beim Vortrag ihrer klischeebefrachteten Balladen diszipliniert genug, um konservativen Geschmack nicht zu verschrecken. Der erste Hit nach diesem Schema war *Only You* (1955), gefolgt von *The Great Pretender*, *My Prayer* und *Magic Touch* (1956), *Twilight Time* (1958) und *Smoke Gets In Your Eyes* (1959). Zu dieser Zeit löste sich die Erfolgstruppe auf. Ram stellte eine neue Platters-Formation zusammen, der 1973 Monroe Powell, Sherman Jones, Harold Howard, Gene Williams und Lita Fonza angehörten. Die fünf sangen die Hits ihrer Vorgänger originalgetreu für ein Publikum nach, das in seiner Jugendzeit die Platters als ersten Kontakt zum Rhythm & Blues erlebte.

LPs auf Mercury: *Encores; Flying Platters; Remember* (1959); *Encore of Golden Hits* (1960); *More Encore of Golden Hits* (1960); *Reflections* (1960); *Golden Hits of the Groups* (Sampler, 1964); *Tenth Anniversary Album* (1967) ... auf Musicor: *I Love You 1000 Times* (1966); *Have the Magic Touch; Going Back to Detroit; New Golden Hits; Sweet, Sweet Lovin'; I Get the Sweetest Feeling* (1968); *Golden Hour; Only You* ... auf Pickwick: *In the Still of the Night*

Poco, 1968 in Los Angeles zunächst unter dem Namen der Comic-Strip-Figur Pogo gegründet, spielte Country-gewürzten Rock nach dem Vorbild von → Buffalo Springfield – im Gegensatz zu diesen aber in einer Atmosphäre «kollektiven Überschwangs» (‹Zygote›), die sich im Titelsong ihres ersten Albums manifestierte: «Well there's just a little bit o' magic in the country music we're singin', so let's begin. We're bringin' you back down home where the folks are happy, sittin' pickin' and a-grinnin' casually, you and me» (*Pickin' Up The Pieces*). Nach dem unrühmlichen Ende ihrer Band Buffalo Springfield hatten Richie Furay (g, voc), Jim Messina (g, voc) mit George Grantham (dr, voc), Rusty Young (g, voc) von der Boenzye Creque aus Denver, Colorado, sowie Randy Meisner (bg, voc) von The Poor das Poco-Quintett gebildet, wobei Meisner kurze Zeit später durch Timothy Schmit ersetzt wurde. Ihr optimistischer, swingender Hillbilly Rock, dessen Texte sozial-politische Problematik weitgehend aussparten, munterte selbst sentimentale Passagen noch durch quirlige Instrumentals und behende Vokalharmonien auf. Bei Live-Auftritten animierten die Musiker ihr Publikum dermaßen, daß sich beispielsweise die Zuhörer ihres ersten großen Sommer-Konzertes 1970 im New Yorker Shea Stadion im Übermut mit dem Inhalt ihrer Picknickkörbe bewarfen und die Riesen-Arena zu einem Lebensmittel-Schlachtfeld verunreinigten. Die Begeisterung der Plattenverkäufer war dagegen nicht annähernd so groß. Oftmals abgetan als leichtgewichtige Country-Entertainer, erreichte POCO nicht den kommerziellen Erfolg stilistisch vergleichbarer Gruppen wie → THE FLYING BURRITO BROTHERS oder → EAGLES. Das Ausscheiden Messinas, der 1971 im Duo → LOGGINS & MESSINA wieder auftrat, ermöglichte der Band eine musikalische Richtungskorrektur. Das neue Mitglied Paul Cotton (g, voc), vormals bei THE ILLINOIS SPEED PRESS, brachte POCO auf einen deftigen Rock 'n' Roll-Kurs. Der Mangel an Hitmaterial führte jedoch zu einer zunehmenden Frustriertheit des Ensembles, das sich krampfhaft bemühte, die Erfolgsformeln gleichartiger Bands für sich auszuwerten. Trotz ständig verbesserten stilistischen Niveaus schien POCO 1973 unter Substanzmangel zu zerbrechen, als der Haupt-Songlieferant Furay ausschied und sich mit Chris Hillman, John David Souther zusammentat. Unter der superben musikalischen Anführung Rusty Youngs fiel das Rest-Quartett jedoch wieder qualitativ auf die Füße.

LPs auf Epic: *Pickin' Up the Pieces* (1969); *Poco* (1970); *Deliverin'* (1970); *From the Inside* (1971); *A Good Feelin' to Know* (1972); *Crazy Eyes* (1973); *Seven* (1974); *Cantamos* (1974)

The Pointer Sisters, vier Töchter des Prediger-Ehepaares Elton und Sarah Pointer aus dem Getto von West Oakland, Kalifornien, sangen als Kinder in benachbarten Vorgärten, «und die Leute warfen mit Nickels und Dimes nach uns». Nach ihrem Showbusiness-Start am 15. Mai 1973 im «Troubadour» von Los Angeles wurden Amerika und Europa zu ihrem Spielplatz und sie selbst als «heißester neuer Musik-Akt des Jahres» (‹Newsweek›) mit Dollars überhäuft. In weniger als einem Jahr erntete das in Secondhand-Kleidern aus den vierziger Jahren auftretende Quartett eine Hit-Single und ein Gold-Album, absolvierte eine Europa- und zwei USA-Tourneen und trat dreizehnmal in fast allen wichtigen amerikanischen TV-Musikshows auf. Grund der Beliebtheit: Ruth, Anita, Bonnie und June Pointer, zwischen 1946 und 1954 geboren, intonieren mit Verve und Spaß Popmusik nach dem Geschmack von Großvater, Vater und Sohn. Vom Uralt-Schlager *Swanee River* und dem Dixieland-Klassiker *Jada* bis zu → Willie Dixons rockendem *Wang Dang Doodle* wird von ihnen Amerikas Show-Biz-Vergangenheit auf einen ebenso nostalgischen wie komödiantischen Nenner gebracht: «Wir sind nicht Jazz und nicht Rhythm & Blues, sondern eine neue Kategorie – Variety» (Ruth). Seit die Andrews- und Clark-Sisters verstummt und die Jazz-Vokalartisten Lambert, Hendricks & Ross auseinandergegangen sind, hat kaum eine Singgruppe derart virtuos im Big-Band- und Combo-Sound geswingt. Bonnie und June begannen damit, zaghaft, schon 1969 unter dem Duo-Titel THE POINTERS, A PAIR. Als Trio, mit Anita, halfen sie sodann als Backup-Group in kalifornischen Studios: unter anderem bei Aufnahmen von → ‹Elvin Bishop, → TOWER OF POWER, → TAJ MAHAL, → Dave Mason, → Esther Phillips. Bevor schließlich im Dezember 1972 Ruth das Schwestern-Quartett komplettierte, wurden bei Atlantic zwei Singles gemacht, die so gut wie ungehört blieben, aber eine groteske Nachwirkung hatten. Sie verhinderten, daß die National Academy of Recording Arts and Sciences die POINTER SISTERS in ihrem ersten Erfolgsjahr 1973 als «Best New Artists» akzeptierte und sie infolgedessen keinen Grammy-Preis bekamen. Als «bestes internationales Pop-Nachwuchsensemble» wurden sie jedoch im Mai 1975 von der Deutschen Phono-Akademie preisgekrönt.

LPs auf Blue Thumb: *The Pointer Sisters* (1973); *That's a Plenty* (1974); *Live at the Opera House* (1974)

Presley, Elvis Aron (voc, g), am 8. Januar 1935 in Tupelo, Mississippi, als Sohn des Landarbeiters Vernon Presley und seiner Frau Gladys geboren, verkörperte als «archetypischer Held der amerikanischen Populärkultur» (‹twen›) den Mythos des Rockers par excellence – mit Aggressivität, grobschlächtiger Sinnlichkeit und der Schwermut des Außenseiters. Aus dem Bodensatz der Gesellschaft schwang sich der «Anwalt der unterdrückten Teenager-Sehnsüchte» (Franz Schöler), dessen Zwillingsbruder Jesse Garon kurz nach der Geburt gestorben war, zum Multimillionär auf, der beinahe jede Honorarsumme für seine Darbietungen fordern kann. Bis 1975 hatte Presley rund 300 Millionen LPs und Singles abgesetzt und rangierte damit gleichwertig neben dem bis dahin ungeschlagenen Bestseller Bing Crosby. Für mehr als 60 Singles und 25 LPs nahm der höchstbezahlte Entertainer der Welt, Headliner in über 30 Hollywoodfilmen, Goldtrophäen entgegen. Seine Fernsehshow ‹Aloha from Hawaii› am 14. Januar 1973 wurde über Satellit weltweit live übertragen und von etwa einer Milliarde Menschen gesehen – auf den Philippinen bei einer Einschaltquote von 91 Prozent. Dieser beinahe magische Konsensus zwischen Sänger und Publikum funktionierte in den ersten Jahren seiner beispiellosen Karriere noch ohne Massenmanipulation. Elvis war damals der natürliche Outlaw, ein schüchterner Junge, der seine Mutter abgöttisch verehrte, sich während seiner Schuljahre Haare und Koteletten zur Selbstbestätigung lang wachsen ließ, die von Weißen verschmähten schwarzen Radiostationen abhörte und seine Zweidollarfünfzig-Gitarre nach dem Rhythm & Blues von Gettoidolen wie → Arthur Crudup, Junior Parker, Chuck Willis stimmte. Der Song *My Happiness*, den er im Sommer 1953 als Geburtstagsgruß für seine Mutter im Plattenstudio von Sun Records in Memphis sang und pressen ließ, war in jenem Jahr ein aktueller Hit des Negerensembles The Ink Spots. Sun-Inhaber Sam Phillips, der den jungen Lastwagenfahrer der Crown Electric Company daraufhin zunächst widerstrebend unter Vertrag genommen hatte, lancierte Presleys Cover-Version von Crudups 1940 veröffentlichtem Blues *That's All Right, Mama* sowie des Bill Monroe-Bluegrass-Stückes *Blue Moon Of Kentucky* im August 1954 auf lokale Rundfunkwellen und erhielt in den darauffolgenden Tagen 5000 Bestellungen. Mit seinen ständigen musikalischen Begleitern Scotty Moore (g), Bill Black (bg), J. D. Fontana (dr) entwickelte Presley sodann im Sun-Studio jenen Rockabilly-Personalstil, eine Melange aus Country, Blues, Gospel und Rock 'n' Roll, der «die Musikwelt entflammen» sollte (‹The Memphis Commercial Appeal›). Nachdem *Baby, Let's Play The House* im Juli 1955 bis auf Platz 15 der nationalen Country-Bestsellerliste vorgestoßen und Elvis aus einer Discjockey-Umfrage als «vielversprechendster Country & Western-Star» hervorgegangen war, erwarb der New Yorker RCA-Konzern den Sun-Schallplattenkontrakt mitsamt allen bereits gefertigten Aufnahmen für 35 000 Dollar sowie eine Abschlagszahlung von 5000 Dollar für den Künstler. Am 28. Januar 1956 präsentierte Presley in der ‹Tommy and Jimmy Dorsey Stage Show› seinen ersten RCA-Titel *Heartbreak Hotel.* «Er ließ seine weitgespreizten Beine schlottern», erinnerte sich sein Biograph Jerry Hopkins, «und zuckte kaum merklich mit dem rechten Knie. Es war eine Art Mischung von rasantem Schlürfen und Charleston-Geschlenker. Er grinste höhnisch, senkte seine Augenlider, lächelte aus dem linken Mundwinkel und zuckte mit den Hüften. So etwas hatte das amerikanische Fernsehpublikum noch nie gesehen; und Elvis bot es ... im Fernsehen ... von Küste zu Küste.» *Heartbreak Hotel* verkaufte sich auf Anhieb eineinhalb Millionenmal. In einer Woche im September 1956, in der Presley bei einer Sehbeteiligung von 82,6 Prozent in der Ed Sullivan-Fernsehshow auftrat, warf RCA sieben Singles gleichzeitig auf den Markt – unmittelbar gefolgt vom Titelsong *Love Me Tender* des ersten Presley-Films, der eine Singleauflage von sieben Millionen erreichte. Es kam die Zeit, da sich der Sänger im goldenen Cadillac mit Perlmuttdach zum hysterischen Kreischen verzückter Teenager auf die

Konzertbühne chauffieren ließ und auf dem Cover einer LP erklärte: «50 Millionen Elvis-Fans können sich nicht irren.» Zwar wetterten die professionellen Kritiker in der ganzen Welt einhellig wie nie zuvor gegen den «Alptraum an schlechtem Geschmack» (‹Look›), den «Striptease in Kleidern» (‹New York Times›) und die «aufdringliche Barbarei» (‹Encyclopedia Britannica›), aber das allerorten vorausgesagte baldige Ende der Presleymanie blieb aus – dank der «genial gelungenen Strategie eines cleveren Unternehmers» (‹Die Zeit›). Von Anfang an wurde Presleys Karriere von seinem Manager «Colonel» Tom Parker gelenkt. Der einstige Tingeltangel-Schausteller, der im US-Süden vordem Spatzen gelb angemalt und als Kanarienvögel verkauft sowie «tanzende Hühner» auf heißen Blechplatten zur Jahrmarktsattraktion erhoben hatte, «trieb einen Wucher mit Elvis' Pfunden, der zwar maßlos und lachhaft war, aber dennoch ständig erstaunliche Erfolge brachte» (‹Die Welt›). Parker sorgte dafür, daß Presley auch während seiner Militärzeit in Deutschland (1958 bis 1960) in den Schlagzeilen blieb, obgleich er sich keine privaten Exzesse zuschulden kommen ließ. Er konnte es sich leisten, bei einer TV-Show nur 2500 Dollar für den Presley-Auftritt zu verlangen und auf die Frage nach dem Grund für diesen billigen Tarif zu antworten: «Die restlichen 47 500 Dollar kassieren wir für den Abgang.» Er erhielt die geforderten 25 000 Dollar Zusatzhonorar bei einer MGM-Filmproduktion, in der Elvis vor der Kamera seine eigene Armbanduhr getragen hatte – Parker: «Daß er seine eigene Garderobe beibringen muß, war nicht ausgemacht.» Er setzte sogar die Komponisten, die für seinen Schützling schreiben wollten, mitunter derart unter Druck, daß sie den Sänger als angeblichen Co-Autor an ihren Tantiemen beteiligten – Eigentümer des Musikverlags: «Colonel» Parker. Für ihn war Presley wohl wirklich von Anfang an «die ideale Marionette für lukrative Überlegungen, der Idealfall eines geglückten Managements, die traurige Karikatur eines Rockers, dem man nach erfolgreicher Gehirnwäsche jegliche Vitalität ausgetrieben hat» (Franz Schöler). Das Wirken des Managers reicht freilich nicht aus, den überdimensionalen Initialerfolg des Sängers in den Jahren 1956 bis 1958 zu erklären. Auch die Tatsache, daß die damals kommerziellsten Produzenten Jerry Leiber und Mike Stoller den Top-Rokker betreuten, ist als Grund für das Presley-Charisma ungenügend. «Elvis tat nichts anderes», schrieb die Londoner ‹Times›, «als das Höllenfeuer und die Verdammungsintensität der Pentecostal-Gemeinde, der er in seiner Jugend angehörte, in ein *Good Rockin' Tonight* zu übersetzen.» Aber auch das definiert die Erfolgsformel nicht genau. Presleys Songs waren – zumal im Anfang – stets dreidimensional in Text, Musik und Live-Interpretation. Die Texte seiner Lieder spiegelten allenfalls eine unschuldige, pubertäre Teenager-Erotik und stießen deshalb bei den Rundfunksendern kaum auf Ablehnung. Seine vokale Interpretationsweise deutete diese Texte, für Zensurinstanzen unwägbar, durch eine sexuell wirksame Atem-Geräuschtechnik und sinnliche Dehnungen als laszives Kopfkissengeflüster während eines Beischlafs aus. Auf der Bühne schließlich wirkte der «Wolf (Stimmton) im Schafspelz (Texte)» (‹The Guardian›) durch die eindeutigen Bewegungen seines Unterleibs unmaskiert «wie ein sexueller Freibeuter» (Geoffrey Cannon) – und wurde damit insgesamt zum Teenager-Idol. Als «Dr. Jekyll and Mr. Hyde des Rock 'n' Roll» (Schöler) nach acht Jahren ausschließlicher Filmtätigkeit, in der sich bei aller «kriminellen Vergeudung seines Talents» (Producer Jack Good) der Mythos während der → Beatles- und → Dylan-Zeit am besten bewahren ließ, gelang ihm dann auch «das vielleicht eindrucksvollste Comeback in der Geschichte der Popmusik» (‹Time›). Im Januar 1969 betrat er nach 14 Jahren wieder ein Plattenstudio in seiner Heimatstadt Memphis und nahm eine Reihe von Songs auf, die stilistisch an seine Sun-Zeiten und an die Rythm & Blues-Einflüsse seiner Jugend erinnerten. Dieser Comeback-Session war eine gleichermaßen spektakuläre TV-Show vorausgegangen, in der «Elvis Aeternus» (‹Time›) sich als zeitloser Rocker re-stilisierte, dem der Übergang von der «Folk Art» seiner primitiven Anfänge bis zur «Popular Art» seiner kommerziell gelenkten Gegenwart ohne Bruch, unter Mitnahme und Verstärkung seiner Anhängerschar, gelungen war. Sein von 696 Schautafeln und 100 Radiospots angekündigtes Live-Comeback in Las Vegas 1970 brachte den Mythos aus dem Film-Kabinett unter die gealterten Fans und Nachwuchs-Anhänger, die seinen Auftritten wie Ritualen beiwohnten. Entscheidend für die Massen-Suggestion war nicht mehr die Qualität seiner Performance, sondern allein seine Präsenz. Diese Maßlosigkeit in der Vorführung eines Idols wurde am beklemmendsten deutlich, als Parker einer Vierfach-Kassette mit alten Presley-Hits angebliche Stoffteile von Elvis-Bühnengarderobe beilegen ließ, die die Käufer wohl wie Reliquien verwahren sollten. Auch musikalisch enthielten alle Presley-Alben der neueren Zeit neben gelungenen Reminiszenzen der Anfangsjahre derartigen Müll. «Es gibt um alles in der Welt keinen Grund», schrieb ‹Rolling Stone›, «warum er nicht ein Album macht, das von Anfang bis Ende gut ist. Muß er sich denn völlig wegwerfen?» Elvis: «Als ich ein Junge war, sah ich mich immer als den Helden in Comic-Büchern und Filmen. Ich wuchs auf im Glauben an diesen Traum. Nun habe ich ihn erlebt. Mehr kann sich ein Mensch nicht wünschen.»

LPs auf RCA: *Loving You* (1957); *Christmas Album* (1957, re-issue 1970); *Elvis Presley* (1957); *King Creole* (Soundtrack, 1958); *Golden Records, Vol. 1* (1958); *Elvis* (1959); *A Date with Elvis* (1959); *For LP Fans Only* (1959); *Golden Records, Vol. 2* (1960); *Elvis is Back* (1960); *G. I. Blues* (Soundtrack, 1960); *His Hand in Mine* (1960); *Something for Everybody* (1961); *Blue Hawaii* (Soundtrack, 1961); *Pot Luck with Elvis* (1962); *Rock 'n' Roll No. 2* (1963); *Girls! Girls! Girls!* (Soundtrack, 1963); *It Happened at the World's Fair* (Soundtrack, 1963); *Fun in Acapulco* (Soundtrack, 1963); *Golden Records, Vol. 3* (1964); *Kissin' Cousins* (Soundtrack, 1964); *Roustabout* (Soundtrack, 1964); *Girl Happy* (Soundtrack, 1965); *Flaming Star and Summer Kisses* (1965); *Elvis for Everyone* (1965); *Harem Holiday* (Soundtrack, 1966); *Frankie and Johnny* (Soundtrack, 1966); *Paradise, Hawaiian Style* (Soundtrack, 1966); *California Holiday* (1966); *How Great Thou Art* (1966); *Double Trouble* (Soundtrack, 1967); *Clambake* (Soundtrack, 1967); *Golden Records, Vol. 4* (1968); *Speedway* (Soundtrack, 1968); *Elvis Sings Flaming Star and Others* (1969); *TV Special* (TV-Soundtrack, 1969); *From Elvis in Memphis* (1969); *From Memphis to Vegas, From Vegas to Memphis* (Doppelalbum mit den LPs *In Person, Back in Memphis,* 1970); *Let's Be Friends* (1970); *On Stage* (1970); *Worldwide 50 Gold Award Hits* (4-LP-Kassette, 1970); *Almost in Love* (1970); *That's the Way It Is* (Soundtrack, 1971); *I'm 10 000 Years Old – Elvis Country* (1971); *Love Letter from Elvis* (1971); *C'mon Everybody* (1971); *I Got Lucky* (1971); *You'll Never Walk Alone* (1971); *Worldwide 50 Gold Award Hits – the Other Sides, Vol. 2* (4-LP-Kassette, 1971); *Elvis Now* (1972); *He Touched Me* (1972); *Live at Madison Square Garden* (1972); *Hits from His Movies* (1972); *Burning Love & Hits from His Movies* (1972); *Separate Ways* (1973); *Aloha from Hawaii* (1973); *Elvis* (1973); *A Legendary Performer* (1973); *Good Times* (1974); *Having Fun on Stage* (1974); *Raised on Rock/For Ol' Times Sake* (1974); *Recorded live on Stage in Memphis* (1974)

Preston, Billy (voc, keyboards), am 9. September 1946 in Houston, Texas, geboren, hat sich mit einem phänomenalen musikalischen Erinnerungsvermögen, brillanter Tastentechnik und stilistischer Einfühlungsgabe vom Begleitmusiker zum Solo-Star hochgedient. Schon als Kind konnte er die Improvisationen des Gospel-Organisten in der Grace Memorial Church of God in Christ in Los Angeles nach den Gottesdiensten Note für Note nachspielen; als Zehnjähriger war er bereits auf dessen Platz gerückt. Sein Profi-Debüt als Gospel-Klavierspieler gab der Teenager 1956 in einer Fernsehshow von Mahalia Jackson, die er anschließend auf einer Tournee begleiten durfte. Etwa zur gleichen Zeit spielte er im Film ‹St. Louis Blues› die Rolle des jungen Blueskomponisten W. C. Handy. 1962 kam Preston mit der Gospel-Revue von → Little Richard erstmals nach Europa und traf im Hamburger «Star-Club» mit den damals noch unbekannten → BEATLES zusammen. Drei Jahre lang gehörte er der Tourneeband von → Sam Cooke an, leitete anschließend das Ensemble THE SOULETTES, aus dem die Sängerin Merry Clayton hervorging, und arbeitete als Studiomusiker für die TV-Serie ‹Shindig›, in der er unter anderen → Ray Charles zu assistieren hatte. Charles war von Prestons perfekter Imitation seines eigenen Stils derart beeindruckt, daß er ihn engagierte und in seinen Konzerten als den Mann vorstellte, «der fortführen wird, was ich begonnen habe, wenn ich das Showgeschäft einmal verlasse». Bei einer Ray Charles-Übertragung im englischen Fernsehen sah ihn Beatle → George Harrison und erinnerte sich der gemeinsamen «Star-Club»-Zeit. Fortan gehörte Preston zum BEATLES-Clan. Er beteiligte sich an den Platten *Abbey Road, Let it Be* sowie an fast allen Solo-LPs der Ex-BEATLES (außer denen von → Paul McCartney), produzierte für die BEATLES-Firma Apple zwei eigene Alben und machte im Concert for Bangla Desh 1971 mit so prominenten Sidemen wie → Eric Clapton, → Leon Russell, → Ringo Starr und → George Harrison als Star-Performer Furore. Daneben bereicherte er LPs von → Carole King, → Stephen Stills, → IKE & TINA TURNER, Merry Clayton sowie vor allem der → ROLLING STONES (*Exile on Main Street*) durch sein maßgerechtes Piano- und Orgelspiel. Mit den selbstkomponierten Eigenproduktionen *Outa Space, Will It Go Round In Circles, Nothing From Nothing* gelangen ihm 1972/74 Nummer-1-Singlehits. Im Herbst 1973 war der überzeugte Christ mit seiner Band THE GOD'S SQUAD und den ROLLING STONES auf Europa-Tournee.

LPs (Auswahl) mit → Sam Cooke, → Ray Charles, → THE BEATLES, → THE ROLLING STONES → Carole King, → Stephen Stills, → IKE & TINA TURNER. Solo-LPs auf Apple: *That's the Way God Planned It* (1969); *Encouraging Words* (1970) ... auf A & M: *I Wrote A Simple Song* (1971); *Music is My Life* (1972); *Everybody Likes Somekind of Music* (1973); *Live-European Tour* (1974); *The Kids and Me* (1974) ... auf GNP: *Soul'd Out* (1974) ... auf Pickwick: *Organ Transplant* ... auf Joy: *The Most Exciting Organ Ever* (1968) ... auf Exodus: *Hymns Speak from the Organ* ... auf Buddah: *Billy Preston* ... auf Vee Jay: *Early Hits* (1965). LPs mit Merry Clayton auf A & M: *Merry Clayton* (1971); *Gimme Shelter* (1973)

The Pretty Things, 1964 in London gegründet, benannten sich nach der → Bo Diddley-Komposition *Pretty Thing* und zerspielten amerikanische Rhythm & Blues-Vorlagen mit einer Brutalität, daß die → ROLLING STONES neben ihnen «wie die sprichwörtliche Teegesellschaft im Pfarrhaus» (Nik Cohn) wirkten. Dick Taylor, Leadgitarrist der auf «abstoßend» getrimmten Truppe, hatte zunächst bei den STONES Rhythmusgitarre gespielt, bevor er mit Phil May (voc) die PRETTY THINGS zusammenstellte. Das Quintett wurde komplettiert durch John Stax (bg), Brian Pendleton (g), Viv Prince (dr). Zu jener Zeit, da die → WHO, → ANIMALS, → YARDBIRDS bei den englischen Halbwüchsigen den richtigen Ton angaben, gelangen auch den THINGS einige Hits, so *Rosalyn, Don't Bring Me Down* (1964), *Rainin' In My Heart* (1965). Mit ihrem derben Popmusik-Verschnitt klassischer Bluesstrukturen hatten sie jedoch nach 1966 in der von → BEATLES, → JEFFERSON AIRPLANE, → PINK FLOYD dominierten Ära des psychedelischen oder artifiziellen Rock wenig Glück. Während jener Dürrezeit änderte die Gruppe ständig ihre Besetzung, ohne dadurch an Attraktivität zu gewinnen. So kamen und gingen bis 1971 Victor Unitt (g), Skip Alan (dr), John Alder (dr), Wally Allen (bg). Auf der LP *S. F. Sorrow* (1968) boten die PRETTY THINGS harmonischere Klänge in Form einer Pop-Oper mit lyrischen Texten, die an die → BEATLES erinnern mochten. Nach 1972 probierten sie einen Mischklang aus hartem Blues Rock und folkloristischer Elegie à la → CROSBY, STILLS, NASH & YOUNG. Trotz gelegentlicher Brillanz-Partien konnten May, Povey, Tolson, Alan, die Baßgitarristen Stuart Brooks, Gordon Edwards sowie (auf *Silk Torpedo*) Jack Green (voc) den Plattenkäufern kein individuelles Image präsentieren.

LPs auf Fontana: *We'll Be Together* (1964); *Get the Picture* (1965); *Emotions* (1967); *Attention! The Pretty Things!* (1973) ... auf Columbia: *S. F. Sorrow* (1968) ... auf Harvest: *Parachute* (1970) ... auf Warner Brothers: *Freeway Madness* (1972) ... auf Swan Song: *Silk Torpedo* (1974)

Previn, Dory (voc), am 22. Oktober (vermutlich) 1927 in Woodbridge, New Jersey, geboren, hat als Komponistin/Textdichterin/Sängerin mehr mit der Chansontradition etwa Jacques Brels gemeinsam als mit der Rockmusik. Dennoch fand ihre sensitive, zuweilen neurotische Songpoesie 1971/72 vor allem bei der desillusionierten Rockgeneration Widerhall. Die Tochter eines streng katholischen Arbeiters, der früher Klarinette geblasen hatte, mußte schon mit elf Jahren in Kneipen singen, um zum Lebensunterhalt der Familie beizutragen. Nachdem sie der Vater einmal monatelang im Eßzimmer eingeschlossen hatte, versuchte sie verzweifelt (aber erfolglos), als Sängerin, Tänzerin und Schauspielerin zu reüssieren. Von der Lektüre Kafkas, James Joyces und T. S. Eliots angeregt, begann sie Kurzgeschichten, Werbeslogans, TV-Scripts und Songtexte für Hollywoodfilme zu verfassen. Zur Zeit ihrer Ehe mit dem Komponisten André Previn – sie war ständig in psychoanalytischer Behandlung – wurden mehrere ihrer Liedtexte für Academy Awards nominiert (aber schließlich doch nicht preisgekrönt). Als Previn sie 1969 verlassen hatte, um die Ex-Sinatra-Gattin Mia Farrow zu heiraten, verbrachte sie vier Monate in einem Nervensanatorium und schrieb Lieder, «um Ordnung in das seelische Chaos zu bringen». Seitdem handelt ihre Lyrik, die sie mit resignativer Stimme zu selbstkomponierten Melodien vorträgt, von jungen Mädchen, die in Ehen einbrechen (*Beware Of Young Girls*), von alternden Frauen mit jungen Liebhabern (*Lemon Haired Ladies*), vom Selbstmord einer Schauspielerin, aus der kein Star geworden ist (*Mary C. Brown And The Hollywood Sign*), und vom Tod der → Janis Joplin (*A Stone For Bessie Smith*). Dory Previn, die auch ein noch ungespieltes Musical über ihr Leben im Schubfach hat, besingt «mit der Auffassung eines Dylan, der melancholischen Stimmung eines Tim Hardin, der Detailtreue eines Leonard Cohen und dem stillen Humor eines Tom Paxton» (‹The Cincinnati Enquirer›) die geheimen Träume, Phantasien, Enttäuschungen und Todessehnsüchte des – zumeist weiblichen – Individuums. Sie tut es, «um zu überleben». Einige ihrer Songtexte wurden vom Verlag McCall (‹On My Way to Where›) auch in Gedichtform veröffentlicht.

LPs auf Mediarts: *On My Way to Where* (1970); *Mythical Kings and Iguanas* (1971) ... auf United Artists: *Reflections in a Mud Puddle* (1972); *Mary C. Brown* (1973); *At Carnegie Hall* (1973) ... auf Warner Brothers: *Dory Previn* (1974)

Price, Alan (p, org, voc), am 19. April 1942 in Fatfield, England, geboren, war Pianist und Organist der ersten Welthits der → Animals im Jahre 1964; Beispiel: *House Of The Rising Sun*. Er hatte mit sechs Jahren Klavierspielen gelernt, mit zwölf den Rock 'n' Roll von → Jerry Lee Lewis entdeckt und war nach der abgebrochenen Laufbahn eines Steuerinspektor-Lehrlings mit sechzehn Berufsmusiker geworden. 1965 verließ er die Animals, weil er eine krankhafte Angst vor dem Fliegen entwickelte und die Weltreisen der Erfolgstruppe seine Nerven zu sehr strapazierten. 1966 formierte er mit Clive Burrows (sax, fl, dr), Steve Gregory (ts, fl), John Walters (tp), Rod Slade (bg), Little Roy (sax, fl, dr) und anderen sein Alan Price Set, das in den beiden folgenden Jahren Hits wie *I Put A Spell On You, Hi-Lili Hi-Lo, Simon Smith And His Amazing Dancing Bear, The House That Jack Built, Don't Stop The Carnival* hervorbrachte. 1968 löste er das Ensemble auf, um eine eigene Kinder-Fernsehserie zu gestalten: ‹Price to Play›. Ab 1969 gab er mit wechselnden Besetzungen (Alan Price and Friends) wieder Konzerte und trat in weiteren TV-Sendungen auf: in der Kinderreihe ‹Monster Music Mash› sowie zusammen mit → Georgie Fame in ‹The Price of Fame› und ‹Fame at Any Price›. Für das David Storey-Bühnenstück ‹Home› im Londoner Royal Court Theatre und für den Film ‹O Lucky Man!›, in dem er auch als Schauspieler mitwirkte, komponierte er die Musik. Seit 1970 produzierte er einige Schallplatten von Georgie Fame, mit dem er 1972 ein Live-Team bildete. Sein mit Streicher-, Bläser- und Synthesizer-Klängen brillant produziertes Album *Between Today and Yesterday* bot ein persönliches Zeitporträt voller Erinnerungen, Optimismus und Melancholie.

LPs auf Columbia/EMI mit → THE ANIMALS ... auf Decca: *The Price to Play* (1966); *A Price on His Head* (1967); *The Price is Right* (1967); *The World of Alan Price* (1970) ... auf CBS: *Fame & Price Together* (1971) ... auf Warner Brothers: *O Lucky Man!* (1973); *Between Today and Yesterday* (1973)

Price, Lloyd (voc, p, g), am 9. März 1935 als Sohn eines Gitarristen und einer Gospelsängerin in New Orleans geboren, spielte auf dem Piano Gitarrensynkopen und phrasierte mit schwerer Bluesstimme über springlebendigen Rhythmen. In dieser Technik gelangen ihm einige der muntersten Hits für die Rhythm & Blues-Jukebox der fünfziger Jahre. Auf dem Specialty-Label, das auch die besten Aufnahmen von → Little Richard und → Fats Domino registrierte, brachte Price 1951 seinen ersten Millionenerfolg heraus. *Lawdy Miss Clawdy* fand sich später im Repertoire fast jedes weißen oder schwarzen Rock 'n' Roll-Sängers und regte seinen Label-Kollegen Larry Williams zu der Kopie *Dizzy Miss Lizzy* an, die 1965 auch von den → BEATLES eingespielt wurde. Nach der Militärzeit und einer nicht sehr erfolgreichen Periode als Boss seiner eigenen Plattenfirma KRC konnte Price 1959, fast am Ende der ersten Rock 'n' Roll-Ära, noch einmal einige internationale Erfolge ersingen. *Stagger Lee* und *Personality* machten ihn zum erfolgreichsten Interpreten jenes Jahres und brachten ihm fast eine halbe Million Dollar an Tantiemen. Von einem Teil dieses Geldes richtete er eine Studienstiftung für schwarze College-Absolventen ein.

LPs (Auswahl) auf Speciality: *Lloyd Price* (1959) ... auf ABC Paramount: *Exciting Lloyd Price* (1959); *Mr. Personality* (1959); *Mr. Personality Sings the Blues* (1960); *Mr. Personality's 15 Hits* (1960); *Million Sellers* (1961); *Lookin'* (1961); *Fantastic* (1961); *16 Greatest Hits* (1973) ... auf Monument: *Lloyd Price Swings for Sammy* (1965)

Prine, John (voc, g), 1946 in Maywood, Illinois, als Sohn eines Stahlarbeiters geboren, «verdichtet das qualvolle Sehnen eines sinnentleerten Lebens zu Poesie» (‹Time›). Der ehemalige Briefträger singt den «Blue Collar-Blues» des kleinbürgerlichen Amerika mit emotionaler Aufrichtigkeit und verbaler Genauigkeit. Mit der schwermütigen Attitüde eines Country-Philosophen und einer sozial-satirischen Sezierkunst à la → Dylan lamentiert er über die Einsamkeit des Altwerdens (*Hello In There*), den Psychoterror pervertierter Kriegführung (*Sam Stone*), unerfüllte Liebesbeziehungen (*Donald And Lydia*), die Oberflächlichkeit von Alltags-Kontakten (*Often Is A Word I Seldom Use*), umweltfeindliche Konzern-Arroganz (*Paradise*), sinnlosen Patriotismus (*Your Flag Decal Won't Get You Into Heaven Any More*). Der von → Kris Kristofferson und → Paul Anka entdeckte und geförderte Volks-Balladier verfärbte seine Genrebilder und Personenskizzen bisweilen durch gestelzte Metaphorik oder didaktischen Übereifer. Hingegen gelang es Prine, die Unsicherheit seines stimmlichen Elektrizismus, der ihn gelegentlich zu stark in die Nähe Dylanscher Manirierismen rückte, auf neueren Alben auszubügeln: Er orientierte seinen Gesang mehr am Nasal-Stil → Hank Williams' oder an der sonoren Rauheit von → Johnny Cash, was den authentischen Charakter seiner Lieder erhöhte. Prines gehaltvolles Repertoire ist inzwischen von zahlreichen Rock- und Soulstars wie → Bette Midler, → Roberta Flack, → Carly Simon, → John Denver, → Joan Baez auszugsweise übernommen worden.

LPs auf Atlantic: *John Prine* (1972); *Diamonds in the Rough* (1972); *Sweet Revenge* (1973); *Common Sense* (1975)

Proby, P. J., bürgerlich: James Marcus Smith (voc, g), am 6. November 1938 in Houston, Texas, geboren, war Mitte der sechziger Jahre das Enfant terrible englischer Rock-Bühnen. Der trinkfreudige, streitlustige Sänger mit der voluminösen Stimme, die vom Boris Godunow-Baß bis zum hysterischen Falsett ausholen konnte, schlingerte bei seinen chaotischen Auftritten zum Entzücken der überwiegend weiblichen Fans wie die Parodie eines Transvestiten über die Bühne, warf sich in Posen, kreischte Wegwerf-Balladen, verfiel in melancholische Monologe und rettete sich schließlich in einen suggestiven Hüftschwung, bei dem ihm manchmal die hautengen Hosen bis zum Schritt aufplatzten. Dieser Programmteil brachte Proby allerdings den Bannfluch der Konzertveranstalter und Massenmedien ein. Ungerührt von Skandal-Schlagzeilen, bestätigt durch üppige Plattenumsätze (*Niki Hoeky*), verpraßte er von 1964 bis 1966 nach eigenen Angaben fünf Millionen Dollar, bis die Steuerfahndung einschritt. Der Sänger mit dem zum Zopf geflochtenen Langhaar legte sich obendrein mit dem Showbusiness-Trust der Brüder Grade an, denen in England zahlreiche Plattenfirmen (Pye Records), Musikverlage, Fernsehanstalten und Varietébühnen gehören. Trotz des All-Fronten-Boykotts gelang ihm 1970 ein mittleres Comeback als Entertainer in kleinen Clubs. 1971 war Proby mit einer Theaterrolle wieder auf Londoner Bühnen zu sehen: Er spielte in ‹Catch My Soul›, der Rock-Version von Shakespeares ‹Othello›, den Cassio. In diesem Stück gab er eine ernsthafte Probe seines mimischen und vokalen Talents, das er sonst stets unter Show-Mätzchen versteckt hatte.

LPs auf Liberty: *Go! Go!* (1965); *P. J. Proby* (1965); *Enigma* (1967); *Phenomenon* (1967); *What's Wrong with My World* (1968); *Three Week Hero* (1969) ... auf Sunset: *In Town* (1965) ... auf Polydor: *Catch My Soul* (1971)

Procol Harum war im Frühjahr 1967 weniger eine Band als ein Song. *A Whiter Shade Of Pale* («Ein Schatten weißer als bleich»), vom damals zwanzigjährigen Londoner Ex-Schneider Keith Reid getextet, vom ehemaligen Paramounts-Sänger Gary Brooker nach Motiven einer Bach-Kantate komponiert, mit einer nach Zeitungsanzeigen zusammengestellten Pick-Up-Band im Keller einer Methodistenkirche aufgenommen, wurde unmittelbar nach der Single-Veröffentlichung 2,5millionenmal verkauft und erreichte insgesamt eine Auflage von fünf Millionen Exemplaren. Dieser Erfolg traf das Team Brooker/Reid unvorbereitet. Manager, Producer, Plattenfirmen fochten hinter den Kulissen um das geschäftlich unerfahrene Hit-Ensemble, das noch gar nicht richtig bestand. Resultat der Konfusion: Das in fünf Wochen produzierte Album *Procol Harum* konnte zwar im Ausland, aber auf Grund von Vertragsschwierigkeiten erst achtzehn Monate später in England veröffentlicht werden. Musiker kamen und gingen; schließlich konsolidierte sich die Band: Gary Brooker (voc, p), geboren am 29. Mai 1945 in London; Matthew Charles Fisher (org), geboren am 7. März 1946 in Battersea; Robin Trower (g), geboren am 9. März 1945 in Catford-Lewisham; Dave Knights (bg), geboren am 28. Juni 1945 in London-Islington; Barrie J. Wilson (dr), geboren am 18. März 1947. 1969 wurden Fisher (fortan Produzent) und Knights durch Chris Copping (org, b) ersetzt. 1971 kamen für Trower Dave Ball (g), Alan Cartwright (bg) in die Band. 1972 trat Mick Grabham (g) an die Stelle von Ball. Seine stilistische Identität behielt Procol Harum durch die Autoren Brooker, Reid. Brooker, der einst «als erster Energie und Stimmung des amerikanischen Rhythm & Blues mit den schwelgerischen Klang-Dimensionen der europäischen Romantik zusammengebracht» hatte (‹Rolling Stone›), komponierte weiter schwerflüssige, tragisch umflorte Melodien wie etwa den Hit *Homburg*. Reid schrieb surrealistisch anmutende, oft unverständliche Texte voller Assoziationen und Wortspiele, die (auf der LP *Home*) beispielsweise um das Thema Tod oder (auf *Broken Barricades*) um die Begriffe Sex und Gewalt kreisten. Seiner Song-Poesie gab er Titel wie «Der Teufel kam von Kansas», «Des toten Mannes Traum», «Irgend etwas folgt mir», «Kreuzigungsstraße», «Die Milch der frommen Denkungsart», «Sie wanderte durch den Gartenzaun». Zwar stagnierten die LP-Umsätze in der Regel bereits bei 100 000 Stück, besonders die kommerziell orientierten Zeitschriften jedoch rühmten die mit klassischen Sequenzen durchsetzten Darbietungen: «Mit dunkler Eleganz und feurigen Rock-Instrumentierungen brachten die Musiker ihre Meeresphantasie *A Salty Dog* so meisterhaft auf die Bühne, daß man an die Tiefe von Joseph Conrads Prosa und die olympische Majestät von Richard Rodgers' Konzertwerk *Victory at Sea* erinnert wurde» (‹Billboard›). In den Rock-Blättern wurden zumeist gerade die Klassik-Fusionen wie das Live-Album mit dem Edmonton Symphony Orchestra und den DA CAMERA SINGERS oder die LP *Grand Hotel* mit der französischen SWINGLE SINGERS-Vokalistin Christianne Legrand kritisiert: «PROCOL HARUM müßte einen Ausweg aus der Ecke (der Überproduktion und Selbstparodie) finden, in die sich die Gruppe selbst hineinmanövriert hat» (‹Rolling Stone›). Auf der LP *Exotic Birds & Fruit* wurde Brookers Stimme von intensiven Piano-Orgel-Interplays mit Chris Copping (org) sowie dem Rhythmus von Mick Grabham (g) und Barrie Wilson (dr) getragen.

LPs auf Regal Zonophone/Polydor: *Procol Harum* (1967); *Shine On Brightly* (1968); *A Salty Dog* (1969); *Home* (1970) ... auf Fly (Karussell): *Best of Procol Harum* (1970) ... auf Chrysalis: *Broken Barricades* (1971); *Live in Concert with the Edmonton Symphony Orchestra* (1972); *Grand Hotel* (1973); *Exotic Birds & Fruit* (1974) ... Solo-LPs Robin Trower auf Chrysalis: *Twice Removed from Yesterday* (1973); *Bridge of Sighs* (1974); *For Earth Below* (1975) ... Solo-LP Mick Grabham auf United Artists: *Mick the Lad* (1972) ... Solo-LPs Matthew Fisher auf RCA: *Journey's End* (1973); *I'll Be There* (1974)

Professor Longhair (voc, p), unter dem bürgerlichen Namen Henry Roeland Byrd am 19. Dezember 1918 in Bogalusa, Louisiana, geboren, ist «der farbigste und einflußreichste Pianist aus dem New Orleans-Milieu seit Jelly Roll Morton» (‹Down Beat›). Wie Morton in der Frühzeit des New Orleans-Jazz aus Ragtime, Blues und anderen populären Musikströmen seiner Umgebung einen definitiven Klavierstil destilliert hatte, verwebte Professor Longhair Dixieland, Märsche, Cajun-Folklore, Blues und Karibik-Importe zu originellem, typisch südstaatlichem Rhythm & Blues. Nach dem Armeedienst (1937 bis 1939) und schlechtbezahltem Kneipen-Broterwerb erklomm der für seine komplizierten Kreuzrhythmen bekannte Pianist 1949 ein exponiertes Podium: Seine Band PROFESSOR LONGHAIR AND THE FOUR HAIRS COMBO, später umbenannt in PROFESSOR LONGHAIR AND HIS SHUFFLING HUNGARIANS, wurde Hauskapelle im renommierten New Orleans-Nightclub «Caldonia Inn». Dort hörten und kopierten ihn Rock 'n' Roll-Interpreten wie → Fats Domino, Alan Toussaint, Huey «Piano» Smith, die seine Ideen fortan (simplifiziert) auf Platten verbreiteten. Longhair, der die Langhaar-Mode der Rock-Generation vorwegnahm, blieb mit Plattenveröffentlichungen auf den Labels Star Talent, Mercury, Federal, Wasco, Ebb, Ron, Watch und Atlantic ein Lokalmatador. Keine seiner Singles à la *Tipitina, Go To The Mardi Gras, Big Chief, Bald Head* gelangte über Südstaaten-Jukeboxen und die unteren Ränge von R & B-Hitlisten hinaus. Erst als → Dr. John (Rebennack) den mittlerweile kranken Stilschöpfer und Paten der Fats Domino-Karriere Ende der sechziger Jahre als sein Vorbild rühmte, erlangte er Insider-Attraktivität. 1971 gehörte sein Auftritt zu den Höhepunkten des New Orleans Jazz Festivals, 1972 wurden Stücke aus seinen Atlantic-Sessions von 1949 und 1953 auf Longhairs erster LP wiederveröffentlicht. Im gleichen Jahr trat er erstmals in London außerhalb der Vereinigten Staaten auf. Zu dieser Zeit spielte und sang er nach Meinung des Atlantic-Produzenten Jerry Wexler «auf dem Gipfel seines Potentials: Die Kraft seiner Musik trifft den Zuhörer so hart, daß sie ihn schlicht aus dem Sessel haut».

LP auf Atlantic: *New Orleans Piano* (1972)

Q

Quatro, Suzi (voc, bg), am 3. Juni 1950 in Detroit geboren, reüssierte 1973/74 vornehmlich in England als weibliche Elvis Presley-Kopie in schwarzem Leder. In den beiden

Jahren kam das nur 1,50 Meter große Teenager-Idol mit den Singles *Can The Can, 48 Crash, Daytona Demon, Devil Gate Drive, All Shook Up, The Wild One* sowie zwei LPs unter die britischen Top Ten. Siebenjährig zum Bongospielen in der Jazzcombo ihres Vaters Art Quatro angehalten, machte sie mit fünfzehn zusammen mit ihren Schwestern Patti, Nancy, Arlene, mittlerweile an der Baßgitarre, eine eigene Band auf: SUZI SOUL AND THE PLEASURE SEEKERS. Wenig Vergnügen (pleasure), aber viel Training erfuhr der Teenybopper sodann beim Tingeln in Striptease-Kneipen und mit der Girltruppe CRADLE bei der Truppenbetreuung in Vietnam. Das Erfolgskostüm verpaßten ihr schließlich der Londoner Manager/Producer Mickie Most sowie das Autoren-Produzenten-Team Mike Chapman und Nicky Chinn. Nach der schwach verkauften Single *Rolling Stone* (1972) war Suzi Quatro, begleitet von Len Tuckey (g, voc), Alastair McKenzie (keyboards, voc), Dave Neil (dr, voc), mit dem «nicht nur für sie, sondern vor allem über sie» (Chinn) geschriebenen Stück *Can The Can* binnen zwei Wochen ‹Top of the Pops› (Titel einer englischen TV-Show). 1974 ging sie im Vorprogramm von → GRAND FUNK RAILROAD auf USA- und Australien-Tournee – so erfolgreich, daß sie anschließend als Headliner zu einer US-Konzertreise verpflichtet wurde. Zu ihrem Auftritt in Pittsburgh kamen 50 000 Fans. Originalität fehlt ihr freilich; ihr routiniert vorgetragenes Repertoire ist aus clever aufgefrischten Rock 'n' Roll-Klischees gefügt.

LPs auf Rak, EMI/Electrola: *Suzi Quatro* (1973); *Quatro* (1974); *Jour Mama Won't Like Me* (1975)

Queen, 1970 aus der erfolglosen englischen Band SMILE hervorgegangen, wurde 1974 durch die Gold-Single *Killer Queen*, das Erfolgsalbum *Sheer Heart Attack* sowie eine sprunghaft wachsende Konzert-Gefolgschaft in Europa, Ostasien und den USA als «eine der gegenwärtig heißesten Rockgruppen» (‹Melody Maker› im November 1974) gekrönt. Musikalisch erweckten die Darbietungen von Freddie Mercury (voc, p), Brian May (g, p, voc), Deacon John (bg), Roger Meddows-Taylor (dr, perc, voc) eher den Eindruck von extremer Kälte. Sobald die ehrgeizige KÖNIGIN ihre nach → LED ZEPPELIN-, → BLACK SABBATH-, → URIAH HEEP- und veralteten → YES-Modellen gewirkten Prinzessinnenkleider abgelegt hatte, registrierten Kritiker in den «präzis ausgearbeiteten, mit komplizierten Rockzitaten angefüllten Stükken ... überspitzt pathetische und gekünstelte Arrangements» sowie die Gefahr tödlicher «Überperfektion» (Ingeborg Schober). Sänger Freddie Mercury, der in schwarzweißem Phantasiedress eines hocherotischen Todesengels durch eine artifizielle Body- und Light-Show die Bühnenwirksamkeit von Teenager-Sexidolen wie → Mick Jagger, → Rod Stewart zu übertreffen versuchte, nennt Liza Minnelli als sein wichtigstes Vorbild: «Selbst wenn alles um sie herum zusammenbrechen würde, gäbe sie noch eine exzellente Show durch ihre pure Kraft.» Wie Liza Minnelli überkommene Show-Formeln durch Energie und Technik noch einmal konsumierbar gemacht hat, so überspielt QUEEN durch Präsenz, Power und Prätention bemerkenswert überzeugend ihren Mangel an Originalität und Emotion.

LPs auf Rak, EMI/Electrola: *Suzi Quatro* (1973); *Quatro* (1974); *Your Mama Won't Like Me* (1975)

Quicksilver (Messenger Service), 1966 gegründet, reflektierte in seinem Gruppennamen und seiner Musik «die traditionelle Atmosphäre San Franciscos, jene Mischung aus Saloons und Mystizismus, die die Stadt zum vielleicht letzten Pionier-Außenposten Amerikas gemacht hat» (‹Circus›). Die Rock-Kommune von Gary Duncan (g), John Cipollina (g), Greg Elmore (dr), David Freiberg (bg, voc) etablierte sich zu Beginn der Flower-Power-Periode am Golden Gate und galt als stilistisch typisch für die dortige Gruppen-Szene. Ihr erdiger, mit Semi-Jazz vermengter Blues Rock war auf hypnotische Weise «monoton, laut und unmusikalisch» (‹Eye›). Wie bei → JEFFERSON AIRPLANE, →

GRATEFUL DEAD gaben auch die Live-Auftritte der QUICKSILVER-Musiker «herrliche Beispiele jener Art von Kommunikation, die zum Wesen des Rock 'n' Roll gehört» (‹Rolling Stone›). Erst 1968 nahm die Band ihre Debüt-LP auf, nachdem sie zwei Jahre lang auf Gratis-Konzerten unter freiem Himmel und bei vielbejubelten Gigs in den Rock-Tempeln «Avalon Ballroom» und «Fillmore West» ihr vorwiegend instrumentales Repertoire zum besten gegeben und sich einen legändären Entertainer-Ruf erspielt hatte. Auf der von den → ELECTRIC FLAG-Musikern Nick Gravenites und Harvey Brooks produzierten LP überdeckten allerdings Stilanleihen bei anderen Repräsentanten des sogenannten «San Francisco Sounds» jede Gruppen-Individualität. Obendrein fehlte den Studio-Aufnahmen die Magie der QUICKSILVER-Live-Shows. Mit der zweiten Produktion *Happy Trails* (1969) gelang dem Quartett in dem 25-Minuten-Titel *Who Do You Love* eine perfekte Montage aus Live-Mitschnitten und Studio-Einspielungen, deren «Kombination von vokaler Anarchie und beinahe teuflischem instrumentalem Timing» (Kritiker Greil Marcus) die Suggestion der MESSENGER-Musik auch auf Platte verständlich machte. Weitere LPs ließen jedoch auf unvorteilhafte Weise deutlich werden, wie sehr die musikalische Richtung der Band von den Zufallskonzepten ihrer jeweiligen Mitspieler abhängig war. Als Gary Duncan 1969 vorübergehend von → Nicky Hopkins (p) abgelöst wurde, konnte dieser seine Mitspieler zu einem völligen Stilwandel überreden. Statt der bisherigen Folk-Blues-Simplizität mit ihrem lässigen Kollektivspiel, das von Cipollinas zischenden Gitarrenläufen dominiert wurde, gab sich der neue QUICKSILVER-Sound eher klassizistisch, mit sorgfältigen Arrangements und ausgefeilter Lyrik. Nach dem Ausscheiden Hopkins' und dem Fortgang Cipollinas verleitete der neu hinzugekommene Sänger Dino Valente die Gruppe seit 1971 zu einer geradezu parodistisch wirkenden Abkehr von ihrer früheren ungehobelten Brillanz. Dröhnende Showmanship, zu Modeparolen verflachte Polit-Texte und unorganisch eingefügte Bläsersätze kaschierten nur notdürftig die Richtungslosigkeit des Ensembles, das 1973 in einer Anthologie vergangener Erfolge die Geschichte seiner Degeneration als «eine der deprimierendsten in der jüngeren Popmusik-Historie» (‹Playboy›) offenbarte.

LPs auf Capitol: *Quicksilver Messenger Service* (1968); *Revolution* (Soundtrack, 1968, mit anderen); *Happy Trails* (1969); *Shady Grove* (1969); *Just for Love* (1970); *What About Me* (1970); *Quicksilver* (1971); *Comin' Thru* (1972); *Anthology* (1973). Solo-LP Dino Valente auf Epic: *Dino Valente* (1968). LP John Cipollina mit COPPERHEAD auf CBS: *Copperhead* (1973)

Quintessence, im März 1969 nach einer Anzeige im Londoner ‹Melody Maker› aus rund 200 Bewerbern zusammengestellt, bringt ihren Zuhörern nicht nur die Flötentöne des Leaders, sondern auch geistliche Erleuchtung bei. Die aus Australien, Mauritius, Kanada, Kalifornien und England stammenden Musiker, die ihre bürgerlichen zugunsten teils hinduistisch klingender Namen wie Raja Ram (fl, voc, perc), Shiva (keyboards, voc), Allen (g), Maha Dev (g), Shambu (bg), Jake (dr) abgelegt hatten, hockten zunächst hauptsächlich bei Tee, Kerzenschein und indischen Räucherstäbchen im Londoner Nottinghill-Distrikt zusammen und kündeten einer Gemeinde religiöser Hippies von den *Wundern des Universums* und der *Mutter des Universums* (Songtitel). Später zelebrierten sie ihre Liturgie mit orientalischer Modulation und meditativen Jazzimprovisationen über *Sweet Jesus* (so der Titel eines Single-Hits) in Gemeindehäusern, Kathedralen und den frommen BBC-Fernsehsendungen ‹Godrock›, ‹Freedom Roads›. Raja Ram, bürgerlich: Ron Rothfield, 1942 in Melbourne, Australien, geboren, hatte am dortigen Konservatorium und an der New Yorker Cool School des Jazzpianisten Lennie Tristano studiert. Ram: «Das kostete einen Dollar pro Minute, aber es zahlte sich aus. Tristano lehrte mich, die Chorusse des Saxophonisten Lester Young nachzusingen; dadurch begriff ich das Wesen der Jazzimprovisation.» Über Paris, Ibiza und Griechenland verschlug es den Musik-Mystiker in die Ladbroke Grove am Londoner Nottinghill Gate. «In der Menschheitsgeschichte», bekehrte er seine Rock-Brüder, «ist soviel Blut geflossen, weil die Leute sagten: Mein Krishna ist besser als dein Allah. Wir wollen die Leute nicht verwirren, wir sagen: Liebt Gott in allen seinen Inkarnationen.» Dennoch verließen ihn im Spätsommer 1972 Shiva und Maha Dev. Danach machte QUINTESSENCE die kontemplative Mysterienmusik im Quartett. 1975 musizierte Raja Ram mit Shambu (bg), Keith Hale (keyboards), Rolf Fichter (vib, synthesizer, voc), Klaus Fichter (dr)

LPs auf Island: *In Blissfull Company* (1969); *Quintessence* (1970); *Dive Deep* (1971) ... auf RCA: *Self* (1972); *Indweller* (1972)

R

Randy Pie, Mitte 1972 unter dem Namen RANDY PIE & FAMILY vom ehemaligen RATTLES-Musiker Herbert Hildebrandt als Kommerz-Rockband in Hamburg gegründet, scheiterte nach zwei Singles auf der Marke Atlantic, formierte sich Anfang 1973 neu und entwickelte sich durch die Aufnahme sorgfältig ausgesuchter Soul-Spezialisten von der deutschen Rock-Szene in rund einjährigem Reifeprozeß zum internationalen Hit-Anwärter in der Nachfolge der → AVERAGE WHITE BAND. Im Soul-Winter 1974/75 überspielte RANDY PIE sowohl → DEEP PURPLE als auch → George McCrae, mit denen die Gruppe in den gleichen Konzerten auftrat, in der Publikumsgunst. Der am 13. Januar 1950 in Hof (Bayern) geborene «erste deutsche Sänger von internationalem Format» (‹Sounds›, Hamburg) Bernd Wittich erklärt den PIE-Stil als «Mischung aus dem Rhythmusgefühl der Farbigen Amerikas, europäischem Harmoniegefühl und dem Hang zum Sphärischen». Die hochtourige Funky-Maschine bestand zur Aufnahmezeit der LP *Highway Driver* im August/September 1974 aus Wittich (voc, g), Werner Becker (keyboards, g, voc), Jean-Jacques Kravetz (keyboards, sax), Jochen Petersen (sax, fl, g, voc), Manfred Thiers (bg, g, voc), Dicky Tarrasch (dr, perc). German Rock bedeute entweder alles oder nichts, urteilte ‹Melody Maker›, RANDY PIE gäbe alles. «Nicht genug damit, daß es die Fußball-Weltmeisterschaft gewonnen hat», seufzte die englische Zeitung ‹The Citizen› im Juni 1974, «jetzt bringt Deutschland auch noch Bands wie RANDY PIE hervor!»

LPs auf Zebra: *Randy Pie* (in England *Sightseeing* Tour, 1974) ... auf Polydor: *Highway Driver* (1975)

Raitt, Bonnie (voc, g, p), am 8. November 1950 in Burbank, Kalifornien, geboren, ist als Tochter des Musicalstars John Raitt in der Glamourwelt Hollywoods und des Broadway aufgewachsen und verabscheut daher jeglichen Starrummel. Zwischen 1968 und 1971 hatte die Ex-Studentin aus Cambridge, Massachussetts, in den Folkclubs zwischen Boston, Philadelphia und New York ein «Publikum, das in mir einen Freund sah». Mit ihren ersten Platten erregte sie jedoch so viel Aufmerksamkeit, daß sie nun um ihren engen Kontakt mit den Zuhörern fürchten muß. Bonnie Raitt sammelt seit ihrem 12. Lebensjahr Platten solcher Country-Blues-Sänger wie Son House, → Robert Johnson, Mississippi John Hurt und singt Blues, Folk und Rock zu authentischem, mit beachtlicher Kenntnis der alten Bottleneck-, Slide- und Funktechniken dargebotenem Gitarrespiel. Mit einer bewegend-emotionsgeladenen, falsetto- und glissandoreichen Stimme singt sie in der Art der in den zwanziger Jahren berühmten Bluesmatrone Sippie Wallace, mit der zusammen sie beim Ann Arbor Blues & Jazz Festival 1972 aufgetreten ist. Mit den farbigen Chicago-Musikern → Junior Wells (harm) und A. C. Reed (ts) hat sie ihr Debüt-Album im Sommer 1971 auf einer Insel des Minnetonka-Sees in Minnesota produziert; ihre zweite Platte wurde in Woodstock aufgenommen und ist partiell dem im Juni 1972 verstorbenen Bluessänger «Mississippi» Fred McDowell gewidmet. Den legendären Robert Pete Williams nahm sie bei Konzerten an US-Universitäten mit auf die Bühne, → Arthur «Big Boy» Crudup war bis kurz vor seinem Tod mit Bonnie Raitt auf Tournee. Obgleich sie selbst komponiert, sagt sie: «Ich bin nur das Transportmittel für alte und neue Songs, die man vergessen hat oder nicht beachtet.» Sie fühlt aber auch, daß sie bei aller musikalischen Kompetenz die Bedeutung des Blues nur annähernd wiedergeben kann: «Blues ist Pein; und es mag sein, daß wir uns, göttlich dekadent, das ausborgen, weil die Probleme der weißen Mittelklasse nur läppisches Oberflächengeplätscher sind.»

LPs auf Warner Brothers: *Bonnie Raitt* (1971); *Give it up* (1972); *Takin' My Time* (1973); *Streetlights* (1974)

Rare Earth ist die einzige weiße Erfolgsgruppe des schwarzen Motown-Konzerns in Detroit, die – mit acht Goldtrophäen bis Juni 1973 – von Anfang an sogar über ein eigenes Plattenlabel verfügt. John Persh (voc, bg, tb), Gil Bridges (sac, perc, voc), Kenny James (keyboards, voc), Rod Richards (voc, g), Pete Rivera (dr, voc) hatten schon als Schulkinder zusammen gespielt und – einzeln oder gemeinsam – Motown-Sänger bei Studioaufnahmen begleitet. 1969 produzierten sie als RARE EARTH mit dem 21 Minuten langen Stück *Get Ready* auf einer ganzen LP-Seite ihren ersten Hit. Mit Ed Guzman (perc, voc), Mark Olson (keyboards, voc), Ray Monnette (g, voc) an Stelle von James und Richards schrieb sich die Band, die vordem vor allem Rhythm & Blues-Klassiker wie *Tobacco Road, What'd I Say*, → Dave Masons *Feelin' Alright* oder *Eleanor Rigby* von den → BEATLES interpretiert hatte, vom Album *One World* (1971) an zunehmend eigenes Material mit lockeren Strukturen und einem kräftigen Beat: Beides sollte in Konzerten bequeme Soul-Sessions ermöglichen. Ursprünglich bestand das Publikum von RARE EARTH etwa zur Hälfte aus Schwarzen. Mit den differenzierteren Partituren des farbigen Meisterproducers Norman Whitfield, der die Gruppe für die LPs *Willie Remembers* und *Ma* mit subtilen Studiotricks aufnahm, sank dieser Anteil beträchtlich. Whitfields 17-Minuten-Stück *Ma*, das wieder eine ganze LP-Seite einnahm, sollte – mit Michael Urso (bg, voc), Peter Hoorelbeke (dr, perc, voc) – an den *Get Ready*-Erfolg anschließen, ermangelte aber infolge zu ausgedehnter repetitiver Phrasen der früheren rhythmischen Zündkraft.

LPs auf Rare Earth Records/Motown: *Get Ready* (1969); *Ecology* (1970); *One World* (1971); *In Concert* (1971): *The Best of Rare Earth* (1972); *Willie Remembers* (1972); *Ma* (1974)

The (Young) Rascals trafen 1965 in New Jersey zusammen und gaben sich wie die frühen → BEATLES: Ihre selbstverfaßten Songs waren optimistische, leichtgewichtige Junge-Leute-Unterhaltung, ihre Rhythmusbegleitung schepperte unbeholfen, aber die Stimmen ihrer Leadsänger hatten das Flavor eines pubertären → Ray Charles. Im Gegensatz zu den BEATLES drängten Eddie Brigati (voc, bg), Felix Cavaliere (voc, org), Gene Cornish (g) und Dino Danelli (dr) näher an den Rhythm & Blues heran. Die RASCALS waren im Amerika der mittleren sechziger Jahre eine der besten weißen Rock-Bands im schwarzen Idiom; ihre Kompositionen *Ain't Gonna Eat Out My Heart Anymore* (1965), *Good Lovin'* (1966), *Come On Up* (1966), *A Girl Like You* (1967), *Groovin'* (1967) und *People Got To Be Free* (1968) sind zu Klassikern in der besten Soul-Schlager-Tradition geworden. Obwohl Puristen ihren Vortrag oft als «Soul-Schwindel» (Charlie Gillett) abtaten, paßten sich die RASCALS unverkrampft und mit sensibler Begeisterung in die negroide Musiktradition ein. Deshalb kam zu ihren Konzerten stets ein rassisch integriertes Publikum. Solange sie ihr Live-Charisma, ihre Frische und Frechheit auf Platten brachten, waren die RASCALS tatsächlich, auch vom Status her, «die amerikanischen BEATLES» (‹Circus›). Später verschwendeten sie ihr beachtliches Arrangier- und Komponiertalent an psychedelische oder großorchestrale Experimente (*Freedom Suite*; 1969), die gestelzt seriös klangen, im Violinsirup ertranken und von Kritikern als «Long Island Orientalismus» (‹Rolling Stone›) verlacht wurden. Ihr musikalisches Engagement in der Tagespolitik erschöpfte sich in vagen Peacenik-Produktionen, die modisch nichtssagend waren, immerhin aber mit *People Got To Be Free* und *Carry Me Back* 1968 zwei gute Singles erbrachten. Gegen 1970 verließen Cornish und Brigati, die vor der RASCALS-Episode bei → JOEY DEE'S STARLIGHTERS Twistverwandtes gespielt hatten, die Band. Spätere Produktionen Cavalieres bei CBS liefen nominell noch unter dem Namen RASCALS. Es waren aber eher Solo-Alben im Jam Session-Stil, die ihre Jazz-Atmosphäre durch die Mitwirkung so prominenter Musiker wie Hubert Laws (fl) und Alice Coltrane (harp) erhielten.

LPs auf Atlantic: *Rascals* (1966); *Collections* (1966); *Groovin'* (1967); *Once Upon a Dream* (1968); *Time/Peace – The Rascals' Greatest Hits* (1968); *Freedom Suite* (1969); *See* (1969); *Search and Nearness* (1971) ... auf CBS: *Peaceful World* (1971); *Island of Real* (1972). Solo-LP Felix Cavaliere auf Bearsville: *Felix Cavaliere* (1974)

Ravan, Genya (voc), wurde unter dem bürgerlichen Namen Goldie Zelkowitz am 19. April 1941 als Tochter eines jüdischen Krämers in Lodz, Polen, geboren. Als sie 1969 bei der Jazz Rock-Band → TEN WHEEL DRIVE bekannt wurde, hatte die attraktive, rothaarige Sängerin, die «wie der Alptraum eines puritanischen Geistlichen aussieht» (‹Cash Box›), schon fast ein Jahrzehnt im Showgeschäft hinter sich. An der schäbigen New Yorker Lower East Side aufgewachsen, wo ihr Vater ein Kleine-Leute-Restaurant und einen Süßwarenladen betrieb, sang sie mit zweiundzwanzig erstmals in einem Brooklyn-Tanzlokal mit der Vorstadt-Band THE ESCORTS. Von 1962 bis 1969 leitete sie unter ihrem bürgerlichen Namen die Mädchenkapelle GOLDIE AND THE GINGERBREADS, mit der sie zwei Jahre lang in London ansässig war. Bei TEN WHEEL DRIVE bewies sie so viel Professionalität im Umgang mit Jazz-Rock-Material und phrasierte so sexy und aggressiv, daß der Musikkonzern Columbia/CBS beschloß, die durch → Janis Joplins Tod entstandene Repertoirelücke mit ihr zu füllen. CBS veranlaßte sie durch eine Vorauszahlung von 195 000 Dollar, TEN WHEEL DRIVE zu verlassen, die Plattenfirma zu wechseln, die Begleitband BABY zu formieren und ein Soloalbum aufzunehmen. Obgleich die ebenso talentierte wie intelligente Dame durchweg vorteilhafte Rezensionen erhielt, hat sich die Investition für CBS nicht ausgezahlt. Die Gesellschaft trennte sich wieder von der Sängerin, die nach langen Verhandlungen mit mehreren Firmen 1973 einen Vertrag mit Dunhill schloß und bereits ein Jahr später abermals die Company wechselte. Ihr unter dem Mädchennamen *Goldie Zelkowitz* veröffentlichtes Janus-Album von 1974, für das die Sängerin zusammen mit den Produzenten Trevor Lawrence, Gabriel Mekler attraktive Songs wie *Little By Little, Get It Back* schrieb, akzentuierte vor allem die Soul-Seite ihres Stils.

LPs auf Polydor mit → THE WHEEL DRIVE; Solo-LPs auf CBS: *Genya Ravan* (1972) ... auf Dunhill: *They Love Me, They Love Me Not* (1973) ... auf Janus: *Goldie Zelkowitz* (1974)

Rawls, Lou (voc), am 1. Dezember 1935 in Chicago geboren, variierte in seinen Bluesmonologen vorwiegend Jugenderlebnisse aus den Elendsvierteln des South-Park-Distrikts. Im *Streetcorner Hustler's Blues* erzählte er beispielsweise von krakeelenden Zuhältern und keifenden Huren, die sich mit willigen Gentlemen über das fällige Honorar nicht einig werden konnten; in *Dead End Street* vermittelte er anschaulich das Gefühl von Hunger und Kälte; aus dem Evergreen *In The Evening* machte er die Soul-Moritat *In The Evening When Your Lover's Not Around And You Don't Get No Soul Food Don't You Get Sick.* Ehe sich Rawls dem vielfach selbstgetexteten, gagreichen und meist doppeldeutigen Blues zuwandte und Entertainer in Gettokneipen wurde, trainierte er seine Stimme mit frommen Liedern. Siebenjährig trat er in den Chor der Greater Mount Olive Baptist Church ein, später bereiste er mit der Gospelgruppe THE PILGRIM TRAVELLERS die USA. Er studierte an einer Schauspielschule und trat in mehreren kleinen TV-Rollen in Los Angeles auf. Das gewünschte «große Geld» (Rawls) verdiente er jedoch weder als Mime noch mit geistlichem und weltlichem Song. «Wollte ich mal mit meiner Frau [einer Texas-Blondine] ausgehen», so Rawls, «hieß das, ein heißes Würstchen teilen.» Dennoch verbot er der PR-Abteilung von Capitol, mit der er 1961 einen Plattenvertrag abschloß, mit reißerischen Slogans für ihn zu werben: «Ich hatte keine Lust, über Nacht eine Sensation und am nächsten Nachmittag vergessen zu sein. Ich wußte, daß meine Stunde kommen würde.» Sie kam, als der «Knirps mit dem machtvollen Organ» (‹Life›) 1966 Freunde, Kollegen und etwa 200 Damen zu einer Party ins Capitol-Studio einlud, für mehr als 1000 Dollar Whisky bereitstellte, «drauflossang» und im rechten Augenblick die Bandmaschinen abfahren ließ. Von der munteren Party-Platte *Lou Rawls Live* wurden in einem halben Jahr eine Million Exemplare verkauft. Kurze Zeit später ermittelte ‹Billboard›, jeder dritte US-Student habe mindestens eine Rawls-LP gekauft. Daraufhin garantierte ihm die Associated Booking Corporation ein jährliches Mindesteinkommen von einer halben Million Mark. Zu einem «Tag der Freundschaft» ließ ihn die Stadtverwaltung von Cincinnati, Ohio, während eines Streiks des Flugpersonals in einer Chartermaschine herbeischaffen, denn er war «bei den Farbigen in unserer Stadt so beliebt, daß wir einen Rassenkrawall riskiert hätten, wenn er nicht erschienen wäre» (so der Bürgermeister). Der Ruhm steht im rechten Verhältnis zum Talent: Rawls tönt in drei Oktaven bis zum Falsett, er kann ohne zu schleifen auf den tiefsten Ton abrutschen, trifft exakt jeden Nasallaut und vermag wie ein Saxophon oder eine Baßgeige zu improvisieren. In etwa der Hälfte seiner LPs sind diese Fähigkeiten adäquat repräsentiert. Der Rest leidet an Überproduktion und orchestralem Schwulst.

LPs auf Capitol: *Lou Rawls & Les McCann* (1962); *Stormy Monday* (1962); *Black and Blue* (1963); *Tobacco Road* (1964); *Nobody But Lou* (1965); *Lou Rawls and Strings* (1965); *The Pilgrim Travellers* (1966); *Live* (1966); *Soulin'* (1966); *Carryin' On* (1967); *Too Much* (1967); *That's Lou* (1967); *Merry Christmas, Ho, Ho, Ho* (1967); *Feelin' Good* (1968); *You're Good for Me* (1968); *The Best of Lou Rawls* (1968); *The Way It Was, The Way It Is* (1969); *Close Up* (1969); *Your Good Thing* (ca. 1969); *You've Made Me So Very Happy* (1970); *Bring it On Home* (1970); *Down Here On the Ground/I'd Rather Drink Muddy Water* (1971) ... auf Pickwick: *Come On In, Mr. Blues*; *Gee Baby* ... auf MGM: *Silk and Soul* (1971); *Natural Man* (1972); *Man of Value* (1973); *Live at the Century Plaza* (1974)

Ray, Johnny (voc), 1927 in Dallas, Oregon, geboren, führte zu einer Zeit, als Nat King Cole und Patti Page die Radiowellen regierten, den Exhibitionismus in die Popmusik ein. Seinen ersten Erfolg hatte der halbtaube Sänger 1952 mit dem Doppelhit *Cry/Little White Cloud That Cried*, der viermillionenmal verkauft wurde. «Ich habe kein Talent, ich singe so flach wie ein Tisch», behauptete Ray. Das war gewiß untertrieben, denn seine Gesangsanstrengungen, die bis zum hysterischen Falsett reichten, wurden oft genug zu einer Orgie aus Schluchzen, Seufzern und erregten Atemzügen hinaufstilisiert. Bei seinen Live-Auftritten blieb kein Podium trokken. «Sein übertriebenes Schluchzern», berichtete ‹Melody Maker› 1952, «bringt ihn manchmal so aus der Fassung, daß er hinter die Bühne stürzen muß, um sich zu beruhigen.» Dort warteten meist seine matronenhaften Fans, die mit Schere und Autogrammblock über ihr Idol herfielen: auf der Jagd nach einem Stück seiner Kleidung oder wenigstens seiner Unterschrift. Die Zeitungen druckten Skandalberichte über seine angebliche Drogensucht, vermeintliche Homosexualität und seinen «baldigen Tod» durch Kehlkopfkrebs. Ray, der sich Freundschaften mit Billie Holiday, Judy Garland und Marilyn Monroe nachsagen ließ, begann seine turbulente Karriere, von → LaVern Baker animiert, in den Blues-Clubs von Detroit.

Seine ersten Platten erschienen auf Okeh, einem «race music»-Label von Columbia; zahlreiche Besucher seiner Konzerte waren schwarz. Aber im wesentlichen kauften doch weiße Interessenten seine gespielt emotionalen Hits, die «nur im Vergleich zur allgemein gefühlsarmen Musik jener Zeit» (Charlie Gillett) so viele Zuhörer erregen konnten.

LPs (Auswahl) auf Columbia/CBS: *Greatest Hits* (1958) ... auf Harmony: *The Best of Johnny Ray* ... auf Sunset: *The Cry*

Redbone, 1968 in Los Angeles gegründet, ist eine Combo von vier Indianern. Pete DePoe (dr), später ersetzt durch Butch Rillera (dr, voc) wurde in der Cheyenne-Reservation Neah Bay im US-Bundesstaat Washington auf den Namen Letzter Laufender Bär getauft. Die restlichen drei – Lolly Vegas (g, voc), Pat Vegas (bg), Tony Bellamy (g) – stammten aus Kalifornien, arbeiteten zunächst als Wanderarbeiter und bezeichnen sich als City-Indianer. Die Vegas-Brüder begannen ihre Musikkarriere als Duo und schrieben Songs für → P. J. Proby, → Bobbie Gentry und die → EVERLY BROTHERS; ihr Stück *Niki Hokey* war ein Welterfolg. Bellamy gehörte zu den Ideenlieferanten von → SLY AND THE FAMILY STONE, DePoe trommelte bei J. J. Jackson. In einjähriger Klausur erarbeiteten sie sich 1969 (und danach) ein Repertoire voller Anspielungen auf soziales Unrecht (*Alcatraz*) und die eigene Indianer-Vergangenheit (*Whithout Reservation; We Were All Wounded At Wounded Knee*), voll Erlösungssehnsucht (*Judgment Day*) und Magie (*Witch Queen of New Orleans*). Ihr Stil ist Middle-of-the-Rock mit einigen Hit-Potential, aber insgesamt ohne besondere Höhepunkte. Manche ihrer Studioproduktionen leiden an allzu aufdringlichen Streicher-Arrangements.

LPs auf Mercury: *Pat & Lolly Vegas at the Hounted House* (1966) ... auf Epic: *Redbone* (1970); *Potlatch'* (1970); *Witch Queen of New Orleans* (1971); *Already Here* (1972); *Best of Redbone* (1973); *Wovoka* (1973); *Beaded Dreams Through Turquoise Eyes* (1974)

Redding, Otis (voc, g, p, org, dr), am 9. September 1940 als Sohn eines schwarzen Baptistenpredigers in Dawson, Georgia, geboren, kam am 10. Dezember 1967 bei einem Flugzeugabsturz ums Leben. Seine kurz zuvor erworbene zweimotorige Privatmaschine stürzte auf dem Weg zu einem Konzert in Cleveland, Ohio, mit acht Insassen, darunter fünf Mitglieder der Band MAR-KEYS, in den vereisten Lake Pomona bei Madison, Wisconsin. Zu seiner Beisetzung in Macon, Georgia, kamen 4500 Menschen. Postum wurde er als «König aller Soul-Interpreten» (‹Crawdaddy›) mit zwei Grammy-Preisen für die Aufnahme *The Dock Of The Bay* geehrt. Das gleichnamige Album, im Januar 1968 veröffentlicht, brachte ihm mit über 1,5 Millionen verkauften Exemplaren seine erste Goldene Schallplatte ein. Solange er lebte, hatte der Sänger, der im Stück *My Girl* die Zeile «I don't need no money, all I need is my fame» mit besonderer Inbrunst herausgeschleudert hatte, auf den Superstar-Ruhm gewartet. 1967, als ihn ‹Melody Maker› nach jahrelanger Herrschaft von → Elvis Presley zum weltbesten Pop-Vokalisten wählte, schien der große internationale Erfolg endlich gekommen zu sein. Mit fünfzehn besuchte Redding die Highschool in Macon, Georgia, Geburtsort von → Little Richard, dessen Ekstatik er ebenso bewunderte wie die gefühlvolle Stimme von → Sam Cooke. Aus beiden Einflüssen formte er seinen Stil: emotionale Wärme in einem rezitativ-verhaltenen Balladenvortrag, den er bis zum hektischen, überschnappenden Vokal-Exzeß zu steigern vermochte. Bestes Beispiel: *Try A Little Tenderness* auf der LP *Live in Europe.* Als Band-Boy und späterer Sänger des Ensembles JOHNNY JENKINS AND THE PINETOPPERS bekam er 1962 im Stax-Studio in Memphis die Chance, seine erste Singleplatte zu produzieren: *These Arms Of Mine.* Mit den Stax-Musikern BOOKER T. AND THE M.G.'s, den Bläsern der MAR-KEYS, seinem Co-Songschreiber Steve Cropper (g) und dem sicheren Rhythmiker Al Jackson (dr) nahm er zunächst vorwiegend sentimentale Soul-Lieder wie *Pain In My Heart, Mr. Pityful,*

That's How Strong My Love Is auf. 1965 brachte er den Hit *Respect* heraus, der zwei Jahre danach in der Version von → Aretha Franklin zum Millionen-Seller wurde. Im gleichen Jahr erschien sein Album *Dictionary of Soul,* mit dem er das höchste Niveau seiner Ausdrucksfähigkeit erreichte – «wahrhaft eine der schönsten Pop-Platten des Jahrzehnts und mit Sicherheit das beste Beispiel für moderne Soul-Musik, das je produziert wurde» (Jon Landau). Übertroffen wurde dieser akustische Beleg einer erstaunlichen Kommunikationskraft später allenfalls von den Live-Aufnahmen und von dem Nachlaß-Album *Dock of the Bay,* in dem sich Redding, der vordem problemlose Texte bevorzugt hatte, ungewohnt sozialorientiert und nachdenklich zeigte: «Left my home in Georgia; headed for the Frisco Bay. I have nothin' to live for; looks like nothin's gonna come my way. So I'm sittin' on the dock of the bay, watching the ride roll away.»

LPs auf Volt: *Dictionary of Soul* (1965); *Otis Blue* (1965); *Soul Ballads* (1965); *Sings Soul* (1966); *The Soul Album* (1966); *King and Queen* (mit Carla Thomas, 1966); *Otis Redding and Joe Curtis* (1966); *Live in Europe* (1967); *Dock of the Bay* (1968) ... auf Atco: *Pain in My Heart* (1965); *In Person at the Whiskey-A-Go-Go* (1968); *The Immortal* (1968); *Best of O. R.* (1968); *History of O. R.* (1969); *Love Man* (1969); *Tell the Truth* (1970) ... auf Reprise: *Historic Performances from the Monterey International Pop Festival* (mit Jimi Hendrix, rec. 1967, ed. 1970)

Reddy, Helen (voc), am 25. Oktober 1941 in Melbourne, Australien, geboren, singt intelligente Rock Texte mit der professionellen Attitüde einer Nightclub-Sängerin. Der ehemalige Kinderstar des australischen Rundfunks zog eine ungewisse Zukunft in Hollywood der sicheren Karriere im Heimatland vor, «denn ein Superstar in Australien zu sein ist das gleiche wie ein Gouverneursposten auf dem Mond» (Reddy). Doch die Musikszene des Amerika von 1966 favorisierte Psycho Rock- und Drogen-Sänger – ein weibliches Showbusiness-Talent wollte niemand hören. Helen vertrieb sich die Wartezeit bis zum Ruhm mit unergiebigen Klein-Tourneen und dem Studium der Parapsychologie an der University of California. Als die Woodstock-Generation der Blumenkinder und Rauschmittel-Ekstatiker den «Jesus People» wich und mit dem Musical ‹Jesus Christ, Superstar› Religion im Rock-Idiom vermarktet wurde, hatte Helen Reddy mit der Maria Magdalena-Arie *I Don't Know How To Love Him* Mitte 1971 einen ersten Hiterfolg. Das darauffolgende gleichnamige Album enthielt bereits die Reddy-Eigenkomposition *I Am Woman,* «das beste Lied, das der Frauenbefreiungsfront für die nächste Zeit beschert sein wird» (‹Rolling Stone›). Erst eineinhalb Jahre später wurde dieser Song des schlichten Selbstvertrauens in Neubearbeitung zu einem Single-Bestseller und brachte seiner Interpretin 1973 den Grammy-Preis für die beste Gesangsleistung des Vorjahres ein. Die Sängerin mit dem kultivierten Timbre einer emanzipierten Julie Andrews hält sich stilistisch sicher auf der Mitte zwischen Showgesang, Folklore und Rock und sieht sich als ehrliche Maklerin zwischen ihren Songs und dem Publikum: «Man kann sich natürlich verstecken, während man singt, man kann sich zurückhalten und dem Song nicht geben, was er braucht, aber dann betrügt man sich selber genauso wie das Publikum.» Die überzeugte Feministin läßt ihr Publikum nicht frustriert zurück; im Gegenteil: «Ihre Ungezwungenheit ist elektrisierend» (‹Rolling Stone›).

LPs auf Capitol: *I Don't Know How to Love Him* (1971); *Helen Reddy* (1971); *I am Woman* (1972); *Long Hard Climb* (1973); *Love Song for Jeffrey* (1974); *Free and Easy* (1974)

Reed, James Mathis «Jimmy» (voc, g, harm), am 6. September 1925 auf einer Plantage in Dunleith, Mississippi, geboren, wurde nach einem 1960 eingespielten Song der *Big Boss Man* unter den Bluesinterpreten genannt. Der entspannte und dennoch stämmige «laid-back sound», den er zusammen mit Eddie Taylor (bg), Earl Phillips (dr) zwischen 1955 und 1961 auf zahlreichen

Vee-Jay-Hitsingles zum besten gab, wurde von vielen schwarzen Combos nachgeahmt und beeinflußte nachhaltig die frühen → ROLLING STONES. → Elvis Presley sang seinen *Big Boss Man* sowie *Ain't That Loving You Baby* nach, die Liste der Künstler, die Reeds *Baby, What You Want Me To Do* oder sein *Bright Lights, Big City* coverten, reicht von → Little Richard und den → CHAMBERS BROTHERS bis zur Jazzgruppe von Cannonball Adderley. Als zehntes Kind eines Baumwollpflückers war Jimmy Reed in seinen ersten Lebensjahren im Mississippidelta weit herumgekommen und hatte Blues auf der Mundharmonika gespielt. 1943 driftete er nach Chicago und wurde zur Marine eingezogen, 1945 versuchte er sich mit seiner jungen Frau Mary Lee «Mama» Reed, die später an seinen Texten mitarbeitete, drei Jahre lang im Süden als Farmer und landete 1948 als Stahlarbeiter in der Valley Mould Iron Foundry in Gary, Indiana. Bis Juni 1953 hat er die Musikszene zwischen Gary und Chicago nur als Amateur bereichert, dann nahm er seine erste Single *High And Lonesome/Roll And Rhumba* für das Mini-Label Chance auf, das unmittelbar darauf in der von Vivian Carter (Discjockey bei der Gary-Rundfunkstation WGRY) und Jimmy Bracken (Inhaber eines Plattengeschäfts) gegründeten Firma Vee-Jay aufging. Seine aus der gleichen Session stammende, im Oktober 1954 auf Vee-Jay veröffentlichte Single *You Don't Have To Go* kam im Februar 1955 in die Charts und machte ihn endgültig zum Berufsmusiker und durch Anschlußtreffer wie *You've Got Me Dizzy* (1956), *I'm Gonna Get My Baby* (1958) oder *Close Together* (1961) zu «einem der zweifellos beliebtesten Country-Bluessänger, die je Schallplatten bespielten» (John Broven 1974 in ‹Blues Unlimited›). Auf den plötzlich gewonnenen Ruhm reagierte der darauf unvorbereitete Country-Boy mit wachsendem Alkoholkonsum. «Die Charakteristika seines Stils, die einst Zeichen von Originalität waren», urteilte Graham Ackers schon 1964 in ‹Blues Unlimited›, «werden mehr und mehr zu Elementen der Langeweile.» Manager Al Smith, der Reed 1966 zu ABC-Bluesway steuerte und ihn zugleich leere Songs nach eigenen Noten zu singen zwang, konnte den Niedergang nicht bremsen. Vom Whisky zerstört, gelang dem Mann mit der trockenen, staubigen Bluesstimme, der in seinen besten Momenten die Harmonika sprechen lassen konnte wie kaum ein anderer, auch beim Ann Arbor Blues Festival 1973 kein Comeback.

LPs auf Vee-Jay: *I'm Jimmy Reed* (ca. 1958); *Rokkin' with Reed* (1959); *Found Love* (1960); *Now Appearing* (1961); *At Carnegie Hall* (1961); *Best* (1961); *T-Aint No Big Thing* (1963); *Just Jimmy Reed* (1963); *Sings the Best of Blues* (1963); *More of the Best* (1964) ... auf Bluesway: *The New Jimmy Reed Album* (1967); *Soulin'* (1967); *Big Boss Man* (1968); *Down in Virginia* (1969); *I Ain't from Chicago, Ultimate Jimmy Reed* (beide 1973, re-issue-Material von Vee-Jay) ... auf Blues on Blues: *Let the Bossman Speak* (1971) ... auf Roker: *Jimmy Reed* (1971)

Reed, Lou (voc, g), am 2. März 1942 in New York geboren, schrieb in den Songs der → VELVET UNDERGROUND die Chronik der New Yorker Außenseiter-Szene 1966 bis 1970. In einer Mischung aus journalistischer Kühle und doppeldeutigem Engagement verfaßte er in spielerischen Sadomasochismus getränkte Rock-Lyrik, die seine Musiker in hochphonige Sound-Orgien verpackten. Der «Chuck Berry der siebziger Jahre» (‹Cream›) sang mit leichtem → Dylan-Akzent Folk-Balladen aus der Nachtwelt der Drogenschießer, sexuellen Abenteurer, Psycho-Esoteriker und annoncierte den Fixern mit kokett geschwenktem Zeigefinger den Todes-Flash (*Heroin*). Lasziv berichtete er von Männern, denen ihr Körper noch Dollars wert sei (*Waiting For The Man*), pries den Liebesdienst mit der Peitsche (*Venus In Furs*) und sah so manche Bürgerneurose durch den Dezibel-Schock des Rock 'n' Roll geheilt (*Rock And Roll*). Gemeinsam mit dem ehemaligen Piano-Studenten und Tin-Pan-Alley-Song-Schreiber lieferte VELVET UNDERGROUND in vollendeter Manieriertheit eine Hommage an stille Leidenschaften und versteckte Triebe, die an das

Klima «Berlins in den dekadenten Dreißigern» (‹Los Angeles Magazine›) erinnerte. Nachdem Reed seinen UNDERGROUND-Spielplatz 1970 verlassen hatte, baute er solo an seinem Image eines «effeminierten Frankenstein» (‹Rolling Stone›). Seine nach dem Patent-Rezept der VELVETS gefertigten Déjà Vu-Alben lösten, obgleich sie auch gelungene Hits wie *Walk On The Wild Side* enthielten, bei den Kritikern zumeist helle Empörung aus. «Manche Platten sind so ausgekocht widerlich, daß man an den Künstlern, die sie verbrochen haben, am liebsten physisch Rache nehmen möchte», ereiferte sich ‹Rolling Stone› beim Abhören des voreilig als «*Sgt. Pepper* der siebziger Jahre» gepriesenen Konzept-Albums *Berlin.* Ungerührt brachte Reed jedoch weiterhin diffuses Licht ins Abseits menschlichen Erlebens. «Was ich dem Publikum gebe, damit es in Fahrt kommt», erklärt sich Reed, «ist die Erfahrung all der Trips, die ich mitgemacht habe. Aber nicht auf die Weise, wie sie eine Rock 'n' Roll-Band in Fahrt bringt – nicht bloß elektrisierende Spannung. Ich möchte, daß die Leute in eine andere Welt abfahren, in die sie normalerweise nicht reinkämen. Nicht wie in einem Horrorfilm oder Western, den man erlebt und nach Hause geht. Wenn die Leute von einem meiner Auftritte nach Hause gehen, möchte ich, daß sie nicht mehr dieselben sind.» Seine faszinierend monströsen LP-Fehlgeburten fanden ihre Entsprechung in unausgegorenen Bühnenshows, deren trauriger Höhepunkt darin bestand, daß Reed vor dem Publikum einen Fix simulierte. ‹Melody Maker›: «Eine betrübliche Parodie seiner selbst.»

LPs mit → THE VELVET UNDERGROUND auf Verve/MGM, Atlantic ... Solo-LPs auf RCA: *Lou Reed* (1972); *Transformer* (1972); *Rock 'n' Roll Animal* (1974); *Sally Can't Dance* (1974); *Live* (1975); *Metal Machine Music* (1975)

Rich, Charlie (voc, p), am 14. Dezember 1934 in Colt, Arkansas, geboren, ersang sich 1973/74 ein trophäenreiches Comeback als sanfter Country-Entertainer, nachdem er fünfzehn Jahre lang auf diversen Labels ein Erfolgsprofil als jazzinspirierter Vokalist, rockgeneigter Pianist und sentimentaler Folklorist gesucht hatte. Der ehemalige Air Force-Soldat, Gelegenheitsfarmer, Musikstudent (Theorie und Komposition) verdingte sich 1957 als Session-Musiker für → Jerry Lee Lewis, → Roy Orbison, → Johnny Cash im Sun-Studio des Pionier-Producers Sam Phillips in Memphis. Auf dessen Anraten stimmte sich der Dave-Brubeck-Fan Rich mit Erfolg von Jazz-Feeling auf Rock-Emotion um: Seine dritte Single für Sun, *Lonely Weekends* (1959), hielt sich 21 Wochen in den Hitlisten. Charlies tiefe, volltönende Stimme lag in der Leichtigkeit der Nuancierungen und ihrem gefühlsmäßigen Engagement nahe bei dem bluesigen Timbre seines Label-Vorgängers → Elvis Presley. 1962 wechselte Rich, von → Chet Atkins animiert, zu RCA Records. Trotz des Einstandshits *Big Boss Man* wurde Rich von dem Konzern durch mangelhafte Promotion in relativer Anonymität gehalten. Als Atkins obendrein versuchte, ihn in seichte Schlagergefilde zu produzieren, ging der Sänger mit dem verhaltenen Piano-Touch 1965 zu Mercury Records, denen er im gleichen Jahr den Smash-Hit *Mohair Sam* lieferte. Zwei Jahre später wurde er von Hi Records engagiert, die den Blues-Kenner zu einer → Ray Charles-Kopie animieren wollten. Charlies Odyssee durch die Label-Landschaft fand 1969 bei Epic Records ihr vorläufiges Ende. In dem Producer Billy Sherrill fand Rich einen adäquaten Partner zum Ruhm. Mit gehaltvollem Songmaterial wurde der «Silberfuchs» (Albumtitel) auf einen goldenen Mittelweg zwischen Country- und Popmusik dirigiert: Für die 1973 veröffentlichten Soft-Songs *Behind Closed Doors, The Most Beautiful Girl* erhielt der Ex-Rocker zwei Grammy-Preise, drei Auszeichnungen der Country Music Association (CMA) sowie zahlreiche Goldplatten. Sherrills Producer-Flirt mit den Nashville-fernen Pop-Paraden kostete gelegentlich einige Kritiker-Stimmen. So bemerkte der ‹Melody Maker› auf neueren Produkten des «Countrypoliten» (‹Rolling Stone›) einen «zuckrigen Overkill» und resümierte: «Country-Seifenoper.»

LPs auf Mercury: *Lonely Weekend* (1969); *Fully Realized* (1974) ... auf HI Records: *Sings Country & Western* (1967) ... auf Epic: *Set Me Free* (1968); *Fabulous* (1970); *Boss Man* (1970); *Best* (1971); *Behind Closed Doors* (1973); *Very Special Love Songs* (1974); *Silver Fox* (1974) ... auf Camden: *She Loved Everybody But Me* (1970) ... auf Sun: *Time For Tears* (1970) ... auf Harmony: *I Do My Swingin' at Home* (1973) ... auf RCA Victor: *Tomorrow Night* (1973); *There Won't Be Anymore* (1974); *Greatest Hits* (1975)

Richard, Cliff, bürgerlich: Harry Webb (voc, g), am 14. Oktober 1940 in Lucknow, Indien, geboren, predigte das Rock-Evangelium in variationsreicher Manier. 1958 startete er mit seinem ersten Hit *Move It* zunächst wie eine Kopie von → Elvis Presley: als vorlauter Rock-Rowdy, der zur Teenager-Revolte ermunterte. Doch zu der Zeit, da Richard mit Pomade, Lederjacke und furchterregendem Blick agierte, war Presley bereits auf die vaterländische weiche Welle umgeschwenkt. Richard schaltete gleichfalls um und ließ sich von dem Fernsehproducer Jack Good Ende 1958 in der TV-Show ‹Oh Boy!› als verlorener Sohn der Music Hall-Enthusiasten feiern. Sein zahmer Millionenhit *Living Doll* (1959) trug erheblich dazu bei, das Rock 'n' Roll-Fieber in England herunterzutreiben; das Sonny-Boy-Ideal der Mittelklasse hatte über die Außenseiter-Attitüde der Vorstadt-Teddy-Boys gesiegt. Fortan ließ sich Richard mit seiner Begleitband → The Shadows vornehmlich in gediegenen Slow-Songs oder harmlosen Stimmungs-Schlagern (*Congratulations*) hören. Deren Texte malten alle Schicksalsaspekte einer normengerechten Twen-Liebe in Traumfabrik-Farben aus. Nur gelegentlich gestattete Richard seinem wohltuenden Bariton einige rauhe Schlenker, die an eine schnell bewältigte Rock-Vergangenheit erinnerten. Tief bewegt vom Tod seines Vaters wandte sich Richard 1963 den Zeugen Jehovas zu, fand ein Jahr später jedoch mehr Erbauung bei der protestantischen Sekte der Crusaders. Zwei Jahre später trat er mit dem Evangelisten Billy Graham bei dessen England-Tournee in großen Religions-Rallyes auf. 1966 engagierte er einen Religionslehrer als ständiges Mitglied seines Beraterstabes. Er begann in Kirchen und Sonntagsschulen zu predigen, beteiligte sich an zahlreichen Spendenaktionen und Wohltätigkeitskonzerten und achtete bei Film- und Fernsehverpflichtungen auf saubere Texte und jugendfreie Kamerapositionen. Der unverheiratete Sänger mied jede Art von Genußmitteln, enthielt sich derber Redewendungen und bewies auch im geschäftlichen Bereich Familiensinn: Seine bis 1973 veröffentlichten 62 Single-Platten ließ er stets von Mutter und Schwestern aussuchen; durchweg mit Erfolg: Nur eine kam nicht in die Hitparaden. Richard wahrte seine Popularität, mit Abstrichen, auch während der von → Beatles und → Rolling Stones beherrschten sechziger Jahre. Er hielt sich immer einige Grad oberhalb der Spießbürgerlichkeit, wich peinlicher Sentimentalität aus und ließ naive Frömmelei vor der Studio-Tür. «Ich sehe mich als Christ», erklärte Richard, «der zufälligerweise im Showgeschäft ist – und nicht etwa umgekehrt.» Der Wandel zwischen den Welten hatte seine Kritiker offensichtlich verwirrt: «Als ich mich zu Jesus bekannte, sagten die meisten Leute: ‹Na, da ist wieder eine gute Karriere zu Ende.› Als es aber nicht zu Ende ging, sagten sie: ‹Oh, das ist ja eine herrliche Masche.›»

LPs auf Columbia/EMI: *Cliff* (1959); *Cliff Sings* (1959); *Me and My Shadows* (1960); *Listen to Cliff* (1961); *How Wonderful to Know* (1961); *The Young Ones* (1961); *It'll Be Me* (1962); *Summer Holiday* (1963); *Hit Album* (1963, re-issue 1973); *Cliff's Greatest* (1963); *When in Spain* (1963); *International* (1963); *Cliff's Songs* (1963); *Wonderful Life* (1964); *Forever* (1964); *Aladdin and his Wonderful Lamp* (1964); *Our Friends* (1964); *Cliff Richard* (1965); *More Hits* (1965); *When in Rome* (1965); *Cliff and The Shadows '65* (1965); *Love is Forever* (1965); *Cliff and The Shadows '66* (1966); *Kinda' Latin* (1966); *Finders Keepers* (1966); *Cinderella* (1967); *International Again* (1967); *Don't Stop Me Now* (1967); *Good News* (1967); *Cliff in Japan* (1968); *Congratulations* (1968); *Two a Penny* (1968); *Established 1968* (1968); *Hier ist*

Cliff (1969); *Best* (1969); *Cliff Richard* (1969); *Sincerely Cliff* (1969); *Cliff Richard, Edition 2000* (1970); *Live at The Talk of the Town* (1970); *About That Man* (1970); *Tracks 'n' Grooves* (1970); *His Land* (1970); *Ich träume Deine Träume* (1971); *Best, Vol. 2* (1972); *Famous Pop Group of the 60's, Vol. 2* (1972); *Power to All Our Friends* (1973); *Seine größten Erfolge* (1973); *Take Me High* (1973); *Spanish Harlem* (1974); *Help It Long* (1974); *The 31st of February Street* (1974)

Richard, Keith (g, p, voc), am 18. Dezember 1943 in Dartford, England, geboren, hat zusammen mit → Mick Jagger, den er seit etwa seinem sechsten Lebensjahr kennt, den überwiegenden Teil der berühmten → Rolling Stones-Stücke (*I Can't Get No Satisfaction, Sympathy For The Devil, Street Fighting Man, Let's Spend The Night Together, Honky Tonk Women* etc.) verfaßt. Sein Großvater leitete in den dreißiger Jahren als Saxophonist eine Tanzkapelle; sein Vater arbeitete in verschiedenen Berufen, mal als Bäcker, mal als Elektriker. Richard besuchte die Sidcup Art School und hat, außer einem Aushilfsjob zu Weihnachten 1961 bei der Post, bislang nur mit Musik Geld verdient, allerdings Millionen. Er saß wegen Rauschgiftbesitzes im Gefängnis, gilt aber als kühler Kopf der Rolling Stones und als ihr musikalischer Konzeptor: «Mick machte seine Show, und ich versuchte die Band zusammenzuhalten.» Zumeist lieferte Richard, der in Hotelzimmern seine besten Einfälle hat, für die Stones-Nummern die Melodien, während Jagger die Verse erfand. «Aber in jedem Text und in jeder Musik», so Richard, «gibt es Ideen von uns beiden.»

LPs mit den → Rolling Stones

The Righteous Brothers paarten 1962 in Balbao, Kalifornien, den erdigen Bariton Bill Medleys und den fiebrigen Tenor Bobby Hatfields zu einem Vokal-Duo, das den Slogan vom «blauäugigen Soulgesang» zu einem Gütezeichen machte. Die beiden Sänger sollen ihren Gruppennamen nach einem Konzert in Santa Ana, Kalifornien, angenommen haben, bei dem sie angeblich von einigen schwarzen Zuhörern mit dem Ruf «That's righteous, brother!» («Das ist das Wahre, Bruder!») angefeuert wurden. Fortan sangen sie Neger-Balladen und Spirituals wie *Georgia On My Mind* und *In The Great Gettin' Up Morning* in einfühlsamer Rhythm & Blues-Artikulation so täuschend, als seien sie selbst schwarz. Ihre zwischen Gospel, Rock und Jazz schillernden Vokalisen brachten sie am effektvollsten zur Geltung, als ihnen der Producer → Phil Spector ein eigenwilliges Sound-Konzept andiente: Die schleppende Melodie des Gospel-Titels *You've Lost That Lovin' Feeling* ließ er von einem Crescendo aus Tambouringeklingel, Violinschwirren, Paukenschlägen und Bläserfanfaren vorantreiben. Gegen diese bombastische Soundmauer preßte er sodann die Stimmen der Righteous Brothers von murmelnder Tristesse bis zu ekstatischen Bekenntnisschreien hoch und ließ sie gelegentlich in überraschende Orchesterbreaks einbrechen. *You've Lost That Lovin' Feeling* wurde 1965 ein donnernder Erfolg. Die in gleicher Manier aufgeputschten Titel *Unchained Melody* (1965) und *Soul And Inspiration* (1966) setzten die Hitserien fort. Als sich Spector anderen Sängern zuwandte, fanden die Righteous Brothers nicht mehr den richtigen Ton. Medley verließ 1968 das Duo zugunsten einer Solo-Karriere ohne Fortune. Hatfield tat sich eine Zeitlang mit Jimmy Walker zusammen. Der einst von schwarzen wie weißen Rhythm & Blues-Fans geschätzte Konzertsoul-Klang war jedoch nicht mehr zu rekonstruieren. In der Hoffnung, an die ruhmreiche Vergangenheit anknüpfen zu können, taten sich Medley und Hatfield 1973 wieder zusammen. Comeback-Erfolge wie *Rock And Roll Heaven, Give It To The People* (1974) waren mehr wegen ihrer eingängigen Melodien gefragt, zumal die Righteous Brothers den inzwischen antiquierten majestätischen Spector-Sound zugunsten eines konventionellen weißen Soul-Gesangs à la → Rare Earth, → Three Dog Night verändert hatten.

LPs (Auswahl) auf Moonglow: *Right Now* (1963);

Some Blue-Eyed Soul (1964); *This is New* (1964); *The Righteous Brothers* (1965); *Best* (ca. 1966) ... auf Philles: *You've Lost That Lovin' Feeling* (1965); *Just Once in My Life* (1966) ... auf Verve: *Back To Back* (1966); *Soul And Inspiration* (1966); *Go Ahead And Cry* (1966); *Sayin' Somethin'* (1967); *The Righteous Brothers Greatest Hits* (1967); *Souled Out* (1967); *Righteous Brothers Standards* (1968); *One for the Road* (1968); *Re-Birth* (1968); *Greatest Hits, Vol. 2* (1969) ... auf Haven/Capitol: *Give It to the People* (1974); *The Sons of Mrs. Righteous* (1975) ... auf MGM: *Righteous Brothers* (1971); *History* (1972). Solo-LPs Bill Medley (Auswahl) auf MGM: *Bill Medley, 100 Per Cent* (1968); *Starporträt Bill Medley* (1971) ... auf A & M: *A Song for You* (1971); *Smile* (1973). Solo-LP Bob Hatfield auf MGM: *Messing in Muscle Shoals* (1971)

Riperton, Minnie (voc), 1948 in Chicago geboren, erregte 1975 als Stimmwunder und Protegé von → Stevie Wonder Aufsehen und wurde von der Rezensenten ihrer LP *Perfect Angel* wegen der «unbeschreiblichen Leichtigkeit, mit der sie zwischen den Stimmungen ihrer Songs wechselt» (‹Rolling Stone›) als «nächster Superstar» (‹Cleveland Press›) gepriesen. Die Tochter einer musikbegeisterten Familie ließ ihren fünf Oktaven umfassenden Koloratur-Sopran zunächst im Opern-Gesangsunterricht ausbilden. Die mageren Karriere-Aussichten im klassischen Fach verleiteten sie jedoch zu einem Stilwechsel: 1963 ließ sie sich von Chess Records als Chorus-Sängerin (zeitweise in der Gruppe GEMS) und Archivarin engagieren. Nach vier Jahren Background-Gesang trat sie 1967 dem Sextett ROTARY CONNECTION bei, das für Chess die Erfolgsformel der → VANILLA FUDGE ausbeuten sollte. Mit diesem Ensemble nahm sie sechs mäßig erfolgreiche LPs auf und besang nach der Auflösung der Gruppe ein Solo-Album, *Come to My Garden*, bevor sie 1971 die Plattenfirma verließ. Fortan sang sie ohne Kontraktbindung auf Studio-Sessions diverser Jazz- und Soul-Stars und setzte ihr Vokaltalent in Fernseh- und Radio-Werbespots ein. In Stevie Wonder fand Minnie einen Bewunderer, der für ihren zweiten Solo-Einstand bei Epic Material schrieb, Produktionshilfe leistete und seine Begleitband WONDERLOVE zur Verfügung stellte. Trotz ihres enormen stimmlichen Nuancierungsvermögens mag Minnie den Blues nicht singen, denn «Blues hat etwas mit Traurigkeit zu tun, ich aber bin ein glücklicher Mensch. Ich möchte zwar die Menschen mit meinem Gesang rühren, aber auf eine glückliche Art.»

LPs mit ROTARY CONNECTION auf Cadet Concept: *Rotary Connection* (1968); *Aladdin* (1968); *Peace at Least* (1968); *Songs* (1969); *Dinner Music* (1970); *Hey Love* (1971). Solo-LPs auf GRT: *Come to My Garden* (1971) ... auf Epic: *Perfect Angel* (1974); *A Taste of Paradise* (1975)

Rivers, Johnny, bürgerlich: John Ramistella (voc, g), am 7. November 1942 in New York geboren, wurde von Hollywood-Prominenten gerühmt (Steve McQueen: «Er ist das aufregendste Talent seit langem»), weil er ihnen ein paar schöne Stunden bereitete. Bei der Eröffnung des Edel-Clubs «Whisky à Go Go» auf dem Sunset Strip am 15. Januar 1965 regte der bis dahin unbekannte Nightclub-Sänger die Gäste mit seinem rhythmischen Vortrag schwarzer Pop- und Blues-Songs zum Tanz an und ließ sich dabei von dem Producer Lou Adler auf Band nehmen. Die erfolgreiche Plattenkonserve machte Rivers zum «ersten Diskothekenstar Amerikas» (Nik Cohn). Vom Twist ausgelöst, herrschte damals eine Tanz-Euphorie in Amerikas Bierbars und Bourbon-Galerien. Nachtlokale, in denen man zu Schallplattenmusik oder einer Live-Band die neuesten Modetänze probieren konnte, waren seit → Joey Dees Auftritten in der New Yorker Peppermint Lounge en vogue. Rivers sang vor Gästen wie im Studio mit nonchalanter Phrasierung akzeptable Aufarbeitungen alter Rhythm & Blues-Nummern wie → Willie Dixons *Seventh Son*, → Mose Allisons *Parchman Farm* oder *Memphis* von → Chuck Berry. Seine rauhen, auf *cool* gestumpften Vokalismen offenbarten genug Feeling, um auch seine Eigenkompositionen wie authentisches Blues-Material klingen zu lassen. In diesem

Stil verkaufte er in sieben Jahren etwa 20 Millionen Platten. Auch bei seinen Business-Aktionen war Rivers erfolgreich: Die erste Gruppe auf seinem 1967 gegründeten Label Soul City Records wurde unter dem Namen → THE FIFTH DIMENSION zu einem konstanten Bestseller-Lieferanten. In seinem Musikverlag Canopy beschäftigte er den damals noch unbekannten → Jim Webb, der ihm tantiementrächtige Weltbestseller schrieb, so 1968 *Mac Arthur Park.* 1971 verkaufte Rivers seine Musikfirmen an Bell Records, «weil sie mir als Künstler schadeten, an meinen Energien zehrten». Neu eingespielte Aufnahmen in einer kuriosen Mischung aus Rock 'n' Roll und Reggae brachten ihm zwar nach 1972 die lange vermißten Hiterfolge. Dennoch hatte er Pläne für eine neue Plattenfirma: «Ich kann nicht einfach dasitzen und Talent brachliegen sehen.»

LPs auf Imperial: *Johnny Rivers* (1964); *Here We Go Again* (1964); *Go Johnny* (1964); *In Action* (1965); *Back at the Whisky a Gogo* (1965); *Rocks the Folk* (1965); *You Wanna Dance* (1966); *Golden Hits* (1967); *Changes* (1967); *Rewind* (1967); *Realization* (1968); *A Touch of Gold* (1969); *Slim Slo Slider* (1970) ... auf United Artists: *Home Grown* (1971); *L. A. Reggae* (1972); *Super Pak* (1973); *Blue Suede Shoes* (1973); *Rockin' Rivers* (1974); *Very Best* (1974) ... auf Capitol: *Sensational* (1964) ... auf Pickwick: *If You Want It* ... auf Sun: *Whiskey à Gogo* (1967); *Early Years* (1969) ... auf Atlantic: *Last Boogie in Paris* (1974); *Road* (1974)

Robinson, William «Smokey», (voc), etwa 1938 in Detroit, Michigan, geboren, zählt zu den Universaltalenten der Soulmusik-Industrie. Als Leader der MIRACLES führte er fast 20 Jahre ein Ensemble kultivierter Rhythm & Blues-Stilisten, dem seit der Gründung 1953 Bobby Rogers (voc), Ronnie White (voc), Pete Moore (voc), Marv Taplin (g) sowie Smokeys Frau Claudette Rogers (voc) angehörten. Mrs. Robinson wirkte allerdings seit 1965 nur noch bei Platteneinspielungen mit. Die Highschool-Freunde traten zunächst als Amateur-Straßenchor auf. 1958 schlossen sie einen Vertrag mit dem unabhängigen Songschreiber und Producer Berry Gordy jr., der ihre ersten Platten auf verschiedenen Lizenzlabels unterbrachte. Die Debüt-Erfolge des Vokal-Clans ermöglichten Gordy die Gründung einer eigenen Musikproduktion: Motown Records. 1961 erzielten die MIRACLES mit dem Robinson-Titel *Shop Around* ihren ersten Millionentreffer auf dem neuen Label. Smokey erwies sich bald als wesentlicher Auftriebsfaktor für Motown. Er regte das Engagement zukünftiger Hitmacher wie → THE SUPREMES an, verfaßte zugkräftige Schlagertexte für Mary Wells (*My Guy,* 1964), → THE TEMPTATIONS (*My Girl,* 1965), und andere Firmen-Stars, leitete zahlreiche Platten-Sessions und stattete seine MIRACLES weiterhin mit einem üppigen Hit-Repertoire aus: *You Really Got A Hold On Me* (1963), *Get Ready* (1964), *Ooo Baby Baby, The Tracks Of My Tears, Going To A Go Go* (1965), *More Love, The Tears Of A Clown* (1967). Robinson orientierte seine Songs an den Erfordernissen des Hitparaden-Radios: «Je kürzer eine Platte ist, desto öfter wird sie gespielt. Beim Schreiben gehe ich davon aus, daß ein Song einen vollständigen Gedanken enthalten muß und eine Geschichte in der Zeit zu erzählen hat, die für eine Platte zur Verfügung steht.» Innerhalb dieses Zeit-Limits gelangen Robinson einprägsame Beispiele eines sanften, poetischen Rhythm & Blues, der banale Redewendungen der Alltagssprache mit ungewöhnlichen Metaphern und originellen Gleichnissen anreicherte und in der Gegenüberstellung von Sein und Schein eine «Aura der Unschuld, des Erstaunens, der Überraschung» (Charlie Gillett) aufkommen ließ: «People say I'm the life of the party, 'cause I tell a joke or two, but although I may be laughin' loud and hearty, deep inside I'm blue» (*The Tracks Of My Tears*). Robinsons kommerzielles Verständnis war nicht zuletzt auch darauf zurückzuführen, daß er seit 1964 als Vizepräsident von Motown Records wesentlich stärker in die Business-Planungen des Konzerns integriert war. Dem Wunsch der Firmenleitung, sich auch auf weißen Märkten durchzusetzen, entsprach auch seine vorsichtige Haltung gegenüber schwarzem Selbstbewußtsein im Showbusiness: «Ich bin stolz darauf, daß ich schwarz bin; aber ich glaube nicht, daß die Bühne der richtige Ort ist, um darüber einen Vortrag zu halten. Die Leute kommen, weil sie sich unterhalten lassen wollen.» Das allerdings taten die MIRACLES vorzüglich mit der ersten choreographischen Darbietung eines schwarzen Vokal-Ensembles. Smokeys elegantes Falsett, das die Klarheit und Weichheit eines Soprans annahm, wand sich geschmeidig durch die Stimmungslagen seiner Songs und sparte nicht mit sentimentalem Pathos und effektvollem Wechsel der Tonlagen, während die MIRACLES ein dichtes Netz kontrastierender Vokalpartien webten. 1972 trennten sich Robinson von seinen Gesangspartnern. Seine Solo-LPs füllte er mit Liebesliedern und Songs über familiäre Beziehungen (*The Love Between Me And My Kids*). Stücke wie *Virgin Man* wurden zu Diskotheken-Rennern, durchweg jedoch waren die Texte weniger scharfsinnig als früher. An seine Stelle bei den MIRACLES trat William Griffith (voc).

LPs SMOKEY ROBINSON AND THE MIRACLES (Auswahl) auf Tamla Motown: *Greatest Hits – From the Beginning* (1966); *Going to a Go Go* (1966); *Away We A-Go Go* (1967); *Make It Happen* (1967); *Greatest Hits, Vol. 2* (1968); *Special Occasion* (1968); *Live* (1969); *Time Out* (1969); *Four in Blue* (1969); *Whatlovehas ... joinedtogether* (1970); *Pocketful of Miracles* (1970); *Season for Miracles* (1970); *Tears of a Clown* (1970); *One Dozen Roses* (1971); *Flying High Together* (1972); *Smokey Robinson and the Miracles 1957–1962* (1972); *Renaissance* (ohne Robinson, 1973); *Anthology* (1974) ... Solo-LPs Robinson: *Smokey* (1973); *Pure Smokey* (1974); *A Quiet Storm* (1975)

Rodgers, James Charles «Jimmie» (voc, g), am 8. September 1897 als Sohn eines Vorarbeiters bei der Mobile and Ohio-Eisenbahngesellschaft in Meridan, Mississippi, geboren, war mit seiner Fusion von Gassenhauer, Folklore, Country-Blues und Jazz wegweisend für Sänger wie → Elvis Presley, Hank Snow, → Johnny Cash, «weil er vorgemacht hat, daß ein Junge vom Land, der über seine Art zu leben singt, das große Geld machen kann» (Paul Hemphill). Nachdem er im Alter von vier Jahren seine Mutter verloren hatte, nahm ihn der Vater auf seinen Montagereisen mit über Land. Die Erfahrungen jener Zeit sind in den 113 Songs reflektiert, die Jimmie seit seinem ersten Aufnahme-Date (*Sleep, Baby, Sleep*; 1927) bis zu seinem Tuberkulose-Tod am 26. Mai 1933 in New York aufgenommen hat. Gesamtumsatz bis 1933: fast 20 Millionen Platten. Die Eisenbahn als Metapher für Abschied, Fernweh nach Kalifornien, Heimweh und Sehnsucht nach dem freien, ungezügelten Leben kehrt in den Balladen des «singing brakeman» ständig wieder. Dem Gesang der schwarzen Streckenarbeiter entnahm Rodgers Blues-Feeling und seine berühmte Manier des «blue yodeling». → Hank Williams und der Australier Frank Ifield (*I Remember You*) lehnten sich später mit ihren Jodel-Vokalisen an das Vorbild des «Begründers der Country-Musik» (Lillian Roxon) an. → Merle Haggard zollte 1969 seinem Vorbild mit dem Album *Same Train, A Different Time* einen aufrichtigen Tribut.

LPs (Auswahl) auf RCA Victor: *Never No Mo'* (1959); *Train Whistle Blues* (1959); *My Rough and Rowdy Ways* (1960); *Jimmie the Kid* (1961); *Hall of Fame* (1962); *Short But Brilliant Life* (1963); *My Time Ain't Long* (1964); *The Best of the Legendary Jimmie Rodgers* (1965)

The Rolling Stones waren die «bad boys» der Rockmusik und zugleich deren Inkarnation: schlicht die perfekteste Rockband der Welt. Trotz der Multi-Millionen-Umsätze ihrer Platten (geschätzt: 400 Millionen Mark), trotz ihrer Luxusvillen, Schlösser, Landhäuser und Wagenparks haben sich → Mick Jagger (voc), → Keith Richard (g), → Brian Jones (später der am 17. Januar 1949 in Hatfield, Herts., geborene Mick Taylor [g]), Bill Wyman (bg) aus Penge, am 24. Oktober 1941 geboren, sowie der am 2. Juni 1941 in Islington geborene Charlie Watts (dr) das Rebellen-Image bewahren können. Sie hatten sich mit ihren Sex- und Drogenausschweifungen konsequent über bürgerliche Moralvorstellungen hinweggesetzt und galten daher als schmutzige, böse, aggressive Exponenten einer neuen proletarischen Musik. Wo sie in den Jahren 1964 bis 1967 auftraten, stets in Riesenarenen, ging nicht selten das Mobiliar zu Bruch. Was dort erklang, erkannte der Regisseur Jean-Luc Godard, der sie in seinem Film ‹One plus One› porträtierte, «könnte der Beginn einer Revolution sein». In ihrem größten Hit (*I Can't Get No Satisfaction*) entdeckten die Fans «die Aufforderung an jeden einzelnen, sich nicht länger einzuordnen, unterzuordnen, sich nicht länger die Befriedigung zu versagen, deren Erfüllung doch längst schon möglich ist» (‹Die Zeit›). Die meisten jedoch hatten überhört, daß der ROLLING STONES-Song *Street Fighting Man* («Die Zeit ist reif, in den Straßen zu kämpfen») mit der Zeile endete: «Aber was kann ein armer Junge anderes tun, als in einer Rock 'n' Roll-Band zu singen?» Für das Selbstverständnis der ROLLING STONES war «revolutionärer Heroismus stets lediglich eine Pose» und «der Rock 'n' Roll nur ein wenig Paprika auf dem atomaren Fernseh-Abendbrot» (so der US-Kritiker Stanley Booth). Zugegebenermaßen ging es ihnen immer nur um die Freiheit, ihre Musik und Geld zu machen. Beides haben sie optimal verwirklicht. In ihrer ersten Phase hatte die Band, die sich 1962 im Londoner «Marquee Club» von → Alexis Korners BLUES INCORPORATED abspaltete, ausschließlich amerikanisches Bluesmaterial nachgespielt. Mit den Jagger/Richard-Kompositionen *The Last Time, Satisfaction, Get Off My Cloud, 19th Nervous Breakdown* sowie den Alben *Between the Buttons* und *Aftermath,* in denen sie «den Rhythm & Blues neurotisierten» (so der deutsche STONES-Experte Franz Schöler), fanden sie nach 1965 ihren eigenen, ungeheuer ökonomischen Stil: Zu einfachen, durch Gitarrenornamente ausgezierten Riff-Figuren steigerte sich Mick Jaggers Gesang auf einen explosiven Spannungshöhepunkt. Von einem plastischen Flimmerbild der fünf Musiker im Märchengewand gecovert, wurde die Gruppe 1967 psychedelisch: Ihr Album *Their Satanic Majesties Request* offenbarte ein phantastisches Pop-Universum zwischen Ganges und Galaxis, durch das Strawinski, Bach und Stockhausen geisterten, in dem es elektronisch zwitscherte, blubberte und schwirrte, in dem Lachen und Schnarchen widerhallte und die satanischen Majestäten den LSD-frommen Choral anstimmten: «Warum singen wir nicht alle zusammen und warten, bis die Bilder kommen?» – Ein Song trug den Titel *2000 Lichtjahre von zu Hause,* ein anderer verkündete: «Mein Name ist nur eine Nummer, ein Stückchen auf einem Plastikstreifen.» Diese Pop Art, neben dem *Sgt. Pepper*-Album der → BEATLES immerhin die phantasiereichste, die es in der Rockmusik gab, wurde von vielen Kritikern (Schöler: «Völlig unglaubwürdig») nicht goutiert. Deshalb erinnerten sich die ROLLING STONES wieder ihrer alten Underground- und Kloaken-Perspektive. Für die Platte *Beggars Banquet,* auf der Jagger die Liebeskünste eines 15jährigen Mädchens pries, um «Mitleid mit dem Teufel» warb und «jeden Polizisten einen Verbrecher» nannte, reichte die Gruppe der Plattenfirma Decca ein Coverbild ein, das eine verschmutzte Toilette mit ordinären Slang-Marginalien zeigte. Als die Firma den Entwurf ablehnte, gingen die STONES vor Gericht und trennten sich schließlich wegen dieser und anderer Schwierigkeiten von Decca, um ihr eigenes Plattenlabel zu gründen. Jagger: «Wenn wir ihnen heute erlauben, über die Verpackung zu bestimmen, werden sie uns morgen vorschreiben, was wir singen dürfen.» Mit jeder ihrer LPs haben die Musiker das Blues- und Rockschema ihrer Musik seither weiter differenziert. Sie lassen Hillbilly-Fideln, Harlem-Saxophone und Mundharmonikas erklingen, gospeln wie in der Negerkirche und intonieren Folksongs im Stil von → Bob Dylan. Auf *Let it Bleed* lassen sie den Londoner Bach-Chor jubilieren; auf *Sticky Fingers* (mit einem Hüllenentwurf von Andy Warhol) beschreibt Jagger die letzten Minuten eines sterbenden Fixers, der nur noch von fern die Sirene des Ambulanzwagens hört, den Doktor nicht mehr erkennen kann und um eine letzte Morphiumspritze bettelt; auf *Exile On Main Street* stimmen sie mit zahlreichen prominenten Gastmusikern (etwa → Billy Preston, → Nicky Hopkins, Bobby Keys) erneut den Outcast-Blues der Spieler, Komödianten und Trunkenbolde an, ein Lied der Penner, Prostituierten und Pimps voller Aggression, Obszönität und Poesie. Von Jahr zu Jahr haben die STONES auch ihre Live-Auftritte und Tourneen, die zunehmend im Stil eines Industrieunternehmens geplant werden, zu gewinnträchtigen Ritualen perfektioniert. Bei ihrer USA-Tournee 1969, die ihnen bei 7,23 Millionen Mark Einnahme eine Gage von 4,1 Millionen einbrachte, im Film ‹Gimme Shelter› dokumentiert wurde und zu dem Mord-Desaster von Altamont führte, spielten die «Teufelsschüler», diese «elektrisch verstärkte Straßengang» (‹Saturday Review›) besser und energetischer als je zuvor. Bei ihrer US-Konzertreise 1972 hatten sich 560 000 New Yorker Rockfans schriftlich um die 20 000 Eintrittskarten zum STONES-Konzert im Madison Square Garden beworben; die Karten zu sechs Dollar mußten ausgelost werden. Umstritten sind die ROLLING STONES, die sich aus Steuergründen in Südfrankreich angesiedelt und sich künstlerisch auf eine reine Entertainment-Position zurückgezogen haben (*It's Only Rock 'n' Roll, But I Like It*), 1975 wie eh und je. Während ein Teil der Kritiker in ihren Konzerten nur mehr eine trotzige Kraftanstrengung, ein letztes Aufbäumen vor dem Ende sehen, diagnostiziert ein anderer Teil einen fortschreitenden musikalischen Reifungsprozeß. «Hatte der Rock am Anfang Musik in eine Zeitstimmung überführt, so überführen die STONES eine Zeitstimmung in Musik. Sie heizen keine Emotionen an, sie drücken sie aus» (‹Die Zeit›).

LPs auf Decca: *The Rolling Stones* (1964); *The Rolling Stones No. 2* (1964); *The Rolling Stones. Now!* (1964); *Out of Our Heads* (1965); *Around and Around* (1965); *Bravo! The Rolling Stones* (1965); *December's Children* (1965); *Big Hits* (1966); *Aftermath* (1966); *Got Live if You Want It!* (1966); *Between the Buttons* (1967); *Flowers* (1967); *Their Satanic Majesties Request* (1967); *Beggar Banquet* (1968); *Through the Past, Darkly* (1969); *Let It Bleed* (1969); *Get Yer Ya Ya's Out* (1970); *Stone Age* (1971); *Milestones* (1971); *Gimme Shelter* (1971); *Hot Rocks 1964–71* (1972); *Rock 'n' Rolling Stones* (1972); *More Hot Rocks* (1973); *No Stone Unturned* (1973) ... auf Rolling Stones Records: *Sticky Fingers* (1971); *Jamming with Edward* (1972); *Exile on Main Street* (1972); *Goat's Head Soup* (1973); *It's Only Rock 'n' Roll* (1974). Solo-LP Bill Wyman auf Rolling Stones Records: *Monkey Grip* (1974)

Ronstadt, Linda (voc), am 15. Juli 1946 als Tochter eines Rinderzüchters in Tucson, Arizona, geboren, hörte während ihrer Kindheit mit Vorliebe Countrymusik mexikanischer Radiostationen und schulte ihre Stimme an Folksong-Schallplatten von → Joan Baez. Diese Folk- und Countrytradition, die sie als 17jährige zunächst im Geschwistertrio NEW UNION RAMBLERS nutzte, hat sie nach 1965 in kalifornischen Bierpinten perfektioniert und in eine Band namens STONE PONEYS eingebracht. Da sie mit diesen Musikern jedoch stilistisch nicht harmonierte, machte sie sich 1969 selbständig und ließ sich live gern vom Rockquintett SWAMP WATER begleiten, das mit der folkloristischen Diktion Louisianas musizierte. Ihre LP *Silk Purse* nahm sie in der Country & Western-Metropole Nashville, Tennessee, auf; der Song *Long Long Time* daraus wurde ein Single-Hit. Adäquat begleitet, transportiert Linda Ronstadt mit einer kräftigen, bluesgefärbten Stimme Countryfeeling in die Rockwelt. «Sie vermittelt die Stimmung dieser Musik, ohne sich vollständig mit ihr zu identifizieren» (‹Rolling Stone›). Das gebrochene, vielleicht sogar leicht ironische Verhältnis zu ihrem Material geht aus einem Songtext hervor: «We need a whole lot more of Jesus and a lot less Rock and Roll.» (Wir brauchen viel mehr von Jesus und viel weniger Rock 'n' Roll).

LPs auf Pickwick: *Linda Ronstadt & The Stone Poneys* (ca. 1967); *Stoney End* (ca. 1968) ... auf Capitol: *Hand Sown, Home Grown* (1969); *Silk Purse* (1970); *Linda Ronstadt* (1972); *Different Drum* (1974); *Heart Like a Wheel* (1974) ... auf Asylum: *Don't Cry Now* (1973)

Ross, Diana (voc), am 26. März 1944 im «Black Bottom»-Getto von Detroit geboren, half nach dem Stimmtraining im Chor einer Baptistenkirche als Lead-Sängerin der → SUPREMES ihrer Firma Tamla Motown, 25 Millionen Platten zu verkaufen; mit fünfundzwanzig Jahren war sie bereits Millionärin. Nach ihrer Trennung von den SUPREMES im Januar 1970 schien es zunächst, die Glamour-Vokalistin werde in Amerikas teuersten Nachtlokalen und Supperclubs weiter jene kindischen oder unpersönlichen *Baby Love*-Songs ihrer Anfangsjahre artikulieren, die ihr einst das Image einer «Prinzessin des Plastik-Pop» eingebracht hatten. In ihren kostbaren Kostümen (Motown-Chef Berry Gordy hatte allein für die Erstausstattung 60 000 Dollar ausgegeben) entwickelte sie sich mit Liedern wie *Reach Out And Touch, Remember Me, I'm Still Waiting,* die ihr fast alle vom Autoren-Team Nicholas Ashford/Valerie Simpson geliefert wurden, zur Solistin durchaus eigener Prägung. Ihre Platte *Ain't No Mountain High Enough* bezeichnete Michael Thomas in ‹Rolling Stone› leicht übertreibend sogar als «eine der zehn besten Singles, die je produziert worden sind». In der 1972 uraufgeführten Filmbiographie der Jazz-Sängerin Billie Holiday (‹Lady Sings the Blues›) spielte sie die Titelrolle so gut, daß sie für einen Oscar nominiert wurde. Musikalisch hatte sie sich dem Holidaystil in Ton und Phrasierung kongenial angenähert, ohne die eigene Persönlichkeit aufzugeben und plump zu kopieren.

LPs auf Tamla Motown mit den → SUPREMES; Solo-LPs *Diana Ross* (1970); *Everything is Everything* (1970); *Surrender* (1971); *Diana* (TV-Soundtrack, 1971); *I'm Still Waiting* (1971); *The Best of Diana Ross* (1972); *Lady Sings the Blues* (1972); *Touch Me in the Morning* (1973); *Diana & Marvin* (mit Marvin Gaye, 1973); *Live at Ceasar's Palace* (1974); *Last Time I Saw Him* (1974)

Roxy Music legte im Juni 1972 eine gleichnamige Debüt-LP vor, die das im November 1970 gegründete Londoner Sextett als Rock-Nostalgiker im Stil der US-Truppe → SHA NA NA zu qualifizieren schien. Ein Jahr später war aus der zunächst eher harmlos wirkenden Puppe ein farbenprächtig schillernder Musik-Schmetterling von dekadenter Faszinationskraft geschlüpft. Bryan Ferry (voc, keyboards), am 26. September 1945 im englischen Washington, Co. Durham, geboren, führte mit seiner in Leder, Seide, Goldlamé und Federn gekleideten, mit Geschmeide behängten, teilweise karmesinrot und silberblond gefärbten Truppe eine abgefeimte Transvestiten-Show auf. Die hauptsächlich vom ehemaligen Kunstlehrer und Ex-Studenten der Newcastle University Bryan Ferry komponierte, von Andrew «Andy» Mackay (sax, oboe), Phil Manzanera (g), Richard «Rik» Kenton (bg), Paul Thompson (dr) und einem Elektro-Sound-Spezialisten mit dem vollen Namen Brian Peter George St. John Le Baptiste De La Salle Eno (synthesizer, tape recorder, g, bg, voc) interpretierte Musik war ein cleveres Gebräu aus brutalen Rock 'n' Roll-Monotonismen, Jazz- und E-Musik-Formen mit Anklängen an Sonny Rollins und Kurt Weill, exotischen Tanzrhythmen und Canzone-Schmalz. Besonders Mackay, am 23. Juli 1946 in Lostwithiel, Grafschaft Cornwall, geboren, Ex-Oboist des Londoner Symphony Orchestra, zwang die «durch irrsinnige Strukturen taumelnden Klanggebilde» (‹Süddeutsche Zeitung›) mit bohrend-intensiven Sax- und Oboenchorussen in die Gehörgänge. In der durch einen Mangel an überzeugenden musikalischen Ideen gekennzeichneten Saison 1972/73 wirkte die ROXY MUSIC außerordentlich erregend. Nach Brian Enos Ausscheiden 1973 wurden die Stücke der nun mit Edwin Jobson (keyboards), Johnny Gustafson (bg) besetzten Band zunehmend zu Vehikeln für Ferrys Lyrik und seinen rezitativen, stakkatoartigen Gesang; sie hatten nur geringes melodisches Eigengewicht. Ferry vermochte den monochromen ROXY-Stil jedoch stets durch Accessoires aus der Abseite bis hin zu einer angedeuteten Naziuniform (Stiefel, Breecheshosen, weißes Hemd, Schulterriemen) auffällig zu gestalten. In zahlreichen Soloproduktionen der ursprünglichen

ROXY-Spieler bildete sein Dekadenz-Rock auf der Musikszene Metastasen. Ferry selbst erging sich in destruktiven Umdeutungen der Songs von → Bob Dylan (*A Hard Rain's A-Gonna Fall*), Jerome Kern (*Smoke Gets In Your Eyes*) oder der → ROLLING STONES (*Sympathy For The Devil*). Mackay improvisierte auf seinem Instrumentalalbum *In Search of Eddie Riff* radikale Oden über *The End Of The World* (Songtitel) und zerstörte Melodien von Franz Schubert und Richard Wagner. Eno driftete in die Nähe der → VELVET UNDERGROUND-Erben → John Cale, → Nico sowie des → KING CRIMSON-Königs Robert Fripp und jagte Relikte aus den Avantgardeklängen der sechziger Jahre durch den Synthesizer.

LPs auf Island: *Roxy Music* (1972); *For Your Pleasure* (1973); *Stranded* (1973); *Country Life* (1974). Solo-LPs Bryan Ferry: *These Foolish Things* (1973); *Another Time, Another Place* (1974). Solo-LP Andy Mackay: *In Search of Eddie Riff* (1974). Solo-LPs Brian Eno: *No Pussy Footing* (mit Robert Fripp, 1973); *Here Come the Warm Jets* (1973); *June 1, 1974* (mit John Cale, Nico; 1974); *Taking Tiger Mountain* (1974); Solo-LP Phil Manzanera: *Diamond Head* (1975)

Rumpf, Inga (voc, perc), am 2. August 1948 in Hamburg geboren, wurde im Mai 1973 von der ‹Frankfurter Allgemeinen Zeitung› als «größtes Individualtalent der bundesdeutschen Rockszene» gerühmt. Der englische Journalist Terry Snow lobte: «Sie reißt die Kehle auf mit der Kraft und der Leidenschaft einer Besessenen, verfügt aber auch über genug Subtilität, die Hitze, wenn notwendig, abzukühlen; und immer beweist sie Gefühl für die Seele eines Songs.» Die Tochter eines Seemanns gehörte von 1965 bis 1970 den → CITY PREACHERS an, die sie ab 1968 leitete. Sie gründete anschließend zusammen mit ihrem CO-PREACHER Jean-Jacques Kravetz (keyboards) die Combo FRUMPY, eine der ersten deutschen Rockbands mit Auslandserfolg. «Bluesröhre Inga» (so der Producer Walter Haas) und ihre Hard-Rocker wurden im Pariser Olympia-Musiktheater ebenso bejubelt wie in Großbritannien. Im Juli 1972 ließ die Sängerin FRUMPY untergehen und ATLANTIS auftauchen. Diesmal wurde das LP-Debüt der neuen Gruppe mit englischen Gastmusikern in London produziert. Es war – mit der ATLANTIS-Besetzung Kravetz, Frank Diez (g, voc), Karl-Heinz Schott (bg), Curt Cress (dr, perc) – technisch perfekter als alle früheren Rumpf-LPs, erreichte aber nicht annähernd die FRUMPY-Umsätze. Mit einer kräftigen Soul-Injektion und hitträchtigem Eigenmaterial auf der LP *Ooh, Baby* schien sich ATLANTIS Anfang 1975 unmittelbar vor einer internationalen Kommerzkarriere zu befinden. Die Besetzung bestand aus Rumpf (voc), Adrian Askew (keyboards, g, voc), Alex Conti (g, voc), Karl-Heinz Schott (bg, voc), Ringo Funk (dr, voc). Hauptproblem aller Inga Rumpf-Ensembles war bis dahin die personelle Unbeständigkeit.

LPs mit den → CITY PREACHERS ... mit FRUMPY auf Philips: *All Will Be Changed* (1970); *Frumpy II* (1971); *Live* (1972) ... auf Vertigo: *By the Way* (1972) ... mit Jean-Jacques Kravetz auf Vertigo: *Kravetz* (1972) ... mit ATLANTIS auf Vertigo: *Atlantis* (1973); *It's Getting Better* (1973); *Ooh, Baby* (1974); *Atlantis Live* (1975). Solo-LP auf Hör Zu/Black Label: *I. D. Company* (mit Dagmar Krause, 1970)

Rundgren, Todd (voc, g, keyboards), 1949 in Philadelphia geboren, handhabt mit Geschick und mangelnder Selbstkritik «das wichtigste Instrument heutzutage im Rock – das Aufnahmestudio» (‹Crawdaddy›). Als Komponist, Texter, Arrangeur, Sänger, Spieler aller Instrumente und Producer stellte er seine Vielseitigkeit und technische Meisterschaft unter Beweis. Auf einer Hommage an den amerikanischen Star-Discjockey Wolfman Jack jubilierte er als tricktechnisch multiplizierter Chor im Rhythm & Blues-Falsett einer Motown-Soulgruppe. Das weiße City-Lamento von → Carole King imitierte er ebenso sicher wie die geschmeidigen Vokal-Harmonien der → BEACH BOYS. Gelegentlich kommt ihm im 16-Spur-Spiel der gute Geschmack abhanden, wenn er in einem Amok-Arrangement (*A Wizard, A True Star*) elektronische Flamingos zirpen läßt,

Synthesizer-Hunde zum Giggeln bringt, zur Melodie der alten Vaudeville-Schnulze *Toot Toot Tootsie* in modischer Manier «Da Da Dali» skandiert oder sich bei peinlichen Wortspielen im Ton vergreift: «Oh Jesus, ich will Dich an nichts binden, ich will Dich nicht festnageln.» Weniger wirr ging es zuvor bei Rundgrens NAZZ zu, die er 1968 nach einer Gig-Periode mit WOODY'S TRUCK STOP in der Besetzung Robert Antoni (org, p, voc), Carson van Osten (bg), Thom Mooney (dr), Rundgren (g) mitgründete. Das Quartett suchte den Leadgitarren-Sound der → VENTURES mit dem Vokalstil der → BEATLES zu kombinieren. «Jeder Junge mit einem Minderwertigkeitskomplex liebt die BEATLES», erklärte Todd seine Neigung für die Liverpooler. «Wer hat schon was dagegen, wenn ihm die Leute auf der Straße nachlaufen?» Der NAZZ war solche Fan-Anteilnahme freilich nicht beschieden. Die Combo löste sich deshalb auf, und Rundgren absolvierte eine Ausbildung zum Toningenieur. Anschließend produzierte er vornehmlich Künstler, die der → Dylan-Manager Albert Grossman für seine Bearsville Productions managte: → THE BAND, → Jesse Winchester, IAN & SYLVIA. Grossman gab Rundgren die Chance zu einer zweiten Karriere als Solist. Unter dem Namen RUNT veröffentlichte er zwei LPs, aus denen die Hitsingle *We Gotta Get You A Woman* (1970) hervorging. Weitere Produktionsaufträge brachten ihn mit → Paul Butterfield, → BADFINGER zusammen. Sein bisher ambitioniertestes Werk, die Doppel-LP *Something ... Anything* (1972) enthielt Sequenzen aus jedem Rhythm & Rock-Stil sowie eine komplette «Pop-Operette» und bestätigte Rundgrens Absichten: «Mein Trip ist immer gewesen, die Leute zu beeindrucken.» Dennoch rätselte der ‹Melody Maker›, bei der Wertung weiterer Runtgren-Records von dessem satirischen Eklektizismus offenbar verwirrt: «Genius oder Scharlatan?»

LPs mit NAZZ auf SCG: *Nazz* (1968); *Nazz Nazz* (1969); *Nazz III* (1970) ... LPs RUNT auf Ampex: *Runt* (1970); *Runt/The Ballad of Todd Rundgren* (1971) ... Solo-LPs auf Bearsville: *Something ... Anything* (1972); *A Wizard, A True Star* (1973); *Todd* (1974); *Utopia* (1974)

Rush, Otis (g, voc, dr, harm), am 29. April 1934 in der Kleinstadt Philadelphia, Mississippi, geboren, kam 1948 mit seiner Familie nach Chicago und ist seit dem Ende der fünfziger Jahre der beste, aber am meisten unterbewertete Gitarrist dieses Blues-Mekkas geblieben: laut ‹Down Beat› ein unerkannter «Gigant seiner Generation». Seine Debüt-Single *I Can't Quit You Baby* war 1956 zugleich die erste Veröffentlichung von Eli Toscanos Label Cobra im Chicagoer West Side-Getto. Von den acht kleinen Platten, die er für Cobra aufnahm, waren zumindest fünf Songs überdurchschnittlich, *Jump Sister Bessie, Groaning The Blues, My Love Will Never Die, Checking On My Baby, Double Trouble,* fast immer mit «Shakey» Horton (harm), Harold Ashby (ts), Lafayette Leake oder «Little Brother» Montgomery (p), → Willie Dixon (b), Odie Payne (dr). In Rushs Band, so will es die Legende, habe der Gitarrist Willie D. Warren kurze Zeit später die Erfindung der elektrischen Baßgitarre verursacht, indem er zur Imitation einer akustischen Baßgeige lediglich die tiefen Saiten einer Elektrogitarre verwendete. In Rushs eigenem Gitarrespiel gab es, so Mike Rowe im Buch ‹Chicago Breakdown›, eine «ungewisse und peinvolle Spannung, denn er zerrte an den Noten, ließ sie im Raum hängen und schmetterte ihnen explosive Cluster hinterher. Sein Gesang war von gleicher Art: In einem fast weinenden, bis zum Falsetto reichenden Klangkolorit malträtierte er die Wörter mit beängstigender Intensität». Nachdem die Firma Cobra 1959 eingegangen war, nahm Rush für Chess unter anderem seinen Klassiker *So Many Roads* auf und schloß anschließend einen langfristigen Vertrag mit der Marke Duke, der ihm aber «nicht viel mehr einbrachte als Anonymität» (‹Down Beat›). Daran hat sich seither nicht viel geändert. Für Capitol und Black & Blue nahm der Gitarrenvirtuose in den siebziger Jahren Stücke auf, die bis zum Frühjahr 1975 noch nicht veröffentlicht waren. Nach wie vor tritt er in Colleges und kleinen Blues-Clubs auf, immer darauf hoffend, «daß es vielleicht irgendwann ein bißchen einfacher wird, vom Blues zu leben».

LPs auf Chess: *Door to Door* (rec. 1960, ed. 1969) ... auf Blue Horizon: *This One's a Good 'un* (rec. 1957, ed. 1970) ... auf Vanguard: *Chicago, The Blues Today, Vol. 2* (1966, mit → James Cotton, → Elmore James) ... auf Cotillion: *Mourning in the Moonlight* (1969)

Rush, Tom (voc, g), am 8. Februar 1941 in Portsmouth, New Hampshire, geboren, erwies sich im Folk-Boom der frühen sechziger Jahre als einer der umsichtigsten Interpreten. In seinem Repertoire sammelten sich schwarze Landfolklore, urbaner Rhythm & Blues, Cowboy-Stücke und Rock 'n' Roll-Klassiker, die der ehemalige Harvard-Absolvent behutsam nachempfand, ohne zu einem stilistischen Chamäleon zu werden. Rushs kraftvoller Bariton, in dem stets etwas Country-Wehmut mitschwang, vermittelte die Autorität eines Stilisten, der alle Song-Vorlagen ohne Substanzverlust in sein Interpretationsschema einpassen konnte. Neben seinem traditionellen Material stellte er die Arbeiten bislang unbekannter Songschreiber auf seinen Langspielplatten vor. Rush sang als erster Titel von → Joni Mitchell (*The Urge For Going*), → Jackson Browne (*Shadow Dream Song*) und → James Taylor (*Something In The Way She Moves*). Als gegen Ende der sechziger Jahre immer mehr Autoren die Chance bekamen, ihre Werke selbst auf LPs vorzustellen, wurde es für Rush schwierig, erstklassiges Original-Material zu finden. Seine Eigenkompositionen, die die Angebotslücke füllen sollten, hatten nicht immer den Standard der meist vorzüglichen Fremdvorlagen von einst. «Es gelingt ihm zwar oft, Songs, die schon von vornherein gut waren, noch zu verbessern», erkannte ‹Rolling Stone›, «aber er hat nie ein besonderes Talent besessen, Blindgänger zu retten.»

LPs auf Prestige: *Tom Rush* (1964); *Blues/Songs/Ballads* (1965) ... auf Elektra: *Tom Rush* (1965); *Take a Little Walk with Me* (1966); *The Circle Game* (1968); *Classic Rush* (1970) ... auf CBS: *Tom Rush* (1970); *Wrong End of the Rainbow* (1970); *Merrimack County* (1972); *Ladies Love Outlaws* (1974) ... auf Fantasy: *Tom Rush* (1973)

Russell, Leon (voc, keyboards, g), 1942 in Lawton, Oklahoma, geboren, hat als Sessionmusiker, Arrangeur, Komponist und Producer zahlreichen Rock-Interpreten wirkungsvolle stilistische Hilfe geleistet. Mit würzigen Arrangements und einem harmonierenden Clan befreundeter Musiker produzierte er zwischen 1969 und 1971 vielgerühmte Gospel-Rock-Titel von → Delaney & Bonnie, → Joe Cocker, → Eric Clapton, → The Rolling Stones. Die Inspirationen dazu holte er sich beim Abhören von Musikprogrammen am Radio. Im März 1970 stellte der «Herrscher über Raum und Zeit» (PR-Slogan) mit der 36köpfigen Mad Dogs & Englishmen-Truppe «die prächtigste Rhythm & Blues-Band außerhalb der Motown-Studios» (‹Rolling Stone›) zusammen. Die Musiker, die Joe Cocker auf einer Sieben-Wochen-Tournee durch die USA begleiteten, hatten zum Teil schon in Russells Electric Horn Band mitgewirkt, die von diesem Mitte der sechziger Jahre in Los Angeles als Ausgleich zu unbefriedigender Sessionarbeit gegründet worden war. Der ehemalige Pianostudent betreute damals als Arrangeur und Studiogitarrist Musikaufnahmen von Frank Sinatra, → Glen Campbell, → The Righteous Brothers und assistierte den Producern → Phil Spector, Herb Alpert und dem → Byrds-Betreuer Terry Melcher. Mit ausgefallener Pop-Kostümierung, langem, silbersträhnigem Wirrhaar und aufreizend nonchalanten Manieren war Russell lange Zeit das Enfant terrible der Hollywooder Popmusik-Ateliers. Seine Außenseiter-Erfahrungen komprimierte er 1968 zu einigen Rock-Slapsticks, die er mit seinem Duo-Partner Marc Benno (voc, g, keyboards) auf der ersten LP des Asylum Choirs unterbrachte. Die Bekanntschaft mit dem englischen Produzenten Denny Cordell führte Russell zur vorübergehenden Assoziation mit Joe Cocker, dem er mit *Delta Lady* einen Standard des spirituellen Südstaaten-Rock schrieb. Cordell und Russell organisierten 1969 das Plattenlabel Shelter Records, auf dem ein Jahr später Leons erste Solo-LP erschien. An dieser «Tour de Funk» (‹Crawdaddy›) beteiligten sich die Superstars des internationalen Rock als Sidemen → Eric Clapton führte die Leadgitarre, → George Harrison spielte Rhythmusgitarre, Klaus Voormann und Bill Wyman halfen als Bassisten aus, Charlie Watts und → Ringo Starr rührten das Schlagzeug. Russell dominierte diese Supersession mit seiner «Wah-Wah-Stimme» (‹Stereo Review›) und hervorgepreßten, schrillen Vokalisen, die ständig zu einem drudelnden Dialekt-Gemurmel zusammenfielen. Je mehr Russell fortan als Solist ins Rampenlicht rückte, desto mehr betonte er seine Vorliebe für exaltiertes Showgebaren. «Wenn Rock 'n' Roll Farbe und Dynamik, Gruppenaktivismus und ungehemmtes Tanzen ist», urteilt der Kritiker Ben Fong-Torres, «dann liegt Leon Russell genau richtig. Außerdem ist er ein Showbiz-Typ, er hat einen Nerv für Tempo und Produktionstechnik, und er weiß, wie gut es ist, das Publikum in Erstaunen zu versetzen – in die ständige Ungewißheit, was das alles bedeuten soll.» Das fragten sich auch die Begutachter von LP-Vorlagen, auf denen sich Russell mit Geschick als mysteriös-bravouröser Country-Crooner Hank Wilson tarnte (*Hank Wilson's Back, Vol. 1*) oder nur wenig glaubwürdig als Jazz-Entertainer dilettierte (*Stop All That Jazz*). Trotz all der Rezensenten-Häme unverzagt, fragte ‹Circus›: «Ist die Rock-Welt überhaupt schon fähig, Leon Russell zu verstehen?»

LPs mit dem Asylum Choir auf Smash: *Look Inside the Asylum Choir* (1968) ... auf Shelter: *Asylum Choir II* (1972) ... mit Joe Cocker auf A & M: *Mad Dogs & Englishmen* (1970). Solo-LPs Leon Russell auf Shelter: *Leon Russell* (1970); *Leon Russel and the Shelter People* (1971); *Carney* (1972); *Leon Live* (1973); *Hank Wilson's Back, Vol. 1* (1973); *Stop All That Jazz* (1974) ... auf Olympic: *Looking Back* (rec. ca. 1966, ed. 1973)

S

Sainte-Marie, Buffy (voc, g), als Tochter von Cree-Indianern am 20. Februar 1941 geboren, weiß bis heute nicht, ob sie in Sebago Lake, US-Bundesstaat Maine, oder irgendwo in Kanada zur Welt gekommen ist. Als Baby von Micmac-Indianern adoptiert, wuchs sie hauptsächlich in Wakefield, Massachussetts, auf, studierte orientalische Philosophie und Pädagogik am Amherst College und an der University of Massachussetts, spielte an Amateurbühnen Theater und startete ihre Gesangskarriere 1962 mit selbstkomponierten Liedern im New Yorker «Gaslight Club». 1963 trat sie trotz einer Lungenentzündung weiter auf und verlor beinahe die Stimme. Während des sechsmonatigen Siechtums schluckte sie so viel Kodein, daß sie süchtig wurde und die Drogenabhängigkeit nur mit äußerster Energie überwand. Im Song *Cod'ine* erzählt sie von dieser qualvollen Erfahrung. Daneben hat die Komponistin, die manchmal bis zu zehn Songs in einer Nacht und dann wieder monatelang gar nichts schreibt, immer wieder das Schicksal ihrer indianischen Vorfahren beklagt (*Cripple Creek, Now That The Buffalo's Gone*). Ihr Antikriegssong *The Universal Soldier* (1963) ging ins Standardrepertoire der US-Bürgerrechtsbewegung ein und wurde in → Donovans Version ein Schallplatten-Hit. 1969 erneuerte sie ihren Protest in dem Anti-Vietnam-Lied *Moratorium – Bring Our Brothers Home.* Von ihren folkloristischen Wurzeln hat sich Buffy Sainte-Marie, die mit einem Hawaiianer verheiratet ist, im Laufe der Jahre immer weiter entfernt. Auf der Platte *Illuminations* wurde ihre ausdrucksstarke Stimme, die ‹Life› einmal mit dem emotionsreichen Jazz-Organ von Billie Holiday verglichen hat, von Elektronik-Geräuschen untermalt. *She Used to Wanna Be a Ballerina* war eine vorzügliche Rock-LP. Als sie die Plattenfirma MCA jedoch 1974, auf einem Cover lediglich mit einer knopflosen Militärjacke bekleidet, als Sexstar und als Kommerzinterpretin zu stilisieren versuchte, hatte das für ihre Kunst ein fatales Ergebnis. Überzeugungskraft und Glaubwürdigkeit waren in den flachen Pop-Produktionen dahin.

LPs auf Vanguard: *It's My Way* (1964); *Many a Mile* (1965); *Little Wheel Spin and Spin* (1966); *Fire, Fleet & Candlelight* (1967); *I'm Gonna Be a Country Girl Again* (1968); *Illuminations* (1969); *Best of Buffy Sainte-Marie, Vol. 1* (1971); *Best, Vol. 2* (1972); *She Used to Wanna Be a Ballerina* (1971); *Moonshot* (1972); *Best of Buffy St. Marie* (1972); *Why You Been Gone So Long* (1973); *Quiet Places* (1973); *Native North American Child: An Odyssee* (1974) ... auf MCA: *Buffy* (1974); *Changing Woman* (1975)

Sam & Dave, ein schwarzes Soul-Duo aus Memphis, hatten das Antiphonieprinzip der Gospelmusik und die Ruf- und Antwort-Struktur des Blues zum Wirkungsschema einer ekstatischen Bühnenshow gemacht, «einer der am sorgfältigsten ausgearbeiteten Attraktionen der Popmusik» (‹New York Times›, 1968). Sie griffen nicht nur die Phrasen des jeweilig anderen auf und führten sie weiter, sondern reagierten auch auf die musikalischen Riffs ihrer Begleitbands → Booker T. and the M.G.'s, The Mar-Keys. Zuweilen von fünfunddreißig Musikern, Tänzern und Technikern unterstützt, mit einem Kostümverschleiß von hundert Anzügen und Einnahmen von 1,5 Millionen Dollar pro Jahr gospelten und gestikulierten sie «mit der Präzision einer militärischen Ehrengarde und der Explosivität eines kontrollierten Aufruhrs» (‹Billboard›). Dabei verhalfen sie einer Kette von Soul-Songs zu Hit-Status, die ihnen fast alle vom Autoren- und Produzenten-Team David Porter und → Isaac Hayes bei der Plattenfirma Stax in Memphis geliefert wurden: *Hold On I'm Coming, Soul Man, You Don't Know Like I Know, Something Is Wrong With My Baby, You Got Me Humming, Soul Sister, Brown Sugar* etc. Samuel David Moore (voc), am 12. Oktober 1937 als Sohn eines Baptistenpredigers in Miami, Florida, geboren, wurde nach Gesangserfahrung im Kirchenchor und Highschool-Abschluß mit seiner hohen, intensiven Stimme Entertainer. Dave Prater, Arbeiterkind aus Ocilla, Georgia, geboren am 9. Mai 1935, mit einem tiefen, dunklen Organ ausgestattet, arbeitete zunächst als Bäkker und Koch. Ihr Team wurde bei einer eher zufälligen Vocal-Session 1961 im Club «King of Hearts» in Miami etabliert. Nach wenig beachteten Singleplatten für die Marke Roulette und ihrem Stax-Debüt 1965 mit *It Was So Nice While It Lasted* verbrachten sie so viel Zeit miteinander, daß sie Aggressionen entwickelten, abseits der Bühne nicht mehr miteinander sprachen und ihre Partnerschaft 1970 beendeten. Solo-Singles, die sie anschließend für Atlantic produzierten, fanden nur wenige Käufer oder wurden erst gar nicht veröffentlicht. Im Frühjahr 1973 taten sie sich deshalb für eine England-Tournee wieder zusammen.

LPs (Auswahl) auf Stax: *Hold On, I'm Coming* (1966); *Double Dynamite* (1966); *Soul Man* (1967); *The Stax/Volt Revue Live in London* (mit Partnern, 1967); *The Stax/Volt Revue Live in Paris* (mit Partnern, 1967) ... auf Atlantic: *I Thank You* (1968); *The Best of Sam and Dave* (1968) ... auf Roulette: *Sam & Dave*

Sanders, Ed (voc), am 17. August 1939 in Kansas City geboren, verbreitet die Legende, sein Vater habe versucht, ihn als Baby mit einem Hammer zu erschlagen. Als rebellischer Beatpoet, politischer Propagandist und Co-Leader der Rockband → The Fugs versuchte er, sich dafür an der «mörderischen Gesellschaft» zu rächen. Nach dem Mathematik- und Griechisch-Studium an der New York University trat er agitierend bei Veranstaltungen der Neuen Linken auf, wurde verhaftet, schrieb im Gefängnis ein ‹Poem from Jail›, gründete die Zeitschrift ‹Fuck You, a magazine of the arts›, eröffnete in Greenwich Village die renommierte «Peace Eye»-Buchhandlung, publizierte eine Propagandaschrift für die Legalisierung von Marihuana, schrieb eine glänzende Reportage über die ‹Family› (Buchtitel) des kalifornischen Mörders und Satanisten Charles Manson und lehrte zu den Klängen der Fugs zusammen mit seinem Freund → Tuli Kupferberg «eine Taktik, gegen das Protoplasma zu revoltieren, das uns aufgezogen hat». Sanders: «Wenn es uns gelingt, die Sexualität und Intelligenz der Jugend durch Rock 'n' Roll, Drogen, öffentliches Ficken und direkte Aktionen freizusetzen, können wir die Macht der Arschlöcher brechen, die uns regieren.» Auf seiner nach Auflösung der FUGS produzierten Soloplatte *Sanders' Truckstop* benutzte er für seine revolutionäre Lyrik Amerikas in der Regel reaktionärstes musikalisches Idiom: Hillbilly und Country & Western.

LPs mit → THE FUGS; Solo-LPs auf Reprise: *Sanders' Truckstop* (1970); *Beer Cans on the Moon* (1972)

Santana, Carlos (g, voc), am 20. Juli 1947 in Autlan, Mexiko, geboren, spielte mit fünf Jahren Violine und unterhielt schon als 15jähriger in den Kneipen und Bordells der Grenz- und Vergnügungsstadt Tijuana US-Touristen als Sänger und Gitarrist. Als er sich 1967 im spanischen Viertel von San Francisco das Rockseptett SANTANA zusammenstellte, heuerte er sich für den Rhythmus lateinamerikanische Musikanten an. Organist Gregg Rolie: «Jeder von uns spielt die Musik, mit der er aufgewachsen ist. »Das Pluggern und Pochen afrikanischer, kubanischer und mexikanischer Polyrhythmen, in zahlreichen Fillmore-West-Auftritten ausprobiert und beim Woodstock Festival 1969 in Hit-Nummern wie *Evil Ways, Black Magic Woman, Soul Sacrifice* und dem auf einem Motiv von Aaron Copland beruhenden *Jingo* als Sensation empfunden, hat SANTANA berühmt und seine LPs zu Millionensellern gemacht. *Abraxas* wurde 3,5 Millionen Mal verkauft. Kritiker nannten die Gruppe, in der viel improvisiert und wenig gesungen wird, «eine Reinkarnation der epochalen Cuban-Jazz-Big-Band von Dizzy Gillespie Ende der vierziger Jahre» (‹The Times›). Zumindest was die Kraft, Lautstärke und Spielfreude anging, war das zutreffend. SANTANA wirkte wie eine donnernde, aber perfekt geölte Rhythmusmaschine, die in ihren besten Momenten hochdifferenzierte, durchaus poetische Klangmuster hervorbringt, bei Überbeanspruchung einen Rausch ohne Bilder erzeugt, offerierte SANTANA manchmal einen aufregenden Rockstil ohne Substanz» (‹Rolling Stone›). Lange konnte Carlos Santana die Soulsauce aus Samba, Rumba, Cha-Cha und Rock allerdings nicht am Kochen halten. 1972 tauschte er den geschäftlichen und musikalischen Rat seine Managers und des SANTANA-Förderers Bill Graham gegen die religiöse Erleuchtung durch → John McLaughlins Guru Sri Chinmoy ein. Er ließ sich die Haare schneiden, legte weiße Gewänder an, begann makrobiotisch zu speisen und zu meditieren. In vollmundigen Gitarrenchorussen verströmte er im Album *Love Devotion Surrender* neben McLaughlin seine neue Innerlichkeit. Zusammen mit der Harfenistin Alice Coltrane, Witwe des Jazz-Saxophonisten John Coltrane, entartete der Religionstrip nach einem salbungsvollen Vorspruch des Gurus sodann zu selbstgerechter Frömmelei und zu einer penetranten Klangtapete: «Da rauschen majestätische Tonkaskaden, da gurgelt und gluckst, jauchzt und jubiliert es so inniglich, daß einem das Herz im Busen erbebt» (‹Sounds›, Hamburg). Die Entwicklung zu einer lateinamerikanisch angehauchten Background-Musik wollten mehrere SANTANA-Musiker 1972 nicht mitvollziehen: Sie verließen die Truppe. Von den 16 Gründungsmitgliedern der Latin-Rock-Bigband AZTECA, die sich in San Francisco formierte, hatten acht zuvor regelmäßig oder bei Plattensessions mit Carlos Santana musiziert: Coke Escovedo (timbales), Tom Harrell (tp), Mel Martin (sax, fl), Bon Ferreira (sax, fl), Victor Pantoja (voc, perc), Rico Reyes (voc, perc), Wendy Haas (voc, perc), Pete Escovedo (voc, perc). Trotz der Mammutbesetzung pulsierte der AZTECA-Klang zum rhythmischen Ticken des umfangreichen Perkussionsarsenals zeitweise organischer als die kleinere SANTANA-Formation. Vor allem die Jazz-Stimmen von Leon Thomas, Airto Moreira und Flora Purim phrasierten die SANTANA-Stücke mitunter an der Aufnahmebereitschaft des Rockpublikums vorbei, bis Vokalist Leon Patillo auf der LP *Borboletta* der Band Soulfarben vermittelte und ihr mit dem

Stück *Mirage* wieder eine einprägsame Melodie verschrieb. Gemessen am früheren Drive des Ensembles jedoch musizierte SANTANA auch 1974/75 mit verminderter Kraft. Am meisten vom alten SANTANA-Geist zeigte zu dieser Zeit der Timbales-Akrobat José «Chepito» Areas auf einer bläserbesetzten Solo-LP.

LPs auf CBS: *Santana* (1969); *Abraxas* (1970); *The Third Album* (1971); *Carlos Santana & Buddy Miles Live* (1972); *Caravanserai* (1972); *Love Devotion Surrender* (mit John McLaughlin, 1973); *Welcome* (1973); *Greatest Hits* (1974); *Borboletta* (1974); *Illuminations* (Carlos Santana, Alice Coltrane, 1974). Solo-LP José «Chepito» Areas auf CBS: *José «Chepito» Areas* (1974). LPs AZTECA auf CBS: *Azteca* (1972); *Pyramid of the Moon* (1973)

The Savage Rose erblühte 1967 in Kopenhagen. Beteiligt waren Annisette Hansen (voc), Thomas Koppel (p, voc), Anders Koppel (org, voc), Alex Riel (dr) sowie Maria (harp), Nils Tuxen (g), Jens Rugsted (bg, voc), die später wieder ausschieden. Entsprechend ihrer individuellen musikalischen Ausbildung reicherten die Spieler der SAVAGE ROSE ihren an → JEFFERSON AIRPLANE erinnernden Rock mit barocken Melodiefiguren, Chicago-Bluesformen, Jazzrhythmen und skandinavischen Folk-Klängen an. «Wie die Band so ziemlich alle wesentlichen Entwicklungen des Rhythm & Blues während der letzten zehn Jahre assimiliert», begeisterte sich ‹Rolling Stone›, «und sie mit klassischen Elementen verbindet, ist einfach erstaunlich.» THE SAVAGE ROSE spielte mittelalterliche Bußgesänge effektvoll gegen sinnlich schleppenden Blues aus und ließ karge Klassik-Exerzitien virtuos gegen pulsende Rock-Rhythmik laufen. Das Zentrum der Gruppenattraktivität war die exotisch wirkende Sängerin Annisette, deren Vokaltechnik «das vorzügliche Destillat aller weiblichen Rock-Gesangsstile der sechziger Jahre» (Lester Bangs) darstellte: Mit heiser girrender Kind-Frau-Stimme rauhte sie die mitunter spartanischen Klänge ihrer Gruppe sinnlich auf. Beim Newport Festival von 1969 wurde THE SAVAGE ROSE von Publikum und Kritik gleichermaßen gepriesen. Auch eine anschließende US-Tournee brachte überwiegend positive Kritiken. Die kontinental-europäische Rock-Gemeinde war jedoch 1970/71 noch nicht aufnahmebereit für subtile Klänge aus eigenen Landen; sie bevorzugte in dieser Sparte eher den imitativen Kommerz-Rock von Bands wie der holländischen SHOCKING BLUE.

LPs auf Polydor: *In the Plain* (1969); *Travelin'* (1970); *The Savage Rose* (1971); *Triumph of Beath* (1972); *Babylon* (1973) ... auf Gregar/RCA: *Your Daily Gift* (1970); *Refugee* (1971)

Savoy Brown, 1966 von Kim Simmonds (g, p, harm) im britischen Kohlenrevier Welsh gegründet, ist in vielem den Bands von → John Mayall vergleichbar. Wie Mayall ist Simmonds, am 6. Dezember 1947 in Newport Monmouthshire geboren, die einzige personelle Konstante in seinem Ensemble: In acht Jahren haben mehr als 50 Musiker bei SAVOY BROWN gespielt. Wie Mayall startete Simmonds als reiner Bluesspieler und erweiterte kontinuierlich Musikstruktur und Repertoire, ohne das Basis-Bluesfeeling zu verlieren. Er hat sich von großen Studio-Orchestern begleiten lassen (*A Step Further*), harten Rock intoniert und mit seiner Interpretation des TREMELOES-Hits *I Can't Next To You* laut ‹Rolling Stone› die «erste stichhaltige Rock-Cover-Version einer Soulnummer seit *You Keep Me Hanging On* von → VANILLA FUDGE» hervorgebracht (*Street Corner Talking*). Wie Mayall hält sich Simmonds seit seiner ersten USA-Tournee 1968 überwiegend in Nordamerika auf – mit dem Ergebnis, daß SAVOY BROWN auf dem heimischen Musikmarkt im Gegensatz zum amerikanischen nur wenig gilt. Die Band ist in England selten live zu hören und wird kaum einmal im Rundfunk gespielt. Unverblümter als andere Gruppen hat SAVOY BROWN beispielsweise im Stück *Needle And Spoon* harte Drogen verherrlicht: «Ich schlaf mit der Sonne und reite auf dem Mond, ich fühle mich wohl mit Nadel und Löffel» – dem Besteck für eine Heroin-Injektion. Dieser Song stammte wie viele andere aus der Frühphase von Chris Youlden, der SAVOY BROWN bis 1970 als (vorzüglicher) Lead-Sänger angehörte. Zum musikalischen Stamm, der den trockenen Blues Rock der Gruppe prägte, gehörten außerdem Bob Hall (p), Martin Stone (g), Dave Peverett (voc, g), Roger Earl (dr) sowie ab 1970 Paul Raymonde (keyboards, g, voc), Andy Silvester (bg), Dave Bidwell (dr). 1974 tat sich Kim Simmonds im Studio mit den beiden namhaften *Boogie Brothers* (LP-Titel) Stan Webb, ehemals → CHICKEN SHACK, und Miller Anderson, früher bei → Keef Hartley, zu einer packenden Blues-Gitarrensession zusammen. Dave Peverett und Roger Earl formierten 1972 die Combo FOGHAT, die konventionell konstruierte Bluesstücke mit Klischeetiteln wie *What A Shame, Long Way To Go, She's Gone* auf ein Klangpodest schriller Bläser-Riffs hob.

LPs auf Decca: *Shake Down* (1967); *Getting to the Point* (1968); *Blue Matter* (1969); *A Step Further* (1969); *Raw Sienna* (1970); *Looking in* (1970); *Street Corner Talking* (1971); *Hellbound Train* (1972); *Lion's Share* (1972); *Jack the Toad* (1973) ... auf Nova: *Boogie Brothers* (1974). LPs FOGHAT auf Bearsville: *Foghat* (1972); *Rock 'n' Roll* (1973). Solo-LPs Chris Youlden auf Deram: *Nowhere Road* (1973); *City Child* (1974)

Scaggs, William Royce «Boz» (voc, g), am 8. Juni 1944 in Ohio geboren, erspielte sich in den sechziger Jahren einen begründeten Ruf als «weiße Blues-Legende» (‹Esquire›). Der Sideman stilprägender Rock-Musiker blieb zunächst nur Insidern ein Begriff für gedämpften texanischen Country-Blues. Er hatte Ende der fünfziger Jahre in Dallas mit seinem Schulfreund → Steve Miller in diversen Highschool- und College-Combos Rhythm & Blues-Kopien heimischer Musiker wie → B. B. King, → Ray Charles, → Jimmy Reed zum besten gegeben. 1964 zog er mit seiner eigenen Band WIGS nach London und suchte vergeblich Anschluß an die marktbeherrschende, damals noch stark von schwarzer Musik beeinflußte britische Musikszene. Auf der Gammler-Route durch Europa machte Scaggs 1965/66 in Stockholm Station und nahm dort seine erste LP *Boz* auf. Im Frühjahr 1967 war er wieder in Amerika und schloß sich zwei LPs lang der STEVE MILLER BAND an, die er 1969 wegen Uneinigkeiten über den Spielplan verließ. Im gleichen Jahr nahm er in Muscle Shoals, Alabama, mit Hilfe von → Duane Allman seine erste US-LP auf, die ihn in Stilvariationen zwischen Rock und Gospel als Meister musikalischer Subtilitäten auswies. Nach einem kurzen Zwischenspiel bei → MOTHER EARTH stellte Scaggs 1971 in San Francisco eine eigene Band zusammen, die mit George Rains (dr), David Brown (bg), «Jymm» Joachim Young (keyboards), Doug Simril (g) sowie einer Reihe von Gastmusikern besetzt war. Das Klangbild seiner zumeist niveauvollen Kompositionen reicherte Scaggs mit Streicher- und Bläserzugaben an, die vorzüglich mit dem unprätentiösen Understatement-Spiel der Combo und dem geradlinigen Gesang ihres Leaders harmonierten. «Seine Blues-Balladen stehen dem Bigband-Blues der Swing-Ära näher als der Musik der Delta-Tramps», fand der Kritiker Ralph Gleason heraus. «Tatsächlich hat sie Boz manchmal so arrangiert, als wolle er sie zur Begleitung von Count Basie singen.» Scaggs blieb im schwarzen Musik-Umfeld, als er 1974 von hot zu funky wechselte und seine durchdachte Song-Poesie mit Disco-Tanzrhythmen vereinigte: «Eine präzise und fröhliche Übersetzung von Feeling in Sound» (‹Rolling Stone›).

LPs auf Polydor: *Boz* (1966) ... auf Atlantic: *Boz Scaggs* (1969) ... auf CBS: *Moments* (1971); *Boz Scaggs and Band* (1971); *My Time* (1972); *Slowdancer* (1974)

Scruggs, Earl (bj), am 6. Januar 1924 in Flint Hill, North Carolina, geboren, machte mit seinem am 28. Juni 1914 auf einer Tennessee-Farm geborenen Partner Lester Flatt (g, voc) beinahe 20 Jahre lang Bluegrass-Musik zu einem Volksvergnügen auf College-Campussen, in Kaffee-Häusern und Country-Sälen. Nachdem er zunächst in Provinzbands wie THE MORRIS BROTHERS,

LOST JOHN MILLER AND HIS ALLIED KENTUKKIANS die Technik des Drei-Finger-Spiels auf dem Banjo perfektioniert hatte, schloß er sich 1945 den BLUEGRASS BOYS des Country-Nestors Bill Monroe an, zu denen auch Flatt gehörte. Drei Jahre später verließen Flatt und Scruggs die Kapelle und formierten mit dem Monroe-Violinisten Jim Shoemate die FOGGY MOUNTAIN BOYS, zu denen außerdem Cedric Rainwater (b), Mac Wiseman (voc) stießen. Während der nächsten Dekaden boten die FOGGY MOUNTAIN BOYS im erwachenden Folk-Boom der von → Woody Guthrie und → Pete Seeger dominierten Hootenanny-Ära Bluegrass-Musik in bislang countryfernen Städten- und Intellektuellenkreisen mit großem Erfolg. Unter Scruggs' kundigen Fingern avancierte dabei das Banjo vom traditionellen Begleit- zum Soloinstrument. *The Ballad of Jed Clampett*, die Thema-Musik aus der damals populären Country & Western-TV-Serie ‹Beverly Hillbillies›, brachte Flatt und Scruggs 1962 als bis dahin einzige Bluegrass-Interpreten auf den ersten Platz der Country-Hitlisten. Sechs Jahre später wurde ihre Combo eine Kinosaison lang international bekannt, als sie für den Soundtrack des Films ‹Bonnie & Clyde› den Titel *Foggy Mountain Breakdown* einspielte. Ein Jahr darauf trennte sich Scruggs von Flatt und dem Restensemble, «weil ich die Spielbreite meines Banjos etwas ausweiten wollte» (Scruggs). So ließ er sich in der Fernseh-Show ‹Folksound USA› mit dem Soul-Saxophonisten → King Curtis hören und beteiligte sich, assistiert von → Bob Dylan, → THE BYRDS, → Joan Baez, an einem Special des TV-Bildungsprogramms NET, bei dem er einen Dialog zwischen Moog-Synthesizer und Banjo initiierte. 1971 schloß sich Scruggs mit Vasser Clements (vi), Bob Wilson (p), Jody Maphis (dr) sowie seinen Söhnen Randy (g) und Gary Scruggs (bg, voc) zur semi-elektrischen EARL SCRUGGS REVUE zusammen, deren Repertoire von Bluegrass über Blues bis zu → BEATLES-Stücken reichte. Scruggs glaubte, diese Variationsbreite seinem Publikum schuldig zu sein: «Das ist wie ein Bekleidungsgeschäft. Wenn ich bloß Overalls verkaufen wollte und mich weigerte, irgend etwas anderes feilzubieten, dann würde ich mich wohl nicht lange in der Branche halten können.»

LPs FLATT & SCRUGGS auf Mercury: *Country Music* (1958); *Flatt & Scruggs with Foggy Mountain Boys* (1964); *Bonnie & Clyde* (1968); *Original Foggy Mountain Breakdown* (1970) ... auf Columbia/CBS: *Foggy Mountain Jamboree* (ca. 1959); *Songs of Glory* (1960); *Foggy Mountain Banjo* (1961); *Songs of Carters* (1961); *Hard Travellin'* (1963); *At Carnegie Hall* (1963); *Fabulous Sounds* (1964); *Pickin', Strummin'* (1965); *Town & Country* (1966); *When the Saints* (1966); *Greatest Hits* (1966); *Strictly Instrumental* (1967); *Hear the Whistles* (1967); *Changin' Times* (1968); *The Story of Bonnie & Clyde* (1968); *Nashville Airplane* (1969); *Final Thing* (1970); *20 All-Time Great Recordings* (1970); *Breaking Out* (1971); *World* (1973); *A Boy Named Sue* (1973) ... auf Harmony: *Flatt & Scruggs* (1960); *Great Original Recordings* (1965); *Sacred Songs* (1967); *Songs to Cherish* (1968); *Foggy Mountain Chimes* (1970) ... auf Starday: *Flatt & Scruggs with Jesse & Jim* (ca. 1970); *Songs and Sounds* (1971) ... auf Hilltop: *Foggy Mountain Breakdown* (1971) ... auf Nashville: *Best* (1971) ... auf Archive of Folk & Jazz Music: *Lester Flatt and Earl Scruggs* (ca. 1972). LPs Lester Flatt mit Mac Wiseman auf RCA: *Lester'n Mac* (1971); *On the South Bound* (1972); *Over the Jills to the Poorhouse* (1973). Solo-LPs Lester Flatt auf Columbia/CBS: *Flatt Out* (1970) ... auf Nugget: *One and Only* (1972) ... auf RCA Victor: *On Victor* (1971); *Kentucky Ridgerunner* (1972); *Foggy Mountain Breakdown* (1973); *Country Boy* (1973); *Best* (1974); *Live Blue Grass Festival with Bill Monroe* (1974). Solo-LPs Earl Scruggs auf Columbia/CBS: *Nashville Rock* (1970); *His Family and Friends* (TV-Soundtrack, 1971); *I Saw the Light* (1972); *Dueling Banjos* (1973); *Live at Kansas State* (1973); *Revue* (1973); *Rockin' Cross the Country* (1974); *The Earl Scruggs Revue Anniversary Special* (1975). LPs Gary und Randy Scruggs auf Vanguard: *All the Way Home* (1971); *Scruggs Brothers* (1972)

Seals & Crofts verwandelten im Sinne ihres spirituellen Vorbildes Baha'u'allah «göttliche Worte in Musik, auf daß sie mit herzergreifender Melodie in Versammlungen gemeinsam gesungen werden». Das texanische Duo folgte mit seinem wohltönenden Folk Rock der Harmonie-Lehre des persischen Schriftgelehrten, der im vorigen Jahrhundert die globale Einigkeit von Rassen, Religionen und schönen Künsten postuliert hatte. So ließen sie denn auf ihren bisweilen schwärmerisch formulierten Song-Einspielungen zu Mandolinenklang und fließendem Gruppengesang «ein wundervolles Wechselspiel von Country-Folk und orientalischer Atmosphäre» (‹Circus›) erklingen und gaben sich den «poetischen Realisationen von Kinderträumen» (Seals) hin. Die Highschool-Freunde Jim Seals (g, vi, as) aus Sidney, Texas, und Dash Crofts (p, mand, dr) aus Cisco, Texas, traten 1958 in Kalifornien dem Instrumental-Clan The Champs bei, der im gleichen Jahr mit *Tequila* einen weltweiten Erfolg erzielen konnte. Von diesem Sieben-Millionen-Bestseller zehrte die Combo jahrelang auf Nachtklub-Tourneen und in Übersee-Gastspielen, bis sie sich 1964 auflöste. Seals, Crofts und andere Ex-Champs beteiligten sich an dem Septett The Dawnbreakers, das vornehmlich in Rock-Produktionssessions sowie als Las Vegas-Begleitensemble auftrat. Nach ihrem Glaubenswandel zur Sekte der Baha'i stimmten die beiden Freunde nur noch subtile Töne an. «Seals & Crofts sind zwei Vagabunden», erkannte ‹Cash Box›, «die einige Jahrhunderte zu spät geboren wurden, trotzdem das Beste aus ihrer Situation machen und ihre feingewobenen Kompositionen im Stil der 70er Jahre präsentieren.» Seit der ersten Duo-LP (1970) fanden immer mehr Flüchtlinge aus dem Psycho-Rock-Lager Gefallen an einem Spaziergang im «Niemandsland des auralen Glanzes und emotionalen Purismus, das sich an seinem eigenen Zauber berauscht, jedoch eine Einöde an selbsterdachten Konzepten vorweist» (‹Rolling Stone›). Anfang 1975 hatte die Wohlklang-Philosophie der beiden Tabak-, Drogen-, Alkohol-Abstinenzler ein Millionenpublikum erreicht.

LPs auf Talent Associates: *Down Home* (1970) ... auf Warner Brothers: *Year of Sunday* (1972); *Summer Breeze* (1972); *Diamond Girl* (1973); *Unborn Child* (1974); *I & II* (1974); *I'll Play for You* (1975)

Seatrain, 1969 in Los Angeles gegründet, hat mehrere zuvor aufgelöste Popgruppen beerbt. Andy Kulberg (fl, bg) kam aus dem legendären → Blues Project, Richard Greene (vi) aus der kalifornischen → Jim Kweskin Jug Band. Die beiden trafen bei der Produktion der letzten Blues Project-LP *Planned Obsolescence* Ende 1968 erstmals im Studio zusammen und bildeten später den Kern des neuen Teams. Kulbergs berühmtes *Flute Thing* auf der elektrisch verstärkten, verhallten, durch die Echokammer verzerrten Flöte wurde im Seatrain-Repertoire beibehalten. Greene qualifizierte sich in der neuen Umgebung zu einem perfekten Rock-Geiger: «Niemals eine falsche Note, kein Anflug eines billigen Effekts, nichts als purer Klang an der richtigen Stelle und zur rechten Zeit» (Jon Landau). Als Mitspieler holten sich die beiden Top-Musiker Peter Rowan (voc, g) von der Earth Opera, Lloyd Baskin (p, org, voc) aus dem Bostoner ‹Hair›-Ensemble sowie den Kanadier Larry Atamanuik (dr), der in Toronto zwei Jahre für → Ronnie Hawkins getrommelt hatte. 1972 gehörten auch Bill Elliot (keyboards), Peter Walsh (bg, voc, g), Julio Coronado (dr) der inzwischen von Greene verlassenen Gruppe an. Ihr fulminanter, mit Country-Tönen und Bluegrass-Akkorden durchsetzter Folk Rock wurde live vom Publikum und von Kritikern bejubelt. Auf Platten kam der Seatrain jedoch nicht recht in Fahrt.

LPs auf A & M Records: *Sea Train* (1969) ... auf Capitol: *Seatrain* (1970); *Marblehead Messenger* (1971) ... auf Warner Brothers: *Watch* (1973)

Sebastian, John B. (voc, g, harm, autoharp), am 17. März 1944 in New York als Sohn eines klassischen Harmonika-Virtuosen geboren, schrieb zwischen 1965 und 1968 fast alle Hits der → Lovin' Spoonful. Er lebte als Kind fünf Jahre lang in Italien, lernte in New York in der Werkstatt eines Instrumentenbauers, schrieb sich an der New York University ein, verbrachte aber schon bald die meiste Zeit als geschätzter Harmonikaspieler bei den Plattenaufnahmen von Folksong-Interpreten wie → Judy Collins, → Tim Hardin oder Fred Neil. Seine erste Combo, die Even Dozen Jug Band, überlebte nicht lange; aus der zweiten, The Mugwumps, gingen der Lovin' Spoonful-Gitarrist Zal Yanovsky und die Sängerinnen Cass Elliott und Denny Doherty hervor, die später bei den → Mamas and Papas Karriere machten. Bevor Sebastian 1965 die Lovin' Spoonful gründete, arbeitete er vorübergehend bei einem Segelknüpfer in Massachussetts, trampte durch die Südstaaten und assistierte dem Bluessänger → Lightnin' Hopkins. Er komponierte Songs für die Filme ‹What's Up, Tiger Lily› und ‹You're A Big Boy Now› sowie für ein rasch abgesetztes Broadway-Musical im Folk-Stil mit dem Titel ‹Jimmy Shine› und trat 1969 beim Woodstock Festival auf. Er war mit seiner wandlungsfähigen Stimme «ein vollendeter Interpret» (‹New York Times›) und dazu «einer der wichtigsten und talentiertesten Songschreiber der Popmusik» (‹Circus›), dessen Melodien und Texte von so unterschiedlichen Interpreten wie Astrud Gilberto, → Pat Boone und dem Countryduo Flatt & → Scruggs nachgesungen wurden. «Es gibt», sagte er, «nichts Fanatisches in meiner Musik. Niemand reagiert darauf, indem er laut schreit. Du lächelst, wenn du sie hörst – vielleicht.» Anläßlich seiner 1974 nach langer Pause veröffentlichten LP *Tarzana Kid* gab es allerdings kaum noch etwas zu lachen. Sebastian absolvierte mit reduzierter Stimm-Ausdrucksfähigkeit ein Repertoire, das ihm bei früheren Alben allenfalls als Füllmaterial gedient hätte.

LPs auf Warner Brothers mit The Mugwumps (→ Mamas & Papas) ... auf Kama Sutra mit → The Lovin' Spoonful; Soloalben auf Reprise: *John B. Sebastian* (1970); *Real Live* (1971); *The Four of Us* (1971); *Tarzana Kid* (1974) ... auf MGM: *Live* (1971)

Sedaka, Neil, (voc, p), am 13. März 1939 in Brooklyn, New York, geboren, gab bereits als Teenager mit musikalischem Sachverstand verfaßte Popcorn-Schlager zum besten, die seine Altersgruppe als Dokumente halbwüchsigen Gefühlslebens genoß. Der Einstandsnummer *The Diary* (1958) folgte bis 1963 eine Kette hochkommerzieller, solide gefertigter Jukebox-Hits, zu denen der Nachbarjunge Howard Greenfield die Texte lieferte: *I Go Ape*, *Oh Carol* (Sedakas Jugendliebe → Carole King gewidmet), *Stairway To Heaven*, *Calendar Girl*, *Happy Birthday Sweet Sixteen*, *Breaking Up Is Hard To Do*, *Next Door To An Angel*. Sedaka hatte zunächst an der renommierten Juillard School of Music klassisches Piano studiert, nachdem er in einem von Artur Rubinstein geleiteten Talentwettbewerb ein Stipendium erringen konnte. Während seiner Studienjahre verfaßte er für → Connie Francis den Welthit *Stupid Cupid* und musizierte gelegentlich bei den Tokens, bevor sich diese mit *The Lion Sleeps Tonight* bekannt machten. Mit 19 Jahren wechselte Sedaka ganz ins Poplager über und verkaufte in den Jahren vor der solistenfeindlichen britischen Beat-Invasion 20 Millionen Platten. Während der → Beatles-Dekade führte er seine Gold-Klassiker in Nachtklubs und auf Nostalgie-Tourneen vor, bis ihm in der Talent-Dürre der siebziger Jahre ein überzeugendes Comeback mit erstklassigem neuen Material gelang. Zur Begleitung der 10 CC stellte er mit *That's When The Music Takes Me*, *Standing on the Inside* (1973), *Laughter in the Rain* (1974) erneut unter Beweis, daß in der Tin Pan Alley-Branche der Rock-Musik kaum jemand Tränen und Trotz so vortrefflich in Noten zu setzen verstand wie er.

LPs (Auswahl) auf RCA Victor: *Neil Sedaka* (1963) ... auf Kirshner Records/RCA: *Emergence* (1971); *Solitaire* (1972) ... auf MGM: *The Tra la la Days are Over* (1973) ... auf Polydor: *Live at the Royal Festival Hall* (1974); *Overnight Success* (1975)

Seeger, Peter R. «Pete» (voc, g, bj), am 3. Mai 1919 in New York City geboren, entstammt einer alten amerikanischen Volksmusik-Dynastie, deren Stammbaum er bis zu den Kolonialisten vor 300 Jahren zurückverfolgen kann. Sein Vater, der 1886 in Mexico City geborene Dirigent, Musikprofessor und

Ethnologe Charles Louis Seeger, gehörte zu den ersten systematischen Sammlern ethnischer US-Folklore; seine 1933 und 1935 geborenen Geschwister Mike und Peggy machten mit Banjo, Gitarre und Folksongs eigene Karrieren. Pete jedoch, Ex-Soziologie-Student der Harvard University, wurde zur Symbolfigur des Folksong-Revivals. Als Assistent der Forscher John und Alan Lomax konservierte er 1939/40 vornehmlich in den Südstaaten halbvergessene Volkslieder und Blues. Bevor er 1942 zur Armee einberufen und für drei Jahre als Truppen-Entertainer in den Pazifik entsandt wurde, trug er diese Melodien mit seinen ALMANAC SINGERS sowie im Duo mit → Woody Guthrie vor. Von Jugend an politisch linksorientiert, gründete er 1945 eine Vereinigung der Volksmusikschaffenden («People's Songs Inc.»), der zeitweilig etwa 3000 Komponisten und Interpreten angehörten. In sogenannten Hootenannys machten Seeger und seine Freunde alte Weisen und idiomgleiche Novitäten populär. Nach dem didaktischen Versvortrag Seegers, in der Regel weder künstlerisch noch ausdrucksstark, stimmten die Zuhörer über Banjoakkorden in den Refrain ein. Seegers Slogan: «Selbst wenn Sie das Lied noch nie gehört haben, können Sie es singen.» Auf diese Weise hob der Troubadour die «Amerikanische Volksmusik und ihre Ursprünge» (so der Titel einer Konzertfolge an der New Yorker Columbia University 1954/55) als deren bester Propagandist wieder ins Bewußtsein der Zeitgenossen. Er drehte Filme (‹And Hear My Banjo Play›), brachte in Los Angeles ein Folk-Musical (‹Dark of the Moon›) heraus und gründete 1948 zur Verstärkung seines musikalisch eher profillosen Gesangsvortrags das Quartett → THE WEAVERS, das bis zu seiner ersten Auflösung 1952 rund vier Millionen Schallplatten mit Wald- und Wiesen-Liedern verkaufte. Von 1955 an wurde Seeger, der den simplen Sang stets mit politischer Aufklärung verband, 17 Jahre lang von den US-Kommerzsendern boykottiert: In der McCarthy-Ära in den Verdacht kommunistischer Umtriebe geraten, hatte er sich geweigert, vor einem Kongreßausschuß in Washington auszusagen. Seine Kompositionen, etwa *Where Have All The Flowers Gone* (*Sag mir wo die Blumen sind*), *If I Had A Hammer*, *Kisses Sweeter Than Wine*, wurden in dieser Zeit in Funk und Fernsehen durch andere Interpreten propagiert. Folkloreanhänger bevorzugten jedoch stets die Plattenversionen Seegers, obgleich sich das vielbeschriebene Gemeinschaftserlebnis seiner Konzerte durch Lautsprecher kaum vermitteln ließ.

LPs (Auswahl) auf Folkways: *Ballads* (1957); *At Carnegie Hall* (1958); *Ballads* (1959); *Gazette* (1959); *Nonesuch* (1959); *Ballads* (1960); *Champlain Valley Songbook* (1960); *Rainbow Design* (1960); *Indian Summer* (Soundtrack, 1961); *Sing Out* (1961); *Ballads* (1961); *At Village Gate* (1962); *Gazette* (1962); *Songs of Struggle and Protest* (1965); *Broadsides* (1965); *American Favorite Ballads* (1968); *American Industrial Ballads; Darling Corey; Frontier Ballads; Goofing Off Suite; Love Songs for Friends and Foes; Sampler; Talking Union; With Voices Together We Sing; Rainbow Quest; Where Have All the Flowers Gone; Wimoweh & Other Songs; Pete Seeger with Sonny Terry* ... auf Archive of Folk Music: *Pete Seeger* (1966) ... auf Broadside: *Broadside, Vol. 1/2* (1963); *Sings and Answers Questions* (1970) ... auf Odyssey: *3 Saints, 4 Sinners* (1968) ... auf Stinson: *Concert; Pete, Folk Songs & Ballads* ... auf Harmony: *John Henry & Other Folk Favourites* (1969) ... auf Capitol: *Freight Train* (1964) ... auf Xtra: *The Pete Seeger Box* (1966) ... auf Columbia/CBS: *Bitter & Sweet* (1963); *We Shall Overcome* (1964); *Strangers & Cousins* (1965); *I Can See a New Day* (1965); *God Bless the Grass* (1966); *Dangerous Songs* (1966); *Greatest Hits* (1967); *Waist Deep* (1967); *Now* (1968); *Young Versus Old* (1969); *Rainbow Race* (1971); *World* (1973) ... auf Tradition: *Folk Music of the World* (1973) ... auf Reprise: *Arlo Guthrie & Pete Seeger Live* (1975)

The Shadows formierten sich 1958 in London unter dem Etikett THE DRIFTERS als Begleitcombo zur ersten Tournee von → Cliff Richard. Auf Einspruch der original-amerikanischen → DRIFTERS mußten Hank Marvin (g), Bruce Welch (g), Jet Harris (bg) und Tony Meeham (dr) im gleichen Jahr ihren Gruppennamen in THE SHADOWS umändern. Brian Bennett ersetzte 1961 Tony Meeham am Schlagzeug, für Jet Harris kamen 1962 Brian «Licorice» Locking und 1963 John Rostill in das Quartett. In dieser Besetzung machten sich die SHADOWS bis 1970 zweigleisig populär. Als Studio-Ensemble von Cliff Richard umrahmten sie bis 1968 dessen Softgesang. Bei den Tourneen des Sängers bestritten sie ein Drittel des Programms mit Eigenbeiträgen, die sie mit beträchtlichem Erfolg auch auf Schallplatten veröffentlichten. *Apache, F.B.I., Kon Tiki, Wonderful Land, Atlantis* und *Frightened City* waren Instrumental-Einspielungen in der Tradition → Duane Eddys und der → Buddy Holly-Gruppe THE CRICKETS. Mit ihrem technisch sauberen Vortrag, geschmackvollen Arrangements und zugkräftigen Kompositionen galten die SHADOWS in den frühen sechziger Jahren als eine der vorbildlichen Instrumentalcombos und beeinflußten Gruppen wie die → HOLLIES, → BUFFALO SPRINGFIELD und auch die → BEATLES. 1970 trennten sich die SHADOWS. Ein Jahr darauf arrangierten Marvin und Welch mit ihrem australischen Freund John Farrar das Gitarren-Trio MARVIN, WELCH & FARRAR. Sie ließen sich, mehr unter Kritiker- als Publikumszustimmung, als Sänger folkloristischer Balladen im Stil der → EVERLY BROTHERS oder → CROSBY, STILLS, NASH & YOUNG hören, allerdings auch in der leicht antiquierten, vordergründigen Wohlgefälligkeit alter SHADOWS-Zeiten. In einer Periode, «da jeder trunken vor Nostalgie war» (‹Melody Maker›), schien Marvin, Welch, Farrar, Bennett der Moment für eine Reunion günstig. Ihre Bemühungen, dem bekannten Standard-Sound der SHADOWS ein zeitgemäßes Facelifting zu geben, schlugen fehl. «Sie klingen immer noch altmodisch», befand der ‹Melody Maker›, «verlieren aber gleichzeitig jede Attraktion als Antiquität, die sie mal gehabt haben mögen.»

LPs auf Columbia/EMI mit → Cliff Richard ... als Solo-Gruppe auf Columbia/EMI: *The Shadows* (1961); *Out of the Shadows* (1962); *Bestsellers* (1962); *The Great Shadows* (1963); *Brilliant Shadows, Brilliant Songs* (1963); *Greatest Hits* (1963); *Dance with The Shadows* (1964); *The Sound of The Shadows* (1965); *More Hits* (1965); *Shadow Music* (1966); *Jigsaw* (1967); *From Hank, Bruce, Brian and John* (1967); *Somethin' Else* (1969); *The Shadows* (1970); *Shads of Rock* (1970); *Best of The Shadows* (1971); *The Mustang* (1972); *Rockin' with Curly Leads* (1973); *Specs Appeal* (1975). Solo-LPs Brian Bennett: *Change of Direction* (1967); *The Illustrated London Noise* (1969). Solo-LP Hank Marvin: *Hank Marvin* (1969). LPs Marvin, Welch, Farrar: *Marvin, Welch & Farrar* (1971); *Second Opinion* (1971). LP Marvin, Farrar: *Marvin & Farrar* (1973)

Sha Na Na ist eine 12-Personen-Revuetruppe, die den Rock 'n' Roll der fünfziger Jahre in einer sorgfältig choreographierten Bühnenshow rekreiert und parodiert. Als «wandelnde Klischees» (Chris Hodenfield) der Rock-Legende traten die ehemaligen Studenten der New Yorker Columbia University in Goldlamé-Anzügen und James Dean-Pose, mit zurückgefetteter Entenschwanzfrisur, Tennisschuhen, gestreiften T-Shirts oder schwarzer Sonnenbrille 1969 vor ein behaschtes Blumenkinderpublikum beim Woodstock Festival und begeisterten mit ihrem archaisch komischen Nostalgie-Cabaret. Die SHA NA NA-Spieler formierten sich zunächst 1968 als konventionelle Gesangsgruppe THE KINGSMEN. Nach dem Erfolg ihrer Rock-Parodie-Zugaben bei den Columbia-Kommilitonen stiegen sie im Sommer 1969 ganz auf Brilliantine und Lederjacken um. Den Namen «Sha Na Na» fand das Rock-Dutzend in den Anfangssilben des Rhythm & Blues-Songs *Get A Job*, den die SILHOUETTES 1959 in die Hitparaden gesungen hatten. Die Gruppe wollte, nach den Worten ihres Initiators Alan Cooper, «die vitale und unbeschwerte Essenz, die der Rockmusik offensichtlich verlorengegangen ist», in ihren «neo-klassischen Rock-Frohsinn» wieder einbringen. Auf zahlreichen Tourneen und vor den Fernsehkameras ist ihnen das gelungen; auf Platten allerdings klangen die SHA NA NA-Gesänge meist wie abgestandener Studenten-Ulk. Nach 1971 versuchte sich die Band an einem zeitgemäßeren Image mit Eigenkompositionen im Stil der sechziger Jahre.

LPs auf Kama Sutra: *Rock and Roll is Here to Stay* (1969); *Sha Na Na* (1971); *The Night is Still Young* (1972); *The Golden Age of Rock 'n' Roll* (1973); *Hot Sox* (1974); *Streets of New York* (1974)

The Shangri-Las, bestehend aus den beiden Geschwisterpaaren Betty und Mary Weiss sowie Marge und Mary-Ann Ganser von der Andrew Jackson High School im New Yorker Stadtteil Queens, komprimierten in ihrem Charts-Spitzenreiter *Leader Of The Pack* 1964 aus weiblicher Sicht ein archetypisches Rocker-Melodrama auf Single-Kürze: Der Motorrad-Held rennt sich das Hirn ein, das Girl trauert – und schwingt sich auf einen anderen Rücksitz. Die überwiegend von George Morton oder vom Team Jeff Barry/Ellie Greenwich geschriebenen Songs des Mädchen-Ensembles (Betty schied 1965 aus), kreisten, wie zum Beispiel *Remember (Walking In The Sand), Out In The Streets, Past, Present And Future, I Can Never Go Home Anymore,* ausschließlich um Teenager-Probleme und den Generationskonflikt, aber ohne jegliche Naivität. Unter der verlegerischen Schirmherrschaft der Rock-Routiniers → Jerry Leiber und Mike Stoller nutzten die Jungproduzenten Jeff Barry und Artie Ripp das durchschlagende Interpretenpotential der SHANGRI-LAS als Transportmittel für hochkommerzielle Schablonen, die auch nach Auflösung des Trios im Winter 1966/67 wirksam geblieben sind: *Leader Of The Pack* erreichten 1972 in England noch einmal die «Top Five».

LPs auf Red Bird: *Leader of the Pack* (1965); *Shangri-Las '65* (1965); *Golden Hits* (1967) ... auf engl. Mercury: *Past, Present and Future* (1966) ... auf Fontana: *Attention* (1972)

Shankar, Ravi (sitar), am 7. April 1920 in Benares, Indien, geboren, wurde um 1965 zu einem der großen Gurus der Popmusik. Nachdem Beatle → George Harrison bei ihm Sitar-Unterricht genommen hatte (Harrison: «Indische Musik läßt dich erkennen, daß Gott im Klang ist») und das 700 Jahre alte indische Saiteninstrument in Rockstücken wie *Norwegian Wood* zupfte, schlugen auch → BYRDS und → YARDBIRDS, → TRAFFIC und → ROLLING STONES, → JEFFERSON AIRPLANE und ein Heer weiterer Musikanten asiatische Raga-Klänge an. Shankar, Professor am New Yorker City College und Chef der von ihm gegründeten Kinnara School of Indian Music and Culture in Los Angeles, mußte viele Schüler wegen Überfüllung der Seminare abweisen. Durch seine Schallplatten und in seinen Konzerten, beispielsweise beim Monterey Pop Festival 1967 oder auf einer von → George Harrison produzierten Tournee 1974, erreichte er ein nach Millionen zählendes Rock-Publikum, das zum erregend monotonen Sitar-Gezirp den Joint kreisen ließ. Der Virtuose mißbilligte den Rauschmittel-Genuß: «Es gibt absolut keinen Grund, Drogen zu nehmen oder sich zu betrinken. Wenn ich ein Konzert gebe, versuche ich innerlich und äußerlich rein zu sein, und meine Musik sollte in dem gleichen Geist aufgenommen werden. Dann kann es eine Art psychedelisches, bewußtseinerweiterndes Erlebnis geben – ohne das Einnehmen von Gift.» Siebeneinhalb Jahre hatte Shankar nach frühen Weltreisen mit der COMPANY OF HINDY DANCE AND MUSIC seines Bruders Uday bei seinem Lehrmeister Ustad Allaudin Khan täglich bis zu 14 Stunden am Kürbiskörper der Sitar trainiert und manche der nach klassischer Lehre 64 848 theoretisch möglichen Ragas mit ihren abenteuerlich schwierigen Rhythmen ausprobiert. Zum Meisterinterpreten gereift, orchestrierte er Raga-Weisen für große Orchester, komponierte Ballettmusiken und Soundtracks für die Filme ‹Pater Panchali›, ‹Aparajito›, ‹Die Welt des Apu›, ‹Chappaqua›, ‹Flöte und Bogen› und viele andere. Bei den Filmfestspielen in Venedig, der Berlinale und daheim in Indien nahm er dafür zahlreiche Preise entgegen. 1958 trat er beim UNESCO-Musikfest in Paris in einem Konzert mit David Oistrach auf; 1962 musizierte er im World-Pacific-Plattenstudio in Los Angeles mit den Jazzimprovisatoren Bud Shank (as), Dennis Budimir (g), Gary Peacock (b), Louis Hayes (dr) für die LP *Improvisations*; 1966 spielte er in der ausverkauften Londoner Royal Festival Hall und zehn Tage später beim Bath Festival zusammen mit dem Klassik-Geiger Yehudi Menuhin. So konnte es nicht verwundern, daß er zwar die von seinen Pop-Schülern erzeugte Popularität genoß, daß ihm die Trivialisierung der Sitar-Kunst jedoch mißfiel. «Die Sitar zu lernen, um Popmusik darauf zu spielen», gab er zu verstehen, «das ist so ähnlich, als lernte jemand das chinesische Alphabet, um englische Gedichte damit zu schreiben.»

LPs (Auswahl) auf World Pacific: *Improvisations* (mit Jazzmusikern, 1962); *Live at the Woodstock Festival* (1969); *Charly* (Soundtrack, 1969) ... auf Liberty: *In New York* (1968); *Live at the Monterey International Pop Festival* (1968); *In San Francisco* (1968); *Chappaqua* (Soundtrack, 1968); *Festival from India* (1969); *Music of India* (1969) ... auf Transatlantic: *A Sitar Recital* (1968) ... auf CBS: *The Genius of Ravi Shankar* (1972) ... auf Dark Horse/A & M: *Shankar Family and Friends* (1974)

Sheridan, Tony (voc, g), unter dem Namen Anthony Esmond Sheridan McGinnity am 21. Mai 1940 im englischen Norwich geboren, war in der Frühphase um 1960 eine der einflußreichsten Persönlichkeiten der britischen Beatmusik. Nachdem er 1959 die Norwich Arts School verlassen hatte, vollzog sich in seinen Londoner Coffeehouse-Bands ein Teil des Umbruchs vom Skiffle zu Blues und Rock 'n' Roll. Er begleitete Conway Twitty, → Gene Vincent und → Eddie Cochran auf deren England-Tourneen, durfte in sieben Folgen der Jack Good-Fernsehshow ‹Oh Boy› als erster Rockmusiker mit einer Elektrogitarre (und → Buddy Holly-Songs) auftreten, hatte mit *Skinny Minny* einen Hit und machte vor allem dadurch Popgeschichte, daß er zu einer Polydor-Plattenproduktion in Hamburg 1961 zum erstenmal eine Nachwuchs-Band aus Liverpool als Backup-Gruppe ins Studio holte: → The Beatles. Bis 1967 lebte Sheridan vorwiegend in Hamburg und spielte Rock-Tanzmusik auf dem europäischen Kontinent. Anschließend rockte er 16 Monate zur Truppenbetreuung in Vietnam, wurde Ehren-Captain der US Army und blieb für ein weiteres Jahr in Australien. Nach der Rückkehr zu Weihnachten 1969 versuchte er an seine frühere Popularität mit Folk Rock-Stücken wieder anzuknüpfen und gestaltete in Hamburg die schnell beliebte Radio-Serie ‹Blues am Dienstag›. Aber erst im Herbst 1974 bekam er für eigene Kompositionen eine LP-Chance: *Champagne and a Little Piece of Cake.*

LPs auf Polydor: *My Bonnie* (mit den Beatles, 1961); *My Babe* (1962); *Just a Little Bit* (1963); *The Best of Tony Sheridan* (1964); *Twist, Madison, etc.* (1964) ... auf Metronome: *Tony Sheridan Rocks On* ... auf Brunswick: *Star Club – Center of Beat* ... auf Star Club Records: *The Star Club Story* (mit anderen, 1973) ... auf BASF: *Champagne and a Little Piece of Cake* (1975)

Simon, Carly (voc, p, g), am 25. Juni 1945 als Tochter des Verlegers Richard Simon (Simon and Schuster) in New York geboren, ist in Reichtum aufgewachsen, hat vorzügliche Schulen besucht und sich neben ihren älteren Schwestern (Joanna wurde Opernsängerin) stets vernachlässigt gefühlt: «Um wenigstens irgend etwas zu sein, sprang ich einmal auf den Kaffeetisch, imitierte Al Jolson und galt fortan als Clown der Familie; das war wenigstens was.» Neben ihrer zweijährigen Ausbildung an der Sarah Lawrence-Schauspielschule trat sie zusammen mit Schwester Lucy als The Simon Sisters in Folkclubs auf. → Bob Dylans Manager Albert Grossman lehnt es ab, ihr zu helfen: «Man merkt deinen Liedern an, daß du es immer zu leicht hattest. Du hast nie erfahren, was es heißt, für sein Leben schuften zu müssen.» Daraufhin wurde sie Sekretärin, schrieb Reklametexte, gab Gitarrenunterricht und ging zur Psychoanalyse. Einen Vers ihres Songs *Rolling Down The Hills* nahm sie wörtlich: «People who have no hills write songs about plains» (Wer keine Berge hat, soll von Ebenen dichten). Ihre neuen Stücke, die sie mit einer wandlungsfähigen, oft leicht nasal klingenden Stimme vorträgt, schildern die flachen, manchmal nur eingebildeten Probleme und Emotionen der betuchten US-Bürgerjugend: Familienleben, Liebe, Ehe, Einsamkeit, Generationskonflikt. Die harmlosen Verse von «stillen Mittagen, tränenreichen Nächten, zornigen Morgenstunden», von «einem Leben, von dem man mir immer gesagt hat, es solle so sein» (Songtext *That's The Way I've Always Heard It Should Be*), kommen an. Von dem Album *Anticipation* wurden in vier Monaten 400 000 Exemplare verkauft, *No Secrets* und *Hotcakes* erreichten in noch kürzerer Zeit die Millionengrenze. Im Herbst 1972 hat Carly Simon den Sänger und Gitarristen → James Taylor geheiratet, der sie in *Hotcakes* instrumental und auf der Hit-Single *Mockingbird*, Coverversion eines 1963er R & B-Songs von Charles und Inez Foxx, auch vokal begleitete.

LPs auf Elektra: *Carly Simon* (1971); *Anticipation* (1971); *No Secrets* (1972); *Hotcakes* (1974); *Playing Possum* (1975)

Simon, Paul (g, voc), am 13. Oktober 1942 als Sohn eines Rundfunkmusikers in Queens, New York, geboren, war der Komponist und Texter des Erfolgsduos → SIMON AND GARFUNKEL. Seine Lieder, zu denen sich der studierte Rechtswissenschaftler und Absolvent der Brooklyn Law School von viktorianischen Balladen, den Romanen von James Joyce, Kritzeleien an Pissoirwänden und vom Reimlexikon anregen ließ, waren zwischen 1967 und 1970 mehrfach Nummer eins in Amerika. Beispiele: *I Am A Rock, Homeward Bound, Mrs. Robinson, El Condor Pasa, Keep the Customer Satisfied*. Sein größter Hit, *Bridge Over Troubled Water* («Ich bin bei dir, wenn sich keine Freunde finden, ich werde dir wie eine Brücke über Wildwasser sein»), in dem Violinen schmachten, Celli summen und spröde Klavierakkorde zerbröckeln, wurde von der US-Schallplattenakademie mit sechs Preisen zum «Song des Jahres 1969» gewählt. «Bitte mich, und ich spiele», textete Simon im *Song For The Asking*, «mit aller Liebe, die in mir ist.» Seine Liebe galt vor allem den Gestrandeten und Außenseitern. Er erzählte von erschöpften Wanderern und erfrorener Leidenschaft, von den Huren in der Seventh Avenue und von einem kampfmüden Boxer. In seinen Versen saßen Greise «wie Bücherstützen» auf Parkbänken, der Wind blies Zeitungen über den Rasen, und am Himmel hing immer der «neblige Schatten des Winters». Diese sensitive Lyrik über die Kontaktarmut der City-Bewohner («Wir sind Verse ohne Rhythmus, Couplets ohne Reim») fand vor allem bei der College- und Middleclass-Jugend Resonanz. Sie wurde von Kritikern aber auch als «Rock für Leute, die keinen Rock mögen» (‹Esquire›) abgetan. Paul Simons 1969 geäußerter Wunsch, «einmal die Kraft zu finden, nicht mehr erfolgreich zu sein», hat sich bislang nicht erfüllt. Ende 1971, ein Jahr nach seiner Trennung von → Art Garfunkel, hat der intellektuelle Popmusik-Spitzenverdiener ein vielbeachtetes Soloalbum veröffentlicht, dem 1973 eine ebenso abwechslungsreiche Produktion folgte: *There Goes Rhymin' Simon*.

LPs auf CBS mit → SIMON AND GARFUNKEL; Solo-LPs auf CBS: *Songbook* (1965); *Paul Simon* (1971); *There Goes Rhymin' Simon* (1973); *Live Rhymin'* (1974)

Simon and Garfunkel, das Duo von → Paul Simon (g, voc) und → Art Garfunkel (voc, g), wurde mit seinen eingängigen, einprägsamen Klang – eine madrigalartige, von einer einzigen Gitarre ergänzte Harmonie aus Tenor und Kontratenor – 1965 bekannt und wenig später zum erfolgreichsten Folk Rock-Team in den USA. Die jüdischen Schulfreunde aus dem New Yorker Stadtteil Queens, die schon 1957 unter dem Namen TOM AND JERRY den Single-Hit *Hey Schoolgirl* gelandet hatten und in der TV-Show ‹American Bandstand› aufgetreten waren, nahmen 1964 ihre erste Folksong-LP *Wednesday Morning 3 a. m.* auf. Der Song *Sounds Of Silence* aus diesem Album (Textprobe: «Die Worte der Propheten sind an U-Bahn-Wände und Mietskasernen geschrieben und geflüstert in den Klang der Stille») kam – nachträglich von CBS mit Gitarren- und Geigenschall unterlegt – 1965 auf die Bestsellerlisten und wurde zur «Hymne einer ganzen Generation» (‹New York Times Magazine›). Von ihrem zweiten Album an machten sämtliche SIMON AND GARFUNKEL-Alben je mehr als eine Million Dollar Umsatz. Mitte 1968 waren fünf S & G-Produktionen unter den «Top 100» der USA, darunter der Soundtrack des Films ‹The Graduate› (‹Die Reifeprüfung›), zu dem sie unter anderem den Schlager *Mrs. Robinson* beigetragen hatten. Von ihrem Superseller *Bridge Over Troubled Water* wurden 1969 in den ersten drei Wochen nach Erscheinen allein in den USA 1,7 Millionen LPs ausgeliefert, das Album erreichte die Rekordauflage von annähernd neun Millionen. Das Titelstück, nebenbei auf insgesamt acht Millionen Singles abgesetzt, lief beinahe stündlich in allen Popmusiksendern Amerikas. Ende 1970 trennten sich SIMON AND GARFUNKEL. Zur Unterstützung des demokratischen Präsidentschaftskandidaten George McGovern traten sie im Frühsommer 1972, beispielsweise im New Yorker Madison Square Garden, jedoch wieder gemeinsam auf.

LPs auf CBS: *Wednesday Morning 3 a. m.* (1965); *Sounds of Silence* (1966); *Parsley, Sage, Rosemary and Thyme* (1966); *The Graduate* (Soundtrack, 1968); *Bookends* (1968); *Bridge Over Troubled Water* (1970); *Greatest Hits* (1972)

Simone, Nina (voc, p), bürgerlich: Eunice Waymon, als sechstes von acht Kindern eines schwarzen Handwerkers und einer Methodistenpredigerin am 21. Februar 1933 in Tryon, North Carolina, geboren, hat ihren Weg zwischen Jazz und bluesgefärbter Popmusik gesucht – mit dem Ergebnis, daß sie in beiden Bereichen anerkannt, aber kein großer Star wurde. Dabei sang sie traditionelle Blues (*Trouble In Mind*), schwarze Jazzstücke (*Work Song*) und weiße Showmelodien (*Pirate Jenny*) stets mit mehr Soulfeeling als fast jede andere Interpretin. Erst als sie sich Mitte der sechziger Jahre mit Afrofrisur und einem exzellent zusammengestellten sozialkritisch-politischen Repertoire zur musikalischen Bürgerrechtskämpferin wandelte und auch selbstgeschriebene oder von ihr vertonte Protestsongs (*Mississippi Goddam, Old Jim Crow, Backlash Blues, Revolution*) sowie → Dylan-Songs tremolierte, wurde sie vom Rockvolk als «Hohepriesterin der Soulmusik» (LP-Titel) akzeptiert. Ihre unverwechselbare Modulation hatte Nina Simone in der heimischen Gospelkirche gelernt, ihre hohes musiktheoretisches Wissen geht auf Studienjahre am New Yorker Juilliard-Konservatorium und am Curtis Institute of Music in Philadelphia zurück. Den Wunsch, Konzertpianistin zu werden, gab sie 1954 auf, als sie in einem Philadelphia-Nightclub zum erstenmal die emotionale Wirkung ihrer Altstimme erprobt hatte. «Mein ganzes Leben lang», bekannte sie später, «habe ich herausschreien wollen, was es heißt, eingekerkert zu sein. Denn ich kenne die tödliche Stille des gesellschaftlichen Gefängnisses, in dem man als Farbiger lebt.»

LPs (Auswahl) auf Colpix: *The Amazing Nina Simone* (1959); *At Town Hall* (1959); *At Newport* (1960) ... auf King/Polydor: *Nina Simone* (ca. 1962) ... auf Philips: *Tell Me More* (ca. 1964); *In Concert* (1964); *Pastel Blues* (1965); *I Put A Spell On You* (1965); *Let it All Out* (1966); *Wild ist the Wind* (1966); *High Priestess of Soul* (1967); *The Best of Nina Simone* (1969) ... auf RCA Victor: *Sings the Blues* (1967); *Silk and Soul* (1967); *Nuff Said* (1968); *Piano!* (1969); *To Love Somebody* (1969); *Black Gold* (1970); *The Best of Nina Simone* (1970); *Here Comes the Sun* (1971); *Emergency Ward!* (1972); *It is Finished* (1974) ... auf Bethlehem: *Nina Simone* (1972) ... auf Canyon: *Gifted and Black* (1971) ... auf Trip: *Live in Europe* (1972); *Black is the Color* (1972)

Sir Douglas Quintet war die 1965 in San Antonio, Texas, gegründete Band des am 6. November 1941 dort geborenen Doug Sahm, bürgerlich: Douglas Saldana (voc, g, vi, harm). Mit *She's About A Mover, Rain Rain Rain* hatte die Combo 1965/66 zwei Hits und anschließend trotz der Übersiedlung nach San Francisco so wenig Erfolg, daß sie ihre Frustration in Songtiteln verkündete: *Beginning Of The End, We'll Take Our Last Walk Tonight, Are Inlaws Really Outlaws?, You Never Get Too Big And You Sure Don't Get Too Heavy, That You Don't Have To Stop And Pay Some Dues Sometimes, I'm Sorry.* Erst Ende 1968 verstand es die mit

Augie Meyer (keyboards, g), Frank Morin (sax, fl, harm, g), Harvey Kagan (bg), John Perez (dr) personell konsolidierte Gruppe, ihren auf der Wanderschaft durch den US-Süden mit Country-Feeling und Elementen mexikanischer Mariachimusik angereicherten Bluesstil wieder in überregional wirksame Melodien zu verpacken. Auf *Mendocino* folgten Erfolgssingles wie *Dynamite Woman, Nuevo Laredo* und andere, die das Quintett 1969 erstmals auch auf Europa-Tournee darbot. Eine musikalische Sternstunde hatte Sahm nach einem Wechsel der Plattenfirma Ende 1972, als er mit David «Fathead» Newman (ts), → Bob Dylan (g, harm, voc) und weiteren prominenten Gästen das Album *Doug Sahm and Band* produzierte. Es enthielt, durch verschiedenartige Besetzungen säuberlich voneinander geschieden, Blues und Country & Western-Stücke und überzeugte weniger durch Sahms (dünnen) Gesang als durch hervorragende Instrumentalarbeit.

LPs auf Tribe: *Sir Douglas Quintet* (1966) ... auf Mercury/Philips/Smash: *Honkey Blues* (1969); *Mendocino* (1969); *Together After Five* (1970); *1 + 1 + 1 = 4* (1970); *Return of Doug Saldana* (1971); *Rough Edges* (1973) ... auf Atlantic/Philips: *Doug Sahm & Band* (1973); *Texas Tornado* (1973) ... auf Warner Brothers: *Groover's Paradise* (1974). Solo-LPs Wayne Talbert auf Pulsar: *Melting Pot* (1969); *Wayne Talbert* (1969) ... auf Mercury: *Houston Nickel Kicks* (1970). Solo-LP Augie Meyer auf Polydor: *Augie Meyer's Western Head Music Company*

Slade wurde 1966 in Wolverhampton, in der englischen Grafschaft Stafford, zum Quartett und stieg 1969 mit dem damals populären Skinhead-Look kurzrasierter Haare, Nagelschuhe und nietenbeschlagenen Jeans in die Musikszene an der Themse ein. Doch der aggressive Appeal verfehlte seine kommerzielle Wirkung bei der Arbeiterjugend des Londoner East End. Obendrein weigerten sich viele Clubbesitzer, die Band für Auftritte zu buchen, da sie bei SLADE-Abenden ein Schläger-Publikum befürchteten. Auf Anraten ihres Managers Chas Chandler, der bei den → ANIMALS Baßgitarre gespielt und → Jimi Hendrix betreut hatte, rüsteten Neville «Noddy» Holder (voc, g), Dave Hill (g), Jim Lea (bg) und Don Powell (dr) ihr militantes Image ab und legten farbenprächtige Phantasiekostüme an, deren sinistrer Prunk zahlreiche Beobachter an Charaktere aus Stanley Kubricks Horror-Show ‹A Clockwork Orange› erinnerte. Mit Monturen aus der Charles Dickens-Ära, spiegelbeklebten Hüten, silberglänzendem Weltraum-Frack und gebauschtem Langhaar spielten sie ihren simplen Anheizer-Rock am besten live, vor einem Publikum «so um die 16» (Holder), das sich, genau wie sie selber, im wesentlichen nur für «Fußball, Puppen und Bier» (‹Melody Maker›) zu interessieren schien. Ihre derben Amüsier-Riffs haben die Musiker bisher ohne technischen Aufwand effektvoll auf Platte gebracht. Die Produktionskosten für die ersten drei Alben und sechs Hit-Singles betrugen nicht mehr als zusammen 35 000 Mark – soviel wie → ALICE COOPER zu jener Zeit für eine Single-Aufnahme ausgab. Als gelegentlicher Drei-Minuten-Extrakt ist die Party-Musik von SLADE unterhaltsam, frisch und frech. Auf LPs jedoch «beginnt ihre Kreativität Löcher zu zeigen» (‹Melody Maker›). Die SLADE-Show blieb vornehmlich eine europäische Attraktion, da sich der Hauptexportmarkt Amerika einem so prononciert britischen Goodtime-Rock nicht aufgeschlossen zeigte. «Das Problem ist», erkannte der ‹Melody Maker›, «daß SLADE eine Band für Singles bleibt.» Superstar-Aspiranten wurden 1975 jedoch an ihren LP-Veröffentlichungen gemessen.

LPs auf Polydor: *Play It Loud* (1971); *Slade Alive* (1972); *Slayed?* (1972); *Sladest* (1973); *Slade in Flame* (1974) ... auf Fontana: *Beginnings* (1969)

Slick, Grace (voc, p, org), als Tochter eines Investment Bankers am 30. Oktober 1939 in Chicago geboren, Absolventin der teuren Mädchenschule Finch College, kurze Zeit Studentin an der University of Miami und Fotomodell, gilt – cool, calm, and collected – als «emanzipierte Rock-Madonna», als «selbstbewußte Hurengöttin der Rockmusik» (Franz Schöler). Sie wartet nicht auf Liebe, sie nimmt sie sich. Sie unterwirft sich nicht ihren männlichen Kollegen, sondern schreibt diesen ihre eigenen Noten vor. Mit ihrem Mann Jerry Slick (dr), ihrem Schwager Darby Slick (g) sowie David Minor (g), Peter Vandegilder (bg) gründete sie 1965 in San Francisco THE GREAT SOCIETY. Ende 1966 verließ sie ihren Mann (der später Filmemacher wurde) und ging als Lead-Sängerin zum Ensemble → JEFFERSON AIRPLANE, dem sie mit ihren GREAT SOCIETY-Kompositionen *Somebody To Love, White Rabbit* sofort zu Hits verhalf. Mit ihrer präzis kontrollierten Kontraalt-Stimme, «eher Eis als Samt» (‹Newsweek›), predigte sie in Songtexten unablässig: «Befreit die Hirne, befreit die Körper, gebt die Drogen frei und die Musik. Der Tag ist angebrochen, und er gehört uns» (so auf der LP *Blows Against the Empire*). Trotz ihrer anarchistischen Weltanschauung hat sie den Luxus, den ihr die AIRPLANE-Einnahmen ermöglichten, immer geschätzt. Für 18 000 Dollar kaufte sie sich einen Aston Martin; für 2000 Dollar ließ sie sich aus einer mittelalterlichen Folterbank einen Eßtisch schnitzen. Ihr im Februar 1971 geborenes, auf der Plattenhülle *Sunfighter* abgebildetes Kind (Vater: AIRPLANE-Gitarrist Paul Kantner) wollte sie ursprünglich «Gott» nennen. Da es ein Mädchen wurde, nannte sie es «China».

LPs mit THE GREAT SOCIETY auf Columbia/CBS: *Conspicious Only in Its Absence* (ed. 1968); *How It Was* (ed. 1968) ... mit → JEFFERSON AIRPLANE, Paul Kantner auf RCA, Grunt. Solo-LP auf Grunt: *Manhole* (1973)

Sly and the Family Stone, ein schwarzweißes Septett aus San Francisco, schossen in einer «flammenden Lichtshow in Tönen» (Robert Shaw) Spuren-Elemente von Psychedelia in ihren energetischen Rhythm & Blues. Sie zerpflückten das traditionelle Ruf-Antwort-Schema der Gospelmusik, das den meisten Soul-Schlagern als Vorlage diente, und überzogen ihre Neu-Arrangements mit überraschenden Bläser-Attacken, lautmalerischem Singsang und wabernden Klang-Impulsen aus elektronisch verstärkten Instrumenten. Der Leadsänger und Organist Sly Stone (bürgerlich Sylvester Stewart), am 15. März 1944 in Dallas, Texas, geboren, war eine Zeitlang Discjockey an einer Rhythm & Blues-Radiostation in San Francisco und produzierte einige Tanzplatten lokaler Starbands. 1967 organisierte er sich mit Rose Stone (p, voc), Freddie Stone (g, voc), Larry Graham jr. (gb, voc), Gred Errico (dr) – später ersetzt durch Jerry Gibson –, Jerry Martini (sax, fl, p) und Cynthia Robinson (tp) zur FAMILY STONE und «öffnete damit die Tür zu einer neuen Ära in der Soul-Musik» (‹Rolling Stone›). Der stilprägende Einfluß der Band ist heute in den Plattenproduktionen von → THE TEMPTATIONS, → Isaac Hayes und auch → Miles Davis zu hören. Die ersten Songs der STONE-Formation waren optimistisch, in ihrer Sound-Collagierung der Schnitt-Technik von TV-Commercials ähnlich und voller cleverer sozialer Anspielungen. Das Vorbild, → THE MOTHERS OF INVENTION aus dem nahen Los Angeles, ist vor allem auf dem dritten Album (*Life*) herauszuhören, dem «wahrscheinlich radikalsten Soul-Album, das je herausgekommen ist» (‹Rolling Stone›). Auf dem Woodstock Festival von 1969 waren Sly Stones Musiker (Gruppengage: 7000 Dollar) mit ihrem suggestiven Entertainment-Soul eine Sensation. Doch mit steigenden Honoraren stieg auch die Unzuverlässigkeit von Sly Stone, der 1970 26 von 80 Konzertauftritten unentschuldigt fernblieb, 1971 12 von 40 Shows versäumte und jahrelang Plattenstudios blockierte, ohne ein Album abzuliefern. Seine Plattenfirma machte dem Soul-Evolutionär, der mit Drogenproblemen kämpfte, nach Auslaufen des Vertrages schließlich das ultimative, aber immer noch verlockende Angebot: eine Million Dollar für jedes abgelieferte Album. Das erste Ergebnis dieses Angebots, *There's a Riot Goin' On*, klang mit gebrochenen Stimmen, schleppenden Rhythmen und müde jaulenden Instrumenten wie der Katzenjammer der abblätternden Psychedelik-Szene, aus der die Gruppe hervorgegangen war: wie der «Tod eines Fixers»

(‹Rolling Stone›). Doch selbst im morbiden Off war Sly Stone noch brillanter als manche seiner Imitatoren. Sein im Sommer 1973 veröffentlichtes Album *Fresh* wurde weithin als Zeichen einer psychischen Gesundung verstanden. Es wirkte ausgeglichen, aktivistisch und enthielt wie immer Superlativ-Produktionen – unter anderem die Soul-Adaption des alten Doris Day-Schlagers *Que Sera*. «Irgend etwas hätte kommen und mich wegraffen können», gospelte Stone nun, «aber der Chef hat wohl beschlossen, daß Slys Tage noch nicht zu Ende sind. Dafür sollte ich dankbar sein, yeah, yeah.» Er irrte; sein Exzentrik-Ruhm glühte langsam aus. Das Publikum war offenbar seine Affront-Touren und sein offensives Negativ-Charisma leid und wollte Leistung sehen. Die konnte er gerade noch liefern: Zu seiner publicityträchtigen Goldlamé-Hochzeit im New Yorker Madison Square Garden (vor 23 000 Trauzeugen) brachte er im Juni 1974 mit den neuen Bandmitgliedern Bill Lordan (dr), Rusty Allen (bg), Sid Page (vi) eine LP auf den Markt (*Small Talk*), die die elektrisierende Ausgeflipptheit von einst ahnen, die artistische Degeneration von morgen jedoch befürchten ließ. Zu einer Serie von acht Konzerten in der 6000 Besucher fassenden New Yorker Radio City Music Hall kamen im Januar 1975 nur etwa 2000 Fans pro Show.

LPs auf Epic: *A Whole New Thing* (1967); *Dance to the Music* (1968); *Life* (1968); *Stand!* (1969); *Greatest Hits* (1970); *There's a Riot Goin' On* (1971); *Fresh* (1973); *Small Talk* (1974)

The Soft Machine verwirrte die Fans im Londoner «UFO-Club» im Frühjahr 1967 mit einer ungewohnt esoterischen Mischung aus Rock, Free Jazz und Effekten aus der avantgardistischen E-Musik. Gründer des Ensembles waren drei Schulfreunde aus Canterbury, Grafschaft Kent: Michael Ratledge (org, p, fl, harpsicord), Kevin Ayers (bg), Robert Wyatt (dr). Ayers schied Ende 1968 aus, weil ihm die Musik zu kompliziert geworden war, und wurde durch den ehemaligen Roadmanager der Gruppe, Hugh Hopper (bg) ersetzt. 1970, nach der Produktion der Doppelplatte *Third* mit Bläsern von der Keith Tippett-Jazzgruppe, blieb Elton Dean (as, saxello) als vierter Mann bei Soft Machine. Wyatt ging im Herbst 1971; neuer Drummer wurde Phil Howard. Die «futuristischen → Beatles» (‹Nouvelle Observateur›) quetschten ihre Tonfolgen durch Echokammern, Filter und Verzerrer, denaturierten selbst den Saxophonklang und musizierten, abwechselnd aggressiv und elegisch, ohne Pause bis zu zwei Stunden lang. Es ist, erläuterte Wyatt, «wie ein Liebesakt. Nach einem Höhepunkt ruht man sich aus, umspielt sich ein bißchen, macht weiter, ruht sich wieder aus und so fort». Die Liebe wurde jahrelang nur von einem relativ kleinen Fankreis hauptsächlich in Holland und Frankreich erwidert. Englische Manager speisten die Musiker mit Minimalgagen ab; französische Nachtlokalbesitzer kündigten schon nach dem ersten Auftritt die Verträge; US-Impresarios behandelten die Band bei einer Amerika-Tour 1968 «wie ein Stück Handgepäck». Eine erste, in den USA produzierte LP wurde daheim in Großbritannien zunächst nicht veröffentlicht. Hopper: «Wir haben uns nie darum gekümmert, ob unsere Musik kommerziell ist oder nicht. Wir haben auch nie in den Kategorien von Hit-Schallplatten gedacht.» Diese Konsequenz begann sich Mitte 1970 auszuzahlen. Seit die Band als erstes Rockensemble im Londoner «Ronnie-Scott-Jazzclub» aufspielte, wurde sie immer häufiger für Jazzmarathons wie das Newport Festival und die Berliner Jazztage gebucht. Jazzstars wie Miles Davis holten die Soft Machine in ihre Konzerte; sogar beim E-Musik-Festival in Donaueschingen durfte sie ihre überlangen Soli, ihre Trickrhythmen und Schockakkorde aufführen. Vom Kraftzentrum der Rockmusik haben sich die Musiker (1972/73 waren es außer Ratledge und Hopper Karl Jenkins [sax, oboe], John Marshall [dr], 1973/74 an Stelle Hoppers Roy Babbington [b, bg]) nach Meinung ihrer Kritiker dabei jedoch zu weit entfernt. «Statt die Kunst von ihrem Podest herunterzuholen, wie es das funfamentale Verdienst anderer Popgruppen ist, ist die Soft

Machine im Gegenteil in ein künstlerisches Niemandsland zurückgekehrt» (‹The Observer›).

LPs auf Byg: *Soft Machine; In the Beginning* (beide rec. 1967, ed. 1972) ... auf ABC Paramount: *The Soft Machine* (1968); *Soft Machine Two* (1969) ... auf CBS: *Third* (1970); *Fourth* (1971); *5* (1972); *Six* (1973); *Seven* (1973) ... auf Harvest: *Bundles* (1975). Solo-LPs Robert Wyatt auf CBS: *End of an Ear* (1970) ... auf Virgin: *Rock Bottom* ... Wyatt mit Matching Mole auf CBS: *Matching Mole* (1972); *Little Red Record* (1972). Solo-LP Elton Dean auf CBS: *Elton Dean* (1972). Solo-LP Hugh Hopper auf CBS: *1984* (1973). Solo-LPs Kevin Ayers auf Harvest: *Joy of a Toy* (1969); *Shooting at the Moon* (1970); *Whate vershe bring swesing* (1972); *Bananamour* (1973) ... auf Island: *The Confessions of Dr. Dream and Other Stories* (1974); *Juni 1, 1974* (mit John Cale, Eno, Nico; 1974); *Sweet Deceiver* (1975) ... mit Lady June auf Caroline: *Linguistic Leprosy* (1974)

Sonny & Chèr (voc) überraschten 1965 als erstes Gesangspaar im Unisex-Look. In gleichgeschnittenen Hosenanzügen, mit Pelzweste und langem Zottelhaar berichteten sie ihrem verständnisvollen Teenager-Publikum vom Spießrutenlauf durch eine vorurteilsvolle Erwachsenenwelt, den nur unverbrüchliche Liebe erträglich mache. Die Scheinrebellen Salvatore «Sonny» Bono, am 16. Februar 1940 in Detroit, Michigan, geboren und Chèr LaPiere, am 20. Mai 1946 in El Centro, Kalifornien, geboren, demonstrierten seit ihrer Heirat 1964, daß standesamtlich besiegelte Zuneigung durchaus ein Thema für die Rock-Jukebox sein konnte. Sie entschärften den von → Bob Dylan zu jener Zeit angestimmten Protest-Rock, schminkten die Polit-Kritik mit flottem Außenseiter-Getändel ab und konnten auf diese harmlose Manier in ihrem Spitzenjahr 1965 fünf Hitsingles gleichzeitig in die Schlagerparaden bringen. Sonny Bono stopfte in ihr kommerziell verwässertes Folk Rock-Schema Kostproben adaptierter Personalstile. *I Got You Babe* (1965), der Drei-Millionen-Hit des Duos, war → Donovans *Catch The Wind* nachempfunden; melodischen Kontakt zum *Trip*-Song des gleichen Autors meldete *The Beat Goes On* (1966). *Baby Don't Go* (1965) erinnerte an Gale Garnetts Folk-Hit *We'll Sing In The Sunshine*, und Chèrs Solo-Stück *Bang Bang* (1966) verdankte Mikis Theodorakis' *Zorba's Dance* die wesentlichen Akkorde. Diese Neubearbeitungen gaben Sonny & Chèr mit Nasallauten zum besten, die wie «Paarungsrufe zweier Zahnarztbohrer tönten» (Chris Hodenfield) – Chèr als «Vibrato auf der Suche nach einer Stimme» (Hodenfield) und Sonny «mit der Vokalbreite von immerhin zwei Tönen, die sich als sechs ausgaben» (‹Rolling Stone›). Der düpierende Vortrag täuschte jedoch nicht über das bürgerliche Konzept des Paares hinweg, das weder trank noch rauchte, kiffte oder LSD schluckte und damit den Rock-Insidern der Flower-Power-Zeit ab 1967 höchst verdächtig vorkommen mußte. Auch die Rebellen-Attitüde modischer Extravaganz war längst von ausgeflippteren Kleiderstilen überholt worden. Sonny & Chèr probierten 1969 die Flucht nach vorn mit dem Film ‹Chastity›, der die Hippie-Kultur optisch ausbeutete und dem Producerpaar einen Verlust von 500 000 Dollar brachte. Zusammen mit dem Minus von einer Million für die erste Sonny & Chèr-Filmpleite ‹Good Times› (1966) ergab das einen Schuldenberg, den das Ehepaar auf mühseligen Tourneen und in Nightclub-Marathons abzutragen hatte. 1972 gelang ein Comeback im Fernsehen. Die ‹Sonny and Chèr Comedy Hour› war ein Destillat aus der in jahrelanger Varieté-Fron erprobten Bühnenshow und verzeichnete 1972/73 eine durchschnittliche Sehbeteiligung von 40 % pro Woche. Der Bildschirm-Ruhm aktivierte auch das Interesse an den Plattenstars Sonny & Chèr. Mit rockfremder Entertainer-Verve waren sie wieder dabei, wenn Hitplätze ausgezählt wurden – freilich nur für ein Publikum im mittleren Alter, das hektisch mit hip verwechselte. Warum sie bei den Teenagern nicht mehr den Ton angaben, hatte die ‹Vogue›-Titelschöne Chèr längst erkannt: «Wir sind so spießig, daß es einen geradezu krank macht.» In solcher Selbsteinschätzung konnte Chèr sich mit voll durchklischierten Pop-Tragödien wie *Half Breed* (1973), *Dark*

Lady (1974) als Top-Solistin emanzipieren. Das neue Selbstwertgefühl ermutigte die Mode-Fanatikerin zur privaten und künstlerischen Trennung von ihrem Mann Sonny, der Liaisons mit dem Elektra-Asylum-Platten-Boss David Geffen und dem Gitarristen Gregg Allman folgten.

LPs auf Atlantik: *Look at Us* (1965); *The Wondrous World of Sonny & Chèr* (1966); *In Case You're in Love* (1967); *Good Times* (Soundtrack, 1967); *The Best of Sonny & Chèr* (1967, re-issue 1971); *This Good Earth* (1968); *The Two of Us* (1972) ... auf Kapp/MCA: *Sonny & Chèr Live* (1971); *All I Ever Need Is You* (1972); *Mama Was a Rock & Roll Singer, Papa Used to Write All Her Songs* (1973) ... Solo-LPs Chèr auf United Artists/Imperial: *All I Really Want to Do* (1965); *The Sonny Side of Chèr* (1966); *Chèr* (1967); *With Love* (1968); *Back Stage* (1968); *Chèr's Golden Greats* (1968); *Superpak* (1971); *Superpak, Vol. 2* (1972); *Very Best* (1974) ... auf Kapp/MCA: *Chèr* (1971); *Foxy Lady* (1972); *Bittersweet White Light* (1973); *Half-Breed* (1973); *Dark Lady* (1974); *Greatest Hits* (1974) ... auf Atlantic: *Jackson Highway* (1968) ... auf Sun: *This is Chèr* (1970) ... auf Warner Brothers: *Stars* (1975). Solo-LP Sonny auf Atlantic: *Inner Views* (1968)

South, Joe (voc, g), am 28. Februar 1940 in Atlanta, Georgia, geboren, schrieb mit Erfolg die Bestsellerlisten des ‹Time›-Magazin um. Aus den Titeln von zwei populärwissenschaftlichen Büchern extrapolierte er die Hitsongs *Games People Play* und *(I Never Promised You A) Rose Garden*, 1970/71 ein Welterfolg für Lynn Anderson. Der ehemalige Sessionmusiker für die Country- und Rock-Prominenz von Nashville produziert seine üppigen Weltverbesserungs-Lieder mit einem vorwiegend aus Familienangehörigen zusammengesetzten Clan, der sich The Believers (Die Gläubigen) nennt. Seine bluesgeschwärzten und gospelgetönten Songs sind melodisch reizvoll und überzeugen durch kluge Texte. Quellende Arrangements mit aufdringlich perfekten Orchester- und Chor-Beigaben sowie einer allzu modisch blubbernden Leadgitarre ersticken jedoch allzu oft die guten Komponisten-Intentionen. So gerät South ein überfütterter Song wie der andere; ein ganzer Albumdurchlauf rauscht als Geräuschkulisse dahin. Damit entwertet South seine ökologischen und sozialpolitischen Kommentare zum Unterhaltungsfutter für junge Arrivierte, die Protest-Pop zum Drüberweghören schätzen.

LPs auf Capitol: *Introspect* (1968); *Games People Play* (1969); *Don't It Make You Want to Go Home* (1969); *Greatest Hits* (1970); *So the Seeds Are Growing* (1971); *Joe South* (1971); *A Look Inside* (1972) ... auf Mine: *Walkin' South* ... auf Nashville: *You're the Reason*

Spanky and Our Gang, 1966 in Chicago gegründet, konnten sich nicht eindeutig entschließen, welcherart Musik sie machen wollten, und verspielten dadurch möglicherweise eine große Karriere. Neben ihren Sonntagsschlagern wie *Sunday Will Never Be The Same* (1967), *Sunday Morning* (1968), die den Vokalharmonien der → Mamas and Papas nachempfunden waren und dennoch nur mittlere Erfolge wurden, kamen die eigentlichen Qualitäten der Gruppe kaum zur Geltung: Folk Rock und Blues. Elaine «Spanky» McFarlane (voc, perc), am 19. Juni 1942 in Peoria, Illinois, geboren, hatte nach dem Highschool-Abschluß bei einer Versicherungsgesellschaft gearbeitet, war mit einer kleinen Revuetruppe durch die USA gezogen, hatte dem Folksong-Trio New Wine Singers angehört und (vor allem als Partnerin des schwarzen Sängers «Little Brother» Montgomery) in Nightclubs an der Chicagoer Rush Street den Blues gelernt. In ihrer Gang sangen und spielten: Malcolm Hale (voc, g, tb), Nigel Pickering (g, bg), Geoffrey Meyers (später Kenny Hodges, bg, voc), Lefty Baker (g, voc), John Seiter (dr). «Wir halten uns», verkündete Hale, «aus der sozialen Protestszene raus und versuchen, die Dinge musikalisch herunterzukühlen.» Das war auch fürs Image falsche Politik. Spanky McFarlane jedoch führte die Tatsache, daß der große Erfolg trotz der Umsiedlung nach New York und des positiv aufgenommenen Stilpotpourris ihrer nostalgischen LP *Like to Get to Know You* ausblieb, ironisch auf einen persönlichen Makel zurück: «Ich bin zu fett, um eine zweite → Grace Slick zu sein, und nicht fett genug für eine zweite Cass Elliott.»

LPs auf Mercury: *Spanky and Our Gang* (1967); *Like to Get to Know You* (1968); *Without Rhyme Or Reason* (1969); *Greatest Hits* (1970); *Live* (1971)

Spann, Otis (p, voc), am 21. März 1930 in Jackson, Mississippi, geboren, war ein Halbbruder von → Muddy Waters und hat dessen Bluesband 23 Jahre lang angehört. Von einer in Japan verbrachten Militärzeit (1946 bis 1951) abgesehen, hielt er sich ab 1949 fast unablässig in Chicago auf, begleitete Waters, → Chuck Berry, → Howlin' Wolf, → Bo Diddley, → Little Walter und andere bei deren Plattensessions und nahm unter seinem eigenen Namen zahlreiche LPs und Singles auf. Im Januar 1969 beteiligte er sich an der berühmten *Blues Jam at Chess* mit dem britischen → Fleetwood Mac-Ensemble und produzierte anschließend mit derselben Band das vielbeachtete Album *The Biggest Thing Since Colossus*. Wenig später erlitt er einen Herzanfall, lehnte es jedoch ab, fortan seinen Alkoholkonsum einzuschränken. Anfang 1970 wurde Leberkrebs diagnostiziert. Spann starb am 25. April 1970 in Chicago, vermutlich an einem akuten Herzversagen.

Solo-LPs (Auswahl) auf Candid: *Otis Spann is the Blues* (1960) ... auf Decca: *The Blues of Otis Spann* (1964) ... auf Prestige: *The Blues Never Die* (1965) ... auf Bluesway: *Blues is Where It's At* (1967); *The Bottom of the Blues* (1968); *Heart Loaded with Trouble* (1974) ... auf Blue Horizon mit Fleetwood Mac: *Blues Jam at Chess* (1969); *The Biggest Thing Since Colussus* (1970) ... auf Chess: *Fathers and Sons* (1969, mit Muddy Waters und anderen) ... auf Barnaby/CBS: *Walking the Blues* (1972) ... auf Vanguard: *Cryin' Time*

Sparks brachen 1974 mit der Hit-Single *This Town Ain't Big Enough For Both Of Us* von London aus auf den internationalen Plattenmarkt durch, nachdem ihnen von Kalifornien aus kein Echo beschieden war: zwei musik- und modebewußte Brüder mit extrem gegensätzlichem Look. Ron Mael (p), bürgerlich J. Ronald Day, am 12. August 1948 in Culver City, Kalifornien, geboren, trat mit Schnauzbärtchen und Kurzhaar wie ein melancholischer Pop-Chaplin in Hitler-Maske auf. Russell Mael (voc), bürgerlich Dwight Russell Day, am 5. Oktober 1953 in Santa Monica, Kalifornien, geboren, huschte wie ein attraktiv verjüngter → Tiny Tim mit langen Locken und Sex-Appeal über die Bühne und sang wie Tiny Tim auch Falsetto-Sopran. Ihre kunstvoll ausgearbeiteten Songs, harmonisch oft verschroben und melodisch zumeist verquer, wirken unorganisch, konstruiert und verfehlen dennoch nicht ihre Wirkung. Die Texte stecken voll Platitüden der Art, ein Amateur-Violinist könne nicht gleich ein Menuhin sein (*Amateur Hour*), ihre Message bleibt durch die manieristische Interpretation jedoch vielfach unverständlich – «als würde The Sadistic Maika Band aus Japan Rolling Stones-Songs auf französisch vortragen» (Ingeborg Schober). Die Mael-Brüder kamen als Modelle für Teenagermode erstmals mit den Medien in Berührung, besuchten die Filmklasse an der UCLA in Los Angeles und gründeten schließlich, «um kommerziell voranzukommen», die Rockband Halfnelsons. Ihre erste, von → Todd Rundgren produzierte und auf dem Bearsville-Label ihres neuen Managers Albert Grossman veröffentlichte LP zündete nicht, trotz der mittelmäßig akzeptierten Single *Wondergirl*. Daraufhin taufte Grossman die Gruppe in Sparks um, steckte die LP in ein anderes Cover und schob ein zweites Album nach – wieder ohne das erwartete große Inkasso. Erst der dritte Anlauf glückte – ohne Grossman auf dem Londoner Island-Label mit den englischen Begleitmusikern Adrian Fisher (g), Martin Gordon (bg), Sir Peter Oxendale (org), Dinky Diamond (dr). Im Sommer 1974 wurden diese neuen Sparks im ‹Melody Maker›-Poll als hoffnungsvollste internationale Band ermittelt und ihre Single *This Town ...* als eine der besten kleinen Platten des Jahres ausgezeichnet. Auf der Bühne erwies sich jedoch schnell, daß der stets nach dem gleichen Schema ausgetüftelte

SPARKS-Stil für ein volles Konzertprogramm nicht trägt. ‹Melody Maker›: «Was auf den Platten ein kleines Meisterwerk voll Witz und Einfallsreichtum zu sein schien, stellte sich bei Live-Darbietungen als ein blecherner Kabarett-Akt heraus, als ein bis zum Extrem ausgewalzter Gimmick.»

LPs auf Bearsville: *Sparks* (1972); *A Woofer in Tweeter's Clothing* (1972) ... auf Island: *Kimono My House* (1974); *Propaganda* (1974)

Spector, Phil, formierte 1958 mit 17 Jahren die Popmusik-Gruppe TEDDY BEARS, schrieb für sie den Song *To Know Him Is To Love Him*, dessen Titelzeile er von einer Inschrift auf dem Grabstein seines Vaters übernommen hatte, und schaffte damit seinen ersten Millionenseller, der ihm einen Producer-Posten bei Atlantic Records einbrachte. Während jener Zeit schrieb und produzierte er mit den Komponisten → Leiber/Stoller den → DRIFTERS-Klassiker *Spanish Harlem*. 1961 gründete Spector sein eigenes Label, Philles Records, auf dem er einige klassische Rock-Bestseller veröffentlichte, die als überzeugende Beispiele seines eigentümlichen Arrangierstils gelten. Mehrfach überspielte Percussion-Sätze, schwere Drum-Schläge, Multi-Playback-Violinenpassagen, Bläsergruppen, Piano-Blöcke, fette Baßbrocken türmte er zu «Soundmauern», in die er die zu Chören aufgeschichteten Sängerstimmen einmeißelte. Mit solcher überlauten Produktionsmaschinerie fertigte er *He's A Rebel, Then He Kissed Me, Da Doo Ron Ron* mit den CRYSTALS, *Be My Baby; Baby I Love You* mit den RONETTES, *Zip-A-Dee-Doo-Dah* mit BOB B. SOXX AND THE BLUEJEANS, *Wait Till My Baby Gets Home* mit Darlene Love. Der Erfolg dieser «Monster» (Nik Cohn) machte ihn mit 21 Jahren zum Multimillionär. Mitte der sechziger Jahre, als Folk Rock-Simplizität und → BEATLES-Sound zu beherrschenden Musiktrends avancierten, gelangen Spector nur noch zwei große Hits, die jedoch zu seinen besten Studio-Erzeugnissen gehören: *You've Lost That Lovin' Feeling* der → RIGHTEOUS BROTHERS (1965) und *River Deep – Mountain High* von → IKE & TINA TURNER (1966). Anschließend zog er sich für einige Jahre ins Privatleben zurück. Sein Name tauchte ab 1970 wieder in den Musikzeitschriften auf, als er sich bei einigen Produktionen der BEATLES sowie → John Lennons und → George Harrisons als Co-Producer beteiligte. Spectors Soundkonzept erfuhr vielfache Variationen, zu Beginn der siebziger Jahre vor allem in den Soul-Sinfonien von → Isaac Hayes und den → TEMPTATIONS. Nach wenig erfolgreichen Business-Comeback-Versuchen bei A & M sowie Apple Records, mit deren Hilfe er seine Uralt-Hits noch einmal auf den Markt bringen wollte, formierte Spector 1974 mit Unterstützung von Warner Brothers das Label Warner-Spector, das erneut seine alten Einfälle zu Geld machen sollte. Zeitgemäße Soundkonzepte brachte er nicht mehr zustande.

LP auf Apple: *The Phil Spector Xmas Album* (mit diversen Solisten, 1972)

Spencer, Jeremy (voc, g), am 4. Juli 1948 in West Hartlepool, England, geboren, hatte als Kind Klavier gespielt und unter dem Eindruck von Rock 'n' Rollern wie → Buddy Holly und → Rick Nelson zur Gitarre gegriffen. Auf eine Zeitungsannonce hin kam er 1967 zur neugegründeten Bluesband → FLEETWOOD MAC, bei der er anfangs vor allem den Country-Gitarrenstil von → Elmore James imitierte. Zu seinem eigentlichen Rock-Idiom fand er 1969 zurück, als → Peter Green (g) FLEETWOOD MAC verlassen hatte und die Bluesorientierung der Band in Frage gestellt werden durfte. Spencer prägte den MAC-Klang im Album *Kiln House* (1970) durch derart prägnante Rock 'n' Roll-Reminiszenzen, daß die LP vielfach als Parodie auf die alten Teenager-Idole verstanden wurde, die Spencer mit hellem, wandlungsfähigem Tenor hier und auf seinem mit FLEETWOOD MAC-Kollegen annähernd gleichzeitig eingespielten Soloalbum *The World of Jeremy Spencer* interpretierte. Anfang 1971 verließ er während einer USA-Tournee in Los Angeles das Hotel, um ein Buch zu kaufen, und kam nicht zurück. Tagelang wurde er von den Musikern, der Polizei, dem FBI sowie durch Funk- und TV-Aufrufe gesucht. Als er endlich gefunden war, stellte sich heraus, daß sich der strenggläubige Christ plötzlich einer «Children of God» genannten Kommune der Jesus People angeschlossen hatte und jeglichen weltlichen Kontakt ablehnte. Die 1972 veröffentlichte LP *Jeremy Spencer and the Children* war das musikalische Resultat des religiösen Engagements: Unter Titeln wie *Hörst du das Lied?*, *Die Heilige Johanna*, *Wir glauben an Jesus* intonierte er einen larmoyanten, hillbilly-getönten Hymnengesang.

LPs mit → FLEETWOOD MAC. Solo-LPs auf Reprise: *The World of Jeremy Spencer* (1970) ... auf CBS: *Jeremy Spencer and the Children* (1972)

The Spinners, in Europa juristisch zum Namen DETROIT SPINNERS gezwungen, um Verwechslungen mit einer unbedeutenden englischen Folkloregruppe auszuschließen, erlangten erst 1973 die ihrem Talent angemessene Spitzenposition in der Soul-Landschaft, obgleich sie schon seit 1955 zusammen sind. Teils liegt diese späte Popularität an der rapide gewachsenen Aufnahmebereitschaft des Pop-Markts für professionell polierten Middleclass-Rhythm & Blues, teils an den erstrangigen handwerklichen Fähigkeiten ihres in Philadelphia wirkenden Producers Thom Bell. Henry Fambrough (Bariton), Billy Henderson (Tenor), Pervis Jackson (Baß), Bobby Smith (Tenor) sowie der 1971 ausgeschiedene (und durch Phillipe Wynne ersetzte) Crathman Spencer (Tenor) besuchten gemeinsam die High School in Ferndale, Michigan, und ersangen sich 1961 auf Harvey Fuquas Tri-Phi-Label in Detroit ihre erste Hit-Single: *That's What Girls Are Made For*. 1964 wurde Tri-Phi von Motown übernommen: Die SPINNERS blieben bis 1972 im Schatten so prominenter Motown-Acts wie → SUPREMES, → FOUR TOPS, → TEMPTATIONS, mit denen sie oft zusammen auftraten. Ihre Parodien auf Politiker, Filmstars und Entertainer sowie ihre ausgefeilte Ensemble-Choreographie machten sie zu Favoriten in TV-Shows, ihre Stimmen erklangen daneben in zahlreichen Werbespots, etwa für Hustler-Gin. Mit Single-Bestsellern jedoch war das schwarze Vokal-Quintett in den Motown-Jahren nicht allzu reich gesegnet. *I'll Always Love You* (1965), *Truly Yours* (1966) erreichten Mittelpositionen, das von → Stevie Wonder geschriebene und produzierte *It's A Shame* kam 1970 in den Soul-Charts auf Platz vier. «Aber es ist immer eine Chance, daß noch ein kleiner Funke glüht», sangen die SPINNERS 1972 in ihrem ersten, von Thom Bell produzierten Millionen-Hit, «und aus Funken schlagen Flammen.» *I'll Be Around* entflammte die Nation, obgleich es dem SPINNERS-Song *I'll Always Love You* von 1965 sehr ähnlich war. Bell hatte erkannt, daß seine Schützlinge «nicht den Straßen-Funk-Gruppen der Nach-Sly-Stone-Ära vergleichbar sind, sondern eine ältere Tradition von Mohair-Anzügen und Showbusiness verkörpern» (‹Melody Maker›). Daher begann er das Potential der Sänger zu ständig überlappenden Melodielinien und spontanen Kontrapunkten auf der Basis des leichten Philly-Rhythmus in älteren Pop-Stilen zu entfalten: etwa mit einem Arrangement à la Count Basie (*Don't Let The Green Grass Fool You*) oder zusammen mit der Sängerin Dionne Warwicke mit Burt Bacharach-Touch im Nummer-1-Treffer *Then Came You*. Für hartgesottene Rock-Hörer, urteilt ‹Rolling Stone›, «mag es eine Weile dauern, die subtile Schönheit dieses Stils zu erschließen». Bells makellose SPINNERS-Produktionen sind aber auch nicht in Gefahr, ihren Hörreiz zu schnell zu verschleißen.

LPs auf Motown: *The Original Spinners* (1968); *Best* (1974) ... auf VIP: *Second Time Around* (1971) ... auf Atlantic: *The Spinners* (1973); *Mighty Love* (1974); *New and Improved* (1974)

Spirit entstand, als sich 1967 in Los Angeles Jay Ferguson (voc, g), Mark Andes (bg), Ed «Cass» Cassidy (dr), Randy California (g, voc) von der Combo RED ROOSTER mit John Locke (p) zu einem Quintett vereinigten, das auf einer ersten LP programmatisch verkündete: «Wir möchten für unser Publikum eine Brücke zu allen Arten von Musik sein, die in den Staaten gespielt wird. Was zählt, ist nicht die Authentizität, sondern die Qualität.» Diesem Anspruch genügten die Musiker, indem sie ihre stark divergierenden stilistischen Erfahrungen als Folklorespieler (Ferguson), Jazzpianist (Locke), Elektronik-Rokker (California), Country-Blues-Interpret (Andes) und Opernschlagzeuger (Cassidy) zu einem Jazz Rock vereinten, der impulsiver und nuancenreicher klang als später die Improvisationen und Arrangements von → CHICAGO oder → BLOOD, SWEAT & TEARS. Die Musiker wagten stilistische Brüche, riskierten absurde Temposprünge, ließen ihre Stimmen ins hysterische Falsett abirren und nutzten, unter der Anleitung ihres Producers Lou Adler, alle Möglichkeiten moderner Studio-Elektronik, ohne jemals exzessiv zu werden. Solche Vielfalt der Spieltechnik und die Breite des Repertoires schien das Rock-Publikum zu verwirren; SPIRIT schaffte in Popularität und Plattenumsatz nie den Aufstieg in die Liga der Supergruppen. Selbst einigen Gruppenmitgliedern war nicht wohl zwischen den Stilen. Deshalb trennten sich Ferguson und Andes 1971 von SPIRIT und konzentrierten sich in der Formation → JO JO GUNNE auf harten Rock 'n' Roll. Die Brüder Chris Staehely (g, voc) und Al Staehely (bg, voc) füllten die Lücke und spielten das bislang freiformale Quintett mehr in einen energetischen Rock der harten Gitarren-Riffs hinein. Der hochtalentierte Randy California schied aus, kehrte jedoch 1973, nach einem brillanten Soloalbum, zu SPIRIT zurück. Von der ursprünglichen Besetzung war nur noch Cassidy übriggeblieben, der mit California und dem neu hinzugekommenen Baßgitarristen Larry «Fuzzy» Knight ein Trio bildete, das den vielfarbigen Sound der alten Gruppe in gleicher Qualität rekreierte.

LPs auf Ode/Epic: *Spirit* (1968); *The Family that Plays Together* (1969); *Clear* (1969); *Twelve Dreams of Dr. Sardonicus* (1971); *Feedback* (1972); *Best* (1973) ... Solo-LP Randy California auf Epic: *Kapt. Kopter and the (Fabulous) Twirly Birds* (1973)

Spooky Tooth, 1967 in London gegründet, mischte vitale Blues-Töne mit sanften → BEATLES-Harmonien zu «cremigen Slow-Sounds, die sich einen Song griffen und ihn durch eine langsame, orgiastische Bearbeitung zogen, wobei die Gruppe weit davon entfernt schien, heavy zu klingen, obwohl sie es in besonders starkem Maße war» (‹Melody Maker›). Stilmarkierungen lieferten das dominierende Duo von schwerfälliger Orgel und behutsam eingesetztem Harpsicord sowie das Kontrastgespann von Mike Harrisons belegtem, beinahe grobem Blues-Bariton und Gary Wrights klagendem Falsett. Harrison (voc, keyboards) hatte 1966 in Carlisle, Nordengland, die V.I.P.'s gegründet, bei denen eine Zeitlang auch → Keith Emerson mitspielte. Nach dem Umzug an die Themse taufte sich die Combo in ART um. Als Ende 1967 der Amerikaner Gary Wright, vormals Psychologiestudent in Berlin, dazustieß, war SPOOKY TOOTH geboren. Außer Harrison und Wright spielten Luther Grosvenor (g), Michael Kellie (dr), Greg Ridley (bg), der 1969 zu → HUMBLE PIE ging und von Andy Leigh abgelöst wurde. Auf den ersten zwei LPs erwiesen sich die Musiker als ungemein vielseitige Top-Instrumentalisten, die ihre Bluesformeln mit Gospel-, Country- und Popballaden-Variationen vorzüglich aufzulockern wußten und in effektvollen Power-Vokalisen vortrugen. 1969 geriet die Gruppe in eine Krise, als ihr der französische Elektronik-Experimentator Pierre Henry die Mitarbeit an einem religiösen Konzept-Album antrug. Der von Wright komponierte Musikbeitrag der SPOOKY TOOTH wurde von Henry ohne vorherige Absprache mit synthetischen Klängen garniert und unter dem Titel *Ceremony* als unverträglicher Stilmischmasch herausgebracht. Wright wollte die Band jedoch weiterhin auf dieser experimentellen Route sehen, während die übrigen Spieler eine Rückkehr zu ihrem blueslastigen Markenklang anstrebten. Bevor es 1970 zum endgültigen Bruch kam, nahm die Gruppe in der veränderten Besetzung Harrison, Grosvenor, Kellie sowie Henry McCulloch (g), Chris Stainton (bg, p), Alan Spenner (bg) die LP *The Last Puff* auf, die mit → Elton Johns *Son Of Your Father* und dem BEATLES-Stück *I Am The Walrus* zwei phantasievoll bearbeitete Fremdkompositionen enthielt, die kompetenter klangen als die Originale. Nach der Auflösung ging Grosvenor nach einem Solo-Album zu → STEALERS WHEEL, Kellie schloß sich vorübergehend Peter Framptons CAMEL an, Wright versuchte einen Alleingang mit WONDERWHEEL, die ihn auf zwei Solo-Sessions begleiteten, Harrison nahm ebenfalls Einzel-LPs auf. Da jedoch keinem ein befriedigender Durchbruch gelang, reformierten sich SPOOKY TOOTH 1972 mit einem Teil der alten Mitspieler. Nach einem Kurzgastspiel von Bryston Graham (dr), Ian Herbert (bg) festigte sich die Band 1973 vorübergehend mit Harrison, Wright, Kellie, Mick Jones (g), Chris Stewart (bg), aber schon ein Jahr später gab es erneut tiefgreifende Personalwechsel. Von den ursprünglichen TOOTH war nun nur noch Wright übriggeblieben. Doch die Band machte mit Mick Jones (g), Mike Patto (keyboards, dr, perc), Bryston Graham (dr), Val Burke (voc, bg) auf der LP *The Mirror* wieder ausgereiften Heavy-Rock, wie man ihn seit *The Last Puff* (1970) nicht mehr unter diesem Bandnamen gehört hatte. Nach diversen Querelen machte sich Wright 1974 selbständig; der TOOTH fiel endgültig aus.

LPs auf Island: *It's All About* (1968); *Spooky Two* (1969); *Ceremony* (mit Pierre Henry, 1969); *The Last Puff* (1970); *You Broke My Heart So I Busted Your Jaw* (1973); *Witness* (1973) ... auf Good Ear/Bellaphon: *The Mirror* (1974) ... Solo-LPs Harrison auf Island: *Mike Harrison* (1971); *Smokestack Lightning* (1972) ... Solo-LPs Wright auf A & M: *Extractions* (1971); *Footprint* (1972). Solo-LP Luther Grosvenor auf Island: *Under Open Skies* (1971)

Springfield, Dusty, bürgerlich: Mary Isobel Catherine O'Brian (voc), am 16. April 1940 in Hampstead bei London geboren, verblüffte 1968/69 bei Aufnahme-Sessions in Memphis unter Anleitung der → Aretha Franklin-Betreuer Jerry Wexler, Arif Mardin, Tom Dowd als erstklassige weiße Rhythm & Blues-Chanteuse. «Sie singt», befand damals ‹Rolling Stone›, «um ihr Material herum, eher beschwörend als erdrükkend.» Mit sinnlich belegter Stimme, in deren Timbre sich stets Erwartung und Abschied zu vereinen schienen, hauchte sie ihren damaligen Tophit *Son-Of-a Preacher Man* einfühlsamer als ihre schwarzen Konkurrentinnen, die sich später daran versuchten. Die ehemalige Verkäuferin in Schallplatten- und Hausratläden schloß sich 1958 dem Vokal-Ensemble LANA SISTERS an, das sie zwei Jahre später verließ, um mit ihrem Bruder Tom und dessen Freund Tim Field das Folksong-Trio THE SPRINGFIELDS zu gründen. Mit dem Image eines «Country & Western-Girls in Baumwollkleid und rüschigen Petticoats, das bei einer singenden Familie mitmacht» (Lillian Roxon) schied sie dreieinhalb Jahre später von dem Dreierbund, der sich mit Stücken wie *Breakaway, Island Of Dreams* auf der englischen Musikszene gut placieren konnte. Dustys Solo-Einstandserfolge *I Only Want To Be With You, Wishin' And Hopin'* ließen sie als geschickte Konvertitin zur weichen Welle des Motown-Soul-Sound erscheinen. Auf den nachfolgenden internationalen Bestsellern *I Close My Eyes And Count To Ten* (1965), *You Don't Have To Say You Love Me* (1966) tendierte sie dagegen mehr zum balladesken Vortrag einer Nightclubsängerin, den sie mit *The Look Of Love* (1967) aus der James Bond-Parodie ‹Casino Royale› perfektionierte. Fortan mochte sie sich in Repertoire und Vortragsart nicht mehr festlegen und irritierte damit zahlreiche ihrer früheren Anhänger, die sie 1968 zugunsten von → Julie Driscoll vom Spitzenplatz der beliebtesten britischen Sängerin abwählten. Außerdem ließ sie zunehmend Selbstkontrolle in Stimme und Auftreten vermissen. Zahlreiche Kritiker hörten immer häufiger von ihr Song-Interpretationen, die selbst «gefällige Vorlagen so melodramatisch wie Autounfälle klingen lassen» (‹Stereo Review›). Ihre zunehmende Bühnen-Nervosität versuchte sie durch Overdressing zu kompensieren: Sie schmückte sich mit Perückentürmen, legte grelles Make-up auf und verklebte die Augen mit überdimensionalen Wimpern. Englands «einzige Sängerin im gehaltvollen Soul-Genre» (‹Melody Maker›) hatte ihren Publikums-Ruhm 1975 weitgehend aufgebraucht.

LPs auf Philips: *Everything's Coming up Dusty* (1965); *Golden Hits* (1966); *A Girl Called Dusty* (1967); *Where Am I Going?* (1967); *The Look of Love* (1968); *Dusty Definitely* (1969); *Brand New Me* (1969); *From Dusty with Love* (1970); *I Close My Eyes and Count to Ten* (1970); *See All Her Faces* (1971); *Cameo* (1972); *Sings Burt Bacharach and Carole King* (1975) ... auf Mercury: *Stay Awhile* (1968); *Something Special* (1969) ... auf Fontana: *Attention!* (1974)

Springsteen, Bruce (voc, g, harm, p, mandolin), am 23. September 1949 in Freehold, New Jersey, geboren, wurde nach seiner ersten LP *Greeting from Ashbury Park, N. J.* mit Kritikerlob überschüttet. Jon Landau im Bostoner ‹Real Paper›: «Ich habe die Zukunft des Rock 'n' Roll gesehen, ihr Name war Springsteen.» Andere Kritiker entdeckten eher Vergangenes: Stileinflüsse von Benny Goodman bis → Chuck Berry, dunke Metaphern wie in den frühen Liedern → Bob Dylans und → Van Morrisons. Manche der mit Binnenreimen angereicherten Textzeilen wurden durch eine Überfülle von Bildern erstickt und ergaben keinen Sinn; etwa: «Madman drummers bummers and Indians in the summers with a teenage diplomat ...», oder: «Hey bus driver keep the change, bless the children, give them names, don't trust men who walk with canes.» Dennoch war *Asbury Park* gewiß mehr als «eine monumentale Zeitvergeudung» (‹New Musical Express›). Mit dem Folgealbum *The Wild, the Innocent & the E Street Shuffle* und Live-Darbietungen wurde Springsteen seinem Ruf als bedeutender Songautor voll gerecht: knapper im Ausdruck, präziser in den Beobachtungen. Als Poet New Yorker City-Abgründe und der Waterfront-Slums von New Jersey entwirft er in Stücken wie *Incident On 57th Street* oder *New York City Serenade* das Szenarium für eine aktualisierte ‹West Side Story› voller Neon-Alpträume, Abfall-Romantik und Gewalt. Seine Situationen und Charaktere, behauptet er, seien «authentisch und real» bis hin zu den verwendeten Namen. Das erscheint glaubhaft. Als Springsteens Eltern, er war damals sechzehn, das baufällige Haus seiner Jugendjahre verließen, blieb der High School-Dropout zurück. Er gründete Bands mit Titeln wie Dr. Zoom and the Sonic Boom oder Steel Mill, sang in Greenwich Village zur Gitarre und sammelte fortwährend Impressionen. Die Band, mit der er schließlich arbeitete, blieb über fünf Jahre hin annähernd konstant: Clarence «Nick» Clemons (sax, voc), David L. Sancious (keyboards, voc), Vini «Mad Dog» Lopez (dr, voc), Garry W. Tallent (bg, tuba, voc), Danny Federici (acc, voc). Clemons' Saxophonfiguren sind für die Springsteen-Performance ebenso prägend wie Texte und Stimme. Der Sänger formt schreiend und flüsternd, gestikulierend und tanzend aus dem Rhythm & Blues des Ensembles und seinen Freak-Versen auf der Bühne einen packenden Akt.

LPs auf CBS: *Greetings from Asbury Park, N. J.* (1973); *The Wild, the Innocent & the EStreet Shuffle* (1974)

The Staple Singers, 1951 in Chicago gegründet, sind ein eindrucksvoller Beweis für die stilistische Zusammengehörigkeit von Blues, Gospel und Soul. Roebuck «Pop» Staples (voc, g), am 28. Dezember 1915 in Winona, Mississippi, geboren, brachte nach jahrelangem Blues-Tingeln 1931 seine Stimme in die Spiritualgruppe The Golden Trumpets ein. Mitte der dreißiger Jahre zog er mit Frau und den Töchtern Cleotha und Pervis nach Chicago, wo 1939 Yvonne, 1940 Mavis geboren wurden. Neben Jobs als Autowäscher, auf dem Schlachthof und im Stahlwerk sang er auch dort in den Kirchen Spirituals – mit den Trumpet Jubilees. 1951 stellte Staples sein Familienquartett (mit Cleotha, Pervis, Mavis) erstmals in seiner Baptistenkiche vor und machte 1954 für United eine erste Gospelplatte: *Sit Down Servant*. Nach einer zweijährigen Zwangspause (United verlangte von den STAPLE SINGERS vergeblich Rock 'n' Roll-Aufnahmen, bestand aber auf dem Exklusivkontrakt) besang das Team im Laufe von vier Jahren für Vee Jay fast 40 stilistisch einmalige Tracks: ekstatische Gospelweisen mit Mavis' atemlos hollernder Leadstimme, korrespondierenden Antwort-Phrasen der Schwestern und intensiven Bluesakkorden auf Roebucks Gitarre. Auf den Klassiker *Uncloudy Day* folgten überwiegend von Roebuck komponierte Hits mit den Begleitmusikern Phil Upchurch (bg), Al Duncan (dr); ihr *This May Be The Last Time* wurde später, verweltlicht, als *The Last Time* von den → ROLLING STONES übernommen. Nach 1960 drängten zwei Plattenfirmen die STAPLES durch falsche Einschätzung ihres Potentials und Publikums vorübergehend ins kommerzielle Abseits. Riverside (1960/61) setzte sie mit Oldtime-Hymnen à la *Amazing Grace* auf den aufkommenden Folksong-Markt der College-Jugend an; bei Columbia/CBS wurden ihre südstaatlich harschen Bluestöne vom Producer Billy Sherrill zunächst in Violinsauce ertränkt. Für die Aufnahme *Why Am I Treated So Bad*, das durch Cover-Versionen der SWEET INSPIRATIONS und der Cannonball Adderley-Jazzgruppe schnell ein Evergreen wurde, engagierte der 1967 erstmals für die STAPLE SINGERS tätige Soul-Producer Larry Williams erfahrene R & B-Sessionmusiker: Die Familie fand heim zu ihrem ursprünglichen Idiom. Roebuck beschloß, künftig auch weltliche Songs zu schreiben, sofern sie nur «eine bedeutungsvoll spirituelle Aussage» hätten, und schloß sich im Juli 1968 dem Funky-Label Stax in Memphis an. Doch auch dort wurde der Familien-Clan bei zwei von Steve Cropper betreuten LPs zunächst noch beinahe wie eine Folkloregruppe behandelt. Erst als Stax-Direktor Al Bell, ein ehemaliger R & B-Discjokkey aus Washington, D. C., Roebuck und seine Töchter (seit 1970 Yvonne an Stelle von Pervis) mit den Studio-Rockern von Muscle Shoals, Alabama, selbst produzierte, wurden die STAPLE SINGERS mit der Hit-Kette *Heavy Makes You Happy*, *Respect Yourself*, *Be What You Are*, *I'll Take You There*, *If You're Ready Come Go With Me* zu «einer der heißesten Attraktionen der Soulmusik» (‹Black Music›). «Ich glaube nicht, daß sich der Sinn unserer Songtexte seit der Gospelzeit wesentlich geändert hat», sagt Mavis Staples: «Gewiß ist der Beat härter geworden, aber die Message ist dieselbe, Liebe und Brüderlichkeit.»

LPs (Auswahl) auf Vee-Jay: *The Staple Singers*; *Uncloudy Day* (beide ca. 1960) ... auf Joy: *Swing Low* (rec. 1961, ed. 1970); *Best* (rec. ca. 1964, ed. 1970) ... auf Epic: *For What It's Worth* (1968); *Pray On* (1968); *Gospel Soul* (ca. 1969) ... auf Stax: *Soul Folk in Action* (1968); *We'll Get Over* (1970); *Heavy Makes You Happy* (1971); *Beaultitude: Respect Yourself* (1972); *Be What You Are* (1973); *City in the Sky* (1974). Solo-LPs Mavis Staples auf Stax/Volt: *Only for the Lonely* (1970); *Mavis Staples* (1970). LP Roebuck «Pop» Staples auf Stax: *Jammed Together* (mit Steve Cropper, Albert King, 1970)

Starr, Ringo, bürgerlich: Richard Starkey (dr, voc), am 7. Juli 1940 in Liverpool als Sohn eines Dockarbeiters geboren, galt im Quartett der → BEATLES als die liebenswerte Antithese zu → John Lennon. Mit dem «Unschuldsblick eines großen, traurigen Vogels» (‹Die Welt›) saß er hinter seinem Schlagzeug, als sei er bloß ein angeheuerter Sessionmusiker. Die BEATLES-Publicity festigte denn auch das Underdog-Gefühle weckende Image vom guten Geist des Ensembles, der zu dümmlich war, irgend jemandem etwas zuleide zu tun. Eine ergiebige Schulausbildung hat Starr, dessen Eltern sich drei Jahre nach seiner Geburt scheiden ließen, tatsächlich nie genossen. Als kränkelndes Kind mußte er mehrere Magenoperationen über sich ergehen lassen, litt an Lungenentzündung und versäumte einen Großteil des Unterrichts. Diverse Jobs als Hilfsarbeiter gab er wegen seines labilen Gesundheitszustandes wieder auf. Als ihm sein Stiefvater Weihnachten 1958 ein Schlagzeug schenkte, beschloß er, bei einer der zahlreichen Liverpooler Skifflebands einzusteigen. Er schlug sich durch bis zur damaligen lokalen Attraktion Rory Storm and the Hurricanes, mit der er auf Tournee nach Hamburg ging. Dort lernte er die Beatles kennen und schloß sich 1962 den Pilzköpfen an, kurz nachdem sie ihren Schallplattenvertrag erhalten hatten. Auf der Debüt-Single *Love Me Do* war Starr jedoch noch nicht zu hören. Die ersten Aufnahmen der sogenannten «naiven Phase» der Beatles bis 1965 unterlegte er mit einem schrillen, zischenden Beat, indem er nur Becken und Snaredrum anschlug und sich dabei einen eigenständigen, soliden Sound ertrommelte. Seit dem Album *Revolver* (1966) verwandte er zusätzlich eine Baßtrommel und Tom-Toms. Den berühmten «Pudding-Sound» erreichte Starr, indem er die Bespannung löste und Leinentücher um den Trommelkörper legte. Das ergab im Spiel einen dumpfen, wabernden Klang. Seinen «Genius als Stummfilmschauspieler» (Beatles-Pressemanager Derek Taylor) probierte Ringo, der diesen Spitznamen wegen seiner Vorliebe für Fingerschmuck erhielt, in Spielfilmen aus, noch bevor seine Ensemble-Kollegen künstlerische Alleingänge unternahmen. Nach einem komischen Debüt in den Beatles-Filmen ‹A Hard Day's Night› (1964) und ‹Help!› (1965) ließ er sich für die Fremdproduktionen ‹Candy› (1966), ‹Magic Christian› (1970); ‹Blindman›, ‹200 Motels› (1971), ‹That'll Be the Day› (1973), ‹Son of Dracula› (1974) engagieren, ohne jedoch mehr als freundliche Aufmerksamkeit zu erregen. Auf Beatles-LPs war er nur gelegentlich als Vokalist zugelassen worden (*Yellow Submarine, With A Little Help From My Friends*). Nach der Trennung der Musiker (1970) holte er seine Gesangs-Ambitionen auf zwei Solo-LPs nach, zunächst mit einer peinlichen Reprise abgedroschener Bigbandschlager (*Sentimental Journey*, 1970), dann mit einer Kollektion trivialer Western-Songs (*Beaucoups of Blues*, 1970), deren Qualität nicht den Country-Songs gleichkam, die der → Carl Perkins-Fan Starr verschiedentlich auf Beatles-LPs vorgetragen hatte (*Honey Don't, Matchbox*). In den darauffolgenden Jahren begnügte er sich mit sporadischen Auftritten als Session-Drummer für → George Harrison, → Nilsson, → Leon Russell. 1972 filmte er den selbsternannten Beatles-«Nachfolger» Marc Bolan und dessen Band → T. Rex bei diversen Konzerten in England (‹Born to Boogie›) und ging schließlich im Frühsommer 1973 in ein Studio in Los Angeles, um seine dritte LP im Alleingang aufzunehmen. Harrison, Lennon und → Paul McCartney lieferten einige Songs, gaben instrumentale Hilfe und lösten damit Spekulationen um eine Wiedervereinigung der Beatles aus, die sich jedoch nicht bewahrheiteten. Die vielgelobte LP *Ringo*, mehr eine tour de force des Producers Richard Perry als ein Talentbeweis Starrs, war nur ein Zufalls-Erfolg und nicht das Produkt einer Stil-Strategie: Das Nachfolge-Album *Goodnight Vienna* tönte wie eine ungeschickte Resteverwertung aus früheren Sessions.

LPs mit den Beatles auf Parlophone/Odeon, Capitol, Apple ... Solo-LPs auf Apple: *Sentimental Journey* (1970); *Beaucoups of Blues* (1970); *Ringo* (1973); *Goodnight Vienna* (1974)

Status Quo nannten sich bei ihrer Gründung 1966 in London zunächst The Specters, dann Traffic Jam. Um Verwechslungen mit → Steve Winwoods Traffic zu vermeiden, änderten sie schließlich 1967 ihren Gruppennamen in Status Quo. In der Besetzung Mike Rossi (g, voc), Alan Lancaster (bg), John Coughlan (dr), Rock Parfitt (g), Roy Lynes (p, org) hatten sie ein Jahr später mit *Pictures Of Matchstick Men* einen internationalen Hit, der sie allerdings bei vielen Rock-Fans als kommerzielle Eintagsfliegen abstempelte. Dieser harmlosen Psycho Rock-Nummer folgten die Bestseller *Ice In The Sun* (1968), *Down The Dustpipe* (1970). Da die Band sich allen Modeströmungen verschloß und ihrem Publikum lediglich mit unprätentiösem, kraftvollem Rock einheizen wollte, nahm die Resonanz der trendhörigen Popmusik-Kundschaft so sehr ab, daß Status Quo 1969 kaum noch einen Gig vermittelt bekam. Ihr sehr englischer Rhythm & Blues, der Skiffle-Anklänge und Kneipen-Singsang in einer witzigen Spielmanier vereinte, überzeugte auf der LP *Ma Kelly's Greasy Spoon* (1970), die ein langwieriges Comeback einleitete. Es fand seinen ersten Höhepunkt in dem Verkaufserfolg der 1973 veröffentlichten LP *Piledriver*, auf der STATUS QUO, nun ohne Lynes, überlauten, stimulierenden Rock zum besten gaben. Den Durchbruch zur «peoples' band» (‹Melody Maker›) erreichte das Quartett 1974/75 mit belanglosem Teen-Rock-Futter wie *Break The Rules, Down Down*. ‹Rolling Stone› war über die anachronistische STATUS QUO-Bewahrung veralteter Rock-Spielweisen entsetzt: «Zum Erbarmen jämmerlich.»

LPs auf Pye: *Messages from the Status Quo* (1968); *Spare Parts* (1969); *Ma Kelly's Greasy Spoon* (1970); *Dog of Two Head* (1971); *The Best of Status Quo* (1973) ... auf Vertigo: *Piledriver* (1972); *Hello* (1973); *Quo* (1974); *On the Level* (1975)

Stealers Wheel, so steht es unmißverständlich auf der Rückseite ihrer LP *Ferguslie Park*, «sind Gerry Rafferty und Joe Egan». Angesichts der Personalkonfusion in der britischen Band, die mit der Single *Stuck In The Middle With You* 1973 sogleich in den USA Hit-Status erreichte, war die Klarstellung angebracht. Monatelang rätselte danach die Pop-Presse, welche Musiker denn nun dazugehörten. Gerald Rafferty (voc, g, p), am 16. April 1947 geboren, und Joseph Egan, am 18. Oktober 1949 geboren, stammen beide aus Paisley, einem Stadtteil im schottischen Glasgow. Im Laufe von etwa zehn Jahren spielten sie häufig zusammen, unter anderem auch auf Raffertys 1971 veröffentlichtem Soloalbum *Can I Have My Money Back?* Nachdem Rafferty 1970 aus der Gruppe THE HUMBLEBUMS ausgeschieden war, der er unter anderem die brillante Single *Shoeshine Boy* geschrieben hatte, arbeiteten die beiden unter dem Phantasietitel STEALERS WHEEL (Rafferty: «Es bedeutet gar nichts») mit wechselnden Partnern und nahmen 1972 mit Paul Pilnick (g, p, harm), Tony Williams (bg), Rod Combes (dr) «eines der ersten Alben auf», mit dem laut ‹Rolling Stone› «mehr versucht wurde, als die Anregungen des vorausgegangenen Jahrzehnts zu verarbeiten». Tatsächlich taten Rafferty und Egan genau das: Sie rekreierten Musik-Esprit und Ausdrucksformen von 60er Pop-Heroen derart überzeugend, daß man *Stuck In The Middle With You* für «die beste → Dylan-Single seit 1966 halten mochte» (Bud Scoppa) und die meisten anderen Stücke mit → BEATLES-Feeling, → Paul McCartney-Timbre und → EVERLY BROTHERS-Phrasierungen angereichert waren. Das irritierende Glanzstück hatten die US-Rock 'n' Roll-Veteranen → Jerry Leiber und Mike Stoller produziert. Ihr rigoroses Beharren auf Elektrogitarren und einer Rock-Grundstimmung an Stelle des von Rafferty ursprünglich gewünschten Folksongs-Charakters trieb diesen unmittelbar nach der Produktion in die Flucht. An seine Stelle trat Luther Grosvenor (g, bg, dr), Ex-→ SPOOKY TOOTH, der vorübergehend auch in der Gruppe blieb, als Rafferty – vom US-Erfolg der Platte motiviert – im Frühjahr 1973 zur Aufnahme der zweiten LP zurückkehrte. Auf *Ferguslie Park* präsentierte sich die Band als Sextett: Rafferty, Egan, Grosvenor, Pilnick, Combes sowie DeLisle McKenzie Harper (bg, b).

LPs auf A & M: *Stealers Wheel* (1972); *Ferguslie Park* (1973); *Right or Wrong* (1975). Gerry Rafferty mit THE HUMBLEBUMS auf Transatlantic: *The New Humblebums* (1969); *Open Up the Door* (1970). Solo-LPs Rafferty auf Transatlantic: *Can I Have My Money Back?* (1971); *Gerry Rafferty* (1974). Solo-LP Luther Grosvenor auf Island: *Under Open Skies* (1972)

Steele, Tommy, bürgerlich: Tommy Hicks (voc, g), am 17. Dezember 1936 in London geboren, trat Mitte der fünfziger Jahre als britische Kopie von → Elvis Presley auf. Der ehemalige Seemann der Handelsmarine wurde mit seinen burschikos vorgetragenen Hit-Singles *Rock With The Caveman* (1956), *Singing The Blues* (1957), *Handful Of Songs, Tallahassee Lassie* (1958) zum Idol der Halbstarken-Jugend. Hinter seiner aggressiven Teddy-Boy-Attitüde verbarg Steele jedoch ein Showbusiness-Talent in der Tradition der britischen Music Hall, das er in einigen Filmen, die zum Teil autobiographischen Charakter hatten, mit Geschick ausspielte. Nachdem ihn 1959 → Cliff Richard in der Gunst der Teenager überrundet hatte, zog sich der blondgelockte Sänger mit dem breiten Zahnpasta-Reklamelächeln von der Rock-Szene zurück und ging als Nightclub-Entertainer nach Australien. 1963 schaffte er in England ein glänzendes Comeback als Hauptdarsteller des Musicals ‹Half a Sixpence›, das zwei Jahre in London lief und anschließend mit Erfolg am Broadway gezeigt wurde. Für Steele erfüllte sich «der Traum aller erblassenden Teenager-Idole» (Lillian Roxon): Er wurde zu einem Star der internationalen Showbühnen und machte sich mit seinem jungenhaften Charme in den Musikfilmen ‹The Happiest Millionaire› (1967), ‹Half A Sixpence›, ‹Finian's Rainbow› (1968) einen Namen als Familien-Unterhalter.

LPs (Auswahl) auf Liberty: *Tommy Steele* (1967); *Sixpenny Millionaire* (1968) ... auf Decca: *Half a Sixpence* (1963, Original London Cast) ... auf RCA Victor: *Half a Sixpence* (1965, Original Broadway Cast) ... auf Buena Vista: *The Happiest Millionaire* (Soundtrack, 1968) ... auf Warner Brothers: *Finian's Rainbow* (Soundtrack, 1968)

Steeleye Span entstand im Januar 1969 in London, als Ashley «Tiger» Hutchings (bg), vormals bei → Fairport Convention, nach dem verunglückten Startversuch einer Band namens Sweeny's Men mit dem Folklore-Duo Maddy Prior (voc) und Tim Hart (voc, g, dulcimer, perc) zusammentraf. Zusammen mit Terry Woods (voc, g) und Gary Woods (voc, concertina), die im April 1970 zum Ensemble Dr. Strangely Strange abwanderten und schließlich The Woods Band gründeten, versuchten die Musiker, altenglische Volksweisen noch originalgetreuer als konkurrierende Folk Rock-Gruppen wiederzubeleben. Der Bandtitel war der Name des Helden aus einem ihrer Lieder. In der zweiten Bandphase bis November 1971 gehörten Martin Carthy (g, voc), Peter Knight (vi) statt der Woods-Brüder dem Ensemble an. Erst im dritten Anlauf, nachdem Hutchings und Carthy durch die Rockmusiker Bob Johnson (g, voc), Rick Kemp (bg) ersetzt und sämtliche Instrumente elektrifiziert worden waren, hatte Steeleye Span mit einer nun einzigartigen Balance zwischen antikem Material und moderner Interpretation Erfolg. ‹Melody Maker›: «Die Band hat jetzt die elektrische Energie unserer Zeit und läßt die altertümlichen Storys ihrer Balladen klingen, als wären es die Schlagzeilen von gestern.» Mit ihren sorgfältig ausgewählten Songs entwarf die Band auf einer triumphalen USA-Tournee im Frühjahr 1973 ein detailgetreues Bild Englands im 19. Jahrhundert, am Vorabend der Industrialisierung. Höhepunkt ihrer Darbietung, der in der Londoner Royal Festival Hall auch Premierminister Edward Heath applaudierte: ein sakraler mittelalterlicher a capella-Gesang in lateinischer Sprache («Gaudete, gaudete, Christus est natus ex Maria virgine, gaudete»). Trotz solcher Historizismen und der Schwermut mancher Liedtexte vermittelte die Band auf der Bühne den Eindruck überschäumender Fröhlichkeit und Musizierlust. Nicht selten wurde das Publikum angesteckt, nach den Klängen altenglischer Jigs in den Stuhlreihen zu hüpfen. Tim Hart: «Dieses Jigging ist für uns überaus bedeutsam. Es gibt uns das Gefühl, daß wir bei den Zuhörern angekommen sind. Schließlich haben die Leute früher immer zu Rock 'n' Roll getanzt, und wenn es uns gelungen sein sollte, das aufleben zu lassen, hätten wir etwas Wichtiges zustande gebracht.»

LPs auf RCA: *Hark! The Village Wait* (1970) ... auf B & C Records: *Pleased to See the King* (1971) ... auf Pegasus: *Ten Man Mop* (1971) ... auf Charisma: *Individually and Collectively* (1972) ... auf Chrysalis: *Below the Salt* (1972); *Parcel of Rogues* (1973); *Now We Are Six* (1974); *Commoner's Crown* (1975). Solo-LPs Tim Hart & Maddy Prior auf B & C: *Tim Hart & Maddy Prior* (1971) ... auf Mooncrest: *Folk Songs of Olde England, Vol. 1* (1974). Solo-LPs Martin Carthy auf Fontana: *Martin Carthy* (1965); *Second Album* (1966); *Prince Heathen* (1969, mit Dave Swarbrick) ... auf Philips: *Lansfall* (1971); *Selections* (1972, mit Swarbrick) ... auf Pegasus: *Shearwater* (1972). LP The Woods Band auf Greenwich Gramophone Company: *The Woods Band* (1971). LPs Sweeney's Men auf Transatlantic: *Sweeney's Men* (1968);

Tracks of Sweeney (1969). LPs Dr. Strangely Strange auf Island: *Kip of the Serenes* (1969) ... auf Vertigo: *Heavy Petting* (1970)

Steely Dan, nach einer Formulierung in William Burroughs Roman ‹The Naked Lunch› benannt, wurde 1972 im Studio der Plattenfirma ABC in Los Angeles als Vehikel für die Stücke von Donald Fagen (voc, keyboards) und Walter Becker (voc, bg) gegründet. Der kühle, intelligente, facettenreiche Stil der Gruppe, der laut ‹Melody Maker› die US-Rockszene «auf den Weg zu musikalischer Kreativität zurückgeführt» hat, beeindruckte und verwirrte bereits auf der Debüt-LP Fans und Kritiker. Auf Grund des Starterfolgs von *Can't Buy A Thrill* und der ausgekoppelten Single *Do It Again* mußte die zunächst nur als Studioformation konzipierte Band sogleich sechs Wochen lang konzertieren und löste fortan bei übereinstimmendem Lob unterschiedliche, bisweilen groteske Vergleiche aus: «Amerikas Tanzband-Alternative zu → Slade» (‹Rolling Stone›); «→ Grateful Dead mit bösen Vibrationen» (Robert Christgau); «der Unilever-Konzern unter den Rockbands» (‹Sounds›, London); «die definitive Großstadtmusik» (‹Sounds›, Hamburg). Richtig ist, daß Fagen, Becker und ihre nebst wechselnden Gastmusikern konstanten Partner Jeff «Skunk» Baxter (g, steel-g), Denny Dias (g, sitar), Jim Hodder (dr, voc) über das gesamte Spektrum von Jazz und Reggae bis zum → Dead-Folk-Rock, zur → Band-Nostalgie, zur → Beatles-Melodik und zum Harmoniegesang à la → Crosby, Stills, Nash & Young verfügen. Die beiden aus New York stammenden, eher an Jazz denn an konventionellem Rock interessierten Songschreiber, die bei Text und Musik zusammenarbeiten, studierten gemeinsam am renommierten Bard College, besorgten die auf einer Spark-LP vorgelegte Filmmusik (*The Original Soundtrack*) zu Zalman Kings Experimentalfilm ‹You Gotta Walk It Like You Talk It (Or You Lose That Beat)› und zogen zwei Jahre mit → Jay and the Americans auf Tournee «durch amerikanische Toiletten, ab und zu unterbrochen von einer Konzertarena» (Becker). Producer Gary Katz, der nun ihre Platten aufnimmt, holte sie sodann zum Hausautoren-Team von ABC nach Kalifornien. Den etablierten ABC-Interpreten paßten die Fagen/Becker-Kreationen indes so wenig, daß ein Abnehmer erst geschaffen werden mußte: Steely Dan.

LPs auf Probe: *Can't Buy a Thrill* (1972); *Countdown to Ecstasy* (1973); *Pretzel Logic* (1974); *Katy Lied* (1975)

Steig, Jeremy (fl), am 23. September 1942 in New York geboren, präsentierte 1967 mit dem Quintett Jeremy and the Satyrs eine der ersten ausgereiften Jazz Rock-Combos, deren LP annähernd ebensoviel Begeisterung auslöste wie → Larry Coryells Free Spirits. Der Absolvent der New Yorker High School for Music and Art, dessen Jazz-Karriere Anfang der sechziger Jahre im Jim Hall Trio begann, hatte sein flirrendes, durch brillante Überblastechnik gekennzeichnetes Flötenspiel in Stücken wie *Superbaby, Mean Black Snake, In The World Of Glass Teardrops* «in Tongebung wie Phrasierung, in den dynamischen Wechseln zwischen Aggressivität und Lyrismen stets rhythmisch organisiert» (Kritiker Baldur Bockhoff). Statt jedoch das Rockpublikum auch weiterhin durch eine attraktive Repertoiregestaltung anzusprechen, gab sich Steig seinem Jazz-Narzißmus hin und produzierte langatmige Improvationsalben, die in der rhythmischen Struktur lediglich mit der Rockmusik flirteten, ohne sich voll zu ihr zu bekennen. Die aus den geringen Verkaufszahlen seiner LPs resultierende Frustration reagierte er in bösen Sprüchen über den Ausbeutungsmechanismus der Musikindustrie ab: «Alle Plattenbosse sind Haifische, die uns um die Früchte unserer Arbeit bestehlen.»

LPs (Auswahl) auf Reprise: *Jeremy and the Satyrs* (1968) ... auf Blue Note: *On Tour* (1970); *Wayfaring Stranger* (1971) ... auf Solid State: *Journey Thru' an Electric Tube* (1969); *This is Jeremy Steig* (1969); *Legwork* (1970) ... auf United Artists: *Portrait* (1972) ... auf RCA Victor: *Fusion* (1971) ... auf Capitol: *Energy* (1971) ... auf CBS: *Monium* (1974); *Temple of Birth* (1975)

Steppenwolf entwickelte sich 1967 in Los Angeles aus dem kanadischen SPARROW (Sperling). In der Besetzung → John Kay (voc, g), Goldie McJohn (org), Jerry Edmonton (dr), Mike Monarch (g), später ersetzt durch Larry Byrom, sowie Kent Henry und Nick St. Nicholas (bg), abgelöst von George Biondo, spielte das Quintett eine kommerziell attraktive Mixtur aus → Chuck Berrys fetzigem Jukebox-Pop und dem sadomasochistischen Hard Rock der → VELVET UNDERGROUND. Easy Rider-Typen, HELL'S ANGELS-Schläger und Hippie-Revoluzzer fühlten sich gleichermaßen angezogen von dem «romantisch-reaktionären Repertoire» (‹Rolling Stone›) der Gruppe, die mit *Born To Be Wild* einen Klassiker des «Motorpsycho-Rock» (‹Zygote›) im Programm hatte, 1968, auf dem Höhepunkt der Drogeneuphorie, dem *Pusher* (Rauschgiftschieber) den Kampf ansang und das Amerika der Nixon-Regierung als *Monster* (Songtitel) brandmarkte. Solche starken Töne hatten die Musiker noch nicht angeschlagen, als sie ab 1965 in Toronto unter dem Namen SPARROW spielten. Damals waren sie mehr an der Pflege der nordamerikanischen Folkblues-Tradition interessiert. Erst die bizarre Subkultur Kaliforniens und die Forderung ihrer Plattenfirma Dunhill nach Hard Rock-Statements brachten sie auf härteren Kurs. In ihren Anti-Klängen ließ sich jedoch stets ein patriotischer Ton vernehmen: die Klage darüber, «daß eine große Nation durch schmutzige Politik in den Dreck gezogen wurde» (‹Frankfurter Rundschau›). Der Schriftsteller Hermann Hesse, aus dessen Roman das Quintett seinen Namen ableitete, schien den Musikern auch in anderer Beziehung nahezustehen. «Er lehnt die Normen der Mittelklasse ab», erklärte John Kay, «und dennoch versucht er, ihnen gemäß sein Glück zu finden – genau wie wir.» Obwohl STEPPENWOLF sein Kreativ-Potential bereits nach dem dritten Album aufgebraucht hatte, hielt die Band bis zu ihrer Auflösung 1972 einen guten Mittelplatz in der Erfolgsbilanz der US-Rock-Szene, da sie solide, anspruchslose Massenunterhaltung bot und ihren Ruf als Anheizer-Truppe auf Tourneen zu bestätigen wußte. Dennoch wurden die Musiker ihrer stereotypen Musikformel überdrüssig. Kay versuchte als Solist zum Country-Blues seiner Folk-Tramp-Zeit zurückzukehren, schloß sich jedoch 1973 seiner ehemaligen Combo für eine Europa-Tournee wieder an. Dieser lose Kontakt führte ein Jahr später zur Revision in der Besetzung Kay, Edmonton, George Biondo (bg), McJohn, Bobby Cochran (g). Der STEPPENWOLF heulte wieder, um einige musikalische Erfahrungen reicher, mit der von früher gewohnten verbalen und instrumentalen Artikulations-Brillanz und -Intensität.

LP SPARROW auf CBS: *John Kay and the Sparrow* (1969) ... LPs STEPPENWOLF auf Dunhill/Probe: *Steppenwolf* (1968); *The Second* (1968); *At Your Birthday Party* (1969); *Early Steppenwolf* (1969); *Monster* (1969); *Live* (1970); *Steppenwolf 7* (1970); *Gold/Their Greatest Hits* (1971); *For Ladies Only* (1971); *Rest in Peace* (1972); *16 of Their Greatest Hits* (1973) ... auf ABC/Dunhill: *Candy* (Soundtrack, 1969, mit anderen) ... auf Mums/CBS: *Slow Flux* (1974)

The Steve Miller Band war 1968 in San Francisco laut ‹Rolling Stone›-Herausgeber Jann Wenner «eine super-kompakte und super-rhythmische Einheit, deren musikalische Beiträge ohne instrumentalen Tand und überflüssige Soli sämtlich (für die Ensemble-Aussage) essentiell und wichtig» waren. Millers Band, urteilte Geoffrey Cannon im Londoner ‹Guardian› ein Jahr später, «macht uns durch Töne und Stimmen klar, was es bedeutet, in einer Welt zu leben, die künftig aus der Perspektive des Mondes betrachtet werden kann, und daß diese Welt unsere Wertvorstellungen mit einem neuen Gefühl für Weite infizieren wird». Mitglieder des derart gerühmten Ensembles waren zur Produktionszeit des Albums *Children of the Future* (April 1968) → William «Boz» Scaggs (voc, g) aus Ohio, Jahrgang 1944; Lonnie Turner (g, bg, voc) aus Concord, Kalifornien, Jahrgang 1947; Jim Peterman (p, org, voc) aus Milwaukee, Wisconsin, Jahrgang 1944; Tim Davis (dr, voc) aus Janesville, Wisconsin,

Jahrgang 1943. Der Bandleader Steve Miller (voc, harm, g, bg), am 5. Oktober 1944 in Milwaukee, Wisconsin, geboren und als Sohn eines Arztes in Dallas, Texas, aufgewachsen, hatte seit seinem zwölften Lebensjahr Musik gemacht und in den frühen sechziger Jahren bei → Muddy Waters, → T-Bone Walker, → Junior Wells und anderen Bluesspielern in Chicago gelernt. Zwischen dem Musizieren immer wieder kurzzeitig als Student an amerikanischen und europäischen Universitäten eingeschrieben, verstand es Miller, in Stücken wie *Space Cowboy*, *Brave New World*, *Song For Our Ancestors* etc. die Bluestradition mit literarischen Einfällen und futuristischen, an den *Sgt. Pepper* der → Beatles erinnernder Mix- und Tricktechnik zu verbinden. An seinen späteren LPs, die teilweise konventioneller, aber oft nicht weniger fesselnd ausfielen, waren u. a. → Paul McCartney (bg, dr, voc), → Lee Michaels (org), Buddy Spicher (vi), Charlie McCoy (harm), → Nicky Hopkins (p, org), James Curley Cook (g), Gerald Johnson, Bob Winkelman (bg), Ben Sidran, Richard Thompson (keyboards), Gary Malabar (dr) beteiligt. Von dem in Nashville produzierten Album *Number 5* wurden bereits in den ersten drei Wochen 300 000 Exemplare ausgeliefert, weil es in Ton und Diktion den Erfolgsplatten von → Crosby, Stills & Nash entsprach. Da sich Miller in seinen folgenden Aufnahmen jedoch diesem Image-Klischee nicht fügen wollte und erneut LPs mit einem breiten stilistischen Spektrum herstellte, gingen die Umsätze zurück. Das hat ihn nicht entmutigt. Im April 1973 arbeitete der musikalische Autodidakt, der sich statt Noten noch immer mit graphischen Zeichen hilft, an drei neuen Produktionen: einer Indianer-Rockmythologie mit Texten von Jason Cooper, einem Album mit Blues-Weihnachtsliedern und der LP *The Joker*, der einzigen, die dann zwei Jahre lang von ihm erschien. Das Titelstück katapultierte das Album in die Hitlisten, nur drei Tracks jedoch (*Come On In My Kitchen*, *Evil*, *Something To Believe In*) konnten den Maßstäben anspruchsvoller Hörer genügen. In den restlichen Titeln registrierte ‹Rolling Stone› ein «leeres Posieren» sowie «Anspielungen auf seine eigene Vergangenheit».

LPs auf Capitol: *Children of the Future* (1968); *Sailor* (1968); *Brave New World* (1969); *Your Saving Grace* (1969); *Number 5* (1970); *Rock Love* (1971); *Recall the Beginning, A Journey from Eden* (1972); *Anthology* (1972); *The Joker* (1973) ... auf United Artists: *Revolution* (Soundtrack, mit anderen, 1968). Solo-LPs Tim Davis auf Metromedia: *Pipe Dream* (1972); *Take Me as I Am* (1972)

Stevens, Cat, bürgerlich: Steven Demetri Georgiou (voc, g, p), am 1. Juli 1948 in London als Sohn eines griechischen Vaters und einer schwedischen Mutter geboren, war einer der wenigen Folk-Entertainer, «der es vermochte, eine völlig neue Welt zu kreieren, an die man glauben kann» (‹Los Angeles Free Press›). Das gelang dem ehemaligen Kunststudenten mit delikaten Kompositionen, die nicht selten die Melancholie eines Jacques Brel-Chansons anklingen ließen. Dergleichen hatte Stevens seit jeher in der Schublade. Als er jedoch 1966 in eine Schnellschußkarriere geriet, drängte ihn seine Plattenfirma Decca in die Rolle eines aufsteigenden Pop-Idols und schwemmte seine Hitsongs *I Love My Dog*, *Matthew And Son*, *Here Comes My Baby*, *I've Found A Love* mit überflüssigen Violinzutaten, Bläserchören und Percussion-Gags auf. Eine Tuberkulose-Erkrankung, die einen Lungenflügel paralysierte, zwang ihn 1968 zum Abbruch seiner hektischen Show-Karriere. Als er 1970 aus dem Sanatorium kam, brachte er sich in mühseliger Tour durch kleine Folk-Clubs als introspektiver Folksänger wieder ins Gespräch. Der kommerzielle Durchbruch gelang Stevens 1970 bei einer US-Tournee der Traffic, wobei er die Hauptband in die Publikumszustimmung übertrumpfte. Von da an etablierte er sich als Garant für Goldalben. Seine federleichten Songs, die mitunter im rockexotischen 7/8-Rhythmus zu Bouzoukibegleitung schillerten, wurden immer mehr mit kunstvoller Lyrik aufgeladen. Den von ‹Rolling Stone› als «Verlust seiner Unschuld» charakterisierten Flirt mit härteren Sounds verglich der Vegetarier und Anhänger fernöstlicher Philosophien mit dem «Syndrom des Sich-zum-ersten-Mal-Ausziehens. Allmählich wird es immer natürlicher. Ich habe keine Angst mehr, mich gehenzulassen.»

LPs auf Deram: *Matthew and Son* (1967); *New Masters* (1967); *A View from the Top* (1972) ... auf Decca: *The Best of Cat Stevens* (1973) ... auf Island: *Mona Bone Jakon* (1970); *Tea for the Tillerman* (1970); *Teaser and the Firecat* (1971); *Catch Bull at Four* (1972); *Foreigner* (1973); *Buddha and the Chocolate Box* (1974)

Stewart, John (voc, g), artikuliert in seinen Country-Folk-Balladen die mythische amerikanische Sehnsucht nach Mobilität, Unabhängigkeit, Abenteuern «on the road». In seiner mit Liedern wie *Arkansas Breakout, Omaha Rainbow, Missouri Birds, Kansas Rain, Cheyenne* angereicherten Americana skizziert er die Jekyll & Hyde-Seiten des weißen amerikanischen Mittelklasse-Traums, unsentimentaler als sein Vorbild → John Denver, jedoch optimistischer als → Jim Croce. Stewart stieg zunächst bei den CUMBERLAND THREE in die Folk-Szene ein. 1961 schloß er sich, nach dem Ausscheiden Dave Guards, dem → KINGSTON TRIO an, bei dem er sieben Jahre blieb. Seine anschließende Solo-Karriere war eher von Komponisten-Erfolgen als vom Performer-Ruhm markiert. So schrieb er für die → MONKEES den Multi-Millionen-Bestseller *Daydream Believer* (1967) und verfaßte für eine Armada von Schnulzensängern die Romanze *July, You're A Woman*. Die Eigen-Interpretation vorzüglicher Stücke wie *Mother Country, Chilly Winds, Armstrong* blieb dagegen vorwiegend ein Eingeweihten-Genuß. «Amerika hat keine Vorstellung davon, wohin es treibt», klagt Stewart. «Es hat alle Wertvorstellungen, die es einmal besaß, über Bord geworfen. Die einzige wirkliche Tradition, die in Amerika überdauert hat, ist Macht und Geld.» Angesichts dieses pessimistischen Patriotismus vermutete der ‹Melody Maker› denn auch: «Vielleicht ist er deshalb immer noch auf der Warteliste zum Erfolg, weil sein Songmaterial für den Massengeschmack zu dicht an die Wahrheit heranreicht.»

LPs auf Capitol mit dem → KINGSTON TRIO ... Solo-LPs auf Capitol: *Signals Through the Glass* (mit Buffy Ford, 1968); *California Bloodlines* (1969) ... auf Warner Brothers: *Willard* (1970); *The Lonesome Picker Rides Again* (1971); *Sunstorm* (1972) ... auf RCA: *Cannons in the Rain* (1973); *The Phoenix Concerts* (1974) ... auf Tower: *John Stewart & Scott Engel* (1966)

Stewart, Roderick David «Rod» (voc), am 10. Januar 1945 in London geboren, brachte mit grotesken Gebärden und extravaganter Kostümierung Abwechslung in den uniformen Jeans-Look der Rock-Interpreten von 1970. «Es gibt eine Menge farbiger Burschen», erkannte er, «die mich von der Bühne singen könnten. Aber Musik ist ein Produkt, sie muß verkauft werden. Also zählt das Image und nicht, was man singt.» Dementsprechend toupierte er sein Haar wie das Blätterbüschel einer Ananas, drapierte sich in Satin und Leopardenfell und hetzte im Konzert mit kuriosen Trippelschritten zwischen zwei an den Bühnenenden postierten Mikrophonen hin und her. Was er dem Publikum vortrug, war auch ohne Show eine Sensation. In einer «unglaublichen Mixtur aus Phlegma, Katarrh und physischem Humor» (‹Rolling Stone›) gab er mit der Sandpapierstimme eines «weißen Chorknaben, der einen Negersänger imitiert» (‹Daily Mirror›), ein Repertoire zum besten, dessen Auswahl und Interpretation höchst ungewöhnlich und geschmackvoll waren. Nach seinen Folk- und Blueslehrjahren bei JIMMY POWELL AND THE FIVE DIMENSIONS, → John Baldrys HOOCHIE COOCHIE MEN sowie STEAMPACKET (mit → Brian Auger, → Julie Driscoll) schloß sich Stewart, der ursprünglich Profi-Fußballer hatte werden wollen, 1968 der → JEFF BECK GROUP an. Auf deren LP *Truth* sang er, zu majestätischer Tympani-Begleitung, eine emotional überzeugende Bluesversion des Musical-Standards *Ol' Man River* und putschte → Willie Dixons *I Ain't Superstitious* im Duett mit Beck zu einem Zweikampf

Gitarre-Vokalist hoch. Doch erst auf seinen Solo-LPs (seit 1970) konnte er sein Talent als erstklassiger Songautor und kompetenter Interpret schwierigen Fremdmaterials voll zur Geltung bringen. Seine Version des → ROLLING STONES-Titels *Street Fighting Man* übertraf das Original an Intensität und instrumentaler Dynamik; → Elton Johns *Country Comfort* präzisierte er als schmerzliche Erinnerung an die Unschuld ländlichen Lebens; in der Folk-Ballade *Dirty Old Town* vermittelte er einen bedrückenden Eindruck von der Tristesse englischer Industrie-Vorstädte. Stewarts mitunter autobiographisch gefärbten Eigenkompositionen faszinierten ebenfalls durch emotionale Spannweite und dichte Arrangements. Die Musikbegleitung besorgten Spieler der → FACES, denen er sich 1970 in separatem Kontrakt als Leadsänger angeschlossen hatte, sowie Martin Quittenton (g), Micky Waller (dr). Seine Live-Auftritte sah der Sportfanatiker Stewart als Ersatz für eine verhinderte Fußball-Karriere an: In neunzig Bühnenminuten verausgabte er sich regelmäßig wie bei einem dramatischen Match. Diese energievolle Präsenz, sein Gespür für Showeffekte und das außergewöhnlich hohe Niveau seiner ersten LPs machten ihn zu einem Superstar mit ausverkauften Großtourneen und Goldenen Schallplatten. 1973 begann Stewart, seine Erfolgsformel über Gebühr zu strapazieren, als er mit dem gewagt betitelten Album *Never a Dull Moment* («Nicht ein Moment Langeweile») eine unoriginelle Reprise seiner vorigen LP herausbrachte. Sein vormals treffsicherer Wortwitz («Shanghai Lil never used the pill/She said, ‹It just ain't natural!›»), die einstigen rockmusikalischen Patentrezepte und seine distinktive Vokal-Akrobatik schienen zu Leerformeln eines Star-Routinebetriebs zu degenerieren. Stewarts unverhohlene Abneigung gegen konzentriertes Arbeiten im Plattenstudio sowie ein möglicher Mangel an geeignetem Songmaterial deuteten sich in immer längeren Pausen zwischen seinen LP-Veröffentlichungen an. Der Sänger schien sich seines Leistungsabfalls durchaus bewußt zu sein, als er im Frühjahr 1973 eine LP seiner FACES, zu der er die Hälfte des Songmaterials geschrieben hatte, vor der Presse in narzißtischer Aufrichtigkeit als «lausig» bezeichnete. Auf seiner Ende 1974 veröffentlichten LP *Smiler* lief Stewart wieder zu alter Hochform auf, allerdings stereotyp nach bewährter Masche.

LPs mit → FACES auf Warner Brothers, mit → Jeff Beck auf Epic ... auf Byg: *The First Rhythm & Blues Festival in England* (rec. 1964, ed. 1972); *The Steampacket* (rec. 1965, ed. 1972) ... auf Vertigo: *The Rod Stewart Album* (in Europa als *An Old Raincoat Won't Ever Let You Down* veröffentlicht, 1969); *Gasoline Alley* (1970) ... auf Mercury: *Every Picture Tells a Story* (1971); *Never a Dull Moment* (1972); *Sing It Again Rod* (1973); *Smiler* (1974) ... auf Youngblood als anonymer Solist mit PYTHON LEE JACKSON: *In a Broken Dream* (1972)

Sill, Judee (voc, g, p), am 7. Oktober 1944 in Oakland, Kalifornien, geboren, hat ihre Jugend in einer irdischen Hölle verbracht, bevor sie ätherische Songs über den Himmel zu komponieren begann. Sie wuchs in der Kneipe ihres Vaters neben Schnapslachen und Spielautomaten auf, bis der Vater 1952 an Lungenentzündung starb. Mit ihrer Mutter, einer Alkoholikerin, die in Los Angeles in zweiter Ehe einen Trinker geheiratet hatte, prügelte sie sich so oft, daß die Knöchel dauernd bluteten und die Polizei einschreiten mußte. Ihre Ehe mit einem Minderjährigen, mit dem sie durchbrannte, wurde von den Eltern annulliert. Mit einem anderen Kumpan und einem .38er Colt raubte sie Tankstellen aus und wurde dafür in eine Erziehungsanstalt gesteckt. Von dort entlassen, schrieb sie sich am Los Angeles Valley College als Musikstudentin ein, arbeitete nebenbei in Bars, schluckte Aufputschmittel, heiratete einen rauschgiftsüchtigen Pianisten und geriet über LSD schließlich an Heroin. Ihre tägliche 150-Dollar-Drogendosis beschaffte sie sich drei Jahre lang durch Prostitution, Diebstahl und Scheckbetrug. Wie oft sie in dieser Zeit im Gefängnis landete, weiß sie selbst nicht mehr. Nach einer Überdosis unreinen Stoffs war sie minutenlang klinisch tot. Dieser Schock war so groß, daß sie – erneut inhaftiert – die Sucht überwand. Unter dem

Einfluß religiöser und mystizistischer Bücher begann sie, Songs voller Halleluja und Kyrie Eleison zu komponieren. Mit einer klaren, intensiven Stimme, wohlkonstruierten Melodien und hochgradig persönlichen Texten singt sie von Silberengeln und kosmischen Purzelbäumen, von einem Phantom-Cowboy, der durch ihre Träume reitet, von «bezaubernden Himmelsmaschinen», mit denen man heimfliegen kann, und von Jesus Christus. Die Überzeugungskraft ihrer Lieder *Crayon Angels, The Lamb Ran Away With The Crown, Enchanted Sky Machines, Loping Along Thru The Cosmos* und *Jesus Was A Cross Maker* haben sie für kurze Zeit zu einer moralischen Institution auf der amerikanischen Rock-Szene gemacht.

LPs auf Asylum: *Judee Sill* (1971); *Heart Food* (1973)

Stills, Stephen Arthur (voc, g, org), am 3. Januar 1945 in Dallas, Texas, geboren, wollte bei der von ihm gegründeten Combo → Buffalo Springfield die erste Gitarre spielen und ruinierte im Ego-Streit mit dem gleichermaßen ambitionierten → Neil Young die stilistisch wegweisende Country Rock-Band. 1966 schrieb Stills für seine Gruppe deren einzigen Hit *For What It's Worth*, einen Kommentar zu den damaligen blutigen Straßendisputen zwischen jugendlichen Aktivisten und der Polizei. «In erhabener Passivität, die sich auf den Glauben an eine unumgängliche Gesellschaftsveränderung gründete» (Richard Goldstein), nahm er fortan in seinen Songtexten Partei gegen die Ordnungskräfte des Establishments. Stills war in Costa Rica zur Schule gegangen und hatte dort eine Vorliebe für lateinamerikanische Musik entwickelt. Nach seiner Rückkehr in die Vereinigten Staaten hatte er in verschiedenen Folkclubs von New Orleans getingelt und den schwarzen Blues für sich entdeckt. 1963 ging er nach New York in der Absicht, Baßgitarrist bei → Lovin' Spoonful zu werden, was ihm nicht gelang. Nach einigen Gigs in Neuengland und Kanada, bei denen er Neil Young kennenlernte, zog er 1965 nach Los Angeles und formierte dort ein Jahr später mit Young und einigen Freunden Buffalo Springfield. Nach dem unrühmlichen Ende der Gruppe brillierte er Ende 1968 mit zwei anderen Bandflüchtlingen, → Al Kooper von → Blood, Sweat & Tears und → Mike Bloomfield von → Electric Flag, in einer *Supersession*, die Stills als technisch präzisen und ungemein variationsfähigen Gitarristen auswies. Dieses Talent brachte er einige Monate später in einem Trio mit → David Crosby, → Graham Nash, dem sich Mitte 1969 auch Neil Young anschloß, voll zur Geltung. *Suite: Judy Blue Eyes, 49 Bye-Byes, Carry On* bestätigten Stills auch in dieser Formation als Autor hochqualitativer Rock-Folklore. Seine Neigung zur musikalischen Egomanie, die Buffalo Springfield geschadet hatte und im Star-Quartett Crosby, Stills, Nash & Young von gleichermaßen ehrgeizigen Kollegen gebremst wurde, lebte sich in seinen Soloalben nach der Trennung der vier wieder unvorteilhaft aus. Schwaches Songmaterial wurde mit einem Aufgebot schlecht eingesetzter Top-Leute aus anderen Bands nur mühsam zu «Supersessions» hochgeputscht; Stills zeigte durchweg «Mangel an gutem Geschmack und gesundem Menschenverstand» (‹Rolling Stone›). Erst mit der Studioband Manassas, die sich 1973 in der Besetzung Stills (g, org, voc), Dallas Taylor (dr), Chris Hillman (g, mandolin, voc), Joe Lala (perc), Al Perkins (g), Fuzzy Samuel (bg, voc), Paul Harris (p, org) vorübergehend zu einer ständigen Tourneetruppe entwickelte, fand Stills gelegentlich zum kreativen Ensemblespiel zurück, wobei er seine Folk Rock-Erfahrungen mühelos mit seiner wiederentdeckten Neigung zu Latino-Soul fusionierte. An Stills' Egozentrik zerbrach die Band jedoch 1974. Der schwierige Star kehrte auf seine problematische Solo-Route zurück und lebte 1974 in der kurzfristig reformierten Crosby, Stills, Nash & Young-Vereinigung wieder auf.

LPs mit → Buffalo Springfield, → Crosby, Stills, Nash & Young auf Atlantic ... LP auf CBS: *Supersession* (mit Al Kooper, Mike Bloomfield,

1968) ... Solo-LPs auf Atlantic: *Stephen Stills* (1970); *Stephen Stills 2* (1971); *Manassas* (1972); *Down the Road* (mit MANASSAS, 1973)

Stockhausen, Karlheinz (electronics, cond), am 22. August 1928 in Mödrath bei Köln geboren, frischte seit Beginn der fünfziger Jahre «das wohlbekannte und überlieferte Arsenal der Klänge» auf und erneuerte es «mit all den verfügbaren Mitteln unserer Zeit» (Stockhausen). Der Schüler des Schweizer Zwölfton-Evolutionärs Frank Martin und des französischen Freiformalisten Olivier Messiaen desintegrierte zunächst traditionelle Klangstrukturen und Musikkonzepte und verblüffte mit radikalen Ton-Arrangements und Spielanweisungen. Die kreativen Möglichkeiten elektronischer Musik (Stockhausen: «Alle Klänge und Geräusche sind Musik») reizten ihn zu komplexen Montagen aus naturalistischen und synthetischen Lauten, wie *Gesang der Jünglinge im Feuerofen* (1959), *Kontakte* (1960), *Mikrophonie I/II* (1964/65), *Hymnen* (1967). Die Spontaneität einer permanenten Uraufführung erzielte Stockhausen durch Spielanweisungen, die den Musikern kreative Willkür bei der Interpretation erlaubten oder den Charakter einer Aufführung durch außermusikalische Zufälle (beispielsweise freie Instrumentewahl der Spieler) variabel hielten. Diese «vorgetäuschte Freiheit» (György Ligeti) engte «der größte lebende Komponist» (Pierre Boulez) bei der Aufführung späterer Stücke wieder ein, indem er die «Aktivitäten seiner Unter-Komponisten» (‹Der Spiegel›) mit Hilfe eines Mischpultes reglementierte, das die über Kontaktmikrophone aufgenommenen Beiträge der Musiker zueinander ordnete und durch Klangmanipulationen nach dem Willen Stockhausens verfremdete. Zahlreiche Rock-Musiker entdeckten in dem rheinischen Elektroniker einen «Guru» auf ihrer «Suche nach revolutionärer Ausweitung des herkömmlichen Rock-Sounds» (‹twen›). Stockhausen wiederum näherte sich mit seinem «Privat-Mystizismus» von der «transzendentalen Botschaft seiner extremen Klänge» (‹twen›), den er in den letzten Jahren unter zunehmender Fachkritik pflegte, den geistigen Erlebnisbereichen der Hippie-Kommunen und Rock-Meditationszirkel. Bei der New Yorker Erstaufführung seiner 120-Minuten-Weltschau *Hymnen* formulierte Stockhausen sein musikphilosophisches Credo: «Ich glaube, in der westlichen Hemisphäre ist der Augenblick gekommen, da man sich von rationaler Einsicht zu Intuition bewegt, zum Irrationalen, wo das Geistige das Fleischliche ersetzt. Wenn das auch nur zu einem geringen Teil deshalb geschieht, weil ich dazu beigetragen habe, dann war ich von Nutzen. Andernfalls bin ich nur ein Entertainer.»

LPs auf Deutsche Grammophon Gesellschaft: *Gesang der Jünglinge/Kontakte* (ca. 1960); *Anthems for Electronic and Concrete Sounds* (ca. 1964); *Gruppen/Carré* (1965); *Telemusik/Mixtur* (1966); *Solo for Electric Instruments with Reverberation* (1967); *Stimmung* (1967); *Kontakte* (1968); *Hymnen* (1968); *Es/Aufwärts* (1968); *Kommunion, Intensität* (1968); *Kurzwellen* (1968); *Beethoven, op. 1970* (1969); *Mantra* (1971) ... auf Polydor: *Karlheinz Stockhausens Greatest Hits* (1972) ... auf Candide: *Klavierstück VIII* (1954) ... auf Maze: *Klavierstück X*; *Zyklus für Percussion* ... auf RCA: *Kontrapunkte* (1953) ... auf Mainstream: *Zyklus/Refrain* (1959) ... auf Odyssey: *No. 5 Zeitmasse for Five Woodwinds* (1957) ... auf Columbia/CBS: *No. 9 Zyklus for One Percussionist; Mikrophonie I/II* (1967) ... auf Nonesuch: *Momente* (1965)

Stone the Crows ist ein alter englischer Slang-Ausdruck für «Den Teufel tanzen lassen» oder «Dem Affen Zucker geben». Die Band dieses Namens, die 1969 aus der Glasgower Truppe THE POWER hervorging, bestand ursprünglich aus den Gründern Les Harvey (g) und → Maggie Bell (voc) sowie John McGinnis (p, org), Jim Dewar (bg), Colin Allen (dr). Sie fand bei der Kritik besonders wegen des vitalen, kompakten Blues-Teams Harvey/Bell große Beachtung, konnte aber – wohl auf Grund der unkommerziellen Hand des Producers Mark London – keinen Single-Hit landen. Im Sommer 1971 traten Steve Thompson (bg) und Ronnie Leahy (keyboards) an die Stelle von Dewar und

McGinnis. Gitarren-As Harvey, während einer England-Tournee beispielsweise Begleitmusiker von → Aretha Franklin, wurde im Mai 1972 auf der Bühne der Swansea University von einem elektrischen Schlag getroffen. Er starb 26jährig auf dem Weg ins Krankenhaus. Maggie Bell übernahm die Führung und verpflichtete Jim McCulloch, vormals bei THUNDERCLAP NEWMAN, → John Mayall, als neuen Lead-Gitarristen. Das Album *Ontinuous Performance*, in dem auf einzelnen Tracks noch Harvey, auf anderen schon McCulloch zu hören sind, «erfüllte die meisten Erwartungen, die durch die früheren LPs von STONE THE CROWS geweckt worden waren» (‹Rolling Stone›). Dennoch verließ Maggie Bell im Frühjahr 1973 die Truppe, um Solokarriere zu machen – das Ensemble löste sich auf.

LPs auf Polydor: *Stone the Crows* (1970); *Ode to John Law* (1970); *Teenage Licks* (1971); *Ontinuous Performance* (1972)

The Stooges schlossen sich 1968 in Ann Arbor, Michigan, aus «Langeweile und unerfüllter Teenager-Lust» (‹Cream›) zur Rock 'n' Roll-Clique zusammen. Iggy Pop, bürgerlich: Jim Osterberg (voc), am 2. April 1947 in Ann Arbor geboren, Ron Asheton (g), Scott Asheton (dr) und Dave Alexander (bg) hatten zuvor in diversen Bands Detroit-Blues und London-Beat imitiert, wobei Iggy, genannt nach seiner ersten Combo THE IGUANAS, mit den Drumstöcken klapperte. Als STOOGES («Strohpuppen») führten sie unverändert dreisten Dilettantismus vor. Die Gitarristen nudelten läppische Wah-Wah-Effekte herunter, der Drummer knallte sein Minimal-Repertoire dazu, und Iggy kreischte wie ein verunglückter → Mick Jagger. Seinetwegen kamen die minderjährigen Teenager in Skandal-Konzerte, die die STOOGES meist im Tandem mit → MC FIVE bestritten: Iggy stellte sich in zerrissenen Jeans und bloßem Oberkörper mit goldenen Lurexhandschuhen bis zu zehn Minuten an die Bühnenrampe und starrte das Publikum feindselig an. Wenn die Band dann endlich ihre Trival-Akkorde anschlug, brüllte und knurrte Iggy Selbstquälerisches («Ich bin der letzte Dreck»), schlug sich dabei mit einer splitternden Flasche auf die Brust, goß heißes Wasser über seine Hosen und taumelte blutend von der Bühne, während die gelegentlich in Naziuniformen gekleideten Musiker ihre Instrumente zum Rückkoppelungsgeheul an die Verstärker lehnten. Es war, wie die ‹Los Angeles Free Press› verzückt meldete, die «perfekte Hintergrund-Musik für eine Auspeitsch-Party». Bei Clubauftritten warf der feminin wirkende Sado-Sänger bisweilen Tische um, riß Mädchen an den Haaren und leckte sie mit seinen schwarzbemalten Lippen ab, beschimpfte das Publikum, ließ sich von der Bühne in die kreischenden Zuschauermassen fallen und erbrach sich oft, während er seinen Show-Stopper heulte: «Ihr kotzt mich an.» Die Mischung aus kalkulierter Sado-Show und Rauschgift-Zerrüttung brachte ihm im Underground den Ruf ein, der «Mann mit dem meisten Sex-Appeal» zu sein, und verschaffte seiner Gruppe einen Schallplattenauftrag für zwei Alben, die mit wechselndem Personal unter Anleitung von → John Cale eingespielt wurden. Vom Heroin zermürbt, schleppte sich Iggy Ende 1972 nach einer Entziehungskur mit Ron Asheton (bg), James Williamson (g) und Scott (dr) vor die von → David Bowie beaufsichtigten Mikrophone eines Londoner Studios, um sein Album *Raw Power* aufzunehmen, dessen morbide Schock-Musik die Phantasie einer neuen Teenager-Generation anregen sollte. Ein Teil der Rock-Bosse applaudierte: «Ob Sie es zugeben oder nicht, wir alle identifizieren uns in dieser oder jener Hinsicht mit Iggy; er ist viel zu sehr ein Teil unserer Wirklichkeit, um ignoriert zu werden» (‹Circus›).

LPs auf Elektra: *Stooges* (1969); *Funhouse* (1970) ... auf CBS: *Raw Power* (1973)

Strawbs gingen 1968 aus dem englischen Folk-Trio STRAWBERRY HILL BOYS hervor, dessen Personal Tony Hooper (g), Ron Chesterman (b), der am 7. Januar 1945 geborene Komponist und Bandleader Dave Cousins (voc, g, bj, p, dulcimer, recorder) von Fall zu Fall, unter anderen durch die Sängerin Sandy Denny, bis auf sechs Mitglieder erweiterte. Zur Folk-Rockband wurde das Ensemble vor der dritten LP 1969 durch den hinzugekommenen Keyboard-Spieler Rick Wakeman (‹Times›: «Unter den Instrumentalisten die Pop-Entdeckung des Jahres») sowie die Rhythmusgruppe Richard Hudson (dr, g, sitar), John Ford (bg, g). Unterschiedliche Stilauffassungen zwischen dem Folk-Puristen Cousins und seinen neuen Pop-Kameraden reicherten die Band aber auch mit Konfliktstoff an. Im Sommer 1971 ging Wakeman zu → YES und wurde durch Blue Weaver (keyboards) ersetzt. Hudson, am 9. Mai 1948 geboren, und Ford, am 1. Juli 1948 geboren, lieferten den STRAWBS als talentierte Songschreiber zunehmend Material, unter anderem als ersten Charts-Hit das umstrittene Gewerkschaftslied *Part Of The Union*. Verärgert über Cousins' immer häufigere Weigerung, Hudson/Ford-Kompositionen aufzuführen, gaben die beiden den STRAWBS den Abschied, formierten eine eigene Band und nahmen (mit Rick Wakeman) das Album *Nickelodeon* auf. Fan-Befürchtungen, nun seien die STRAWBS erledigt, bewahrheiteten sich nicht. 1974 spielte der eigensinnige Cousins mit David Lambert (g, p, harm), John Hawken (keyboards), Rod Coombes (dr), Chas Cronk (bg) seine siebente LP *Hero and Heroine* ein, die auch sein bisheriger Bestseller werden sollte. In den anschließend veröffentlichten LP-Rückblick auf die STRAWBS-Karriere, *Strawbs by Choice*, nahm er keine einzige Hudson/Ford-Arbeit auf.

LPs auf A & M: *Strawbs* (1969); *Dragonfly* (1970); *Just a Collection of Antiques and Curios* (1970); *From the Witchwood* (1971); *Grave New World* (1972); *Bursting at the Seams* (1973); *Hero and Heroine* (1974); *Strawbs by Choice* (1974); *Ghosts* (1975). Solo-LP Dave Cousins auf A & M: *Two Weeks Last Summer* (1972). Sandy Denny and THE STRAWBS auf Hallmark: *All Our Own Work* (rec. 1968, ed. 1973). Hudson/Ford auf A & M: *Nickelodeon* (1973); *Free Spirit* (1974). Richard Hudson und John Ford mit ELMER GANTRY'S VELVET OPERA auf CBS/Direction: *Elmer Gantry's Velvet Opera* (1968); *Ride A Hustler's Dream* (1969)

Streisand, Barbra Joan (voc), am 24. April 1942 als Tochter eines jüdischen Lehrers im New Yorker Stadtteil Brooklyn geboren und mit 15 Monaten vaterlos geworden, beklagte sich im Juni 1971 bei ‹Rolling Stone›, sie sei zu Unrecht als Interpretin der Alten und des Establishments abgestempelt worden: «Ich bin doch erst 29, ist das vielleicht alt?» Wie jung sie musikalisch geblieben war, versuchte der Broadway-, Hollywood- und Schallplattenstar, höchstbezahlte Stimme Amerikas, danach auf einigen LPs zu beweisen. Auf ihre unverwechselbar dramatische Art, mit Jazzphrasierung, Soulfarben und Gospeltönen sang sie auch Rockstücke von → John Lennon, → Paul Simon, → Randy Newman, → Laura Nyro → Carole King und putzte sie gelegentlich zu Showarien auf. In ihrem Album *Barbra Joan Streisand* wurde sie vom Damen-Rockquartett → FANNY begleitet. Gewiß, Barbra Streisand hat sich in den Musical-Filmen ‹Funny Girl›, ‹Hello, Dolly!›, ‹On A Clear Day You Can See Forever›, ‹Funny Lady› als Spitzen-Entertainer der USA profiliert. Sie hat mit ihren Unterhaltungsmusik-LPs die Vortragskunst herkömmlicher Songs zur Vollendung gebracht. Sie beherrscht nach einer ärmlichen Kindheit und harten Lehrjahren als Putzfrau, Toilettenfrau, Barsängerin aber nur annähernd das aggressive Rockidiom der gesellschaftlichen Unterschicht. «Viele Rocksänger», sagt sie, «haben eine Begabung, die mir leider fehlt, sie schreiben sich ihr eigenes Repertoire.»

LPs (Auswahl) auf CBS: *What About Today?* (1970); *Stoney End* (1971); *Barbra Joan Streisand* (1971); *Barbra Streisand Live* (1972); *Butter Fly* (1974)

Stuart, Alice (voc, g, p, dr), am 15. Juni 1942 in Chelen, Washington, geboren, hat zwölf Jahre als professionelle Musikantin gearbeitet, ehe sie ihr Talent auf Schallplatten dokumentieren konnte. Sie sang in Coffee Houses der Universitätsstadt Berkeley, Kalifornien, wo sie bei einem Folksong-Festival 1965 erstmals großen Beifall bekam, wirkte in diversen Combos an mehreren Instrumenten und gehörte nach zwei geschiedenen Ehen vorübergehend den → MOTHERS OF INVENTION an. Als Komponistin erstklassiger Rockstücke, die zumeist dem Thema «Frau in einer Männergesellschaft» galten, als ausdrucksstarke Sängerin mit angenehmem Sopran, als den männlichen Mitgliedern ihrer Combo SNAKE zumindest gleichwertige Leadgitarristin hat sie sich 1971 mit dem Album *Full Time Woman* empfohlen. Im Studio von Fantasy Records, denen sie sich aus Sympathie zur Combo → CREEDENCE CLEARWATER REVIVAL vertraglich verbunden hatte, arbeitete sie als Begleiterin der Sänger Lenny Williams (später bei → TOWER OF POWER) und Billie J. BeCoat. Da die Firma ihre eigenen Platten jedoch kaum unterstützte, kämpfte sie lange um vorzeitige Vertragsauflösung und brach schließlich Mitte 1963 den Kontrakt. Zusammen mit Ken Severeid (bg), Bob Jones (dr) erwarb sie sich seither vor allem in Nordkalifornien viele ergebene Fans.

LPs auf Arhoolie: *All the Good Times* (ca. 1969) ... auf Fantasy: *Full Time Woman* (1971); *Believing* (1972)

The Stylistics gingen 1968 in Philadelphia aus zwei schwarzen Gesangsgruppen hervor, die sich beide drei Jahre lang vergeblich nach einem Hit abgestrampelt hatten. Von den MONARCHS kamen Russell Thompkins jr., Airron Love und James Smith, von den PERCUSSIONS Herbie Murrell und James Dunn. Ihr erster gemeinsamer Plattensong *You're A Big Girl Now*, komponiert vom Road-Manager Morty Bryant und Robert Douglas, Gitarrist ihrer Begleitband SLIM & THE BOYS, erschien 1968 auf dem lokalen Mini-Label Sebring Records. Der altmodische Dooaah-Sound im Vokalgruppen-Stil der fünfziger Jahre gefiel vielen Discjockeys. Daher übernahm das Entertainment-Konglomerat Avco, dessen Avco-Plattenmarke von den Pop-Veteranen Hugo & Luigi gesteuert wurde, den Hit und die Gruppe zu nationalem Vertrieb. Im Avco-Auftrag bettete Meister-Klangmixer Thom Bell Russell Thompkins' erotische Falsetto-Zuckungen in schwellende Vokalharmonie-Plumeaus. Seine schimmernden, multiinstrumentalen Sound-Kulissen gaben den STYLISTICS-Songs *You're My Everything, Betcha By Golly Wow, People Make The World, I'm Stone In Love With You, Rockin' Roll Baby* leuchtenden Glanz; jeder von Bell überwachte LP-Track wurde mit der Sorgfalt einer Singles-Produktion hergestellt. Bei Live-Auftritten auch ins Optische gewendet, wirkte die Showbusiness-Politur mit Onkel Tom-Bühnenanzügen und eingedrillten Gesten allerdings mitunter wie Talmi. Ohne Kontrolle durch einen geschmackssicheren Produzenten mißriet der STYLISTICS-Stil nach Meinung des ‹Black Music›-Korrespondenten Dennis Hunt gelegentlich zum «Falsetto-Overkill».

LPs auf Avco: *Stylistics* (1973); *Round 2* (1974); *Rockin' Roll Baby* (1974); *Let's Put it All Together* (1974); *Heavy* (1975); *Best* (1975); *From the Mountain* (1975)

The Supremes waren beinahe ein Jahrzehnt lang das stärkste Verkaufsargument des Motown-Musikkonzerns in Detroit. Elfmal hintereinander placierten sie sich mit ihren erregend erotischen Gesängen von *Baby Love* und vom *Love Child* an der Spitze der US-Hitparaden. Ihr Album *Where Did Our Love Go* wurde über ein Jahr lang unter den Top-40-LPs notiert; das Titelstück funkte die amerikanische Weltraumbehörde NASA zur Unterhaltung der Astronauten Charles Conrad und Gordon Cooper sogar ins All. In einer Leserumfrage des britischen ‹Record Mirror› erhielt das Trio 1966 als beste weibliche Gesangsgruppe mehr Stimmen als die restlichen dreizehn genannten Ensembles zusammen. → Diana Ross, Mary Wilson und Florence Ballard hatten in Kirchenchören des schwarzen Detroit begonnen, als Minderjährige Evergreens und Hillbilly-Hits für ein paar Cents auf den Straßen gesungen und sich 1960 erstmals bei Motown beworben. Chef Berry Gordy schickte sie zurück auf die High School, erlaubte aber Diana Ross, täglich einige Stunden im Büro auszuhelfen. Diana:

«Ich hatte keine Ahnung, was man als Sekretärin zu tun hat, aber jedesmal, wenn Gordy seine Tür aufmachte, fing ich an zu singen.» Zwar flog die zielstrebige Star-Anwärterin schon nach 14 Tagen wieder hinaus, aber sie hatte es fertiggebracht, das Trio zur Verstärkung des Background-Chores ins Aufnahmestudio zu lancieren. Wochenlang gaben die SUPREMES nur Aaas und Ooos von sich, dann durften sie vor die Mikrophone. Erst die zehnte Single klickte: *Where Did Our Love Go*. Fortan gingen sie aufwärts: in den Hollywood Palace, in die New Yorker Philharmonic Hall, in die elegantesten Nightclubs und zu den TV-Hullaballoos. Mit zwanzig Bühnenkostümen aus den Saks-Ateliers an der Fifth Avenue von Manhattan im Reisegepäck flogen sie zum Holland Festival, in die Pariser Music Hall Olympia, zum Bal Paré nach München und ins Kopenhagener Tivoli. «Mit einem Grad an Präzision, der bereits wieder noncholant wirkt» (Kritiker Werner Burkhardt), stilisierten sie ihre Getto-Erfahrungen zur Show. Selbst ihre simpelsten Plastik-Schlager, derentwegen sie oft angegriffen wurden, hatten ein Soul-Passe-partout. Im Sommer 1967 schied Florence Ballard aus und wurde durch Cindy Birdsong aus dem Ensemble PATTY AND THE BLUEBELLES ersetzt; zugleich wurde die Gruppe in DIANA ROSS AND THE SUPREMES umgetauft. Im Januar 1970 zog die Star-Sängerin Ross eine Solokarriere dem Teamwork vor; Jean Terrell trat an ihre Stelle. Schließlich übernahm Linda Lawrence Cindy Birdsongs Platz. Durch all diese Personalwechsel blieb der unvergleichliche SUPREMES-Dreiklang erhalten. Mit wachsendem Alter der Sängerinnen und durch unterschiedliche Plattenproduzenten (→ Steve Wonder, → Jim Webb) wurde das Gruppen-Image jedoch zunehmend problematisch. Für den Sommer 1973 nahm das Trio einen dreimonatigen Urlaub, um in Ruhe eine neue musikalische Richtung zu finden. Mary Wilson: «Es ist schwierig, sich umzustellen, wenn man eine so profunde und etablierte Identität hat wie wir. Doch im Augenblick expandieren wir stürmisch – in alle Richtungen auf einmal.» In Wirklichkeit waren es bei den drei Damen nur unterschiedliche Richtungen; die Uneinigkeit hielt an. Motown, nach Diana Ross' Ausscheiden ohnehin nicht mehr sonderlich an dem einstigen Erfolgstrio interessiert, lancierte mit Sherri Payne eine weitere neue Lead-Sängerin in die Gruppe. Für eine Rückkehr an die von früher gewohnten Charts-Plätze gab es 1975 kaum noch Hoffnung.

LPs auf Tamla Motown: *Meet the Supremes* (1963); *Where Did Our Love Go* (1964); *A Bit of Liverpool* (1964); *Country, Western & Pop* (1965); *More Hits* (1965); *We Remember Sam Cooke* (1965); *At the Copa* (1965); *Merry Christmas* (1965); *I Hear a Symphony* (1966); *A-Go-Go* (1966); *Sing Holland-Dozier-Holland* (1967); *Sing Rodgers and Hart* (1967); *Greatest Hits* (1967); *Reflections* (1968); *Funny Girl* (1968); *Live at Talk of the Town* (1968); *Love Child* (1968); *Join the Temptations* (1968); *TCB* (mit den → TEMPTATIONS, 1968); *Let the Sunshine In* (1969); *Together* (mit den TEMPTATIONS, 1969); *Cream of the Crop* (1969); *On Broadway* (mit den TEMPTATIONS, 1970); *Greatest Hits, Vol. 3* (1970); *Right on* (1970); *Farewell* (1970); *The Magnificent Seven* (mit den → FOUR TOPS, 1970); *New Ways But Love Stays* (1970); *Touch* (1971); *The Return of the Magnificent Seven* (mit den FOUR TOPS, 1971); *Dynamite* (mit den FOUR TOPS, 1971); *Floy Joy* (1972); *The Supremes, Produced and Arranged by Jim Webb* (1972); *Greatest Hits* (1974); *Anthology* (1974)

The Sweet aus dem englischen Middlesex nannten sich ursprünglich SWEET SHOP und waren bis 1970 mit Motown-Kopien eine der vielen drittklassigen, unterbezahlten und überarbeiteten britischen Diskothekenbands. Dann holte sie der ehemalige Drummer und Produzent Phil Wainman ins Studio und jagte mit ihrer Hilfe eine ganze Serie von Bubblegum-Singles aus der Feder von Nicky Chinn und Mike Chapman die Hitleitern empor: *Funny Funny, Co Co, Alexander Graham Bell, Poppa Joe, Little Willy, Wig-Wam Bam, Blockbuster* etc. Wainman ließ seinen instrumentaltechnisch unterentwickelten Schützlingen Brian Connolly (voc), Andy Scott (g), Steve Priest (bg), Mick Tucker (dr) Hilfe von Gastmusikern zuteil werden, blendete beispielsweise in *Blockbuster* Sirenengeheul ein, überakzentuierte bei der Abmischung das Schlagzeug und schuf auf diese Weise hochwirksame «Meisterwerke puren musikalischen Plunders: laut, synthetisch, derb und banal» (Nick Kent). Vor Konzerten verwendeten die Musiker mehr Zeit aufs Make-up als auf das Stimmen der Instrumente. Von ihren Melodien waren im Lärm übersteuerter Soundsysteme und im Dauerkreischen des Teen-Publikums ohnehin nur Grundmuster zu hören. Doch der Masturbation-Rock erfüllte für pubertierende Fans offenkundig ein Bedürfnis nach problemloser Selbstentäußerung, das so alt ist wie die Rockmusik selbst. SWEET-Songlieferant Mike Chapman: «Man nennt uns die Würstchenfabrikanten von Hits.»

LPs auf RCA: *Funny How Sweet Co-Co Can Be* (1971); *Biggest Hits* (1973); *Sweet Fanny Adams* (1974); *Desolation Boulevard* (1974) ... auf EMI/Electrola: *The Sweet and the Pipkins* (1973); *Desolation Boulevard* (1975)

T

Taj Mahal, bürgerlich Henry Fredericks (voc, harm, g, bj, b, p, vib, cello, tp), am 17. Mai 1942 im New Yorker Negerstadtteil Harlem als Sohn eines aus Jamaica stammenden Jazzmusikers und einer Lehrerin und Gospelsängerin aus South Carolina geboren, ist der einzige junge schwarze Musiker, der es mit stilreinem Country-Blues zu Rock-Ruhm und -Reichtum gebracht hat. Er wuchs in Springfield, Massachussetts, auf und arbeitete acht Jahre als Farmgehilfe, um sich ein Landwirtschaftsstudium an der Amhurst University zu ermöglichen. An der Universität wurde er Mitglied der Folklore Society, der auch → Buffy St. Marie angehörte, und «studierte die Bluesplatten von → Robert Johnson und anderen Mississippi-Veteranen so intensiv wie andere Leute Strawinsky». An Hand seltener Folklore-Aufnahmen beispielsweise aus der Library of Congress drang er noch tiefer in die afroamerikanische Musiziertradition ein: «In erster Linie bin ich Afrikaner, in zweiter ein schwarzer Jamaicaner, erst in dritter ein schwarzer Amerikaner.» Auf seiner Blues-Wanderschaft durch die USA kam er nach Kalifornien, wo er die kurzlebige Band THE RISING SONS gründete. Mit seinem CBS-Plattendebüt *Taj Mahal* erregte er sofort die Bewunderung von Rock-Prominenten wie → Eric Clapton. Und obgleich Clapton später einwandt, der Produzent → Al Kooper habe Taj Mahals Musik schon auf der zweiten LP *Natch'l Blues* durch Bläser-Arrangements verwässert, war doch sein weiterer Plattenweg eher eine «Rückkehr in den Dschungel» (Mahal). Denn der Sänger, der sich bisweilen von vier Tubaspielern begleiten ließ, hat stärker als jeder andere Rockmusiker primitive, ethnische Klangfloskeln, etwa komplizierte Klatsch-Rhythmen, afrikanische Trommelfiguren, halbvergessene Blueszeilen wie «An' if you don' like mah peaches, Mama, you don' hafta shake mah tree» (Wenn du meine Pfirsiche nicht willst, Mama, solltest du nicht an meinem Baum schütteln) auf seinen Schallplatten aktualisiert. Auf den LPs *Ooh So Good'n Blues* und *Mo' Roots* geht er stilistisch weit vor die Geburt des Blues um die Jahrhundertwende zurück, seine kreolischen, afro-amerikanischen Folklore-Remakes wirken dennoch nicht weniger funky und intensiv als die besten Voodoo-Beschwörungen von → Dr. John. Zugunsten von Live-Atmosphäre verzichtet er gern auf Studio-Tricks: «So viele Leute versuchen, perfekte Aufnahmen zu machen, aber wir sind nicht perfekt, wir sind Menschen.» Ein Star möchte er nicht werden, und von seinen Einnahmen, etwa eine Viertelmillion Dollar jährlich, macht der in Santa Monica, Kalifornien, ansässige Musiker, der autodidaktisch mehr als zehn Instrumente beherrschen lernte, nur sparsam Gebrauch. Er fürchtet, «daß zu viel öffentliche Aufmerksamkeit und Wohlleben sich in meiner Musik niederschlagen könnten».

LPs auf CBS: *Taj Mahal* (1967); *Natch'l Blues* (1968); *Giant Step* (1969); *The Real Thing* (1971); *Sounder* (Soundtrack, 1972); *Happy Just to Be Like*

I Am (1972); *Recycling the Blues & Other Related Stuff* (1972); *Ooh So Good'n Blues* (1973); *Mo' Roots* (1974)

Tangerine Dream, 1966/67 in Berlin gegründet, bemühte sich, «schöne Musik zu schaffen, die sich von den Affekten des Hasses, der Aggression und der Verzweiflung löst und dem Zuhörer Freude und Hoffnung gibt; Musik, die den Menschen zurückholt in den Zustand der Unschuld und den Zusammenklang der kosmischen Harmonie» (Band-Statement). Dieses ehrgeizige Programm realisierte die Band im elektronischen Labor, gelegentlich auf reizvolle Weise von konventionellen Instrumenten unterstützt. Zunächst spielte die Gruppe in der Besetzung Edgar Froese (g), Volker Hombach (vi, fl), Kurt Herkenberg (bg), Lanse Hapshash (dr), Charlie Prince (voc) psychedelischen Rock nach dem Muster kalifornischer Bands wie → Jefferson Airplane, → Mothers of Invention. 1970 präsentierte Froese ein verkleinertes Ensemble, das mit Conny Schnitzler (cello, fl, electronics), Klaus Schulze (dr) auf seiner ersten LP *Electronic Meditation* einen «Übergriff auf Außerkünstlerisches» (Froese) wagte. Elektronische Gimmicks als vierter Partner sollten bei der «akustischen Darstellung eines Raumes zwischen Geburt und Tod» behilflich sein. Im gleichen Jahr nutzte Froese elektronische Erfahrungen seines Vorbildes John Cage und die Popularität der Flipper-Oper ‹Tommy› von → The Who bei einem Konzert, das für das Österreichische Fernsehen aufgezeichnet wurde. Sechs Flippermaschinen wurden durch Kontaktmikrophone mit der Verstärkeranlage der Tangerine Dream verbunden und in Betrieb gesetzt. Zu den verfremdeten Klangbeiträgen der Spielapparate improvisierten die Musiker passende Schwebklänge. Einem solchen naiven Eklektizismus huldigten sie auch bei weiteren LP-Einspielungen und wähnten sich dabei ihrer Zeit weit voraus: «Wir wollen Vorgänge hörbar machen, die am Rande der wahrscheinlichen Vorstellungskraft des Menschen liegen» (Froese). Dazu mangelte es ihnen allerdings an stilistischer Selbstkritik. So überdehnten sie auf ihrem Doppelalbum *Zeit* eine gelungene Symbiose von Streicherharmonien und elektronischen Variationen durch überlange Tonmutationen, Klangverfärbungen, Geräuscheffekte zu einem «nichtssagenden kosmischen Endlosmuster» (‹Die Welt›). Bei ihrem Bemühen, der Kommerz-Elektronik der → Pink Floyd auszuweichen, verfielen sie auf Langeweile als Stil-Prinzip ihrer meditativen Musik, die sie als Therapiemittel zur heilenden Selbstbesinnung ansahen. Im Gegensatz zu den elektronischen Kreationen ihrer Vorbilder → Stockhausen, Cage, Feldman war ihr «akustisches LSD» (PR-Notiz) zu steril verpackt und in seinem hochfahrend esoterischen Geschmack schwer zu enträtseln. Immerhin lobte ‹Rolling Stone› bei der Vorlage der LP *Phaedra* (1974) die «bislang effektvollste Paarung von Mellotron und Synthesizer» und berauschte sich an dem «üppigen Einsatz volltönender Klangmuster». 1975 spielten bei Tangerine Dream Peter Baumann (keyboards), Christoph Franke (keyboards, perc), Edgar Froese (keyboards, g).

LPs auf Ohr: *Electronic Meditation* (1970); *Alpha Centauri* (1971); *Zeit* (1972); *Atem* (1973) ... auf Virgin: *Phaedra* (1974); *Rubycon* (1975). Solo-LP Edgar Froese auf Brain: *Aqua* (1974). Solo-LPs Klaus Schulze auf Ohr: *Irrlicht* (1972) ... auf Kosmische Kuriere: *Cyborg* (1973) ... auf Brain: *Black Dance* (1974); *Picture Music* (1975)

Taylor, James (voc, g), seit Herbst 1972 mit der Sängerin → Carly Simon verheiratet, wurde am 12. März 1948 im Bostoner General Hospital geboren. Sein Vater, der damals dort als Medizinstudent arbeitete, wurde später Dekan der medizinischen Fakultät an der University of North Carolina in Chapel Hill. In einem liberalen Elternhaus mit elf Zimmern und auf der idyllischen Ferieninsel Martha's Vineyard vor der Küste von Massachussetts luxuriös aufgewachsen, besang James Taylor seine «komfortable Neurose» (‹Melody Maker›) mit der «Intensität eines blinden Bluesinterpreten» (Jazztrompeter → Miles Davis). Er sang und spielte, von der

Mutter an Klavier, Geige und Cello geschult, so sensibel und intim, daß er in einer Riesenarena den Eindruck privaten Musizierens in einer Wohnstube vermitteln konnte. Seine bittersüßen Songs erzählten «auf einem Niveau, das in der populären Musik nur selten erreicht wird» (‹Time›), vom Gemütszustand und den psychischen Problemen eines Großteils der Woodstock-Generation um 1970. Unsicherheit, Willensschwäche, die Flucht zur Droge, der Flirt mit dem Suicid: Taylor konnte davon erzählen, denn er hatte das alles hinter sich gebracht. Er verließ die renommierte Milton Academy bei Boston, deren militärischen Drill er haßte, und schloß sich zusammen mit seinem Bruder Alex in North Carolina der Rock 'n' Roll-Band FABULOUS CORSAYERS an. Zurück im College, unternahm er mit siebzehn einen Selbstmordversuch und ging anschließend ins McLean-Nervensanatorium nach Belmont, Massachussetts. Nach neun Monaten hinter vergitterten Fenstern floh er nach New York, lebte in einer Bude, die mit nichts als einer Matratze und einem Radio möbliert war, gründete zusammen mit dem Gitarristen Danny «Kootch» Kortchmar die Band FLYING MACHINE und spritzte Heroin. Nach einem eiskalten Rauschgift-Winter waren, wie er in seinem Hit *Fire And Rain* berichtet, «die süßen Träume und die Flugmaschine am Boden zerschellt». Der Drogenhölle Manhattan entkam er nach London. Dort erkannte der Plattenproduzent Peter Asher (früher Mitglied des Duos PETER AND GORDON) Taylors Talent und vermittelte ihn für eine Solo-LP an die BEATLES-Firma Apple. Von dieser LP mit der düsteren Gift-Poesie solcher Songs wie *Don't Talk Now, Knocking 'round The Zoo* und *Rainy Day Man* wurden in einem Jahr nur 30 000 Exemplare verkauft. Von der zweiten, nach einer Entziehungskur aufgenommenen Produktion *Sweet Baby James* gingen 1970 rund zwei Millionen Platten über den Ladentisch. Anfang 1971 war Taylor bereits prominent genug, um in der normalerweise klassischen Interpreten vorbehaltenen «Great Performers»-Konzertserie des New Yorker Lincoln Centers aufzutreten; die 27 Konzerte seiner ersten USA-Tournee waren binnen kurzem vollständig ausverkauft. Da auch seine Geschwister Alex (geb. 1947), Kate (geb. 1950) und Livingston (geb. 1951) mittlerweile Gesangsalben aufgenommen hatten, nannten ‹Rolling Stone› und ‹Time› die Taylors in Cover-Storys die «First Family of New Rock». Tatsächlich sind diese vier der fünf Kinder von Professor Isaac Taylor musikalisch talentiert. Alex (voc) verfügt über eine kräftige Rock-Stimme; Kate (voc) artikuliert professionell im klassischen Blues-Idiom; Livingston (voc, g) ist ein Texter und Komponist mit Imagination. Nur James aber, in dessen Musik die «einsamen Gitarrenakkorde des Country-Klanges, die kernige Erzählweise des Folksongs und die rhythmische Melancholie des Blues», jene «drei schwarzen und weißen Hauptströme der Popmusik» (‹Time›), zusammenfließen, entwikkelte das Charisma einer Kulturfigur. «Wenn uns James düster zum Mitsingen einlädt, ist es eine Aufforderung, auf Grabsteinen zu tanzen», schrieb ‹Rolling Stone›. Nach seiner Heirat freilich war Taylor vom Friedhof in die bürgerliche Wohnstube zurückgekehrt. Dort drohte ihm die Inspiration für bedeutungsvolle Songtexte auszugehen. Seine musikalischen Vignetten wurden immer kürzer, die Pausen zwischen LP-Veröffentlichungen immer länger. Offenkundig fühlte er sich Mitte der siebziger Jahre als Session-Gitarrist im Plattenstudio wohler denn als Poet on the road.

LPs auf Euphoria: *James Taylor and the Original Flying Machine – 1967* (rec. 1967, ed. 1971) ... auf Apple: *James Taylor* (1969) ... auf Warner Brothers: *Sweet Baby James* (1970); *Mud Slide Slim and the Blue Horizon* (1971); *One Man Dog* (1972); *Walking Man* (1974). LPs Alex Taylor auf Capricorn: *Alex Taylor with Friends and Neighbors* (1971); *Dinnertime* (1972) ... auf Dunhill: *Third for Music* (1974). LPs Livingston Taylor auf Warner Brothers: *Livingston Taylor* (1970); *Liv* (1971) ... LP Kate Taylor auf Cotillion: *Sister Kate* (1971)

The Temptations, 1960 in Detroit, Michigan, formiert, sangen in den ersten Jahren einfallsreich aufgefächerte Harmonien, deren stark betonte Baßpartie an den Rhythm & Blues-Gesang der → DRIFTERS erinnern mochte. Paul Williams (Tenor), Otis Williams (Tenor), Melvin Franklin (Baß) setzten geschickte Begleitakzente zu dem charakteristischen Wechselspiel zwischen dem kraftvollen Sandpapier-Tenor von David Ruffin und der zum klagenden Falsett tendierenden Tenor-Stimme von Eddie Kendricks. Das Quintett machte sich zunächst mit sensibel getexteten Liebesliedern, zumeist aus der Feder von → Smokey Robinson, bekannt: *My Girl* (1964), *Since I Lost My Baby* (1965), *Ain't Too Proud To Beg* (1966). Der intensive Vortragsstil, die starke rhythmische Akzentuierung der Songs sowie eine experimentierfreudige Produktion waren ausschlaggebend dafür, daß die TEMPTATIONS binnen kurzem zu Top-Entertainern des Motown-Konzerns avancierten. Als jedoch David Ruffin Auskunft darüber begehrte, warum die Gruppe trotz beträchtlichen Gagen und Tantiemen-Einnahmen auch 1968 mit nur 500 Dollar pro Woche abgefunden wurde, mußte er auf Anordnung der Geschäftsführung das Ensemble verlassen und wurde in einem restriktiven Solo-Kontrakt kaltgestellt. Kendricks, der wegen dieser Relegierung ebenfalls ausscheiden wollte, mußte jedoch noch einige Jahre in Begleitung weitersingen, bis auch er 1971 wegen diverser freimütiger Zeitungsinterviews einen Knebel-Vertrag als Solist erhielt. Als Ersatz stellte die Firma Dennis Edwards und Damon Harris ein. Für Paul Williams, der 1972 ausschied, wurde Richard Street verpflichtet. Die nach dem Fortgang stilprägender Mitglieder drohende Ensembleschwäche der TEMPTATIONS fing deren Producer Norman Whitfield durch einen komplexen Soundwechsel auf. Das Repertoire der Gruppe wurde mit sozialen Anklagen und «Black is beautiful»-Slogans modernisiert, das Standardformat kompakter Songs in üblicher Single-Länge fiel fort zugunsten frei strukturierter Langtitel, deren Arrangements sich der psychedelischen Soul-Formel von → Sly Stone bedienten. *Runaway Child Running Wild* (1969) war eines der ersten Stücke, das auf diese Weise das herkömmliche Soul-Format sprengte. *Cloud Nine*, *Psychedelic Shack*, *Ball Of Confusion* setzten die Serie der bombastisch orchestrierten Getto-Statements fort bis zum Übersättigungs-Rückschlag von *Ungena Za Ulimwengu* (*Unite The World*) (1970), dem 1971 mit dem Millionenhit *Just My Imagination* eine kurzfristige Besinnung auf frühere stilistische Schlichtheit folgte. Fortan jedoch waren die TEMPTATIONS auf ihren Alben immer seltener zu hören. Dafür arrangierte Whitfield seine brillanten Einfälle in den Vordergrund. In dem «sensationellen» (‹Playboy›) 12-Minuten-Stück *Papa Was A Rolling Stone* (1972) legte er einen unentwegt pulsenden Baß als Hauptschlagader für eine faszinierende Klang-Konstruktion aus. In Echo-Effekten verschwimmende Bläsersätze, kaleidoskopartig wirbelnde Elektrogitarren, an- und abschwellendes Violinrauschen, Pianogeflimmer, ekstatisch ausbrechendes Händeklatschen und erotisierendes Tambouringeklingel ordnete Whitfield effektsicher und geschmackvoll zu großen Soul-Sinfonien, die weniger Muzak-Charakter hatten als vergleichbare Titel von → Isaac Hayes. Doch das Patentrezept wurde alsbald zur Blaupause für «Ready Made-Produktionen, die Whitfield wohl aus einer Aerosol-Dose sprühen muß» (‹Rolling Stone›). Die Kritiker-Befürchtung, die TEMPTATIONS könnten zu einem Begleitchor auf Whitfield-Solo-LPs verkümmern, schien auf dem *Masterpiece*-Album (1973) endgültig dokumentiert: Auf dem Platten-Cover wurden die TEMPS zweimal, Whitfield dagegen sechsmal genannt. Bei späteren, von anderen Producern betreuten Aufnahmen gewannen sie wieder mehr Vokal-Prominenz, ohne den von Whitfield gesetzten Qualitäts-Standard in ihrer Instrumental-Begleitung aufgeben zu müssen.

LPs auf Tamla Motown: *Meet The Temptations* (1964); *Temptations Sing Smokey* (1966); *Temptin' Temptations* (1966); *Gettin' Ready* (1966); *Temptations' Greatest Hits* (1967); *Temptations – Live* (1967); *With a Lot o' Soul* (1968); *In a Mellow Mood* (1968); *I Wish It Would Rain* (1968); *Live at The Copa* (1968); *T. C. B.* (mit Diana Ross und THE

SUPREMES, 1969); *Cloud Nine* (1969); *Show* (1969); *Puzzle People* (1969); *Together* (mit Diana Ross und THE SUPREMES, 1969); *Psychedelic Shack* (1970); *Live at London's Talk of the Town* (1970); *Greatest Hits, Vol. II* (1970); *Christmas Album* (1970); *The Sky's the Limit* (1971); *Solid Rock* (1972); *All Directions* (1972); *Masterpiece* (1973); *Anthology* (1974); *1990* (1974); *Temptations* (1974). Solo-LPs Eddie Kendricks auf Tamla Motown: *All by Myself* (1972); *People, Hold On* (1973); *Eddie Kendricks* (1973); *Boogie Down* (1974); *For You* (1974). Solo-LPs David Ruffin auf Tamla Motown: *My Whole World Ended* (1971); *Doin' this Thing* (1972); *Me 'n Rock 'n' Roll are Here to Stay* (1974). LP Jimmy und David Ruffin auf Soul: *Am I My Brother's Keeper?* (ca. 1972)

Ten Years After ging aus mehreren Amateurbands namens THE ATOMITES, THE JAYCATS, THE JAYBIRDS hervor, in denen Alvin Lee (voc, g) und Leo Lyons (bg) zwischen 1964 und 1967 in Nottingham, England, zusammen spielten. Als Abstecher nach London und ein Musik-Trip nach Hamburg keinen Erfolg brachten, taten sich die beiden Musiker im Mai 1967 in ihrer Heimatstadt mit Chick Churchill (keyboards) und dem nicht mit Alvin verwandten Ric Lee (dr) zusammen. Im Londoner «Marquee Club» versuchten sie sich mit Blues und ernteten beim 7. National Jazz & Blues Festival 1967 in Windsor von etwa 20 000 Zuhörern ihre ersten Ovationen. Seitdem war das Quartett, 1969 Teilnehmer des amerikanischen Woodstock Festivals, die beständigste und erfolgreichste Band des britischen Blues-Revivals. Da sich die Musiker nur selten zu ernsthaften Interviews bereitfanden, wurden zahlreiche Legenden über TEN YEARS AFTER kolportiert – etwa: Alvin Lee sei als Kind im Haus seiner bluesbegeisterten Eltern durch den schwarzen Sänger Big Bill Broonzy zur Musik bekehrt worden, oder: er habe seine Kollegen zufällig in Nord-Wales an einer Bushaltestelle kennengelernt, oder: der Name TEN YEARS AFTER solle symbolisieren, daß Lee und Lyons zehn Jahre nach dem Beginn des Rock 'n' Roll erstmals zusammengetroffen seien. Derlei Mystifizierung diente dem Image der Band, die in den USA vielfach zu Unrecht wegen ihrer angeblichen «Rock-Stimmungsmusik» abqualifiziert wurde. ‹Rolling Stone›: «Man dreht sie laut auf, aber man hört ihr nicht zu.» Auf ihren Platten haben die vier Musiker soliden, vom Kansas City-Jump abgeleiteten Combo-Swing (*Ten Years After*), lebendigen Orgel- und Gitarren-Jazz (*Undead*), bizarre Klangcollagen (*Stonedhenged*) sowie immer wieder handfesten Blues, Boogie Woogie und Rock 'n' Roll vorgelegt. Auf die Dauer jedoch wirkten die flinken Gitarren-Monologe von Alvin Lee, der sich auf der Bühne manchmal wie eine Greta Garbo der Rockmusik gerierte, tatsächlich monoton. Im April 1973 empfahl ‹Melody Maker› dieser «institutionalisierten Band, die für immer zu bestehen scheint», einen Musikerwechsel: «Es ist Zeit für eine Veränderung, selbst wenn die Gruppe anschließend FIFTEEN YEARS AFTER heißen müßte.» Lee verstand das Signal, produzierte eine abwechslungsreiche Studio-LP mit dem Sänger Mylon LeFevre (*On the Road to Freedom*) sowie prominenten Gästen wie → Stevie Winwood, → Mick Fleetwood, Ron Wood und ließ sich anschließend auf Tournee mit einer neuen Band als ALVIN LEE & CO plakatieren. Ein Live-Doppelalbum wurde im Londoner Rainbow Theatre in folgender Besetzung aufgenommen: Mel Collins (sax, fl), Neil Hubbard (g), Tim Hinkley (keyboards), Alan Spenner (bg), Ian Wallace (dr) plus Vocal-Trio. In dieses Lineup fügte sich Ex-Star Alvin Lee vortrefflich ein.

LPs auf Deram: *Ten Years After* (1967); *Undead* (1968); *Stonedhenge* (1968); *Ssssh* (1969); *Cricklewood Green* (1970); *Watt* (1970); *Alvin Lee & Company* (1972) ... auf Chrysalis: *A Space in Time* (1971); *Rock & Roll Music to the World* (1972); *Recorded Live* (1973); *Positive Vibrations* (1974); *Goin' Home* (1975). LP Alvin Lee & Mylon LeFevre auf Chrysalis: *On the Road to Freedom* (1973). LP ALVIN LEE & CO auf Chrysalis: *In Flight* (1974). Solo-LP Chick Churchill auf Chrysalis: *You & My* (1973)

Ten Wheel Drive, 1968 vom Komponisten Mike Zager (p, org, cl) und dem Textdichter Aram Schefrin (g, bj, perc), einem Rechtsanwalt, in New York gegründet, übernahm von → Blood, Sweat & Tears das Konzept einer Verbindung von Jazz-Bläsern und Rock-Rhythmikern. Neben den beiden Gründern, Schulfreunden aus Passaic, New Jersey, die das gesamte Repertoire schrieben, bestand die Band aus Louis Hoff (fl, ts, bs), Dennis Parisi (tb), Jay Silva, Richard Meisterman, Richard Horowitz (tp), Bill Tarkas (bg), Leon Rix (dr), die zusammen mehr als dreißig verschiedene Instrumente beherrschten. Wichtigstes Ensemblemitglied war jedoch die Sängerin → Genya Ravan, die Schefrins Libido-Lyrik überzeugend à la → Janis Joplin interpretierte. Ob sie nun bettelte: «Bitte bleib bei mir, Baby», ob sie stöhnte: «Komm leb mit mir, Baby», oder ob sie bekannte: «Ich liebte mal in Texas, bracht in Cleveland 'nen strammen Jungen zur Welt» – gemeint war immer, was die Sängerin in *Morning Much Better* ganz deutlich machte: «Ich sage nie nein, wenn du Liebe willst, aber am Morgen mag ich's viel lieber, yeah.» Trotz dieser inbrünstigen Kehllaute errang die Band nicht den verdienten Spitzenerfolg. Genya Ravan, die sich 1971 selbständig machte und damit das Signal zur Auflösung der Gruppe gab, gab dem Management die Schuld: «Wir spielten immer nur im Raum New York. Als wir dann ein Konzert in der Carnegie Hall gaben, brauchte sich niemand zu wundern, daß es nicht ausverkauft war. Jeder Fan hatte uns zuvor schon fünfmal für weniger Eintrittsgeld gehört.»

LPs auf Polydor: *Construction No. 1* (1969); *Brief Replies* (1970); *Peculiar Friends* (1971) ... auf Capitol: *Ten Wheel Drive* (1973)

Them war der Verlegenheitsname, unter dem sich 1963 in Belfast, Nord-Irland, Billy Harrison (g), Alan Henderson (bg) und Ronnie Milling (dr) aus dem Ensemble des Sängers Chris Andrews zusammenfanden. → Van Morrison (voc, harm, ts) und Jack McAuley (p, org), die seit 1961 mit den Monarchs durch Clubs der britischen und amerikanischen Armee auf dem Kontinent getingelt waren, schlossen sich ein Jahr später den drei Them-Musikern an und richteten gemeinsam mit ihnen im Maritime Hotel von Belfast einen Rhythm & Blues-Club ein. McAuleys Bruder John löste kurze Zeit später den Drummer Milling ab; einige Monate später ersetzten Peter Bardens (org), Terry Noon (dr) und Joe Baldi (g) ausscheidende Them-Spieler. In dieser wechselnden Besetzung machte die Gruppe zwei Jahre lang eine von Gospel, Jazz und Country-Blues beeinflußte Musik, die nicht weniger negroid klang als ähnliche Versuche der → Spencer Davis Group oder der → Yardbirds. Als Them 1965 einen Schallplattenvertrag erhielt, war das Quintett schon längst zu einer losen Formation sporadischer Mitspieler zerbröckelt. Morrison sang damals, inspiriert von dem Produzenten Bert Berns und vorzüglichen Session-Begleitern wie Jimmy Page, eine Singles-Kollektion des «aufregendsten weißen Rhythm & Blues» (Geoffrey Cannon). Der Drei-Minuten-Verschnitt der im Studio-Original 20 Minuten langen Sexual-Rhapsodie *Gloria,* der dramatische Sänger/Band-Wettkampf in Dylans *It's All Over Now, Baby Blue,* das aufsässige *Here Comes The Night* und das dämonische *Mystic Eyes* machten den nur noch als Markenzeichen existierenden Namen Them auch in Amerika zu einem Hit-Begriff. Bei einer US-Tournee löste sich Morrison von seinem damaligen Them-Team und ließ sich von Berns, der inzwischen in New York das Plattenlabel Bang gegründet hatte, als Solist produzieren. Joe Baldi (g), David Harfey (dr), Alan Henderson (bg), Ray Elliot (org), Ken McDowell (voc) versuchten bis 1969 mit magerem Erfolg, von der sich anbahnenden Them-Legende ihrer Vorgänger zu profitieren.

LPs auf Decca: *(The Angry Young) Them* (1965); *Them Again* (1966); *The World of Them* (1970); *Bad or Good* (1972); *The Beginning – Them* (1973); *Backtrackin'* (1974) ... auf Tower (ohne Morrison): *Now and Them* (1968); *Time Out, Time In, For Them* (1968) ... auf Happy Tiger (ohne Morrison): *Them* (1969). Solo-LPs Peter Bardens auf Transatlantic: *The Answer* (1970); *Peter Bardens* (1971); Bardens mit Camel auf MCA: *Camel*

(1973) ... auf Deram: *Mirage* (1974). Solo-LP Jack McAuley auf Dawn: *Jackie McAuley* (1971); McAuley mit Trader Horne auf Dawn: *Morning Way* (1970)

Thornton, «Big Mama» Willie Mae (voc, dr, harm), am 11. Dezember 1926 als Tochter eines farbigen Geistlichen in Ariton, Alabama, geboren, hat als Bluessängerin und Komponistin den Karrieren von zwei Rock-Superstars Impulse gegeben: Mit ihrer Plattenversion der → Leiber-Stoller-Nummer *Hound Dog*, 1952 aufgenommen, inspirierte sie → Elvis Presley 1955 zu einem seiner größten Hits. Ihre Komposition *Ball And Chain* und ihr robuster, muskulöser Vokalstil machten → Janis Joplin, die beides übernahm, 1967 zur berühmtesten Sängerin des weißen Blues. Mit vierzehn hatte sich Willie Mae Thornton der reisenden «Hot Harlem»-Revue aus Atlanta, Georgia, angeschlossen und später vorwiegend in Houston, Texas, gearbeitet. Anfang der fünfziger Jahre gehörte sie zur → Johnny Otis Blues Show und machte ihre ersten Schallplatten, hauptsächlich für das Label Peacock in Los Angeles. Erst 1964 jedoch wurde die mächtige, 1,83 Meter große Sängerin, die vom kalifornischen Folklore-Experten Chris Strachwitz wohl zu Recht als «größte lebende Blues-Interpretin» bezeichnet wird, durch ihren Auftritt beim Monterey Jazz Festival außerhalb der schwarzen Gettos bekannt. 1965 und 1972 bereiste sie mit dem American Folk Blues Festival Europa und nahm mit den Instrumentalisten dieser Tourneen Platten auf. Mit Ausnahme der LP *Saved*, auf der sie zu inadäquaten Arrangements abgesungene Spirituals vorträgt, hat sie ausschließlich hervorragende Alben herausgebracht. Auf der LP *The Queen at Monterey* wurde sie 1966 von → Muddy Waters (g), → Otis Spann (p) und → James Cotton (harm) begleitet.

LPs (Auswahl) auf Fontana, Atlantic mit den American Folk Blues Festivals 1965, 1972 ... auf Arhoolie: *In Europe* (1965); *With the Chicago Blues' Band* (anderer Titel: *The Queen at Monterey*, 1966) ... auf Back Beat: *She's Back* ... auf Mercury: *Stronger Than Dirt* (1969); *The Way It Is* (1970) ... auf Pentagram: *Saved* (1971) ... auf Vanguard: *Sassy Mama* (1974)

The Three Degrees, ein schwarzes Gesangstrio aus Philadelphia, wurden 1972 als Phillysound-Konkurrenz für Motowns → Supremes ins Rennen geschickt, konnten aber weder künstlerisch noch in den USA kommerziell gleichziehen. Mit *Dirty Ol' Man, Year Of Decision, When Will I See You Again, Get Your Love Back* gelangen ihnen nur außerhalb der USA, besonders in Europa und Japan, Spitzennotierungen. Im Getto wirkten ihre Show-Produktionen als zu sehr für den weißen Markt kalkuliert, zu geschleckt; weißen amerikanischen Show-Fans erschien die Nightclub-Routine nicht originell genug. Begonnen hatte die Three Degrees-Story Mitte der sechziger Jahre unter der Ägide des Managers, Producers und Arrangeurs Richard Barrett auf dem Swan-Label. Später wurden Fayette Pinkney, Sheila Ferguson, Valerie Holiday von Barrett zu Roulette gesteuert und kamen dort mit *Maybe, I Do Take You, You're The One, There's So Much Love All Around Me* in die Charts. Zu sehen waren die attraktiven Damen im Film ‹The French Connection› (‹Brennpunkt Brooklyn›) und in zahlreichen Fernsehshows. Ihre bis einschließlich 1974 erfolgreichste Textzeile artikulierten sie 1973 im Bestseller *TSOP* des Philly-Hausorchesters MFSB (Mother, Father, Sister, Brother): «Let's get it on, it's got to get down.» Sheila Ferguson: «Unsere Lieder vermitteln keine soziale Message, eher Stimmungen, die Probleme der Menschen im Getto nur sachte berühren. Jeder kann sich angesprochen fühlen, denn Figuren wie den *Dirty Ol' Man* gibt es nicht nur unter Schwarzen. Angesichts der Reaktion der ganzen Welt auf unsere Platten wirken die amerikanischen Konsumenten ganz schön einfältig.»

LPs auf Roulette: *Maybe* (1971) ... auf Philadelphia International: *The Three Degrees* (1974); *With*

Love (1975). LPs MFSB auf Philadelphia International: *MFSB* (1973); *Love is the Message* (1974)

Three Dog Night, 1968 in Los Angeles von der Management-Firma Reb Foster Associates gegründet, verkaufte in fünf Jahren sieben Millionen LPs, 2,5 Millionen Bandkassetten, 14 Millionen Singles sowie 100 000 Souvenirbücher. 1971 erspielte das Septett vor einer Million Zuhörer insgesamt fünf Millionen Dollar Eintrittsgeld. Für einen einstündigen Auftritt im Sommer 1972 auf dem Pocono Speedway in Pennsylvania wurden der Gruppe 125 000 Dollar vergütet. Jeder der Musiker verbuchte pro Jahr ein persönliches Einkommen von mehr als 300 000 Dollar. «Wenn sie so erfolgreich sind», fragte ‹Saturday Review›, «wieso sind sie dann eigentlich nicht berühmt?» Die Zeitschrift wußte als Antwort: «Ihr Problem ist, daß sie offensichtlich von niemand ernst genommen werden.» Danny Hutton (voc), Chuck Negron (voc), Cory Wells (voc), Mike Allsup (g), Jimmy Greenspoon (keyboards), Floyd Sneed (dr), Joe Shermie (bg), 1973 ersetzt durch Jack Ryland, sangen und spielten sich mit makellosen Interpretationen erstklassiger Rock-Titel in die vorderste Reihe der Popmusik-Entertainer. Mit → Nilssons *One* schafften sie 1969 ihren ersten Millionenseller, der den bislang unbekannten Autor und Sänger ins Rampenlicht brachte. Auch andere unentdeckte Songschreiber profitierten von dem Spürsinn der THREE DOG NIGHT für exquisites Material, so → Laura Nyro (*Eli's Coming*), → Elton John (*Lady Samantha*), → Randy Newman (*Mama Told Me Not To Come*), Paul Williams (*Just An Old Fashioned Love Song*). Diese einfallsreich und dabei stets kommerziell attraktiv arrangierten Vorlagen trug das Vokal-Trio im besten weißen Rhythm & Blues-Gesang seit den → RIGHTEOUS BROTHERS vor, der intensives Stimmtraining und die Erfahrung von zahlreichen Soul-Matineen in Harlems Apollo-Theater verriet. Trotz ihres erlesenen Rock-Geschmacks wirkte die Band in ihrer mechanischen Perfektion unprofiliert, da sie ihr Repertoire aus stilistisch unterschiedlichen Fremdkompositionen zusammenstellte und jede Spontaneität hinter sorgsam kalkulierten Klangkonzepten versteckte. Die THREE DOG NIGHT Enterprises mit 150 festangestellten Mitarbeitern leiteten ihren Namen von den Bräuchen australischer Schäfer her, die sich je nach Kälte der Nacht mit einem oder mehreren Hütehunden am Lagerfeuer «zuzudekken» pflegten. Der innere Führungskreis des Groß-Teams stimmte auf Diskussions-Sessions über die Songauswahl für die jeweils nächste LP ab. Da mit wachsender Reputation die Perfektionsansprüche der Musiker immer mehr stiegen, dehnten sich die Produktionszeiten allmählich so aus, daß die Plattenfirma Dunhill den Clan wegen Lieferverzögerung verklagte. Das Septett reagierte mit einer Konterklage wegen Unterschlagung von Tantiemenzahlungen in Millionenhöhe sowie diverser Erpressungsversuche des damaligen Dunhill-Bosses Jay Lasker, der mit der Veröffentlichung unfertigen Materials und der Entlassung ihres Producers gedroht und durch seine «gefühllose und wiederholte» Kritik die Gruppe «gedemütigt» habe. Die Beschäftigung mit seinen Business-Affären lähmte die künstlerische Aktivität der THREE DOG NIGHT; die «Fließband-Atmosphäre» (‹Rolling Stone›) ihrer unoriginellen LP-Hervorbringungen dämpfte 1975 das Publikumsinteresse.

LPs auf Dunhill/Probe: *Three Dog Night* (1968); *Suitable for Framing* (1969); *Captured Live at the Forum* (1969); *It Ain't Easy* (1970); *Naturally* (1970); *Golden Biscuits* (1971); *Harmony* (1972); *Seven Separate Fools* (1972); *Around the World with Three Dog Night* (1973); *Cyan* (1974); *Hard Labor* (1974); *Dog Style* (1974)

Tiny Tim (bürgerlich: Herbert Khaury, [voc, ukulel]), in bitterer Armut als Sohn eines libanesischen Einwanderers und einer Polin in den Washington-Heights-Slums von New York aufgewachsen, verschweigt hartnäckig sein Alter: «Ich glaube wirklich, ich bin 19, und gebe mir Mühe, es dabei zu belassen.» In Wirklichkeit dürfte der «bizarrste

Unterhaltungskünstler seit den Tagen von Barnum und Baileys Zirkus» (‹Time›) etwa Jahrgang 1925 sein. Mit glockenhellem Falsettosopran und in Baritontiefen tönte der naive Entertainer zum Ricky-Ticky-Ragtimeklang seiner Ukulele (einer Minigitarre) im Stil berühmter Vaudeville- und Revuesänger als Schellackplatten-Ära. Damit wurde er 1968 bei Umsätzen von 35 000 LPs pro Woche, zahlreichen TV-Auftritten und Personalstorys in allen großen US-Zeitungen und -Zeitschriften zur Attraktion der Subkultur. Von Rockinterpreten wie → PETER, PAUL & MARY entdeckt, mimte er für ein Millionenpublikum Ritter, romantische Helden, Harlekine und weinende Clowns, schluchzte die Schlager aus der Gründerzeit des Musikgeschäfts und agierte unter schulterlangen Locken, in grotesk zusammengestückeltem Dress und mit kalkweiß gepudertem Gesicht wie eine Figur aus Grimms Märchen. Zehn Jahre lang hatte er zuvor in heruntergekommenen Kneipen und einem Flohzirkus am Times Square unter den Pseudonymen Julian Foxglove, Derry Dover und Larry Love, «der singende Kanarienvogel», für Transvestiten, Trunkenbolde und Penner jubiliert. Der Schmutz konnte ihm nichts anhaben: Er salbte sich mit Cremes, Puder und Wässerchen und badete bis zu siebenmal pro Tag. Diese Gewohnheiten hat er nicht geändert, als er zum hochbezahlten Showexzentriker avancierte, der vor Fernsehkameras eine minderjährige Miss Vicky heiratete, und auch nicht, als es nach seinem kurzlebigen Sensationserfolg um 1970 wieder abwärts ging. «Sein Habitus», beteuerte sein Agent, «ist keine Show. Und wenn es eine sein sollte, dann wäre es die größte aller Zeiten.» Ende 1974 – seine Frau hatte ihn inzwischen wiederholt verlassen – versuchte er nach harten Tingeltangel-Jahren in der Provinz mit einer neuen Show ein Comeback im New Yorker Nachtlokal «Jimmy's». Er war nun in wechselnde Glitzerkostüme gekleidet und wurde von sexy Tanzmädchen umsprungen, weigerte sich aber immer noch, ihm schmutzig erscheinende Vokabeln wie Sex und Love anders auszusprechen als buchstabiert.

LPs auf Reprise: *God Bless Tiny Tim* (1968); *Tiny Tim's Second Album* (1968); *For All My Little Friends* (1969)

Tommy James and the Shondells brachten bei Roulette von 1967 an einer Serie von Bubblegum-Hits auf den Markt: «Musik, die total als Produkt geplant war, niemand verwechselte sie auch nur annähernd mit Kunst» (Charlie Gillett). James, am 29. April 1947 in Dayton, Ohio, geboren, fiel den Producern Bo Gentry und Ritchie Gordell zunächst durch seine Solo-Single *Hanky Panky* auf. Sie gaben ihm drei Teen-Sangesbrüder an die Seite, ließen Jimmy Wisner glatt-gefällige Arrangements zu überwiegend von Gordell komponierten Trivialsongs wie *I Think We're Alone Now, Mirage, I Like The Way, Makin' Good Time* schreiben und verpaßten der Gruppe mit Hilfe des Toningenieurs Bruce Staples einen an → MONKEES und → ARCHIES erinnernden Studio-Sound. In einer Dankadresse an seine Fans, die SHONDELLIS-Schlager in die Hitparaden eingekauft hatten, reklamierte Tommy James 1969 für die Produktion «eine Menge Schweiß, Kraft und schlaflose Nächte, einen ernormen Aufwand an Geduld und Loyalität sowie jene besondere Kombination von Talenten, die für einen Erfolg nötig sind». Mehr als ein flacher Abklatsch originellerer Vorbilder wie die frühen → BEATLES war jedoch bei all der Anstrengung nicht herausgekommen. Als das SHONDELLS-Stück *Mony Mony* im Sommer 1968 die britischen Charts anführten, soll → George Harrison mehrere BEATLES-Stücke an James geschickt haben. Dieser aber blieb lieber bei seinem hausgemachten Müll.

LPs auf Louisianne: *Shondells at Hop* ... auf Roulette: *Hanky Panky* (1967); *It's Only Love* (1968); *I Think We're Alone Now*; *Mony Mony* (1968); *Something Special* (1968); *Crimson & Clover* (1969); *Best* (1970); *Travelin'* (1970); *Tommy James* (1971); *Cellophane Symphony* (1971); *Christian Of The World* (1972); *My Head, My Bed & My Red Guitar* (1973)

Tower of Power, 1968/69 in Oakland, Kalifornien, gegründet, verfügte in der ersten Hälfte der siebziger Jahre über die «dichteste Bläsersektion der Rockmusik» (‹San Francisco Chronicle›). Als die elfköpfige Soul-Bigband im Januar 1975 auf der Warner Brothers-Tournee «Music Show '75» Europa bereiste, urteilte die ‹Frankfurter Allgemeine Zeitung›, ihre Faszination gehe «nicht so sehr von der kunstvollen Verflechtung als von einer fast maschinell anmutenden Präzision der Einsätze und der Dynamik paralleler Phrasen aus». In solchem Powerplay lagen Vor- und Nachteile: In ihren inspiriertesten Momenten konnte die Band den Eindruck kraftvoll vibrierender Geschlossenheit vermitteln, bei der geringsten Ermüdung des Corpsgeistes jedoch erstarrten die Riffs zu leblosen Schablonen; die Band teilte dann die Untugenden von → CHICAGO. Die Idee zum Bläser-Soul, sagt Saxophonist, Arrangeur, Komponist Emilio Castillo, sei ihm unter dem Eindruck einer Combo namens THE SPIDERS bereits als Teenager in seiner Heimatstadt Detroit gekommen. Zusammen mit dem klassisch ausgebildeten Saxophonisten, Hornisten und Co-Songschreiber Steve Krupka aus Los Angeles setzte er den Gedanken in die Tat um. Zu ihrem über Jahre hin relativ stabilen Musikerstamm gehörten Lenny Pickett (sax, cl, fl, voc), Greg Adams (tp, flh, voc), Steven «Skip» Mesquite (sax, fl), Kenneth Balzell (tp, flh), Michael «Mic» Gillette (tp, tb, flh, voc), Lawrence «Jody» Lopez (g), Bruce Conte (g), Chester Thompson (keyboards, voc), Francis Rocco Prestia (bg), Jack Castillo (dr), David Garibaldi (dr), Brent Byars (perc). Zunächst war Rufus Miller der Lead-Vokalist, frühzeitig aber wurde er durch Lenny Williams abgelöst, der mit einer Cover-Version der STYLISTICS-Nummer *People Make The World Go Round* seine Schallplattenkarriere begonnen hatte. Nach dem Einstandsalbum *East Bay Grease* auf Bill Grahams San Francisco-Label, das auf Grund von Managementproblemen keine Marktchance erhielt, vermittelte sie der neue Manager Ron Barnett zu Warner Brothers und ließ das nächste Album vom Soul-Meister Steve Cropper in Memphis produzieren. Seither hat sich die Gruppe nicht nur als zündender Live-Act und potenter LP-Verkäufer, sondern mit Songs wie *So Very Hard To Go, You're Still A Young Man, This Time Is Real, Down To The Nightclub, Don't Change Horses (In The Middle Of A Stream)* auch auf dem Singles-Markt durchgesetzt.

LPs auf San Francisco Records: *East Bay Grease* (1970) ... auf Warner Brothers: *Bump City* (1972); *Tower of Power* (1973); *Back to Oakland* (1974); *Urban Renewal* (1975)

Townshend, Peter Denis Blanford «Pete» (voc, g), geboren am 19. Mai 1945 in Chiswick, England, hat als Absolvent der Ealing Art School immer einen Sinn für optische und theatralische Wirkungen gehabt. Als Anführer des Quartetts → THE WHO avancierte er nach 1965 mit einem aus der britischen Fahne geschneiderten Jackett zum Idol der englischen Modejugend. Seine aus simplen Phrasen bestehenden und dennoch klischeearmen Gitarrenchorusse, die als Quintessenz der Rockmusik gelten, setzte er mit Verstärkerdonner und Bühnengymnastik clever in Szene. Sein Meisterstück lieferte er als Showmann und Komponist, als er 1970, von einem Sektenprediger namens Meher Baba erleuchtet, sein «Rock-Oper» genanntes Song-Oratorium *Tommy* mit «Overture», «Underture», Arien und Rezitativen in die Opernhäuser von New York, Hamburg und Kopenhagen lancierte. Townshend erklärte sein Libretto als «ständiges Spiel zwischen Wirklichkeit und Illusion»: Seit der kleine Tommy miterlebt hat, wie sein Vater den Hausfreund mordete («Du hast nichts gehört, du hast nichts gesehen, du wirst nie darüber sprechen»), ist er blind, taub und stumm. Er läßt sich gleichmütig mit brennenden Zigaretten quälen, von einem Onkel mißbrauchen, mit LSD füttern und spielt am liebsten nur am Flipperautomaten. Erst als er sein eigenes Spiegelbild zertrümmert, gewinnt er seine Sinne zurück, predigt nun eine Religion des Spiels und sammelt Jünger um sich, die unaufhörlich flippern. Zu dieser «hochmoralischen und tief religiösen» Geschichte (‹Newsweek›) ließen Townshend und seine Kameraden Marsch-, Walzer- und Gospelrhythmen, Vaudeville-Geklimper und Bluesmotive erklingen – im harten Rock 'n' Roll-Stil der WHO. Wo immer das Quartett auftrat, wurde *Tommy* verlangt. Kritiker nannten das Oratorium «ein Dokument unserer Zeit» (‹Cashbox›), ein «großes Ereignis für die zeitgenössiche Musik» (‹Wall Street Journal›) und das «wahrscheinlich wichtigste Werk, das die Rockmusik hervorgebracht hat» (‹New York Times›). *Tommy* wurde im April 1971 von der Truppe LES GRANDS BALLETS CANADIENS im New York City Center getanzt und im November 1972 vom London Symphony Orchestra und einem Kammerchor im Londoner Rainbow Theatre interpretiert. Parallel zu dieser «wahrhaft monumentalen» Aufführung (‹New Musical Express›) starteten die Musikproduzenten Lou Reizner und Lou Adler die Orchesterfassung in einer Zwei-Platten-Kassette für 60 000 Pfund (etwa eine halbe Million Mark) Produktionskosten als bis dahin teuerste Musikkonserve der Welt. Nie zuvor waren in einem Aufnahmestudio so viele Rockstars von unterschiedlichen Plattenfirmen vereint. Die Künstler (unter ihnen Pete Townshend, Roger Daltrey, → Steve Winwood, → Rod Stewart, → Ringo Starr, → Richie Havens, Merry Clayton und → Maggie Bell) konnten ihre musikalischen Talente freilich nicht voll entfalten. Was sie von sich gaben, wurde von einem Orchesteraufguß à la ‹Petruschka› und ‹West Side Story› zugedeckt. Von der Spannung und Klarheit des billigen WHO-*Tommy* war kaum etwas übriggeblieben (‹Observer›: «Zu mies, Tommy»), die Authentizität des Werks war geopfert worden zugunsten eines überdimensionalen Geschäfts, das schließlich auch den 1975 erschienenen, mit produktionstechnischen Neuerungen angereicherten Ken Russell-Film einschloß. Ende 1973 legte Townshend in einer Zwei-Platten-Kassette ein «physisch aufregendes und intellektuell faszinierendes» (‹The Guardian›) Nachfolge-Opus zu *Tommy* vor: die 82 Minuten lange, aus 17 Songs bestehende Rock-Legende *Quadrophenia,* eine wehmütige Reflexion über die rebellischen Gründerjahre des britischen Rock. In komplizierter Rollenverteilung erzählten die vier WHO-Musiker darin die Story eines Mod-Jugendlichen auf seinem Frustrationsweg aus einem Trinker-Haushalt durch Rockmusik und Rokker-Schlachten in die Schizophrenie und zum Selbstmordplan. «Rock 'n' Roll», kommentierte Townshend, «ist nur etwas für frustrierte, überdrehte Kinder, und nur bei ihnen funktioniert er.»

LPs auf Track mit → THE WHO. Soloalbum auf Track: *Who Came First* (1972) ... auf Ode: *Tommy* (Orchesterfassung, 1972) ... auf Polydor: *Tommy* (Soundtrack, 1975)

T. Rex, 1970 in London gegründet, ist die infantilisierte Zweitauflage der Flower-Power-Märchen-Band TYRANNOSAURUS REX, die sich 1968/69 mit surrealistischer Scherzlyrik und reizvollen Klangarabesken wie das Produkt einer geheimen Liaison von → KINKS und → INCREDIBLE STRING BAND gerierte. Ihr Initiator war Marc Bolan (voc, g), bürgerlich: Mark Feld, am 30. September 1947 in East London geboren. Bolan geriet schon mit 15 Jahren ins Showbusiness. 1962 posierte er für das Londoner ‹Town›-Magazin als Repräsentant der «Mod Generation» schick gekleideter junger Männer. Nach einem halbjährigen Paris-Aufenthalt, bei dem er sich mit Informationen über Mystizismen und rätselreiche Kulte auflud, nahm er seine ersten beiden Singles auf, die jedoch wie magisch in den Regalen der Plattenhändler festsaßen. Vom Producer Kit Lambert ließ sich Bolan 1967 überreden, seine poetische Phantasie in der Gruppe JOHN'S CHILDREN nutzbar zu machen, die mit → THE WHO auf Tournee gehen sollte. Elektronischer Schnickschnack und exaltierte Bühnenmanieren brachten Bolan und seine Leute dermaßen in den Mittelpunkt des Publikumsinteresses, daß die Band auf Wunsch der WHO nach vier Tagen aus dem Tourneeprogramm genommen werden mußte. Nach seinem Abschied von JOHN'S CHILDREN tat sich Bolan 1968 mit Steve Peregrine Took (bongos) zum Duo TYRANNOSAURUS REX zusammen. Die zwei kamen trotz gutbesprochener Alben und reichlicher Discjockey-Publicity nie über eine magere Underground-Reputation hinaus. Als Took 1969 gegen Bolans Willen politisch links ausscherte, trennte sich der einen Meter sechzig kleine Verbal-Magier von seinem radikalen Mitspieler. Seit 1970 machte Bolan mit Mikkey Finn (bongos), Jahrgang 1947, Bill Legend (dr), Jahrgang 1946, und Steve Currie (bg), Jahrgang 1947, in der Formation T. REX einen matten Zauber für die Massen, der einiges von der esoterischen Lyrik des TYRANNOSAURUS REX aufweist, aber mehr vom Showklamauk à la JOHN'S CHILDREN konserviert. In Bolans Märchenland einer früh verdorbenen Kinderphantasie tummeln sich flüssige Priesterinnen, Zauberer, Druiden, elektrische Hexen. Giraffen hetzen durch das Haar weiser Männer, «versandete Bettler» tragen «Hände voller Himmel», während der Dichter im «Alligator-Regen» gesteht, daß er «noch nie eine Autotür geküßt» habe. Diese → Donovan nachgewisperte Traumpoesie reiht sich wie eine Halluzination aus flüchtig gelesenen Tolkien-Novellen und halb verstandenen Lovercraft-Storys auf Gitarrenriffs von → Chuck Berry und → Rick Nelson. Bolan klagt über seinen mystischen Kosmos wie ein arabischer Minarettsänger mit flattriger Stimme und heulendem Vibrato. Seine selbstgefälligen Bühnenmanieren degradierten die Mitspieler zu Statisten in einer Einmann-Show der eitlen Selbstüberschätzung. Englands Teenager brachte ein solches Showgebaren in «Rextase». In eineinhalb Jahren verkaufte Bolan an seine Schulmädchen-Kundschaft 18 Millionen Platten; sein Gedichtband ‹The Warlock of Love› ging 30 000mal weg. Selbst seriöse Musikzeitschriften glaubten in ihm den «Propheten der neuen Generation» (‹Melody Maker›) zu sehen, die Tageszeitungen berichteten von Konzerten, bei denen die eine Hälfte des weiblichen Publikums in tiefer Ohnmacht lag, während sich die andere in Schreikrämpfen wand. Während Bolan von 1971 bis 1973 Britanniens Publicity-Wellen regierte, blieb die übrige Welt verhältnismäßig teilnahmslos. Bolans Konsum-Surrealismus, seine clever vermarktete Nonsens-Lyrik, die stereotype Ausschlachtung pseudo-intellektueller Dada-Klischees und das harmlose Image einer Eisdielen-Bisexualität kamen nicht an bei Rock-Fans, die eher den schweren Hammer von → BLACK SABBATH spüren wollten oder in der krassen Vulgarität → Alice Coopers den totalen Schock-Trip suchten. Den anspruchsvolleren Rock-Hörern war Bolans musikalische Geltungssucht eher so «verdrießlich wie der Anblick eines Narziß, der stundenlang mit sich vor dem Spiegel kokettiert» (‹Cream›).

LPs TYRANNOSAURUS REX auf Regal Zonophone: *My People Were Fair and Had Sky in Their Hair* (1968, re-issue auf Fly 1972); *Prophets, Seers and Sages and the Angels of the Ages* (1968, re-issue auf Fly 1972); *Unicorn* (1969); *A Beard of Stars* (1970) ... LPs T. REX auf Fly: *T. Rex* (1970); *The Best of T. Rex* (1971); *Electric Warrior* (1971); *Bolan Boogie* (1972) ... auf T. Rex Wax Co./Ariola: *The Slider* (1972); *Tanx* (1973); *20th Century* (1973); *Zinc Alloy & The Hidden Riders of Tomorrow* (1974) ... auf Revelation: *Glastonbury Fayre* (1972, mit anderen). Solo-LPs Marc Bolan auf Track: *Hard on Love* (rec. 1966, ed. 1972) ... auf Ariola: *Bolan's Zip-Gun* (1974). LPs JOHNS CHILDREN auf Track: *Backtrack 1* (1970, mit anderen); *Backtrack 2* (1970, mit anderen)

Triumvirat, 1969 in Köln gegründet, bereiste 1974 als erste westdeutsche Band drei Monate lang die USA und brachte das Album *Illusions on a Double Dimple* dabei auf Platz 32 der ‹Billboard›-Pop-Charts. Das Trio musizierte zu dieser Zeit in der Besetzung Hans Jürgen Fritz (keyboards, voc), am 14. März 1953 in Leverkusen geboren, Hans Barthelt (dr, perc), am 2. Juli 1950 in Minden geboren, Helmut Köllen, am 2. März 1950 in Köln geboren. Der akademisch ausgebildete Komponist Fritz und der gelernte Industriekaufmann Barthelt, der die meisten Songtexte schreibt, begannen und beendeten ihre Suite *Across The Waters* auf der Debüt-LP *Mediterranean Tales* (mit Hans Pape, bg, voc) 1972 mit einem ausgedehnten Mozart-

Zitat: Sie hatten ihre kultivierte Musik mit vielerlei Anleihen bei der Klassik als → NICE-Adepten konzipiert. Obgleich die kontinentaleuropäische Prägung und eine gewisse Konservatoriumsmentalität auch später spürbar blieben, löste sich TRIUMVIRAT rasch aus der Verkettung mit Vorbildern. In der Bundesrepublik hatte die Combo jedoch so wenig Resonanz, daß die Musiker Anfang 1974 ihre Auflösung für den Fall ausbleibenden Erfolgs bis zum Stichtag 31. Juli 1974 beschlossen. Bis dahin war die Tournee durch 42 amerikanische Städte bereits in Sicht. Im April 1975 festigten die siegreichen USA-Heimkehrer ihre Position in Europa: Sie begleiteten → GRAND FUNK RAILROAD auf einer Konzertreise durch sechs Länder.

LPs auf Harvest: *Mediterranean Tales* (1972); *Illusions on a Double Dimple* (1974); *Spartacus* (1975)

Truck Stop, im Herbst 1972 in Hamburg gegründet, erschloß dem westdeutschen Popmusik-Esperanto einen neuen Slang. Die Band ließ das Banjo scheppern, die Hillbilly-Fidel kratzen und sang mit der Diktion amerikanischer Hinterwäldler in jenem folkloristisch-kommerziellen Stil, der unter der Bezeichnung Rockabilly bei der Geburt des Rock 'n' Roll Pate stand. Den alten → Carl Perkins-Heuler *Blue Suede Shoes*, → Fats Domino *Hello Josephine* oder → Bill Haleys *Rock-A-Beatin' Boogie* brachten die vielseitigen, in diversen Jazz-, Rock- und Tanzkapellen ergrauten Country & Western-Germanen mit beträchtlichem Frohsinn an den Fan. Das Wort Kommunikation, urteilte Kritiker Werner Burkhardt, sei «viel zu schwach für das jubelnde Einverständnis, das zwischen Kapelle und Publikum vom ersten Ton bis zur letzten Zugabe herrscht, wenn TRUCK STOP loslegt». Der notorisch in Cowboydress gekleidete Bandchef Günter «Cisco» Berndt (voc, bg, g), am 12. Dezember 1942 in Hamburg geboren, machte sich nach der Maurerlehre als Rock 'n' Roller mit Gruppen wie CISCO AND THE DYNAMITES, THE NIGHT SHADOWS in Norddeutschland einen Namen. Zu ihm gesellten sich im Bier- und Whiskydunst des TRUCK STOPS: Lucius Reichling (vi, voc), Erich Doll (g, bj), Eckart «Oschi» Hofmann (sax, fl), Rainer Bach (g, steel-g, dobro, p, voc), Teddy Ibing (dr) sowie ab Dezember 1974 Michael Reinecke (voc, vi, g, p). So lärmend die Musikanten jedoch berühmte US-Rockabilly- und Country-Songs in Konzerten und Kneipen interpretierten, so dringend bedurften sie noch 1975 zum Schallplatten-Erfolg originellen eigenen Materials.

LPs auf Telefunken: *Truck Stop* (1973); *Can't Stop Truck Stop* (1974); *Keep On Truckin'* (1975)

Turner, Joe (voc), am 18. Mai 1911 in Kansas City geboren, beeindruckte Rock-Hörer mit seinem kräftigen, muskulösen Bariton vor allem zwischen 1951 und 1959 durch seine Produktion für Atlantic. Seine Rhythm & Blues-Bestseller wurden zumeist später von weißen Rock 'n' Rollern nachgesungen und in diesen Cover-Versionen zu beträchtlichen Hits: *Chains Of Love* (1951) übernahm → Pat Boone, *Shake, Rattle & Roll* (1954) → Bill Haley, *Flip, Flop & Fly* (1955) → Johnnie Ray, *Corrine Corrina* (1956) Ray Petersen. Der mächtige «Boss of the Blues» (Branchenname) hatte seine Karriere schon mit vierzehn in Kansas City-Speakeasys der Prohibitionszeit begonnen und im «Sunset Club» seiner Heimatstadt nicht nur gesungen, sondern auch geschmuggelten Whisky ausgeschenkt. 1938 trat er zusammen mit seinem Partner Pete Johnson (p), mit dem er Songs wie *Cherry Red, Wee Baby Blues, Piney Brown Blues* verfaßt hat, in John Hammonds historischem Konzert ‹Spirituals to Swing› in der New Yorker Carnegie Hall auf, wurde ins Cafe Society verpflichtet und partizipierte im folgenden Jahrzehnt an der Boogie-Woogie-Mode. Seine ersten Platten machte er 1938 (mit Pete Johnson) für Vocalion, darunter seine bekannteste Interpretation: *Roll 'Em Pete*. Sessions für Decca, Columbia, National und andere Labels schlossen sich an, manchmal mit den Jazzmusikern Art Tatum oder Willie «The Lion» Smith am Piano. An seinen R & B-Klassikern auf Atlantic beteiligten sich hervorragende Harlem-Saxophonisten: in *Teenage Letter* etwa Sam «The Man» Taylor, in *Jump For Joy*, einem Remake von *Roll 'Em Pete*, → King Curtis. Bei seiner wohl intimsten und intensivsten Session, die das Turner-Glanzstück *TV Mama* hervorbrachte, spielte Country-Blues-Veteran → Elmore James Bottleneck-Gitarre. Für den Blues-Hit *Sweet Sixteen*, später ein Höhepunkt des Repertoires von → B. B. King, schrieb ihm Atlantic-Präsident Ahmet Ertegun unter dem Pseudonym A. Nugetre 1952 einen sozialkritischen Text: «My brother's in Korea, my sister's in New Orleans. My mother's up in heaven, Lord, what's gonna happen to me?»

LPs auf Savoy: *Blues; Careless Love* ... auf Atlantic: *Joe Turner* (1957); *Rockin' the Blues* (1958); *Boss of the Blues* (1958); *Big Joe is Here* (1959); *Big Joe Rides Again* (1960); *Best* (1963) ... auf EmArcy: *Joe Turner and Pete Johnson* (1955) ... auf Arhoolie: *Jumpin' the Blues* (mit Pete Johnson, 1962) ... auf Bluesway: *Singin' the Blues* (1967); *Roll 'on* (1973) ... auf Bluestime: *Real Boss of Blues* (ca. 1970) ... auf Kent: *Turns on the Blues* (1972) ... auf Pablo: *The Bosses* (mit Count Basie, 1974); *The Trumpet Kings Meet J. T.* (mit Dizzy Gillespie, Roy Eldridge, Harry Edison, Clark Terry, 1975)

The Turtles, 1965 in Los Angeles gegründet, bestanden aus Howard Kaylan (voc), Mark Volman (voc), Al Nichol (g, voc), Jim Pons (bg, voc), Johnny Barbata (dr) und dem 1968 ausgeschiedenen Jim Tucker (g). Mit dem → Dylan-Stück *It Ain't Me, Babe* schlossen sie sich in den US-Hitparaden an den Erfolg der → BYRDS-Interpretation von → Dylans *Mr. Tambourine Man* an und konnten mit ihrem hochkommerziellen Gruppengesang bis 1969 noch mehrere Volltreffer landen: *Happy Together, She'd Rather Be With Me, You Know What I Mean, She's My Girl.* Es waren heitere Songs mit dem typischen Westcoast-Klang, in den sich jedoch immer wieder parodistisch eingesetzte Ornamente aus früheren Rock 'n' Roll-Personalstilen (etwa der → PLATTERS) verirrten. Dieses Talent zur Ironie befähigte Volman aus Los Angeles und Kaylan aus New York, beide am 19. April 1947 geboren, zwischen 1970 und 1972 zu grotesken Vokalduetten bei → Frank Zappas → MOTHERS OF INVENTION. Anschließend machte sich das Duo unter dem Titel FLO & EDDIE selbständig und entwickelte zusammen mit weiteren Ex-MOTHERS wie Don Preston (p), am 21. September 1932 in Michigan geboren, und dem am 10. Januar 1946 in Lancaster, England, geborenen Aynsley Dunbar (dr) einen Stil, der Zappa-Witz mit dem alten TURTLES-Wohlklang verband.

LPs auf White Whale/London: *It Ain't Me Babe* (1965); *Happy Together* (1967); *Golden Hits* (1967); *Battle of the Bands* (1968); *Woodenhead* (1970); *Turtle Soup* (1971) ... auf Sire: *Greatest Hits* (1974). LPs FLO & EDDIE auf Reprise: *The Phlorescent Leech & Eddie* (1972); *Flo & Eddie* (1973)

U

Uriah Heep fand sich unter dem Namen einer Romanfigur aus Charles Dickens' ‹David Copperfield› 1970 in London zusammen. Mick Box (g), Gary Thain (bg), Ken Hensley (keyboards, g), David Byron (voc) und Lee Kerslake (dr, perc) spielen einen lauten, geradlinigen Party-Rock, der sich von einer naiven Imitation des → CREAM/ → BECK/ → DEEP PURPLE-Sounds befreit hat und nun vital und einfallsreich unterhält. Ken Hensley, am 24. März 1945 in London geboren, schreibt die meisten HEEP-Songs und brilliert an der Orgel. Für das zweite HEEP-Album arrangierte er den 16-Minuten-Titel *Salisbury*, dessen großorchestrales Konzept allerdings von interpretatorischem Ungeschick verdorben wurde. Als Störfaktoren der Gruppenharmonie wurden später der damalige Baßgitarrist Paul Newton und der erste Drummer Keith Baker ausgemacht. Nach der Umbesetzung schliff die Band ihren holprigen Sound zurecht und erregte mit volltönendem Schlagzeug und kraftvollen Baßlinien das Interesse der → «BLACK SABBATH-Generation» (‹Rolling Stone›) zwischen 15 und 19. Der harte Rock von URIAH HEEP, der sich auch nicht vor gelegentlichen → BEACH BOYS-Wohllauten oder → PROCOL HARUM-Schwermut scheute, gehörte zu den originellsten Klangeinfällen auf dem Sektor der Schwermetall-Tonerzeugung, obgleich Leser des Magazins ‹Rolling Stone› konstatierten: «Wenn man sie mag, dann mag man sie; wenn man Musik mag, dann mag man sie nicht.»

LPs auf Island: *Very 'eavy, Very 'umble* (1970); *Salisbury* (1970); *Look at Yourself* (1971); *Demons and Wizards* (1972); *The Magician's Birthday* (1972); *Uriah Heep Live* (1973). Solo-LPs Ken Hensley auf Island: *Proud Words on a Dusty Shelf* (1973); *Sweet Freedom* (1973); *Wonderworld* (1974). Ken Hensley, Lee Kerslake mit TOE FAT auf Parlophone: *Toe Fat* (1970). Hensley, Kerslake mit THE GODS auf britisch Columbia: *Genesis* (1968); *To Samuel a Son* (1969) ... auf Decca: *Gary Thain.* Solo-LP Ken Hensley auf Bronze: *Eager to Please* (1975)

The United States of America waren ihrer Zeit voraus: Sie spielten von John Cage beeinflußten elektronischen Avantgarde-Rock zu einer Zeit, als die meisten Blumenkinder noch nicht am Synthesizer hantieren mochten. Sie schrieben brillante Texte über ungewöhnliche und (damals) gewagte Themen, wie ein «Liebeslied für den toten Ché» (Guevara) oder eine als «Amerikanische Lebensart» titulierte Freistil-Collage über Strichjungen-Aktivitäten auf der 42. Straße in New York. Joseph Byrd (synthesizer, voc), Dorothy Moskowitz (voc), Gordon Marron (violin, electronics, voc), Rand Forbes (bg) und Craig Woodson (dr, percussion) hatten an kalifornischen Universitäten Akustik, Musikpsychologie, Komposition studiert und auf Avantgarde-Happenings mit neuartigen Klangerzeugern experimentiert. Ihr einziges Album, das den vermeintlich neurotischen Patienten Amerika diagnostizierte, zeigte den hohen musikalischen Erfahrungsstand der Gruppe. Die U.S.A. integrierten die Synthesizertöne in ihre Klangskulpturen mit einer Subtilität und stilistischen Genauigkeit, die noch heute den meisten Rock-Elektronikern abgehen. Ihre komplizierten Texte waren in der exquisiten Wortwahl faszinierend, trugen aber auch dazu bei, die Musik des Quintetts auf ein Podest zu heben, das den meisten Rock-Interessierten damals noch zu hoch war.

LP auf CBS: *The United States of America* (1968) ... LP JOE BYRD AND THE FIELD HIPPIES auf Columbia/CBS: *The American Metaphysical Circus* (1971)

V

Valens, Ritchie, bürgerlich: Richard Valenzuela (voc, g), am 13. Mai 1941 in Pacoima, Kalifornien, geboren, ersang sich mit dem Doppelhit *Donna/La Bamba* 1958 eine Nische in der Ruhmeshalle des Rock 'n' Roll. *La Bamba*, ein kruder Vorläufer des später vor allem von → SANTANA verfeinerten Latin Rock, diente zahlreichen anderen Rock-Klassikern als melodische Vorlage, so dem *Twist And Shout* der → ISLEY BROTHERS und *Glad All Over* der → DAVE CLARK FIVE. Seit Valens für das lokale Del-Fi-Label seinen Starthit *Come On Let's Go* (1958) veröffentlicht hatte, galt er vor allem bei den Halbwüchsigen der puertorikanischen und mexikanischen Bezirke von Los Angeles als Botschafter jugendlichen Sturm und Drangs. «Seine Lieder», meint der Kritiker Lester Bangs, «geben einen wahrhaftigen und unauslöschlichen Eindruck von dem Gefühl, in jener seltsamen Dekade Teenager gewesen zu sein.» Der Sänger mit der herzerwärmenden Jungenstimme hatte als nächstes Ibero-Rock-Angebot den Standard *Malagueña* aufnehmen wollen. Bei einem Flugzeugabsturz in der Nähe von Mason City, Iowa, verunglückte er jedoch am 3. Februar 1959 mit seinen Tournee-Kollegen → Buddy Holly, → Big Bopper. In den ersten Jahren nach Valens' Tod wurde sein Plattentestament zu einem begehrten Sammlerobjekt: Der Schwarzmarktpreis seiner wenigen LPs betrug damals bis zu 100 Dollar.

LPs auf Del-Fi Records: *Ritchie Valens; In Concert*

at Pacoima Jr. High; Memorial Album (alle 1959/60)

Vanilla Fudge, 1966 auf Long Island, New York, zunächst unter dem Namen The Pigeons gegründet, spielte populäre Hitsongs auf traumatisches Zeitlupentempo herunter, furchte Vokalpassagen mit exzentrischen Orgel-Crescendi auf, zerdehnte Gitarrenbreaks und Schlagzeug-Finali bis an die Grenze der psychischen Erträglichkeit. Mit einer derartigen Interpretation des → Supremes-Hits *You Keep Me Hanging On* hatte die Gruppe 1967 in England und ein Jahr später in Amerika einen Top-Erfolg. Ihr entzerrter Rock machte die Banalität mancher thematischen Vorlage deutlich und überhöhte diese zugleich im Sinne der Pop Art vom Realitätsfragment zum Ausstellungsstück. Dem Zuhörer wurde gestörtes Zeitempfinden suggeriert, wie es nach der Einnahme von Drogen auftreten kann. Erfolgstitel der → Beatles, von Cher, → Smokey Robinson and the Miracles, → Curtis Mayfield und anderen machten die von ‹Billboard› als «psychedelisches Fruchteis» geschmähte Kunstübung den Fans schmackhaft. Bald freilich ließen sich der am 15. Dezember 1946 in Staten Island geborene Carmine Appice (dr), der am 27. August 1944 in Manhattan geborene Tim Bogert (bg) sowie ihre Mitspieler Vince Martell (g), geboren am 11. November 1945 im New Yorker Stadtteil Bronx, und Mark Stein (org), geboren am 11. März 1947 in Bayonne, New Jersey, unter dem Zuspruch der Beatles zu dubiosen Soundexperimenten herab, die ihr Slow-Motion-Konzept fast zum künstlerischen Stillstand brachten. Für das zweite, von der ‹New York Times› als «fascinating pop historical suite» apostrophierte Album *The Beat Goes On* vermengten sie das gleichnamige → Sonny & Chèr-Stück mit Mozart- und Beethoven-Rudimenten, den Stimmen von Chamberlain und Edison, Glenn Miller-Kompositionen, Elvis Presley-Rock und prätentiösen Eigen-Statements über Gott und die Welt. Bei weiteren LP-Produktionen, zum Teil mit Selbstkomponiertem, übersteigerten sie ihr Erfolgsrezept mitunter bis zur Groteske. 1969 spalteten sich Bogert und Appice von der Gruppe ab und formierten das Quartett → Cactus.

LPs auf Atco: *Vanilla Fudge* (1967); *The Beat Goes On* (1968); *Renaissance* (1968); *Near the Beginning* (1969); *Rock and Roll* (1969). LP The Pigeons auf Wand: *While the World was Eating Vanilla Fudge* (rec. 1966, ed. 1970), LP Mark Stein auf RCA Victor: *Boomerang* (1971)

The Velvet Underground, nach dem gleichnamigen sadomasochistischen Groschenroman, nannte Andy Warhol eine Band, die 1965 in Syracuse, New Jersey, als The Falling Spikes zusammengekommen war. Der Pop-Papst engagierte → Lou Reed (voc, g), → John Cale (viola, voc), Sterling Morrison (bg) und Maureen Tucker (dr) für seine Multi-Media-Show ‹The Exploding Plastic Inevitable›, die ab April 1966 im Dom, einem ehemaligen polnischen Ballhaus auf der New Yorker Lower East Side, vorgeführt wurde. → Nico, der damalige Superstar der Warholschen Film-Factory, half der Combo als Vorsängerin, im Flower-Power-Sommer jenes Jahres die «Blumen des Bösen» (‹Chicago Daily News›) auszustreuen. In schwarzem Leder oder dunklem Vinyl stellten sich die Musiker mit dem Rücken zum Publikum und entrissen ihren Instrumenten Akkorde von sinistrer Schönheit und paranoider Aggressivität. Reed ließ seine Gitarre in ausgeklügelten Rückkoppelungen bis an die Schmerzgrenze schreien, Cales Viola warf elektronische Splitterbomben, Morrisons Baßgitarre dröhnte unheilvoll wie ein Schwarm Tiefflieger, und Maureen Tucker, erster weiblicher Drummer in einer Star-Rockband, trommelte claustrophobische Monotonie. Dazu raunte Nico beinahe entmaterialisiert; Reed näselte wie ein vom Marquis de Sade trainierter → Dylan bislang unerhörte Lyrik mit frei assoziierten Metaphern, während Warhols Hauspoet Gerard Malanga die Bullenpeitsche schwang. Ihre Live-Schocker *Waiting For The Man, Heroin, Venus In Furs, Sister Ray, Femme Fatale* und *European Son To Delmore Schwartz* brachte Velvet Un-

DERGROUND mit ständig wechselnder Besetzung kongenial auf Studio-Platten. Nico verließ die Gruppe bereits nach der Produktion der ersten LP, deren Cover mit der abziehbaren Bananenschale Andy Warhol entworfen hatte. John Cale machte sich 1970 selbständig und wurde durch Doug Yule (g, bg) ersetzt. Walter Powers (bg) kam im September 1970 für Lou Reeds ins Spiel, William Alexander reihte sich Mitte 1971 für Sterling Morrison ein. Seit 1972/73 war keines der ursprünglichen UNDERGROUND-Mitglieder mehr in der Formation, die von Doug Yule unter dem alten Namen weitergeführt wurde. Die gedämpfte Kopie entsprach nicht annähernd der bösartig schillernden Brillanz des Originals, der Yule wieder näherzukommen suchte, indem er die VELVETS endgültig auflöste und sich 1975 dem Begleitensemble von Lou Reed anschloß.

LPs auf MGM/Verve: *The Velvet Underground and Nico* (1967); *White Light/Wight Heat* (1967); *The Velvet Underground* (1969); *Archetype* (1974) ... auf Atlantic: *Loaded* (1971); *The Velvet Underground Live At Max's Kansas City* (1972) ... auf Polydor; *Squeze* (1973) ... auf Mercury: *Live* (mit Lou Reed, rec. 1969, ed. 1974)

The Ventures fanden sich in der Besetzung Nole «Nookie» Edwards (g), Don Wilson (g), Bob Bogle (bg) und Mel Taylor (dr) 1960 in Portland, Oregon, zusammen und brachten bis 1975 mehr als 50 Alben mit einer Gesamtverkaufszahl von etwa 30 Millionen Exemplaren heraus. Sie kopierten dabei recht geschickt den stereotypen Teen-Beat des englischen Instrumental-Quartetts → THE SHADOWS und verwilderten ihn mit effektvollen Gitarren-Tremoli à la → Duane Eddy, die ihren eher gemütlichen Sound aggressiver machen sollten. Mit dieser Klangformel schafften die VENTURES im Gründungsjahr 1960 ihren ersten Hit *Walk Don't Run*, der ihnen eine Goldene Schallplatte einbrachte. 1964 gelang ihnen mit der Neueinspielung des gleichen Titels noch einmal ein Golderfolg. Zwei Jahre zuvor hatte ihre Version des Latino-Standards *Perfidia* eine Million Singles verkauft. Mit dem erfolgbringenden Klangkonzept überarbeiteten die VENTURES fortan wahllos alle Arten von Unterhaltungsmusik, vom Soul-Schlager bis zur Musical-Arie. Obwohl ihr Spiel nicht talentlos war, verließen sie sich doch zu sehr auf den Talmi-Glanz von technischen Fertigkeiten und Stimmungseffekten. Sie waren eine Showband, der es auf Erfolgstourneen rund um die Welt ständig gelang, dem Publikum zu suggerieren, ihre Musik habe etwas mit Rock 'n' Roll zu tun. 1969 gelang ihnen ein vorübergehendes Comeback in die Hitparaden mit der Titelmelodie zur Fernsehkriminal-Reihe ‹Hawaii-Five-O›. Die VENTURES, die ihre Besetzung zeitweilig durch verschiedene Instrumentalsolisten ergänzten und bei Studioaufnahmen gern versierte Rock- und Jazzmusiker wie → Leon Russell, Harvey Mandel, → Glen Campbell oder David Gates von → BREAD hinzuzogen, haben ihr Stammpublikum vor allem in Asien und Ozeanien, obwohl sie im ‹Hawaii-Five-O›-Jahr 1969 auch von den Lesern des amerikanischen ‹Playboy›-Magazins als fünftbeste Instrumentalcombo benannt wurden.

LPs (Auswahl) auf Dolton: *Walk Don't Run* (1960); *Another Smash* (1961); *Colorful* (1961); *The Ventures* (1961); *Dance!* (1962); *Dance, Vol. 2* (1962); *Beach Party* (1962); *Dance Party!* (1962); *Telstar/Lonely Bull* (1963); *Surfing* (1963); *I Walk the Line* (1963); *Let's Go* (1963); *In Space* (1964); *Fabulous* (1964); *Walk Don't Run, Vol. 2* (1964); *Knock Me Out* (1965); *On Stage* (1965); *A Gogo* (1965); *Christmas Album* (1965); *Where the Action Is* (1965); *Wild Thing* (1966); *Batman Theme* (1966); *Go* (1966); *Guitar Freakout* (1967) ... auf Liberty: *Super Psychedelics* (1967); *Golden Greats* (1967); *Flights of Fantasy* (1968); *On the Scene* (1968); *Horse* (1968); *1 000 000 Dollar Weekend* (1968); *Underground Fire* (1969); *Hawaii-Five-O* (1969); *More Golden Greats* (1969); *Swamp Rock* (1970); *Tenth Anniversary Album* (1970) ... auf United Artists: *New Testament*; *The Ventures* (1971); *Theme from Shaft*; (1972); *Joy* (1972); *Rock & Roll Forever* (1972); *Jim Croce Song Book* (1974) ... auf Sunset: *Running Strong* (1966); *Genius* (1967); *Supergroup* (1969); *Decade* (1970)

Vincent, Gene, bürgerlich: Vincent Eugene Craddock (voc, g), am 11. Februar 1935 in

Munden Point bei Norfolk, Virginia, geboren, gebärdete sich vor seinen meist männlichen Fans als «verquältester aller Rock-Stars aus den Fünfzigern» (‹Rolling Stone›). Im hautengen schwarzen Lederdress, mit Brillantine-Schmachtlocken und grotesken Körperverrenkungen, «als sei er gefesselt» (Nik Cohn), war er seiner Plattenfirma Capitol als Alternative zu → Elvis Presley gerade recht. Die Toningenieure des Konzerns verzerrten Vincents sanft und nuancenreich zwischen Blues und Country pendelnde Stimme mit «Flatter»-Echo und anderen technischen Gimmicks zur damals zeitgemäßen Country-Rock-Ekstase-Form. Der Ex-Navy-Soldat hatte sich im Korea-Krieg das linke Bein bei einem Motorradunfall paralysiert und war vorzeitig mit zwei Tapferkeitsmedaillen aus dem Militärdienst entlassen worden. Nach einigen Amateur-Gigs bei Provinzbands und -sendern machte er sich 1956 mit dem Discjockey «Sheriff» Tex Davis bekannt. Das Team verfaßte im gleichen Jahr *Be-Bop-A-Lula*, Vincents größten überregionalen Hit. Mit seiner Band THE BLUECAPS, zu deren Urbesetzung Cliff Gallup (g), Willie Williams (g), Jack Neal (bg), Be-bop Harrell (dr) gehörten, katapultierte er sich kurzfristig zu einem Teenager-Idol hoch. Seine Anhänger sahen in dem vor Schmerzen lahmenden Sänger mit der neurotisch-schmelzenden Stimme ein ungebärdiges Außenseiter-Vorbild, analog zu Marlon Brandos Rocker-Figur in dem Film ‹The Wild One› (1954). Vincents kurze US-Karriere bis zur Trennung von den BLUECAPS (1958), mit denen er in Frank Tashlins vorzüglichem Rock-Parodie-Film ‹The Girl Can't Help It» (1956) aufgespielt hatte, war markiert von Zusammenbrüchen, langwierigen Rekonvaleszenzen und Comeback-Katastrophen. In den späten fünfziger Jahren versuchte Vincent, der seit *Be-Bop-A-Lula* und dem Nachzieher *Bluejean Bop* kaum noch Nennenswertes produziert hatte, in Europa seinen Rocker-Ruhm zu restaurieren. Während einer Konzert-Tournee durch England (1959/60) verunglückte er mit seinem Freund → Eddie Cochran bei einem Autounfall, der Cochran das Leben kostete. Vincent gelang es hernach nicht mehr, auf der Showszene festen Fuß zu fassen. Der trunksüchtige, invalide Sänger nahm in den letzten Jahren vor seinem Tode am 12. Oktober 1971 in Los Angeles einige qualitativ ausgeglichene Country-LPs auf. Sie entsprachen seinem eigentlichen Naturell mehr als viele seiner hochgeputschten Rock-Ergüsse, die bisweilen dröhnten, als «höre man *Be-Bop-A-Lula* in zwölf Versionen» (‹Stereo Review›).

LPs auf Capitol: *Bluejean Bob; Gene Vincent and His Blues Caps; Gene Vincent Rocks and the Blues Caps Roll; A Gene Vincent Record Date; Sounds Like Gene Vincent; Crazy Times; Teenage Rock; It's Trad, Dad; The Crazy Beat; Shakin' up a Storm* (1956 bis 1967); *Greatest Hits* (1969); *The Bob That Just Won't Stop* (1970) ... auf Dandelion: *I'm Back and I'm Proud* (1969) ... auf Kama Sutra: *The Day the World Turned Blue* (1971) ... auf Electrola: *Vincent's Greatest*

Vinegar Joe war eine der wenigen englischen Newcomer-Bands des Jahres 1972, die musikalisch überzeugen konnten, vor allem dank der Stimme von → Elkie Brooks. Zusammen mit dem aus Batley, Yorkshire, stammenden, in Malta aufgewachsenen Sänger Robert Palmer gospelte Elkie Brooks zum perfekt-problemlosen Rhythm & Blues der Combo in der Art berühmter Soulduos wie → IKE & TINA TURNER oder → DELANEY & BONNIE. Elkies Mann, der in London gebürtige Gitarrist, Ex-Manager und Plattenproduzent Peter Gage (er produzierte beispielsweise die erste Single der TASTE), versuchte 1971 zunächst, das Vokal-Team mit einem acht- bis zwölfköpfigen Jazz Rock-Ensemble namens DADA zu umgeben. Nach einer eher musikalisch als kommerziell ergiebigen USA-Tournee mußte er diese Gruppe auf Grund von Finanzierungsschwierigkeiten jedoch wieder auflösen. Mit dem Sextett VINEGAR JOE verfolgte er die gleiche Absicht in kleinerer Besetzung: «Ich habe mich nie als grandioser Leadgitarrist gefühlt. Wir sind eine Band, die Gesangssolisten mit instrumentalen Ornamenten verziert.» Die eklektizistischen Ornamente fügten sich jedoch im Good-Time-Stil der Band zu ansprechenden Bluesmustern ohne jeden modischen Firlefanz. «Wenn man heute eine Rockgruppe am Leben erhalten will», sagte Gage, «muß man sein Publikum vor allem unterhalten.» VINEGAR JOE tat es auf höchst angenehme Art, blieb aber dennoch nicht am Leben.

LPs auf Island: *Vinegar Joe* (1972); *Rock 'n' Roll Gypsies* (1972); *Six Star General* (1973). Solo-LP Robert Palmer auf Island: *Sneakin' Sally Through the Alley* (1974)

W

Washington jr., Grover (as, ts, bs, p, bg), am 12. Dezember 1943 in Buffalo, US-Staat New York, geboren, hat sich mit nur wenigen Langspielplatten als einfallsreicher, geschmackssicherer und umsatzstarker Instrumentalinterpret populärer Soul-Hits etabliert. Zusammen mit dem Produzenten Creed Taylor und dem Arrangeur Bob James übertrug er → Marvin Gayes *Inner City Blues*, → Stevie Wonders *You Are The Sunshine Of My Life*, → Bill Withers' *Ain't No Sunshine*, *Masterpiece* von den → TEMPTATIONS und andere Stücke in Jazz- oder Unterhaltungsmusik-Kontext und weitete sie zu suitenartiger Länge aus, ohne ihr ursprüngliches Soul-Feeling preiszugeben. Seine Improvisation über Gayes Filmthema *Trouble Man* nimmt mit 16 Minuten Dauer eine ganze LP-Seite ein. Der Sohn eines Saxophonisten und einer Gospelsängerin begann zehnjährig das Sax-Studium an der Wurlitzer School of Music, spielte in High School-Kapellen, gründete mit sechzehn seine erste Profi-Combo und arbeitete jahrelang in verschiedenen Formationen. Nach der Teilnahme an der LP *Breakout* des Organisten Johnny «Hammond» Smith schloß Washington 1971 mit dem Label Kudu einen Solo-Kontrakt. Am 17. Mai 1975 erreichte er mit dem Album *Mr. Magic* in ‹Billboards› Soul-Charts die Top-Position.

LPs auf Kudu: *Breakout* (mit Johnny «Hammond» Smith, 1970); *Inner City Blues* (1971); *All the King's Horses* (1972); *Soul Box* (1973); *Mr. Magic* (1975)

The Wailers verfeinerten die Getto-Klänge des Reggae zu artistischen Statements, die den besten Werken → Sly Stones und → Marvin Gayes verwandt und ebenbürtig sind. Bob Marley (voc), «der erste Genius des Reggae» (‹Melody Maker›), am 5. Februar 1945 in St. Ann, Jamaika, als Sohn eines britischen Hauptmanns und einer Spiritualsängerin geboren, würzte die Reggae-Melange aus westindischer Folklore, Rockabilly-Klängen und afrikanischen Rhythmen mit Soul-Spieltechniken und Elektronik-Effekten, wie sie → Stevie Wonder im Motown-Kontext vorgemacht hatte. Der im Zeitlupentempo akzentuierte Achtel-Rhythmus und die sparsame Orchestrierung der meist von Marley verfaßten WAILERS-Stücke, mit ihren subtilen Slide-Gitarren- und Synthesizer-Zumischungen, resultierten in einer raffinierten Simplizität, «die niemand sonst gelingt, höchstens ungebildeten Jamaikanern» (‹Rolling Stone›). Tatsächlich ist Reggae ein Protest-Produkt der Armenviertel und Proletarier-Reservate, das von der Oberschicht Jamaikas als potentiell unruhestiftend degoutiert wird. Die WAILERS fanden 1964 in Shantytown, einem Slum-Vorort Kingstons, in der Besetzung Marley, Peter Mackintosh (p, g), Neville «Bunny» Livingstone (perc) zusammen. Dem Trio schlossen sich zeitweilig die Vokalisten Junior Braithwaite, Beverly Kelson an. Die erste Einspielung für das lokale Coxsone-Label, *Simmer Down*, wurde zu einem Getto-Bestseller. Zu den Früherfolgen des Ensembles gehören auch die makellos interpretierten Titel *Put It On, Sunday Morning* (1966) sowie *Stir It Up* (1967), das der amerikanische Pop-Sänger → Johnny Nash ein Jahr später mit internationalem Erfolg in sein Repertoire übernahm. Nach einem Zwischenaufenthalt Marleys in den USA reformierten sich die WAILERS 1970 mit Marley, Mackintosh, Livingstone, Aston «Family Man» Barrett (bg), Carlton «Carlie» Barrett (dr). 1973 kam noch Earl «Wire» Lindo (keyboards) hinzu. Die im gleichen Jahr für Chris

Blackwells Island-Label aufgenommene LP *Catch-A-Fire* machte Publikum wie Rezensenten überregional auf die WAILERS aufmerksam und brachte ihnen, neben zahlreichen Elogen, auch hochfahrendes Kritiker-Unverständnis ein: «Ein Nebel angenehmer Langeweile» breitete sich nach Meinung von ‹Down Beat› über der im gleichen Jahr veröffentlichten LP *Burnin'* aus, der → Eric Clapton die Marley-Komposition *I Shot The Sheriff* mit Bestseller-Erfolg entnahm. ‹Rolling Stone› dagegen erschienen die Reggae-Variationen der WAILERS historisch bedeutsam: «Sie entwickeln eine phantastische Ausdrucksbreite in einem Kontext, den man restriktiv nennen könnte. Aber war das nicht schließlich stets das Großartige am Rock 'n' Roll?»

LPs auf Golden Crest: *Fabulous* (1960) ... auf Imperial: *Tall Cool One* (1966) ... auf United Artists: *Outburst!* (1967) ... auf Bell: *Walk Thru the People* (1968) ... auf Island: *Catch-A-Fire* (1973); *Burnin'* (1973); *Natty Dread* (1975) ... auf Trojan: *African Herbsman* (1973); *Rasta Revolution* (1974)

Wainwright III, Loudon (voc, g), am 5. September 1946 in Chapel Hill, North Carolina, als Sohn eines ‹Life›-Redakteurs geboren, singt humorvolle Folk-Poesie mit der intellektuellen Entspanntheit eines gutbürgerlichen Drop-outs. Aus dem weißen, angelsächsisch-protestantischen Milieu der Ostküsten-Oberschicht graduierte Wainwright in die Folk-Boheme-Szene des New Yorker Künstler-Quartiers Greenwich Village, in der auch → Bob Dylan, mit dem er oft verglichen wird, seine ersten Auftritte hatte. Der «Chaplin des Rock» (‹Rolling Stone›) skizziert mit teilnahmsvoller Einsicht Personen und Ereignisse eines eigenbrötlerischen Alltags. Übermut und Melancholie tauchen Wainwrights Songs in ein Wechselbad emotioneller Engagements, die der Sänger mit einem kratzigen, oftmals schrillen Tenor artikuliert. Der Vegetarier, der den Komiker Jerry Lewis und die Schriften französischer Philosophen schätzt, singt von seiner gespielt verruchten Jugend, von Dialogen mit der Hauskatze, vom Mangel an Inspiration beim Liederschreiben, der Einsamkeit eines Rock-Tourneemusikanten und toten Stinktieren, die die frische Country-Luft verpesten – mit der Autorität des aufmerksamen Beobachters, der um sarkastische Kommentare und unverhüllte Sensibilität nicht verlegen ist. Diese Marginal-Studien aus der privaten Erlebnissphäre sind «von einer solchen Präzision, daß dem Zuhörer die Luft wegbleibt» (‹Boston Globe›) und er die realistischen und dennoch romantischen Mini-Dramen mit ihren phantasievollen Wortkombinationen, exakten Metaphern und ausgewogenen Satzrhythmen als «Reports vom wahren Leben begreift» (‹New York Times›).

LPs auf Atlantic: *Album I* (1970); *Album II* (1971) ... auf CBS: *Album III* (1972); *Attempted Mustache* (1973); *Unrequited* (1974)

Walker, Aaron «T-Bone» (voc, g), am 28. Mai 1910 in Linden, Texas, geboren, war (1933 in der COUNT BILOXI BAND in Forth Worth, Texas) der erste Schwarze in einem weißen Südstaaten-Jazzorchester, später (1936/37) der erste Bluesinterpret in den Nachtlokalen des Sunset Strip in Hollywood, und der erste Bluesgitarrist, der (schon um 1935) sein Instrument über einen Elektroverstärker hallen ließ. Er war ein Rockmusiker, noch bevor es den Terminus Rock 'n' Roll gab; als Showman galt er mehreren Musikergenerationen als vorbildlich: «Die lange Schnur an seiner juwelenbesetzten Gitarre wurde zu einem Bestandteil seines Auftritts. Denn kunstvoll und trickreich vermied er es, in Momenten tänzerischer Ekstase darüber zu stolpern. Manchmal machte er auch Spagat auf der Bühne, hob sein Instrument über den Kopf nach hinten und spielte mit der Gitarre im Nacken – alles, ohne auch nur einmal aus dem Rhythmus zu kommen» (Jazzchronist George Hoefer über Walkers Arbeit mit der kalifornischen LES HITE BAND 1939/40). Als Kind hatte er den blinden Wandersänger Lemon Jefferson über Land geführt und in den zwanziger Jahren der Bluesrevue von Ma Rainey angehört, bevor er sich 1934 in Los

Angeles niederließ. Seine ersten Soloplatten nahm er 1942 für die neugegründete Firma Capitol auf und hatte nach rund 20 Singles auf verschiedenen Labels mit *Call It Stormy Monday* (ursprünglich betitelt: *Tuesday's Just As Bad*) und dem *T-Bone Blues*, von dem sich sein Spitzname ableitet, erste Hits. Über die Gitarrenspielweise von → B. B. King, der sich stets als Walker-Schüler bezeichnete, ging sein hart rockender Bluesstil in die Musik vieler junger weißer Popmusik-Ensembles ein. Walker starb am 17. März 1975 im Vernon Convalescent Hospital von Los Angeles an Lungenentzündung.

LPs (Auswahl) auf Atlantic: *T-Bone Blues* (1959, re-issue 1970) ... auf Capitol: *Original Performances 1945–50* (ed. ca. 1963) ... auf MFP Records: *The Blues of T-Bone Walker* (1965) ... auf Pickwick: *Blues Shout* (1967) ... auf Imperial: *T-Bone Walker Sings the Blues; Singing the Blues; I Get so Weary* (alle ed. 1958/59) ... auf Bluesway: *Stormy Monday Blues* (1967); *Funky Town* (1968); *Dirty Mistreater* (1974) ... auf Brunswick: *The Truth* (1968) ... auf Polydor: *Good Feelin'* (1968); *Fly Walker Airlines* ... auf Flying Dutchman/Bluestime: *Everyday I Have the Blues* (1968); *Super Black Blues* (mit Joe Turner, Otis Spann u. a. 1969) ... auf Black & Blue: *Feeling the Blues* (1969) ... auf Wet-Soul: *Stormy Monday Blues* (1970) ... auf Verve: *Live from Montreux* (1973) ... auf Delmark: *I Want a Little Girl* (1974)

The Walker Brothers traten 1964 im Hollywood A-Gogo erstmals gemeinsam auf, reisten im Februar 1965 nach England, beeinflußten dort mit Hits wie *The Sun Ain't Gonna Shine Anymore, Make It Easy On Yourself, My Ship Is Coming In* die Charts und gingen im Mai 1967 zugunsten von Solo-Karrieren auseinander. Das Pseudonym Walker hatte der am 12. November 1943 in New York City geborene John Maus (voc, g) schon als 16jähriger Schüler des El Camino College in Kalifornien angenommen. Zu den WALKER BROTHERS vereinigte er sich sodann mit dem am 9. Januar 1944 in Hamilton, Ohio, geborenen Scott Engel (voc, bg), der zuvor als Kinderdarsteller im Broadway-Musical ‹Pipe Dream› von Rodgers und Hammerstein aufgetreten war und als Kunstschüler in Hollywood mit der Amateurband THE ROUTERS gespielt hatte. Gary Leeds (dr), am 3. September 1944 in Glendale, Kalifornien, geboren, den Maus durch einen Autounfall kennenlernte, wurde ihr dritter Mann. Die stark verhallten Plattenaufnahmen dieses Trios, vielfach → EVERLY BROTHERS-Arrangements nachempfunden, sowie eine oft überdramatisierte Bühnengymnastik beeindruckten in England neben stilistisch unsicheren Beat-Anhängern auch viele ältere Showbusiness-Fans. Nach ihrer Trennung wechselten John und Scott, die beide den Bühnennamen Walker beibehielten, gänzlich ins Middle-of-the-Road-Fahrwasser altmodisch-romantischer Nightclub-Musik. John schrieb unter anderem den Film-Soundtrack, Scott hatte mit englischen Versionen der Jacques Brel-Chansons *Amsterdam* und *Jacky* Erfolg.

LPs auf Philips: *The Walker Brothers* (1965); *Portrait* (1966); *Images* (1967); *Walker Brothers Story* (1973). Solo-LPs John Maus als John Walker auf Pye: *If You Go Away* (ca. 1968); *This is John Walker* (ca. 1969). Solo-LPs Scott Walker auf Philips: *Scott* (1967); *Scott 2* (1968); *Scott 3* (1969); *Til the Band Comes in* (1970); *The Moviegoer* (1971) ... auf CBS: *Stretch* (1973)

War (Krieg) wurde im Herbst 1967, als das farbige Septett (nur der Harmonikaspieler war Däne) zur Begleitung von → Eric Burdon Europa bereiste, auf der Titelseite des ‹New Musical Express› als «beste Live-Band, die wir jemals gehört haben», qualifiziert. Sie war, bestehend aus Howard Scott (g, perc, voc), B. B. Dickerson (bg, perc, voc), Lonnie Jordan (p, org, perc, voc), Harold Brown (dr, perc, voc), Dee Allen (perc, voc), Charles Miller (fl, sax, voc), Lee Oskar (harm, perc, voc), «originell, überraschend, voller Ideen und Kontraste» (‹Sunday Times›). Unter den Bandtiteln CREATORS und NIGHT SHIFT waren die schwarzen Musiker mit Jazz und Rhythm & Blues vorwiegend im Negergetto Watts von Los Angeles aufgetreten, bis die Manager Jerry Goldstein und Steve Gold sie im Sommer 1969 mit Burdon zusammenbrachten.

«Wir, das Volk», druckten sie salbungsvoll auf das Cover ihrer Debüt-LP *Eric Burdon Declares War*, «haben den Leuten den Krieg erklärt – für das Recht, einander zu lieben.» Musikalisch führte ihr Feldzug durch Amerika und Europa durchaus zum Sieg: Mit dem erotisch aufreizenden Hit *Spill That Wine* («Kipp den Wein aus, nimm das Mädchen») und den von inspirierten Instrumentalsoli begleiteten sozio-politischen Blues-Monologen *Tobacco Road* und *Blues For Memphis Slim* konnten Burdon und War Publikum und Kritiker überzeugen. Ihre Botschaft jedoch blieb Rhetorik: Burdon vereinnahmte den Ruhm, die Manager kassierten einen Großteils des Gewinns, War blieb im dunkeln. Als sich die Musiker 1971 von ihrem Starsänger lösten und eigene Platten bespielten, hatten sie zunächst nicht annähernd den gleichen Erfolg. Ihr Songtext *They can't take away our music* («Unsere Musik kann uns niemand nehmen») schien, kommerziell betrachtet, eine Illusion zu sein. Doch mit ihrer Millionen-LP *The Worlds is A Ghetto* kamen sie im Winter 1972/73 wider Erwarten an die Spitze und konnten auch mit Singles wie *The Cisco Kid, Slipping Into Darkness* Hits verbuchen. Das Fehlen eines kompetenten Lead-Sängers und das unsystematische Jammen der Rhythmusgruppe machten sich jedoch als empfindliche Mängel bemerkbar. War erschien zunehmend als eine Klangschale ohne Inhalt.

LPs mit Eric Burdon auf MGM: *Eric Burdon Declares War* (1969) ... auf Liberty: *Black Man's Burdon* (1970); ohne Eric Burdon auf United Artists: *War* (1971); *All Day Music* (1971); *The World is A Ghetto* (1972); *Deliver the Word* (1973); *War Live* (1973) ... auf Soufflé Records: *The Other Side of War Warms Your Heart* (rec. ca. 1967, ed. 1972)

Waters, Muddy, bürgerlich: McKinley Morganfield (voc, g), am 4. April 1915 in Rolling Fork, Mississippi, geboren und bei den Großeltern in Clarksdale aufgewachsen, hat als erster Country-Musiker dem Blues Großstadt-Drive gegeben und ihn, elektrifiziert, als Rockimpuls wirksam gemacht. Sein *Rolling Stone Blues* gab der erfolgreichsten britischen Blues Rock-Band und der tonangebenden amerikanischen Popmusik-Zeitung den Namen. Auf Howard Stovalls Plantage in Mississippi, wo er als Baumwollpflükker arbeitete, wurde der Adept des schwarzen Country-Veterans Son House 1940 von den Folklore-Forschern Alan Lomax und John Work entdeckt, die zwei Stücke mit ihm für die Library of Congress in Washington aufnahmen: *I Be's Troubled* und *Country Blues*. 1943 ging Waters nach Chicago, werkte in einer Papierfabrik, als Lastwagenfahrer und machte 1946 seine ersten kommerziellen Platten für die Marke Aristocrat, aus der 1950 die Firma Chess hervorging: *Gypsy Woman, Little Anna Mae, I Feel Like Going Home, I Can't Be Satisfied*. Anfang der fünfziger Jahre galt die Muddy Waters Band mit → Little Walter Jacobs (harm), Jimmy Rogers (g), «Big» Crawford (b), Elgar Edmonds (dr) und Waters' Halbbruder → Otis Spann (p) als Inbegriff des nervösen, aggressiven Chicago-Bluesstils. Die mit sexuellen Anspielungen durchsetzten Stücke der Band (*Got My Mojo Workin', Hoochie Coochie Man*) und Waters' spannungsgeladenes Gitarrespiel regte zahlreiche weiße Rockmusiker an. → Paul Butterfield und → Mike Bloomfield, mit denen er 1969 das vielbeachtete Doppelalbum *Fathers and Sons* produzierte, gehörten in den Chicagoer South Side-Kneipen zu seinem unmittelbaren Schülern. Seine Teilnahme an mehreren Jazz- und Folk-Festivals in Newport und Monterey sowie seine Europa-Tourneen (u. a. mit dem American Folk Blues Festival) brachten ihm auch außerhalb der Blues-Zirkel internationales Renommee.

LPs (Auswahl) auf Testament: *Down on Stovalls Plantation 1941–42* (re-issue 1966) ... auf Sunnyland: *Vintage Muddy Waters* (re-issue 1970) ... auf Chess/Checker/Cadet: *Best of Muddy Waters* (1958); *Sings Big Bill Broonzy* (1959); *At Newport* (1961); *Folk Singer* (1964); *Real Folk Blues* (1966); *Muddy, Brass & Blues* (1967); *More Real Folk Blues* (1967); *Super Blues* (mit Bo Diddley, Little Walter, 1967); *Super Super Blues Band* (mit Bo Diddley, Howlin' Wolf; 1968); *Electric Mud* (1968); *After the Rain* (1969); *Fathers and*

Sons (mit Paul Butterfield, Mike Bloomfield; 1969); *They Call Me Muddy Waters* (1971); *The London Sessions* (1972); *Live* (1972); *McKinley Morganfield/History* (1973); *Experiment in Blues* (1973); *Can't Get No Grindin'* (1974); *Unk in Funk* (1974) ... auf Muse: *Mud in Your Ear* (1973)

Weather Report, im November 1970 in New York gegründet, wurde von Kritikern als «superlative musical experience» (Michael Cuscuna) ungewöhnlich enthusiastisch begrüßt und vom CBS-Chef Clive Davis unter Vertrag genommen, noch bevor dieser einen Ton von der neuen Gruppe gehört hatte. Maßgeblich dafür war das Renommee der Musiker, die alle aus der Jazz-Combo von → Miles Davis stammten. Joe Zawinul (keyboards), am 7. Juli 1932 in Wien, Österreich, geboren, hatte sieben Jahre dem Quintett des Altsaxophonisten Julian «Cannonball» Adderley angehört und dort den Jazz-Hit *Mercy Mercy Mercy* komponiert. Bei Miles Davis hatte er als Komponist und am Elektro-Piano maßgeblich an den LPs *In A Silent Way* und *Bitches Brew* mitgewirkt. Wayne Shorter (ts, ss), am 25. August 1933 in New Jersey geboren, hatte mit einer Unzahl prominenter Musiker Platten aufgenommen und in eigener Regie mit *Super Nova* (Blue Note) eine der besten Jazz-LPs des Jahres 1970 vorgelegt. Zusammen mit dem aus Prag, Tschechoslowakei, stammenden Bassisten Miroslav Vitous, Jahrgang 1947, und den Perkussionisten Alphonze Mouzon, Airto Moreiro (später Eric Gravatt, Dom Um Romao, Ishmael Wilburn, Alphonso Johnson) etablierten sie sich als Kollektiv total gleichberechtigter Partner mit einer frei fließenden Instrumentalmusik außerhalb aller gängigen Kategorien als «Space Supergroup» (‹Rolling Stone›). Das Jazzmagazin ‹Down Beat› wählte ihre erste LP 1971 zum «Album des Jahres»; vom japanischen ‹Swing Journal› wurden sie als «Gruppe des Jahres» nominiert. Den meisten Fans war der Free Rock jedoch zu avantgardistisch. Der Plattenverkauf entsprach den Umsatzerwartungen so wenig, daß die Musiker nach einer Ostasien-Tournee im Frühjahr 1972 (auf Seite 2 der zweiten LP durch einen Live-Mitschnitt aus Tokio dokumentiert) auseinandergingen, um zunächst nur noch sporadisch zusammen zu musizieren. Auch ästhetische Einwände wurden laut. Kritiker Joachim E. Berendt: «Das Geflecht einander völlig gleichgeordneter Instrumentalparts stimmte schon rein physikalisch nicht. Das Saxophon von Wayne Shorter stand klanglich so sehr im Vordergrund, daß es das musikalische Geschehen gerade dort zu beherrschen schien, wo Herrschaft sich verbietet.» Aber das Konzept und die Band waren nicht totzukriegen. Sound-Regisseur Zawinul intensivierte auf den späteren LPs *Sweetnighter, Mysterious Traveller* das rhythmische Geflecht durch mehrere Perkussionisten und verstärkte gleichzeitig den Anteil der Elektronik durch geschickte Mischung von Synthesizer, Orgel, Mellotron, Oktavdivider am Saxophon, eingeblendete Stimmen, Publikumsgeräusche etc. Auf diese Weise wirkte Weather Report 1974/75 flexibler als die meisten auf Jazz Rock spezialisierten Bands.

LPs auf CBS: *Weather Report* (1971); *I Sing the Body Electric* (1972); *Sweetnighter* (1973); *Mysterious Traveller* (1974)

The Weavers trugen 1950 die Folksong-Begeisterung der Kaffeehaus-Jugend von Greenwich Village, New York, in die vorwiegend mit sentimentalen Schlagern bestückten Hitparaden. Ihre Version des 1931 von → Leadbelly geschriebenen Walzers *Goodnight Irene* hielt sich dreizehn Wochen auf dem ersten Platz der Erfolgslisten. «Folksinging» war damals überwiegend ein akademisches Vergnügen der an ethnischer Musik interessierten Bohème, die mit Sammlerfleiß Volkslieder aus verschiedenen Epochen der amerikanischen Geschichte zusammentrug, in ihrem Freundes-Magazin *Sing Out!* diskutierte und auf dem alljährlichen Newport Folk Festival einem größeren Kreis von Eingeweihten zugänglich machte. Diese Sea Shanties, Work Songs und Western Ballads feierten in naiver Freude die Verbundenheit von Mensch und Natur, die Schönheit der amerikanischen Landschaft sowie ihre Mythen, ihre Helden und Legenden. Kern der WEAVERS-Truppe war → Pete Seeger, der später als Solist Balladen mit klassenkämpferischem Akzent vortrug. Die WEAVERS und zahlreiche ihrer Anhänger und Förderer gerieten zu Beginn der fünfziger Jahre ins Zwielicht der antikommunistischen Propaganda, das dem Image der Folksongbewegung erheblich geschadet hat. Das → KINGSTON TRIO nahm ein Jahrzehnt später, in weniger puristischer Interpretation, die von den WEAVERS gefestigte Tradition wieder auf. Auch die Generation der Folk Rock-Sänger (→ Bob Dylan, → Joan Baez, → PETER, PAUL & MARY) orientierte sich an dem Vorbild der Seeger-Pioniere, deren musikkulturelle Bedeutung der Dichter Carl Sandburg mit dem Satz umriß: «Wenn ich Amerika singen höre, dann sind es die WEAVERS.»

LPs auf Vanguard: *The Weavers at Carnegie Hall* (1956); *The Weavers on Tour* (1957); *The Weavers at Home* (1958); *Best of The Weavers* (1959); *Folk Songs Around the World* (1959); *Weavers Almanac* (1962); *Weavers Reunion* (1963); *Weavers Reunion Vol. 2* (1965); *Weavers Songbag* (1967); *Travelling* (1967); *Greatest Hits* (1972) ... auf Decca: *Folksongs Around the World* (1959); *Best* (1959); *Weavers Gold* (1962)

Webb, Jim (voc, p, org, g), als Sohn eines Baptistenpredigers am 15. August 1946 in Elk City, Oklahoma, geboren, gehört zu den erfolgreichsten Popmusik-Komponisten der sechziger Jahre. Seine Songs *By The Time I Get To Phoenix* über die Flucht vor der verbotenen Liebe mit einer Minderjährigen, *Mac Arthur Park* über das Ende einer emotionalen Liaison und *Up Up And Away* über einen Ballon-Trip brachten ihm in den Versionen von → Glen Campbell, Richard Harris und den → FIFTH DIMENSION insgesamt acht Grammy Awards. Zu seinen Hits, die unter anderen von → Barbra Streisand, Frank Sinatra und → Aretha Franklin gesungen wurden, gehören außerdem *Wichita Lineman, Paper Cup, High Pockets, Galveston, Where's The Playground, Susie?*. Der Schauspieler Richard Harris (*A Tramp Shining, The Yard Went On For Ever*) und die Sängerin Thelma Houston (*Sunshower*) brachten LPs mit Webb-Kompositionen heraus; für die → SUPREMES arrangierte und produzierte er ein Album. Vom San Bernardino Valley College, wo er Musik studierte, hatte er 1966 im zweiten Semester Abschied genommen und sich bei einer Plattenfirma in Los Angeles als Notenkopist verdingt. Nebenbei komponierte er – den Bestseller *Up Up And Away* beispielsweise in 35 Minuten. 1968 erlöste er aus seinen Melodien 350 000 Dollar Tantiemen und bezog ein 22-Zimmer-Haus, in dem vordem das Phillipinische Konsulat residiert hatte. 1969 brach er aus dem Musik-Establishment Hollywoods aus und stellte sich 1970/71 auf Reprise als Autor und Interpret neuer Lieder mit Rock-Feeling vor. Obgleich einige Verse (so etwa in der dreiteiligen fünfzehn Minuten langen *Music For An Unmade Movie*) prätentiös klangen, waren die Songs insgesamt «ein kraftvoller Ausdruck von Gefühlen und Stimmungen» (‹Rolling Stone›). «Die große Kunst seiner Texte», urteilte das ‹New York Times Magazine›, «liegt in den Andeutungen, in dem, was sie nicht sagen.» Als Komponist, meinte Amerikas Star-Kritiker Jon Landau, sei Webb am besten, wenn er seine «Imagination und seine totale Perfektion» in den Dienst «purer Melodien» stellt.

LPs auf Epic: *Jim Webb Sings* (1968) ... auf Reprise: *Words and Music* (1970); *And So: On* (1971); *Letters* (1972) ... auf Asylum: *Land's End* (1974)

Wells, Amos «Junior» (harm, voc), am 9. Dezember 1934 als Sohn eines schwarzen Farmers aus Marion, Arkansas, im John Gaston Hospital von Memphis, Tennessee, geboren, nahm 1952 die Stelle von → Little Walter in der CHICAGO BLUES BAND von → Muddy Waters ein. Er gehört zu der von Little Walter begründeten «Saxophon-Schule» unter den Blues-Harmonikaspielern. Das heißt, er artikuliert seine Phrasen eher wie ein R & B-Tenorsaxophonist als in der traditionellen Mississippi-Diktion eines → Sonny Boy Williamson. Nachdem Junior Wells, Mitte der fünfziger Jahre vom Militärdienst unterbrochen, jahrelang berühmten Vokalisten als Sessionmusiker gedient und eigene Platten für Mini-Labels wie States, Chief, Profile aufgenommen hatte, erlangte er 1966 auch außerhalb Chicagos eine gewisse Prominenz. Er bereiste mit dem American Folk Blues Festival Europa und veröffentlichte die LP *Hoodoo Man Blues*, die vom ‹Jazz›-Magazin zur Bluesplatte des Jahres gekürt wurde. Im Auftrag des US-State Departements unternahm er Goodwill-Tourneen nach Asien und Afrika und entwickelte seinen Stil so weit in Rock- und Soul-Richtung, daß er mit seiner vielfach bläserbesetzten Band auch in den amerikanischen Popmusik-Tempeln Ovationen auslöste. Der Gitarrist Buddy Guy, der im Wells-Ensemble reüssierte, wurde um 1969 als Co-Bandleader und bei Schallplattenaufnahmen sein Partner.

LPs (Auswahl) auf Delmark: *Hoodoo Man Blues* (1966); *Southside Blues Jam* (1968) ... auf Vanguard: *It's My Life, Baby* (1966); *Chicago, The Blues Today, Vol. 1* (1967); *Coming On You* (1968) ... auf Blue Rock/Mercury: *You're Tuff Enough* (1968); *Live at the Golden Bear* (1968) ... auf Blue Thumb/Harvest: *Buddy and The Juniors* (1969, mit Buddy Guy) ... auf Atlantic: *Buddy Guy and Junior Wells Play the Blues* (1972)

White, Barry (voc, keyboards, dr), am 12. September 1944 in Galveston, Texas, geboren, hat den gefälligen, an breite Käuferschichten appellierenden Soul-Stil von → Isaac Hayes weiter vereinfacht und sich mit gutturalem Kopfkissengeflüster, schwelgerischen Violinarrangements und erotisierenden Love-Songs in aller Welt den Massenmarkt erschlossen. Sein Verhältnis zu Hayes entspricht etwa dem von Glenn Miller zu Benny Goodman in der Swingmusik. Der Sohn einer Gospelsängerin, die im Film ‹Trader Horn› auch eine Kinorolle gespielt hatte, wuchs seit dem Babyalter in Los Angeles auf, klimperte mit sechzehn in der R & B-Combo UPFRONTS, war eine zeitlang Road-Manager von Jackie Lee und komponierte zwischen 1963 und 1965 die Top-Ten-Songs *Harlem Shuffle* und *The Duck*. 1966 trat er als Producer und Repertoiremanager in die kalifornische Plattenfirma Bronco Records ein, schrieb und produzierte dort den Hit *I Feel Love Comin' On* und versuchte sich mit *All In The Run Of A Day* auch als Sänger. Der große Erfolg stellte sich jedoch erst nach 1971 ein, als er entdeckt hatte, «daß das einzige Wort, das ich für meine Musik buchstabieren können muß, ‹Liebe› heißt». Unter dem Titel LOVE UNLIMITED schickte er drei Ex-Gospelsängerinnen mit der Melodie *Walking In The Rain* ins Rennen und verkaufte davon eine Million Singles. Mit dem LOVE UNLIMITED-Trio, seinem LOVE UNLIMITED-Orchester und als Solo-Star hat er das *Love's Theme* (Titel einer Bestseller-Instrumentalaufnahme) seither kommerziell ertragreich variiert. Stücke wie *I've Got So Much To Give, Never Never Gonna Give Ya Up* oder *I Can't Get Enough of Your Love, Babe* trugen ihm auf Grund ihres gewaltigen Diskotheken-Appeals ein Abonnement in den Hitparaden ein. «Ich weiß», sagt er, «daß ich mit Liedern weder Kriege in Asien stoppen noch das Rassenproblem lösen kann. Wenn mir aber eine Frau sagt, ihr Mann sei im Bett freier, nachdem er meine Platten gehört hat, macht mich das happy. Laßt mich also meinen kleinen Beitrag dazu leisten, den Krieg im Schlafzimmer zu beenden.»

LPs auf 20th Century/Philips: *I've Got So Much to Give* (1973); *Stone Gon'* (1974); *Together Brothers* (Soundtrack, 1974); *Can't Get Enough* (1974); *Just Another Way to Say I Love You* (1975). LPs LOVE UNLIMITED: *Under the Influence of Love Unlimited* (1973); *In Heat* (1974). LPs LOVE UNLIMITED ORCHESTRA: *Rhapsody in White* (1973); *White Gold* (1974); *Grand Gala* (Sampler, 1974)

White, Tony Joe (voc, g, harm), am 23. Juli 1943 in Oak Grove, Louisiana, geboren, lieferte in seinen Folksongs atmosphärisch dichte Genrebilder aus dem amerikanischen Süden. Seine undramatischen Geschichten von den schwarzen Nachbarn *Willie And Laura Mae Jones*, der *Polk Salad Annie* aus sozial labilem Elternhaus, dem Tramp-Duo *Roosevelt And Ira Lee*, von heimlichen Liebesnächten am Fluß (*Save Your Sugar For Me*) und autobiographischen Samstag-Abenteuern in der Kleinstadt (*Saturday Nite, Oak Grove, Louisiana*) trug er mit Sentimentalität und Satire im Plauderton eines Anekdotenerzählers oder Klatschberichters vor und erhöhte damit das Flair des Authentischen. Mit sinnlicher, rauhfaseriger Stimme besang er die Melancholie einer «Regennacht in Georgia» (Songtitel), skizzierte das spirituelle Erbe und die soziale Gegenwart des alten Südens in den Porträts vom «Gospelsänger», «Stadtstreicher», «Wanderarbeiter». Gefühlvoll träumte er von «Aspen, Colorado», «Soul Francisco» und schwärmte von «Eiskrem nach Hausmacher Art» (Albumtitel). Den schwerfälligen, fettigen Sound seiner Begleitcombo charakterisierte er als «swamp music» (Sumpf-Musik) – eine Mischung aus Rhythm & Blues, Country-Klängen und kreolischem Jazz. Mit diesen erdigen Provinztönen erregte White 1969 weltweites Aufsehen. Obendrein übernahmen Soul- und Rock-Interpreten wie → Elvis Presley, Brook Benton, Tom Jones einige seiner Titel mit beträchtlichem Erfolg in ihr Repertoire. Die Plattenfirma Monument ließ White als Schlagersänger vom Lande produzieren und verordnete ihm nichtssagende Arrangements, die die kommerzielle Attraktivität seiner Lieder erhöhen sollten, in Wahrheit jedoch die Ausprägung eines individuellen Stils erschwerten. Nach seinem Wechsel zum Warner Brothers-Label konnte sich der Südstaatler zu Soul-Begleitung als moderner Folksänger profilieren.

LPs auf Monument: *Black and White* (1969); *Tony Joe White ... Continued* (1969); *Tony Joe* (1970); *The Best of Tony Joe White* (1972) ... auf Warner Brothers: *Tony Joe White* (1971); *The Train I'm On* (1972); *Homemade Ice Cream* (1973)

Withers, Bill (voc, g, p), am 4. Juli 1938 in Slab Fort, West Virginia, geboren, verbrachte neun Jahre in der US-Navy, «weil ich dort solche Mengen essen konnte wie nie zuvor», arbeitete als Milchmann, am Computer und installierte bei der Firma Lookhead in Kalifornien Toiletten in Jumbo-Jets, ehe er eine Chance als Sänger bekam. Zwei Jahre trabte er mit seinen auf eigene Rechnung in einem Mietstudio gefertigten Demo-Tonbändern vergeblich von Firma zu Firma, trug zum Schutz seiner Stimme vor Glas- und Metallstaub in der Werkhalle eine Maske und rannte mittags, um sich für die Karriere fit zu halten, um die Fabrik. Im Herbst 1971 rückte er dann endlich mit dem Producer Booker T. Jones (→ Booker T. and the M. G.'s) und Top-Begleitern wie → Stephen Stills (g), Donald «Duck» Dunn (bg), Al Jackson (dr) für die neugegründete Marke Sussex Records ins Studio. Das Album *Just as I Am* begann mit drei Songs, die seine Spannweite als Komponist, Texter und Interpret demonstrierten: *Harlem*, ein funky illusionsloser Report aus New Yorks schwarzen Slums; *Ain't No Sunshine*, eine mollgestimmte Liebes- und Abschiedsballade; *Grandma's Hands*, Erinnerungen an Kindheit, Kirche, Familie und Traditionen «down home». Withers, der sich während seiner Navy-Zeit mittels Sprechtherapie am San José State College mühsam das Stottern abgewöhnte, vermittelt mit seiner eindringlichen Stimme persönlich empfundene, emotionsreiche Storys mit starken Bildern und einem intensiven Wortrhythmus (Die Zeile «I know, I know» in *Ain't No Sunshine* wird beispielsweise auf der Bühne endlos wiederholt). So erzählt er in *I Can't Write Left Handed* von einem armamputierten Vietnam-Veteran, beschreibt *Lonely Town, Lonely Street*, preist gute zwischenmenschliche Beziehungen (*Friend Of Mine*) und gibt immer wieder Lebenshilfe: *You, Use Me, Lean On Me, World Keeps Going On* (Songtitel). Von der verschwitzten Soul-Sexualität eines → James Brown oder der glatten Studio-Politur des Philadelphia-Sound ist in seinen Stücken kaum etwas zu spüren; eher schlägt Bill Withers in den Soul-Charts zwischen Brown und Philly wieder südstaatliche Blues- und Countrytöne an. Und obgleich seine Lieder innerhalb eines Jahres auf sechs Millionen Singles und zweieinhalb Millionen LPs abgesetzt wurden, obgleich ihm seine Hits in vielen Cover-Versionen stattliche Tantiemensummen einspielen, trennte er sich lange nicht von seinen alten

Anzügen und seinem alten Auto. Zum Erfolg ist er auf Distanz geblieben: «Die Unterhaltungsindustrie ist eine Plastik-Kinderstube voll von Puppen, die vorgeben, menschliche Wesen zu sein. Aber die Art, wie diese Puppen ihre Macht mißbrauchen und Menschen zerstören, ist nur mit einem Wort zu beschreiben: obszön.»

LPs auf Sussex/A & M: *Just as I Am* (1971); *Still Bill* (1972); *Live at Carnegie Hall* (Doppelalbum, 1973); *'Justments* (1974); *Best* (1975)

The Who kamen 1965 mit dem Hit *My Generation* aus einer alten Londoner Garage und sind seitdem für ihre Generation tonangebend geblieben. → Pete Townshend (g, voc), Roger Daltrey (voc), John Entwistle (bg, voc) und Keith Moon (dr), die sich anfangs THE HIGHNUMBERS nannten und in Vorstadtkneipen rockten, haben ihre Auftritte (beispielsweise bei den epochalen US-Popfestivals in Monterey und Woodstock) zu einem optisch fesselnden Musiktheater und zu Orgien der Gewalttätigkeit gemacht. Am Ende der Show zertrümmerten sie eine Zeitlang regelmäßig ihre Instrumente. Sie waren die ersten, die elektronische Rückkoppelungen in ihre durch riesige Verstärker- und Lautsprechertürme projizierte Lärmsymphonien einkomponierten und zudem Collagetechniken für Rockschallplatten nutzten. Auf der LP *The Who Sell Out* parodierten sie mit witzigen Texten, Geigenschmalz und Fanfaren die Werbesendungen von «Wonderful Radio London»; mit dem durchkonzipierten Album *Happy Jack* regten sie den *Sgt. Pepper* der → BEATLES an; mit dem Song-Zyklus *Tommy* (→ Pete Townshend) brachten sie als erste Band Rockmusik in die Opernhäuser mehrerer Kontinente. Dem harten, vulgären, schonungslosen Rock 'n' Roll-Stil der englischen Arbeiterjugend hat das Quartett kaum etwas hinzugefügt, aber es hat diesen Stil humorvoll und artifiziell zur Vollendung geführt. Jeder von Townshends Partnern ist ein Rockmusiker par excellence. Roger Daltrey, am 1. März 1944 im Londoner Stadtteil Hammersmith geboren, ist zwar kein technisch überragender Sänger. Er setzt seinen direkten, so gut wie verzierungslosen Vokalstil jedoch kraftvoll und derart ensemblekonform ein, nach einer selbstentwickelten Choreographie wirbelt er seinen Körper und das Mikrophon derart artistisch über die Bühne, daß selbst das heikle Jazzmagazin ‹Down Beat› anerkennen mußte, er erfülle seinen Job außerordentlich ehrlich und effektiv. In der Filmversion von *Tommy* hat Daltrey die Titelrolle gespielt. Keith Moon, am 23. August 1946 in Wembley, England, geboren, ist nicht nur ein fulminanter Showdrummer mit einer Begabung für groteske Gesten, sondern auch ein Schlagzeugvirtuose, der die melodischen Möglichkeiten der Trommeln und Becken vortrefflich nutzt. «Er erschöpft sein Instrumentarium und holt alle nur denkbaren Tonfarben heraus» (‹Down Beat›). Als im November 1972 die Orchesterfassung von *Tommy* im Londoner Rainbow Theatre Bühnenpremiere hatte, gab er – wie später auch im *Tommy*-Film – den schrecklichen Onkel Ernie, der sich mit verschwitzter Damenunterwäsche erotisch stimuliert und seinen Neffen Tommy mißbraucht. ‹Die Zeit›: Moon ist «ein genuiner Komiker». John Entwistle, am 9. November 1945 in Chiswick, England, geboren, hat Musiktheorie und French Horn studiert und als Steuerbeamter gearbeitet, ehe er als Baßgitarrist und Co-Autor von Townshend zum ruhenden Pol im Bühnen-Furioso der WHO wurde. Daß sich die Musikalität des brillanten Rhythmikers in seiner WHO-Rolle nicht erschöpft, bewies er mit Soloalben, auf denen er Baßgitarre, French Horn, Trompete, Posaune, Klavier, Elektroklavier, Orgel spielte und sang. Entwistle hatte zudem Stücke komponiert, arrangiert und in eigener Regie produziert. 1973 lud er Alan Ross (g), Tony Ashton (keyboards) und Graham Dekain (dr) zu einem Studioquartett ein, mit dem er unter dem Combotitel RIGOR MORTIS in Stücken wie *Hound Dog, Lucille, Big Black Cadillac, Peg Leg Sue* hochaktuellen Rock 'n' Roll produzierte.

LPs auf Brunswick: *My Generation* (1966) ... auf

Track: *The Who* (1967); *Happy Jack* (1967); *The Who Sell Out* (1968); *The Who On Tour* (1968); *The Best of The Who* (1968); *Tommy* (1969); *Live at Leeds* (1970); *Who's Next* (1971); *Meaty, Beaty, Big & Bouncy* (1972); *Quadrophenia* (1973); *Odds and Sods* (1974). Solo-LPs John Entwistle auf Track: *Smash Your Head Against the Wall* (1971); *Whistle Rhymes* (1972); *Rigor Mortis Sets In* (1973) ... auf Nova: *Mad Dog* (1975). Solo-LPs Roger Daltrey auf Track: *Daltrey* (1973); *Ride a Rock Horse* (1975). Solo-LP Keith Moon auf Track: *Two Sides of the Moon* (1975)

Williams, Anthony «Tony» (dr, voc), am 12. Dezember 1945 als Sohn eines Saxophonisten und einer Sängerin in Chicago geboren, trommelte sechs Jahre lang im Miles Davis-Quintett die subtilsten Polyrhythmen des modernen Jazz. 1964 hatte ‹Down Beat› den damals 18jährigen zum «New Star» am Schlagzeug erklärt; 1965 hatte er, neben zahlreichen Gastspielen bei den Plattenproduktionen prominenter Jazzer, für die Marke Blue Note das bemerkenswerte Album *Life Time* als Ensemble-Chef gemacht. 1969 jedoch wollte er für die «Jazz-Puristen, die immer wieder dasselbe hören möchten», nicht mehr spielen. Er verließ Davis und formierte die Combo Lifetime, bei der er seine raffinierten Schlagfolgen, seine komplizierten Tempowechsel und Akzentverschiebungen mit Rockmustern drapierte. Denn die Rockmusik, sagt der gegenüber Weißen argwöhnische Black Muslim, «bietet nun einmal mehr Möglichkeiten, und das Rockpublikum reagiert mit viel mehr Energie». Es reagierte in der ersten Lifetime-Besetzung (1969) vor allem auf die dröhnenden Orgel-Clusters von Larry Young und die elektronischen Geräuschfetzen von → John McLaughlins Gitarre, in der zweiten (1970) auf den muskulösen Baß von → Jack Bruce, in der dritten (1971) auf ein hochdifferenziertes Rhythmusgewebe, mit dem Williams und zwei weitere Perkussionisten die Baß- und Cellosoli von Ron Carter umgaben. Souverän und geschmackssicher hat Tony Williams die Vitalität des Rock für den Jazz und die melodische und rhythmische Vielfalt des Jazz für die Rockmusik nutzbar gemacht – stets mit einem gut Teil akustischem Zeitbezug: «Unsere Musik muß klingen, als ob ein Auto vorüberbraust oder eine Klimaanlage surrt. Das ist für uns so anregend, wie es Pferdegewieher oder Vogelgezwitscher für Beethoven war.»

LPs mit der Lifetime auf Polydor: *Emergency!* Vol. 1, Vol. 2 (1969); *Turn It Over* (1970); *Ego* (1971); *The Old Bum's Rush* (1973) ... auf Blue Note: *Lifetime* (1965); *Spring* (1974)

Williams, Hank (voc, g), am 17. September 1923 in Mt. Olive, Alabama, geboren, besaß «mehr weißes Soul-Gefühl als erlaubt sein sollte» (Paul Hemphill) und sang den Blues der kleinen Leute «ungeschminkt, ehrlich und nicht aufgesetzt wie in den schmalzigen Balladen seiner Zeit» (Franz Schöler). Williams, der aus einer armen Landarbeiter-Familie stammte und schon früh als Schuhputzer und Zeitungsjunge hinzuverdienen mußte, hatte das Gitarrenspiel bei einem schwarzen Straßensänger gelernt. 1949 erjodelte sich der «Prototyp des hageren und einzelgängerischen Südstaaten-Hillbilly» (Hemphill) einen Millionenhit mit dem *Lovesick Blues*, der Cover-Version eines Country-Blues-Klassikers von 1925. In den folgenden vier Jahren schrieb Williams 125 Lieder, darunter Standards wie *Jambalaya, Your Cheatin' Heart, I Saw The Light, Cold Cold Heart* und *I'm So Lonesome I Could Cry*. Er wurde mit elf Goldenen Schallplatten ausgezeichnet und verdiente 200 000 Dollar im Jahr. Eheprobleme und Gesundheitssorgen ließen ihn jedoch alkoholsüchtig und drogenabhängig werden. Am 1. Januar 1953 starb er, 29jährig, in seinem weißen Cadillac auf der Fahrt zu einem Konzert. Der Todesbefund lautete auf Herzversagen. Williams, dessen Kompositionen noch heute etwa 100 000 Dollar Tantiemen im Jahr einbringen, hat zahlreiche Rock- und Folksänger wie → Tim Hardin, → Bob Dylan und Roger McGuinn (→ The Byrds) stilistisch beeinflußt. Sein einziger Sohn, Randall Hank (Hank jr.), zählte 1975 zu den bekanntesten Country & Western-Sängern Amerikas.

LPs (Auswahl) auf MGM: *Lonesome Sound* (1960); *Wait for the Light* (1960); *Hank Williams' Greatest Hits* (1961); *Spirit of Hank Williams* (1961); *On Stage* (1962); *Greatest Hits, Vol. 2* (1962); *The Very Best of Hank Williams* (1963); *Greatest Hits, Vol. 3* (1964); *The Very Best of Hank Williams, Vol. 2* (1964); *Hank Williams Story* (1964); *Country & Western Flavor, Vol. 1* (1965); *Hank Williams* (1965); *Lost Highway* (1964); *Hank Williams Sings Kaw-Liga* (1965); *Mr. And Mrs. Hank Williams* (1966); *Legend Lives Anew* (1966); *Country & Western Flavor, Vol. 2* (1966); *Luke The Drifter* (1966); *Hank Williams with Strings, Vol. 1* (1966); *Hank Williams and Hank Williams Jr.* (1966); *More Hank Williams with Strings* (1967); *Immortal Hank Williams* (1967); *I Won't Be Home No More* (1967); *Hank Williams with Strings, Vol. 3* (1968); *In the Beginning* (1968); *Essential* (1969); *First, Last & Always; I Saw the Light; On Stage with Andy Williams; On Stage, Vol. 2; 24 Karat Hits; Unforgettable; Life to Legend; 24 Greatest Hits; Starporträt Hank Williams* (1971); *Send Me Some Lovin'* (mit Lois Johnson, 1973)

Williams, Mason (voc, g, arr), am 24. August 1938 in Oklahoma City geboren, machte sich als «Neo-Renaissance-Dilettant» (‹Newsweek›) über alle populären Kleinkünste her. Dem US-Fernsehen lieferte er als Hauptautor der linkspolitisch engagierten SMOTHERS BROTHERS-Show für 50 000 Dollar pro Jahr skurrile Sketchs und verwegene Pointen. Seine versponnene Wortgewandtheit hat er in zahlreichen Büchern dokumentiert. Ein Fotoband, das als «Bus Book» zusammengefaltete lebensgroße Poster eines Greyhound-Busses, liegt im New Yorker Museum of Modern Art aus. In der Mojave-Wüste bei Los Angeles realisierte Williams weitere modische Kunst-Absurditäten. So ließ er in einem «Royal Road Test» bei rasender Autofahrt eine Schreibmaschine, Marke Royal, aus dem Wagen werfen und beim Aufprall fotografieren. In gleicher Landschaft kondensierte ihm ein Himmelsschreiber die wohl größte Sonnenblume der Welt in die Luft. Der Song, der Williams dazu einfiel, ist auf seinem ersten Album zu hören, das 1968 veröffentlicht wurde und seinen bisher größten Plattenerfolg, das Gitarren-Showstück *Classical Gas*, enthält. Zwei weitere Komponistenerfolge bescherte ihm das DUO ESTHER & ABI OFARIM: Die beiden israelischen Sänger hatten 1967/68 mit *Wanderlove* und *Cinderella Rockefella* internationale Bestseller; *Rockefella* erreichte in der Summe aller Interpretationen sogar eine Weltauflage von 6 Millionen Platten. Seine multimediale Verspieltheit hielt Williams vom Basteln an einem profitablen Musikkonzept ab. Die folgenden LPs waren geschmackvoll eingespielte After-Dinner-Jokes und gepflegt arrangierte Pausen-Amüsements; aber sein anarchistischer Eklektizismus brachte ihn aus dem Rampenlicht und irritierte selbst geneigte Käuferkreise.

LPs auf Warner Brothers: *The Mason Williams Phonograph Record* (1968); *The Mason Williams Ear Show* (1968); *Music By Mason Williams* (1969); *Handmade* (1970); *Sharepickers* (1972) ... auf Everest: *Listening Matter*

Williams, Paul (voc, g, p), am 19. September 1940 in Omaha, Nebraska, geboren, ist «einer der angesehensten und geschmackvollsten Songschreiber der siebziger Jahre» (‹New Musical Express›) und ein sensitiver Gesangsinterpret. «I know I'm no Cole Porter, I'm noticeably shorter», singt er im autobiographischen Stück *You Know Me*; kaum ein anderer Autor hat jedoch Feeling und Stil älterer Liedermacher wie Porter oder Gershwin derart kongenial in die Rock-Ära transportiert. Hunderte von Sängern zwischen Sinatra und den → MONKEES verwandten seine Texte. *We've Only Just Begun*, 1970 zunächst als Reklamesong für die Crocker Citizen Bank geschrieben, sowie *Rainy Days And Mondays* gerieten den → CARPENTERS zu Millionensellern. *Out In The Country* und *Just An Old Fashioned Love Song* wurden in der Version von → THREE DOG NIGHT zu Hits. *Fill Your Heart* interpretierte → Tiny Tim. Teils arbeitete der nur 1,50 Meter große Williams, der sich nach den Phantasiefiguren aus Tolkiens Romanen gern «einen Hobbit» nennt, mit den Komponisten Biff Rose und Roger Nichols zusammen, teils komponiert er selbst. Mit Cole Porter verbindet ihn neben dieser Doppelbegabung auch ein Hang zu erlesenem Luxus: teure Anzüge, Champagner zum Mittagessen, ein 1935er Bugatti und eine Hollywood-Villa, in der früher die Schauspieler Peter Lorre und Orson Welles residierten. Derart kompensiert Williams «eine unstabile Kindheit» und seine Kleinwüchsigkeit. Als er dreizehn war, starb sein Vater bei einem Autounfall; noch mit 24 konnte er im Tony Richardson-Film ‹The Loved One› (1964) überzeugend einen Zehnjährigen spielen. Gitarrenspielen lernte er 1965 neben der Schauspieler-Tätigkeit in den Garderoben der Hollywood-Filmateliers, später textete er Sketchs für den Komödianten Mort Sahl und Songs für die Plattenmarke A & M. Zusammen mit seinem Bruder Mentor Williams gründete er 1969 die Band HOLY MACKEREL und stellte sich 1970 auf der Reprise-LP *Someday Man* auch als Solosänger vor. Prätentiöse «Protestsongs mit 27 Versen» (Williams) à la Bob Dylan wie in seiner Startphase als Songschreiber finden sich längst nicht mehr in seinem Repertoire. Auch Satire und Absurditäten sind nicht sein Job. Williams «vermittelt Optimismus und Verzweiflung fast ausschließlich im Rahmen der romantischen Konvention», aber «mit höchstem Talent» (‹Rolling Stone›). «Ich hatte eine Zeit», sagt Williams, «in der ich beim Schreiben Hits zu erzwingen versuchte. Als ich diesen Versuch aufgegeben hatte, flogen sie mir plötzlich zu.»

LPs auf Reprise: *Holy Mackerel* (1968); *Someday Man* (1970) ... auf A & M: *Just An Old Fashioned Love Song* (1972); *Life Goes On* (1973); *Here Comes Inspiration* (1974); *A Little Bit of Love* (1974); *Phantom of the Paradise* (Soundtrack, 1974) ... auf Prestige: *Free Again* (ca. 1971)

Williamson, Sonny Boy (harm, voc), eigentlich Willie Miller, hat als Blues-Harmonikavirtuose beinahe jeden Mundharmonikaspieler der Rockmusik beeinflußt. 1963 kam der schwarze Gentleman, dessen äußere Erscheinung von Journalisten mit der eines Diplomaten, eines Bankdirektors, eines Großwesirs verglichen wurde, mit der American Folk Blues Festival-Truppe erstmals nach Europa. In England spielte er in den folgenden beiden Jahren sporadisch mit zahlreichen Rockbands und nahm mit den → YARDBIRDS, den → ANIMALS, Jim Page, → Brian Auger und anderen Live-Platten auf. Sein Paß gab den 7. April 1909 als Geburtsdatum an. Wahrscheinlicher ist, fand der englische Bluesforscher Paul Oliver heraus, daß er um den 5. Dezember 1897 auf einer Plantage in Mississippi geboren wurde. «Rice» Miller ernährte sich jahrzehntelang von kümmerlich bezahlten Auftritten und Gelegenheitsjobs in den US-Südstaaten, unter anderem war er Discjockey bei lokalen Radiostationen. 1951 machte er für die Marke Trumpet seine ersten Plattenaufnahmen. Zu diesem Zweck adaptierte er den Namen Sonny Boy Williamson von einem älteren Bluessänger und Harmonikaspieler, der 1948 mit einer Eispicke ermordet worden war. 1954, nachdem er bereits jahrelang mit Musikern wie Elmore James, → B. B. King, → Howlin' Wolf in Memphis und Arkansas gespielt hatte, trat er im Raum Milwaukee–Chicago auf und schloß mit der Bluesfirma Chess/Checker einen Vertrag, demzufolge er in den folgenden neun Jahren 58 Stücke einspielte. Erst durch seine Europa-Reisen wurde er jedoch außerhalb der schwarzen Gettos bekannt. Noch bevor er zum erstenmal beim Newport Festival auftreten konnte, starb er – am 24. Mai 1965.

LPs auf Blues Classics: *Sonny Boy Williamson* (1964); *The Original Sonny Boy Williamson* (rec. 1951 für Trumpet, re-issue 1966) ... auf Checker: *Down and Out Blues* (1959) ... auf Chess: *The Real Folk Blues* (1966); *More Real Folk Blues* (1967); *Bummer Road* (1970); *This is My Story* (1973) ... auf Vogue: *Sonny Boy Williamson* (1964) ... auf Storyville: *Portrait in Blues* (1965); *The Blues of Sonny Boy Williamson* (1965) ... auf Marmelade: *Don't Send Me No Flowers* (1967) ... auf Mercury/Fontana: *Sonny Boy Williamson with the Yardbirds* (1965) ... auf Byg: *Jimmy Page and Sonny Boy Williamson* (rec. 1964, ed. 1972); *Sonny Boy Williamson and Animals* (rec. 1965, ed. 1972); *First R & B Festival in England* (rec. 1964, ed. 1972); *Sonny Boy Williamson & the English Pop Giants* (rec. 1963/64, ed. 1975)

Wills, Jim Robert «Bob» (vi), am 6. März 1905 im Hall County, Texas, geboren, ließ im «Western Swing» seiner diversen Fiddle-Formationen überlieferte Landfolklore und exotische Minoritäten-Klänge stilvoll zusammenwirken. Mit bluesgetöntem Violinspiel, jazzverwandten Combo-Breaks sowie der Verwendung von Blas- und Elektro-Instrumenten galt Wills als einer der Trendmacher auf der neuerungssüchtigen Entertainment-Szene, die im texanischen Ölboom nach der Aufhebung der Alkohol-Prohibition aufgeblüht war. Die Hinwendung des einstmals vorwiegend agraren «Lone Star State» zum industriellen Zeitalter und das Einströmen eines nach Rasse und Herkunft differenzierten Wanderarbeiter-Proletariats begünstigten ein Klima sozialen und kulturellen Umbruchs, das die Musiker in den Tavernen und Tanz-Bars des amerikanischen Südens zu Experimenten anregte. Der Farmerssohn Wills tingelte seit 1929 in der Gegend um Fort Worth im Duo WILLS FIDDLE BAND mit Herman Anspiger (g). Neben traditionellen Fiedel-Liedern hatte er schon damals Blues-Standards wie *Corinne Corinna, St. Louis Blues* im Repertoire. Die Übergangsformationen ALADDIN LADDIES, LIGHT CRUST DOUGHBOYS wurden von den TEXAS PLAYBOYS abgelöst, die Wills 1934 in Tulsa, Oklahoma, zusammenrief. Zu den vielkopierten Solisten des Ensembles, das vor allem durch seine tägliche Mittags-Show beim Sender KVOO bekannt wurde, gehörten Tommy Duncan (voc), Leon McAuliffe (steel-g), Jesse Ashlock (vi), Cecil Brower (vi), Eldon Shamblin (g). «Wir hörten uns alles an», erinnert sich Shamblin: «Benny Goodman, Charlie Christian, Count Basie, alle Swingbands, Django Reinhardt und Stephane Grappelly.» 1942 übersiedelte Wills mit seinem «Okie Jazz» nach Kalifornien und erweiterte seine traditionelle Besetzung um Everett Stover (tp), Robert McNally (sax), Al Stricklin (p) zu einer Bigband, die «genau die richtige Mischung aus Rustikalität und Urbanität» (‹Rolling Stone›) präsentierte. Die Wills-Titel *My Confession, Faded Love, Take Me Back To Tulsa, San Antonio Rose, Stay A Little Longer* gehören zu den Standards der Country-Musik. → Merle Haggard und Dan Hicks haben in neuerer Zeit Wills' Western-Swing erfolgreich in ihre Vortragsmanier integriert. Der C & W-Pionier starb am 13. Mai 1975 in Fort Worth, Texas.

LPs auf Decca: *Texas Playboys* (1958) ... auf Harmony: *Bob Wills Special* (1961); *Best of Bob Wills* (1963); *Great Bob Wills* (1965) ... auf Vocalion: *Western Swing Along* (1965) ... auf Liberty: *Together Again, with Duncan* (1960); *Living Legend* (1961); *Mr. Words and Mr. Music* (1961); ... *Sings and Plays* (1963) ... auf Sun: *Walk* (1969) ... auf Starday: *Story* (1971) ... auf United Artists: *Hall of Fame* (ca. 1971); *For the Last Time* (1974) ... auf MGM: *Tribute, with Texas Playboys* (ca. 1971); *History* (1973) ... auf CBS/Columbia: *Anthology* (1974) ... auf Kapp: *From the Heart of Texas* (ca. 1966); *King of Swing* (1967); *Here's That Man* (1968); *Time Changes Everything* (ca. 1969); *Greatest String Band Hits* (ca. 1970); *Living Legend* (ca. 1970); *Best* (1971)

Winchester, Jesse (voc, p, g, fl), am 17. Mai 1944 in Shreveport, Louisiana, geboren, ging 1967, auf dem Höhepunkt des Vietnam-Krieges, vor seiner Einberufung zur US-Army nach Kanada ins Exil und lebt seitdem in Montreal. Sein erstes Album, das Robbie Robertson von → THE BAND 1969 mit ihm produzierte, läßt noch wehmütige Remineszenzen an den amerikanischen Süden hören: *Yankee Lady, Biloxi* und der *Brand New Tennessee Waltz* zählen zu den schönsten Kompositionen der von → James Taylor geprägten Folk-Renaissance. Kaum ein anderer Sänger seines Genres versteht es, so unaufdringlich mit sanftem Pathos Empfindungsbrücken zu seinen Zuhörern zu schlagen und mit scheuer Sympathie und dezenter Ironie Songbilder zu skizzieren. Winchester, der in München Philosophie und Deutsch studiert hat, sieht seine Wortkargheit als Vorteil: «Es war einmal so, daß ein Song alle gewünschten Empfindungen in sehr, sehr einfachen Worten vermittelte. Jetzt ist das Wort wichtiger geworden. Aber, was mich angeht – ich mag immer noch einen ‹Sound›-Song. Ich mag nicht viele Worte. Je weniger, desto besser, je einfacher, desto besser ... bei allen Dingen.»

LP auf Ampex: *Jesse Winchester* (1970) ... auf Bearsville: *Third Down, 110 to Go* (1972); *Learn to Love It* (1974)

Wilson, Brian (keyboards, voc, bg), am 20. Juni 1942 in Hawthorne, Kalifornien, als Sohn eines Maschinengroßhändlers geboren, kreierte für die → BEACH BOYS eine trendunabhängige Musik von brillanter Simplizität und komplexer Klangfülle. Der «Beethoven des Rock» (‹Eye›), seit frühester Kindheit auf einem Ohr taub, «destillierte die Mythen und Frustrationen des halbwüchsigen Amerika» (Lester Bangs) mit der gleichen Präzision wie eine Dekade zuvor → Chuck Berry. Von diesem übernahm Wilson den Grundrhythmus für seine sloganhaft getexteten Songs, die so naiv-optimistisch klangen «wie ein Nachmittag in Disneyland» (Richard Goldstein). *Surfin' U.S.A.*, ein programmatischer BEACH BOYS-Hit, war beispielsweise nichts anderes als Berrys Rock 'n' Roll-Fanal *Sweet Little Sixteen* mit neuen Glorien-Versen über den ewigen Sommer der Wellenreiter. Wilson ließ diese Frohsinnsnachrichten von seinem Ensemble im mehrschichtigen Harmoniegesang verkünden, bei dem sich die von Baß bis Falsett differenzierten Stimmen im Kanon, mit Verzierungen, in Gegenläufen und verschiedenen Tempi auf kunstvolle Weise miteinander verwoben. Die Aufbereitung derart kompliziert arrangierter Songs erforderte so viel Studiozeit, daß sich der sensible Wilson 1964, vom Tournee-Stress erschöpft, aus der Gruppe zurückzog und die BEACH BOYS fortan ausschließlich als Komponist und Producer betreute. Während die übrigen Musiker Gastspiele in aller Welt gaben, bastelte Wilson im Studio seines lila gestrichenen Hauses in Beverley Hills an sinfonischen Soundmauern, wie → Phil Spector sie für die → RIGHTEOUS BROTHERS, die RONETTES, → Ike & Tina Turner aufgetürmt hatte. Im Gegensatz zu Spector, der sich an Gospel und Rhythm & Blues orientiert hatte, borgte Wilson Stilelemente der klassischen Musik und versponn sie zu feinen Soundgeweben, «wie Zuckerwatte, mit dem besten Nachgeschmack in der ganzen Branche» (‹Rolling Stone›). Sein poetisches Talent dagegen schien limitiert zu sein, wie der Producer-Kollege Terry Melcher feststellte: «Seine Musik ist genial, aber seine Texte sind Mittelschule.» Wilson fand in → Van Dyke Parks einen adäquaten Co-Autor. Mit ihm arbeitete er ein Jahr lang an der Rock-Sinfonie *Smile*, die ein Porträt amerikanischer Lebenserfahrung in surrealistischen Texten und avantgardistischen Musikcollagen ergeben sollte. Das vierstündige Werk wurde nie veröffentlicht, da Parks und Wilson die Arrangements ständig umdisponierten und schließlich das Interesse verloren. Als Kompromiß-LP kam 1967 *Smiley Smile* heraus, die die Fragmente *Heroes And Villains* und *Vegetables* enthielt. Weitere Teile fanden sich auf 20/20 (*Cabinessence*) sowie *Surf's Up* (*Surf's Up*). Leonard Bernstein, dem Wilson in einer Fernsehshow einen Klavierauszug von *Smile* vorführte, lobte das Stück als «die größte Musik, die ich je in meinem Leben gehört habe». Solche Fachurteile und die exzentrische Abgeschiedenheit, in der sich der BEACH BOY versteckte, erhoben ihn bald zur lebenden Legende. So zog er bei den Aufnahmen für einen Ulk-Song ein Clownkostüm an und bemalte sich das Gesicht, um in die rechte Stimmung zu kommen. Im Wohnzimmer seines Hauses hatte er eine Zeitlang Sand aufgeschüttet, damit er sich beim Komponieren wie am Strand fühlen konnte. Eine Platten-Session in Holland verpaßte er, weil es ihm zu der Zeit psychisch nicht möglich war, ein Flugzeug zu besteigen. Interviews und Plattenveröffentlichungen plante er grundsätzlich nur nach astrologischer Voraussage. Mitunter fühlte sich Wilson sogar von dunklen Mächten verfolgt: Kurz nachdem er in seinem Heimstudio die Musikcollage *Fire Music* vollendet hatte, brannten in der Nachbarschaft aus ungeklärten Gründen mehrere Häuser nieder.

LPs mit den → BEACH BOYS auf Capitol, Warner Brothers/Reprise

Winter, Edgar (voc, as, keyboards), 1946 in Beaumont, Texas, als Sohn eines Plantagenbesitzers geboren, spielte sich mit eigenwilligen Jazzphrasierungen aus dem Publicityschatten seines Bruders → Johnny Winter heraus. Während ihrer Highschool-Zeit teilten die Brüder ihre Neigung zur schwarzen Musik untereinander auf. Johnny perfektionierte sich in der Adaption von Country-Blues-Techniken, Edgar begeisterte sich für Bigband-Jazz und Blasinstrumente. Seine Vorbilder waren → Ray Charles und die New Orleans-Brass-Bands. Die Publicitywelle, die seinen Bruder 1969 erfaßte, schwemmte auch Edgar in die Plattenstudios, nachdem er jahrelang in texanischen Nightclubs ein Wunschkonzert aus John Coltrane, → VANILLA FUDGE, → Chuck Berry hatte spielen müssen. Zunächst assistierte er seinem Bruder bei dessen ersten Plattenaufnahmen. 1970 schließlich veröffentlichte er eine Solo-LP, deren eine Seite er auf ungemein phantasievolle Weise wie ein Jazzmusical arrangierte. Die B-Seite brachte mit swingenden Orgelimprovisationen, federndem Scat-Gesang und konzentriertem Gospel-Rock einen Vorgeschmack auf die stilistische Vielseitigkeit des Ensembles WHITE TRASH, das er 1971 zusammenstellte. Edgar, Jerry LaCroix (voc, ts), Rick Derringer (g) bildeten den Kern des All-Star-Orchesters, zu dem zeitweilig Jon Smith (ts, voc), Bobby Ramirez (dr), Mike McLellan (tp), Marshall Cyr (tp), Randy Hobbs (bg), George Sheck (bg), Floyd Radford (g) gehörten. Derringer, der vorübergehend an Johnnys Formation JOHNNY WINTER BAND beteiligt war und beide Brüder im Studio betreute, lieferte die elektrisierende Rock-Komponente zu LaCroix' erdigem Gospel-Gesang und Edgars komplexen Saxophon-Monologen. 1973 trennte sich der experimentierfreudige Winter von seinen Soul-Rockern, mit denen er sogar im Rhythm & Blues-Mekka «Apollo» in Harlem bestehen konnte, und gab sich dem Vaudeville Rock hin. Auf dem Cover der LP *They Only Come Out at Night* ließ er sich mit bemalten Lippen, schwerem Brillantschmuck auf bloßer Brust und toupiertem Albino-Haar in einer Hollywood-Star-Pose fotografieren. Seine neue Musik entsprach dem Glamour-Bild: ein Medley populärer Rock-Spielarten, von schmalzigen Balladen bis zu den elektronischen Horror-Trips des Top-Hits *Frankenstein*, mit Sound-Effekten, extravaganten Arrangements und exaltiertem Overdrive-Spiel. Baß-Gitarrist Dan Hartman sorgte im Quartett mit Winter, Derringer, Chuck Ruff (perc) für die elektrisierendste Schaunummer: Er ließ das Instrument ins Vorderteil seines silbernen Lurex-Bühnenanzugs einbauen und benutzte sich selbst als Resonanz-Körper.

LPs auf Epic: *Entrance* (1970); *Edgar Winter's White Trash* (1971); *Roadwork* (1972); *They Only Come Out at Night* (1973); *Shock Treatment* (1974). Solo-LPs Jerry LaCroix auf Epic: *LaCroix* (1972) ... auf Mercury: *Second Coming* (1974). Solo-LPs Rick Derringer auf Epic: *All American Boy* (1973) ... auf Blue Sky: *Spring Fever* (1975)

Winter, Johnny (voc, g, mandolin), am 23. Februar 1944 in Beaumont, Texas, als Sohn eines Baumwollplantagen-Besitzers geboren, wurde im November 1968 von ‹Rolling Stone› in einem Rock-Report über Texas gepriesen als «ein hundertunddreißigpfündiger, schielender Albino mit langem, fließendem Haar, der so ziemlich die flüssigste Gitarre spielt, die man jemals gehört hat». Diese Notiz erregte die nach Superstars suchenden Plattenkonzerne dermaßen, daß sie mit Traumsummen um den damals noch unbekannten Provinzmusiker feilschten. Columbia erhielt den Zuschlag mit einem angeblichen Fünfjahres-Vorschuß von 300 000 Dollar. Die erste LP, die Winter mit seinen Freunden Red Turner (dr), Tommy Shannon (bg) einspielte, enttäuschte die hochgeputschten Erwartungen: Der nahezu blinde Albino war mehr an Blues interessiert, als sich das die meisten Rock-Fans wünschten, die einen zweiten → Hendrix erwartet hatten. Bereits während seiner Schulzeit hatte Winter mit seinem Bruder → Edgar Winter in der Band JOHNNY AND THE JAMMERS den Blues seiner schwarzen Landsleute gespielt, denen er sich besonders verbunden fühlte, weil er wie sie ein Außenseiter war: «Die Leute machten sie herunter, weil sie eine schwarze Haut hatten, und sie konnten mich wegen meines weißen Haares nicht ausstehen.» Nach einem erfolglosen Versuch, in der Chicagoer Bluesszene seiner Idole → Howlin' Wolf und → Muddy Waters Fuß zu fassen (1962), tingelte Winter jahrelang durch den amerikanischen Süden und machte Plattenaufnahmen, die von den Firmen jedoch erst veröffentlicht wurden, als Winter seinen schlagzeilenträchtigen Plattenvertrag mit Columbia bereits abgeschlossen hatte. Trotz des Publicity-Drucks spielte er einige qualitativ hochwertige LPs ein, auf denen er sich, frei von Superstar-Allüren, als origineller Blues-Adept erwies, dessen Eigenkompositionen genauso authentisch klangen wie die einfallsreich nachgespielten Traditionals. Seine Neigung galt jedoch vornehmlich dynamischen Rock 'n' Roll-Nummern, deren sparsame, geschmackvolle Gitarrenfiguren ein ideales Vehikel für seine kraftvolle, rauh nuancierte Stimme abgaben. Gesang und Instrumentalsoli rauschten oft in nahezu perfektem Gleichklang zusammen und «trieben ein bereitwilliges Publikum förmlich zur Raserei» (‹Billboard›), zumal Winter («Ich würde niemals die Musik der Show wegen opfern») auch fürs Auge etwas bot. Der vom ‹Melody Maker› als «Rock-Poseur par excellence» apostrophierte Star sank vor seinen Anhängern effektvoll in die Knie, schüttelte sein langes Haar in choreographisierter Ekstase und sprang zu den Klängen von *Johnny B. Goode* in berechneter Verzückung über die Bühne, ohne eine Gitarrenfigur dabei zu verpatzen. Sein bisheriges Begleitduo löste er 1970 durch Rick Derringer (g), Randy Jon Hobbs (bg), Randy Zehringer (dr) ab, die zuvor das *Hang On Sloopy*-Trio McCoys gebildet hatten. Zunehmender Tournee-Stress und die Last des überzüchteten Superstar-Image brachten Winter auf Selbstmordgedanken und zur Heroinabhängigkeit. 1971 ging er für fast ein Jahr in eine Entziehungsklinik in New Orleans. Das Debütalbum nach seiner Genesung, aufgenommen mit Hobbs und Richard Hughes (dr), bestätigte seinen Rang als Blues Rock-Virtuose.

LPs auf CBS: *Johnny Winter* (1969); *Second Winter* (1970); *Johnny Winter And* (1970); *Live* (1971); *Still Alive and Well* (1973) ... auf Imperial: *Progressive Blues Experiment* (1969) ... auf GRT: *The Johnny Winter Story* (1969) ... auf Janus: *Early Times* (1969); *About Blues* (1969) ... auf Buddah: *First Winter* (1969)

Winwood, Steve (voc, org, p, g, bg, harm), am 12. Mai 1948 in Birmingham, England, geboren, begann mit 14 professionell zu musizieren und galt jahrelang als Wunderkind, als der «frühreife Mozart der Popmusik» (‹New York Times›). Niemand, der unvorbereitet seine zwischen 1966 und 1967 mit der Spencer Davis Group aufgenommenen Stücke *Keep On Running, Somebody Help Me, Gimme Some Lovin', Georgia On My Mind, I'm A Man* hörte, konnte ahnen, daß diese wispernde, intensive, an → Ray Charles erinnernde Bluesstimme einem minderjährigen weißen Engländer gehörte. Nachdem Winwood zunächst mit seinem fünf Jahre älteren Bruder Muff Jazz gespielt hatte und bei → Spencer Davis berühmt geworden war, trennte er sich im April 1967 von seinem Mentor, spielte kurzzeitig zusammen mit → Eric Clapton in einer Combo namens Powerhouse, ging mit → Dave Mason (g, bg), Chris Wood (org, fl, sax), Jim Capaldi (dr) in einem Berkshire-Landhaus monatelang in Klausur und präsentierte anschließend ein ausgereiftes Quartett: Traffic. Diese Gruppe, die in wechselnden Instrumentalkombinationen (manchmal spielte Winwood im Playback-Verfahren fast alle Instrumente allein) so makellose, phantasievolle Aufnahmen wie *Hole In My Shoe, Paper Sun, Coloured Rain* hervorbrachte, wurde auf Tournee statt des erwarteten Volltreffers ein geschäftlicher Fehlschlag. Winwood schaffte es nicht, sich als Chef durchzusetzen. Mason fühlte sich als Komponist der Hits *Feelin' Alright* gleichfalls als Star; auf sein Erscheinen bei Konzerten und Studioproduktionen war kein Verlaß. Wenn Winwood mit einer derart chaotischen Truppe auf Tournee gehe, klagte Manager Chris Blackwell, zerstöre er ihrer beider Reputation. Noch vor dem Erscheinen des dritten Albums *Last Exit* kam TRAFFIC zum Stillstand. Winwood ließ sich überreden, → BLIND FAITH beizutreten, und gastierte nach dem Scheitern dieses Millionenunternehmens bei → Ginger Bakers AIR FORCE. Die musikalische Übereinstimmung, die er bei TRAFFIC mit seinen Kollegen entwickelt hatte, bewog ihn Anfang 1970, es noch einmal zu versuchen. Und im zweiten Anlauf wurde TRAFFIC ein Erfolg. Das Trio-Album *John Barleycorn Must Die*, mit einer Folksong-Melodie aus dem 15. Jahrhundert als Titelstück, schoß in die Hitparaden; in Europa und Amerika war die Gruppe gefragt. «Dieses Mal sind wir wirklich zusammen» (Winwood) – ohne Mason, dafür kam Rick Grech (vi, g, bg) von FAMILY und BLIND FAITH im Januar 1971 hinzu. Auch Mason stellte sich zu einer England-Tournee wieder ein, bei der im Septett das Live-Album *Welcome to the Canteen* mitgeschnitten wurde. Aber noch bevor die Band für die LP *Low Sparks of High-Heeled Boys* in London ins Studio ging, hatte sich Mason erneut abgesetzt. «Solange der Kern zusammenbleibt», trotzte Capaldi, «wird TRAFFIC weiterbestehen.» Mehrere große USA- und Europa-Tourneen haben es seither bewiesen. Mit feinen Klangmustern und vortrefflichen Winwood-Capaldi-Kompositionen überzeugte die Truppe Kritiker und Publikum: «Winwoods Songs, melodisch, jazznah und voll unvorhersehbarer Harmonien, gehören zu den Sternstunden der zeitgenössischen Popmusik» (‹New York Times›).

LPs auf Byg, Fontana mit → SPENCER DAVIS GROUP ... auf Island mit TRAFFIC: *Mr. Fantasy* (1968); *Traffic* (1968); *Here We Go Round the Mulberry Bush* (Soundtrack, mit anderen, 1968); *Last Exit* (1969); *Best of Traffic* (1969); *John Barleycorn Must Die* (1970); *Welcome to the Canteen* (1971); *Low Sparks of High-Heeled Boys* (1971); *Shoot out at The Fantasy Factory* (1973); *On the Road* (1973); *When the Eayle Flies* (1974) ... mit Howlin' Wolf auf Rolling Stones Records: *The London Howlin' Wolf Sessions* (1971) ... mit BLIND FAITH auf Polydor: *Blind Faith* (1969) ... mit AIR FORCE auf Polydor: *Air Force One* (1970) ... mit POWERHOUSE auf Elektra: *What's Shakin'* (1966) ... auf United Artists: *Winwood* (1971); *Heavy Traffic* (ed. 1975). Solo-LPs Jim Capaldi auf Island: *Oh How We Danced* (1972); *Whale Meat Again* (1974). Solo-LP Reebop auf Island: *Reebop* (1974)

Wishbone Ash, 1969 in London gegründet, avancierte 1972 im ‹Melody Maker›-Poll zur beliebtesten britischen Newcomer-Band; die LP *Argus* wurde überdies von ‹Melody Maker› und ‹Sounds› zum «Album des Jahres gewählt». Dazu trug weder eine ungewöhnliche Klangmischung noch eine ausgeklügelte Publicity bei: WISHBONE ASH überzeugte durch profunde Musikalität, eng verzahnte Chorusse der beiden Leadgitarren, variationsreiche Gesangs- und Schlagzeugbeiträge sowie einen technisch perfekt ausgesteuerten Gruppensound. Baßgitarrist Martin Turner: «unser Tonmann ist der fünfte Musiker. Er verhindert, daß es im Saal wie der Todesschrei eines enthaupteten Hühnchens klingt, während wir auf der Bühne fabelhaft zu spielen glauben.» Martin Turner (bg, voc), am 1. Oktober 1947 in Torquay geboren, hatte in Westengland schon in der Band EMPTY VESSELS mit Steve Upton (dr) aus Wrexham, am 24. Mai 1946 geboren, zusammengearbeitet. Nach ihrer Ankunft in London vervollständigten der am 2. August 1950 in Birmingham geborene Ted Turner (voc, g) und der am 19. Februar 1950 in London-Stepney geborene Andy Powell (voc, g) das Quartett. Bereits vor der ersten LP offerierte es eine «erfreuliche, aber nicht welterschütternde Song-Kollektion» (Chris Welch) monatelang vor überwiegend vollen Häusern. Und mit jeder LP, die zunehmend kerniger wurden, wuchs die Popularität. Nur einmal in drei Jahren mußte WISHBONE ASH vor beinahe leeren Stuhlreihen rocken: Weil in Houston, Texas, ein Hurrikan angekündigt worden war, hatten die meisten Zuhörer lieber Schutzräume aufgesucht. Die Band produzierte auch 1975 – mit Laurie Wisefield (g) an Stelle von Ted Turner – intelligente Gruppenmusik mit fesselnden Solobeiträgen, ohne sich zu weit von erprobten Rockpfaden zu entfernen. Stücke wie *F.U.B.B* (vom Album *There's the Rub*) hätten, meinte der ‹New Musical Express›, «etwas Majestätisches» an sich: «Die Steigerung bis zum Höhepunkt wird außerordentlich behutsam vorgenommen – wie bei einem königlichen Orgasmus.»

LPs auf MCA: *Wishbone Ash* (1971); *Pilgrimage* (1971); *Argus* (1972); *Four* (1973); *Live Dates* (1973); *There's the Rub* (1974)

Wolf, Howlin', bürgerlich: Chester Burnett (voc, g, harm), am 10. Juni 1910 in Aberdeen, Mississippi, geboren, ist einer der originellsten unter den schwarzen Bluessängern: Da er das Jodeln seines Jugendidols, des weißen Country & Western-Sängers → Jimmie Rodgers, nicht zu eigener Zufriedenheit nachahmen konnte, begann er seinen archaischen Gesang mit Heultönen zu verzieren – daher der Bühnenname «Heulender Wolf». Nachdem er jahrzehntelang als Farmarbeiter gefront hatte, gründete er 1947 in West-Memphis, Arkansas, ein Trio mit dem damals dreizehnjährigen → James Cotton (g, harm) und dem einundzwanzigjährigen Junior Parker (g); außerdem arbeitete er als Blues-Discjokkey bei einer Radiostation. Seine ersten Platten machte er etwa zu dieser Zeit mit → Ike Turner (p) für die Marke RPM Records, wurde aber erst 1951, nachdem er in Chicago ansässig geworden war, durch die Chess-Single *Moanin' In The Moonlight* bekannt. Viele seiner Kompositionen wurden von Rock-Combos übernommen, beispielsweise *Sittin' On Top Of The World* von → Cream, *Killing Floor* von → Electric Flag. Auf der LP *The London Howlin' Wolf Sessions* wurde er unter anderen von → Eric Clapton, → Steve Winwood, Bill Wyman, Charlie Watts begleitet.

LPs (Auswahl) auf Crown: *Sings the Blues* (1960) ... auf Chess: *Moaning in the Moonlight* (1965); *Howlin' Wolf* (1963); *Evil* (ca. 1964); *Real Folk Blues* (1966); *More Real Folk Blues* (1967); *Blues Now* (1969); *Message to the Young* (1971); *Live and Cookin'* (1972); *New Album* (1972); *A. K. A. Chester Burnett* (1972); *Back Door Wolf* (1973) ... auf Rolling Stones Records: *London Sessions* (1972)

Wonder, Stevie (voc, harmonica, org, p), als Steveland Judkins am 13. März 1950 in Saginaw, Michigan, blind geboren, befreite sich 1971 aus der «Zitadelle der seidenen Affektiertheit» (‹Crawdaddy›), dem Glamour-Soul-Zugriff des Motown-Plattenkonzerns. Wonders seit diesem Jahr in eigener Regie aufgenommenen Alben klingen manchen Rezensenten wegen ihrer musikalischen Raffinesse und stilistischen Perfektion wie ein «*Sgt. Pepper* der Soul Musik» (‹Melody Maker›) im Ohr. Er startete mit zwölf Jahren als Wunderkind in der «obligaten tragischen → Ray Charles-Pose» (‹Crawdaddy›). Sein erster, auf Band mitgeschnittener Auftritt im Apollo-Theater von Harlem kam als Single-Extrakt unter dem Titel *Fingertips* auf die Liste der zehn meistverkauften Platten des Jahres 1963. Als «Little» Stevie Wonder wurde er in den folgenden Jahren für Motown Records zu einem konstanten Hitfaktor. Seine mit charakteristischem «Overdrive» (‹Rolling Stone›) gehechelten Tempo-Songs wie *Up-tight, I Was Made To Love Her* und *For Once In My Life* hatten fast nie die psychologische Komplexität anderer Motown-Elaborate, die Getto-Leben und schwarze Frustration manchmal recht unsentimental analysierten. Die verbale Indifferenz wurde jedoch durch musikalische Feinfühligkeit und emotionale Direktheit ausgeglichen. Jene ungekünstelte Intensität mit den «intimen schweren Atmern» und dem «freudigen Gejapse» (‹Rolling Stone›) läßt er auch auf den LP-Produktionen nach seinem vorübergehenden Bruch mit Motown Records hören, der ihn 1971 zu einer musikalischen Neuorientierung brachte. In künstlerischer Unabhängigkeit produzierte er sich nun als Experimentator zwischen den Musikgenres und heimste für Aufnahmen wie *Livin' For The City, Don't You Worry' Bout A Thing, You Haven't Done Nothing', Boogie On Reggae Woman* Goldtrophäen wie Grammy-Preise ein. Doch im elektronischen Niemandsland geriet Wonder mitunter auch in die Fußangeln technischer Gimmicks, deren Manierismus die von ihm und seiner (nun auch solo auftretenden) Ex-Frau Syreeta Wright verfaßten Texte entsensibilisierten und das pralle Spiel seines Oktetts WONDERLOVE unnötig belasteten. Dennoch läßt sich aus dem halluzinierenden Klanggemisch «das Werk eines nun ganz zur Reife gelangten Genius» (‹Rolling Stone›) heraushören.

LPs auf Motown: *12 Year Old Genius* (1963); *Tribute to Uncle Ray* (1964); *Jazz Soul* (1964); *With a Song in My Heart* (1965); *At the Beach* (1966); *Uptight* (1966); *Down to Earth* (1966); *I Was Made to Love Her* (1967); *Someday at Christmas* (1967); *Greatest Hits* (1968); *For Once in My Life* (1969); *My Cherie Amour* (1969); *Stevie Wonder Live* (1970); *Signed, Sealed, Delivered* (1970); *Where I'm Coming From* (1971); *Greatest Hits, Vol. 2* (1971); *Music of My Mind* (1972); *Talking Book* (1972); *Innervisions* (1973); *Fullfillingness' First Finale* (1974). LPs Syreeta Wright auf Motown: *Syreeta* (1972); *Stevie Wonder presents Syreeta* (1974)

Wray, Link (voc, g, bg, dobro), am 2. Mai 1929 in Fort Bragg, North Carolina, geboren, hatte 1958 auf Cadet mit dem Stück *Rumble* einen Hit und 1959 auf Epic einen Millionenseller mit *Rawhide*. Ansonsten blieb der eigenwillige Rockabilly, der schon 1942 eine eigene Band gegründet hatte und mit einem selbstgebastelten Wahwah-Pedal den Gitarrenstil von → Jimi Hendrix, → Frank Zappa, → Pete Townshend um Jahre vorwegnahm, bis 1971 einer der großen Unbekannten des Rock 'n' Roll. Weil er gebügelte Anzüge verabscheute und sich nicht die Haare schneiden ließ, wurde er in den fünfziger Jahren von vielen Kneipenbesitzern, die ihn engagiert hatten, gleich wieder vor die Tür gesetzt. Langfristige Plattenkontrakte kamen nicht zustande, weil Link Wray es ablehnte, seinen lärmenden, ungehobelt-authentischen Backwoods-Rock kommerziellen Studiobedürfnissen anzupassen. Nach jeder seiner raren Sessions verschwand er wieder für lange Zeit in der Kommune, in der er mit Eltern, den Familien seiner Brüder und deren 16 Kindern hauste, tingelte durch die Provinz, kutschierte Taxis oder musizierte in seinem primitiven Shack Three Track Studio in Accokeek, Maryland. Dort wurde unter schwierigen akustischen Bedingungen 1970 mit Billy Hodges (keyboards), Bobby Howard (mandolin, p), Doug Wray, Steve Verroca (dr, perc) und Bruder Vernon Wray am Mischpult das Polydor-Album *Link Wray* aufgenommen. Kritiker bescheinigten der Produktion, sie sei «ebenso aufregend wie überraschend» (‹High Fidelity›), «eine der würzigsten Scheiben einfacher, gospelgefärbter Rockmusik» (‹L. A. Times›), sowie «eine Super-LP» (‹Circus›). Der Veteran des Korea-Krieges, dem wegen Tuberkulose ein Lungenflügel herausoperiert worden war, und der bei einjährigem Krankenhausaufenthalt in Washington, D. C., die Bibel beinahe komplett auswendig gelernt hat, rockt in autobiographisch angehauchten Songs mit Titeln wie *Be What You Want To, Shine The Light, Walk Easy, Walk Slow* mit der Autorität eines Mannes, der nie Kompromisse gemacht hat. Die Diktion seiner Musik erinnert gelegentlich an → Leon Russell, → CREEDENCE CLEARWATER REVIVAL und die → ROLLING STONES; für die sengende Glut seines Ausdrucks gibt es kaum Vergleiche. Rockstars wie → Jerry Garcia, → David Bromberg, → COMMANDER CODY'S LOST PLANET AIRMEN zollten dem Country-Rock-Pionier bei der in San Francisco aufgenommenen LP *Be What You Want To* als Begleitmusiker Tribut.

LPs auf Epic: *Rockin' and Handclappin'* (1959) ... auf Virgin: *Beans and Fatback* (1973) ... auf Polydor: *Link Wray* (1971); *Be What You Want To* (1973); *The Link Wray Rumble* (1975)

Y

The Yardbirds, bestehend aus Keith Relf (voc, harm), → Eric Clapton (g), Chris Dreja (g), Paul Samwell-Smith (bg), Jim McCarthy (dr), machten ihre erste LP am 8. Dezember 1963 live im «Crawdaddy Club» in Richmond, England, wo sie den schwarzen US-Bluessänger und Harmonikavirtuosen → Sonny Boy Williamson begleiteten. Am gleichen Abend wurden die Musiker, die zuvor ohne Clapton als METROPOLIS BLUES QUARTETT aufgetreten waren, in den berühmgen Londoner «Marquee Club» verpflichtet – Aufnahmeort ihrer zweiten LP. 1964/65 galten die YARDBIRDS mit ihrem Blues-Repertoire (sie spielten Stücke von → Muddy Waters, → Chuck Berry, → Howlin' Wolf) als die große Konkurrenz der → ROLLING STONES. Doch der STONES-Sänger → Mick Jagger hatte mehr Charisma als Relf; YARDBIRD-Gitarrist Clapton widersetzte sich mit langen Improvisationen der von Relf gewünschten Kommerzialisierung; die für den internationalen Durchbruch erforderliche USA-Tournee unterblieb. Nach Claptons Ausscheiden 1965 kam die Combo mit den Singles *Heart Full Of Soul, For Your Love, Evil Hearted You, Shapes Of Things, Over Under Sideways Down* in die englische Hitparade. Das Konzert- und Clubpublikum gewöhnte sich an die Soloeskapaden des neuen Gitarristen → Jeff Beck, die später als «Beginn der psychedelischen Musik in England» bezeichnet wurden. Im Herbst 1966 kam der Baßgitarrist Jim Page, ein geschätzter Londoner Studiomusiker, an Stelle von Samwell-Smith in die Combo; kurze Zeit später übernahm er den Platz von Jeff Beck. Nach einer weiteren LP und einem Gastspiel in Michelangelo Antonionis Film ‹Blow Up› löste Relf Anfang 1968 die YARDBIRDS auf und gründete RENAISSANCE. Page plante, den Namen NEW YARDBIRDS für eine eigene Gruppe zu übernehmen, entschied sich aber statt dessen für → LED ZEPPELIN.

LPs auf Mercury/Fontana: *Sonny Boy Williamson and The Yardbirds* (1965) ... auf Columbia/EMI: *Five Live Yardbirds* (1964); *The Yardbirds* (1966); *A Rave Up with The Yardbirds* (1966); *Over Under Sideways Down* (1966); *Yardbirds' Greatest Hits* (1967); *Little Games* (1967) ... auf Epic: *Live Yardbirds feat. Jimmy Page* (rec. 1968, ed. 1971) ... auf Byg: *Eric Clapton + Yardbirds* (rec. 1964, ed. 1972); *Jeff Beck + Yardbirds* (rec. 1965 oder 1966, ed. 1972); *The Yardbirds* (rec. 1964, ed. 1974) ... auf MGM: *Blow Up* (Soundtrack, mit anderen, 1967). LP Jim McCarthy mit SHOOT auf EMI: *On the Frontier* (1973). LPs Keith Relf mit RENAISSANCE auf Island: *Renaissance* (1969); *Illusion* (1970)

Yes spielt laut ‹Sunday Times› mit «großem Talent eine überraschende, immens verfeinerte Musik», die «streckenweise zerbrechlich und überaus wohlklingend sein kann, dann aber wieder wirkt, als erklängen gleichzeitig mehrere Symphonieorchester, eine Batterie Artillerie und Dantesche Höllenschreie». Die Band entstand 1968 in London, als der Sänger/Gitarrist Jon Anderson (geb. 25. Oktober 1944 in Accrington) und der Baßgitarrist Chris Squire (geb. 4. März 1948 in London) beschlossen, gemeinsam Songs zu schreiben. Mit Peter Banks (g), Tony Kaye (org), Bill Bruford (dr) gaben sie ihr Debüt im Londoner «Marquee Club» und als Vorprogramm-Gruppe beim Abschiedskonzert der → CREAM. «Als wir anfingen», sagte Anderson, «schwebte mir ein Klang irgendwo zwischen → NICE und → FIFTH DIMENSION vor.» Je mehr Stücke Anderson, der sich an Platten mit Werken von Chopin, Ravel, Liszt und Sibelius schulte, jedoch komponierte und mit literarisch anspruchsvollen Versen versah, desto mehr bekam das YES-Repertoire ein unverwechselbar eigenes Gepräge. Anderson: «In meinem Song *Prophet* versuche ich den Leuten klarzumachen, daß sie Propheten wie → Dylan oder den → BEATLES nicht blind wie Schafe folgen sollen. Das ist der ganze Sinn unserer Musik. Wir versuchen, das Publikum zum Denken zu bringen.» Umbesetzungen kamen dem musikalischen Ensemble-Potential nur zugute. 1970 ersetzte Steve Howe (g), vordem bei THE SYNDICATES, INN CROWN, TOMORROW, den ausscheidenden Banks. 1971 trat Rick Wakeman (keyboards) an die Stelle von Kaye. 1972 wurde Alan White, ein renommierter Session-Musiker mit Studioerfahrung bei → John Lennon, → George Harrison, → Joe Cocker für Bill Bruford neues Combomitglied. Ex-STRAWBS-Musiker Wakeman (geb. 18. Mai 1949 in Perivale), Absolvent des

Royal College of Music, trug durch seine vollendete Beherrschung sämtlicher Tastinstrumente und seinen souveränen Umgang mit Harpsicord, Mellotron und Moog-Synthesizer am meisten zum künstlerischen Wachstum der Gruppe bei, bis er 1973 für eine Solo-Karriere ausscherte und durch Patrick Moraz (keyboards) von der Band REFUGEE ersetzt wurde. Von Platte zu Platte wurden die Urteile und Rezensionen über YES überschwenglicher. Schon das erste Album hatte die ‹International Times› als «Meilenstein in der Geschichte britischer Popmusik» willkommen geheißen. Das dritte Album nannte → Aretha Franklin die «perfekteste Pop-Platte der letzten Zeit»: «In sämtlichen Stücken herrscht solche Spannung, daß man eine weitere Steigerung nicht mehr für möglich hält. Aber YES kennt keine Grenzen.» Über *Fragile*, das sich drei Monate auf den vier Top-Plätzen der US-Bestsellerliste hielt, urteilte ‹Rolling Stone›: «Ein mächtiges, bewegendes emotionales Ereignis.» Nach dem Live-Dreieralbum *Yessongs*, das keine neuen Stücke enthielt, und den durch Wakemans bevorstehenden Abschied bereits gezeichneten, allzu konfus und rhetorisch geratenen *Tales from Topographic Oceans* schwang sich der ‹Melody Maker› bei *Relayer* abermals zu Superlativen auf: «Aufs höchste gelungen und zufriedenstellend.» Beinahe immer gelang es den Musikern im Konzertsaal, der Qualität ihrer Platten gerecht zu werden. «Es macht uns nichts aus», sagte Anderson, «von den Städten, die wir besuchen, so gut wie nichts zu sehen. Wir sind ausschließlich daran interessiert, möglichst gute Sets abzuliefern.»

LPs auf Atlantic: *Yes* (1969); *Time and A Word* (1970); *The Yes Album* (1971); *Fragile* (1971); *Close to the Edge* (1972); *Yessongs* (1973); *Tales from Topographic Oceans* (1973); *Relayer* (1974); *Yesterdays* (1975). LPs Patrick Moraz mit MAINHORSE auf Polydor: *Mainhorse* (1972) ... mit REFUGEE auf Charisma: *Refugee* (1974). LP Steve Howe mit TOMORROW auf Parlophone: *Tomorrow* (1968). LPs Rick Wakeman auf A & M Records: *The Six Wives of Henry VIII* (1973); *Journey to the Centre of the Earth* (1974); *The Myths and Legends of King Arthur and the Knights of the Round Table* (1975)

Young, Neil (voc, g, p), am 12. November 1945 in Winnipeg, Kanada, geboren, war in den Ensembles → BUFFALO SPRINGFIELD und → CROSBY, STILLS, NASH & YOUNG sowie als Solist mit den Begleitcombos CRAZY HORSE und STRAY GATORS eine der interessantesten Figuren des vom Drogen-Horror geschwärzten Folk Rock der Post-Flower-Power-Jahre nach 1968. Die SPRINGFIELD-Band bereicherte er mit poetisch tiefsinnigen Klagesongs (*Broken Arrow*) und einem energetischen Lead-Gitarrenspiel; gleichzeitig zermürbte er jedoch das Gemeinschaftsgefühl der Truppe durch mehrmaligen Ausstieg kurz vor entscheidenden Tourneen und durch Rivalitäten mit → Stephen Stills, die bis zu Handgreiflichkeiten auf der Bühne führten. Stills, der Young dennoch in einer Art Haßliebe verbunden war, holte diesen 1969, nach dem Ende von BUFFALO SPRINGFIELD, in eine Folk Rock-Kongregation, die er kurz zuvor mit → Graham Nash und → David Crosby gebildet hatte. In diesem Quartett sublimierten die Flügelmänner Young und Stills ihren musikalischen Ehrgeiz zu einem spannungsreichen Wechselspiel. Während Young die CSN & Y-Gruppe als Demonstrationsvehikel für seine Virtuosität ansah, benutzte er den erdigen Sound des Rock-Quartetts CRAZY HORSE als Hintergrund für seine Solo-LPs, auf denen er sich als introvertierter Romantiker präsentierte, «der auf der Suche nach einem verlorenen Paradies Amerika ist und bei dieser Suche doch nur eine Alptraumwelt findet» (Franz Schöler). Mit schriller, pueriler Stimme lamentierte er zu beißender oder monoton scheppernder Gitarrenbegleitung über die Frustrationen eines ewigen Außenseiters – in Versen, die durch präzise Diktion und die Schönheit ihrer Bildersprache faszinierten. Der sich in den Millionenumsätzen seiner Platten dokumentierende Doppelerfolg Youngs als Solist und Ensemblespieler verleitete ihn jedoch, sein Talent imagegerecht zu konfektionieren. Er gefiel sich, vor allem auf der Platte *Harvest*, in der Pose des Outcast, brachte seine Wehleidigkeit auf einen Generalton, normte seine Melodien als Reprisen früherer Klagelieder und schablonisierte seine Texte zum Einheitslamento eines Cowboys, der F. Scott Fitzgerald und Tennessee Williams gelesen hat. Nach der Loslösung von CROSBY, STILLS, NASH (1971) wurde Young immer mehr zur «Greta Garbo des Rock» (‹Melody Maker›). Er trat aus Krankheitsgründen nur noch selten auf und veröffentlichte seine Platten in immer größeren Abständen. Eine 1972 edierte Soundtrack-LP aus einem Dokumentarfilm über Youngs künstlerischen Werdegang war mit dermaßen minderwertigem Rest-Material aus Konzerten und Studiosessions vollgepropft, daß ‹Rolling Stone› es zu Recht als «ungeheuerlich» empfand, «daß dieses Album überhaupt veröffentlicht wurde». Der ‹Melody Maker› argwöhnte damals, mit Youngs Talent als Songschreiber sei es vielleicht nicht mehr zum besten bestellt. Mögliche Auswege schienen die beabsichtigte Reformation von BUFFALO SPRINGFIELD in alter Besetzung oder neue Gemeinschafts-Aktivitäten von CROSBY, STILLS, NASH & YOUNG zu sein. Doch selbst auf den Reunion-Konzerten des Star-Quartetts wußte Young 1974 mit seiner musikalischen Vergangenheit nichts mehr anzufangen.

LPs mit → BUFFALO SPRINGFIELD, → CROSBY, STILLS, NASH & YOUNG auf Atlantic. Solo-LPs auf Reprise: *Neil Young* (1969); *Everybody Knows This is Nowhere* (mit CRAZY HORSE, 1969); *After the Goldrush* (mit CRAZY HORSE, 1970); *Harvest* (mit THE STRAY GATORS, 1972); *Journey Through the Past* (Soundtrack, mit diversen Solisten, 1972); *Time Fades Away* (1973); *On the Beach* (1974)

The Youngbloods trafen 1965 in Boston zusammen und musizierten im leichtgewichtigen Folk Rock-Idiom zwischen dem jazzgefärbten Balladenstil → Tim Hardins und der vergnüglichen Landblues-Spielweise der → LOVIN' SPOONFUL, jedoch ohne vergleichbare Kompetenz. Die diversen Musikerfahrungen der Ensemblemitglieder vereinigten sich nur selten zum «lyrischsten und hörenswertesten Rock auf Schallplatten» (‹Billboard›): Der Bassist, Vokalist und spätere Lead-Gitarrist Jesse Colin Young (bürgerlich: Perry Miller) hatte sich auf der Folk-Szene der amerikanischen Ostküste, unter anderem als gelegentlicher Partner von → John Sebastian, eingeübt. Der Pianist und Gitarrist mit dem Bühnennamen Banana, in → Donovans *Mellow Yellow* als «electrical banana» verewigt, war in Bluegrass-Musik vernarrt; den Jazzdrummer Joe Bauer hatten erst die → BEATLES zum Rock bekehrt; Gitarrist Jerry Corbitt aus Georgia brachte eine Vorliebe für Ragtime mit. Die lässige Synthese von «Rag and Roll» machte die YOUNGBLOODS zur Favoritenband bei Freiluft-Festivals; ihre Plattenmitschnitte enttäuschten meist als «uninspiriertes instrumentales Gedudel» (‹Rolling Stone›). Nach dem Fortgang Jerry Corbitts schloß sich der Bassist Michael Kane der Gruppe an. Mit ihm machten die YOUNGBLOODS einige ihrer besten LP-Aufnahmen auf dem eigenen Label Raccoon (Waschbär), bei denen die helle, vibrierende Blues-Stimme Youngs, der jazzig federnde Rhythmus und Bananas quicksilbriges Piano angenehm harmonierten. 1972 trennte sich das Quartett, dessen Single-Hit *Get Together* zur «informellen Hymne der späten sechziger Jahre» geworden war (‹Rolling Stone›). Bauer, Banana und Kane machten als Trio BANANA & THE BUNCH weiter; Young stellte, nach einem Solo-Album, seine eigene Vier-Mann-Gruppe zusammen.

LPs auf RCA: *Youngbloods* (1967); *Earth Music* (1967); *Elephant Mountain* (1969); *Best* (1970); *Sunlight* (1971); *This Is* (1972) ... auf Raccoon/Warner Brothers: *Rock Festival* (1970); *Ride the Wind* (1971); *Good and Dusty* (1971); *High on a Ridge Top* (1973)... auf Mercury: *Two Trips with Jesse Colin Young* (1970). Solo-LPs auf Raccoon/Warner Brothers von Young: *Together* (1972); *Song for Juli* (1973); *Light Shine* (1974); *Songbird* (1975)... Bauer: *Moonset* (1971)... Banana & Bunch: *Mid-Mountain Ranch* (1972). Solo-LPs Jerry Corbitt auf Polydor: *Corbitt* (1970) ... auf Capitol: *Jerry Corbitt* (1971). Solo-LP Young auf Capitol: *Soul of a City Boy* (1964, reissue 1974)

Z

Zappa, Frank (g), als Sohn eines Chemikers griechisch-arabisch-sizilianischer Abstammung am 21. Dezember 1940 in Baltimore, Maryland, geboren, verkörperte mit seiner Band → The Mothers of Invention jahrelang die «Quintessenz des Grotesken in der Rockmusik» (‹The Guardian›). Mit Showgreueln wie dem Massaker von Babypuppen, obszönen Akten (eine Stoffgiraffe ejakulierte ins Publikum), einem vorsätzlich häßlichen Bandhabitus sowie einer bei flüchtigem Zuhören chaotisch wirkenden Musik machte der Wortführer einer subversiven Gegenkultur 1966 auf sich aufmerksam: «Kein Akkord ist häßlich genug, all die Scheußlichkeiten zu kommentieren, die von der Regierung in unserem Namen verübt werden.» Die rebellische Attitüde hatte sich Zappa schon als Kind zugelegt. Der asthmatische Knabe opponierte mit einer Gasmaske, die er nicht mehr ablegen wollte, gegen die Arbeit des Vaters in der Rüstungsindustrie. Als die Familie nach Kalifornien umgezogen war, legte er an der High School von San Diego Feuer, sammelte Rhythm & Blues-Schallplatten, terrorisierte die Mutter mit überlaut abgespielten Avantgarde-Kompositionen von Edgar Varese und verließ schließlich das Elternhaus, um zusammen mit Negern und Mexikanern in einer Tanzkapelle zu spielen. Nacheinander hießen seine Bands The Blackouts, The Omens, Captain Glasspack and His Magic Mufflers und – ab 1964 in Pomona, Kalifornien – The Mothers of Invention. Mit dieser «radikalsten und unterhaltsamsten Rockgruppe der USA» (‹Newsweek›) attackierte Zappa in stundenlangen «Underground-Oratorien» wie in kuzweiligen Mini-Kompositionen von bisweilen nur 90 Sekunden Dauer den American Way of Live. Er verherrlichte den Sex mit Minderjährigen und demütigte die Bürger als «Plastic People». Er adaptierte Klangstrukturen von Igor Strawinsky, John Cage und Edgar Varese, schockte mit elektronisch erzeugten Kreischtönen, wirren Geräuschcollagen und verzerrten Tonbandklängen, ließ Free Jazz-Chorusse improvisieren und parodierte den sentimentalen Rock 'n' Roll der fünfziger Jahre. Obgleich diese «musikalischen Müll-Skulpturen» (Zappa), diese «ebenso sarkastischen wie anregend witzigen» Mütter-Laute (‹The Observer›) von den meisten US-Sendern boykottiert oder durch eingeblendete Pfeiftöne unverständlich gemacht wurden, erzielten sie im Untergrund hohe Umsätze. Daher durfte Zappa, mittlerweile Eigentümer der Plattenmarken Bizarre und Straight, im April 1969 bei der International Music Industry Conference auf Paradise Island, Bahamas, sein Manifest verlesen: «Sie nennen es Lärm, doch Sie überhören bloß die Akkordstrukturen und die Melodie. Manche Untergrund-Gruppen sind heute vor allem an künstlerischem Ausdruck und nicht mehr an Hit-Schallplatten interessiert.» Vom internationalen Musik-Establishment akzeptiert, von seinen ehemaligen linken Parteigängern als Abtrünniger geschmäht, an den Mothers of Invention nicht mehr allzusehr interessiert, improvisierte Zappa, der mit einem weltweit verbreiteten Klosett-Poster für sich warb, nun zunehmend mit einer Ad hoc-Combo Hot Rats und ging daran, seine Collagetechnik noch einmal zu steigern: In seinem surrealistischen Semi-Dokumentarfilm ‹200 Motels› (1971) über das Tourneeleben der Mothers glossierte der «erste Meister der Mixed Media» (‹New York Times›) mit Hilfe von Solisten, Choristen, Groupies, einem Symphonieorchester und seiner Band seine alte Vorliebe für Puppen, Transvestiten und Zoten. Er parodierte das Musical ‹West Side Story›, moderne Oratorien à la Penderecki und empfahl, mittelmäßige Philharmoniker in Spezial-KZ zu bessern. In den Ruf, «wie eine Überdoses Novocain» (‹New York Times›) zu wirken, «unverschämt und elektrisch» (‹Time›) sowie «der teuerste Amateurfilm» aller Zeiten (‹Rolling Stone›) zu sein, geriet das Lichtspiel durch die exzentrische Bildtechnik: Unentwegt verändern sich die Farben, zerfließen Gesichter, zerhacken Strichraster das oft im Takt der Musik blubbernde Leinwandbild. Bis zu vier Szenen, von TV-Kameras simultan aufgenommen, wurden mit allen Raffinessen der Trickschaltung in- und übereinander projiziert. Der Versuch vieler Rockgruppen, die Musik in Filmen und Lichtshows nicht nur optisch, sondern auch in ihrer inhaltlichen Bedeutung anschaulich zu machen, ist Zappa mit ‹200 Motels› als bisher einzigem geglückt.

LPs auf Verve: *Freak Out* (1966); *Absolutely Free* (1967); *We're Only in It For The Money* (1968); *Francis Vincent Zappa Conducts Lumpy Gravy* (1968); *Cruising with Ruben and The Jets* (1968); *Mothermania* (1969); *The ? & % of The Mothers* (1970) ... auf Reprise: *Uncle Meat* (1969); *Hot Rats* (1969); *Burnt Weenie Sandwich* (1970); *Weasels Ripped My Flesh* (1970); *Chunga's Revenge* (1970); *Fillmore East – June 1971* (1971); *Waka Jawaka* (1972); *Just Another Band from L. A.* (1972); *The Grand Wazoo* (1972) ... auf Discreet: *Over Nite Sensation* (1973); *Apostrophe (')* (1974); *One Size Fits All* (1975) ... auf United Artists: *200 Motels* (Soundtrack, 1971)

The Zombies leisteten von 1963 an in London Pionierarbeit für die Rockentwicklung – vom Publikum und von der Kritik beinahe unbemerkt. → Rod Argent (keyboards), Hugh Grundy (dr), Paul Atkinson (g), Chris White (bg), → Colin Blunstone (voc, g), wattierten den aggressiv-fröhlichen englischen Beat jener Jahre in hübsche Melodien, exquisite Arrangements und einen Vortragsstil der Blunstones «durchscheinende Vokalismen» mit einer «ätherischen Aura» (‹Rolling Stone›) umgab. Die ZOMBIES veröffentlichten zwei brillante Singles, *She's Not There* (1964) und *Tell Her No* (1965), dann gingen ihre «sanften kleinen Rocka-Boogie-Balladen» (‹Melody Maker›) im erfolgreichen Lärm härterer Beat-Bands unter. Amerika, das sie am meisten schätzte, konnten die Musiker wegen Visa-Schwierigkeiten nie besuchen. Dort wurde im Frühjahr 1969 eines ihrer Lieder, *Time Of The Season*, zu einem unerwarteten Top-Erfolg. Doch die ZOMBIES hatten sich bereits Weihnachten 1967, nach der Beendigung ihres Albums *Odyssey and the Oracle*, aus dem der Single-Hit ausgekoppelt war, aufgelöst. Argent formierte unter seinem Namen eine neue Band; Blunstone versuchte sich an einer Solokarriere. Die Stileinflüsse der ZOMBIES, dieses «Bindeglieds zwischen → BEATLES und → DOORS» (R. Meltzer), sind im Spiel des ehemaligen DOORS-Organisten Ray Manzarek, in der subtilen Stimmungspoesie von → KINKS-Leader Ray Davis und in den impressionistischen Orgelgedichten von → PROCOL HARUM zu hören.

LPs auf Decca: *Begin Here* (1965); *Early Days* (1969) ... auf CBS: *Odyssey and Oracle* (1968) ... auf Epic: *Time of the Zombies* (1973)

Sachstichwörterverzeichnis

ABC Records, 1956 in Hollywood von der gleichnamigen Filmgesellschaft zunächst als ABC Paramount gegründet, verzeichnete in den fünfziger Jahren mit DANNY AND THE JUNIORS (*At The Hop*), Lloyd Price, Paul Anka eine Serie von Rock 'n' Roll-Bestsellern. Der Erwerb des → Dunhill-Labels (1957) sowie Lizenzverträge mit Kleinfirmen wie Ray Charles' Tangerine Records brachten der Company einen beachtlichen Talentzuwachs in verschiedenen Popmusik-Bereichen. 1974 erweiterte das nunmehr zum drittgrößten US-Fernsehkonzern American Broadcasting Co. gehörende Unternehmen seinen künstlerischen und kommerziellen Aktionsradius erheblich mit dem 5-Milliarden-Dollar-Erwerb der vormals zum Mischkonzern Gulf & Western gehörenden Labels Dot, Blue Thumb, Sire, Neighborhood, Ember sowie der Installation der transatlantischen Musikproduktion Anchor Records. Zu den Top-Performern von ABC – der Markenname Dunhill ist inzwischen aufgegeben worden – gehörten 1975 STEELY DAN, RUFUS, THREE DOG NIGHT, THE POINTER SISTERS, Jim Croce (†), Bobby Vinton, THE CRUSADERS.
Acid: Säure. Slangbezeichnung für → LSD. Davon abgeleitet Acidhead (Säurekopf) für LSD-Schlucker.
Acid Rock, auch Psychedelic Rock: Bezeichnung für eine vor allem 1966/67 gespielte, zumeist überlaut verstärkte Musik, die durch akustische Einwirkung Halluzinationen wie unter → LSD erzeugen soll, in den Songtexten (vielfach verschlüsselt) LSD-Trips beschreibt und oft unter Rauschmitteleinfluß gespielt wird. Beispiele: → IRON BUTTERFLY, → VANILLA FUDGE, → THE BYRDS 1966.
Album: brancheninterne Bezeichnung für Langspielplatte. Doppelalbum: zwei Langspielplatten des gleichen Interpreten in einem → Cover.
Altamont, eigentlich Altamont Speedway, ist eine verwahrloste Autorennbahn im hügeligen Livermore Valley etwa 80 Kilometer nordöstlich von San Francisco, die durch die → ROLLING STONES in die Rockgeschichte eingegangen ist. Zum Finale einer USA-Tournee veranstalteten die STONES dort am 6. Dezember 1969 ein Free Concert für mehr als 300 000 Fans – kostenlose Statisten für ihren Tourneefilm ‹Gimme Shelter›. Das Verkehrschaos war so groß, daß die Musiker per Hubschrauber aufs Podium gebracht werden mußten. Mindestens 20 schwere Unfälle wurden gezählt. Ein Plymouth fuhr mit hoher Geschwindigkeit in die Menge und tötete zwei Menschen. Ein Junge ertrank im LSD-Rausch in einem Kanal, ein anderer, dessen Füße ins Feuer geraten waren, wurde mit schweren Verbrennungen ins Krankenhaus gebracht. 19 Ärzte und sechs Psychiater behandelten bis zur Erschöpfung Drogenfälle, Frühgeburten, Verletzungen infolge Schlägereien. Die Rockertruppe → HELL'S ANGELS, von den Veranstaltern als Ordner verpflichtet, betrank sich und terrorisierte aufs brutalste das Publikum. Als die STONES *Sympathy For The Devil* anstimmten, droschen die ANGELS wahllos auf die Zuhörer ein. Der 18jährige Farbige Meredith Hunter wurde unmittelbar vor der Bühne erstochen, aber die Show ging weiter. «Altamont war das Ergebnis von teuflischem Egoismus, Aufbauscherei, Unfähigkeit, Geldmanipulation und, als Basis all dessen, einem fundamentalen Mangel an Menschlichkeit» (‹Rolling Stone›). Referenz: Siegfried Schobers Buch ‹Let it Bleed, The Rolling Stones in Altamont›.
AM Radio: Hitparaden-Rundfunk in den Vereinigten Staaten. Auf Mittelwelle (Amplitude Modulated) werden vornehmlich Single-Platten abgespielt. Der Programm-Direktor einer Radio-Station stellt in einer «Play List» die → Top 40 der im Handel und bei den Hörern erfolgreichsten Platten zusammen, die durch eine Auswahl von Neuerscheinungen ergänzt werden. Nach dieser Liste gestaltet der Sender sein musikalisches Angebot. In den letzten Jahren ist das Schema modifiziert worden: Die → Discjockeys der AM-Stationen spielten auch LP-Stücke, die noch nicht als Single erschienen waren, und nahmen damit Einfluß auf

die Veröffentlichungspolitik der Plattenfirmen. Oftmals wurde ein Einzeltitel erst dann aus einem Album ausgekoppelt, wenn sich dessen Popularität im Radio-Spiel bewiesen hatte. Umgekehrt reduzierten viele Programm-Direktoren ihre «Play List» zugunsten eines kommerziell «heißeren» Programms 1973/74 von 40 auf 30 oder noch weniger Titel und forderten für ihre Discjockeys «ein Minimum an Freiheit und ein Maximum an Flexibilität». 1975 gab es in den USA etwa 4300 AM-Stationen.

American Folk Blues Festival: Angeregt vom Jazzkritiker Joachim E. Berendt, der 1960 in Chicago eine prominent besetzte Bluessession für den Südwestfunk in Baden-Baden veranstaltet hatte, brachten die Frankfurter Impresarios Horst Lippmann und Fritz Rau von 1962 an alljährlich jeweils etwa zehn US-Bluesmusiker nach Europa: beispielsweise John Lee Hooker, Willie Dixon, T-Bone Walker (1962), Sonny Boy Williamson, Muddy Waters, Otis Spann (1963); Howlin' Wolf (1964), Big Mama Thornton (1965), Junior Wells (1966), Little Walter (1967). Diese Europa-Tourneen führten von Helsinki bis Barcelona, fanden aber besonders in Großbritannien musikalischen Widerhall. Nach den Konzerten spielten die schwarzen «Blues Giants and Rock Creators» (Untertitel der Jubiläumstournee 1972) vielfach in Beatkellern und Popmusik-Clubs mit Bands wie THE ANIMALS, THE YARDBIRDS, FLEETWOOD MAC zusammen und nahmen mit diesen auch Schallplatten auf. Der Einfluß der Blues-Festivals auf die europäische Rockszene ist kaum zu überschätzen. In den USA regten die Europa-Erfolge der Getto-Stars Konzertveranstalter an, diese Musiker nun gleichfalls einem weißen Publikum zu präsentieren. So erlangten die Lehrmeister der Rock-Generation in ihrem Heimatland erstmals einen bescheidenen Kredit. LP-Dokumentationen auf Brunswick (1962), Fontana (1963, 1964, 1965, 1966, 1967), Scout/CBS (1969, 1970), Atlantic (1972).

A & M Records, 1961 von Herb Alpert und Jerry Moss in Los Angeles gegründet, erwarb sich zunächst das Image eines → Middle of the Road-Labels mit gediegener Popmusik vorwiegend im lateinamerikanischen Stil, die von HERB ALPERT & THE TIJUANA BRASS, SERGIO MENDES AND BRASIL '66, THE BAJA MARIMBA BAND, THE SANDPIPERS und Burt Bacharach eingespielt wurde. Beeindruckt vom → Monterey Pop Festival engagierten Alpert und Moss in Lizenzverträgen die britischen Rock-Musiker PROCOL HARUM, Joe Cocker, Cat Stevens, HUMBLE PIE, SPOOKY TOOTH, deren Umsätze bald den Erfolgen des bisherigen Schlager-Repertoires gleichkamen. 1975 profitierte A & M vor allem von den CARPENTERS sowie von Carole King und CHEECH & CHONG auf Lou Adlers Ode-Label, das sich 1970 dem Alpert/Moss-Vertrieb angeschlossen hatte.

Apollo: Musiktheater an der 125. Straße des New Yorker Negerviertels Harlem. Das Ende 1934 von dem weißen Geschäftsmann Frank Schiffman und einem Partner eröffnete Theater gilt seither als Mekka des schwarzen Showbusiness in den USA. Von Ella Fitzgerald, die noch im Gründungsjahr in einer der berühmten Amateur-Ausscheidungen (mittwoch nachts) hier entdeckt wurde, über Sammy Davis jr., der 1947 zum erstenmal im Apollo auftrat, bis zu den jüngsten Soul-, Blues- und Gospelinterpreten haben sämtliche prominenten Künstler der populären Negermusik Amerikas einmal oder wiederholt in den bereits zur Mittagszeit beginnenden Shows gespielt. Das Publikum dieser Veranstaltungen gilt als das kritischste in Nordamerika. Referenz: Jack Schiffmans Buch ‹Uptown – The Story of Harlem's Apollo Theatre›. LP-Beispiele auf King/Polydor: *James Brown Live at the Apollo* (1963) ... auf Atco mit Otis Redding, Ben E. King, Rufus Thomas, Doris Troy, THE FALCONS, THE COASTERS: *Apollo Saturday Night* (1964) ... auf CBS: *Stars of the Apollo* (1973).

Apollo Records: 1942 von Ike und Bess Berman in New York gegründete Schallplattenfirma, die fast ausschließlich für den schwarzen Markt produzierte. Zu den Interpreten gehörten beispielsweise die Gospelsängerin Mahalia Jackson und der Rhythm & Blues-Sänger Wynonie Harris.

A & R steht für «Artist and Repertoire Manager»: der für einen bestimmten Produktionsbereich oder ein bestimmtes Label zuständige Redakteur einer Plattenfirma.
Artist: jederart Schallplatten-Interpret.
ASCAP: Abkürzung für «American Society of Composers, Authors and Publishers». Diese am 13. Februar 1914 in New York gegründete Urhebergesellschaft beherrschte vor der Gründung des Konkurrenzunternehmens → BMI im Jahre 1941 den amerikanischen Musikmarkt.
Asylum Records, 1971 von David Geffen in Los Angeles gegründet, repräsentierte 1974/75 die Crème des Westküsten-Rock. In seiner Agentur Geffen/Roberts hatte der Asylum-Besitzer schon seit Jahren die von ihm entdeckten und geförderten Musiker Laura Nyro, Joni Mitchell, CROSBY, STILLS, NASH & YOUNG, AMERICA angesammelt, die er dann auch zum Teil auf seinem Label unterbringen konnte. Das exquisite Angebot wurde abgerundet durch EAGLES, Jackson Browne, JO JO GUNNE. Im Herbst 1973 kaufte der → Warner Communications-Konzern Asylum Records auf und fusionierte die Firma mit → Elektra. Neuer Herr über beide Repertoires wurde David Geffen.
Atlantic, 1948 in New York von Ahmed Ertegun, Sohn des ehemaligen türkischen Botschafters in den USA, als Jazz- und Blues-Plattenfirma gegründet, entwickelte sich unter Leitung des Gründers, seines 1953 hinzugekommenen Partners Jerry Wexler und seines 1955 eingestiegenen Bruders Nesuhi Ertegun zur führenden Soul-Marke. Mit seiner berühmten 8000er Serie, in der Rhythm & Blues-Interpreten wie Ruth Brown, LaVern Baker, Ray Charles sangen, machte Atlantic den heißen Gettogesang der großen Negerstädte erstmals auch für den weißen Musikmarkt akzeptabel. Heute reicht das Repertoire der Firma mit den beiden Sub-Labels Atco und Cotillion vom New Orleans- bis zum Free Jazz, von ethnischer Folklore bis zum englischen Rock von YES und LED ZEPPELIN. 1967 wurde Atlantic für 17 Millionen Dollar an den kalifornischen Entertainment-Konzern Warner Brothers verkauft, wird aber von den früheren Eigentümern weitergeführt. Im April 1971 übernahm die Firma den weltweiten Vertrieb des von den ROLLING STONES gegründeten Labels Rolling Stones Records.
Baroque Rock bezeichnet die Verbindung von Rock mit Strukturen oder Instrumentierungen der klassischen Musik sowie Rockversionen klassischer Konzertwerke. Beispiele finden sich im Repertoire von → PROCOL HARUM, → DEEP PURPLE, → THE NICE, → EMERSON, LAKE & PALMER.
Billboard: 1895 in New York gegründete Fachzeitschrift der Musik-Unterhaltungsindustrie. Die «Bibel der Branche» (Insider-Jargon) zeichnet sich aus durch eine umfassende, detailgenaue Berichterstattung, die sich jedoch weitgehend jeder Kommerz-Kritik enthält und im wesentlichen Reportagefunktion wahrnimmt. Plattenrezensionen werden, ohne künstlerische Wertung, lediglich nach der Verkaufsqualität des Produktes vorgenommen. Das Blatt stellt wöchentlich Listen der erfolgreichsten Singles (*Hot 100*) und LPs für die Teilmärkte Soul, Klassik, Country, Jazz, → Easy Listening, Pop, Latin Music zusammen, die wegen ihrer Exaktheit bei Handel und Massenmedien als Richtschnur für die Programm- und Absatzplanung geschätzt werden. Seine Stellung als journalistischer Wortführer der Musikbranche untermauert ‹Billboard› durch die Organisation von Seminaren und Tagungen, die Künstlern, Producern und Verkäufern als Diskussionsforum zur Entwicklung neuer Absatz-Strategien dienen. Die verkaufte Auflage der Zeitschrift lag 1975 bei 36 000 Exemplaren.
Bluegrass: eine altertümliche Interpretationsweise der → Hillbilly- und → Country & Western-Musik. Bevorzugte Instrumente: Banjo, Mandoline, Fiddle. Stil und Begriff wurden in den dreißiger Jahren von Bill Monroe und seinen BLUEGRASS BOYS aus Kentucky überregional bekannt gemacht. Seit etwa 1950 gelten Lester Flatt und → Earl Scruggs mit ihren FOGGY MOUNTAIN BOYS als die bedeutendsten Bluegrass-Interpreten. LP-Beispiele: FLATT &

Scruggs auf Mercury: *Foggy Mountain Boys* (1964) ... Bill Monroe auf Harmony: *With his Bluegrass Boys* (1961).

Blue Notes: die charakteristischen Blues-Intervalle kleine Terz und kleine Septime. Manchmal wird auch die verminderte Quinte als Blue-Note empfunden.

Blues wird in zwei verschiedenen Bedeutungen gebraucht: 1. als Bezeichnung für die weltliche Musikfolklore der amerikanischen Schwarzen (im Gegensatz zu den religiösen Musikformen → Spiritual und → Gospel-Song) sowie für den davon abgeleiteten Rock-Stil White Blues; 2. für eine zwölfaktige musikalische Form nach dem Schema AAB mit charakteristischen Intervallen (→ Blue Notes), die einem Großteil von Jazz- und Rockstücken zugrunde liegt.

BMI: Abkürzung für «Broadcast Music Inc.»; 1941 gegründete US-Urheberrechtsgesellschaft, die das Monopol der → ASCAP brach und den Einzug von Blues, Folk und Countrymusik in die amerikanischen Rundfunkprogramme ermöglichte.

Bop, eigentlich Be Bop: von Musikern wie Charlie Parker, Dizzy Gillespie, Thelonious Monk, Kenny Clarke um 1943/45 entwickelter Jazzstil, der mit rasenden Melodiekürzeln, avancierter Harmonik und einem fließenden Sechzehntel-Beckenrhythmus die Entwicklung des modernen Jazz einleitete. Das Verb «to bop» wird im Rock-Jargon für eine durch Sex, Alkohol oder Rauschmittel stimulierte Freizeitbeschäftigung gebraucht.

Boogie Woggie: Jazz-Klavierstil auf → Bluesgrundlage mit einer ostinaten, rollenden Baßfigur der linken Hand (acht Achtel im Takt), der von Musikern wie Pinetop Smith, Albert Ammons, Meade Lux Lewis, Jimmy Yancey Ende der zwanziger Jahre in Chicago entwickelt wurde. Der Schallplattenerfolg des *Pinetop's Boogie* in der Swing-Orchesterversion von Tommy Dorsey löste um 1939 eine internationale Tanz- und Tanzmusik-Mode aus. In der Rockmusik werden von Bill Haleys *Rock-A-Beatin' Boogie* (1955) an vielfach Boogiestrukturen verwendet. Das Verb «to boogie», im Negerslang ursprünglich zur Umschreibung des Beischlafs verwendet, wird im Popmusik-Jargon auch als «ausspannen, herumhängen, sich amüsieren, relaxen» verstanden.

Boston Sound: nach dem Riesenerfolg der Rockbands aus → San Francisco 1967/68 verpflichtete die Plattenfirma MGM eine Reihe weniger bedeutender Gruppen aus Boston und versuchte, diese mit großem Publicity-Aufgebot zu lancieren. Kritiker und Fans erkannten schnell, daß es sich beim Boston Sound lediglich um eine Werbemasche handelte. LPs auf MGM von Orpheus: *Orpheus* (1968); *Ascending* (1968); *Joyful* (1969) ... von Beacon Street Union: *The Eyes of the Beacon Street Union* (1968); *The Clown Died in Marvin Gardens* (1968) ... von Ultimate Spinach: *Ultimate Spinach* (1968); *Behold and See* (1968); *Ultimate Spinach* (1969). Auch die Ensembles Eden's Children, Earth Opera, Ill Wind, Bagatelle, Phluph, die für andere Labels produzierten, wurden dem Boston Sound zugezählt.

Bottleneck: Gitarrenspielweise im ländlichen Blues, bei der sich die Spieler abgeschlagene Flaschenhälse auf die Finger stecken, damit die Saiten entlanggleiten (deshalb auch der Name «Slide Guitar») und so fließende Glissandi erzeugen, die an den hohen, singenden Ton der Hawaii-Gitarre erinnern. → Ry Cooder, → Duane Allman, Lowell George von → Little Feat sind Repräsentanten dieser Technik im Rock, bei der die Flaschenhälse inzwischen durch Metallaufsätze ersetzt worden sind.

Bounce: Tempobezeichnung. Es wird so langsam wie möglich gespielt, ohne an → Swing zu verlieren.

Break: mehrtaktige Pause in einem Musikstück, während der der durchgeschlagene Rhythmus aussetzt; sie wird zumeist mit der Kadenz eines Soloinstruments gefüllt. Das Verb «to break» (durchbrechen) wird in der Sprache der Musikindustrie für den Zeitpunkt gebraucht, an dem eine Schallplatte umsatzmäßig in die Gewinnzone vorstößt.

Bubble Gum: Kaugummimusik ist die abschätzige Bezeichnung für den bei Sechs- bis Zwölfjährigen populären Rock. Beispiele: → OHIO EXPRESS, → THE OSMONDS, → DAVID CASSIDY.

Beat: ursprünglich der Grundschlag des Jazzrhythmus. Zwischen 1961 und 1965 wurde die englische Popmusik der → BEATLES, → ROLLING STONES, → ANIMALS, → PRETTY THINGS und ähnlicher Bands als Beatmusik bezeichnet, später setzte sich der amerikanische Terminus Rock auch in Europa und auch für die vordem Beatbands genannten Ensembles durch.

Camp: absichtliche Übersteigerung altmodischer Spielweisen bis zu einem Punkt, wo die Parodie in neuerliche Aktualität umschlägt. Camp waren beispielsweise die nostalgischen Evergreen-Adaptionen der → NEW VAUDEVILLE BAND oder die ersten Rock 'n' Roll-Sketchs von → SHA NA NA.

Car Radio: ein populärer Name für das Programm der amerikanischen → AM-Stationen, die zumeist rhythmisch stark akzentuierte Schlager mit eingängigen Melodien senden.

Capitol Records: Das 1942 in Los Angeles gegründete Unternehmen ist mit einem Jahresumsatz von über 150 Millionen Dollar (1975) die viertgrößte Plattenorganisation Amerikas. Es befindet sich seit 1956 im Besitz des britischen EMI-Konzerns. Die Firma begründete ihren Erfolg mit Jazz-Orchestern wie Stan Kenton, Billy May, Nelson Riddle, Les Baxter und Balladensängern wie Frank Sinatra, Nat «King» Cole, Dean Martin. In den sechziger Jahren profitierte Capitol von der verkaufsträchtigen Musik der BEACH BOYS und der Lizenzübernahme der BEATLES-Platten für den amerikanischen Markt. Darüber hinaus hatte das Label in der STEVE MILLER BAND, Glen Campbell, GRAND FUNK RAILROAD, Linda Ronstadt eine Reihe stilistisch unterschiedlicher Star-Performer.

Charts: Die Single- und LP-Bestsellerlisten der Musikindustrie werden überwiegend von Fach- und Branchenblättern ermittelt. Führend in den USA: die Zeitschrift → ‹Billboard›, in England: → ‹Melody Maker›. In Westdeutschland legen die Zeitschriften ‹Musikmarkt› und ‹Schallplatte› notariell beglaubigte Hitlisten vor.

Chess: 1947 von Leonard und Phil Chess in Chicago gegründete Plattenfirma, die sich von Anfang an auf schwarze Musik spezialisierte und den Chicago-Blues von Muddy Waters, Howlin' Wolf, den Rock 'n' Roll von Chuck Berry, Bo Diddley und mancherlei Gospelmusik vorbildlich dokumentiert hat. Die Chess-Brüder nahmen zunächst farbige Musiker auf, die in ihrem Nachtlokal musizierten, und verkauften diese Schallplatten aus dem Kofferraum eines Autos an Straßenecken des Chicagoer South-Side-Gettos. Ihre erste Plattenmarke Aristocrat wurde 1949/50 in Chess umbenannt; später etablierten sie die Sub-Labels Argo, Checker und Cadet. 1969 wurde die Firma vom Tonband-Konzern GRT übernommen.

Chrysalis wurde im Oktober 1968 als Schallplattenmarke der Kunsthochschulabsolventen Terry Ellis und Chris Wright in London gegründet und expandierte binnen kurzem zu einem totalen Musikunternehmen mit Produktion, Management, Verlag und Konzertagentur. Der Aufschwung zur Company mit (1973) 50 Angestellten setzte mit der ersten JETHRO TULL-Single *Living In The Past* ein. Künstlerstamm: JETHRO TULL, TEN YEARS AFTER, PROCOL HARUM, STEELEYE SPAN, WILD TURKEY, BEDLAM, UFO, GENESIS.

Columbia Records sind das Schallplatten-Departement des amerikanischen Medienkonzerns CBS. Da der britische EMI-Konzern jedoch einen Teil seiner Schallplatten-Produkte mit dem in Europa durch Copyright geschützten Markennamen Columbia herausbringt, werden US-Columbia-Platten außerhalb der USA unter dem Label CBS angeboten. Obgleich Künstler wie Bob Dylan und Johnny Cash schon Anfang der sechziger Jahre bei Columbia/CBS unter Vertrag waren und die im 19. Jahrhundert gegründete Firma auf ihrem Label Okeh schon in den zwanziger Jahren im Bereich der schwarzen → Race music aktiv war, hatte die auf Broadway-Musicals und weiße Show-Schlager spezialisierte Company bis 1967 für Rockmusik keine glückliche Hand. Das änderte sich seit dem → Monterey Pop Festival:

Der neue Columbia-Direktor Clive Davis, ein in Harvard ausgebildeter Jurist, band Rock-Stars wie Janis Joplin, Johnny Winter sowie die Bands SANTANA, CHICAGO, BLOOD, SWEAT & TEARS exklusiv an sein Haus, steigerte den Rockanteil am CBS-Repertoire von 15 auf über 50 Prozent, erkämpfte der Gesellschaft fast ein Viertel des amerikanischen Plattenmarktes und erhöhte den Weltumsatz bis 1972 von 170 Millionen auf 340 Millionen Dollar jährlich. Im Mai 1973 wurde Davis fristlos entlassen, weil er rund 94 000 Dollar unlegitimiert und mit frisierten Quittungen der Konzernkasse entnommen haben sollte. Brancheninsider sahen darin nur einen vorgeschobenen Grund. Vor einem Polizeiausschuß in New Jersey sagte der vor Davis gefeuerte CBS-Manager David Wynshaw aus, Columbia/CBS habe mit Billigung von Clive Davis jährlich eine Viertelmillion Dollar zu Bestechungszwecken ausgegeben und → Discjockeys mit Rauschmitteln korrumpiert. Davis, seit 1974 Chef der Bell-Schallplattengruppe und des selbstgegründeten Labels Arista Records, hat dieses stets bestritten – unter anderem in seinem Buch ‹CLIVE-Inside the Record Business›, einer fesselnden und präzisen Zusammenfassung der Repertoire- und Rockpolitik von Columbia/CBS.

Combo: Jazz- und Rockensemble bis etwa zur Größe eines Septetts. Größere Besetzungen: Band oder Big Band. In der Rockmusik ist für Combo eher der Begriff Group (Gruppe) gebräuchlich.

Concert for Bangla Desh: vom Ex-Beatle → George Harrison am 1. August 1971 im New Yorker Madison Square Garden veranstaltetes Wohltätigkeitskonzert für die Opfer des indisch-pakistanischen Krieges und der anschließenden Hungersnot. Harrison bot eine Star-Besetzung auf: Bob Dylan, Eric Clapton, Leon Russell, Ringo Starr, Ravi Shankar, BADFINGER und viele andere. 243 418 Dollar wurden erlöst. Dennoch geriet das Unternehmen anschließend ins Zwielicht. An der im Konzert mitgeschnittenen Schallplattenaufnahme, die auf drei LPs des BEATLES-Labels Apple veröffentlicht und 1972 binnen kurzem drei Millionen Mal verkauft wurde, hatte – so wurde ruchbar – vor allem die Musikindustrie verdient.

Cool: um 1950 von Musikern wie Lennie Tristano, Lee Konitz, Gerry Mulligan, Miles Davis entwickelter Jazzstil, der die bis dahin übliche ausdrucksstarke Tonbildung zugunsten einer emotionslos-glatten Intonation aufgab und die harmonische Basis des → Bop bis in die Nähe der Zwölftonmusik erweiterte. In Rockkreisen wird der Begriff als Adjektiv gebraucht: «emotionslos, erfahren, abgebrüht».

Corny: abwertende Vokabel für abgehacktes, unelegantes, altmodisches Spiel eines Musikers (deutscher Musikerjargon: zickig). Corny phrasiert beispielsweise ein Tanzmusiker, der nicht in der Jazz- oder Rocktradition aufgewachsen ist, wenn er Stücke aus diesem Bereich nachspielt.

Country & Western (C & W): Amerikas ländliche Popmusik, die hauptsächlich in den hochmodernen Schallplattenstudios von → Nashville, Tennessee, hergestellt wird. Aus den folkloristischen Musikformen des US-Südens und Mittelwesten (→ Bluegrass, → Hillbilly) entwickelten die Nashville-Musikanten seit den vierziger Jahren einen auch für Citypublikum akzeptablen Schlagerstil, der 1975 von mehr als 800 US-Rundfunkstationen rund um die Uhr ausgestrahlt wurde. C & W-Songs sind zumeist melodisch und harmonisch einfach, bevorzugen problemlos-moralische und patriotische vor anstößig-sexuellen und sozialkritischen Sujets. Referenz: Paul Hemphills Buch ‹Nashville Sound›. LP-Beispiel auf CBS: *The World of Country Giants* (Doppelalbum, 1971).

Country Rock: Rückgriff von Rockmusikanten auf traditionelle ländliche Instrumente (Banjo, Fiddle, Akkordeon etc.) und Musizierstile (Hillbilly, Ragtime). Beispiele → THE BAND, → NITTY GRITTY DIRT BAND.

Cover: Schallplattenhülle.

Cover Version: mit einem anderen als dem Originalinterpreten nachproduzierte Zweit- oder Drittversion eines auf Schallplatte erfolgreichen Songs.

Crawdaddy nennt sich eine von Paul Williams 1965 gegründete, von Peter Knobler herausgegebene Monatsschrift, die ihren Namen von Bo Diddleys Rock-Titel *Doing The Craw-Daddy* ableitet. Das zunächst im Abzugsverfahren erschienene Blatt versuchte dem Phänomen Rock mit sozio-poetisch-philosophischen Analysen gerecht zu werden. Gegenüber dem populär formulierenden Konkurrenten →‹Rolling Stone› verharrten die ‹Crawdaddy-Journalisten in einer betont esoterischen Außenseiter-Position, die sie mitunter dazu verleitete, die europäische Geistesgeschichte als Ouvertüre zum Rock-Drama der Gegenwart fehlzudeuten. Bei dieser konsequenten Doktrinärhaltung gelangte die Zeitschrift, die gelegentlich ihr Erscheinen unterbrach, nicht über eine Auflage von 25 000 Exemplaren hinaus. Ihre Beiträge zur Rock-Publizistik sind jedoch immer anregend.

Crooner: Bezeichnung für einen Sänger mit sentimentalem und einschmeichelndem Vortragsstil. Beispiele: Frank Sinatra, Bing Crosby, Johnny Mathis und, als Extremfall, → Johnny Ray.

Demo: Demonstrationstonband. Um zu Veröffentlichungs-Abschlüssen mit Plattenfirmen für die bei ihnen verlegten Songs zu kommen, fertigen Musikverlage in eigenen oder gemieteten Studios informelle Tonaufnahmen an. Je größere Sorgfalt dabei aufgewendet wird, je deutlicher das Demo das Kommerzpotential einer Melodie erkennen läßt, desto größer ist in der Regel die Bereitschaft der Plattenfirma, das Lied mit einem prominenten Exklusivkünstler zu produzieren und zu veröffentlichen. Schon Anfang der sechziger Jahre waren die Demos des New Yorker Verlags «Aldon Music» von Don Kirshner (Hausautoren: Neil Sedaka, Howard Greenfield, Jack Keller, Gerry Goffin/Carole King, Barry Mann/Cynthia Weil) so sorgfältig arrangiert und von so guten Interpreten besungen, daß sie bei der offiziellen Produktion nur noch kopiert werden mußten oder sogar in ihrer Urform veröffentlicht werden konnten. Dieses Prinzip hat seither Schule gemacht.

Detroit Sound: die spezifische Produktionsweise der Plattenfirma → Motown in Detroit war laut Kritiker Jon Landau durch folgende Charakteristika gekennzeichnet: 1. einfach strukturierte Songs mit origineller Melodik und Harmonik, 2. eine unverbrüchliche Vierviertel-Schlagzeugfigur, 3. Gospelstimmen im Background, 4. kultivierter Einsatz von Bläsern und Streichern, 5. Sänger, die auf der Grenze zwischen Pop- und Gospelmusik artikulieren, 6. eine Gruppe von Studiomusikern, die zu den besten in den USA arbeitenden Rockspielern gehören, 7. elektronische Mischtechnik, die dynamische Spitzen kappt und die verschiedenen Aufnahmespuren zu einem kompakten Klang egalisiert. LP-Anthologien auf Tamla Motown: *Motown is Hot, Hot, Hot,* Vol. 1–5; *Motown Gold*, Vol. 1 + 2.

Decca: in England beheimatete Plattenfirma, deren 1934 etablierter US-Ableger (Sub-Labels: Brunswick, Coral) frühzeitig Rhythm & Blues- und Rock 'n' Roll-Platten auf den Markt brachte. Beispiele: Bill Haley, Buddy Holly, Louis Jordan, Jackie Wilson.

Discjockey (abgekürzt Deejay): Popmusik-Programmgestalter und Moderator im Rundfunk und in → Diskotheken. Diese Männer sind Schlüsselfiguren des Musikgeschäfts. Sie entscheiden durch die Häufigkeit des Einsatzes weitgehend über den Kommerzerfolg einer Schallplatte oder eines Songs. Dadurch sind sie mitunter Bestechungsversuchen der Plattenindustrie ausgesetzt. Untersuchungen eines amerikanischen Kongreßausschusses in den Jahren 1959/61 ergaben, daß die Rock 'n' Roll-Produzenten viele ihrer Hits durch Korruption großen Stils erkauft hatten: mit Bargeld, Luxusgütern, Haushaltgeräten, Autos und Sex. Der sogenannte → Payola-Skandal erschütterte damals das illegale Promotionssystem. 1973 wurde eine neue Variante der Bestechungsmethodik bekannt: Rundfunkbetreuer namhafter Firmen hatten vornehmlich schwarze Discjockeys durch Kokain und andere Drogen von sich abhängig gemacht. 1970 machte die Plattenfirma Chess mit ihrer Serie «Cruisin' 19..», auf der Ausschnitte aus den Programmen der bekanntesten US-Popmusikansager zu hören sind, deren hektischen Plauderstil auch auf LPs hörbar. Dem weltweit bekanntesten Discjockey

Wolfman Jack, bürgerlich: Bob Smith, dessen tägliche Radio-Show von 1453 US-Sendern und Stationen des Soldatenrundfunks American Forces Network (AFN) in vier Erdteile ausgestrahlt wird, zollten Rock-Artisten wie Todd Rundgren, THE GUESS WHO (*Clap for the Wolfman*) Song-Tribut. In dem Nostalgie-Film ‹American Graffiti› (1973) trat der Mittdreißiger mit dem charakteristischen Hyänenlachen erfolgreich als mystischer Äther-Seelsorger auf. Referenz: Arnold Passmans Buch ‹The Deejays›.

Diskothek: Anfang der sechziger Jahre begannen französische Nachtlokalbesitzer Live-Bands durch Schallplattenmusik zu ersetzen. Das Modell der Discotheque setzte sich schnell auch in anderen Ländern durch. Bereits 1964/65, berichtete Lillian Roxon, gab es in den USA etwa 5000 Diskotheken. Durch Lichtshows und Stroboskoplampen wurden viele dieser Rock-Tanzlokale um 1967 psychedelisiert, dennoch gerieten sie beim Rock-Volk aus der Mode. Eine Zeitlang wurden die Discos fast nur noch von Society-Snobs, Spießbürgern oder Provinzlern besucht; Regisseur Luis Buñuel stellte ihre Zwangsrituale in einem Film als die Hölle für freie Geister dar. Zwischen 1970 und 1974 blühte in zweckentfremdeten New Yorker Fabrikhallen und Restaurants eine Underground-Disco-Szene: harte Rock-Tanzparties hauptsächlich von Homosexuellen und Farbigen. Ende 1973 meldete das «New York»-Magazin ‹The Return of the New York Disco› als modisches Massenvergnügen. Eine neue Tanzbegeisterung machte die Diskotheken zu aussichtsreichen Startplätzen für Single-Hits. Soul-Stücke wie George McCraes *Rock Your Baby*, Gloria Gaynors *Never Can Say Goodbye* oder *Rock The Boat* der HUES CORPORATION waren wochenlang Nr. 1 in der Disco-Beliebtheit, ehe sie in die → Charts einrückten. Viele Platten wurden eigens für die Disco produziert, dort fügten sie sich in die von Disjockeys mit Gespür für die Massenpsychologie clever angeheizte Non-Stop-Tanzekstase ein. In Europa übernahmen Etablissements wie das Pariser «Le Sept» oder die spanische Disco-Kette «Pacha» den architektonisch und klangtechnologisch vorbildlichen New Yorker Disco-Ausstattungs- und Betriebsstil.

Drive: Anwachsen der Intensität eines Jazz- oder Rockstückes, ohne daß Lautstärke und Tempo zunehmen. Diese Qualität zu erreichen ist vor allem Aufgabe des Schlagzeugers einer Band.

Dunhill Records wurden 1965 von Lou Adler gegründet, Producer von Johnny Rivers und ehemals Betreuer des Surf-Duos JAN & DEAN. Adlers Privat-Label florierte von Anbeginn mit den Bestsellern der MAMAS & PAPAS und den Hits von Barry McGuire. 1967 verkaufte er die profitträchtige Firma an → ABC Records und inszenierte im gleichen Jahr mit John Phillips das → Monterey Pop Festival. Seinen als «California Cool» gerühmten, eleganten Produktionsstil versuchte er zwei Jahre später an der Formation SPIRIT, die er auf seinem neuen Etikett Ode '70 vorstellte. Ungenügende Promotion des damaligen Ode-Lizenznehmers → Columbia Records verdarb jedoch den erhofften Erfolg. Adler schloß sich deshalb ein Jahr später dem kleineren, engagierteren → A & M-Label seines Freundes Herb Alpert an. Zur Hauptattraktion auf Ode wurde 1972 Carole King, deren LP *Tapestry* zum meistverkauften Album in der Geschichte der Unterhaltungsmusik avancierte. Goldtrophäen erbrachten die ebenfalls von Adler überwachten Ode-Einspielungen des Duos CHEECH & CHONG. Das Dunhill-Label ging 1974 in der Mutterfirma → ABC auf.

Easy Listening → Middle of the Road.

Eklektizismus: imitative Übernahme oder kreative Weiterverwendung bereits eingeführter Musikstile oder Spielweisen.

Electronic Rock: Popmusik, die zumindest teilweise auf elektronischen Geräten wie → Synthesizer, Oszillatoren, Generatoren hergestellt oder durch sie entscheidend geprägt wird. Da etwa seit der *Sgt. Pepper*-LP der BEATLES (1967) ein Großteil der Rock-Studioproduktionen mit elektronischen Techniken veredelt wird, ist der Terminus nur dort sinnvoll, wo die Elektronik auch bei Live-Auftritten eingesetzt wird (→ PINK FLOYD, → EMERSON,

LAKE & PALMER, → TANGERINE DREAM → KRAFTWERK) oder die Musik total prägt (→ Walter Carlos).

Elektra Records, 1950 von Jac Holzman in New York gegründet, nahm zunächst eine Reihe bislang phonographisch vernachlässigter Folk-Veteranen auf. Dem von Bob Dylan repräsentierten neuen Folk-Protest-Trend der frühen sechziger Jahre trug Holzman mit der Verpflichtung von Tom Paxton, Phil Ochs, Judy Collins, Tom Rush Rechnung. Ab 1965 spielte die BUTTERFIELD BLUES BAND für das Label, das sein Angebot an exquisitem Rock mit der Präsentation von LOVE, DOORS, CLEAR LIGHT, RHINOCEROS ausweitete. 1970 wurde Elektra von dem Mischkonzern Kinney (→ Warner Communications) übernommen und im Herbst 1973 mit → Asylum fusioniert. Zu den Top-Sellern zählten 1975 Harry Chapin, Carly Simon, David Gates (BREAD).

ESP Records: 1964 von Bernard Stollman in New York gegründetes Avantgarde-Label, dessen kleiner Katalog ein vornehmlich für Kenner bestimmtes Repertoire enthält. Neben den Jazz-Avantgardisten Albert Ayler, Sun Ra, Marion Brown nahm ESP die ersten Stücke von FUGS und PEARLS BEFORE SWINE auf.

Falsett: männlicher Gesang, der wegen seiner hohen Tonlage wie eine Frauenstimme klingt. Beispiel: → Tiny Tim.

Fame Studios wurden 1961 von dem ehemaligen Hillbilly-Fiedler Rick Hall in Muscle Shoals, Alabama, eingerichtet. Soul-Sänger wie Aretha Franklin, Wilson Pickett oder Rock-Interpreten wie Bobbie Gentry, Lulu, THE ROLLING STONES, die hier Aufnahmen machten, schätzten den blueslastigen, rhythmisch kompakten Sound der weißen Begleitmusiker Roger Hawkins (dr), Tommy Cogbill (bg), Spooner Oldham (keyboards), Jimmy Johnson (g), Duane Allman (g). King Curtis und Joe South beteiligten sich ebenfalls an zahlreichen Fame-Sessions.

Feedback: Rückkoppelung. Das Verstärkergeheul, das entsteht, wenn ein Mikrophon oder der wie ein Mikrophon wirkende Tonabnehmer einer Elektrogitarre zu nahe an eine Lautsprecherbox herangebracht wird, haben zahlreiche Gitarristen als Ausdrucksmittel genutzt. Beispiele: → Jimi Hendrix, → Rory Gallagher, → Pete Townshend, → Frank Zappa, Jim Page von → LED ZEPPELIN.

Feeling, wörtlich übersetzt Gefühl, ist die Fähigkeit eines Jazz- oder Rockmusikers, durch sein Spiel Emotionen zu vermitteln. Obgleich diese Qualität nicht näher definiert werden kann, ist sie ein wichtiges Kennzeichen guter Popmusik.

Fender Bass: elektrisch verstärkte Baßgitarre, nach der Firma benannt, die dieses Instrument an Stelle des Kontrabasses in der Popmusik durchgesetzt hat.

Fillmore: Am 10. Dezember 1965 veranstaltete der 1931 in Berlin geborene Impresario Bill Graham, bürgerlich: Wolfgang Grajonca, zum erstenmal einen Rock-Tanzabend in einem Saal in San Francisco, Ecke Fillmore und Geary Street. Kurze Zeit später war der Fillmore-Tanzpalast die berühmteste Rock-Adresse der Welt. Hier schlug (so ‹Time›) eine Zeitlang «das Herz der jugendlichen Subkultur». Im Juli 1968 verlegte Graham seine bemerkenswerten programmgestalterischen Aktivitäten in den ehemaligen Carousel Ballroom an der Market Street von San Francisco, den er fortan «Fillmore West» nannte, und eröffnete in einem ehemaligen Kino an der New Yorker Second Avenue das «Fillmore East». In diesen beiden Musiktheatern, die er mit kostspieliger Elektronik akustisch veredelt hatte, machte Graham wöchentlich rund 20 000 Dollar Reingewinn. Zudem verdiente er an Fernsehfilmen, Verstärkeranlagen und der Musikproduktion für das eigene Platten-Label Fillmore, das von CBS vertrieben wurde. Die großen US-Plattenfirmen nahmen in seinen Etablissements gern Live-Platten ihrer Stars auf. Am 27. Juni 1971 schloß Graham das Fillmore East, im Herbst des gleichen Jahres auch das Fillmore West, weil er die «ins Unermeßliche» gestiegenen Gagenforderungen der prominenten Bands nicht mehr bezahlen wollte. Die *Last Days of Fill-*

more (Film- und Plattentitel) wurden verfilmt und für eine Warner Brothers-Kassette mit drei LPs (ed. 1972) mitgeschnitten, auf der Grateful Dead, Santana, It's a Beautiful Day, Elvin Bishop Group, Hot Tuna, New Riders of the Purple Sage, Taj Mahal und andere zu hören sind.

Flip Side: Rückseitennummer einer Hit-Single.

Flop: ein mit Gewinnabsicht hergestelltes Musikstück (auch Theaterstück, Buch etc.), das kein Erfolg geworden ist.

Flower Power: gewaltlose Demonstration einer Gruppe von → Hippies um 1966 an der kalifornischen Westküste, die sich Blumen als Symbol der Unschuld und Friedfertigkeit ins Haar steckten, den Ordnungskräften der Nationalgarde bei den Campus-Rebellionen von Berkeley Rosen in die Gewehrläufe schoben und in euphorischen Drogensongs Liebe, Glückseligkeit und Brüderlichkeit propagierten. Der Begriff wurde später zum Modewort der Vergnügungsindustrie entwertet.

FM Radio: Rundfunksendungen auf Ultrakurzwelle (Frequency Modulated), in den USA vornehmlich gehobene Programme für Minderheiten (Bildungsfunk, Klassik, Jazz, anspruchsvoller Rock). FM-Stationen programmieren meist Langspielplatten und sind damit eine Domäne avantgardistischer Popmusik, die mit oftmals überlangen Songs und deren komplizierteren Klangmustern ungeeignet erscheint für das eher vordergründige Entertainment-Konzept der → AM-Stationen. Nach einem US-Bundesgesetz muß jede Radiostation, die sowohl auf AM als auch auf FM sendet, seit einiger Zeit 50 Prozent ihres Tagesprogramms mit unterschiedlichen Darbietungen bestreiten, was zu einer Ausweitung des gehobenen Musikangebots geführt hat. 1975 waren etwa 2100 FM-Stationen in den USA zugelassen.

Folk Rock: Folksong-Darbietungen, die von (elektrisch verstärkten) Rock-Instrumenten begleitet werden. Bis → Bob Dylan beim → Newport Folk Festival 1965 seine Lieder in dieser Weise vortrug, galten Folk und → Rock 'n' Roll als unvereinbar. Die → Folksong-Interpreten verstanden sich als Wahrer einer unverbildet-tugendhaften Natur-Mentalität und lehnten ihre Rock-Kollegen sowie die Industrie, für die sie arbeiteten, als verroht, korrupt und kapitalistisch ab. Diese wiederum betrachteten die Folklore-Adepten als naiv. Erst durch Dylan sowie die Musik der → Byrds, → Lovin' Spoonful, → Buffalo Springfield wurden die beiderseitigen Vorurteile abgebaut und Fusionen möglich.

Folksong: folkloristische angelsächsische Liedform, zumeist vom Interpreten selbst auf der Gitarre begleitet. Sänger wie → Pete Seeger, → Woody Guthrie, → The Weavers belebten in den vierziger und fünfziger Jahren einerseits ethnische Volkslieder der Vergangenheit und schrieben sich andererseits neue Texte und Melodien im gleichen Stil. Voraussetzung für einen guten Folksinger ist die Identifizierung mit seinem (nach Möglichkeit selbstgeschriebenen) Material.

Format: die Art von Musik, die eine US-Radiostation ausstrahlt (Country, Rock, Klassik etc.).

Freak: ein Rock-Interpret «mit einem aufsehenerregenden Bühnenmanierismus oder körperlichen Handikap» (‹Time›). Beispiele: Sado Rocker → Alice Cooper, Blues-Albino → Johnny Winter. Der Begriff wurde von → Frank Zappa mit der LP *Freak Out* (1966) eingeführt und bezeichnete damals den Ausbruch aus der bürgerlichen Gesellschaft.

Free Concert: für die Zuhörer kostenlose Popmusik-Darbietung, von Gruppen wie Grateful Dead um 1966 in den Parks von San Francisco erstmals als Teil eines gesellschaftspolitischen Konzepts veranstaltet. Spektakuläre Konzerte dieser Art wie etwa die Rolling Stones-Auftritte 1969 im Londoner → Hyde Park und in → Altamont hatten zumeist kommerzielle Hintergründe. Sie wurden von Werbe- oder Schallplattenfirmen, Film- oder TV-Gesellschaften finanziert. Ende der sechziger Jahre verlangten zahlreiche politische Aktivisten sowie ihnen hörige Fans von den Musikern, ihre antikapitalistische Gesinnung durch Free Concerts zu beweisen. Tumulte und Vandalismus waren manchmal die Folge, wenn bei Konzerten von Polit-Rock-Gruppen (Beispiel: → Edgar Broughton) Eintritt verlangt wurde.

Free Jazz: Entwicklungsrichtung der Jazz-Musik seit Beginn der sechziger Jahre, die gekennzeichnet ist durch eine Auflösung herkömmlicher Klangstrukturen bis zur Atonalität oder bis zum Geräusch, inhaltliche und formale Partizipation an sämtlichen Musikkulturen sowie eine Steigerung der spielerischen Intensität bis zum orgiastischen Ausbruch.

Funk(y): Charakteristikum jeder Art schwarzer Musik, die in ihrer erdigen, bluesverwurzelten Spielweise ethnische Ursprünge betont und damit eine akustische Reflexion schwarzer Mentalität darstellt. In der Umgangssprache erweiterte sich der Ausdruck zum Modewort für alles, was unverfälschten Pfiff hat und Kommunikationsfunken schlägt.

Gema: Abkürzung für «Gesellschaft für musikalische Aufführungs- und mechanische Vervielfältigungsrechte». Die gemeinnützige Urheberrechts-Gesellschaft vertritt in Westdeutschland die Rechte von mehr als 6000 inländischen und 100 000 ausländischen Autoren und Verlegern. Sie entstand am 24. August 1947 durch alliierten Beschluß aus der 1933 gegründeten «Staatlich genehmigten Gesellschaft zur Verwertung musikalischer Urheberrechte» (Stagma).

Gig: Musikjargon für einen bezahlten Auftritt im Konzert, Rocklokal oder Plattenstudio.

Gimmick: jede Art von Effekt(mittel), um musikalische Extravaganzen zu erreichen. Die in der Rockmusik am häufigsten verwendeten Gimmicks sind elektronische Verfremdung, die Einblendung von Naturgeräuschen und Sprechstimmen sowie die Collagierung extrem konstrastierender Klangelemente. Im weiteren Sinne jeder Kniff, der Aufsehen erregt.

Glissando: das Auf- und Abgleiten einer Tonskala, zum Beispiel das «Hinüberwischen» über eine Klaviatur.

Golden Record: Goldene Schallplatten werden von der Recording Industry Association of America (RIAA) für einen LP-Umsatz von 500 000 Einheiten oder eine Million verkaufte Singles an die Interpreten verliehen. Auf kleineren Märkten werden schon geringere Auflagen mit solchen Trophäen belohnt.

Gospel Song: rhythmisch intensive Form religiöser Musik der amerikanischen Schwarzen, der Fama nach in den zwanziger Jahren von dem Prediger und ehemaligen Jazzmusiker Thomas A. Dorsey entwickelt.

Grammy Award: Alljährlich im Frühjahr vergibt die amerikanische National Academy of Recording Arts and Sciences (→ NARAS) zahlreiche Preise für die besten Songs, Kompositionen, Interpretationen, Produktionen, Plattenhüllen, → Liner Notes etc. des Vorjahres. An der komplizierten Fragebogen-Abstimmung können sich alle NARAS-Mitglieder beteiligen. Rockmusiker und -kritiker haben ihnen oft den Vorwurf gemacht, die Grammy-Preisverleihung entspreche infolge zu geringer Rock-Anteile nicht dem tatsächlichen Bild der aktuellen populären Musik und deren dominierender Marktpräsenz.

Greenwich Village: Stadtteil in New York, der als Künstler-, Studenten- und Intellektuellenquartier gilt. Das Viertel war in der ersten Hälfte der sechziger Jahre durch seine zahlreichen Coffee-Houses (Bitter End, Gerde's Folk City) eine Hochburg der amerikanischen Folksong-Begeisterung. In der zweiten Hälfte des Jahrzehnts residierten die meisten Rock-Tempel (Fillmore East, Electric Circus, Dom) an der weiter östlich gelegenen Lower East Side, die auch als East Village bezeichnet wird.

Groupie: ein Mädchen, das eher aus sozialen denn aus sexuellen Gründen mit möglichst vielen Rockmusikern schläft; die Kopulation mit dem Star erhöht den Nimbus. Zwei Groupies aus Chicago, die um 1968 auf der amerikanischen Rockszene als «Plaster Casters» bekannt wurden, nahmen vom Penis der bekanntesten Musiker Gipsabdrücke ab. Die Groupie-Psychologie ist in dem gleichnamigen Roman von Jenny Fabian zutreffend beschrieben worden. 1969 brachte Frank Zappa auf seiner Plattenmarke Straight die LP *Permanent Damage* der Mädchen-Combo GTO's in den Handel. Das Groupie-Image des Quintetts erbrachte indes nicht den gewünschten Umsatzerfolg.

Hair, am 26. April 1968 nach vorausgegangenen Vorstellungen beim New Yorker Shakespeare Festival am Broadway uraufgeführt, nannte New Yorks führender Theaterkritiker Clive Barnes (‹New York Times›) «das erste Broadway-Musical, das nicht von gestern ist». Mit den Songs von Gerome Ragni, James Rado (Texte) und Galt McDermot (Musik) brach für das amerikanische Musiktheater das Rock-«Zeitalter des Wassermanns» (Songtitel) an. Hippie-Darsteller mit nackter Haut und wirrem Haar rebellierten gegen die Tabus der ungeliebten Spießer im Parkett. In aufsässigen, oft obszönen Strophen riefen sie zu Orgien, Marihuanagenuß und Rassenvermischung auf. Sie schändeten das Sternenbanner und erteilten, in voller Blöße, Liebeslehren nach dem Kamsutram. Die Love- und Flower-Power-Botschaft (*Let the sunshine in*), vom Regisseur Tom O'Horgan clever in Szene gesetzt, wurde zu einem Riesenerfolg. Auf der Basis von nur 150 000 Dollar Produktionskosten warf das Musical am Broadway wöchentlich 310 000 Dollar Profit ab. In der ganzen Welt wurde es nachgespielt. Von der Original-Cast-Schallplatte konnte RCA in zwei Jahren mehr als drei Millionen Exemplare absetzen, aber auch für die fremdsprachigen Versionen in Spanien, Schweden, Japan, Frankreich und Westdeutschland gab es → Goldene Schallplatten. Jeder Entertainer von Andy Williams bis zu den → FIFTH DIMENSION trällerte die Songs; es gab eine religiöse Version *Divine Hair* und eine Platte mit ‹Hair›-Songs, die während der Probenzeit verworfen worden waren: *Dis-in-Hair-ited*. Nach 1750 Aufführungen wurde das Stück 1972 abgesetzt. In 22 Ländern und 14 Sprachen war es bis dahin nachgespielt worden. LPs (Auswahl) auf RCA: *New York Shakespeare Festival Cast* (1967); *Original Broadway Cast* (1968); *Dis-in-Hair-ited* (1970); *Divine Hair – Mass in F* (1971); *Original Japanese Cast* (1971) ... auf Atco/Polydor: *Original London Cast* (1969) ... auf Polydor: *Deutschsprachige Uraufführung/Haare* (1969).

Hard Rock: die Fortentwicklung des alten → Rock 'n' Roll ohne Mischung mit anderen Musizierarten und Show-Firlefanz. Prototyp: → THE WHO.

Heavy Rock: hochgradig verstärkte Rockmusik, bei der die Lautstärke essentiell für den Gruppenstil geworden ist. Beispiele: → MOUNTAIN, → LED ZEPPELIN, → GRAND FUNK RAILROAD, → BLOODROCK.

Hell's Angels: berüchtigte, halbkriminelle kalifornische Rockertruppe mit Ablegern in zahlreichen amerikanischen und außeramerikanischen Städten. Nachdem die ROLLING STONES Hell's Angels bei ihrem → Hyde Park-Konzert 1969 ohne Zwischenfälle als Ordner eingesetzt hatten, wollten sie sich auch in → Altamont von ihnen helfen lassen. Chaos und Mord waren die Folge. Referenz: Hunter S. Thompsons Buch ‹Hell's Angels›.

Hillbilly: wörtlich übersetzt Hinterwäldler, in musikalischem Zusammenhang die ursprüngliche Bezeichnung für weiße amerikanische Countrymusik. Der Terminus wurde in den vierziger Jahren durch → Country & Western abgelöst; etwa zur gleichen Zeit, als → Rhythm & Blues auf dem schwarzen Musikmarkt den diffamierenden Begriff → Race Music ersetzte.

Hippie: zunächst selbstgewählte Bezeichnung junger Leute, die in Kleidungsstil, Haartracht, Lebensführung und politischer Einstellung ihre Losgelöstheit von überkommenen Verhaltensweisen dokumentieren und Befreiung von den Normen der Leistungsgesellschaft in Stadtflucht, Drogenerlebnissen und religiöser Mystik suchten. Mit dem Namen «Hippie» deuteten sie eine Geistesverwandtschaft zur Lebensphilosophie der «Hipsters» an, die sich in den vierziger und fünfziger Jahren als eine Gemeinschaft von Leuten begriffen, die «durchblicken», also hinter die Kulissen der bürgerlichen Gesellschaft schauen konnten. «Hippie» wurde in der Bürgersprache zum Schimpfwort für «langhaarige Nichtstuer» entwertet.

Hit: Bestseller-Schallplatte.

Hitparade: Rangfolge der erfolgreichsten Singles und Langspielplatten innerhalb eines bestimmten Zeitraums, in regelmäßiger Folge ermittelt von Fachzeitschriften wie → ‹Billboard›, ‹Cash Box›, ‹Record World›. Die Position einer Platte in der Hitliste von ‹Billboard› wird nicht allein durch ihren Verkaufserfolg bestimmt, sondern vielmehr durch aufgeschlüsselte Informationen von Schallplattenhändlern, Jukebox-Aufstellern und Radiostationen, deren prozentualer Anteil am rangbestimmenden Umfrage-Ergebnis durch Marktanalysen vorgegeben ist.

Hot Rod: nachdem Chuck Berry in *Cruising Along In My Automobile* und anderen Stücken den Motor in der Rock-Lyrik populär gemacht hatte, wurden zwischen 1963 und 1965 Auto- und Motorradsongs immer häufiger. Die → BEACH BOYS und andere nahmen ganze Langspielplatten mit Hot Rod-Musik auf.

Hyde Park Concert: Unter all den Freiluft-Rockkonzerten, die im Londoner Hyde Park veranstaltet worden sind, hat vor allem der Auftritt der → ROLLING STONES am 5. Juli 1969, unmittelbar nach dem Tod von → Brian Jones, Furore gemacht. Zum Gedenken des toten Musikers stiegen hunderte weißer Schmetterlinge auf, Mick Jagger verlas ein Gedicht von Shelley, die STONES rockten in allerbester Form. Das Konzert wurde von der Fernseh-Produktionsgesellschaft Granada-TV aufgezeichnet und in vielen Ländern gezeigt.

Hype: Um sich → Promotion zu erschleichen, spiegeln die Presse- und Werbeabteilungen von Schallplattenfirmen den Discjockeys und Journalisten gelegentlich nicht existierende Umsatzerfolge eines Interpreten oder einer Band vor. Die sogenannten Multiplikatoren in den Massenmedien sollen dadurch veranlaßt werden, über glücklose oder qualitativ unbedeutende Musiker zu schreiben, ihre Platten zu senden und ihnen mit derart unwahrhaftiger Reklame doch noch zum Kommerzerfolg zu verhelfen.

Imperial: 1947 in Los Angeles von Lew Chudd gegründete Schallplattenfirma mit starker Rock 'n' Roll-Aktivität. Hauptinterpreten: Fats Domino, T-Bone Walker, Rick Nelson. Die Firma wurde Mitte der sechziger Jahre von Liberty aufgekauft.

Indie: Abkürzung für Independent (unabhängig); bezeichnet in der Musikindustrie eine von großen Konzernen unabhängige Plattenfirma oder einen nicht bei einer Firma angestellten → Producer.

Island Records wurde zu Beginn der sechziger Jahre in London von Chris Blackwell, dem Sohn eines Plantagenbesitzers aus Jamaika, gegründet. Während der ersten Jahre veröffentlichte das Label vornehmlich westindische Popmusik sowie lizensierte Rhythm & Blues-Aufnahmen aus den Vereinigten Staaten. Mit sicherem kommerziellem und künstlerischem Gespür engagierte Blackwell im Lauf der Zeit mehrere englische Rockbands und Solisten, die sich zu umsatzstarken Trendmachern entwickelten: etwa TRAFFIC, SPOOKY TOOTH, Cat Stevens, KING CRIMSON, EMERSON, LAKE & PALMER. Das 1968 gegründete Trojan-Label kontrollierte zeitweise das gesamte Reggae-Hitmaterial in Großbritannien.

Jam Session: improvisiertes Zusammenspiel von Musikern, die nicht dem gleichen Ensemble angehören, zu deren eigenem Vergnügen. Mitunter werden solche Sessions im Plattenstudio veranstaltet und zur Veröffentlichung mitgeschnitten. Beispiele auf Capitol von Neil Merryweather & Co: *Word of Mouth – A Two Record Jam* (1969) ... von MOBY GRAPE auf CBS: *Grape Jam* (1968) ... von John Lennon, ELEPHANT'S MEMORY und MOTHERS OF INVENTION auf Apple: *Sometime in New York City/Live Jam* (1972).

Jazz Rock: Nach jahrelanger Diffamierung der Rockmusiker durch Jazzkritiker und -musikanten, die nicht immer von Kommerzneid frei war, wurde Rock um 1967 durch seine rapid anwachsende Musizierqualität für die Jazzwelt interessant. → Larry Coryell und → Jeremy Steig gehörten zu den ersten Jazzmusikern, die sich im Rock-Kontext hören ließen. Danach erzielten Bands wie → BLOOD, SWEAT & TEARS, → CHICAGO, → MAHAVISHNU ORCHESTRA mit teils plumpen, teils hochsensiblen Jazz Rock-Fusionen sogar Millionenerfolge.

Jesus Christ Superstar war zunächst eine britische Schallplatten-Umsetzung der Passion Christi mit Rockmusik, die von Andrew Lloyd Webber (Musik) und Tim Rice (Text) hergestellt worden war und sich 1970 weltweit etwa zwei Millionen Mal verkaufen ließ. Dieser Erfolg regte den australischen, in London lebenden Impresario Robert Stigwood an, den New Yorker → ‹Hair›-Regisseur Tom O'Horgan mit einer Broadway-Inszenierung zu beauftragen. Das Stück, am 12. Oktober 1971 nach vorausgegangenen Probeaufführungen in der US-Povinz am Broadway uraufgeführt, wurde in einer Saison modischer → Jesus-People-Euphorie zur «neuen Bibel der bis dahin versprengten Jesus-Anhänger und gleichzeitig zur Attraktion der High Society» (so das deutsche Christenblatt ‹Medium›). Obgleich die amerikanischen Theaterkritiker «die Musik banal, die Songtexte infantil, die Inszenierung vulgär» (‹Down Beat›) und das ganze Stück «eine perfekte Katastrophe» (‹Washington Star›) nannten, wurde das Evangelium von Tim und Andrew zum internationalen Kassenknüller. Ensembles in Deutschland, England, Frankreich, Italien, Spanien, Holland, Dänemark, Israel, Südafrika, Brasilien und Mexiko beteten es nach, freilich längst nicht so erfolgreich wie O'Horgans New Yorker Truppe. Dort stieg Jesus in glitzernder Silberrobe aus einem phallisch geformten, elektronisch bewegten Blütenkelch. Die Priester schwebten auf einem Sauriergerippe vom Schnürboden herab. Judas feierte Auferstehung auf einem von güldenen Pin-up-Girls bevölkerten Schmetterling. Die Jünger prozessierten unter Sonnensymbolen und Tiefsee-Ungeheuern, und ein grell geschminkter Herodes im meergrünen Chiffonkleid stelzte auf Kothurnen als riesenwüchsiger Transvestit. Mit den Inhalten, die gute Rockmusik normalerweise transportiert, hatte ‹Jesus Christ Superstar› kaum etwas zu tun. O'Horgan nutzte lediglich Rock-Instrumentierung und -Rhythmus für seine ebenso bombastische wie umstrittene Knockout-Dramaturgie und bestätigte seinen Ruf, ein «Petronius des dekadenten Theaters und der gewiefteste Trödler der Lumpen-Avantgarde» (‹Newsweek›) zu sein. LPs (Auswahl) auf MCA: *Original Recording* (1970); *Original Broadway Cast* (1971); *Original Motion Picture Soundtrack* (1972) ... auf Pickwick: *Studio Cast* (1971) ... auf Decca: *Deutsche Originalaufnahme* (1972).

Jesus People: junge Leute, die zumeist nach Drogenerfahrungen im christlichen Glauben, aber außerhalb der etablierten Konfessionen ihr Heil suchten. Mitte 1968, so fanden Reporter amerikanischer Massenblätter heraus, habe sich ein drogenabhängiger Hippie namens Breck Stevens an den Prediger Lyle Steenis von der Bethel Tabernacle Church in Los Angeles um Hilfe gewandt und sei «in 30 Sekunden» von der Sucht geheilt worden. Er brauchte nur zu sagen: «Jesus, komm in mein Herz.» Seit Stevens und andere solcherart kurierte Fixer im Underground missionierten, gingen zahlreiche Jugendliche in mehreren Ländern auf den religiösen Trip, versammelten sich zu «Jesus-Festivals», sangen und spielten → «Jesus Rock».

Jesus Rock: zumeist triviale Rockmusik mit frommen, aber einfallslosen Texten, mit der die → Jesus People auf Seelenfang gingen. Aber auch prominente Rockmusiker wie George Harrison (*My Sweet Lord*) ließen sich 1971/72 von der sogenannten Jesus-Welle tragen: «Vergib mir, Herr, für die Jahre, die ich dich ignorierte. Vergib ihnen, Herr, die glauben, auf dich verzichten zu können. Hilf mir, Herr, über dieses Geschäft erhaben zu sein.» Auf der Platte *That the Spirit Needs* brachte José Feliciano das Lied *Komm zu mir, Jesus*, zu Gehör. Jeremy Faith engagierte für seine *Jesus*-LP einen kalifornischen Kirchenchor. THE DOOBIE BROTHERS meinten: «Jesus ist ganz in Ordnung.» Loudon Wainright frohlockte: «Ich bin froh, daß du religiös geworden bist.» Jeremy Spence verließ FLEETWOOD MAC und brachte eine ganze LP mit Jesusliedern heraus. Seit die Band AUM aus San Francisco auf der ersten durchweg religiösen Rock-LP *Resurrection* 1970 feststellte: *God is back in town*, seit der Komponist David Axelrod (*Mass in F Minor*) die lageinische Messe für die ELECTRIC PRUNES vertonte, seit ‹Jesus Christ Superstar› am Broadway und anderswo Millionen einspielte, wurden das ‹Kyrie Eleison›, das ‹Gloria› und das ‹Agnus Dei› aus der katholischen Liturgie auch zu Standardformulierungen der Popmusik.

Jingle: kurze, prägnante Melodie, die zur Untermalung von TV-Werbespots eingesetzt wird und durch Identifizierung mit dem angepriesenen Produkt binnen kurzem akustischen Signalwert gewinnt. Das Komponieren von Jingles wird von Rockmusikern als angenehme, da gewinnträchtige Nebenbeschäftigung angesehen: Für jede Wiederholung der kurzen Notenfolge fließen dem Urheber → Tantiemen zu.

Jukebox: Musikautomat, der Schallplatten nach Einwurf eines Geldbetrages abspielt. In den USA lag das Jukebox-Geschäft lange Zeit in den Händen von Gangster-Cliquen, die zahlreiche Barbesitzer unter Androhung von Repressalien erpreßten, in ihren Räumen einen Musikautomaten aufzustellen. Führende Jukebox-Hersteller sind Seeburg, Rock-Ola. Der gelegentlich verwendete Begriff «Music Box» bezeichnet ursprünglich eine Spieluhr.

Jump: Swingrhythmus mit stark akzentuierten Schlägen, der den Eindruck vermittelt, die Melodie «springe» von einem Taktschwerpunkt zum anderen. In den dreißiger Jahren war dieser Rhythmus vor allem in Kansas City und Harlem so beliebt, daß Jump auch als Stilbegriff benutzt wurde. Beispiele: Orchester von Bennie Moten, Count Basie, Reuben Phillips.

Kakophonie: beabsichtigtes disharmonisches Spiel einer Instrumentalgruppe.

King Records: 1945 von Sydney Nathan in Cincinnati, Ohio, gegründete und beim schwarzen Publikum ungeheuer erfolgreiche Plattenfirma. Eine Zeitlang war der Markenname King beinahe ein Synonym für guten → Rhythm & Blues. Interpreten: Eddie Vinson, Wynonie Harris, Jimmy Witherspoon, Earl Bostic, THE PLATTERS, Freddy King, Albert King, Little Willie John, James Brown u. a.

Konzept-Album: Bezeichnung für eine LP, bei der alle Musikstücke durch einen inhaltlichen oder formalen «roten Faden» miteinander verbunden sind. Typische Konzept-Alben sind *Sergeant Pepper's Lonely Hearts Club Band* von den → BEATLES, *Arthur* von den → KINKS, *Tommy* und *Quadrophenia* von → THE WHO, *Desperado* von den → EAGLES, *The Lamb Lies Down On Broadway* von → GENESIS.

Label: Schallplattenmarke.

Liberty Records: etwa 1945 in Hollywood gegründete Plattenfirma, die unter Leitung von Al Bennett mit Interpreten wie Eddie Cochran, THE VENTURES erfolgreich ins Rock 'n' Roll-Geschäft startete und später Rockgruppen wie CANNED HEAT unter Vertrag hatte. Liberty wurde Ende der sechziger Jahre von dem Business-Konglomerat Transamerica gekauft und mit United Artists fusioniert.

Light Show: Ende 1965 in San Francisco entwickelte optische Ergänzung zu den Darbietungen der Rockbands. Tanzpaläste wie Avalon und → Fillmore wurden durch zuckendes Stroboskoplicht, Spots, Filmsequenzen etc. derart phantasievoll illuminiert, daß die Fans, zumal unter Rauschmitteleinfluß, psychedelische Halluzinationen erlebten. Von Lichtkünstlern wie Joshua, Pablo und dem «Headlights»-Kollektiv weiterentwickelt, ergaben sich farbenprächtige, abstrakte, rhythmisch synchrone Multimedia-Shows für Auge und Ohr.

Liner Notes: der auf dem Albumcover abgedruckte Begleittext einer LP. Liner Notes von Jazzplatten enthalten oft kritische oder analytische Essays namhafter Kritiker und müssen der nennenswerten Jazz-Publizistik zugerechnet werden. Sofern Rockproduktionen überhaupt Begleittexte enthalten, kommen diese in der Regel nicht über triviale Anpreisungen der Musiker hinaus. Von wenigen auf diesem Sektor wegweisenden Firmen wie Atlantic oder Elektra abgesehen, gingen die meisten Gesellschaften erst gegen Ende der sechziger Jahre dazu über, wenigstens korrekte und komplette Besetzungsangaben ihren LPs beizugeben.

LSD-25: Lysergsäurediäthylamid. Das 1965/66 in Rockkreisen populär gewordene Halluzinogen, vom ehemaligen Harvard-Dozenten Timothy Leary (‹Politik der Ekstase›) propagiert, wirkt angeblich «bewußtseinserweiternd» (= psychedelisch), tatsächlich aber realitätsverzerrend. Je nach der psychischen Konstitution sind auf dem sogenannten LSD-Trip angenehme Visionen oder qualvolle Horror-Erlebnisse möglich. Leary schilderte vor einem Senatsausschuß in Washington seine «Reisen ins eigene Gehirn»: «Normalerweise hört man isolierte Geräusche – das Klingeln eines Telefons, das Sprechen eines Menschen. Aber wenn man unter LSD steht, sprudeln Tonwellen durch das Ohr. Sie scheinen tief in einen einzudringen und dort zu explodieren. Sie verschmelzen alle miteinander. Man hört eine Note einer Bach-Sonate, und sie hängt da, funkelnd, pulsend, endlos lange, während man langsam um die Note kreist. Dann, hundert Jahre später, kommt die zweite Note, und wieder, Hunderte von Jahren, treibt man langsam um die Noten. Man hört die Klänge nicht nur, man sieht sie – wie tanzende Partikel, wie sich windende Zahnpastawürste. Wirklich, man sieht die Musik in vielen Farben. Zugleich ist man selbst der Ton, die Note, die Saite der Violine ...» Rockmusiker haben diese Eindrücke im → Acid Rock umzusetzen versucht. Ihre Drogengesänge trugen zur Popularisierung von jederart Rauschmitteln bei und bereiteten das Klima für harte Gifte wie Heroin vor. Nach Ausbruch der Drogen-Epidemie 1968/69, als Wissenschaftler psychische und Erbschäden durch LSD-Genuß nachgewiesen hatten und die Drogen-Kriminalität zunahm, rückten viele Rockmusiker desillusioniert von dem «technologischen Mystizismus» (Alfred Watts) ab und stimmten Anti-Drogen-Songs an.

Latin Rock: Kombination von Rock und lateinamerikanischen Rhythmen. Prägnantestes Beispiel: → SANTANA.

Mellotron: eine spezielle Variante des → Synthesizers. Auf einer Reihe von Band-Kassetten sind individuelle Töne (Violine, Trompete, Orgel etc.) gespeichert. Der Spieler kann diese Töne auf Tastendruck abrufen und so auf der Klaviatur nach Belieben den Sound von Streichern, Blechbläsern und auch Singstimmen simulieren. Die → MOODY BLUES waren eine der ersten Bands, die ein Mellotron benutzten und damit bei Live-Konzerten ihren aufwendigen Studio-Klang ohne zusätzliches Personal reproduzieren konnten.

Melody Maker: wöchentlich erscheinende englische Fach- und Unterhaltungszeitschrift für Popmusik und Jazz, 1926 in London gegründet, Auflage 1975 etwa 220 000. Die Zeitschrift wird von wohlinformierten Journalisten gemacht, die ihre Artikel, Rezensionen und Konzertberichte mit englischem Humor auflockern, sie jedoch nicht immer frei von Chauvinismus und reaktionären Vorurteilen halten. Obendrein heizt das Blatt gelegentlich auf spekulative Weise Fan-Hysterien an; Beispiele: 1974/75 David Essex, BAY CITY ROLLERS, OSMONDS.

Memphis Sound: der typische rauhe, erdige, ausdrucksstarke Soulklang von Schallplatten aus den → Stax/ Volt-Werkstätten in Memphis. Für diesen Klang, der in Aufnahmen von → Otis Redding, → Wilson Pickett, → Sam & Dave und anderen zu hören ist, waren vor allem die vorzüglichen Studiomusiker verantwortlich: Steve Cropper (g), Al Jackson (dr), Donald «Duck» Dunn (bg) sowie die Bläser der MAR-KEYS – Floyd Newman, Andrew Love (sax), Wayne Jackson (tp).

Mercury Records: 1947 in Chicago gegründetes Plattenlabel im Besitz der europäischen Philips-Phonogram-Gruppe, das in den fünfziger Jahren zahlreiche Blues-Balladensänger unter Vertrag nahm: THE PLATTERS, Brook Benton, Dinah Washington, Nina Simone. Das Sub-Label Smash präsentierte eine Reihe vorzüglicher Country-Sänger, unter anderen Jerry Lee Lewis. Top-Seller 1975 waren BACHMAN-TURNER OVERDRIVE, OHIO PLAYERS, Johnny Rodriguez.

Merseybeat: die frühe Rockmusik (1958–1962) der am Mersey River liegenden englischen Stadt Liverpool und ihres durch die BEATLES berühmt gewordenen Popmusik-Kellers The Cavern.

MGM Records, 1946 in Hollywood gegründet, war zunächst ein Plattenverlag für die

Film-Soundtracks der Mutterfirma. In den fünfziger Jahren zählten Hank Williams, Conway Twitty und Connie Francis zu den Großverdienern des Labels mit dem Löwenkopf. 1960 erwarb MGM mit dem von Norman Granz etablierten und überwiegend produzierten Katalog Verve Records ein gut sortiertes Standard-Repertoire bester Jazzmusik. Am Umsatz-Boom der → Acid Rock-Periode Mitte der sechziger Jahre waren für MGM nur ERIC BURDON & THE ANIMALS beteiligt. 1970 machte die Firma Schlagzeilen, als deren Präsident Mike Curb eine Reihe von Rock-Gruppen feuerte, weil sie in ihren Songs zum Drogengebrauch aufgerufen hatten. Anschließend forstete MGM seine Artisten-Kartei mit Familien-Entertainern auf: THE NEW SEEKERS, Sammy Davis jr., THE OSMONDS, Petula Clark. 1972 verkaufte die Filmgesellschaft Metro-Goldwyn-Mayer ihre musikalische Tochter an den deutsch-holländischen Konzern Polygram.

Middle of the Road: Bezeichnung für eine Art Popmusik, die sich in der Mitte zwischen konzertantem Schlager und modischen Rock-Klängen hält. Typische Middle of the Road-Künstler sind → THE CARPENTERS, → BREAD, Ray Conniff.

Monster: Musikindustrie-Jargon für einen Super-Hit und den Produzenten desselben.

Monterey Pop Festival, zwischen dem 16. und 18. Juni 1967 von John Phillips, Mitglied der MAMAS & PAPAS, und dem Producer Lou Adler auf dem Monterey County Fairground in Kalifornien veranstaltet und von D. A. Pennebaker in einem 85-Minuten-Film dokumentiert, war die erste große Heerschau der neuen Popmusik. Vor etwa 50 000 Zuhörern musizierten Jimi Hendrix, Otis Redding, THE WHO, THE MAMAS & PAPAS, Ravi Shankar, Johnny Rivers, Laura Nyro, Janis Joplin, BLOOD, SWEAT & TEARS, THE ELECTRIC FLAG, THE BUTTERFIELD BLUES BAND, JEFFERSON AIRPLANE, THE BYRDS und viele andere. Das Festival erbrachte einen Profit von 430 000 Dollar und regte den CBS-Direktor Clive Davis an, die Programmpolitik seiner Firma auf Rock umzustellen. LP-Live-Mitschnitte auf ABC/Dunhill: *The Mamas and the Papas at the Monterey Pop Festival* (ed. 1971) ... auf Reprise: *Jimi Hendrix/Otis Redding – Historic Performances Recorded at the Monterey Pop Festival* (ed. 1970) ... auf World Pacific: *Ravi Shankar Live at the Monterey International Pop Festival* (ed. 1968).

Motown: Abkürzung für Motor Town. Die Plattenfirma dieses Namens wurde 1959 von dem ehemaligen Stukkateur, Autopolsterer und Fliegengewichtsboxer Berry Gordy mit 700 Dollar Startkapital in Detroit gegründet, machte den → Detroit Sound mit Künstlern wie THE SUPREMES, MARTHA AND THE VANDELLAS, SMOKEY ROBINSON AND THE MIRACLES, THE TEMPTATIONS, THE FOUR TOPS, Marvin Gaye, Stevie Wonder und anderen zu einem Weltbegriff und seine Inhaber und Künstler zu Millionären. 1966 kamen 36 von 100 amerikanischen Hit-Singles aus den Studios am Detroiter Grand Boulevard. Gordy kontrolliert in seinem auch «Hitsville, U.S.A.» genannten totalen Musikunternehmen, das seit 1971 am Sunset Boulevard von Los Angeles ansässig ist, eine Plattenproduktion mit den Marken Motown, Tamla, Gordy, VIP, Mel-O-Dy, Soul, MoWest, RareEarth und Workshop, die Künstleragentur «International Management» und den Musikverlag« Jobete Music».

Muscle Shoals → Fame Studios.

Muzak: 1934 in den USA registriertes Warenzeichen für eine spezielle Art funktioneller Hintergrundmusik. Muzak-Programme sind frei von «aufmerksamkeitsheischenden oder musikalisch herausfordernden Bestandteilen» (Firmenkatalog). Sie werden meist in Restaurants, Betrieben und Supermärkten zur psychologischen Beeinflussung der Kauflust, als Stimulans bei Leistungsabfall sowie zur Dämpfung des Umweltlärms eingesetzt. Der Terminus Muzak wird darüber hinaus oftmals als abwertende Bezeichnung für eine Art Popmusik verwendet, die ohne künstlerische Individualität lediglich einen Geräuschteppich legt oder konzeptionslos «daherplätschert».

NARAS: The National Academy of Recording Arts und Sciences, 1957 in Los Angeles gegründet, war die erste Organisation, die sich «hauptsächlich mit dem Erkennen, Fördern und Belohnen großer Leistungen der Schallplattenbranche» beschäftigt. Zu den 1975 über 3000 Mitgliedern gehören Dirigenten, Musiker, Sänger, Texter, Komponisten, Arrangeure, Toningenieure, Schallplattenproducer, Fotografen, Cover-Texter etc. Sie alle wählen im Abstimmungsverfahren alljährlich aus etwa 5000 Nominierungen der Firmen die Leistungen aus, die in rund 50 Kategorien mit → Grammy Awards ausgezeichnet werden. Die von der NARAS gesponsorten TV-Sendungen ‹The Best on Record› und über die Grammy-Preisverleihung haben eine durchschnittliche Zuschauerquote von 55 Millionen. Die Gesellschaft veranstaltet Seminare an drei amerikanischen Universitäten (NYU, UCLA, Vanderbilt) und vergibt Ausbildungstipendien für zahlreiche Universitäten, Konservatorien und Musikhochschulen.

Nashville Sound: ein musikalisch nicht definierbarer Werbebegriff für alle (→ Country & Western-)Schallplatten, die in den zahlreichen, von beinahe sämtlichen großen US-Firmen in Nashville, Tennessee, betriebenen Studios hergestellt werden. Die Studiomusiker in dieser Stadt, die sich «Music City, U.S.A.» nennt, können großenteils nicht Noten lesen, gelten aber als derart versiert, daß Popmusik-Interpreten der unterschiedlichsten Art zu ihnen reisen, um sich von ihnen begleiten zu lassen. Beispiele: Bob Dylan, Leonard Cohen, Connie Francis, Joan Baez, Elvis Presley. Auch Rockgruppen wie The Byrds, Union Gap, Mother Earth bevorzugten das gelöste Studioklima von Nashville. LP-Beispiel auf CBS: *Welcome to Music City, U.S.A.* (1971).

Newport Folk Festival: 1959 von George Wein und Albert Grossman, dem späteren Manager Bob Dylans und der Gruppe Peter, Paul & Mary, in Newport, Rhode Island, zum erstenmal veranstaltet. Neben etablierten Folk-Interpreten wie Pete Seeger, John Lee Hooker, Earl Scruggs versammelten sich auch Newcomer wie das Kingston Trio und die New Lost City Ramblers, deren Konzeption von Folkmusik die Kaffeehaus-Szene von → Greenwich Village entscheidend beeinflußte. In den folgenden Jahren blieb Newport das Startpodium für bedeutende neue Talente: 1960 trat Joan Baez zum erstenmal dort auf; 1963 hatten Judy Collins und Bob Dylan ihren Einstand vor großem Publikum. Dylan wurde jedoch zwei Jahre später an gleicher Stelle ausgebuht, als er sich eine elektrische Gitarre umhängte. 1967 gab Arlo Guthrie sein vielpubliziertes Debüt als Folk-Artist in der Nachfolge seines Vaters Woody Guthrie. 1969 schließlich war das Newport-Jahr James Taylors. LP-Mitschnitte auf Vanguard (1959, 1960, 1963, 1964, 1965), auf Folkways (1959/60), auf Elektra (1960).

Newport Jazz Festival, 1954 von dem Pianisten und Jazzclub-Besitzer George Wein in Newport, Rhode Island, gegründet, präsentierte alljährlich eine Reihe populärer Jazz-Stars sowie Newcomer, die hier ihren Durchbruch zum Publikums- und Kritiker-Erfolg erlebten. Internationale Publicity erhielt das Festival durch den 1958 gedrehten Dokumentarfilm ‹Jazz an einem Sommerabend›. Seit 1969 ließ Wein auch Rock-Musiker und Pop-Sänger wie Led Zeppelin, Blood, Sweat & Tears, Dionne Warwicke in Newport auftreten. Nachdem 1971 randalierende Jugendliche, die freien Eintritt forderten, einen Abbruch des Festivals erzwungen hatten, verlegte der Promoter seine Show nach New York City, wo sie seit 1972 als «Newport Jazz Festival – New York» fortgeführt wird. Die von Wein organisierten Freiluftveranstaltungen von Newport dienten als Vorbild für zahlreiche spätere → Free Concerts und Rock-Festivals.

Nostalgie: «Sehnsucht nach dem unwiederbringlich Verlorenen» (‹Websters Dictionary›), nach den kulturellen und sozialen Gebrauchs- und Verhaltensmustern vergangener Zeiten. In der Rockmusik das reaktivierte Interesse an den Hits (*Oldies but Goldies*) und Stars der fünfziger und sechziger Jahre, die im → Rock Revival eine erneute Popularität erfuhren.

Overdubbing: das Hinzufügen einer gesungenen oder instrumentalen Solo-Aufnahme zu einem bereits vorliegenden Ensemble-Tonband. Durch die moderne Aufnahmetechnik der

16- bis 32-Spur-Maschinen kann jedes Instrument separat aufgenommen und ausgesteuert werden. Das Mischen der verschiedenen Spuren und das Overdubbing sind dadurch zu einer wichtigen kreativen Arbeit des → Producers geworden.

Payola: Korruption von → Discjockeys.

Phillysound (Philadelphia Sound) war das Mode-Etikett, unter dem schwarzen → Soul-Interpreten nach 1972 zum zweitenmal ein massiver Einbruch in die weißen Hitlisten gelang. In ihrer 1970 etablierten, mit modernstem Aufnahme-Equipment (Sigma-Studio) ausgestatteten Plattenfirma Philadelphia International Records betätigten sich die Songautoren, Producer und Unternehmer Kenny Gamble und Leon Huff (zusammen mit dem Meisterarrangeur Thom Bell) als erfolgreichste Weichmacher des Soul-Sounds. Über dem federnden, elastischen Tanzbeat ihres Hausorchesters MFSB («Mothers, Fathers, Sisters, Brothers»), dem mit der Instrumentalaufnahme *TSOP (The Sound Of Philadelphia)* 1973 selbst ein Chartsknüller gelang, artikulierten Sänger wie Billy Paul, → The O'Jays, → The Three Degrees eingängig verpackte Liebes- und Verbrüderungslyrik. Producer aus New York, Los Angeles und den Südstaaten häkelten mit Erfolg die Phillysound-Masche nach, auch wenn sie die von Gamble und Huff so genannte «City of Brotherly Love» noch nie betreten hatten.

Playback: ursprünglich lediglich der in den USA gebräuchliche Begriff für das Musikband zu einem Kino- oder Fernsehfilm. Besonders in Europa wird unter Playback das Zuspielen eines bereits vorgefertigten Tonbandes (Backing Track) zu einer Plattenaufnahme verstanden; ebenso das (zumeist nur vorgetäuschte) synchrone Singen eines Interpreten zu eigenen Schallplattenaufnahmen im Fernsehen.

Poll: Leserumfrage von Musikzeitschriften nach den jeweils beliebtesten Interpreten.

Popmusik: Abkürzung für populäre Musik, wird insbesondere für die seit dem → Rock 'n' Roll entstandenen Rock-Stile gebraucht und hat nichts mit dem Terminus Pop Art aus der bildenden Kunst zu tun.

Pot: Slang für Marihuana.

Producer: Je komplizierter die Schallplattentechnik wurde, je mehr Möglichkeiten gefunden wurden, Aufnahmespuren unterschiedlich auszusteuern, zu verändern und zu mixen (→ Playback, → Overdubbing), desto wichtiger wurde der Aufnahmeleiter für Klang und Erfolg des endgültigen Produkts. Viele dieser Männer, die zum Teil unabhängig von den Plattenfirmen auf eigene Rechnung arbeiten, sind in den letzten Jahren zu Stars des Mischpults geworden: George Martin (The Beatles), Felix Pappalardi (Cream, Youngbloods, Mountain), Tom Wilson (Simon & Garfunkel), Mickie Most (Animals, Donovan), Bob Johnston (Dylan), Jimmy Miller (Rolling Stones, Traffic), Jerry Wexler (Aretha Franklin), Richard Perry (Streisand, Nilsson) und andere. Sie sorgen für das richtige Repertoire und den richtigen Klang, sind also auch weitgehend für den Erfolg einer Platte verantwortlich. Als ungeschlagener König der Zunft gilt noch immer der Producer-Pionier → Phil Spector, der zwischen 1962 und 1966 nicht mehr als 28 Platten aufnahm und damit 18 Millionenhits landete. Immer mehr Rockgruppen produzieren neuerdings ihre Platten selbst. Die großen Konzerne, beinahe nur noch Vertriebsorganisationen, verlieren damit zunehmend die künstlerische Kontrolle über ihr Produkt.

Progressiv: Im Gegensatz zum Progressive Jazz des Orchesterleiters Stan Kenton, der sich in den vierziger und fünfziger Jahren einer wirklich fortschrittlichen Harmonik bediente und zahlreiche klangliche Neuerungen einführte, war der Begriff progressiv Ende der sechziger Jahre im Rock-Zusammenhang lediglich ein Werbeslogan. Gerade die angeblich progressiven Bands benutzten, durch elektronische Mittel zeitgemäß aufgeputzt, traditionelle, bis zu 50 Jahren alte Stilmittel: Folklore, Boogie Woogie, Blues.

Promoter: Organisator von Konzerten und Festivals. Zu den bekanntesten Rock-Promotern zählt Bill Graham, der ehemalige Besitzer der → Fillmores. 1974 organisierte er beispielsweise die großen Comeback-Tourneen von → Bob Dylan, → CROSBY, STILLS, NASH & YOUNG.

Promotion: sämtliche Werbemethoden, die einem Ensemble oder einer Schallplatte zum Erfolg verhelfen können. Dazu gehören Rundfunk- und Fernseheinsatz, Placierung in Diskotheken und Musikautomaten, ständige Erwähnung in der Presse, Präsenz auf dem Tournee-Markt.

Psychedelisch, Psychedelic Rock → Acid Rock, → LSD, → Light Show.

Race Music, Race Records: bis in die frühen vierziger Jahre gebrauchte Bezeichnung für Blues- und Gospelmusik, die in den Negergettos gespielt und auf Schallplatten fast ausschließlich dort verkauft wurde. Der diskriminierende Terminus wurde später durch → Rhythm & Blues ersetzt.

Raga: Die über zweitausend Jahre alte klassische Musik Indiens gehört zu den ältesten und hochentwickeltesten Musikkulturen der Welt. Sie kennt weder Harmonik noch Modulation wie die europäische, sondern ist reiner Klang, reine Melodie über einem abenteuerlich schwierigen Rhythmus. 72 Skalen (oder «Melas») lassen sich zu insgesamt 64 848 theoretisch möglichen Ragas kombinieren, deren jede eine ganz bestimmte Stimmung und Bedeutung hat. Manche Ragas dürfen nur am Morgen, am Nachmittag oder am späten Abend gespielt werden. Andere gelten Naturerscheinungen wie dem Sturm oder dem Regenwetter. Auf der Basis einer emotionalen Grundfarbe des Stückes wird improvisiert. «95 Prozent unserer Musik», sagt der wohl bedeutendste lebende Raga-Virtuose → Ravi Shankar (sitar), «ist Improvisation.» In rhythmischer Hinsicht sind in der indischen Musik 360 Grundmodelle, sogenannte Talas, möglich, die in Mantras (metrische Grundformen) von drei bis 108 Schlägen unterteilt werden. Die Tala «Dadra» hat beispielsweise sechs Schläge pro rhythmischer Einheit, unterteilt in drei plus drei. «Jhaptall» ist schwieriger: zehn Schläge mit der Einteilung zwei plus drei plus zwei plus drei. Nur die besten Sitarspieler und Tablatrommler Indiens meistern die Kunst noch komplexerer Metren; dem Europäer sind sie in der Regel akustisch nicht mehr nachvollziehbar. Akustische LP-Einführung durch Ravi Shankar auf World Pacific: *The Anthology of Indian Music* (1967).

Raga Rock: Unter dem Eindruck der meditativen Musik des Ragakünstlers → Ravi Shankar spielte Beatle George Harrison im Stück *Norwegian Wood* 1965 zum erstenmal die Sitar. In seinem Gefolge übernahmen zahlreiche Rockgitarristen das indische Instrument, um ihre Platten mit dem sirrenden, schwirrenden Klang zu bereichern. Mehr als eine neuartige Farbnuance erbrachte der Raga Rock jedoch nicht. Jazztrompeter Don Ellis war bei der Adaption indischer Musik erfolgreicher. Er brachte mit seiner Big Band schwierige indische Tala-Metren zum Swingen. LP-Beispiele von den BEATLES auf Capitol: *Rubber Soul* (mit *Norwegian Wood*, 1965) ... von den BYRDS auf CBS: *Fifth Dimension* (mit *Eight Miles High*, 1966) ... vom DON ELLIS ORCHESTRA auf Pacific Jazz: *Live at Monterey* (1966) ... auf CBS: *Don Ellis at Fillmore* (1970).

Ragtime: ein vor allem zwischen 1890 und 1910 in den USA gespielter Klavierstil, der zu den Jazz-Vorläufern gezählt wird. Zum hämmernden Rhythmus der linken Hand spielt die rechte eine stark synkopierte Melodie. In der Frühphase des Jazz, etwa bei Jelly Roll Morton, wurde der Ragtime vielfach von Ensembles übernommen und nach dem Erfolg des Irving Berlin-Schlagers *Alexander's Ragtime Band* (1911) zum internationalen Modetanz vermarktet. In der modernen Popmusik verwenden vor allem die → Country-Rock-Bands den Ragtime-Rhythmus als nostalgischen Effekt. Als Signet des Films ‹The Sting› (‹Der Clou›) löste der vor der Jahrhundertwende von Scott Joplin komponierte Rag *The Entertainer* 1973/74 ein Ragtime-Revival aus. LP-Überspielungen von alten Pianorollen sowie Nachinterpretationen von Joplin-Rags wurden monatelang unter den Klassik-Bestsellern der USA notiert. In Sedalia, Mississippi, wo dieser bedeutendste Ragtime-Komponist zeitweilig gelebt hatte, gab es 1974 sogar ein Scott Joplin Festival, an dem sich 38 Pianisten und mehrere Rag-Ensembles beteiligten.

Raubpressungen (Bootleg Records) sind widerrechtlich gepreßte Schallplatten mit illegal im Konzert aufgenommenen oder gestohlenen Musikstücken. Etwa 100 Millionen LPs, schätzte 1971 die internationale Vereinigung der phonographischen Industrie, werden alljährlich in der ganzen Welt unlizensiert produziert und vertrieben. Die Fälschungen sind von den Originalprodukten meist nicht zu unterscheiden, dadurch verlieren die legalen Musikfirmen pro Jahr beinahe eine Milliarde Mark. Auch bei den populären Singleplatten für Musikautomaten nimmt die Piraterie zu. Oft werden Songs aus bislang unveröffentlichten Alben bekannter Rockgruppen in Studios und Preßwerken heimlich kopiert und vorab auf kleinen Platten verkauft. Deren Marktanteil wurde 1972 in den USA auf 20 Prozent geschätzt. Auch für Tonband-Kassetten hat sich eine Untergrund-Großindustrie etabliert, die bei geringen Investitionen (gebraucht wird nur ein Stereo-Vervielfältigungssystem) in vier Minuten eine 60-Minuten-Bandkassette fertigen kann – Warenzeichen und Copyrightmarke eingeschlossen. Die größten Fälscherwerkstätten in den USA, vermutet das FBI, werden von der Mafia finanziert. Im Oktober 1971 unterzeichneten in Genf 23 Staaten eine Konvention gegen die Schallplatten- und Tonband-Piraterie. Popmusik-Piraten brachten in den letzten Jahren jedoch auch Schwarzpressungen (Pirate Records) mit Musik etwa von Bob Dylan, den BEATLES und den ROLLING STONES auf den Markt, die von den Lizenzfirmen dieser Künstler unveröffentlichte Stücke enthielten und durch eine amateurhafte Verpackung als illegale Produkte ausgewiesen waren. Diese LPs sind vielfach zu gesuchten Sammlerstükken avanciert, obgleich sich auch ihre Hersteller des geistigen Diebstahl schuldig machten. Die Raubpresser, die sich für die Popmusik-Blätter mit antikapitalistischer Attitüde gern als «Rock and Roll Liberation Front» stilisierten, führen an die Autoren und Interpreten keinerlei Lizenzen ab und bereichern sich mithin an deren Eigentum. Titel der international meistgehandelten Raubpressungen von Jimi Hendrix: *In Experience; Live Experience 1967–68; Maui, Hawaii; Live at the Los Angeles Forum; 25. 4. 70, Isle of White, Vol. 1–2* ... Bob Dylan: *Great White Wonder – Uncut; Great Sounds (Don't) Look Back; The Troubled Troubadour; Stealin'; Isle of White Live, Part. 1–2; Just as Well; A Thousand Miles Behind; Little White Wonder; Royal Albert Hall 1966; Talkin' Bear Mountain Massarce Picnic Blues* ... BEATLES: *Last Live Show; Fab Four; Renaissance Minstrels, Vol. 1–2; Complete Christmas Collection; In Concert at Whiskey Flat* ... ROLLING STONES: *Greatest Group on Earth; European Tour 1970 Live; An Interview with Mick Jagger* ... BEATLES und ROLLING STONES: *Battle* ... PINK FLOYD: *Pictures; Big Pink; The Best of Tour 1972; Hamburg, Musikhalle 25. 2. 1971* ... CROSBY, STILLS, NASH & YOUNG: *Wooden Nickel; Live at the Los Angeles Forum* ... CROSBY & NASH: *Blue Pearl* ... Neil Young: *The Complete Neil Young* ... LED ZEPPELIN: *On Blueberry Hill; Live* ... EMERSON, LAKE & PALMER: *The Palms; Pictures of an Exhibition* ... Paul Simon: *The Paul Simon Album* ... COLOSSEUM: *Colosseum Live* ... DEEP PURPLE: *Deep Purple* ... Eric Burdon & WAR: *War* ... BLACK SABBATH: *Live at Plumpton* ... HARDIN & YORK: *Live* ... James Taylor: *Isn't it Nice to Be Home Again* ... JETHRO TULL: *My God* ... MOODY BLUES: *Live on a Tuesday Afternoon* ... YES: *White Yes Album* ... THE BAND: *Live at the Hollywood Bowl* ... Rod Stewart & FACES: *Plynth* ... JEFFERSON AIRPLANE: *Up Against the Wall* ... TEN YEARS AFTER: *Live in Concert* ... Janis Joplin: *Infinity Blues* ... Zappa & MOTHERS OF INVENTION: *In Europe* ... THE BYRDS: *Live at Buddy's in England* ... DONOVAN: *The Reedy River* ... Elton John: *Country Comfort* ... TASTE: *Taste* ... Leon Russell: *Watercress*.

RCA Records: 1901 in New York gegründeter US-Plattenkonzern mit einem Jahresumsatz von mehr als 250 Millionen Dollar (1974) auf den Sub-Labels Victor, Red Seal und Camden.

RCA wagte 1955 einen spektakulären Einstieg ins Rock-Geschäft mit der Übernahme Elvis Presleys vom → Sun-Label bei einer Abfindungssumme von 40000 Dollar. Die → A & R-Manager des Konzerns paßten den Sänger jedoch gleich in ihr von Perry Como, Perez Prado und Eddie Fisher beherrschtes seichtes Unterhaltungsrepertoire ein. In den folgenden Jahren wurde das sporadische Engagement des Unternehmens für Rock-Künstler lediglich vom Interesse an modischen Kommerz-Sounds bestimmt. Jefferson Airplane, eine der wenigen Acid Rock-Bands bei RCA, berichtete von langwierigen Auseinandersetzungen mit der Geschäftsführung um Repertoiregestaltung und Gruppen-Image. Aufgeschreckt von den massiven Umsatzsteigerungen, die der Hauptkonkurrent → Columbia und einige kleine Spezial-Labels mit der Präsentation der neuen Rock-Elite erreicht hatten, versuchte die Tochter des Elektro-Konzerns Radio Corporation of America, auch bei sich den Rock-Funken zünden zu lassen. Sie verpflichtete einige Veteranen (Cass Elliot, David Clayton-Thomas, Wilson Pickett, The Everly Brothers), schmückte sich mit Modestars (David Bowie, Lou Reed) und unterstützte talentierte Außenseiter (Harry Nilsson, John Denver). 1974/75 expandierte die Firma mit der Hues Corporation, den von ihr weltweit vertriebenen Hits von George McCrae und anderen schwarzen Artisten vor allem im Soulbereich.

Reggae: eine Mischung aus New Orleans-Rhythm & Blues à la → Fats Domino und westindischem Folk-Pop (Calypso) in monoton-repetitivem Rhythmus, zuvor als Ska, Blue Beat, Rock Steady vor allem in England von Einwanderern aus Jamaika und den Bahamas populär gemacht, beispielsweise in dem Hit *My Boy Lollipop* von Millie (1964), *The Israelites* von Desmond Dekker (1969). In den letzten Jahren haben zahlreiche Rock-Stars den Reggae-Rhythmus übernommen, 1973/74 beispielsweise → Paul Simon (*Mother And Child Reunion*), → Taj Mahal (*West Indian Revelation*), → Paul McCartney (*Live And Let Die*), → Eric Clapton (*I Shot The Sheriff*). Reggae-Stars: → Jimmy Cliff, → Bob Marley.

Riff: eine simple, meist zwei- oder viertaktige Melodiefloskel, die zur Begleitung eines improvisierenden Jazz- oder Rocksolisten von den übrigen Musikern des Ensembles unablässig wiederholt wird.

Rhythm & Blues (R & B): die großstädtische, zumeist von Bläsern (Saxophonen, Trompeten) begleitete Popmusik der schwarzen Gettos in den vierziger und fünfziger Jahren. Der Begriff R & B, eingeführt vom ‹Billboard›-Chefredakteur Paul Ackerman, verdrängte damals den Terminus → Race Music und wurde später seinerseits durch Soul Music ersetzt, obgleich sich → Soul durch hinzugefügte Gospelelemente vom Rhythm & Blues unterschied. Durch die Fusion von R & B mit → Country & Western entstand Mitte der fünfziger Jahre der → Rock 'n' Roll. Mit der Adaption des R & B-Stils von → John Lee Hooker, → Muddy Waters, → T-Bone Walker und anderen durch junge englische Musiker um 1960 wurde die moderne Rock-Richtung eingeschlagen.

Roadie, eigentlich Road Manager, ist der Tourneebegleiter von Rockgruppen, der für die Bühnentechnik verantwortlich ist. Die meisten Bands beschäftigten mehrere Roadies, die Verstärker und Instrumente transportieren, die Elektrogeräte vor dem Konzert aussteuern und das Equipment mit Lastwagen an den nächsten Tourneeort transportieren.

Rock: Sammelbezeichnung für alle populären, aus der schwarzen Blues- und der weißen Country & Western-Tradition abgeleiteten Musizierstile nach dem Rock 'n' Roll (1954).

Rockabilly: heute fast vergessene Bezeichnung für die Musiker, die um 1954/55 hauptsächlich in Memphis, Tennessee, weiße Südstaaten-Folklore (→ Hillbilly) mit dem Rhythmus des schwarzen → Rhythm & Blues zum → Rock 'n' Roll fusionierten. Beispiele: → Bill Haley, → Elvis Presley, → Carl Perkins, → Jerry Lee Lewis.

Rock Musical: seit → ‹Hair› (1968) gebräuchliche Bezeichnung für Musicals, in denen rockähnliche Klänge als Bühnenmusik verwendet werden. Zumeist ist der Begriff unzutreffend, da die starke Dynamik und große Lautstärke echter Rock-Darbietungen ihre Verwendung im Musiktheater nicht zulassen. Immerhin haben Soul-Diktion, Bluesfarben und das durch Elektrogitarren bestimmte Klangbild der Rockmusik in Broadway-Musicals wie ‹Hair›, ‹Jesus Christ Superstar›, ‹Two Gentlemen of Verona›, ‹Grease›, ‹Don't Bother Me, I Can't Cope› sowie in zahlreichen Off-Broadway-Produktionen wie ‹Godspell›, ‹Salvation›, ‹The Me Nobody Knows›, ‹Your Own Thing›, ‹The Last Sweet Days of Isaac› und anderen zu einer Verjüngung des Musical-Idioms beigetragen. LPs auf ABC: *Two Gentleman of Verona* (1972) ... auf Polydor: *Don't Bother Me, I Can't Cope* (1972) ... auf Capitol: *Salvation* (1969) ... auf Bell: *Godspell* (1971) ... auf Atlantic: *The Me Nobody Knows* (1970); *The Wiz* (1975) ... auf MGM: *Grease* (1972) ... auf RCA: *Your Own Thing* (1968); *The Last Sweet Days of Isaac* (1970) ... auf Ode: *The Rocky Horror Show* (1974).

Rock 'n' Roll: Der weiße Discjockey Alan Freed behauptet, er habe den Terminus, der im Negerslang ursprünglich Beischlaf bedeutete, 1951 in Cleveland, Ohio, zum erstenmal in musikalischem Zusammenhang gebraucht. So wenig dies nachgeprüft werden kann, so sicher ist, daß Freed Begriff und Stil ab 1954 über die New Yorker Stationen WINS und WABC popularisierte. Die Textzeile «Rock, rock, rock everybody, roll, roll, roll everybody» aus Bill Haleys *Rock-A-Beatin' Boogie*, die Freed als Signet seiner Sendungen benutzte, wurde von der Jugend des ganzen Landes befolgt. Die Fusion von weißer Hillbilly- und schwarzer Bluesmusik löste die größte musikalische Revolution des 20. Jahrhunderts aus.

Rock Revival: Wiederbelebung der Klänge und Musikernamen aus den fünfziger und frühen sechziger Jahren. Seit etwa 1967 unternahmen Rock 'n' Roll-Veteranen wie → Bill Haley, → Chuck Berry, → THE EVERLY BROTHERS, → Little Richard weltweite Comeback-Tourneen; ihre Hit-Schallplatten von einst wurden neu aufgelegt. Der Promoter Richard Nader stellte im New Yorker Madison Square Garden in regelmäßiger Folge «Rock 'n' Roll Revival Shows» zusammen, die zu «Woodstocks der Erinnerungen» (‹Die Welt›) wurden. Bands wie → SHA NA NA, BROWNSVILLE STATION, FLAMIN' GROOVIES imitierten den archaischen Rock 'n' Roll-Klang zum Teil als Parodie, gelegentlich jedoch perfekter als ihre Vorbilder. Einer der Hauptgründe für die musikalische Rückbesinnung war die künstlerische Flaute in der Rockmusik der frühen siebziger Jahre.

Rolling Stone: 1967 in San Francisco von Jann Wenner und Ralph J. Gleason gegründete vierzehntägig erscheinende Unterhaltungs-Zeitschrift, die neben Themen aus dem Bereich der Rockmusik auch Berichte über Phänomene, Protagonisten und Widersacher der Gegenkultur abdruckt. Aufsehen erregte das Blatt 1969, als der bis dahin unbekannte → Johnny Winter auf eine ‹Rolling Stone›-Empfehlung hin einen höchst lukrativen CBS-Plattenvertrag erhielt. Zunächst wegen ihres vorgeblichen Lokalpatriotismus (→ San Francisco Sound) getadelt, gelten die Mitarbeiter der kalifornischen Zeitschrift inzwischen als Repräsentanten eines literarisch ambitionierten, sachkundigen Rock-Journalismus. Geschickt geführte, intensive Interviews mit führenden Rock-Stars (Bob Dylan, John Lennon) machten als vorzügliche Dokumente der Szene Furore. 1974/75, die Auflage hatte inzwischen die 200 000 überschritten, ließ sich die Redaktion jedoch mehrmals dazu verleiten, dem Jet Set-Leben diverser Rock-Idole in Form von humoristisch getarnten Hofberichten zu huldigen.

Royalties: die Gesamtheit aller Tantiemen, die von einer Plattenfirma für die Lizenzrechte einer Musikaufnahme an Autoren, Interpreten und Producer gezahlt werden.

San Francisco Sound läßt sich musikalisch nicht definieren, da die Bands, die 1966/67 in San Francisco musizierten, höchst unterschiedliche Klangkombinationen vollzogen. Ralph J. Gleason nennt in seinem Buch ‹The Jefferson Airplane and the San Francisco Sound› annähernd 400 Gruppen, die damals eine enge oder lockere Beziehung zu San Francisco hatten.

Scat: wortloser Gesang, bei dem die Stimme als Instrument eingesetzt wird und mit der Aneinanderreihung von Nonsens-Silben improvisiert. Louis Armstrong benutzte schon in den zwanziger Jahren die Scat-Vokaltechnik. Später wurde sie von den Jazzsängerinnen Ella Fitzgerald, Annie Ross, Sarah Vaughan perfektioniert und auch von Rocksängern übernommen.

Single: kleine Schallplatte mit nur zwei Songs und 45 Umdrehungen pro Minute im Gegensatz zu 33 1/3tourigen Langspielplatte.

Skiffle: zuerst im Chicago der zwanziger Jahre gebrauchte Bezeichnung für die Verbindung von Folklore und Jazz. Skiffle-Bands musizierten überwiegend auf selbstgefertigten Instrumenten wie Kazoo (Kamm und Seitenpapier), Jug (Krug), Kistenbaß, Waschbrett sowie folkloristischen Saiteninstrumenten (Banjo, Gitarre). Englische Musiker wie Lonnie Donegan, Ken Colyer und andere belebten diesen Stil Ende der fünfziger Jahre und bereiteten damit das Klima für die Rockmusik vor. Ensembles wie → LOVIN' SPOONFUL und die → JIM KWESKIN JUG BAND haben Skiffle-Elemente in die Rockmusik übernommen.

Slide Guitar: → Bottleneck.

Soft Rock: leise Rockmusik im Gegensatz zum → Heavy Rock, als Stilbegriff nicht tauglich. Unter Soft Rock ist in der Regel → Folk Rock, → Country Rock oder sogar zeitgenössischer Folksong zu verstehen.

Soul: die von → Ray Charles und → Sam Cooke Mitte der fünfziger Jahre erstmals vollzogene Verbindung von → Gospel und → Rhythm & Blues wurde um 1966/67 vorübergehend zum einträglichsten Modeklang auf dem internationalen Musikmarkt. Doch die harten, vielfach stereotypen Bläser-Riffs der Begleitbands, die frenetischen Vokalisen von Sängern wie → James Brown, → Aretha Franklin, → Wilson Pickett ermüdeten die Mehrzahl weißer Plattenkäufer rasch. Erst als nach 1972 schwarze Komponisten und Producer die Soulmusik unter dem Etikett → Phillysound weißen Geschmacksnormen anglichen, fielen ihr erneut in großem Stil Hitparadenplätze zu. Soul bedeutet daneben auch «beseelt spielen» und hat assoziative Nähe zu den Begriffen → Feeling und → funky.

Soundtrack: auf Platte veröffentlichte Original-Film- oder Fernsehmusik.

Speciality Records: 1945 in Hollywood gegründetes Spezial-Label für Rock 'n' Roll, auf dem Rhythm & Blues-Musiker wie Little Richard und Lloyd Price ihre ersten Erfolge einspielten.

Spiritual: die schon zu Beginn des vergangenen Jahrhunderts in den Südstaaten der USA entstandene religiöse Negermusik. Durch Berührung mit dem Jazz und die Akzentuierung alter afrikanischer Ekstasetechniken wurden die Spirituals in den zwanziger Jahren zum → Gospel-Song intensiviert.

Standard: ein zum Evergreen gewordenes, häufig gespieltes Popmusik-Thema.

Star Club: Das bis zur Eröffnung des → Fillmore in San Francisco «wohl berühmteste aller Beat-Etablissements» (‹Die Welt›) in Hamburg-St. Pauli, Große Freiheit 39, startete am 13. April 1962 in einem umgebauten Kino mit den damals noch weitgehend unbekannten BEATLES. Eigentümer Manfred Weißleder holte US-Prominenz wie Ray Charles, Little Richard, Chuck Berry, J. L. Lewis, Fats Domino zu Star-Gagen in sein Tanzlokal, stellte die erste Garnitur der britischen Popmusik erstmals außerhalb ihres Heimatlandes vor und stachelte sie zu Höchstleistungen an, indem er bis zu acht Bands engagierte und jede nur ein- bis zweimal pro Abend kurz auftreten ließ. Den gesetzlich geschützten Namen «Star Club» vermietete er für tausend Mark Monatsgebühr an Gastwirte in Flensburg, Kiel, Köln und Berlin, gab an Fans «Star Club»-Anstecknadeln und «Star Club»-Erinnerungsplaketten aus, druckte die Hauspostille «Star Club News» und etablierte die Plattenmarke Star Club, die von Philips/Phonogram vertrieben wurde. Als er 1967 den Rock-Tempel verpachtete und die Pächter Discjockeys und Gogo-Girls anheuerten, ging das Geschäft zurück. Im Februar 1969 übernahmen die ehemaligen RATTLES-Musiker Achim Reichel und Frank Dostal das Lokal, brachten es mit Auftritten von YES, NICE und anderen noch einmal auf das frühere Niveau, konnten es aber auf die Dauer kommerziell nicht sanieren. Im Januar 1970 wurde der «Star Club» geschlossen. Die 1973 auf fünf LPs veröffentlichte *Star Club Anthology* sowie das Doppelalbum *Star Club Story* geben einen guten Überblick über die Beat- und Rockmusik der frühen sechziger Jahre. LPs auf Star Club Records/Phonogram: *Anthology, Vol. 1 bis 5* (1973); *Star Club Story* (1973).

Stax Records, 1960 zunächst unter den Namen Satellite Records von Jim Stewart und Estelle Axton in Memphis, Tennessee, gegründet, ein Jahr später nach den Initialen der Inhaber umbenannt, repräsentierte vor allem in den sechziger Jahren mit SAM & DAVE, BOOKER T. & THE MG's, Johnny Taylor, Rufus Thomas, Carla Thomas sowie Otis Redding (auf dem 1962 gegründeten Sub-Label Volt) den → Memphis Sound. Seit Beginn der siebziger Jahre nahm Stax auch kommerziell verfeinerte Soul-Musik und Rock-Titel weißer Gruppen in seinen Katalog auf. 1974/75 zählten Isaac Hayes (auf Enterprise), THE STAPLE SINGERS zu den kommerziell erfolgreichsten Interpreten der von Konzernen noch immer unabhängigen Plattenfirma.

Straight: eine Melodie notengetreu ohne Variation oder Improvisation spielen. In Jazz und Rock gibt es kaum «straight» gespielte Stücke. Zur Definition dieser Musizierweisen gehört, daß jeder Musiker und jede Band die Stücke – und sei es durch Intonationsvarianten – auf individuelle Weise ausgestaltet.

Sun: 1953 in Memphis, Tennessee, von Sam Phillips gegründete Plattenfirma, die den frühen Rock 'n' Roll von Elvis Presley, Carl Perkins, Johnny Cash, Jerry Lee Lewis, Roy Orbison aufgenommen hat.

Surf: ein leichter, heiterer, problemloser Rock, den die → BEACH BOYS 1962 mit dem Stück *Surfin' Safari* kreierten – Musik zum Wellenreiten. Viele Rockinterpreten brachten bis 1964 Surf-Songs heraus, dann lösten → Hot Rod-Motorlieder die feuchte Popmusik-Modewelle ab.

Swing: 1. der Jazzstil der dreißiger Jahre, 2. der durch vorsätzliche rhythmische Ungenauigkeiten und Irritationstechniken bewirkte Bewegungsmodus der afroamerikanischen Musik, durch den sich Jazz, Rock und teilweise auch die weiße amerikanische Countrymusik von der Schlager- und Unterhaltungsmusik europäischer Provenienz unterscheiden.

Synkope: Betonung eines normalerweise unakzentuierten Rhythmus-Schlags. Diese Akzentverlagerung ist ein im Jazz häufig verwendetes Stilmittel, das als *off beat* auch in der Popmusik verwendet wird.

Synthesizer: Gerät zur Reproduktion von Tönen auf elektronischem Wege. Die Schwingungen elektrischer Ströme werden dabei mit Hilfe von Steuer-Apparaturen dermaßen hörbar gemacht und geregelt, daß sie in Tonhöhe, Lautstärke und Klangfarbe die Charakteristika verschiedener «natürlicher» Töne (Violine, Trompete, Piano etc.) annehmen können. Darüber hinaus ist auch die Gestaltung irrealen Klangmaterials möglich, wie es auf herkömmlichen Musikinstrumenten nicht produziert werden kann. Ein Klaviaturzusatz ermöglicht (nach Vorprogrammierung) das computergesteuerte Spiel von Tonfolgen. Der amerikanische Ingenieur Robert A. Moog entwickelte 1965 den ersten für Musikaufnahmen verwendungsfähigen Synthesizer, auf dem → Walter Carlos Kantaten von Bach einspielte. Eine spezielle Variante des Synthesizers ist das → Mellotron.

Takes nennt man bei einer Plattenaufnahme die verschiedenen Versionen ein und desselben Stückes, das so lange wiederholt wird, bis die beabsichtigte Interpretation erreicht ist. Häufig wird die Endfassung eines Titels aus den gelungenen Passagen verschiedener Takes zusammengeschnitten.

Tantieme: die auf den Autor, den Musikverleger, den Interpreten und den Producer entfallenden Anteile am Verkaufserlös einer Schallplatte. Die Höhe der Anteile ist je nach Vertragsgestaltung unterschiedlich. Tantiemen werden auch durch die öffentliche Aufführung eines Musikstückes sowie durch seine Wiedergabe im Rundfunk eingespielt.

Tin Pan Alley: die 28th Street in New York zwischen Fifth und Sixth Avenue, in der zwischen 1900 und etwa 1930 die meisten amerikanischen Musikverlage residierten. Der Begriff leitet sich vom Klimpern der in den Verlagsbüros unablässig bedienten Proben-Pianos ab, das nach der Schlagzeile eines zeitgenössischen Journalisten «wie das Klappern von Zinnpfannen» klang. Tin Pan Alley wurde schnell zum Synonym der von den Verlegern abhängigen US-Musikindustrie, deren Struktur und Macht erst in den vierziger Jahren durch das Hereinfluten folkloristischer Musikstile unterhöhlt und später durch den → Rock 'n' Roll empfindlich angeschlagen wurde.

Track: das durch eine «Leer-Rille» abgesetzte Stück auf einer Langspielplatte; im Aufnahmestudio die Spur auf einem Tonband.

Top 40: die 40 innerhalb einer Woche meistverkauften und meistgespielten Singles auf dem US-Markt. Die Rangliste dieser Platten ist die Grundlage für die Programmgestaltung der meisten → AM-Stationen.

Trip: in der zweiten Hälfte der sechziger Jahre hauptsächlich für LSD-Rausch gebraucht, wird heute mit positivem oder negativem Beiklang für den individuellen Habitus eines Musikers und seine Handlungen angewandt. Negativ für «rücksichtslos, egozentrisch»: «Er ist auf einem Ego-Trip.»

Turntable Hit: eine Schallplatte, die häufig im Rundfunk gespielt wird und sich dennoch nicht verkauft.

Twist: die von → Chubby Checker 1962 im New Yorker Nachtlokal Peppermint Lounge gestartete Tanzmode leitete eine Flut von Rock-Tänzen ein, bei denen sich die Partner unabhängig voneinander im Rhythmus bewegen, sich aber dabei nicht berühren.

Underground: Bis etwa 1967/68 bezeichneten sich eine Reihe amerikanischer Rockgruppen mit Recht als Underground-Bands, da ihre Musik von den Kommerzsendern nicht gespielt wurde (Beispiel: → THE MOTHERS OF INVENTION). In dem Augenblick, da die Plattenfirma → Columbia/CBS 1969 eine gewaltige Werbekampagne «That's Underground» startete, verlor der Terminus seinen Sinn. Die Bands, die mit dieser Reklame angepriesen wurden, machten großenteils Riesenumsätze, schraubten ihre Gagen hoch und waren «overground».

Vaudeville: aus dem Französischen abgeleitete Bezeichnung für Tingeltangel. Dieses in England hauptsächlich in Music Halls, in den USA von Wanderbühnen dargebotene Entertainment des 19. und frühen 20. Jahrhunderts lebte nach 1970 in den bizarren oder trivialen Bühnen-Shows solcher Rockbands wie → ALICE COOPER oder → SLADE wieder auf.

Wah-Wah-Pedal: mit der elektrischen Gitarre verbundener Fuß-Schalter, der wie das Gaspedal eines Autos wirkt. Mit ihm läßt sich die Lautstärke des Instruments je nach der Intensität des Schalterdrucks regulieren. Das Pedal funktioniert außerdem als Kippschalter, wobei durch Druck von rechts nach links die Tonhöhe vom extremen Baß bis zum schrillen Diskant variiert werden kann. Der durch schnelle Pedal-Bewegung entstehende Wah-Wah-Ton gab dem Gerät seinen Namen. → Jimi Hendrix (*Burning Of The Midnight Lamp*, 1967) war einer der Pioniere dieses inzwischen überstrapazierten Klangeffektes.

Warner Communications gingen als Medien- und Unterhaltungskonzern aus dem Entertainment-Zweig des Business-Konglomerats «Kinney Services» hervor. Neben der Filmgesellschaft Warner Brothers und Beteiligungen an diversen anderen Massenmedien unterhält der Konzern vor allem das 1970 formierte Plattenkombinat WEA (→ Warner/Reprise, → Elektra, → Atlantic), das 1973 durch die Firma → Asylum Records ergänzt wurde. Der Firmenverband entstand, als Warner Brothers Inc. 1967 Atlantic Records und 1970 Elektra Records zum Warner/Reprise-Verbund hinzukaufte.

Warner/Reprise: Kern-Firma des amerikanischen Platten-Trusts WEA. Warner Brothers Records wurden 1958 in Burbank, Kalifornien, als Tochterfirma der gleichnamigen Filmgesellschaft gegründet. Jahrelang waren The Everly Brothers, Peter, Paul & Mary sowie der Komiker Bob Newhart die einzigen Geldbringer des zaghaft gemanagten Plattenunternehmens. Im September 1963 verkaufte Frank Sinatra die 1961 von ihm gegründeten Reprise Records an Warner Brothers und erhielt neben einer Zahlung von zwei Millionen Dollar sowie eine Option auf vier Filmrollen auch den Posten eines Vizepräsidenten der Film-Mutterfirma. Er hatte auf dem Label vornehmlich seine mit ihm von → Capitol übergewechselten Freunde Dean Martin und Sammy Davis jr. sowie seine Tochter Nancy (*These Boots Are Made For Walking*) beschäftigt und von den Tanzbeat-Erfolgen des Folksängers Trini Lopez profitiert. Unter einer wagemutigeren Geschäftsleitung entwickelte sich der Firmenverband Warner/Reprise seit den späten sechziger Jahren zum Allround-Label, das mit The Grateful Dead, James Taylor, The Mothers of Invention, Rod McKuen, Van Morrison und den Beach Boys in fast jeder Sparte der Rockmusik glänzend repräsentiert war.

Voodoo: auf den Karibischen Inseln und in den US-Südstaaten verbreitete Mischreligion aus Katholizismus und westafrikanischen Kulten, in der Beschwörungsriten und magische Praktiken zur Bewältigung der Alltagswirklichkeit dienen. Dabei werden vielfach bizarre oder makabre Amulette aus Federn, Schlangenhäuten, Katzenknochen etc. gebraucht, die – mit unterschiedlicher Motivation – manchen Rockmusikern das Bühnenkostüm vervollständigen. Mac Rebennack alias → Dr. John the Night Tripper hat aus Voodoo-Gebräuchen und -Legenden einen faszinierenden Rock-Stil destilliert. Referenz: Robert Tallants Buch ‹Voodoo in New Orleans›.

Woodstock ist zum Synonym geworden für ein gigantisches Popmusik-Festival, das von vier jungen Amerikanern zwischen dem 15. und 17. August 1969 auf dem 243 Hektar großen Farmgelände von Max Yasgur in Bethel, N. Y., in der Nähe der Musikerkolonie Woodstock veranstaltet worden ist. Nicht zuvor und nicht danach wurde die Folksong-, Rock-, Soul- und Blueskultur der jungen Generation, die der Hippie-Führer Abbie Hoffman anläßlich dieses Rock-and-Drug-Picknicks «Woodstock Nation» nannte, so vollständig und repräsentativ dokumentiert. Etwa 400 000 Jugendliche kampierten in Autos und Zelten, kopulierten in Schlafsäcken und pafften so viel Marihuana, «daß man schon vom Einatmen der Luft benebelt wurde», wie im Polizeibericht vermerkt ist. Plakate verkündeten: «Schafft ein schöneres Amerika, nehmt Drogen.» Händler boten öffentlich ihre Waren an: LSD, Haschisch, Meskalin; die Polizisten stiegen vorsichtig über die Berauschten hinweg. «Ich habe», erklärte ein Polizeioffizier, «noch nie so viele Menschen gesehen, die sich auf so engem Raum so friedlich verhielten.» Sie lauschten bei Sonne, Regen und Sturm 32 Bands und Interpreten, die für nicht mehr als 250 000 Dollar Gagen musizierten. Das «bedeutende planetarische Ereignis» (Schriftsteller Allen Ginsberg) wurde vom Regisseur Michael Warleigh auf 100 Kilometer Farbfilm eingefangen und machte als Drei-Stunden-Dokumentation in Techniscope in der ganzen Welt Kasse. Binnen 18 Wochen hatte der Film fünf Millionen Dollar eingespielt. Monatelang feilschten die Manager der Plattenmarke Cotillion um die Rechte, ehe schließlich 13 Plattenfirmen ihre Künstler für die akustische Festivalreportage in zwei LP-Kassetten freigaben. Film und Schallplatten sind optimale Dokumente eines kurzlebigen Hippie-Lebensgefühls. «Früher», jubelte → Janis Joplin in Woodstock, «waren wir nur wenige, jetzt gibt es Massen und Massen und Massen von uns.» Aber schon vier Monate später erlosch die Woodstock-Euphorie im Horror von → Altamont. LPs auf Cotillion: *Woodstock, Music from the Original Soundtrack and More* (1970); *Woodstock Two* (1971).

Literaturverzeichnis*

Folksong, Country & Western

BART, TEDDY: Inside Music City USA; Aurora, New York, 1970
DAIGLE, VERNON PIERRE: Tears, Love and Laughter; Arcadian Pub., New York, 1972
DETURK, DAVID A. and POULIN, A.: The American Folk Scene: Dimensions of the Folksong Revival; Dell, New York, 1967
GENTRY, LINNEL: Encyclopedia of Country, Western and Gospel Music; University of Murfreesboro Press, Tennessee, 1964
GRAFMAN, HOWARD and MANNING, B. T.: Folk Music USA; Citadel Press, New York, 1962
GREENAWAY, JOHN: American Folk Songs of Protest; University of Pennsylvania Press, 1953
GRISSIM, JOHN: Country Music: White Man's Blues; Paperback Library, New York, 1970
HEMPHILL, PAUL: The Nashville Sound: Bright Lights and Country Music; Simon and Schuster, New York, 1970. Deutsch: Nashville Sound; Rainer Wunderlich Verlag, Tübingen/Stuttgart, 1971
LAWLESS, RAY MCKINLEY: Folksingers and Folksongs in America; Duell, Sloan & Pearce, New York, 1960, 1965
LLOYD, A. L.: Folk Song in England; Lawrence and Wishart, London, 1967; Panther Arts, 1969
LOMAX, JOHN A. and ALAN: Folk Song USA; Signet, New York, 1966
MALONE, BILL C.: Country Music, USA; University of Texas Press, Houston, 1967
NYE, HERMES: How to Be a Folk Singer; Oak Publications, New York, 1965
SHELTON, R. and GOLDBLATT, B.: Country Music Story; Bobbs-Merrill, New York, 1966
STAMBLER, IRWIN and LANDON, GRELUN: Encyclopedia of Folk, Country and Western Music; St. Martin's Press, New York, 1969

Blues

BERENDT, JOACHIM-ERNST: Blues; Edition Gerig, Köln, MCMLXX
– Blues; Nymphenburger, München, 1957
BROVEN, JOHN: Walking to New Orleans, The Story of New Orleans Rhythm & Blues; Blues Unlimited, Bexhill on Sea, Sussex, England, 1974
CHARTERS, SAMUEL: The Country Blues; Rhinehart, New York, 1959; Michael Joseph, London, 1960. Deutsch: Die Story vom Blues; Nymphenburger, München, 1962
– The Bluesmen; Oak Publications, New York, 1968
– The Poetry of the Blues; Oak Publications, New York, 1963
COURLANDER, HAROLD: Negro Folk Music U.S.A.; Columbia University Press, New York, 1963
DIXON, ROBERT & GOODRICH, JOHN: Blues and Gospel Records, 1902–42, A Discography; Rust, London, 1969
– Recording the Blues; Studio Vista, London, 1970
FERRIS JR., WILLIAM: Blues from the Delta; Studio Vista, London, 1970
GURALNICK, PETER: Feel Like Going Home; Outerbridge & Dienstfrey, New York, 1971
KEIL, CHARLES: Urban Blues; University of Chicago Press, Chicago, 1966

* Ausländische Rock-Literatur ist zu beziehen vom Flash Shop, Siegfried Kluge, 3104 Unterlueß, Postfach 42

LEADBITTER, MIKE (ed.): Nothing but the Blues; Hanover Press, London, 1971
LEADBITTER, MIKE and SLAVEN, NEIL: Blues Records, 1943–66, A Discography; Hanover Books, London, 1968; Oak Publications, New York, 1968
LEHMANN, THEO: Blues & Trouble; Henschelverlag, Berlin, 1966
LYDON, MICHAEL: Boogie Lightning; Dial Press, New York, 1974
MITCHELL, GEORGE: Blow My Blues Away; University of Louisiana State Press, Baton Rouge, 1971
OLIVER, PAUL: Blues Fell this Morning; Cassell, London, 1960; Collier, New York, 1963 (mit neuem Titel: The Meaning of the Blues)
– Conversations with the Blues; Cassell, London, 1965
– Screening the Blues; Cassell, London, 1968
– The Story of the Blues; Barrie & Rockcliffe, London, 1969; Chilton, Philadelphia, 1969; Penguin Books, Harmondsworth, Middlesex, England, 1972
– Savannah Syncopators: African Retensions in the Blues; Studio Vista, London, 1970
OLSSON, BENGT: Memphis Blues; Studio Vista, London, 1970
RAMSEY JR., FREDERIC: Been Here and Gone; Rutgers Edition, New York, reprint 1972
ROWE, MIKE: Chicago Breakdown; Eddison Press Ltd., London, 1973
RUSSELL, TONY: Blacks, Whites and Blues; Studio Vista, London, 1970
SILVERMAN, JERRY: Folk Blues; Macmillan, New York, 1958
STEWART-BAXTER, DERRICK: Ma Rainey and the Classic Blues Singers; Studio Vista, London, 1970
STORM ROBERTS, JOHN: Black Music of Two Worlds; William Morrow & Co., New York, 1974
WILSON, BURTON: Burton's Book of the Blues; Spelo Press, Austin, Texas, 1973
ZUR HEISE, K. G.: Deep South Piano; Studio Vista, London, 1970

Soul, Gospel

GARLAND, PHYL: The Sound of Soul; Regenery, Chicago, 1969
HARALAMBOS, MICHAEL: Right on – from Blues to Soul in Black America; Eddison Press Ltd., London, 1974
HEILBUT, TONY: The Gospel Sound; Simon & Schuster, New York, 1971
LILJE, HANNS/HANSEN, KURT HEINRICH/SCHMIDT-JOOS, SIEGFRIED: Das Buch der Spirituals und Gospel Songs; Furche Verlag, Hamburg, 1961
SHAW, ARNOLD: The World of Soul; Cowles, New York 1970
SIDRAN, BEN: Black Talk; Holt, Rinehart and Winston, New York, 1971

Rock

BAACKE, DIETER: Beat – die sprachlose Opposition; Juventa Verlag, München, 1968
– Jugend und Subkultur; Juventa, München, 1972
BELZ, CARL: The Story of Rock; Oxford University Press, New York, 1969
BERGMAN, HENK & PETERSMA, ERRIT: Pophandboek; Van Gennep, Amsterdam, 1970
BONTINCK, IRMGARD (ed.): New Patterns of Musical Behaviour Universal Edition, Wien, 1974 (deutsch ed. von Kurt Blaukopf: Neue musikalische Verhaltensweisen der Jugend; B. Schott's Söhne, Mainz, 1975)
BORRIS, SIEGFRIED: Psychognomie des Pop; Breitkopf & Härtel, Wiesbaden, 1975

CASH, TONY (ed.): Anatomy of Pop; B.B.C. Publications, London, 1970
CHRISTGAU, ROBERT: Any Old Way You Choose It; Penguin Books Inc., Baltimore, Maryland, 1973
COHN, NIK: Pop: From the Beginning; Weidenfeld & Nicolson, London, 1969; Stein & Day, New York, 1969. Taschenbuchausgabe mit neuem Titel: Awopbopaloobopalopbamboom; Paladin, London, 1970. Deutsch: Rowohlt, Reinbek, 1971
COOK, BRUCE: The Beat Generation; Charles Scribner's Sons, New York, 1971
DALLAS, KARL: Singers of an Empty Day, Last Sacraments for the Superstars; Kahn & Averill, London, 1971
DAVIS, CLIVE: Clive – Inside the Record Business; William Morrow, New York, 1974
EHNERT, GÜNTER: Rock in Deutschland; Taurus Press, Hamburg, 1975
EISEN, JONATHAN (ed.): The Age of Rock: Sounds of the American Cultural Revolution; Random House, New York, 1970; Vintage Books, 1969
– The Age of Rock, Volume Two; Random House, New York, 1970; Vintage Books, 1970
EPSTEIN, BRIAN: A Cellarful of Noise; Souvenir, London, 1964
ESCOTT/HAWKINS: Catalyst, The Sun Record Story; Hanover Books, London, 1974
FLATTERY, PAUL: The Illustrated History of Pop; Wise Publications, London, 1974
FONG-TORRES, BEN: The Rolling Stone Rock 'n' Roll Reader; Bantam Books, New York, 1974
FREDERICKS, VIC (ed.): Who's Who in Rock 'n' Roll; Frederick Fell, New York, 1958
GABREE, JOHN: The World of Rock; Fawcette Publications, Greenwich, Conn., 1968
GILLETT, CHARLES: The Sound of the City; Souvenir Press, London, 1971; Outerbridge & Dienstfrey, New York, 1970
– (ed.): Rock File; Pictoral Presentations Ltd., London, 1972
– Making Tracks, Atlantic Records and the Growths of a Multi-Billion-Dollar Industry; E. P. Dutton & Co., New York, 1974
GOLDMAN, ALBERT: Freak Show; Atheneum, New York, 1971
GOLDSTEIN, RICHARD: Goldstein's Greatest Hits; Prentice Hall, New York, 1970
GOODGOLD, EDWIN and CARLINSKY, DAN: Rock 'n' Roll Trivia; Popular Library, New York, 1970
GRIFFIN, ALISTAIR: On the Scene at the Cavern; Hamilton, London, 1964
HALL, DOUGLAS KENT und SUE, C. CLARK: Rock: A World Bold as Love; Cowles Communications Inc., New York, 1970
HARTWICH-WIECHELL, DÖRTE: Pop-Musik, Analysen und Interpretationen; Arno Volk Verlag, Köln, 1974
HIRSCH, P.: The Structure of the Popular Music Industry; University of Michigan, Ann Arbor, 1969 (unveröffentlichtes Manuskript)
HODENFIELD, CHRIS: Rock 70; Pyramid Books, 1970
HOFFMANN, RAOUL: Zwischen Galaxis und Underground; Deutscher Taschenbuchverlag, München, 1971
– Zoom Boom, Die elektrische Rock- und Popmusik; Deutscher Taschenbuchverlag, München, 1974
HOPKINS, JERRY: The Rock Story; Signet, New York, 1970
– Festival! Collier-Mac, New York, 1970
JENKINSON, PHILIP, und WARNER, ALAN: Celluloid Rock, Twenty Years of Movie Rock; Lorrimer Publishing, London, 1974
KAHN, STEVE: Tops in Pops; Mac Fadden, New York, 1961
KAISER, ROLF-ULRICH: Das Songbuch; Damokles Verlag, Ahrensburg, 1967
– Das Buch der neuen Pop-Musik; Econ, Düsseldorf, 1969

– (ed.): Protestfibel; Scherz, Bern-München-Wien, 1968
– Underground? Pop? Nein! Gegenkultur! Kiepenheuer & Witsch, Köln, 1969
– Rock-Zeit; Econ, Düsseldorf, 1972
KEYES, THOM: All Night Stand, W. H. Allen, London, 1966; Mayflower, 1967; Simon and Schuster, New York, 1966; Ballantine, 1970
KINKLE, ROGER D.: The Complete Encyclopedia of Popular Music and Jazz; Arlington House, New York, 1974
LAING, DAVE: The Sound of Our Time; Sheed & Ward, London, 1969; Quadrangle, New York, 1970
LANDAU, JON: It's Too Late to Stop Now, A Rock and Roll Journal; Straight Arrow, San Francisco, 1972
LAUFENBERG, FRANK: Facts & Platten; Voggenreiter Verlag, Bonn, 1973
LEIBOVITZ, ANNIE: Shooting Stars, The Rolling Stone Book of Portraits; Straight Arrow, San Francisco, 1974
LYDON, MICHAEL: Rock Folk; Dial, New York, 1971
MABEY, RICHARD: The Pop Process; Hutchinson, London, 1969
MARCUS, GREIL (ed.): Rock and Roll Will Stand; Beacon, Boston, 1969; Beacon Press, New York, 1970
– Mystery Train. Images of America in Rock 'n' Roll Music; E. P. Dutton, New York, 1975
MARKS, J.: Rock and other Four Letter Words; Bantam, New York, 1969
MAY, CHRIS, und PHILLIPS, TIM: British Beat; Sociopack Publications, London, 1974
MCCUTCHEON, LYNN: Rhythm & Blues; Beatty, Arlington, 1971
MELLY, GEORGE: Owning Up; Weidenfield and Nicholson, London, 1965; Penguin, 1970
– Revolt Into Style; Allen Lane, The Penguin Press, London, 1970
MELTZER, R.: The Aesthetics of Rock; Something Else Press, New York, 1970
MIDDLETON, RICHARD: Pop Music & The Blues; Gollancz, London, 1972
MORSE, DAVID: Motown; Studio Vista, London, 1971
MURRELS, JOSEPH: The ‹Daily Mail› Book of Golden Discs; Guiness, London, 1966
MYRUS, DONALD: Ballads, Blues and the Big Beat; Macmillan, New York, 1966
NITE, NORM N.: Rock on, The Illustrated Encyclopedia of Rock 'n' Roll; Thomas Y. Crowell Company, New York, 1974
ORLOFF, KATHERINE: Rock 'n' Roll Woman; Nash Publishing, Los Angeles, 1974
PALMER, TONY: Born Under a Bad Sign; William Kimber, London, 1970
– How to Make a Million Out of Pop Music; Hansen Publications, London, 1971
PASSMAN, ARNOLD: The Deejays; Macmillan, New York, 1973
POPES, STEVE: THOSE OLDIES BUT GOODIES; The Macmillan Company, New York, 1973
RHODE, H. KANDY: The Gold of Rock 'n' Roll, 1955–67; Arbor House, New York, 1970
RIVELLI, PAULINE and LEVIN, BOB: Rock Giants; World Publishing, New York, 1970
ROXON, LILLIAN: Rock Encyclopedia; Grosset and Dunlap, New York, 1969
SANDER, ELLEN: Trips, Rock Life in the Sixties; Scribner's, New York, 1969
SALZINGER, HELMUT: Rock Power; Fischer, Frankfurt/M., 1972
SARLIN, BOB: Turn It Up (I Can't Hear the Words); Simon & Schuster, New York, 1973
SCHÖLER, FRANZ (ed.): Let it Rock; Hanser, München, 1975
SEUSS, JÜRGEN; DOMMERMUTH, GEROLD; MAIER, HANS: Beat in Liverpool; Europäische Verlagsanstalt, Frankfurt/M., 1965
SHAW, ARNOLD: The Rock Revolution; Cromwell-Collier, New York, 1970
– The Rockin' 50s; Hawthorn Books, New York, 1974
TAYLOR, DEREK: As Time Goes By; Davis Poynter, London, 1973
WENNER, JANN: The Rolling Stone Record Review; Pocket Books, New York, 1971

– The Rolling Stone Interviews; Paperback Library, New York, 1971
– The Rolling Stone Interviews, Vol. 2; Warner Paperback Library, New York, 1973
– The Rolling Stone Record Review, Vol. 2; Pocket Books, New York, 1974
WILLIAMS, PAUL: Outlaw Blues; E. P. Dutton, New York, 1969; Pocket Books, 1970
WOOD, GRAHAM: An A-Z of Rock and Roll; Studio Vista, London, 1971

Monographien, Biographien, Autobiographien

BAEZ, JOAN: Daybreak, An Autobiography; Avon, New York, 1966, 1968
BRAUN, MICHAEL: Beatles' Progress; Penguin, London, 1964
– Love Me Do; Penguin, London, 1964
BROONZY, BILL: Big Bill Blues; Cassell, London, 1955
CASERTA, PEGGY: Going Down with Janis; Lyle Stuart, New York, 1973
CHARTERS, SAM: Robert Johnson; Oak, New York, 1973
COTT, JONATHAN: Stockhausen; Simon and Schuster, New York, 1973
DALTON, DAVID: Janis; Simon and Schuster, New York, 1972
– Rolling Stones; Amsco Music Publishing Co., New York, 1972
DAVIES, HUNTER: The Beatles; Heinemann, London, 1968; Mayflower, 1969; McGraw, New York, 1968. Deutsch: Alles was du brauchst ist Liebe; Droemer-Knaur, München, 1969
DILELLO, RICHARD: The Longest Cocktail Party (The Beatles); Charisma Books, London, 1973
ELMAN, RICHARD: Uptight with the Stones; Scribner's, New York, 1973
FRIEDMAN, MYRA: Buried Alive, Janis Joplin; Morrow, New York, 1973
GLEASON, RALPH: The Jefferson Airplane and the San Francisco Sound; Ballantine, New York, 1969
GRAY, MICHAEL: Song & Dance Man, The Art of Bob Dylan; Hart-Davis/McGibbon, London, 1972
HERMAN, GARY: The Who; Studio Vista, London, 1971
HOPKINS, JERRY: Elvis, A Biography; Open Gate Books (Simon and Schuster), New York, 1971
HUNTER, IAN: Diary of a Rock 'n' Roll Star; Panther Books, St. Albans, England, 1974
JAHN, MIKE: Jim Morrison & the Doors; Grosset & Dunlap, New York, 1969
KAISER, ROLF-ULRICH: Fuck the Fugs; Kinder der Geburtstagspresse, Köln, 1969
– Frank Zappa; Uitgeveris Westfriesland, Hoorn, Niederlande, 1972
– Zapzapzappa; Kinder der Geburtstagspresse, Köln, 1969
KENNEDY, JOHN: Tommy Steele; Souvenir, London, 1958; Corgi, 1959
KNIGHT, CURTIS: Jimi, An Intimate Biography of Jimi Hendrix; W. H. Allen, London, 1974
LAING, DAVE: Buddy Holly; Studio Vista, London, 1971
LEVY, ALAN: Operation Elvis; Consul, London, 1962
LUCE, PHILIP: The Stones; Howard Baker, London, 1970
MARKS, J.: Mick Jagger; Curtis Books, New York, 1973
MCCABE, PETER und SCHONFELD, ROBERT D.: Apple to the Core, the Unmaking of the Beatles; Pocket Books, New York, 1972
MCGREGOR, CRAIG (ed.): Bob Dylan, A Retrospective; William Morrow & Co., New York, 1972
MELLERS, WILFRID: Twilight of the Gods, The Beatles in Retrospect; Faber & Faber, London, 1973

MILLAR, BILL: The Drifters; Studio Vista, London, 1971
– The Coasters; Studio Vista, London, 1973
OTIS, JOHNNY: Listen to the Lambs; Norton, New York, 1968
PENNEBAKER, D. A.: Bob Dylan, Don't Look Back; Ballantine, New York, 1968
REICH, CHARLES and WENNER, JANN: Garcia, A Signpost to New Space; Straight Arrow Books, San Francisco, 1972
RIBAKOV, S. and B.: Folk Rock: The Bob Dylan Story; Dell, New York, 1966
ROLLING STONE: Knockin' on Dylan's Door; Pocket Books, New York, 1974
ROONEY, JAMES: Bossmen Bill Monroe – Muddy Waters, Dial Press, New York, 1971
SCADUTO, ANTHONY: Bob Dylan; W. H. Allen, London, 1972. Deutsch: Tradis Verlag, Hamburg, 1975
– Mick Jagger – Everybody's Lucifer; W. H. Allen, London, 1974
SCHIFFMAN, JACK: Uptown – The Story of Harlem's Apollo Theatre; Cowles Book Co., New York, 1972
SCHOBER, SIEGFRIED: Let It Bleed, Die Rolling Stones in Altamont; Reihe Hanser, München, 1970
SHANKAR, RAVI: My Music, My Life; Simon and Schuster, New York, 1968. Deutsch: Meine Musik, mein Leben; Nymphenburger, München, 1969
SHELTON, ROBERT (ed.): Woody Guthrie: Born to Win; Macmillan, New York, 1965
THOMPSON, TOBY: Positively Main Street: An Unorthodox View of Bob Dylan; Coward McCann, New York, 1971
WALLEY, DAVID: No Commercial Potential, the Saga of Frank Zappa; Dutton, New York, 1972
WELCH, CHRIS: Hendrix, A Biography; Ocean Books, London, 1972
WENNER, JANN: Lennon Remembers, the Famous Rolling Stone Interview; Popular Library, New York, 1971
WATHERS, ETHEL und SAMUELS, CLARK: His Eye is on the Sparrow; Doubleday, New York, 1951
WILLIAMS, RICHARD: Out of His Head – The Sound of Phil Spector; Outerbridge, New York, 1972

Songtexte, Rock-Prosa

ALDRIDGE, ALAN: The Beatles Songbook; Deutscher Taschenbuchverlag, München, 1971
COHEN, LEONHARD: Cohen; Zweitausendeins-Verlag, Frankfurt/M., 1974
DYLAN, BOB: The Complete Writings and Drawings; Alfred A. Knopf, New York, 1973
– Tarantula; Macmillan, New York, 1966
FABIAN, JENNY and BYRNE, JOHNNY: Groupie; New English Library; Mayflower, 1970; Bantam, New York, 1970. Deutsch: Rowohlt, Reinbek, 1973
GOLDSTEIN, RICHARD (ed.): The Poetry of Rock; Bantam, New York, 1969
– The Poetry of Soul; Bantam, New York, 1971
SPINNER, STEPHANIE: Rock is Beautiful; Dell, New York, 1970

Fach- und Fan-Zeitschriften

ARHOOLIE OCCASIONAL: Box 9195, Berkeley, California 94719, USA
BLACK STAR; 820 S. Michigan Avenue, Chicago, Illinois 60605, USA

Black Wax Magazine; Flat 3, 108 Greyhound Lane, London SW 16, England
Blues And Soul; 42 Hanway St., London W1, England
Blues Link; 94 Puller Road, Barnet, Herts. EN 5 4 HD, England
Blues Unlimited; 38 a Sackville Road, Bexhill-on-Sea, Sussex, England
Blues Notes; Bischofstraße 9, A-4020 Linz, Österreich
Bluegrass Unlimited; Box 111, Burke, Virginia 22015, USA
Billboard; 2160 Patterson St., Chincinnati, Ohio, USA
Bim Bam Boom; P.O.Box 301, Bronx, N. Y. 10469, USA
Big Beat; 42000 St. Etienne, Frankreich
Beat Instrumental; Diamond Publishing, 58 Parker St., London WC 2, England
Cash Box; 1780 Broadway, New York, N. Y. 10019, USA
Circus Magazine; 747 Third Avenue, New York, N. Y. 10017, USA
Cream; 167 West End Lane, London NW 6, England
Club 34 Newsletter; 34 Green Lane, New Malden, Surrey KT3 5BU, England
Creem; 40 000 W. Mile Road, Walled Lake, Michigan 48088, USA
Contemporary Music; 103 Park Avenue, New York, N. Y. 10017, USA
Crawdaddy; 232 Madison Avenue, New York, N. Y. 10016, USA
Country Music Review; 61 Berner St., London W 1, England
Disc And Music Echo; 161 Fleet Street, London E.C.4, P 4AA, England
Down Beat; 205 West Monroe Street, Chicago 6, Illinois, USA
Fusion; 909 Beacon St., Boston, Mass 02215, USA
Folk Musik Review; 61 Berner St., London W 1, England
Flash; P.O.Box DH, Panorama City, California 91402, USA
Hit Parader; Charlton Publishing Corporation, Derby, Connecticut 06418, USA
Hot Buttered Soul; 36 Scrapsgate Road, Minster, Sheppey, Kent, England
Jazz & Blues; 61 Berner St., London W 1, England
Jefferson; Teegnergatan 21, S-852 49 Sundsvall, Schweden
Komotion; 55 Hazlewood RD., Limpsfield Chart, Oxted, Surrey, England
King Harvest Review; Box 3071, Lawrence, Kansas 66044, USA
Living Blues; P.O.Box 11303, Chicago, Illinois 60611, USA
Let It Rock; 61 Berner St., London W 1, England
Melody Maker; 161 Fleet Street, London EC4P 4AA, England
New Musical Express; 128 Long Acre, London WC2E, England
New Haven Rock Press; 528 Lambert Road, Orange, Conn. 06477, USA
Old Time Music; 33 Brunswick Gardens, London W8 4AW, England
Penniman News; 26 Huntsman's Way, Rushey Mead, Leicester, England
Raves; 747 Third Avenue, New York, N. Y. 10017, USA
Rock and Folk; 14 Rue Chaptal, 75009 Paris, Frankreich
Rockville International; Nieuwstr. 2, Vrouwenpolder, Holland
Rollin' Rock; 1264 N. Hayworth Ave, Hollywood, Cal. 90046, USA
Rock; 68 Seventh Avenue, New York, N. Y. 10011, USA
Rock Scene; P.O.Box 180, Planetarium Station, New York, N. Y. 10024, USA
Rolling Stone; 625 Third Avenue, San Francisco, Cal. 94103, USA
R & B Magazine; Box 1229, Santa Monica, Cal. 90406, USA
Record Exchanger; Box 2144, Anaheim, Cal. 92804, USA
Record Research; 65 Grand Avenue, Brooklyn, New York, N. Y. 11205, USA
Record World; 200 West 57th St., New York, N. Y. 10019, USA
Raunchy; 75 District Road, Sudbury Town, Wembley, Middlesex HAO 2 LF, England
Singout; 33 West 60th Street, New York, N. Y., 10023, USA

SMG; 16 Laurel Avenue, Gravesend, Kent, England
SHOUT; 46 Slades Drive, Chislehurt, Kent BR7 6JX, England
SOUL BAG; 36 Rue Marius Aufan, Lavallois-Perret 92, Frankreich
SOUNDS; 2 Hamburg 20, Heilwigstr. 33, Deutschland
SOUNDS; 1 Benwell Road, Halloway, London N7 7AX, England
STORMY WEATHER; 95 Moss Avenue (Apartement 5), Oakland, Calif. 94611, USA
VARIETY; 154 West 46th Street, New York, N. Y. 10036, USA
VIBRATIONS; 560 Green St., Cambridge, Mass. 02215, USA
WHISKEY, WOMEN AND ...; 39 Pine Avenue, Haverhill, Mass. 01830, USA
WHO PUT THE BOMP; 64 Taylor Drive, Fairfax, Cal. 94930, USA
ZIG ZAG; Yeoman Cottage, North Marston, Bucks, England
ZOOT; Apt. 3-B, 41 West 64th St., New York, N. Y. 10023, USA

Diskographie

Aus der Plattenfülle der in diesem Buch dargestellten Rock-Epochen und -Stile empfehlen wir dem Leser 150 von der internationalen Kritik anerkannte Meilenstein-LPs. Diese Grundstock-Diskothek, die zum Finden eigener Bewertungsmaßstäbe des Lesers dienen kann, haben wir nach Erscheinungsjahren geordnet. Die Jahre vor 1966 spielen im LP-Bereich noch kaum eine Rolle. Die Langspielplatte, noch nicht als kreatives Medium begriffen, diente damals fast ausschließlich zur Anhäufung von Hitsingles und deren B-Seiten. Solche «Greatest Hits»-Kompilationen und Sammel-LPs verschiedener Interpreten haben wir jedoch nur registriert, wenn sie durch ihre Zusammenstellung oder ihren historischen Rang als außergewöhnlich gelten. Die Bestellnummern, jeweils nach Möglichkeit die der jüngsten Edition einer LP, betreffen den deutschen Plattenmarkt. Einzelne Platten sind vergriffen, finden sich jedoch gelegentlich noch in Spezialgeschäften, Musikantiquariaten oder im Import.

Barry Graves

1958–1966

Presley, Elvis: «Golden Records, Vol. 1», RCA LSP-1707 (1958)
Redding, Otis: «Dictionary of Soul», Atco SDS-33-249 (1965)
Them: «Them», Decca SLK 17029-P (1965)
The Beach Boys: «Pet Sounds», Capitol 1 C 062-80 763 (1966)
The Beatles: «Revolver», Odeon/Hörzu SHZE 186 (1966)
Dylan, Bob: «Blonde on Blonde», Vol. 1 & 2», CBS S 62737/739 (1966)
The Rolling Stones: «Aftermath», Decca SLK 16415-P (1966)

1967

The Beatles: «Sgt. Pepper's Lonely Hearts Club Band», Odeon/Hörzu SHZE 401
The Blues Project: «Live at Town Hall», Verve/Forecast FVS 9509
Bloomfield, Mike: «Supersession» (mit Steve Stills, Al Kooper), CBS 63396
Collins, Judy: «Wildflowers», Elektra EKS 74012 (Import)
Cream: «Disraeli Gears», Polydor 184 105
The Doors: «The Doors», Elektra ELK 42012
Guthrie, Arlo: «Alice's Restaurant», Reprise RS 6267 (Import)
Hardin, Tim: «Tim Hardin – Vol. 2», Verve/Forecast FTS-3022 (Import)
Harpers Bizarre: «Anything Goes», Warner Brothers 1716 (Import)
Jefferson Airplane: «Surrealistic Pillow», RCA LSP 3766
The Lovin' Spoonful: «Hums of the Lovin' Spoonful», Kama Sutra 620 003
McKenzie, Scott: «The Voice of Scott McKenzie» (re-issue 1974 als «San Francisco»), CBS/Embassy 31077
Peter, Paul & Mary: «Album 1700», Warner Brothers 1700 (Import)
Vanilla Fudge: «Vanilla Fudge», Atlantic ATL 40013
The Velvet Underground and Nico: «The Velvet Underground and Nico», Verve 23 04 163

1968

THE BAND: «Music from Big Pink», Capitol 1 C 062-80 042
THE BEATLES: «The Beatles», Apple 1 C 192-04 173/74 (Doppelalbum)
BECK, JEFF: «Truth», Columbia/EMI 1 C 062-04 172
BURDON, ERIC, AND THE ANIMALS: «The Twain Shall Meet», MGM 665 091
THE BYRDS: «Sweetheart of the Rodeo», CBS 63 353
CASH, JOHNNY: «At Folsom Prison», CBS 63 308
COHEN, LEONARD: «The Songs of Leonard Cohen», CBS 63 241
DOMINO, FATS» «Fats Is Back», Reprise RS 6304 (Import)
DONOVAN: «In Concert», Epic 26 386
DRISCOLL, JULIE, WITH BRIAN AUGER AND THE TRINITY: «Open», Polydor 184 130
DYLAN, BOB: «John Wesley Harding», CBS 63 252
THE ELECTRIC FLAG: «A Long Time Comin'», CBS 63 294
THE EVERLY BROTHERS: «Roots», Warner Brothers WS 1752 (Import)
THE SMALL FACES: «Ogdens Nut Gone Flake», Immediate SMIM 74442
FELICIANO, JOSÉ: «Feliciano», RCA LSP-3957
HAIR (Original Broadway Cast), RCA LSO 1150
IRON BUTTERFLY: «In-A-Gadda-Da-Vida», Atlantic ATL 40 022
LOVE: «Forever Changes», Elektra EKS 74013 (Import)
MAYALL, JOHN: «Bare Wires», Decca SLK 17030-P
MELANIE: «Born to Be», Buddah 203 019
THE STEVE MILLER BAND: «Sailor», Capitol ST 2984
MOBY GRAPE: «Wow/Grape Jam», CBS S 66 209
THE MOODY BLUES: «In Search of the Lost Chord», Deram SML 711
THE MOTHERS OF INVENTION: «We're Only in It for the Money», Verve 710 012
NYRO, LAURA: «Eli and the Thirteenth Confession», CBS 63 346
PARKS, VAN DYKE: «Song Circle», Warner Brothers 1727 (Import)
PROCOL HARUM: «Shine On Brightly», Polydor 184 162
REDDING, OTIS: «The Best of Otis Redding», Atlantic ATL 60 016/1-2 (Material aus diversen Alben; Doppel-LP)
THE ROLLING STONES: «Beggars Banquet», Decca SLK 16 665-P
RUSH, TOM: «The Circle Game», Elektra EKS 74018 (Import)
SIMON AND GARFUNKEL: «Bookends», CBS S 63 101
SPIRIT: «Spirit», CBS/Ode 63 278
STEPPENWOLF: «Steppenwolf», Dunhill/Probe 1 C 052 90690
SPANKY AND OUR GANG: «Like to Get to Know You», Mercury 134 074 MCY
TINY TIM: «God Bless Tiny Tim», Reprise RS 6292
THE UNITED STATES OF AMERICA: «The United States of America», CBS 63 340
WILLIAMS, MASON: «The Mason Williams Phonograph Record», Warner Brothers WS 1729 (Import)

1969

BLOOD, SWEAT & TEARS: «Blood, Sweat & Tears», CBS 63 504
BROWN, JAMES: «Sex Machine», Polydor 2612 013 (Doppelalbum)
CAPTAIN BEEFHEART AND HIS MAGIC BAND: «Trout Mask Replica», Straight/EMI SMS 2222/3 (Doppelalbum)

Cocker, Joe: «With a Little Help from My Friends», Polydor 184 220
Creedence Clearwater Revival: «Bajou Country», Bellaphon 19002
Delaney & Bonnie: «The Original Delaney & Bonnie», Elektra 74039 (Import)
The Flock: «The Flock», CBS 63 733
Hendrix, Jimi: «Electric Ladyland», Polydor 2612 002 (Doppelalbum)
The Kinks: «Arthur or The Decline and Fall of the British Empire», Pye NPL 18317
Led Zeppelin: «Led Zeppelin II», Atlantic ATL 40037
MC Five: «Kick out the Jams», Elektra EKS 74042 (Import)
Morrison, Van: «Astral Weeks», Midi/WEA MID 26 004
The Mothers of Invention: «Uncle Meat», Reprise REP 64 005 (Doppelalbum)
The Nice: «Ars Longa Vita Brevis», Immediate 1 C 062-90 006
Pentangle: «Basket of Light», Transatlantic TRA 205 (Import)
Pink Floyd: «Ummagumma», Harvest 1 C 188-04 222/23 (Doppelalbum)
Presley, Elvis: «From Elvis in Memphis», RCA LSP-4155 D
Quicksilver Messenger Service: «Happy Trails», Capitol 1 C 062-80 048
The Rolling Stones: «Let It Bleed», Decca SLK 16640-P
Santana: «Santana», CBS 63 815
Three Dog Night: «Suitable for Framing», Dunhill/Probe 1 C 062-90414
The Who: «Tommy», Polydor 9612 006 (Doppelalbum)
Zappa, Frank: «Hot Rats», Reprise REP 44 078

1970

Berry, Chuck: «Original Oldies», Bellaphon BLS 5522 (Kollektion von Singles der Jahre 1955/65; Doppelalbum)
Clapton, Eric, with Derek and the Dominos: «Layla», Polydor 2625 005 (Doppelalbum)
Crosby, Stills, Nash & Young: «Déjà Vu», Atlantic ATL 50 001
Davis, Miles: «Bitches Brew», CBS 66 236 (Doppelalbum)
The Grateful Dead: «Live/Dead», Warner Brothers WB 66002 «Workingman's Dead», Warner Brothers WB 46049
Harrison, George: «All Things Must Pass», Apple 1 C 192-04 707/09 Y (Dreifachalbum)
Jesus Christ Superstar (Original Recording), MCA MAPS 2075-D/1-2 (Doppelalbum)
John, Elton: «Tumbleweed Connection», DJM/Hansa 80 988 JT
King, B. B.: «Indianola Mississippi Seeds», ABC ABCS-713 (Import)
The Move: «Shazam», Polydor 2310 012
Newman, Randy: «12 Songs», Reprise 6373 (Import)
The Nitty Gritty Dirt Band: «Uncle Charlie and His Dog Teddy», Liberty/United Artists LST 7642 (Import)
Performance (Original Motion Picture Soundtrack featuring Mick Jagger), Warner Brothers BS 2554 (Import)
Peter, Paul & Mary: «Ten Years Together», Warner Brothers 2552 (Import)
Taylor, James: «Sweet Baby James», Warner Brothers WB 46 043
Traffic: «John Barleycorn Must Die», Island ILPS 9116 (Import)
Winchester, Jesse: «Jesse Winchester», Ampex A-10104 (Import)
Woodstock (Original Soundtrack Recording and More), Cotillion ATL 60 001 (Dreifachalbum)
Young, Neil: «After the Goldrush», Reprise REP 44 088

1971

Baez, Joan: «Blessed Are ...», Vanguard 1 C 188-92 753/54 (Doppelalbum)
The Beach Boys: «Surf's Up», Stateside/EMI 1 C 048-51 111
Chicago: «Chicago III», CBS 66 260 (Doppelalbum)
Country Joe and the Fish: «The Life and Times of Country Joe and the Fish from Haight-Ashbury to Woodstock», Vanguard 1 C 148-92 602/3 (Auszüge aus LPs der Jahre 1965/69)
Franklin, Aretha: «Live at the Fillmore West», Atlantic ATL 40 222
Gaye, Marvin: «What's Going on», Tamla Motown 1 C 062-92585
Joplin, Janis: «Pearl», CBS 64 188
King, Carole: «Tapestry», Ode/A & M 85 337 JT
Kristofferson, Kris: «Me and Bobby McGhee», Monument MNT 64631
Lennon, John: «Imagine», Apple 1 C 062-04 914
McLaughlin, John: «My Goal's Beyond», Douglas/CBS DGL 64 537
Pearls Before Swine: «City of Gold», Reprise 44 136
Pickett, Wilson: «Don't Knock My Love», Atlantic ATL 40 319
Riley, Terry: «A Rainbow in Curved Air», CBS 64 564
The Rolling Stones: «Sticky Fingers», Rolling Stones Records COC 59100
Sly and the Family Stone: «There's A Riot Goin' On», Epic EPC 64 613
The Soft Machine: «Fourth», CBS 64 280
Stewart, Rod: «Every Picture Tells a Story», Mercury 6338 063
Williams, Hank: «Starportrait», MGM 2619 003 (2-LP-Kassette mit Repertoire-Querschnitt)

1972

Ackles, David: «American Gothic», Elektra EKS 75 032 (Import)
Cooder, Ry: «Into the Purple Valley», Reprise REP 44142
McLean, Don: «American Pie», United Artists UAS 29 285
Midler, Bette: «The Divine Miss M», Atlantic ATL 40 453
Newman, Randy: «Sail Away», Reprise REP 44 185
Reed, Lou: «Transformer», RCA LSP-4807
The Temptations: «All Directions», Tamla Motown 1 C 062-93 714

1973

The Animals: «The House of the Rising Sun», Harvest 1 C 148-50290/91 (Auszüge aus LPs der Jahre 1964/66; Doppelalbum)
Buffalo Springfield: «Buffalo Springfield», Atlantic ATL 70 001 (Querschnitt aus LP-Veröffentlichungen 1967/68; Doppelalbum)
Cale, John: «Paris 1919», Reprise MS 2131 (Import)
Eagles: «Desperado», Asylum 1 C 062-94 386
Haley, Bill: «Bill Haley – The Legends of Rock», MCA Coral COPS 6292-D 1/2 (Kollektion seiner Hitsingles seit 1955; Doppelalbum)
Holly, Buddy: «The Complete Buddy Holly Story», MCA Coral COPS 7100-H/1-9 (Hollys Gesamt-Repertoire; Kassette mit neun LPs)

HOOKER, JOHN LEE: «Dusty Road», Bellaphon BLS 5523 (Kollektion prägnanter Titel aus zwei Dekaden)
LITTLE RICHARD: «King of Rock», Bellaphon BLS 5504 (Repertoire-Querschnitt 1958/64; Doppelalbum)
THE MAMAS AND THE PAPAS: «16 of Their Greatest Hits», Dunhill/Probe 1 C 062-90 636 (Hit-Kollektion 1966/68)
MCCARTNEY, PAUL, AND WINGS: «Band on the Run», Apple 1 C 062-05 503
NILSSON, HARRY: «A Little Touch of Schmilsson in the Night», RCA APL 1-0097
THE NITTY GRITTY DIRT BAND AND GUESTS: «Will the Circle Be Unbroken», United Artists UAS 29 461-3 XE (Dreifachalbum)
SIMON, PAUL: «There Goes Rhymin' Simon», CBS 69 035
WATERS, MUDDY: «Hoochie Coochie Man», Bellaphon BLPS 19155 (Repertoire-Querschnitt 1948/1969)
THE WHO: «Quadrophenia», Track 44 001 (Doppelalbum)
WONDER, STEVIE: «Innervisions», Tamla Motown 1 C 062-94 665
YES: «Yessongs», Atlantic ATL 60045 (Dreifachalbum)

1974

CHAPIN, HARRY: «Verities and Balderdash», Elektra 7 E-1012 (Import)
NEWMAN, RANDY: «Good Old Boys», Reprise REP 54 022
STEELY DAN: «Pretzel Logic», Dunhill/Probe 1 C 062-95 272
WINTER, JOHNNY: «John Dawson Winter III», CBS 80 586
WONDER, STEVIE: «Fullfillingness' First Finale», Tamla Motown 1 C 062-95761

1975

DYLAN, BOB: «Blood on the Tracks», CBS 69 097
LED ZEPPELIN: «Physical Graffiti», Swan Song SSK 89400 (Doppelalbum)
MITCHELL, JONI: «Miles of Aisles», Asylum AS 63001 (Doppelalbum)

Register

A

Aaberg, Phil 130
Abernathy, Stanly 265
Abrahams, Mick 191
Ace, Johnny 54, 263
— Martin 225
Ackles, David 25
Acuff, Roc 257
Adams, Carl 172
— Greg 355
— Marie 263
— Terry 59
Adderley, Julian Cannonball 368
Aiello, Jerry 265
Air Force 40, 60, 380
Akkerman, Jan 143
Aladdin Laddies 376
Alan, Skip 280
Alan Price Set 281
Alan Price and Friends 281
Albin, Peter 52
Albrighton, Roy 250
Alder, John 280
Aldridge, Tommy «Dork» 53
Alexander, Dave 342
— Gary 33
— Jules 33
— Texas 180
— William 362
Alice Cooper 64, 97, 171, 320, 357, 398, 414
Allen, Chad 36, 161
— Charlie 263
— Colin 341
— Dee 366
— Jeff 126
— Rusty 322
— Verden 245
— Wally 280
Allison, Mose *25*, 32, 95, 297
Allman, Duane *26*, 27, 33, 310, 392, 397,
— Gregg 26, 27
Allman Brothers Band *26 f*, 107, 158, 222
Allman Joys 26
Allmark, Danny 170
Allred, Dave 204
Allsup, Mike 353
Almanac Singers 162, 314
Almond, Johnny 170, 227
Alpert, Herb 305
Alphatones 231
Amao, Loughty Lasisi 261
Amarfio, Sol 261
Ambrose, Dave 35
Amen Corner *27 f*
America *28*, 391
American Patrol 58
Amey, Ian «Tich» 110
Ammons, Albert 392
Amon Düül II 22, *28 f*
Andersen, Eric *29*
Anderson, Dave 28
— Ian *29 f*, 191
— Jon 383
— Lynn 323
Andes, Mark 196, 327
— Matthew 196
Andrew, Sam 52
Andrews, Chris 351
Andrews Sisters 238, 265
Animals 17, 19, *30*, 51, 70, 71, 178, 205, 280, 281, 320, 375, 390, 393, 407
Anka, Paul *30 f*, 282, 389
Anspiger, Herman 376
Antoni, Robert 304
Aplanalp, Richard 239
Apostolic Intervention 180
Appaloosa 204
Appice, Carmine 48, 361
Arbus, Dave 126, 168
Archies *31*
Areas, José «Chepito» 309
Argent, Rod 31, 387
Argent *31*
Aristocrats 216
Armin, Dick 214
Armstrong, Ralph 223
— Louis 23, 134, 411
Arnold, Jerome 72
— Mary 139
— P. P. 131, 255
Ars Nova *31 f*
Art 328
Arthur, Bob 244
Artwoods 112, 170
Ashby, Harold 304
Asheton, Ron 342
— Scott 342
Ashford, Rosalind 227
Ashlock, Jesse 376
Ashton, Tony 32, 33, 112, 136, 372
Ashton, Gardner, Dyke & Co *32 f*
Askew, Adrian 303
Asperry, Ron 37
Association *33*
Asylum Choir 305
Atamanuik, Larry 312
Atkins, Chester «Chet» *33*, 294
Atkinson, Paul 387
Atlantis 22, 215, 303
Atomic Rooster *34*, 137, 265
Atomites 350
Auger, Brian *34 f*, 36, 41, 223, 266, 338, 375
Austin, Derek 170
Avallone, Francis 35
Avalon, Frankie *35 f*
Average White Band *36*, 287
Avory, Mick 202
Ayers, Kevin 255, 322
Azteca 308

B

Babbington, Roy 322
Baby 289
Bach, Rainer 358
Bacharach, Burt 79
Bachman, Bob 36
— Randy 36, 161
— Timmy 36
Bachman-Turner Overdrive *36 f*, 161, 404
Back Door *37*
Badanjek, Johnny 239
Bad Company *37 f*, 148
Badfinger *38*, 304, 394
Baez, Joan *38 f*, 93, 144, 246, 268, 282, 301, 311, 369, 406
Bagatelle 392
Bailey, Keith 35
— Richard 48
— Robert 261
Baker, Chet 76
— Chip 99
— Ginger Peter Edward *39 f*, 55, 60, 68, 88, 102, 205, 380
— Jo 130
— Keith 359
— LaVern *40*, 53, 211, 290, 391
— Lefty 324
— Maury 31
Baker-Gurvitz Army 40
Bakersfield Brass 264
Baldi, Joe 351
Baldry, John 34, *40 f*, 61, 181, 194, 205, 338
Baldwin, Don 130
Balin, Marty 189, 190
Ball, Dave 283
— Roger 36
Ballard, Florence 344, 345
— Hank *41*
— Russ 31
Balzell, Kenneth 355
Banana 385
Band 18, 27, *42 f*, 73, 81, 123, 170, 172, 234, 304, 376, 394
Band of Angels 109
Band of Gypsies 175
Band of Joy 210
Banks, Anthony 152
— Patryce «Chocolate» 156
— Peter 383
Barbata, Johnny 190, 359
Barber, Chris 14, 32, 205
Barclay, Nicoel 136, 137
Bardens, Peter 351
Bargeron, Dave 56, 57
Bar-Kays 173
Barlow, Barriemore 191
— Buffalo Bruce 95
Barnwell, Carl 229
Barre, Martin Lancelot 191
Barreda, Antonio de la 77
Barrere, Paul 217
Barrett, Asron «Family Man» 364
— Richard 222
— Syd 273
Barri, Steve 234
Barron, Ronnie 72
Barry, Jeff 211
— John 32
Barthelt, Hans 357
Bartholomew, Dave 117
Basie, Count 236, 263, 310, 327
Baskin, Lloyd 312
Battin, Skip 73
Bauer, Joe 385
Baumann, Peter 347
Baxter, Jeff «Skunk» 335
Beach Boys *43 f*, 70, 82, 127, 265, 303, 377, 393, 401, 415
Beale Streeters 54
Beatles 14, 15, 16, 17, 19, 20, 31, 38, 44, *45 f*, 48, 51, 73, 85, 89, 94, 103, 105, 114, 118, 120, 123, 126, 129, 132, 136, 140, 141, 144, 151, 156, 161, 167, 168, 175, 176, 177, 178, 184, 192, 211, 212, 216, 217, 228, 232, 234, 242, 251, 255, 256, 262, 264, 270, 274, 279, 280, 282, 288, 295,

300, 304, 315, 317, 326, 331, 332, 337, 354, 361, 372, 383, 385, 387, 393, 396, 403, 404, 407, 409
Becaud, Gilbert 240
Beck, Don 142, 239
— Jeff *47 f*, 179, 189, 210, 383
Beck, Borgert & Appice 48
Becker, Walter 335
— Werner 287
Beckett, Harry 170
Beckley, Gerry 28
Beecher, Francis 164
Bee Gees 32, *48 f*, 177, 221
Beekman, Dick 107
Beirne, Andy 204
Belafonte, Harold George «Harry» *49 f*, 201
Believers 324
Bell, Maggie *50 f*, 65, 341, 342, 356
Bellamy, Tony 291
Below, Freddie 218
Bement, «Sergeant» Dwight 151
Bender, Ariel 246
Bengert, Buddy 259
Bennett, Brian 314
— Tony 54
Benno, Marc 305
Benson, Obie 145
Benton, Brook 404
Berberich, Bob 219
Berka, Hanus 131
Berline, Byron 142
Berndt, Günter «Cisco» 358
Bernstein, Leonard 17
Berry, Chuck 15, 16, 22, 30, 42, 43, 45, *51*, 57, 88, 124, 143, 164, 177, 192, 218, 231, 240, 297, 325, 330, 336, 357, 377, 378, 383, 393, 401, 411, 412
Best, Pete 45
Better Days 73
Betts, Dicky 27
— Richard 26, 27
Bevan, Roy 129, 247
Bidwell, Dave 86, 310
Big Bopper *52*
Big Brother and the Holding Company *52*, 197, 253
Big Three Trio 117, 224
Bikialo, Gérard 223
Bilk, Acker 39
Billy Lee and the Rivieras 239
Biondo, George 336
Birds 32
Birdsong, Cindy 345
Birmingham Sam 178
Birtha *52 f*
Bischoff, Peter 131
Bishop, Elvin 57, 72, 130, 276
Black, Bill 277
— Bobby Blue 95
— Jimmy Carl 245
Blackberries 181, 265
Blackburn, Jeff 241
Black Coffee 181
Blackmore, Ritchie 111, 112
Black Oak Arkansas *53*, 226
Blackouts 386
Black Sabbath 49, *54*, 59, 63, 285, 357
Blackwell, Chuck 200
— Chris 55
Bladd, Stephen 192
Blades 30
Blaine, Hal 139
Blakey, Art 39
Bland, Robert Calvin «Bobby Blue» *54 f*, 201
Bland Dolls 55
Blasquiz, Klaus 223
Blau-Schwarzen 256
Blind Faith 39, *55*, 88, 113, 136, 380
Bloch, Gregg 186
Block, Brent 265
Blood, Sweat & Tears 18, 20, *56 f*, 59, 70, 84, 89, 90, 135, 170, 182, 204, 214, 226, 328, 340, 351, 394, 401, 405, 406
Bloodrock *55 f*, 400
Bloodwyn Pig 191
Bloom, Eric 59
Bloomfield, Michael «Mike» *57*, 72, 100, 109, 128, 130, 204, 239, 241, 244, 340, 367
Bluecaps 363
Blue Cats 48
Blue Cheer *58*
Bluechel, Ted 33
Blue, David *58 f*
Blue Flames 135
Bluegrass Boys 311, 391
Blue Öyster Cult *59*
Blue Ridge Rangers 144
Bluesbreakers 68, 88, 140, 158, 176, 230
Blues Incorporated 41, 68, 174, 187, 205, 300
Bluesology 41, 194
Blues Project 17, 56, *59 f*, 204, 312
Blue Velvets 103
Blumenfeld, Roy 59
Blunstone, Colin 31, 387
Bob B. Soxx and the Bluejeans 326
Bobo, Willie 99
Boenzye Creque 275
Bogert, Tim 48, 361
Bogle, Bob 362
Bohannon, George 111
Bohay-Nowell, Vernon Dudley 61
Bolan, Mark 8, 356
Bolin, Tommy 189
Bolton, Steve 34
Bond, Graham 39, 40, 60, 205
Bonham, John 210
Bono, Sonny 23, 323
Booker, John Lee 178
Booker T. and the M.G.s *61 f*, 291, 307, 371, 413
Boone, Charles Eugene «Pat» *62 f*, 164, 313, 358
— Steve 220
— Daniel 62
Bopper, Big 360
Boss Men 89
Bostic, Earl 403
Boston Pops Orchestra 33
Botts, Mike 64
Boswell, Robert 41
Bouchard, Albert 59
— Joe 59
Boulez, Pierre 17
Bowen, Jimmy 204
Bowie, David 22, 61, *63 f*, 221, 246, 342, 410
Box, Mick 359
Boyce, Tommy 242
Boyd, Eddie 107, 140
Boyle, Gary 35
Brainbox 143
Braithwaite, Junior 364
Bramlett, Bonnie 36
— Delaney 113
Brandt, Brie 137
Brann, Erik 184
Brantner, Nipso 168
Brave Belt 36
Bread *64*, 362, 405
Brecker, Randy 56, 100
Brel, Jacques 202
Brewer, Don 156
Bridges, Gil 288
Brigati, Eddie 288
Briggs, Vic 30, 41
Bristol, Johnny 154
Britton, Jeff 232
Brock, Napoleon Murphy 245
Brockett, Mick 250
Bromberg, David 382
Bronson, Mervin 100
Brood, Herman 107
Brook, Dave 172, 173
Brooker, Gary 283
Brooks, Clive 160
— Elkie *65*, 170, 363
— Harvey 129, 286
— Mike 130
— Stuart 280
Broonzy, Big Bill 83
Brotherhood 267
Broughton, Edgar *65*, 399
— Steve 65
Brower, Cecil 376
Brown, Arthur 61, *65 f*
— David 310
— Dartanyan 85
— Harold 366
— James *66 f*, 187, 217, 223, 240, 371, 403, 412
— Marion 95
— Pete 68
— Roy 263
— Ruth *67*, 95, 211, 391
— Sam 32
— Sandy 174
Browne, Jackson *68*, 257, 305, 391
Brownsville Station 411
Bruce, Jack 60, *68 f*, 88, 102, 205, 207, 226, 230, 246, 373
— Lenny 85
— Mike 97
Bruford, Bill 199, 383
Brumley, Tom 251
Bruno, George 30
Bryant, Morty 344
Buchanan, Roy *69*, 172
Buck, Nick 159
Buckaroos 264
Bucking-Hams 126
Buckley, Tim *69 f*
Buckmaster, Paul 137, 194
Buckskin Boys 93
Buddy Miles Express 239
Budimir, Dennis 316
Buffalo Springfield 17, *70*, 104, 105, 177, 219, 275, 315, 340, 384, 385, 398
Bullock, Annie Mae 183
Bundrick, John «Rabbit» 148
Bunker, Clive 191
Bunnell, Dewey 28
Burdon, Eric 30, *70 f*, 137, 205, 366
Burke, Val 329
Burlisson, Paul 71

Burnett, Chester 381
Burnette, Dorsey 71
— John Joseph «Johnny» *71 f*
Burns, Harvey 227
— Robert 222
Burrell, Boz 37, 199
Burrows, Clive 281
Burton, Gary 95, 100
— James 172, 251
— Trevor 247
Busfield, Steve 239
Bush, Roger 142
Bush 189
Bushy, Ron 184
Butler, Geezer 54
— Jerry 231
— Joe 220
— Rosemary 52
Butterfield, Paul 57, *72*, 192, 218, 304, 367
Butterfield Blues Band 17, 57, *72*, 106, 130, 193, 397, 405
Butt's Band 120
Buxton, Glen 97
Byars, Brent 355
Byrd, Donald 165
— Henry Roeland 284
— Joseph 360
Byrds 17, 70, *72 f*, 74, 82, 104, 105, 115, 116, 132, 142, 146, 170, 177, 253, 271, 311, 316, 373, 389, 398, 405, 406
Byrom, Larry 336
Byron, David 359
— Dennis 27
Bystanders 225

C

Cactus 48, 239, 361
Cage, Buddy 253, 347
Cahill, Tony 126
Caines, Ron 126
Cale, John *74 f*, 254, 255, 303, 342, 361
— John «J. J.» 10, *75*, 150
California, Randy 327
Calloway, Blanche 67
— Cab 67
Calvert, Bernie 176
— Bob 173
Camacho, Thelma Lou 139
Camel 329
Campbell, Glen *75 f*, 169, 249, 305, 362, 369, 393
— Wilgar 149
Can 22, *76 f*
Canedy, Todd 131
Cann, John 34
Canned Heat 17, *77*, 106, 178, 403
Canoff, Rick 141
Capaldi, Jim 228, 379, 380
Captain Beefheart and his Magic Band *78*, 96
Captain Beyond 112
Captain Glasspack and his Magic Mufflers 386
Carl and the Passions 43
Carlos, Walter *78 f*, 397
Carlton, Larry 120
Carpenter, Karen 79
— Richard 79
Carpenters *79*, 374, 390, 405
Carr, Leroy 116
Carroll, Diahann 67
Carter, Fred jr. 172
— June 80
— Maybelle 257
— Ron 373
Carter Family 80
Carthy, Martin 334
Cartwright, Alan 283
Casady, Jack 190
Casey, Harry Wayne 233
Cash, Johnny 33, *79 f*, 120, 165, 207, 213, 216, 270, 282, 294, 299, 393, 413
Cassidy, Cass 327
— David 81, 102, 187, 393
Cassotto, Walden Robert 109
Castillo, Emilio 355
— Jack 355
Caswell, Dave 32, 171
Cat Mother and the All Night Newboys *81 f*
Cat's Paw 261
Cavaliere, Felix 288
Centipede 123
Cetera, Peter 86
Chad and Jeremy *82*, 202
Chad Allen and the Expressions 36, 161
Chad Mitchell Trio 114
Chaman, Clive 48
Chambers, George 82
— Joe 82
— John 130
— Lester 82
— Willie 82
Chambers Brothers *82 f*, 293
Champs 312
Chandler, Charles «Chas» 30, 175, 203
— Gene 230
Chantels 222
Chapin, Harry *83*, 397
Chaplin, Blondie 44
Chapman, Peter 244
— Roger 136
Chapter Three 226
Chaquito, Graig 190
Charles, Ray 30, 55, *83 f*, 91, 95, 96, 113, 137, 146, 166, 181, 194, 231, 255, 264, 280, 288, 310, 378, 379, 389, 391, 412
Charlie Parker-Quintett 110
Charter, Samuel 160
Chase, Bill 84
Chase *84 f*
Chater, «Corporal» Kerry 151
Cheech & Chong *85 f*, 390, 396
Checker, Chubby 41, *85*, 414
Chen, Phillip 48
Chèr 75
Chesterman, Ron 342
Chicago 18, 44, *86 f*, 106, 170, 214, 328, 355, 394, 401
Chicago Transit Authority 86
Chicken Shack *86*, 140, 234, 310
Chin, Charley 81
Chong, Tommy 85
Churchill, Chick 350
Cipollina, John 285
Circle 99
Cisco and the Dynamites 358
City 199
City Preachers *86*, 215, 303
Clapton, Eric 22, 26, 29, 32, 33, 36, 47, 55, 57, 68, *87 f*, 97, 102, 113, 122, 158, 195, 210, 220, 228, 230, 264, 280, 305, 306, 346, 365, 379, 381, 382, 394, 410
Claque, David 61
Clark, David «Dave» *88 f*, 267
— Gene 73, 116
— Mark 94
— Petula 405
Clarke, Allan 176, 249
— Eddie 204
— Michael 73, 142
— Stan 99
Clayton, Merry 72, 280, 356
— Sam 217
Clayton-Thomas, David 25, 56, 57, 85, *89 f*, 410
Clear Light 105, 268
Clements, Rod 216
— Terry 129, 239
— Vasser 311
Cleminson, Zal 171
Clemons, Clarence «Nick» 330
Clempson, Dave 94, 181
Cleuver, Hans 143
Cliff, Jimmy *90*
Clifford, Doug 102
Clyde, Jeremy 82
Coasters *90 f*, 107, 211
Cobb, Rick 55
Cobham, Bill 100, 223, 236
Cochran, Eddie *90*, 317, 336, 363, 403
Cocker, John Robert «Joe» *91 f*, 97, 136, 210, 227, 228, 305, 306, 383, 390
Cockrell, Bud 186
Coe, Charlie 267
Cogbill, Tommy 397
Cohen, Leonard 58, *92 f*, 94, 216, 406
— Naomi 224
— S. David 58, 59, 101
Cole, Brian 33
— Nat «King» 25, 83, 201, 250, 290
— Ralph 214
Collins, Allen 222
— Judy 59, *93 f*, 105, 144, 240, 253, 268, 313, 397, 406
— Mel 199, 350
— Philip 152
— Ray 245
— Ron 267
Colomby, Bob 56, 57
Colosseum 34, 60, *94*, 137, 159, 174, 176
Coltrane, Alice 289, 308
— Chi *94 f*
— John 95, 126, 143, 209, 223, 236, 308, 378
Colyer, Ken 14, 205, 412
Comets 164, 222
Commander Cody and his Lost Planet Airmen *95*, 382
Como, Perry 54, 64, 250
Compost *95 f*, 111
Condon, Geoff 227
Conley, Arthur 96
Connolly, Brian 345
Connors, Bill 99
Constaten, Tom 157
Conte, Bruce 355
Conti, Alex 303
Conway, Gerry 134, 144
Cooder, Ry *96*, 134, 392
Cook, Frank 77, 265

— James Curley 337
— Stu 102
Cooke, Ron 240
— Sam 10, 30, 42, *96 f*, 250, 279, 291, 412
Coolidge, Rita 62, *97*, 207
Coombes, Rod 343
Cooper, Alan 315
— Alice 22, 61, *97 f*, 146
— «Little» Sonny 200
Copland, Aaron 25, 74
Copping, Chris 283
Corbitt, Jerry 385
Corea, Anthony Armando «Chick» *98 f*, 100, 143
Cornick, Glenn 191
Cornish, Gene 288
Coronado, Julio 312
Correro, Joe Junior 267
Corso, Gregory 148
Corwin, Tim 259
Coryell, Larry *99 f*, 335, 401
Cotton, James 72, 100, 276, 352, 381
James Cotton Blues Band 100
Coughlan, John 332
Coulson, Dennis 234
Count Matthews and his West Coast House Rockers 263
Country Gazette 115
Country Joe and the Fish *100 f*, 169
Courtley, Bert 177
Cousins, Dave 342
Coverdale, David 112
Covington, Joey 190
Cowan, Dennis 61
Cowe, Simon 216
Cowsills *101 f*
Cox, Terry 205, 269
Coxhill, Dozy 226
Craddock, Ken 216, 227
— Vincent Eugene 362
Cradle 285
Cramer, Floyd 33
Crane, Vincent 34, 66, 265
Craviatta, John 241
Crawford, Big 367
Crayton, Pee Wee 263
Crazy Horse 219, 384
Crazy World of Arthur Brown 34, 66, 265
Creach, «Papa» John *102*, 190
Cream 17, 19, 39, 48, 55, 60, 68, 88, *102*, 131, 156, 195, 246, 381, 383, 407
Creation 32, 158
Creative Consciousness Society 205
Creators 366
Creedence Clearwater Revival 76, *102 f*, 106, 115, 143, 172, 177, 344, 382
Creeper, West Virginia 95
Cregan, Jim 136
Cress, Curt 302
Crickets 177, 315
Croce, Jim *103 f*, 338, 389
Crocodile 36
Crofts, Dash 312
Cronk, Chas 343
Cropper, Steve 61, 62, 291, 404
Crosby, Bill 67
— Bing 240, 277, 395
— David van Cortlandt 68, 73, *104 f*, 177, 190, 229, 249, 340, 384
Crosby, Stills & Nash 104, 337
Crosby, Stills, Nash & Young 22, 28, 70, 74, *105 f*, 116, 143, 177, 229, 280, 315, 335, 340, 384, 385, 391, 408
Cross, David 199
Crudup, Arthur «Big Boy» *106*, 277, 288
Cruickshank, Peter 160
Crusaders *106 f*, 389
Crystals 259, 274, 326
Cuby + Blizzards *107*
Cumberland Three 338
Cummings, Burton 161
— George 120
Currie, Steve 357
Curtis, Adrian 239
— King 26, 91, 95, *107 f*, 174, 200, 311, 359, 397
Curtis Brothers 40
Curved Air *108*
Cyr, Marshall 378
Cyril Davis All Stars 41
Czukay, Holger 76

D

D'Abo, Mike *108 f*, 226
Dada 65, 363
Dae, Johnny 164
Da Camera Singers 284
Dale & Grace 168
D'Aleo, Angelo 116
Dalton, John 202
Daltrey, Roger 165, 356, 372
D'Amato, Maria Grazia Rosa Domenica 248
Danelli, Dino 288
Daniels, W. C. 270
Danko, Rick 42
Danny and the Juniors 389
Danny Kalb Quartett 59
Dante, Ron 31
Darby, Robert 41
Darensbough, Joe 134
Darin, Bobby *109 f*
Darrow, Chris 134
Daugherty, Pat «Dirthy» 53
Dave Clark Five 88, 89, 360
Dave, Dee, Dozy, Beaky, Mick & Tich *110*
Davenport, Bill 72
David, Jay 120
David Peel and the Lower East Side 268
Davidson, Lenny 88
Davies, Angela 62
— Alun 227
— Cyril 179
— Dave 202
— Ray 22, 202
— Trevor 110
Davis, Billy 138
— Clive 22
— Gary 160
— Michael 233
— Mike 170
— Miles Dewey 7, 95, 99, *110 f*, 122, 143, 223, 236, 321, 322, 347, 368, 394
— Ray 387
— Rob 248
— jr., Sammy 67, 390, 405, 415
— Stephen 95, 379
— Spencer 101, *111*
— Tim 336
— Tyron 239
Davison, Brian 254
Davy, Colin 137
Dawnbreakers 312
Dawson, John 253
Day, Dwight Russell 325
— J. Ronald 325
— Wyatt 31
de Albuquerque, Michael 129
Dean, Barry 35
— Dixie 234
— Elton 41, 322
de Ath, Rod 149
de Buhr, Alice 136, 137
Dee, Joey 9, 174, 192, 297
— Sandra 109
Deep Purple 32, 49, *111 f*, 113, 128, 129, 287, 391
Deighton, John Henry 137
Deinum, Hermann 107
DeJohnette, Jack 95
Dekain, Graham 372
Delaney & Bonnie 88, 97, 107, *113*, 122, 170, 195, 228, 305, 363
Delaney & Bonnie and Friends 113
Delta John 178
Denny, Sandy 8, 134, 144, 229, 343
Denver, John *113 f*, 271, 282, 338, 410
Densmore, John 119, 120
DePoe, Pete 291
Derek and the Dominos 88, 229
Derringer, Rick 378, 379
Detroit 240
Detroit Spinners 327
Dettmer, Del 173
Deutschendorf, John 113
Dev, Maha 286
Dewar, Jim 341
Dhalston, David 239
Diamond, Dinky 325
— Neil *114*, 242
Diamonde, Dick 126
Diamonds 144
Dias, Denny 335
Dickerson, B. B. 366
— Lance 95
Diddley, Bo *115*, 171, 172, 325, 393
Diez, Frank 131, 303
Dillard, Douglas «Doug» 73, 115
Dillard, Rodney «Rod» 115
Dillard & Clark 116
Dillards 73, *115 f*
DiMeola, Al 99
Dimik 173
Di Mucci, Dion 116
Dines, Peter 170
Dinger, Klaus 206
Dinivo, Don 214
Dinwiddie, Gene 72
Dion and the Belmonts *116*
Dion and the Timberlanes 116
Dixon, Willie 17, 77, *117*, 140, 276, 297, 304, 338, 390
Dmochowski, Alex 159
Dobson, Lynn 170
Doherty, Denny 224, 225, 313
Doldinger, Klaus 35, 215, 266
Dolenz, Mickey 240
Doll, Erich 358
Dolphy, Eric 143
Domino, Antoine «Fats» 42, 62, 85, 90, 107, 109, *117 f*, 144, 164, 217, 231, 282, 284, 358, 401, 410, 412
Dominos 135

Don & Dewey 168
Donaldson, Pat 144
Donegan, Lonnie 15, 209, 412
Donovan 48, *118 f*, 190, 210, 254, 306, 323, 357, 385, 407
Don Rendell Quintett 60
Doobie Brothers *119*, 158, 402
Doors 59, *119 f*, 243, 387
Dorman, Lee 184
Dostal, Frank 412
Dott, Gerard 184
Doubleday, Marcus 129, 239
Doucette, Thorm 26
Douglas, Robert 344
Dover, Derry 354
Downtown Faction Blues Band 216
Dragon, Darryl 44
Drake, Jack 244
Dreams 223
Dresden, Martijn 143
Dr. Hook and the Medicine Show *120 f*
Drifters 46, *121*, 144, 211, 314, 349
Driftin' Slim 77
Driscoll, Julie 20, 25, 34, 35, 41, *122 f*, 123, 329, 338
Dr. John, the Night Tripper 57, 60, *122*, 181, 284, 346
Drover, Martin 170
Druids 216
Drumbo 78
Dr. West's Medicine Show and Junk Band 159
Dryden, Spencer 190, 253
Dr. Zoom and the Sonic Boom 330
Duffy, Ramon 229
— Tommy 216
Du Fort, Dave 126
Duke, Georg 245
Dulton, Eric 142
Dunaway, Dennis 97
Dunbar, Aynsley 230, 359
Duncan, Al 331
— Gary 179, 285, 286
— Malcolm 36
— Tommy 376
Dunn, Donald «Duck» 62, 371, 404
— James 344
Dwight, Reginald Kenneth 41, 192
Dyble, Judy 134
Dylan, Bob 16, 17, 18, 22, 29, 42, 46, 57, 58, 73, 80, 94, 118, *123 f*, 134, 146, 160, 161, 162, 166, 172, 177, 182, 204, 207, 214, 216, 220, 226, 234, 236, 237, 246, 255, 258, 268, 271, 282, 300, 303, 311, 317, 320, 323, 330, 351, 359, 365, 369, 373, 375, 383, 393, 397, 398, 406, 407, 408, 409, 411

E

Eagles *125*, 276, 391, 403
Earl, Roger 310
Earl Scruggs Review 311
Earth Band 226
Earth Opera 312, 392
East of Eden 61, *126*, 168
Eastman, Linda 232
Easybeats *126*
Echols, John 220
Eckstine, Billy 145
Eclection 134, 144
Ed, Dirty 240
Eddy, Duane *126 f*, 315, 362
Eden's Children 392
Edgar Broughton Band 20, 65
Edge, Graem 242
Edison, Harry 111
Edmonds, Elgar 367
Edmonton, Jerry 336
Edwards, Dennis 349
— Gordon 280
— Jonathan *127*
— Mike 129
— Nole «Nookie» 362
Edwin Hawkins Singers *127 f*, 237
Egan, Joseph 333
Egg 160
Eggermont, Jaap 155
Ekseption 128
Electric Flag 22, 57, *128 f*, 239, 340, 381, 405
Electric Horn Band 305
Electric Light Orchestra *129*, 247
Electric Prunes *130*, 402
Eleventh House 100
Elliman, Yvonne 88, 112
Ellington, Duke 117
Elliot, Bill 312
— Bobby 176
— Cass 10, 224, 229, 313, 325, 410
— Dennis 182
— Ray 351
Elliott, Earl 239
Elmore, Greg 285
Elvin Bishop Group 72, *130*, 398
Emergency *131*, 215
Emerick, Geoffrey 228
Emerson, Keith *131*, 208, 254, 265, 328
Emerson, Lake & Palmer 34, 128, *131 f*, 146, 199, 208, 255, 265, 391, 396, 401
Emma, John 85
Emmons, Buddy 116
Empty Vessels 380
Engel, Claude 223
— Scott 336
Enigmatic 255
Eno, Brian Peter George 196, 200, 302
Entwistle, John 32, 372
Episode 159
Epstein, Brian 29, 45, 47
Equine, Michael 81
Eric Burdon and the Animals 30, 405
Ericco, Gred 321
Escords 289
Escoredo, Coke 308
Esso Trinidad Steel Band 266
Estrada, Roy 78, 216, 245
Ethnic Shuffle Orchestra 134
Ethridge, Chris 142
Evans, Bill 84
— Delmar 263
— Ernest 85
— Jim 234
— John 191
— Margie 263
— Tom 38
Even Dozen Jug Band 160, 248, 313
Everly, Don 132
— Phil 132
Everly Brothers 33, 48, 105, 132, 140, 176, 261, 268, 291, 315, 410, 411, 415
Express 60, 129
Eyre, Tommy 227

F

Fabulous Corsayers 348
Fabulous Imitations 244
Fabulous Shays 89
Faces 112, *133*, 148, 180, 339
Fadden, Jimmie 257
Fagen, Donald 335
Fahey, John 96, *134*
Fairport Convention *134 f*, 144, 229, 334
Fairweather 28
Fairweather-Low, Andrew «Andy» 27
Faith, Jeremy 402
Fakir, Duke 145
Falcons 273
Falling Spikes 361
Fambrough, Henry 327
Fame, Georgie *135*, 137, 176, 234, 236, 281
Family 32, 55, *135 f*, 146, 229, 380
Fanny 52, *136 f*, 343
Fantastic Surfing Beavers 95
Farlow, Billy C. 95
Farlowe, Chris 32, 34, 94, *137*, 159, 265
— Tal 99
Farner, Mark 156
Farrar, John 315
Farrell, Joe 42, 99
Fataar, Ricky 44
Favela, Olivia 52
Federici, Danny 330
Feierman, Jack 134
Feiten, Buzz 72
Fela Ransome Kuti and the Africa 70 Band 40
Feld, Mark 356
Felder, Don 125
— Joseph Leslie 106
— Wilton Lewis 106
Feliciano, José *137 f*, 194, 402
Felix, Julie *138*
Fenwick, Ray 111, 112, 115, 167
Ferris Wheel 181
Ferguson, Jay 196, 327
— Maynard 84, 86
— Sheila 352
Ferrara, Bob 239
Ferreira, Bon 308
Ferrone, Steve 35
Ferry, Bryan 302
Field, Tim 329
Fielder, Jim 56
Fields, Venetta 72
Fifteen Years After 350
Fifth Dimension *138 f*, 298, 369, 383, 400
Finch, Rick 233
Fingerling, Winged Eel 78
Fink, Janis 182
Finn, Mickey 357
Finney, Ed 96
Finnigan, Mike 52
First Edition *139*
Fisher, Adrian 325
— Jerry 56, 57
— Marty 126
— Matthew Charles 283
— Morgan 246
Fitzgerald, Ella 390, 412
Five Breezes 117
Five Crowns 121

Flack, Roberta 89, *139 f*, 223, 282
Flame 44
Flamingos 62
Flamin' Groovies 411
Flamingos 185
Flanders, Tom 59
Flatt, Lester 310, 391
Flatt & Scruggs 392
Fleet, Snowy 126
Fleetwood, Mick 140, 158, 230, 350
Fleetwood Mac *140 f*, 158, 326, 390, 402
Fleming, Joy *141*
Flint, Hughie 61, 234
Flo & Eddie 359
Flock 18, *141*, 155
Floh De Cologne *142*
Flower Pot Men 112
Flür, Wolfgang 206
Flying Burrito Brothers 73, 115, 125, *142 f*, 276
Flying Machine 348
Focus *143*
Fogerty, John Cameron 102, 103, *143 f*
— Tom 103, 143
Foggy Mountain Boys 311
Foghat 310
Foley, Red 62
Folwell, Bill 31
Fonfara, Mike 129
Fontana, J. D. 277
Fontana Showband 149
Fonza, Lita 275
Forbes, Rand 360
Ford, John 343
Forever More 36
Forrest, Earl 54
Forssi, Ken 220
Fotheringay 8, 134, *144*
Four Blazes 200
Four Freshmen 43
Four Jumps of Jive 117
Four Lovers 144
Four Seasons *144 f*
Four Tops 95, 121, *145*, 236, 327, 405
Fowler, Bruce 245
— Tom 186, 245
— Walt 245
Fowley, Kim *145 f*
Fox, Jim 189
Foxglove, Julian 354
Foxx, Charles 318
— Inez 318
Frampton, Peter 133, 180, 181, 329
Francis, Bill 120
— Connie 107, *146*, 313, 405, 406
Franconera, Concetta 146
Frank, Hansi 142
Franke, Christoph 347
Frankie Lymon and the Teenagers 222
Franklin, Aretha 26, 36, 50, 53, 64, 89, 95, 107, 113, *147*, 188, 250, 272, 292, 342, 369, 384, 397, 407, 412
— Melvin 349
Frankovitch, Steve 223
Frantics 241
Fraser, Andy 148
Fraternity of Man 216
Frayne, George 95
Fredericks, Henry 346
Free 38, 133, *148*, 205
Free Spirits 18, 95, 335
Freeman, Allan «Taff» 250
Freiberg, David 190, 285
French, John 78
— Pete 34
Frey, Glenn 125
Friends, Peter 113
Fripp, Robert 196, 199, 303
Fritz, Hans Jürgen 357
Froese, Edgar 347
Frost, Craig 157
Frumpy 86, 303
Fuentes, Val 186
Fugs 65, 142, *148 f*, 160, 207, 307, 397
Full House 143
Full Moon 72
Full Tilt Boogie 197
Funk, Ringo 303
Furay, Richie 70, 275
Furnier, Vincent Damon 97

G

Gabriel, Peter 152
Gage, Peter 65, 363
Gallagher, Benny 234
— Rory *149*, 397
Gallagher & Lyle 234
Gallegos, Alfred 265
Gallie, John 200
Gallup, Cliff 363
Ganser, Betty 316
— Marge 316
— Mary 316
— Mary-Ann 316
Garcia, Jerry *150*, 157, 190, 235, 253, 382
Gardner, Bunk 245
— Carl 90
— Kim 32
Garfat, Jance 120
Garfunkel, Art *150 f*, 165, 318
Garibaldi, David 355
Garnes, Sherman 221
Garnett, Gale 323
Garrett, Amos 72
Gary Glitter 195
Gary Lewis & the Playboys 204
Gary Puckett and the Union Gap *150*
Gates, David 64, 362, 397
Gaudio, Bob 144
Gaye, Marvin *151 f*, 154, 364, 405
Geils, Jack 192
Gelling, Eelco 107
Gems 297
Genesis 22, *152 f*, 393, 403
Gentle Giant *153*
Gentry, Bobbie 108, 139, *153 f*, 291, 397
George, Lowell 216, 392
Georgiou, Steven Demetri 337
Gerritsen, Marinus 155
Gershwin, George 25
Getz, David 52
— Stan 95
Gibb, Barry 48, 49
— Maurice 48, 221
— Robin 48, 49
Gibbons, Mike 38
Gibbs, Georgia 189
— Michael 224
Gibson, Colin 227
— Jerry 321
— Wilf 129
Giguere, Russ 33
Gilberto, Astrud 313
Giles, Michael 199
— Peter 199
Gillespie, Dizzy 95, 254, 308, 392
Gillette, Michael «Mic» 355
Gilliam, Michelle 224
Gillian, Ian 112
Gilmore, David 273
Gimble, John 244
Ginsberg, Alan 148
Gladys Knight and the Pips *154 f*, 231
Glascock, John 86
Gleason, Jackie 85
Glen, Chris 171
Glickstein, Fred 141
Glover, Roger 112
Godchaux, Keith 157
Godding, Brian 223
Godfrey, Arthur 250
Gods 208
God's Squad 280
Goffin, Gerry 198, 211
Goldberg, Barry 57, 100, 129, 242
Golden Earring *155*
Golden Gate Quartett 201
Golden Trumpets 330
Goldie and the Gingerbreads 289
Gonsalves, Virgil 129, 239, 265
Goodman, Benny 23, 330, 370
— Jerry 141, *155 f*, 223
Gordon, Bob 219
— Jim 74, 88, 200
— Martin 325
— Rosco 54
— Tom 85
Gorrie, Alan 36
Gosling, John 202
Graber, René 223
Grabham, Mick 283
Grace, Rocke 189
Gradney, Kenny 217
Graham, Bill 21, 22, 397
— Bryston 329
— jr., Larry 156, 321
— Nick 34
Graham Bond Organisation *60 f*, 68, 174, 176, 205, 236
Graham Central Station *156*
Grand Funk Railroad 55, 58, 89, 98, *156 f*, 239, 246, 285, 358, 393, 400
Graillier, Michel 223
Grande, John 164
Grant, Arthur 65
Grantham, George 275
Grassel, Doug 259
Grateful Dead 17, 18, 20, 27, 150, *157 f*, 170, 225, 235, 253, 286, 335, 398, 415
Gravatt, Eric 368
Gravenites, Nick 52, 57, 129, 286
Great Society 321
Grech, Rick 40, 55, 136, 380
Green, Al 156, *158*
— Don 121
— Gary 153
— Jack 280
— Karl 175
— Peter 140, *158 f*, 201, 230, 326
Greenbaum, Norman Joel *159*
Greene, Richard 59, 193, 312
Greenslade, Dave 94, 159
Greenslade *159*

Greenspoon, Jimmy 353
Greenwich, Ellie 211
Greenwood, Nick 65
Gregg, Jack 95
Gregory, Bill 186
— John 59
— Steve 281
Griffin, James 64
— Johnny 35, 267
— Terence Dale 246
Griffith, William 299
Griffiths, Mark 229
Grimaldi, John 31
Grin 219
Grosman, Stefan 59, *160*
Grosvenor, Luther 328, 333
Groundhogs *160*, 178
Group X 172
Grundy, Ed 55
— Hugh 387
Guard, Dave 201, 338
Guercio, James William 44
Guess Who 36, *160 f*, 396
Guest, Elenor 154
— William 154
Gun 40
Gurley, James 52
Gurritz, Adrian 40
— Paul 40
Gustafson, Johnny 302
Guthrie, Arlo 96, 134, *161 f*, 406
— Woodrow Wilson «Woody» 7, 16, 96, 124, 161, *162*, 163, 209, 311, 314, 398, 406
Guy, Billy 90
— Buddy 370
Guzman, Ed 288

H

Haaris, Paul 340
Haas, Wendy 308
Hackett, Steve 152
Haggard, Merle Ronald «Hag» *163*, 253, 299, 376
Hagler, Sherry 52
Hale, Malcolm 324
Haley, Bill 7, 11, 13, 14, *163 f*, 194, 222, 358, 395, 410, 411
Halfnelsons 325
Halifax Three 224
Hall, Bob 310
Halligan, Dick 56, 57
Hallucinations 192
Hallyday, Johnny *164 f*, 223
Ham, Pete 38
— Warren 55
Hammer, Jan 156, 223
Hammond, Albert *165*
— John 358
— John Paul 34, 57
— Steve 137
Hammond-Hammond, Jeffrey 191
Hampel, Gunter 41, 95, 235
Hancock, Herbie *165 f*
Hancox, Paul 86
Handley, Jerry 78
Hank, Randall 373
Hank Ballard and the Midnighters 85, 189
Hanna, Jeff 257
Hansen, Annisette 309
Hapshash, Lanse 347
Harcourt, Charlie 216
Hardin, Edward «Eddie» 111, 115, 167
— John Wesley 166
— Tim 236, 313, 373, 385
Hardin & York 111, *167*
Harfey, David 351
Harman, David 110
Harper, DeLisle McKenzie 333
Harpers Bizarre *167*, 266
Harrah, William 154
Harrell, Be-bop 363
— Tom 308
Harris, Damon 349
— Don «Sugarcane» *167 f*, 263
— Jet 314
— Paul 74
— Richard 369
— Wynonie 390, 403
Harrison, Billy 351
— George 32, 38, 45, 47, *168 f*, 179, 280, 306, 316, 326, 332, 354, 383, 394, 402, 408
— Henri 254
— John 172
— Mike 328
Hart, Mickey 157, 253
— Tim 334
Hartford, John 75, *169 f*
Hartley, Keef *170*, 230, 310
Hartman, Dan 378
— John Thomas 119
Harvey, Alex *171*
— Les 50, 171, 341
Haskell, Gordon 199
Hassen, Omar Ben 208
Hastings, Doug 70
Hatfield, Bob 296
Hathaway, Donnie 89
Havard, Jeremy 204
Havens, Richard P. «Richie» 129, *170 f*, 356
Havermans, Cyril 143
Hawken, John 343
Hawkins, Delmar Allen «Dale» *171 f*
— Edwin 128
— Roger 397
— Ronnie 42, 69, *172*, 312
Hawks 42, 172
Hawkwind *172 f*
Hay, Barry 155
Haydock, Eric 176
Hayes, Isaac *173 f*, 307, 321, 326, 349, 370, 413
— Jimmy 270
— Louis 316
Haynes, Rick 214
Hayward, Justin 242
— Richard 216
Haywood, Stan 254
Hazlewood, Mike 165
Headstone Circus 127
Heartbeats 175
Heckstall-Smith, Dick 60, 94, 135, *174*, 176, 205
Hell's Angel 20
Helm, Levon 41
Henderson, Alan 351
— Billy 327
— Fletcher 40, 134
— Jimmy 53
— Wayne Maurice 106
Hendricks, James 224
Hendrix, James Marshall «Jimi» 19, 22, 33, 82, 115, *174 f*, 185, 189, 203, 204, 208, 217, 220, 230, 239, 320, 378, 382, 397, 405, 414
Henley, Don 125
Henrit, Robert 31
Henry, Kent 336
— Pierre 328
Hensley, Ken 359
Herbert, Ian 329
Herd 133, 180
Herkenberg, Kurt 347
Herman, Woody 84, 86
Herman's Hermits *175 f*
Heron, Mike 184
Hicks, Dan 376
— Tommy 333
— Tony 37, 176, 249
Highnumbers 372
Highway Q. C. 96
Hildebrandt, Herbert 287
Hill, Chris 99
— Dave 320
— Joel Scott 77
— Steve 55
Hill 137
Hillary, Dale 214
Hillman, Chris 73, 142, 276, 340
Hinkley, Tim 350
Hirsch, Chicken 101
Hirschi, Phil 224
Hiseman, Jon 60, 94, 135, 170, 174, *176*
Hite, Bob 77
Hobbs, Ellbury 121
— Randy Jon 378, 379
Hodder, Jim 335
Hodges, Billy 382
— Kenny 324
Hodgkinson, Colin 37
Hodkinson, J. W. 182
Hoff, Louis 351
Hoffert, Paul 214
Hofman, Eckart «Oschi» 358
Hogarth, Nicky 204
Hoggins, Robert 239
Hohmann, Andreas 206
Holder, Noddy 320
Holiday, Billie 146, 166, 306
— Valerie 352
Holley, Charles Hardin 177
Hollies 104, 105, 165, *176 f*, 229, 249, 315
Holly, Buddy 15, 16, 45, 52, 124, 140, 164, *177*, 231, 236, 261, 326, 360, 395
Holman, Mitchell 186
Holy Mackerel 375
Hombach, Volker 347
Hoochie Coochie Men 41, 338
Hooker, John Lee 30, 57, 71, 77, 89, 160, *178*, 192, 244, 390, 406, 410
Hooper, Nesbert «Stix» 106
— Tony 342
Hoorelbeke, Peter 288
Hope, Bob 85
Hopkin, Mary *178 f*
Hopkins, Joel 180
— Nicky 48, 92, *179*, 227, 286, 301, 337
— Sam «Lightnin'» 57, *179 f*, 209, 313
Hopper, Hugh 322
Hopwood, Keith 176
Horowitz, Richard 351
Horton, Walter «Shakey» 140, 304
Hossack, Michael 119
Hot, Buttered & Soul 173

Hot Chocolate 156
Hot Rats 386
Hot Tuna 190, 398
Hourglass 26
House, Simon 77, 173
Houston, Thelma 369
Howard, Bobby 382
— Harold 275
— Phil 322
Howden, Ron 250
Howe, Steve 383
Hubbard, Neil 350
Hudson, Garth 42
— Richard 343
Hues Corporation 23, 396, 410
Hugg, Mike 226
Hughes, Charlie 121
— Glenn 112
— Richard 379
Hull, Alan 86, 216
Humble Pie 133, *180 f*, 328, 390
Humblebums 333
Humphrey, Ralph 245
Hunt, Joe 32
— Marsha *181 f*
Hunter, Bob 157
— Ian 245, 246
— Ivory Joe 62, 263
— Stemsy 129
— Steve 240
Hunters 143
Huntley, Gordon 229
Hutchings, Ashley 134, 334
Hütter, Ralf 206
Hutton, Danny 353
Huxley, Rick 88
Hyman, Jerry 56

I

Ian, Janis *182*
Ian & Sylvia 246, 304
Ibbotson, Jim 257
Ibing, Teddy 358
If *182*
Ifield, Frank 299
Iguanas 342
Ike & Tina Turner 106, 113, 174, 181, *182 f*, 280, 326, 363, 377
Ikettes 183
Illinois Speed Press 276
Ill Wind 392
Impact 149, 216
Imperials 185
Impressions 230, 231
Incredible String Band *184*, 356
Ingle, Doug 184
Ink Spots 275, 277
Inn Crown 383
Innes, Neil 61
Iommi, Toni 54
Iron Butterfly *184 f*, 389
Isles, Bill 259
Isley, O'Kelly 185
— Ronald 185
— Rudolph 185
Isley Brothers 174, *185 f*, 360
It's a Beautiful Day 108, *186*
Ives, Burl 206
— Charles 25
Iveys 38

J

Jack, David 126
Jack the Lad 216
Jackson, Al 62, 291, 371
— Jermaine 186
— J. J. 291
— Jimmy 266
— Lee 254
— Mahalia 201, 279
— Marlon 187
— Michael 187
— Pervis 327
— Ray 216
— Sigmund «Jackie» 187
— Toriano «Tito» 187
— Wayne 404
Jackson Five *186 f*
Jacobs, Adolph 90
— Marion Walter 72, *218 f*, 367
Jagger, Mick 113, 122, 137, 181, 183, *187 f*, 194, 196, 205, 208, 220, 254, 285, 296, 299, 300, 342, 383, 401
Jamal, Ahmad 95
James, Ed 167
— Elmore 77, 140, *188*, 195, 326, 359, 375
— Etta 41, *188 f*
— Kenny 288
— Skip 77
— Spit 170
James Gang 161, *189*
Jameson, Peter 111
Jan & Dean 396
Jansch, Bert 269
Jardine, Al 43
Jay and the Americans 335
Jay-Jays 143
Jaybirds 350
Jaycats 350
Jazz Crusaders 106
Jeff Beck Group 48, 338
Jefferson, Lemon 180, 209
Jefferson Airplane 17, 22, 29, 102, 104, 179, 186, *189 f*, 241, 253, 280, 285, 309, 316, 321, 347, 405, 410
Jefferson Starship 190
Jenkins, Barry 30
— Karl 322
— Lyle 32, 170
Jeremy and the Satyrs 335
Jethro Tull 22, 29, 30, 83, *191 f*, 393
Jewell, Jim 170
J. Geils Blues Band *192*
Jim Hall Trio 335
Jim Kweskin Jug Band *192 f*, 248, 312, 412
Jimi Hendrix Experience 175
Jimmy Powell and the Five Dimensions 338
Jobson, Eddie 108
— Edwin 302
Joey Dee & The Starlighters 192, 289
Johansen, David 254
Johanson, Jai Johanny 26
John, Clive 225
— Deacon 285
— Elton 22, 41, 94, 106, 116, 139, *193 f*, 218, 271, 329, 339, 353
— Little Willie 403
— R. Powell St. 244
John Evans Blues Band 30, 191
John Henry Skiffle Group 137
Johnny and the Cellar Rockers 143
Johnny and the Hurricanes *195*
Johnny and the Jammers 378
Johnny and the Moondogs 45
Johnny Cash Show 270
Johnny Jenkins and the Pinetoppers 291
Johnny Otis Blues Show 168, 264, 271
Johnny Otis Congregation 263
Johnny Otis Rhythm and Blues Caravan 263
Johnny Winter Band 378
John's Children 356, 357
Johnson, Alphonso 368
— Dennis 84
— Gerald 337
— Howard 42
— Jimmy 397
— Lonnie 180
— Pete 358
— Robert 26, 37, 116, 172, *195 f*
— Ron 239
Johnston, Bob 334
— Bruce 43, 44
— Tom 119
Johnstone, Davey 195
Jo Jo Gunne *196*, 328, 391
Jokers 128
Jollimore, Keith 214
Jones, Allan 27
— Bob 344
— Booker T. 62, 107
— Brian 22, 88, 187, *196*, 299, 401
— David 241
— David Robert 63
— Elvin 39, 223, 265
— John Paul 210
— Kenny 133
— Mick 329
— Micky 139, 225
— Neil 27
— Paul 226
— Ralph 164
— Sherman 81, 275
Joplin, Janis 10, 19, 20, 22, 49, 50, 52, 80, 101, *196 f*, 207, 238, 281, 289, 351, 352, 394, 415
Jordan, Lonnie 366
— Louis 90, 395
Jordanaires 244
Joy and the Hit Kids 141
Joy Unlimited 141
Justman, Seth 192

K

Kagan, Harvey 320
Kain, Gylan 208
Kalb, Danny 59, 60, 160
Kale, Jim 161
Kaminski, Mik 129
Kane jr., Arthur 254
— Michael 385
Kansas City Five 30
Kantner, Paul 190, 321
Karoli, Michael 76
Karpman, Ron 141
Karrer, Chris 28, 29
Kastran, Dean 259
Kath, Terry 86
Katz, Steve 56, 57, 59
Kaukonen, Jorma Ludwik 190
Kay, John *197 f*, 336
Kaye, Tony 61, 383
Kaylan, Howard 245, 359

Keef Hartley Band 170
Keenan, Brian 82
Kefford, Chris 247
Kelley, Kevin 73
Kellie, Michael 328
Kelly, Betty 227
Kelson, Beverly 364
Keltner, Jim 111, 227
Kemp, Allen 251
— Lindsay 63
— Rick 334
Kendricks, Eddie 36, 349
Kennedy, Hershell 156
Kenner, Roy 189
Kenny Rogers & The First Edition 139
Kenton, Richard «Rik» 302
— Stan 84
Kern, Jerome 134, 303
Kerr, Bob 254
— Junior 170
Kerslake, Lee 359
Kessel, Barney 99, 111
Keyes, Bobby 179, 301
Khaury, Herbert 353
Kim, Andrew «Andy» 31
Kinder, Stephen 224
King, Albert *198*, 403
— B. B. 54, 55, 57, 86, 88, 100, 106, 140, 158, 174, 183, 192, 198, 200, *200 f*, 310, 359, 366, 375
— Ben E. 121, 211
— Carole 22, 89, 170, *198 f*, 211, 242, 271, 280, 303, 313, 343, 390, 396
— Clydie 72
— Ed 222
— Freddie 198, *200*, 403
— Jim 136
King Crimson 37, 159, *199 f*, 401
Kingdom Come 66
Kingpins 107
Kings of Rhythm 183
Kingsmen 315
Kingston Trio *201 f*, 206, 271, 338, 369, 406
Kinkaid, Mark 150
Kinks 98, 184, *202 f*, 246, 356, 403
Kirby 108
Kirchen, Bill 95
Kirchherr, Astrid 45
Kirchin, Basil 174
Kirk, Roland 29, 95, 174
Kirke, Simon 37, 148
Kirkman, Terry 33
Kirwan, Danny 140
Klatka, Tony 57
Klein, Allen 47, 254
— Carol 198
— Danny 192
Kleinow, Sneeky Pete 142
Klemm, Dieter 142
Knaak, Bernd 131
Knapp, Bob 223
Knaup, Renate 28, 29
Knechtel, Larry 64, 111, 139
Knight, Curtis *203 f*
— Frederick 156
— Fuzzy 328
— Peter 334
— Stanley 53
— Steve 246
Knights, Dave 283
Knowbody Else 53
Knox, Buddy Wayne *204*
Knudsen, Keith 119
Koenig, Art 32
Köllen, Helmut 357
König, Theo 142
Kooper, Alan «Al» 42, 56, 57, 59, 129, *204 f*, 222, 241, 263, 340, 346
Kooymans, George 155
Koppel, Anders 309
— Thomas 309
Korner, Alexis 35, 41, 68, 92, 107, 148, 174, 181, 187, 201, *205*, 210, 230, 234, 267, 269, 300
— Neil 254
Kortchmar, Danny 89, 348
Kossoff, Paul 148
Kottke, Leo 134, *206*
Kraftwerk *206 f*
Kramer, Phil 185
— Wayne 233
Krassenburg, Frans 155
Krauledat, Joachim 197
Kravetz, Jean-Jacques 86, 287, 303
Kress, Curt 266
Kretmar, Donald 59
Kreutzman, Bill 157
Kriegel, Volker 267
Krieger, Robbie 119
Kriss, Tom 189
Kristina, Sonja 108
Kristofferson, Kris 97, 163, *207*, 282
Krupa, Gene 39
Krupka, Steve 355
Kubert, Joe 239
Kübler, Olaf 266
Kulberg, Andy 59, 312
Kupferberg, Tuli 148, *207 f*, 307
Kweskin, Jim 192, 248

L

Labelle 258
LaCroix, Jerry 57, 378
Lafaille, Hans 107
LaFlamme, David 186
— Linda 186
Laidlaw, Ray 216
Laine, Denny 232, 242
Laing, Corky 68
— Laurence 246
Laington, Lennox 35
Laird, Rick 223
Lake, Greg 131, 199, *208*
Lala, Joe 265, 340
Lambert, David 343
Lamble, Martin 134
Lamm, Robert 86
Lana Sisters 329
Lancaster, Alan 332
— Jack 191
Lane, Ronnie 133
Langton, Hugh Lloyd 173
Lanier, Allen 59, 204
LaPiere, Chèr 323
LaRue, Florence 138
Lasry, Teddy 223
Last Poets *208 f*
Lathum, Billy Ray 116
Lavender, Shorty 244
Lawrence, Linda 345
— Steve 198
Lawrie, Marie McDonald McLaughlin 221
Laws, Hubert 106, 289
Lawson, Dave 159
— Jerry 270
Lea, Jim 320
Leacock, Richard 83
Leadbelly 7, 16, 96, 124, 197, *209*, 236, 368
Leadon, Bernie 125, 142
Leahy, Ronnie 341
Leake, Lafayette 304
Leavell, Chuck 27
Leckenby, Derek 176
Ledbetter, Huddie 209
Led Zeppelin 22, 38, 51, 117, 195, 205, *209 f*, 285, 383, 391, 397, 400, 406
Lee, Alvin 350
— Arthur 211
— Brenda *210*
— Jackie 370
— Jeanne 96
— Peggy 81, 211
— Ric 350
Leech & Eddie 245
Leeds, Gary 366
LeFevre, Mylon 350
Legend, Bill 357
Legrand, Christianne 284
Leiber/Stoller *211*
Leiber, Jerry 211
Leigh, Andy 229, 328
Leitch, Donovan Philip 118
Le Maistre, Malcolm 184
Lemmy 173
Lemon Pipers 126
Lennon, John 22, 45, 47, 69, 88, 133, 146, 168, *211 f*, 228, 231, 232, 251, 260, 269, 326, 331, 343, 383, 411
Leonard, Deke 225
— Harlan 263
Leopold, Peter 28
Les Hite Band 365
Lesh, Phil 157, 253
Leskiw, Greg 161
Levin, Drake 267
Levise, Lee 239
— William 239
Lewis, Jerry Lee 16, 53, 80, 95, 211, 213, 251, 270, 281, 294, 404, 410, 412, 413
— Meade Lux 228, 392
— Peter 241, 263
— Rudy 121
— Tweke 225
Lieber, Mick 32
Liebezeit, Jaki 76
Lifetime 68, 111, 236, 373
Lightfoot, Gordon *214*, 246
— Terry 39
Light Crust Doughboys 376
Lighthouse *214 f*
Lightsey, Melvin 263
Linda Ronstadt and the Stone Poneys 251
Lindenberg, Udo 131, *215*, 266
Lindisfarne *216*
Lindley, David 59
Lindo, Eyrl «Wire» 364
Lindsay, Mark 267
Linn County 130
Lipscomp, Mance 124
Lipsius, Fred 56, 57
Litherland, James 94
Little Eva 198
— Esther 263
— Richard 15, 16, 22, 45, 57, 77, 90, 124, 143, 164, 168, 174, 211, 213,

217 *f*, 231, 240, 279, 282, 291, 293, 411, 412
— Roy 281
— Walter 369, 390
Little Feat 36, *216 f*, 392
Living, Bernie 226
Livingstone, Neville «Bunny» 364
Lloyd, Charles 95
Loading Zone 130
Locke, John 327
Locking, Brian 315
Locorriere, Dennis 120
Lodge, John 242
Lofgren, Nils *219*
— Tom 219
Loggins, Kenny 219
Loggins & Messina 177, *219 f*, 276
Long, Joe 144
Lopez, Lawrence «Jody» 355
— Trini 95
— Vini «Mad Dog» 330
Lord, Jon 32, 33, 111
Lordan, Bill 322
Lorenzo Lightfoot Athletic Club & Blues Band 95
Los Bravos 126
Lost John Miller and his Allied Kentukkians 311
Loughnane, Lee 86
Love, Airron 344
— Andrew 404
— Darlene 326
— Steve 251
Love *220*
Lovin' Spoonful 17, 81, *220 f*, 224, 312, 313, 340, 385, 398, 412
Lowe, Jim 130
Lowther, Henry 170
Lucas, Trevor 134, 144
Luciano, Felipe 208
Lucky Millinder-Orchester 67
Lulu 114, *221*, 397
Lussenden, Bill 59
Luvvers 221
Lyle, Graham 234
Lymon, Frankie *221 f*
Lynch, David 275
Lyndon, Frank 116
Lynes, Roy 332
Lynn, Bonnie 113
Lynne, Jeff 129, 247
Lynyrd Skynyrd 204, *222*
Lyons, Leo 350
Lythe, Red 263
Lyttelton, Humphrey 65

M

Mackay, Andrew «Andy» 302
Mackintosh, Peter 364
MacLean, Godfrey 159
Mad Dogs & Englishmen 229, 305
Mael, Ron 325
— Russell 325
Magma *222 f*
Mahavishnu Orchestra 111, 155, *223 f*, 228, 236, 401
Malabar, Gary 337
Malanga, Gerard 361
Malone, Mike 214
— Tom 57
Mama McCree's Uptown Jug Champions 157
Mamas & Papas 10, 138, *224 f*, 229, 235, 313, 324, 396, 405
Man *225*
Manassas 142, 340
Mandala, Johnny 34
Mandala 189
Mandel, Harvey 77, 362
— Mike 100
Manfred Mann-Combo 68
Manfred Schoof-Quintett 76
Mangrum, Jim 53
Mann, Barry 211
— Herbie 99
— Manfred 108, 123, *226*, 234
Manuel, Richard 42
Manzanera, Phil 302
Manzarek, Ray 119, 120, 387
Maphis, Jody 311
Marco, Kenny 89
Marcus, Steve 100
Marim, Lou 57
Marimba, Ed 78
Mark/Almond *226 f*
Mark, Jon 226
Mar-Keys 61, 291, 307, 404
Marks, Larry 43
Marley, Bob 364
Marriott, Steve 133, 180, 181, 201
Marron, Gordon 360
Marsha Hunt and 22 181
Marshall, John 322
— Tom 265
Martell, Vince 361
Martha & the Vandellas *227*, 405
Martin, Dean 415
— Dewey 70
— George 46, *228*
— Lou 149
— Mel 308
— Richard 85
Martini, Jerry 321
Marvin, Hank 314
Marvin, Welch & Farrar 315
Marvos, Veit 131
Mason, Dave 97, 136, 146, 224, *228 f*, 276, 288, 379
— Nick 273
Massay, Bobby 259
Massi, Nick 144
Mastrangelo, Carlo 116
Mathis, Johnny 151, 220, 395
Matthews, Ian 134, *229*
Matthews Southern Comfort 134, 229
Mattice, Lionel 195
Maus, John 366
Maxim-Trio 83
May, Brian 285
— Phil 280
Mayall, John 25, 68, 88, 107, 140, 158, 168, 170, 174, 176, 226, *229 f*, 234, 309, 342
Mayfield, Curtis 154, *230 f*, 361
Mayhew, John 152
MC 5 59, 239
McAuley, Jack 134, 351
— John 351
McAuliffe, Leon 376
McAvoy, Gary 149
McBride, Bob 214
McCann, Les 140
McCarty, Jim 239, 382
McCartney, Paul 38, 45, 47, 90, 168, 178, 218, *231 f*, 242, 280, 332, 337, 410
McClure, John 57
McCoo, Marilyn 138
McCoy, Charlie 337
McCoys 379
McCracken, Richard 111, 149, 167
McCrae, George 23, *233*, 287, 396, 410
— Gwen 233
McCree's Uptown Jug Champions 235
McCulloch, Andy 159, 199
— Danny 30
— Henry 232, 329
— Jim 342
McCullough, Jimmy 232
McDaniel, Ellas 115
McDevitt, Chas 15
McDonald, Ian 134, 199
— Joe 100
— Kathy 52
McDowell, Fred 288
— Hugh 129
— Ken 351
McEuen, John 257
McFarlane, Elaine «Spanky» 324
MC Five (Motor City Five) *233 f*, 342
McGhee, Brownie 205
McGinnis, John 341
McGinnity, Anthony Esmond Sheridan 317
McGuinn, Jim 73
— Roger 373
McGuinness, Tom 226, 234
McGuinness Flint 61, *234*
McGuire, Barry *234 f*, 396
McIntosh, Robbie 36
McIntyre, Onnie 36
McJohn, Goldie 336
McKechnie, Caroline 184
McKenna, Hugh 171
— Ted 171
McKenzie, Alastair 285
— Scott *235*
McKernan, Ronald Charles «Pigpen» 157, *235*
McLagan, Ian Patrick 133
McLaughlin, John 60, 100, 111, 155, 206, 223, *235 f*, 239, 308, 373
McLean, Bryan 220
— Don *236 f*
McLellan, Mike 378
McLemore, Lamonte 138
McNally, Robert 376
McPhatter, Clyde 121
McPhee, Tony 160
McPherson, Bill 239
McShee, Jacqui 269
Mealing, John 182, 266
McVie, Christine 140
— John 140, 158
Meddows-Taylor, Roger 285
Medley, Bill 296
Meeham, Tony 314
Meid, Lothar 266
Meisner, Randy 125, 275
Meisterman, Richard 351
Melanie *237*
Melcher, Terry 305
Melouney, Vince 48
Melton, Barry 100
Mercer, Chris 170
Memphis Slim 205
Memphis Symphony Orchestra 173
Merchant, Jimmy 221
Mercury, Freddie 285

Mesquite, Steven «Skip» 355
Messina, Jim 70, 219, 275
Metropolis Blues Quartet 383
Meyer, Augie 320
Meyers, Geoffrey 324
Michaels, Lee *238*, 337
— Roy 81
Mick Abrahams Band 191
Mickel, Elmon 77
Middleton, Max 48
Midler, Bette *238*, 282
Midnighters 41
Milano, Fred 116
Miles, Buddy 60, 129, 175, *238f*
Miles Davis-Quintett 165
Miller, Charles 366
— Glenn 370
— Jerry 241
— Perry 385
— Rice 375
— Rufus 355
— Steve 130, 179, 310, 337
Milling, Ronnie 351
Millington, Jean 136
— June 136, 137
Mills, Jack 35
Milton, Roy 263
Mingus, Charles 126
Minnear, Kerry 153
Minnelli, Liza 285
Minor, David 321
Miracles 298, 299
Mitch Rider and the Detroit Wheels *239f*
Mitchell, Bill 216
— Blue 99
— B. Norman 40
— Chuck 240
— Joni 68, 94, 104, 105, 229, *240f*, 305, 391
— Mitch 58, 175
Mitthauer, Jay 84
Moby Grape 57, 119, *241*
Modern Jazz Sextet 106
Mogul Thrash 36
Molland, Joey 38
Monarch, Mike 336
Monarchs 344, 351
Money, Zoot 30, 159
Monkees 21, 31, 101, 114, 176, *241f*, 251, 256, 338, 354, 374
Monkman, Francis 108
Monnette, Ray 288
Monroe, Bill 391
Montgomery, «Little Brother» 304, 324
— Wes 99, 137
Moody Blues 49, 177, 199, *242f*, 404
Moon, Doug 78
— Keith 372
Mooney, Malcolm 76
— Thom 304
Moore, Derek «Mo» 250
— Pete 298
— Samuel David 307
— Scotty 172, 277
Moran, Gayle 223
Moraz, Patrick 384
Moreira, Airto 99, 308, 368
Morgan, Ron 130
Morganfield, McKinley 367
Morin, Frank 320
Morris, Steveland 381
Morris Brothers 310
Morrison, Dorothy 128
— Jim 22, 53, 119, 120, *243*
— Sterling 361
— Van 107, 150, *243f*, 330, 351, 415
Morrissey, Dick 182
— Joe 85
Morton, Jelly Roll 284
Moses, Bob 95, 99
Moskowitz, Dorothy 360
Mosley, Bob 241
Mother Earth 57, 119, *244f*, 310, 406
Motherhood 266
Mothers of Invention 17, 19, 29, 61, 70, 78, 86, 142, 146, 216, *245*, 321, 344, 347, 359, 386, 414, 415
Mott the Hoople 38, *245f*
Mount, Dave 247
Mountain 68, *246*, 400, 407
Mouzon, Alphonse 368
Move 129, *247*, 268
Mud *247f*
Mugwumps 224, 313
Muir, Jamie 199
Muldaur, Geoff 72, 193, 248
— Maria 193, *248*
Mullen, Jim 35
Munde, Alan 142
Mundi, Billy 245
Murcia, Bill 254
Murray, Anne *248f*
— Dee 111, 167, 195
Murrell, Herbie 344
Music Explosion 126
Muskee, Harry «Cuby» 107
Myers, David 218
— Louis 218

N

Naftalin, Mark 72
Nash, Graham 58, 59, 97, 104, 105, 109, 176, 190, 229, *249*, 340, 384
— John Lester «Johnny» 90, *249f*, 364
Naslen, John 214
Nazz 304
Neal, Jack 363
Negron, Chuck 353
Negroni, Joe 221
Neil, Dave 285
— Fred 313
Nektar 22, 206, *250*
Nelson, David 208, 253
— Eric Hilliard Ricky 72, *250f*, 274, 326, 357, 401
— Tracy 244, 245
Nero, Paul 266
Nesmith, Michael «Mike» 241, 242, *251*
New Animals 30
New Christy Minstrels 139, 202, 234
New Jazz Orchestra 176
New Lost City Rambles 406
New Riders of the Purple Sage 150, *253*, 398
New Seekers 405
New Union Ramblers 301
New Vaudeville Band *254*, 393
New Wine Singers 324
New York Dolls 195, *253f*
Newbury, Mickey *251f*
Newell, Nick 170
Newley, Anthony 63
Newman, David «Fathead» 320
— Floyd 404
— Randy 25, 92, 150, *252f*, 266, 343, 353
— Tony 48
Newton, Paul 359
Nice 128, 129, 131, *254f*, 383, 391, 413
Nice Deep Purple 18
Nichol, Al 359
Nichols, Paul 216
Nicholson, Geoffrey 126
Nico 68, 75, 223, *255*, 303, 361
Nicol, Simon 134
Nicola, Joseph di 192
Niemen, Czeslaw *256*
Night Shadows 358
Night Shift 366
Nilsson, Harry 92, *256f*, 332, 353, 407, 410
Nite Hawks 106
Nitty Gritty Dirt Band 68, 219, 251, *257*, 394
Nolan, Jerry 254
Noon, Terry 351
Noonan, Nico 68
— Steve 68
— Terry 170
Noone, Peter Blair Denis Bernard 175
Norman, John 40
Nothern California State Youth Choir 127
Nunn, Bobby 90
Nye, Steve 140
Nyro, Laura 56, 139, 238, *257f*, 343, 353, 391, 405

O

Oakley, Berry 26, 27
Oatts, Jim 85
Oblivion Express 35, 36
O'Brian, Mary Isobel Catherine 329
O'Brien-Docker, John 86
Ochs, Phil 59, 83, 93, *258f*, 266, 397
Oden, Jimmy 77
Odgers, Brian 227
O'Donnel, Joe 126
Ofarim, Esther & Abi 374
O'Hara, Pat 239
Ohio Express *259*, 393
Oistrach, David 316
O'Jays *259*, 407
Oldaker, Jamie 88
Oldfield, Mike 196
Oldham, Spooner 397
O'List, David 254
Ollis, Terry 172
Olson, Mark 288
Olsson, Nigel 111, 195
Omens 386
Ono, Yoko 47, 212, 232, *260*, 269
Orbison, Roy Kelton 9, *261*, 294, 413
Oréjon 78
Organisation 206
Osborne, Joe 139
Osbourne, Ozzie 54
Osei, Teddy 261
Osibisa *261*
Oskar, Lee 366
Osmond, Alan 262
— Jay 262
— Jimmy 262
— Melvin 262
— Merrill 262

— Tommy 262
— Virgil 262
Osmonds 187, *261 f*, 393, 404, 405
Osterberg, Jim 342
O'Sullivan, Raymond «Gilbert» 165, *262 f*
Otis, Johnny 41, 188, *263 f*
— Shuggie 263
Ousley, Curtis 107
Owens, Alvis Edgar «Buck» *64*
— Jimmy 32
Oxendale, Sir Peter 325
Oyewole, Abiodun 208

P

Pacific, Gas & Electric *265*
Packer, Larry 81
Päffgen, Christa 255
Pagans 30
Page, Patti 290
— Jim 209, 351, 375, 383, 397
— Sid 322
Paice, Ian 112, 167
Palmer, Bruce 70
— Carl 34, 66, 131, *265*
— Clive 184
— John «Poli» 136
— Robert 170, 363
Palmer-James, Richard 131, 199
Pankow, Jim 86
Pantoja, Victor 308
Papalia, Giovanni 31
Pape, Hans 357
Pappalardi, Felix 246
Parazaider, Walter 86
Parfitt, Rock 332
Paris, Johnny 195
Parisi, Dennis 351
Parker, Charlie 211, 392
— Christopher 72
— «Little Junior» 54, 183, 277, 381
Parks, Van Dyke 259, *265 f*, 377
Parnell, Ric 34
Parra, Adolfo de la 77
Parsons, Gram 73, 142
Passarelli, Kenny 189
Passport 22, 35, 215, *266 f*
Patillo, Leon 308
Pattenden, Colin 226
Patto, Mike 329
Patty and the Bluebelles 345
(Paul Revere and the) Raiders 146, *267*
Paul, Billy 407
Paulsen, Kenny 172
Paxton, Tom 29, *267 f*, 397
Payne, Bill 216
— Odie 304
— Sherri 345
Payton, Denny 88
— Lawrence 145
Peace 148
Peacock, Gary 316
Pearls Before Swine *268*, 397
Pederson, Herb 116
Peek, Dan 28
Peel, David *268 f*
Pendleton, Brian 280
Penniman, Richard 217
Pentangle 205, *269*
Pepper, Jim 99
Peps 239
Percussions 344
Perez, John 320
Perfect, Christine 86, 140
Perkins, Al 74, 340
— Carl 16, 33, 53, 80, *270*, 410, 413
Persh, John 288
Persuasions *270 f*
Peter and Gordon 348
Peter, Paul & Mary 113, 171, 202, 214, 268, *271*, 354, 369, 406, 415
Peterman, Jim 336
Peters, Dale 189
Petersen, Colin 48
— Garry 161
— Jochen 287
— John 167
— Ray 358
Peterson, Dick 58
Petricca, Frank 265
Peverett, Dave 310
Phillips, Anthony 152
— Earl 292
— Esther 263, *271 f*, 276
— John 138, 224, 225, *272*, 396, 405
Phillipps, Harry 240
Phluph 392
Pickens, Lee 55
Pickering, Nigel 324
Pickett, Lenny 355
— Wilson 26, 236, 239, *272 f*, 397, 404, 410, 412
Piercefield, Ted 84
Pierson, John 31
Pigeons 361
Pilgrim Travellers 54, 290
Pilkington-Miska, Florian 108
Pilnick, Paul 333
Pinder, Mike 242
Pinera, Mike 185
Pinizzotto, Shelly 52
Pink, Floyd 19, 29, 79, 199, 206, 250, *273 f*, 280, 347, 396
Pinkney, Billy 121
— Fayette 352
Pitney, Gene 204, *274 f*
Plant, Robert 205, 210
Plastic Ono Band 146
Platters *275*, 359, 403, 404
Poco 70, 115, 125, 177, 219, *275 f*
Poets 181
Pointer, Anita 276
— Bonnie 276
— June 276
— Ruth 276
Pointer Sisters *276*, 389
Pointers, A Pair 276
Poitier, Sidney 67
Pompelli, Rudi 164
Pomus, Jerome «Doc» 211
Pons, Jim 359
Ponty, Jean-Luc 168, 223
Poor 275
Pop, Iggy 342
Porter, Phil 84
— Tiran 119
Posa, Frank 141
Potter, Arthur 41
Powell, Alan 86
— Andy 380
— Billy 222
— Colin 135
— Cozy 48
— Don 320
— Monroe 275
— William 259
Power 50, 341
Powerhouse 379
Powers, Walter 362
— Dale 259
Prater, Dave 307
Presley, Elvis 11, 13, 15, 16, 22, 23, 33, 45, 48, 51, 53, 71, 80, 91, 98, 106, 124, 143, 164, 177, 194, 195, 211, 213, 217, 250, 259, 262, 263, 268, 270, *277 f*, 291, 293, 294, 295, 299, 333, 352, 363, 371, 406, 410, 413
Prestia, Francis Rocco 355
Preston, Billy 88, 92, *279 f*, 301
— Don 200, 245, 359
Pretty Things *280*, 393
Previn, Dory *281*
Price, Alan 30, 70, 135, 234, 253, *281 f*
— Lloyd *282*, 389, 412
— Jim 179
— Ray 213
Priest, Steve 345
Prince, Charlie 347
— Roland 96
— Viv 280
Prine, John *282*
Prior, Maddy 334
Proby, P. J. *282 f*, 291
Procol Harum 18, 129, 246, *283 f*, 387, 390, 391, 393
Professor Longhair *284*
Professor Longhair and his Shuffling Hungarians 284
Professor Longhair and the Four Hairs Combo 284
Prokop, Skip 214
Pud 119
Pudim, Alafia 208
Purim, Flora 99, 308
Pustelnik, Ken 160
Pyramid 229

Q

Quaife, Pete 202
Quarrymen 45, 168, 211, 233
Quatro, Arlene 285
— Art 285
— Nancy 285
— Patti 137, 285
— Suzi 137, *284 f*
Queen *285*
Quicksilver (Messenger Service) 179, 225, *285 f*
Quincy, Dave 182
Quintessence *286 f*
Quittenton, Martin 339

R

Rabbin, Eddy 223
Radford, Floyd 378
Radle, Carl 88, 200
Rafferty, Gerald 333
Ragtime Jug Stompers 59
Rainey, Chuck 89
Rains, George 244, 310
Rainwater, Cedric 311
Raitt, Bonnie 106, *287 f*
Ralphs, Mick 38, 245
Ram, Buck 275
— Raja 286
Ramirez, Bobby 378

Ramistella, John 297
Ramos, Larry 33
Ramrods 196
Randall, Jimmie 196
Randolph, Boots 33
Randy Pie 22, *287*
Randy Pie & Family 287
Ransford, L. 249
Rapp, Tom 268
Rare Earth 36, *288*, 296
Rascals 156, 192, *288 f*
Raskin, Jonathan 31
Ratledge, Michael 322
Ravan, Genya *289*, 351
Ravens 202
Rawls, Lou 96, *289 f*
Ray, Johnny *290 f*, 358
Ray Ellis-Orchester 185
Raymond, Don 164
— Paul 86, 310
Rebels 168
Rebennack, Malcolm «Mac» 122
Red Rooster 327
Redbone *291*
Redding, Noel 175
— Otis 62, 71, 96, 146, 158, 167, 173, 183, 217, *291 f*, 404, 413
Reddy, Helen *292*
Reed, A. C. 287
— Herbert 275
— James Mathis «Jimmy» 198, *292 f*, 310
— Jerry 33
— Lou 22, *293 f*, 361, 410
— Mary Lee «Mama» 293
Reeves, Gregory 105
— Lois 227
— Martha 227
— Tony 94, 159
Reich, Steve 196
Reichel, Achim 412
Reichling, Lucius 358
Reid, Keith 283
Reinecke, Michael 358
Reinhardt, Django 99
— Lawrence 185
Reitzes, Howard 185
Relf, Keith 382
Remo Four 32
Renaissance 383
Renbourn, John 269
Rentnerband 215
Return To Forever 99
Reuse, Alan 134
Revelation 152
Revere, Paul 267
Rex, Al 164
Reye, Steve 160
Reyes, Rico 308
Reynolds, Nick 201
— Rick «Rinochet» 53
Rhoad, Herbert 270
Rhythm Orchids 204
Rice, Kenneth 89
Rich, Bill 72, 239
— Buddy 39, 223, 265
— Charlie 33, *294 f*
— Herbie 129, 239
Richard, Cliff 14, 48, 127, *295*, 314, 334
— Keith 187, *296*, 299
Richards, Rod 288
— Terry 84
Richardson, Jape P. 52
— Jim 182
— J. P. 177
— Wendell 261
Richmond, Danny 227
Ridley, Greg 180, 328
Riel, Alex 309
Righteous Brothers 168, *296*, 305, 326, 353, 377
Rigor Mortis 32, 372
Riley, Terry 108, 196
Rillera, Butch 291
Riperton, Minnie *297*
Rising Sons 96, 346
Ritter, Preston 130
Rivera, Pete 288
Rivers, Johnny 138, 139, *297 f*, 405
Rix, Leon 351
Robbins, Marty 214
Roberts, Andy 61
— Frank 266
— Rick 142
Robertson, Robbie 42, 69, 376
Robi, Paul 275
Robins 90, 263
Robinson, Cynthia 321
— Peter 137
— Ray Charles 83
— Roland 239
— William «Smokey» 192, 240, *298 f*, 349
Roche, Jim 94, 126
Rock Workshop 171
Rockfors, Mikael 177
Roden, Jess 170
Rodford, Jim 31
Rodgers, James Charles «Jimmie» 124, 163, 206, *299*, 381
— Jimmy 26
— Paul 38, 148
— Rodgers 25
Roeder, Klaus 206
Roeser, Buck Dharma 59
Rogers, Bobby 298
— Claudette 298
— Jimmy 367
— Kenny 139
— Mick 226
— Roy 253
Rogner, Falk U. 28, 29
Rolling Stones 16, 17, 19, 20, 22, 48, 53, 59, 69, 89, 96, 115, 117, 134, 144, 148, 178, 179, 187, 188, 195, 196, 201, 204, 205, 210, 218, 237, 246, 247, 267, 273, 280, 293, 295, 296, *299 f*, 305, 316, 331, 382, 383, 389, 391, 393, 397, 400, 401, 407, 409
Rollo, Zoot Horn 78
Romao, Dom Um 368
Ronettes 128, 259, 326, 377
Ronson, Mick 64
Ronstadt, Linda 125, *301*, 393
Roosters 231
Rory Gallagher 149
Rory Storm and the Hurricanes 45, 170, 332
Rose, Tim 224
Rosen, Mike 170
Ross, Alan 372
— Annie 412
— Diana 152, 186, 227, *302*, 344
Rossi, Mike 332
Rossington, Gary 222
Rostill, John 315
Rotary Connection 297
Rothfield, Ron 286
Rouselle, Jean 170
Routers 366
Rowan, Peter 312
Roxy Music 22, 61, 200, *302 f*
Roy, Garth Watt 126
Royal Teens 204
Royals 41
Rudledge, Jim 55
Ruff, Chuck 378
Ruffin, David 36, 349
Rugsted, Jens 309
Ruiter, Bert 143
Rumpf, Inga 86, 215, *303*
Rundgren, Todd 137, 157, 254, *303 f*, 396
Runt 304
Rush, Otis *304 f*
— Tom 68, 240, 246, *305*, 397
Rushing, Jimmy 102
Russell, George 86
— Jim 108
— Leon 75, 79, 94, 97, 200, 229, 280, *305 f*, 332, 362, 382, 394
— Ray 171
— Sweet Joe 270
Russo, Bill 86
Rutherford, Mike 152
Ryan, Phil 225
Ryland, Jack 353

S

Saddlemen 164
Sadistic Maika Band 325
Sahm, Doug 319
Sainte-Marie, Buffy *306 f*
Saldana, Douglas 319
Salt 40
Salwitz, Dick 192
Sam, Robert 156
Sam & Dave 173, *307*, 404, 413
Samuel, Fuzzy 340
Samwell-Smith, Paul 382
Sancious, David L. 330
Sanctuary Band 89
Sanders, Ed 148, *307 f*
Santa Barbara Machine Head 112
Santamaria, Mongo 99
Santana, Carlos 239, *308 f*
Santana 20, 140, 261, 308, 360, 394, 398, 404
Santiago, Herman 221
Santos, Jumma 95
— Pattie 186
Saunders, Merle 150
Savage Rose *309*
Savoy Brown 234, *309 f*
Sawyer, Ray 111, 120
Scaggs, William Royce «Boz» *310*, 336
Scoppettone, Dick 167
Scott, Andy 345
— Howard 366
Scruggs, Earl 257, *310 f*, 391, 406
— Gary 311
— Randy 311
Seals, Jim 312
Seals & Crofts 119, *311 f*
Sears, Pete 190
Seatrain 59, 95, 193, *312*
Sebastian, John 81, 166, 220, *312 f*, 385
Sedaka, Neil *313*
Seeger, Peter R. «Pete» 39, 93, 162, 209, 237, 268, 271, 311, *313 f*, 369, 398, 406

Seiter, John 324
Seiwell, Denny 232
Semens, Antennae Jimmy 78
Sensational Alex Harvey Band 171
Seraphine, Dan 86
Serfas, Dieter 28
Settle, Mike 139
Severeid, Ken 344
Shadows 127, 295, *314 f*, 362
Shamblin, Eldon 376
Shambu 286
Shame 208
Shanahan, Pat 251
Sha Na Na 302, *315*, 393, 411
Shane, Bo 201
Shangri-Las *316*
Shank, Bud 316
Shankar, Ravi 7, 168, 169, *316 f*, 394, 405, 408
Shannon, Tommy 378
Sharks 148
Shea, Red 214
Sheck, George 378
Sheridan, Tony 45, *317*
Shermie, Joe 353
Sherwood, Jim 245
Shindogs 113
Shinn, G. G. 84
Shirelles 46, 198
Shiva 286
Shive, Carol 224
Shocking Blue 309
Shoemate, Jim 311
Shogren, Dave 119
Shore, Howard 214
Short, Bobby 236
Shorter, Wayne 236, 368
Shuman, Mort 211
Shulman, Derek 153
— Phil 153
— Raymond 153
Sidran, Ben 337
Silhouettes 315
Sill, Judee *339 f*
Silva, Jay 351
Silver, Horace 223
Silver Beatles 45
Silvester, Andrew 86, 310
Simmonds, Kim 309
Simmons, Jeff 245
— Pat 119
Simon, Carly 137, 282, *317 f*, 347, 397
— John 129
— Paul 90, 150, 182, *318*, 343, 410
Simon Sisters 317
Simon and Garfunkel 132, 150, 216, *318 f*, 407
Simon, Dupree & The Big Sound 153
Simone, Nina 95, 140, *319*, 404
Simper, Nick 112
Simpson, Rose 184
Simril, Doug 310
Sims, Dick 88
Sinatra, Frank 23, 31, 201, 240, 254, 305, 369, 374, 395, 415
Sinfield, Peter 199
Sir Douglas Quintet 146, *319 f*
Sisyphus 108
Skelton, Red 85
Skidmore, Alan 35
Slade, Chris 226
— Rod 281
Slade 49, 146, 248, *320*, 335, 414
Slater, Rodney 61
Slick, Darby 321
— Grace 108, 190, *320 f*, 325
— Jerry 321
Slim & The Boys 344
Sloan, P. F. 234
Sly and the Family Stone 35, 156, 186, 291, *321*
Smet, Jean Philippe 164
Smile 285
Smith, Bessie 40, 146, 182, 197, 236
— Bob 81
— Bobby 327
— Curly 196
— Fred 233
— Gary 84
— Huey «Piano» 284
— James 34, 344
— James Marcus 282
— Jerry 141
— Johnny «Hammond» 364
— Larry 61, 214
— Michael 267
— Martin Trevor 153
— Mike 27, 88
— Neal 97
— Pinetop 392
— Terry 182
— Thunder 180
— William 89
Snake, Mascara 78
Snake 344
Snape 205
Sneed, Floyd 353
Snow, Hank 299
Soft Machine 146, 223, *322 f*
Sollenberger, Jay 85
Soloff, Lew 56
Sommers, Bill 157
Sonny & Chèr *323 f*
Soul Stirrers 96
Soulettes 279
South, Angel 84
— Joe *324*, 397
Souther, John David 74, 276
Souther-Hillman-Furay Band 74
Southern California Youth Choir 128
Spanky and Our Gang *324 f*
Spann, Otis 140, *325*, 352, 367, 390
Sparks, Willie 156
Sparks *325 f*
Sparrow 198, 336
Spear, Roger Ruskin 61
Speckled Red 205
Specters 332
Spector, Phil 128, 211, 296, 305, *326*
Spedding, Chris 148
Spence, Alexander «Skip» 119, 190, 241
Spencer, Crathman 327
— Jeremy 140, 158, *326 f*, 402
Spencer Davis Group 111, 167, 228, 351, 379
Spenner, Alan 329, 350
Spicher, Buddy 337
Spiders 64, 97, 355
Spinners 23, *327*
Spirit 196, *327 f*, 396
Spooky Tooth 180, *328 f*, 390, 401
Spoons, Sam 61
Sprague, Billy 239
Spree City Stompers 111
Spring, Bryan 266
Springfield, Dusty 249, *329 f*
Springsteen, Bruce *330*
Squire, Chris 383
Sugar Creek 127
Supremes 136, 227, 298, 302, 327, *344 f*, 352, 369, 405
Survivors 251
Sutch, «Screaming Lord» 179
Sutcliffe, Stu 45
Sutton, Roger 227
Suzi Soul and the Pleasure Seekers 285
Suzuki, Damo 76
Swallow, Steve 100
Swamp Water 301
Sweeney's Men 134, 334
Sweet 248, *345 f*
Sweet Inspirations 331
Sweet Shop 345
Sweet Thursday 226
Swinging Blue Jeans 177
Sylvester, Terry 177
Syndicates 383
Szabo, Gabor 95

Sch

Schacher, Mel 156
Schallock, David 52
Scheff, Jerry 120
Schefrin, Aram 350
Schmid, Wolfgang 266
Schmidt, Irmin 76
— Markus 142
Schmit, Timothy 275
Schneider-Esleben, Florian 206
Schnitzler, Conny 347
Schott, Karl-Heinz 303
Schrat 28
Schulman, Stuart 127
Schultze, Kristian 266
Schulze, Klaus 347
Schwartz, Glenn 265

St

Städtler, Dick 142
Staehely, Al 328
— Chris 328
— John 196
Stainton, Chris 329
Stanshall, Viv 61
Staple Singers *330 f*
Staples, Bruce 354
— Cleotha 330
— Marvis 330
— Pervis 330
— Roebuck «Pop» 330
— Yvonne 330
Starkey, Richard 331
Starr, Ringo 45, 47, 201, 227, 256, 270, 280, 306, *331 f*, 356, 394
Status Quo *332 f*
Stavro, Art 130
Stax, John 280
St. Claire, Alex 78
Stealers Wheel 211, 329, *333*
Steampacket 34, 41, 338
Steel Mill 330
Steele, Tommy 14, 171, *333 f*
Steeleye Span 134, *334*, 393
Steely Dan 225, *335*, 389
Steig, Jeremy 223, *335*, 401
Stein, Andy 95
— Mark 361
Stephens, Leigh 58

Steppenwolf 22, 146, 165, 197, *336*
Stepton, Rick 214
Sterling, Annette 227
Steve Miller Band 51, 178, 310, *336 f*, 393
Stevens, Cat 90, *337 f*, 390, 401
— Gordon 241
Stevenson, Don 241
Stewart, Chris 152, 329
— Diane 61
— John 202, *338*
— Roderick David «Rod» 34, 41, 48, 96, 106, 133, 219, 285, *338 f*, 356
— Sylvester 321
Stigwood, Robert 55
Stiles, Ray 248
Stills, Stephen Arthur 70, 88, 97, 104, 105, 142, 177, 204, 249, 265, 280, *340*, 371, 384
Stinson, Albert 100
St. Marie, Buffy 106, 118, 346
St. Nicholas, Nick 336
Stockhausen, Karlheinz 7, 29, 75, *341*, 347
Stoller, Mike 211
Stone, Martin 310
— Rose 321
— Sly 139, 166, 321, 349, 364
Stone Canyon Band 251
Stone Monkey Mime Troupe 184
Stone Poneys 301
Stone the Crows 50, 171, *341 f*
Stonebridge, Lon 234
Stooges 75, 156, *342*
Stookey, Noel 271
Stover, Everett 376
Strangely Strange 334
Strangers 163
Strawberry Hill Boys 342
Strawbs 28, 144, *342 f*
Stray Gators 384
Strazza, Peter 129
Street, Richard 349
Streisand, Barbra Joan 64, 136, 137, 238, *343*, 369, 407
Stricklin, Al 376
Strube, Erna 141
Stuart, Alice *343 f*
— Chad 82
— Hamish 36
— Michael 220
Stubbs, Levi 145
Stud 149
Stylistics *344*

T

Taj Mahal 96, 276, *346*, 398, 410,
Tallent, Garry W. 330
Tandy, Richard 129
Tangerine Dream 22, 79, 196, 206, 255, *347*
Taplin, Marv 298
Tarkas, Bill 351
Tarpley, Brenda Lee 210
Tarrasch, Dicky 287
Tarriers 201
Taste 19, 149, 363
Taupin, Bernie 194
Taylor, Alex 348
— Billy 223
— Clive 27
— Dallas 105, 340
— Dick 280
— Eddie 292
— James 22, 89, 170, 237, 271, 305, 318, *347 f*, 376, 406, 415
— Johnny 413
— Kate 348
— Larry 77
— Lingstone 348
— Mel 362
— Mick 48, 69, 170, 179, 230, 299
— Nick 55
— Sam «The Man» 359
— Zola 275
Tear Gas 171
Teddy Bears 326
Teenagers 185
Tempest 176
Templeman, Ted 167
Temptations 36, 121, 270, 298, 321, 326, 327, *348 f*, 364, 405
Ten Wheel Drive 289, *350 f*
Ten Years After *350*, 393
Tench, Bob 48
Tennessee Three 79
Terrell, Jean 345
— Tammi 151
Terry, George 88
— Sonny 205
Tesluk, Paul 195
Tetsu 148
Texas Playboys 376
Texas Slim 178
Thacker, Clive 35
Thain, Gary 170, 359
Tharpe, Rosetta 50
Them 17, 146, 244, *351*
Thibault, Laurant 223
Thiers, Manfred 287
Thomas, Carla 173, 223, 413
— Charlie 121
— Leon 308
— Ray 242
— Rufus 413
Thompkins jr., Russell 344
Thompson, Barbara 170
— Chester 245, 355
— Danny 205, 269
— Dennis 233
— Les 257
— Paul 302
— Richard 33, 134, 229, 337
— Steve 341
— Sonny 41
Thornton, «Big Mama» Willie Mae 211, 263, *352*, 390
— Blair 36
Thorup, Peter 205
Thrasher, Gerhard 121
Three Degrees 222, *352*, 407
Three Dog Night 194, 253, 256, 296, *353*, 374, 389
Three Musketeers 112
Thunder Smith And Lightnin' 180
Thunderbirds 137, 159
Thunderclap Newman 342
Thunders, Johnny 254
Tichy, John 95
Tikis 167
Tillman, Bill 57
Tim Turner's Narration 134
Tiny Tim 137, 325, *353 f*, 374, 397
Tippett, Keith 123
Toby 148
Todd Rhodes-Orchester 40
Tokens 313
Tom and Jerry 318
Tomorrow 383
Tommy James and the Shondells *354*
Tontoh, Mac 261
Took, Steve Peregrine 357
Top, Jannick 223
Top Notes 185
Torbert, Dave 253
Tork, Peter 241, 242
Toussaint, Alan 42, 284
Tower of Power 276, 344, *355*
Townshend, Peter Denis Blanford «Pete» 144, 152, 189, 202, *355 f*, 372, 382, 397
— Rob 136
Trader Horne 134
Traffic 8, 55, 111, 229, 246, 272, 316, 332, 337, 379, 380, 401, 407
Traffic Jam 332
Travers, Mary 271
Travis, Merle 257
T. Rex 8, 179, 332, *356 f*
Tridents 47
Trinity 34, 35, 122
Tripp, Arthur 78
Tristano, Lennie 286, 394
Triumphs 259
Triumvirat 22, *357 f*
Troiano, Donnie 161, 189
Trower, Robin 283
Troy, Roger 129
Truck Stop *358*
Trucks, Butch 26
Tubbs, Russell 223
Tucker, Alonzo 41
— Jim 359
— Maureen 361
— Mick 345
Tuckey, Len 285
Tuggle, Brett 240
Tulin, Mark 130
Turner, C. F. 36
— Ike 183, 381
— Joe 164, 188, 211, 263, *358 f*
— Lonnie 336
— Martin 380
— Nik 172
— Red 378
— Ted 380
— Tina 53
Turtles 245, *359*
Tuxen, Nils 309
Twitty, Conway 317, 405
Two Teens 249
Tyner, Rob 233
Tyrannosaurus Rex 356, 357
Tyson, Ian 214
— Sylvia 214

U

Underwood, Ian 245
United States of America *360*
Unitt, Victor 65, 280
Upchurch, Phil 331
Upfronts 370
Upton, Steve 380
Urbaniak, Michel 168
Uriah Heep 285, *359 f*
Urso, Michael 288
Utterback, Ken 265

V

Valens, Ritchie 52, 177, *360*
Valente, Dino 220, 286
Valentine, Hilton 30
Valentines 75, 222
Valenzuela, Richard 360
Vallee, Crooner Rudy 254
Valley, Jim 267
Valli, Franki 144
Van Blair, Jerry 84
Vanda, Harry 126
van den Broek, Rein 128
Vander, Christian 223
— Stella 223
van Eik, Jaap 107
Vanilla Fudge 297, 309, *361*, 378, 389
van der Linden, Rick 128
— Pierre 143
van der Vegt, Helmig 107
van Leer, Thijs 143
van Osten, Carson 304
Van Ronk, Dave 59
Vandegilder, Peter 321
van Vliet, Don 78
Van Zant, Ronnie 222
Variations 144
Vassy, Kin 139
Vaughan, Sarah 223, 412
Vee, Bobby 124
Vega, David 156
Vegas, Lolly 291
— Pat 291
Velvet Underground 68, 75, 223, 254, 255, 293, 336, *361 f*
Ventures 43, 304, *362*, 403
Verity, John 31
Vernazza, Johnny 130
Verroca, Steve 382
Versatiles 138
Vestine, Henry 77
Vick, Harold 95
Vickers, Mike 226
Vincent, Gene 317, *362 f*
— Paul 266
Vinegar Joe 65, *363 f*
Vinson, Eddie «Cleanhead» 102, 263, 403
Vito, Tommy de 144
Vitous, Miroslav 100, 368
Volk, Philip 267
Volman, Mark 245
Voormann, Klaus 179, 201, 226, 227, 266, 306

W

Waddell, Bruce 137
Wade, Brett 130
— Roger 170
Wadenius, Georg 57
Wadsworth, Derek 170
Wagenet, Hal 186
Wahington jr., Grover *364*
Wainwright III, Loudon *365*, 402
Waite, Genevieve 225
Wakeman, Rick 343, 383
Walden, Michael 223
Wales, Howard 150
Walker, Aaron «T-Bone» 102, 200, 209, 337, *365 f*, 390, 401, 410
— Collin 129
— Jimmy 296
— Junior 197
— Mel 263
Walker Brothers *366*
Wallace, Bill 161
— Ian 199, 350
— Sippie 287
Waller, Mike 41, 48, 339
Wallers *364 f*
Wallis, Bob 39
Walsh, Joey «Joe» 189
— Peter 312
Walter, Dave 140
Walters, John 281
War 71, *366 f*
Ward, Bill 54
— Evelyn 81
Ware, Alan 84
Warehouse 112
Warhol, Andy 29, 300, 361
Warleigh, Ray 170
Warlocks 157
Warren, Willie D. 304
Warwick, Clint 242
Warwicke, Dionne 327, 406
Washington, Dinah 50, 404
— Jayotis 270
Waters, Muddy 16, 57, 72, 77, 100, 117, 149, 174, 187, 192, 195, 205, 218, 325, 337, 352, *367*, 379, 383, 390, 393, 410
— Roger 273
Watson, Betty 128
— Doc 257
— Johnny «Guitar» 263
Watts, Charlie 187, 205, 299, 306, 381
— Ernie 111
— Hugh 254
— Peter Overend 246
Way, Darryl 108
Waymon, Eunice 319
Wayne, Carl 247
— Mitch 115
Weasel 130
Weather Report 111, *368*
Weaver, Blue 343
— John 27
— Ken 148
— Mick 170
Weavers 162, 201, 209, 314, *368 f*, 398
Webb, Dean 115
— Fred 186
— Harry 295
— Jim 75, 92, 138, 145, 150, 298, 345, *369*
— Stan 32, 86, 310
— Tom 141
Wedgwood, Mike 108
Weeks, Willy 89
Weider, John 30, 136
Weil, Cynthia 211
Weill, Kurt 25
Weinstein, Michael Jay 89
Weinzierl, John 28, 29
Weir, Bob 157, 235
Weiss, Jerry 56
Welch, Bob 140
— Bruce 314
Welker, Peter 239
Weller, Don 126
— Freddie 267
Wells, Amos «Junior» 130, 192, 218, 287, 337, *369 f*, 390
— Cory 353
— Mary 151, 298
Wertz, Kenny 142
West, Leslie 68, 246
West, Bruce & Laing 68, 246
Westbrook, Marsha 224
Weston, Bob 140
— Kim 151
Wetton, John 199
Whaley, Ken 225
— Paul 58
Wheatbread, «Private» Paul 151
Whetstone, Richard 130
White, Alan 383
Barry 23, *370*
— Bukka 201
— Chris 387
— Clarence 73
— Josh 209
— Lenny 99
— Ronnie 298
— Tony Joe *370 f*
White Trash Blues Band 244, 378
Whitlock, Bobby 88
Whitney, John 136
Whitwam, Barry 176
Who 91, 115, 133, 155, 161, 179, 184, 189, 222, 247, 280, 347, 355, 356, *372*, 400, 403, 405
Wilburn, Ishmael 368
Wild Honey 136
Willis, Chuck 277
Wilkeson, Leon 222
Wilkinson, Dave 86
— Harry 100
Williams, Anthony «Tony» 68, 111, 120, 236, 275, 333, *373*
— Andy 54, 107, 400
— Clarence 182
— Devonia «Lady Dee» 263
— Gene 275
— Hank 7, 124, 251, 282, 299, *373*, 405
— Ken 130
— Lamar 27
— Larry 282
— Lenny 344, 355
— Mason *374*
— Mentor 375
— Otis 349
— Paul 79, 349, 353, *374 f*
— Robert Pete 77, 288
— Terry 139, 225
— Walter 257
— Willie 363
Williamson, Bill 164
— James 342
— Robin 184
— Sonny Boy 77, 100, 188, 218, 369, *375*, 383, 390
Willis, Larry 57
Wills, Jim Robert «Bob» 95, 163, *376*
Wills Fiddle Band 376
Wilmot, Alan 214
Wilsher, Mick 254
Wilson, Al 77
— Barrie, J. 283, 284
— Bob 311
— Brian 43, 265, *377*
— Carl 43
— Dennis 43
— Don 362
— Jackie 395
— John 149
— Mary 344, 345
— Michael «Mick» 110
— Murry 43

— Phillip 72
Winchester, Jesse 304, *376 f*
Winfield, Chuck 56, 57
Wingfield, Pete 170
Wings 232, 242
Winkelman, Bob 337
Winter, Edgar *378*
— Johnny 20, 106, 117, *378 f*, 394, 398, 411
— Kurt 161
Winwood, Muff 111, 379
— Steve 40, 55, 111, 201, 229, 265, 332, 350, 356, *379 f*, 381
Wisefield, Laurie 380
Wiseman, Mac 311
Wishbone Ash *380 f*
Withem, «Private» Gary «Mutha» 151
Withers, Bill 364, *371 f*
Witherspoon, Jimmy 71, 130
Wittich, Bernd 287
Wizzard 129
Wolf, Peter 192
— Howlin' 16, 72, 88, 100, 117, 172, 183, 200, 325, 375, 379, *381*, 383, 390, 393
Wollschon, Gerd 142
Wommet 191
Wonder, Stevie 23, 119, 140, 297, 327, 345, 364, *381 f*, 405
Wonderlove 297, 382
Wonderwheel 329
Wood, Chris 379
— Graham 7
— Ron 48, 115, 133, 239, 265, 350
— Roy 129, 247
Woods, Gary 334
— James «Pip» 154
— Terry 334
Woods Band 334
Woodson, Craig 360
Woody's Truck Stop 304
Wray, Doug 382
— Link *382*
— Vernon 382
Wright, Gary 328
— Hoshal 129
— Little Stevie 126
— Rick 273
— Syreeta 382
Wyatt, Robert 322
Wydrzycki, Czeslaw 256
Wyman, Bill 299, 306, 381
Wynette, Tammy 146
Wynne, Phillippe 327

Y

Yacknin, Louis 214
Yamauchi, Tetsu 133
Yancey, Jimmy 228, 392
Yanovski, Zal 220, 224, 313
Yardbirds 25, 48, 51, 88, 168, 178, 189, 280, 316, 351, 375, *382 f*, 390
Yarrow, Peter 271
Yes 199, 343, *383 f*, 391, 413
Yester, Jerry 221
— Jim 33
Yohn, Wally 85
York, Dave 195
— John 73
— Paul 116
— Pete 35, 111, 112, 167, 170, 267
— Steve 126, 226
Youatt, Will 225
Youlden, Chris 310
Young, George 126
— Jesse Colin 385
— Jymm Joachim 310
— Larry 373
— Lester 211, 286
— Neil 22, 28, 70, 105, 219, 249, 340, *384 f*
— Rusty 275, 276
— Snooky 42
Youngbloods 95, 246, *385*, 407
Yount, Dick 167
Yule, Doug 362

Z

Zager, Mike 350
Zappa, Frank 20, 69, 78, 98, 168, 216, 245, 270, 359, 382, *386*, 397, 398, 400
Zawinul, Joe 368
Zehringer, Randy 379
Zelkowitz, Goldie 289
Zeus 204
Ziembrowski, Jerry 131
Zimmermann, Robert 123
Zodiacs 144
Zombies 31, 51, *387*
Zuiderwijk, Cesar 155
ZZ and the Masters 143

rororo sachbuch 7460

2013/1